三门峡庙底沟

河南省文物考古研究院
三门峡市文物考古研究所 编著
武汉大学历史学院考古系

（上）

文物出版社

图书在版编目（CIP）数据

三门峡庙底沟 / 河南省文物考古研究院，三门峡市
文物考古研究所，武汉大学历史学院考古系编著. -- 北
京：文物出版社，2021.10

ISBN 978-7-5010-7175-3

Ⅰ.①三… Ⅱ.①河…②三…③武… Ⅲ.①仰韶文
化—文化遗址—研究—三门峡 Ⅳ.①K871.134

中国版本图书馆CIP数据核字（2021）第155877号

三门峡庙底沟

编　　著：河南省文物考古研究院
　　　　　三门峡市文物考古研究所
　　　　　武汉大学历史学院考古系

封面题签：严文明
责任编辑：宋　丹　吕　游　李　睿
责任印制：王　芳
封面设计：张红运

出版发行：文物出版社
社　　址：北京市东城区东直门内北小街2号楼
邮　　编：100007
网　　址：www.wenwu.com
经　　销：新华书店
印　　刷：河北鹏润印刷有限公司
开　　本：889mm×1194mm　1/16
印　　张：83　插页：7
版　　次：2021年10月第1版
印　　次：2021年10月第1次印刷
书　　号：978-7-5010-7175-3
定　　价：2580.00元（全三册）

河南省文物考古研究院田野考古报告甲种第 60 号

内容简介

　　庙底沟遗址位于河南省三门峡市湖滨区韩庄村，是我国影响最深远的新石器时代遗址之一。2001年被列为第五批全国重点文物保护单位，2016年入选国家大遗址保护"十三五"专项规划项目库，2017年入选第三批国家考古遗址公园立项名单。2002—2003年，河南省文物考古研究院联合郑州大学、三门峡市文物考古研究所等单位对庙底沟遗址进行了考古发掘，发掘面积2.2万多平方米，发现了庙底沟文化、西王村文化、庙底沟二期文化三个时期的房屋10余座、灰坑800多个、陶窑20余座、环壕1条。复原陶器3000多件，其中彩陶1400余件。庙底沟遗址2002年发掘材料为研究仰韶中期的文化格局和新石器时代的彩陶艺术提供了宝贵材料。

　　本书可供从事文物考古、历史、博物馆、艺术史及相关学科的研究者和师生阅读、参考。

目　录

第三章　西王村文化

第四章　庙底沟二期文化 ·· 671

第一章 绪论

第一节 遗址环境

庙底沟遗址位于河南省三门峡市西南3千米处的湖滨区韩庄村北，地处青龙涧河南岸、黄河东岸二级阶地上，西北距黄河仅有1千米。地理坐标为北纬34°45′，东经111°10′，海拔约342—352米。遗址近似菱形，四至界限明确，南抵南环路，北临陕州大道，东西被两条深约40余米的深沟所夹，东边为长约15千米的此龙沟，西边为长约7千米的庙底沟。遗址东西长650、南北宽560米，面积36.4万平方米（图1-1-1）。

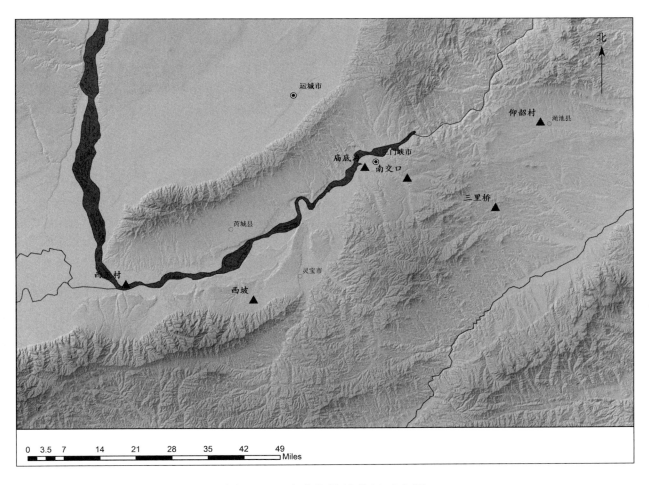

图1-1-1 庙底沟遗址位置示意图

青龙涧河的支流此龙沟从遗址东南的黄土塬发源，流经遗址东侧后，转向西北汇入青龙涧河。遗址所在阶地西部边缘有一古庙（后土祠），西侧深沟故名庙底沟。沟因庙得名，遗址因沟得名。庙底沟形成分两个阶段，第一个阶段为全新世早中期，即新石器至西周时期；第二个阶段为全新世晚期，即东周至现今。第一个阶段的沟由于被第二个阶段的沟切割，只残留在沟的两侧，尤其是北岸，即濒临庙底沟遗址一侧分布有好几片。第一阶段的沟底海拔为336—339米，沟深约为7—8米。第二阶段的沟底海拔327—329米，沟深约为16—18米。

黄河与其支流青龙涧河相汇处的漫滩海拔310—315米，高约5米，这里现今也较低湿，在庙底沟人生活时期，这里更是经常积水。一级阶地海拔315—325米，高约10米。二级阶地形成于距今7-8万年的晚更新世至全新世，海拔325—345米，高约20米。庙底沟先民依托南侧的广宽黄土塬海拔450米以上，堆积了几十米中更新世中期离石黄土（图1-1-2）。

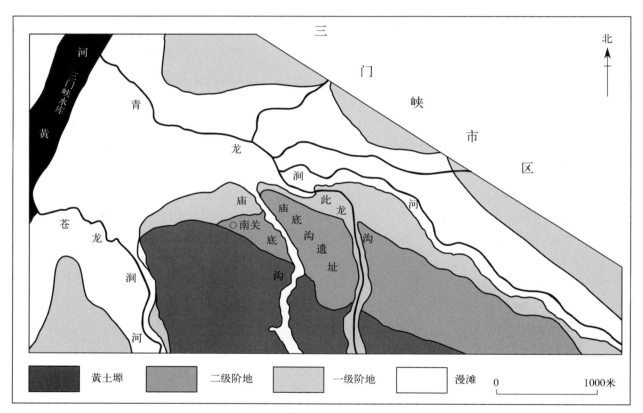

图1-1-2　庙底沟遗址地形图

距今5000年左右的全新世，气候适宜，年降雨量较今约多200毫米，此龙沟常年有流水，庙底沟在丰水季节也有流水。庙底沟遗址三面环溪沟，一面临高崖，水网发达，既受水之利，又无水之害[1]。周围分布有很多新石器时代文化遗址，如三里桥遗址[2]、南交口遗址[3]等。

1　中国社会科学院考古研究所、河南省文物考古研究院、三门峡市文物考古研究所：《彩陶中国——纪念庙底沟遗址发现60周年暨首届中国史前彩陶学术研讨会论文集》，上海古籍出版社，2020年，第59页。

2　中国科学院考古研究所：《庙底沟与三里桥》，科学出版社，1959年。

3　河南省文物考古研究所：《三门峡南交口》，科学出版社，2009年。

第二节　发掘经过

　　1950 年，黄河三门峡水利枢纽工程开始设计勘探。1953 年，为了解三门峡水库库区内的文物分布情况，以便在蓄水前确保文化遗产的安全，中国科学院考古研究所河南考古调查队开始在陕县、灵宝开展考古调查，在陕县（今三门峡市陕州区）县城南关东南发现了庙底沟遗址。1955 年 10 月，文化部和中国科学院联合组成黄河水库考古工作队，配合三门峡水库的建设工程，又对庙底沟遗址进行了重点勘察。1956 年 9 月—1957 年 7 月，黄河水库考古工作队抽调当时各省精英近 80 人，在黄河三门峡工程局及当地政府的协助下，对庙底沟遗址展开了第一次大规模的发掘工作。共发掘 5×5 平方米探方 280 个，揭露面积 4480 平方米。发现了仰韶（灰坑 168 个、房基 2 座、墓葬 1 座）和龙山或仰韶向龙山过渡（灰坑 26 个、房基 1 座、窑址 1 座、墓葬 145 座）两个时期的遗存，前者以仰韶文化庙底沟类型命名，后者以庙底沟二期文化[4] 命名。另外还发现有较薄的东周文化层及少数汉到唐宋时期的墓葬。1963 年，河南省人民委员会公布庙底沟遗址为第一批省级重点文物保护单位。2001 年，庙底沟遗址被国务院公布为全国重点文物保护单位。

　　2002 年，310 国道三门峡市城区段急需拓宽，需从庙底沟遗址的北部边缘通过。在报请国家文物局批准后，由河南省文物考古研究所牵头，会同三门峡市文物考古研究所、郑州大学考古专业等单位，组织联合考古队，对庙底沟遗址进行了考古发掘。此次发掘始于 2002 年 5 月，2003 年 10 月结束，历时 18 个月。布方方向为磁北，共发掘 10×10 平方米探方 222 个，揭露面积 22000 多平方米，发现了庙底沟文化、西王村文化、庙底沟二期文化三个时期的遗存。另外还发掘了 226 座唐宋时期墓葬（图 1-2-1）。

　　经过初步整理，本次发掘共计可复原彩陶 1400 余件，庙底沟遗址由此成为新石器时代可复原彩陶最多的遗址。为向社会公众传播考古成果，庙底沟遗址出土彩陶先后在全国展出，具体信息如下：

　　1. 三门峡市博物馆，"彩陶中国——庙底沟遗址出土文物精品展"，展期为 2013 年 5 月 16 日—2013 年 9 月 30 日，参展彩陶 230 件。

　　2. 山东省博物馆，"大河上下——黄河流域史前陶器展"，展期为 2015 年 12 月 26 日—2016 年 3 月 26 日，参展彩陶 15 件。

　　3. 首都博物馆，"美·好·中华——近二十年考古成果展"，展期 2017 年 5 月 18 日—2017 年 8 月 27 日，参展彩陶 1 件。

　　4. 长沙博物馆，"彩耀中华——黄河流域出土彩陶精品展"，展期为 2018 年 9 月 7 日—2018 年 12 月 2 日，参展彩陶、素面陶 118 件，彩陶片近百片。

　　5. 陕西历史博物馆，"彩陶中华——中国五千年前的融合与统一"，展期为 2020 年 1 月 21 日—2020 年 7 月 15 日，参展彩陶 26 件。

　　2002 年发掘领队为河南省文物考古研究所樊温泉，参与发掘的工作人员有河南省文物考古研究所杨树刚、普康信、孙现民、杨帆、丁宝成、郭红民、王文强、赵小光、吴爽、杨立伟、刘景岩、杨青龙、周平战、娄群山、崔润、杜金山、姚胜飞，三门峡市文物考古研究所史智民、任留正、王光有、王雅南，郑州大学靳松安、任伟、赵海洲（以上为带队老师）、郑立超、梁平、张贺军、陈钦龙、崔天兴、

4　中国科学院考古研究所：《庙底沟与三里桥》，科学出版社，1959年。

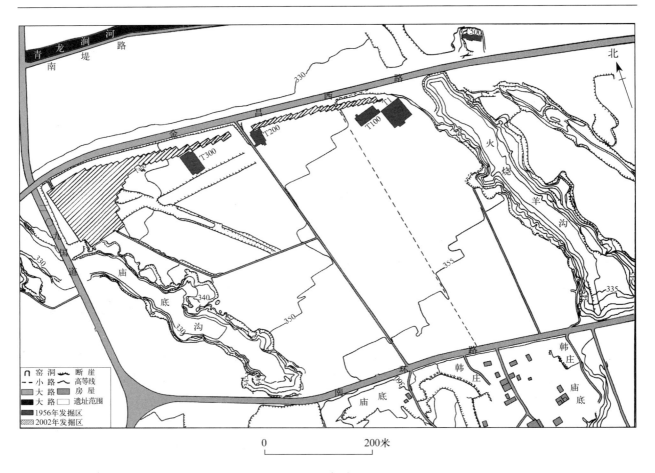

图1-2-1　2002年发掘位置图

任光、吕鹏、贺辉、刘效彬、崔德生、吴倩、王文嘉、苗利娟、韩炜、张青彦、樊建彬、秦云周、左俊。工地遗迹由樊温泉、杨树刚拍摄。发掘期间的后勤保障工作由郭松峰、樊功昌、郭丛斌、邵清礼负责。田野发掘结束后的测绘工作由郭亮、丁新功完成。高空摄影由祝贺完成。后期整理修复工作由刘萍、杨淑慧、李海宏、贾蒙丽、孙小桂、王刘敏、王俊卫、高凤梅、张丽敏、高玉梅、李彩玲、沈新荣、杜彩荣负责，绘图由牛花敏、赵健、姜凤玲、陈伟芳负责，遗物照片由祝贺、郭民卿、聂凡、郭亮拍摄。动物遗存由武汉大学历史学院刘一婷、李婷负责，植物遗存由山东大学历史学院靳桂云、杨凡负责，石器由西北大学文化遗产学院贺存定负责。武汉大学历史学院考古系硕士研究生苏明辰、刘畅、李滋、郭思汝，三门峡文物考古研究所郑立超、三门峡庙底沟博物馆马啸等参与了报告的编写。唐宋墓葬资料已经公布[5]，新石器相关材料已有少量见诸报告[6]。本报告是庙底沟遗址2002年发掘材料的综合整理，所有成果以此报告为准。

5　河南省文物考古院研究所：《三门峡庙底沟唐宋墓葬》，大象出版社，2006年。

6　河南省文物考古研究所：《河南三门峡市庙底沟遗址仰韶文化H9发掘简报》，《考古》2011年第11期；河南省文物考古研究院：《华夏之花——庙底沟彩陶选粹》，上海古籍出版社，2013年；河南省文物考古研究院、三门峡市文物考古研究所、武汉大学历史学院：《河南三门峡庙底沟遗址庙底沟文化H408发掘简报》，《华夏考古》2021年第4期；河南省文物考古研究院、三门峡市文物考古研究所、武汉大学历史学院：《河南三门峡庙底沟遗址西王村文化发掘简报》，《华夏考古》2021年第4期；河南省文物考古研究院、三门峡市文物考古研究所、武汉大学历史学院：《河南三门峡庙底沟遗址庙底沟文化H770发掘简报》，《中原文物》2021年第5期；河南省文物考古研究院、三门峡市文物考古研究所、武汉大学历史学院：《河南三门峡庙底沟遗址庙底沟二期文化发掘简报》。

第三节　地层介绍

庙底沟遗址的地层堆积相对比较简单，大多数遗迹多开口耕土层下，直接打破生土。仅在少数探方发现了庙底沟文化、西王村文化、庙底沟二期文化地层堆积，堆积也比较薄，出土遗物较少。在T17—T21、T99等探方发现了丰富的庙底沟文化地层。经确认，T17—T21为环壕北部堆积，T97为一大型灰坑。为方便后续遗物介绍，本文依据发掘编号介绍。

1. T17

依据土质土色、夹杂物、包含物，T17的地层可以分为9层（图1-3-1）。

第①层，全方水平分布。厚20—30厘米。黄褐色，土质较致密。夹杂有红烧土颗粒、炭粒、草木灰等。包含有石块、植物根茎、现代生活垃圾、少量陶片等。出土陶片以泥质黄褐陶为主，另有少量夹砂灰陶；纹饰以彩绘、绳纹、线纹为主；可辨器形有盆、钵、罐等。

第②层，全方水平分布，西部厚，东部薄。深20—30、厚25—80厘米。红褐色，土质坚硬。夹杂有红烧土颗粒、炭粒等。包含有石块、少量陶片等。出土陶片以泥质黄褐陶、夹砂灰胎为主；纹饰以彩绘、线纹为主；可辨器形有钵、盆、罐、器盖。开口此层下的遗迹有H737、H787。

第③层，水平状分布于除北部以外的区域。深60—120、厚10—60厘米。灰褐色，土质疏松。夹杂有红烧土颗粒、炭粒等。包含有陶片、石块、石器等。陶片以泥质红陶为主，夹砂灰陶次之；纹饰以彩绘、线纹为主；可辨器形有钵、盆、尖底瓶、平底瓶、罐等。

第④层，分布探方东北部，中间厚四周薄。深70—190、厚30—80厘米。浅灰褐色，土质疏松。夹杂有红烧土颗粒、炭粒、草木灰等。包含有陶片、石块、石器、动物骨骼等。出土陶环1、陶钵1、陶杯1、石斧1。陶片以泥质黄褐陶为主，夹砂灰陶次之；纹饰以线纹、彩陶为主，可辨器形有盆、钵、罐、甑、尖底瓶等。

第⑤层，分布探方东北部，中间厚两侧薄。深140—250、厚10—75厘米。浅灰褐色，混有浅黄褐色土块。夹杂有红烧土颗粒、炭粒、草木灰等。包含有陶片、石块、石器、动物骨骼等。出土有骨簪1、陶环1。陶片以泥质黄褐陶为主，夹砂灰陶次之；纹饰以线纹、彩陶为主；可辨器形有盆、钵、罐、甑、尖底瓶等。

第⑥层，分布探方东北部，中间厚两侧薄。深125—355、厚80—135厘米。浅灰色，夹杂有灰褐色土块。南部发现了一堆乱石块。夹杂有红烧土颗粒、炭粒、草木灰等。包含有陶片、石块、石器、动物骨骼等。出土器盖1。陶片以泥质红陶为主，夹砂灰陶次之；纹饰以线纹、彩陶为主；可辨器形有盆、钵、罐、尖底瓶、平底瓶等。

第⑦层，分布探方东北部，中间厚两侧薄。深230—420、厚20—50厘米。灰褐色，土质致密，部分呈颗粒状。夹杂有红烧土颗粒、炭粒等。包含有陶片、石块、动物骨骼等。出土石器1、骨簪2、石刀1。陶片以泥质红陶为主，夹砂灰陶次之；纹饰以线纹、彩陶为主；可辨器形有盆、钵、罐、尖底瓶、平底瓶等。

第⑧层，分布探方东北部，中间厚两侧薄。深270—575、厚40—180厘米。灰褐色，夹有红褐色、浅黄色土块，土质疏松。夹杂有红烧土颗粒、炭粒、草木灰等。包含有陶片、石块、动物骨骼等。陶片

浅黄色土块，土质疏松。夹杂有红烧土颗粒、炭粒、草木灰等。包含有陶片、石块、动物骨骼等。陶片以泥质红陶为主，夹砂灰陶次之；纹饰以线纹、彩陶为主；可辨器形有盆、钵、罐、尖底瓶、平底瓶等。

第⑨层，分布探方东北部，中间厚两侧薄。深415—675、厚10—170厘米。浅灰色，夹有浅黄色土块，土质疏松。夹杂有红烧土颗粒、炭粒、草木灰等。包含有陶片、石块、动物骨骼等。陶片以泥质红陶为主，夹砂灰陶次之；纹饰以线纹、彩陶为主；可辨器形有盆、钵、罐、尖底瓶等。

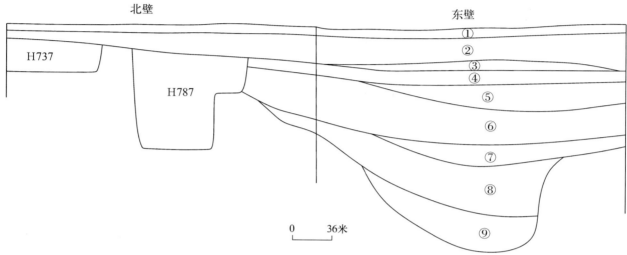

图1-3-1 T17北壁和东壁剖面图

根据叠压关系和出土遗物可以确定，第①层为近现代耕土；第②—⑨层为庙底沟文化环壕堆积。

2. T21

依据土质土色、夹杂物、包含物，T21的地层可以分为9层（图1-3-2）。

第①层，除北部外均有分布。厚0—30厘米。黄褐色，土质致密。夹杂有炭粒、红烧土颗粒、草木灰等。包含有陶片、动物骨骼、石块、动植物根茎、近现代垃圾等。陶片泥质黄褐陶与夹砂灰陶相当；纹饰有线纹、篮纹、附加堆纹、彩绘等；可辨器形有盆、钵、罐等。

第②层，除北部外均有分布。深0—30、厚0—40厘米。北部土色偏灰褐色，土质较致密；南部土色偏浅灰褐色，土质疏松。夹杂有炭粒、红烧土颗粒等。包含有陶片、动物骨骼、石器、石块等。出土骨簪1、陶环1、石刀1、骨镞1。陶片以泥质黄褐陶为主，夹砂灰陶次之；纹饰有线纹、附加堆纹、彩绘等；可辨器形有盆、钵、罐、尖底瓶、平底瓶等。开口此层下的遗迹有H144、H381、H414、H423、H461。

第③层，除北部外均有分布，中间厚两侧薄。深0—155、厚0—90厘米。浅灰色，土质较紧密。夹杂有炭粒、红烧土颗粒等。包含有陶片、动物骨骼、石器、石块等。出土骨簪1。陶片以泥质黄褐陶为主，夹砂灰陶次之；纹饰有线纹、附加堆纹、彩绘等；可辨器形有盆、钵、罐、尖底瓶、平底瓶、釜等。

第④层，除北部外均有分布，中间厚两侧薄。深45—230、厚0—120厘米。灰褐色，土质致密。夹杂有炭粒、红烧土颗粒等。包含有陶片、动物骨骼、石块等。陶片以泥质黄褐陶为主，夹砂灰陶次之；纹饰有线纹、彩绘等；可辨器形有盆、钵、罐、尖底瓶、平底瓶等。

第⑤层，除北部外均有分布，中间厚两侧薄。深80—305、厚0—115厘米。深灰色，土质疏松。夹杂有炭粒、红烧土颗粒等。包含有陶片、动物骨骼、石器、石块等。出土石器1、骨簪1。陶片以

第⑥层，除北部外均有分布，中间厚两侧薄。深 80—400、厚 0—130 厘米。黄褐色，土质较致密。夹杂有炭粒、红烧土颗粒、草木灰等。包含有陶片、动物骨骼、石器、石块等。出土骨镞 1、陶球 1。陶片以泥质黄褐陶为主，夹砂灰陶次之；纹饰有线纹、附加堆纹、彩绘等；可辨器形有盆、钵、罐、尖底瓶等。

第⑦层，东南—西北向分布于探方中部，中间厚两侧薄。深 120—520、厚 0—135 厘米。浅灰褐色，土质较疏松。夹杂有炭粒、红烧土颗粒等。包含有陶片、动物骨骼、石器、石块等。出土石斧 1、石铲 1。陶片以泥质黄褐陶为主，夹砂灰陶次之；纹饰有线纹、彩绘等；可辨器形有盆、钵、罐、尖底瓶、平底瓶等。

第⑧层，东南—西北向分布于探方中部，中间厚两侧薄。深 200—550、厚 30—210 厘米。灰褐色，土质疏松。夹杂有炭粒、红烧土颗粒等。包含有陶片、动物骨骼、石器、石块等。出土陶器盖 1、石斧 1。陶片以泥质黄褐陶为主，夹砂灰陶次之；纹饰有线纹、附加堆纹、彩绘等；可辨器形有盆、钵、罐、尖底瓶、平底瓶、釜等。

第⑨层，东南—西北向分布于探方中部，中间厚两侧薄。深 470—660、厚 0—130 厘米。夹杂有炭粒、红烧土颗粒等。包含有陶片、动物骨骼、石器、石块等。在本层底部发现了一堆乱石。陶片以泥质黄褐陶为主，夹砂灰陶次之；纹饰有线纹、附加堆纹、彩绘等；可辨器形有盆、钵、罐、尖底瓶、平底瓶等。

根据叠压关系和出土遗物可以确定，第①层为近现代耕土；第②—⑨层为庙底沟文化环壕堆积。

3. T22

依据土质土色、夹杂物、包含物，T22 的地层可以分为 6 层（图 1-3-3）。

第①层，除探方西部外全方水平分布。厚 0—20 厘米。深灰褐色，土质疏松。夹杂有红烧土颗粒、炭粒等。包含有石块、陶片、瓷片、植物根茎及近现代生活垃圾。

第②层，全方水平分布。深 15—20、厚 20—45 厘米。灰褐色，土质致密。夹杂有红烧土颗粒。包含有少量陶片、石块、动物骨骼等。出土陶片以泥质黄褐陶为主，夹砂灰陶次之；纹饰以线纹、彩绘为主；可辨器形有钵、小口尖底瓶、平底瓶、盆、罐等。开口此层下的遗迹有 H364。

第③层，全方水平分布。深 23—54、厚 20—55 厘米。浅灰褐色，土质较致密。夹杂有红烧土颗粒、炭粒等。包含有陶片、石块、动物骨骼、石器等。出土陶片以泥质黄褐陶为主，夹砂灰陶次之；纹饰以线纹、彩绘为主，附加堆纹、绳纹较少；可辨器形有钵、小口尖底瓶、平底瓶、盆、罐、器盖等。

第④层，分布于探方东南部，中间厚两侧薄。深 92—103、厚 0—56 厘米。灰褐色，土质较致密。夹杂有草木灰、炭粒、红烧土颗粒等。包含少量陶片、石块、石器、动物骨骼等。出土陶片泥质黄褐陶与夹砂灰陶相当；纹饰以线纹、彩绘为主，附加堆纹、绳纹较少；可辨器形有钵、尖底瓶、平底瓶、盆、罐、器盖等。

第⑤层，分布于探方东南部，中间厚两侧薄。深 92—163、厚 0—100 厘米。浅灰褐色，土质致密。夹杂有草木灰、炭粒、红烧土颗粒等。包含少量陶片、石块、石器、动物骨骼等。出土陶片泥质黄褐陶与夹砂灰陶相当；纹饰以线纹、彩绘为主；可辨器形有钵、尖底瓶、平底瓶、盆、罐、器盖等。

第⑥层，分布于探方东南部，中间厚两侧薄。深 133—245、厚 0—135 厘米。灰褐色，土质较致密。夹杂有草木灰、炭粒、红烧土颗粒等。包含少量陶片、石块、石器、动物骨骼等。出土陶片泥质黄褐陶与夹砂灰陶相当；纹饰以线纹、彩绘为主，附加堆纹、绳纹较少；可辨器形有钵、尖底瓶、平底瓶、盆、罐、器盖等。

根据叠压关系和出土遗物可以确定，第①层为近现代耕土；第②、③层为庙底沟文化堆积；第④—⑥层为庙底沟文化环壕堆积。

4. T68

依据土质土色、夹杂物、包含物，T68 的地层可以分为 4 层（图 1-3-4）。

第①层，全方水平分布。厚 15—20 厘米。灰褐色，土质较疏松。夹杂少量红烧土颗粒、炭粒、草木灰等。包含陶片、石块、植物根茎、近现代生活垃圾等。陶片泥质黄褐陶与夹砂灰陶相当；纹饰有线纹、绳纹、附加堆纹、彩绘等；可辨器形有盆、钵、罐等。

第②层，全方水平分布。深 15—20、厚 40—60 厘米。灰褐色，土质较致密。夹杂少量红烧土颗粒、炭粒、草木灰等。包含陶片、石块等。陶片以夹砂灰陶为主，泥质灰陶极少；纹饰有篮纹、附加堆纹等；可辨器形有罐、鬲等。开口此层下的遗迹有 H744。

第③层，全方水平分布。深 50—80、厚 0—70 厘米。灰褐色，土质致密。夹杂少量红烧土颗粒、炭粒等。包含陶片、石块等。陶片以夹砂灰陶为主，泥质灰陶极少；纹饰有篮纹、附加堆纹、彩绘等；可辨器形有罐、喇叭口尖底瓶等。

第④层，除探方东部外，其余地方呈东高西低倾斜状分布。深 130—150、厚 0—70 厘米。浅灰褐色，土质较致密。夹杂少量红烧土颗粒、炭粒、料姜石等。包含陶片、石块等。陶片以夹砂灰陶为主，泥质灰陶极少；纹饰有篮纹、附加堆纹、彩绘等；可辨器形有罐、喇叭口尖底瓶等。

根据叠压关系和出土遗物可以确定，第①层为近现代耕土；第②层为庙底沟二期文化堆积；第③、④层为西王村文化堆积。

5. T78

依据土质土色、夹杂物、包含物，T78 的地层可以分为 5 层（图 1-3-5）。

第①层，全方水平分布。厚 15—20 厘米。黄褐色，土质致密。夹杂有炭粒、红烧土颗粒等。包含陶片、石块、植物根茎、近现代生活垃圾等。陶片泥质黄褐陶与夹砂灰陶相当；纹饰有线纹、绳纹、附加堆纹、彩绘等；可辨器形有盆、钵、罐等。

第②层，全方水平分布。深 15—20、厚 10—55 厘米。黄褐色，土质致密。夹杂有炭粒、红烧土颗粒等。包含陶片、石块等。陶片以夹砂灰陶为主，泥质灰陶次之；纹饰有篮纹、附加堆纹等；可辨器形有罐、器盖等。开口此层下的遗迹有 H450、H761。

第③层，仅分布于探方南部。深 50—65、厚 50—80 厘米。浅黄褐色，土质致密。夹杂有炭粒、红烧土颗粒等。包含陶片、石块等。陶片以夹砂灰陶为主，泥质灰陶次之，极少量泥质灰胎黑皮陶；纹饰有篮纹、附加堆纹等；可辨器形有罐、喇叭口尖底瓶等。

第④层，全方水平分布。深 110—140、厚 60—110 厘米。黑褐色，土质较疏松。夹杂有炭粒、红烧土颗粒等。包含陶片、石块等。陶片以夹砂灰陶为主，泥质灰陶次之；纹饰有篮纹、附加堆纹、刻划纹等；可辨器形有罐、器盖等。

第⑤层，全方水平分布。深 170—220、厚 15—30 厘米。浅黄褐色，土质致密。夹杂有少量炭粒、红烧土颗粒等。包含陶片、石块等。陶片以泥质黄褐陶为主，夹砂灰陶次之；纹饰有线纹、彩绘等；可辨器形有盆、钵、尖底瓶、器盖等。

根据叠压关系和出土遗物可以确定，第①层为近现代耕土；第②—④层为西王村文化堆积；第⑤层为庙底沟文化堆积。

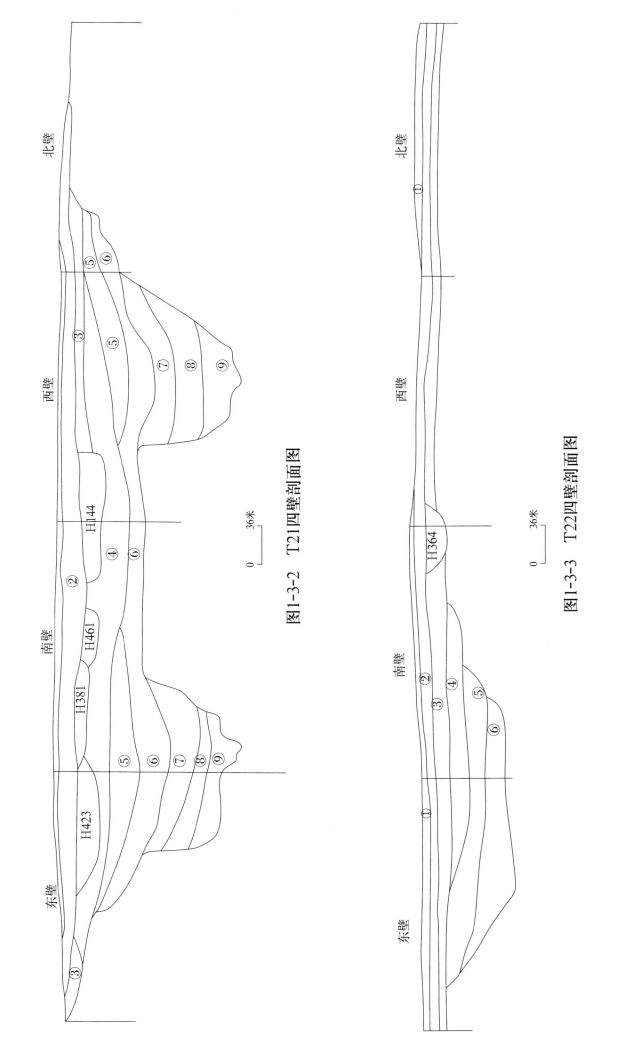

图1-3-2　T21四壁剖面图

图1-3-3　T22四壁剖面图

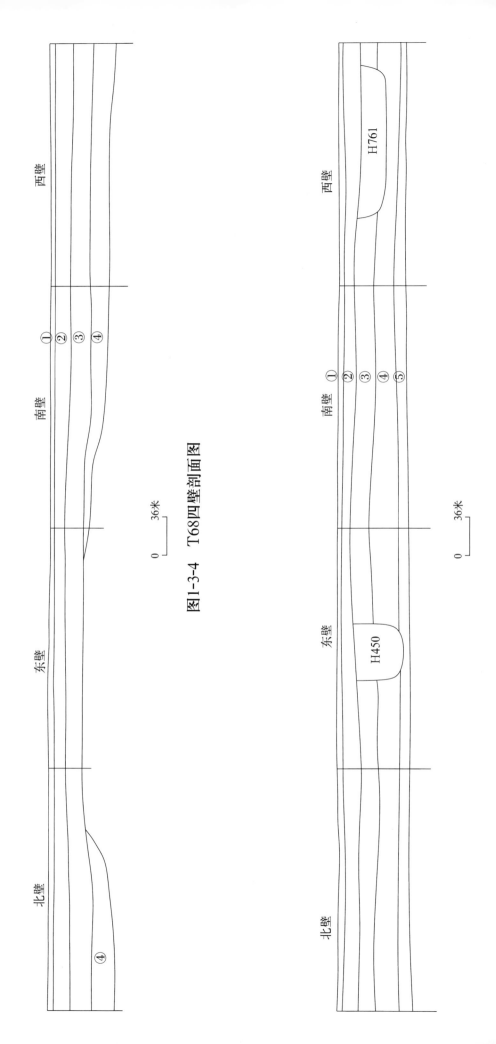

图1-3-4 T68四壁剖面图

图1-3-5 T78四壁剖面图

第四节 遗存分类

根据遗存的叠压打破关系以及出土遗物，可将庙底沟遗址2002年发掘所获遗存分为三类：

第一类遗存仅在T58等8个探方发现了地层，遗迹有灰坑718个。出土陶片以夹砂灰陶为主，泥质灰陶次之。纹饰以篮纹、附加堆纹为主，罐口沿常有弧边。可辨器形有罐、钵、豆、鬶、器盖等。从陶器面貌判断，第一类遗存属于庙底沟二期文化。

第二类遗存仅在T16等23个探方发现了有地层，遗迹有灰坑52个。在T68、T97等探方，第一类遗存的地层叠压于第二类遗存之上；在T78等探方，第二类遗存的地层叠压第三类。故这三类遗存的相对年代为第一类最早，第三类最晚。第二类遗存陶器在陶质陶色与第一类遗存类似，纹饰方面附加堆纹偏少，沿部的花边也偏少。二者在器类方面差异明显，缺少第一类遗存的鬶，另有菱形纹彩陶罐、喇叭口尖底瓶。从陶器面貌观察，第二类遗存属于西王村文化。

第三类遗存在T1等等71个探方发现了地层，遗迹有灰坑48个。出土陶片以泥质黄褐陶为主，夹砂灰陶次之。纹饰有线纹、彩绘、附加堆纹等，彩绘以黑彩为主，构图元素有弧边三角、圆点、条带、凸弧纹、垂弧纹等。可辨器形有盆、罐、钵、尖底瓶、平底瓶、器盖等。从陶器面貌观察，第二类遗存属于庙底沟文化（表1-4-1）。

表1-4-1 庙底沟遗址地层简表

探方	庙底沟二期文化	西王村文化	庙底沟文化
T1	/	/	②③
T2	/	/	②③
T3	/	/	②③
T4	/	/	③
T5	/	/	④
T10	/	/	①
T11	/	/	①②
T12	/	/	②
T13	/	/	②
T14	/	/	②
T15	/	/	③
T16	/	/	②
T17	/	/	②-⑨
T18	/	/	②-⑨
T19	/	/	②-⑨
T20	/	/	②-⑤
T21	/	/	②-⑨
T22	/	/	②-⑥
T23	/	/	③
T25	/	/	②

探方	庙底沟二期文化	西王村文化	庙底沟文化
T26	/	/	②
T27	/	/	③
T28	/	/	③
T29	/	/	②
T30	/	/	②
T31	/	/	②
T32	/	/	①
T34	/	/	②
T35	/	/	②
T36	/	/	②
T37	/	/	①
T38	/	/	②
T39	/	/	①-③
T40	/	/	③④
T41	/	/	③④
T42	/	/	②
T43	/	/	②-④
T44	/	/	②③
T45	④⑤	/	/
T46	/	③④	/
T47	/	④⑤	/
T48	/	③④	/
T49	/	②③	/
T50	/	/	②③
T51	②	③	/
T52	/	/	③
T53	/	/	③
T55	/	①	/
T58	②	/	/
T59	/	/	③④
T60	②	/	③
T61	/	②	/
T62	/	/	②-⑤
T63	①-③	/	④
T64	/	③	④
T65	/	②	/
T66	/	/	②
T68	②	③④	/
T69	/	②-④	/
T70	/	①②	/
T72	/	/	③

探方	庙底沟二期文化	西王村文化	庙底沟文化
T73	/	/	②
T77	/	③	/
T78	②-④	/	⑤
T79	/	②③	④
T92	/	②-④	/
T93	/	/	③
T94	/	/	②-⑨
T96	②	/	③
T97	②	③	/
T98	/	/	②③
T104	/	③	④
T105	②	③	/
T106	/	①-④	/
T107	/	③	④
T108	/	/	③
T113	/	/	③
T125	/	/	②
T127	/	/	②
T128	/	/	①②
T129	/	/	①②
T130	/	②③	/
T141	/	/	②
T144	/	/	①
T155			②
T156	/	/	①②
T185	/	/	①
T210	/	/	①
T212	/	/	②
T214	/	/	②
T222	/	/	②

第二章 庙底沟文化

庙底沟文化是庙底沟遗址的主要文化内涵，堆积范围广，出土遗物丰富，尤其是彩陶。2002 年发掘区位于遗址北部，大部分区域位于环壕以外，属于遗址的边缘地带。发现的庙底沟文化遗迹有灰坑、陶窑、房址、灶、灰沟等，以灰坑为主。下面我们按照堆积类型分别挑选典型单位介绍。

第一节 地层及出土陶器

庙底沟文化地层堆积相对简单，仅有 1 层或者 2 层。T17—T21、T99 的地层堆积较厚，经判断分别为壕沟和大型灰坑。西王村文化、庙底沟二期文化与庙底沟文化地层分布范围重合较少，前二者的遗迹中也常伴出庙底沟文化遗物，结合庙底沟文化现有分布范围，我们推测庙底沟文化地层有可能在发掘区均有分布或大部分面积存在，只是有些地方被后续的活动破坏。

庙底沟文化地层具体堆积情况已在第一章"地层介绍"一节挑选代表探方介绍，此处不再赘叙。本节我们以探方为单位，挑选典型层位介绍出土陶器。

1. T1

T1 属于庙底沟文化的地层有②、③层。

T1 ②

T1 ②层挑选陶器标本器盖 1 件。

器盖 1 件。T1 ②：1，夹砂红陶。敞口，圆唇，弧腹近直，圜顶，顶部置两个凸起状纽。素面。可复原。口径 5.4、高 4—4.4 厘米（图 2-1-1，9）。

T1 ③

T1 ③层挑选陶器标本器盖 1 件。

器盖 1 件。T1 ③：3，夹砂红陶。口部变形严重，呈椭圆形。敞口，圆唇，弧腹近直，圜顶，条状纽。素面。可复原。口径 5.9—6.5、高 3.2 厘米（图 2-1-1，8）。

2. T2

T2 属于庙底沟文化的地层有②、③层。

T2 ③

T2 ③层挑选陶器标本彩陶钵 1 件。

彩陶钵[1] 1 件。T2 ③：1，泥质黄褐陶黑彩。直口，圆唇，弧腹，下腹部近直，平底。器表磨光

1　本报告将盛储器分为盆、钵两类，前者有沿，后者无沿。依据是否有鋬，可将盆分为无鋬盆和有鋬盆，有鋬者根据鋬数量分为双鋬、四鋬。依据是否有彩绘，可将盆分为彩陶盆、素面盆、纹饰盆。纹饰盆依据所饰纹饰可分篮纹盆、弦纹盆等。刻槽盆是素面盆中特殊的一类，单列。故本报告的盆类命名有彩陶盆、彩陶双鋬盆、素面盆、素面双鋬盆、四鋬盆、刻槽盆等，命名以反映陶器形特征为主，并非严格逻辑意义上的分类体系。钵亦然。

发白，内外壁均有刮削痕迹。沿面间隔饰一周垂弧纹[1]、圆点[2]，其下区域饰两周宽 0.3 厘米的条带纹。可复原。口径 14.5、底径 5、高 6.7 厘米（图 2-1-1，4；图版五二，6）。

3. T10

T10 属于庙底沟文化的地层有①层。

T10 ①[3]

T10 ①层挑选陶器标本 3 件，其中甑 1、器盖 1、钵 1。

甑[4]　1 件。T10①：2，泥质灰陶。直口，叠唇[5]，弧腹，平底，底部中间有一箅孔，周围置五个箅孔。内壁近口处有刮削痕迹。素面。可复原。口径 26、底径 14、高 14.4 厘米（图 2-1-1，1）。

器盖　1 件。T10①：1，夹砂灰陶。敞口，圆唇，斜直腹，圜顶，顶部置两个凸起状纽。素面。可复原。口径 8.2、高 4.6 厘米（图 2-1-1，3）。

素面钵　1 件。T10①：3，泥质黄褐陶。直口，圆唇，弧腹，平底。器表磨光，内壁抹光，有刮削痕迹。素面。可复原。口径 14.4、底径 5.5、高 6.7 厘米（图 2-1-1，5）。

4. T11

T11 属于庙底沟文化的地层有①、②层。

T11 ①

T11 ①层挑选陶器标本彩陶钵 1 件。

彩陶钵　1 件。T11①：1，泥质黄褐陶黑彩。直口，圆唇，弧腹，平底微内凹。内壁抹光，有刮削痕迹。口部外壁饰一粗两细三周条带纹，分别宽 0.6、0.4、0.4 厘米，其下区域饰五组交弧纹。可复原。口径 16.6、底径 5.6、高 7.2 厘米（图 2-1-1，7）。

5. T14

T14 属于庙底沟文化的地层有②层。

T14 ②

T14 ②层挑选陶器标本素面钵 1 件。

素面钵　1 件。T14②：1，泥质黄褐陶，厚胎。侈口，圆唇，弧腹近直，平底。器表有刮削痕迹。素面。可复原。口径 9.9、底径 5.3、高 4.9 厘米（图 2-1-1，6）。

6. T16

T16 属于庙底沟文化的地层有②层。

T16 ②

T16 ②层挑选陶器标本素面钵 2 件。

素面钵　2 件。黄褐陶。圆唇，平底。素面。器表及内壁有刮削痕迹。T16②：1，夹砂。敞口，弧腹。可复原。口径 14、底径 5.6、高 4.7 厘米（图 2-1-1，2）。T16②：2，泥质。侈口，斜直腹。可复原。

1　本报告在描述彩绘纹样时，以阳纹为主，如未注明，均为阳纹。

2　关于庙底沟文化彩陶纹饰的称谓，前人已有诸多命名，如西阴纹、花卉纹、简化鸟纹、花瓣纹、火焰纹等。此类称谓，除了命名代指外，也具有解读作用。但关于某一纹饰的解读，学者往往存在不同认识。在描述过程中，本报告为方便起见，将由多种构图元素组成的纹饰统称为复合纹饰，不再具体命名，避免使用已有称谓带来的解读混淆。

3　庙底沟遗址2002年发掘是基建项目，部分探方耕土及近现代层已被清理，故此类探方第一层为新石器文化层。

4　本报告的甑依据是否有鋬分为双鋬甑和无鋬甑，文中未称为双鋬甑者，均属无鋬。

5　庙底沟文化有一类器物，唇部外侧加厚，有的甚至加厚至口沿外侧，本报告将这一特征称之为叠唇，并将此器类归入盆/甑。

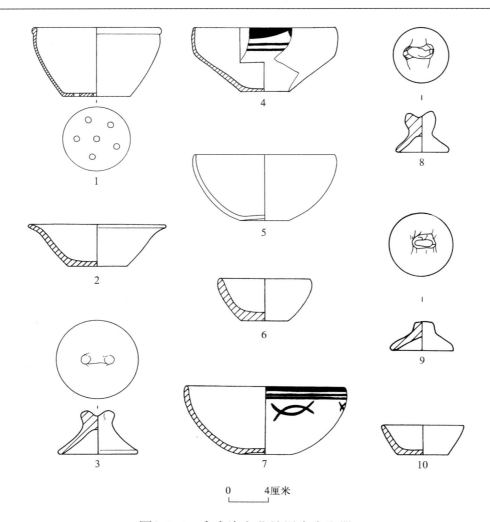

图2-1-1　庙底沟文化地层出土陶器

1.瓶（T10①：2）　2、5、6、10.素面钵（T16②：1、T10①：3、T14②：1、T16②：2）　3、8、9.器盖（T10①：1、T1③：3、T1②：1）　4、7.彩陶钵（T2③：1、T11①：1）

口径8.2、底径5、高3厘米（图2-1-1，10）。

7．T17

T17属于庙底沟文化的地层有②、③、④、⑤、⑥、⑦、⑧、⑨层。

T17③

T17③层挑选陶器标本2件，其中素面钵1、杯1。

素面钵　1件。T17③：84，泥质黄褐陶。侈口，圆唇内侧起台，斜直腹，平底。内外壁均有刮削痕迹。素面。可复原。口径9.9、底径5.5、高4.9厘米（图2-1-2，2）。

杯　1件。T17③：73，夹砂红陶，厚胎。口部略呈椭圆形。敞口，圆唇，曲腹，平底。外壁有刮抹痕迹。素面。可复原。口径5.6、底径3.6、高4.7厘米（图2-1-2，3；图版一九二，4）。

T17④

T17④层挑选陶器标本14件，其中素面钵6、彩陶钵2、素面盆2、彩陶盆1、高领壶1、器盖1、器座1。

彩陶盆　1件。T17④：21，泥质黄褐陶黑彩。敛口，折沿，方唇，深曲腹，平底。器表磨光。沿面饰一周数组弧边三角、垂弧纹组成的复合纹饰；唇面、下腹部各饰一周宽0.9、0.4厘米的条带纹，其间区域饰弧边三角、圆点组成的复合纹饰。可复原。口径30.6、底径11.6、高17.6厘米（图2-1-2，9；彩版二四〇，1）。

彩陶钵　2件。泥质黄褐陶黑彩。T17④：22，直口微侈，尖唇，浅弧腹，平底内凹。口部外壁饰一周垂弧纹，其下区域饰三周条带纹。可复原。口径15.1、底径9.3、高6.3厘米（图2-1-2，8；图版五三，1）。T17④：23，敛口，圆唇，弧腹近直，平底。器表磨光。下腹部饰一周宽0.6厘米的条带纹，其上区域用留白分为五个单元格，每个单元格内饰对弧边直角、凸弧纹、圆点组成的复合纹饰。可复原。口径23、底径9.5、高10.1厘米（图2-1-2，11；彩版一七七，2）。

素面钵　6件。平底。素面。T17④：19，夹砂黄褐陶。侈口，圆唇，弧腹近直。内外壁有少量刮削痕迹。可复原。口径11.6、底径5.5、高5.8厘米（图2-1-2，6；图版九四，2）。T17④：24，泥质黄褐陶。侈口，圆唇，弧腹近折。可复原。口径15.8、底径6.2、高6.7厘米（图2-1-2，7）。T17④：26，夹砂黄褐陶，厚胎。器形不规整，歪斜严重，口部略呈椭圆形。敞口，方唇，弧腹内收。沿面有刮削痕迹，外壁有竖向拍印痕迹。可复原。口径20、底径13.8、高13厘米（图2-1-2，16；图版九四，3）。T17④：51，泥质红陶。敛口，圆唇，弧腹近直。沿面、器表外壁有刮削痕迹。可复原。口径23.2、底径12、高9.4厘米（图2-1-2，10；图版九四，4）。T17④：85，夹砂黄褐陶。侈口，方唇，唇面有一周凹弦纹，弧腹近直。内外壁均有刮削痕迹。可复原。口径9.2、底径5.7、高3.3厘米（图2-1-2，1）。T17④：86，泥质黄褐陶。侈口，圆唇有数周凹槽，斜直腹。内外壁均有刮削痕迹。可复原。口径12.3、底径6.1、高6厘米（图2-1-2，5）。

素面盆　2件。黄褐陶。仰折沿，平底。素面。T17④：25，夹砂陶。敞口，圆唇，斜直腹。内外壁近口处有少量刮削痕迹。可复原。口径21.1、底径8.2、高6.8厘米（图2-1-2，15；图版一三〇，4）。T17④：27，泥质陶。侈口，沿面微下凹，方唇，弧腹。器表磨光，内外壁、沿面有刮削痕迹。可复原。口径21.8、底径10.2、高9.2厘米（图2-1-2，13；图版一三〇，5）。

高领壶　1件。T17④：53，泥质灰陶。侈口，方唇，束颈，溜肩，鼓腹，平底微内凹。素面。可复原。口径10.8、腹径13.6、底径6、高12.8厘米（图2-1-2，12）。

器盖　1件。T17④：89，夹砂红陶。敞口，圆唇，弧腹，圜顶，椭圆形柱状纽。素面。可复原。口径6.8、高3.4厘米（图2-1-2，4）。

器座[1]　1件。T17④：20，泥质灰陶。敞口，方唇，折腰。器表磨光，内壁有刮削痕迹。素面。可复原。口径17.2、底径19.2、高13.8厘米（图2-1-2，14；图版一八五，6）。

T17⑤

T17⑤层挑选陶器标本5件，其中彩陶钵1、器盖1、碗1、素面钵1、篮纹盆1。

彩陶钵　1件。T17⑤：28，泥质黄褐陶黑彩。敛口，圆唇，曲腹，平底。器表磨光，内壁抹光。内壁有轮制痕迹。口部外壁饰一周垂弧纹，下腹部饰一周宽0.3厘米的条带纹，其间区域用凸弧纹分为六个单元格，其中五个单元格内饰双连弧线、圆点组成的复合纹饰，另一单元格内仅饰双连弧线。可复原。口径25.8、腹径27、底径9.8、高12.2—12.5厘米（图2-1-3，8；彩版一七八，1）。

1　在描述中，本报告将直径较小一端称为口，较大者称为底，仅为规范描述，并非表明在实际使用中如此。

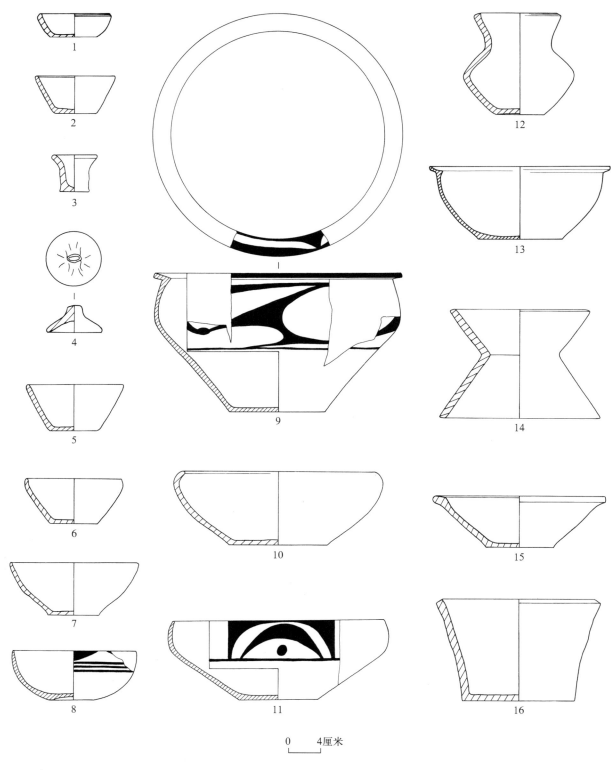

图2-1-2　T17③、④层出土陶器

1、2、5-7、10、16.素面钵（T17④：85、T17③：84、T17④：86、T17④：19、T17④：24、T17④：51、T17④：26）　3.
杯（T17③：73）　4.器盖（T17④：89）　8、11.彩陶钵（T17④：22、T17④：23）　9.彩陶盆（T17④：21）　12.高领壶
（T17④：53）　13、15.素面盆（T17④：27、T17④：25）　14.器座（T17④：20）

碗[1]　1件。T17⑤：91，夹砂红陶。侈口，尖唇，弧腹，饼足微内凹。内外壁均有刮削痕迹。素面。可复原。口径6.8、底径3.4、高3.7厘米（图2-1-3，4）。

素面钵　1件。T17⑤：92，夹砂红陶。侈口，圆唇，斜腹，平底。内壁有刮削痕迹。素面。可复原。口径7.7、底径4.7、高4.1厘米（图2-1-3，3）。

器盖　1件。T17⑤：90，夹砂黄褐陶。敞口，圆唇，弧腹近直，圜顶，条形柱状纽。素面。可复原。口径6.7、高2.8厘米（图2-1-3，5）。

篮纹盆　1件。T17⑤：52，泥质灰陶。侈口，折沿隆起，沿面近内侧饰一周凹弦纹，圆唇，弧腹近直，饼足。外壁近口处、沿面有刮削痕迹。腹部通饰左斜线纹，近口处线纹被抹平。可复原。口径20.6、底径10、高7.2厘米（图2-1-3，9；图版一三〇，6）。

T17⑥

T17⑥层挑选陶器标本6件，其中彩陶钵2、彩陶盆2、杯1、鼓腹罐1。

彩陶钵　2件。泥质黄褐陶。敛口，平底内凹。T17⑥：30，黑彩。器形不规整，略歪斜。尖唇，曲腹近折。器表磨光，内壁近口处有刮削痕迹。口部外壁饰一周垂弧纹，下腹部饰一周宽0.4厘米的条带纹，其间区域饰双连弧线、凸弧纹组成的复合纹饰。可复原。口径11.6、底径4.9、高6.4—6.7厘米（图2-1-3，13；图版五三，2）。T17⑥：31，褐彩。圆唇，曲腹。器表磨光，内壁有刮削痕迹。口部外壁饰一周垂弧纹，下腹部饰一周宽0.4厘米的条带纹，其间区域用凸弧纹分为六个单元格，每个单元格内饰数个圆点、双连弧线组成的复合纹饰。可复原。口径18、底径5.5、高8.9厘米（图2-1-3，12；彩版一七八，2）。

彩陶盆　2件。泥质黄褐陶黑彩。敛口，仰折沿隆起，尖唇。T17⑥：29，深曲腹，平底。器表磨光。唇面、沿面、下腹部各饰一周条带纹，分别宽0.6-0.9、0.5、0.4厘米，其间区域饰数组凸弧纹、圆点组成的复合纹饰。可复原。口径35.4、底径13.2、高21.6厘米（图2-1-3，10；图版一八，5）。T17⑥：32，弧腹，平底微内凹。器表磨光，内壁近口处、沿面有刮削痕迹。沿面饰一周三组凸弧纹和弧边三角组成的复合纹饰。可复原。口径29、底径11.3、高11.9厘米（图2-1-3，6）。

杯　1件。T17⑥：18，夹砂黄褐陶。侈口，圆唇，弧腹，平底。外壁底部有按窝。素面。可复原。口径6.4、底径4、高6.4厘米（图2-1-3，2；图版一九二，5）。

素面钵　1件。T17⑥：33，泥质黄褐陶。敛口，方唇，鼓腹，下腹部近直，平底。外壁有刮削痕迹。素面。可复原。口径12.5、底径9.2、高11.6厘米（图2-1-3，14；图版九四，5）。

T17⑦

T17⑦层挑选陶器标本3件，其中素面钵1、素面双錾盆1、器盖1。

素面钵　1件。T17⑦：34，泥质黄褐陶。直口微侈，尖唇，弧腹，平底。器表磨光，内外壁均有刮削痕迹。素面。可复原，口径13.6、底径8.4、高7.6厘米（图2-1-3，11；图版九四，6）。

素面双錾盆　1件。T17⑦：35，泥质黄褐陶。直口，叠圆唇，弧腹近直，腹部对称置附加突起状双錾，平底。外壁有刮削痕迹，錾上有明显手捏痕迹。素面。可复原。口径26.5、底径12.4、高13.4厘米（图2-1-3，7；图版一四九，3）。

器盖　1件。T17⑦：93，夹砂红陶。敞口，圆唇外壁起台，弧腹，圜顶，椭圆形柱状纽。素面。

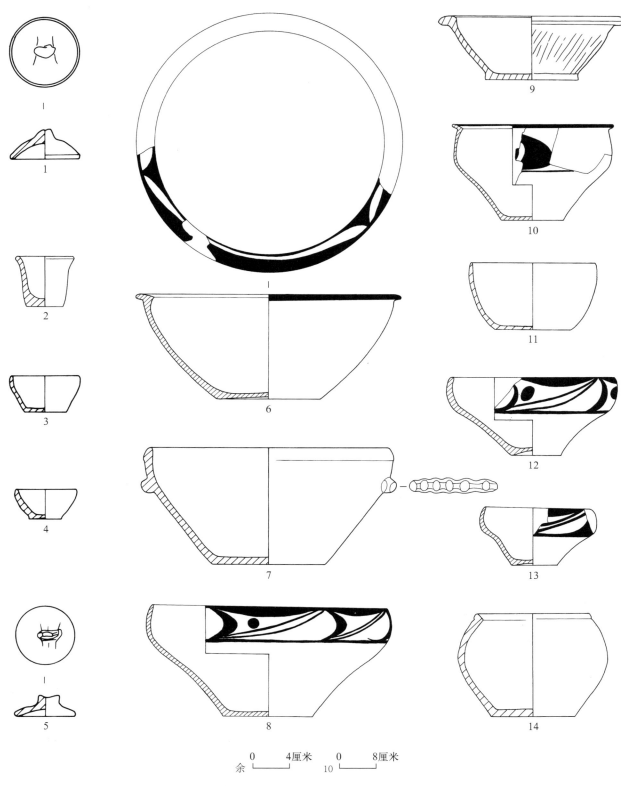

图2-1-3　T17⑤-⑦层出土陶器

1、5.器盖（T17⑦∶93、T17⑤∶90）　2.杯（T17⑥∶18）　3.素面钵（T17⑤∶92）　4.碗（T17⑤∶91）　6、10.彩陶盆（T17⑥∶32、T17⑥∶29）　7.素面双錾盆（T17⑦∶35）　8、12、13.彩陶钵（T17⑤∶28、T17⑥∶31、T17⑥∶30）　9.篮纹盆（T17⑤∶52）　11.素面钵（T17⑦∶34）　14.素面钵（T17⑥∶33）

可复原。口径 7.2、高 3.7 厘米（图 2-1-3，1）。

T17 ⑧

T17 ⑧层挑选陶器标本 19 件，其中彩陶盆 5、素面盆 3、彩陶钵 2、器盖 2、小口尖底瓶 2、素面双錾盆 1、素面钵 1、瓮 1、深腹罐 1、灶 1。

彩陶钵　2 件。泥质黄褐陶黑彩。器形不规整，口部略呈椭圆形。敛口，圆唇。T17 ⑧：38，弧腹，平底。器表磨光，内外壁均有刮削痕迹。口部外壁饰一周宽 0.5 厘米的条带纹。可复原。口径 17.6—18、底径 6.7—7、高 8.3 厘米（图 2-1-4，4；图版五三，3）。T17 ⑧：39，深曲腹，平底微内凹。器表磨光，内外壁均有刮削痕迹。口部外壁饰一周垂弧纹，下腹部饰一周条带纹，其间区域对应饰双连弧线。可复原。口径 14.8、底径 5.7、高 8.4 厘米（图 2-1-4，6；图版五三，4）。

彩陶盆　5 件。泥质陶黑彩。T17 ⑧：16，黄褐陶。敛口，仰折沿隆起，圆唇，深曲腹，平底。唇面、下腹部各饰一周宽 0.8、0.4 厘米的条带纹，其间区域饰弧边三角、圆点、弧线组成的复合纹饰。可复原。口径 44、腹径 42.8、底径 21.2、高 29.2 厘米（图 2-1-4，1；彩版二四〇，2）。T17 ⑧：25，黄褐陶。敛口，仰折沿隆起，圆唇，曲腹。沿面、下腹部各饰一周条带纹，其间区域饰凸弧纹、弧边三角、圆点、弧线组成的复合纹饰。底部残。口径 22、残高 13.2 厘米（图 2-1-4，3）。T17 ⑧：36，黄褐陶。敛口，仰折沿隆起，方唇，曲腹，平底微内凹。器表磨光，内壁抹光。内壁有轮制痕迹和刻划痕迹。唇面、下腹部各饰一周宽 0.9、0.5 厘米的条带纹，其间区域饰凸弧纹、弧边三角、圆点、弧线组成的复合纹饰。可复原。口径 36.2、底径 12.2、高 17.3 厘米（图 2-1-4，2；彩版二四一，1）。T17 ⑧：37，黄褐陶。敛口，仰折沿隆起，圆唇，深曲腹，平底内凹。器表磨光，内壁有泥条盘筑痕迹，沿面、内壁及外壁有泥条盘筑、刮削痕迹。唇面、沿面、颈部、下腹部各饰一周条带纹，分别宽 1.3、0.7、0.5、0.5 厘米，其间区域饰凸弧纹、圆点、弧边三角组成的复合纹饰。可复原。口径 29.9、底径 10.5、高 19.9 厘米（图 2-1-4，8；图版二三，5）。T17 ⑧：55，红陶。器形不规整，歪斜严重，口部略呈椭圆形。直口，仰折沿隆起，圆唇，浅弧腹，平底微内凹。沿面及内外壁均有刮削痕迹。沿面饰一周四个垂弧纹、弧边三角组成的复合纹饰。可复原。口径 33.2—34.4、底径 11.5、高 9.4—11.8 厘米（图 2-1-4，5；图版一三一，5）。

器盖　2 件。灰陶。敞口，弧腹，圆顶近平。素面。T17 ⑧：49，夹砂陶。器形不规整，口部略呈椭圆形。圆唇外侧起台，桥形纽。内外壁均有刮削痕迹。可复原。口径 7.4—7.6、高 7.2 厘米（图 2-1-4，7；图版一七九，2）。T17 ⑧：87，夹砂陶。圆唇。两个突起状纽。可复原。口径 5.2、高 3.6 厘米（图 2-1-4，9）。

小口尖底瓶　2 件。泥质黄褐陶。重唇口，敛口，圆唇，束颈，溜肩。肩部以下饰线纹。T17 ⑧：68，腹部以下残。口径 4.4、残高 10.8 厘米（图 2-1-4，10）。T17 ⑧：69，腹部以下残。口径 5.2、残高 11.2 厘米（图 2-1-4，11）。

素面盆　3 件。泥质灰陶。素面。T17 ⑧：40，器形不规整，口部略呈椭圆形。敛口，折沿隆起，圆唇，浅弧腹，平底。器表磨光，内外壁有少量刮削痕迹。可复原。口径 32.3—12.8、底径 11.6、高 11.4 厘米（图 2-1-5，2；图版一三一，2）。T17 ⑧：41，直口微敛，折沿隆起，尖唇，弧腹，平底。沿面、内外壁有刮削痕迹。可复原。口径 28.8、底径 14.4、高 11.6 厘米（图 2-1-5，8；图版一三一，3）。T17 ⑧：50，直口，圆唇，弧腹，平底。器表磨光。内外壁均有刮削痕迹。可复原。口径 28.8、底径 13.9—14.4、高 11.6 厘米（图 2-1-5，4；图版一三一，4）。

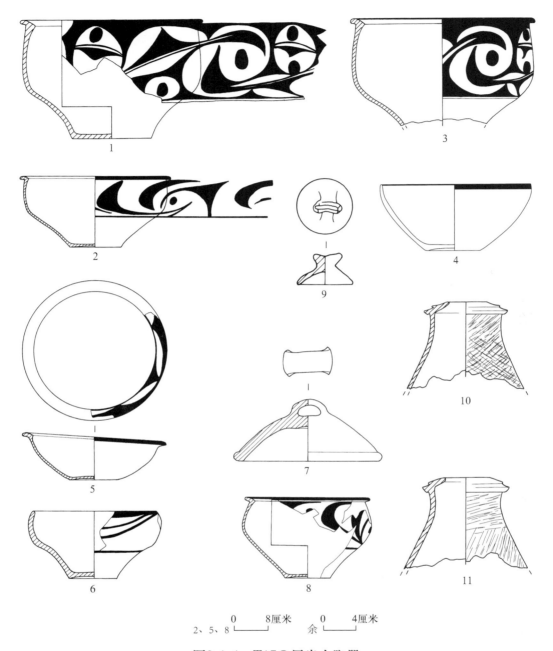

图2-1-4　T17⑧层出土陶器

1-3、5、8.彩陶盆（T17⑧：16、T17⑧：36、T17⑧：25、T17⑧：55、T17⑧：37）　4、6.彩陶钵（T17⑧：38、T17⑧：39）
7、9.器盖（T17⑧：49、T17⑧：87）　10、11.小口尖底瓶（T17⑧：68、T17⑧：69）

素面双錾盆　1件。T17⑧：42，泥质红陶。敛口，叠唇，深曲腹，腹部对称置附加突起状双錾，平底。内外壁均有刮削痕迹。素面。可复原。口径31.2、底径12.5、高18.7厘米（图2-1-5，1；图版一四九，4）。

素面钵　1件。T17⑧：43，泥质黄褐陶。直口，尖唇，浅弧腹，平底微内凹。器表磨光。内壁有泥条盘筑痕迹，内外壁均有刮削痕迹。素面。可复原。口径25、底径9.8、高9.8厘米（图2-1-5，6；图版一九五，1）。

灶　1件。T17⑧：54，泥质灰陶。直口微侈，卷沿下方有一周凹槽，圆唇，斜直腹，腹部内壁对称置三个支垫，腹部一侧开有灶门。通体饰左斜篮纹，灶门四周饰附加堆纹。底部残。口径33、残高11.5厘米（图2-1-5，3）。

瓮　1件。T17⑧：56，泥质灰陶。敛口，叠唇，鼓腹，下腹近直，平底。器表磨光，内外壁有少量刮削痕迹。素面。可复原。口径23.4、底径11.6、高25.6厘米（图2-1-5，5；图版一五八，5）。

深腹罐　1件。T17⑧：70，泥质灰陶。敛口，叠圆唇，弧腹。颈部以下饰线纹。腹部以下残。口径39、残高20厘米（图2-1-5，7）。

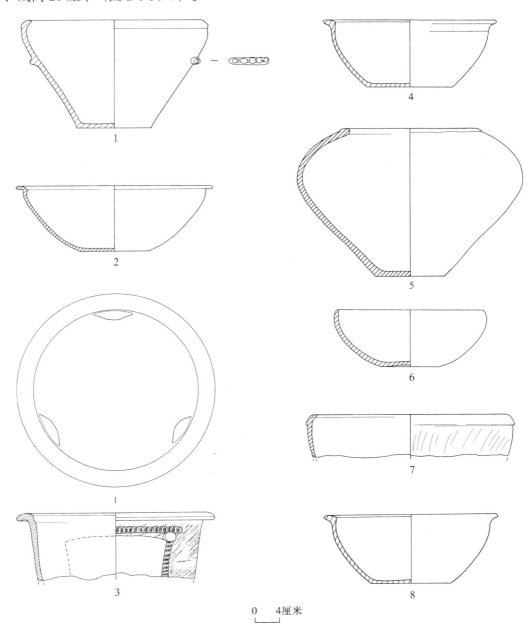

0　　4厘米

图2-1-5　T17⑧层出土陶器

1.素面双錾盆（T17⑧：42）　　2、4、8.素面盆（T17⑧：40、T17⑧：50、T17⑧：41）　　3.灶（T17⑧：54）　　5.瓮（T17⑧：56）
6.素面钵（T17⑧：43）　　7.深腹罐（T17⑧：70）

T17 ⑨

T17 ⑨层挑选陶器标本 8 件，其中彩陶盆 3、素面双錾盆 2、素面钵 1、瓮 1、小口尖底瓶 1。

彩陶盆 3 件。泥质黄褐陶黑彩。敛口，圆唇。T17 ⑨：45，仰折沿，深曲腹，平底。器表磨光，沿面、内壁及外壁有刮削痕迹。唇面、下腹部各饰一周宽 0.4、0.1 厘米的条带纹，其间区域饰凸弧纹、弧边三角组成的复合纹饰。可复原。口径 30.2、底径 13—13.5、高 17.8 厘米（图 2-1-6，8；图版二三，6）。T17 ⑨：46，仰折沿隆起，深曲腹，平底内凹。器表磨光，内壁抹光。内壁有轮制痕迹。沿面饰一周四个垂弧纹，唇面、下腹部各饰一周宽 0.7、0.6 厘米的条带纹，其间区域饰弧边三角、凸弧纹、圆点组成的复合纹饰。可复原。口径 24.6—25、腹径 27.6—28、底径 10.6、高 18.1—18.9 厘米（图 2-1-6，3；彩版二四一，2）。T17 ⑨：47，仰折沿，弧腹，平底内凹。器表磨光，内壁抹光，内壁近口处有轮制痕迹。通体饰红衣。唇面饰一周条带纹，腹部饰三个圆点。可复原。口径 32、腹径 30、底径 10.9、高 14.7 厘米（图 2-1-6，1；图版二四，1）。

素面双錾盆 2 件。泥质黄褐陶。叠圆唇，腹部对称置附加突起状双錾。素面。T17 ⑨：48，直口微敛，弧腹近直，平底。可复原。口径 36.3、底径 14.5、高 20.2 厘米（图 2-1-6，2；图版一四九，5）。T17 ⑨：71，敛口，弧腹。底部残。口径 35、残高 17 厘米（图 2-1-6，4）。

素面钵 1 件。T17 ⑨：44，泥质黄褐陶。直口，圆唇，弧腹，平底。内外壁有泥条盘筑、刮削痕迹。素面。可复原。口径 17.8、底径 5.6—6、高 9 厘米（图 2-1-6，7；图版九五，2）。

瓮 1 件。T17 ⑨：74，夹砂黄褐陶。敛口，矮领，方唇，弧腹近直，平底。内外壁有明显的刮削痕迹。素面。可复原。口径 43、底径 18.2、高 36.6 厘米（图 2-1-6，6；图版一五八，6）。

小口尖底瓶 1 件。T17 ⑨：72，泥质黄褐陶。重唇口，圆唇，束颈。颈部以下饰线纹。颈部以下残。口径 5.4、残高 6.5 厘米（图 2-1-6，5）。

8. T20

T20 属于庙底沟文化的地层有②、③、④、⑤层。

T20 ②

T20 ②层挑选陶器标本 2 件，其中彩陶盆 1、环 1。

彩陶盆 1 件。T20 ②：3，泥质黄褐陶黑彩。直口，折沿，圆唇，弧腹近直，平底。沿面间隔饰弧边三角、凸弧纹。可复原。口径 33.5、底径 11.5、高 12 厘米（图 2-1-7，2）。

环 1 件。T20 ②：5，泥质灰陶。环形，平面为圆形，截面为椭圆形。素面。可复原。外径 5.2、内径 4 厘米（图 2-1-7，3）。

T20 ③

T20 ③层挑选陶器标本 2 件，其中素面钵 1、碗 1。

素面钵 1 件。T20 ③：4，泥质灰陶。敛口，圆唇，弧腹近直，平底微内凹。器表磨光，内外壁均有刮削痕迹。素面。可复原。口径 17.3、底径 6.5、高 7.9—8.2 厘米（图 2-1-7，4）。

碗 1 件。T20 ③：6，夹砂黄褐陶，厚胎。侈口，圆唇，斜直腹，近底处饰一周凹痕，饼足。外壁有刮削痕迹。素面。可复原。口径 6.3、底径 4.1、高 2.7 厘米（图 2-1-7，1）。

9. T21

T21 属于庙底沟文化的地层有②、③、④、⑤、⑥、⑦、⑧、⑨层。

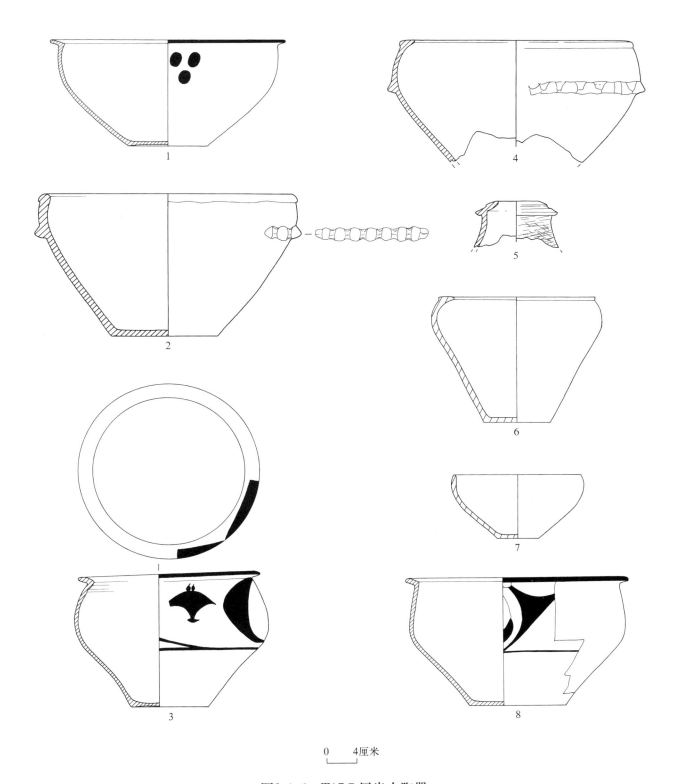

0　　　4厘米

图2-1-6　T17⑨层出土陶器

1、3、8.彩陶盆（T17⑨：47、T17⑨：46、T17⑨：45）　2、4.素面双錾盆（T17⑨：48、T17⑨：71）　5.小口尖底瓶（T17⑨：72）
6.瓮（T17⑨：74）　7.素面钵（T17⑨：44）

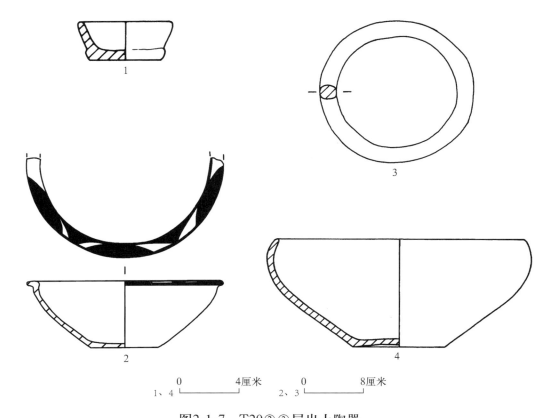

图2-1-7　T20②③层出土陶器
1.碗（T20③：6）　2.彩陶盆（T20②：3）　3.环（T20②：5）　4.素面钵（T20③：4）

T21②

T21②层挑选陶器标本17件，其中彩陶钵4、彩陶盆4、鼓腹罐4、器盖2、弦纹盆1、素面钵1、素面盆1。

彩陶钵　4件。泥质黄褐陶黑彩。直口微侈，尖唇，弧腹。T21②：84，口部外壁饰一周条带纹，其下区域饰数个圆点。腹部以下残。口径16.7、残高4.4厘米（图2-1-8，3）。T21②：83，口部外壁饰一周条带纹，其下区域饰交弧纹。腹部以下残。口径19.2、残高6厘米（图2-1-8，5）。T21②：32，口部外壁间隔饰垂弧纹、交弧纹，其下区域饰两周条带纹。腹部以下残。口径23、残高7厘米（图2-1-8，7）。T21②：109，平底。器表磨光。口部外壁饰一周宽0.9厘米的条带纹，其下区域饰数个圆点。可复原。口径13.8、底径5.8、高6.8厘米（图2-1-8，1；图版五三，5）。

彩陶盆　4件。泥质黄褐陶黑彩。敛口，仰折沿。T21②：81，沿面微隆起，方唇，弧腹。沿面外侧饰一周条带纹，腹部饰双弧线、圆点、弧边三角组成的复合纹饰。腹部以下残。口径37、残高9.5厘米（图2-1-8，8）。T21②：103，沿面隆起，方唇，鼓腹。沿面外侧、唇面各饰一周条带纹，腹部饰弧线、凸弧纹、弧边三角、圆点组成的复合纹饰。腹部以下残。口径28、残高9.8厘米（图2-1-8，2）。T21②：104，沿面微隆起，圆唇，鼓腹，沿面外侧饰一周条带纹，腹部饰弧边三角、圆点、弧线组成的复合纹饰。腹部以下残。口径27.6、残高5厘米（图2-1-8，4）。T21②：105，沿面隆起，圆唇，鼓腹。沿面外侧、唇面各饰一周条带纹，腹部饰弧边三角、弧线、圆点组成的复合纹饰。腹部以下残。口径33、残高6.4厘米（图2-1-8，6）。

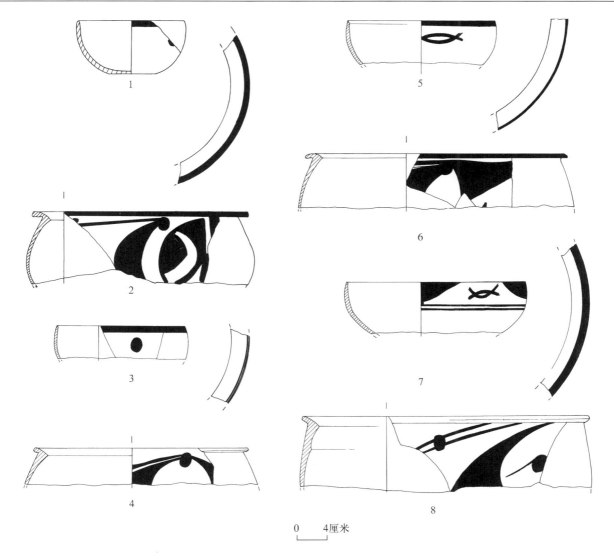

0　　4厘米

图2-1-8　T21②层出土彩陶

1、3、5、7.彩陶钵（T21②：109、T21②：84、T21②：83、T21②：32）　　2、4、6、8.彩陶盆（T21②：103、T21②：104、T21②：105、T21②：81）

　　弦纹盆　1件。T21②：42，泥质灰陶。敛口，叠唇，弧腹。腹部饰数周凹弦纹。腹部以下残。口径34.8、残高6.8厘米（图2-1-9，1）。

　　鼓腹罐　4件。夹砂灰陶。溜肩，鼓腹。T21②：37，敛口，仰折沿，方唇，肩部饰数周凹弦纹。腹部以下残。口径24.4、残高6.5厘米（图2-1-9，2）。T21②：39，敛口，仰折沿，方唇，颈部以下饰线纹。腹部以下残。口径24.2、残高6.4厘米（图2-1-9，5）。T21②：38，敞口，尖唇，矮领，沿面外侧下斜。颈部以下饰线纹。腹部以下残。口径27.4、残高4.6厘米（图2-1-9，3）。T21②：101，直口微敛，尖唇，矮领。腹部以下残。口径26、残高5.6厘米（图2-1-9，4）。

　　器盖　2件。夹砂灰陶。敞口，圆唇，斜直腹，圜顶，两凸起状纽。素面。T21②：18，可复原。口径6.8、高4.2厘米（图2-1-9，7；图版一八一，3）。T21②：121，可复原。口径5.8、高4.4厘米（图2-1-9，6）。

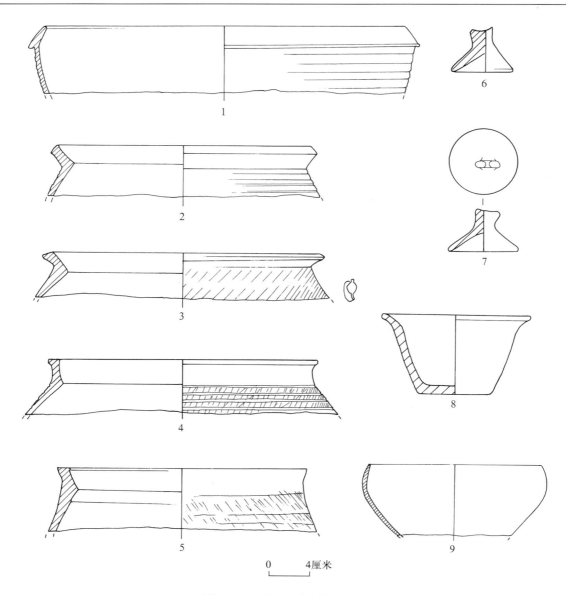

图2-1-9　T21②层出土陶器

1.弦纹盆（T21②：42）　2-5.鼓腹罐（T21②：37、T21②：38、T21②：101、T21②：39）　6、7.器盖（T21②：121、T21②：18）　8.素面盆（T21②：17）　9.素面钵（T21②：35）

素面盆　1件。T21②：17，夹砂黄褐陶，胎较厚。侈口，卷沿，方唇，弧腹近直，平底。沿面、外壁有刮削痕迹。素面。可复原。口径14.4、底径7、高8.1厘米（图2-1-9，8；图版一三一，6）。

素面钵　1件。T21②：35，泥质黄褐陶。敛口，圆唇，弧腹。素面。腹部以下残。口径16.8、残高7.2厘米（图2-1-9，9）。

T21③

T21③层挑选陶器标本10件，其中彩陶钵5、素面盆2、素面钵2、釜1。

彩陶钵　5件。泥质黄褐陶黑彩。T21③：33，敛口，尖唇，弧腹近直。口部外壁饰一周宽0.5厘米的条带纹，其下区域饰数个圆点。腹部以下残。口径23.6、残高8.1厘米（图2-1-10，7）。T21③：90，直口微敛，圆唇，弧腹近折。口部外壁饰一周垂弧纹，其下区域饰数道弧线。腹部以下残。口径 24.4、残高 7.2 厘米（图 2-1-10，5）。T21③：91，敛口，尖唇，弧腹。口部外壁饰一周条带纹，其下区域饰凸弧纹、短线组成的复合纹饰。腹部以下残。口径 17、残高 5.6 厘米（图 2-1-10，4）。T21③：101，侈口，尖唇，弧腹。口部外壁饰一周垂弧纹，其下区域饰双连弧线、圆点、凸弧纹组成的复合纹饰。腹部以下残。口径 15.4、残高 6.6 厘米（图 2-1-10，10）。T21③：108，直口微敛，圆唇，曲腹近折，平底微内凹。器表磨光。口部外壁饰一周三个垂弧纹，下腹部饰一周宽 0.3 厘米的条带纹，其间区域用凸弧纹分为三个单元格，每个单元格饰双连弧线。可修复。口径 14.2、底径 5.2、高 6.9 厘米（图 2-1-10，6；彩版一七九，1）。

素面盆　2 件。泥质黄褐陶。圆唇，仰折沿微隆起。素面。T21③：107，敛口，鼓腹。腹部以下残。口径 29.8、残高 10.7 厘米（图 2-1-10，1）。T21③：14，直口，弧腹。腹部以下残。口径 27.8、残高 4.7 厘米（图 2-1-10，2）。

素面钵　2 件。泥质黄褐陶。直口微侈，弧腹近折。素面。T21③：44，圆唇。腹部以下残。口径 44.2、残高 11.9 厘米（图 2-1-10，3）。T21③：36，尖唇。腹部以下残。口径 17、残高 7.5 厘米（图 2-1-10，9）。

釜　1 件。T21③：48，夹砂黄褐陶。敛口，方唇，溜肩，折腹。上腹部饰数周凹弦纹。腹部以下残。口径 17.6、腹径 26、残高 5.8 厘米（图 2-1-10，8）。

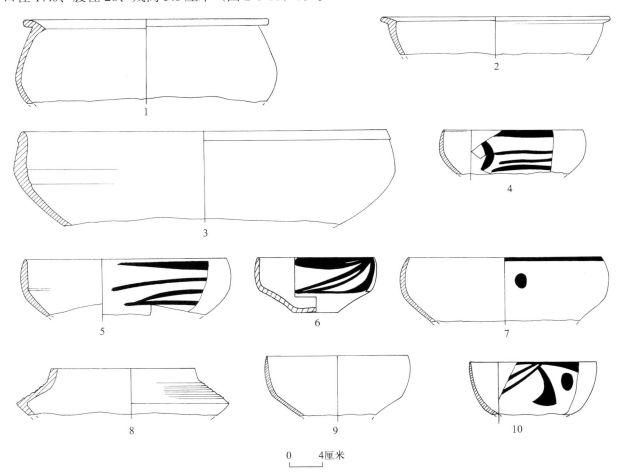

0　　4厘米

图2-1-10　T21③层出土陶器

1、2.素面盆（T21③：107、T21③：14）　　3、9.素面钵（T21③：44、T21③：36）　　4-7、10.彩陶钵（T21③：91、T21③：90、T21③：108、T21③：33、T21③：101）　　8.釜（T21③：48）

T21 ④

T21 ④层挑选陶器标本 9 件，其中彩陶钵 5、彩陶盆 3、素面双鋬钵 1。

彩陶钵　5 件。泥质黄褐陶黑彩。T21 ④：85，侈口，圆唇，弧腹近折，下腹部近直。下腹部饰一周条带纹，其上区域用留白分为数个单元格，每个单元格饰网格纹。腹部以下残。口径 12.6、残高 5 厘米（图 2-1-11，6）。T21 ④：86，直口，尖唇，弧腹。口部外壁饰一周垂弧纹，下腹部饰一周条带纹，其间区域用弧边直角分为数个单元格，每个单元格内饰双连弧线、圆点组成的复合纹饰。腹部以下残。口径 12.2、残高 5.4 厘米（图 2-1-11，8）。T21 ④：87，直口，尖唇，弧腹近直。口部外壁饰一周宽 1.3 厘米的条带纹。腹部以下残。口径 16.7、残高 6.1 厘米（图 2-1-11，2）。T21 ④：107，直口微侈，圆唇，曲腹，平底。器表磨光，内壁有刮削痕迹。口部外壁饰一周五个垂弧纹，下腹部饰一周条带纹，其间区域是用弧边直角分为五个单元格，每个单元格内饰数个圆点、双连弧线、弧边三角组成的复合纹饰。可复原。口径 13.6、底径 4.9、高 7.8 厘米（图 2-1-11，3；彩版一七九，2）。T21 ④：115，直口微敛，尖唇，弧腹近折。口部外壁饰一周垂弧纹，垂弧纹两侧与中间宽窄差异不大，其下区域用弧边直角分为数个单元格，每个单元格内饰三连弧线、圆点组成的复合纹饰。腹部以下残。口径 12.8、残高 4.8 厘米（图 2-1-11，5）。

彩陶盆　3 件。泥质黄褐陶。T21 ④：88，敛口，仰折沿外侧下斜，尖唇，弧腹近折。沿面外侧饰一周条带纹，腹部饰凸弧纹、弧线、弧边三角组成的复合纹饰。腹部以下残。口径 29.9、残高 8.2 厘米（图 2-1-11，9）。T21 ④：89，直口，仰折沿，圆唇，弧腹。沿面饰凸弧纹、弧边三角组成的复合纹饰，唇面饰一周条带纹。腹部以下残。口径 27.6、残高 4.6 厘米（图 2-1-11，7）。T21 ④：106，仰折沿，圆唇，鼓腹，沿面外侧饰一周条带纹，腹部饰弧边三角组成的复合纹饰。腹部以下残。口径 20.2、残高 10.4 厘米（图 2-1-11，4）。

素面双鋬盆　1 件。T21 ④：21，泥质黄褐陶。敛口，叠唇，深曲腹，腹部对称置附加突起状双鋬，平底。内外壁近口处、唇面有刮削痕迹，底部有右斜刮削痕迹。素面。可复原。口径 28.8、底径 12.4、高 16.4 厘米（图 2-1-11，1；图版一四九，6）。

T21 ⑥

T21 ⑥层挑选陶器标本 19 件，其中素面钵 10、素面盆 4、小口尖底瓶 2、素面双鋬盆 1、瓮 1、彩陶钵 1。

彩陶钵　1 件。T21 ⑥：184，泥质黄陶黑彩。敛口，圆唇，弧腹。口部外壁、腹部各饰一周条带纹，其间区域饰对三角纹、弧边三角纹组成的复合纹饰。腹部以下残。口径 23.2、残高 4.4 厘米（图 2-1-12，19；彩版二五三，1）

素面盆　4 件。黄褐陶。素面。T21 ⑥：22，夹砂陶。口部略呈椭圆形。侈口，铁轨式口，折沿隆起，圆唇，弧腹近直，平底。沿面、器表磨光。可复原。口径 26.5—27.2、底径 10.6、高 10.6 厘米（图 2-1-12，10；图版一三二，1）。T21 ⑥：41，泥质陶。直口，叠圆唇，弧腹。腹部以下残。口径 27.4、残高 10.5 厘米（图 2-1-12，16）。T21 ⑥：51，泥质陶。敛口，仰折沿隆起，方唇，弧腹。腹部以下残。口径 28、残高 10.4 厘米（图 2-1-12，18）。T21 ⑥：111，泥质陶。敛口，仰折沿隆起，方唇，鼓腹。腹部以下残。口径 36、残高 9.2 厘米（图 2-1-12，11）

素面钵　10 件。素面。T21 ⑥：23，泥质红陶，通体饰红色陶衣。敛口，尖唇，曲腹，平底内凹。可复原。口径 17.4、底径 5.5、高 9 厘米（图 2-1-12，14；图版九五，3）。T21 ⑥：24，泥质黄褐陶。

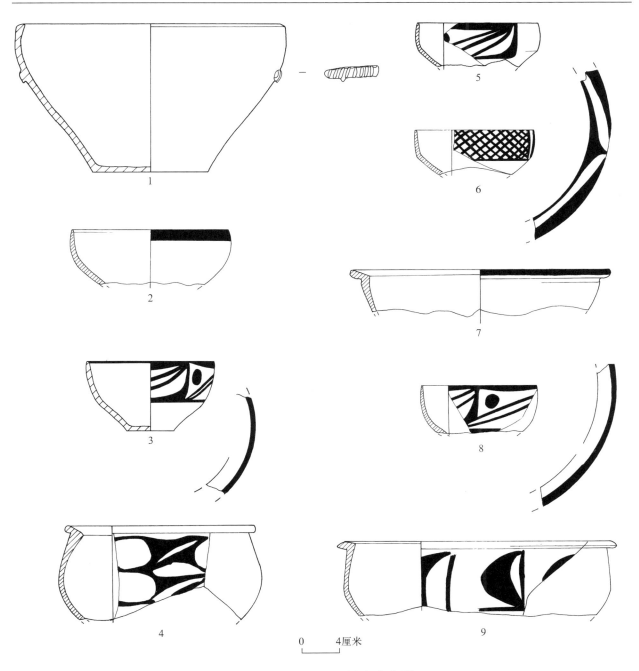

0　　4厘米

图2-1-11　T21④层出土陶器

1.素面双錾盆（T21④：21）　2、3、5、6、8.彩陶钵（T21④：87、T21④：107、T21④：115、T21④：85、T21④：86）　4、7、9.彩陶盆（T21④：106、T21④：89、T21④：88）

敛口，圆唇，弧腹，平底微内凹。器表磨光，内壁近底处有刮削痕迹。可复原。口径26、底径10.4、高11.8厘米（图2-1-12，17；图版九五，4）。T21⑥：25，泥质黄褐陶。侈口，方唇，斜直腹，平底。外壁有明显泥条盘筑痕迹。内外壁、沿面有刮削痕迹。可复原。口径13.2、底径9.2、高6.3厘米（图2-1-12，4；图版九五，5）。T21⑥：26，泥质黄褐陶。直口微侈，圆唇，弧腹，平底内凹。外壁有刮削痕迹，外壁近底处有刮抹痕迹。可复原。口径12.2、底径7.4、高4.5厘米（图2-1-12，5；图版九五，6）。T21⑥：27，夹砂黄褐陶。敞口，圆唇，斜直腹，平底。器表有刮削痕迹。可复原。

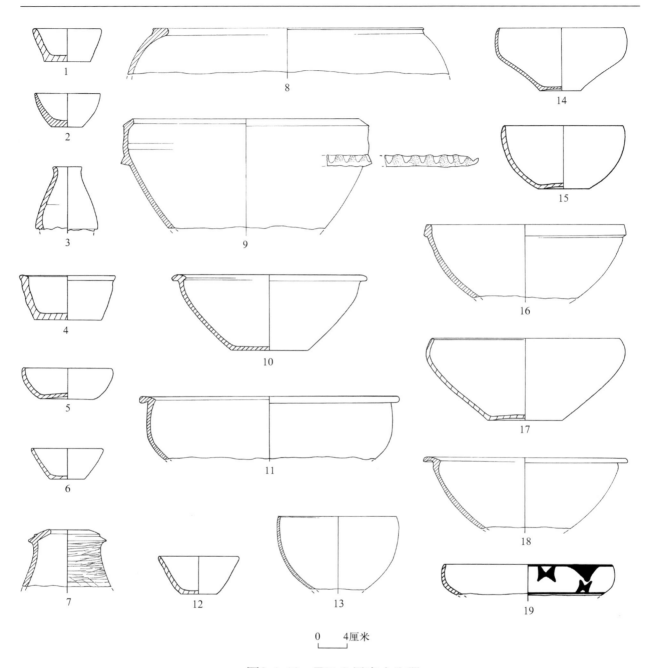

0　　4厘米

图2-1-12　T21⑥层出土陶器

1、2、4-6、12-15、17.素面钵（T21⑥：27、T21⑥：120、T21⑥：25、T21⑥：26、T21⑥：111、T21⑥：28、T21⑥：50、
T21⑥：23、T21⑥：29、T21⑥：24） 3、7.小口尖底瓶（T21⑥：17、T21⑥：119） 8.瓮（T21⑥：52） 9.素面双錾盆
（T21⑥：53） 10、11、16、18.素面盆（T21⑥：22、T21⑥：111、T21⑥：41、T21⑥：51） 19.彩陶钵（T21⑥：184）

口径9.2、底径6、高4.8厘米（图2-1-12，1；图版九六，1）。T21⑥：28，泥质黄褐陶。敞口，圆唇，
弧腹近直，平底。外壁有刮削痕迹。可复原。口径10.8、底径4.8、高5.5厘米（图2-1-12，12；图版
九六，2）。T21⑥：29，泥质灰陶。直口，尖唇，弧腹，平底微内凹。器表磨光，内外壁近口处有刮
削痕迹。可复原。口径16.6、底径7、高9厘米（图2-1-12，15；图版九六，3）。T21⑥：50，泥质
灰陶。直口微敛，方唇内侧下斜，弧腹。腹部以下残。口径16.4、残高10.5厘米（图2-1-12，13）。

T21⑥：111，泥质黄褐陶。敞口，圆唇，斜直腹，平底。外壁有刮削痕迹。可复原。口径10、底径4.2、高4.5厘米（图2-1-12，6；图版九六，4）。T21⑥：120，泥质灰陶，厚胎。侈口，圆唇，弧腹，平底。可复原。口径9、底径4.4、高4.8厘米（图2-1-12，2）。

小口尖底瓶　2件。泥质黄褐陶。T21⑥：17，葫芦形口，侈口，圆唇，束颈。素面。颈部以下残。口径3.6、残高9.2厘米（图2-1-12，3）。T21⑥：119，重唇口，敛口，圆唇，束颈。颈部以下饰线纹。腹部以下残。口径5.2、残高8.2厘米（图2-1-12，7）。

瓮　1件。T21⑥：52，夹砂灰陶。敛口，圆唇，矮领，溜肩，鼓腹。素面。腹部以下残。口径34、残高6.6厘米（图2-1-12，8）。

素面双錾盆　1件。T21⑥：53，泥质黄褐陶。敛口，叠唇，弧腹，腹部对称置附加凸起状盘。素面。腹部以下残。口径31.4、残高15.6厘米（图2-1-12，9）。

T21⑦

T21⑦层挑选陶器标本12件，其中彩陶盆3、素面盆3、鼓腹罐2、甑1、双錾罐1、线纹钵1、素面钵1。

彩陶盆　3件。泥质黄褐陶黑彩。T21⑦：79，敛口，仰折沿，方唇，鼓腹。沿面饰一周凸弧纹、弧边三角组成的复合纹饰，唇面饰一周条带纹，腹部饰弧边三角、弧线、凸弧纹、圆点组成的复合纹饰。腹部以下残。口径19.3、残高17.8厘米（图2-1-13，6）。T21⑦：91，器形不规整，歪斜严重。直口，仰折沿隆起，圆唇，浅弧腹，平底内凹。沿面饰数组凸弧纹、弧边三角组成的复合纹饰。可复原。口径32.6、底径13、高11.3—12.5厘米（图2-1-13，2；图版一三，4）。T21⑦：108，敛口，仰折沿隆起，圆唇，鼓腹。沿面饰一周弧边三角、凸弧纹组成的复合纹饰。腹部饰弧边三角、凸弧纹、圆点、弧线组成的复合纹饰。腹部以下残。口径38、残高14.3厘米（图2-1-13，4）。

素面盆　3件。泥质黄褐陶。素面。T21⑦：80，直口微敛，仰折沿，圆唇，弧腹。腹部以下残。口径32、残高8.8厘米（图2-1-13，5）。T21⑦：92，敛口，叠唇，弧腹，平底微内凸。器表磨光，外壁近口处、沿面有明显刮削痕迹。可复原。口径20.8、底径14.1、高12厘米（图2-1-13，3；图版一三二，2）。T21⑦：109，铁轨式口，方唇，弧腹。腹部以下残。口径23、残高10.1厘米（图2-1-13，11）。

甑　1件。T21⑦：30，泥质灰陶。敛口，叠唇，弧腹，平底，底部有四个椭圆形箅孔。唇面有刮削痕迹。素面。可复原。口径29.6、底径12.4、高15.2厘米（图2-1-13，7；图版一五二，5）。

线纹钵　1件。T21⑦：59，夹砂灰陶。侈口，方唇中间下凹，弧腹。颈部有一周附加堆纹，其下区域饰线纹。腹部以下残。口径33、残高12.6厘米（图2-1-13，9）。

素面钵　1件。T21⑦：81，泥质黄褐陶。直口，圆唇，弧腹。口部内壁有一周凹槽。素面。腹部以下残。口径17.6、残高5.5厘米（图2-1-13，10）。

双錾罐　1件。T21⑦：55，夹砂灰陶。仰折沿微下凹，方唇，斜直颈，弧腹，腹部对称置附加突起状双錾。素面。腹部以下残。口径19.2、残高7.4厘米（图2-1-13，1）。

鼓腹罐　2件。夹砂灰陶。矮领，溜肩。肩部饰数周凹弦纹，其下区域饰间隔线纹。T21⑦：57，侈口，圆唇。腹部以下残。口径23、残高5.6厘米（图2-1-13，12）。T21⑦：113，直口微敛，方唇中间微下凹。腹部以下残。口径22、残高7.2厘米（图2-1-13，8）。

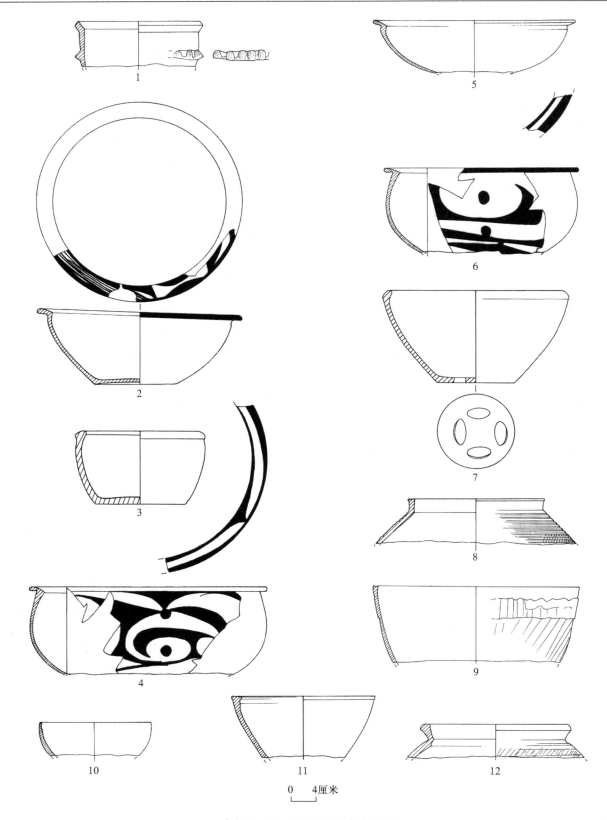

0   4厘米

图2-1-13 T21⑦层出土陶器

1.双錾罐（T21⑦：55）　　2、4、6.彩陶盆（T21⑦：91、T21⑦：108、T21⑦：79）　3、5、11.素面盆（T21⑦：92、T21⑦：80、T21⑦：109）　7.甑（T21⑦：30）　8、12.鼓腹罐（T21⑦：113、T21⑦：57）　9.线纹钵（T21⑦：59）　10.素面钵（T21⑦：81）

T21⑧

T21⑧层挑选陶器标本17件，其中鼓腹罐9、彩陶钵1、彩陶盆1、彩陶器盖1、素面盆1、素面钵1、灶1、釜1、器盖1。

彩陶钵　1件。T21⑧：32，泥质红陶黑彩。直口，圆唇，浅弧腹，平底内凹。器表磨光，内外壁近口处均有刮削痕迹。沿面饰一周宽0.6-1.2厘米不等的条带纹。可复原。口径23.6、底径9.8、高8.4厘米（图2-1-14，14；图版二五，5）。

彩陶盆　1件。T21⑧：33，泥质黄褐陶黑彩。敛口，仰折沿隆起，圆唇，溜肩，深曲腹，平底内凹。器表磨光，沿面及内壁有刮削痕迹。沿面饰三组垂弧纹，下腹部饰一周宽0.3厘米的条带纹，其间区域饰两组弧边三角、圆点、凸弧纹组成的复合纹饰。可复原。口径26.4、腹径27.2、底径9、高18.1—18.4厘米（图2-1-14，1；彩版二四二，1）。

彩陶器盖　1件。T21⑧：93，泥质红陶。直口，圆唇，曲腹，平顶，蘑菇状纽。盖内壁有修整痕迹。盖面饰四组弧边三角、弧线、圆点组成的复合纹饰。可复原。口径25.9、高9.8厘米（图2-1-14，3）。

素面盆　1件。T21⑧：199，泥质黄褐陶。敛口，仰折沿微下凹，圆唇，弧腹。素面。腹部以下残。口径31.4、残高6厘米（图2-1-14，7）。

素面钵　1件。T21⑧：20，泥质红陶。直口微敛，尖唇，弧腹，平底微内凹。器表磨光，内外壁近口处均有刮削痕迹。素面。可复原。口径18.8、底径7.6、高7.8厘米（图2-1-14，12）。

鼓腹罐　9件。夹砂灰陶。溜肩。T21⑧：31，侈口，圆唇，矮领，鼓腹，平底。素面。可复原。口径18.4、腹径26.4、底径12.4、高20.2厘米（图2-1-14，15；图版一六七，3）。T21⑧：98，器形不规整，口部略呈椭圆形。直口，方唇，矮领，曲腹，平底。通体饰左斜篮纹。可复原。口径21.5—23、底径13.8、高27.6厘米（图2-1-14，6；图版一六七，4）。T21⑧：183，侈口，方唇，仰折沿，鼓腹。肩部饰数周凹弦纹，其下饰线纹。腹部以下残。口径20.6、残高10.3厘米（图2-1-14，17）。T21⑧：185，侈口，仰折沿，圆唇，矮领，鼓腹。肩部以下饰线纹。腹部以下残。口径24.4、残高7.8厘米（图2-1-14，8）。T21⑧：192，直口微敛，退化铁轨式口，圆唇，矮领，鼓腹。肩部饰数周凹弦纹，其下饰间隔线纹。腹部以下残。口径18.8、残高7.3厘米（图2-1-14，13）。T21⑧：195，直口微敛，方唇中间下凹，矮领，鼓腹。肩部以下饰间隔线纹。腹部以下残。口径27.6、残高8.6厘米（图2-1-14，5）。T21⑧：197，敛口，铁轨式口，方唇中间下凹，矮领，鼓腹。肩部以下饰线纹。腹部以下残。口径30.6、残高9厘米（图2-1-14，4）。T21⑧：206，直口微敛，圆唇，矮领，鼓腹。肩部以下饰数周凹弦纹。腹部以下残。口径25.5、残高7.2厘米（图2-1-14，9）。T21⑧：209，直口微敛，方唇内侧下斜，矮领内凹，鼓腹。肩部饰数周凹弦纹，其下饰间隔线纹。腹部以下残。口径15.6、残高6.6厘米（图2-1-14，10）。

灶　1件。T21⑧：36，夹砂灰陶。侈口，折沿，圆唇，斜直腹，腹部一侧开有灶门，腹内壁置三个三角形支垫，平底，底部设三个长方形足。沿面及内外壁近口处有刮削痕迹，内壁近底处有明显泥条盘筑痕迹。通体饰左斜篮纹，灶门四周饰附加堆纹，灶门四角各饰一圆饼状附加堆纹。可复原。口径32.5—33、底径24、高18.3厘米（图2-1-14，2；图版一七三，6）。

釜　1件。T21⑧：34，夹砂红陶。侈口，方唇，矮领，广肩，折腹起棱，圜底。底部有明显使用痕迹。肩部饰十一周凹弦纹，下腹部饰线纹。可复原。口径16.4、腹径28、高12厘米（图2-1-14，

0　　4厘米

图2-1-14　T21⑧层出土陶器

1.彩陶盆（T21⑧：33）　　2.灶（T21⑧：36）　　3.彩陶器盖（T21⑧：93）　　4—6、8—10、13、15、17.鼓腹罐（T21⑧：197、
T21⑧：195、T21⑧：98、T21⑧：185、T21⑧：206、T21⑧：209、T21⑧：192、T21⑧：31、T21⑧：183）　　7.素面盆
（T21⑧：199）　　11.釜（T21⑧：34）　　12.素面钵（T21⑧：20）　　14.彩陶钵（T21⑧：32）　　16.器盖（T21⑧：208）

11；图版一七三，4）。

器盖　1件。T21⑧：208，泥质灰陶。敞口，折沿，方唇，弧腹近直。素面。顶部残。口径26、残高3.8厘米（图2-1-14，16）。

T21⑨

T21⑨层挑选陶器标本116件，其中素面钵32、彩陶盆27、素面盆20、彩陶钵9、小口尖底瓶8、素面双錾盆6、鼓腹罐6、瓮4、彩陶器盖1、素面双錾钵1、双錾甑1、深腹罐1。

彩陶盆　27件。泥质陶黑彩。T21⑨：1，黄褐陶。敛口，仰折沿，方唇，弧腹。沿面饰一周垂弧纹、弧边三角组成的复合纹饰。腹部以下残。口径33.6、残高7.9厘米（图2-1-16，9）。T21⑨：81，红陶。直口，仰折沿，圆唇，浅弧腹，平底微内凹。沿面饰六组垂弧纹、凸弧纹、弧边三角组成的复合纹饰。可复原。口径35、底径12.2、高10.7厘米（图2-1-15，7；图版一三，5）。T21⑨：82，红陶。直口微敛，折沿隆起，圆唇，浅弧腹，平底微内凹。沿面饰五组弧边三角、垂弧纹组成的复合纹饰。可复原。口径33.8、底径12.4、高11.1厘米（图2-1-17，10；图版一三，6）。T21⑨：83，红陶。直口，折沿隆起，圆唇，浅弧腹，平底内凹。沿面饰五组圆点、垂弧纹组成的复合纹饰。可复原。口径33.6、底径10.4、高9厘米（图2-1-16，6；图版二四，2）。T21⑨：84，红陶。直口微敛，折沿隆起，圆唇，浅弧腹，平底内凹。沿面饰弧边三角、凸弧纹组成的复合纹饰。可复原。口径32.4、底径12、高10.4厘米（图2-1-15，2；图版一五，2）。T21⑨：85，红陶。直口，仰折沿隆起，圆唇，浅弧腹，平底。沿面饰弧边三角、垂弧纹组成的复合纹饰。可复原。口径35.8、底径14、高11.4厘米（图2-1-15，5；图版一四，1）。T21⑨：86，黄褐陶。直口，折沿隆起，圆唇，弧腹，下腹部近直，平底。沿面饰垂弧纹、圆点组成的复合纹饰，下腹部饰一周宽0.4厘米的条带纹，其间区域饰凸弧纹、弧纹组成的复合纹饰。可复原。口径34.2、底径12、高15.8厘米（图2-1-15，1；图版二四，3）。T21⑨：87，黄褐陶，下腹部饰少量红衣。敛口，仰折沿隆起，圆唇，弧腹近直，平底内收。器表磨光，内外壁有明显刮削痕迹。沿面内侧饰一周宽0.2厘米的条带纹，外侧饰一周垂弧纹、圆点组成的复合纹饰，下腹部饰一周宽0.2厘米的条带纹，其间区域饰凸弧纹、圆点、弧线组成的复合纹饰。可复原。口径33.2、底径13.2、高16.7厘米（图2-1-15，3；彩版二三九，1）。T21⑨：88，黄褐陶，通体饰红衣。敛口，仰折沿隆起，圆唇，深曲腹，平底微内凹。器表磨光，内壁抹光，沿面及内壁有刮削痕迹。沿面饰四组垂弧纹，下腹部饰一周宽0.6厘米的条带纹，其间区域饰弧边三角、凸弧纹、圆点组成的复合纹饰。可复原。口径37.4、腹径35.8、底径12.2、高21厘米（图2-1-17，3；彩版一九七，1）。T21⑨：89，黄褐陶。敛口，仰折沿隆起，圆唇，深曲腹，平底内凹。沿面饰弧边三角、垂弧纹组成的复合纹饰，下腹部饰一周宽0.5厘米的条带纹，其间区域饰弧边三角、凸弧纹、圆点组成的复合纹饰。可复原。口径37、腹径36、底径12.8、高18.1厘米（图2-1-16，3）。T21⑨：90，红陶。敛口，仰折沿，沿面微隆起，圆唇，溜肩，深曲腹，平底内凹。器表磨光，内壁抹光，沿面及内壁有刮削痕迹。沿面饰四组垂弧纹，下腹部饰一周条带纹，其间区域饰弧边三角、凸弧纹、圆点组成的复合纹饰。可复原。口径27.8、腹径36.4、底径11、高17.7厘米（图2-1-16，8）。T21⑨：95，黄褐陶，通体饰红彩。敛口，仰折沿微隆起，圆唇，溜肩，深曲腹，平底内凹。器表磨光，内壁抹光，沿面及内壁近口处有刮削痕迹。沿面对称饰两组垂弧纹、弧边三角，下腹部饰一周宽0.4厘米的条带纹，其间区域饰

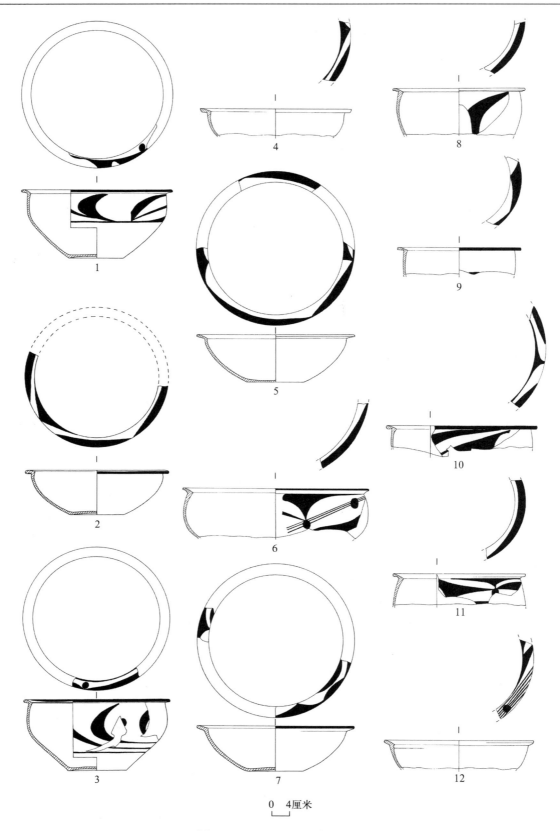

0　　4厘米

图2-1-15　T21⑨层出土彩陶盆

1-12.彩陶盆（T21⑨：86、T21⑨：84、T21⑨：87、T21⑨：124、T21⑨：85、T21⑨：107、T21⑨：81、T21⑨：113、T21⑨：125、
T21⑨：126、T21⑨：119、T21⑨：122）

两组弧边三角、凸弧纹、圆点组成的复合纹饰。可复原。口径 27.8、腹径 36.4、底径 11、高 17.7 厘米（图 2-1-16，1；彩版一八七，1）。T21⑨：107，黄褐陶。敛口，仰折沿微隆起，圆唇，溜肩，鼓腹。沿面外侧饰一周垂弧纹。唇面饰一周条带纹，腹部饰弧边三角、圆点、凸弧纹、弧线组成的复合纹饰。腹部以下残。口径 42、残高 11.3 厘米（图 2-1-15，6）。T21⑨：109，黄褐陶。敛口，仰折沿，圆唇，溜肩，鼓腹。沿面饰一周弧边三角，腹部饰弧边三角、凸弧纹、弧线组成的复合纹饰。腹部以下残。口径 34、残高 11.2 厘米（图 2-1-17，2）。T21⑨：113，黄褐陶。敛口，仰折沿微隆起，圆唇，弧腹。沿面饰一周垂弧纹，腹部饰凸弧纹。腹部以下残。口径 29.8、残高 10.8 厘米（图 2-1-15，8）。T21⑨：119，黄褐陶。敛口，仰折沿，圆唇，溜肩，鼓腹。沿面饰一周垂弧纹，腹部饰弧边三角、圆点组成的复合纹饰。腹部以下残。口径 29.6、残高 7.4 厘米（图 2-1-15，11）。T21⑨：120，黄褐陶。敛口，仰折沿微隆起，方唇，溜肩，鼓腹。唇面饰一周垂弧纹，腹部饰弧边三角、圆点、凸弧纹组成的复合纹饰。腹部以下残。口径 28、残高 7.2 厘米（图 2-1-16，7）。T21⑨：121，黄褐陶。敛口，仰折沿，圆唇，溜肩，鼓腹。沿面饰一周弧边三角、垂弧纹组成的复合纹饰。腹部饰对弧边三角、凸弧纹、圆点、条带纹组成的复合纹饰。腹部以下残。口径 29.6、残高 12.4 厘米（图 2-1-16，4）。T21⑨：122，黄褐陶。直口微敛，仰折沿，方唇，弧腹。沿面饰一周圆点、垂弧纹、弧边三角、条带纹组成的复合纹饰。腹部以下残。口径 33.6、残高 6.6 厘米（图 2-1-15，12）。T21⑨：124，黄褐陶。直口微敛，仰折沿，方唇，弧腹。沿面饰一周垂弧纹、弧边三角组成的复合纹饰。腹部以下残。口径 34、残高 6.3 厘米（图 2-1-15，4）。T21⑨：125，黄褐陶。敛口，仰折沿，方唇，弧腹。沿面饰一周弧边三角，唇面饰一周条带纹，腹部纹饰不明。腹部以下残。口径 28、残高 6.2 厘米（图 2-1-15，9）。T21⑨：126，黄褐陶。敛口，仰折沿，圆唇，弧腹。沿面饰一周弧边三角、垂弧纹组成的复合纹饰，唇面饰一周条带纹，腹部饰凸弧纹、弧边三角组成的复合纹饰。腹部以下残。口径 34、残高 7 厘米（图 2-1-15，10）。T21⑨：127，红陶。敛口，折沿微隆起，圆唇，曲腹，平底。内外壁近口处均有刮削痕迹。沿面饰六组垂弧纹，下腹部饰一周宽 0.3 厘米的条带纹，其间区域饰凸弧纹、弧边三角、弧线组成的复合纹饰。可复原。口径 36、底径 14、高 15.6 厘米（图 2-1-16，2；彩版一八七，2）。T21⑨：128，黄褐陶。敛口，仰折沿，方唇，弧腹。沿面饰一周弧边三角、垂弧纹组成的复合纹饰，唇面饰一周条带纹，腹部饰凸弧纹、圆点组成的复合纹饰。腹部以下残。口径 28、残高 10 厘米（图 2-1-16，10）。T21⑨：129，黄褐陶。敛口，仰折沿微隆起，圆唇，溜肩，鼓腹。沿面饰一周垂弧纹，腹部饰凸弧纹、弧线、圆点组成的复合纹饰。腹部以下残。口径 28.4、残高 7.8 厘米（图 2-1-17，6）。T21⑨：132，黄褐陶。敛口，仰折沿，圆唇，鼓腹。沿面饰一周垂弧纹，唇面饰一周条带纹，腹部饰弧边三角、凸弧纹、圆点组成的复合纹饰。腹部以下残。口径 33.4、残高 8.2 厘米（图 2-1-16，5）。T21⑨：185，通体施白衣。敛口，折沿，圆唇，直颈。器表磨光细腻。唇面及下腹部各饰一周条带纹，其间区域饰弧边三角纹、圆点、弧线组成的复合纹饰。腹部以下残。口径 10、残高 5 厘米（图 2-1-17，12；彩版二五三，2）。

彩陶钵　9 件。泥质陶黑彩。T21⑨：77，黄褐陶，腹部饰白衣。直口微敛，尖唇，深弧腹，下腹部近直，平底内凹。器表磨光，内壁抹光，内壁近口处有刮削痕迹。口沿内外壁、下腹部各饰一周条带纹，其间区域饰三组对弧边三角纹、弧线、圆点、短直线组合的复合纹饰。可复原。口径 16、底径 6.8、高 9 厘米（图 2-1-17，4；彩版一八〇，1）。T21⑨：78，黄褐陶。直口微敛，圆唇，浅弧腹，

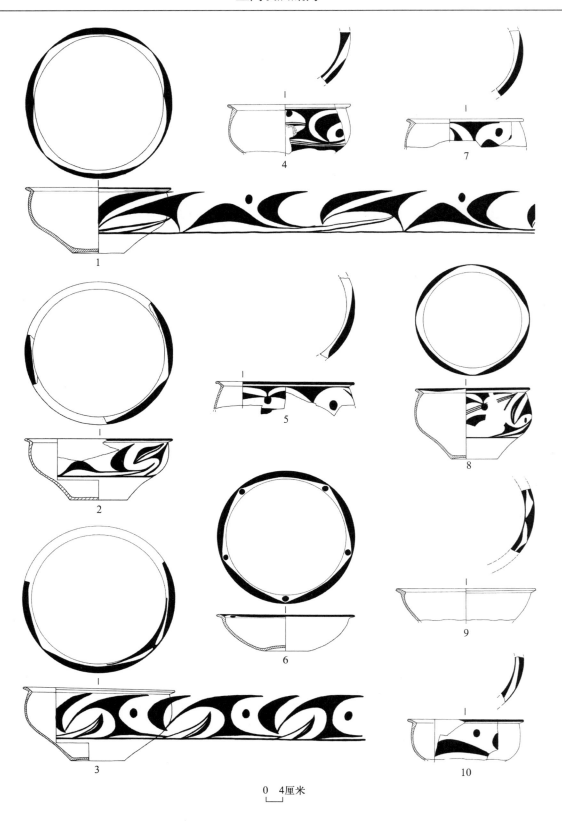

0　4厘米

图2-1-16　T21⑨层出土彩陶盆

1-10.彩陶盆（T21⑨：95、T21⑨：127、T21⑨：89、T21⑨：121、T21⑨：132、T21⑨：83、T21⑨：120、T21⑨：90、T21⑨：1、T21⑨：128）

平底微内凹。器表磨光，内壁抹光。内壁有轮制痕迹。口部外壁饰一周宽 1.7 厘米的条带纹。可复原。口径 27.5—28.7、底径 11.5—11.8、高 9.9 厘米（图 2-1-17，5；彩版一八〇，2）。T21 ⑨：28，侈口，尖唇，弧腹。口部外壁饰一周宽 1.3 厘米的条带纹。腹部以下残。口径 24.2、残高 7.7 厘米（图 2-1-17，11）。T21 ⑨：79，红陶。直口微敛，圆唇，浅弧腹，平底内凹。内壁近口处有修整痕迹。口部外壁二方连续饰一周垂弧纹，下腹部饰一周宽 0.5 厘米的条带纹，其下区域饰七个凸弧纹。可复原。口径 29.8、腹径 30.4、底径 12、高 9 厘米（图 2-1-17，4；彩版一八一，1）。T21 ⑨：80，红陶。直口微敛，圆唇，浅弧腹，平底内凹。内壁近口处及外壁均有修整痕迹。口部外壁饰一周宽 1.1 厘米的条带纹。可复原。口径 28、腹径 28.6、底径 10.5—11、高 9.5 厘米（图 2-1-17，13；彩版一八一，2）。T21 ⑨：111，黄褐陶。直口微敛，尖唇，弧腹近折。口部外壁间隔饰一周垂弧纹、弧边三角。腹部以下残。口径 33.4、残高 5.2 厘米（图 2-1-17，1）。T21 ⑨：115，黄褐陶。敛口，方唇，弧腹。口部外壁饰一周双连弧线、凸弧纹组成的复合纹饰。腹部以下残。口径 35.4、残高 6.2 厘米（图 2-1-17，14）。T21 ⑨：123，黄褐陶。敛口，方唇，弧腹。口部外壁饰一周凸弧纹、弧边三角组成的复合纹饰。腹部以下残。口径 39.5、残高 10.5 厘米（图 2-1-17，15）。T21 ⑨：131，黄褐陶，厚胎。敛口，圆唇，弧腹。口部外壁饰一周条带纹，其下饰凸弧纹、弧边三角组成的复合纹饰。腹部以下残。口径 33.6、残高 8 厘米（图 2-1-17，8）。

彩陶器盖　1 件。T21 ⑨：130，泥质红陶。敞口，圆唇外壁起台，弧腹，圜顶，蘑菇状纽。内壁近口处有修整痕迹。盖面饰弧边三角、圆点、垂弧纹组成的复合纹饰。可复原。口径 28.5、高 11 厘米（图 2-1-17，9；彩版一八六，1）。

素面双錾钵　1 件。T21 ⑨：65，泥质黄褐陶。敛口，圆唇，深弧腹，下腹部近直，腹部对称置附加突起状双錾，平底。内外壁近口处均有刮削痕迹。素面。可复原。口径 40、底径 14.4、高 17.6 厘米（图 2-1-19，2；图版一五〇，2）。

素面双錾盆　6 件。素面。腹部对称置附加突起状双錾。T21 ⑨：6，泥质黄褐陶。敛口，叠唇，弧腹。腹部以下残。口径 17.2、残高 9.2 厘米（图 2-1-18，3）。T21 ⑨：22，泥质黄褐陶。直口微敛，叠圆唇，弧腹。腹部以下残。口径 30.4、残高 7.9 厘米（图 2-1-18，1）。T21 ⑨：23，泥质黄褐陶。直口微敛，叠圆唇，弧腹。腹部以下残。口径 39、残高 13.9 厘米（图 2-1-18，2）。T21 ⑨：57，泥质红陶。敛口，折沿，圆唇，深弧腹，下腹部近直，平底微内凹。内外壁近口处均有刮削痕迹。可复原。口径 33.6、底径 19.6、高 18.9 厘米（图 2-1-18，5；图版一五〇，1）。T21 ⑨：70，泥质灰陶。敛口，叠唇，深弧腹，下腹部近直，平底。内外壁近口处均有刮削痕迹。可复原。口径 37.4、底径 16.2、高 9.2 厘米（图 2-1-18，4；图版一五〇，3）。T21 ⑨：71，夹砂灰陶。敛口，仰折沿，圆唇，深弧腹，下腹部近直，平底。内外壁近口处均有刮削痕迹。素面。可复原。口径 36.8、底径 19.6、高 22.4 厘米（图 2-1-18，6；图版一五〇，4）。

双錾甑　1 件。T21 ⑨：66，夹砂红陶。器形不规整，口部略呈椭圆形。敛口，圆唇，深弧腹，下腹部近直，腹部对称置附加突起状双錾，平底，底部中间有四个椭圆形箅孔。錾上有明显的手捏痕迹。素面。可复原。口径 30—31.2、底径 12.8、高 13.2 厘米（图 2-1-18，13；图版一五六，1）。

素面盆　20 件。素面。T21 ⑨：2，泥质黄褐陶。敛口，叠唇，弧腹近直。腹部以下残。口径 31、残高 12.4 厘米（图 2-1-18，7）。T21 ⑨：4，泥质黄褐陶。敛口，叠圆唇，弧腹近直。腹部以下

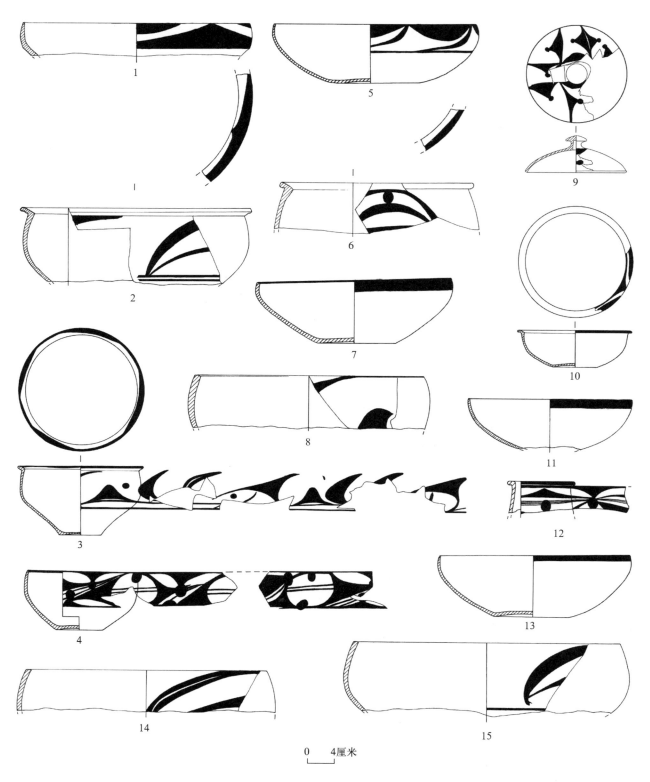

0　　4厘米

图2-1-17　T21⑨层出土彩陶

1、4、5、7、8、11、13~15.彩陶钵（T21⑨：111、T21⑨：79、T21⑨：28、T21⑨：77、T21⑨：131、T21⑨：78、T21⑨：80、T21⑨：115、T21⑨：123）　2、3、6、10、12.彩陶盆（T21⑨：109、T21⑨：88、T21⑨：129、T21⑨：82、T21⑨：185）
9.彩陶器盖（T21⑨：130）

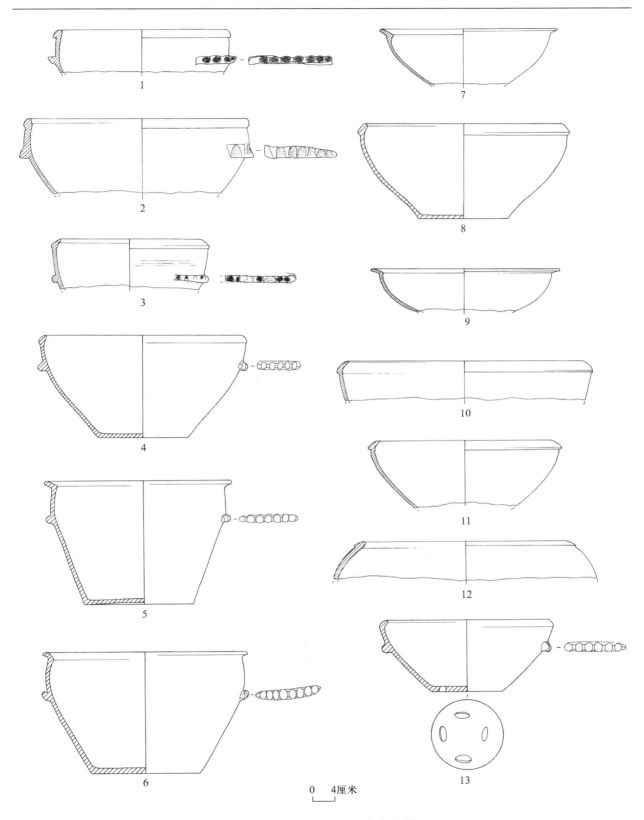

0　　4厘米

图2-1-18　T21⑨层出土陶器

1-6.素面双錾盆（T21⑨：22、T21⑨：23、T21⑨：6、T21⑨：70、T21⑨：57、T21⑨：71）　　7-11.素面盆（T21⑨：2、T21⑨：72、
T21⑨：98、T21⑨：16、T21⑨：4）　　12.瓮（T21⑨：7）　　13.双錾甑（T21⑨：66）

残。口径30.8、残高12.6厘米（图2-1-18，11）。T21⑨：16，泥质黄褐陶。敛口，叠唇，弧腹近直。腹部以下残。口径42.4、残高7.2厘米（图2-1-18，10）。T21⑨：24，泥质黄褐陶。直口，仰折沿隆起，尖唇，弧腹。腹部以下残。口径32、残高8.6厘米（图2-1-19，13）。T21⑨：26，泥质黄褐陶。侈口，叠圆唇，弧腹。腹部以下残。口径30.4、残高10.6厘米（图2-1-19，10）。T21⑨：29，泥质黄褐陶。直口，仰折沿，方唇下垂，弧腹。腹部以下残。口径36.4、残高14.4厘米（图2-1-19，16）。T21⑨：38，泥质灰陶。侈口，卷沿，圆唇，浅弧腹，平底。可复原。口径32、底径12、高10.1厘米（图2-1-19，15；图版一三二，4）。T21⑨：58，泥质红陶。敛口，折沿隆起，沿面内侧有一周凹槽，浅弧腹，平底。器表磨光，内外壁近口处均有刮削痕迹。可复原。口径19.4、底径10、高11.2厘米（图2-1-20，12；图版一三二，5）。T21⑨：59，泥质红陶。敛口，折沿隆起，圆唇，浅弧腹，平底微内凹。器表磨光，内外壁均有刮削痕迹。可复原。口径33.2、底径12.8、高10厘米（图2-1-20，11；图版一三二，6）。T21⑨：62，夹砂黄褐陶。器身不规整。直口，叠圆唇，弧腹，平底。器表磨光，内壁有刮削痕迹。可复原。口径19、底径13.1、高11厘米（图2-1-20，7；图版一三三，1）。T21⑨：63，泥质黄褐陶。敛口，叠方唇，弧腹近直，平底。可复原。口径17.8、底径10.4、高11厘米（图2-1-20，16；图版一三三，2）。T21⑨：69，泥质灰陶。敛口，仰折沿隆起，圆唇，浅弧腹，平底微内凹。内外壁近口处均有刮削痕迹。可复原。口径32.4、底径13.2、高10厘米（图2-1-20，10；图版一三三，3）。T21⑨：72，泥质灰陶。敛口，叠唇，曲腹，平底。内外壁近口处均有刮削痕迹。可复原。口径38、底径16、高17.6厘米（图2-1-18，8；图版一三三，4）。T21⑨：73，泥质灰陶。侈口，方唇内突，唇面中间下凹，斜直腹，平底。可复原。口径30.6、底径19.4、高14.6厘米（图2-1-20，13；图版一三二，3）。T21⑨：75，泥质灰陶。敞口，圆唇，弧腹近直，口部外壁下方有一周凹痕，平底微内凹。器表粗糙，内外壁近口处均有刮削痕迹。可复原。口径28、底径11.2、高10.2厘米（图2-1-19，5；图版一三三，5）。T21⑨：76，夹砂灰陶。直口微敛，叠唇，弧腹，平底。内外壁近口处均有刮削痕迹。可复原。口径37.4、底径16.2、高9.2厘米（图2-1-19，14；图版一三三，6）。T21⑨：94，泥质黄褐陶。直口，折沿隆起，圆唇，弧腹。腹部以下残。口径29.6、残高6.8厘米（图2-1-21，14）。T21⑨：97，泥质黄褐陶。直口，叠圆唇，弧腹。腹部以下残。口径28、残高9.2厘米（图2-1-20，15）。T21⑨：98，泥质黄褐陶。直口微敛，仰折沿微隆起，方唇，弧腹。腹部以下残。口径34、残高7.9厘米（图2-1-18，9）。T21⑨：100，泥质黄褐陶。敛口，仰折沿隆起，方唇，弧腹。腹部以下残。口径34、残高10.6厘米（图2-1-20，9）。T21⑨：114，夹砂灰陶。侈口，叠圆唇上有一周凹槽，弧腹近直。腹部残留有些许线纹。腹部以下残。口径34、残高6.7厘米（图2-1-19，12）。

素面钵　32件。素面。T21⑨：10，泥质黄褐陶。直口，圆唇，弧腹。腹部以下残。口径19.2、残高6.6厘米（图2-1-19，19）。T21⑨：11，泥质黄褐陶。直口微敛，方唇，深弧腹。腹部以下残。口径16.4、残高8.7厘米（图2-1-19，22）。T21⑨：12，泥质黄褐陶。直口，圆唇，弧腹。腹部以下残。口径14.2、残高4.6厘米（图2-1-19，21）。T21⑨：21，泥质黄褐陶。直口微敛，圆唇，弧腹。腹部以下残。口径21.4、残高9.4厘米（图2-1-19，1）。T21⑨：39，泥质红陶。直口微敛，尖唇，深弧腹，平底内凹。器表磨光，内壁近口处有刮削痕迹。可复原。口径10.4、底径4.8、高6厘米（图2-1-19，20；图版九六，5）。T21⑨：40，泥质黄褐陶。直口微侈，尖唇，深弧腹，

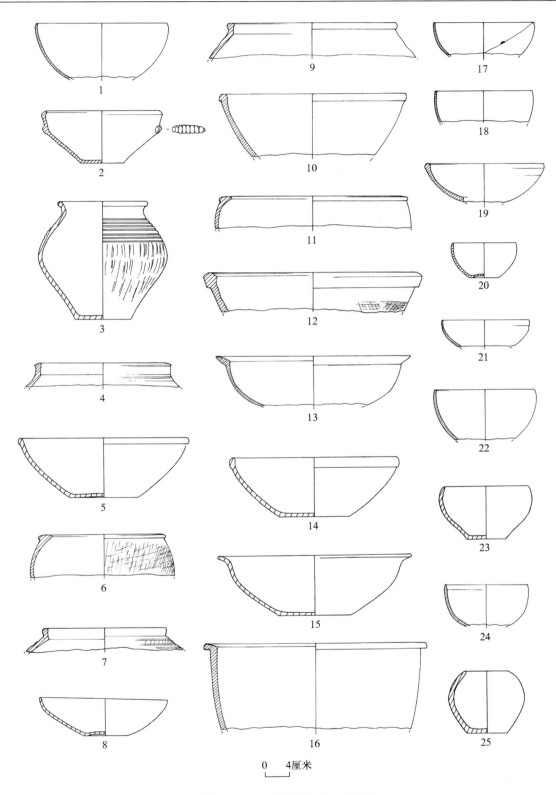

图2-1-19　T21⑨层出土陶器

1、5、8、17-25.素面钵（T21⑨：21、T21⑨：51、T21⑨：93、T21⑨：92、T21⑨：10、T21⑨：39、T21⑨：12、T21⑨：11、
T21⑨：108、T21⑨：64、T21⑨：55）　2.素面双錾钵（T21⑨：65）　3、4、7、9.鼓腹罐（T21⑨：110、T21⑨：3、
T21⑨：112、T21⑨：19）　6、11.瓮（T21⑨：9、T21⑨：32）　10、12-16.素面盆（T21⑨：26、T21⑨：114、T21⑨：24、
T21⑨：75、T21⑨：76、T21⑨：38、T21⑨：29）

平底内凹。器表磨光，内外壁均有刮削痕迹。可复原。口径12.6、底径5.4、高7.1厘米（图2-1-20，18；图版九六，6）。T21⑨：41，泥质灰陶。直口，圆唇，弧腹，平底微内凹。器表磨光，内外壁均有刮削痕迹。可复原。口径17、底径7、高7.8厘米（图2-1-20，17；图版九七，1）。T21⑨：42，泥质灰陶。直口微敛，尖唇，深弧腹，平底。器表磨光，内外壁均有刮削痕迹。可复原。口径17.4、底径6.2、高10厘米（图2-1-20，8；图版九七，2）。T21⑨：43，泥质灰陶。直口微敛，圆唇，弧腹，平底微内凹。器表磨光，内壁近口处有刮削痕迹。可复原。口径18、底径8、高7.8厘米（图2-1-20，4；图版九七，3）。T21⑨：44，泥质红陶。器形不规整，口部略呈椭圆形。直口微敛，圆唇，弧腹，下腹部近直，平底。器表磨光，内外壁均有刮削痕迹。可复原。口径24、底径10、高12.2厘米（图2-1-21，11；图版九七，4）。T21⑨：45，泥质黄褐陶。直口微侈，圆唇，深弧腹，下腹部近直，平底。器表磨光，内外壁均有刮削痕迹。可复原。口径17.8、底径6.2、高8.5厘米（图2-1-20，1；图版九七，5）。T21⑨：46，泥质黄褐陶。直口微侈，圆唇，深弧腹，平底内凹。器表磨光，内外壁均有刮削痕迹。可复原。口径19、底径7.6、高9.3厘米（图2-1-20，3；图版九七，6）。T21⑨：47，泥质红陶。侈口，圆唇，深弧腹，平底。器表磨光，内外壁均有刮削痕迹。可复原。口径16.5、底径6.6、高7.9厘米（图2-1-21，6；图版九八，1）。T21⑨：48，泥质黄褐陶。直口微侈，尖唇，深弧腹，平底微内凹。器表磨光，内外壁均有刮削痕迹。可复原。口径18.4、底径7.2、高18.4厘米（图2-1-20，25；图版九八，2）。T21⑨：49，泥质黄褐陶。侈口，圆唇，弧腹，平底内凹。器表磨光，内外壁均有刮削痕迹。可复原。口径12.6、底径4.6、高4.8厘米（图2-1-20，23；图版九八，3）。T21⑨：50，泥质红陶。侈口，尖唇，浅弧腹，平底。器表磨光，内外壁、口沿均有刮削痕迹。可复原。口径13.5、底径6—6.6、高4.5厘米（图2-1-20，22；图版九八，4）。T21⑨：51，泥质红陶。器形不规整，略歪斜。侈口，尖唇，浅弧腹近折，平底微内凹。器表磨光，内外壁均有刮削痕迹。可复原。口径21、底径7.2、高6—6.6厘米（图2-1-19，8；图版九八，5）。T21⑨：52，泥质红陶。侈口，圆唇，浅弧腹，平底。器表磨光，口部内外壁均有刮削痕迹。可复原。口径13、底径6.6、高4.3厘米（图2-1-20，21；图版九八，6）。T21⑨：53，泥质黄褐陶。直口微敛，圆唇，浅弧腹，平底微内凹。器表磨光，口部内外壁均有刮削痕迹。可复原。口径12.6、底径4.6、高5厘米（图2-1-20，20；图版九九，1）。T21⑨：54，泥质黄褐陶。侈口，尖唇，浅弧腹，平底微内凹。器表磨光，内外壁均有刮削痕迹。可复原。口径18、底径6.8、高6.4厘米（图2-1-20，19；图版九九，2）。T21⑨：55，泥质红陶，胎较厚。敛口，尖圆唇，鼓腹，平底。器表磨光，外壁有刮削痕迹。可复原。口径7、腹径13.4、底6.6、高10.5厘米（图2-1-19，25；图版一九九，3）。T21⑨：56，直口，圆唇，弧腹，平底内凹。可复原。口径23.8、底径6.8、高9.8厘米（图2-1-20，5；图版九九，4）。T21⑨：60，泥质红陶。直口，圆唇，浅弧腹，平底。器表磨光，内外壁均有刮削痕迹。可复原。口径24、底径10.4、高9厘米（图2-1-20，2；图版九九，5）。T21⑨：61，泥质红陶。器形不规整，口部呈椭圆形。敛口，圆唇，浅弧腹，平底微内凹。唇面及内外壁近口处有刮削痕迹。可复原。口径31.2、底径11.6、高10.4厘米（图2-1-20，14；图版九九，6）。T21⑨：64，泥质黄褐陶。侈口，尖唇，深弧腹。腹部以下残。口径13.4、残高6.9厘米（图2-1-19，24；图版一〇〇，1）。T21⑨：68，泥质灰陶。直口微敛，尖唇，深弧腹，下腹部近直，平底微内凹。内外壁近口处均有刮削痕迹。可复原。口径19.4、底径6.8、高8厘米（图2-1-21，

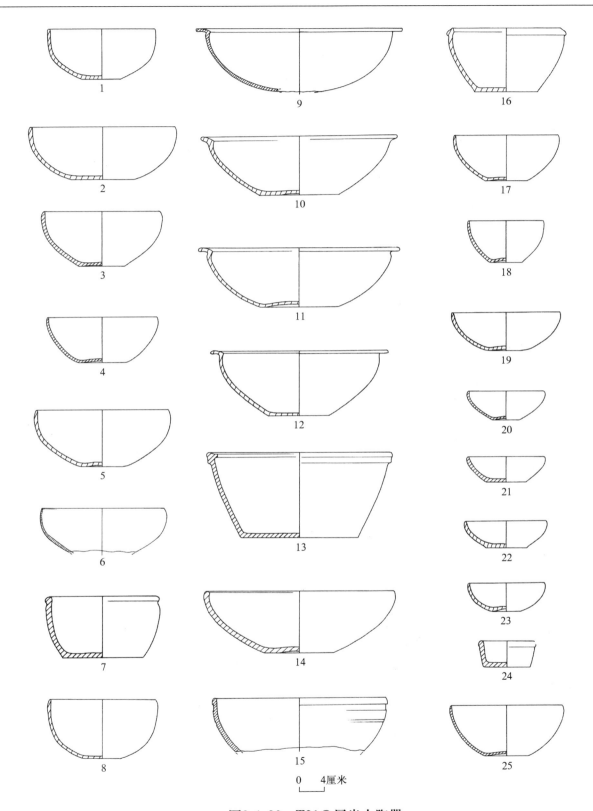

图2-1-20　T21⑨层出土陶器

1-6、8、14、17-25.素面钵（T21⑨：45、T21⑨：60、T21⑨：46、T21⑨：43、T21⑨：56、T21⑨：106、T21⑨：42、T21⑨：61、T21⑨：41、T21⑨：40、T21⑨：54、T21⑨：53、T21⑨：52、T21⑨：50、T21⑨：49、T21⑨：48、T21⑨：74）　7、9-13、15、16.素面盆（T21⑨：62、T21⑨：100、T21⑨：69、T21⑨：59、T21⑨：58、T21⑨：73、T21⑨：97、T21⑨：63）

4；图版九六，5）。T21⑨：74，泥质灰陶，厚胎。侈口，圆唇，斜直腹，口部外壁下方有一周凹痕，平底。器表磨光，内外壁均有刮削痕迹。可复原。口径9.4、底径7.8、高4.4厘米（图2-1-20，24；图版一〇〇，2）。T21⑨：92，泥质黄褐陶。直口微侈，圆唇，深弧腹。腹部以下残。口径15.8、残高5.4厘米（图2-1-19，18）。T21⑨：93，泥质黄褐陶。直口微敛，圆唇，深弧腹。腹部以下残。口径16.4、残高5.5厘米（图2-1-19，17）T21⑨：106，夹砂红陶。口部歪斜。敛口，圆唇，弧腹，下腹部近直，腹部以下残。口径21.6、残高24.4厘米（图2-1-20，6）。T21⑨：108，泥质黄褐陶。敛口，圆唇，曲腹，平底。器表磨光，内外壁均有刮削痕迹。可复原。口径14.3、底径6.2、高9.3厘米（图2-1-19，23）。

　　瓮　4件。夹砂灰陶。敛口，溜肩，鼓腹。T21⑨：7，叠圆唇。素面。腹部以下残。口径36.4、残高7厘米（图2-1-18，12）。T21：8，尖唇。素面。腹部以下残。口径24、残高8厘米（图2-1-21，10）。T21⑨：9，折沿，尖唇。肩部以下饰线纹。腹部以下残。口径19、残高7.2厘米（图2-1-19，6）。T21⑨：32，折沿，尖唇。素面。腹部以下残。口径30.8、残高5.4厘米（图2-1-19，11）。

　　深腹罐　1件。T21⑨：37，夹砂红陶。器形不规整，口部歪斜。敛口，仰折沿隆起，圆唇，鼓腹，下腹部近直，平底微内凹。内壁近口处有刮削痕迹。素面。可复原。口径16、底径6.8、高16.6厘米（图2-1-21，18；图版一七一，6）。

　　鼓腹罐　6件。夹砂陶。溜肩，鼓腹。T21⑨：3，灰陶。直口，方唇中间下凹，矮领。肩部饰数周凹弦纹。腹部以下残。口径22.2、残高4厘米（图2-1-19，4）。T21⑨：19，灰陶。直口微敛，圆唇，矮领。素面。腹部以下残。口径27.2、残高5.9厘米（图2-1-19，9）。T21⑨：67，灰陶。侈口，折沿外侧下斜，圆唇，束颈，平底。内壁近口处有刮削痕迹。肩部饰七周凹弦纹。可复原。口径16、腹径19.8、底径6.8、高16.6厘米（图2-1-21，5）。T21⑨：105，灰陶。敛口，仰折沿，尖唇。素面。腹部以下残。口径17.2、残高5.5厘米（图2-1-21，3）。T21⑨：110，红陶。侈口，圆唇，束颈，平底。上腹部饰数周凹弦纹，下腹部通体饰竖篮纹。可复原。口径14.8、腹径18.2、底径9、高20.5厘米（图2-1-19，3；图版一六七，5）。T21⑨：112，灰陶。直口，圆唇，矮领内凹。肩部饰数周凹弦纹。腹部以下残。口径20.4、残高4厘米（图2-1-19，7）。

　　小口尖底瓶　8件。泥质黄褐陶。橄榄状腹。通体饰线纹。T21⑨：25，重唇口，圆唇，弧颈，溜肩。底部残。口径5、残高9厘米（图2-1-21，9）。T21⑨：31，退化重唇口，方唇，弧颈，溜肩。底部残。口径5、残高27厘米（图2-1-21，2）。T21⑨：96，退化重唇口，尖唇，斜直颈，溜肩，尖底。底部有泥条盘筑痕迹。腹部有数周凹弦纹。可复原。口径3.6、腹径17.6、高62.5厘米（图2-1-21，16；图版一九六，4）。T21⑨：99，退化重唇口，圆唇，弧颈，溜肩。底部残。口径4、残高50.5厘米（图2-1-21，15）。T21⑨：104，重唇口，方唇，弧颈，溜肩。底部残。口径4.2、残高28.6厘米（图2-1-21，1）。T21⑨：116，尖底。腹部以上残。腹径15.5、残高39厘米（图2-1-21，17）。T21⑨：117，退化重唇口，圆唇，束颈，溜肩。底部残。口径4.5、残高14.4厘米（图2-1-21，8）。T21⑨：118，退化重唇口，圆唇，束颈，溜肩。底部残。口径4.5、残高16厘米（图2-1-21，7）。

　　器盖　2件。夹砂灰陶。叠圆唇，弧腹。素面。T21：20，直口。顶部残。口径26、残高5厘米（图2-1-21，12）。T21：20，直口。顶部残。口径18、残高4厘米（图2-1-21，13）。

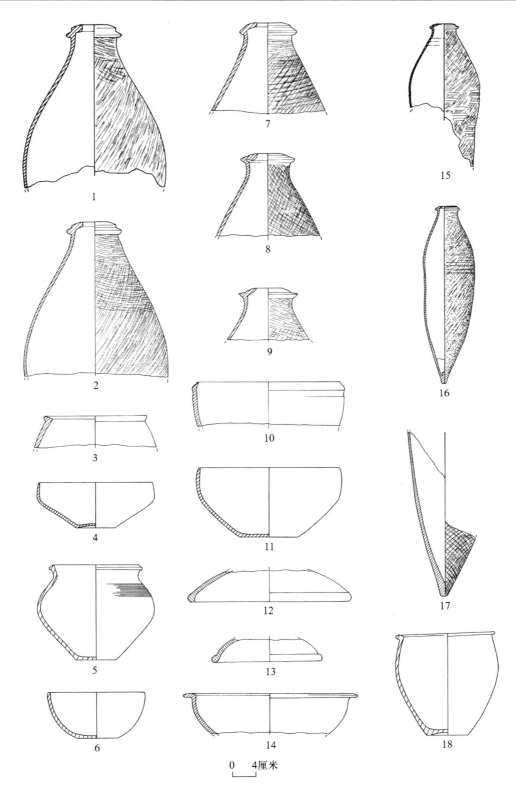

图2-1-21　T21⑨层出土陶器

1、2、7-9、15-17.小口尖底瓶（T21⑨：104、T21⑨：31、T21⑨：118、T21⑨：117、T21⑨：25、T21⑨：99、T21⑨：96、T21⑨：116）　3、5.鼓腹罐（T21⑨：105、T21⑨：67）　4、6、11.素面钵（T21⑨：68、T21⑨：47、T21⑨：44）　10.瓮（T21⑨：8）　12、13.器盖（T21⑨：20、T21⑨：13）　14.素面盆（T21⑨：94）　18.深腹罐（T21⑨：37）

10. T22

T22 属于庙底沟文化的地层有②、③、④、⑤、⑥层。

T22 ②

T22 ②层挑选陶器标本 4 件，其中素面钵 2、器盖 1、杯 1。

素面钵　2 件。泥质陶。侈口，圆唇，斜直腹，平底。素面。T22 ②：4，黄褐陶。器形不规整。内壁近口处有刮削痕迹。可复原。口径 6.9、底径 4.2、高 3.2 厘米（图 2-1-22，7）。T22 ②：5，红陶。口部不规整。器表有泥条盘筑痕迹。可复原。口径 15、底径 8、高 7.8 厘米（图 2-1-22，9）。

器盖　1 件。T22 ②：6，夹砂红陶。敞口，圆唇，弧腹，圜顶，不规则柱状纽。素面。可复原。口径 6.2、高 3.9 厘米（图 2-1-22，12）。

杯　1 件。T22 ②：8，夹砂黄褐陶，厚胎。侈口，圆唇，弧腹，平底。外壁有刮削痕迹。素面。可复原。口径 5.5、底径 3.6、高 4.7 厘米（图 2-1-22，11）。

T22 ③

T22 ③层挑选陶器标本 2 件，其中素面钵 1、杯 1。

素面钵　1 件。T22 ③：9，夹砂红陶。直口，圆唇，曲腹近折，平底。内外壁近口处有刮削痕迹。素面。可复原。口径 18.1、底径 6.3、高 7.6 厘米（图 2-1-22，3）。

杯　1 件。T22 ③：7，夹砂黄褐陶。侈口，卷沿，圆唇，弧腹，平底。外壁近口处有刮削痕迹。素面。可复原。口径 4.7、底径 3.3—1.5、高 5.2 厘米（图 2-1-22，13）。

T22 ④

T22 ④层挑选陶器标本 3 件，其中彩陶钵 1、素面钵 1、素面盆 1。

彩陶钵　1 件。T22 ④：17，泥质黄褐陶黑彩。敛口，圆唇，曲腹近折，平底微内凹。器表磨光发白，内外壁均有刮削痕迹。沿面、下腹部各饰一周条带纹，其间区域用弧边直角分为四个单元格，每个单元格内饰双连弧线、圆点组成的复合纹饰。可复原。口径 13.8、底径 6.3、高 8.3 厘米（图 2-1-22，8；彩版一八二，1）。

素面钵　1 件。T22 ④：20，夹砂红陶。侈口，圆唇，弧腹近折，平底。内外壁近口处有刮削痕迹。素面。可复原。口径 8.8、底径 5、高 3.7 厘米（图 2-1-22，5）。

素面盆　1 件。T22 ④：12，夹砂红陶。直口，仰折沿，圆唇，弧腹，平底。沿面及内外壁近口处有刮削痕迹。素面。可复原。口径 23.6、底径 10、高 8.8 厘米（图 2-1-22，4）。

T22 ⑤

T22 ⑤层挑选陶器标本 3 件，其中素面钵 2、彩陶钵 1。

彩陶钵　1 件。T22 ⑤：18，泥质黄褐陶黑彩。直口微敛，圆唇，弧腹，下腹部近直，平底。器表磨光，内壁抹光。内壁有轮制痕迹和刮削痕迹。口部外壁饰一周五个垂弧纹，其下区域对应饰五组双连弧线、圆点组成的复合纹饰。可复原。口径 15、底径 6.3、高 8.5 厘米（图 2-1-22，6）。

素面钵　2 件。泥质黄褐陶。圆唇，弧腹，平底。内外壁均有刮削痕迹。素面。T22 ⑤：14，口部略不规整。直口微侈。可复原。口径 17.7、底径 8.3、高 8.2 厘米（图 2-1-22，2）。T22 ⑤：15，直口。可复原。口径 9.8、底径 5、高 4.2 厘米（图 2-1-22，10）。

T22 ⑥

T22 ⑥层挑选陶器标本素面盆 1 件。

素面盆　1件。T22⑥：16，泥质灰陶。铁轨式口，敛口，折沿，沿面微隆起，圆唇，浅弧腹，平底。器表磨光，内壁抹光，沿面及内外壁近口处有刮削痕迹。素面。可复原。口径30.9、底径11.5、高10.2厘米（图2-1-22，1）。

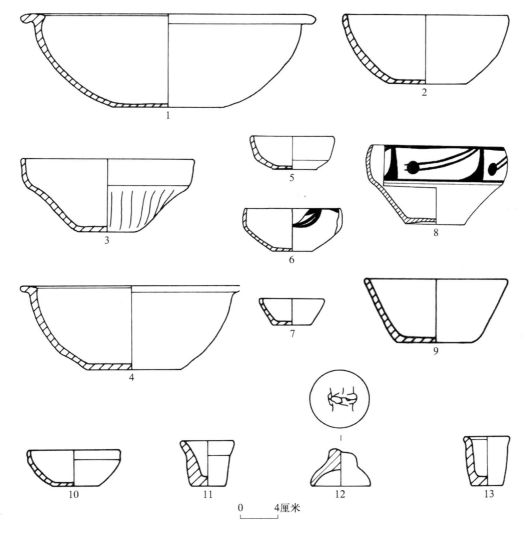

图2-1-22　T22出土陶器

1、4.素面盆（T22⑥：16、T22④：12）　2、3、5、7、9、10.素面钵（T22⑤：14、T22③：9、T22④：20、T22②：4、T22②：5、T22⑤：15）6、8.彩陶钵（T22⑤：18、T22④：17）　11、13.杯（T22②：8、T22③：7）　12.器盖（T22②：6）

11. T23

T23 属于庙底沟文化的地层有③层。

T23 ③

T23 ③层挑选陶器标本2件，其中素面钵1、杯1。

素面钵　1件。T23 ③：4，泥质黄褐陶。直口微敛，圆唇，曲腹，平底。内壁近口处及外壁近底处有刮削痕迹。素面。可复原。口径16.6、底径9.7、高7.9厘米（图2-1-23，1）。

杯　1件。T23 ③：5，夹砂红陶，厚胎。口部不规整。敞口，圆唇，弧腹，平底。内外壁近口处有刮削痕迹。素面。可复原。口径4.3、底径2.2、高4.3厘米（图2-1-23，5）。

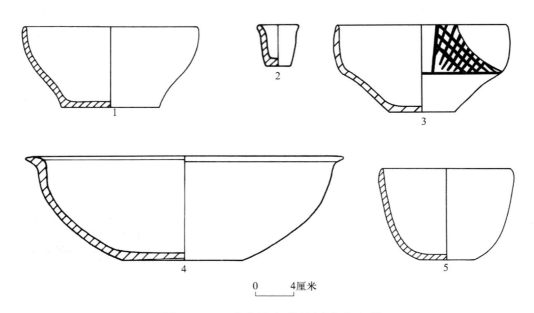

图2-1-23　庙底沟文化地层出土陶器

1、5.素面钵（T23③：4、T25②：5）　2.杯（T23③：5）　3.彩陶钵（T30②：1）　4.素面盆（T27③：5）

12. T25

T25属于庙底沟文化的地层有②层。

T25②

T25②层挑选陶器标本素面钵1件。

素面钵　1件。T25②：5，泥质黄褐陶。器形不规整，口部略呈椭圆形。直口微侈，尖唇，弧腹近直，平底。器表磨光，内外壁有明显刮削痕迹。素面。可复原。口径14.8、底径5—5.4、高9.3厘米（图2-1-23，5）。

13. T27

T27属于庙底沟文化的地层有③层。

T27③

T27③层挑选陶器标本素面盆1件。

素面盆　1件。T27③：5，泥质红陶。直口，卷沿，尖唇，弧腹，平底。器表磨光，内壁抹光，沿面及内壁近口处有刮削痕迹。素面。可复原。口径31.3、底径11.6、高10.8厘米（图2-1-23，4）。

14. T30

T30属于庙底沟文化的地层有②层。

T30②

T30②层挑选陶器标本彩陶钵1件。

彩陶钵　1件。T30②：1，泥质黄褐陶。直口微敛，尖唇，曲腹近折，平底。器表抹光，内壁抹光，有刮削痕迹。下腹部饰一周宽0.2厘米的条带纹，其上区域饰网格纹。可复原。口径13.5、底径5、高6.9厘米（图2-1-23，3）。

15. T35

T35 属于庙底沟文化的地层有②层。

T35 ②

T35 ②层挑选陶器标本 15 件，其中素面钵 5、彩陶钵 4、彩陶盆 4、杯 1、深腹罐 1。

彩陶钵　4 件。泥质黄褐陶黑彩。T35 ②：6，敛口，尖唇，曲腹，平底微内凹。器表磨光，内壁抹光，有刮削痕迹，内壁近口处有轮制痕迹。口部外壁二方连续间隔饰一周垂弧纹、圆点，其下区域饰两周宽 0.3 厘米的条带纹。可复原。口径 23.2、腹径 24.4、底径 7.2、高 11.2 厘米（图 2-1-24，5；彩版一八二，2）。T35 ②：7，敛口，圆唇，弧腹，平底内凹。口部外壁饰一周宽 0.8 厘米的条带纹，其下区域饰数个圆点。可复原。口径 20.2、底径 7.7、高 9.1 厘米（图 2-1-24，12；彩版一八三，1）。T35 ②：9，直口微敛，圆唇，曲腹，平底微内凹。器表磨光，内外壁均有刮削痕迹。口部外壁饰一周四组垂弧纹、双连弧线组成的复合纹饰。可复原。口径 18.5、底径 6.5、高 9.3 厘米（图 2-1-24，13；彩版一八三，2）。T35 ②：10，敛口，圆唇，弧腹，平底微内凹。器表磨光涂一层黄泥浆，内壁近口处有刮削痕迹。口部外壁饰一周宽 0.6 厘米的条带纹。可复原。口径 14、底径 5.4、高 7.2 厘米（图 2-1-24，11；彩版一八四，1）。T35 ②：11，泥质黄褐陶，通体饰红衣。直口微敛，圆唇，曲腹近折，平底内凹。器表磨光，内壁近口处有刮削痕迹。可复原。口径 14.2、底径 5.2、高 8.4 厘米（图 2-1-24，8；彩版一八四，2）。

彩陶盆　4 件。泥质黄褐陶黑彩。T35 ②：3，外壁局部饰红衣。器形不规整，歪斜严重。直口，折沿，圆唇，弧腹，平底。内外壁近口处有刮削痕迹。沿面间隔饰凸弧纹、圆点。可复原。口径 27、底径 11.4、高 9.9 厘米（图 2-1-24，4；图版二四，4）。T35 ②：4，敛口，折沿外侧下斜，浅弧腹，平底微内凹。器表磨光，内外壁近口处有刮削痕迹。沿面饰数组凸弧纹、弧边三角组成的复合纹饰。可复原。口径 28.7、底径 10.2、高 9.5 厘米（图 2-1-24，2；图版一四，2）。T35 ②：5，器形不规整，略有歪斜。敛口，折沿，圆唇，浅弧腹，平底微内凹。内外壁近口处有刮削痕迹。沿面饰一周四组凸弧纹、弧边三角组成的复合纹饰。可复原。口径 27.1、底径 10、高 8.3—8.9 厘米（图 2-1-24，1；图版一四，3）。T35 ②：8，直口微敛，叠圆唇，曲腹近直，平底。器表磨光，内外壁近口处有刮削痕迹。口部外壁饰一周垂弧纹、弧边三角组成的复合纹饰。可复原。口径 23.1、底径 6.9、高 9.6 厘米（图 2-1-24，6；图版二〇，5）。

素面钵　5 件。素面。T35 ②：12，泥质黄褐陶。器形不规整，口部呈椭圆形。敛口，圆唇，弧腹，平底。内壁近口处有刮削痕迹。可复原。口径 23.8—24.3、底径 11、高 12 厘米（图 2-1-24，7；图版一〇〇，3）。T35 ②：13，夹砂黄褐陶。敞口，圆唇，弧腹，平底。内外壁近口处有刮削痕迹。可复原。口径 10.6、底径 8.8、高 5.7 厘米（图 2-1-24，10；图版一〇〇，4）。T35 ②：14，泥质黄褐陶，厚胎。侈口，圆唇，弧腹，平底。内外壁近口处有刮削痕迹，内壁有红色颜料。可复原。口径 9.6、底径 4.8、高 4.6 厘米（图 2-1-24，9；图版一〇〇，5）。T35 ②：15，夹砂黄褐陶。侈口，圆唇，浅弧腹，平底。内外壁均有刮削痕迹。可复原。口径 8、底径 3.6、高 3.7 厘米（图 2-1-24，14；图版一〇〇，6）。

杯　1 件。T35 ②：16，夹砂黄褐陶，厚胎。器形不规整，略有歪斜。侈口，圆唇，弧腹，平底。内外壁近口处有刮削痕迹。素面。可复原。口径 5.4、底径 2.7、高 4.6—5.2 厘米（图 2-1-24，15；图版一九二，6）。

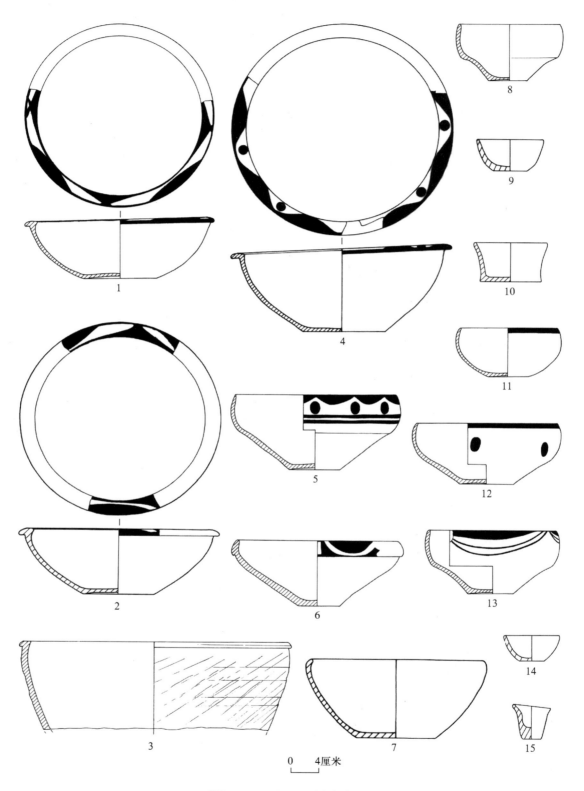

0 4厘米

图2-1-24 T35②层出土陶器

1、2、4、6.彩陶盆（T35②：5、T35②：4、T35②：3、T35②：8） 3.深腹罐（T35②：40） 5、11、12、13.彩陶钵
（T35②：6、T35②：10、T35②：7、T35②：9） 7-10、14.素面钵（T35②：12、T35②：11、T35②：14、T35②：13、
T35②：15） 15.杯（T35②：16）

深腹罐　1件。T35②：40，夹砂灰陶。敛口，折沿，圆唇，弧腹。颈部以下饰左斜线纹，上腹部有三周凹弦纹。腹部以下残。口径 44.5、残高 32.5 厘米（图 2-1-24，3）。

16. T37

T37 属于庙底沟文化的地层有①层。

T37 ①

T37 ①层挑选陶器标本素面盆 1 件。

素面盆　1件。T37 ①：1，泥质灰陶。敛口，折沿隆起，圆唇，弧腹，平底微内凹。沿面及内外壁近口处有刮削痕迹。素面。可复原。口径 31.4、底径 13.3、高 10.7 厘米（图 2-1-25，2）。

17. T39

T39 属于庙底沟文化的地层有①、②、③层。

T39 ①

T39 ①层挑选陶器标本素面盆 1 件。

素面盆　1件。T39 ①：2，泥质黄褐陶。敛口，叠唇，浅弧腹，平底。内壁抹光，有刮削痕迹。素面。可复原。口径 32.3、底径 13、高 12.7 厘米（图 2-1-25，1）。

18. T41

T41 属于庙底沟文化的地层有③、④层。

T41 ③

T41 ③层挑选陶器标本 3 件，其中素面钵 1、器盖 2。

素面钵　1件。T41 ③：1，泥质黄褐陶。侈口，尖唇，弧腹，平底。内外壁有明显刮削痕迹。素面。可复原。口径 13.6、底径 6、高 7.8 厘米（图 2-1-25，4；图版一〇一，1）。

器盖　2件。夹砂陶，厚胎。敞口，圆唇，圜顶。素面。T41 ③：4，红陶。弧腹，柱形纽。内外壁有明显刮削痕迹。可复原。口径 6.3、高 3.5 厘米（图 2-1-25，8；图版一八三，1）。T41 ③：5，黄褐陶。口部外壁起台，弧腹近直，两个凸起状纽。内外壁均有刮削痕迹。可复原。口径 6.8、高 3.8 厘米（图 2-1-25，9；图版一八一，4）。

T41 ④

T41 ④层挑选陶器标本彩陶盆 1 件。

彩陶盆　1件。T41 ④：6，夹砂黄褐陶，外壁因渗碳呈黑色。直口，卷沿，尖唇，浅弧腹，平底微内凹。内外壁近口处有明显刮削痕迹。内壁施红彩。可复原。口径 17.7、底径 6.4、高 7.6 厘米（图 2-1-25，5）。

19. T42

T42 属于庙底沟文化的地层有②层。

T42 ②

T42 ②层挑选陶器标本素面钵 1 件。

素面钵　1件。T42 ②：1，夹砂红陶。敞口，圆唇，弧腹，平底。内外壁有明显刮削痕迹。素面。可复原。口径 8.5、底径 4.5、高 3.7 厘米（图 2-1-25，7；图版一〇一，2）。

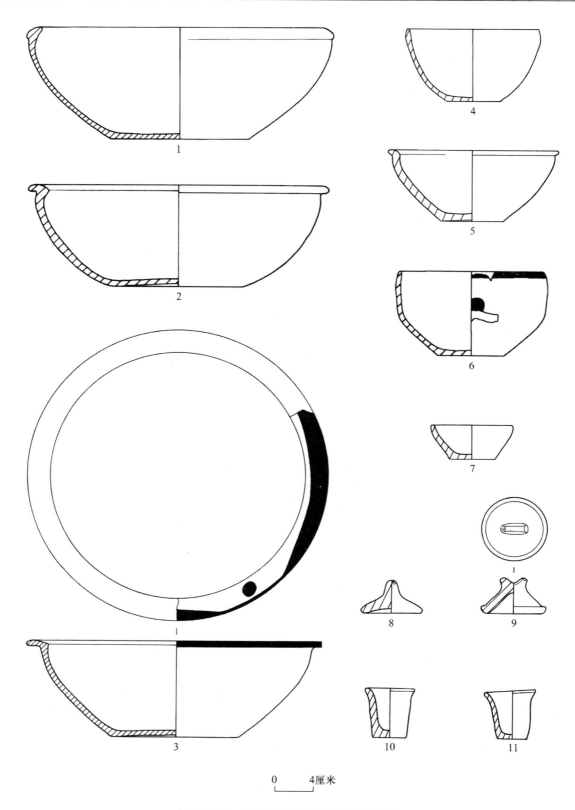

0 ————— 4厘米

图2-1-25　庙底沟文化地层出土陶器

1、2.素面盆（T39①：2、T37①：1、）　3、5.彩陶盆（T52③：1、T41④：6）　4、7.素面钵（T41③：1、T42②：1）　6.彩陶钵（T50②：7）　8、9.器盖（T41③：4、T41③：5）　10、11.杯（T43②：3、T43④：4）

20. T43

T43 属于庙底沟文化的地层有②、③、④层。

T43 ②

T43 ②层挑选陶器标本杯 1 件。

杯　1 件。T43 ②：3，夹砂红陶。口部略呈椭圆形。敞口，圆唇，弧腹，平底。素面。可复原。口径 4.9—5.1、底径 3.5、高 5 厘米（图 2-1-25，10；图版一九三，1）。

T43 ④

T43 ④层挑选陶器标本杯 1 件。

杯　1 件。T43 ④：4，夹砂红陶。器形不规整，歪斜严重，口部略呈椭圆形。敞口，圆唇，弧腹，平底。外壁有竖向拍印痕迹。素面，可复原。口径 5.1、底径 3、高 5—5.3 厘米（图 2-1-25，11；图版一九三，2）。

21. T50

T50 属于庙底沟文化的地层有②、③层。

T50 ②

T50 ②层挑选陶器标本彩陶钵 1 件。

彩陶钵　1 件。T50 ②：7，泥质黄褐陶黑彩。直口微敛，圆唇，弧腹近折，下腹部近直，平底。器表磨光，内壁抹光。内壁有轮制痕迹，内外壁均有刮削痕迹。口部外壁饰一周宽 0.6 厘米的条带纹，其下区域饰四个圆点。可复原。口径 14.9、底径 6.3、高 7.4—7.7 厘米（图 2-1-25，6）。

22. T52

T52 属于庙底沟文化的地层有③层。

T52 ③

T52 ③层挑选陶器标本彩陶盆 1 件。

彩陶盆　1 件。T52 ③：1，泥质红陶黑彩。直口，折沿隆起，圆唇，浅弧腹，平底。口沿及外壁底部有明显刮削痕迹。沿面饰凸弧纹、圆点组成的复合纹饰。可复原。口径 31.2、底径 13.4、高 10.2 厘米（图 2-1-25，3；图版一四，4）。

23. T62

T62 属于庙底沟文化的地层有②、③、④、⑤层。

T62 ②

T62 ②层挑选陶器标本彩陶钵 1 件。

彩陶钵　1 件。T62 ②：21，泥质黄褐陶黑彩。直口微敛，圆唇，弧腹，平底。器表磨光发白。腹部饰两周宽 0.2 厘米的条带纹，其上区域间隔饰三组垂弧纹、凸弧纹。可复原。口径 15.7、底径 6.4、高 8.2 厘米（图 2-1-26，10；图版二六，6）。

T62 ③

T62 ③层挑选陶器标本鼓腹罐 1 件。

鼓腹罐　1 件。T62 ③：23，泥质红陶。侈口，仰折沿微隆起，圆唇，弧腹近折，下腹部近直，平底。器表磨光，内壁近口处、沿面有刮削痕迹。素面。可复原。口径 22.1、底径 10.8、高 17 厘米（图 2-1-26，1）。

T62 ④

T62 ④层挑选陶器标本 3 件，其中彩陶盆 2、彩陶钵 1。

彩陶盆　2 件。泥质黄褐陶黑彩。浅弧腹，平底。T62 ④：11，直口，折沿微隆起，圆唇。器表磨光，沿面及内壁近口处有刮削痕迹。沿面饰一周八组凸弧纹。可复原。口径 31、底径 9.7、高 10.2 厘米（图 2-1-26，6）。T62 ④：18，直口，折沿中间隆起，外侧下斜，方唇。器表磨光，沿面及内外壁均有刮削痕迹。沿面饰数组垂弧纹、弧边三角组成的复合纹饰。可复原。口径 29.2、底径 9.6、高 9.8 厘米（图 2-1-26，4；图版一四，5）。

彩陶钵　1 件。H62 ④：12，泥质黄褐陶黑彩。敛口，尖唇，曲腹，平底。器表磨光，内壁抹光。内壁有轮制痕迹和刮削痕迹。唇面饰一周条带纹、口部外壁饰两周条带纹，分别宽 0.2、0.5、0.3 厘米，其下区域饰四个圆点。可复原。口径 19.2—19.4、底径 7.2、高 10.4 厘米（图 2-1-26，3）。

T62 ⑤

T62 ⑤层挑选陶器标本 8 件，其中彩陶钵 5、素面钵 2、素面双錾钵 1。

彩陶钵　5 件。泥质黄褐陶黑彩。T62 ⑤：13，器形不规整，口部略呈椭圆形。敛口，尖唇，弧腹近折，下腹部近直，平底。器表磨光发白，内壁抹光。内壁有轮制痕迹和刮削痕迹。口部外壁饰一周垂弧纹，其下区域饰三连弧线、圆点组成的复合纹饰。可复原。口径 17.4—17.7、底径 7.6、高 7.8—8 厘米（图 2-1-26，13）。T62 ⑤：14，直口微敛，尖唇，曲腹，平底微内凹。器表磨光，内壁抹光，内壁近口处有轮制痕迹。口部外壁饰一周宽 0.6 厘米的条带纹，其下区域饰四个圆点。可复原。口径 18.9、底径 5.5、高 7.7—8.4 厘米（图 2-1-26，2；彩版一八五，1）。T62 ⑤：15，直口，圆唇，曲腹，平底。器表磨光，内壁抹光，内壁近口处有轮制痕迹。唇面、口部外壁、下腹部各饰一周条带纹，分别宽 0.3、0.4、0.4 厘米，其间区域用弧边直角分为五个单元格，每个单元格内饰双连弧线、圆点组成的复合纹饰。可复原。口径 12.2、底径 5.1、高 7.7 厘米（图 2-1-26，9）。T62 ⑤：16，直口微敛，圆唇，弧腹，平底内凹。器表磨光，内壁抹光，内壁近口处有轮制痕迹。口部外壁饰两周宽 0.6、0.2 厘米的条带纹、六组圆点组成的复合纹饰，其下区域饰数个圆点、弧线组成的复合纹饰。可复原。口径 14.4、腹径 14.8、底径 4.6、高 5.8—6.1 厘米（图 2-1-26，8）。T62 ⑤：17，通体饰红衣。直口微敛，圆唇，深屈腹，平底。口部外壁饰一周宽 0.3 厘米的条带纹。可复原。口径 13、底径 5.8、高 9.1 厘米（图 2-1-26，11；图版二七，1）。

素面钵　2 件。泥质陶。素面。T62 ⑤：19，黄褐陶。直口微侈，尖唇，深弧腹，平底。器表磨光，内壁近口处有刮削痕迹。可复原。口径 13.2、底径 6.2、高 7.3 厘米（图 2-1-26，12；图版一〇一，3）。T62 ⑤：22，红陶。敛口，圆唇，曲腹，平底。器表磨光，内外壁近口处有刮削痕迹。可复原。口径 25.4、底径 13.8、高 12.2 厘米（图 2-1-26，7；图版一〇一，4）。

素面双錾钵　1 件。T62 ⑤：20，泥质黄褐陶。敛口，叠唇，弧腹，腹部对称置附加突起状双錾，平底。内外壁均有刮削痕迹。素面。可复原。口径 24.2、底径 12.8、高 14.8 厘米（图 2-1-26，5；图版一五〇，5）。

24. T66

T66 属于庙底沟文化的地层有②层。

T66 ②

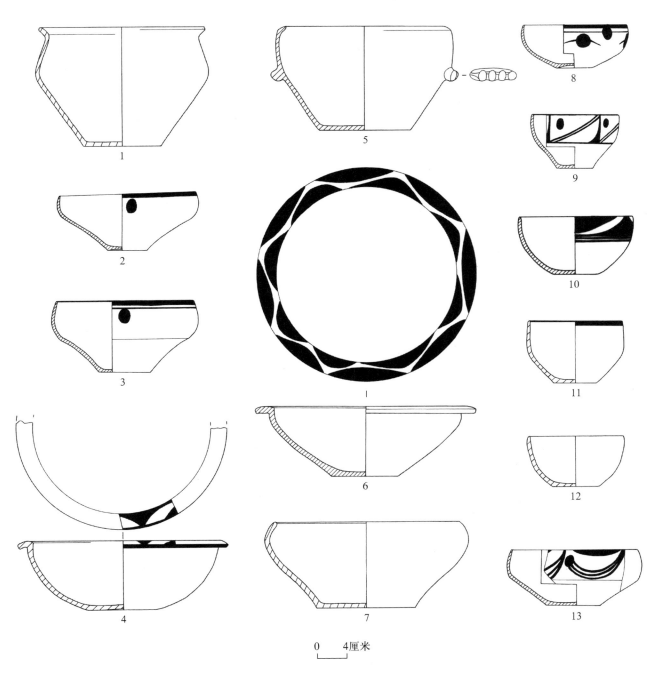

0　　4厘米

图2-1-26　T62地层出土陶器

1、鼓腹罐（T62③：23）　2、3、8-11、13.彩陶钵（T62⑤：14、T62④：12、T62⑤：16、T62⑤：15、T62②：21、T62⑤：17、T62⑤：13）　4、6.彩陶盆（T62④：18、T62④：11）　5.素面双錾钵（T62⑤：20）　7、12.素面钵（T62⑤：22、T62⑤：19）

　　T62②层挑选陶器标本10件，其中素面盆3、彩陶钵2、彩陶双錾盆1、素面钵1、小口尖底瓶1、釜1、鼓腹罐1。

　　彩陶钵　2件。泥质黄褐陶黑彩。T66②：5，侈口，圆唇，弧腹近直，平底微内凹。口部外壁饰一周宽0.8厘米的条带纹。可复原。口径13.5、底径5.8、高7.5厘米（图2-1-27，6；图版一○一，5）。

T66②：17，器形不规整，歪斜严重。直口，圆唇，曲腹近折，平底内凹。口部外壁饰一周四个垂弧纹，下腹部饰一周宽0.3厘米的条带纹，其间区域用凸弧纹分为四个单元格，每个单元格内饰双弧线、圆点组成的复合纹饰。可复原。口径14.6、底径5、高8.9厘米（图2-1-27，9）。

彩陶双錾盆　1件。T66②：12，泥质黄褐陶。敛口，叠唇，弧腹，腹部对称置附加突起状双錾。唇面饰一周凸弧纹。腹部以下残。口径40、残高8厘米（图2-1-27，7）。

素面盆　3件。泥质黄褐陶。素面。T66②：4，敛口，折沿隆起，尖唇，浅弧腹，平底微内凹。内外壁近口处有刮削痕迹。可复原。口径29.2、底径13.2、高11.6厘米（图2-1-27，1）。T66②：6，直口，仰折沿微隆起，方唇，浅弧腹，平底。可复原。口径30.2、底径11.5、高10.6厘米（图2-1-27，2）。T66②：13，直口微侈，仰折沿隆起，圆唇，弧腹。腹部以下残。口径32、残高7.2厘米（图2-1-27，3）。

素面钵　1件。T66②：7，泥质黄褐陶，胎较厚。敞口，圆唇，斜直腹，平底。沿面有刮削痕迹。素面。可复原。口径20.7、底径10.8、高8.7厘米（图2-1-27，10；图版一〇一，6）。

小口尖底瓶　1件。T66②：1，泥质黄褐陶。退化重唇口，尖唇，束颈，溜肩。通体饰篮纹。颈部以下残。口径10.8、残高11.4厘米（图2-1-27，5）。

釜　1件。T66②：9，夹砂黄褐陶。直口微侈，方唇，矮领，溜肩，折腹起台。肩部有数周凹弦纹。腹部以下残。口径15.2、残高5.8厘米（图2-1-27，8）。

鼓腹罐　1件。T66②：10，夹砂黄褐陶。敛口，仰折沿下凹，圆唇，溜肩。肩部以下饰篮纹。腹部以下残。口径24、残高5.6厘米（图2-1-27，4）。

25. T72

T72属于庙底沟文化的地层有③层。

T72③

T72③层挑选陶器标本8件，其中彩陶钵3、素面盆2、素面钵2、彩陶盆1。

彩陶钵　3件。泥质红陶黑彩。T72③：3，直口微侈，尖唇，弧腹，平底。器表磨光。口部外壁饰两周宽0.2厘米的条带纹，其下区域间隔饰数个圆点、交弧纹。可复原。口径16.2、底径5.6、高7.2厘米（图2-1-28，5；图版二六，1）。T72③：4，直口，尖唇，弧腹近直，平底。器表磨光，内壁近口处有明显刮削痕迹。沿面、下腹部各饰一周宽0.1、0.2-0.5厘米的条带纹，其间区域用凸弧纹分为数个单元格，每个单元格内饰双连弧线、圆点组成的复合纹饰。可复原。口径14.6、底径5.8、高7.9厘米（图2-1-28，6；图版二五，6）。T72③：8，侈口，尖唇，深弧腹，平底。器表磨光。沿面饰一周宽0.6厘米的条带纹。可复原。口径15.5、底径7.4、高8厘米（图2-1-28，4；图版五二，5）。

彩陶盆　1件。T72③：7，泥质黄褐陶黑彩。敛口，仰折沿隆起，弧腹，平底。器表磨光，内外壁近口处有刮削痕迹。沿面饰凸弧纹、圆点组成的复合纹饰。可复原。口径29、底径12.4、高11.4厘米（图2-1-28，3；图版一三四，3）。

素面钵　2件。泥质陶。侈口，尖唇，弧腹近直，平底。素面。T72③：5，黄褐陶。器表磨光。可复原。口径15、底径7.2、高9.2厘米（图2-1-28，8；图版一〇二，1）。T72③：9，红陶。内外壁有明显刮削痕迹。可复原。口径10.4、底径5.8、高4.5厘米（图2-1-28，7；图版一〇二，2）。

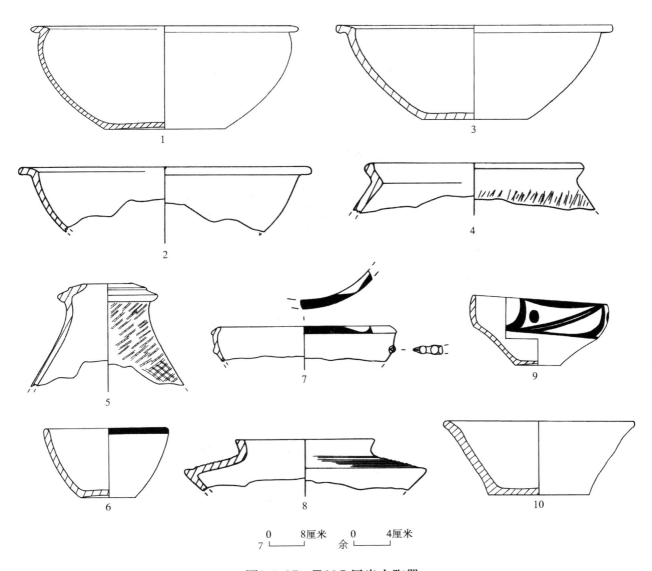

图2-1-27　T66②层出土陶器

1-3.素面盆（T66②：4、T66②：6、T66②：13）　4.鼓腹罐（T66②：10）　5.小口尖底瓶（T66②：1）　6、9.彩陶钵
（T66②：5、T66②：17）　7.彩陶双錾盆（T66②：12）　8.釜（T66②：9）　10.素面钵（T66②：7）

素面盆　2件。泥质陶。圆唇。素面。T72③：2，黄褐陶。敛口，仰折沿微隆起，曲腹，平底。内外壁近口处有刮削痕迹。可复原。口径30.4、底径13.8、高14.5厘米（图2-1-28，1；图版一三四，1）。T72③：6，红陶。直口，折沿，浅弧腹，平底内凹。内外壁均有刮削痕迹。可复原。口径29.6、底径12.8、高9.8厘米（图2-1-28，2；图版一三四，2）。

26. T94

T94属于庙底沟文化的地层有②、③、④、⑤、⑥、⑦、⑧、⑨层。

T94④

T94④层挑选陶器标本5件，其中器盖1、鼓腹罐1、小口尖底瓶1、彩陶盆1、素面钵1。

彩陶盆　1件。T94④：73，泥质红褐陶。敛口，仰折沿隆起，圆唇，溜肩，弧腹。唇面饰一周

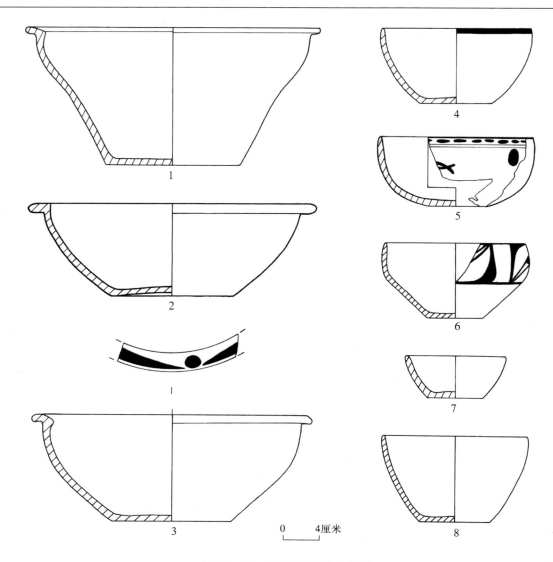

图2-1-28　T72③层出土陶器

1、2.素面盆（T72③：2、T72③：6）　　3.彩陶盆（T72③：7）　　4—6.彩陶钵（T72③：8、T72③：3、T72③：4）　　7、8.素面钵
（T72③：9、T72③：5）

宽0.6厘米的条带纹，沿面饰一周凸弧纹，腹部饰弧边三角、凸弧纹组成的复合纹饰。腹部以下残。
口径18、残高7厘米（图2-1-29，6）。

　　器盖　1件。T94④：2，夹砂红陶，厚胎。敞口，圆唇，弧腹，圜顶，楔形纽。素面。可复原。
口径6.1、高4.1厘米（图2-1-29，5；图版一八三，2）。

　　鼓腹罐　1件。T94④：7，夹砂灰陶。敛口，仰折沿隆起，圆唇，溜肩，鼓腹。素面。腹部以下
残，口径15、残高7.4厘米（图2-1-29，9）。

　　小口尖底瓶　1件。T94④：74，泥质黄褐陶。退化重唇口，圆唇，束颈。颈部以下饰线纹。肩
部以下残。口径12、残高5.8厘米（图2-1-29，8）。

　　T94⑤

　　T94⑤挑选陶器标本素面钵1件。

T94⑤：3，泥质灰陶。侈口，圆唇，斜直腹，平底。内外壁近口处有刮削痕迹。素面。可复原。口径30.5、底径14.6、高11厘米（图2-1-29，4；图版二一五，5）。

T94⑥

T94⑥层挑选陶器标本3件，其中素面盆2、缸1。

素面盆　2件。泥质黄褐陶。圆唇。素面。T94⑥：76，敛口，仰折沿，鼓腹。腹部以下残。口径34、残高11.4厘米（图2-1-29，1）。T94⑥：77，直口，仰折沿隆起，弧腹。腹部以下残。口径32、残高7厘米（图2-1-29，2）。

缸　1件。T94⑥：75，泥质黄褐陶。直口微侈，方唇，斜直颈，弧腹。颈部有一周突棱，其下区域饰线纹。腹部以下残。口径41.6、残高11.1厘米（图2-1-29，3）。

T94⑦

T94⑦层挑选陶器标本彩陶盆1件。

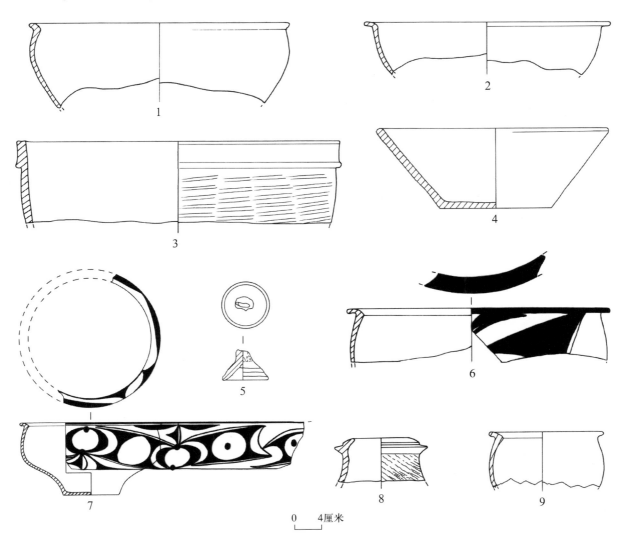

图2-1-29　T94④-⑦层出土陶器

1、2.素面盆（T94⑥：76、T94⑥：77）　3.缸（T94⑥：75）　4.素面钵（T94⑤：3）　5.器盖（T94④：2）　6、7.彩陶盆（T94④：73、T94⑦：5）　8.小口尖底瓶（T94④：74）　9.鼓腹罐（T94④：7）

彩陶盆　1件。T94⑦：5，泥质黄褐陶黑彩。敛口，仰折沿，圆唇，曲腹，平底。器表磨光，内外壁近口处有刮削痕迹。沿面、下腹部各饰一周宽0.2厘米的条带纹，其间区域饰弧边三角、垂弧纹、圆点、凸弧纹、弧线组成的复合纹饰。可复原。口径37.2、底径14.8、高19.4厘米（图2-1-29，7；彩版二三九，2）。

T94⑧

T94⑧层挑选陶器标本28件，其中彩陶盆8、素面钵8、素面盆3、鼓腹罐3、彩陶钵2、双錾甀2、器盖1、器座1。

彩陶钵　2件。泥质黄褐陶黑彩。直口微敛，圆唇，平底微内凹。T94⑧：12，弧腹。器表磨光发白，内外壁有明显刮削痕迹。口部外壁饰一周宽1厘米的条带纹。可复原。口径20.2、底径8、高8.8厘米（图2-1-30，9；图版五二，3）。T94⑧：38，器形不规整，口部略呈椭圆形。浅弧腹。唇面及口部外壁各饰一周宽0.3、1.1厘米的条带纹。可复原。口径28.8、底径12、高10.2厘米（图2-1-30，1；图版五二，2）。

彩陶盆　8件。泥质陶黑彩。T94⑧：6，红陶。直口，仰折沿，圆唇，弧腹，平底，腹部有六个小圆孔。器表磨光，外壁近口处有刮削痕迹。唇面、沿面、下腹部各饰一周条带纹，分别宽0.3、1.3、0.2厘米，其间区域饰数个圆点、弧边三角、双连弧线、凸弧纹组成的复合纹饰。可复原。口径30.8、底径12、高13.3厘米（图2-1-30，7；彩版二四二，2）。T94⑧：10，红陶。敛口，叠唇，浅弧腹，平底内凹。器表磨光。沿面饰数周垂弧纹，其下区域饰弧边三角、条带纹组成的复合纹饰。可复原。口径28.4、底径11.2、高9厘米（图2-1-30，5；图版五二，4）。T94⑧：20，黄褐陶。直口，卷沿，圆唇，弧腹，平底。器表磨光，内外壁有明显刮削痕迹。沿面饰一周由垂弧纹、弧边三角组成的复合纹饰，唇面、下腹部各饰一周条带纹，其间区域饰弧边三角、凸弧纹组成的复合纹饰。可复原。口径38.8、底径14、高14.8厘米（图2-1-30，10；图版一八，2）。T94⑧：23，黄褐陶。敞口，仰折沿，方唇，浅弧腹，平底。内外壁有明显刮削痕迹。唇面饰一周条带纹，沿面饰一周弧边三角。可复原。口径31.6、底径12、高10.5厘米（图2-1-30，6；图版一四，6）。T94⑧：25，黄褐陶。器形不规整，口部略呈椭圆形。敛口，折沿隆起，圆唇，浅弧腹，平底微内凹。器表磨光，内外壁有明显刮削痕迹。唇面、沿面各饰一周宽0.3、1.2厘米的条带纹。可复原。口径31.5—32、底径10.8、高12厘米（图2-1-30，3；图版一五，1）。T94⑧：26，红陶。器形不规整，口部略呈椭圆形。敛口，仰折沿，圆唇，曲腹，平底。器表磨光，内外壁有明显刮削痕迹。唇面饰一周条带纹。可复原。口径25.8、底径11、高17厘米（图2-1-30，4；图版一三四，4）。T94⑧：28，红陶。器形不规整，口部略呈椭圆形。敛口，圆唇，仰折沿，曲腹，平底内凹。沿面、唇面、下腹部各饰一周条带纹，其间区域饰凸弧纹、弧边三角、圆点组成的复合纹饰。可复原。口径24.8、底径11.6、高18.4厘米（图2-1-30，2；彩版二四三，1）。T94⑧：37，黄褐陶。敞口，折沿，弧腹，平底微内凹。器表磨光，外壁口沿处有明显刮削痕迹。沿面饰由垂弧纹、凸弧纹、弧边三角、条带纹和圆点组成的复合纹饰。可复原。口径34.5、底径12.5、高10.3厘米（图2-1-30，8）。

素面钵　8件。泥质陶。素面。T94⑧：11，黄褐陶。敛口，圆唇，浅弧腹，平底内凹。内外壁近口处有刮削痕迹。可复原。口径25、底径10.4、高10.7厘米（图2-1-31，1；图版一〇二，4）。T94⑧：13，红陶。直口，尖唇，深弧腹，平底。内外壁近口处有刮削痕迹。可复原。口径16.4、底

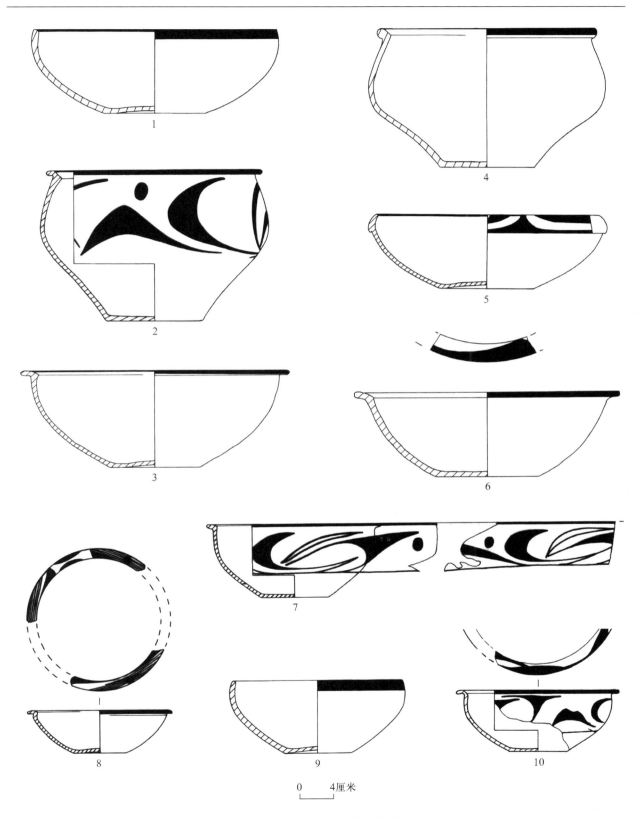

图2-1-30　T94⑧层出土彩陶

1、9.彩陶钵（T94⑧：38、T94⑧：12）　　2-8、10.彩陶盆（T94⑧：28、T94⑧：25、T94⑧：26、T94⑧：10、T94⑧：23、T94⑧：6、T94⑧：37、T94⑧：20）

径 9.2、高 9.9 厘米（图 2-1-31，17；图版一〇二，5）。T94⑧：14，黄褐陶。侈口，尖唇，弧腹，平底微内凹。内外壁近口处有刮削痕迹。可复原。口径 10.4、底径 5.6、高 5.8 厘米（图 2-1-31，12；图版一〇二，6）。T94⑧：15，黄褐陶。侈口，尖唇，弧腹，平底内凹。内外壁近口处有刮削痕迹。可复原。口径 12、底径 5、高 6.8 厘米（图 2-1-31，13；图版一〇三，1）。T94⑧：16，黄褐陶，厚胎。侈口，圆唇，弧腹近直，平底。内外壁均有刮削痕迹。可复原。口径 7.8、底径 5.2、高 5 厘米（图 2-1-31，11；图版一〇三，2）。T94⑧：21，灰陶。器形不规整，略有歪斜。直口微侈，圆唇，弧腹，平底。内外壁有明显刮削痕迹。可复原。口径 11.2、底径 4.8、高 5.1 厘米（图 2-1-31，14；图版一〇三，3）。T94⑧：24，红陶。器形不规整，口部略呈椭圆形。敛口，圆唇，弧腹近直，平底。器表磨光，内外壁有明显刮削痕迹。可复原。口径 28—29、底径 10.7—11.2、高 13.8 厘米（图 2-1-31，8；图版一〇三，4）。T94⑧：36，红陶。侈口，尖唇，浅弧腹，平底微内凹。器表磨光，内外壁有明显刮削痕迹。可复原。口径 21、底径 7.6、高 7.5 厘米（图 2-1-31，16；图一〇三，5）。

素面盆　3 件。素面。T94⑧：7，泥质黄褐陶。敛口，叠唇，曲腹，平底。口部内外壁有刮削痕迹。可复原。口径 34.8、底径 12.8、高 16.6 厘米（图 2-1-31，9；图版一〇二，3）。T94⑧：17，夹砂灰陶，厚胎。器形不规整，口部略呈椭圆形。敞口，圆唇，折沿，斜直腹，平底微内凹。可复原。口径 21.2—22、底径 12.7、高 12.7—13.7 厘米（图 2-1-31，2；图版一三四，6）。T94⑧：35，泥质红陶，厚胎。器形不规整，口部略呈椭圆形。直口，圆唇，折沿，弧腹近直，平底微内凹。器表施一层黄泥浆。内外壁近口处有明显刮削痕迹。可复原。口径 16.5、底径 9.8—10.2、高 10.1 厘米（图 2-1-31，18；图版一三四，5）。

鼓腹罐　3 件。夹砂陶。敛口，溜肩，鼓腹，下腹部近直，平底。T94⑧：30，灰陶。圆唇，矮领。内外壁近口处有刮削痕迹。肩部饰数周凹弦纹，其下区域饰左斜篮纹。可复原。口径 23.2、底径 14.8、高 27.2 厘米（图 2-1-31，5；图版一六七，6）。T94⑧：31，红陶。器形不规整，口部略呈椭圆形。圆唇，矮领下凹成台。颈部饰数周凹弦纹。可复原。口径 18.8、底径 11.4、高 23 厘米（图 2-1-31，3；图版一六八，1）。T94⑧：34，红陶。圆唇，折沿。内外壁有明显刮削痕迹。上腹部饰数周凹弦纹，其下区域饰左斜线纹。可复原。口径 19、底径 9、高 18.6 厘米（图 2-1-31，4；图版一六八，2）。

器盖　1 件。T94⑧：33，夹砂灰陶，厚胎。敞口，圆唇，弧腹近直，圜顶，桥形纽。素面。可复原。口径 6.5、高 4.3 厘米（图 2-1-31，10；图版一八三，3）。

双錾甑　2 件。夹砂红陶。圆唇，腹部对称置附加突起状双錾，平底。素面。T94⑧：9，直口，仰折沿，弧腹，底部有六个圆形箅孔。内外壁近口处有刮削痕迹。可复原。口径 28.6、底径 13.6、高 12.9 厘米（图 2-1-31，7；图版一五六，2）。T94⑧：32，夹砂红陶。敞口，折沿，斜直腹，底部置三个椭圆形箅孔。内外壁有明显刮削痕迹。可复原。口径 29.1—30.8、底径 15、高 14 厘米（图 2-1-31，6；图版一五六，3）。

器座　1 件。T94⑧：8，泥质黄褐陶。敛口，圆唇，卷沿，斜直腹，腹部有三个圆形孔，平底。器表磨光，内外壁有刮削痕迹。素面。可复原。口径 13.6、底径 13.6、高 8 厘米（图 2-1-31，15；图版一八七，3）。

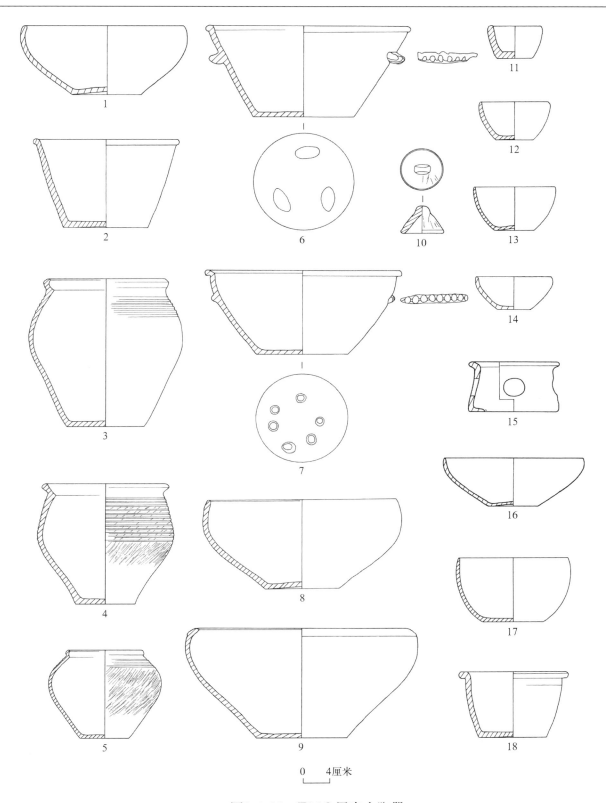

0　　4厘米

图2-1-31　T94⑧层出土陶器

1、8、11-14、16、17.素面钵（T94⑧：11、T94⑧：24、T94⑧：16、T94⑧：14、T94⑧：15、T94⑧：21、T94⑧：36、
T94⑧：13）　2、9、18.素面盆（T94⑧：17、T94⑧：7、T94⑧：35）　3-5.鼓腹罐（T94⑧：31、T94⑧：34、T94⑧：30）
6、7.双錾甑（T94⑧：32、T94⑧：9）　10.器盖（T94⑧：33）　15.器座（T94⑧：8）

27. T98

T98 属于庙底沟文化的地层有②、③层。

T98 ②

T98 ②层挑选陶器标本素面钵 1 件。

素面钵　1 件。T98 ②：1，泥质红陶。侈口，圆唇，弧腹近直，平底。素面。可复原。口径 13.6、底径 5.5、高 4.6 厘米（图 2-1-32，5；图版一〇三，6）。

28. T128

T128 属于庙底沟文化的地层有①、②层。

T128 ①

T128 ①层挑选陶器标本彩陶钵 2 件。

彩陶钵　2 件。泥质黄褐陶黑彩。T128 ①：1，直口微敛，尖唇，浅弧腹，平底内凹。器表磨光。口部外壁间隔饰一周垂弧纹、圆点。可复原。口径 16、底径 6.8、高 6.5 厘米（图 2-1-32，7；图版二六，2）。T128 ①：2，器形不规整，略歪斜。敛口，圆唇，曲腹，平底。器表磨光，内壁近口处有刮削痕迹。下腹部饰一周宽 0.2 厘米的条带纹，其上区域用圆点分为五个单元格，每个单元格内饰对弧边直角、弧边三角、圆点组成的复合纹饰。可复原。口径 25.8、底径 11.5、高 11.8—12.7 厘米（图 2-1-32，3；彩版一八五，2）。

29. T129

T129 属于庙底沟文化的地层有①、②层。

T129 ①

T129 ①层挑选陶器标本素面钵 1 件。

素面钵　1 件。T129 ①：1，夹砂黄褐陶。敞口，圆唇，浅弧腹，平底。内外壁有少量刮削痕迹。素面。可复原。口径 13.5、底径 6、高 5.2 厘米（图 2-1-32，6）。

30. T144

T144 属于庙底沟文化的地层有①层。

T144 ①

T144 ①层挑选陶器标本器盖 1 件。

器盖　1 件。T144 ①：2，泥质黑陶。敞口，圆唇，弧腹近直，圜顶，圈足形纽。素面。可复原。口径 8、高 3.1 厘米（图 2-1-32，4；图版一八一，5）。

31. T156

T156 属于庙底沟文化的地层有①、②层。

T156 ①

T156 ①层挑选陶器标本彩陶盆 1 件。

彩陶盆　1 件。T156 ①：2，泥质红陶黑彩。直口微敛，仰折沿隆起，圆唇，弧腹，下腹部近直，平底。器表磨光，沿面、外壁近口处有刮削痕迹。唇面、下腹部各饰一周宽 0.5、0.3 厘米的条带纹。其间区域饰数组弧边三角、凸弧纹组成的复合纹饰。可复原。口径 40.4、底径 12.6、高 19 厘米（图 2-1-32，2；图版一三五，1）。

32. T185

T185 属于庙底沟文化的地层有①层。

T185 ①

T185 ①层挑选陶器标本彩陶盆 1 件。

彩陶盆　1 件。T185 ①：1，泥质黄褐陶黑彩。敛口，圆唇，仰折沿，浅曲腹，平底。器表磨光，沿面及内外壁近口处有刮削痕迹。沿面饰一周五组垂弧纹、弧边三角组成的复合纹饰，唇面、下腹部各饰一周条带纹，其间区域饰凸弧纹、弧边三角组成的复合纹饰。可复原。口径 37、底径 11、高 16 厘米（图 2-1-32，1；图版一八，6）。

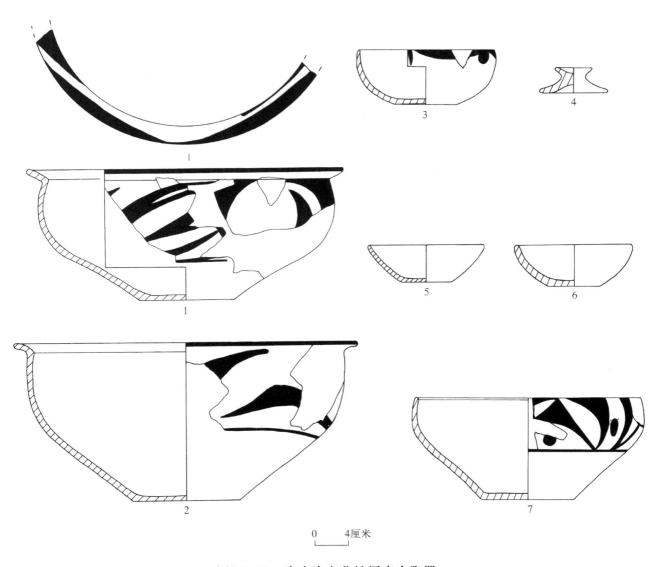

0　　4厘米

图2-1-32　庙底沟文化地层出土陶器

1、2.彩陶盆（T185①：1、T156①：2）　3、7.彩陶钵（T128①：2、T128①：1）　4.器盖（T144①：2）　5、6.素面钵（T98②：1、T129①：1）

第二节　灰坑及出土陶器

庙底沟遗址共发现庙底沟文化灰坑719个。在整个发掘区均有分布，越往东，分布越密集；越往西，分布越稀疏。结构有袋状（11.96%）与非袋状（88.04%）两类，以后者为主；平面形状以椭圆形（63.28%）、圆形（33.80%）为主，另有少量抹角长方形（2.23%）、抹角方形（0.56%）、凸字形（0.14%）。

表2-2-1　庙底沟文化灰坑形制统计表

形制	袋状			非袋状				
	圆形	椭圆形	抹角长方形	圆形	椭圆形	抹角方形	抹角长方形	凸字形
数量	46	38	2	197	417	4	14	1
比例	6.40%	5.29%	0.28%	27.40%	58.00%	0.56%	1.95%	0.14%

下面我们挑选典型代表分别介绍灰坑形制与出土陶器。

1. H1

位于T1西北部。开口于第③层下，打破生土，开口距地表105厘米。平面形状呈椭圆形，直壁，圜底。坑口最大径230、最小径145、深100厘米。填土灰褐色，土质疏松。夹杂少量红烧土颗粒、料礓石、石块。出土大量陶片，以泥质陶为主，夹砂陶次之；纹饰有线纹、彩绘等；可辨器形有杯、钵、罐、盆、小口尖底瓶等（图2-2-1）。

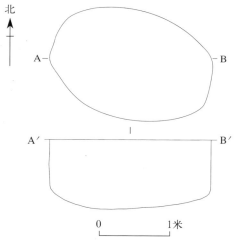

图2-2-1　H1平剖面图

H1挑选陶器标本4件，其中素面钵2、彩陶盆1、彩陶钵1。

彩陶盆　1件。H1：3，泥质黄褐陶黑彩。敛口，折沿隆起，圆唇，溜肩，深曲腹，平底内凹。器表磨光，内壁抹光，沿面及内壁有刮削痕迹。唇面、下腹部各饰一周宽0.5、0.4厘米的条带纹，其间区域饰弧边三角、圆点组成的复合纹饰。可复原。口径20.5、腹径21、底径8.8、高15厘米（图2-2-2，4）。

彩陶钵 1件。H1:4，泥质黄褐陶黑彩。直口微敛，圆唇，曲腹，平底内凹。器表磨光发白，内壁抹光，近口处有刮削痕迹。腹部饰一周条带纹，其上区域用短直线分为四个单元格，每个单元格内饰垂弧纹、弧边三角、圆点、弧线、凸弧纹组成的复合纹饰。可复原。口径20.8、腹径22、底径9.4、高11.3厘米（图2-2-2，1；彩版三二，1）。

素面钵 2件。泥质陶。圆唇，弧腹，平底。素面。H1:5，黄褐陶。直口。内外壁均有刮削痕迹。可复原。口径29.2、底径15、高17厘米（图2-2-2，2）。H1:6，红陶。器形不规整，腹部歪斜严重。侈口。内壁有刮削痕迹。可复原。口径10.5、底径7.2、高5.6—6厘米（图2-2-2，3）。

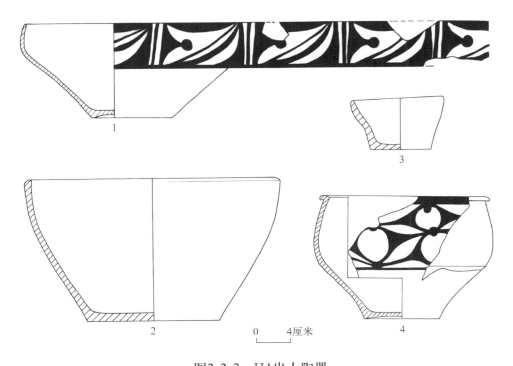

图2-2-2 H1出土陶器
1.彩陶钵（H1:4） 2、3.素面钵（H1:5、H1:6） 4.彩陶盆（H1:3）

2. H2

位于T1东部。开口于第③层下，打破生土，开口距地表100厘米。平面形状呈椭圆形，直壁，圜底。坑口最大径290、最小径215、深35厘米。填土灰褐色，土质疏松。夹杂少量红烧土颗粒、料礓石。出土适量陶片，以泥质陶为主，夹砂陶次之；纹饰有线纹、彩绘等；可辨器形有杯、钵、罐、盆、小口尖底瓶等（图2-2-3，1）。

H2挑选陶器标本鼓腹罐1件。

鼓腹罐 1件。H2:1，夹砂灰陶。敛口，仰折沿，方唇，溜肩，鼓腹，下腹部近直，平底。唇面及口部外壁有刮削痕迹。通体饰右斜篮纹。可复原。口径22.6、腹径28.8、底径14.4、高30.4厘米（图2-2-3，2）。

3. H3

位于T1东南部。开口于第③层下，打破生土，开口距地表110厘米。平面形状呈椭圆形，弧壁，圜底。坑口最大径210、最小径190、深80厘米。填土灰褐色，土质疏松。夹杂少量红烧土颗粒、料礓石、石块。出土适量陶片，泥质与夹砂相当；纹饰有线纹、彩绘等；可辨器形有杯、罐、盆、小口尖底瓶等（图2-2-4，1）。

H3挑选陶器标本素面盆1件。

素面盆　1件。H3：1，夹砂黄褐陶。器形不规整，口部略呈椭圆形。直口，折沿微隆起，尖唇，浅弧腹近直，平底内凹。素面。沿面及内外壁均有刮削痕迹。可复原。口径21.8—22.2、底径9.2、高8.8厘米（图2-2-4，2）。

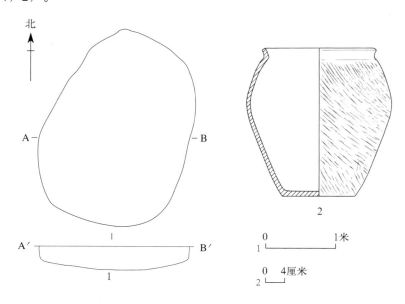

图2-2-3　H2平剖面图及出土陶器
1.平剖面图　2.鼓腹罐（H2：1）

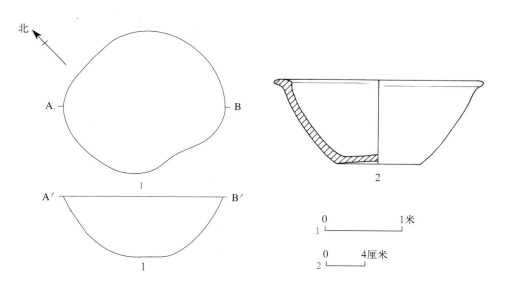

图2-2-4　H3平剖面图及出土陶器
1.平剖面图　2.素面盆（H3：1）

4. H4

位于T3东南角，部分伸入东壁、南壁。开口于第③层下，打破生土，开口距地表95厘米。袋状，平面形状呈椭圆形[1]，直壁，平底。坑口最大径240、最小径140、坑底最大径260、最小径140、深190厘米。填土灰褐色，土质疏松。夹杂少量红烧土颗粒、动物骨骼、石块。出土适量陶片，夹砂与泥质相当；纹饰有线纹、彩绘等；可辨器形有杯、罐、盆、钵、小口尖底瓶等（图2-2-5，1）。

H4挑选陶器标本3件。其中素面盆2、刀1。

素面盆　2件。泥质灰陶。直口微侈，仰折沿微隆起，尖圆唇，平底。器表磨光，内壁抹光，内外壁近口处及沿面有明显的刮削痕迹。素面。H4：1，弧腹，下腹部近直。口部外壁下方有一周凹槽。可复原。口径32.6、底径8.6、高13厘米（图2-2-5，2）。H4：2，曲腹。可复原。口径33.2、底径14.4、高15.7厘米（图2-2-5，3）。

彩陶刀　1件。H4：3，泥质黄陶黑彩。利用彩陶钵片磨制而成，刃部较锋利，有使用痕迹，柄部有一对钻圆孔。器表饰对弧边三角、弧线圆点组合的复合纹饰。残。残长7.1、残宽4.4厘米（图2-2-5，4；彩版二四七，1）。

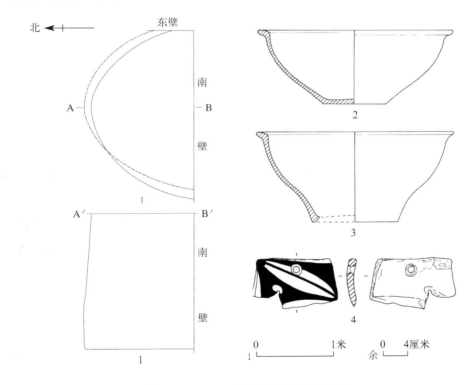

图2-2-5　H4平剖面图及出土陶器

1.平剖面图　2、3.素面盆（H4：1、H4：2）　4.彩陶刀（H4：3）

5. H5

位于T3南部。开口于第③层下，打破生土，开口距地表90厘米。平面形状呈椭圆形，直壁，平底。坑口最大径300、最小径190、深190厘米。填土黑灰色，土质疏松。夹杂少量红烧土颗粒、料礓石、石块、动物骨骼。出土陶纺轮1、石凿1、陶杯1及适量陶片。陶片以泥质陶为主，夹砂陶次之；

1　本报告"平面形状"为复原后的形状。

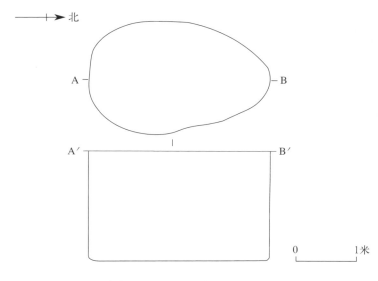

图2-2-6　H5平剖面图

纹饰有线纹、彩绘等；可辨器形有盆、钵、小口尖底瓶等（图2-2-6）。

　　H5挑选陶器标本14件，其中素面盆3、彩陶盆2、器座2、小口尖底瓶2、彩陶双錾钵1、素面钵1、器盖1、漏斗1、小口平底瓶1。

　　彩陶钵　1件。H5：4，泥质红陶黑彩。口部不规整，略呈椭圆形。直口，圆唇，曲腹，平底，腹部对称置附加突起状双錾，上腹部近口处有两圆孔。器表磨光，内壁抹光，有刮削痕迹。腹部用对弧边直角分为六个单元格，每个单元格内二方连续饰三个凸弧纹，凸弧纹之间用圆点连接。可复原。口径26.1—26.4、底径12、高13.6厘米（图2-2-7，14；彩版三二，2）。

　　彩陶盆　2件。泥质黄褐陶黑彩。敛口，折沿隆起。器表磨光，内壁抹光，沿面及内壁有刮削痕迹。H5：5，器形不规整，口部略呈椭圆形。圆唇，深曲腹，平底微内凹。唇面、下腹部各饰一周宽0.4、0.3厘米的条带纹，其间区域饰凸弧纹、圆点、弧边三角组成的复合纹饰。可复原。口径26.9—27.4、腹径26.5—27、底径11—11.3、高15.6厘米（图2-2-7，6；图版一九，1）。H5：6，尖唇，浅弧腹，平底内凹。沿面用短直线分为数个单元格，每个单元格内饰弧边直角、凸弧纹组成的复合纹饰。可复原。口径26.1、底径8.7、高10—10.3厘米（图2-2-7，8）。

　　素面钵　1件。H5：8，夹砂红陶。敞口，圆唇，斜直腹，平底。素面。内外壁均有刮削痕迹。可复原。口径15.1、底径8.2、高5.9厘米（图2-2-7，12）。

　　素面盆　3件。平底。素面。H5：11，泥质黄褐陶。敞口，卷沿，圆唇，浅弧腹近直。沿面及内外壁均有刮削痕迹。可复原。口径19、底径11—11.3、高7.8厘米（图2-2-7，10）。H5：13，夹砂黄褐陶。敛口，叠唇中间下凹，深曲腹。唇面有刮削痕迹。可复原。口径39.5、底径20.2、高28.6厘米（图2-2-7，3）。H5：14，泥质红陶。直口，仰折沿微隆起，圆唇，浅弧腹近直。沿面及内外壁均有刮削痕迹。可复原。口径20.6、底径9.9—10.2、高7.3厘米（图2-2-7，1）。

　　器盖　1件。H5：10，夹砂灰陶。敞口，方唇，弧腹近直，圜顶，桥形纽。内壁近口处有不明显的刮削痕迹。素面。可复原。口径27.8、高11.1厘米（图2-2-7，2）。

　　器座　2件。夹砂灰陶，厚胎。敛口，方唇，斜直腹，平底。下腹部均匀分布有三个圆形孔。外壁饰篮纹。H5：9，可复原。口径11、底径19.6、高12.2（图2-2-7，11）。H5：12，可复原。口径

12、底径 19.4、高 12.2 厘米（图 2-2-7，13）。

漏斗　1 件。H5：15，泥质灰陶。直口，圆唇，弧腹，斜直流。上腹部对称置附加突起状鋬手。素面。可复原。口径 26、流径 3.6、高 15.8 厘米（图 2-2-7，7）。

小口尖底瓶　2 件。泥质黄褐陶。退化重唇口，圆唇，束颈，溜肩。通体饰篮纹。H5：7，橄榄状腹，尖底。口部及唇面有刮削痕迹，内壁近口处及底部有泥条盘筑痕迹。可复原。口径 5.6、腹径 27.4、高 68.4 厘米（图 2-2-7，9）。H5：19，腹部以下残。口径 4.4、残高 24 厘米（图 2-2-7，5）。

小口平底瓶　1 件。H5：16，泥质红陶。葫芦形口，直口，圆唇，溜肩，鼓腹，平底内凹，腹部对称置桥状耳。通体饰篮纹。可复原。口径 3.6、腹径 12、底径 9.2、高 33.6 厘米（图 2-2-7，4）。

6. H7

位于 T1 北部，部分伸入北壁。开口于第③层下，打破生土，开口距地表 110 厘米。袋状，平面形状呈椭圆形，斜直壁，平底。坑口最大径 135、最小径 110、坑底最大径 165、最小径 120、深 150 厘米。填土可分两层，第①层厚 40 厘米，灰褐色，土质疏松。夹杂大量陶片、少量红烧土颗粒、石块。第②层，厚 110 厘米，填土黄灰色，土质较致密。出土大量陶片，以夹砂为主，泥质次之；纹饰有线纹、彩绘；可辨器形有杯、罐、盆、钵等（图 2-2-8）。

H7 挑选陶器标本 19 件，其中彩陶钵 13、彩陶盆 4、素面钵 2。

彩陶钵　13 件。泥质陶黑彩。H7：2，黄褐陶。直口微敛，圆唇，弧腹，平底。器表磨光，内壁抹光，内壁近口处有轮制痕迹。腹部利用双短线将纹饰区分为四个单元格，每个单元格内饰网格纹。可复原。口径 14、底径 5.2、高 6.5 厘米（图 2-2-9，6；彩版三三，1）。H7：3，红陶，厚胎。直口，圆唇，深弧腹，平底内凹，内部凸起。器表磨光，内壁抹光，内壁近口处有轮制痕迹。口部外壁二方连续饰一周垂弧纹，其下区域饰一周弧边三角、三个圆点、两周宽 0.4 厘米的条带纹组成的复合纹饰。可复原。口径 20、底径 8.1、高 10.5 厘米（图 2-2-9，4；彩版三三，2）。H7：4，黄褐陶。器身变形，略有歪斜。直口，尖唇，曲腹近折，平底内凹。器表磨光，内壁抹光，内壁近口处有轮制痕迹。口部外壁饰一周垂弧纹，腹部饰一周宽 0.4 厘米的条带纹，其间区域用凸弧纹分为三个单元格，每个单元格内饰双连弧线、圆点组成的复合纹饰。可复原。口径 15.8、底径 5.5、高 7—7.3 厘米（图 2-2-9，7；彩版三四，1）。H7：5，黄褐陶。敛口，圆唇，曲腹，平底内凹。器表磨光，内壁抹光。内壁有轮制痕迹。腹部饰一周宽 0.5 厘米的条带纹，其上区域用对弧边直角分为六个单元格，每个单元格内饰凸弧纹、圆点组成的复合纹饰。可复原。口径 24.2、底径 11.2、高 12 厘米（图 2-2-9，10；彩版三四，2）。H7：6，红陶。直口微侈，尖唇，曲腹近折，平底微内凹。器表磨光涂一层黄泥浆，内壁抹光。内壁有轮制痕迹。口部外壁饰一周垂弧纹，腹部饰一周条带纹，其间区域用凸弧纹分为四个单元格，每个单元格内饰双连弧线、双圆点组成的复合纹饰。可复原。口径 12.7—12.9、底径 4.3、高 6.5—7 厘米（图 2-2-9，11；彩版三五，1）。H7：7，黄褐陶，胎较厚。直口，尖唇，弧腹近折，平底微内凹。器表磨光，内壁抹光。内壁有轮制痕迹。口部外壁间隔饰一周五个垂弧纹、圆点，其下区域饰两周宽 0.2-0.5 厘米不等的条带纹。可复原。口径 24.5、腹径 25.8、底径 8.8、高 10.9—11.1 厘米（图 2-2-9，5；彩版三五，2）。H7：8，黄褐陶。口部不规整，呈椭圆形。直口微敛，圆唇，弧腹，下腹部近直，平底。器表磨光发白，内壁抹光，内壁近口处有轮制痕迹。口部外壁二方连续饰一周四个垂弧纹，其下对应饰四组双连弧线。可复原。口径 25.4—26.4、底径 10.6、高 11.6—12.1 厘米（图 2-2-9，13；彩

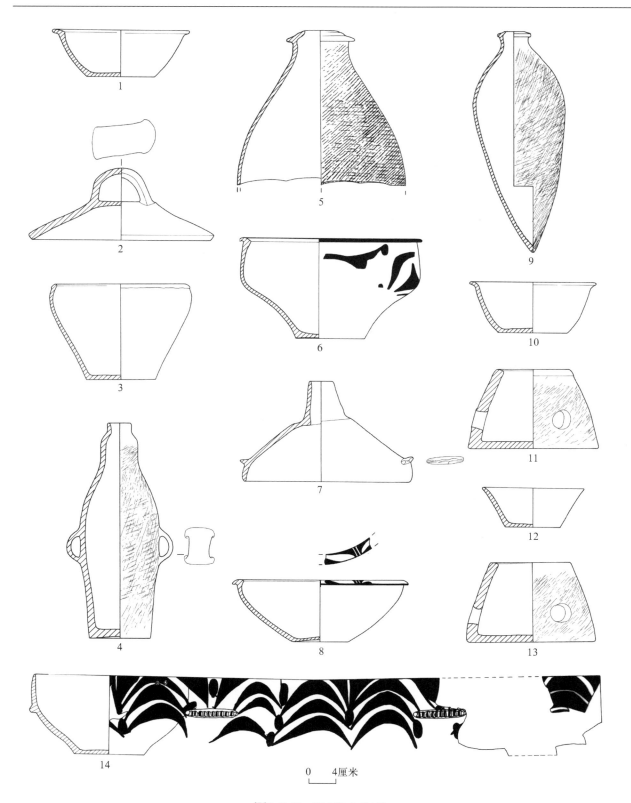

图2-2-7　H5出土陶器

1、3、10.素面盆（H5：14、H5：13、H5：11）　2.器盖（H5：10）　4.小口平底瓶（H5：16）　5、9.小口尖底瓶（H5：19、H5：7）　6、8.彩陶盆（H5：5、H5：6）　7.漏斗（H5：15）　11、13.器座（H5：9、H5：12）　12.素面钵（H5：8）　14.彩陶双錾钵（H5：4）

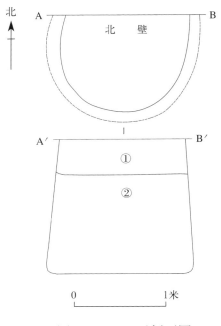

北壁

北

图2-2-8　H7平剖面图

版三六，1）。H7：9，黄褐陶。直口，圆唇，曲腹近折，平底微内凹。口部外壁二方连续饰一周三个垂弧纹，其下对应饰三组双连弧线、圆点组成的复合纹饰。可复原。口径15.1、底径6、高8厘米（图2-2-9，12；图版二六，3）。H7：10，黄褐陶。口部不规整，呈椭圆形。敛口，圆唇，曲腹近直，平底。器表磨光局部发白，内壁抹光。内壁有轮制痕迹。口部外壁二方连续饰一周四个垂弧纹，其下对应饰四组双连弧纹。可复原。口径25.6—26.5、底径11、高12厘米（图2-2-9，2；彩版三六，2）。H7：11，黄褐陶。口部不规整，器形略歪斜。直口，尖唇，曲腹近折，平底内凹。器表磨光，内壁抹光。内壁有轮制痕迹。口部外壁饰一周条带纹，其下区域饰五个圆点。可复原。口径16.6、底径6.3、高9.2—9.6厘米（图2-2-9，9；彩版三七，1）。H7：14，黄褐陶。敛口，圆唇，弧腹，下腹部近直，平底。器表磨光，内壁抹光，内壁近口处有轮制痕迹。口部外壁饰一周宽0.4厘米的条带纹。可复原。口径21.3、底径9.3、高9.2厘米（图2-2-9，1；图版五四，4）。H7：16，黄褐陶。直口微侈，圆唇，曲腹近折，平底微内凹。口部外壁饰一周三个垂弧纹，腹部饰一周条带纹，其间区域饰三组双连弧线。可复原。口径15.4、底径6.8、高7.9厘米（图2-2-9，3；图版二六，4）。

彩陶盆　4件。泥质陶黑彩。折沿隆起。H7：12，黄褐陶。腹部不规整，器形略歪斜。直口，方唇，浅弧腹，平底。器表磨光，内壁抹光，内壁近口处有轮制痕迹。沿面饰六组凸弧纹、弧边三角组成的复合纹饰。可复原。口径29.6、底径13.2、高10.6厘米（图2-2-10，6；图版一，1）。H7：13，红陶。直口，圆唇，浅弧腹，平底微内凹。器表磨光，内壁抹光，内壁近口处有轮制痕迹。沿面用短直线将纹饰区分为六个单元格，每个单元格内饰对弧边直角、凸弧纹组成的复合纹饰。可复原。口径32.6、底径11、高9.6厘米（图2-2-10，2；图版一，2）。H7：15，黄褐陶。腹部不规整，器形略歪斜。直口，圆唇，浅弧腹，平底内凹。器表磨光，内壁抹光，内壁近口处有轮制痕迹。沿面饰数组凸弧纹、弧边三角组成的复合纹饰。可复原。口径31、底径11、高9.1—9.4厘米（图2-2-10，3；图版一五，3）。H7：25，黄褐陶。敛口，仰折沿，圆唇，深曲腹，平底。器表磨光，沿面及内壁近口处有刮削痕迹。

唇面、颈部、下腹部各饰一周条带纹，分别宽0.7、0.3、0.4厘米，其间区域饰弧边三角、圆点、弧线、凸弧纹组成的复合纹饰。可复原。口径28.8、底径12、高19.8厘米（图2-2-10，1；彩版一八八，1）。

素面钵 2件。泥质灰陶。圆唇，曲腹近折，平底。器表磨光，内壁抹光，内壁近口处有轮制痕迹。素面。H7：18，腹部不规整，器形歪斜严重。直口。可复原。口径18.8、底径6.6、高7.4—7.8厘米（图2-2-10，4；图版五四，5）。H7：19，敛口。可复原。口径25.1、底径10.7、高12.1厘米（图2-2-10，5；图版五四，6）。

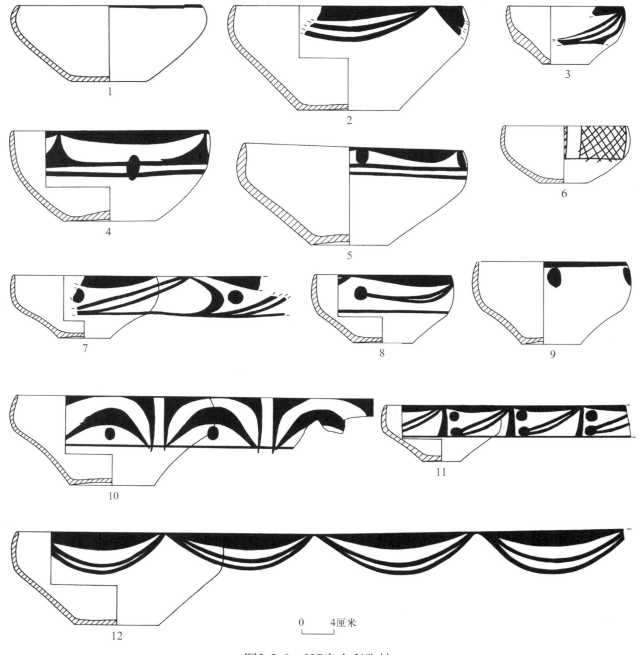

0 4厘米

图2-2-9 H7出土彩陶钵

1-12.彩陶钵（H7：14、H7：10、H7：16、H7：3、H7：7、H7：2、H7：4、H7：8、H7：11、H7：5、H7：6、H7：9、H7：8）

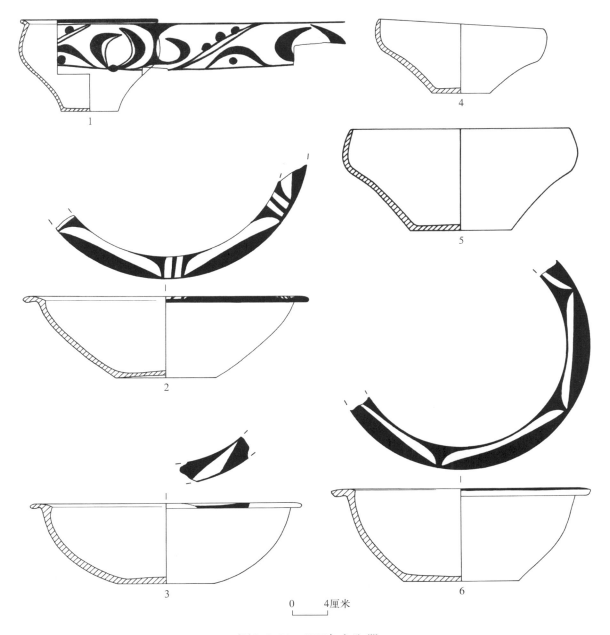

图2-2-10　H7出土陶器

1-3、6.彩陶盆（H7∶25、H7∶13、H7∶15、H7∶12）　　4、5.素面钵（H7∶18、H7∶19）

7. H9

位于T1东北部。开口于第③层下，打破生土，被H2打破[1]，开口距地表100厘米。平面形状呈椭圆形，直壁，平底。坑口最大径320、最小径310、深350厘米。填土可分2层，①层厚170厘米，填土灰褐色，土质疏松。包含大量陶片、石块。夹杂少量红烧土颗粒。第②层厚180厘米，填土灰褐色，土质较致密。包含较多黄土块、大量陶片、少量石块。夹杂少量红烧土颗粒。出土适量陶片，以夹砂为主，泥质次之；纹饰有线纹、彩绘等；可辨器形有罐、盆、钵、小口尖底瓶等（图2-2-11）。

1　本报告中的打破关系仅注明同一时期，即如西王村文化遗迹打破庙底沟文化遗迹，不予注明，下同。

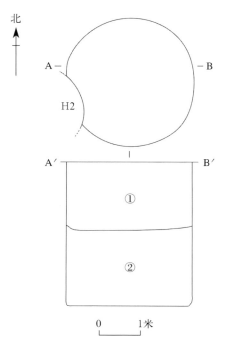

图2-2-11　H9平剖面图

H9 挑选陶器标本 113 件，其中彩陶钵 26、彩陶盆 24、素面钵 12、素面盆 10、素面双錾盆 7、鼓腹罐 8、素面双錾钵 3、环 3、椭圆形盆 3、器盖 3、彩陶罐 3、彩陶双錾钵 2、深腹罐 1、素面四錾钵 1、双錾甑 1、盂 1、碗 1、杯 1、缸 1、小口尖底瓶 1、彩陶片 1。

彩陶钵　26 件。泥质陶黑彩。H9：12，黄褐陶。敛口，尖唇，弧腹，下腹部近直，平底。器表磨光，内壁抹光。内壁有轮制痕迹。口部外壁饰一周垂弧纹，腹部饰一周宽 0.5 厘米的条带纹，其间区域用凸弧纹分为四个单元格，每个单元格内饰双连弧线、圆点组成的复合纹饰。可复原。口径 23.3、底径 9.3、高 9.9 厘米（图 2-2-13，2；彩版三七，2）。H9：13，黄褐陶。直口微侈，尖唇，折腹，平底内凹。器表磨光，内壁抹光。内壁有轮制痕迹。口部外壁饰一周垂弧纹，腹部饰一周宽 0.2 厘米的条带纹，其间区域用凸弧纹分为五个单元格，每个单元格内饰双连弧线、圆点组成的复合纹饰。可复原。口径 12.2—12.7、底径 4.7、高 6.5 厘米（图 2-2-13，1；彩版三八，1）。H9：14，黄褐陶。直口微敛，圆唇，曲腹，平底微内凹。器表磨光，内壁抹光。内壁有轮制痕迹。口部外壁饰一周垂弧纹，腹部饰一周宽 0.2 厘米的条带纹，其间区域饰两组圆点、三连弧线组成的复合纹饰。可复原。口径 14.9、底径 5.5、高 7.3 厘米（图 2-2-13，17；彩版三八，2）。H9：15，黄褐陶。敛口，尖唇，弧腹近折，下腹部近直，平底内凹。器表磨光，内壁抹光。内壁有轮制痕迹。口部外壁饰一周垂弧纹，腹部饰一周宽 0.6 厘米的条带纹，其间区域用凸弧纹分为四个单元格，每个单元格内饰双连弧线、圆点组成的复合纹饰。可复原。口径 12—13.2、底径 5.2、高 7 厘米（图 2-2-13，6；彩版四〇，1）。H9：16，黄褐陶。直口微敛，圆唇，弧腹，平底。内壁近口处有修整痕迹。口部外壁饰一周宽 0.8 厘米的条带纹，其下区域饰四个圆点。可复原。口径 16.8、底径 6.6、高 9 厘米（图 2-2-13，20；彩版四〇，2）。H9：17，黄褐陶。直口微敛，尖唇，弧腹近折，下腹部近直，平底微内凹。器表磨光，内壁抹光。内壁有轮制痕迹。口部外壁饰一周四个垂弧纹，腹部饰一周条带纹，其间区域用凸弧纹分为四个单元格，每个单元格内饰双连弧线、圆点组成的复合纹饰。可复原。口径15、底径5.6、高8.8厘米（图2-2-13，3；彩版四〇，1）。H9：19，黄褐陶，通体饰白衣。直口微侈，圆唇，曲腹，平底内凹。内壁近口处有修整痕迹。口部外壁饰一周垂弧纹，腹部饰一周宽0.5厘米的条带纹，其间区域用弧边三角分为四个单元格，每个单元格内饰双连弧线、圆点组成的复合纹饰。可复原。口径14—14.5、底径5.9、高7.5厘米（图2-2-13，5；彩版四一，1）。H9：30，黄褐陶。直口微敛，圆唇，曲腹近折，平底微内凹。口部外壁饰一周宽0.7厘米的条带纹。可复原。口径13.2、底径5.5、高6.4厘米（图2-2-13，8；图版三一，2）。H9：31，黄褐陶，通体饰红衣。器形不规整。敛口，尖唇，曲腹近折，平底内凹。器表磨光，内壁抹光。内壁有轮制痕迹。腹部饰两组纹饰，一组为中心对称的凸弧纹、对弧边直角组成的复合纹饰，另一组为弧边三角、圆点、弧线组成的复合纹饰。可复原。口径16.8、底径5.8、高9.2厘米（图2-2-13，15；彩版四三，1）。H9：49，黄褐陶。直口微侈，尖唇，弧腹，平底微内凹。内壁近口处有修整痕迹。腹部二方连续饰一周四个垂弧纹，其下区域饰一周四个弧边三角、两周宽0.4-0.6厘米不等的条带纹、四个圆点组成的复合纹饰。可复原。口径13.8、底径6.2、高8.4厘米（图2-2-12，6；彩版四四，1）。H9：50，红陶，通体饰白衣。直口微敛，尖唇，弧腹，平底。内壁近口处有修整痕迹。口部外壁饰一周四个垂弧纹，其下区域对应饰四个凸弧纹、四个弧边三角、两周宽0.5厘米的条带纹、四个圆点组成的复合纹饰。可复原。口径14.2、底径5、高8厘米（图2-2-12，5；彩版四四，2）。H9：76，黄褐陶。敛口，圆唇，鼓腹，下腹部近直，平底。器表磨光，内壁抹光。内壁有轮制痕迹。口部外壁饰一周垂弧纹，腹部饰一周宽0.3厘米的条带纹，其间区域用双短线分为八个单元格，每个单元格内饰弧边直角、圆点组成的复合纹饰。可复原。口径23.8、腹径25、底径10.8、高8.8—9.8厘米（图2-2-13，12；彩版四五，2）。H9：77，黄褐陶。直口，尖唇，弧腹，下腹部近直，平底。内壁近口处有修整痕迹。口部外壁饰一周四个垂弧纹，腹部饰一周宽0.6厘米的条带纹，其间区域用凸弧纹分为四个单元格，每个单元格内饰双连弧线、圆点组成的复合纹饰。可复原。口径24.2、底径8、高10.2厘米（图2-2-12，1；彩版四六，1）。H9：80，黄褐陶。直口，尖唇，弧腹近折，下腹部近直，平底内部凸起。内壁近口处有修整痕迹。口部外壁饰一周垂弧纹，腹部饰一周宽0.3厘米的条带纹，其间区域饰四个弧边三角。可复原。口径14.5、底径5.7、高8.2厘米（图2-2-13，7；彩版四六，2）。H9：83，黄褐陶。敛口，圆唇，弧腹，下腹部近直，平底内凹。腹部饰一周宽0.4厘米的条带纹，其上区域用对三角纹分为三个单元格，每个单元格内饰对弧边直角、双连弧线、圆点组成的复合纹饰。可复原。口径16.4、腹径17.4、底径6.8、高7.2—7.8厘米（图2-2-13，13；彩版四七，1）。H9：84，黄褐陶。直口微敛，尖唇，弧腹，平底内部凸起。器表磨光，内壁抹光。内壁有轮制痕迹。口部外壁二方连续间隔饰一周垂弧纹、圆点，其下区域饰一周宽0.4厘米的条带纹、四个圆点组成的复合纹饰。可复原。口径15.4、底径6.4、高7.6厘米（图2-2-13，19；彩版四七，2）。H9：85，黄褐陶。直口，圆唇，弧腹，平底内凹。器表磨光，内壁抹光，内壁近口处有刮削痕迹。口部外壁二方连续间隔饰一周垂弧纹、弧边三角，其下区域饰一周宽0.6厘米的条带纹、三个圆点组成的复合纹饰。可复原。口径18、底径6.2、高8.6厘米（图2-2-13，16）。H9：86，黄褐陶。敛口，尖唇，曲腹，下腹部近直，平底微内凹。器表磨光发白，内壁抹光，内壁近口处有刮削痕迹。口部外壁饰一周四个垂弧纹，腹部饰一周宽0.4厘米的条带纹，其间区域用凸弧纹分为四个单元格，每个单元格内饰双连弧线、圆点组成的复合纹饰。可复原。口径18.2、底径7.6、高9.2厘米（图2-2-12，3；彩版四八，1）。H9：87，黄褐陶。敛口，圆

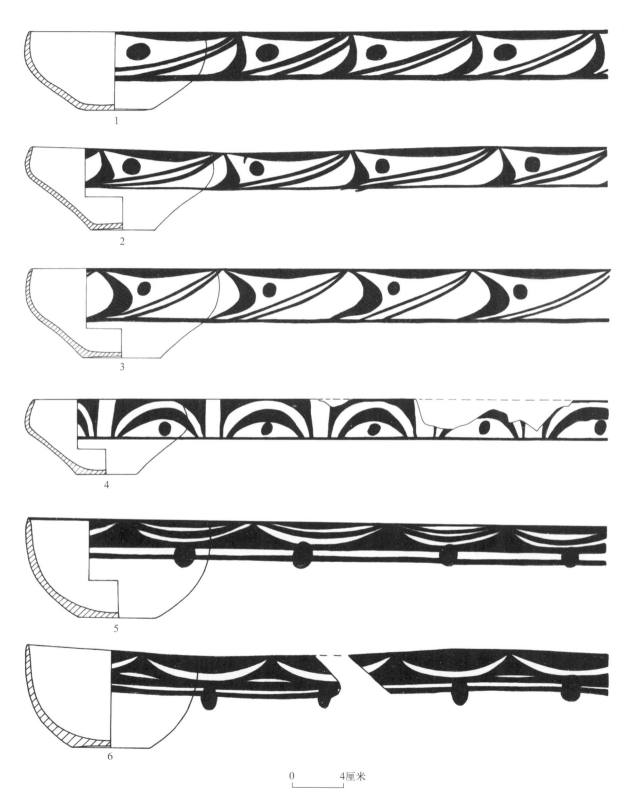

0 ⊢————⊣ 4厘米

图2-2-12 H9出土彩陶钵

1-6.彩陶钵（H9：77、H9：88、H9：86、H9：91、H9：50、H9：49）

唇，弧腹，下腹部近直，平底。内壁近口处有修整痕迹。口部外壁饰一周垂弧纹，腹部饰一周宽 0.2-0.4 厘米不等的条带纹，其间区域用凸弧纹分为四个单元格，每个单元格内饰双连弧线、圆点组成的复合纹饰。可复原。口径 16.8、腹径 18.2、底径 7.4、高 9.4 厘米（图 2-2-13，18；彩版四八，2）。H9：88，黄褐陶。直口微敛，圆唇，曲腹，下腹部近直，平底微内凹。器表磨光，内壁抹光，内壁近口处有刮削痕迹。口部外壁饰一周四个垂弧纹，腹部饰一周宽 0.5 厘米的条带纹，其间区域用凸弧纹分为四个单元格，每个单元格内饰双连弧线、圆点组成的复合纹饰。可复原。口径 21.1、底径 7.5、高 9.4—10.1 厘米（图 2-2-12，2；彩版四九，1）。H9：91，黄褐陶。敛口，圆唇，弧腹，下腹部近直，平底。腹部饰一周条带纹，其上区域饰五组对弧边直角、凸弧纹、圆点组成的复合纹饰。可复原。口径 16.5、底径 6.7、高 8.8 厘米（图 2-2-12，4；彩版四九，2）。H9：92，黄褐陶。敛口，圆唇，深弧腹，平底内凹。口部外壁饰一周四个弧边三角，其下间隔饰四周凸弧纹、圆点组成的复合纹饰。可复原。口径 30、底径 13.2、高 12.6 厘米（图 2-2-13，14）。H9：106，黄褐陶。直口微敛，圆唇，曲腹。口部外壁饰一周垂弧纹，腹部饰一周宽 0.3 厘米的条带纹，其间区域饰双连弧线、圆点组成的复合纹饰。腹部以下残。口径 36、残高 11.3 厘米（图 2-2-13，10）。H9：108，黄褐陶。直口，尖唇，曲腹。口部外壁饰一周垂弧纹，腹部饰一周宽 0.2 厘米的条带纹，其间区域用凸弧纹分为数个单元格，每个单元格内饰双连弧线。腹部以下残。口径 25、残高 11.8 厘米（图 2-2-13，9）。H9：114，黄褐陶。直口微敛，尖唇，曲腹。腹部饰一周宽 0.3 厘米的条带纹，其上区域用留白分为数个单元格，每个单元格内饰对弧边直角、凸弧纹、圆点组成的复合纹饰。腹部以下残。口径 33.3、残高 8.5 厘米（图 2-2-13，11）。H9：178，黄褐陶。敛口，尖唇，弧腹。唇面、下腹部各饰一周宽 0.2 厘米的条带纹，其间区域饰网格纹。腹部以下残。口径 16、残高 3.8 厘米（图 2-2-13，4）。

彩陶盆 24 件。泥质陶黑彩。H9：20，黄褐陶。敛口，仰折沿隆起，圆唇，曲腹，平底。唇面、颈部、下腹部各饰一周条带纹，分别宽 0.5-0.7、0.4、0.4 厘米，其间区域饰圆点、弧边三角、弧线组成的复合纹饰。可复原。口径 17、腹径 17.6、底径 6.6、高 11 厘米（图 2-2-15，1；彩版一八八，2）。H9：21，黄褐陶。敛口，仰折沿隆起，圆唇，深曲腹，平底内凹。器表磨光，内壁抹光，沿面及内壁近口处有刮削痕迹。沿面饰条带纹、圆点、弧边三角组成的复合纹饰，唇面、颈部、下腹部各饰一周条带纹，分别宽 0.4、0.2、0.2 厘米，其间区域饰弧边三角、弧线、圆点、凸弧纹组成的复合纹饰。可复原。口径 26.4、腹径 25、底径 10.4、高 13.4 厘米（图 2-2-16，8；彩版一八九，1）。H9：23，黄褐陶。直口，折沿微隆起，圆唇，浅弧腹，平底。器表磨光，内壁抹光。内壁有轮制痕迹。沿面饰数组凸弧纹、弧边三角组成的复合纹饰。可复原。口径 30.8、底径 12.8、高 11.4 厘米（图 2-2-14，9；图版一五，4）。H9：24，红陶。铁轨式口，折沿外侧下斜，圆唇，浅弧腹，平底内凸。内外壁及沿面均有修整痕迹。沿面用三条短直线将纹饰区分为四个单元格，每个单元格内饰凸弧纹。可复原。口径 28.8、底径 11.2、高 10.2 厘米（图 2-2-15，10；图版一，4）。H9：25，红陶。直口，折沿外侧微下斜，圆唇，浅弧腹，平底内凹。沿面饰五组凸弧纹、弧边三角组成的复合纹饰。可复原。口径 28.8、底径 10.2、高 12.8 厘米（图 2-2-15，8；图版一，5）。H9：37，黄褐陶。直口微敛，折沿隆起，圆唇，浅弧腹，平底微内凹。沿面及内壁有修整痕迹。沿面饰数组凸弧纹。可复原。口径 33.6、底径 13.4、高 11 厘米（图 2-2-14，10；图版一五，5）。H9：38，黄褐陶。直口，折沿，方唇，浅弧腹，下腹部近直，平底内凹。沿面饰四组凸弧纹、弧边三角组成的复合纹饰。可复原。口径 29.6、底径 10—10.7、高 12.7 厘米（图 2-2-14，5；图版一五，6）。H9：39，黄褐

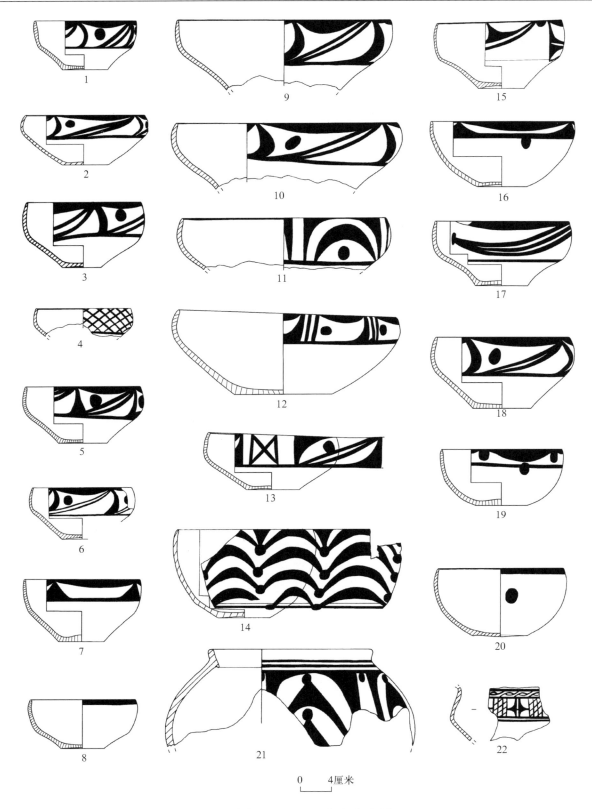

0　　　4厘米

图2-2-13　H9出土彩陶钵

1-20.彩陶钵（H9：13、H9：12、H9：17、H9：178、H9：19、H9：15、H9：80、H9：30、H9：108、H9：106、H9：114、H9：76、
H9：83、H9：92、H9：31、H9：85、H9：14、H9：87、H9：84、H9：16）　21.彩陶罐（H9：113）　22.彩陶片（H9：180）

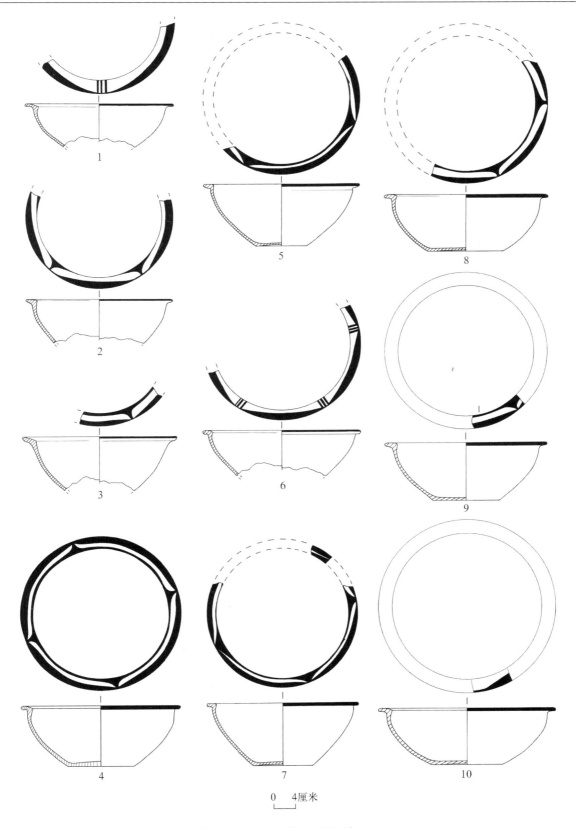

图2-2-14　H9出土彩陶盆

1-10.彩陶盆（H9：103、H9：194、H9：157、H9：75、H9：38、H9：135、H9：48、H9：39、H9：23、H9：37）

陶。直口微敛，折沿微隆起，圆唇，浅弧腹，平底微内凹。沿面饰数组凸弧纹、弧边三角组成的复合纹饰。可复原。口径31.2、底径14.4、高11.2厘米（图2-2-14，8；图版一六，1）。H9：40，黄褐陶。直口微敛，仰折沿微隆起，圆唇，浅弧腹，下腹部近直，平底微内凹。沿面及器表磨光，内壁抹光。内壁有轮制痕迹。沿面饰四组凸弧纹、弧边三角组成的复合纹饰。可复原。口径32.2、底径12.2、高11.2厘米（图2-2-15，9；图版一，6）。H9：41，黄褐陶。敛口，叠圆唇，曲腹，平底。唇面用三条短直线将纹饰区分为四个单元格，每个单元格内饰凸弧纹。可复原。口径35.8、底径13.4、高20.6厘米（图2-2-16，4；图版五五，1）。H9：43，灰陶。敛口，仰折沿隆起，圆唇，深曲腹近折，平底。口部外壁、颈部、下腹部各饰一周条带纹，分别宽0.4、0.5、0.4厘米，其间区域饰对弧边三角、弧线、圆点、凸弧纹组成的复合纹饰。可复原。口径26.9—27.6、底径10.4—10.9、高16.8厘米（图2-2-15，4；彩版一八九，2）。H9：44，红陶。敛口，仰折沿微下凹，圆唇，曲腹，平底内凹。器表磨光，内壁抹光。内壁有轮制痕迹。沿面、颈部、下腹部各饰一周条带纹，分别宽0.6、0.4、0.5厘米。腹部饰两组弧边三角、凸弧纹、圆点、弧线组成的复合纹饰。可复原。口径33.6、腹径33.2、底径11.2、高21.6厘米（图2-2-16，1；彩版一九〇，1）。H9：45，黄褐陶。敛口，仰折沿微隆起，圆唇，深曲腹，平底微内凸。器表磨光，内壁抹光，沿面及内壁近口处有刮削痕迹。唇面、下腹部各饰一周宽0.5厘米的条带纹，其间区域饰弧边三角、弧线、圆点、凸弧纹组成的复合纹饰。可复原。口径30.6、腹径30.6、底径11.8、高18.3厘米（图2-2-16，6）。H9：47，黄褐陶。敛口，仰折沿微隆起，圆唇，深曲腹，平底。内外壁及沿面均有修整痕迹。口部外壁、颈部、下腹部各饰一周条带纹，分别宽0.6、0.4、0.4厘米，其间区域饰两组对弧边三角、弧线、圆点、凸弧纹组成的复合纹饰。可复原。口径29.2、底径11.6、高16.3厘米（图2-2-16，7；彩版一九〇，2）。H9：48，红陶。直口微敛，折沿，方唇，深弧腹，下腹部近直，平底内凹。沿面饰四组凸弧纹、弧边三角组成的复合纹饰。可复原。口径28.8—29.2、底径10.7、高12.2厘米（图2-2-14，7；图版二，1）。H9：75，黄褐陶。敛口，仰折沿微隆起，圆唇，浅弧腹，平底内凸。器表磨光，内壁抹光。内壁有轮制痕迹。沿面饰四组凸弧纹、弧边三角组成的复合纹饰。可复原。口径26.8—27.4、底径11.2、高10.6厘米（图2-2-14，4；图版二，2）。H9：103，黄褐陶。敛口，仰折沿微隆起，圆唇，弧腹。沿面用三条短线分为数个单元格，每个单元格内饰垂弧纹。腹部以下残。口径35.3、残高10.6厘米（图2-2-14，1；彩版二四七，2）。H9：107，黄褐陶。敛口，仰折沿微下凹，尖唇，溜肩，弧腹。颈部饰一周宽0.3厘米的条带纹，其下区域饰弧边三角、凸弧纹、圆点组成的复合纹饰。腹部以下残。口径34.8、残高13厘米（图2-2-16，5）。H9：116，黄褐陶。敛口，仰折沿下凹，圆唇，曲腹。沿面外侧饰一周条带纹，腹部对弧边三角、凸弧纹、圆点组成的复合纹饰。腹部以下残。口径40.5、残高16.5厘米（图2-2-15，6）。H9：135，黄褐陶。敛口，折沿隆起，圆唇，弧腹。沿面用三条短线分为数个单元格，每个单元格内饰垂弧纹。腹部以下残。口径37.5、残高11厘米（图2-2-14，6）。H9：156，黄褐陶。直口微敛，仰折沿隆起，圆唇，弧腹。沿面饰一周垂弧纹。腹部以下残。口径46、残高7厘米（图2-2-15，7）。H9：157，黄褐陶。侈口，仰折沿，尖唇，弧腹。沿面饰一周垂弧纹、弧边三角组成的复合纹饰。腹部以下残。口径36.5、残高13.3厘米（图2-2-14，3）。H9：163，黄褐陶。敛口，仰折沿微隆起，圆唇，溜肩，鼓腹。沿面间隔饰数组垂弧纹、圆点；颈部饰一周宽0.2厘米的条带纹，其下区域饰圆点、凸弧纹、弧边三角、弧线组成的复合纹饰。腹部以下残。口径45、残高15厘米（图2-2-15，5）。H9：194，黄褐陶。直口微敛，仰折沿，圆唇，弧腹。

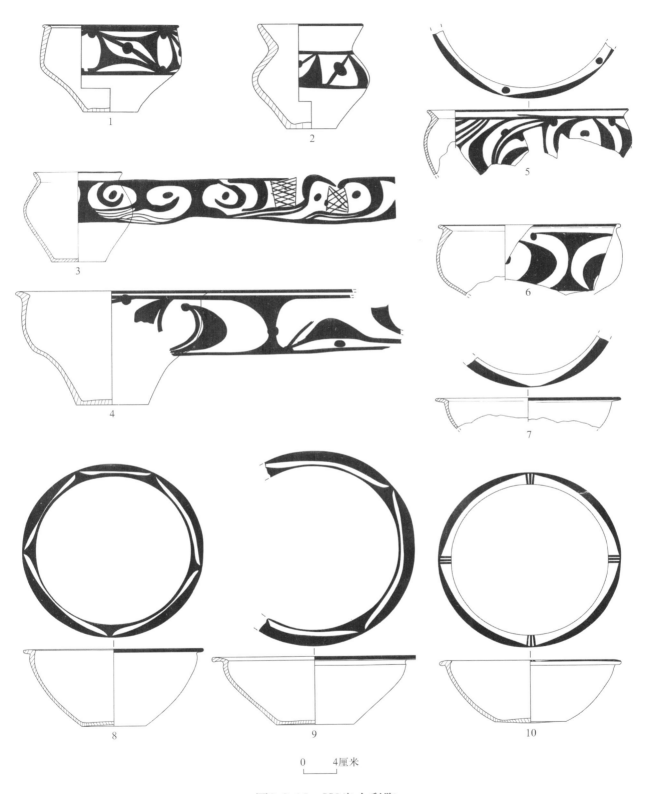

图2-2-15　H9出土彩陶

1、4-10.彩陶盆（H9∶20、H9∶43、H9∶163、H9∶116、H9∶156、H9∶25、H9∶40、H9∶24）　　2、3.彩陶罐（H9∶22、H9∶27）

沿面饰一周垂弧纹、弧边三角组成的复合纹饰。口径34.8、残高10.5厘米（图2-2-14，2）。

彩陶罐　3件。泥质黄褐陶黑彩。敞口，高领，圆唇，溜肩，鼓腹。H9：22，下腹部近直，平底。内外壁近口处有修整痕迹。肩部和腹部各饰一周宽0.4、0.5厘米的条带纹，其间区域用弧边直角分为五个单元格，其中四个单元格内饰直线与圆点组成的复合纹饰，一个单元格内饰一个圆点。可复原。口径11.4、腹径12.6、底径5.4、高11.5厘米（图2-2-15，2；彩版二四九，1）。H9：27，下腹部近直，平底。上腹部饰一周由弧边三角、凸弧纹、圆点、弧线、网格纹组成的复合纹饰。可复原。口径22.8、腹径28、底径13.6、高23.4厘米（图2-2-15，3；彩版一八六，2）。H9：113，唇部有明显的慢轮修整痕迹。肩部饰三周条带纹，其下区域饰对弧边直角、圆点、弧边三角组成的复合纹饰。腹部以下残。口径21.6、残高13厘米（图2-2-13，21；彩版二四八，1）。

彩陶片　1件。H9：180，泥质黄褐陶黑彩。折腹，器形有可能为盆或者罐。颈部、腹部利用四周条带纹将纹饰区分为上下两个单元格，上部单元格饰交弧纹，下部单元格间隔饰网格纹、对弧边三角。残存腹部。残长7.2、残宽8厘米（图2-2-13，22；彩版二四八，2）。

彩陶双鋬钵　2件。泥质黄褐陶黑彩。敛口，圆唇，曲腹，平底。腹部对称置附加突起状双鋬。内壁有轮制痕迹。H9：46，唇面饰一周宽0.5厘米的条带纹，腹部饰六组凸弧纹、弧边三角、圆点、双短线组成的复合纹饰。可复原。口径35、腹径39.6、底径13.8、高19.5厘米（图2-2-16，2；彩版四五，2）。H9：82，器表磨光，内壁抹光。唇面、下腹部各饰一周宽0.4厘米的条带纹，口部外壁饰一周垂弧纹，其下区域饰两组弧边三角、凸弧纹、圆点、弧线组成的复合纹饰。可复原。口径32.5、腹径37.8、底径12.2、高22.4厘米（图2-2-16，3；图版二四，5）。

素面双鋬钵　3件。泥质黄褐陶。腹部对称置附加突起状双鋬，平底。器表磨光，内壁抹光。内壁有轮制痕迹。素面。H9：55，直口微敛，圆唇，弧腹，下腹部近直。可复原。口径29.1、底径14.5、高12.3厘米（图2-2-18，8；图版一三五，2）。H9：67，敛口，圆唇，曲腹。可复原。口径23.7、底径14.1、高11.7厘米（图2-2-18，2；图版一三五，3）。H9：73，器形不规整，口部为椭圆形。敛口，圆唇，曲腹。可复原。口径30—32、底径13.7、高20.4厘米（图2-2-17，6；图版一三五，4）。

素面四鋬钵　1件。H9：72，泥质灰陶。敛口，圆唇，弧腹，下腹部近直，平底，腹部对称置四个附加凸起状鋬。器表磨光，内壁抹光。内壁有轮制痕迹。素面。可复原。口径44.6、底径18.4、高32厘米（图2-2-18，1；图版一三九，6）。

素面双鋬盆　7件。腹部对称置附加突起状双鋬。素面。H9：42，泥质黄褐陶。敛口，叠圆唇，弧腹微屈，平底。内壁及沿面均有修整痕迹。可复原。口径35.7、底径16.5、高25.5厘米（图2-2-17，8；图版一三九，1）。H9：57，夹砂红陶。腹部规整，器形略歪斜。敛口，叠圆唇，弧腹，平底。内壁及沿面均有修整痕迹。可复原。口径26.5、底径15.8、高13.2—14.1厘米（图2-2-17，3；图版一三九，2）。H9：60，夹砂黄褐陶。器底不规整。敛口，叠圆唇，深弧腹，下腹部斜直，平底。内壁及沿面均有修整痕迹。可复原。口径33.7、底径20.6、高19.2—19.4厘米（图2-2-17，4；图版一三九，3）。H9：62，夹砂黄褐陶。敛口，叠圆唇，弧腹，下腹部近直，平底。内壁及沿面均有修整痕迹。可复原。口径35.5、底径18、高18.1—18.8厘米（图2-2-17，1；图版一三九，4）。H9：63，夹砂黄褐陶。敛口，叠圆唇，深鼓腹，下腹部近直，平底。器表磨光，内壁抹光。内壁有轮制痕迹。口沿下饰12周凹弦纹。可复原。口径36、底径16.8、高26.4厘米（图2-2-17，7；图版

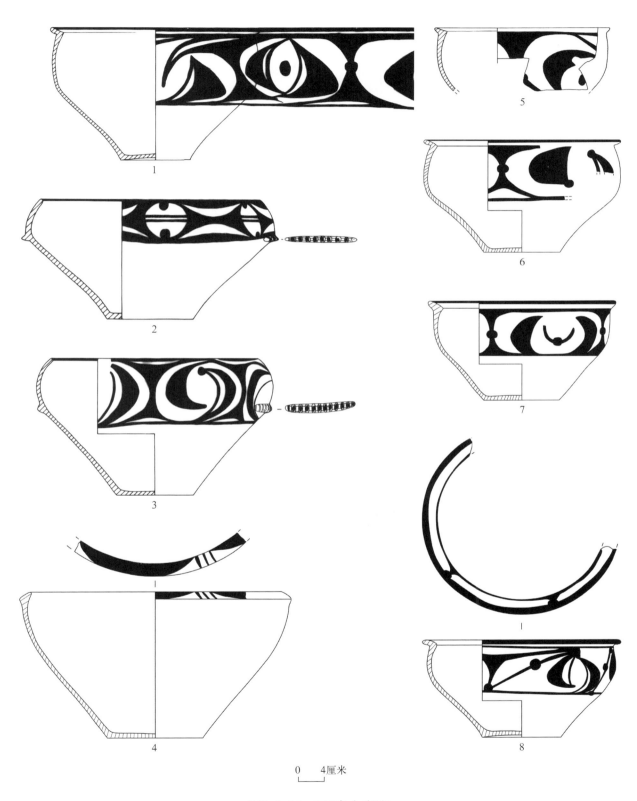

图2-2-16　H9出土彩陶

1、4-8.彩陶盆（H9：44、H9：41、H9：107、H9：45、H9：47、H9：21）　2、3.彩陶双鋬钵（H9：46、H9：82）

一三九，5）。H9：78，夹砂红陶。敛口，叠圆唇，鼓腹，下腹部近直，平底。器表磨光，内壁抹光。内壁有轮制痕迹。可复原。口径33.8、底径14，5、高18.2厘米（图2-2-17，5；图版一四〇，1）。

H9：131，夹砂灰陶。敛口，折沿，圆唇，溜肩，鼓腹。腹部以下残。口径42、残高10.8厘米（图

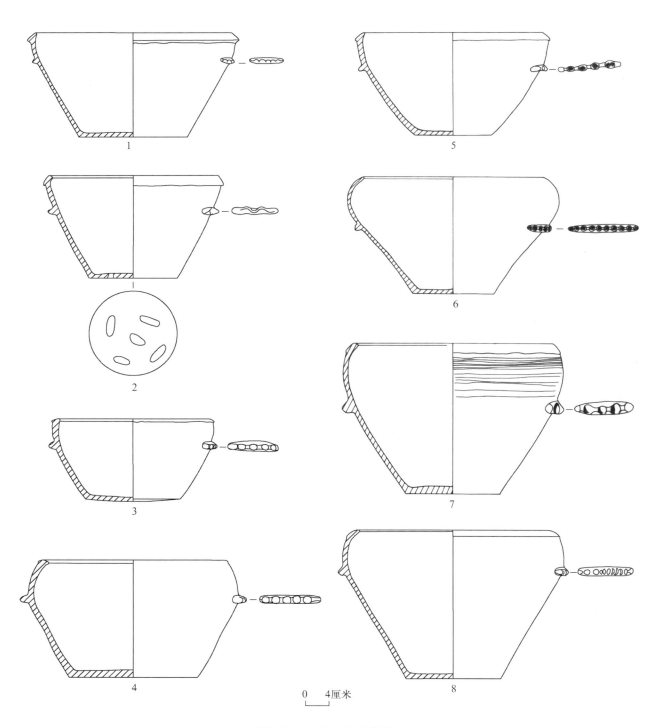

图2-2-17　H9出土陶器

1、3-5、7、8.素面双錾盆（H9：62、H9：57、H9：60、H9：78、H9：63、H9：42）　2.双錾甗（H9：56）　6.素面双錾钵（H9：73）

2-2-18，4）。

双鋬甑　1件。H9：56，夹砂红陶。器形不规整，略歪斜。敛口，叠圆唇，斜直腹，腹部对称置附加突起状双鋬，平底，底部有五个椭圆形箅孔。素面。可复原。口径29.5、底径14.7—15.1、高19厘米（图2-2-17，2；图版一五三，1）。

素面钵　12件。素面。H9：18，泥质黄褐陶，通体饰红衣。直口微敛，尖唇，曲腹近折，平底内凹。器表磨光，内壁抹光。内壁有轮制痕迹。可复原。口径16、底径5.4、高8厘米（图2-2-18，18；彩版四二，2）。H9：28，泥质红陶，通体饰红衣。敛口，尖唇，曲腹近折，平底微内凹。内壁近口处有修整痕迹。可复原。口径13.1、底径5.2、高7.8厘米（图2-2-18，20；彩版四三，2）。H9：29，泥质黄褐陶，通体饰红衣。直口微敛，尖唇，弧腹，平底。内壁近口处有修整痕迹。可复原。口径14.5、底径6.7、高7.2厘米（图2-2-18，19；彩版四四，2）。H9：51，泥质黄褐陶，通体饰红衣。直口，圆唇，曲腹，平底。内壁近口处有修整痕迹。可复原。口径17、底径6、高9.9厘米（图2-2-18，17）。H9：52，泥质黄褐陶。侈口，圆唇，弧腹，平底内凹。器表磨光，内壁抹光。内壁有轮制痕迹。可复原。口径12、底径4.4、高5厘米（图2-2-19，11；图版五五，2）。H9：53，夹砂红陶。侈口，圆唇，弧腹近直，平底。器表磨光，内壁抹光。内壁有轮制痕迹。可复原。口径9.4、底径4.8、高4.4—4.9厘米（图2-2-19，14；图版五五，3）。H9：54，夹砂黄褐陶。侈口，圆唇，弧腹近直，平底。内壁有修整痕迹。可复原。口径10.3、底径4.9、高5.9厘米（图2-2-19，13；彩版四七，1）。H9：65，夹砂黄褐陶。敛口，圆唇，弧腹，下腹部近直，平底。器表磨光，内壁抹光。内壁有轮制痕迹。可复原。口径28—30、底径13.5—14、高12.1厘米（图2-2-18，16；图版五五，4）。H9：66，泥质红陶。敛口，尖唇，弧腹，下腹部近直，平底。器表磨光，内壁抹光。内壁有轮制痕迹。可复原。口径25.8—26.8、底径11.2、高12.5厘米（图2-2-18，15；图版五五，5）。H9：68，泥质灰陶。直口，尖唇，曲腹，平底内凹。器表磨光，内壁抹光。内壁有轮制痕迹。可复原。口径14.5、腹径17.1、底径7.5、高9.9厘米（图2-2-19，12；图版一〇四，6）。H9：71，泥质灰陶，通体饰红衣。敛口，尖唇，曲腹，平底内凹。器表磨光，内壁抹光。内壁有轮制痕迹。可复原。口径16.3、底径6.4、高9.5—10.1厘米（图2-2-18，14；图版五五，6）。H9：153，泥质黄褐陶。敛口，圆唇，斜直腹。腹部以下残。口径28.4、残高12.6厘米（图2-2-18，9）。

盂　1件。H9：69，夹砂灰陶。侈口，圆唇，矮领，鼓腹，平底。口沿内外均有修整痕迹。内壁近口处有一附加凸起状鋬。素面。可复原。口径10.5、腹径14.8、底径9.4、高13.2厘米（图2-2-19，10；图版一五六，4）。

素面盆　10件。素面。H9：58，泥质黄褐陶。侈口，仰折沿，方唇，鼓腹，下腹部近直，平底。沿面及器表磨光，内壁抹光。内壁有轮制痕迹。可复原。口径26.5、底径11.4、高16.3厘米（图2-2-18，3；图版一〇四，3）。H9：59，泥质黄褐陶。敛口，仰折沿隆起，圆唇，浅弧腹，下腹部近直，平底。沿面及器表磨光，内壁抹光。内壁有轮制痕迹。可复原。口径26、底径11.2、高8厘米（图2-2-19，7；图版一〇四，4）。H9：61，泥质黄褐陶。敛口，叠唇，弧腹近直，平底。沿面及器表磨光，内壁抹光。内壁有轮制痕迹。可复原。口径33、底径15.2、高14.8厘米（图2-2-18，10；图版一〇四，5）。H9：64，夹砂黄褐陶。敛口，叠圆唇，曲腹，平底。器表磨光，内壁抹光。内壁有轮制痕迹。可复原。口径29.2、底径12.2、高16.2厘米（图2-2-18，7；图版一五六，1）。H9：70，泥质灰陶。直口，

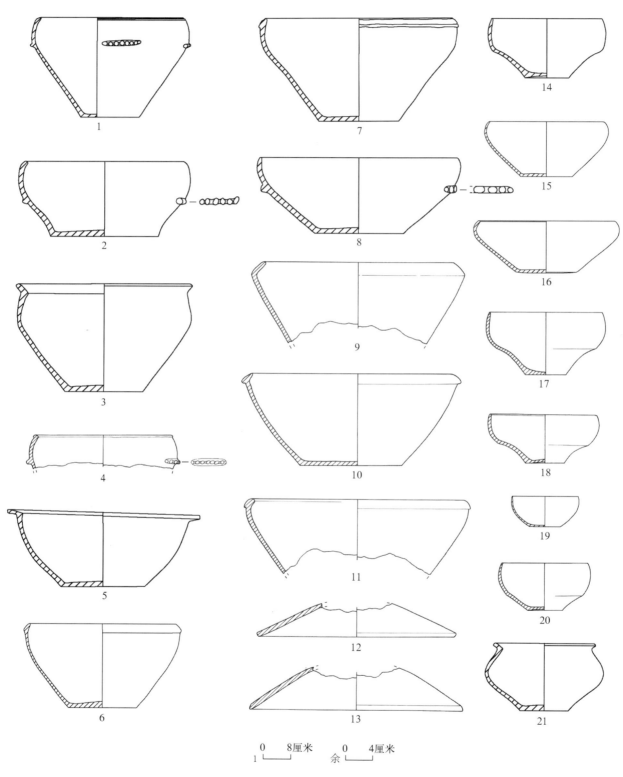

0　　8厘米
1 ├────┤

0　　4厘米
余 ├────┤

图2-2-18　H9出土陶器

1.素面四錾钵（H9：72）　　2、8.素面双錾钵（H9：67、H9：55）　　3、5-7、10、11、21.素面盆（H9：58、H9：70、H9：74、
H9：64、H9：61、H9：154、H9：196）　4.素面双錾盆（H9：131）　　9、14-20.素面钵（H9：153、H9：71、H9：66、
H9：65、H9：51、H9：18、H9：29、H9：28）　12、13.器盖（H9：146、H9：158）

仰折沿，方唇，浅弧腹，平底。沿面及器表磨光，内壁抹光。内壁有轮制痕迹。可复原。口径 28、底径 12、高 11.4 厘米（图 2-2-18，5；图版一〇五，1）。H9：74，泥质红陶。口沿不规整，略呈椭圆形。敛口，叠圆唇，弧腹，下腹部近直，平底。器表磨光，内壁抹光。内壁有轮制痕迹。口径 33.2、底径 15.5、高 18.8 厘米（图 2-2-18，6；图版一〇五，2）。H9：151，夹砂灰陶。敛口，卷沿，尖唇，鼓腹。腹部以下残。口径 42.4、残高 13.6 厘米（图 2-2-19，5）。H9：154，泥质黄褐陶。敛口，叠圆唇，弧腹。腹部以下残。口径 32、残高 11.7 厘米（图 2-2-18，11）。H9：159，夹砂灰陶。敛口，卷沿，尖唇，鼓腹。腹部以下残。口径 49.2、残高 10.6 厘米（图 2-2-19，6）。H9：196，泥质黄褐陶。敛口，仰折沿微隆起，圆唇，溜肩，鼓腹，下腹部近直，平底。可复原。口径 15、腹径 17.7、底径 7.2、高 10.4 厘米（图 2-2-18，21）。

椭圆形盆　3 件。厚胎。椭圆形器身，平底。素面。H9：33，夹砂红陶。直口，方唇，直腹。器表磨光，内壁抹光。内壁有轮制痕迹。可复原。口径 11.4—20.6、底径 8.2—21.2、高 6.9 厘米（图 2-2-19，3；图版一五七，1）。H9：34，泥质红陶。直口，方唇，直腹。外壁有修整痕迹。可复原。口径 12.5—25、底径 11.4—22.3、高 7.5 厘米（图 2-2-19，8；图版一五七，2）。H9：36，夹砂红陶。敛口，方唇，斜直腹。器表磨光，内壁抹光。内壁有轮制痕迹。可复原。口径 8.5—15.4、底径 8—20.4、高 8 厘米（图 2-2-19，17；图版一五七，3）。

碗　1 件。H9：32，泥质灰陶，薄胎。敞口，尖唇，弧腹，圜底，矮圈足外撇。器表磨光，内壁抹光。内壁有轮制痕迹。素面。可复原。口径 14.1、足径 8.2、高 5.8 厘米（图 2-2-19，16；图版一九三，3）。

器盖　3 件。敞口。H9：146，泥质灰陶。方唇，弧腹近直。素面。顶部残。口径 30、残高 4.8 厘米（图 2-2-18，12）。H9：158，泥质灰陶。尖唇，弧腹近直。素面。顶部残。口径 32、残高 5.2 厘米（图 2-2-18，13）。H9：81，夹砂红陶。方唇，弧腹，平顶，宽扁状桥形纽。纽上饰圆饼状附加堆纹。可复原。口径 27.1、高 10.8 厘米（图 2-2-19，4；图版一七六，3）。

杯　1 件。H9：8，夹砂红陶。敞口，仰折沿，圆唇，斜直腹，平底。近底处饰左斜线纹。可复原。口径 9.4、底径 4.5、高 7.8 厘米（图 2-2-19，15；图版一八七，5）。

环　3 件。泥质灰陶。环状。H9：4，截面为凸弧状。外侧饰网格纹。可复原。外径 5.2、内径 4、宽 0.5、厚 1.9 厘米（图 2-2-19，2）。H9：11，截面为抹角长方形。外侧饰线纹。可复原。外径 5.6-6、内径 4.8-5.2、厚 0.4 厘米（图 2-2-19，1）。H9：292，截面为椭圆形。外侧有密集凹槽。可复原。外径 7.9、内径 5、宽 1.5 厘米（图 2-2-19，9）。

缸　1 件。H9：140，夹砂灰陶。直口，方唇，直颈。通体饰左斜线纹。颈部以下残。口径 33.6、残高 5.4 厘米（图 2-2-20，1）。

鼓腹罐　8 件。夹砂灰陶。溜肩，鼓腹。H9：79，侈口，仰折沿，圆唇，鼓腹，平底。口沿内外均有修整痕迹，唇面有一周凹槽。通体饰左斜细线纹。可复原。口径 24.7、腹径 31.1、底径 17.5、高 38.5 厘米（图 2-2-20，11；图版一六〇，5）。H9：89，侈口，仰折沿微下凹，方唇，曲腹，平底。沿面及外壁近口处均有修整痕迹。通体饰线纹，肩部饰 8 个圆点及三周凹弦纹，腹部饰一周附加堆纹。可复原。口径 25.6、底径 11.7、高 19.2 厘米（图 2-2-20，8；图版一六〇，6）。H9：134，折沿微内凹，圆唇。颈部以下饰篮纹。腹部以下残。口径 39.5、残高 5.8 厘米（图 2-2-20，2）。H9：119，侈口，仰折沿，方唇中间微下凹。肩部篮纹被抹平。腹部以下残。口径 22.5、残高

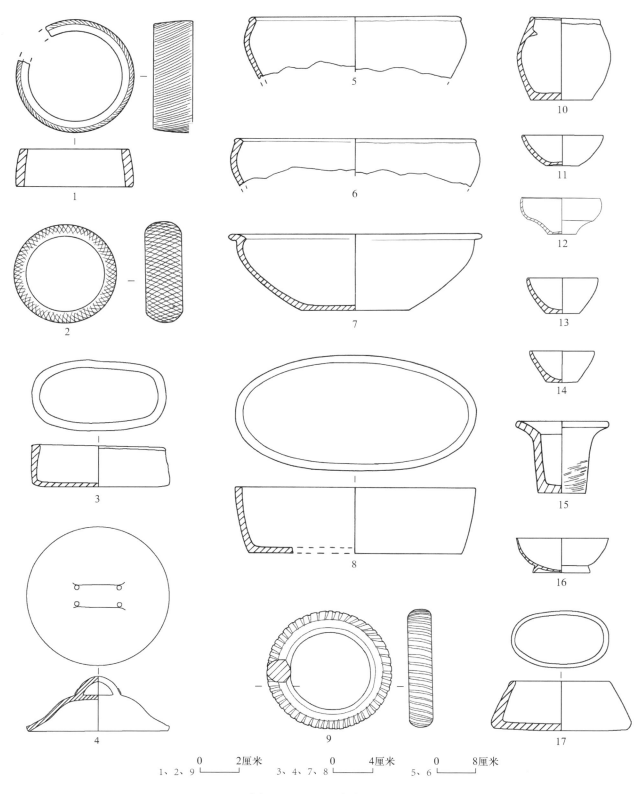

图2-2-19 H9出土陶器

1、2、9.环（H9：11、H9：4、H9：292）　3、8、17.椭圆形盆（H9：33、H9：34、H9：36）　4.器盖（H9：81）　5-7.素面盆（H9：151、H9：159、H9：59）　10.盂（H9：69）　11-14.素面钵（H9：52、H9：68、H9：54、H9：53）　15.杯（H9：8）16.碗（H9：32）

5.5厘米（图2-2-20，5）。H9：148，侈口，仰折沿，方唇。沿面内壁有一周突棱，肩部饰间隔篮纹。腹部以下残。口径17.5、残高4.4厘米（图2-2-20，7）。H9：133，侈口，折沿外侧下斜，尖唇，矮领内凹。肩部饰间隔篮纹。腹部以下残。口径19.5、残高5.4厘米（图2-2-20，3）。H9：149，敛口，折沿外侧下凹，尖唇，矮领内凹。肩部以下饰间隔篮纹。腹部以下残。口径17.2、残高6.4厘米（图2-2-20，9）。H9：165，敛口，矮领，方唇。肩部饰数周凹弦纹。腹部以下残。口径18、残高3.2厘米（图2-2-20，4）。

深腹罐　1件。H9：124，夹砂灰陶。直口微敛，卷沿，圆唇，弧腹。肩部外壁有数周突棱，腹部饰一周附加堆纹。腹部以下残。口径27.2、残高12.2厘米（图2-2-20，6）。

小口尖底瓶　1件。H9：173，泥质黄褐陶。橄榄状腹，尖底。底部有制作痕迹。通体饰左斜篮纹。腹部以上残。腹径17、残高23.2厘米（图2-2-20，10）。

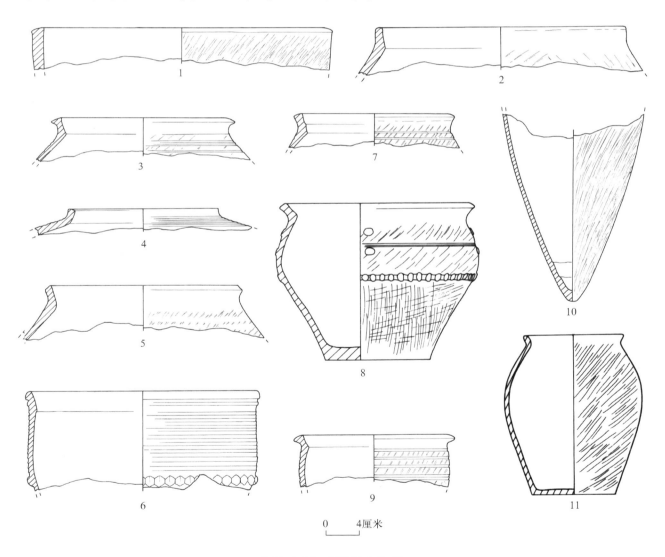

0　　4厘米

图2-2-20　H9出土陶器

1.缸（H9：140）　2—5、7—9、11.鼓腹罐（H9：134、H9：133、H9：165、H9：119、H9：148、H9：89、H9：149、H9：79）
6.深腹罐（H9：124）　10.小口尖底瓶（H9：173）

8. H10

位于 T4 东北部，部分伸入东壁。开口于第③层下，打破生土，开口距地表 90 厘米。平面形状呈椭圆形，直壁，底呈斜坡状，东高西低。坑底西北、西南边各有一斜坡状洞，洞深 40、宽 50、高 50 厘米。坑口最大径 335、最小径 305、深 110 厘米。填土浅灰色，土质疏松。包含少量石块。出土适量陶片，夹砂与泥质相当；纹饰有线纹、彩绘等；可辨器形有杯、罐、盆等（图 2-2-21，1）。

H10 挑选陶器标本 3 件，其中彩陶盆 1、素面盆 1、盘 1。

彩陶盆　1 件。H10：1，泥质红陶黑彩。敛口，仰折沿隆起，圆唇，浅弧腹，平底。器表磨光，内壁抹光，沿面及内壁近口处有刮削痕迹。沿面饰数组凸弧纹、弧边三角组成的复合纹饰。可复原。口径 30、底径 14、高 10.6 厘米（图 2-2-21，2）。

素面盆　1 件。H10：2，泥质灰陶。直口微敛，仰折沿微隆起，圆唇，弧腹，下腹部近直，平底微内凹。器表磨光，内壁抹光，沿面及内壁有刮削痕迹。素面。可复原。口径 30.4、底径 11.6、高 14.1 厘米（图 2-2-21，3）。

盘　1 件。H10：3，泥质灰陶，厚胎。敛口，斜直壁，平底。素面。可复原。口径 27.2、底径 38.8、高 4.8 厘米（图 2-2-21，4）。

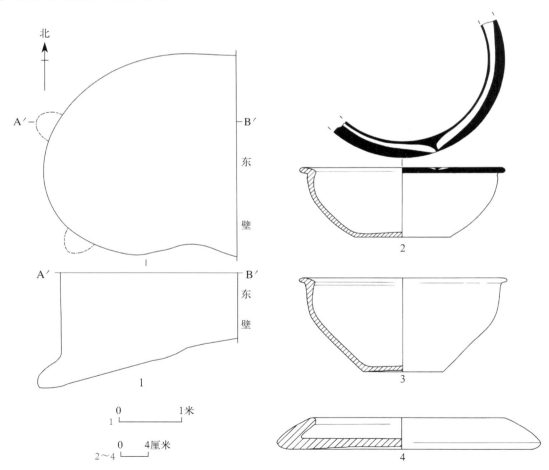

图2-2-21　H10平剖面图及出土陶器

1.平剖面图　2.彩陶盆（H10：1）　3.素面盆（H10：2）　4.盘（H10：3）

9. H12

位于T3南部。开口于第③层下，打破生土，被H5打破，开口距地表100厘米。平面形状呈椭圆形，直壁，平底。坑口最大径260、最小径150、深190厘米。填土可分两层，第①层厚70厘米，灰色，土质疏松。夹杂少量红烧土颗粒、石块。第②层厚120厘米，灰褐色，土质较致密。夹杂炭粒、石块。出土适量陶片，夹砂与泥质相当；纹饰有线纹、彩绘；可辨器形有罐、盆、小口尖底瓶等（图2-2-22，1）。

H12挑选陶器标本2件，其中彩陶盆1、鼓腹罐1。

彩陶盆　1件。H12：1，泥质黄褐陶黑彩。直口，折沿微隆起，圆唇，浅弧腹，平底。器表磨光，内壁抹光，沿面及内壁有刮削痕迹。沿面饰四组凸弧纹、弧边三角组成的复合纹饰。可复原。口径27.2、底径9.6、高9.7厘米（图2-2-22，3）。

鼓腹罐　1件。H12：2，夹砂灰陶。口部不规整，变形严重，呈椭圆形。侈口，仰折沿微下凹，方唇，溜肩，鼓腹，下腹部近直，平底。器表外壁有泥条盘筑痕迹，内外壁近口处有刮削痕迹。素面。可复原。口径10.8—11.4、腹径11.8—12.4、底径6.2、高11厘米（图2-2-22，2）。

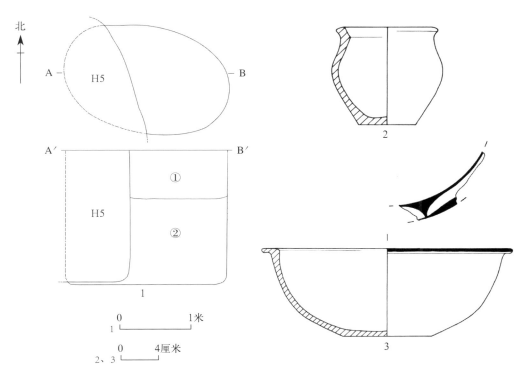

图2-2-22　H12平剖面图及出土陶器
1.平剖面图　2.鼓腹罐（H12：2）　3.彩陶盆（H12：1）

10. H13

位于T3西北角，部分伸入西壁。开口于第③层下，打破生土，开口距地表80厘米。平面形状呈椭圆形，弧壁，圜底。坑口最大径240、最小径190、深110厘米。填土浅灰色，土质疏松。包含大量陶片、黄土块、石块、动物骨骼。夹杂少量红烧土颗粒、草木灰、料礓石等。出土适量陶片，夹砂与泥质相当；纹饰有线纹、彩绘等；可辨器形有杯、罐、盆、等（图2-2-23，1）。

H13挑选陶器标本素面钵1件。

　　素面钵　1件。H13：1，泥质黄褐陶，通体饰红衣。口部略不规整，略呈椭圆形。直口，尖唇，曲腹，平底微内凹。器表磨光，内壁抹光，近口处有刮削痕迹。素面。可复原。口径 17.4—17.7、底径 6.2、高 9.5 厘米（图 2-2-23，2）。

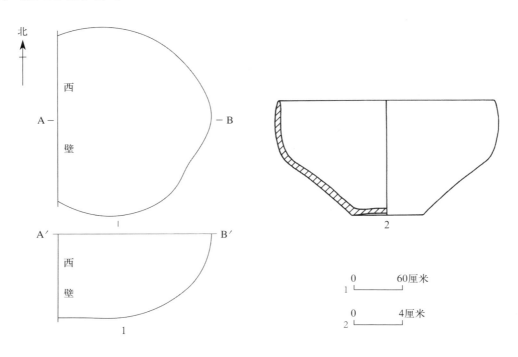

图2-2-23　H13平剖面图及出土陶器
1.平剖面图　2.素面钵（H13：1）

11. H14

　　位于 T1 东南部，部分伸入南壁。开口于 H8 下，打破生土，开口距地表 155 厘米。平面形状呈椭圆形，弧壁，圜底。坑口最大径 212、最小径 190、深 70 厘米。填土灰褐色，土质疏松。夹杂少量红烧土颗粒。出土适量陶片，以泥质陶为主，夹砂陶次之；纹饰有线纹、彩绘等；可辨器形有罐、盆、钵等（图 2-2-24）。

　　H14 挑选陶器标本 8 件，其中彩陶钵 3、素面钵 2、彩陶盆 1、素面盆 1、釜 1。

　　彩陶钵　3件。泥质黄褐陶黑彩。H14：1，直口，尖唇，弧腹，平底内凹。器表磨光，内壁抹光，近口处有刮削痕迹。口部外壁饰一周宽 0.8 厘米的条带纹。可复原。口径 20.2、底径 6、高 10.8 厘米（图 2-2-25，2）。H14：2。器形不规整，口部呈椭圆形。直口微敛，尖圆唇，曲腹，平底。器表磨光，内壁抹光。近口处有刮削痕迹。口部外壁饰一周五个垂弧纹，其下对应饰五组双连弧线、圆点组成的复合纹饰。可复原。口径 19.2—20.3、底径 6.5、高 8.2 厘米（图 2-2-25，1）。H14：3，器形歪斜严重，口部呈椭圆形。直口微侈，尖唇，曲腹近折，平底。器表磨光，内壁抹光。近口处有刮削痕迹。口部外壁饰一周三个垂弧纹，下腹部饰一周宽 0.4 厘米的条带纹，其间区域用凸弧纹分为三个单元格，每个单元格内饰双连弧线、圆点组成的复合纹饰。可复原。口径 22.3—23、底径 8.3、高 9.4厘米（图 2-2-25，5）。

　　彩陶盆　1件。H14：4，泥质黄褐陶黑彩。直口，折沿隆起，圆唇，浅弧腹，平底内凹。器表磨光，内壁抹光，沿面及内壁有刮削痕迹。沿面饰五组凸弧纹、弧边三角组成的复合纹饰。可复原。口径 29.2、底径 9.8、高 10.2 厘米（图 2-2-25，3）。

素面钵　2 件。夹砂陶。平底。素面。H14：6，黄褐陶，厚胎。侈口，圆唇，斜直腹。可复原。口径 8.6、底径 5—5.3、高 5.3 厘米（图 2-2-25，6）。H14：14，红陶。直口，圆唇，弧腹，内外壁均有刮削痕迹。可复原。口径 8.5、足径 6、高 3.9 厘米（图 2-2-25，7）。

素面盆　1 件。H14：5，泥质黄褐陶。敞口，折沿隆起，圆唇，溜肩，鼓腹，下腹部近直，平底。器表磨光，沿面及内外壁均有刮削痕迹。素面。可复原。口径 30.4、腹径 30.4、底径 12、高 17.6 厘米（图 2-2-25，4）。

釜　1 件。H14：7，夹砂红陶。直口，方唇，唇面中间有一周凹槽，矮领，广肩，折腹，圜底。内壁近口处及底部有刮削痕迹。肩部和上腹部饰数周凹弦纹。可复原。口径 16.3、腹径 30、高 16.3 厘米（图 2-2-25，8）。

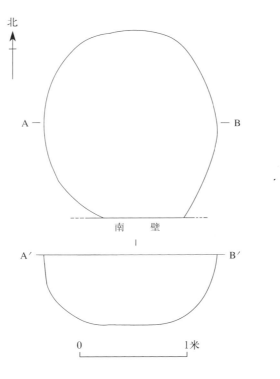

图 2-2-24　H14 平剖面图

12. H15

位于 T1 东南部。开口于 H8 下，打破生土，被 H14 打破，开口距地表 160 厘米。平面形状呈圆形，直壁，平底。坑口直径为 130—143、深 65 厘米。填土灰褐色，土质疏松。夹杂少量红烧土颗粒、石块。出土适量陶片，泥质与夹砂相当；纹饰有线纹、彩绘；可辨器形有盆、罐、钵等（图 2-2-26，1）。

H15 挑选陶器标本彩陶钵 1 件。

彩陶钵　1 件。H15：1，泥质黄褐陶褐彩。直口，尖唇，曲腹，平底。器表磨光，内外壁均有刮削痕迹。口部外壁饰一周垂弧纹，下腹部饰一周宽 0.5 厘米的条带纹，其间区域用凸弧纹分为数个单元格，每个单元格内饰双连弧线。可复原。口径 14.4、底径 4.8、高 7.8 厘米（图 2-2-26，2；图版二六，5）。

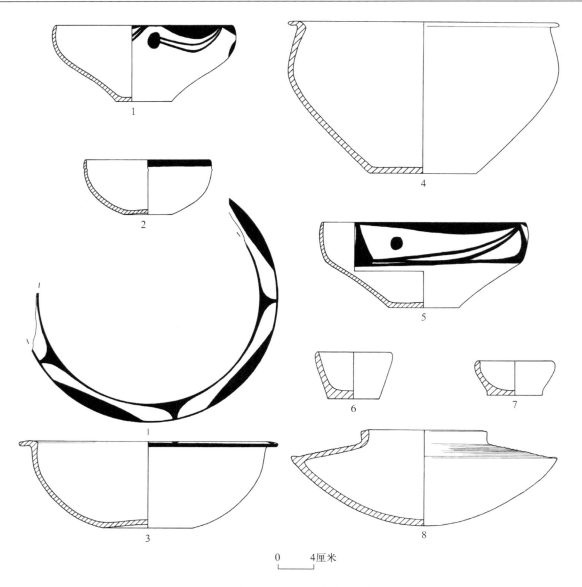

图2-2-25　H14出土陶器

1、2、5.彩陶钵（H14：2、H14：1、H14：3）　　3.彩陶盆（H14：4）　　4.素面盆（H14：5）　　6、7.素面钵（H14：6、H14：14）

8.釜（H14：7）

13. H17

位于T3东南部。开口于第③层下，打破生土，开口距地表100厘米。平面形状呈椭圆形，直壁，平底。坑口最大径160、最小径140、深90厘米。填土灰褐色，土质疏松。夹杂少量红烧土颗粒。包含动物骨骼、石块、适量陶片。陶片夹砂与泥质相当；纹饰有线纹、彩绘等；可辨器形有杯、罐、盆、钵、小口尖底瓶等（图2-2-27，1）。

H17挑选陶器标本2件，其中彩陶钵1、素面双錾钵1。

彩陶钵　1件。H17：3，泥质黄褐陶黑彩，下腹部饰红彩。口部略不规整，略呈椭圆形。直口微敛，尖唇，弧腹近折，下腹部近直，平底微内凹。器表磨光，内壁抹光，有刮削痕迹。腹部饰一周条带纹，其上区域用留白分为四个单元格，每个单元格饰对弧边直角、凸弧纹、圆点组成的复合纹饰。可复原。

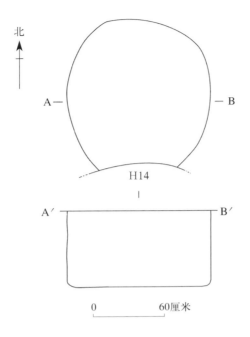

图2-2-26　H15平剖面图及出土陶器
1.平剖面图　2.彩陶钵（H15：1）

口径 13.8—14、底径 5.8、高 7.1 厘米（图 2-2-27，2；彩版五〇，1）。

素面双錾钵　1件。H17：4，泥质黄褐陶。口部不规整。敛口，叠唇，弧腹，平底中间凸起，腹部对称置附加突起状双錾。唇面及内外壁均有刮削痕迹。素面。可复原。口径 30.6、底径 13.2、高 16.8 厘米（图 2-2-27，3）。

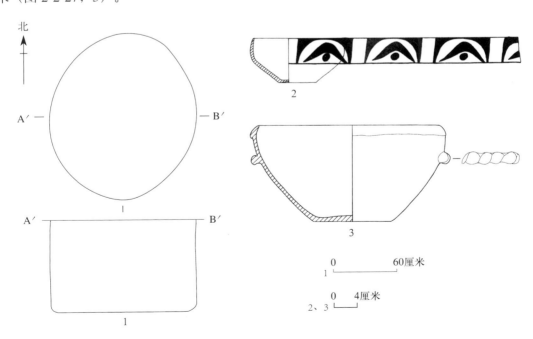

图2-2-27　H17平剖面图及出土陶器
1.平剖面图　2.彩陶钵（H17：3）　3.素面双錾钵（H17：4）

14. H18

位于 T3 西北角，部分伸入西壁、北壁。开口于第③层下，打破生土，被 H13 打破，开口距地表 80 厘米。平面形状呈椭圆形，斜直壁，平底。坑口最大径 165、最小径 150、坑底最大径 95、最小径 80、深 100 厘米。填土浅灰色，土质疏松。夹杂少量红烧土颗粒等。包含适量料礓石、石块等。出土适量陶片，夹砂与泥质相当；纹饰有线纹、彩绘等；可辨器形有罐、盆等（图 2-2-28，1）。

H18 挑选陶器标本素面钵 1 件。

素面钵　1 件。H18：1，泥质红陶。直口微侈，圆唇，弧腹，平底。器表磨光，内壁抹光，有刮削痕迹。素面。口径 13.2、底径 5、高 8.3 厘米（图 2-2-28，2）。

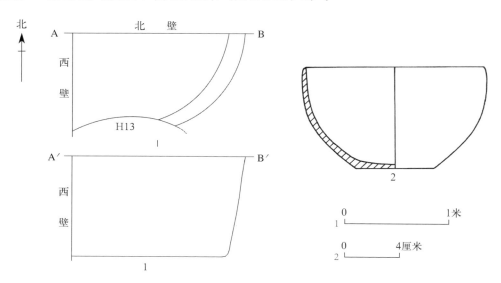

图2-2-28　H18平剖面图及出土陶器
1.平剖面图　2.素面钵（H18：1）

15. H20

位于 T3 东北部，部分伸入东壁。开口于第③层下，打破生土，开口距地表 90 厘米。平面形状呈椭圆形，斜直壁，平底。坑口最大径 250、最小径 230、坑底最大径 260、最小径 235、深 105 厘米。填土灰褐色，土质疏松。夹杂少量红烧土颗粒、料礓石。出土大量陶片，夹砂与泥质相当；纹饰有线纹、彩绘等；可辨器形有杯、罐、盆等（图 2-2-29）。

H20 挑选陶器标本 6 件，其中彩陶盆 2、篮纹双錾钵 1、器盖 1、漏斗 1、器座 1。

彩陶盆　2 件。泥质黄褐陶黑彩。敛口，仰折沿隆起，圆唇，曲腹。器表磨光，内壁抹光，沿面及内壁有刮削痕迹。H20：1，唇面、颈部、下腹部各饰一周条带纹，分别宽 0.9、0.6、0.4 厘米，其间区域饰两组中心对称的弧边三角、圆点、双短线组成的复合纹饰。底部残。口径 20.4、腹径 19.4、残高 12 厘米（图 2-2-30，1；彩版一九一，1）。H20：2，平底。唇面、颈部、下腹部各饰一周条带纹，分别宽 0.5、0.4、0.1 厘米，其间区域饰对弧边三角、圆点、双短线组成的复合纹饰。可复原。口径 25.8、腹径 24.2、底径 7.4、高 14.2 厘米（图 2-2-30，2；彩版一九一，2）。

篮纹双錾钵　1 件。H20：6，夹砂红陶。直口，叠唇，弧腹近直，平底，腹部对称置附加突起状双錾。唇面及内壁近口处有刮削痕迹。腹部饰左斜篮纹，近底处抹平。可复原。口径 29.4、底径 20、高 23.6

厘米（图2-2-30，3；图版一五六，3）。

器盖　1件。H20∶3，夹砂灰陶。敞口，圆唇，弧腹近直，罨顶，条形柱状纽。素面。可复原。口径10、高5.3厘米（图2-2-30，4；图版一八二，1）。

漏斗　1件。H20∶5，泥质灰陶。敞口，折沿外侧下斜，圆唇，弧腹。器表磨光，唇面及内壁有刮削痕迹。素面。可复原。口径28.8、高8.2厘米（图2-2-30，5；图版一五六，5）。

器座　1件。H20∶4，夹砂灰陶，厚胎。口部不规整。敛口，尖唇，斜直腹，平底，下腹部对称置三个长方形孔。内外壁均有刮削痕迹。素面。可复原。口径14、底径22、高17.8—18.5厘米（图2-2-30，6）。

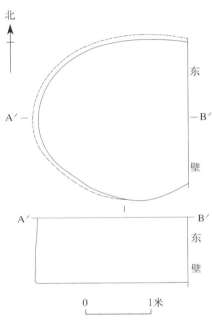

图2-2-29　H20平剖面图

16. H22

位于T10南部。开口于第①层下，打破生土，被H42、H59打破，开口距地表40厘米。平面形状呈椭圆形，斜直壁，平底。坑口最大径370、最小径280、坑底最大径350、最小径260、深65厘米。填土黑灰色，土质较疏松。出土大量陶片，以泥质黄褐陶、夹砂灰陶为主；纹饰以线纹为主；可辨器形有盆、罐、钵、瓶等（图2-2-31，1）。

H22挑选陶器标本3件，其中素面盆2、彩陶钵1。

彩陶钵　1件。H22∶6，泥质黄褐陶，通体饰红彩。器形不规整，口部呈椭圆形。敛口，圆唇，曲腹，平底中间凸起。器表磨光，内壁抹光，有刮削痕迹。可复原。口径26.5—28、底径13.5、高11厘米（图2-2-31，4；图版五六，1）。

素面盆　2件。泥质陶。素面。H22∶4，黄褐陶。直口微敛，叠唇，弧腹近直。内壁抹光，唇面及内壁有刮削痕迹。底部残。口径27.6、底径14.2、残高16厘米（图2-2-31，3；图版一〇五，3）。H22∶5，灰陶。器形不规整，口部略呈椭圆形。敛口，圆唇，折肩，斜直腹，平底。内外壁均有刮削痕迹。可复原。口径26.5—27、底径12.8—13.5、高14.7厘米（图2-2-31，2；图版一〇五，4）。

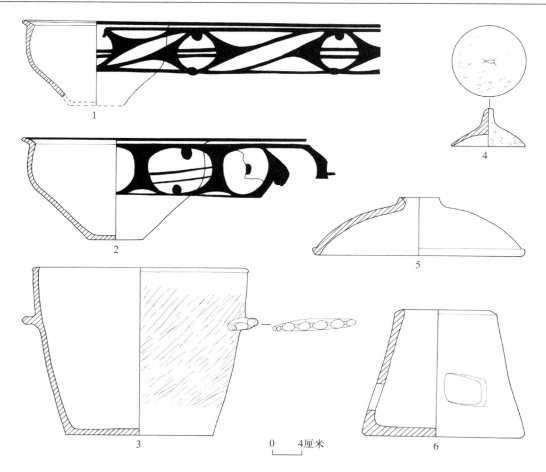

图2-2-30 H20出土陶器

1、2.彩陶盆（H20：1、H20：2） 3.篮纹双錾钵（H20：6） 4.器盖（H20：3） 5.漏斗（H20：5） 6.器座（H20：4）

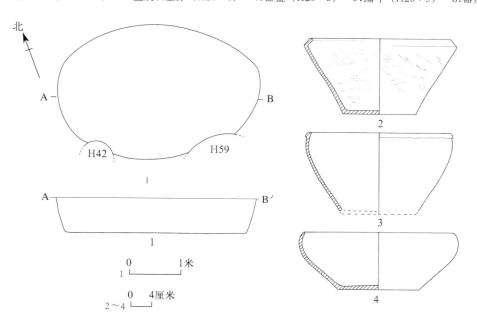

图2-2-31 H22平剖面图及出土陶器

1.平剖面图 2、3.素面盆（H22：5、H22：4） 4.彩陶钵（H22：6）

17. H24

位于 T5 南部，部分伸入南壁。开口于第④层下，打破生土，开口距地表 55 厘米。平面形状呈椭圆形，弧壁，圜底。坑口最大径 390、最小径 238、深 30 厘米。填土黑灰色，土质疏松。夹杂少量炭粒。包含少量石块。出土适量陶片，以泥质黄褐陶、夹砂灰陶为主；纹饰有线纹、彩绘等；可辨器形有盆、钵、罐等（图 2-2-32）。

H24 挑选陶器标本 4 件，其中彩陶盆 2、素面钵 1、深腹罐 1。

彩陶盆　2 件。泥质黄褐陶黑彩。敛口，仰折沿隆起，圆唇，深曲腹，平底。沿面及内壁有刮削痕迹。H24：1，器表磨光，内壁抹光，有密集气孔。沿面饰四组凸弧纹，唇面、下腹部各饰一周宽 0.6 厘米的条带纹，其间的区域饰凸弧纹、弧边三角、圆点、弧线等组成的复合纹饰。可复原。口径 34.8、腹径 33.4、底径 11.6、高 16 厘米（图 2-2-33，2）。H24：2，内壁抹光，沿面及唇面各饰一周宽 1.2 厘米的条带纹。可复原。口径 32.2、底径 10.6、高 14 厘米（图 2-2-33，3）。

素面钵　1 件。H24：3，夹砂黄褐陶。直口微侈，方唇，直腹，平底。沿面及内壁有刮削痕迹。素面。可复原。口径 12.6—12.8、底径 11、高 8.2—8.5 厘米（图 2-2-33，4；图版五六，2）。

深腹罐　1 件。H24：4，夹砂灰陶。直口，折沿隆起，尖圆唇，斜直腹，平底。沿面及内壁有刮削痕迹。素面。内壁近底处有泥条盘筑痕迹。可复原。口径 17、底径 9.4、高 16 厘米（图 2-2-33，1；图版一六九，3）。

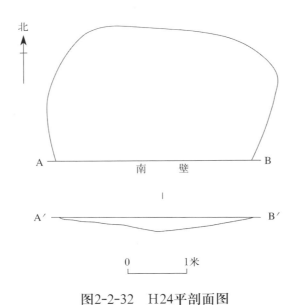

图2-2-32　H24平剖面图

18. H29

位于 T11 西南部，部分伸入西壁、南壁。开口于第①层下，打破第②层，开口距地表 25 厘米，被 H165、H169 打破。平面形状呈圆形，弧壁，平底。坑口直径 200、深 120 厘米。填土灰褐色，土质较疏松。夹杂少量炭粒、红烧土颗粒、草木灰等。包含少量石块、动物骨骼、石器等。出土大量陶片，以泥质黄褐陶为主，夹砂灰陶次之；纹饰有线纹、彩绘、凹弦纹等；可辨器形有盆、钵、罐、器座、小口尖底瓶、小口平底瓶等（图 2-2-34）。

H29 挑选陶器标本 207 件，其中彩陶钵 57、彩陶盆 57、小口瓶 22、素面盆 20、鼓腹罐 18、素面

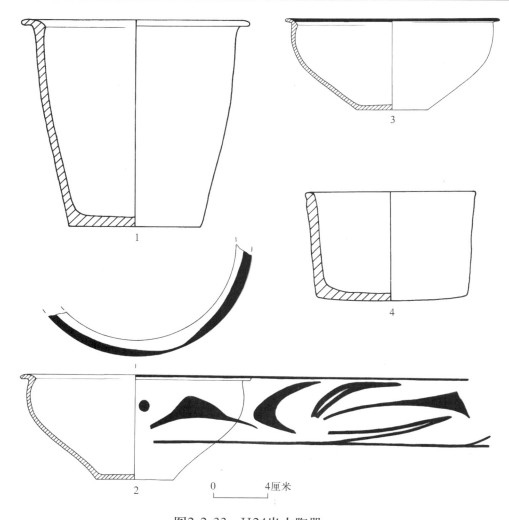

图2-2-33　H24出土陶器

1.深腹罐（H24∶4）　2、3.彩陶盆（H24∶1、H24∶2）　3.素面钵（H24∶3）

钵11、素面双錾盆11、器盖6、尖底瓶5、彩陶罐4、彩陶瓮4、瓮3、深腹罐3、椭圆形盆2、彩陶双錾钵1、双錾甑1、杯1、盂1。

彩陶钵　57件。泥质陶黑彩。H29∶1，黄褐陶，通体饰红衣。直口微敛，尖唇，弧腹，平底内凹。器表磨光，内壁抹光。内壁有轮制痕迹。下腹部饰一周条带纹，其上二方连续饰六组五个圆点、三组凸弧纹组成的复合纹饰。可复原。口径14.7、底径5.5、高8.1厘米（图2-2-37，3；彩版五一，1）。H29∶2，黄褐陶，局部饰红衣。直口微敛，尖唇，曲腹，平底微内凹。器表磨光，内壁抹光。内壁有轮制痕迹。口部外壁饰一周垂弧纹，下腹部饰一周宽0.5厘米的条带纹，其间区域饰四组弧边三角、圆点组成的复合纹饰。可复原。口径17.6、底径7.4、高8.8厘米（图2-2-37，17；彩版五一，2）。H29∶5，红陶。直口微敛，圆唇，折腹，下腹部微内收，平底微内凹。器表磨光，内壁抹光。内壁有轮制痕迹。口部外壁饰一周垂弧纹，下腹部饰一周宽0.4厘米的条带纹，其间区域用凸弧纹分为四个单元格，每个单元格内饰双连弧线、圆点组成的复合纹饰。可复原。口径18、底径7.6、高9.1厘米（图2-2-37，2；彩版五二，1）。H29∶6，黄褐陶。直口微敛，尖唇，曲腹近折，平底微内凹。器表磨光发白，内壁抹光。近口处有轮制痕迹。口部外壁饰一周五个垂弧纹，腹部饰一周宽0.7厘米的条带纹，

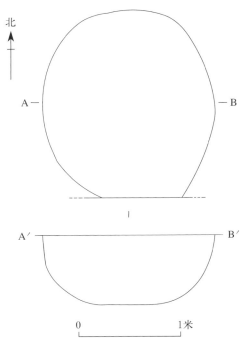

北

图2-2-34 H29平剖面图

其间区域用凸弧纹分为五个单元格，每个单元格内饰双连弧线、圆点组成的复合纹饰。可复原。口径20.7、底径7.2、高8.7厘米（图2-2-37，1；彩版五二，2）。H29：8，黄褐陶。直口微敛，圆唇，曲腹，平底。口部外壁饰一周垂弧纹，腹部饰一周宽0.5厘米的条带纹，其间区域分为若干个单元格，每个单元格内饰双连弧线。可复原。口径19.1、底径6.8、高6.8厘米（图2-2-35，9；图版二七，2）。H29：9，红陶。敛口，方唇，曲腹，平底。腹部二方连续饰一周垂弧纹、弧线、圆点、弧边三角组成的复合纹饰，其下区域饰一周宽0.5厘米的条带纹。可复原。口径28.2、底径11.5、高10.9厘米（图2-2-37，13；彩版五三，1）。H29：10，黄褐陶。直口，尖唇，曲腹近折，平底内凹。器表磨光，内壁抹光，内壁近口处有轮制痕迹。下腹部饰一周宽0.2厘米的条带纹，其上区域用宽窄不一的双短线分为六个单元格，每个单元格内饰网格纹。可复原。口径15、底径5.8、高7.9厘米（图2-2-35，6；彩版五三，2）。H29：11，黄褐陶。直口微敛，尖唇，弧腹近折，平底内凹。器表磨光，内壁抹光。内壁有轮制痕迹。口部外壁、下腹部各饰一周宽0.2厘米的条带纹，其间区域利用双短线分为六个单元格，每个单元格内饰网格纹。可复原。口径15.1、底径5.7、高8.2厘米（图2-2-35，17；图版二七，3）。H29：14，黄褐陶。直口，圆唇，弧腹，平底。器表磨光，内壁抹光，内壁近口处有轮制痕迹。腹部二方连续饰一周五个垂弧纹、弧边三角、圆点组成的复合纹饰。可复原。口径14.8、底径5.3、高7.4厘米（图2-2-35，14；图版二七，4）。H29：15，黄褐陶。直口微侈，圆唇，弧腹，下腹部近直，平底内凹。器表磨光，内壁抹光。腹部二方连续饰一周垂弧纹、弧边三角组成的复合纹饰。可复原。口径20、底径6.8、高9.7厘米（图2-2-36，8；图版二七，5）。H29：16，黄褐陶。敛口，尖唇，曲腹，平底微内凹。口部外壁二方连续饰垂弧纹，腹部饰一周条带纹，其间区域用弧边直角分为四个单元格，每个单元格内饰双连弧线、圆点组成的复合纹饰。可复原。口径16.2、腹径17、底径6.2、高7.4厘米（图2-2-36，10；彩版五四，1）。H29：20，黄褐陶。直口微侈，尖唇，弧腹，平底微内凹。

彩绘整体潦草，口部外壁饰一周垂弧纹，垂弧纹两侧较厚，腹部饰一周宽 0.4 厘米的条带纹，其间区域用凸弧纹分为五个单元格，每个单元格内饰弧线、圆点组成的复合纹饰。可复原。口径 12.4、底径 5.2、高 6.8 厘米（图 2-2-36，20；彩版五四，2）。H29：26，黄褐陶。直口，尖唇，弧腹近折，下腹部近直，平底内凹。器表磨光，内壁抹光。内壁有轮制痕迹。口部外壁饰一周五个垂弧纹，下腹部饰一周条带纹，其间区域对应饰双连弧纹。可复原。口径 16.2、底径 5.4、高 7.1—7.3 厘米（图 2-2-35，3；图版二七，6）。H29：28，黄褐陶。敛口，圆唇，弧腹，下腹部近直，平底。器表磨光，内壁抹光。内壁有轮制痕迹。口部外壁饰一周宽 0.8 厘米的条带纹。可复原。口径 23.6、腹径 26、底径 9、高 11.3 厘米（图 2-2-37，16）。H29：32，黄褐陶。敛口，圆唇，弧腹，下腹部近直，平底微内凹。器表磨光，内壁抹光。内壁有轮制痕迹。口部外壁饰一周宽 0.6 厘米的条带纹，其下区域饰三圆点。可复原。口径 26.7、腹径 28.5、底径 11.8、高 10 厘米（图 2-2-37，11；图版二八，1）。H29：174，黄褐陶。敛口，圆唇，曲腹近直。口部外壁饰一周垂弧纹，下腹部饰一周条带纹，其间区域用凸弧纹分为四个单元格，每个单元格内饰双连弧线、圆点组成的复合纹饰。腹部以下残。口径 20、残高 6.4 厘米（图 2-2-35，10）。H29：175，黄褐陶。敛口，方唇，弧腹近直。口部外壁用三条短直线分为三个单元格，每个单元格内饰凸弧纹、弧边三角组成的复合纹饰。腹部以下残。口径 20.2、残高 6.8 厘米（图 2-2-37，8）。H29：183，黄褐陶。敛口，圆唇，弧腹近直。口部外壁饰一周条带纹，其下区域饰数组三圆点。腹部以下残。口径 28、残高 7 厘米（图 2-2-37，4）。H29：191，黄褐陶。直口微敛，尖唇，曲腹。彩绘潦草，部分仅勾描底稿，未填充。口部外壁、下腹部各饰一周条带纹，其间区域用留白分为数个单元格，每个单元格内饰对弧边直角、凸弧纹、圆点组成的复合纹饰。腹部以下残。口径 21.4、残高 7.7 厘米（图 2-2-35，8）。H29：192，黄褐陶。直口，尖唇，曲腹。口部外壁饰一周垂弧纹，下腹部饰一周条带纹，其间区域用凸弧纹分为四个单元格，每个单元格内饰双连弧线、圆点组成的复合纹饰。腹部以下残。口径 28、残高 12.4 厘米（图 2-2-37，6）。H29：193，黄褐陶。敛口，尖唇，弧腹。口部外壁饰一周垂弧纹，唇面、下腹部各饰一周条带纹，其间区域用弧边三角分为数个单元格，每个单元格内饰数个圆点。腹部以下残。口径 24、残高 6.6 厘米（图 2-2-37，12）。H29：198，黄褐陶。直口微敛，尖唇，弧腹近直。口部外壁饰一周凸弧纹，下腹部饰一周条带纹，其间区域用弧边三角分为数个单元格，每个单元格内饰数个圆点。腹部以下残。口径 21、残高 8.2 厘米（图 2-2-36，12）。H29：199，黄褐陶。直口微侈，尖唇，曲腹。口部外壁饰一周凸弧纹，下腹部饰一周条带纹，其间区域用凸弧纹分为四个单元格，每个单元格内饰双连弧线、圆点组成的复合纹饰。腹部以下残。口径 16、残高 7.6 厘米（图 2-2-36，1）。H29：200，黄褐陶。直口，尖唇，曲腹近折。口部外壁饰一周垂弧纹，下腹部饰一周条带纹，其间区域用凸弧纹分为数个单元格，每个单元格内饰双连弧线。腹部以下残。口径 14、残高 7.2 厘米（图 2-2-36，2）。H29：201，黄褐陶。直口，尖唇，曲腹。下腹部饰一周条带纹，其上区域用留白分为四个单元格，单元格内间隔饰两种纹饰，一种为对弧边直角、凸弧纹、圆点组成的复合纹饰，一种为网格纹。腹部以下残。口径 14、残高 7.3 厘米（图 2-2-36，3）。H29：202，黄褐陶。侈口，尖唇，曲腹近折。下腹部饰一周条带纹，其上区域利用双短线分为数个单元格，每个单元格内饰网格纹。腹部以下残。口径 15、残高 5.7 厘米（图 2-2-36，4）。H29：205，黄褐陶。直口微侈，尖唇，弧腹近折。腹部外壁饰数个圆圈、双短线、圆点组成的复合纹饰，其间饰网格纹。腹部以下残。口径 16、残高 5 厘米（图 2-2-35，2）。H29：206，黄褐陶。敛口，尖唇，弧腹。

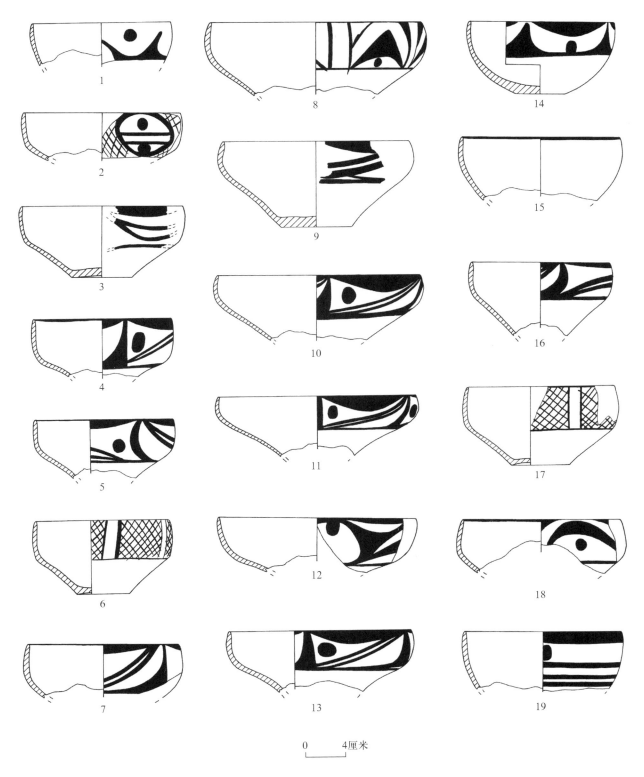

图2-2-35 H29出土彩陶钵

1-19.彩陶钵（H29：271、H29：205、H29：26、H29：247、H29：249、H29：10、H29：268、H29：191、H29：8、H29：174、H29：244、H29：252、H29：246、H29：14、H29：255、H29：254、H29：11、H29：269、H29：210）

腹部饰数组对三角形。腹部以下残。口径 18、残高 5.8 厘米（图 2-2-37，15）。H29：207，黄褐陶。侈口，尖唇，弧腹。口部外壁饰一周垂弧纹，下腹部饰两周条带纹，其间区域用弧边三角分为数个单元格，每个单元格内饰数个圆点。腹部以下残。口径 16、残高 6 厘米（图 2-2-36，7）。H29：209，黄褐陶。直口，尖唇，弧腹。腹部用圆点将纹饰区分为数个单元格，单元格内上下饰数个弧边三角。腹部以下残。口径 14、残高 4.8 厘米（图 2-2-36，6）。H29：210，黄褐陶。直口，尖唇，弧腹。腹部饰一宽三细四周条带纹，宽、窄条带纹之间饰数个圆点。腹部以下残。口径 18、残高 6 厘米（图 2-2-35，19）。H29：211，黄褐陶。直口，尖唇，弧腹。口部外壁饰一周垂弧纹，其下对应饰数个圆点、双连弧线组成的复合纹饰。腹部以下残。口径 18、残高 6.2 厘米（图 2-2-37，14）。H29：212，黄褐陶。直口，尖唇，弧腹。口部外壁饰一周条带纹，其下区域饰交弧纹。腹部以下残。口径 22、残高 5.7 厘米（图 2-2-36，11）。H29：237，黄褐陶。直口，圆唇，弧腹近折。口部外壁饰一周垂弧纹，其下区域用凸弧纹分为数个单元格，每个单元格内饰双连弧线、圆点组成的复合纹饰。腹部以下残。口径 15.2、残高 4.6 厘米（图 2-2-36，18）。H29：238，黄褐陶。直口，圆唇，弧腹。腹部用留白将纹饰区分为数个单元格，每个单元格内饰对弧边直角、凸弧纹、圆点组成的复合纹饰。腹部以下残。口径 14、残高 4.4 厘米（图 2-2-36，5）。H29：244，黄褐陶。直口微敛，尖唇，曲腹。口部外壁饰一周垂弧纹，下腹部饰一周条带纹，其间区域用凸弧纹分为四个单元格，每个单元格内饰双连弧线、圆点组成的复合纹饰。腹部以下残。口径 20、残高 3.4 厘米（图 2-2-35，11）。H29：245，黄褐陶。敛口，尖唇，曲腹。口部外壁饰一周垂弧纹，下腹部饰一周条带纹，其间区域用凸弧纹分为四个单元格，每个单元格内饰双连弧线、圆点组成的复合纹饰。腹部以下残。口径 14、残高 5.4 厘米（图 2-2-36，19）。H29：246，黄褐陶。直口，尖唇，曲腹。口部外壁饰一周垂弧纹，下腹部饰一周条带纹，其间区域用弧边直角分为四个单元格，每个单元格内饰双连弧线、圆点组成的复合纹饰。腹部以下残。口径 18.5、残高 6.4 厘米（图 2-2-35，13）。H29：247，黄褐陶。直口，尖唇，曲腹。唇面内侧饰一周条带纹，口部外壁饰一周垂弧纹，下腹部饰一周条带纹，其间区域用弧边直角分为四个单元格，每个单元格内饰双连弧线、圆点组成的复合纹饰。腹部以下残。口径 14.2、残高 6 厘米（图 2-2-35，4）。H29：248，黄褐陶。敛口，圆唇，曲腹。口部外壁饰一周垂弧纹，下腹部饰一周条带纹，其间区域用凸弧纹分为五个单元格，每个单元格内饰双连弧线、圆点组成的复合纹饰。腹部以下残。口径 22.4、残高 5.4 厘米（图 2-2-36，13）。H29：249，黄褐陶。直口，尖唇，曲腹。口部外壁饰一周垂弧纹，下腹部饰一周条带纹，其间区域用凸弧纹分为三个单元格，每个单元格内饰双连弧线、圆点组成的复合纹饰。腹部以下残。口径 14、残高 6 厘米（图 2-2-35，5）。H29：250，黄褐陶。敛口，圆唇，曲腹。唇面内侧饰一周条带纹，口部外壁饰一周垂弧纹，下腹部饰一周条带纹，其间区域用弧边三角分为四个单元格，每个单元格内饰数个圆点。腹部以下残。口径 24、残高 8.7 厘米（图 2-2-37，9）。H29：251，黄褐陶。直口微侈，尖唇，弧腹。唇面内侧饰一周条带纹，口部外壁饰一周垂弧纹，其下区域饰一周条带纹、四个圆点、四个弧边三角组成的复合纹饰。腹部以下残。口径 14、残高 5.8 厘米（图 2-2-37，7）。H29：252，黄褐陶。侈口，尖唇，曲腹。口部外壁饰一周垂弧纹，下腹部饰一周条带纹，其间区域饰弧边三角、圆点组成的复合纹饰。腹部以下残。口径 20、残高 5.7 厘米（图 2-2-35，12）。H29：254，黄褐陶。直口，尖唇，曲腹近直。口部外壁饰一周垂弧纹，下腹部饰一周条带纹，其间区域用弧边三角分为三个单元格，每个单元格内饰数个圆点、双连弧线组成的复合纹饰。腹

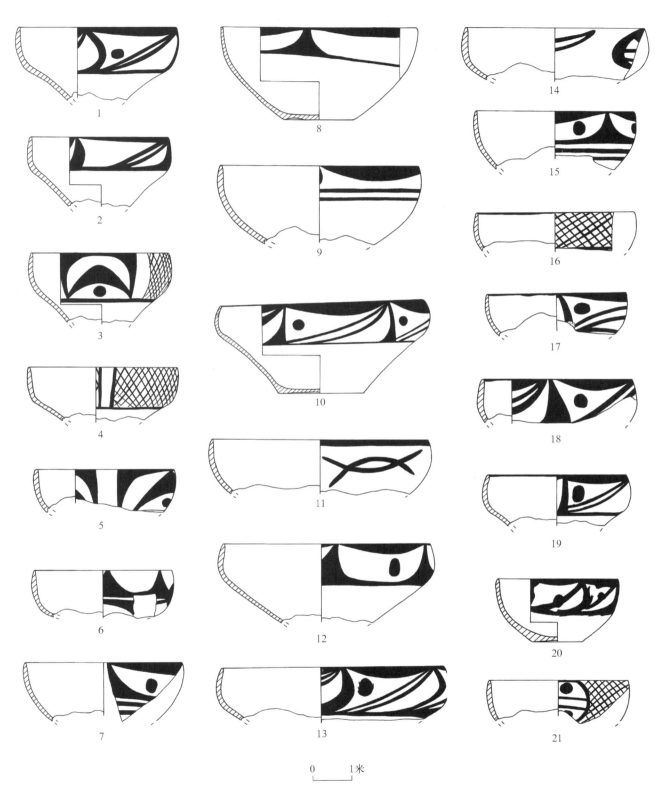

图2-2-36 H29出土彩陶钵

1~21.彩陶钵（H29：199、H29：200、H29：201、H29：202、H29：238、H29：209、H29：207、H29：15、H29：265、H29：16、
H29：212、H29：198、H29：248、H29：267、H29：270、H29：273、H29：272、H29：237、H29：245、H29：20、H29：266）

部以下残。口径 14、残高 7.6 厘米（图 2-2-35，16）。H29：255，黄褐陶。直口，尖唇，弧腹。唇面饰一周条带纹。腹部以下残。口径 16.2、残高 6.6 厘米（图 2-2-35，15）。H29：263，黄褐陶。敛口，圆唇，弧腹。腹部饰弧边三角、圆点、双短线组成的复合纹饰。腹部以下残。口径 30、残高 7.8 厘米（图 2-2-37，5）。H29：264，黄褐陶。敛口，尖唇，弧腹。口部外壁饰一周条带纹，其下区域饰数个圆点。腹部以下残。口径 30、残高 6.2 厘米（图 2-2-37，10）。H29：265，黄褐陶。直口，尖唇，弧腹。口部外壁饰一周垂弧纹，下腹部饰两周条带纹，其间区域饰数个凸弧纹。腹部以下残。口径 20、残高 8.4 厘米（图 2-2-36，9）。H29：266，黄褐陶。直口，尖唇，弧腹。腹部饰数组圆圈、双短线、圆点组成的复合纹饰，其间饰网格纹。腹部以下残。口径 14、残高 4.4 厘米（图 2-2-36，21）。H29：267，黄褐陶。直口，尖唇，弧腹。腹部饰两组纹饰，一组为圆圈、双短线组成的复合纹饰，一组为双连弧线。腹部以下残。口径 18、残高 5.6 厘米（图 2-2-36，14）。H29：268，黄褐陶。直口微敛，圆唇，弧腹。口部外壁饰一周垂弧纹，下腹部饰一周条带纹，其间区域用凸弧纹分为三个单元格，每个单元格内饰双连弧线。腹部以下残。口径 15.2、残高 5.6 厘米（图 2-2-35，7）。H29：269，黄褐陶。敛口，尖唇，弧腹近折。唇面内侧、下腹部各饰一周条带纹，其间区域用留白分为数个单元格，每个单元格内饰凸弧纹、圆点组成的复合纹饰。腹部以下残。口径 16、残高 7.6 厘米（图 2-2-35，18）。H29：270，黄褐陶。直口微侈，尖唇，弧腹。口部外壁饰一周垂弧纹，下腹部饰三周条带纹，其间区域用弧边三角分为数个单元格，每个单元格内饰数个圆点。腹部以下残。口径 16、残高 6 厘米（图 2-2-36，15）。H29：271，黄褐陶。侈口，尖唇，弧腹。腹部饰凸弧纹、圆点组成的复合纹饰。腹部以下残。口径 14、残高 4.4 厘米（图 2-2-35，1）。H29：272，黄褐陶。直口，尖唇，弧腹。唇面内侧饰一周条带纹，口部外壁饰一周垂弧纹，其下区域用凸弧纹分为数个单元格，每个单元格内饰双连弧线、圆点组成的复合纹饰。腹部以下残。口径 14、残高 4.4 厘米（图 2-2-36，17）。H29：273，黄褐陶。直口，圆唇，弧腹。唇面内侧、下腹部各饰一周条带纹，其间区域饰网格纹。腹部以下残。口径 16、残高 4 厘米（图 2-2-36，16）。

彩陶盆　57 件。泥质陶黑彩。H29：3，黄褐陶。敛口，折沿隆起，圆唇，深曲腹，平底。器表磨光，内壁抹光。内壁有轮制痕迹。沿面饰五组弧边三角、凸弧纹组成的复合纹饰；唇面、下腹部各饰一周宽 0.5 厘米的条带纹，其间区域饰弧边三角、凸弧纹、圆点、弧线组成的复合纹饰。可复原。口径 30.6、底径 12.7、高 18 厘米（图 2-2-38，4；图版一九，2）。H29：4，黄褐陶。器形不规整，略变形。直口，折沿外侧下斜，圆唇，浅弧腹，平底内凹。器表磨光，内壁抹光，内壁近口处有轮制痕迹。沿面饰四组凸弧纹、弧边三角组成的复合纹饰。可复原。口径 29—29.4、底径 12.2、高 8.9—9.8 厘米（图 2-2-38，1；图版二，3）。H29：7，黄褐陶。器形不规整，口部呈椭圆形。敛口，仰折沿微隆起，圆唇，深曲腹，平底微内凹。器表磨光，内壁抹光。内壁有轮制痕迹。唇面、颈部、下腹部各饰一周条带纹，分别宽 0.9、0.5、0.6 厘米，其间区域饰数个圆点、凸弧纹组成的复合纹饰。可复原。口径 34.7—35.6、底径 13.2、高 21.4 厘米（图 2-2-40，8；彩版一九二，1）。H29：12，红陶。直口，仰折沿微隆起，圆唇，浅弧腹，平底内凸。器表磨光，内壁抹光，有泥条盘筑痕迹，内壁近口处有轮制痕迹。沿面饰四组垂弧纹。可复原。口径 33.7、底径 14.7、高 10.1 厘米（图 2-2-40，5；图版二，4）。H29：13，红陶。敛口，仰折沿隆起，尖唇，深曲腹，平底内凹。器表磨光，内壁抹光。内壁有轮制痕迹。唇面、颈部、下腹部各饰一周条带纹，分别宽 0.2、0.3、0.3 厘米，其间区域饰数个圆点、凸弧纹、弧线、弧边三角、双连弧线组成的复合纹饰。可复原。口径 29.7、腹径 30.2、底径 13.7、高 19.6—19.8 厘米（图 2-2-41，11；彩版一九二，2）。H29：18，黄褐陶。器形不规整，略歪斜。敛口，仰折沿，圆唇，深曲腹，平底。器表磨光发白，内壁抹光，沿面及内壁有轮制痕迹。唇

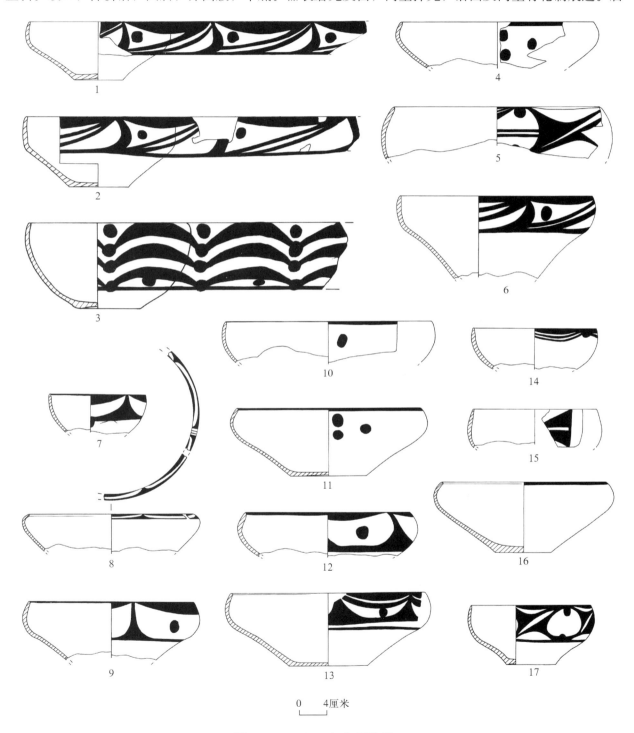

0   4厘米

图2-2-37 H29出土彩陶钵

1-17.彩陶钵（H29：6、H29：5、H29：1、H29：183、H29：263、H29：192、H29：251、H29：175、H29：250、H29：264、H29：32、H29：193、H29：9、H29：211、H29：206、H29：28、H29：2）

面、颈部、下腹部各饰一周条带纹，分别宽0.8、0.5、0.6厘米，其间区域饰凸弧纹、弧边三角、弧线、圆点组成的复合纹饰。可复原。口径33.7、腹径32.7、底径12.6、高19.4—20.8厘米（图2-2-41，1；彩版一九三，2）。H29：19，黄褐陶。器形不规整，口部呈椭圆形。敛口，折沿隆起，圆唇，深曲腹，平底。器表磨光，内壁抹光，沿面及内壁有轮制痕迹。唇面、下腹各饰一周宽0.4厘米的条带纹，其间区域饰数组凸弧纹。可复原。口径30.8—31.5、底径12.3、高14.2厘米（图2-2-39，4；彩版一九四，1）。H29：21，黄褐陶。直口，仰折沿，圆唇，浅曲腹，平底。器表磨光，内壁抹光。内壁有轮制痕迹。沿面二方连续饰一周对凸弧纹。可复原。口径27.8、底径10.2、高11.5厘米（图2-2-38，8；图版一六，2；图版一六，3）。H29：22，黄褐陶。直口，折沿隆起，圆唇，深弧腹，下腹部近直，平底。器表磨光，内壁抹光。内壁有轮制痕迹。沿面饰四组圆点、双连弧线组成的复合纹饰。可复原。口径28—28.3、底径11、高11.8厘米（图2-2-40，2）。H29：25，灰陶。直口，仰折沿微隆起，圆唇，浅弧腹，下腹部近直，平底。器表磨光，内壁抹光，有不明显的轮制痕迹。唇面饰一周宽0.9厘米的条带纹。可复原。口径31.3、底径14、高11.4—11.8厘米（图2-2-41，12；图版八，1）。H29：27，黄褐陶。直口微敛，折沿，尖唇，深弧腹，平底。器表磨光，内壁抹光。内壁有轮制痕迹。沿面饰四组凸弧纹、圆点组成的复合纹饰。可复原。口径21.6、底径10、高11.5厘米（图2-2-40，1；图版一六，4）。H29：29，黄褐陶。直口微侈，仰折沿，圆唇，深弧腹，平底。器表磨光，内壁抹光。沿面饰五组凸弧纹、弧边三角组成的复合纹饰。可复原。口径26.9、底径9.2、高11.9厘米（图2-2-38，7）。H29：30，黄褐陶。直口，折沿隆起，圆唇，浅弧腹，平底。器表磨光，内壁抹光，沿面及内壁近口处有轮制痕迹。沿面饰四组凸弧纹。可复原。口径32.4、底径13、高10厘米（图2-2-38，2）。H29：31，红陶。直口，折沿，圆唇，浅弧腹，平底。器表磨光，内壁抹光，内壁近口处有轮制痕迹。沿面饰四组凸弧纹、弧边三角组成的复合纹饰。可复原。口径27.9、底径12.8、高11.1厘米（图2-2-40，7；图版一六，5）。H29：167，黄褐陶。敛口，仰折沿微隆起，圆唇，溜肩，鼓腹。沿面外侧、唇面、颈部各饰一周条带纹，腹部饰弧边三角、凸弧纹、弧线、圆点组成的复合纹饰。腹部以下残。口径30、残高13.4厘米（图2-2-39，2）。H29：168，黄褐陶。敛口，仰折沿微隆起，尖唇，溜肩，鼓腹。沿面外侧、唇面各饰一周条带纹，腹部饰弧边三角、凸弧纹、弧线、圆点组成的复合纹饰。腹部以下残。口径30、残高11.4厘米（图2-2-40，4）。H29：169，黄褐陶。敛口，仰折沿隆起，圆唇，溜肩，鼓腹。沿面外侧、唇面各饰一周条带纹，腹部饰弧边三角、凸弧纹、弧线、圆点组成的复合纹饰。腹部以下残。口径36、残高7.8厘米（图2-2-41，9）。H29：170，黄褐陶。敛口，仰折沿微隆起，圆唇，溜肩，鼓腹。沿面外侧、唇面、颈部各饰一周条带纹，腹部饰弧边三角、凸弧纹、弧线、圆点组成的复合纹饰。腹部以下残。口径30、残高9.4厘米（图2-2-41，4）。H29：171，黄褐陶。敛口，仰折沿隆起，圆唇，溜肩，鼓腹。沿面外侧、唇面、颈部各饰一周条带纹，腹部饰弧边三角、凸弧纹、弧线、圆点、双短线组成的复合纹饰。腹部以下残。口径34、残高11.5厘米（图2-2-41，10）。H29：172，黄褐陶。敛口，仰折沿微隆起，圆唇，溜肩，曲腹。沿面外侧、唇面各饰一周条带纹。腹部以下残。口径32.4、残高17厘米（图2-2-40，10）。H29：173，黄褐陶。敛口，仰折沿微隆起，圆唇，鼓腹近直。沿面间隔饰四组凸弧纹、圆点。腹部以下残。口径29.2、残高9.2厘米（图2-2-38，5）。H29：176，黄褐陶。敛口，仰折沿微隆起，圆唇，溜肩，鼓腹。沿面外侧、唇面、颈部各饰一周条带纹，腹部饰弧边三角、凸弧纹、弧线、圆点组成的复合纹饰。腹部以下残。口径34、残高10.4

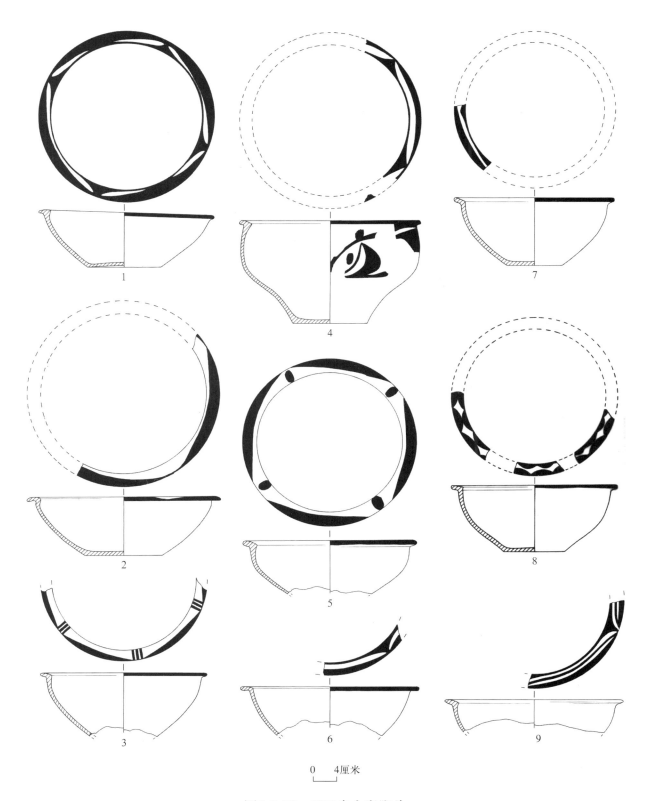

0　　4厘米

图2-2-38　H29出土彩陶盆

1-9.彩陶盆（H29：4、H29：30、H29：215、H29：3、H29：173、H29：242、H29：29、H29：21、H29：259）

厘米（图2-2-39，23）。H29：177，黄褐陶。敛口，仰折沿微隆起，圆唇，溜肩，鼓腹。沿面外侧、唇面各饰一周条带纹，腹部饰弧边三角、凸弧纹、圆点组成的复合纹饰。腹部以下残。口径38、残高9.2厘米（图2-2-41，3）。H29：180，黄褐陶。敛口，仰折沿微隆起，圆唇，弧腹。唇面饰一周条带纹，腹部饰弧边三角、圆点组成的复合纹饰。腹部以下残。口径16、残高7.3厘米（图2-2-41，5）。H29：181，黄褐陶。敛口，仰折沿微隆起，圆唇，弧腹。沿面外侧、唇面各饰一周条带纹，腹部饰弧边三角、圆点组成的复合纹饰。腹部以下残。口径16、残高7.2厘米（图2-2-41，13）。H29：186，黄褐陶。敛口，仰折沿隆起，圆唇，溜肩，曲腹。沿面外侧、唇面、颈部、下腹部各饰一周条带纹，腹部饰弧边三角、凸弧纹、圆点组成的复合纹饰。腹部以下残。口径36、残高20.2厘米（图2-2-41，6）。H29：189，黄褐陶。敛口，仰折沿微隆起，圆唇，溜肩，鼓腹。沿面外侧、唇面、颈部、下腹部各饰一周条带纹，腹部饰弧边三角、凸弧纹、圆点组成的复合纹饰。腹部以下残。口径30、残高9.8厘米（图2-2-39，5）。H29：190，黄褐陶。敛口，仰折沿隆起，圆唇，溜肩，曲腹。沿面外侧、唇面、颈部、下腹部各饰一周条带纹，腹部饰弧边三角、凸弧纹、圆点组成的复合纹饰。腹部以下残。口径34、残高15.4厘米（图2-2-40，13）。H29：194，黄褐陶。敛口，仰折沿隆起，圆唇，溜肩，曲腹。沿面外侧、唇面、颈部、下腹部各饰一周条带纹，腹部饰弧边三角、凸弧纹、圆点组成的复合纹饰。腹部以下残。口径24、残高12厘米（图2-2-39，3）。H29：196，黄褐陶。敛口，仰折沿隆起，圆唇，溜肩，鼓腹。沿面外侧、唇面各饰一周条带纹，腹部饰弧边三角、弧线、圆点组成的复合纹饰。腹部以下残。口径24、残高8厘米（图2-2-39，1；彩版二四九，1）。H29：197，黄褐陶。敛口，仰折沿隆起，尖唇，弧腹。唇面、颈部、下腹部各饰一周条带纹，腹部饰弧边三角、凸弧纹、弧线、圆点组成的复合纹饰。腹部以下残。口径34、残高10.5厘米（图2-2-39，15）。H29：214，黄褐陶。直口微敛，仰折沿微隆起，圆唇，折腹。唇面饰一周条带纹，沿面饰数组凸弧纹、弧边三角组成的复合纹饰。腹部以下残。口径30、残高11.2厘米（图2-2-40，3）。H29：215，黄褐陶。敛口，仰折沿微隆起，圆唇，弧腹。唇面饰一周条带纹，沿面用三条短线分为数个单元格，每个单元格内饰凸弧纹。腹部以下残。口径30、残高11.2厘米（图2-2-38，3）。H29：216，黄褐陶。敛口，仰折沿微隆起，圆唇，鼓腹。唇面饰一周条带纹，腹部饰弧边三角、凸弧纹、圆点、弧线等组成的复合纹饰。腹部以下残。口径38、残高9.8厘米（图2-2-39，8）。H29：222，黄褐陶。敛口，仰折沿微隆起，圆唇，鼓腹。沿面外侧、唇面各饰一周条带纹，腹部饰弧边三角、凸弧纹、圆点、弧线等组成的复合纹饰。腹部以下残。口径29.6、残高6.2厘米（图2-2-39，16）。H29：223，黄褐陶。敛口，仰折沿隆起，圆唇，鼓腹。唇面、颈部各饰一周条带纹，腹部饰弧边三角、凸弧纹、圆点组成的复合纹饰。腹部以下残。口径30、残高7.6厘米（图2-2-39，19）。H29：224，黄褐陶。敛口，仰折沿微隆起，圆唇，鼓腹。唇面、颈部各饰一周条带纹，腹部饰弧边三角、圆点等组成的复合纹饰。腹部以下残。口径30、残高8.8厘米（图2-2-39，17）。H29：225，黄褐陶。敛口，仰折沿微隆起，方唇，鼓腹。沿面外侧、唇面、颈部各饰一周条带纹，腹部饰弧边三角、圆点、弧线等组成的复合纹饰。腹部以下残。口径31.6、残高7.4厘米（图2-2-39，13）。H29：226，黄褐陶。敛口，仰折沿微隆起，圆唇，鼓腹。唇面饰一周条带纹，腹部饰弧边三角、弧线等组成的复合纹饰。腹部以下残。口径36、残高9.4厘米（图2-2-39，9）。H29：227，黄褐陶。敛口，仰折沿隆起，方唇，鼓腹。唇面饰一周条带纹，腹部饰弧边三角、圆点、双短线等组成的复合纹饰。腹部以下残。口径38、残高6.4厘米（图2-2-40，11）。H29：228，黄褐陶。敛口，仰折沿隆

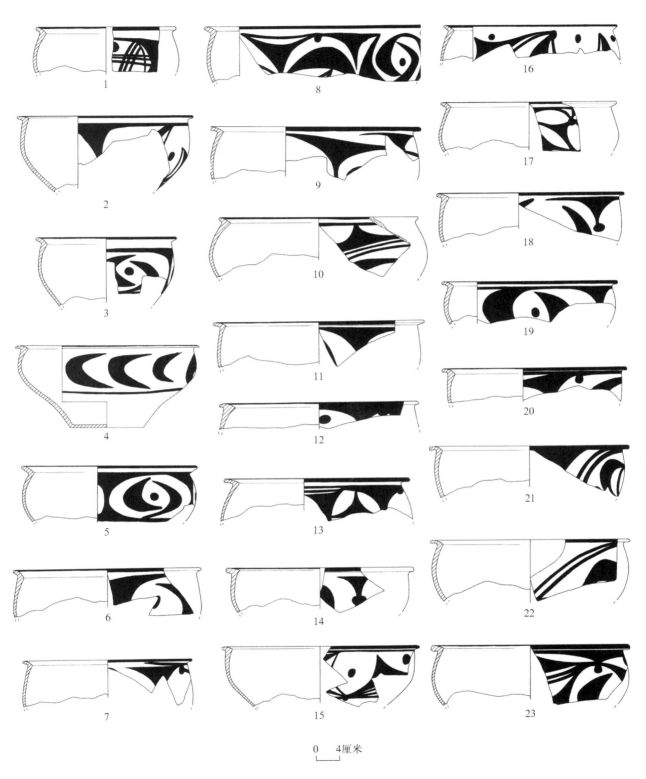

0　　4厘米

图2-2-39　H29出土彩陶盆

1-23.彩陶盆（H29：196、H29：167、H29：194、H29：19、H29：189、H29：229、H29：228、H29：216、H29：226、H29：232、H29：262、H29：261、H29：225、H29：231、H29：197、H29：222、H29：224、H29：257、H29：223、H29：258、H29：233、H29：234、H29：176）

起，尖唇，鼓腹。唇面饰一周条带纹，腹部饰弧边三角、凸弧纹、圆点等组成的复合纹饰。腹部以下残。口径28.8、残高4厘米（图2-2-39，7）。H29：229，黄褐陶。敛口，仰折沿隆起，圆唇，鼓腹。沿面外侧、唇面各饰一周条带纹，腹部饰弧边三角、凸弧纹、圆点等组成的复合纹饰。腹部以下残。口径32、残高8.2厘米（图2-2-39，6）。H29：230，黄褐陶。敛口，仰折沿微隆起，圆唇，鼓腹。沿面外侧、唇面、颈部各饰一周条带纹，腹部饰弧边三角、凸弧纹、圆点等组成的复合纹饰。腹部以下残。口径32、残高11.2厘米（图2-2-40，9）。H29：231，黄褐陶。敛口，仰折沿隆起，方唇，鼓腹。沿面外侧、唇面各饰一周条带纹，腹部饰弧边三角、凸弧纹、圆点等组成的复合纹饰。腹部以下残。口径32、残高7.8厘米（图2-2-39，14）。H29：232，黄褐陶。敛口，仰折沿微隆起，尖唇，鼓腹。沿面外侧、唇面、颈部各饰一周条带纹，腹部饰弧边三角、凸弧纹、弧线等组成的复合纹饰。腹部以下残。口径34、残高10.4厘米（图2-2-39，10）。H29：233，黄褐陶。敛口，仰折沿隆起，圆唇，鼓腹。唇面饰一周条带纹，腹部饰弧边三角、凸弧纹、圆点、弧线等组成的复合纹饰。腹部以下残。口径34、残高9.2厘米（图2-2-39，21）。H29：234，黄褐陶。敛口，仰折沿隆起，圆唇，鼓腹。唇面饰一周条带纹，腹部饰弧边三角、凸弧纹、弧线等组成的复合纹饰。腹部以下残。口径34、残高10.6厘米（图2-2-39，22）。H29：235，黄褐陶。敛口，仰折沿隆起，圆唇，鼓腹。唇面饰一周条带纹，腹部饰弧边三角、凸弧纹、圆点等组成的复合纹饰。腹部以下残。口径34、残高6厘米（图2-2-41，8）。H29：239，黄褐陶。直口微敛，仰折沿隆起，圆唇，弧腹。沿面饰数组弧边三角、凸弧纹、弧线组成的复合纹饰。腹部以下残。口径31.4、残高9.4厘米（图2-2-40，6）。H29：240，黄褐陶。敛口，仰折沿隆起，圆唇，鼓腹。唇面饰一周条带纹。腹部以下残。口径36.8、残高10.6厘米（图2-2-40，12）。H29：241，黄褐陶。敛口，仰折沿隆起，圆唇，鼓腹。唇面饰一周条带纹。腹部以下残。口径40、残高5.8厘米（图2-2-41，2）。H29：242，黄褐陶。侈口，折沿，圆唇，弧腹。沿面饰数组凸弧纹、弧边三角组成的复合纹饰，唇面饰一周条带纹。腹部以下残。口径30、残高8.4厘米（图2-2-38，6）。H29：257，黄褐陶。敛口，仰折沿隆起，方唇，鼓腹。沿面外侧、唇面各饰一周条带纹，腹部饰弧边三角、凸弧纹、圆点等组成的复合纹饰。腹部以下残。口径32、残高8.6厘米（图2-2-39，18）。H29：258，黄褐陶。敛口，仰折沿隆起，圆唇，弧腹。沿面外侧、唇面、颈部各饰一周条带纹，腹部饰弧边三角、凸弧纹、圆点等组成的复合纹饰。腹部以下残。口径31.6、残高6.2厘米（图2-2-39，20）。H29：259，黄褐陶。直口微敛，仰折沿隆起，尖唇，弧腹。沿面饰数组凸弧纹、弧边三角、弧线组成的复合纹饰。腹部以下残。口径30、残高5.6厘米（图2-2-38，9）。H29：261，黄褐陶。敛口，仰折沿隆起，尖唇，鼓腹。沿面外侧、唇面各饰一周条带纹，腹部饰弧边三角、凸弧纹、圆点等组成的复合纹饰。腹部以下残。口径34、残高4.6厘米（图2-2-39，12）。H29：262，黄褐陶。敛口，仰折沿隆起，圆唇，鼓腹。沿面外侧、唇面、颈部各饰一周条带纹，腹部饰弧边三角、凸弧纹、圆点等组成的复合纹饰。腹部以下残。口径36、残高8厘米（图2-2-39，11）。

彩陶双錾钵　1件。H29：17，泥质红陶黑彩。敛口，方唇，曲腹，平底微内凹，腹部对称置附加突起状双錾。器表磨光，内壁抹光。内壁有轮制痕迹。口部外壁、下腹部各饰一周宽0.5厘米的条带纹，其间区域中心对称饰弧边三角、圆点、双短线组合的复合纹饰。可复原。口径29.2、腹径33.6、底径12.8、高21厘米（图2-2-41，7；彩版一九三，1）。

彩陶罐　4件。泥质黄褐陶黑彩。敛口，溜肩，鼓腹。器表磨光，内壁抹光，内壁及口沿有轮制痕迹。H29：23，圆唇，下腹部微内凹，平底微内凹。口部外壁、腹部各饰一周宽0.4、0.3厘

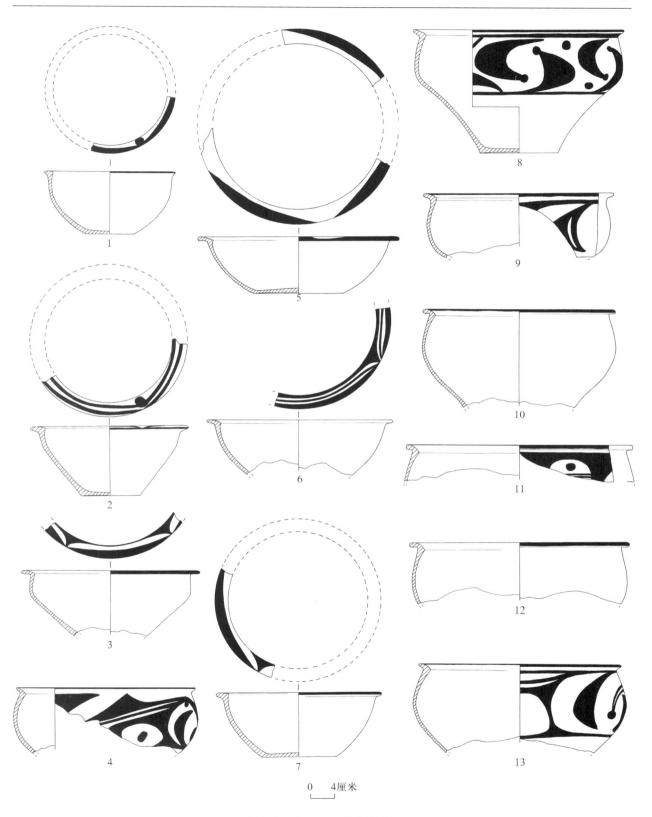

0　　4厘米

图2-2-40　H29出土彩陶盆

1-13.彩陶盆（H29：27、H29：22、H29：214、H29：168、H29：12、H29：239、H29：31、H29：7、H29：230、H29：172、H29：227、H29：240、H29：190）

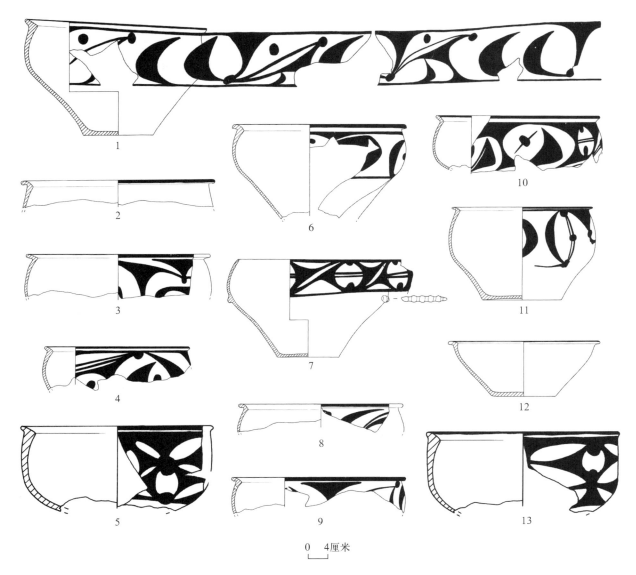

图2-2-41 H29出土彩陶

1-6、8-13.彩陶盆（H29：18、H29：241、H29：177、H29：170、H29：180、H29：186、H29：235、H29：169、H29：171、H29：13、H29：25、H29：181） 7.彩陶双鋬钵（H29：17）

米的条带纹，其间区域饰凸弧纹、圆点组成的复合纹饰。可复原。口径17、腹径27、底径10.8、高20.3—20.6厘米（图2-2-42，2；彩版一九四，2）。H29：24，折沿，方唇，下腹部微内凹，平底微内凹。唇面、肩部、腹部各饰一周条带纹，分别宽0.6、0.7、0.6厘米，其间区域饰对弧边三角组成的复合纹饰。可复原。口径18.6、腹径26.7、底径12.8、高22.7厘米（图2-2-42，1；彩版二四五，2）。H29：187，仰折沿微隆起，圆唇。唇面饰一周条带纹，肩部饰凸弧纹、弧边三角组成的复合纹饰。腹部以下残。口径20、残高6.2厘米（图2-2-42，5）。H29：195，仰折沿，圆唇。唇面饰一周条带纹，肩部饰凸弧纹、弧边三角、弧线、圆点组成的复合纹饰。腹部以下残。口径22、残高5.8厘米（图2-2-42，4）。

彩陶瓮 4件。黄褐陶。敛口，圆唇，广肩，鼓腹。H29：178，上腹部饰弧边三角组成的复合

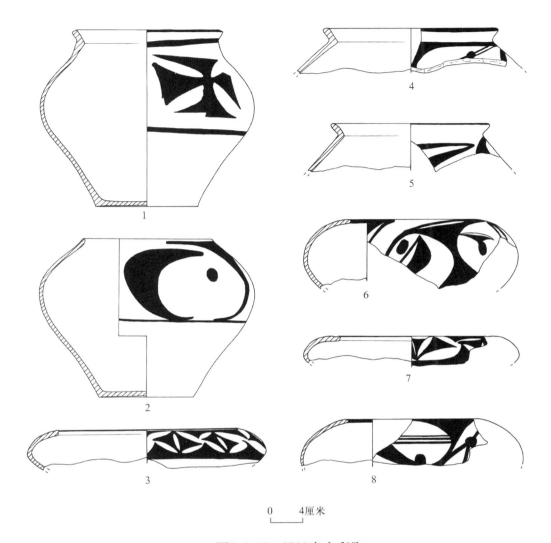

0　　4厘米

图2-2-42　H29出土彩陶

1、2、4、5.彩陶罐（H29∶24、H29∶23、H29∶195、H29∶187）　3、6-8.彩陶盆（H29∶178、H29∶188、H29∶179、H29∶182）

纹饰。腹部以下残。口径 22、残高 5.1 厘米（图 2-2-42，3）。H29∶179，沿面外侧有一周凹槽。上腹部饰弧边三角、凸弧纹组成的复合纹饰。腹部以下残。口径 18、残高 3.5 厘米（图 2-2-42，7）。H29∶182，唇面饰一周条带纹，上腹部饰弧边三角、弧线、圆点、短线组成的复合纹饰。腹部以下残。口径 16、残高 6 厘米（图 2-2-42，8）。H29∶188，唇面饰一周条带纹，上腹部饰弧边三角、弧线、圆点组成的复合纹饰。腹部以下残。口径 13、残高 9 厘米（图 2-2-42，6）。

　　素面钵　11件。素面。H29∶37，泥质红陶。器形不规整。直口，方唇，曲腹近折，平底。器表磨光，内壁抹光。内壁有轮制痕迹与泥条盘筑痕迹。可复原。口径 18.3、底径 6.5、高 11.3 厘米（图 2-2-43，7；图版五六，3）。H29∶42，夹砂黄褐陶。侈口，圆唇，弧腹，平底。可复原。口径 10.1、底径 5、高 5.1 厘米（图 2-2-43，4；图版五六，4）。H29∶43，泥质红陶。侈口，尖唇，弧腹近折，平底内凹。器表磨光，内壁抹光。内壁有轮制痕迹。可复原。口径 16、底径 4、高 6.2 厘米（图 2-2-43，10；图版五六，5）。H29∶44，泥质红陶。侈口，尖唇，弧腹，平底。器表磨光，内壁抹光。内壁有轮制痕迹。可复原。口径 17.6、底径 7.8、高 7.7 厘米（图 2-2-43，9；图版五六，6）。H29：66，夹砂黄褐陶。侈口，圆唇，弧腹，平底内凹。可复原。口径 9.9、底径 5.1、高 5 厘米（图 2-2-43，2；图版五七，1）。H29：67，夹砂红陶。敞口，圆唇，弧腹，平底。内外壁有轮制痕迹。可复原。口径 11.4、底径 5.4、高 5.6 厘米（图 2-2-43，3；图版五七，3）。H29：68，泥质灰陶。器形不规整。敞口，尖唇，弧腹近直，平底。器表磨光，内壁抹光。内壁有轮制痕迹。可复原。口径 16.6、底径 8.2、高 9 厘米（图 2-2-43，8；图版六九，4）。H29：70，夹砂黄褐陶。侈口，方唇，斜直腹，平底。内外壁有抹光痕迹和轮盘修整痕迹。可复原。口径 16.5、底径 8.8、高 10.1 厘米（图 2-2-43，6；图版五七，4）。H29：101，泥质黄褐陶。敛口，圆唇，弧腹。腹部以下残。口径 26、残高 9.6 厘米（图 2-2-43，11）。H29：102，泥质黄褐陶。敛口，圆唇，折腹，下腹部近直。腹部以下残。口径 30、残高 8.8 厘米（图 2-2-43，12）。H29：128，泥质黄褐陶。侈口，圆唇，弧腹。腹部以下残。口径 16、残高 5.4 厘米（图 2-2-43，5）。

盂　1 件。H29：79，夹砂灰陶。敛口，方唇，溜肩，鼓腹。腹部内壁直一附加突起状錾手。素面。腹部以下残。口径 12、残高 5.6 厘米（图 2-2-43，1）。

素面盆　20 件。素面。H29：46，夹砂黄褐陶。敞口，卷沿，圆唇，浅弧腹，平底。内壁抹光，器表、内壁及沿面有轮制痕迹。可复原。口径 23、底径 8.2—8.5、高 8.4 厘米（图 2-2-44，22；图版一〇五，5）。H29：51，泥质红陶。直口，仰折沿隆起，圆唇，深弧腹，下腹部近直，平底。器表磨光，内壁抹光，有泥条盘筑痕迹，内壁及沿面有轮制痕迹。可复原。口径 28.8、底径 12、高 19.2—19.7 厘米（图 2-2-44，2；图版一〇五，6）。H29：57，泥质红陶。敛口，叠唇，折肩，弧腹，平底内凹。器表磨光，内壁抹光。内壁有轮制痕迹。可复原。口径 35、底径 12.5、高 13.4 厘米（图 2-2-44，14；图版一〇六，1）。H29：59，夹砂红陶。侈口，仰折沿隆起，圆唇，斜直腹，平底。器表及内壁抹光。内壁有轮制痕迹。可复原。口径 31.8、底径 16.6、高 23.2 厘米（图 2-2-44，17；图版一〇六，2）。H29：71，夹砂黄褐陶。敞口，仰折沿，圆唇，斜直腹，平底。口部外壁下方有一周凹槽，内外壁有轮制痕迹。可复原。口径 20.2、底径 10.6、高 5.5—6.1 厘米（图 2-2-44，1；图版一〇六，3）。H29：88，泥质黄褐陶。直口微侈，仰折沿隆起，圆唇，弧腹。腹部以下残。口径 20、残高 6.2 厘米（图 2-2-44，18）。H29：98，泥质黄褐陶。侈口，仰折沿隆起，圆唇，弧腹。腹部以下残。口径 30、残高 3 厘米（图 2-2-44，7）。H29：99，泥质黄褐陶。直口微侈，叠圆唇，弧腹。腹部以下残。口径 28、残高 9.2 厘米（图 2-2-44，5）。H29：106，泥质黄褐陶。敞口，折沿，圆唇，弧腹。腹部以下残。口径 36、残高 7.6 厘米（图 2-2-44，12）。H29：108，泥质黄褐陶。直口，卷沿，圆唇，弧腹。腹部以下残。口径 28、残高 5 厘米（图 2-2-44，16）。H29：112，泥质黄褐陶。直口微敛，叠圆唇，弧腹。腹部以下残。口径 44、残高 8.6 厘米（图 2-2-44，9）。H29：113，泥质黄褐陶。敛口，叠圆唇，弧腹。腹部以下残。口径 33.4、残高 6 厘米（图 2-2-44，13）。H29：120，泥质黄褐陶。直口微侈，折沿外侧下斜，弧腹。腹部以下残。口径 23.2、残高 4.8 厘米（图 2-2-44，6）。H29：122，泥质黄褐陶。直口，折沿，尖唇，弧腹近折。腹部以下残。口径 26、残高 12.6 厘米（图 2-2-44，21）。H29：123，泥质黄褐陶。直口微侈，叠圆唇，弧腹。腹部以下残。口径 26、残高 10.4 厘米（图 2-2-44，3）。H29：125，泥质黄褐陶。直口，折沿微隆起，圆唇，弧腹。腹部以下残。口径 32、残高 10.8 厘米（图 2-2-44，8）。H29：126，泥质黄褐陶。直口微敛，叠圆唇，弧腹。腹部以下残。口径 36、残高 11.6 厘米（图 2-2-44，10）。H29：127，泥质黄褐陶。直口，叠圆唇，曲腹。腹部以下残。口径 37、残高 16.8 厘米（图 2-2-44，11）。H29：129，泥质黄褐陶。敛口，叠圆唇，唇下外侧有一周凹槽，弧腹。腹部以下残。口径62.8、残高11.6厘米（图2-2-44，15）。H29：243，泥质黄褐陶。直口，折沿微隆起，圆唇，弧腹。腹部以下残。口径25.6、残高10.2厘米（图2-2-44，4）。

椭圆形盆　2件。夹砂红陶，厚胎。叠圆唇，弧腹近直，平底，椭圆形器身。器表磨光，内壁抹光。内壁有轮制痕迹。H29：62，外壁饰篮纹。可复原。口径12.4—22.2、底径10.6—20.4、高8厘米（图2-2-44，20）。H29：63，素面。可复原。口径10.8—15.6、底径10.4—15.2、高7.5厘米（图2-2-44，19）。

双鋬甑　1件。H29：40，夹砂黄褐陶，厚胎。口沿及底部不规整，呈椭圆形。侈口，方唇，斜直腹，腹部对称置附加突起状双鋬，平底，底部中间有一水滴状箅孔，周围为六个椭圆形箅孔。内壁抹光。内壁有轮制痕迹。外壁饰左斜篮纹。可复原。口径20.8—21.1、底径12.4—12.8、高14厘米（图2-2-45，1；图版一五三，2）。

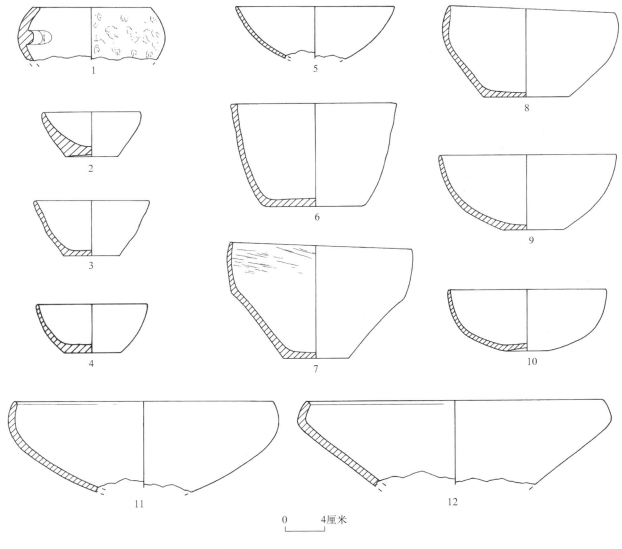

0　　　4厘米

图2-2-43　H29出土素面钵

1.盂（H29：79）　2—12.素面钵（H29：66、H29：67、H29：42、H29：128、H29：70、H29：37、H29：68、H29：44、H29：43、H29：101、H29：102）

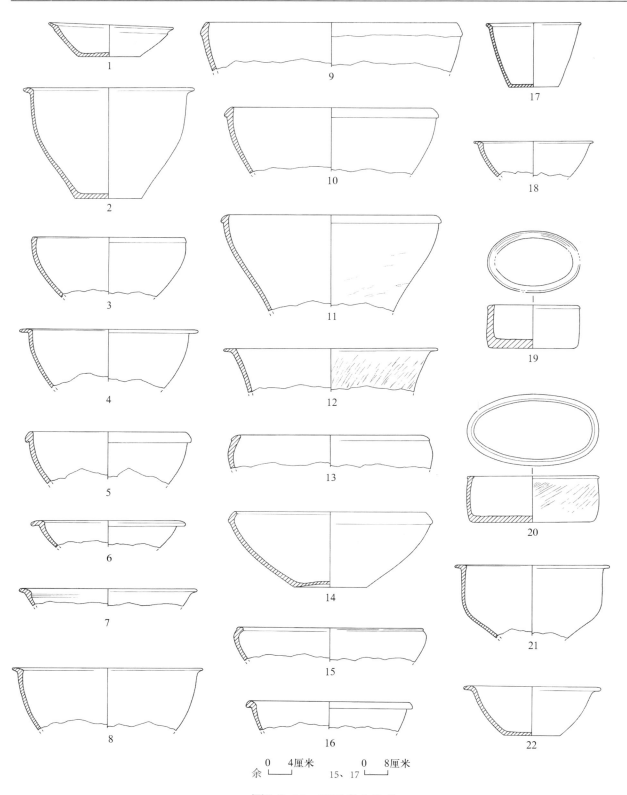

0　　4厘米
余 ├──┤

0　　8厘米
├──┤
15、17

图2-2-44　H29出土陶盆

1-18、21、22.素面盆（H29：71、H29：51、H29：123、H29：243、H29：99、H29：120、H29：98、H29：125、H29：112、H29：126、H29：127、H29：106、H29：113、H29：57、H29：129、H29：108、H29：59、H29：88、H29：122、H29：46）
19、20.椭圆形盆（H29：63、H29：62）

素面双錾盆　11件。腹部对称置附加突起状双錾。素面。H29：33，夹砂黄褐陶，口沿不规整，呈椭圆形。直口微敛，叠唇，弧腹，平底。器表有抹光痕迹，内壁抹光，唇面及近口处有轮制痕迹。可复原。口径24.4—25.5、底径14.4—15、高14.5厘米（图2-2-45，3；图版一四○，2）。H29：34，夹砂灰陶。敞口，折沿，圆唇，斜直腹，平底。器表磨光，内壁抹光。内壁有轮制痕迹。可复原。口径34、底径16.8、高22.8厘米（图2-2-45，10；图版一四○，3）。H29：38，泥质黄褐陶，厚胎。直口微敛，下腹部近直。器表有磨光痕迹，内壁抹光，唇面及内外壁有轮制痕迹。可复原。口径27.8、底径14、高14.6厘米（图2-2-45，6；图版一四○，4）。H29：41，泥质灰陶。敛口，叠圆唇，弧腹，平底。可复原。口径30.8、底径18.2、高26.3厘米（图2-2-45，11；图版一四○，5）。H29：58，夹砂红陶。敛口，下腹部近直。器表有抹光痕迹，内壁抹光，唇面及近口处有轮制痕迹。可复原。口径34.8、底径14.5、高18.8厘米（图2-2-45，7；图版一四○，6）。H29：60，泥质灰陶。敛口，叠圆唇，弧腹，平底。可复原。口径29.2、腹径30.8、底径17、高26.2厘米（图2-2-45，5）。H29：119，夹砂灰陶。敛口，圆唇，弧腹。腹部以下残。口径28、残高6厘米（图2-2-45，12）。H29：131，夹砂灰陶。直口，叠唇，弧腹。腹部以下残。口径28、残高8.6厘米（图2-2-45，4）。H29：132，夹砂灰陶。敛口，叠唇，弧腹。肩部饰数周凹弦纹。腹部以下残。口径29、残高10.8厘米（图2-2-45，8）。H29：133，夹砂灰陶。侈口，叠圆唇，斜直腹。腹部以下残。口径30、残高14.6高厘米（图2-2-45，9）。H29：134，夹砂灰陶。敛口，叠圆唇，弧腹。腹部以下残。口径28、残高14厘米（图2-2-45，2）。

深腹罐　3件。夹砂陶。溜肩，弧腹。H29：35，红陶。侈口，仰折沿，圆唇，下腹部近直，平底。内壁有泥条盘筑痕迹。通体饰右斜篮纹。可复原。口径22.8、腹径26、底径14.3、高34厘米（图2-2-46，24；图版一六九，2）。H29：66，灰陶。直口，圆唇，直颈。肩部以下饰左斜线纹。腹部以下残。口径18、残高11.2厘米（图2-2-46，20）。H29：84，灰陶。侈口，折沿，尖唇，矮领。肩部以下饰左斜线纹。腹部以下残。口径24、残高7.9厘米（图2-2-46，1）。

鼓腹罐　18件。夹砂灰陶。溜肩，鼓腹。H29：67，退化铁轨式口，直口，圆唇，矮领。肩部饰数周凹弦纹。腹部以下残。口径20、残高4.4厘米（图2-2-46，21）。H29：68，退化铁轨式口，侈口，圆唇，矮领。肩部饰线纹。腹部以下残。口径18、残高5.6厘米（图2-2-46，19）。H29：69，退化铁轨式口，直口微敛，圆唇，矮领。肩部饰间隔线纹。腹部以下残。口径24、残高6.2厘米（图2-2-46，5）。H29：70，仰折沿，方唇。肩部饰间隔线纹。腹部以下残。口径22、残高7.4厘米（图2-2-46，4）。H29：72，敛口，矮领，方唇。肩部以下饰间隔线纹。腹部以下残。口径26、残高8.6厘米（图2-2-46，17）。H29：75，夹砂灰陶。敛口，仰折沿，方唇。肩部饰间隔线纹。腹部以下残。口径24、残高6.2厘米（图2-2-46，8）。H29：81，直口，方唇。肩部以下饰右斜线纹。腹部以下残。口径30、残高11.5厘米（图2-2-46，10）。H29：82，直口，圆唇，矮领。肩部以下饰左斜线纹。腹部以下残。口径20、残高8.8厘米（图2-2-46，7）。H29：85，敛口，仰折沿微下凹，圆唇。肩部以下饰线纹。腹部以下残。口径26、残高6厘米（图2-2-46，14）。H29：86，直口微敛，矮领，方唇。肩部以下饰间隔线纹。腹部以下残。口径26、残高5.5厘米（图2-2-46，15）。H29：87，敛口，仰折沿，方唇。肩部以下饰线纹。腹部以下残。口径24.8、残

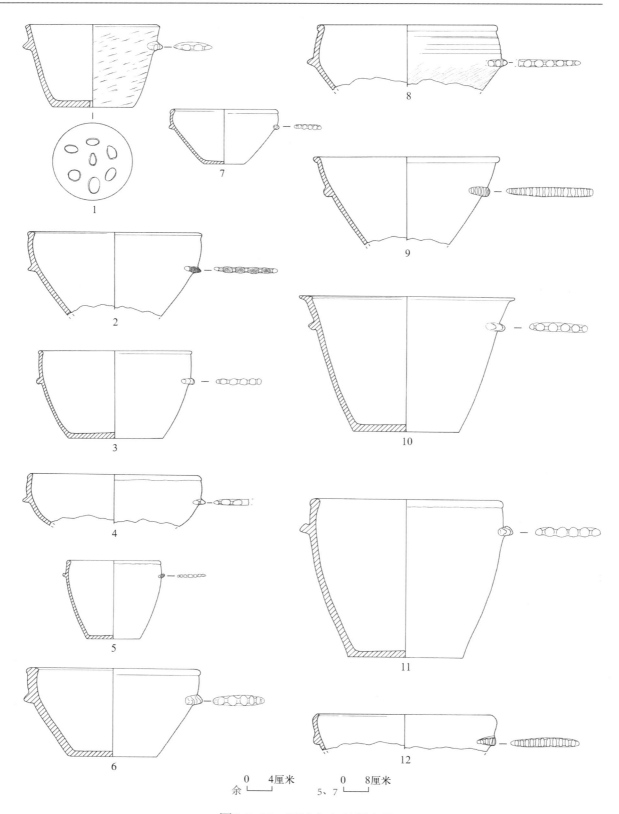

0　　　4厘米
余 ┗━━━┛
　　　　　0　　　8厘米
5、7 ┗━━━┛

图2-2-45　H29出土双鋬陶器

1.双鋬甑（H29：40）　2-12.素面双鋬盆（H29：134、H29：33、H29：131、H29：60、H29：38、H29：58、H29：132、H29：133、H29：34、H29：41、H29：119）

高 7 厘米（图 2-2-46，13）。H29：92，直口，矮领，圆唇。素面。腹部以下残。口径 10、残高 4 厘米（图 2-2-46，22）。H29：93，敛口，仰折沿微隆起，圆唇。肩部饰右斜线纹。腹部以下残。口径 27、残高 5.5 厘米（图 2-2-46，16）。H29：94，敛口，仰折沿，方唇。肩部以下饰左斜线纹。腹部以下残。口径 24、残高 9.5 厘米（图 2-2-46，12）。H29：95，敛口，仰折沿，圆唇。肩部以下饰左斜篮纹。腹部以下残。口径 20、残高 10 厘米（图 2-2-46，2）。H29：96，敛口，仰折沿，方唇。肩部以下饰左斜线纹。腹部以下残。口径 19、残高 10 厘米（图 2-2-46，3）。H29：121，敛口，仰折沿微隆起，圆唇。肩部饰数周凹弦纹和饼状附加堆纹。腹部以下残。口径 22、残高 5 厘米（图 2-2-46，9）。H29：275，直口，退化铁轨式口，圆唇，矮领。肩部以下饰左斜线纹。腹部以下残。口径 24、残高 6.2 厘米（图 2-2-46，6）。

瓮　3 件。泥质灰陶。敛口，溜肩，鼓腹。素面。H29：48，卷沿，圆唇，下腹部近直，平底。器表磨光，内壁抹光。内壁有轮制痕迹。可复原。口径 23.7、腹径 40.7、底径 15.2、高 30.3 厘米（图 2-2-46，23；图版一五九，1）。H29：76，叠圆唇。腹部以下残。口径 28、残高 27.2 厘米（图 2-2-46，11）。H29：124，圆唇。腹部以下残。口径 14、残高 10.4 厘米（图 2-2-46，18）。

尖底瓶　5 件。泥质黄褐陶。橄榄状腹，尖底。底部内壁有泥条盘筑痕迹。通体饰线纹。腹部以上残。H29：135，腹径 20、残高 47.6 厘米（图 2-2-47，12）。H29：136，腹径 9.4、残高 10.4 厘米（图 2-2-47，17）。H29：137，腹部以上残。腹径 10、残高 12.2 厘米（图 2-2-47，6）。H29：138，腹径 12、残高 12 厘米（图 2-2-47，25）。H29：139，腹径 7.2、残高 6.8 厘米（图 2-2-47，18）。

小口瓶　22 件。泥质黄褐陶。颈部以下残。H29：143，退化重唇口，圆唇，束颈，溜肩，橄榄形腹。颈部以下饰线纹。口径 4、残高 21 厘米（图 2-2-48，9）。H29：144，重唇口，圆唇，束颈。颈部以下饰线纹。口径 4.4、残高 15.8 厘米（图 2-2-48，5）。H29：145，重唇口，圆唇，束颈。颈部以下饰线纹。口径 4.8、残高 9.2 厘米（图 2-2-47，24）。H29：146，重唇口，圆唇，束颈。颈部以下饰线纹。口径 4.2、残高 4.9 厘米（图 2-2-47，19）。H29：147，重唇口，圆唇，束颈。颈部以下饰线纹。口径 4.2、残高 6.7 厘米（图 2-2-47，23）。H29：148，重唇口，圆唇，束颈。颈部以下饰线纹。口径 4.8、残高 5.7 厘米（图 2-2-47，15）。H29：149，重唇口，圆唇，束颈。颈部以下饰线纹。口径 4.8、残高 6 厘米（图 2-2-47，14）。H29：150，重唇口，圆唇，束颈。颈部以下饰线纹。口径 4.4、残高 5.6 厘米（图 2-2-47，16）。H29：151，退化重唇口，圆唇，束颈。颈部以下饰线纹。口径 4.4、残高 4.6 厘米（图 2-2-47，22）。H29：152，重唇口，圆唇，束颈。颈部以下饰线纹。口径 4、残高 4.9 厘米（图 2-2-47，13）。H29：153，退化重唇口，尖唇，束颈。颈部以下饰线纹。口径 3.2、残高 4.9 厘米（图 2-2-47，9）。H29：154，退化重唇口，圆唇，束颈。颈部以下饰线纹。口径 4、残高 4.8 厘米（图 2-2-47，2）。H29：155，退化重唇口，圆唇，束颈。颈部以下饰线纹。口径 1.8、残高 4 厘米（图 2-2-47，3）。H29：156，退化重唇口，圆唇，束颈。颈部有一周凹槽，通体饰线纹。口径 2.4、残高 7 厘米（图 2-2-47，7）。H29：157，退化重唇口，圆唇，束颈。颈部以下饰线纹。口径 3.2、残高 3.9 厘米（图 2-2-47，20）。H29：158，退化重唇口，圆唇，束颈。颈部以下饰线纹。口径 3.2、残高 5 厘米（图 2-2-47，8）。H29：159，葫芦形口，直口，圆唇，束颈。素面。口径 3.2、残高 4.9 厘米（图 2-2-47，1）。H29：161，葫芦形口，敛口，圆唇。素面。口径 4、残高 4.9 厘米（图 2-2-47，10）。H29：162，葫芦形口，敛口，圆唇，束颈。素面。

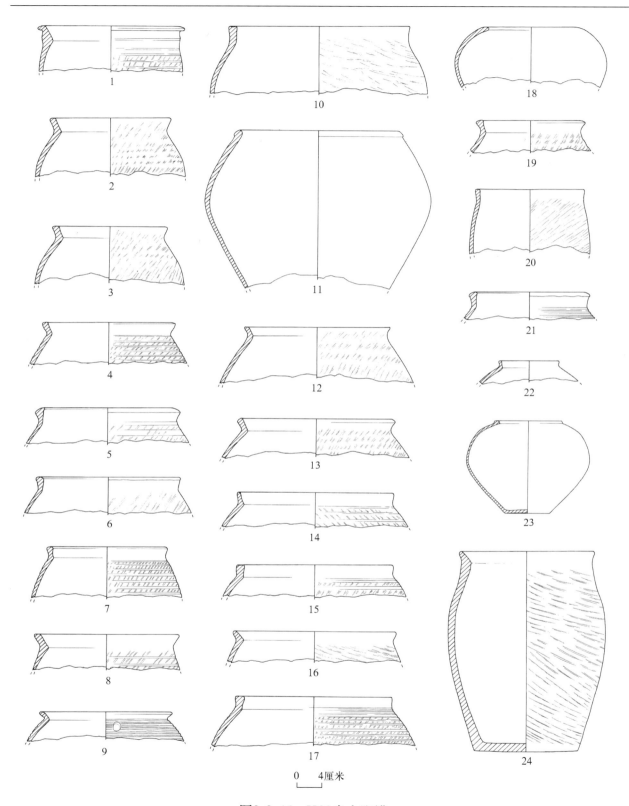

0　　4厘米

图2-2-46　H29出土陶罐

1、20、24.深腹罐（H29：84、H29：66、H29：35）　11、18、23.瓮（H29：76、H29：124、H29：48）　2-10、12-17、19、21、22.鼓腹罐（H29：95、H29：96、H29：70、H29：69、H29：275、H29：82、H29：75、H29：121、H29：81、H29：94、H29：87、H29：85、H29：86、H29：93、H29：72、H29：68、H29：67、H29：92）

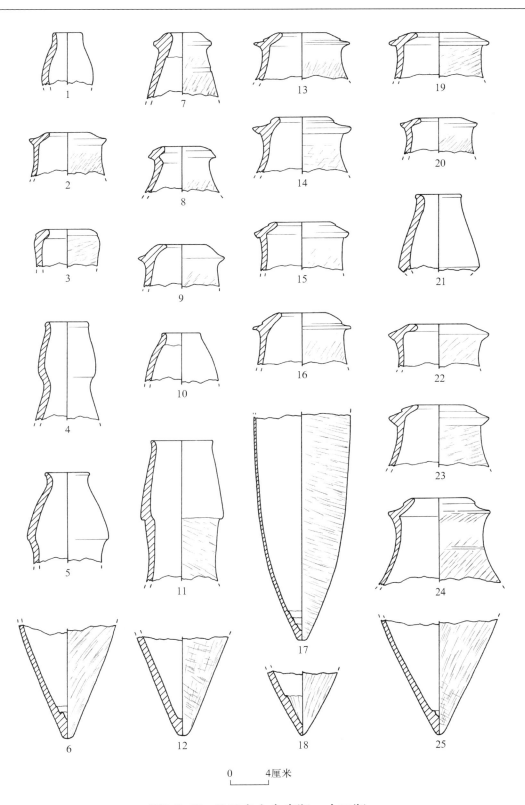

0 4厘米

图2-2-47 H29出土尖底瓶、小口瓶

1-5、7-11、13-16、19-24.小口瓶（H29：159、H29：154、H29：155、H29：164、H29：163、H29：156、H29：158、H29：153、H29：161、H29：165、H29：152、H29：149、H29：148、H29：150、H29：146、H29：157、H29：162、H29：151、H29：147、H29：145） 6、12、17、18、25.尖底瓶（H29：137、H29：135、H29：136、H29：139、H29：138）

口径4.8、残高8.3厘米（图2-2-47，21）。H29：163，葫芦形口，敛口，圆唇，束颈。素面。口径4.6、残高9.6厘米（图2-2-47，5）。H29：164，葫芦形口，侈口，圆唇，束颈。素面。口径4.6、残高10.6厘米（图2-2-47，4）。H29：165，葫芦形口，侈口，圆唇，束颈。颈部以下饰线纹。口径6.4、残高15厘米（图2-2-47，11）。

器盖　6件。夹砂灰陶。敞口，弧腹。H29：54，方唇，圜顶，桥形纽。纽上饰网格纹。内壁有轮制痕迹。可复原。口径29.7、残高11.2厘米（图2-2-48，1；图版一七六，4）。H29：61，厚胎。圆唇，圜顶，桥形纽。素面。可复原。口径22、残高5.8厘米（图2-2-48，6）。H29：64，厚胎。圆唇，圜顶，两个凸起状纽。素面。可复原。口径6.6、残高4.1厘米（图2-2-48，4）。H29：69，圆唇，圜顶，两个凸起状纽。素面。可复原。口径7.9、残高4.9厘米（图2-2-48，8；图版一七九，3）。H29：83，方唇。素面。顶部残。口径30、残高5.4厘米（图2-2-48，3）。H29：90，折沿，圆唇。素面。顶部残。口径28、残高2.4厘米（图2-2-48，2）。

杯　1件。H29：65，夹砂灰陶，厚胎。侈口，方唇，曲腹，平底微内凹。内外壁近口处有轮制痕迹。素面。可复原。口径7.2、底径4.5、高6.2厘米（图2-2-48，7；图版一八七，6）。

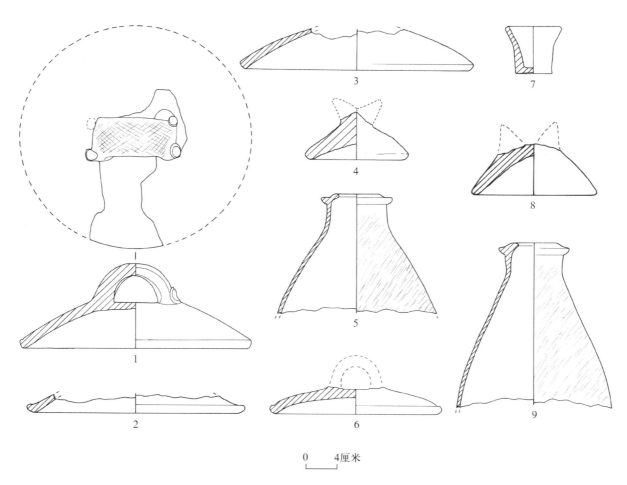

0　　　4厘米

图2-2-48　H29出土陶器

1-4、6、8.器盖（H29：54、H29：90、H29：83、H29：64、H29：61、H29：69）　5、9.小口尖底瓶（H29：144、H29：143）
7.杯（H29：65）

19. H32

位于T3北部，部分伸入北壁。开口于第③层下，打破生土，开口距地表100厘米。袋状，平面形状呈椭圆形，斜直壁，平底。坑口最大径160、最小径150、坑底最大径190、最小径135、深70厘米。填土浅灰色，夹杂黄土块，土质疏松。出土适量陶片，以泥质陶为主，夹砂陶次之；纹饰有线纹、彩绘；可辨器形有罐、盆、钵等（图2-2-49，1）。

H32挑选陶器标本绳纹盆1。

绳纹盆　1件。H32：1，夹砂灰陶。敞口，方唇，束颈，弧腹，平底内凹。唇面及内壁近口处有刮削痕迹。外壁饰竖直篮纹。可复原。口径22.6、底径13、高14.4厘米（图2-2-49，2）。

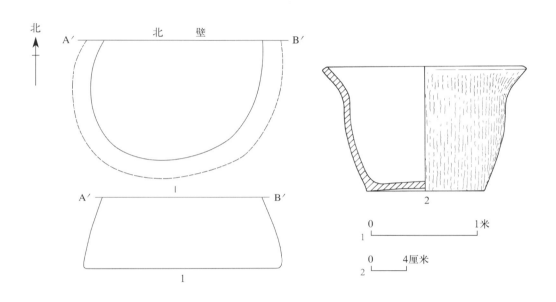

图2-2-49　H32平剖面图及出土陶器
1.平剖面图　2.绳纹盆（H32：1）

20. H33

位于T12南部，部分伸入南壁。开口于第②层下，打破生土，开口距地表75厘米。平面形状呈椭圆形，斜直壁，平底。坑壁有明显加工痕迹。坑口最大径355、最小径250、坑底最大径335、最小径230、深130厘米。填土灰褐色为主，土质疏密不均。夹杂红烧土颗粒、炭粒、植物根茎。出土适量陶片，以夹砂红陶、夹砂灰陶、泥质红陶、泥质灰陶为主；纹饰有线纹、线纹、彩绘；可辨器形有罐、盆、钵等（图2-2-50）。

H33挑选陶器标本8件，其中彩陶钵2、彩陶盆1、素面钵1、素面盆1、素面双鋬盆1、深腹罐1、鼓腹罐1。

彩陶钵　2件。泥质陶黑彩。H33：5，黄褐陶。器形不规整，口部呈椭圆形。直口微敛，方唇，弧腹近折，下腹部微内收，平底微内凹。器表磨光，器表及内壁有明显的刮削痕迹。下腹部饰一周宽0.6厘米的条带纹，其上区域用弧边三角分为四个单元格，每个单元格内饰双连弧线、圆点组成的复合纹饰。可复原。口径17.1—17.7、腹径18.8、底径7.6、高9.6厘米（图2-2-51，7）。H33：6，红陶。器形

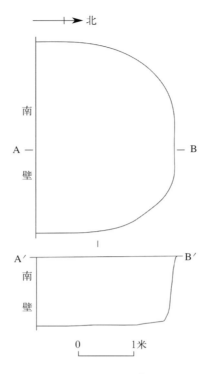

图2-2-50　H33平剖面图

不规整，口部略呈椭圆形。敛口，圆唇，弧腹，下腹部近直，平底。器表及内壁有刮削痕迹。口部外壁饰一周宽0.6厘米的条带纹。可复原。口径29.5—29.9、底径10.8、高14.9厘米（图2-2-51，8）。

　　彩陶盆　1件。H33：11，泥质黄褐陶黑彩。直口，折沿隆起，圆唇，浅弧腹，平底。器表及内壁有刮削痕迹。唇面饰一周条带纹，沿面饰四组垂弧纹。可复原。口径31、底径12.5、高11.3厘米（图2-2-51，2）。

　　素面钵　1件。H33：8，泥质黄褐陶。直口微侈，圆唇，弧腹，平底微内凹。器表磨光，内壁抹光，有刮削痕迹。素面。可复原。口径16.7—17、底径7.5、高8.6厘米（图2-2-51，6）。

　　素面盆　1件。H33：9，泥质灰陶。器形不规整，口部呈椭圆形。敛口，仰折沿隆起，圆唇，溜肩，深曲腹，平底。器表磨光，内壁抹光，沿面及内壁有刮削痕迹。素面。可复原。口径33.7—34.4、腹径34、底径13.8、高19.4厘米（图2-2-51，3）。

　　素面双錾盆　1件。H33：7，泥质灰陶。直口微敛，叠唇，弧腹，平底，腹部对称置附加突起状双錾。唇面及内壁有轮制痕迹和刮削痕迹。素面。可复原。口径33、底径14、高17.8厘米（图2-2-51，4）。

　　深腹罐　1件。H33：4，夹砂灰陶。侈口，仰折沿，方唇，弧腹，平底。唇面及内外壁近口处有刮削痕迹。上腹部饰数周凹弦纹和四个圆饼状中间有按窝的附加堆纹，腹部最大径处有一周附加堆纹，通体饰右斜篮纹，近底处被抹平。可复原。口径34.4、腹径35.8、底径18厘米（图2-2-51，1；图版一六九，4）。

　　鼓腹罐　1件。H33：10，夹砂灰陶。侈口，仰折沿，方唇中间微下凹，溜肩，鼓腹，下腹部近直，平底微内凹。口部有刮削痕迹。素面。可复原。口径16、腹径17.2、底径9、高14.2—15厘米（图2-2-51，5）。

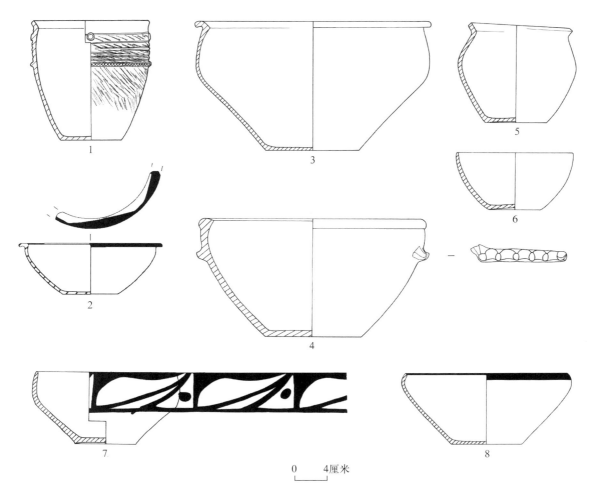

图2-2-51　H33出土陶器

1.深腹罐（H33：4）　2.彩陶盆（H33：11）　3.素面盆（H33：9）　4.素面双錾盆（H33：7）　5.鼓腹罐（H33：10）　6.素面钵（H33：8）　7、8.彩陶钵（H33：5、H33：6）

21. H37

位于 T3 西北部。开口于第③层下，打破生土，被 H13、H21 打破，开口距地表 85 厘米。平面形状呈圆形，直壁，平底。直径 220、深 110 厘米。填土灰褐色，土质较致密。夹杂少量红烧土颗粒、石块。出土适量陶片，夹砂与泥质相当；纹饰有线纹、彩绘；可辨器形有罐、盆、钵等（图 2-2-52）。

H37 挑选陶器标本 4 件，其中器盖 1、素面钵 1、素面双錾盆 1、小口尖底瓶 1。

素面双錾盆　1 件。H37：3，夹砂黄褐陶。侈口，仰折沿，圆唇，斜直腹，平底内部略突起，腹部对称置附加突起状双錾。沿面及内壁有刮削痕迹。素面。可复原。口径 34.4、底径 17.2、高 23.8 厘米（图 2-2-53，2；图版一四一，1）。

素面钵　1 件。H37：2，泥质黄褐陶。敛口，圆唇，弧腹，下腹部近直，平底。内外壁均有刮削痕迹。素面。可复原。口径 26、底径 10、高 9.8 厘米（图 2-2-53，1）。

小口尖底瓶　1 件。H37：11，泥质黄褐陶。退化重唇口，圆唇，束颈，溜肩，橄榄状腹。通体饰线纹、篮纹。腹部以下残。口径 4.8、残高 50 厘米（图 2-2-53，3）。

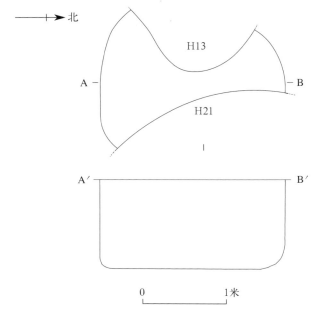

图2-2-52　H37平剖面图

　　器盖　1件。H37：1，夹砂灰陶。敞口，圆唇，弧腹，圜顶，两个凸起状纽。素面。可复原。口径10.8、高4.2厘米（图2-2-53，4）。

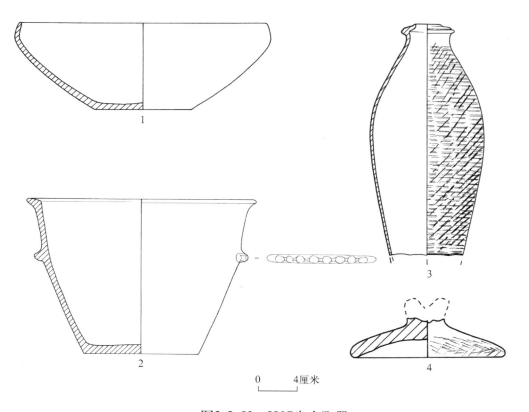

图2-2-53　H37出土陶器

1.素面钵（H37：2）　　2.素面双錾盆（H37：3）　　3.小口尖底瓶（H37：11）　　4.器盖（H37：1）

22. H39

位于 T9 西部、T10 东部。开口于第①层下，打破生土，被 H22 打破，开口距地表 30 厘米。平面形状呈椭圆形，斜直壁，台阶状底。坑口最大径 403、最小径 300、坑底最大径 330、最小径 230、深 310、台阶高 40 厘米。填土灰褐色，土质较疏松。出土大量陶片，以灰陶为主，少量红陶；纹饰以线纹、彩绘为主；可辨器形有盆、瓶、钵、罐等（图 2-2-54）。

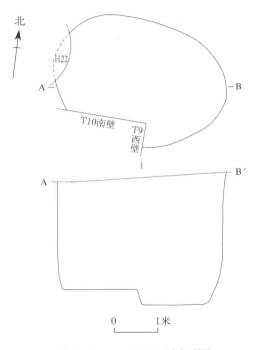

图2-2-54　H39平剖面图

H39 共挑选陶器标本 19 件，其中彩陶盆 6、彩陶钵 7、杯 2、素面钵 2、素面盆 1、双鋬甑 1。

彩陶盆　6 件。泥质陶黑彩。H39：1，红陶。敛口，仰折沿隆起，方唇，溜肩，深曲腹，平底。器表磨光，内壁抹光，沿面及内壁近口处有刮削痕迹。唇面、颈部、下腹部各饰一周条带纹，分别宽 0.6、0.8、1 厘米，其间区域饰凸弧纹、弧边三角、双短线、圆点组成的复合纹饰。可复原。口径 36、腹径 36.4、底径 13.5、高 23.5 厘米（图 2-2-55，3；彩版一九五，1）。H39：4，黄褐陶。直口，仰折沿隆起，方唇，浅弧腹，平底微内凹。器表磨光，内壁抹光，内壁近口处有轮制痕迹。沿面饰五组垂弧纹、弧边三角组成的复合纹饰。可复原。口径 29.8、底径 12.6、高 10.4 厘米（图 2-2-55，1；图版二，5）。H39：5，黄褐陶。敛口，仰折沿隆起，圆唇，深曲腹，平底微内凹。沿面饰四组弧边三角、垂弧纹组成的复合纹饰。唇面、颈部、下腹部各饰一周条带纹，分别宽 0.7、0.8、1 厘米，其间区域饰弧边三角、凸弧纹、细弧线、圆点组成的复合纹饰。可复原。口径 34.2、腹径 33.8、底径 11.4、高 20 厘米（图 2-2-55，2；彩版一九五，2）。H39：10，黄褐陶。敛口，仰折沿隆起，圆唇，溜肩，深曲腹，平底。器表磨光，内壁抹光，口沿内外壁及沿面有轮制痕迹。唇面、下腹部各饰一周宽 0.3、0.4 厘米的条带纹，其间区域饰弧边三角、圆点组成的复合纹饰。可复原。口径 21.8、腹径 21.6、底径 8.2、高 12.6 厘米（图 2-2-55，6；彩版一九六，1）。H39：11，黄褐陶。直口微侈，折沿隆起，沿面外侧下斜，方唇，浅弧腹，平底。器表磨光，内壁抹光，沿面、内壁近口处及外壁有轮制痕迹。沿面饰五组弧边三角、凸弧组成的复合纹饰。可复原，口径 29.6、底径 11.6、高 10 厘米（图 2-2-55，4；图版二，6）。H39：12，黄褐陶。直口微敛，折沿隆起，尖圆唇，浅弧腹，平底。口沿下有两圆形镂孔，器表及内壁近口处有轮制痕迹。沿面饰四组弧边三角、凸弧纹组成的复合纹饰。可复原。口径 29.3、底径 12.2、高 12 厘米（图 2-2-55，5；图版一六，6）。

　　彩陶钵　7 件。泥质陶黑彩。H39：2，黄褐陶。直口微侈，尖唇，弧腹，平底。内壁抹光。内壁有轮制痕迹。下腹部饰一周宽 0.5 厘米的条带纹，其上区域饰六组对弧边直角、凸弧纹、圆点组成的复合纹饰。可复原。口径 17.2、底径 6.2、高 9.9 厘米（图 2-2-56，4；彩版五五，1）。H39：3，红陶。

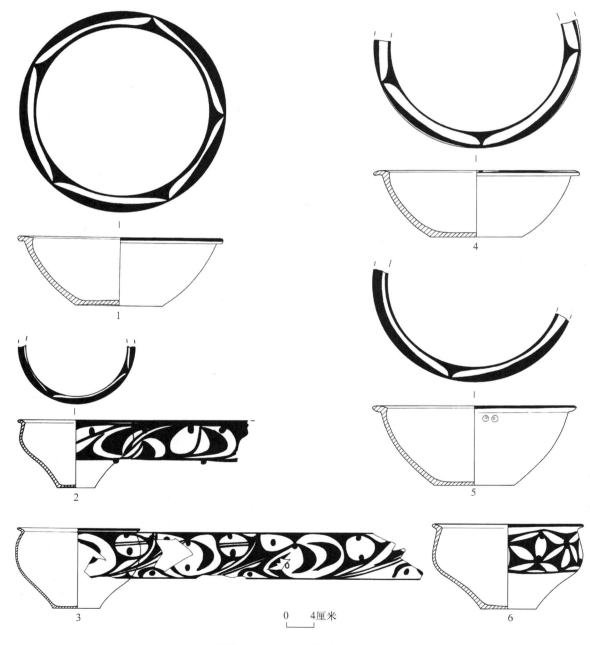

图 2-2-55　H39 出土彩陶盆

1-6.彩陶盆（H39：4、H39：5、H39：1、H39：11、H39：12、H39：10）

直口微敛，圆唇，弧腹近折，平底内凹。器表磨光，内壁抹光。内壁有轮制痕迹。腹部饰一周宽 0.4 厘米的条带纹，其上区域饰六组对弧边直角、凸弧纹组成的复合纹饰。可复原。口径 14.5—15、底径 5.5、高 6.9 厘米（图 2-2-56，3；彩版五五，2）。H39：6，黄褐陶。直口，尖唇，弧腹近折，下腹部近直，平底微内凹。器表磨光涂一层黄泥浆，内壁抹光。内壁有轮制痕迹。口部外壁饰一周垂弧纹，腹部饰一周条带纹，其间区域用凸弧纹分为四个单元格，每个单元格内饰双连弧线、圆点组成的复合纹饰。可复原。口径 16.8—17.2、底径 6.2、高 8.2—9 厘米（图 2-2-56，1；彩版五六，1）。H39：7，黄褐陶，口沿不规整。敛口，圆唇，弧腹，下腹部近直，平底内凹。器表磨光涂一层黄泥浆，内壁抹光。内壁有轮制痕迹。唇面饰一周宽 0.5 厘米的条带纹，腹部饰八个圆点。可复原。口径 26.3—28、底径 10.7、高 9.2—9.5 厘米（图 2-2-56，6；彩版五六，2）。H39：8，黄褐陶。口沿不规整。直口，尖唇，曲腹近折，平底内部凸起。器表磨光涂一层黄泥浆，内壁抹光。内壁有轮制痕迹。口部外壁饰一周垂弧纹，下腹部饰一周条带纹，其间区域用凸弧纹分为四个单元格，每个单元格内饰三连弧线、圆点组成的复合纹饰。可复原。口径 13.1—14.1、底径 5.2、高 7 厘米（图 2-2-56，7；彩版五七，1）。

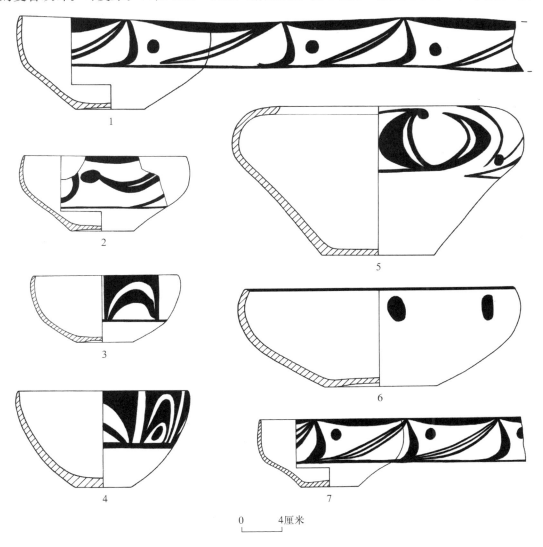

0　　　4厘米

图2-2-56　H39出土彩陶钵

1—4、6、7.彩陶钵（H39：6、H39：9、H39：3、H39：2、H39：7、H39：8）　　5.彩陶瓮（H39：13）

H39：9，黄褐陶。直口微敛，圆唇，曲腹，平底微内凹。口部外壁饰一周垂弧纹，腹部饰一周条带纹，其间区域用细弧线分为数个单元格，每个单元格内饰双连弧线、圆唇组成的复合纹饰。可复原。口径16.5、底径6.4、高7.8厘米（图2-2-56，2；图版二八，3）。H39：13，黄褐陶，通体饰红衣。敛口，方唇，广肩，鼓腹，下腹部较直，平底。内壁抹光，内壁近口处有轮制痕迹。腹部饰弧线、弧边三角、圆点、凸弧纹组成的复合纹饰。可复原。口径21.3、腹径29.4、底径10.6—11.4、高15.6厘米（图2-2-56，5；彩版五七，2）。

　　素面盆　1件。H39：15，泥质黄褐陶，局部饰红衣。敛口，叠圆唇，弧腹，平底。口部外壁有一周凹槽，器表磨光，内壁抹光，沿面及内壁近口处有轮制痕迹。素面。可复原。口径30.7、底径11.7、高13.7厘米（图2-2-57，6；图版一〇六，4）。

　　双鋬甑　1件。H39：18，夹砂黄褐陶。直口，圆唇，弧腹，下腹部近直，平底，底部中间有一圆形箅孔，周围为四个椭圆形箅孔。腹部对称置附加突起状双鋬，外壁饰左斜篮纹。可复原。口径23.5、底径13、高15.8厘米（图2-2-57，4；图版一五二，3）。

　　杯　2件。夹砂灰陶。侈口，曲腹。素面。H39：16，厚胎。器形不规整。尖唇，平底。可复原。口径5.9、底径3.4—3.8、高5.1厘米（图2-2-57，2；图版一八八，1）。H39：17，方唇，平底内凹。可复原。口径6.8、底径4.8、高6.1厘米（图2-2-57，1；图版一八八，2）。

　　素面钵　2件。H39：14，夹砂黄褐陶，厚胎。侈口，圆唇，斜直腹，平底。内壁有捏制痕迹。外壁饰竖直篮纹。可复原。口径7.7、底径3.5、高4.1厘米（图2-2-57，3；图版五七，5）。H39：20，泥质红陶，直口微敛，圆唇，曲腹，平底。器表磨光涂一层黄泥浆，内壁抹光，唇面及沿面近口处有轮制痕迹。素面。可复原。口径28.1、底径14.1、高11.8厘米（图2-2-57，5；图版五七，6）。

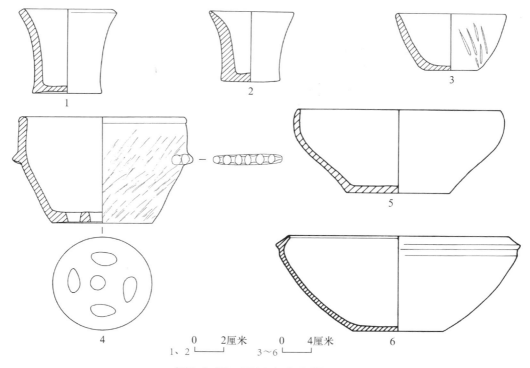

图2-2-57　H39出土陶器

1、2.杯（H39：17、H39：16）　3、5.素面钵（H39：14、H39：20）　4.双鋬甑（H39：18）　6.素面盆（H39：15）

23. H43

位于 T5 南部，部分伸入南壁。开口于第④层下，打破生土，被 H24、H26、H27 打破，开口距地表 60 厘米。平面形状呈椭圆形，弧壁，圜底。坑口最大径 590、最小径 364、深 80 厘米。填土灰褐色，土质较疏松。夹杂适量红烧土颗粒、草木灰。出土大量陶片，以泥质黄褐陶，夹砂灰陶次之；纹饰以线纹、彩绘为主；可辨器形有盆、瓶、钵、罐等（图 2-2-58）。

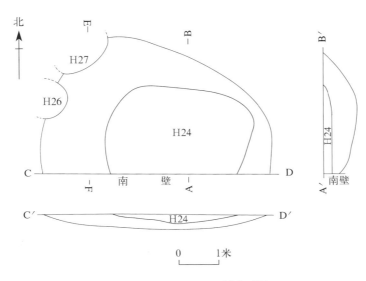

图2-2-58　H43平剖面图

H43 挑选陶器标本 9 件，其中彩陶钵 3、素面钵 3、器盖 2、素面盆 1。

彩陶钵　3 件。泥质陶。H43：1，红陶黑彩。器形不规整，敛口，圆唇，弧腹，下腹部近直，平底。器表磨光，内壁抹光，近口处有刮削痕迹。口部外壁二方连续间隔饰一周三个垂弧纹、弧边三角。可复原。口径 29—29.8、底径 12.2、高 10.1 厘米（图 2-2-59，8；彩版五〇，2）。H43：2，黄褐陶黑彩。敛口，圆唇，弧腹，下腹部近直，平底内凹。腹部饰对弧边三角、双短线、双连弧线、圆点组成的复合纹饰。可复原。口径 24.5、腹径 26、底径 10.5、高 14.6 厘米（图 2-2-59，3；彩版五八，1）。H43：11，黄褐陶，通体饰红彩。器形不规整，口部呈椭圆形。直口，圆唇，弧腹，平底内凹。器表磨光，内壁抹光，近口处有刮削痕迹。可复原。口径 16.5—17.1、底径 5.6、高 8.1—8.4 厘米（图 2-2-59，6；图版五八，3）。

素面盆　1 件。H43：8，泥质灰陶。直口，仰折沿微隆起，圆唇，浅弧腹，平底。器表磨光，内壁抹光，沿面及内外壁近口处有刮削痕迹。素面。可复原。口径 34.4—34.6、底径 12.2—12.8、高 10.8 厘米（图 2-2-59，9；图版一〇六，5）。

素面钵　3 件。素面。H43：7，泥质灰陶。器形不规整，口部略呈椭圆形。侈口，尖唇，弧腹，平底。器表磨光，内壁抹光，近口处有刮削痕迹。可复原。口径 12.3—12.5、底径 5、高 7.2 厘米（图 2-2-59，1；图版五八，1）。H43：10，泥质黄褐陶，口部略不规整。直口微侈，尖唇，深弧腹，下腹部近直，平底。器表磨光，内壁抹光，有刮削痕迹。可复原。口径 14.5—14.7、底径 7.3、高 10.7 厘米（图 2-2-59，4；图版五八，2）。H43：12，夹砂红陶，厚胎。器形不规整，口部呈椭圆形。侈口，圆唇，唇面饰一周压印纹，斜直腹，平底。可复原。口径 14.4—15.4、底径 7.6—8.1、高 8.6 厘米（图 2-2-59，5；图版五八，4）。

　　器盖　2件。素面。H43：6，夹砂灰陶。敞口，圆唇外壁起台，弧腹近直，圜顶，桥形纽。内壁有烟炱痕迹。可复原。口径26.4、高10.2厘米（图2-2-59，2；图版一七六，5）。H43：9，泥质黄褐陶。直口，尖唇，弧腹近折，圜顶中间有一圆形孔。内壁有刮削痕迹。可复原。口径1.9、底径6.5、高3.4厘米（图2-2-59，7；图版六〇，1）。

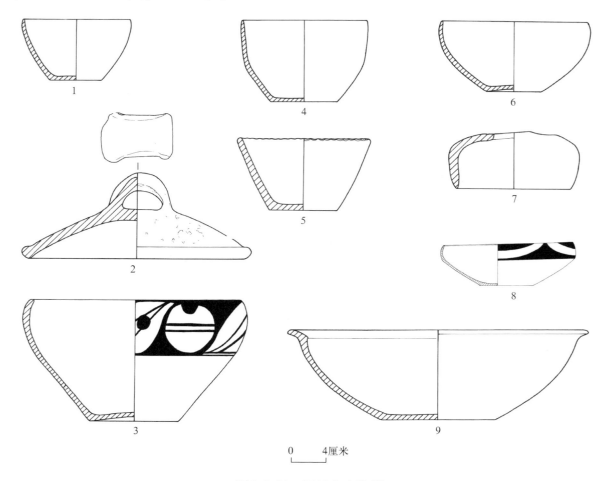

图2-2-59　H43出土陶器

1、4、5.素面钵（H43：7、H43：10、H43：12）　2、7.器盖（H43：6、H43：9）　3、6、8.彩陶钵（H43：2、H43：11、H43：1）
9.素面盆（H43：8）

24. H45

　　位于T11西南部。开口于第②层下，打破生土，开口距地表30厘米。平面形状呈椭圆形，直壁，平底。坑口最大径150、最小径125、深40厘米。填土灰褐色，土质疏松。出土适量石器及陶片。陶片以泥质为主，夹砂次之；陶色以黄褐为主，灰陶次之；纹饰以线的弦纹、彩绘为主。可辨器形有罐、钵、小口尖底瓶等（图2-2-60，1）。

　　H45挑选陶器标本折腹罐1件。

　　折腹罐　1件。H45：1，夹砂灰陶，厚胎。敛口，尖唇，仰折沿，溜肩，折腹，上、下腹近直，平底。口部内侧有刮削痕迹。肩部有一个附加凸起状錾，腹部中间饰一周附加堆纹，下腹部饰左斜篮纹。可复原。口径19.3、腹径21.2、底径9、高19.5厘米（图2-2-60，2）。

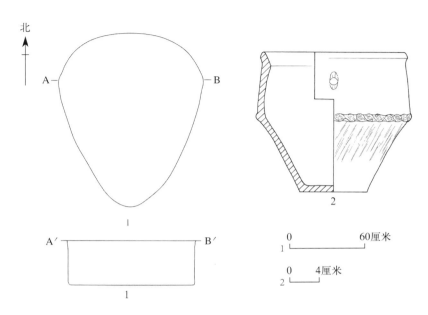

图2-2-60　H45平剖面图及出土陶器
1.平剖面图　2.折腹罐（H45∶1）

25. H48

位于T5北部，部分伸入北壁。开口于第④层下，打破生土，被H30打破，开口距地表60厘米。平面形状呈椭圆形，直壁，平底，底部有明显的加工痕迹。坑口最大径262、最小径216、深120厘米。填土黑灰色，土质疏松。夹杂少量红烧土颗粒、草木灰。出土适量陶片，以泥质黄褐陶为主，夹砂灰陶次之；纹饰有线纹、彩绘；可辨器形有钵、罐等（图2-2-61，1）。

H48挑选陶器标本素面钵2件。

素面钵　2件。夹砂黄褐陶，厚胎。侈口，圆唇，浅弧腹，平底。素面。H48∶1，可复原。口径9.3、底径5、高3.9厘米（图2-2-61，3；图版五八，5）。H48∶2，内壁有刮削痕迹。可复原。口径10.9、底径4.9、高3.1厘米（图2-2-61，2；图版五八，6）。

26. H51

位于T11东北部。开口于第②层下，打破生土，开口距地表40厘米。平面形状呈椭圆形，直壁，台阶状底。坑壁不规整，有明显加工和倒塌痕迹。坑口最大径476、最小径440，坑底最大径370、最小径284、深254厘米，第一级台阶高72、第二级台地高46厘米。填土以灰褐色为主，另有浅灰色和黄褐色，土质疏密不均。夹杂红烧土颗粒、炭粒。包含动物骨骼、石块、陶片等。出土陶杯1、陶刀1、陶纺轮1、陶器盖1、石铲2、石器1件及适量陶片。陶片有夹砂红陶、泥质灰陶、泥质红陶等；纹饰有线纹、线纹、磨光、彩绘；可辨器形有罐、盆、钵、甑、小口尖底瓶、小口平底瓶、器盖等（图2-2-62）。

H51挑选陶器标本43件，其中彩陶盆8、彩陶钵8、素面盆6、小口尖底瓶4、器盖4、素面双錾盆2、椭圆形盆2、素面钵2、鼓腹罐2、彩陶罐1、彩陶壶1、小口平底瓶1、双錾罐1、甑1。

彩陶盆　8件。泥质陶黑彩。H51∶13，黄褐陶。敛口，仰折沿隆起，圆唇，深曲腹，平底微内凹。唇面、下腹部各饰一周宽0.5—0.7、0.4厘米的条带纹，其间区域饰两组弧边三角、凸弧纹、圆点、细弧线组成的复合纹饰。可复原。口径33、腹径35、底径12.2、高20厘米（图2-2-64，1；彩

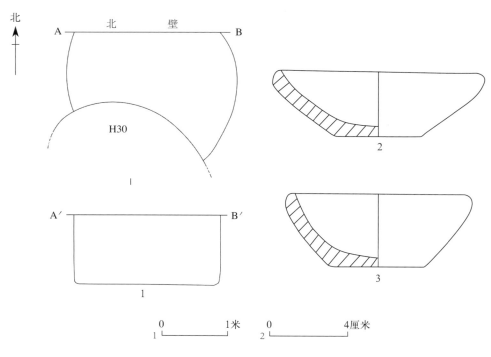

图2-2-61　H48平剖面图及出土陶器
1.平剖面图　2、3.素面钵（H48：2、H48：1）

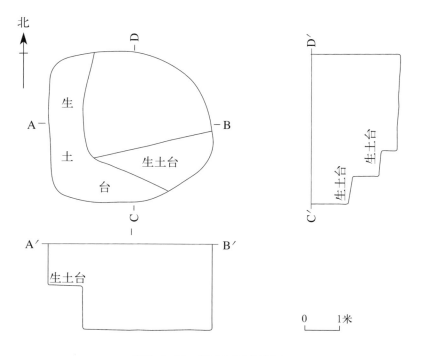

图2-2-62　H51平剖面图

版一九七，1）。H51：14，黄褐陶。直口，仰折沿隆起，尖唇，深曲腹，平底。器表磨光，内壁抹光。内壁有轮制痕迹。唇面饰一周宽0.4—0.6厘米的条带纹，腹部饰十周0.2—0.4厘米宽窄不均的条带纹。可复原。口径30、底径10.8、高16.7厘米（图2-2-63，5；图版一九，3）。H51：15，黄褐陶。敛口，仰折沿隆起，圆唇，浅弧腹，平底。内外壁近口处均有修整痕迹。沿面饰四组弧边三角、凸弧纹组成的复合纹饰。可复原，口径28.2、底径10.6、高9.9厘米（图2-2-63，1；图版三，1）。H51：16，黄褐陶。直口微敛，折沿外侧下斜，圆唇，浅弧腹，平底内凹。唇面饰一周宽1—1.2厘米的条带纹。可复原。口径27.5—28、底径10.8、高10.2厘米（图2-2-63，3；图版三，2）。H51：17，黄褐陶。器形不规整。敛口，折沿微隆起，圆唇，深曲腹，平底。口部外壁饰一周宽0.4—0.6厘米的条带纹，腹部饰九周0.1—0.5厘米宽窄不均的条带纹。可复原。口径27.2、底径10.2—10.8、高15.8厘米（图2-2-63，6；彩版一九八，2）。H51：18，黄褐陶。直口微敛，仰折沿隆起，圆唇，浅弧腹，平底。器表磨光，内壁抹光。内壁有轮制痕迹。沿面饰九组凸弧纹、弧边三角组成的复合纹饰。可复原。口径28.6、底径13.7、高10.4—10.6厘米（图2-2-63，4；图版三，3）。H51：24，黄褐陶。直口微敛，折沿隆起，方唇，浅弧腹，平底。器表磨光，内壁抹光。内壁有轮制痕迹。沿面饰四组凸弧纹、弧边三角组成的复合纹饰。可复原。口径28.4、底径11.8、高10厘米（图2-2-63，2；图版一七，1）。H51：25，黄褐陶。直口微敛，折沿外侧下斜，圆唇，浅弧腹，平底内凹。内外壁有修整痕迹。沿面饰一周宽0.8厘米的条带纹。可复原。口径33.4、底径10.2—10.7、高10.2厘米（图2-2-63，7；图版一七，2）。

彩陶壶　1件。H51：12，泥质黄褐陶黑彩。侈口，圆唇，高领，溜肩，鼓腹近折，下腹部近直，平底。内外壁近口处有修整痕迹。下腹部饰一周条带纹，其上区域二方连续饰四组弧边三角、双连弧线、圆点、凸弧纹组成的复合纹饰。可复原。口径11、腹径13.2、底径6.2、高13.2厘米（图2-2-64，2；彩版二四四，1）。

彩陶罐　1件。H51：26，泥质黄褐陶黑彩。卷沿，方唇中间下凹成槽，溜肩，鼓腹。沿面饰一周条带纹，肩部饰凸弧纹、弧线、圆点组成的复合纹饰。肩部以下残。口径13.8、残高6.4厘米（图2-2-64，5）

彩陶钵　8件。泥质陶黑彩。H51：8，黄褐陶。敛口，圆唇，弧腹近折，下腹部近直，平底内凹。器表磨光，内壁抹光。内壁有轮制痕迹。口沿及外壁饰一周宽0.5厘米的条带纹，其下区域饰五个圆点。可复原。口径14.6、底径5.4、高7.4厘米（图2-2-64，8；彩版五八，2）。H51：9，黄褐陶。敛口，尖唇，弧腹近折，下腹部较直，平底。口部外壁饰一周宽0.5厘米的条带纹，其下间隔饰六个圆点、交弧纹。可复原。口径20.2、腹径21.6、底径6.8、高8.4厘米（图2-2-64，7；彩版五九，1）。H51：10，黄褐陶。器形不规整。直口，圆唇，曲腹近折，平底内凹。内壁有修整痕迹。口部外壁饰一周宽0.8厘米的条带纹，其下区域饰五组凸弧纹、圆点组成的复合纹饰。可复原。口径15.8、底径6.1、高7—7.9厘米（图2-2-64，10；彩版五九，2）。H51：11，黄褐陶。敛口，圆唇，曲腹，平底内凹。内壁有修整痕迹。口部外壁饰一周垂弧纹，腹部饰一周宽0.2—0.4厘米的条带纹，其间区域用凸弧纹分为四个单元格，每个单元格内饰双连弧线、圆点组成的复合纹饰。可复原。口径20.2、底径7、高9厘米（图2-2-64，6；彩版六〇，1）。H51：20，红陶，通体饰红衣。直口微敛，尖唇，曲腹近折，平底。内壁近口处有修整痕迹，腹部饰圆点、弧线、弧边三角组成的复合纹饰。可复原。口径15.7、底径5、高8.6厘米（图2-2-64，4；图版二八，4）。H51：21，灰陶。直口微敛，尖唇，弧腹近折，下腹部较直，平底。口部外壁饰一周宽0.8厘米的条带纹，其下间隔饰四组圆点、交弧纹。可复原。

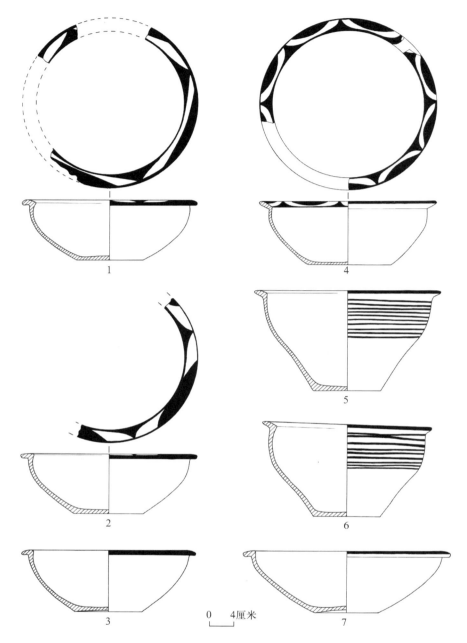

图2-2-63　H51出土彩陶盆

1-7.彩陶盆（H51：15、H51：24、H51：16、H51：18、H51：14、H51：17、H51：25）

口径13.6、腹径14.6、底径5.6、高7厘米（图2-2-64，11；图版二八，5）。H51：22，黄褐陶。直口微侈，圆唇，弧腹，下腹部近直，平底。器表磨光，内壁抹光。内壁有轮制痕迹。口部外壁饰一周宽0.6—0.9厘米的条带纹。可复原。口径15.2、底径6.6、高5.9厘米（图2-2-64，9；图版二八，6）。H51：23，黄褐陶，通体饰红衣。直口，尖唇，弧腹近折，下腹部近直，平底内凹。腹部饰两组纹饰，一组为凸弧纹，另一组为四组凸弧纹组成的复合纹饰。可复原。口径14.9、底径5.7、高8.3厘米（图2-2-64，3；图版二九，1）。

小口尖底瓶　4件。泥质黄褐陶。H51：46，橄榄状腹，尖底。腹部以下饰线纹。腹部以上残。

残高 24 厘米（图 2-2-65，11）。H51：47，退化重唇口，圆唇，斜颈，溜肩。肩部以下饰左斜线纹。
腹部以下残。口径 10.3、残高 12.2 厘米（图 2-2-65，13）。H51：48，橄榄状腹，尖底。腹部以下饰
线纹。腹部以上残。残高 50.4 厘米（图 2-2-65，12）。H51：49，葫芦形口，圆唇，口颈交界处有一
周凸棱，束颈。素面。颈部以下残。口径 4.4、残高 11.5 厘米（图 2-2-66，10）。

　　小口平底瓶　1 件。泥质灰陶。H51：45，鼓腹，平底微内凹，腹部对称置桥状耳。腹部饰左斜篮纹。
腹部以上残。腹径 31、底径 16、残高 40.2 厘米（图 2-2-65，7）。

　　素面双錾盆　2 件。夹砂黄褐陶。直口微敛，叠唇，平底。腹部对称置附加突起状双錾。内外壁
近口处有修整痕迹。素面。H51：38，斜直腹。可复原。口径 31、底径 11.8、高 14.3 厘米（图 2-2-65，9；
图版一四一，2）。H51：41，曲腹。可复原。口径 27、底径 13.4、高 14.7 厘米（图 2-2-65，8；图版
一四一，3）。

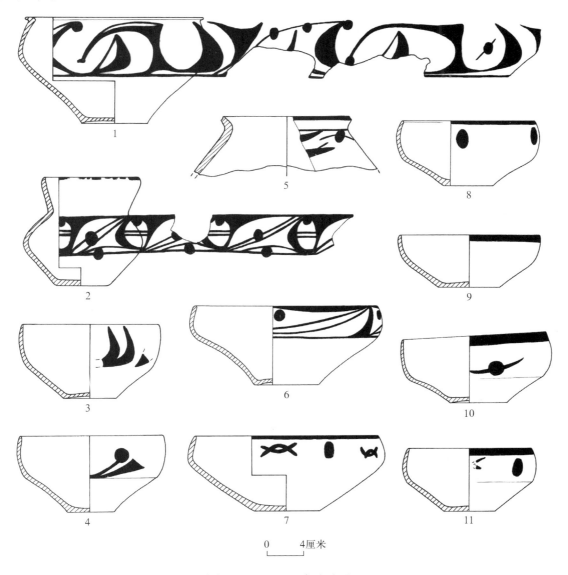

0　　4厘米

图2-2-64　H51出土彩陶

1.彩陶盆（H51：13）　2.彩陶壶（H51：12）　5.彩陶罐（H51：26）　3、4、6-11.彩陶钵（H51：23、H51：20、H51：11、
H51：9、H51：8、H51：22、H51：10、H51：21）

鼓腹罐 2件。夹砂黄褐陶。侈口，方唇，仰折沿，溜肩，鼓腹，下腹部近直。腹部饰左斜线纹。H51：44，器形变形严重。平底内凹。口沿内部因渗碳呈黑色。沿面有刮削痕迹。近底处线纹被抹平。可复原。口径22、底径16.4、高33.4—34.8厘米（图2-2-65，1；图版一六一，1）。H51：50，沿面有刮削痕迹。通体饰左斜线纹，两个圆饼状附加堆纹、数周凹弦纹，近底处线纹被抹平。可复原。口径25、底径12.4、高34.6厘米（图2-2-65，6；图版一六一，2）。

素面盆 6件。素面。H51：28，夹砂黄褐陶。敞口，折沿，圆唇，斜直腹，平底。器表磨光，内壁抹光。内壁有轮制痕迹。可复原。口径22.9—23.2、底径10.5—11、高9厘米（图2-2-66，7；图版一〇七，1）。H51：33，泥质灰陶。敛口，折沿隆起，圆唇，弧腹，平底微内凹。内外壁有修整痕迹。可复原。口径27.2、底径11.2、高9.7厘米（图2-2-66，5；图版一〇七，2）。H51：36，夹砂黄褐陶。敞口，叠唇，斜直腹，下腹部内收，平底。内外壁近口处有修整痕迹。可复原。口径32.6、底径13—13.3、高13.1—13.8厘米（图2-2-65，3；图版一〇六，6）。H51：37，夹砂黄褐陶。敞口，叠唇，斜直腹，平底。沿面及内壁近口处有修整痕迹。可复原。口径30.4、底径14.6、高15厘米（图2-2-65，5；图版一〇七，3）。H51：42，夹砂红陶。侈口，圆唇，弧腹近直，平底。器表磨光，内壁抹光。内壁有轮制痕迹。可复原。口径27、底径13、高16.4厘米（图2-2-65，4；图版一〇七，4）。H51：43，夹砂黄褐陶。器形不规整。侈口，锯齿状口沿，圆唇，斜直腹，平底中间凸起。器表磨光，内壁抹光。内壁有轮制痕迹。可复原。口径20.3—20.8、底径12.5—13、高22.4厘米（图2-2-65，2；图版二〇二，4）。

甑 1件。H51：39，夹砂红陶。侈口，方唇，斜直腹，平底，底部中间有一近方形箅孔，周围为四个椭圆形箅孔。素面。可复原。口径26.6、底径13.5、高15.8厘米（图2-2-65，10；图版一五一，1）。

双鋬罐 1件。H51：27，夹砂灰陶。侈口，仰折沿，方唇，溜肩，鼓腹，平底，腹部对称置附加突起状双鋬。内壁近口处有修整痕迹。通体饰左斜篮纹，上腹部饰数周凹弦纹。可复原。口径15.8—16.4、腹径17、底径9.9—10.3、高14.5厘米（图2-2-66，3；图版一六〇，4）。

素面钵 2件。素面。H51：34，夹砂红陶，厚胎。敞口，圆唇，斜直腹，平底。内壁抹光。内壁有轮制痕迹。可复原。口径8.2、底径4.2、高3.4厘米（图2-2-66，11；图版五九，1）。H51：40，泥质黄褐陶。直口微敛，尖唇，曲腹近折，平底内凹。器表抹光。可复原。口径16.7、底径6.8、高8.6厘米（图2-2-66，4；彩版六〇，2）。

器盖 4件。夹砂陶。敞口，圜顶。素面。H51：19，黄褐陶。器形不规整，口部略呈椭圆形。方唇，弧腹近直，顶中间下凹，桥形纽。内外壁均有刮削痕迹。可复原。口径25.5—27、高10.4厘米（图2-2-66，8；图版一七六，6）。H51：29，灰陶。圆唇，直腹，两个凸起状纽。可复原。口径6、高3.7厘米（图2-2-66，9；图版一七九，4）。H51：30，红陶，厚胎。圆唇，弧腹近直，两个凸起状纽。可复原。口径8、高3.8厘米（图2-2-66，13；图版一七九，5）。H51：31，灰陶，厚胎。圆唇，弧腹近直，两个凸起状纽。可复原。口径11.6、高5.6厘米（图2-2-66，12；图版一七九，6）。

椭圆形盆 2件。泥质黄褐陶，厚胎。敛口，方唇，斜直腹，平底，椭圆形器身。素面。H51：32，口沿不规整。可复原。口径7.8—11.9、底径16.3—20.4、高7.3—8.1厘米（图2-2-66，1；图版一五七，4）。H51：35。器形不规整，中间低两边高。器表磨光，内壁抹光。内壁有轮制痕迹。可复原。口径10—17.2、底径10.3—20.4、高6—7.1厘米（图2-2-66，6；图版一五七，5）。

环 1件。H51：1，环状，截面为抹角方形。外侧饰戳印纹。可复原。外径6.2、内径4.9、厚0.7厘米（图2-2-66，2）。

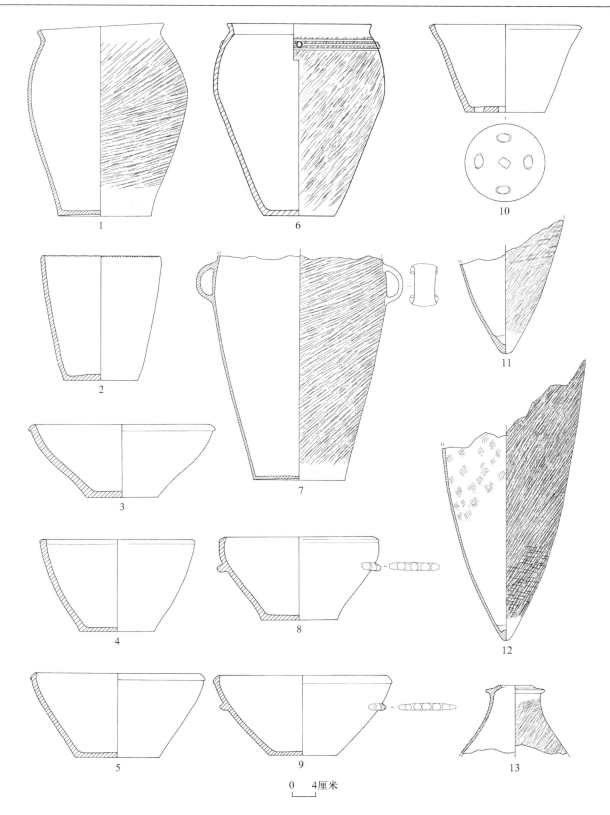

0　　4厘米

图2-2-65　H51出土陶器

1、6.鼓腹罐（H51：44、H51：50）　　2-5.素面盆（H51：43、H51：36、H51：42、H51：37）　　7.小口平底瓶（H51：45）　　11-
13.小口尖底瓶（H51：46、H51：48、H51：47）　　8、9.素面双鋬盆（H51：41、H51：38）　　10.甑（H51：39）

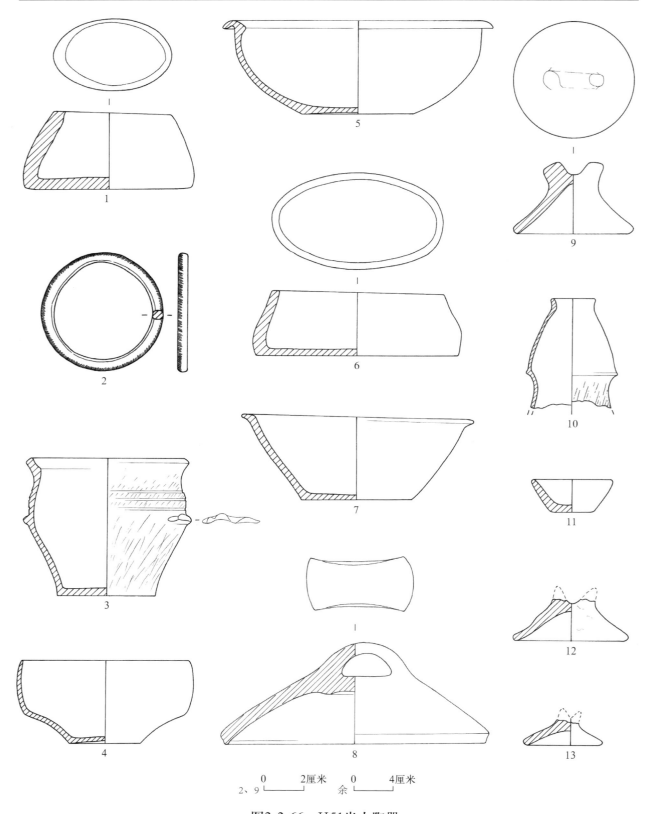

图2-2-66　H51出土陶器

1、6.椭圆形盆（H51∶32、H51∶35）　2.环（H51∶1）　3.双鋬罐（H51∶27）　4、11.素面钵（H51∶40、H51∶34）　5、
7.素面盆（H51∶33、H51∶28）　8、9、12、13.器盖（H51∶19、H51∶29、H51∶31、H51∶30）　10.小口尖底瓶（H51∶49）

27. H52

位于 T3 西北部，部分伸入北壁。开口于第③层下，打破生土，被 H18、H21、H37 打破，开口距地表 80 厘米。平面形状呈椭圆形，直壁，斜坡状底，北高南低。坑口最大径 70、最小径 65、深 70 厘米。填土浅灰色，土质疏松。出土适量陶片，以夹砂红陶、夹砂灰陶、泥质红陶、泥质灰陶为主；纹饰有线纹、线纹、彩绘等；可辨器形有罐、盆、钵等（图 2-2-67，1）。

H52 挑选陶器标本彩陶盆 1 件。

彩陶盆 1 件。H52：1，泥质黄褐陶黑彩。器形不规整，口部呈椭圆形。直口，折沿隆起，圆唇，浅弧腹，平底内凹。器表磨光，内壁抹光，沿面及内壁有刮削痕迹。沿面饰四组凸弧纹、弧边三角组成的复合纹饰。可复原。口径 29.2—30.2、底径 12.8—13.2、高 11.2 厘米（图 2-2-67，2）。

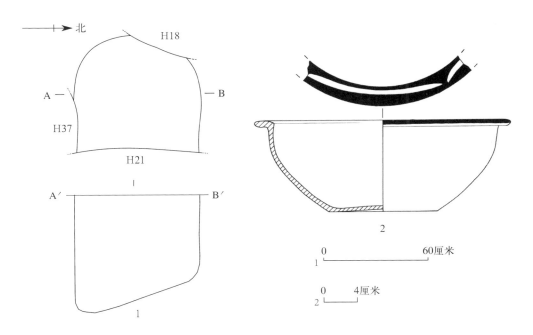

图2-2-67 H52平剖面图及出土陶器
1.平剖面图 2.彩陶盆（H52：1）

28. H54

位于 T9 东北部，开口于第①层下，打破生土，被 H53、H198 打破，开口距地表 30 厘米。平面形状呈圆形，斜直壁，平底。坑口直径 265、坑底直径 235、深 170 厘米。填土疏松。可分两层，第①层厚 70 厘米，黑褐色；第②层厚 100 厘米，灰褐色。出土大量陶片，以泥质黄褐陶为主，夹砂灰陶次之；纹饰以线纹、彩绘为主；可辨器形有罐、钵等（图 2-2-68）。

H54 挑选陶器标本 5 件，其中素面盆 2、素面钵 2、彩陶盆 1。

彩陶盆 1 件。H54：1，泥质黄褐陶黑彩。直口，仰折沿，方唇，浅弧腹，平底。器表磨光发白，内壁抹光，沿面及内壁有刮削痕迹。沿面饰圆点、弧线组成的复合纹饰。可复原。口径 25.6、底径 12、高 11.2 厘米（图 2-2-69，1；图版一七，3）。

素面盆 2 件。泥质红陶。斜直腹，平底。素面。H54：2，敞口，仰折沿，圆唇。沿面及内壁有刮削痕迹。可复原。口径 23—23.7、底径 9.1—9.5、高 8.5 厘米（图 2-2-69，5；图版一〇七，5）。H54：5，侈口，仰折沿隆起，圆唇。器表磨光，内壁抹光，沿面及内壁有刮削痕迹。可复原。口径 29—29.8、底径 11.6—12.3、高 11.8 厘米（图 2-2-69，2；图版一〇七，6）。

素面钵　2 件。深弧腹近直，平底。素面。H54：3，泥质灰陶。口部不规整。直口，尖唇，器表磨光，内壁抹光，近口处有刮削痕迹。可复原。口径 14—14.3、底径 11.2、高 12.1—12.5 厘米（图 2-2-69，4；图版五九，2）。H54：4，夹砂黄褐陶。直口，方唇。内壁近口处有刮削痕迹。可复原。口径 17.8、底径 8.7—9、高 12.8 厘米（图 2-2-69，3；图版五九，3）。

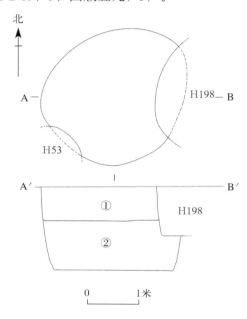

图2-2-68　H54平剖面图

29. H55

位于 T2 东北部，部分伸入东壁、北壁。开口于第③层下，打破生土，开口距地表 105 厘米。平面形状呈椭圆形，直壁，平底。坑口最大径 330、最小径 165、深 115 厘米。填土分两层，第①层厚 45 厘米，填土灰褐色，土质疏松；第②层厚 70 厘米，填土灰褐色，土质较致密。出土适量陶片，以夹砂为主，泥质次之；纹饰有线纹、彩绘；可辨器形有杯、罐、盆等（图 2-2-70，1）。

H55 挑选陶器标本素面钵 1 件。

素面钵　1 件。H55：1，泥质黄褐陶。口部略不规整。侈口，圆唇，弧腹，平底。器表磨光，内壁抹光，有刮削痕迹。素面。可复原。口径 13.4、底径 6.4、高 6.6 厘米（图 2-2-70，2）。

30. H57

位于 T2 北部。开口于第③层下，打破生土，被 H46 打破，开口距地表 90 厘米。平面形状呈椭圆形，弧壁，圜底。坑口最大径 400、最小径 260、深 70 厘米。填土黑灰色，土质疏松。夹杂少量红烧土颗粒、草木灰。出土陶纺轮 1、杯 1 件及大量陶片。陶片夹砂与泥质相当；纹饰有线纹、彩绘等；可辨器形有罐、盆、钵、小口尖底瓶等（图 2-2-71）。

H57 挑选陶器标本 9 件，其中彩陶钵 5、素面钵 2、素面盆 1、素面双錾盆 1。

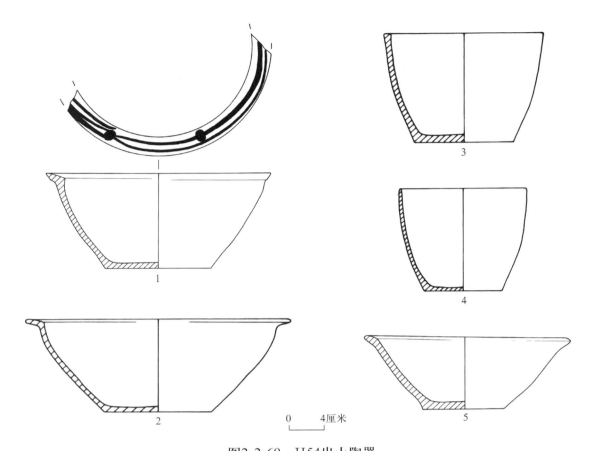

图2-2-69　H54出土陶器

1.彩陶盆（H54：1）　　2、5.素面盆（H54：5、H54：2）　　3、4.素面钵（H54：4、H54：3）

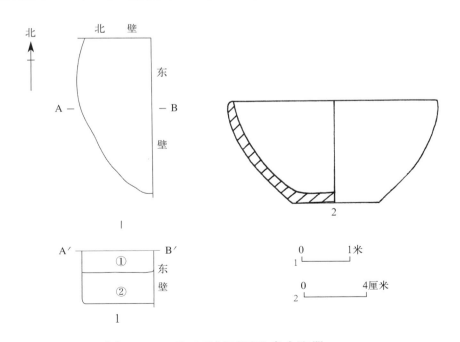

图2-2-70　H55平剖面图及出土陶器

1.平剖面图　2.素面钵（H55：1）

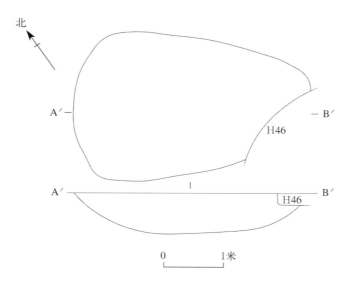

图2-2-71　H57平剖面图

　　彩陶钵　5件。泥质黄褐陶黑彩。直口，平底。器表磨光。H57∶6，尖唇，弧腹近折，下腹部近直。内壁抹光，有刮削痕迹。口部外壁饰一周垂弧纹，垂弧纹两侧较宽，下腹部饰一周条带纹，其间区域饰五组弧边三角、圆点、弧线组合的复合纹饰。可复原。口径13.4、底径4.6、高6.9厘米（图2-2-72，2；彩版六一，1）。H57∶7，尖唇，弧腹。器表磨光，内壁抹光，有刮削痕迹。口部外壁饰一周宽0.6厘米的条带纹。可复原。口径25.4、底径9、高9.7厘米（图2-2-72，4）。H57∶8，圆唇，曲腹。内外壁均有刮削痕迹。口部外壁、下腹部各饰一周宽0.5、0.3厘米的条带纹，其间区域用弧边三角分为五个单元格，每个单元格内饰双连弧线、圆点组成的复合纹饰。可复原。口径14、底径5.6、高7.9厘米（图2-2-72，5；彩版六一，2）。H57∶9，器形不规整，口部略呈椭圆形。尖唇，曲腹。内外壁均有刮削痕迹。口部外壁、下腹部各饰一周条带纹，其间区域用三组双竖短线分为三个单元格，其中两个单元格内饰网格纹，另一单元格内饰垂弧纹、双连弧线组成的复合纹饰。可复原。口径14.5—15、底径5.1、高8.5厘米（图2-2-72，1；彩版六二，1）。H57∶10，通饰红衣。尖圆唇，曲腹。内外壁均有刮削痕迹。腹部饰两组纹饰，一组为双连弧线，另一组为弧线、圆点组成的复合纹饰。可复原。口径15.2、底径5.8、高9.1厘米（图2-2-72，9；图版二九，2）。

　　素面钵　2件。泥质灰陶。直口，器表磨光，内壁抹光。内壁有轮制痕迹和刮削痕迹。素面。H57∶11，圆唇，弧腹近折，下腹部近直，平底微内凹。可复原。口径15.2、底径5.3、高7.1厘米（图2-2-72，7）。H57∶12，尖唇，弧腹近折，曲腹，平底。可复原。口径15.5、底径5.5、高6.6厘米（图2-2-72，6）。

　　线纹盆　1件。H57∶13，夹砂黄褐陶。侈口，方唇中间下凹，直腹，平底。内外壁均有刮削痕迹。通体饰线纹，近底处被抹平。可复原。口径18.8、底径13.9、高12.8厘米（图2-2-72，8）。

　　素面双錾盆　1件。H57∶4，泥质红陶。敛口，叠唇，弧腹，腹部对称置附加突起状双錾，平底。唇面及内外壁近口处有明显的刮削痕迹，内壁有刮抹痕迹。素面。可复原。口径32、底径14.8、高17厘米（图2-2-72，3；图版一四一，4）。

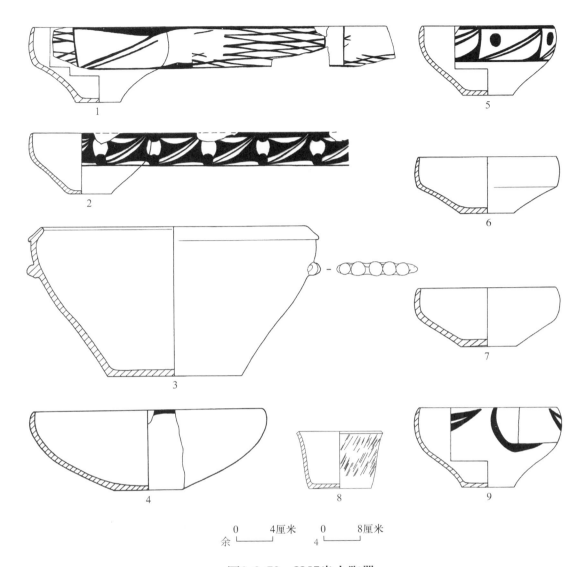

图2-2-72　H57出土陶器

1、2、4、5、9.彩陶钵（H57：9、H57：6、H57：7、H57：8、H57：10）　　3.素面双鋬盆（H57：4）　　6、7.素面钵（H57：12、
H57：11）　　8.线纹盆（H57：13）

31. H67

位于 T10 中部。开口于第①层下，打破生土，开口距地表 40 厘米。平面形状呈椭圆形，斜直壁，平底。坑口最大径 370、最小径 340、坑底最大径 310、最小径 280、深 110 厘米。填土由下至上依次为褐色、灰黑色、黄灰色，土质较疏松，上部黄灰色填土中出土大量陶片，以泥质黄褐陶为主；纹饰以线纹、彩绘为主；可辨器形有盆、罐、瓶等（图 2-2-73）。

H67 挑选陶器标本 3 件，其中彩陶盆 1、素面盆 1、器盖 1。

彩陶盆　1 件。H67：2，泥质黄褐陶。敞口，仰折沿，圆唇，浅弧腹，平底微内凹。器表磨光，内壁抹光，沿面及内壁有刮削痕迹。内壁部分饰红彩。可复原。口径 29.4、底径 10.6、高 11.4 厘米（图 2-2-74，2；图版一〇八，1）。

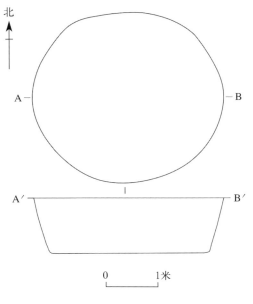

图2-2-73　H67平剖面图

素面盆　1件。H67：3，泥质黄褐陶。敛口，叠唇，弧腹近直，平底。唇面及内壁有刮削痕迹。素面。可复原。口径38.5、底径18、高16.1厘米（图2-2-74，1；图版一〇八，2）。

器盖　1件。H67：1，夹砂灰陶。敞口，圆唇外壁起台，弧腹，圜顶中间下凹，桥形纽。内壁有刮削痕迹、纽与器盖的粘连痕迹。素面。可复原。口径27.6、高10厘米（图2-2-74，3；图版一七七，1）。

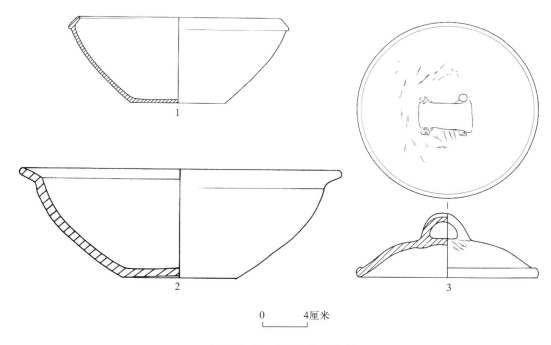

图2-2-74　H67出土陶器

1.素面盆（H67：3）　2.彩陶盆（H67：2）　3.器盖（H67：1）

32. H68

位于 T10 南部。开口于 H22 下，打破生土，被 H61 打破，开口距地表 110 厘米。平面形状呈圆形，弧壁，平底。坑口直径 205、坑底直径 165、深 28 厘米。填土灰褐色，土质结锈，结合紧密。出土少量陶片，以泥质黄褐陶为主；纹饰有线纹、彩绘；可辨器形有盆、罐等（图 2-2-75，1）。

H68 挑选陶器标本素面盆 1 件。

素面盆　1 件。H68：1，夹砂红陶。敞口，仰折沿，圆唇，束颈，浅弧腹，平底微内凹。内壁有刮削与拍印痕迹。颈部外壁有一周凸棱。素面。可复原。口径 27、底径 11、高 9.4 厘米（图 2-2-75，2；图版一〇八，3）。

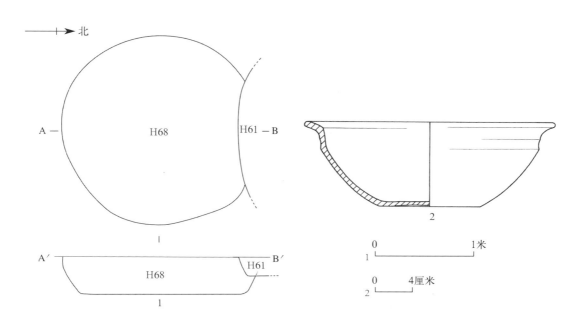

图2-2-75　H68平剖面图及出土陶器
1. 平剖面图　2. 素面盆（H68：1）

33. H70

位于 T12 东北部，部分伸入东壁、北壁。开口于第②层下，打破生土，开口距地表 80 厘米。平面形状呈椭圆形，直壁，平底。坑口最大径 335、最小径 300、深 44 厘米。填土灰褐色，土质较致密。夹杂少量红烧土颗粒、炭粒、植物根茎。出土陶杯 2 件及适量陶片。陶片有夹砂灰陶、泥质灰陶、泥质红陶等；纹饰有磨光、线纹、线纹、彩绘等；可辨器形有罐、盆、钵等（图 2-2-76，1）。

H70 挑选陶器标本 3 件，其中彩陶钵 2、素面盆 1。

彩陶钵　2 件。泥质黄褐陶黑彩。直口，尖唇，弧腹。器表磨光，内壁抹光，有刮削痕迹。H70：3，平底微内凹。近口处有轮制痕迹。口部外壁饰一周四个垂弧纹，其下区域饰一周四个弧边三角、两周宽 0.3 厘米的条带纹、四个圆点组成的复合纹饰。可复原。口径 16.6、底径 6、高 8.1 厘米（图 2-2-76，4；图版二九，3）。H70：4，器形不规整，口部略呈椭圆形。平底。口部外壁饰一周宽 0.6 厘米的条带纹，其下区域饰四个圆点。可复原。口径 14.7—15.2、底径 5.8、高 7.1 厘米（图 2-2-76，3；彩版六二，2）。

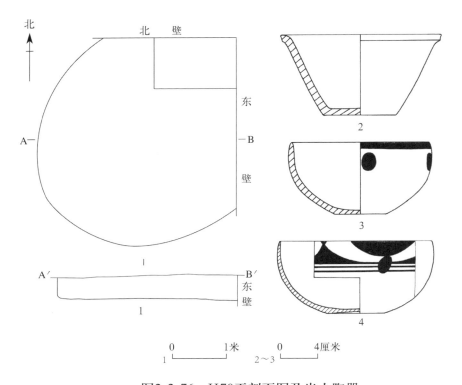

图2-2-76 H70平剖面图及出土陶器
1.平剖面图 2.素面盆（H70∶5） 3、4.彩陶钵（H70∶4、H70∶3）

　　素面盆 1件。H70∶5，泥质灰陶。敞口，卷沿，方唇，斜直腹，平底。内壁有轮制痕迹和刮削痕迹。素面。可复原。口径17.4、底径7.6、高9厘米（图2-2-76，2；图版一〇八，4）。

34. H72

　　位于T2西北部。开口于第③层下，打破生土，被H57打破，开口距地表95厘米。平面形状呈椭圆形，直壁，平底。坑口最大径300、最小径290、深170厘米。填土黑灰色，土质疏松。夹杂少量红烧土颗粒、料礓石、石块。出土石刀1、石球1、器盖1、彩陶钵1、陶杯2及适量陶片。陶片以泥质陶为主，夹砂陶次之；纹饰有线纹、弦纹、彩绘；可辨器形有杯、罐、盆、钵、小口尖底瓶等（图2-2-77）。

　　H72挑选陶器标本27件，其中彩陶钵9、彩陶盆3、器盖4、素面钵2、环2、素面双錾盆2、素面盆1、杯1、深腹罐1、双錾甑1、甑1。

　　彩陶钵 9件。泥质陶。H72∶3，黄褐陶黑彩。直口，尖圆唇，弧腹，下腹部近直，平底。器表磨光，内壁抹光，有刮削痕迹。口部外壁、腹部各饰一周条带纹，其间区域饰五组对弧边三角、圆点、弧线组成的复合纹饰。可复原。口径13、底径4.6、高7.1厘米（图2-2-78，1；彩版六三，1）。H72∶4，黄褐陶黑彩。直口，尖唇，曲腹。器表磨光，内壁抹光，有刮削痕迹。口部外壁、下腹部各饰一周宽0.2厘米的条带纹，其间区域用弧边直角分为五个单元格，每个单元格内饰双连弧线、圆点组成的复合纹饰。底部残。口径13.8、底径5.7、复原高度7.2厘米（图2-2-79，6；彩版六三，2）。H72∶5，黄褐陶黑彩。直口，圆唇，弧腹近折，下腹部近直，平底微内凹。器表磨光发白，内壁抹光，有刮削痕迹。下腹部饰一周宽0.3厘米的条带纹，其上区域饰四组对弧边直角、凸弧纹、圆点组成的复合纹饰。可复原。口径13.5、底径4.7、高6.7厘米（图2-2-78，4；彩版六四，1）。H72∶6，黄

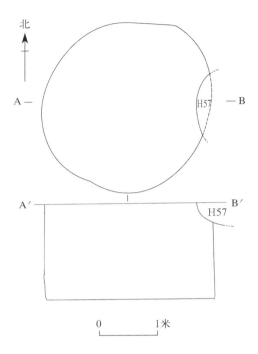

北

A —　　　　　　　　　　　　H57 — B

A′　　　　　　　　　　　H57′

0　　　　　1米

图2-2-77　H72平剖面图

褐陶黑彩。直口微敛，圆唇，曲腹，平底微内凹。器表磨光，内壁抹光，有刮削痕迹。下腹部饰一周宽 0.3 厘米的条带纹，其上区域用对三角纹分为三个单元格，每个单元格内饰对弧边直角、凸弧纹、圆点组成的复合纹饰。可复原。口径 14.2、底径 5.7、高 7 米（图 2-2-78，3；彩版六四，2）。H72∶7，黄褐陶黑彩。器形不规整，口部呈椭圆形。直口微侈，尖唇，曲腹，平底微内凹。器表磨光发白，内壁抹光，近口处有明显的刮削痕迹。口部外壁饰一周三个垂弧纹，下腹部饰一周宽 0.4 厘米的条带纹，其间区域用凸弧纹分为三个单元格，每个单元格内饰双连弧线、圆点组成的复合纹饰。可复原。口径 16.2—16.8、底径 6.1—6.3、高 7.8 厘米（图 2-2-78，2；彩版六五，1）。H72∶8，黄褐陶黑彩。直口微敛，尖唇，曲腹，平底内部微凸起。器表磨光，内壁抹光，近口处有刮削痕迹。口部外壁饰一周四个垂弧纹，腹部饰一周条带纹，其间区域用凸弧纹分为四个单元格，每个单元格内饰双连弧线、圆点组成的复合纹饰。可复原。口径 26.9、底径 10.9、高 11.8 厘米（图 2-2-79，3；彩版六七，2）。H72∶11，黄褐陶黑彩。直口微侈，尖唇，曲腹，平底。器表磨光，内壁抹光，有刮削痕迹。口部外壁饰一周垂弧纹，腹部饰一周条带纹，其间区域用凸弧纹分为四个单元格，每个单元格内饰双连弧线、圆点组成的复合纹饰。可复原。口径 23.7—24.2、底径 7.7、高 10.2 厘米（图 2-2-79，2；图版二九，4）。H72∶12，黄褐陶黑彩。敛口，圆唇，曲腹近折，平底。器表磨光发白，内壁抹光，近口处有轮制痕迹和刮削痕迹。下腹部饰一周宽 0.6 厘米的条带纹，其上纹饰不明。可复原。口径 24.7、底径 10.3、高 11.2 厘米（图 2-2-79，4；图版二九，5）。

　　彩陶盆　3 件。泥质黄褐陶。直口，圆唇，浅弧腹，平底。器表磨光，内壁抹光。H72∶9，黑彩。仰折沿隆起。口部下方、沿面及内壁均有刮削痕迹。沿面用留白将纹饰区分为五个单元格，每个单元格内饰对弧边直角组成的复合纹饰。可复原。口径 28—28.5、底径 13.6、高 10.6 厘米（图 2-2-79，5；图版三，4）。H72∶10，黑彩。仰折沿隆起。沿面及内壁有刮削痕迹。沿面饰六组凸弧纹、弧边三角组成的复合纹饰。可复原。口径 28.2、底径 10.4、高 9.9 厘米（图 2-2-79，1；图版一七，4）。
H72∶13，黑彩。仰折沿，沿面及内壁有刮削痕迹。沿面饰六组凸弧纹、弧边三角组成的复合纹饰。
可复原。口径 26.7、底径 9—9.3、高 10.7 厘米（图 2-2-79，7；图版一七，5）。

　　素面钵　2 件。泥质黄褐陶。素面。H72∶15，通体饰红衣。敛口，尖圆唇，曲腹近折，平底。
器表磨光，内壁抹光，近口处有泥条盘筑及刮削痕迹。可复原。口径 16、底径 6.3、高 9.1 厘米（图
2-2-80，9；彩版四二，1）。H72∶17，侈口，圆唇，斜直腹，平底微内凹。内外壁均有刮削痕迹。
可复原。口径 9、底径 5.2、高 6.2 厘米（图 2-2-80，10；图版五九，4）。H72∶21，敛口，圆唇，鼓
腹，下腹部近直，平底。内外壁均有刮削痕迹。口径 23.6、底径 15.5、高 15.4 厘米（图 2-2-80，5；
图版五九，5）。

　　素面盆　1 件。H72∶22，泥质黄褐陶。直口微敛，仰折沿隆起，圆唇，弧腹，平底。内壁近口
处有刮削痕迹。素面。可复原。口径 23.2、底径 11.2、高 9 厘米（图 2-2-80，6；图版一○八，5）。

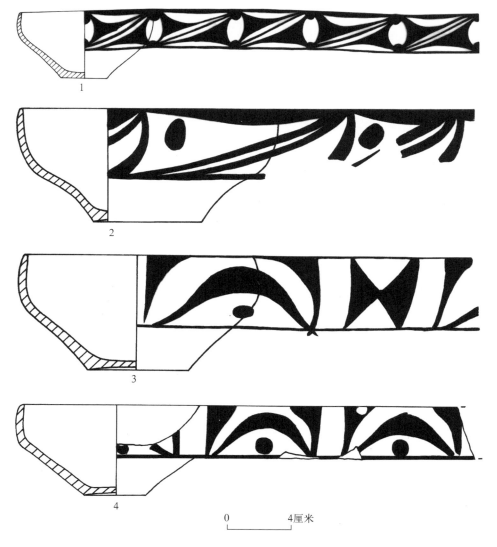

0　　　　　　4厘米

图2-2-78　H72出土彩陶钵

1-4.彩陶钵（H72∶3、H72∶7、H72∶6、H72∶5）

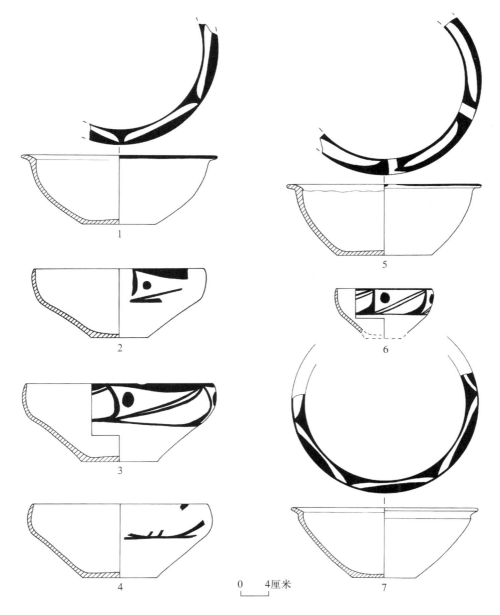

图2-2-79 H72出土彩陶

1、5、7.彩陶盆（H72：10、H72：9、H72：13） 2-4、6.彩陶钵（H72：11、H72：8、H72：12、H72：4）

器盖 4件。敞口，弧腹近直。素面。H72：18，夹砂灰陶，厚胎。器形不规整。方唇，圜顶，楔状条形纽。器表有手捏痕迹，内壁有刮削痕迹。可复原。口径6.9、高3.4厘米（图2-2-80，2；图版一八一，2）。H72：21，泥质灰陶。圆唇外壁起台，圜顶，桥形纽。可复原。口径30.2、高12厘米（图2-2-81，5）。H72：23，夹砂灰陶。圆唇，条形纽。可复原。口径7.2、高4厘米（图2-2-80，1；图版一八一，1）。H72：29，夹砂红陶。方唇外侧起台，斜壁。内壁近口处有不明显的刮削痕迹。顶部残。口径31.2、高11.9厘米（图2-2-80，4；图版一七七，3）。

环 2件。泥质灰陶。环状。H72：27，平面为圆形，截面为半椭圆形。器表饰网格纹。可复原。外径10.8、内径8厘米（图2-2-80，11）。H72：35，平面为弧六边形，截面为弧边三角形。器表饰

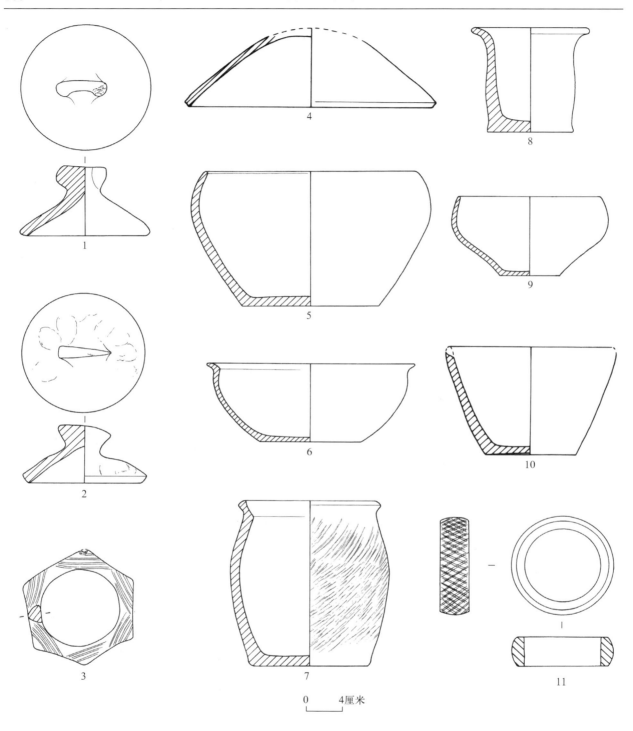

0   4厘米

图2-2-80　H72出土陶器

1、2、4.器盖（H72：23、H72：18、H72：29）　3、11.环（H72：35、H72：27）　5、9、10.素面钵（H72：21、H72：15、H72：17）　6.素面盆（H72：22）　7.深腹罐（H72：24）　8.杯（H72：20）

同心圆状线纹。可复原。外径6、内径4.4、厚0.8厘米（图2-2-80，3；彩版二五五，1）。

　　杯　1件。H72：20，夹砂灰陶，厚胎。侈口，卷沿，圆唇，曲腹，平底。内外壁均有刮削痕迹。素面。可复原。口径6.6、底径4.8、高6厘米（图2-2-80，8；图版一八八，3）。

深腹罐　1件。H72：24，夹砂灰陶，厚胎。器形不规整，口部呈椭圆形。侈口，仰折沿，方唇，溜肩，鼓腹，平底。口部内侧及唇面有刮削痕迹。通体饰左斜线纹。可复原。口径16.3、腹径17.8、底径12.8、高19.4厘米（图2-2-80，7；图版一六九，5）。

双錾甑　1件。H72：16，夹砂红陶。器形不规整，口部呈椭圆形。直口，方唇，弧腹，下腹部近直，平底，腹部对称置附加凸起状錾，底部有8个近圆形箅孔。口部内外均有刮削痕迹。外壁饰左斜线纹，近底处抹平。可复原。口径24.3—25.4、底径14.5、高18.2厘米（图2-2-81，3；图版一五三，4）。

甑　1件，H72：19，夹砂灰陶。侈口，叠唇，斜直腹，平底，底部有11个椭圆形箅孔。沿面及内壁有刮削痕迹。素面。可复原。口径26.4、底径14.4、高17厘米（图2-2-81，4；图版一五一，2）。

素面双錾盆　2件。泥质黄褐陶。腹部对称置附加突起状双錾，平底。素面。H72：1，口部略呈不规则椭圆形。敛口，叠尖唇，弧腹，下腹部近直。器表磨光，内壁及唇面有刮削痕迹。可复原。口径45.7—46、底径21.3—21.7、高31.2厘米（图2-2-81，1；图版一四一，5）。H72：14，直口微敛，叠唇，弧腹近直。内壁及唇面有刮削痕迹。可复原。口径28.6—29.3、底径11.5—12.9、高18.1厘米（图2-2-81，2）。

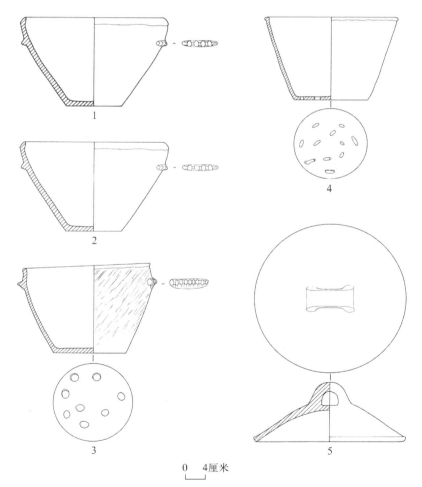

0　　4厘米

图2-2-81　H72出土陶器

1、2.素面双錾盆（H72：1、H72：14）　3.双錾甑（H72：16）　4.甑（H72：19）　5.器盖（H72：21）

35. H74

位于T26中部。开口于第②层下，打破生土，开口距地表40厘米。平面形状呈椭圆形，直壁，平底。坑口最大径330、最小径210、深355厘米。填土黑灰色，土质疏松。包含少量石器、石块、动物骨骼。出土彩陶钵1、陶杯1、陶环3、陶器盖1、陶盆2及适量陶片。陶片夹砂与泥质相当；纹饰以线纹、彩绘为主；可辨器形有罐、钵、小口尖底瓶等（图2-2-82）。

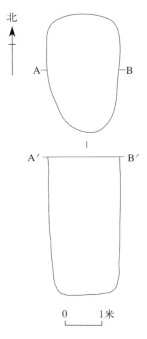

图2-2-82　H74平剖面图

H74挑选陶器标本16件，其中彩陶钵6、素面钵5、素面盆2、杯1、小口尖底瓶1、彩陶罐1。

彩陶钵　6件。泥质陶。H74∶14，黄褐陶褐彩。直口，圆唇，曲腹，平底微内凹。器表磨光，内外壁有明显刮削痕迹。口部外壁饰一周四个垂弧纹，下腹部饰一周宽0.3厘米的条带纹，其间区域用弧边直角分为四个单元格，每个单元格内饰双连弧线、圆点组成的复合纹饰。可复原。口径14.2、底径4.6、高7.7厘米（图2-2-83，6；彩版六六，1）。H74∶15，红陶黑彩。器形不规整，口部略呈椭圆形。直口，尖唇，曲腹近折。器表磨光，内外壁有明显刮削痕迹。下腹部饰一周条带纹，其上区域用双竖短线分成四个单元格，每个单元格内饰网格纹。可复原。口径13—13.8、底径4.7厘米（图2-2-83，5；图版二九，6）。H74∶17，黄褐陶黑彩。直口微敛，圆唇，曲腹，平底内凹。器表磨光，内壁抹光，近口处有刮削痕迹。下腹部饰一周条带纹，其上区域饰五组对弧边直角、凸弧纹、圆点组成的复合纹饰。可复原。口径15.3、底径4.8、高7.3米（图2-2-83，4）。H74∶18，黄褐陶黑彩。直口微侈，尖唇，弧腹，平底内凹。器表磨光，内壁抹光，近口处有刮削痕迹。口部外壁及腹部各饰一、两周条带纹，分别宽0.2、0.3—0.4厘米，其间区域饰一周交弧纹。可复原。口径16.8、底径7.5、高6.9厘米（图2-2-83，2）。H74∶19，黄褐陶黑彩。直口微敛，尖唇，深弧腹，平底。器表磨光，内壁抹光，近口处有刮削痕迹。口部外壁间隔饰一周垂弧纹，其下区域饰弧边三角、两周宽0.3—0.4厘米的条带纹、圆点组成的复合纹饰。可复原。口径16.3—16.8、底径7.5、高9.4厘米（图2-2-83，7）。H74∶20，黄褐陶黑彩。直口，尖唇，曲腹，平底。器表磨光，内壁抹光，有刮削痕迹。腹部饰一周宽0.6厘米的条带纹，其上区域用圆点分为数个单元格，每个单元格内饰数个圆点、凸弧纹、对弧边直角组成的复合纹饰。可复原。口径23、底径8.5、高9.8厘米（图2-2-83，3）。

彩陶罐　1件。H74：16，泥质红陶黑彩。侈口，圆唇，矮领，溜肩，鼓腹，下腹部近直，平底。器表磨光涂一层黄泥浆，内壁抹光，口部内外壁均有刮削痕迹。下腹部饰一周宽0.5厘米的条带纹，其上区域饰数个圆点、弧线、凸弧纹等组成的复合纹饰。可复原。口径18.8、腹径30.2、底径9.5、高28厘米（图2-2-83，1）。

素面钵　5件。素面。H74：21，夹砂红陶。直口微侈，方唇，斜直腹，平底。内壁有泥条盘筑痕迹，唇面及内壁有刮削痕迹。可复原。口径18.4、底径13.2、高15厘米（图2-2-84，9）。H74：25，泥

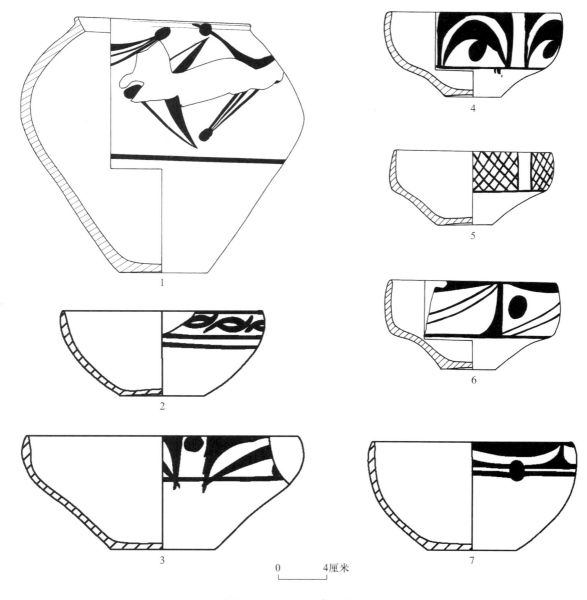

图2-2-83　H74出土彩陶

1.彩陶罐（H74：16）　　2-7.彩陶钵（H74：18、H74：20、H74：17、H74：15、H74：14、H74：19）

质黄褐陶。器形不规整，口部略呈椭圆形。直口微敛，圆唇，弧腹，下腹部近直，平底微内凹。器表磨光，内壁近口处有刮削痕迹。可复原。口径 15.5—15.7、底径 6.8、高 8.6 厘米（图 2-2-84，8）。H74∶27，夹砂红陶。口部歪斜严重，高低不平。敞口，仰折沿，方唇，斜直腹，平底。内壁有刮削痕迹。可复原。口径 23.2—23.9、底径 10.4、高 9—9.2 厘米（图 2-2-84，5）。H74∶28，泥质红陶。敛口，尖唇，弧腹，下腹部近直，平底。器表磨光，器表及内壁近口处有刮削痕迹。可复原。口径 23.8、底径 11.2、高 10.7 厘米（图 2-2-84，1）。H74∶29，泥质红陶。敞口，尖唇，斜直腹，平底。器表磨光，内壁抹光，内外壁有泥条盘筑痕迹，沿面及内壁有刮削痕迹。素面。可复原。口径 22.5、底径 8.9、高 11.2 厘米（图 2-2-84，4）。

素面盆　2 件。泥质陶。素面。H74∶24，黄褐陶。直口，仰折沿，方唇，浅弧腹，平底。沿面及内外壁均有刮削痕迹。可复原。口径 19.6、底径 9.2、高 8.4 厘米（图 2-2-84，7）。H74∶26，灰陶。敞口，折沿，沿面外侧下斜，圆唇，浅弧腹，平底。器表磨光，内壁抹光，沿面及内壁有刮削痕迹。可复原。口径 35.6、底径 18、高 8 厘米（图 2-2-84，2）。

杯　1 件。H74∶23，夹砂黄褐陶，厚胎，器表呈黑色。侈口，卷沿，圆唇，曲腹，平底。内壁有刮削痕迹。素面。可复原。口径 6、底径 4、高 6—6.6 厘米（图 2-2-84，6）。

小口尖底瓶　1 件。H74∶46，泥质黄褐陶。退化重唇口，尖唇，直颈，溜肩。通体饰线纹、篮纹。腹部以下残。口径 5.2、残高 18.6 厘米（图 2-2-84，3）。

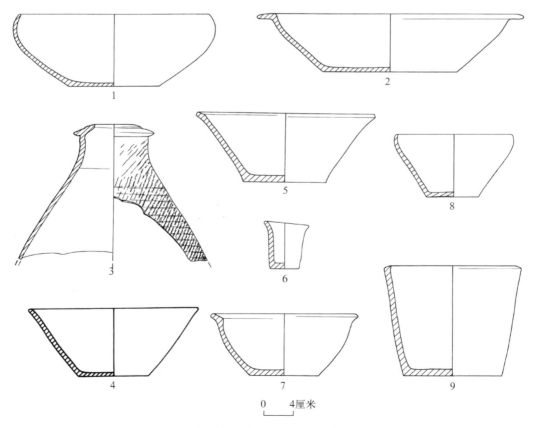

0　　　4厘米

图 2-2-84　H74 出土陶器

1、4、5、8、9.素面钵（H74∶28、H74∶29、H74∶27、H74∶25、H74∶21）　2、7.素面盆（H74∶26、H74∶24）　3.小口尖底瓶（H74∶46）　6.杯（H74∶23）

36. H75

位于T4西部，部分伸入西壁。开口于第③层下，打破生土，被H69打破，开口距地表95厘米。袋状，平面形状呈椭圆形，斜直壁，平底。坑口最大径145、最小径80、坑底最大径165、最小径100、深210厘米。填土灰褐色，土质疏松。夹杂少量红烧土颗粒、炭粒；包含适量石块、动物骨骼、陶片等。出土陶片夹砂与泥质相当；纹饰有线纹、彩绘等；可辨器形有罐、盆、钵等（图2-2-85，1）。

H75挑选陶器标本素面盆2件。

素面盆　2件。泥质灰陶。直口，折沿隆起，圆唇，浅弧腹，下腹部近直。器表磨光，内壁抹光，沿面及内壁有刮削痕迹。素面。H75：1，平底中间凸起。沿面有"丰"字状线纹。可复原。口径30.5、底径10.9、高11.8厘米（图2-2-85，2）。H75：2，平底。可复原。口径28、底径7.2、高11.2厘米（图2-2-85，3）。

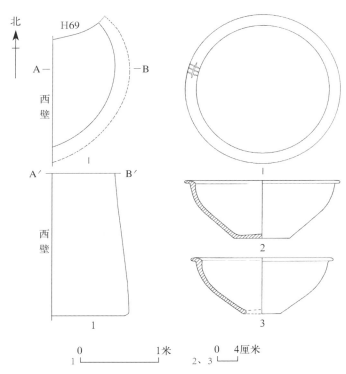

图2-2-85　H75平剖面图及出土陶器
1.平剖面图　2、3.素面盆（H75：1、H75：2）

37. H78

位于T2东部，部分伸入东壁。开口于第③层下，打破生土，被H55、H77打破，开口距地表100厘米。平面形状呈椭圆形，直壁，平底。坑口最大径190、最小径110、深60厘米。填土灰褐色，土质疏松呈粉末状。夹杂少量红烧土颗粒。包含少量石块、动物骨骼。出土适量陶片，夹砂与泥质相当；纹饰有线纹、彩绘等；可辨器形有罐、盆等（图2-2-86，1）。

H78挑选陶器标本3件，其中彩陶盆2、彩陶钵1。

彩陶钵　1件。H78：1，泥质黄褐陶黑彩。敛口，圆唇，曲腹，平底内凹。口部外壁、腹部各饰一周宽0.6厘米的条带纹，其间区域用弧边三角分为数个单元格，每个单元格内饰对弧边直角、凸弧

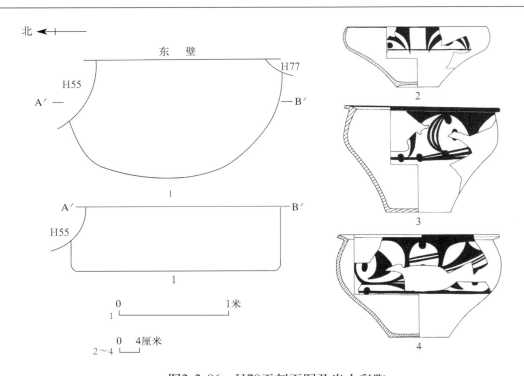

图2-2-86 H78平剖面图及出土彩陶
1.平剖面图 2.彩陶钵（H78∶1） 3、4.彩陶盆（H78∶5、H78∶2）

纹、圆点组成的复合纹饰。可复原。口径28.4、腹径29.8、底径8.4、高12.7厘米（图2-2-86，2；图版三○，1）。

彩陶盆 2件。泥质黄褐陶黑彩。敛口，仰折沿，方唇，溜肩，深曲腹。沿面及器表磨光，内壁抹光。内壁有轮制痕迹。H78∶2，平底微内凹。唇面、颈部、下腹部各饰一周条带纹，分别宽1、0.5、0.5厘米，其间区域饰凸弧纹、弧边三角、圆点、双短线、弧线组成的复合纹饰。可复原。口径32.5—32.8、腹径33.1—33.4、底径12.2、高21.4厘米（图2-2-86，4；彩版一九八，2）。H78∶5，沿面微隆起，平底。唇面、颈部、下腹部各饰一周条带纹，分别宽1.2、0.5、0.8厘米，其间区域饰凸弧纹、弧边三角、圆点、双短线、弧线组成的复合纹饰。可复原。口径32、腹径32.4、底径13、高22.4厘米（图2-2-86，3；彩版一九九，1）。

38. H83

位于T14北部，部分伸入北壁。开口于第②层下，打破生土，被H82打破，开口距地表60厘米。平面形状呈椭圆形，直壁，平底。坑口最大径505、最小径210、深170厘米。填土灰褐色，土质疏松呈粉末状。出土适量陶片，以泥质黄褐陶为主，夹砂陶次之；纹饰以线纹、彩绘为主；可辨器形有罐、钵、小口尖底瓶等（图2-2-87，1）。

H83挑选陶器标本2件，其中彩陶钵1、素面钵1。

彩陶钵 1件。H83∶3，泥质黄褐陶黑彩。器形不规整。直口，圆唇，曲腹，平底内凹。器表发白，内壁抹光，有轮制痕迹和刮削痕迹。口部外壁饰一周垂弧纹，腹部饰一周宽0.3厘米的条带纹，其间区域用凸弧纹分为四个单元格，每个单元格内饰双连弧线、圆点组成的复合纹饰。可复原。口径25.1、底径11.5、高10.8—11厘米（图2-2-87，2）。

素面钵　1件。H83：4，泥质黄褐陶，厚胎。直口，圆唇，浅弧腹，平底。素面。可复原。口径14.9、底径6、高9.9—10.2厘米（图2-2-87，3）。

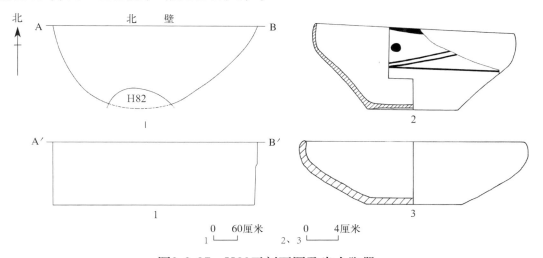

图2-2-87　H83平剖面图及出土陶器
1.平剖面图　　2.彩陶钵（H83：3）　　3.素面钵（H83：4）

39. H84

位于T12北部。开口于第②层下，打破生土，被H28、H70打破，开口距地表75厘米。平面形状呈椭圆形，直壁，台阶状底。坑壁有明显加工痕迹。坑口最大径415、最小径348、坑底最大径330、最小径300、深280厘米。填土以灰褐色为主，另有少量浅灰色和黄褐色，土质疏密不均。夹杂红烧土颗粒、炭粒。包含动物骨骼、石器、石块。出土陶器盖1、陶纺轮1、陶杯1、骨簪1、骨针1、骨锥2、石球1、石器7及适量陶片。陶片以夹砂灰陶、泥质黄褐陶、泥质红陶为主；纹饰有线纹、线纹、附加堆纹、彩绘等；可辨器形有罐、盆、钵、盆、钵、口沿等（图2-2-88）。

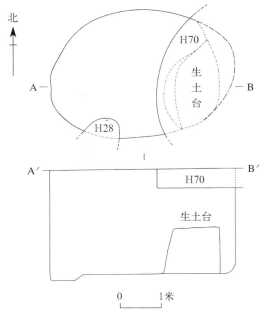

图2-2-88　H84平剖面图

H84 挑选陶器标本 19 件，其中彩陶钵 8、素面钵 7、彩陶盆 1、器盖 1、双鋬罐 1、鼓腹罐 1。

彩陶钵　8 件。泥质黄褐陶黑彩。H84：16，厚胎。直口微敛，圆唇，曲腹，平底微内凹。器表磨光，内壁有刮削痕迹。口部外壁饰一周四个垂弧纹，腹部饰一周条带纹，其间区域用凸弧纹分为四个单元格，每个单元格内饰双连弧线、圆点组成的复合纹饰。可复原。口径 14.8、底径 5.2、高 7.3 厘米（图 2-2-89，1；彩版六六，2）。H84：18，直口微敛，尖圆唇，曲腹近折，平底。器表磨光，内壁抹光。内壁有轮制痕迹和刮削痕迹。口部外壁饰一周五个垂弧纹，腹部饰一周宽 0.3 厘米的条带纹，其间区域用凸弧纹分为五个单元格，每个单元格内饰双连弧线、圆点组成的复合纹饰。可复原。口径 14.3、底径 6.1、高 8.4 厘米（图 2-2-89，2；彩版六九，2）。H84：19，直口微侈，尖圆唇，曲腹，平底微内凹。内壁有轮制痕迹和刮削痕迹。口部外壁饰一周四个垂弧纹，腹部饰一周宽 0.4 厘米的条带纹，其间区域用凸弧纹分为四个单元格，每个单元格内饰双连弧线、圆点组成的复合纹饰。可复原。口径 14.7—15、底径 4.9、高 8 厘米（图 2-2-89，3）。H84：20，直口微侈，尖圆唇，折腹，下腹部内收，平底微内凹。器表磨光，内壁有轮制痕迹。口部外壁饰一周垂弧纹，腹部饰一周宽 0.2 厘米的条带纹，其间区域用凸弧纹分为四个单元格，每个单元格内饰双连弧线、圆点组成的复合纹饰。可复原。口径 14.6、底径 4.6、高 7.6 厘米（图 2-2-89，7）。H84：21，器形不规整，口部呈椭圆形。直口微敛，尖唇，曲腹，平底微内凹。器表磨光，内壁抹光。内壁有轮制痕迹和刮削痕迹。口部外壁、下腹部各饰一周宽 0.3 厘米的条带纹，其间区域用留白分为四个单元格，每个单元格内饰对弧边直角、凸弧纹、圆点组成的复合纹饰。可复原。口径 14.7—15.2、底径 5.2、高 6.8—7 厘米（图 2-2-89，8；彩版六七，2）。H84：22，敛口，圆唇，浅弧腹，平底。器表磨光，内壁有轮制痕迹和刮削痕迹。口部外壁饰一周垂弧纹，腹部饰一周宽 0.5 厘米的条带纹，其间区域用凸弧纹分为四个单元格，每个单元格内饰双连弧线、圆点组成的复合纹饰。可复原。口径 24.7、底径 7.8、高 9.6 厘米（图 2-2-89，4；图版三〇，2）。H84：31，直口，圆唇，曲腹，平底微内凹。器表磨光，内壁有不明显的刮削痕迹。口部外壁饰一周垂弧纹，腹部饰一周宽 0.4 厘米的条带纹，其间区域用凸弧纹分为四个单元格，每个单元格内饰双连弧线、圆点组成的复合纹饰。可复原。口径 16.9、底径 7.7、高 8.1 厘米（图 2-2-89，5；图版三〇，3）。H84：32，通体饰红衣。器形不规整，略有歪斜，口部呈椭圆形。直口微敛，圆唇，弧腹，平底。器表磨光，内壁有轮制痕迹和刮削痕迹。唇面、口部外壁各饰一周宽 0.2 厘米的条带纹。可复原。口径 14—15.1、底径 5.3、高 8.2 厘米（图 2-2-89，9；图版三〇，4）。

彩陶盆　1 件。H84：23，泥质黄褐陶黑彩。直口微侈，折沿隆起，圆唇，浅弧腹，平底内凹。器表磨光，内壁抹光，沿面及内壁有刮削痕迹。唇面饰一周条带纹，沿面间隔饰四组垂弧纹、圆点。可复原。口径 29.5、底径 12.2、高 10 厘米（图 2-2-89，6；图版一七，6）。

素面钵　7 件。素面。H84：24，夹砂黄褐陶，厚胎。侈口，圆唇，弧腹，平底。内壁有刮削痕迹。可复原。口径 9.9、底径 4.8、高 5.7 厘米（图 2-2-90，5；图版六〇，1）。H84：25，泥质红陶。侈口，圆唇，弧腹，平底内凹。内外壁均有轮制痕迹和刮削痕迹。可复原。口径 11.6、底径 7、高 4.9 厘米（图 2-2-90，6；图版六〇，2）。H84：27，夹粗砂黄褐陶，胎较厚。敛口，圆唇，弧腹近直，平底。可复原。口径 10、底径 12、高 11 厘米（图 2-2-90，4；图版六〇，3）。H84：28，夹砂黄褐陶，厚胎。侈口，圆唇，弧腹，平底。内壁有刮削痕迹。可复原。口径 9、底径 5.7、高 5.6 厘米（图 2-2-90，8；图版六〇，4）。H84：29，泥质黄褐陶。侈口，圆唇，斜直腹，平底。内外壁均有轮制痕迹和刮削痕迹。可复原。口径 10.8、底径 6.1、高 4.4 厘米（图 2-2-90，10）。H84：30，夹砂黄褐陶。直口，尖唇，直腹，平底。内壁抹光。内壁有轮制痕迹和刮削痕迹。可复原。口径 12.8、底径 13.2、高 10.8 厘米（图

2-2-90，2）。H84：34，泥质红陶。器形不规整，口部略呈椭圆形。敛口，圆唇，弧腹，下腹部近直，平底。内外壁均有轮制痕迹和刮削痕迹。可复原。口径26.8—27、底径12、高11.7厘米（图2-2-90，3；图版六〇，5）。

器盖　1件。H84：26，夹砂灰陶。敞口，圆唇，弧腹，圜顶，凸起状纽。素面。顶部残。口径5.2、残高2.9厘米（图2-2-90，7）。

鼓腹罐　1件。H84：17，夹砂灰陶。器形不规整，略有歪斜。敛口，方唇，溜肩，曲腹，平底。外壁饰左斜线纹。可复原。口径17.4、底径12.6、高22.4—23.5厘米（图2-2-90，9；图版一六一，3）。

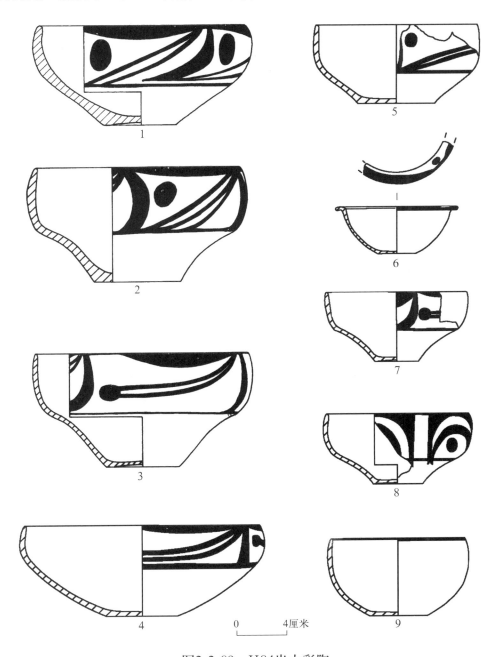

图2-2-89　H84出土彩陶

1—5、7—9.彩陶钵（H84：16、H84：18、H84：19、H84：22、H84：31、H84：20、H84：21、H84：32）　6.彩陶盆（H84：23）

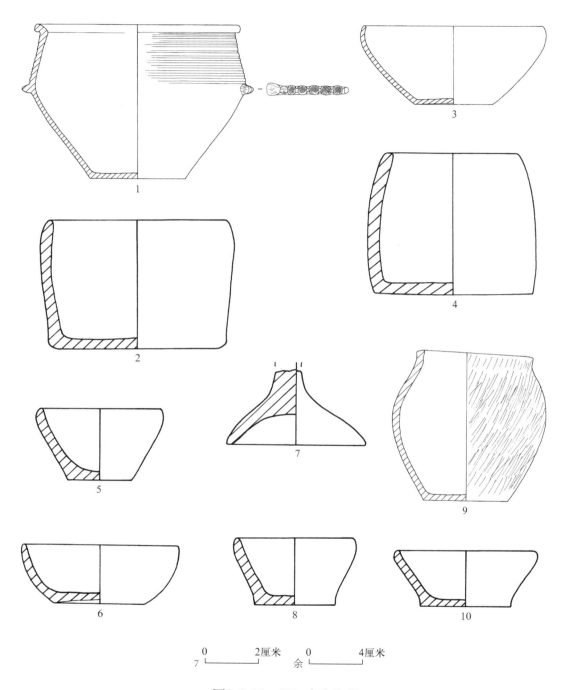

图2-2-90　H84出土陶器

1.双鋬罐（H84：33）　2-6、8、10.素面钵（H84：30、H84：34、H84：27、H84：24、H84：25、H84：28、H84：29）　7.器盖（H84：26）　9.鼓腹罐（H84：17）

　　双鋬罐　1件。H84：33，泥质红陶。器形不规整，口部略呈椭圆形。敛口，仰折沿隆起，圆唇，溜肩，鼓腹，腹部对称置附加突起状双鋬，下腹部内收近直，平底。肩部饰数周凹弦纹，鋬上饰麻布纹。可复原。口径30.5、底径15、高23.6厘米（图2-2-90，1；图版一四一，6）。

40. H88

位于 T15 东部，部分伸入东壁。开口于第②层下，打破第③层，被 H81 打破，开口距地表 50 厘米。平面形状呈圆形，直壁，平底。坑口最大径 202、最小径 152、深 70 厘米。填土以灰褐色为主，土质疏密不均。夹杂红烧土颗粒、炭粒。包含动物骨骼、石器。出土适量陶片，以夹砂灰陶、泥质黄褐陶为主；纹饰有线纹、附加堆纹、彩绘等；可辨器形有罐、盆、钵、盆、钵等（图 2-2-91）。

H88 挑选陶器标本 4 件，其中彩陶钵 1、彩陶盆 1、器座 1、小口平底瓶 1。

彩陶钵　1 件。H88∶3，泥质黄褐陶黑彩。直口微敛，锯齿状圆唇，曲腹近折，平底。器表磨光。沿面饰一周四个垂弧纹，下腹部饰一周宽 0.1 厘米的条带纹，其间区域饰双连弧线、圆点组成的复合纹饰。可复原。口径 16.2、底径 5.7、高 7.8 厘米（图 2-2-92，4；图版三〇，6）。

彩陶盆　1 件。H88∶2，泥质黄褐陶黑彩。敛口，折沿隆起，圆唇，浅弧腹，平底内凹。器表磨光，内壁抹光，沿面及内壁有刮削痕迹。沿面饰五组凸弧纹、弧边三角组成的复合纹饰。可复原。口径 28.6、底径 10.8、高 8.9—9.2 厘米（图 2-2-92，3）。

器座　1 件。H88∶4，泥质灰陶。敞口，叠唇，束腰，底部起台。器表磨光，内外壁均有刮削痕迹。素面。可复原。口径 16.6、底径 18.2、高 11 厘米（图 2-2-92，2；图版一八四，4）。

小口平底瓶　1 件。H88∶5，泥质黄褐陶。溜肩，鼓腹，腹部对称置桥状耳，平底。通体饰左斜绳纹。颈部以上残。底径 10.2、残高 29 厘米（图 2-2-92，1）。

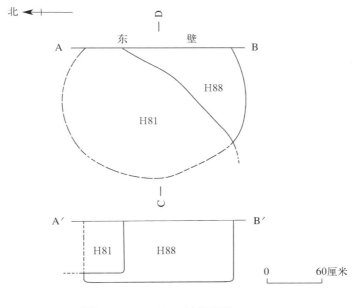

图2-2-91　H88平剖面图

41. H92

位于 T27 西北部、T28 东北部。开口于第②层下，打破生土，开口距地表 60 厘米。平面形状呈椭圆形，斜直壁，底凹凸不平。坑口最大径 550、最小径 422、深 110 厘米。填土灰褐色，土质疏松。包含少量石器、石块、骨器、动物骨骼。出土石磨盘 1、石杵 1、砍砸器 1、骨器 1 和适量陶片。陶片以夹砂红陶、夹砂灰陶、泥质黄褐陶为主；纹饰有线纹、弦纹等；可辨器形有罐、钵、小口尖底瓶等（图 2-2-93）。

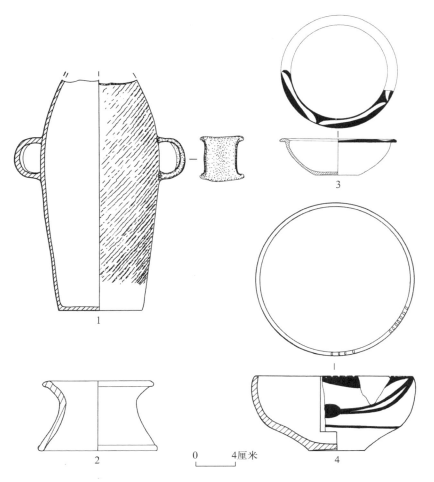

图2-2-92　H88出土陶器

1.小口平底瓶（H88：5）　2.器座（H88：4）　3.彩陶盆（H88：2）　4.彩陶钵（H88：3）

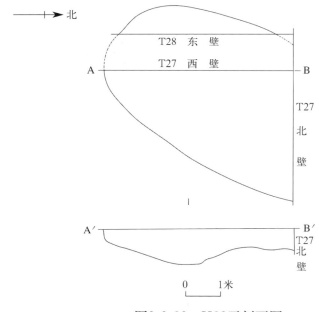

图2-2-93　H92平剖面图

H92 挑选陶器标本 15 件，其中彩陶钵 5、素面钵 3、素面盆 2、杯 2、彩陶罐 1、彩陶盆 1、器盖 1。

彩陶钵　5 件。泥质黄褐陶黑彩。H92：18，直口微敛，方唇，曲腹，平底微内凹。器表磨光发白，内壁抹光，近口处有刮削痕迹。口部外壁饰一周垂弧纹，垂弧纹两侧与中间宽度相差较小，腹部饰一周宽 0.3 厘米的条带纹，其间区域用凸弧纹分为四个单元格，每个单元格内饰双连弧线、圆点组成的复合纹饰。可复原。口径 17.7—18、底径 6.2、高 8.6—8.8 厘米（图 2-2-94，2）。H92：19。器形不规整，口部呈椭圆形。敛口，尖唇，鼓腹，下腹部微内收，平底内凹。器表磨光发白，内壁抹光，近口处有刮削痕迹。口部外壁饰一周由垂弧纹、弧线、弧边三角组成的复合纹饰，其下区域饰圆点。可复原。口径 16.3—16.8、底径 7.1、高 9.8 厘米（图 2-2-94，6）。H92：20，直口微敛，尖唇，曲腹，平底。器表磨光，内壁抹光，近口处有刮削痕迹。口部外壁饰一周垂弧纹，下腹部饰一周宽 0.3 厘米的条带纹，其间用凸弧纹分为三个单元格，每个单元格内饰双连弧线、圆点组成的复合纹饰。可复原。口径 16.3—16.6、底径 6.4、高 7.8 厘米（图 2-2-94，4）。H92：21，直口微敛，圆唇，曲腹，平底微内凹。器表磨光发白，内壁抹光，近口处有刮削痕迹。口部外壁饰一周垂弧纹，下腹部饰一周宽 0.3 厘米的条带纹，其间区域用凸弧纹分为五个单元格，每个单元格内饰双连弧线、圆点组成的复合纹饰。可复原。口径 15—15.3、底径 5.5、高 7.9—8.1 厘米（图 2-2-94，1）。H92：22，口部变形严重。侈口，尖圆唇，曲腹，平底。器表磨光发白，内壁抹光，近口处有刮削痕迹。下腹部饰一周宽 0.4 厘米的条带纹，其上区域用留白分为数个单元格，每个单元格内饰对弧边直角、凸弧纹、圆点组成的复合纹饰。可复原。口径 14.4—15.1、底径 6.7、高 6.9—7.3 厘米（图 2-2-94，5）。

彩陶罐　1 件。H92：17，泥质黄褐陶黑彩。口部略有变形。直口，矮领，方唇，唇面有一周凹槽，溜肩，鼓腹，下腹部近直，平底。器表磨光，唇面及内外壁近口处有刮削痕迹。肩部、下腹部各饰一周条带纹，其区域用对弧边三角分为四个单元格，每个单元格内饰四个弧边三角组成的复合纹饰。可复原。口径 22、腹径 34.4、底径 11.6、高 31 厘米（图 2-2-94，3；彩版二四六，1）。

彩陶盆　1 件。H92：31，泥质红陶。直口微敛，仰折沿微隆起，圆唇，弧腹，平底微内凹。沿面饰一周弧边三角、凸弧纹组成的复合纹饰。可复原。口径 27.2—27.5、底径 9.8、高 11.2 厘米（图 2-2-94，7）。

素面钵　3 件。黄褐陶。素面。H92：23，泥质陶，通体饰红衣。直口微敛，尖圆唇，鼓腹，下腹内收，平底内凹。器表磨光，内壁抹光，近口处有刮削痕迹。可复原。口径 16.8—17、底径 6.3、高 9.7 厘米（图 2-2-95，5）。H92：24，泥质陶。直口，圆唇，弧腹，平底微内凹。器表磨光发白，内壁抹光，近口处有刮削痕迹。可复原。口径 14、底径 6.5、高 6.6 厘米（图 2-2-95，2）。H92：25，夹砂陶。侈口，圆唇，弧腹近直，平底。器表磨光，内壁有刮削痕迹。可复原。口径 10.8、底径 6、高 4 厘米（图 2-2-95，6）。

素面盆　2 件。泥质。素面。H92：29，红陶。直口，折沿隆起，圆唇，浅弧腹，平底。器表磨光，内壁抹光，沿面及内壁近口处有刮削痕迹。可复原。口径 29.6、底径 14.2、高 10.4 厘米（图 2-2-95，7）。H92：30，灰陶。敞口，仰折沿隆起，方唇，弧腹近直，饼足外撇。可复原。口径 20.2、底径 10.1、高 9.6 厘米（图 2-2-95，1）。

器盖　1 件。H92：28，夹砂灰陶。敞口，圆唇，直腹，长条形纽。素面。可复原。口径 6、高 2.8 厘米（图 2-2-95，8）。

杯　2 件。夹砂红陶。敞口，折沿，圆唇，曲腹。沿面及内壁近口处有刮削痕迹。素面。

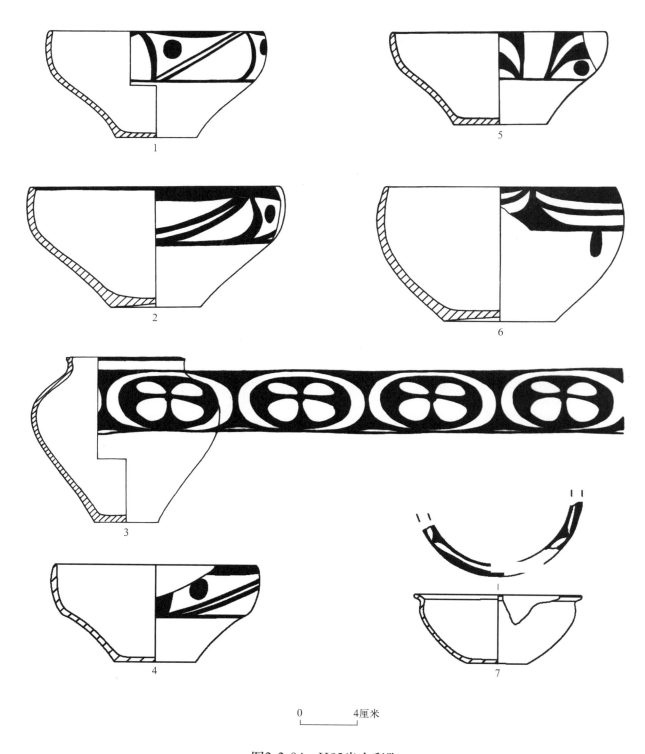

图2-2-94　H92出土彩陶

1、2、4-6.彩陶钵（H92：21、H92：18、H92：20、H92：22、H92：19）　3.彩陶罐（H92：17）　7.彩陶盆（H92：31）

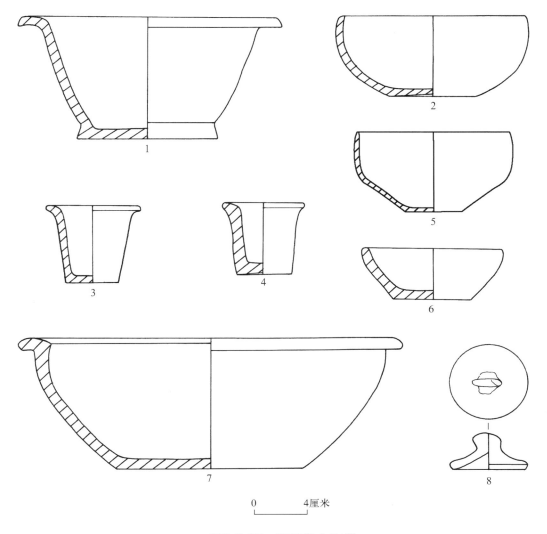

0 ⸺ 4厘米

图2-2-95　H92出土陶器

1、7.素面盆（H92：30、H92：29）　　2、5、6.素面钵（H92：24、H92：23、H92：25）　　3、4.杯（H92：27、H92：26）　　8.器盖（H92：28）

H92：26，平底微内凹。可复原。口径6.3、底径4.2、高5.7厘米（图2-2-95，4）。H92：27，平底。可复原。口径7.4、底径4、高6.2厘米（图2-2-95，3）。

42. H94

位于T25西北部。开口于第③层下，打破生土，开口距地表60厘米。平面形状呈抹角方形，斜直壁，平底。坑口最大径160、最小径150、坑底最大径140、最小径130、深60厘米。填土浅灰色，土质松软。夹杂少量石块、料礓石。出土适量陶片，以泥质灰陶为主；纹饰以线纹、彩绘为主；可辨器形有小口尖底瓶、罐等（图2-2-96，1）。

H94挑选陶器标本素面盆1件。

素面盆　1件。H94：1，泥质灰陶。直口，折沿隆起，沿面外侧下斜，圆唇，弧腹，平底。器表磨光，内外壁有明显的刮削痕迹。素面。可复原。口径28.3、底径11.7、高9.6厘米（图2-2-96，2；图版一〇八，6）。

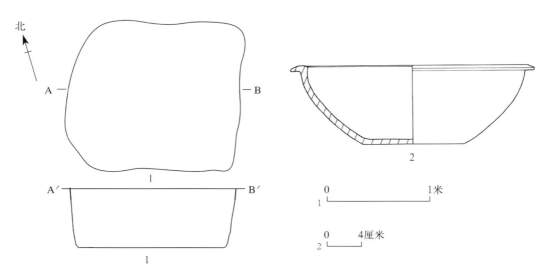

图2-2-96 H94平剖面图及出土陶器
1.平剖面图 2.素面盆（H94∶1）

43. H95

位于 T35 西北部、T37 东北部。开口于第①层下，打破第②层，开口距地表 60 厘米。平面形状呈椭圆形，直壁，平底。坑口最大径 428、最小径 350、深 110 厘米。填土灰褐色，土质松软。夹杂少量石块、料礓石、炭粒。出土适量陶片，以泥质黄褐陶为主，夹砂灰陶次之；纹饰以线纹、彩绘为主；可辨器形有钵、盆、小口尖底瓶、罐等（图 2-2-97）。

H95 挑选陶器标本 8 件，其中素面钵 6、彩陶钵 1、彩陶盆 1。

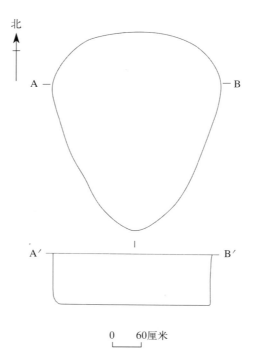

图2-2-97 H95平剖面图

彩陶钵　1件。H95：4，泥质黄褐陶黑彩。器形不规整，口部略呈椭圆形。敛口，圆唇，弧腹，平底微内凹。器表磨光发白，内外壁均有刮削痕迹。沿面饰一周垂弧纹，其下区域饰三周条带纹、圆点组成的复合纹饰。可复原。口径19.1、底径7.1、高9.2厘米（图2-2-98，8；图版三一，1）。

彩陶盆　1件。H95：8，泥质红陶黑彩。器形不规整，口部呈椭圆形。直口，折沿隆起，圆唇，浅弧腹，平底内凹。器表磨光，内壁抹光，沿面及内壁有刮削痕迹。沿面用三条短直线将纹饰区分为七个单元格，每个单元格内饰垂弧纹。可复原。口径26—27、底径11.4、高8.1—8.4厘米（图2-2-98，7；图版三，5）。

素面钵　6件。素面。内外壁均有刮削痕迹。H95：1，夹砂黄褐陶。侈口，圆唇，弧腹近直，平底。可复原。口径10、底径4.9、高4.1厘米（图2-2-98，4）。H95：3，夹砂黄褐陶。器形不规整，略有歪斜。敞口，方唇，弧腹内收，平底。可复原。口径16.4、底径9.8、高7.7厘米（图2-2-98，3；图版六一，1）。H95：5，泥质黄褐陶。器形不规整。直口微侈，尖唇，折腹，下腹部近直，平底。器表磨光。可复原。口径13.6、底径5.4、高6.5厘米（图2-2-98，2；图版六一，2）。H95：6，泥质灰陶。敛口，圆唇，弧腹，平底。器表磨光。可复原。口径18.4、底径7.5、高9.2厘米（图2-2-98，5；图版六一，3）。H95：7，泥质红陶。器形不规整，略歪斜。敛口，圆唇，弧腹，平底。器表磨光。可复原。口径16.7、底径8.6、高6.7厘米（图2-2-98，1；图版六一，4）。H95：9，夹砂黄褐陶。直口微敛，圆唇，曲腹，平底。可复原。口径18.8、底径7、高9厘米（图2-2-98，6；图版六一，5）。

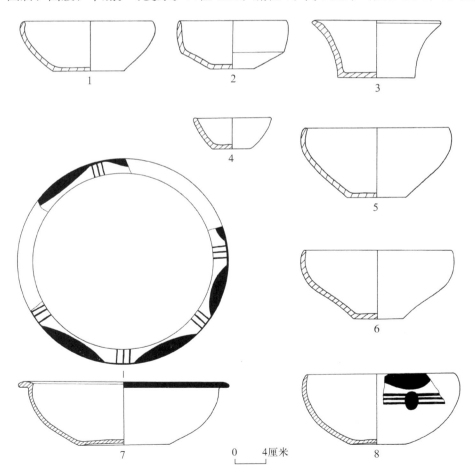

0　　4厘米

图2-2-98　H95出土陶器

1-6.素面钵（H95：7、H95：5、H95：3、H95：1、H95：6、H95：9）　7.彩陶盆（H95：8）　8.彩陶钵（H95：4）

44. H96

位于T37北部。开口于第①层下，打破生土，开口距地表40厘米，被H114打破。平面形状呈椭圆形，四壁不规整，西部为袋状，东部为台阶状，平底。坑口最大径335、最小径160、坑底最大径170、最小径150、深110厘米。填土灰褐色，有大量水锈斑点，土质较致密。出土适量石器及陶片，陶片泥质与夹砂相当；陶色以黄褐陶为主，灰陶次之；纹饰以线纹为主、彩绘为主；可辨器形有钵、盆、罐等（图2-2-99，1）。

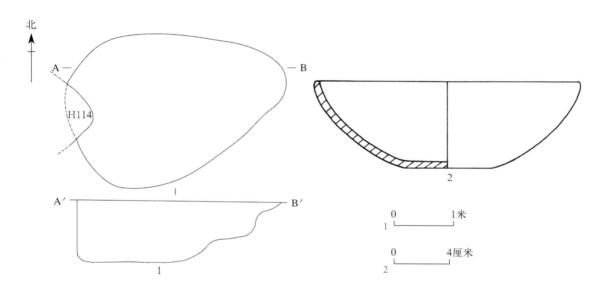

图2-2-99　H96平剖面图及出土陶器
1.平剖面图　　2.素面钵（H96：1）

H96挑选陶器标本素面钵1件。

素面钵　1件。H96：1，泥质灰陶。敞口，圆唇，弧腹，平底。器表磨光，外壁近口处有刮抹痕迹。素面。可复原。口径19.6、底径6.4、高6.6厘米（图2-2-99，2；图版六〇，6）。

45. H97

位于T27南部，部分伸入南壁。开口于第②层下，打破生土，开口距地表62厘米。平面形状呈椭圆形，弧壁，平底。坑口最大径150、最小径62、深42厘米。填土浅灰色，土质疏松。出土骨镞1以及适量陶片。陶片泥质与夹砂相当；纹饰以线纹为主，彩绘次之；可辨器形有罐、小口尖底瓶等（图2-2-100，1）。

H97挑选陶器标本2件，其中彩陶钵1、鼓腹罐1。

彩陶钵　1件。H97：3，泥质黄褐陶。器形不规整，口部呈椭圆形。直口微敛，尖唇，弧腹，平底内凹。器表磨光，内壁抹光。内壁有轮制痕迹。口部外壁饰一周宽0.6厘米的条带纹，其下区域饰八个圆点。可复原。口径15.8—16.3、底径5.3、高7.8—8.1厘米（图2-2-100，2）。

鼓腹罐　1件。H97：5，夹砂灰陶。侈口，方唇，唇中间下凹，矮领，束颈，溜肩，鼓腹，下腹部近直，平底。内外壁有明显的刮削痕迹。腹部通体饰左斜线纹，上腹部饰若干周凹弦纹，近底处抹平。可复原。口径23、底径16.4、高37厘米（图2-2-100，3；图版一六一，4）。

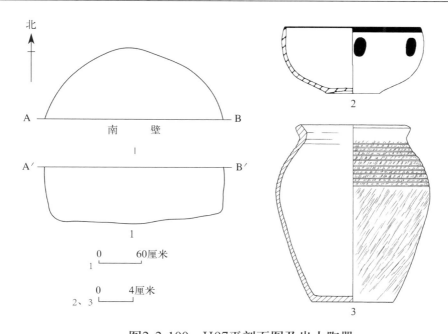

图2-2-100　H97平剖面图及出土陶器
1.平剖面图　　2.彩陶钵（H97：3）　　3.鼓腹罐（H97：5）

46. H98

位于 T27 南部，部分伸入东壁、南壁。开口于第②层下，打破生土，被 H91 打破，开口距地表 53 厘米。平面形状呈椭圆形，弧壁，平底。坑口最大径 325、最小径 110、深 72 厘米。填土浅灰色，土质疏松。出土适量陶片，以泥质红陶、夹砂灰陶为主；纹饰以线纹、彩绘为主；可辨器形有罐、钵等（图 2-2-101，1）。

H98 挑选陶器标本彩陶盆 1 件。

彩陶盆　1 件。H98：2，泥质黄褐陶。敛口，折沿，圆唇，浅弧腹，平底。内壁抹光，器表及内壁有刮削痕迹。沿面饰四组垂弧纹、弧边三角组成的复合纹饰。可复原。口径 31.3、底径 13.3、高 10.2 厘米（图 2-2-101，2）。

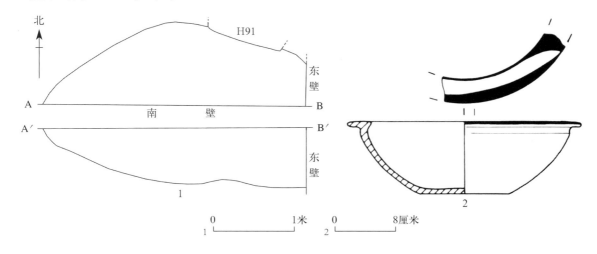

图2-2-101　H98平剖面图及出土陶器
1.平剖面图　　2.彩陶盆（H98：2）

47. H102

位于T34西北部，部分伸入西壁。开口于第①层下，打破生土，被H146打破，开口距地表50厘米。平面形状呈椭圆形，弧壁，平底。坑口最大径380、最小径340、深60厘米。填土分为两层，第①层厚20厘米，灰色，土质致密。夹杂少量石块、动物骨骼；第②层厚40厘米，灰白色，土质疏松。出土彩陶钵1及适量陶片。陶片以泥质陶为主，夹砂陶次之；纹饰主要有磨光、弦纹、压印纹、线纹、彩绘等；可辨器形有盆、罐、小口尖底瓶等（图2-2-102）。

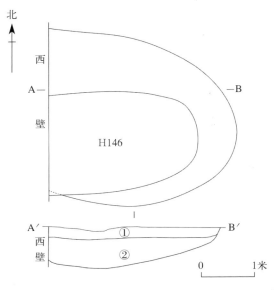

图2-2-102　H102平剖面图

H102挑选陶器标本10件，其中素面盆3、彩陶盆2、素面钵1、碗1、器盖1、杯1、小口尖底瓶1。

彩陶盆　2件。泥质陶黑彩。仰折沿隆起，圆唇，器表磨光，内壁抹光，沿面及内壁近口沿部有刮削痕迹。H102：5，黄褐陶。器形不规整，口部呈椭圆形。直口微敛，深曲腹，平底。沿面饰四组垂弧纹，唇面、下腹部各饰一周宽0.2—0.6厘米宽窄不均的条带纹，其间区域饰两组弧边三角、凸弧纹、圆点组成的复合纹饰。可复原。口径32.1—33.5、腹径30.8、底径11、高15.6—16.1厘米（图2-2-103，1；彩版一九九，1）。H102：10，红陶。敛口，浅弧腹，平底内凹。沿面饰四组对凸弧纹、三组对弧边三角组成的复合纹饰。可复原。口径34.8、底径13.6、高11.1—11.3厘米（图2-2-103，8）。

素面钵　1件。H102：7，泥质黄褐陶。侈口，尖唇，弧腹，平底。器表磨光，内壁抹光。素面。可复原。口径16、底径8.3、高8.7厘米（图2-2-103，5）。

碗　1件。H102：4，泥质灰陶。直口，圆唇，曲腹，饼足。素面。可复原。口径7.2、足径4.6、高4.2厘米（图2-2-103，6；图版六二，1）

素面盆　3件。泥质灰陶。浅弧腹。素面。H102：1，直口内突，折沿隆起，圆唇，平底内凹。可复原。口径34.4、底径13.6、高10.4厘米（图2-2-103，2）。H102：2，器形不规整，歪斜严重，口部呈椭圆形。直口，仰折沿隆起，圆唇，平底。器表磨光，内壁抹光，沿面及内壁近口处有刮削痕迹。可复原。口径28.9—30.2、底径11.8、高10.8厘米（图2-2-103，7）。H102：8，器形不规整，歪斜严重，口部呈椭圆形。直口，折沿内突，沿面隆起，圆唇，平底内凹。器表磨光，内壁抹光，沿面及内壁近口处有刮削痕迹。可复原。口径33.7—34.5、底径13.8、高11.3厘米（图2-2-103，3）。

　　器盖　1件。H102：3，夹砂红陶。敞口，方唇，弧腹，圜顶中间内凹，桥形纽，纽上有压印痕迹，纽与盖顶交界处各饰一圆饼，圆饼上有按窝。内外壁均有刮削痕迹。外壁通体饰左斜线纹。可复原。口径36、高16.6厘米（图2-2-103，4；图版一七七，4）。

　　杯　1件。H102：6，夹砂红陶，厚胎，器表呈黑色。侈口，圆唇，曲腹，平底，底部饰一周手指按窝。器表有明显刮削痕迹。素面。可复原。口径7.4、底径4.6、高7.1厘米（图2-2-103，9）。

　　小口尖底瓶　1件。H102：9，泥质黄褐陶。退化重唇口，方唇，束颈，溜肩，橄榄状腹。口沿有明显刮削痕迹，内部近口处有明显的泥条盘筑痕迹。下腹部通饰左斜线纹，上腹部饰横向篮纹。底残。口径10.4、残高75.6厘米（图2-2-103，10；图版一九五，1）。

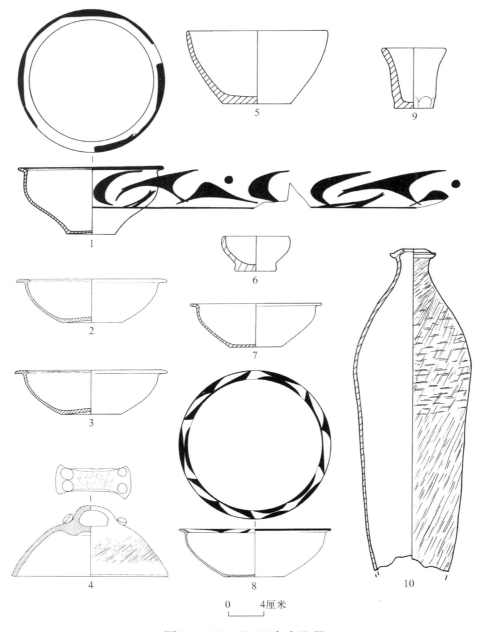

图2-2-103　H102出土陶器

1、8.彩陶盆（H102：5、H102：10）　2、3、7.素面盆（H102：1、H102：8、H102：2）　4.器盖（H102：3）　5.素面钵（H102：7）　6.碗（H102：4）　9.杯（H102：6）　10.小口尖底瓶（H102：9）

48. H105

位于 T31 西北部。开口于第②层下，打破生土，被 H123 打破，开口距地表 30 厘米。平面形状呈抹角方形，直壁，平底。坑口最大径 270、最小径 240、深 124 厘米。填土灰褐色，土质疏松。出土石镰 1 件及适量陶片。陶片夹砂与泥质相当；纹饰以线纹、彩绘为主；可辨器形有盆、钵、罐、小口尖底瓶等（图 2-2-104，1）。

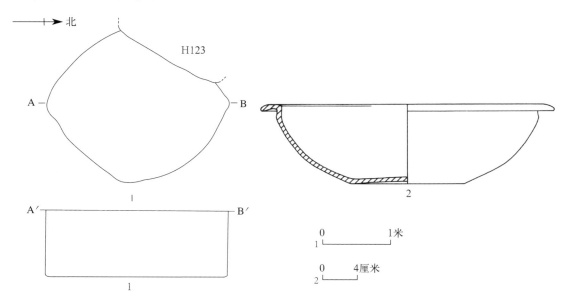

图2-2-104　H105平剖面图及出土陶器
1.平剖面图　2.素面盆（H105：2）

H105 挑选陶器标本素面盆 1 件。

素面盆　1 件。H105：2，泥质灰陶。敞口，折沿隆起，外侧下斜，圆唇，浅弧腹，平底内凹。器表磨光，内壁抹光，沿面及内壁近口处有刮削痕迹。素面。可复原。口径 34.2、底径 12.7、高 9.4—9.6 厘米（图 2-2-104，2）。

49. H106

位于 T35 西部、T37 东部。开口于第②层下，打破生土，开口距地表 50 厘米。平面形状呈椭圆形，西部直壁，东部弧壁，平底。坑口最大径 700、最小径 330、坑底最大径 680、最小径 320、深 80 厘米。填土较纯净。夹杂少量石块、动物骨骼。可分为两层，第①层厚 40 厘米，灰黑色，土质疏松；第②层厚 30—40 厘米，灰色，土质较致密。出土彩陶钵 1 及适量陶片。陶片以泥质黄褐陶为主，夹砂灰陶次之；纹饰主要有线纹、绳纹等；可辨器形有钵、盆、罐、小口尖底瓶等（图 2-2-105）。

H106 挑选陶器标本 9 件，其中彩陶盆 3、彩陶钵 2、素面钵 2、环 2。

彩陶钵　2 件。泥质黄褐陶黑彩。H106：6，直口微敛，圆唇，曲腹近折，下腹部近直，平底内凹。器表磨光，内壁近口处、外壁下腹部有刮削痕迹。口部外壁饰一周垂弧纹，腹部饰一周宽 0.6 厘米的条带纹。其间区域用凸弧纹分为五个单元格，每个单元格内饰弧线、圆点组成的复合纹饰。可复原。口径 17.2、底径 6.9、高 10 厘米（图 2-2-106，9；彩版七〇，1）。H106：9，直口，尖唇，弧腹，平底微内凹。器表磨光，内壁抹光，内壁近口处有轮制痕迹。口部外壁饰一周六个垂弧纹，其下区域饰

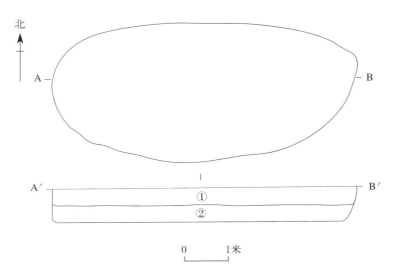

图2-2-105　H106平剖面图

二方连续饰弧边三角、宽0.1—0.3厘米的条带纹、圆点组成的复合纹饰。可复原。口径19.4、底径8.3、高8.6厘米（图2-2-106，7；彩版七〇，2）。

彩陶盆　3件。泥质黄褐陶黑彩。敛口，折沿隆起，圆唇，溜肩，曲腹。H106：1，平底。器表磨光，内壁抹光，沿面及内壁有轮制痕迹。唇面、下腹部各饰一周宽1.1、0.6厘米的条带纹，其间区域饰两组凸弧纹、弧边三角、弧线、圆点组成的复合纹饰。可复原。口径29.3、底径10.5、高16.7厘米（图2-2-106，1；彩版二〇〇，1）。H106：11，平底内凹。器表磨光，沿面及内壁抹光。内壁有轮制痕迹。沿面、下腹部各饰一周宽0.3-0.4厘米的条带纹，其间区域饰两组弧边三角、凸弧纹、圆点、弧线组成的复合纹饰。可复原。口径27.6、腹径31.2、底径10.8、高16.2—16.8厘米（图2-2-106，2；彩版二〇〇，2）。H106：13，器表磨光，沿面及内壁抹光。内壁有轮制痕迹。唇面饰一周条带纹，腹部饰弧边三角、凸弧纹、圆点、弧线组成的复合纹饰。腹部以下残。口径34、残高9.4厘米（图2-2-106，6）。

素面钵　2件。厚胎。侈口，圆唇，斜直腹，平底。素面。H106：7，泥质黄褐陶。内外壁均有刮削痕迹。可复原。口径7.4、底径4.2、高3.4厘米（图2-2-106，8；图版六二，2）。H106：8，夹砂红陶。外壁近口处有刮削痕迹。可复原。口径7.6、底径3.6、高3厘米（图2-2-106，3；图版六二，3）。

环　2件。泥质灰陶。环状。素面。H106：2，截面为抹角方形。可复原。外径5、内径3.8、厚0.6厘米（图2-2-106，4）。H106：12，截面为圆形。可复原。外径4、内径3.2、厚0.4厘米（图2-2-106，5）。

50. H108

位于T25中部。开口于第②层下，打破生土，开口距地表60厘米。平面形状呈椭圆形，斜直壁，平底。坑口最大径274、最小径260、坑底最大径260、最小径240、深180厘米。填土灰褐色，土质疏松。夹杂木炭、草木灰等。出土石刀1、石斧1、石球1、石杵1、陶器盖1、陶球1及适量陶片。陶片以泥灰黄褐陶为主，另有少量夹砂灰陶；纹饰以线纹、彩绘为主；可辨器形有小口尖底瓶、钵、盆、罐等（图2-2-107）。

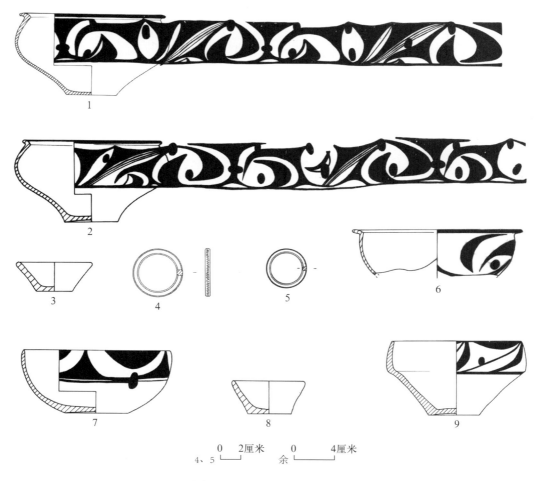

图2-2-106　H106出土陶器

1、2、6.彩陶盆（H106：1、H106：11、H106：13）　3、8.素面钵（H106：8、H106：7）　4、5.环（H106：2、H106：12）
7、9.彩陶钵（H106：9、H106：6）

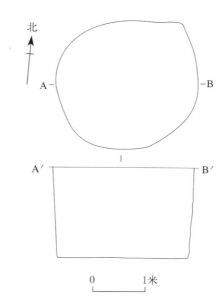

图2-2-107　H108平剖面图

H108 挑选陶器标本 33 件，其中素面盆 7、小口平底瓶 6、彩陶盆 4、小口尖底瓶 3、彩陶钵 2、素面钵 2、器盖 2、杯 2、鼓腹罐 2、直腹罐 1、素面双錾盆 1、灶 1。

彩陶盆　4 件。泥质陶黑彩。H108：17，黄褐陶。敛口，仰折沿隆起，尖圆唇，浅弧腹，平底微内凹。器表磨光，内外壁均有刮削痕迹。沿面饰四组垂弧纹、弧边三角组成的复合纹饰。可复原。口径 32、底径 12、高 8.6 厘米（图 2-2-108，5；图版一八，4）。H108：18，红陶。器形不规整，口部呈椭圆形。直口，仰折沿，圆唇，浅弧腹，平底。器表及沿面有刮削痕迹，内壁近口处有轮制痕迹和刮削痕迹。沿面间隔饰三组凸弧纹和圆点。可复原。口径 29—30.5、底径 13、高 10.7 厘米（图 2-2-108，6）。H108：33，黄褐陶。底部不平，略有歪斜。敛口，折沿隆起，尖圆唇，深曲腹，平底。器表磨光发白，沿面及内壁有明显的刮削痕迹。唇面、颈部、下腹部各饰一周条带纹，分别宽 0.9、0.5、0.4 厘米，其间区域饰对弧边三角、凸弧纹、圆点组成的复合纹饰。可复原。口径 35、腹径 33.4、底径 12.6、高 19.9—20.9 厘米（图 2-2-108，1；彩版二〇一，1）。H108：34，黄褐陶。敛口，折沿隆起，圆唇，深曲腹，平底。器表磨光，沿面及内壁有明显的刮削痕迹。唇面、下腹部各饰一周宽 0.6 厘米的条带纹，其间区域饰四组对弧边三角、凸弧纹组成的复合纹纹。可复原。口径 34.1、腹径 35.7、底径 12.2、高 25.6 厘米（图 2-2-108，2；彩版二〇一，2）。

彩陶钵　2 件。泥质黄褐陶褐彩。H108：19，器形不规整，略歪斜。直口微敛，圆唇，曲腹近折，平底。器表磨光发白，内壁有刮削痕迹。口部外壁饰一周垂弧纹，下腹部饰一周条带纹，其间区域用凸弧纹分为四个单元格，每个单元格内饰双连弧线、圆点组成的复合纹饰。可复原。口径 15.7、底径 5.8、高 8.2 厘米（图 2-2-108，3；彩版六九，2）。H108：27。器形不规整，呈不规整圆形。直口微敛，尖唇，弧腹，平底内凹。器表磨光，内壁近口处有轮制痕迹和刮削痕迹。口部外壁饰一周宽 1 厘米的条带纹，其下区域饰三个圆点。可复原。口径 17.7—18.7、底径 7、高 10.1—10.3 厘米（图 2-2-108，4）。

小口平底瓶　6 件。泥质黄褐陶。橄榄状腹，腹部对称置竖向宽扁桥形耳，平底。H108：14，敛口，尖唇，葫芦形口，束颈。内壁近口处有泥条盘筑痕迹，内外壁近口处有刮削痕迹。腹部饰右斜线纹，近底处线纹被抹平。可复原。口径 3.5、底径 13，高 45.6 厘米（图 2-2-109，3；图版一九七，1）。H108：15，器形变形严重。敛口，尖唇，葫芦形口，束颈。内壁近口处有泥条盘筑痕迹，内外壁近口处有刮削痕迹。腹部饰右斜线纹，近底处线纹被抹平，颈部下方有三镂孔。可复原。口径 4.4、底径 13.1，高 54.6 厘米（图 2-2-109，6；图版一九七，2）。H108：16，器形略变形。敛口，尖唇，葫芦形口，束颈。内壁近口处有泥条盘筑痕迹，内外壁近口处有刮削痕迹。腹部饰横斜线纹，近底处线纹被抹平。可复原。口径 4.1、底径 15，高 70.2 厘米（图 2-2-109，1；图版一九七，3）。H108：37，敛口，尖唇，葫芦形口，束颈。通体饰横斜线纹，近底处线纹被抹平。可复原。口径 4.4、底径 14.4、高 49.2 厘米（图 2-2-109，8）。H108：38，敛口，尖唇，葫芦形口，束颈。口部外壁有刮削痕迹。通体饰线纹与左斜线纹，下腹近底处线纹被抹平。可复原。口径 3.5、腹径 14.2、底径 9、高 36.4 厘米（图 2-2-109，5）。H108：73，通体饰线纹。腹部以上残。底径 10、残高 19 厘米（图 2-2-109，4）。

小口尖底瓶　3 件。泥质黄褐陶。退化重唇口，束颈，鼓腹。通体饰线纹。H108：13，圆唇，尖底。内壁近口处和底部有泥条盘筑痕迹，口部有刮削痕迹。可复原。口径 6、腹径 29、通高 89.5 厘米（图 2-2-109，9）。H108：74，尖唇。底部残。口径 4.6、残高 50 厘米（图 2-2-109，7）。H108：75，圆唇。口径 5.2、残高 31.4 厘米（图 2-2-109，2）。

图2-2-108　H108出土彩陶

1、2、5、6.彩陶盆（H108：33、H108：34、H108：17、H108：18）　3、4.彩陶钵（H108：19、H108：27）

素面钵　2件。素面。H108：22，泥质黄褐陶。器形不规整，略有歪斜。直口，方唇，弧腹，平底。内外壁均有刮削痕迹。素面。可复原。口径9.2、底径4.3、高3.9—4.4厘米（图2-2-110，1；图版六二，4）。H108：28，泥质灰陶。侈口，圆唇，弧腹，平底。器表及内壁有刮削痕迹。可复原。口径25.5、底径11、高10.2—10.7厘米（图2-2-111，9）。

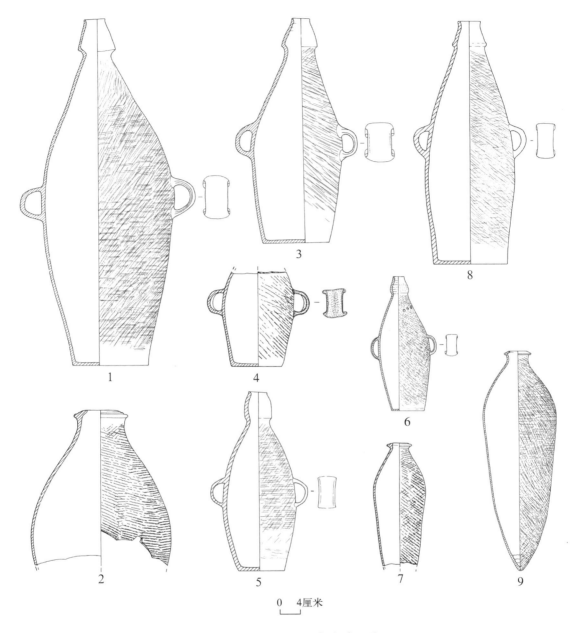

图2-2-109　H108出土小口瓶

1、3-6、8.小口平底瓶（H108：16、H108：14、H108：73、H108：38、H108：15、H108：37）　　2、7、9.小口尖底瓶
（H108：75、H108：74、H108：13）

素面盆　7件。素面。H108：9，泥质黄褐陶，厚胎。敞口，叠唇，斜直壁，平底。内外壁近口处有明显刮削痕迹。可复原。口径21.2、底径15.6、高10.5厘米（图2-2-110，8；图版一〇九，1）。H108：20，泥质黄褐陶。侈口，折沿外侧下斜，圆唇，浅弧腹，平底。器表磨光，内外壁均有刮削痕迹。可复原。口径28.3、底径12.2、高8.4厘米（图2-2-111，8；图版一〇九，2）。H108：21，泥质黄褐陶。敞口，仰折沿隆起，圆唇，浅弧腹，下腹部近直，平底。器表内外壁近口处有明显刮削痕迹。可复原。口径21.6、底径9.2、高7.2厘米（图2-2-110，3；图版一〇九，3）。H108：26，夹砂红陶。器形不规整，口部略呈椭圆形。敞口，折沿内突，圆唇，弧腹近直，平底。器表内外壁均有刮削痕迹。可复

原。口径26.3—27.1、底径12.9、高8.5—9.2厘米（图2-2-111，7；图版一〇九，4）。H108：29，夹砂红陶。敛口，折沿外侧下斜，方唇，弧腹近直，平底。唇面及内壁有刮削痕迹。素面。可复原。口径33.3、底径15.5、高12.3厘米（图2-2-111，10）。H108：39，泥质灰陶。敛口，仰折沿微隆起，圆唇，深曲腹，平底微内凹。器表、沿面及内壁均有刮削痕迹。可复原。口径39.1—40、腹径38.8、底径11.6—12.2、高17.8厘米（图2-2-111，4）。H108：41，泥质红陶。敞口，仰折沿微隆起，圆唇，浅弧腹，平底。沿面、器表及内壁均有刮削痕迹，内壁尤其近底处有明显的轮盘修整痕迹。可复原。口径28—28.7、底径11.6、高9厘米（图2-2-111，6）。

　　器盖　2件。夹砂灰陶。敞口，圆唇，弧腹近直。素面。H108：36，长条形纽。可复原。口径6.5、高3.3厘米（图2-2-110，7）。H108：42，两个凸起状纽。可复原。口径6.6、高3.1厘米（图2-2-110，5；图版一八〇，1）。

　　杯　2件。夹砂陶。敞口，圆唇，弧腹，平底。内外壁近口处有刮削痕迹。素面。H108：30，红陶。可复原。口径5.3、底径3、高3.8厘米（图2-2-110，4）。H108：31，黄褐陶。可复原。口径6.1、底径3.8、高5.1厘米（图2-2-110，6）。

　　直腹罐　1件。H108：40，夹粗砂灰陶，厚胎。口部略有歪斜。侈口，折沿，圆唇，斜直腹，平底。内壁有刮削痕迹。素面。可复原。口径13.8、底径7、高13.8厘米（图2-2-110，2）。

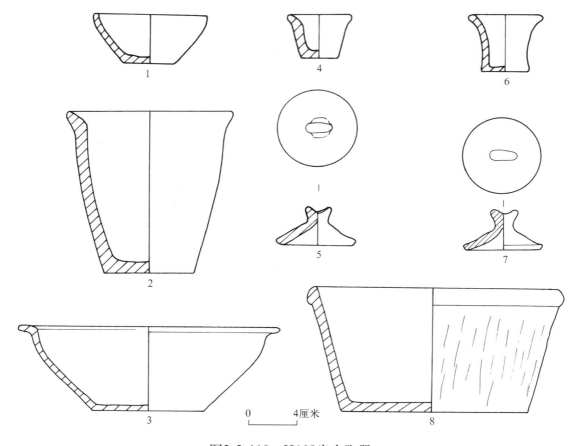

图2-2-110　H108出土陶器

1.素面钵（H108：22）　2.直腹罐（H108：40）　3、8.素面盆（H108：21、H108：9）　4、6.杯（H108：30、H108：31）
5、7.器盖（H108：42、H108：36）

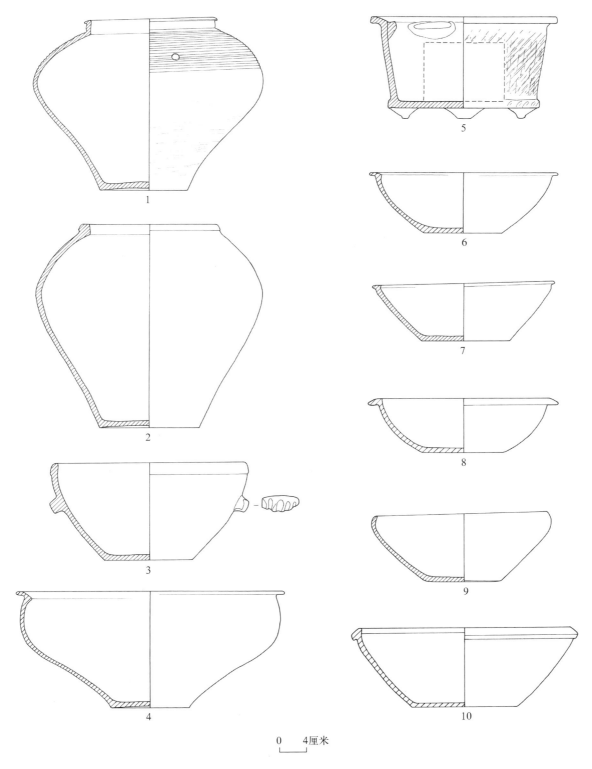

0　　4厘米

图2-2-111　H108出土陶器

1、2鼓腹罐（H108：24、H108：32）　　3.素面双錾盆（H108：25）　　4、6-8、10.素面盆（H108：39、H108：41、
H108：26、H108：20、H108：29）　　5.灶（H108：35）　　9.素面钵（H108：28）

素面双錾盆　1件。H108：25，泥质红陶。直口微敛，叠唇，弧腹，腹部对称置附加突起状双錾，下腹部近直，平底。器表磨光，内外壁近口处有明显刮削痕迹，錾上有明显手捏痕迹。素面。可复原。口径28.9、底径13.2、高14.9厘米（图2-2-111，3；图版一四二，1）。

灶　1件。H108：35，泥质灰陶。直口，仰折沿微隆起，方唇，斜直腹，平底，底部有三锥状足，腹部一侧开有灶门。通体饰左斜线纹。可复原。口径27.8、底径22.5、高14、灶门宽10、高9厘米（图2-2-111，5）。

鼓腹罐　2件。泥质灰陶。H108：24，口部略有歪斜。直口微敛，折沿外侧起棱，尖唇，矮领，溜肩，曲腹，平底内凹。沿面及内外壁均有刮削痕迹。口沿及肩部饰数周凹弦纹和一组圆饼状附加堆纹。可复原。口径19.9—20.3、底径13、高26.1—26.6厘米（图2-2-111，1）。H108：32，直口，矮领，圆唇，溜肩，曲腹，平底微内凹。器表磨光，口部内侧有刮削和泥条盘筑痕迹。素面。可复原。口径21、腹径33.8、底径14.7、高31.8厘米（图2-2-111，2）。

51. H110

位于T30西北角，部分伸入西壁、北壁。开口于第②层下，打破生土，开口距地表45厘米。平面形状呈椭圆形，直壁，平底。坑口最大径370、最小径250、坑底最大径350、最小径250、深237厘米。填土可分两层，第①层厚200厘米，灰色，土质疏松；第②层厚37厘米，灰白色，土质较致密。出土适量陶片，以泥质陶为主，夹砂陶次之；纹饰有绳纹、彩绘、线纹等；可辨器形有罐、钵、小口尖底瓶等（图2-2-112）。

H110挑选陶器标本19件，其中彩陶钵8、素面钵5、小口尖底瓶2、小口平底瓶1、器盖1、杯1、环1。

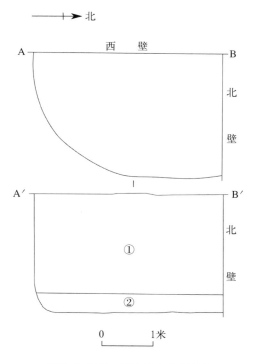

图2-2-112　H110平剖面图

彩陶钵　8件。泥质黄褐陶黑彩。H110：8，敛口，圆唇，曲腹，平底内凹。器表磨光发白，内壁有刮削痕迹。口部外壁饰一周垂弧纹，垂弧纹两侧与中间宽度相差不大，下腹部饰一周宽0.5厘米的条带纹，其间区域用凸弧纹分为四个单元格，每个单元格内饰双连弧线、圆点组成的复合纹饰。可复原。口径13.8、底径5、高6.1厘米（图2-2-113，5；彩版七一，1）。H110：10，直口，尖唇，曲腹近折，平底微内凹。内壁近口处有修整痕迹。腹部饰一周宽0.3—0.4厘米的条带纹，其上区域饰六组对弧边直角、凸弧纹、圆点组成的复合纹饰。可复原。口径15.8—16.2、底径5.5、高9.2厘米（图2-2-113，7；图版三一，3）。H110：11，侈口，圆唇，弧腹，平底微内凹。器表磨光发白，内壁有刮削痕迹。外壁腹部饰宽窄不等的两周条带纹，其间区域饰数个圆点。可复原。口径16.5、底径6.7、高8.5厘米（图2-2-113，6；图版三一，4）。H110：12，直口微侈，圆唇，弧腹，平底微内凹。器表磨光，内外壁近口处均有刮削痕迹。口部外壁饰一周垂弧纹，其下区域由凸弧纹分为若干个单元格，每个单元格内饰双连弧线、圆点组成的复合纹饰。可复原。口径14.2、底径5.3、高8.1厘米（图2-2-113，3；图版三一，5）。H110：13，口部歪斜。直口微侈，尖圆唇，曲腹，下腹部近直，平底。器表磨光发白，内壁有刮削痕迹。口部外壁饰一周垂弧纹，下腹部饰一周宽0.5厘米的条带纹，其间区域用凸弧纹分为

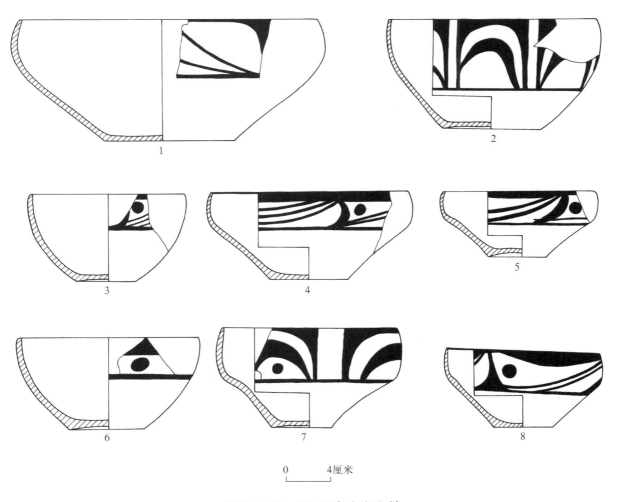

0　　　4厘米

图2-2-113　H110出土彩陶钵

1-8.彩陶钵（H110：15、H110：16、H110：12、H110：14、H110：8、H110：11、H110：10、H110：13）

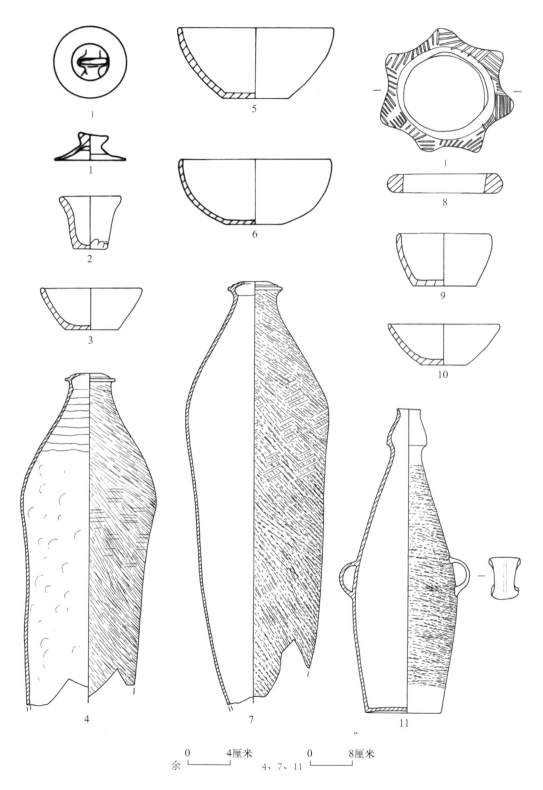

图2-2-114　H110出土陶器

1.器盖（H110：22）　　2.杯（H110：23）　　3、5、6、9、10.素面钵（H110：18、H110：17、H110：19、H110：20、H110：21）
4、7.小口尖底瓶（H110：24、H110：25）　　8.环（H110：6）　　11.小口平底瓶（H110：9）

三个单元格，每个单元格内饰双连弧线、圆点组成的复合纹饰。可复原。口径13.8、底径5.6、高6.8—7.4厘米（图2-2-113，8；彩版七一，2）。H110：14，直口微敛，尖唇，曲腹，平底。器表磨光发白，内壁有刮削痕迹。口部外壁、下腹部各饰一周宽2.6、0.6厘米的条带纹，其间区域用凸弧纹分为五个单元格，每个单元格内饰双连弧线、圆点组成的复合纹饰。可复原。口径18、底径7、高8.1厘米（图2-2-113，4；图版三一，6）。H110：15，敛口，圆唇，弧腹，下腹部近直，平底。器表磨光发白，内壁有刮削痕迹。下腹部饰一周宽0.4厘米的条带纹，其上区域饰弧边三角、双连弧线组成的组合纹饰。可复原。口径27、底径11.7、高11.5厘米（图2-2-113，1）。H110：16，直口微敛，圆唇，弧腹，平底内凹。内壁近口处有修整痕迹。下腹部饰一周宽0.2—0.4厘米的条带纹，其上区域饰九组对弧边直角、凸弧纹组成的复合纹饰。可复原。口径18.7、底径8.7、高10.1—10.6厘米（图2-2-113，2）。

素面钵　5件。素面。H110：17，泥质红陶。直口，圆唇，弧腹，平底。器表磨光，内壁抹光，内外壁近口处有刮削痕迹。可复原。口径14.8、底径6、高7.5厘米（图2-2-114，5）。H110：18，泥质黄褐陶。侈口，尖圆唇，弧腹近直，平底。器表磨光，内壁抹光，内外壁均有刮削痕迹。可复原。口径9.1、底径5.3、高4.8厘米（图2-2-114，3）。H110：19，泥质灰陶。直口，圆唇，弧腹，平底。器表磨光，内壁抹光，近口处有刮削痕迹。可复原。口径14.2—14.6、底径5.4、高6.9厘米（图2-2-114，6）。H110：20，夹砂红陶。直口，圆唇，弧腹近直，平底。内壁有刮削痕迹。可复原。口径9.2、底径5.9、高5厘米（图2-2-114，9）。H110：21，夹砂黄褐陶。敞口，尖唇，弧腹，平底。内外壁近口处有刮削痕迹。可复原。口径10.7、底径4.9、高4.2厘米（图2-2-114，10）。

小口尖底瓶　2件。泥质黄褐陶。溜肩，橄榄状腹。通体饰线纹。H110：24，退化重唇口，直颈，溜肩。肩部内部有泥条盘筑痕迹。底部残。口径4、腹径26、残高66.9厘米（图2-2-114，4；图版一九五，2）。H110：25，退化重唇口，束颈。底部残。口径4.3、腹径27.6、残高84厘米（图2-2-114，7；图版一九五，3）。

小口平底瓶　1件。H110：9，泥质黄褐陶。葫芦形口，尖唇，束颈，溜肩，鼓腹，平底微内凹，腹部对称置桥状耳。腹部饰线纹。可复原。口径4.4、腹径20、底径14.2、高60.1厘米（图2-2-114，11；图版一九五，4）。

器盖　1件。H110：22，夹砂红陶。器形不规整，歪斜严重。敞口，尖唇，弧腹近直，圜顶，条状凸起纽。素面。可复原。口径6.9、高2.9厘米（图2-2-114，1）。

杯　1件。H110：23，夹砂黄褐陶。侈口，圆唇，曲腹，平底，外壁近底处有一周手捏痕迹。内外壁近口处有刮削痕迹。素面。可复原。口径5.7、底径3.4、高5.2厘米（图2-2-114，2）。

环　1件。H110：6，泥质灰陶。环形，平面为七边弧面，剖面为半圆形。器表饰篮纹。可复原。外径6.1、内径4、厚0.9-1厘米（图2-2-114，8）。

52. H111

位于T26东北部。开口于第②层下，打破生土，开口距地表34厘米。平面形状呈椭圆形，弧壁，圜底。坑口最大径200、最小径130、深112厘米。填土黄灰色，土质松软。包含少量石块。出土彩陶盆1、石刀1、石镰1及适量陶片。陶片以泥质黄褐陶为主，夹砂灰陶次之；纹饰以彩绘、线纹为主；可辨器形有盆、钵、罐、小口尖底瓶等（图2-2-115）。

H111挑选陶器标本7件，其中彩陶盆3、素面盆2、彩陶钵1、素面钵1。

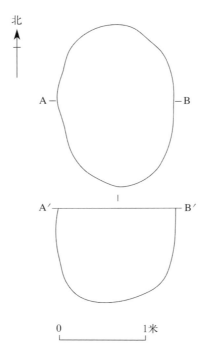

北

A ── ── B

A′ ── ── B′

0　　　　　　1米

图2-2-115　H111平剖面图

彩陶钵　1件。H111：6，泥质黄褐陶黑彩。直口微敛，圆唇，曲腹近折，平底内凹。口沿及腹部各饰一周宽 0.1、0.5 厘米的条带纹，其间区域饰网格纹。可复原。口径 17.6、底径 6.2、高 9.3 厘米（图 2-2-116，6；彩版七二，1）。

彩陶盆　3件。泥质黄褐陶黑彩。H111：9，黄褐陶。敛口，仰折沿隆起，尖唇，溜肩，深曲腹，平底。器表磨光发白，内壁抹光，沿面及内壁有刮削痕迹。沿面二方连续间隔饰六组垂弧纹、圆点，下腹部饰一周宽 0.6 厘米的条带纹，其上区域饰弧边三角、圆点组成的复合纹饰。可复原。口径 32、腹径 33.6、底径 13.2、高 19.9 厘米（图 2-2-116，3；彩版二〇二，1）。H111：10，器形不规整。敛口，仰折沿隆起，圆唇，溜肩，深曲腹，平底。器表磨光，内壁抹光，内壁及口部外壁均有修整痕迹。唇面、下腹部各饰一周宽 0.6—0.8、0.5 厘米的条带纹，其间区域饰弧边三角、圆点、凸弧纹组成的复合纹饰。可复原。口径 34、腹径 33.4、底径 13.6、高 20.5 厘米（图 2-2-116，2；彩版二〇二，2）。H111：14，敛口，仰折沿隆起，圆唇，溜肩，曲腹，平底。唇面、下腹部各饰一周条带纹，其间区域饰弧边三角、圆点、凸弧纹、弧线组成的复合纹饰。可复原。口径 33.8、腹径 35、底径 12.1、高 21.8 厘米（图 2-2-116，1）。

素面钵　1件。H111：8，泥质黄褐陶。侈口，圆唇，直腹，平底。内外壁均有刮削痕迹。素面。可复原。口径 7.6、底径 5.6、高 3.9 厘米（图 2-2-116，5；图版六二，5）。

素面盆　2件。黄褐陶。素面。H111：2，夹砂陶。器形不规整。敞口，折沿外侧下斜，方唇，斜直腹，平底。内外壁及沿面均有修整痕迹。可复原。口径 23—23.8、底径 9.6、高 9.4 厘米（图 2-2-116，7；图版一〇九，5）。H111：7，泥质陶。直口微侈，仰折沿隆起，圆唇，浅弧腹，平底。器表磨光，内外壁、沿面均有刮削痕迹。可复原。口径 27.6、底径 12.4、高 10.7 厘米（图 2-2-116，4；图版一〇九，6）。

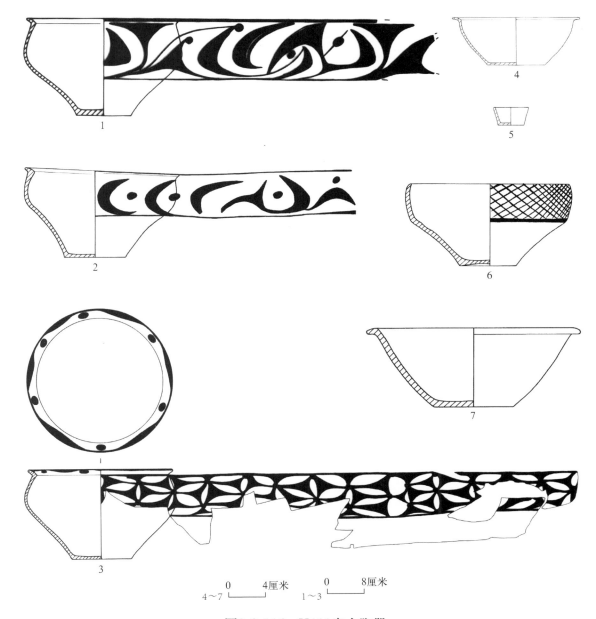

图2-2-116　H111出土陶器

1-3.彩陶盆（H111∶14、H111∶10、H111∶9）　4、7.素面盆（H111∶7、H111∶2）　5.素面钵（H111∶8）6.彩陶钵（H111∶6）

53. H112

位于T25西南部、T26东南部。开口于第②层下，打破生土，开口距地表38厘米。平面形状呈椭圆形，弧壁，平底。坑口直径190、坑底直径180、深132厘米。填土黄灰色，土质疏松。出土适量陶片，泥质与夹砂相当；纹饰以线纹、彩绘为主；可辨器形有罐、钵等（图2-2-117，1）。

H112挑选陶器标本四錾盆1件。

四錾盆　1件。H112∶1，泥质黄褐陶。敛口，叠唇，弧腹，下腹部近直，平底，腹部对称置四个附加凸起状錾。唇面及内外壁均有刮削痕迹。素面。可复原。口径32.8、底径14.2、高17.2厘米（图2-2-117，2）。

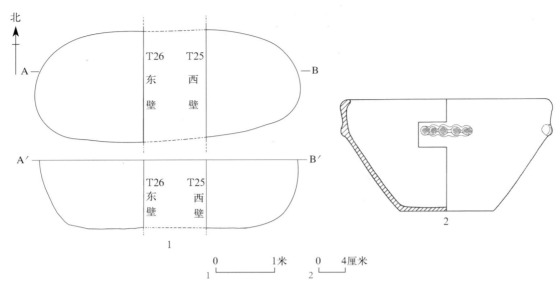

图2-2-117　H112平剖面图及出土陶器

1.平剖面图　　2.四鋬盆（H112∶1）

54. H113

位于 T26 东南部，部分伸入南壁。开口于第②层下，打破生土，开口距地表44厘米。平面形状呈椭圆形，直壁，平底。坑口最大径210、最小径140、深136厘米。填土黑灰色，土质疏松。夹杂红烧土颗粒、炭粒层。出土陶壶1以及适量陶片。陶片夹砂与泥质相当；纹饰以线纹、彩绘为主；可辨器形有钵、罐等（图 2-2-118）。

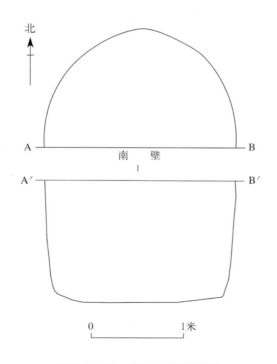

图2-2-118　H113平剖面图

H113 挑选陶器标本 3 件，其中素面钵 1、线纹钵 1、彩陶单把罐 1。

彩陶单把罐　1 件。H113：1，泥质黄褐陶黑彩。侈口，高领，溜肩，鼓腹近折，平底，一侧置桥形把。内壁近口处有修整痕迹。口部外壁、肩部各饰一周宽 0.5—0.7 厘米的条带纹，腹部饰四组横对三角纹与四组竖对三角纹。可复原。口径 11.2、腹径 13.6、底径 5、高 12.1 厘米（图 2-2-119，1；彩版二四四，2）。

线纹钵　1 件。H113：3，夹砂红陶，部分器表呈黑色，厚胎。侈口，尖圆唇，直腹，平底。外壁近口处及内壁有刮削痕迹。通体饰左斜线纹。可复原。口径 13.2、底径 7.4、高 9.7 厘米（图 2-2-119，3）。

素面钵　1 件。H113：4，夹砂红陶。敛口，圆唇，折腹，下腹部近直，平底。素面。可复原。口径 10.4、底径 9.4、高 9.4 厘米（图 2-2-119，2）。

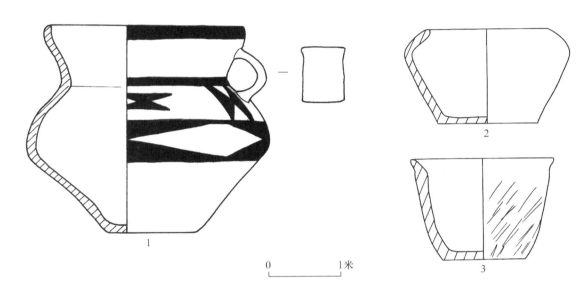

图2-2-119　H113出土陶器
1.彩陶单把罐（H113：1）　2.素面钵（H113：4）　3.线纹钵（H113：3）

55. H114

位于 T37 西部、T39 东部。开口于第①层下，打破生土，开口距地表 40 厘米。平面形状呈椭圆形，直壁，平底。坑口最大径 414、最小径 300、深 310 厘米。填土灰褐色，土质疏松。出土适量石器及陶片，陶片以泥质陶为主，夹砂陶次之；陶色以黄褐陶为主，灰陶少量，纹饰以线纹为主；少量彩陶，可辨器形有小口尖底瓶、罐、钵等（图 2-2-120）。

H114 挑选陶器标本 23 件，其中彩陶钵 8、素面钵 5、素面盆 3、彩陶盆 2、器盖 2、双錾甑 1、素面双錾钵 1、瓮 1。

彩陶钵　8 件。泥质黄褐陶黑彩。H114：13，敛口，圆唇，曲腹近折，平底。内壁近口处有修整痕迹。口部外壁、下腹部各饰一周宽 0.1、0.4 厘米的条带纹，其间区域饰六组对弧边直角、凸弧纹、圆点组成的复合纹饰。可复原。口径 21、腹径 22.2、底径 6.9、高 9.2—9.8 厘米（图 2-2-121，6；彩版七二，2）。H114：14，通体饰红衣。器形不规整。直口微敛，圆唇，曲腹近折，平底内凹。器表磨光，内壁抹光。内壁有轮制痕迹。下腹部饰一周条带纹，其上区域用双短线分为两个单元格，每个单元格内饰网格纹。

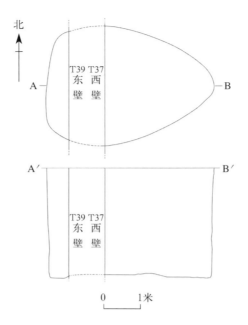

图2-2-120　H114平剖面图

可复原。口径14.6、底径5.1、高7.5厘米（图2-2-121，9；彩版七三，1）。H114：15，敛口，圆唇，曲腹近折，平底微内凹。内壁有修整痕迹。口部外壁、下腹部各饰一周条带纹，其间区域用双短线分为四个单元格，每个单元格内饰网格纹。可复原。口径14.6、底径5.5、高7.3厘米（图2-2-121，4；彩版七三，2）。H114：16，敛口，尖唇，曲腹，平底微内凹。内壁近口处有修整痕迹。口部外壁饰一周垂弧纹，其下区域饰四周宽0.2—0.8厘米不等的条带纹，其下区域饰数个圆点；四周条带纹分为两组，每组之间填充斜线。可复原。口径15、底径4.8、高7.4厘米（图2-2-121，8；图版三二，1）。H114：17，直口，圆唇，曲腹近折，平底微内凹。器表磨光发白。口部外壁、下腹部各饰一周条带纹，其间区域饰双连弧线。可复原。口径13.2、底径5.1、高7.3厘米（图2-2-121，10；图版三二，2）。H114：25，直口，尖唇，曲腹近折，平底内凹。内壁近口处有修整痕迹。下腹部饰一周宽0.3厘米的条带纹，其上区域饰两组圆点、双短横线、弧线组成的复合纹饰，纹饰之间饰网格纹。可复原。口径14.4、底径6、高8.6厘米（图2-2-121，1；彩版七四，1）。H114：26，直口微敛，圆唇，弧腹，平底。口部外壁饰一周宽0.8厘米的条带纹，其下区域饰四个圆点。可复原。口径22、底径10.4、高8.6—9厘米（图2-2-121，7；彩版七四，2）。H114：27，敛口，尖唇，折腹，下腹部近直，平底。器表磨光，内壁抹光，内壁近口处有刮削痕迹。口部外壁二方连续饰一周垂弧纹，其下区域饰五组弧边三角、三周宽0.4厘米的条带纹、圆点组成的复合纹饰。可复原。口径24.6、底径11.2、高11厘米（图2-2-121，2；彩版七五，1）。

　　彩陶盆　2件。泥质黄褐陶黑彩。仰折沿，方唇，深弧腹。H114：11，敛口，下腹部近直，平底。沿面及外壁有刮削痕迹。沿面饰一周条带纹、圆点组成的复合纹饰，下腹部饰一周宽0.3厘米的条带纹，其上区域饰数组弧边三角、圆点组成的复合纹饰。可复原。口径34、底径13.8、高18厘米（图2-2-121，5；图版一九，4）。H114：12，直口微敛，平底微内凹。沿面饰四组凸弧纹、弧边三角组成的复合纹饰。可复原。口径27.8、底径12.2、高11.8厘米（图2-2-121，3）。

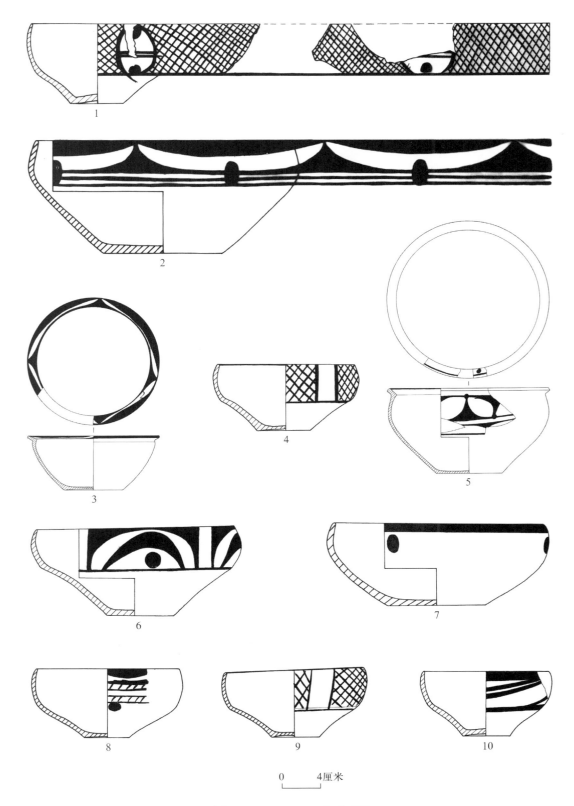

0 ⎯⎯ 4厘米

图2-2-121　H114出土彩陶

1、2、4、6-10.彩陶钵（H114：25、H114：27、H114：15、H114：13、H114：26、H114：16、H114：14、H114：17）

3、5.彩陶盆（H114：12、H114：11）

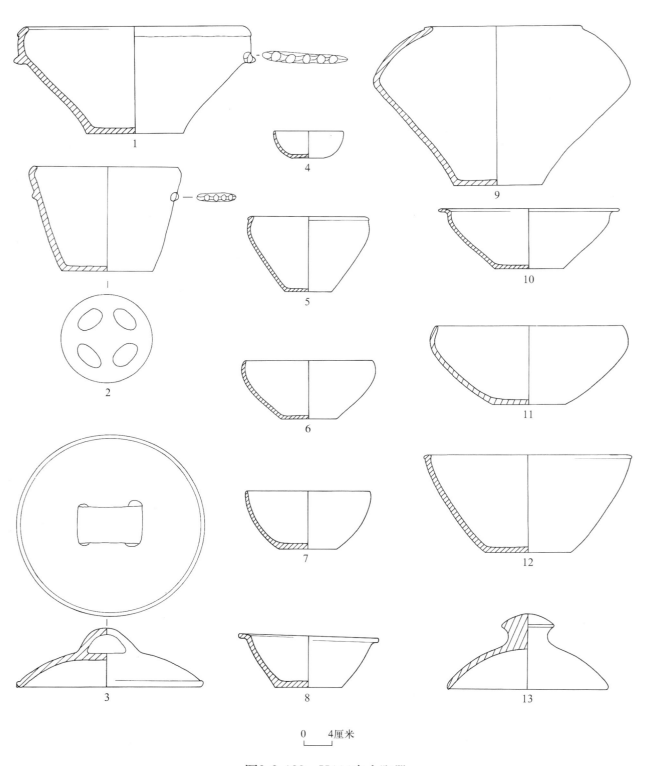

0　　4厘米

图2-2-122　H114出土陶器

1.素面双錾钵（H114：8）　2.双錾甑（H114：37）　3、13.器盖（H114：23、H114：6）　4、6、7、11、12.素面钵（H114：29、H114：21、H114：28、H114：22、H114：20）　5、8、10.素面盆（H114：18、H114：30、H114：19）　9.瓮（H114：24）

素面盆　3件。素面。浅弧腹，平底。H114：18，泥质黄褐陶。敛口，叠唇，弧腹，下腹部近直，平底。器表磨光，外壁、唇面有刮削痕迹。可复原。口径34.8、底径13.6、高22.4厘米（图2-2-122，5；图版六三，1）。H114：19，泥质黄褐陶。直口，仰折沿隆起，圆唇，下腹部近直。器表磨光，内外壁、沿面有刮削痕迹。可复原。口径26、底径10、高9厘米（图2-2-122，10；图版一一一，1）。H114：30，夹砂红陶。器形不规整。敞口，仰折沿，方唇，沿面及外壁均有修整痕迹。可复原。口径19.7—20、底径8.8—9.6、高7.2—7.8厘米（图2-2-122，8）。

素面双錾钵　1件。H114：8，泥质黄褐陶。器形不规整，口部呈椭圆形。敛口，叠唇，弧腹，腹部对称置附加突起状双錾，平底。内外壁、唇面有刮削痕迹。素面。可复原。口径32—33.6、底径14、高16厘米（图2-2-122，1；图版一四二，2）。

素面钵　5件。素面。H114：20，夹砂黄褐陶。侈口，方唇，弧腹近直，平底。外壁、沿面有刮削痕迹。可复原。口径29.8、底径12.3、高14.6厘米（图2-2-122，12；图版六三，2）。H114：21，泥质黄褐陶。敛口，尖唇，弧腹，平底。内壁有刮削痕迹。可复原。口径18.8、底径8、高8.7厘米（图2-2-122，6；图版六三，3）。H114：22，泥质灰陶。敛口，圆唇，弧腹，平底。器表磨光，内壁有刮削痕迹。可复原。口径27、底径10.6、高11.6厘米（图2-2-122，11；图版六三，4）。H114：28，泥质灰陶。侈口，圆唇，弧腹，平底。器表磨光，内壁抹光。内壁有轮制痕迹。可复原。口径17.7、底径8.3、高8.8厘米（图2-2-122，7；图版六三，5）。H114：29，夹砂黄褐陶。侈口，圆唇，弧腹，平底内凹。器表磨光，内壁抹光。内壁有轮制痕迹。可复原。口径9.7、底径4.7、高4厘米（图2-2-122，4；图版六三，6）。

器盖　2件。泥质陶。敞口，弧腹。素面。H114：6，灰陶。器形不规整，口部略呈椭圆形。尖唇，圜顶，蘑菇形纽。器表磨光，内外壁均有刮削痕迹。纽沿饰一周花边。可复原。口径23—23.4、高11.2厘米（图2-2-122，13；图版一八四，1）。H114：23，黄褐陶。器形不规整，口部略呈椭圆形。方唇，口部外壁起台，圜顶近平，桥形纽。内外壁均有刮削痕迹。可复原。口径26.2—27、高9.7厘米（图2-2-122，3；图版一七七，5）。

瓮　1件。H114：24，泥质灰陶。器形不规整，略歪斜。敛口，方唇，溜肩，折腹，下腹部内收，平底。器表磨光，唇面有刮削痕迹。素面。可复原。口径21.3—22.2、底径12.8、高23.6厘米（图2-2-122，9；图版一五九，2）。

双錾甑　1件。H114：37，泥质黄褐陶。敛口，圆唇，斜直腹，平底，底部有四个椭圆形算孔，上腹部对称置附加突起状双錾。唇面、内外壁近口处有刮削痕迹。素面。可复原。口径21.5、底径13、高15.6厘米（图2-2-122，2；图版一五〇，6）。

56. H116

位于T13东南部，部分伸入东壁、南壁。开口于第②层下，打破生土，开口距地表65厘米。平面形状为椭圆形，直壁，台阶状底。坑壁有明显加工痕迹。坑口最大径465、最小径340、深245厘米。填土灰褐色为主，另有浅灰色和黄褐色，土质疏密不均。夹杂红烧土颗粒、炭粒等。出土骨锥1、骨簪1、陶杯2、陶器座1、陶盆1及适量陶片。陶片以夹砂灰陶、泥质灰陶、泥质红陶为主；纹饰有磨光、线纹、线纹、附加堆纹、彩绘等；可辨器形有罐、盆、钵、瓶等（图2-2-123）。

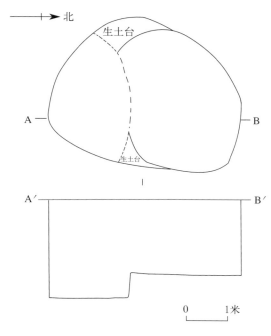

图2-2-123　H116平剖面图

　　H116 挑选陶器标本 41 件，其中彩陶钵 9、素面钵 7、素面盆 5、杯 4、彩陶盆 3、器盖 3、碗 2、素面双錾盆 2、彩陶双錾钵 1、线纹钵 1、小口尖底瓶 1、瓮 1、鼓腹罐 1、双錾甑 1。

　　彩陶钵　9 件。泥质黄褐陶黑彩。H116：12，器形不规整，口部呈椭圆形。直口微侈，圆唇，曲腹，平底微内凹。器表磨光，内壁有明显轮盘修整痕迹与刮削痕迹。口部外壁饰一周垂弧纹，其下区域饰数个圆点、三周条带纹组成的复合纹饰。可复原。口径 14.3、底径 6.3、高 7.5 厘米（图 2-2-124，9；彩版七五，2）。H116：16，直口微敛。器形不规整，略有歪斜，口部呈椭圆形。尖圆唇，曲腹，平底微内凹。器表磨光，内壁抹光，有刮削痕迹。口部外壁二方连续间隔饰一周垂弧纹、圆点，其下区域饰两周宽 0.3—0.5 厘米不等的条带纹。可复原。口径 23.8—24.8、底径 10.8、高 10.6 厘米（图 2-2-124，4；彩版七六，1）。H116：37，敛口，尖唇，曲腹，平底。器表磨光，内外壁均有刮削痕迹。沿面饰一周宽 0.9 厘米的条带纹，其下区域饰凸弧纹、圆点组成的复合纹饰。可复原。口径 24.5、底径 10.2、高 12 厘米（图 2-2-124，2；图版三二，4）。H116：38，敛口，尖圆唇，弧腹，下腹部近直，平底。器表磨光涂一层黄泥浆，内壁抹光。内壁有轮制痕迹和刮削痕迹。腹部二方连续饰两组凸弧纹、圆点组成的复合纹饰。可复原。口径 19.6、底径 8.8、高 11 厘米（图 2-2-124，12；彩版七六，2）。H116：39，敛口，圆唇，曲腹近折，平底内凹。器表磨光发白，内外壁均有刮削痕迹。沿面饰一周条带纹，其下区域饰两组垂弧纹、三个圆点组成的复合纹饰。可复原。口径 20、底径 8.2、高 9.4 厘米（图 2-2-124，13；图版三二，5）。H116：40，直口微敛，圆唇，弧腹，下腹部近直，平底。器表磨光，内壁抹光，有刮削痕迹。口部外壁二方连续间隔饰一周垂弧纹、弧边三角，其下区域饰两周宽 0.4 厘米的条带纹。可复原。口径 15.8、底径 6.6、高 7.8 厘米（图 2-2-124，7；彩版七七，1）。H116：43，器形不规整，口部略呈椭圆形。直口，圆唇，弧腹，平底微内凹。器表磨光，内外壁均有刮削痕迹。口沿、下腹部各饰一周条带纹，其间区域饰数个圆点、弧边三角、弧线组成的复合纹饰。

可复原。口径 14—14.4、底径 5.8、高 6.3 厘米（图 2-2-124，10；图版三二，6）。H116：44，口部略有歪斜。直口微敛，圆唇，弧腹，平底。器表磨光发白，内壁抹光，内壁近口处有刮削痕迹。口部外壁饰一周宽 0.6 厘米的条带纹。可复原。口径 15.5—16、底径 5.4、高 8.1—8.4 厘米（图 2-2-124，8；彩版七七，2）。H116：45，直口微敛，圆唇，弧腹，平底内凹。器表磨光，内壁抹光，内壁近口处有刮削痕迹。口部外壁间隔饰一周垂弧纹、圆点，其下区域饰一周宽 0.3 厘米的条带纹。可复原。口径 15、底径 6、高 5.5—6 厘米（图 2-2-124，11；彩版七八，1）。

彩陶双錾钵　1件。H116：50，泥质黄褐陶黑彩。器形不规整，口部略呈椭圆形。敛口，方唇，曲腹，腹部对称置附加突起状双錾，平底。器表磨光，内外壁均有刮削痕迹，錾上有明显手捏痕迹。唇面饰一周条带纹，下腹部饰一周宽 0.3 厘米的条带纹，其间区域饰弧边三角、凸弧纹、弧线组成的复合纹饰。口径 35—35.4、腹径 39、底径 13、高 21.2 厘米（图 2-2-124，6；图版二四，6）。

彩陶盆　3件。泥质黄褐陶。H116：14，黑褐彩。敛口，折沿隆起，圆唇，浅弧腹，平底。器表磨光，内壁抹光，沿面及内壁有刮削痕迹。沿面饰五组双圆点、凸弧纹、弧边三角组成的复合纹饰。可复原。口径 28.2、底径 10、高 8.7 厘米（图 2-2-124，1；图版八，2）。H116：15，黑彩。直口微敛，折沿隆起，圆唇，浅弧腹，平底。器表磨光，内壁抹光，有不明显的刮削痕迹。沿面饰四组双圆点，唇面饰一周宽 0.8 厘米的条带纹。可复原。口径 26.3、底径 10、高 10 厘米（图 2-2-124，3）。H116：17，黑彩。敛口，仰折沿隆起，圆唇，浅弧腹，平底。器表磨光，内外壁近口处有明显刮削痕迹。口部外壁饰一周宽 1 厘米的条带纹。可复原。口径 25.5、底径 11.2、高 10.9 厘米（图 2-2-124，5；图版三，6）。

素面钵　7件。素面。H116：11，泥质黄褐陶，通体饰红衣。直口微敛，尖圆唇，折腹，下腹部近直，平底。器表磨光，内壁有明显刮削痕迹。可复原。口径 16.6、底径 6、高 8.2 厘米（图 2-2-126，8；图版三二，3）。H116：18，泥质黄褐陶。器形不规整，口部略呈椭圆形。敛口，圆唇，弧腹近直，平底。器表磨光，内外壁均有刮削痕迹。可复原。口径 26—26.6、底径 13.6、高 11.8 厘米（图 2-2-126，5；图版六二，6）。H116：19，泥质红陶。直口，方唇，口部外壁有一周凹槽，弧腹，平底。器表磨光，内壁抹光，内外壁近口处有刮削痕迹。可复原。口径 15.9、底径 8.5、高 6 厘米（图 2-2-125，7）。H116：25，泥质红陶。直口微敛，圆唇，弧腹，平底。器表磨光，内壁抹光，内外壁近口处有刮削痕迹。可复原。口径 14.2、底径 6.5、高 7.8 厘米（图 2-2-125，8）。H116：26，夹砂红陶。敞口，圆唇，斜直腹，平底。内外壁近口处有刮削痕迹。可复原。口径 9.3、底径 4.7、高 4.6 厘米（图 2-2-125，12）。H116：27，夹砂黄褐陶。直口微敛，圆唇，弧腹，平底。内外壁近口处有刮削痕迹。可复原。口径 7.7、底径 5.4、高 5 厘米（图 2-2-125，15）。H116：48，泥质灰陶。敛口，圆唇，弧腹，平底。器表磨光，内壁抹光，内外壁近口处有刮削痕迹。可复原。口径 21.3、底径 11.4、高 10.1 厘米（图 2-2-126，13）。

线纹钵　1件。H116：46，泥质灰陶，厚胎。敛口，方唇，弧腹，平底。外壁饰左斜线纹。可复原。口径 10.2、底径 11.4、高 10.4 厘米（图 2-2-125，9）。

碗　2件。夹砂黄褐陶。敞口，圆唇，弧腹近直，饼足。内外壁近口处有刮削痕迹。素面。H116：28，可复原。口径 8.5、底径 4.1、高 3.1 厘米（图 2-2-125，13）。H116：29，可复原。口径 8.2、底径 4.2、高 3.4 厘米（图 2-2-125，14）。

器盖　3件。夹砂陶。素面。H116：34，黄褐陶。侈口，圆唇，弧腹中间起台，圜顶，桥形纽。

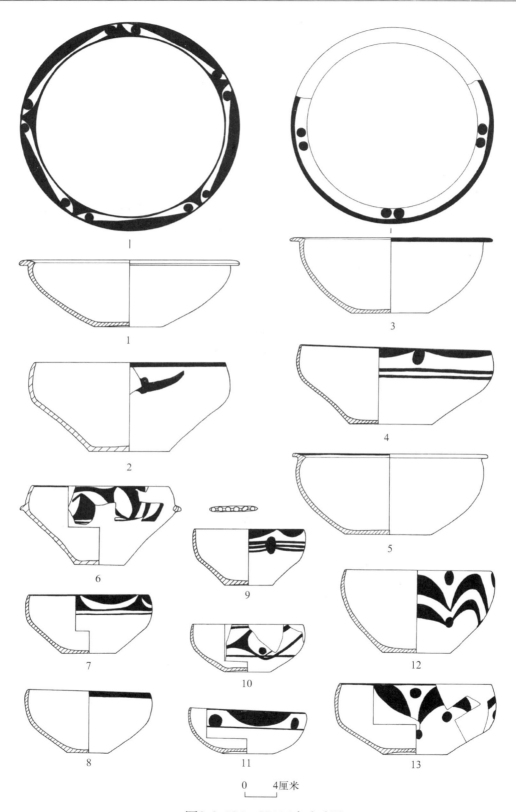

0　　4厘米

图2-2-124　H116出土彩陶

1、3、5.彩陶盆（H116∶14、H116∶15、H116∶17）　6.彩陶双鋬钵（H116∶50）　2、4、7-13.彩陶钵（H116∶37、H116∶16、H116∶40、H116∶44、H116∶12、H116∶43、H116∶45、H116∶38、H116∶39）

内壁有刮削痕迹。可复原。口径11.8、高6.3—6.6厘米（图2-2-125，11）。H116：35，红陶。器形歪斜严重，口部呈椭圆形，薄胎。敞口，尖唇，弧腹，圜顶，椭圆柱形纽。可复原。口径5.8—6.3、高2.7厘米（图2-2-125，4）。H116：57，红陶，厚胎。器形不规整，口部略呈椭圆形。敞口，圆唇，弧腹，长方形纽。纽上有明显的手捏痕迹。可复原。口径5.4—6、高3.5厘米（图2-2-125，3；图版一八二，2）。

杯　4件。素面。H116：30，夹砂红陶。口部略有歪斜。敞口，卷沿，圆唇，弧腹，平底。内壁有泥条盘筑痕迹。可复原。口径5、底径2.9、高5.5厘米（图2-2-125，5）。H116：31，夹砂黄褐陶。敞口，圆唇，曲腹，平底。内壁有刮削痕迹。可复原。口径8、底径4.4、高6厘米（图2-2-125，1）。H116：32，泥质红陶。口部略有歪斜。侈口，圆唇，弧腹近直，平底。可复原。口径5、底径2.7—3、高4.3—4.5厘米（图2-2-125，2）。H116：33，夹砂黄褐陶。侈口，尖唇，曲腹，饼底。内外壁近口处有刮削痕迹。可复原。口径4.3、底径3、高4.7厘米（图2-2-125，6）。

小口尖底瓶　1件。H116：70，泥质黄褐陶。退化重唇口，圆唇，束颈，溜肩，橄榄状腹。肩部以下饰线纹、篮纹，颈部饰篮纹。底部残。口径3.8、残高26厘米（图2-2-125，10）。

素面盆　5件。平底。素面。H116：13，夹砂红陶。敞口，铁轨式口，圆唇，弧腹近直。沿面、外壁近口处及内壁有刮削痕迹。可复原。口径20、底径8.4、高8.2厘米（图2-2-126，10）。H116：22，夹砂红陶。敞口，折沿内突，圆唇，浅曲腹。沿面及内外壁近口处有刮削痕迹。可复原。口径20.8、底径8、高7.2厘米（图2-2-126，12）。H116：23，夹砂黄褐陶。直口，仰折沿，圆唇，浅弧腹。沿面及内外壁近口处有刮削痕迹。可复原。口径18.5、底径7.7、高6.9厘米（图2-2-126，9）。H116：24，夹砂红陶。敞口，仰折沿，圆唇，弧腹近直。沿面及内外壁近口处有刮削痕迹。可复原。口径17、底径9、高7.1厘米（图2-2-126，11）。H116：47，泥质灰陶。敞口，卷沿，圆唇，弧腹。器表磨光，内壁抹光，沿面及内外壁近口处有刮削痕迹。可复原。口径24.8、底径11.2、高10.6厘米（图2-2-126，6）。

瓮　1件。H116：36，泥质灰陶。器形不规整，口部略呈椭圆形。敛口，圆唇，矮领，溜肩，鼓腹，下腹部近直，平底。器表磨光，内外壁有明显的刮削痕迹。素面。可复原。口径19.7—20.2、底径14.3、高21.6厘米（图2-2-126，7；图版一五九，3）。

鼓腹罐　1件。H116：69，夹砂灰陶。直口微侈，方唇，矮领外侧有一周突棱，溜肩，鼓腹。肩部饰四个饼状附加堆纹，腹部饰一周附加堆纹，其上区域饰凹弦纹，其下区域饰左斜绳纹。腹部以下残。口径20.8、残高16.4厘米（图2-2-126，4）。

素面双錾盆　2件。敛口，叠唇，平底。腹部对称置附加突起状双錾。錾上有明显手捏痕迹。素面。H116：21，夹砂红陶。器形不规整，口部略呈椭圆形。斜直腹。器表有明显的刮削痕迹。可复原。口径33.6、底径8.6、高26.1厘米（图2-2-126，2；图版一四二，3）。H116：52，泥质灰陶。器形不规整，口部略呈椭圆形。弧腹，下腹近直。器表磨光，内外壁有明显的刮削痕迹。可复原。口径46、底径20、高28.8厘米（图2-2-126，1；图版一四二，4）。

双錾甑　1件。H116：20，夹砂红陶。敞口，方唇中间有一周凹槽，斜直腹，腹部对称置附加突起状双錾，平底，底部中间有一圆形箅孔，周围有六个大小不一的圆形箅孔。錾上有明显的布纹捏痕。素面。可复原。口径24.6、底径15.2、高16.3厘米（图2-2-126，3；图版一五四，1）。

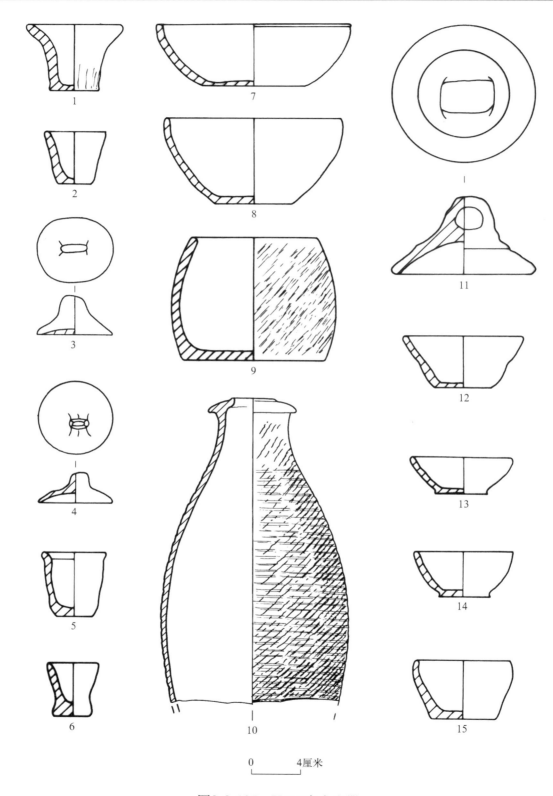

图2-2-125　H116出土陶器

1、2、5、6.杯（H116：31、H116：32、H116：30、H116：33）　3、4、11.器盖（H116：57、H116：35、H116：34）　7、8、12、15.素面钵（H116：19、H116：25、H116：26、H116：27）　9.线纹钵（H116：46）　10.小口尖底瓶（H116：70）　13、14.碗（H116：28、H116：29）

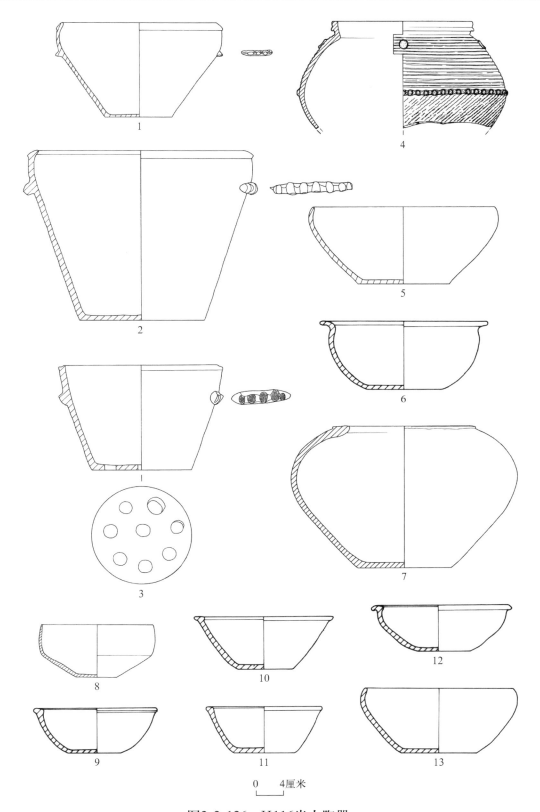

图2-2-126　H116出土陶器

1、2.素面双錾盆（H116：52、H116：21）　3.双錾甑（H116：20）　4.鼓腹罐（H116：69）　5、8、13.素面钵（H116：18、
H116：11、H116：48）　6、9-12.素面盆（H116：47、H116：23、H116：13、H116：24、H116：22）　7.瓮（H116：36）

57. H120

位于T35东南部，部分伸入东壁。开口于第②层下，打破生土，开口距地表50厘米。平面形状呈椭圆形，斜直壁，斜坡状底。坑口最大径180、最小径116、坑底最大径114、最小径100、深80—115厘米。填土黑褐色，夹杂少量黄土，土质疏松，较纯净。出土适量陶片，以泥质黄褐陶为主，另有少量泥质红陶、夹砂灰陶等；纹饰以线纹、彩绘为主；可辨器形有盆、罐、小口尖底瓶、钵等（图2-2-127，1）。

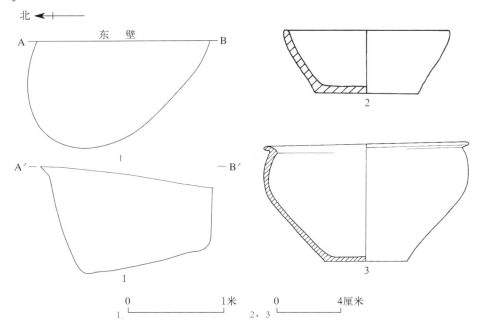

图2-2-127　H120平剖面图及出土陶器
1.平剖面图　2.素面钵（H120∶3）　3.素面盆（H120∶2）

H120挑选陶器标本2件，其中素面盆1、素面钵1。

素面盆　1件。H120∶2，泥质黄褐陶。器形不规整，略歪斜。敛口，仰折沿隆起，圆唇，深弧腹，平底。器表磨光，内外壁近口处有刮削痕迹。素面。可复原。口径25.5、底径10.1、高14.7—15.3厘米（图2-2-127，3；图版——一，2）。

素面钵　1件。H120∶3，夹砂灰陶。侈口，圆唇，斜直腹，平底。素面。可复原。口径20.4、底径12.5、高8.2厘米（图2-2-127，2）。

58. H122

位于T34西北角，伸入西壁、北壁。开口于第②层下，打破生土，被H102打破，开口距地表55厘米。平面形状呈椭圆形，台阶状壁，平底。坑口最大径460、最小径220、坑底最大径330、最小径150、深155厘米。填土分为两层，第①层厚95厘米，黄褐色，土质纯净，较致密；第②层厚60厘米，灰白色，土质疏松，有杂质。出土石磨盘1、砺石1、钵1、甑1及适量陶片。陶片夹砂与泥质相当；纹饰主要有磨光、线纹、压印纹、线纹、彩绘等；可辨器形有盆、罐、钵、小口尖底瓶等（图2-2-128）。

H122挑选陶器标本17件，其中素面盆7、彩陶盆4、素面双錾钵2、甑2、素面钵1、灶1。

彩陶盆　4件。泥质陶黑彩。H122∶9，黄褐陶。敛口，仰折沿微隆起，圆唇，深曲腹，下腹部近直，

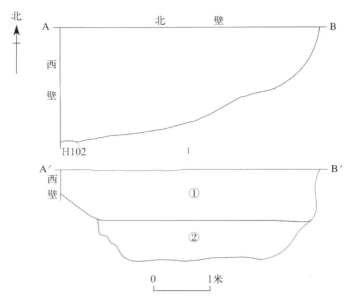

图2-2-128 H122平剖面图

平底。器表磨光，内壁抹光，沿面及内壁有刮削痕迹。唇面、下腹部各饰一周宽0.5、0.6厘米的条带纹，其间区域饰凸弧纹、对弧边三角、弧线、圆点组成的复合纹饰。可复原。口径34、底径12、高14厘米（图2-2-129，1；彩版二〇三，1）。H122：13，黄褐陶，内壁及沿面饰红彩。敛口，仰折沿隆起，圆唇，溜肩，深曲腹，下腹部近直，平底。器表磨光，内壁抹光，沿面及内壁有刮削痕迹。沿面饰垂弧纹、弧边三角组成的复合纹饰。腹部饰弧边三角、凸弧纹、圆点组成的复合纹饰。可复原。口径33.6、腹径35.4、底径14.5、高24.4厘米（图2-2-129，2；图版一九，6）。H122：17，黄褐陶，通体饰红彩。直口微敛，折沿隆起，圆唇，曲腹，平底内凹。沿面饰垂弧纹、弧边三角组合的复合纹饰；下腹部饰一周条带纹，其上区域饰凸弧纹、弧边三角、弧线组成的复合纹饰。可复原。口径36.4、底径14.6、高13.3—14厘米（图2-2-129，4；彩版二〇三，2）。H122：19，红陶。直口，折沿微隆起，圆唇，深曲腹，平底。器表磨光，内壁抹光，沿面有一周凹槽，沿面及内壁近口处有轮制痕迹。沿面饰五组垂弧纹，下腹部饰一周宽0.3—0.5厘米的条带纹，其上区域饰凸弧纹、弧边三角、弧线组成的复合纹饰。可复原。口径33.8、底径12.2、高16.3厘米（图2-2-129，3；彩版二〇四，1）。

灶 1件。H122：5，夹砂红陶。器形不规整，略歪斜。直口，斜直腹，腹部一侧开有灶门，腹内置三个三角形支垫，支垫末端下垂，底部设三个锥形足，平底。沿面及内外壁近口处有刮削痕迹，内壁近底处有明显泥条盘筑痕迹。口部饰三周附加堆纹，腹部通体饰左斜篮纹和凹弦纹组成的复合纹饰，灶门底部两侧各饰一圆饼状附加堆纹。可复原。口径30.8—31.6、底径23.3—24.9、高17.9厘米（图2-2-130，1；图版一七三，5）。

素面钵 1件。H122：14，泥质黄褐陶，外壁饰红彩。口部不规整，变形严重，呈椭圆形。直口微敛，方唇，深弧腹，平底。器表磨光，内壁抹光，有刮削痕迹。素面。可复原。口径17.7—18.7、底径5.2—6.2、高9.1厘米（图2-2-130，7；图版六四，1）。

素面双錾钵 2件。泥质红陶。敛口，叠唇，弧腹，下腹部近直，平底，腹部对称置附加突起状双錾，錾上有手捏痕迹。器表磨光，内壁抹光，有刮削痕迹。素面。H122：16，可复原。口径34.8、底径15.4、高18厘米（图2-2-130，3）。H122：18，可复原。口径35、底径14.4、高18.5厘米（图

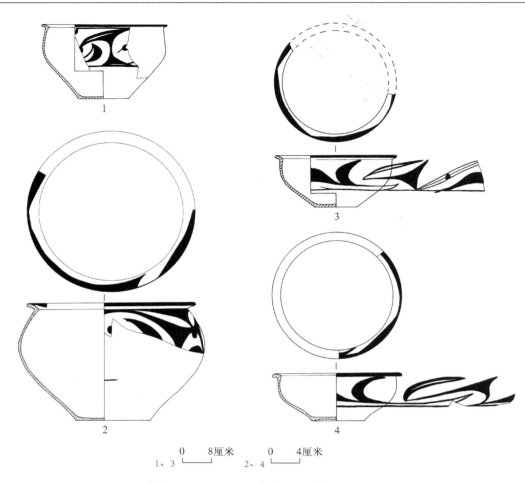

图2-2-129　H122出土彩陶盆
1-4.彩陶盆（H122：9、H122：13、H122：19、H122：17）

2-2-130，2；图版一四二，5）。

　　素面盆　7件。泥质陶。素面。H122：6，黄褐陶。敛口，仰折沿隆起，圆唇，浅弧腹，下腹近直，平底内凹。器表磨光，内外壁均有刮削痕迹。可复原。口径36、底径15.5、高16.8厘米（图2-2-130，11；图版一一〇，1）。H122：7，红陶。器形不规整，口部略呈椭圆形。敛口，叠唇，浅弧腹，平底。器表磨光，内外壁均有刮削痕迹。可复原。口径33、底径12、高12.6厘米（图2-2-130，6；图版一一〇，2）。H122：10，黄褐陶。直口微敛，仰折沿隆起，圆唇，浅弧腹，平底微凸。器表磨光发白，内外壁有明显的刮削痕迹。口径36.5、底径13、高14.5厘米（图2-2-130，8；图版二〇，1）。H122：11，红陶。器形不规整，略有歪斜。敞口，仰折沿外侧下斜，圆唇，浅弧腹，平底。内外壁有明显的刮削痕迹。可复原。口径26.3、底径11.6、高8.3—8.8厘米（图2-2-130，4；图版一一〇，3）。H122：12，黄褐陶。器形不规整，口部略呈椭圆形。直口微敛，仰折沿隆起，圆唇，弧腹，平底。内外壁有明显的刮削痕迹。可复原。口径33.5、底径10.2、高16.3—17.5厘米（图2-2-130，12；图版一一〇，4）。H122：15，红陶。敛口，折沿，叠唇，弧腹近直，平底。器表磨光，内壁抹光，有刮削痕迹。可复原。口径34.1、底径13.4、高14.7厘米（图2-2-130，9；图版一一〇，5）。H122：26，灰陶。敛口，折沿隆起，圆唇，浅弧腹，平底。器表磨光，内壁抹光，沿面及内壁有刮削痕迹。可复原。口径30.2、底径10.5、高10.5厘米（图2-2-130，13；图版一一〇，6）。

甑　2件。素面。H122：8，夹砂红陶，厚胎。敛口，方唇，弧腹，平底，底部有两个圆形箅孔。可复原。口径17.6、底径9.1、高8.8厘米（图2-2-130，5；图版一五一，3）。H122：21，夹砂灰陶。直口微敛，叠唇，深弧腹，平底，底部有五个月牙形箅孔。唇面及内外壁均有刮削痕迹。可复原。口径27.2、底径13.2、高15厘米（图2-2-130，10；图版一五一，4）。

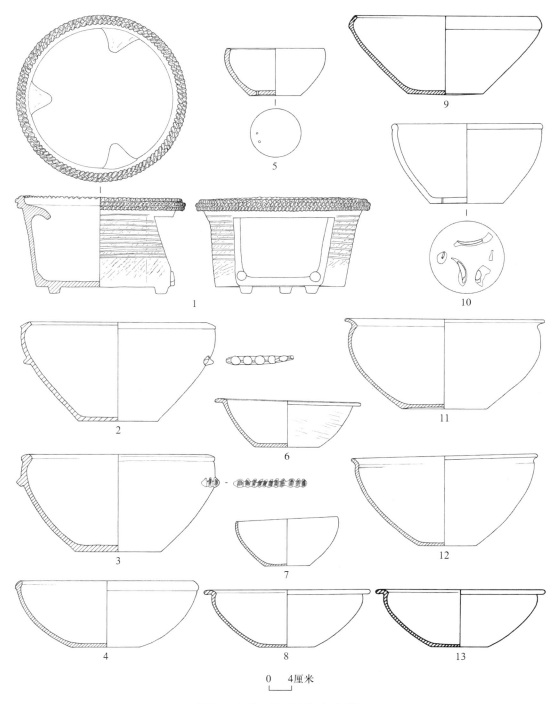

0　　4厘米

图2-2-130　H122出土陶器

1.灶（H122：5）　2、3.素面双錾盆（H122：18、H122：16）　4、6、8、9、11-13.素面盆（H122：11、H122：7、H122：10、H122：15、H122：6、H122：12、H122：26）　5、10.甑（H122：8、H122：21）　7.彩陶钵（H122：14）

59. H124

位于T28西部，部分伸入西壁。开口于第②层下，打破第③层，被H157打破，开口距地表60厘米。平面形状呈椭圆形，弧壁，平底。坑口最大径480、最小径300、坑底最大径450、最小径250、深110厘米。填土灰褐色，土质疏松。包含少量石器、动物骨骼。出土适量陶片，以泥质黄褐陶、夹砂灰陶为主；纹饰有磨光、彩绘等；可辨器形有罐、盆、瓶等（图2-2-131，1）。

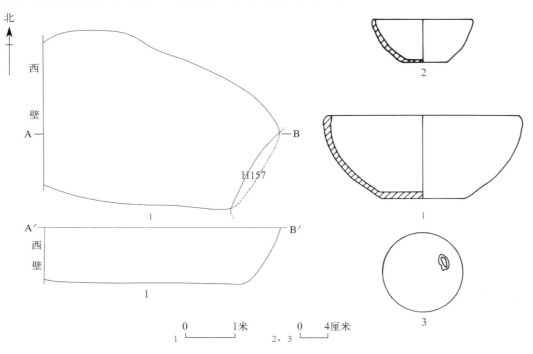

图2-2-131　H124平剖面图及出土陶器
1.平剖面图　2.素面钵（H124：4）　3.甑（H124：5）

H124挑选陶器标本2件，其中素面钵1、甑1。

素面钵　1件。H124：4，泥质黄褐陶。侈口，圆唇，弧腹，平底。内壁磨光，外壁及内壁近口处有刮削痕迹。素面。可复原。口径12.2、底径5.6、高5.3厘米（图2-2-131，2）。

甑　1件。H124：5，泥质黄褐陶。敛口，叠圆唇，弧腹，平底。底部有一椭圆孔。素面。可复原。口径29、底径12.1、高12.3厘米（图2-2-131，3）。

60. H127

位于T39东北部。开口于第③层下，打破生土，开口距地表40厘米。平面形状近圆形，直壁，平底。坑口最大径340、最小径330、深264厘米。填土灰褐色，土质疏松。出土石铲1及适量陶片。陶片以泥质黄褐陶、夹砂灰陶为主；纹饰以线纹、磨光、彩绘为主；可辨器形有罐、钵、盆等（图2-2-132）。

H127挑选陶器标本9件，其中素面盆3、彩陶罐1、彩陶盆1、彩陶钵1、素面钵1、器盖1、双錾甑1。

彩陶罐　1件。H127：6，泥质黄褐陶黑彩。敛口，折沿，圆唇，溜肩，深曲腹，平底。器表磨光发白，内壁抹光，沿面及内壁有刮削痕迹。沿面饰一周垂弧纹、弧边三角组成的复合纹饰，肩部、下腹部各饰一周宽0.4厘米的条带纹，其间区域饰弧边三角、圆点组成的复合纹饰。可复原。口径23.3、腹径24.6、底径12、高19.2厘米（图2-2-133，1）。

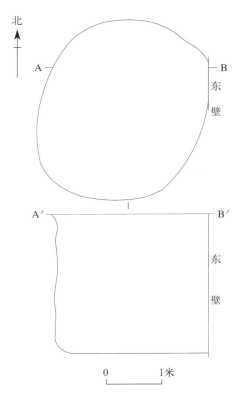

图2-2-132　H127平剖面图

彩陶盆　1件。H127：7，泥质黄褐陶黑彩。敛口，仰折沿，圆唇，深曲腹，平底。器表磨光，内壁抹光，沿面及内壁有刮削痕迹。沿面外侧饰一周条带纹，其内侧饰四个圆点，唇面、下腹部各饰一周宽0.9、0.6厘米的条带纹，其间区域饰弧边三角、凸弧纹、圆点组成的复合纹饰。可复原。口径29.7、底径10.4、高17.8厘米（图2-2-133，3）。

彩陶钵　1件。H127：9，泥质灰陶红彩。侈口，圆唇，斜直腹，平底。器表磨光，内壁近口处有刮削痕迹。底部饰有少量红彩。可复原。口径16.9、底径9、高8.3厘米（图2-2-133，7）。

素面盆　3件。素面。H127：3，泥质红陶。侈口，卷沿，圆唇，斜直腹，平底。沿面及外壁有刮削痕迹。可复原。口径18.6、底径13.7、高10.2厘米（图2-2-133，8）。H127：5，泥质黄褐陶。侈口，折沿，圆唇，斜直腹，平底。沿面及内外壁近口处有刮削痕迹。可复原。口径20.3、底径15、高12.3厘米（图2-2-133，4）。H127：8，夹砂红陶，口部不规整。敞口，折沿外侧下斜，方唇，浅弧腹，平底。沿面有刮削痕迹。可复原。口径24.8、底径11、高7.8厘米（图2-2-133，5）。

素面钵　1件。H127：11，夹砂红陶。侈口，圆唇，斜直腹，平底。内壁有刮削痕迹。素面。可复原。口径12.8、底径8.2、高6厘米（图2-2-133，6）。

器盖　1件。H127：10，泥质灰陶。敞口，圆唇外壁起台，弧腹，圜顶，桥形纽。内壁有刮削痕迹。素面。可复原。口径16.6、高7.2厘米（图2-2-133，9）。

双錾甑　1件。H127：4，泥质灰陶，胎较厚。敞口，叠唇，斜直腹，腹部对称置附加突起状双錾，平底，底部有五个椭圆形箅孔。唇面有刮抹痕迹，外壁近口处有竖向拍印痕迹，錾上有捏制痕迹。素面。可复原。口径16.4、底径12.8、高14.7厘米（图2-2-133，2；图版一四二，6）。

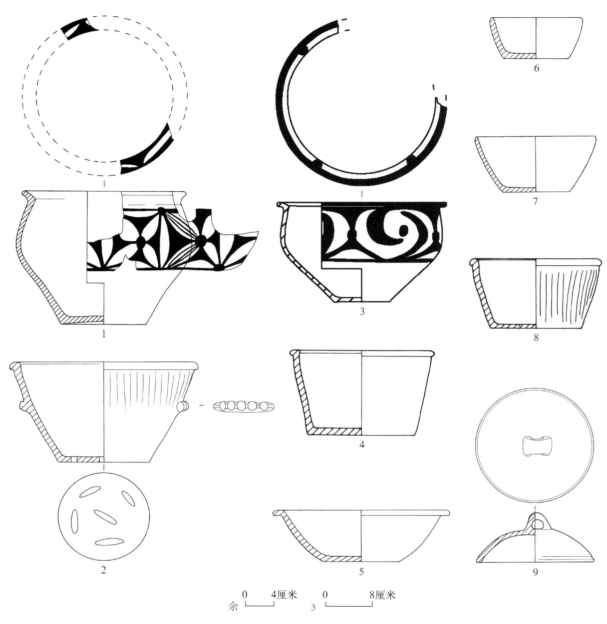

图2-2-133　H127出土陶器

1.彩陶罐（H127∶6）　2.双錾甑（H127∶4）　3.彩陶盆（H127∶7）　4、5、8.素面盆（H127∶5、H127∶8、H127∶3）
6.素面钵（H127∶11）　7.彩陶钵（H127∶9）　9.器盖（H127∶10）

61. H132

位于T30北部，部分伸入北壁。开口于第②层下，打破生土，开口距地表45厘米。平面形状呈椭圆形，斜直壁，平底。坑口最大径170、最小径110、坑底最大径160、最小径100、深55厘米。填土浅灰色，土质松软。夹杂少量石块。出土适量陶片，以泥质陶为主，夹砂陶次之；纹饰以线纹、彩绘、绳纹等为主；可辨器形有罐、钵、小口尖底瓶等（图2-2-134，1）。

H132挑选陶器标本素面钵2件。

素面钵　2件。泥质陶。平底。素面。H132∶2，黄褐陶。侈口，尖圆唇，弧腹近直。器表磨

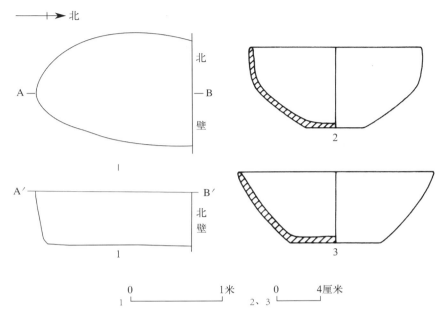

图2-2-134　H132平剖面图及出土陶器
1.平剖面图　2、3.素面钵（H132：2、H132：3）

光，内壁抹光，内壁近口处有刮削痕迹。可复原。口径18、底径8.8、高7厘米（图2-2-134，2）。H132：3，器形不规整，略歪斜。红陶。直口，圆唇，口部内侧饰一周凹痕，弧腹。器表磨光，内壁抹光，内壁近口处有刮削痕迹。可复原。口径15.9、底径4.5、高6.4—6.8厘米（图2-2-134，3）。

62. H137

位于T35西北部。开口于第②层下，打破生土，被H106打破，开口距地表50厘米。平面形状呈椭圆形，弧壁，平底。坑口最大径264、最小径236、深100厘米。填土黄灰色，第①层厚40厘米，土质较致密；第②层厚60厘米，土质疏松，较纯净。出土少量石块、适量陶片。陶片以夹砂灰陶、泥质红陶为主；纹饰以线纹、彩绘为主；可辨器形有小口尖底瓶、罐、盆、钵等（图2-2-135，1）。

H137挑选陶器标本杯1件。

杯　1件。H137：1，夹砂红陶，厚胎。器形不规整，略有歪斜。侈口，圆唇，曲腹，平底。内外壁近口处有刮削痕迹。素面。可复原。口径5.2、底径3.2、高4.8—5.2厘米（图2-2-135，2；图版一八八，4）。

63. H138

位于T35东北部。开口于第②层下，打破生土，开口距地表60厘米。平面形状呈椭圆形，南壁弧壁，东、西、北壁直壁，平底。坑口最大径252、最小径220、坑底最大径252、最小径190、深80厘米。填土灰黑色，土质较致密。夹杂红烧土块、石块、动物骨骼。灰坑中间堆放大量石块，出土适量陶片。陶片以夹砂灰陶、泥质黄褐陶为主；纹饰以线纹、彩绘为主，绳纹次之；可辨器形有钵、盆、罐、小口尖底瓶等（图2-2-136）。

H138挑选陶器标本5件，其中彩陶盆1、彩陶钵1、素面钵1、素面盆1、器盖1。

彩陶盆　1件。H138：4，泥质黄褐陶黑彩。敛口，折沿，圆唇，深曲腹，平底微内凹。器表磨光，

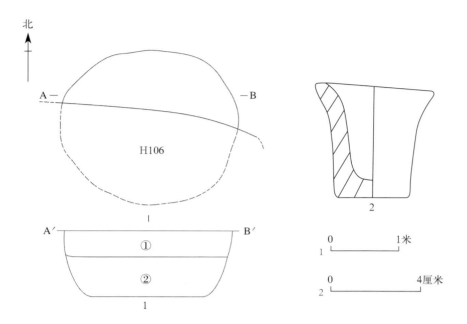

图2-2-135　H137平剖面图及出土遗物

1.平剖面图　2.杯（H137：1）

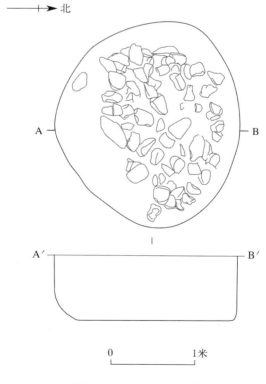

图2-2-136　H138平剖面图

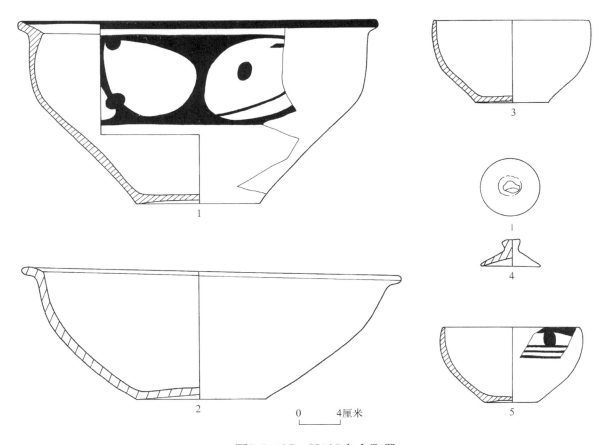

图2-2-137　H138出土陶器

1.彩陶盆（H138∶4）　2.素面盆（H138∶7）　3.素面钵（H138∶6）　4.器盖（H138∶1）　5.彩陶钵（H138∶5）

内壁近口处有刮削痕迹。唇面饰一周条带纹，腹部饰弧边三角、圆点、弧线组成的复合纹饰。可复原。口径35、底径12、高18.5厘米（图2-2-137，1；图版二○，1）。

彩陶钵　1件。H138∶5，泥质黄褐陶黑彩。直口，尖唇，弧腹，平底内凹。器表磨光，内壁近口处有刮削痕迹。口部外壁间隔饰数组垂弧纹、圆点，其下区域饰三周宽0.3—0.4厘米不等的条带纹。可复原。口径13.5、底径5、高7.6厘米（图2-2-137，5；图版三三，1）。

素面钵　1件。H138∶6，泥质红陶。直口，圆唇，曲腹，平底微内凹。器表磨光，内外壁近口处有刮削痕迹。素面。可复原。口径15.8、底径7、高8.2厘米（图2-2-137，3；图版六四，2）。

素面盆　1件。H138∶7，泥质黄褐陶。器形不规整，略歪斜。侈口，折沿隆起，圆唇，浅弧腹，平底微内凹。器表磨光，内外壁近口处有刮削痕迹。素面。可复原。口径36.7、底径13.5、高12.5—13.5厘米（图2-2-137，2；图版一一一，3）。

器盖　1件。H138∶1，夹砂黄褐陶。敞口，圆唇，弧腹近直，圜顶，楔形纽。素面。可复原。口径5.8、高2.8厘米（图2-2-137，4；图版一八三，4）。

64. H139

位于T30东北部，部分伸入北壁。开口于第②层下，打破生土，被H154打破，开口距地表45厘米。平面形状呈圆形，直壁，台阶状底。坑口直径300、深90厘米。填土灰褐色，土质疏松。出土少量石器、骨器，适量陶片。陶片以泥质黄褐陶为主，夹砂灰陶次之；纹饰多为线纹，少量彩绘；可辨器形有小口尖底瓶、钵、罐等（图2-2-138，1）。

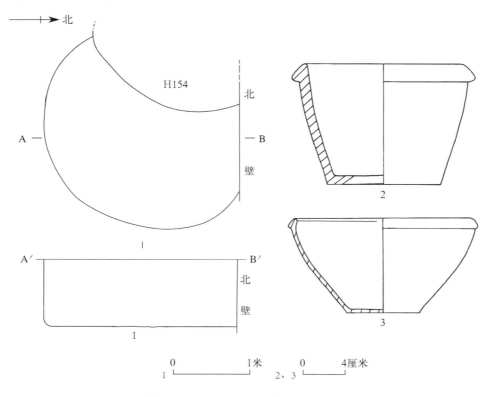

图2-2-138　H139平剖面图及出土陶器
1.平剖面图　2、3.素面盆（H139：3、H139：2）

H139挑选陶器标本素面盆2件。

素面盆　2件。泥质陶。侈口，方叠唇，斜直腹，平底。素面。H139：2，黄褐陶，器表磨光发白。外壁近口处、唇面有刮抹痕迹。可复原。口径36、底径13.6、高18.6厘米（图2-2-138，3；图版一一一，4）。H139：3，红陶，厚胎。器表有刮削痕迹，内壁有明显的泥条盘筑和轮盘修整痕迹。可复原。口径17.4、底径11、高11.8厘米（图2-2-138，2）。

65. H142

位于T31中部。开口于第②层下，打破生土，开口距地表30厘米。平面形状呈椭圆形，直壁，斜坡状底。坑口最大径210、最小径190、深110厘米。填土分为三层，第①层厚30厘米，灰色，土质疏松；第②层厚22厘米，红褐色，土质疏松；第③层厚58厘米，黄褐色，土质致密。出土石磨2、陶盆1及适量陶片。陶片夹砂与泥质相当；纹饰以线纹为主，彩绘次之；可辨器形有盆、钵、罐等（图2-2-139，1）。

H142挑选陶器标本素面盆1件。

素面盆　1件。H142：3，泥质灰陶，口部变形，器形略歪斜。直口，折沿隆起，圆唇，束颈，浅弧腹，平底。器表有泥条盘筑痕迹，内壁及沿面有刮削痕迹。素面。可复原。口径34.2、底径11.4、高9.5—10厘米（图2-2-139，2）。

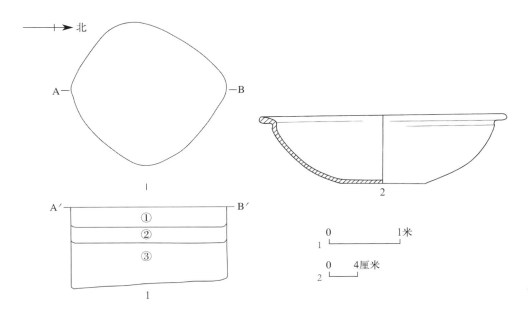

图2-2-139　H142平剖面图及出土陶器
1.平剖面图　2.素面盆（H142：3）

66. H143

位于 T30 西南部。开口于第②层下，打破生土，被 H103 打破，开口距地表 57 厘米。平面形状呈椭圆形，弧壁，平底。坑口最大径 150、最小径 140、坑底最大径 130、最小径 125、深 70 厘米。填土灰褐色，土质疏松。出土适量陶片，以泥质黄褐陶为主，夹砂灰陶次之；纹饰以绳纹、线纹、彩绘为主；可辨器形有罐、钵等（图2-2-140，1）。

H143 挑选陶器标本 2 件，其中彩陶钵 1、素面盆 1。

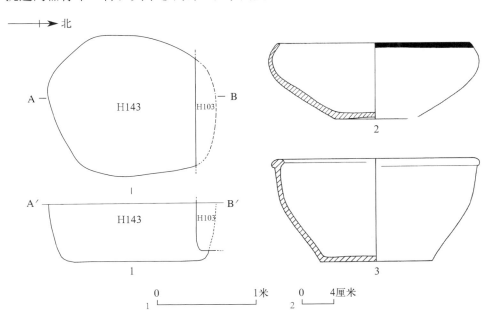

图2-2-140　H143平剖面图出土陶器
1.平剖面图　2.彩陶钵（H143：1）　3.素面盆（H143：2）

彩陶钵　1件。H143：1，泥质黄褐陶黑彩。敛口，圆唇，弧腹近直，平底微内凹。器表磨光，内壁近口处有刮抹痕迹，外壁上腹部有明显刮削痕迹。口部外壁饰一周宽0.5厘米的条带纹。可复原。口径24.5、底径10、高9.5厘米（图2-2-140，2；图版六四，3）。

素面盆　1件。H143：2，泥质黄褐陶。侈口，折沿，叠圆唇，弧腹，下腹部近直，平底。内壁近口处、唇面有刮抹痕迹。素面。可复原。口径26、底径14、高13.2厘米（图2-2-140，3；图版一一一，5）。

67. H146

位于T34西北部，部分伸入西壁。开口于第②层下，打破生土，开口距地表55厘米。平面形状呈椭圆形，直壁，平底。坑口最大径330、最小径216、坑底最大径320、最小径192、深180厘米。填土分为三层，第①层厚55厘米，灰白色；第②层厚40厘米，灰褐色；第③层厚85厘米，浅黄色。出土夹砂罐1及适量陶片。陶片泥质与夹砂相当；纹饰主要有磨光、线纹、压印纹、线纹、彩绘等；可辨器形有盆、罐、小口尖底瓶等（图2-2-141）。

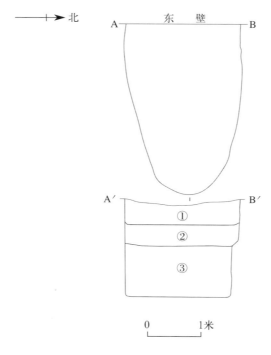

图2-2-141　H146平剖面图

H146挑选陶器标本9件，其中素面钵3、素面盆2、彩陶钵2、彩陶盆1、圜底罐1。

彩陶钵　2件。泥质陶黑彩。浅弧腹，平底内凹。H146：2，黄褐陶。口部变形严重，呈椭圆形。直口微侈，圆唇。器表磨光，内壁抹光，近口处有刮削痕迹。口部外壁饰一周宽0.6—0.7厘米的条带纹。可复原。口径15.4—16.7、底径7、高8.2—8.5厘米（图2-2-142，1）。H146：5，红陶。口部变形严重，呈椭圆形。侈口，尖圆唇。器表磨光，内壁抹光，近口处有刮削痕迹。口部外壁饰一周条带纹、垂弧纹，其下区域饰弧边三角、圆点、弧线组成的复合纹饰。可复原。口径25.8—27.8、底径11、高9—9.5厘米（图2-2-142，7）。

彩陶盆　1件。H146：3，泥质红陶黑彩。直口微敛，折沿隆起，圆唇，浅弧腹，平底内凹。器表磨光，内壁抹光，近口处有刮削痕迹。沿面饰六个凸弧纹。可复原。口径33、底径12.3、高11—11.2厘米（图

2-2-142，5）。

素面钵　3件。泥质陶。直口。素面。H146：7，灰陶，胎较厚。口部变形严重，呈椭圆形。圆唇，深弧腹，平底微内凹。器表磨光发黑，内壁抹光，近口处有刮削痕迹。可复原。口径16.6—18.2、底径9、高8.6厘米（图2-2-142，2）。H146：8，灰陶。尖唇，浅弧腹，平底。器表磨光，内壁抹光，近口处有刮削痕迹。可复原。口径15.8、底径7.2、高7.6厘米（图2-2-142，4）。H146：9，红陶，胎较厚。侈口，尖唇，斜直腹，平底。器表磨光，近口处有刮削痕迹。可复原。口径12.4、底径10.4、高6厘米（图2-2-142，3）。

素面盆　2件。素面。H146：1，泥质灰陶。敛口，圆唇，仰折沿隆起，弧腹，下腹部近直，平底。器表磨光，内外壁有明显的刮削痕迹。可复原。口径38、底径13、高20.7厘米（图2-2-142，6；图版一一一，6）。H146：6，夹砂红陶。侈口，折沿外侧下斜，圆唇，直腹微弧，平底。外壁有竖状刮痕。可复原。口径15、底径8.8、高12.6厘米（图2-2-142，8）。

圜底罐　1件。H146：10，夹砂黄褐陶，内外壁呈黑色。直口，尖唇，弧腹，圜底。素面。可复原。口径12.4、高14.2厘米（图2-2-142，9）。

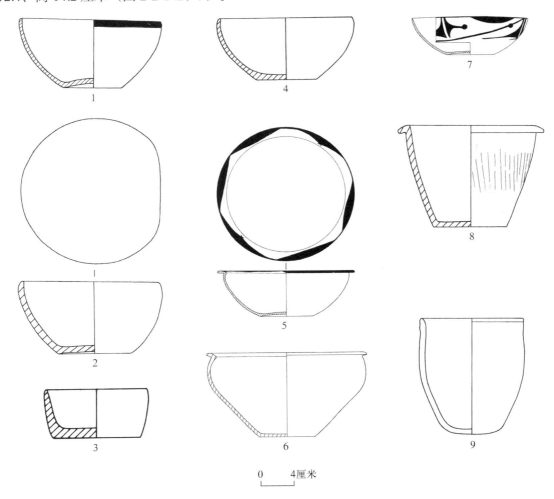

0　　4厘米

图2-2-142　H146出土陶器

1、7.彩陶钵（H146：2、H146：5）　　2-4.素面钵（H146：7、H146：9、H146：8）　　5.彩陶盆（H146：3）　　6、8.素面盆（H146：1、H146：6）　　9.圜底罐（H146：10）

68. H148

位于 T11 东部。开口于第②层下，打破生土，开口距地表 40 厘米。平面形状呈椭圆形，直壁，平底。坑口最大径 200、最小 175、深 78 厘米。填土灰褐色，土质较疏松，夹杂有草木灰、炭粒等。出土夹砂罐 1 及适量陶片。陶片泥质与夹砂相当；纹饰主要有线纹、彩绘、线纹等；可辨器形有盆、罐、小口尖底瓶等（图 2-2-143，1）。

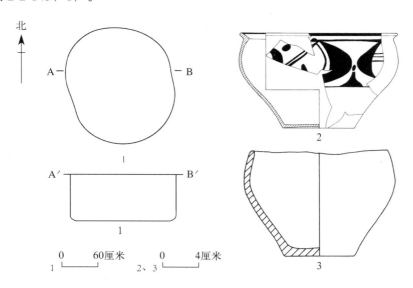

图 2-2-143　H148 平剖面图及出土陶器
1. 平剖面图　2、彩陶盆（H148：2）　3. 素面钵（H148：1）

H148 挑选陶器标本 2 件，其中彩陶盆 1、素面钵 1。

彩陶盆　1 件。H148：2，泥质黄褐陶黑彩。敛口，仰折沿，方唇，溜肩，深曲腹，平底微内凹。器表磨光，内壁抹光，沿面及内壁有刮削痕迹。唇面、颈部、下腹部各饰一周条带纹，其间区域饰凸弧纹、圆点、弧边三角、双短线组成的复合纹饰。可复原。口径 32.4、腹径 32.4、底径 14.8、高 19.9 厘米（图 2-2-143，2；图版二〇，2）。

素面钵　1 件。H148：1，泥质黄褐陶，厚胎。器形不规整，口部歪斜严重。敛口，圆唇，鼓腹，下腹部微内收，平底。内壁有泥条盘筑痕迹，内外壁均有刮削痕迹。素面。可复原。口径 15.1、底径 8.1、高 12.8 厘米（图 2-2-143，3；图版六四，4）。

69. H150

位于 T27 西北部、T28 东北部。开口于第②层下，打破生土，开口距地表 70 厘米。平面形状呈椭圆形，弧壁，平底。坑口最大径 500、最小径 340、深 210 厘米。填土可分两层，第①层厚 80 厘米，填土浅灰色，土质疏松；第②层厚 130 厘米，黄褐色，土质较致密。夹杂少量陶片、石块。出土石磨盘 1、砍砸器 1、尖状器 1 及适量陶片。陶片有夹砂红陶、夹砂灰陶等；纹饰以彩绘、线纹、绳纹为主；可辨器形有小口尖底瓶、罐、钵等（图 2-2-144，1）。

H150 挑选陶器标本彩陶钵 2 件。

彩陶钵　2 件。泥质黄褐陶黑彩。平底。H150：1，直口微敛，尖唇，曲腹近折。内壁近口处有修整痕迹。口部外壁饰一周垂弧纹，腹部饰一周宽 0.5 厘米的条带纹，其间区域用弧边直角分为数个单元格，每个单元格内饰双连弧线、圆点组成的复合纹饰。可复原。口径 21.5、底径 8.3、高 9.2 厘米（图 2-2-144，3）。H150：2，侈口，圆唇，浅弧腹。内壁近口处有修整痕迹。口沿外壁饰一周宽 2.3 厘米的条带纹。可复原。口径 21.5、底径 8.3、高 9.2 厘米（图 2-2-144，2）。

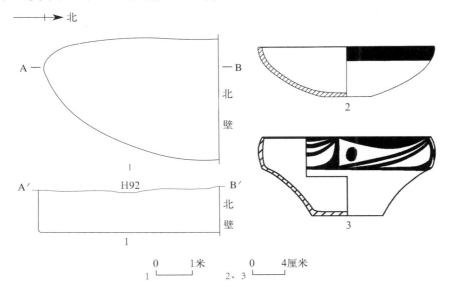

图2-2-144　H150平剖面图及出土陶器
1.平剖面图　2、3.彩陶钵（H150：2、H150：1）

70. H152

位于 T15 中部。开口于第③层下，打破生土，被 H85 打破，开口距地表 50 厘米。平面形状呈椭圆形，直壁，平底。坑口最大径 250、最小径 180、深 120 厘米。填土浅灰褐色，土质较致密。夹杂少量红烧土颗粒、草木灰等，包含适量陶片、少量石块。陶片以夹砂黄褐陶、夹砂灰陶为主；纹饰以彩绘、线纹为主；可辨器形有小口尖底瓶、罐、钵等（图 2-2-145）。

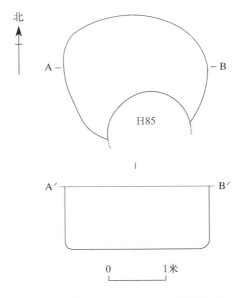

图2-2-145　H152平剖面图

H152挑选陶器标本6件，其中彩陶钵4、素面钵1、瓮1。

彩陶钵　4件。泥质陶黑彩。H152∶2，黄褐陶。直口微敛，尖唇，浅弧腹，平底内凹。内壁有修整痕迹。口部外壁饰一周垂弧纹，其下区域饰六个圆点、两周宽0.3厘米的条带纹组成的复合纹饰。可复原。口径14.6、底径6、高5.8米（图2-2-146，5；彩版七八，2）。H152∶3，黄褐陶。直口，圆唇，弧腹，平底微内凹。内壁有刮削痕迹。口部外壁饰一周数组垂弧纹，其下区域饰双连弧线。可复原。口径14.4、底径5.8、高6.7厘米（图2-2-146，6；图版三三，2）。H152∶4，黄褐陶。敛口，尖圆唇，弧腹近直，平底微内凹。器表磨光，内外壁近口处有刮削痕迹。口部外壁饰一周垂弧纹，其下区域饰两周条带纹、圆点组成的复合纹饰。可复原。口径27.6、底径11、高11.3厘米（图2-2-146，2；彩版七九，1）。H152∶8，红陶。器形不规整，略有歪斜，口部呈椭圆形。敛口，尖圆唇，弧腹，平底微内凹。器表磨光，内壁抹光，内壁近口处有刮削痕迹。口部外壁饰一周宽0.6厘米的条带纹，其下区域间隔饰六组圆点、交弧纹。可复原。口径23.6—24.1、底径11.9、高9.1—10.5厘米（图2-2-146，1；彩版七九，2）。

素面钵　1件。H152∶5，夹砂红陶。侈口，尖圆唇，弧腹，平底。素面。可复原。口径10.2、底径3.5、高4.2厘米（图2-2-146，4）。

瓮　1件。H152∶1，泥质灰陶。敛口，圆唇，矮领，鼓腹，下腹部近直，平底。唇面及内外壁近口处有刮削痕迹。素面。可复原。口径21.2、底径14.4、高31.6厘米（图2-2-146，3；图版一五九，4）。

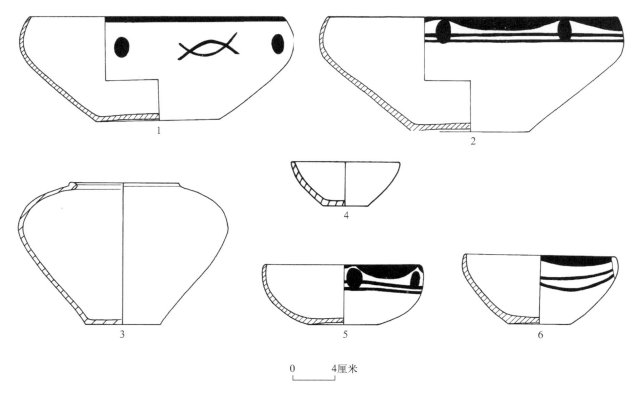

0　　　4厘米

图2-2-146　H152出土陶器

1、2、5、6.彩陶钵（H152∶8、H152∶4、H152∶2、H152∶3）　3.瓮（H152∶1）　4.素面钵（H152∶5）

71. H154

位于 T30 北部，部分伸入北壁。开口于第②层下，打破生土，被 H132 打破，开口距地表 50 厘米。平面形状呈椭圆形，弧壁，平底。坑口最大径 220、最小径 100、深 50 厘米。填土灰褐色，土质松软。夹杂石块、动物骨骼。出土适量陶片，夹砂与泥质相当；纹饰以彩绘、线纹为主；可辨器形有小口尖底瓶、钵等（图 2-2-147，1）。

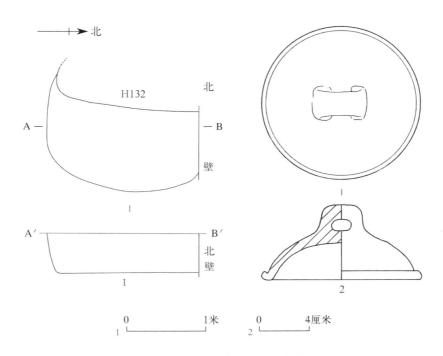

图2-2-147　H154平剖面图及出土陶器
1.平剖面图　2.器盖（H154：2）

H154 挑选陶器标本器盖 1 件。

器盖　1 件。H154：2，夹砂灰陶。敞口，折沿外侧下斜，方唇，弧腹，圜顶，桥状纽。内壁有刮削痕迹。内壁饰红彩。可复原。口径 13.3、高 6 厘米（图 2-2-147，2）。

72. H156

位于 T25 东北部。开口于第②层下，打破生土，被 H107、H108 打破，开口距地表 70 厘米。平面形状呈抹角方形，斜直壁，平底。坑口最大径 250、最小径 180、坑底最大径 200、最小径 160、深 270 厘米。填土灰褐色，土质疏松。夹杂少量木炭、红烧土块。出土陶杯 1 及适量陶片。陶片以夹砂灰陶为主，泥质黄褐陶次之；纹饰以线纹、彩绘为主；可辨器形有杯、罐、盆、钵等（图 2-2-148，1；彩版二一〇，1）。

H156 挑选陶器标本彩陶盆 1 件。

彩陶盆　1 件。H156：4，泥质黄褐陶黑彩。敛口，仰折沿隆起，圆唇，溜肩，曲腹，平底。唇面、下腹部各饰一周宽 0.6、0.5 厘米的条带纹，其间区域饰凸弧纹、圆点、弧边三角、弧线组成的复合纹饰。可复原。口径 33、腹径 33、底径 13.8、高 20.8 厘米（图 2-2-148，2；彩版二〇四，2）。

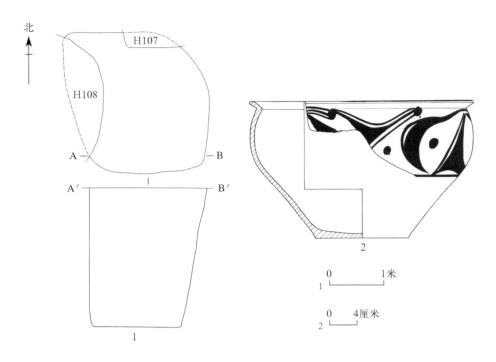

图2-2-148　H156平剖面图及出土陶器
1.平剖面图　2.彩陶盆（H156：4）

73. H159

位于T15中部。开口于第③层下，打破生土，被H85打破，开口距地表70厘米。平面形状呈椭圆形，弧壁，平底。坑口最大径310、最小径170、深40厘米。填土黑褐色，土质疏松。出土适量陶片，夹砂与泥质相当；纹饰以线纹、彩绘为主；可辨器形有罐、钵、盆等（图2-2-149，1）。

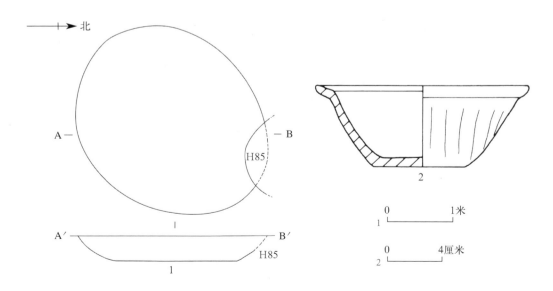

图2-2-149　H159平剖面图出土陶器
1.平剖面图　2.素面盆（H159：1）

H159 挑选陶器标本素面盆 1 件。

素面盆　1 件。H159：1，夹砂红陶。敞口，仰折沿中间微下凹，圆唇，弧腹近直，平底。沿面及内壁有刮削痕迹。素面。可复原。口径 15.8、底径 7、高 6.1 厘米（图 2-2-149，2）。

74. H161

位于 T37 西北部。开口于第①层下，打破生土，开口距地表 40 厘米。平面形状呈椭圆形，直壁，平底。坑口最大径 200、最小径 170、坑底最大径 190，最小径 160、深 70 厘米。填土灰褐色，土质疏松。出土适量石器及陶片。陶片以泥质陶为主，夹砂陶次之；陶色以黄褐陶为主，灰陶次之；纹饰以绳纹、弦纹为主，少量彩绘；可辨器形有罐、钵等（图 2-2-150，1）。

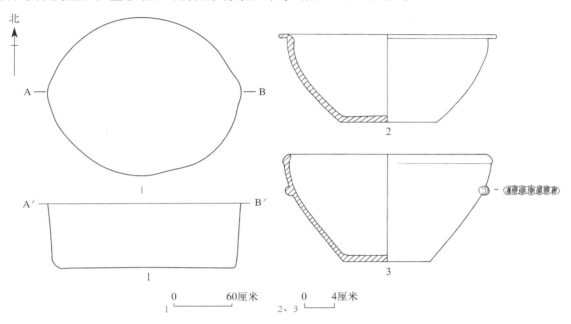

0　　60厘米
1

0　　4厘米
2、3

图2-2-150　H161平剖面图及出土陶器
1.平剖面图　2.素面盆（161：1）　2.素面双錾盆（H161：2）

H161 挑选陶器标本 2 件，其中素面盆 1、素面双錾盆 1。

素面盆　1 件。H161：1，泥质黄褐陶。口部不规整，略有歪斜，呈椭圆形。直口，卷沿，圆唇，浅弧腹，平底。沿面及内壁有刮削痕迹。素面。可复原。口径 30、底径 13.2、高 12.5 厘米（图 2-2-150，2）。

素面双錾盆　1 件。H161：2，泥质黄褐陶。直口微敛，叠唇，弧腹近直，平底，腹部对称置附加突起状双錾。唇面及内外壁近口处有刮削痕迹。素面。可复原。口径 28.8、底径 12、高 15.5 厘米（图 2-2-150，3）。

75. H162

位于 T37 中部。开口于第①层下，打破生土，被 H96、H161 打破，开口距地表 40 厘米。平面形状呈椭圆形，直壁，平底。坑口最大径 245、最小径 185、坑底最大径 230、最小径 180、深 70 厘米。填土灰褐色，土质疏松。出土适量石器及陶片。陶片以泥质陶为主，夹砂陶次之；陶色以黄褐陶为主，灰陶次之；纹饰以线纹、弦纹为主，少见彩陶；可辨器形有罐、盆、钵等（图 2-2-151，1）。

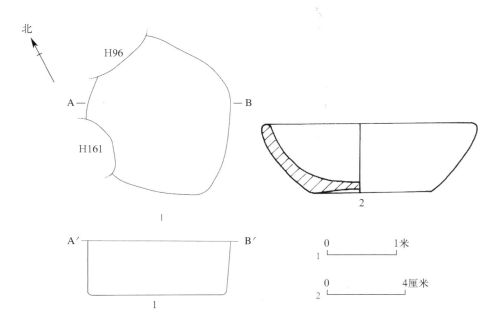

图2-2-151　H162平剖面图及出土陶器
1.平剖面图　2.素面钵（H162：1）

H162挑选陶器标本素面钵1件。

素面钵　1件。H162：1，泥质黄褐陶。直口微侈，圆唇，弧腹，平底内凹。器表磨光，内外壁均有刮削痕迹。素面。可复原。口径7.4、底径4.3、高4.2厘米（图2-2-151，2；图版三三，3）。

76. H164

位于T29西北部，部分伸入西壁。开口于第②层下，打破生土，开口距地表44厘米。平面形状呈椭圆形，直壁，平底。坑口最大径550、最小径360、深225厘米。填土灰褐色，土质疏松。夹杂少量石块。出土适量陶片，以夹泥质为主，夹砂陶次之；纹饰以线纹为主，有一定数量的彩陶；可辨器形有钵、罐、盆、钵等（图2-2-152）。

H164挑选陶器标本26件，其中彩陶钵11、素面钵4、彩陶盆2、环2、素面盆1、素面双錾盆1、双錾甑1、鼓腹罐1、杯1、釜1、平底瓶1。

彩陶钵　11件。泥质黄褐陶黑彩。H164：13，通体饰白衣。直口，尖唇，深弧腹，平底。口部外壁二方连续间隔饰四组垂弧纹、圆点，其下区域饰一周宽0.4厘米的条带纹。可复原。口径14.9、底径7.8、高7.6厘米（图2-2-153，3；彩版八〇，1）。H164：16，敛口，圆唇，弧腹近直，平底。器表磨光，内壁抹光。内壁有轮制痕迹。口部外壁饰一周垂弧纹，下腹部饰两周均宽0.3厘米的条带纹，其间区域用凸弧纹或弧边三角分为八单元格，每个单元格内饰数个圆点。可复原。口径22.2、腹径24.2、底径9、高9.8厘米（图2-2-154，1）。H164：17，敛口，圆唇，弧腹近直，平底微内凹。口部外壁饰一周宽0.5厘米的条带纹，其下区域饰圆点、圆圈、十字纹组成的复合纹饰。可复原。口径25.5—26、腹径27.8、底径11、高10.1—10.8厘米（图2-2-153，4；图版六五，1）。H164：18，直口微敛，圆唇，深弧腹，平底微内凹。器表磨光，内壁抹光。内壁有轮制痕迹。口部外壁饰一周宽0.6厘米的条带纹，其下区域饰四个圆点。可复原。口径16.4、底径5.9、高8.2—8.5厘米（图2-2-154，

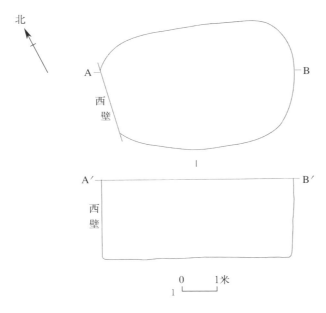

图2-2-152　H164平剖面图

4；彩版八〇，2）。H164：19，通体饰红衣。口沿不规整。直口微侈，圆唇，弧腹，下腹部内收，平底微内凹。内壁近口处有修整痕迹。口部外壁饰一周宽0.3厘米的条带纹。可复原。口径14.9、底径5.5—6、高7.3厘米（图2-2-154，5；彩版八一，1）。H164：20，直口微敛，圆唇，弧腹，腹近直，平底微内凹。口部外壁饰一周垂弧纹，下腹部饰一周宽0.3厘米的条带纹，其间区域用弧边三角分为四个单元格，每个单元格内饰双连弧线、圆点组成的复合纹饰。可复原。口径16、底径6.2、高8厘米（图2-2-154，3；彩版八一，2）。H164：21，直口微敛，圆唇，弧腹近折，下腹部近直，平底微内凹。器表磨光，内壁抹光。内壁有轮制痕迹。下腹部饰一周宽0.2厘米的条带纹，其上区域饰四组对弧边直角、凸弧纹、圆点组成的复合纹饰。可复原。口径14.8、腹径14.9、底径6.4、高7.4米（图2-2-153，5；彩版八二，1）。H164：22，敛口，圆唇，曲腹近折，平底微内凹。腹部饰一周宽0.4厘米的条带纹，其上区域饰四组对弧边直角、凸弧纹、圆点组成的复合纹饰和一组网格纹。可复原。口径14.2、腹径15.4、底径6.4、高7.8米（图2-2-154，2；彩版八二，2）。H164：23，口沿不规整。直口微侈，圆唇，曲腹近折，平底微内凹。内壁近口处有修整痕迹。口部外壁饰一周垂弧纹，下腹部饰一周宽0.5厘米的条带纹，其间区域用弧边直角分为四个单元格，每个单元格内饰双连弧线、圆点组成的复合纹饰。可复原。口径15.7—16、底径6.5、高8.1厘米（图2-2-154，6；彩版八三，1）。H164：24，直口微敛，圆唇，曲腹近折，平底微内凹。器表磨光，内壁抹光。内壁有轮制痕迹。口部外壁饰一周四个垂弧纹，腹部饰一周宽0.3厘米的条带纹，其间区域用弧边直角分为四个单元格，每个单元格内饰三连弧线、圆点组成的复合纹饰。可复原。口径14、底径5.5、高7.2厘米（图2-2-153，7；彩版八三，2）。H164：25，器形歪斜严重。敛口，圆唇，曲腹，平底微内凹。内壁近口处有修整痕迹。口部外壁饰一周四个垂弧纹，下腹部饰一周条带纹，其间区域饰四组双连弧线、圆点组成的复合纹饰。可复原。口径16.2—16.8、底径6.4—6.8、高7.4—8.2厘米（图2-2-153，6；彩版八四，1）。

　　彩陶盆　2件。泥质陶黑彩。敛口，仰折沿，圆唇。H164：14，红陶。浅弧腹，平底。内外壁

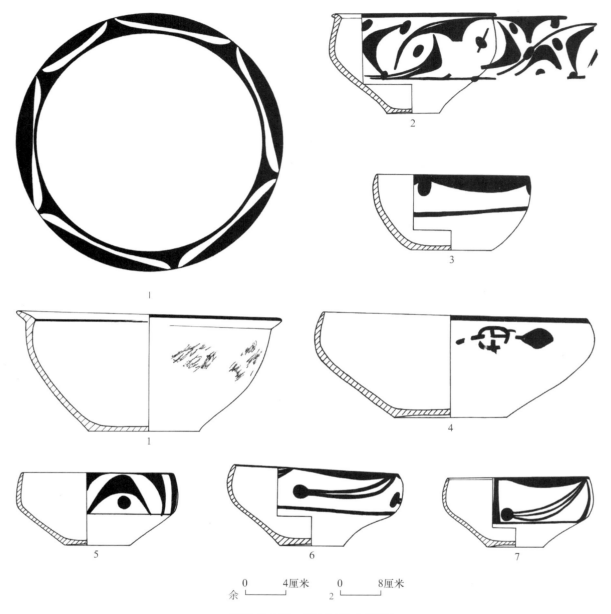

图2-2-153　H164出土彩陶

1、2.彩陶盆（H164：14、H164：15）　3-7.彩陶钵（H164：13、H164：17、H164：21、H164：25、H164：24）

有修整痕迹。沿面饰六组凸弧纹、弧边三角组成的复合纹饰。可复原。口径26.2—26.5、底径11、高11.8—12.4厘米（图2-2-153，1；图版四，1）。H164：15，黄褐陶，通体饰红衣。沿面隆起，溜肩，曲腹，平底微内凹。沿面及器表磨光，内壁抹光。内壁有轮制痕迹。唇面、下腹部各饰一周宽0.8、0.3厘米的条带纹，其间区域饰凸弧纹、圆点、弧边三角、弧线组成的复合纹饰。可复原。口径32.2、腹径31.6、底径10、高20.1厘米（图2-2-153，2；彩版二一五，1）。

　　素面盆　1件。H164：4，夹砂灰陶。敞口，仰折沿，圆唇，斜直腹，平底。素面。可复原。口径22、底径11.7、高7.4—7.8厘米（图2-2-155，3；图版一一二，1）。

　　素面双錾盆　1件。H164：11，泥质红陶。敛口，叠唇，弧腹近直，腹部对称置附加突起状双錾，

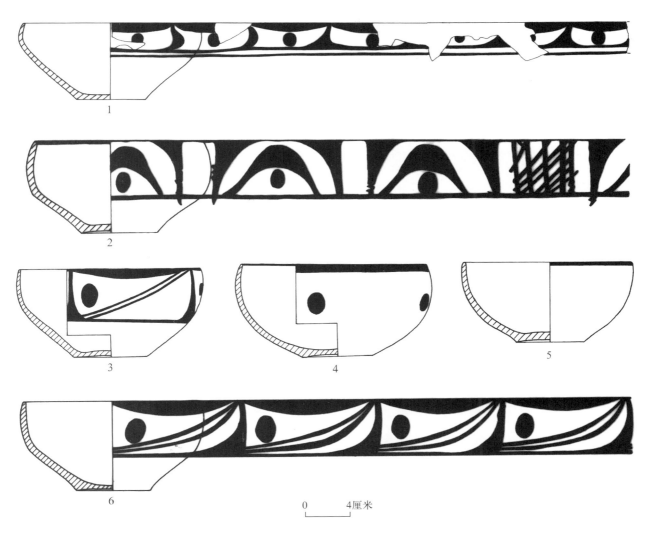

图2-2-154　H164出土彩陶钵

1—6.彩陶钵（H164：16、H164：22、H164：20、H164：18、H164：19、H164：23）

平底。唇面及内外壁均有刮削痕迹。素面。可复原。口径42.4、底径12.8、高29.2厘米（图2-2-155，1；图版一三五，6）。

素面钵　4件。泥质陶。素面。H164：5，灰陶，胎较厚。直口微敛，圆唇，曲腹，平底内凹。器表磨光，内壁抹光。内壁有轮制痕迹。可复原。口径16.3、底径5.5、高7.6—7.9厘米（图2-2-154，12；图版六四，5）。H164：26，红陶。敛口，圆唇，曲腹，下腹部近直，平底。器表磨光，内壁抹光。内壁有轮制痕迹。可复原。口径28、底径12.2、高10.5厘米（图2-2-154，5；图版六四，6）。H164：31，红陶。直口微敛，圆唇，弧腹，下腹部近直，平底微内凹。可复原。口径17、底径7.6、高8.2厘米（图2-2-154，4；图版六五，2）。H164：32，黄褐陶。直口微侈，圆唇，弧腹，平底。器表磨光，内壁抹光。内壁有轮制痕迹。可复原。口径17.2、底径7.9、高7.9厘米（图2-2-154，13；图版六五，3）。

双錾甑　1件。H164：27，夹砂灰陶。侈口，方唇，斜直腹，平底，腹部对称置附加突起状双錾，

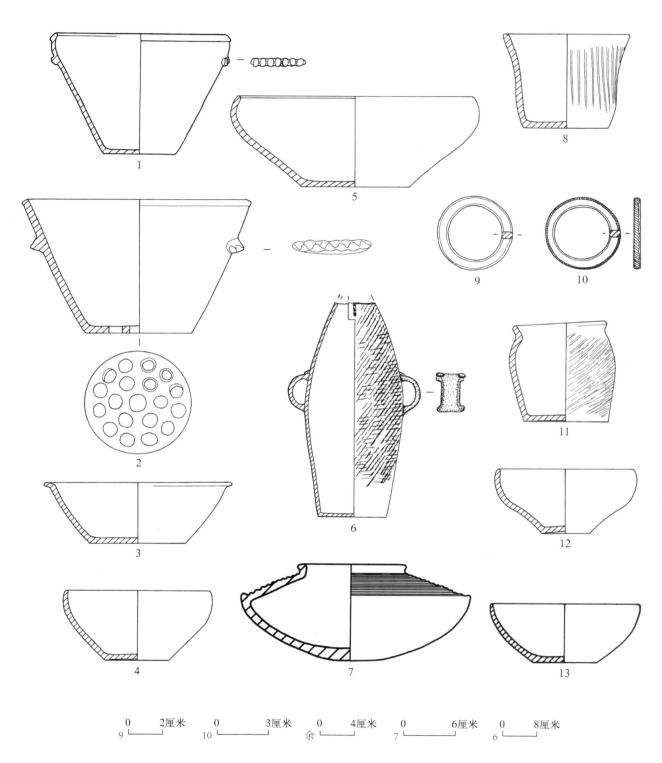

图2-2-155　H164出土陶器

1.素面双錾盆（H164：11）　　2.双錾甑（H164：27）　　3.素面盆（H164：4）　　4、5、12、13.素面钵（H164：31、H164：26、
H164：5、H164：32）　6.平底瓶（H164：51）　7.釜（H164：28）　8.杯（H164：29）　9、10.环（H164：8、H164：9）
11.鼓腹罐（H164：30）

底部中间有一较大圆形箅孔，周围为两圈较小的近圆形箅孔，第一圈为六个，第二圈为十二个。沿面有修整痕迹。素面。可复原。口径 25.5—26.4、底径 12.1—12.7、高 16.8 厘米（图 2-2-154，2；图版一五三，5）。

鼓腹罐　1件。H164：30，夹砂灰陶。侈口，仰折沿，方唇，溜肩，鼓腹，下腹部近直，平底微内凹。沿面内侧有修整痕迹。通体饰左斜篮纹。可复原。口径 11.1、腹径 12.5、底径 10、高 11.5—12.2 厘米（图 2-2-155，11；图版一六九，6）。

杯　1件。H164：29，泥质灰陶。侈口，圆唇，曲腹，平底。外部饰数周竖篮纹。可复原。口径 15、底径 10、高 11.5 厘米（图 2-2-155，8；图版六五，1）。

釜　1件。H164：28，夹粗砂灰陶。直口，矮领，方唇，折腹处起台，圜底。肩部饰 11 周凹弦纹。可复原。口径 12.7、腹径 26.9、高 11 厘米（图 2-2-155，7；图版一七二，1）。

平底瓶　1件。H164：51，泥质黄褐陶。溜肩，橄榄状腹，腹部对称置桥状耳，平底。通体饰线纹、篮纹。肩部以上残。底径 16、残高 52.2 厘米（图 2-2-155，6）。

环　2件。泥质灰陶。环状，截面为抹角长方形。H164：9，外侧饰绳纹。可复原。外径 4.3、内径 3.2，厚 0.3 厘米（图 2-2-154，10）。H164：8，素面。可复原。外径 4.4、内径 3.2、厚 0.4 厘米（图 2-2-154，9）。

77. H165

位于 T29 西部。开口于第②层下，打破生土，被 H145、H164 打破，开口距地表 45 厘米。平面形状椭圆形，直壁，平底。坑口最大径 252、最小径 100、深 60 厘米。填土灰褐色，土质疏松。出土适量陶片，以泥质黄褐陶、灰陶为主；纹饰以彩绘、线纹为主；可辨器形有钵、盆、罐、小口尖底瓶等（图 2-2-156）。

H165 挑选陶器标本 11 件，其中彩陶钵 8、素面钵 2、瓮 1。

彩陶钵　8件。泥质黄褐陶黑彩。H165：2，敛口，圆唇，鼓腹，下腹部近直，平底。器表磨光，内壁抹光。内壁有轮制痕迹，上腹部有两组共四个圆形镂孔，下腹有两个圆形镂孔。口部外壁、

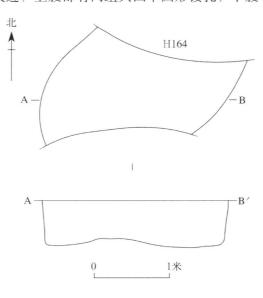

图2-2-156　H165平剖面图

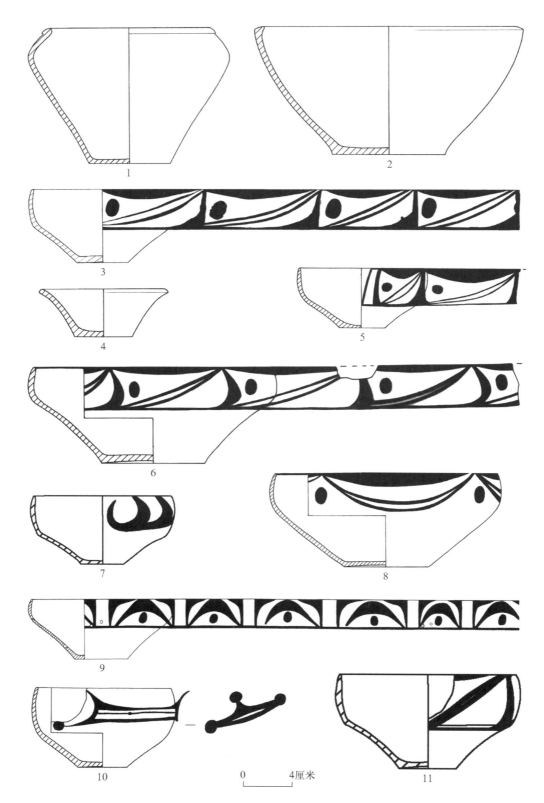

图2-2-157　H165出土陶器

1.瓮（H165：1）　　2、4.素面钵（H165：11、H165：10）　　3、5-11.彩陶钵（H165：5、H165：6、H165：4、H165：8、H165：7、H165：2、H165：3、H165：9）

下腹部各饰一周条带纹，其间区域用留白分为六个单元格，每个单元格内饰组对弧边直角、圆点、凸弧纹组成的复合纹饰，可复原。口径26.8、底径6、高9.2厘米（图2-2-157，9；彩版八四，2）。H165：3，通体饰红衣。敛口，尖唇，弧腹近折，下腹部近直，平底微内凹。器表磨光，内壁抹光。内壁有轮制痕迹。腹部饰两组纹饰，一组为圆点、弧边三角、凸弧纹、条带纹组成的复合纹饰；另一组为圆点、弧边三角、凸弧纹组成的复合纹饰。可复原。口径15、腹径15.6、底径6、高9.2厘米（图2-2-157，10；彩版八五，1）。H165：4，直口微敛，尖唇，曲腹，平底微内凹。器表磨光，内壁抹光。内壁有轮制痕迹。口部外壁饰一周四个垂弧纹，腹部饰一周宽0.3厘米的条带纹，其间区域用凸弧纹分为四个单元格，每个单元格内饰双连弧线、圆点组成的复合纹饰。可复原。口径25.5—25.8、底径11.2、高10.6—10.9厘米（图2-2-157，6；彩版八五，2）。H165：5，直口微敛，圆唇，曲腹，平底。器表磨光，内壁抹光。内壁有轮制痕迹。口部外壁饰一周四个垂弧纹，下腹部饰一周条带纹，其间区域用弧边直角分为四个单元格，每个单元格内饰双连弧线、圆点组成的复合纹饰。可复原。口径16、底径6、高8.8厘米（图2-2-157，3；彩版八六，1）。H165：6，口部不规整。直口微侈，尖唇，曲腹，平底。器表磨光，内壁抹光。内壁有轮制痕迹。口部外壁饰一周垂弧纹，下腹部饰一周条带纹，其间区域用弧边三角分为四个单元格，每个单元格内饰双连弧线、圆点组成的复合纹饰，其中一个单元格中纹饰明显不规整。可复原。口径14.4、底径5.2、高7厘米（图2-2-157，5；彩版八六，2）。H165：7，器形不规整，口部呈椭圆形。敛口，圆唇，弧腹，平底微内凹。器表磨光，内壁抹光，内壁近口处有轮制痕迹。口部外壁间隔垂弧纹、圆点，垂弧纹下对应饰双连弧线。可复原。口径15.3、底径5.2、高8.8厘米（图2-2-157，8；彩版八七，1）。H165：8，器形不规整，略歪斜。通体饰红衣。直口微敛，尖唇，曲腹近折，平底。器表磨光，内壁抹光。内壁有轮制痕迹。腹部饰数组四条凸弧纹组成的复合纹饰。可复原。口径14.3、底径5、高7.6—7.9厘米（图2-2-157，7；彩版八七，2）。H165：9，直口，尖唇，曲腹近折，平底内凹。器表磨光涂一层黄泥浆，内壁抹光。内壁有轮制痕迹。口部外壁饰一周凸弧纹，下腹部饰一周条带纹，其间区域用凸弧纹分为数个单元格，每个单元格内饰双连弧线、圆点组成的复合纹饰。可复原。口径14.3、底径5、高7.6—7.9厘米（图2-2-157，11；图版三三，4）。

素面钵　2件。平底。素面。H165：11，夹砂灰陶。直口微敛，方唇，曲腹近直。可复原。口径30、底径14、高15.2厘米（图2-2-157，2；图版六五，5）。H165：10，夹砂黄褐陶。敞口，方唇，曲腹。器表有明显的泥条盘筑痕迹，口沿内外壁及器内壁有轮制痕迹。可复原。口径14.6、底径6.3、高5.7厘米（图2-2-157，4；图版六五，4）。

瓮　1件。H165：1，泥质红陶。敛口，叠唇，溜肩，鼓腹，下腹部近直，平底。唇面及内外壁近口处有刮削痕迹。素面。可复原。口径39.2、底径18.4、高32厘米（图2-2-157，1；图版一五八，1）。

78. H166

位于T43北部。开口于第③层下，打破生土，开口距地表75厘米。平面形状呈椭圆形，弧壁，圜底。坑口最大径940、最小径190、深210厘米。填土灰褐色，土质疏松。夹杂少量石块、陶片、红烧土颗粒、料礓石。出土骨镞1、陶环1、彩陶盆1及适量陶片。陶片以泥质黄褐陶、夹砂灰陶为主；纹饰以线纹、彩绘为主；可辨器形有盆、钵、罐、小口尖底瓶、甑、器盖等（图2-2-158）。

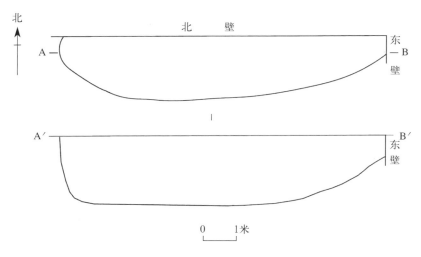

图2-2-158　H166平剖面图

H166挑选陶器标本56件，其中彩陶钵19、素面钵14、彩陶盆5、素面双錾盆4、素面盆3、匜2、盘2、双錾甑1、素面双錾钵1、线纹钵1、鼓腹罐1、杯1、器盖1、环1。

彩陶盆　5件。泥质陶黑彩。H166：5，红陶，通体饰红衣。敛口，仰折沿隆起，圆唇，溜肩，曲腹，平底。器表磨光，内壁抹光。内壁有轮制痕迹。唇面、下腹部各饰一周宽1.1、0.4厘米的条带纹，其间区域饰弧边三角、圆点、凸弧纹、弧线组成的复合纹饰。可复原。口径32.8、腹径34、底径12、高18.8厘米（图2-2-159，1；彩版二〇五，2）。H166：6，黄褐陶，通体饰红衣。直口，折沿隆起，方唇，浅弧腹，平底内凹。器表磨光，内壁抹光，沿面及近口处有轮制痕迹。沿面饰四组凸弧纹。可复原。口径34.2、底径13.6、高10—10.8厘米（图2-2-159，3；图版四，2）。H166：27，红陶。敛口，仰折沿微隆起，圆唇，溜肩，曲腹，平底。器表磨光，内壁抹光，沿面及内壁抹光。内壁有轮制痕迹。唇面、肩部、腹部各饰一周条带纹，分别宽0.8、0.7、0.4厘米，其间区域饰弧边三角、圆点、凸弧纹、弧线组成的复合纹饰。可复原。口径36、腹径39.2、底径12.8、高22.8厘米（图2-2-159，2；彩版二〇六，1）。H166：28，黄褐陶。敛口，仰折沿微隆起，圆唇，溜肩，曲腹，平底内凹。器表磨光，内壁抹光，沿面及近口处有轮制痕迹。唇面、肩部、腹部各饰一周条带纹，分别宽0.9、0.7、0.5厘米，其间区域饰弧边三角、圆点、凸弧纹、弧线组成的复合纹饰。可复原。口径34.6、腹径37、底径12.3、高22厘米（图2-2-159，4；彩版二〇六，2）。H166：65，黄褐陶。敛口，仰折沿隆起，圆唇，曲腹，平底。器表磨光，内壁有刮削痕迹。唇面、下腹部各饰一周宽0.9、0.5厘米的条带纹，其间区域饰弧边三角、圆点、凸弧纹、弧线组成的复合纹饰。可复原。口径32、底径10.8、高18.6厘米（图2-2-159，5；图版一八，3）。

彩陶钵　19件。泥质陶黑彩。H166：10，黄褐陶，通体饰红衣。直口微敛，尖唇，曲腹，平底微内凹。器表磨光，内壁近口处有刮削痕迹。腹部饰两组纹饰，一组为以圆点为中心对称的空心弧边三角、垂弧纹组成的复合纹饰，另一组为由数组垂弧纹组成的复合纹饰。可复原。口径14、底径5.2、高7.4厘米（图2-2-161，10；图版三三，5）。H166：11，黄褐陶，通体饰红衣。直口微敛，尖唇，曲腹，平底内凹。器表磨光，内壁抹光，内壁近口处有轮制痕迹。腹部间隔饰两组纹饰，一组为三组凸弧纹组成的复合纹饰；另一组为中心对称的凸弧纹、空心弧边三角组成的复合纹饰。可复原。口径

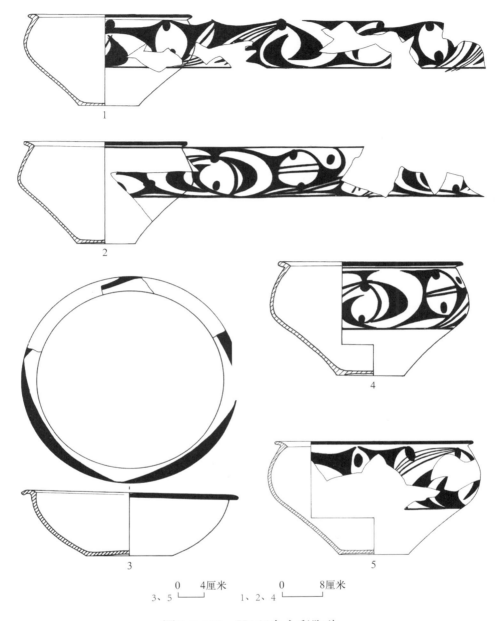

图2-2-159　H166出土彩陶盆

1-5.彩陶盆（H166：5、H166：27、H166：6、H166：28、H166：65）

14.6、底径4.6、高7.7—7.9厘米（图2-2-161，5；彩版八八，1）。H166：12，红陶，通体饰红衣。直口微敛，尖唇，曲腹，平底微内凹。器表磨光，内壁抹光。内壁有轮制痕迹。腹部间隔饰两组纹饰，一组为凸弧纹、圆点组成的复合纹饰；另一组为中心对称的凸弧纹、空心弧边三角组成的复合纹饰，下部的凸弧纹较细小。可复原。口径14.6、底径5.6、高7.7—7.9厘米（图2-2-160，5；彩版八八，2）。H166：13，黄褐陶，通体饰红衣。直口，尖唇，曲腹，平底内凹。可复原。口径15.2、底径6、高7.8厘米（图2-2-161，6；彩版八九，1）。H166：16，黄褐陶。敛口，圆唇，鼓腹，下腹部近直，平底。器表磨光，内壁抹光。内壁有轮制痕迹。口部外壁饰一周9个垂弧纹，其下区域饰两周宽0.4厘米的条带纹、9个圆点组成的复合纹饰。可复原。口径26.6、底径11.6、高10.1厘米（图2-2-160，7；彩

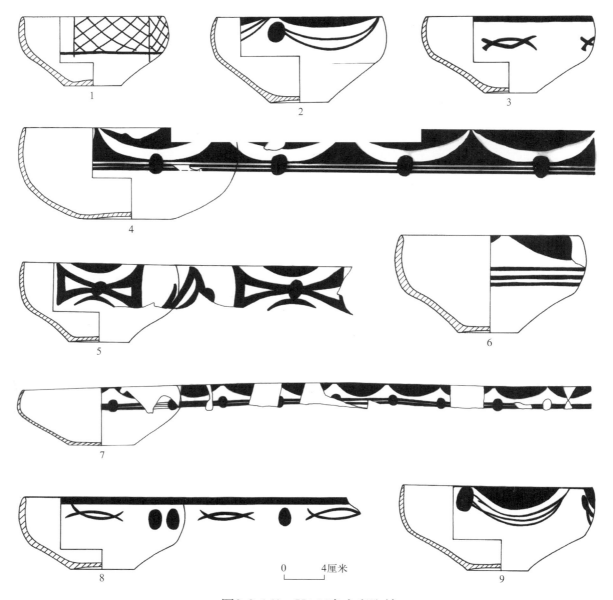

图2-2-160　H166出土彩陶钵

1-9.彩陶钵（H166：20、H166：22、H166：19、H166：66、H166：12、H166：24、H166：16、H166：63、H166：25）

版八九，2）。H166：17，黄褐陶。敛口，圆唇，曲腹，平底微内凹。器表磨光，内壁有少量刮削痕迹。口部外壁饰一周垂弧纹，下腹部饰一周条带纹，其间区域用彩绘分为若干单元格，每个单元格内饰双连弧线。可复原。口径23.2、底径7、高9.6厘米（图2-2-161，2；图版三三，6）。H166：18，黄褐陶。直口微敛，圆唇，曲腹，平底。器表磨光，外壁有刮削痕迹。下腹部饰一周宽0.3厘米的条带纹，其上区域饰对弧边直角、凸弧纹、圆点组成的复合纹饰。可复原。口径19.2、底径7.3、高9.7厘米（图2-2-161，4；图版三四，1）。H166：19，黄褐陶。直口微敛，圆唇，曲腹，平底微内凹。器表磨光，内壁抹光，内壁近口处有轮制痕迹。口部外壁饰一周宽0.4厘米的条带纹，其下区域饰五组交弧纹。可复原。口径15.8、底径5、高7.5厘米（图2-2-160，3；彩版九一，1）。H166：20，黄褐陶。直口微敛，曲腹，平底内部凸起。器表磨光，内壁有泥条盘筑痕迹，内外壁有少量刮削痕迹。

下腹部饰一周宽 0.3 厘米的条带纹，其上区域用短直线分为四个单元格，每个单元格内饰网格纹。可复原。口径 13.8、底径 5.3、高 6.9 厘米（图 2-2-160，1；图版三四，2）。H166：21，黄褐陶。敛口，圆唇，曲腹近折，平底。器表磨光，内壁抹光，内壁近口处有不明显的轮盘修整痕迹和刻划痕迹。腹部饰一周宽 0.3 厘米的条带纹，其上区域用留白分为五个单元格，每个单元格内饰对弧边直角、凸弧纹、圆点组成的复合纹饰。可复原。口径 18.8、底径 9.2、高 7.6 厘米（图 2-2-161，9；彩版九一，2）。H166：22，红陶。敛口，尖唇，弧腹，下腹部近直，平底内凹。器表磨光，内壁抹光，内壁近口处有轮制痕迹。口部外壁饰一周垂弧纹，其下区域饰四组双连弧线、圆点组成的复合纹饰。可复原。口径 16、底径 5.5、高 8.4 厘米（图 2-2-160，2；彩版九二，1）。H166：23，黄褐陶。敛口，圆唇，弧腹，平底内凹。器表磨光，内壁抹光，内壁近口处有轮制痕迹。口部外壁饰四组垂弧纹，其下区域二方连续饰弧边三角、圆点、两条宽 0.4 厘米的条带纹组成的复合纹饰。可复原。口径 17.7—18、腹径 18.8、底径 6.9、高 7.7—8.3 厘米（图 2-2-161，1；彩版九二，2）。H166：24，黄褐陶。直口微敛，尖唇，曲腹，平底微内凹。器表磨光，内外壁均有刮削痕迹。口部外壁饰一周垂弧纹，其下区域饰三周宽 0.4 厘米的条带纹。可复原。口径 17.4、底径 5.7、高 9.6 厘米（图 2-2-160，6；图版三四，3）。H166：25，黄褐陶。直口微侈，圆唇，曲腹，平底内凹。器表磨光，内壁抹光，内壁近口处有轮制痕迹。口部外壁饰一周四个垂弧纹，其下区域饰数个圆点、三周细弧线组成的复合纹饰。可复原。口径 18—19.2、底径 5.9、高 8.2—8.4 厘米（图 2-2-160，9；彩版九三，1）。H166：26，黄褐陶。器形不规整，略歪斜。直口微敛，圆唇，弧腹，平底内凹。口部外壁饰一周四个垂弧纹，其下区域饰两周条带纹、圆点组成的复合纹饰，条带纹分别宽 0.1—0.3、0.3—0.4 厘米。可复原。口径 15.4、底径 5.6、高 6.7 厘米（图 2-2-161，8；彩版九三，2）。H166：31，红陶。直口微侈，圆唇，曲腹近折，平底内凹。器表磨光，内壁有刮削痕迹。口部外壁、下腹部各饰一周宽 0.3 厘米的条带纹，其间区域用留白分为四个单元格，其中三个单元格饰对弧边直角、凸弧纹、圆点组成的复合纹饰，另一个单元格饰对弧边直角、弧边三角组成的复合纹饰。可复原。口径 14.2、腹径 14.8、底径 4.8、高 7.1 厘米（图 2-2-161，7；彩版九四，1）。H166：63，黄褐陶。直口微敛，尖唇，曲腹，平底内凹。器表抹光。口部外壁饰一周宽 1.4 厘米的条带纹，其下区域间隔饰交弧纹、圆点。可复原。口径 15、底径 6.4、高 7.2 厘米（图 2-2-160，8）。H166：64，黄褐陶。直口微敛，圆唇，弧腹，下腹部近直，平底内凹。器表磨光，内壁抹光，内壁近口处有轮制痕迹。口部外壁饰一周四个垂弧纹，下腹部饰一周宽 0.4 厘米的条带纹，其间区域用凸弧纹、短线分为四个单元格，每个单元格内饰双连弧线、圆点组成的复合纹饰。可复原。口径 15.2、底径 6、高 7.8 厘米（图 2-2-161，3；彩版九四，2）。H166：66，红陶。直口微敛，尖唇，弧腹，平底微内凹。器表磨光，内壁抹光。内壁有轮制痕迹。腹部二方连续饰一周四个垂弧纹，其下区域饰三周宽 0.3 厘米的条带纹、圆点、弧边三角组成的复合纹饰。可复原。口径 20.1、底径 9、高 9 厘米（图 2-2-160，4；彩版九五，1）。

素面双錾盆　4 件。泥质陶。平底。内壁、口沿、外壁有刮削痕迹。上腹部对称置附加突起状双錾。素面。H166：9，黄褐陶。敛口，叠唇，弧腹近直，颈部饰五周凹陷纹。可复原。口径 31、底径 14.2、高 21.2 厘米（图 2-2-162，4；图版一四三，1）。H166：40，黄褐陶。敛口，叠圆唇，曲腹近直，平底内凹。内壁近底处有明显的泥条盘筑痕迹。内壁、口沿、外壁有刮削痕迹。可复原。口径

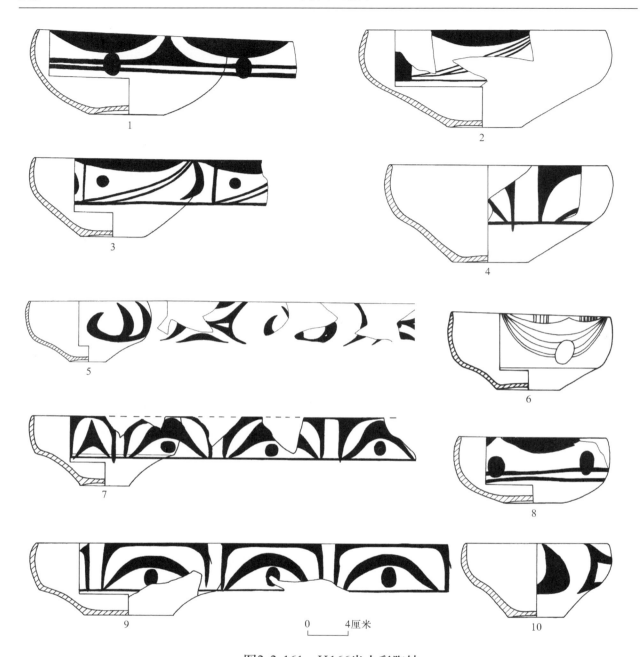

图2-2-161　H166出土彩陶钵

1-10.彩陶钵（H166：23、H166：17、H166：64、H166：18、H166：11、H166：13、H166：31、H166：26、H166：21、H166：10）

31、底径14.8、高13厘米（图2-2-162，5；图版一四三，2）。H166：41，红陶。器形不规整，口部略呈椭圆形。敛口，叠唇，深曲腹。可复原。口径44.4、底径18.4、高30厘米（图2-2-162，1；图版一四三，3）。H166：49，红陶。敛口，叠唇，弧腹近直。可复原。口径33.2、底径15.2、高16.8厘米（图2-2-163，8；图版一四三，4）。

双錾甑　1件。H166：4，夹砂黄褐陶。敛口，叠圆唇，直腹，平底，底部有若干个椭圆形算孔。唇面有刮削痕迹。上腹部对称置附加突起状双錾。素面。可复原。口径31.2、底径14.2、高21.4厘米（图2-2-162，2；图版一五三，6）。

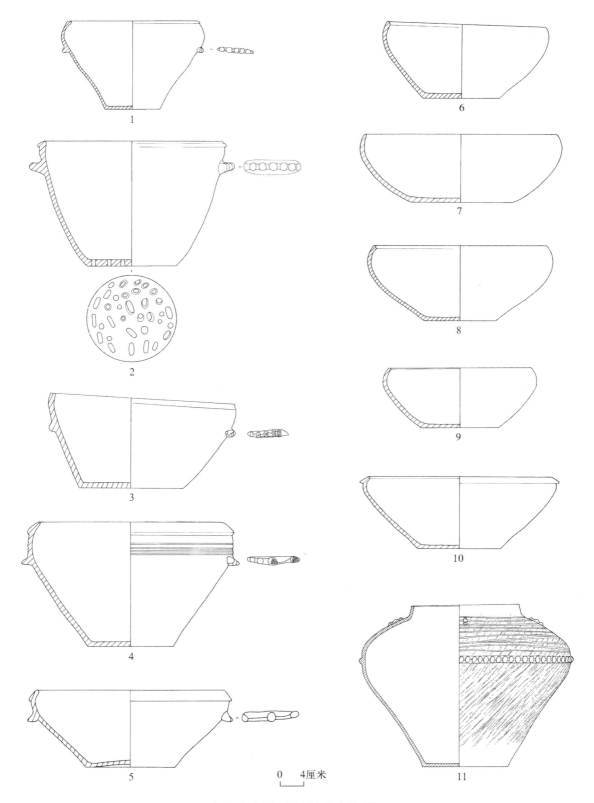

图2-2-162　H166出土陶器

1、4、5.素面双鋬盆（H166：41、H166：9、H166：40）　　2.双鋬甑（H166：4）　　3.素面双鋬钵（H166：53）　　6-9.素面钵
（H166：29、H166：67、H166：30、H166：8）　　10.素面盆（H166：7）　　11.鼓腹罐（H166：62）

素面双錾钵　1件。H166：53，黄褐陶，厚胎。器形不规整，歪斜严重，口部呈椭圆形。直口微敛，斜直腹，平底。素面。可复原。口径28.5—30.8、底径17、高15—16.1厘米（图2-2-162，3；图版一三六，1）。

素面钵　14件。素面。H166：8，泥质黄褐陶。敛口，尖圆唇，弧腹，下腹部近直，平底。器表磨光，外壁有刮削痕迹。可复原。口径23.5、底径13，高10.4厘米（图2-2-162，9；图版六五，6）。H166：14，泥质红陶，通体饰红衣。直口微敛，尖唇，曲腹近折，平底微内凹。器表磨光，内壁抹光，内壁近口处有刮削痕迹。可复原。口径14、底径5.2、高7.8厘米（图2-2-163，21；彩版九〇，1）。H166：15，泥质红陶，通体饰红衣，薄胎。侈口，尖唇，曲腹近折，平底。器表磨光。内壁有少量刮削痕迹。可复原。口径16.7、底径6.1、高8.8厘米（图2-2-163，2；彩版九〇，2）。H166：29，泥质红陶。器形不规整，略歪斜，口部略呈椭圆形。敛口，圆唇，弧腹，下腹部近直，平底。内外壁均有刮削痕迹。可复原。口径26.2—26.5、底径12.8、高12.1—13厘米（图2-2-162，6；图版六六，1）。H166：30，泥质黄褐陶。敛口，方唇，弧腹，下腹部近直，平底。器表磨光，内外壁均有刮削痕迹。可复原。口径28.8、底径12、高12.8厘米（图2-2-162，8；图版六六，2）。H166：33，泥质红陶。直口微敛，圆唇，弧腹，下腹部近直，平底。器表磨光，内外壁均有刮削痕迹。可复原。口径15.6、底径6.2、高6.1厘米（图2-2-163，6）。H166：37，泥质黄褐陶。直口微敛，圆唇，弧腹，下腹部近直，平底。可复原。口径13.8、底径5.8—6.2、高6.4厘米（图2-2-163，19；图版六六，3）。H166：39，泥质黄褐陶。敛口，圆唇，曲腹，平底微内凹。内外壁均有刮削痕迹。可复原。口径21.2、底径10.4、高9.2厘米（图2-2-163，9；图版六六，4）。H166：42，泥质红陶。直口，圆唇，弧腹，下腹部近直，平底。器表磨光，内外壁均有刮削痕迹。可复原。口径20.6、底径9.4、高9.1厘米（图2-2-163，7；图版六六，5）。H166：56，夹砂红陶，厚胎。侈口，圆唇，曲腹，平底。内外壁均有刮削痕迹。可复原。口径7.2、底径4、高4厘米（图2-2-163，14；图版六六，6）。H166：57，泥质黄褐陶。侈口，圆唇，曲腹近直，平底。内外壁均有刮削痕迹。可复原。口径11.3、底径8.2、高4厘米（图2-2-163，18；图版六七，1）。H166：58，夹砂红陶。敞口，方唇，斜直腹，平底。内外壁均有刮削痕迹。可复原。口径16.1、底径6、高4.2厘米（图2-2-163，20；图版六七，2）。H166：59，泥质黄褐陶。敞口，方唇，斜直腹，平底。口沿部分因渗碳呈黑色。内外壁均有刮削痕迹。可复原。口径13、底径5.2、高5.8厘米（图2-2-163，13；图版六七，3）。H166：67，泥质黄褐陶。敛口，尖唇，弧腹，平底。内外壁近口处有刮削痕迹。可复原。口径31.6、底径16.4、高11.7厘米（图2-2-162，7；图版六七，4）。

线纹钵　1件。H166：54，器形不规整，略歪斜。侈口，叠唇，斜腹直。内壁有刮削痕迹，腹部有数周拍印痕迹。腹部饰稀疏的左斜线纹，近底处饰一周密集左斜篮纹。可复原。口径18、底径12.7、高16.8厘米（图2-2-163，1；图版一八八，5）。

鼓腹罐　1件。H166：62，泥质灰陶。器形不规整，略有歪斜。直口，方唇，高领，广肩，鼓腹，下腹部近直，平底。内外壁近口处有刮削痕迹。通体饰左斜线纹，近底处抹平，肩部饰数周凹弦纹，其间区域饰数周线纹，肩上部有四组附加凸起状堆纹，其上有明显按窝，腹部饰一周附加堆纹。可复原。口径18、底径14.2、高27.6厘米（图2-2-162，11；图版一六一，5）。

素面盆　3件。泥质陶。素面。H166：7，黄褐陶。敛口，叠唇，浅弧腹近直，平底。器表磨

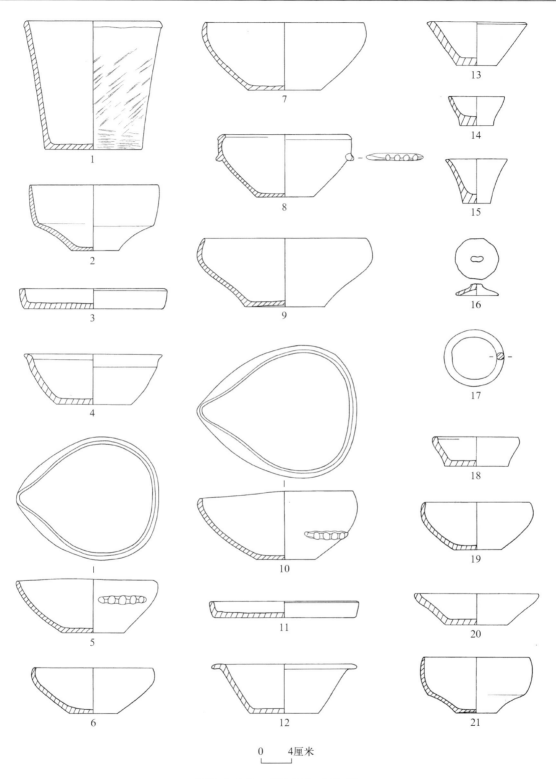

图2-2-163　H166出土陶器

1.线纹钵（H166：54）　　2、6、7、9、13、14、18-21.素面钵（H166：15、H166：33、H166：42、H166：39、H166：59、H166：56、H166：57、H166：37、H166：58、H166：14）　　3、11.盘（H166：50、H166：51）　　5、10.匜（H166：38、H166：47）　　8.素面双錾盆（H166：49）　　4、12.素面盆（H166：44、H166：43）　　15.杯（H166：60）　　16.器盖（H166：61）　　17.环（H166：12）

光，唇面及内壁近口处有刮削痕迹。可复原。口径30.2、底径13.6、高12.4厘米（图2-2-162，10；图版一一二，2）。H166∶43，红陶。侈口，折沿外侧下斜，圆唇，斜直腹，平直。内壁、沿面、外壁有刮削痕迹。可复原。口径18.8、底径8.8、高6.6厘米（图2-2-163，12；图版一一二，3）。H166∶44，黄褐陶。侈口，卷沿，圆唇，束颈，弧腹近直，平底。内外壁均有刮削痕迹。可复原。口径18、底径9.6、高6.8厘米（图2-2-163，4；图版一一二，4）。

匜　2件。泥质黄褐陶。圆唇，弧腹，平底，口沿一侧置流，其旁侧腹部置附加凸起状鋬手。素面。H166∶38，器形不规整，略歪斜。侈口。内外壁近口处有刮削痕迹。可复原。口径16.4—18.6、底径8.2、高7.2厘米（图2-2-163，5；图版一七四，1）。H166∶47，器形不规整，略歪斜。直口。内外壁均有刮削痕迹。可复原。口径18—20.8、底径7.5—8、高8.2—9.2厘米（图2-2-163，10；图版一七四，2）。

盘　2件。泥质黄褐陶。侈口，方唇，直腹，平底。素面。H166∶50，器表磨光，内壁近底处有明显的两周泥条盘筑痕迹，内外壁均有刮削痕迹。可复原。口径19.2、底径18、高2.7厘米（图2-2-163，3；图版一七五，1）。H166∶51，器表磨光，内壁近底处有明显的两周泥条盘筑痕迹，内外壁均有刮削痕迹。可复原。口径19.3、底径18.3、高2.3厘米（图2-2-163，11；图版一七五，2）。

杯　1件。H166∶60，夹砂黄褐陶。敞口，圆唇，弧腹内收，平底。内外壁有少量刮削痕迹。素面。可复原。口径8、底径3.6、高6厘米（图2-2-163，15；图版一八八，6）。

器盖　1件。H166∶61，夹砂红陶。敞口，圆唇，弧腹，圜顶，纽残。素面。可复原。口径5.6、残高1.6厘米（图2-2-163，16；图版一八二，3）。

环　1件。H166∶12，泥质灰陶。环状，截面为圆形。素面。可复原。外径3.9、内径2.9、厚0.5厘米（图2-2-163，17）。

79. H168

位于T27西南部。开口于第②层下，打破生土，被H167打破，开口距地表63厘米。平面形状呈椭圆形，直壁，平底。坑口最大径285、最小径180，坑底最大径270、最小径174、深100厘米。填土黑灰色为主，夹杂黄褐土，土质疏松。夹杂少量石块。出土陶盆1、石铲1及适量陶片。陶片以夹砂红褐陶、夹砂灰陶为主；纹饰以线纹为主；可辨器形有盆、钵、罐等（图2-2-164，1）。

H168挑选陶器标本素面盆2件。

素面盆　2件。泥质灰陶。敞口，折沿隆起，外侧下斜，圆唇，浅弧腹，平底。器表磨光，内壁抹光，沿面及内外壁近口处有刮削痕迹。素面。H168∶4，可复原。口径30.7、底径11.9、高10.9厘米（图2-2-164，3）。H168∶6，可复原。口径30.5、底径10.8、高10.5厘米（图2-2-164，2）。

80. H169

位于T11北部，部分伸入北壁。开口于第②层下，打破生土，开口距地表40厘米。平面形状呈椭圆形，弧壁，平底。坑口最大径277、最小径212，深200厘米。填土灰褐色，土质疏松。夹杂有红烧土颗粒、炭粒等。包含适量陶片、少量动物骨骼、石块、石器等。出土陶片以泥质黄褐陶为主，夹砂灰陶次之；纹饰以线纹、彩绘为主；可辨器形有钵、盆、罐等（图2-2-165）。

H169挑选陶器标本6件，其中素面盆2、素面钵2、彩陶钵1、双鋬刻槽盆1。

彩陶钵　1件。H169∶1，夹砂黄褐陶黑彩。侈口，圆唇，弧腹，平底微内凹。口部外壁、下腹

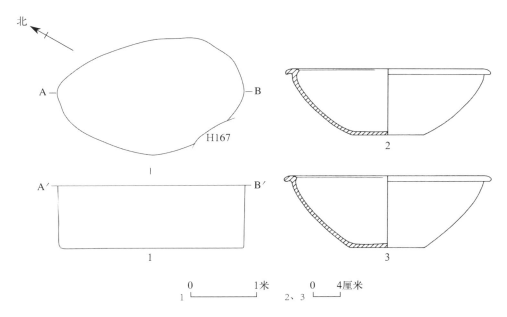

图2-2-164　H168平剖面图及土陶器
1.平剖面图　2、3.素面盆（H168：6、H168：4）

部各饰一周条带纹，其间区域用留白分为五个单元格，每个单元格内饰对弧边直角、凸弧纹、弧线组成的复合纹饰。可复原。口径11.2、底径4.8、高5.7厘米（图2-2-166，1；彩版九五，2）。

　　双錾刻槽杯　1件。H169：2，夹砂灰陶。侈口，圆唇，曲腹近直，平底，腹部对称置突起状双錾。内壁有密集竖直刻槽，外壁饰竖直线纹。可复原。口径10.8、底径8.2、高7.8厘米（图2-2-166，2）。

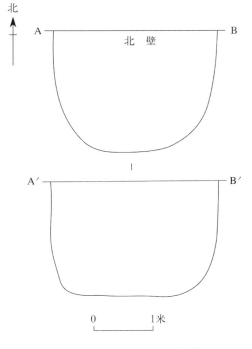

图2-2-165　H169平剖面图

　　素面盆　2件。泥质陶。素面。H169：5，灰陶。直口微敛，叠唇，曲腹近直。沿面及内壁有刮削痕迹。可复原。口径 12.4、底径 17.6、高 19 厘米（图 2-2-166，5）。H169：6，黄褐陶。器形不规整，口部呈椭圆形。敞口，卷沿，圆唇，斜直腹，平底。内壁有泥条盘筑痕迹，沿面及内壁有刮削痕迹。可复原。口径 22.5—23.7、底径 12、高 12.4 厘米（图 2-2-166，6）。

　　素面钵　2件。泥质陶。平底。素面。H169：3，红陶。器形不规整，口部呈椭圆形。侈口，尖圆唇，浅弧腹。器表磨光，内壁有刮削痕迹。可复原。口径 14.2—14.8、底径 5.6、高 5.3 厘米（图 2-2-166，4）。H169：4，黄褐陶。器形不规整，口部呈椭圆形。直口微侈，尖唇，深弧腹。器表磨光，内壁抹光，近口处有刮削痕迹。可复原。口径 17.2—18.2、底径 8.6、高 9.2 厘米（图 2-2-166，3）。

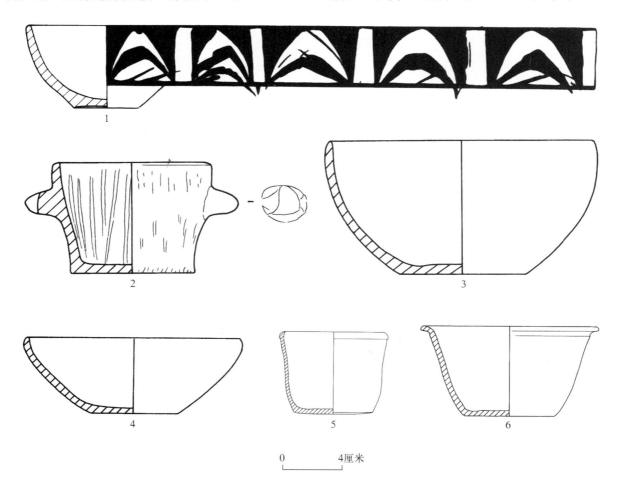

图2-2-166　H169出土陶器

1.彩陶钵（H169：1）　2.双錾刻槽钵（H169：2）　3、4.素面钵（H169：4、H169：3）　5、6.素面盆（H169：5、H169：6）

81. H170

　　位于 T35 北部。开口于第②层下，打破生土，被 H138、H288 打破，开口距地表 50 厘米。平面形状椭圆形，斜直壁，平底。坑口最大径 260、最小径 160、坑底最大径 170、最小径 160、深 162 厘米。填土灰褐色，土质较致密。包含大量石块、动物骨骼。出土适量陶片，以泥质黄褐陶、夹砂灰陶为主；纹饰以线纹为主；可辨器形有小口尖底瓶、钵等（图 2-2-167）。

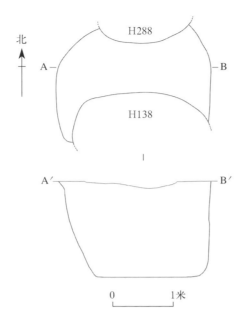

图2-2-167　H170平剖面图

H170挑选陶器标本7件，其中素面钵4、漏斗1、小口平底瓶1、小口尖底瓶1。

素面钵　4件。泥质陶。素面。H170：4，黄褐陶。直口微侈，尖唇，深弧腹，平底微内凹。器表磨光发白，外壁有少量刮削痕迹。可复原。口径22.2、底径9.7、高11厘米（图2-2-168，3；图版六七，5）。H170：5，黄褐陶。侈口，方唇，浅弧腹，平底微内凹。器表磨光，唇面有刮削痕迹。可复原。口径25.2、底径8.4、高9.8厘米（图2-2-168，1；图版六七，6）。H170：6，灰陶。器形不规整，略歪斜，口部呈椭圆形。侈口，尖唇，深弧腹，平底微内收。器表磨光，内外壁近口处有刮削痕迹。可复原。口径19.5—20.8、底径6.8、高9.2厘米（图2-2-168，6；图版六八，1）。H170：7，泥灰陶。直口微侈，尖唇，深弧腹，平底微内凹。内外壁均有刮削痕迹。可复原。口径19、底径7.6、高10.2厘米（图2-2-168，7；图版六八，2）。

漏斗　1件。H170：8，泥质灰陶。侈口，叠唇，曲腹，斜直流。器表磨光，内壁有刮削痕迹。口部有一周凹弦纹。素面。可复原。口径22.8、流径2.4、高13.2厘米（图2-2-168，2；图版一五六，6）。

小口平底瓶　1件。H170：1，泥质灰陶。敛口，尖唇，葫芦形口，束颈，溜肩，鼓腹，平底微内凹，腹部对称置桥状耳。腹部饰篮纹。可复原。口径3.2、腹径18.8、底径12.5、高47.5厘米（图2-2-168，5）。

小口尖底瓶　1件。H170：13，泥质黄褐陶。溜肩，橄榄状腹，尖底。底部有泥条盘筑痕迹。通体饰篮纹、线纹。肩部以上残。残高78厘米（图2-2-168，4）。

82. H175

位于T27南部。开口于第②层下，打破生土，被H91、H98打破，开口距地表68厘米。平面形状呈椭圆形，直壁，平底。坑口最大径490、最小径280、深162厘米。填土可分两层，第①层厚100厘米，浅灰色，土质疏松；第②层厚62厘米，黄褐色，土质较致密。出土少量石器、骨器及适量陶片。石器器形有砍砸器、尖状器。陶片有夹砂灰陶、夹砂红陶、磨光灰陶及彩陶；纹饰以线纹为主；可辨

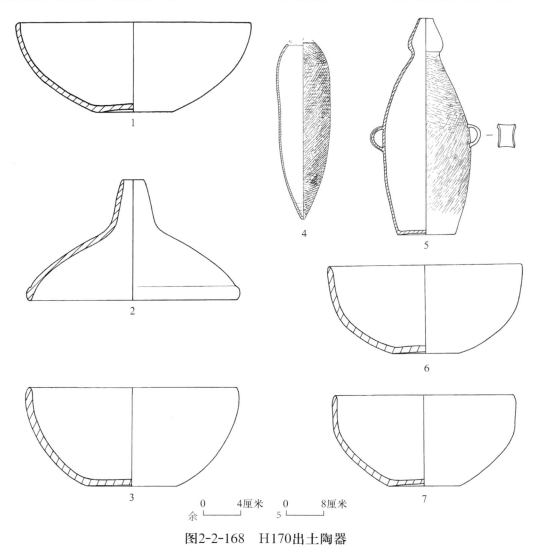

图2-2-168　H170出土陶器

1、3、6、7、素面钵（H170：5、H170：4、H170：6、H170：7）　2.漏斗（H170：8）　4.小口尖底瓶（H170：13）　5.小口平底瓶（H170：1）

器形有杯、盆、罐、钵等（图2-2-169，1）。

　　H175挑选陶器标本2件，其中彩陶钵1、器盖1。

　　彩陶钵　1件。H175：2，泥质黄褐陶褐彩，胎较厚。直口，圆唇，弧腹，下腹部近直，平底内凹。器表磨光，内壁抹光，内壁近口处有刮削痕迹。口部外壁饰一周垂弧纹，唇面、下腹部各饰一周宽0.3厘米的条带纹，其间区域用凸弧纹分为三个单元格，每个单元格内饰双连弧线、圆点组成的复合纹饰。可复原。口径13.4、底径5.8、高6.1厘米（图2-2-169，2）。

　　器盖　1件。H175：23，夹砂灰陶。敞口，方唇，弧腹近直，圜顶，两个凸起状纽。内壁有刮削痕迹。素面。可复原。口径5.5、高3.4厘米（图2-2-169，3）。

83. H187

　　位于T53东北部，部分伸入东壁。开口于第②层下，打破第③层，开口距地表50厘米。平面形状呈圆形，直壁，平底。坑口直径144、深70厘米。填土灰褐色，土质疏松。出土陶片以夹砂灰陶为

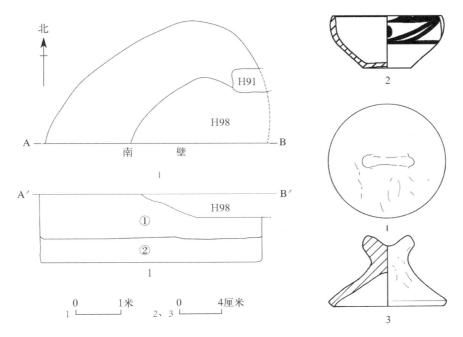

图2-2-169　H175平剖面图及出土陶器
1.平剖面图　2.彩陶钵（H175：2）　3.器盖（H175：23）

主，泥质红陶次之；纹饰以线纹为主；可辨器形有盆、钵、缸等（图2-2-170，1）。

H187挑选陶器标本彩陶钵1件。

彩陶钵　1件。H187：1，泥质黄褐陶黑彩。直口微侈，尖唇，浅弧腹，平底。器表磨光，内壁有刮抹痕迹。口部外壁饰一周宽0.8厘米的条带纹。可复原。口径15.4、底径7、高6.5厘米（图2-2-170，2；图版三四，4）。

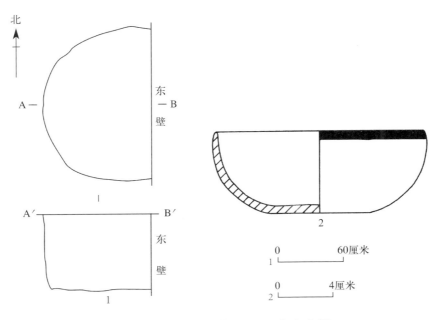

图2-2-170　H187平剖面图及出土陶器
1.平剖面图　2.彩陶钵（H187：1）

84. H188

位于 T8 北部。开口于第①层下，打破生土，开口距地表 23 厘米。平面形状呈椭圆形，弧壁，平底。坑口最大径 266、最小径 196、深 102 厘米。填土灰褐色，土质疏松。夹杂有红烧土颗粒、炭粒、草木灰等。包含适量陶片、少量动物骨骼、石块、石器等。出土陶片以泥质黄褐陶为主，夹砂灰陶次之；纹饰以线纹、彩绘为主；可辨器形有钵、盆、罐、小口尖底瓶、器盖等（图 2-2-171，1）。

H188 挑选陶器标本 2 件，其中素面钵 1、素面盆 1。

素面钵　1 件。H188：1，泥质黄褐陶，厚胎。侈口，圆唇，斜直腹，平底。内外壁均有刮削痕迹。素面。可复原。口径 9.8、底径 5.2、高 5 厘米（图 2-2-171，2）。

素面盆　1 件。H188：3，泥质灰陶。敛口，仰折沿隆起，圆唇，浅弧腹，平底。器表磨光，内外壁口部均有刮削痕迹。素面。可复原。口径 28.8、底 12、高 10.8 厘米（图 2-2-171，3；图版一一二，5）。

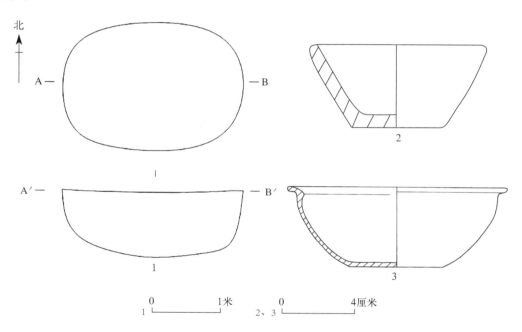

图2-2-171　H188平剖面图及出土陶器
1.平剖面图　2.素面钵（H188：1）　3.素面盆（H188：3）

85. H189

位于 T4 北部，部分被断崖破坏。开口于第③层下，打破生土，开口距地表 90 厘米。平面形状呈椭圆形，直壁，平底。坑口最大径 460、最小径 250、深 195 厘米。填土灰褐色，土质疏松。夹杂大量陶片，少量红烧土颗粒、石块。出土适量陶片，以夹砂为主，泥质次之；纹饰有线纹、彩陶；可辨器形有罐、盆、钵、小口尖底瓶等（图 2-2-172）。

H189 挑选陶器标本 21 件，其中素面钵 8、彩陶钵 8、彩陶盆 4、小口尖底瓶 1。

彩陶钵　8 件。泥质黄褐陶黑彩。H189：1，口部不规整，略有变形，呈椭圆形。直口微敛，尖唇，曲腹，平底微内凹。器表磨光，内壁抹光，有刮削痕迹。口部外壁饰一周三个垂弧纹，其下区域二方连续饰弧线、弧边三角、圆点组成的复合纹饰。可复原。口径 16.7—17、底径 6、高 9.8

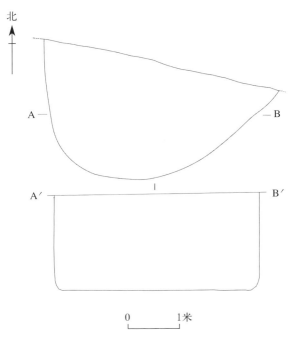

图2-2-172 H189平剖面图

厘米（图2-2-173，11；图版三四，5）。H189：3，直口，尖唇，浅弧腹，平底。器表磨光，内壁抹光，有刮削痕迹。口部外壁饰一周五个垂弧纹，其下区域饰两周宽0.3厘米的条带纹、五个圆点组成的复合纹饰。可复原。口径15.2、底径5、高6.1—6.9厘米（图2-2-173，7；彩版九六，1）。H189：4，直口微侈，圆唇，曲腹近折，平底内凹。器表磨光，内壁抹光，有刮削痕迹。口部外壁饰一周垂弧纹，其下区域饰四组圆点、双连弧线组成的复合纹饰。可复原。口径15.6、底径6、高7.2厘米（图2-2-173，9；彩版九六，2）。H189：7，直口微侈，尖唇，浅弧腹，平底内凹。器表磨光，内壁抹光，有刮削痕迹。口部外壁饰一周宽0.2厘米的条带纹，其下区域饰两个圆点。可复原。口径13.2、底径6.6、高5.2厘米（图2-2-173，8；彩版九七，1）。H189：8，直口微侈，尖唇，曲腹，平底。器表磨光，内壁抹光，有刮削痕迹。下腹部饰一周宽0.3厘米的条带纹，其上区域利用双短线分为四个单元格，每个单元格内饰网格纹。可复原。口径14.4、底径6、高7.4厘米（图2-2-173，6；图版三四，6）。H189：9，直口微敛，圆唇，曲腹近折，平底。器表磨光，内壁抹光，有刮削痕迹。下腹部饰一周条带纹，其上区域饰对弧边直角、凸弧纹组成的复合纹饰。可复原。口径15.4、底径6.8、高8.8厘米（图2-2-173，10；图版三五，1）。H189：11，直口微侈，尖唇，曲腹近折，平底微内凹。器表磨光，内壁抹光，有刮削痕迹。下腹部饰一周宽0.4厘米的条带纹，其上区域饰三组对弧边直角、凸弧纹、圆点组成的复合纹饰。可复原。口径15.3、底径5.3、高8.1厘米（图2-2-173，5；图版三五，2）。H189：12，直口微侈，尖唇，弧腹近折，下腹部近直，平底。器表磨光发白，内壁抹光，有刮削痕迹。口部外壁饰一周凸弧纹，下腹部饰一周宽0.4厘米的条带纹，其间区域饰双连弧线、圆点组成的复合纹饰。可复原。口径21.5、底径6.5、高10.7厘米（图2-2-173，12；图版三五，3）。

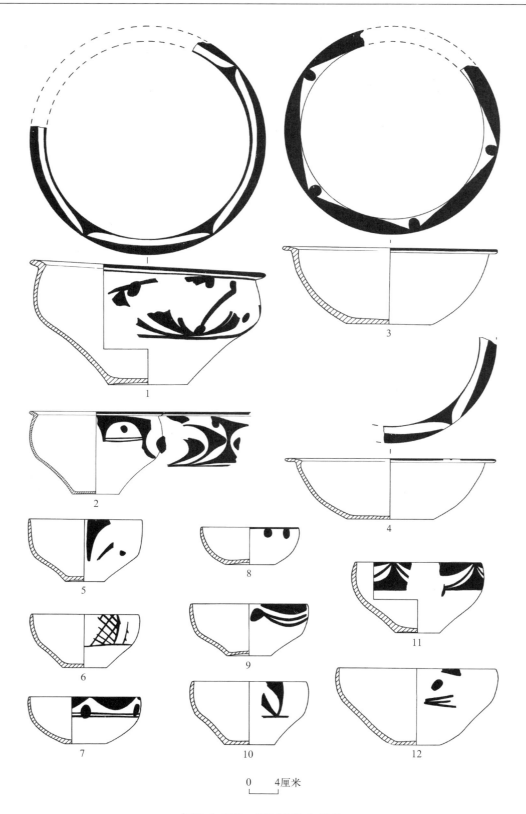

0 　　 4厘米

图2-2-173　H189出土彩陶

1-4.彩陶盆（H189：5、H189：6、H189：2、H189：10）　　5-12.彩陶钵（H189：11、H189：8、H189：3、H189：7、H189：4、H189：9、H189：1、H189：12）

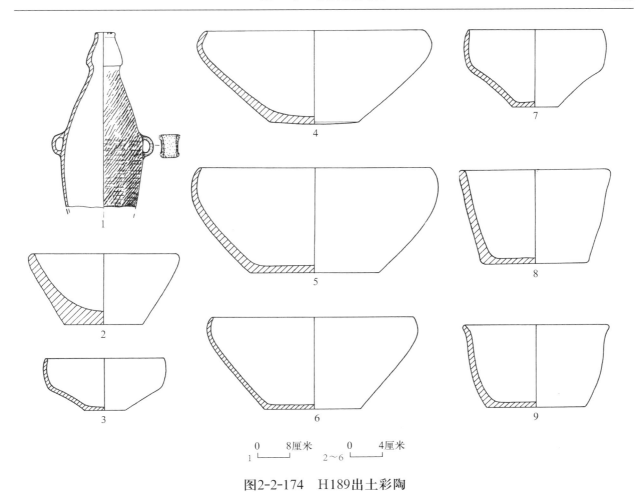

图2-2-174　H189出土彩陶

1.小口尖底瓶（H189：33）　　2-9.素面钵（H189：13、H189：14、H189：19、H189：16、H189：15、H189：18、H189：20、H189：17）

　　彩陶盆　4件。泥质黄褐陶黑彩。H189：2，器形不规整，口部呈椭圆形。直口，仰折沿，圆唇，浅弧腹，平底。器表磨光，内壁抹光，沿面及内壁有刮削痕迹。沿面饰五组凸弧纹、圆点组成的复合纹饰。可复原。口径27—29、底径12、高10.6厘米（图2-2-173，3；图版四，3）。H189：5，敛口，仰折沿隆起，圆唇，曲腹，平底微内凹。器表磨光，内壁抹光，沿面及内壁有刮削痕迹。沿面饰四组弧边三角、垂弧纹组成的复合纹饰。唇面、下腹部饰一周条带纹，其间区域饰凸弧纹、圆点、弧边三角组成的复合纹饰。可复原。口径32、腹径31.2、底径10.8、高17.4厘米（图2-2-173，1；图版二○，3）。H189：6，器形不规整，口部呈椭圆形。敛口，仰折沿微隆起，方唇，溜肩，深曲腹，平底微内凹。器表磨光，内壁抹光，沿面及内壁有刮削痕迹。唇面、下腹部各饰一周宽0.8、0.6厘米的条带纹，其间区域饰凸弧纹、圆点、弧边三角、双短线组成的复合纹饰。可复原。口径36.2—37.2、腹径36.2、底径12.8、高23.2厘米（图2-2-173，2；彩版二○七，1）。H189：10，直口微敛，仰折沿隆起，圆唇，浅弧腹，平底。器表磨光发白，内壁抹光，沿面及内壁有刮削痕迹。沿面饰四组凸弧纹、弧边三角组成的复合纹饰。可复原。口径28.4、底径11.6、高8.6厘米（图2-2-173，4；图版一八，1）。

　　素面钵　8件。素面。H189：13，夹砂黄褐陶，厚胎。侈口，圆唇，斜直腹，平底。内外壁均有刮削痕迹。可复原。口径9.1、底径5、高4.2厘米（图2-2-174，2；图版六八，3）。H189：14，泥质灰陶。直口微敛，圆唇，曲腹近折，平底。器表磨光，内外壁均有刮削痕迹。可复原。口径14.2、底径5.2、高6.6厘米（图2-2-174，3；图版六八，4）。H189：15，泥质灰陶。口部略不规整，呈椭圆形。敛口，尖唇，弧腹，下腹部近直，平底。器表磨光，内壁抹光，有刮削痕迹。可复原。口径24.2—24.6、底径13、高11.2—11.7厘米（图2-2-174，6；图版六九，1）。H189：16，泥质黄褐陶。器形不规整，口部呈椭圆形。敛口，尖唇，弧腹，平底。内外壁近口处有刮削痕迹。可复原。口径27.5—28.3、底径14.2、高12.5厘米（图2-2-174，5；图版六九，2）。H189：17，夹砂黄褐陶。侈口，圆唇，曲腹，平底。内壁有泥条盘筑痕迹，内外壁均有刮削痕迹。可复原。口径17.4、底径11.8、高10.6厘米（图2-2-174，9；图版六八，5）。H189：18，泥质黄褐陶，通体饰白衣。直口微敛，尖唇，曲腹近折，平底。内外壁近口处有刮削痕迹。可复原。口径16.3、底径6.1、高9.5厘米（图2-2-174，7；图版六九，3）。H189：19，夹砂红陶。敛口，圆唇，弧腹，下腹部近直，平底。内外壁近口处有刮削痕迹。可复原。口径26.8、底径11.2、高10.8—11.2厘米（图2-2-174，4；图版六九，4）。H189：20，夹砂红陶。侈口，圆唇，斜直腹，平底。内外壁均有刮削痕迹。可复原。口径18.5、底径12.5、高11.8厘米（图2-2-174，8；图版六八，6）。

小口尖底瓶　1件。H189：33，泥质黄褐陶。葫芦口，圆唇，溜肩，橄榄状腹，腹部对称置桥状耳。通体饰篮纹，耳部以下饰线纹。底部残。口径4.2、残高44厘米（图2-2-174，1）。

86. H190

位于T11南部。开口于第②层下，打破生土，被H45、H165打破，开口距地表40厘米。平面形状呈圆形，直壁，平底。坑口最大径370、最小径260、深100厘米。填土灰褐色，土质疏松。夹杂有红烧土颗粒、炭粒等。包含适量陶片、少量动物骨骼、石块、石器等。出土陶片以泥质黄褐陶为主，夹砂灰陶次之；纹饰以线纹、彩绘为主；可辨器形有钵、盆、罐、小口尖底瓶等（图2-2-175，1）。

H190挑选陶器标本彩陶盆2件。

彩陶盆　2件。泥质黄褐陶黑彩。敛口，圆唇，浅弧腹。器表磨光，内壁有刮削痕迹。H190：1，折沿，平底内凹。沿面间隔饰四组垂弧纹、三短竖线，唇面饰一周条带纹。可复原。口径25.1、底径8.1、高9.2—9.6厘米（图2-2-175，2）。H190：2，器形不规整，略有歪斜，口部略呈椭圆形。折沿隆起，平底。沿面、唇面饰一周宽1.1厘米的条带纹。可复原。口径28.1—28.5、底径12、高10.6厘米（图2-2-175，3）。

87. H196

位于T4北部，部分被断崖破坏。开口于第③层下，打破生土，被H189打破，开口距地表90厘米。平面形状呈椭圆形，直壁，平底。坑口最大径345、最小径260、深180厘米。填土浅灰色，土质疏松呈粉末状。夹杂少量红烧土颗粒、陶片。出土适量陶片，以夹砂陶为主，泥质陶次之；纹饰有彩绘、线纹等；可辨器形有罐、盆、钵、小口尖底瓶等（图2-2-176）。

H196挑选陶器标本彩陶钵4件。

彩陶钵　4件。泥质黄褐陶黑彩。H196：1，器形不规整，口部略呈椭圆形。直口微敛，尖唇，曲腹近折，平底。器表磨光发白，内壁抹光。内壁有轮制痕迹和刮削痕迹。下腹部饰一周宽0.3厘米的条带纹，其上区域用留白分为六个单元格，每个单元格内饰对弧边直角、凸弧纹、圆点组成的复合纹饰。可复原。口径13.7—14、底径4.2、高6.8厘米（图2-2-177，4）。H196：2，直口微敛，尖唇，

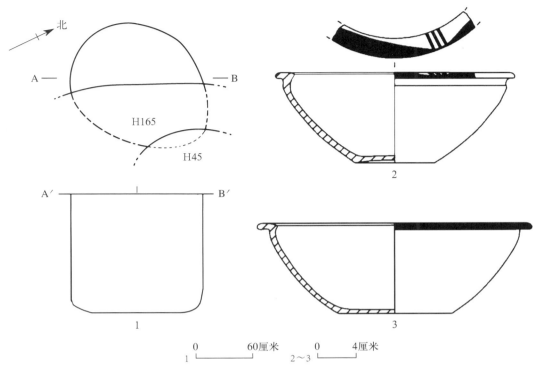

图2-2-175　H190平剖面图及出土陶器
1.平剖面图　2、3.彩陶盆（H190：1、H190：2）

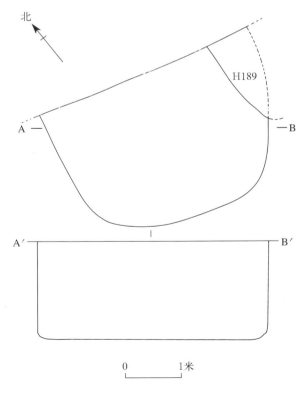

图2-2-176　H196平剖面图

曲腹近折，平底。器表磨光，内壁抹光。内壁有轮制痕迹和刮削痕迹。口部外壁饰一周三个垂弧纹，下腹部饰一周条带纹，其间区域饰三组双连弧线、圆点组成的复合纹饰。可复原。口径14.3、底径5.1、高7.6厘米（图2-2-177，3）。H196：3，直口，尖唇，弧腹，平底。器表磨光，内壁抹光，有刮削痕迹。口部外壁饰一周垂弧纹，其下区域饰弧边三角、两周宽0.2厘米的条带纹组成的复合纹饰。可复原。口径15.4、底径6.3、高6.9—7.2厘米（图2-2-177，2）。H196：4，器形不规整，口部略呈椭圆形。直口，圆唇，弧腹近折，下腹部近直，平底内凹。器表磨光，内壁抹光。内壁有轮制痕迹和刮削痕迹。口部外壁饰一周五个垂弧纹，其下区域对应饰五组双连弧线、圆点组成的复合纹饰。可复原。口径17.4—17.8、底径6.8、高8厘米（图2-2-177，1）。

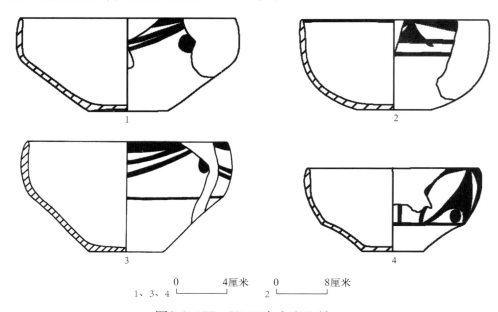

图2-2-177　H196出土彩陶钵

1-4.彩陶钵（H196：4、H196：3、H196：2、H196：1）

88. H197

　　位于T49南部，部分伸入南壁。开口于第③层下，打破生土，开口距地表90厘米。平面形状呈椭圆形，直壁，平底。坑口最大径700、最小径340、深80厘米。填土共两层，第①层厚50厘米，黄褐色灰褐色，土质疏松；第②层厚30厘米，黄褐色，土质疏松。夹杂少量石块。出土适量陶片，泥质与夹砂相当；纹饰以磨光、线纹为主，少见彩陶；可辨器形有盆、钵、罐等（图2-2-178）。

　　H197挑选陶器标本10件，其中鼓腹罐3、小口尖底瓶2、素面盆2、彩陶双錾盆1、彩陶盆1、深腹罐1。

　　彩陶双錾盆　1件。H197：1，泥质黄褐陶黑彩。敛口，叠圆唇，弧腹近直，平底，腹部对称置附加突起状双錾。沿面及器表磨光，内壁近口处有刮削痕迹。沿面外壁用对弧边三角分为四个单元格，每个单元格内饰垂弧纹、圆点组成的复合纹饰。可复原。口径42.5、底径16.6、高22.2厘米（图2-2-179，8；彩版二〇七，2）。

　　彩陶盆　1件。H197：9，泥质黄褐陶。敛口，叠圆唇，沿面下斜，弧腹。沿面下部饰一周宽0.6厘米的条带纹，其上区域用三条短线分为数个单元格，每个单元格内饰弧边直角。腹部以下残。口径

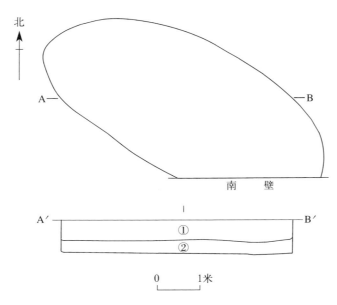

图2-2-178　H197平剖面图

38、残高 7.6 厘米（图 2-2-179，5）。

素面盆　2 件。泥质黄褐陶。敛口，仰折沿隆起，圆唇，弧腹。素面。H197∶10，腹部以下残。口径 30.8、残高 5.6 厘米（图 2-2-179，3）。H197∶11，腹部以下残。口径 34、残高 7.4 厘米（图 2-2-179，4）。

小口尖底瓶　2 件。泥质黄褐陶。退化重唇口，溜肩。通体饰线纹。H197∶7，圆唇，束颈。肩部以下残。口径 10.4、残高 7.4 厘米（图 2-2-179，8）。H197∶8，尖唇，弧颈。肩部以下残。口径 10、残高 8.4 厘米（图 2-2-179，9）。

鼓腹罐　3 件。夹砂陶。敛口，溜肩，鼓腹。H197∶12，灰陶。仰折沿下凹成槽，方唇外侧下斜，矮领。领内壁有数周凹弦纹，肩部饰凹弦纹、间隔线纹，其下区域饰线纹。腹部以下残。口径 26、残高 10 厘米（图 2-2-179，1）。H197∶13，黄褐陶。仰折沿微隆起，方唇。口部外壁绳纹被磨平，其下区域饰数周凹弦纹、线纹，肩部饰四组八个饼状附加堆纹。肩部以下残。口径 29.2、残高 8.2 厘米（图 2-2-179，6）。H197∶14，灰陶。仰折下凹成槽，方唇外侧下斜，矮领。颈部以下饰绳纹。腹部以下残。口径 26、残高 5 厘米（图 2-2-179，2）。

深腹罐　1 件。H197∶15，夹砂褐陶。直口微敛，仰折沿，圆唇，直颈。肩部以下饰线纹。腹部以下残。口径 14、残高 8.2 厘米（图 2-2-179，7）。

89. H202

位于 T41 东北角，部分伸入东壁、北壁。开口于第③层下，打破第④层，被 H201 打破，开口距地表 70 厘米。平面形状呈椭圆形，直壁，平底。坑口最大径 300、最小径 200、深 250 厘米。填土灰褐色，土质疏松。夹杂少量红烧土颗粒、料礓石、石块。出土适量陶片，以泥质黄褐陶为主，夹砂陶次之；纹饰常见线纹、彩绘等；可辨器形有盆、罐、钵、小口尖底瓶等（图 2-2-180，1）。

H202 挑选陶器标本 3 件，其中彩陶盆 1、器盖 1、彩陶瓮 1。

彩陶盆　1 件。H202∶1，泥质黄褐陶黑彩。敛口，仰折沿，曲腹，平底。器表磨光发白，内外

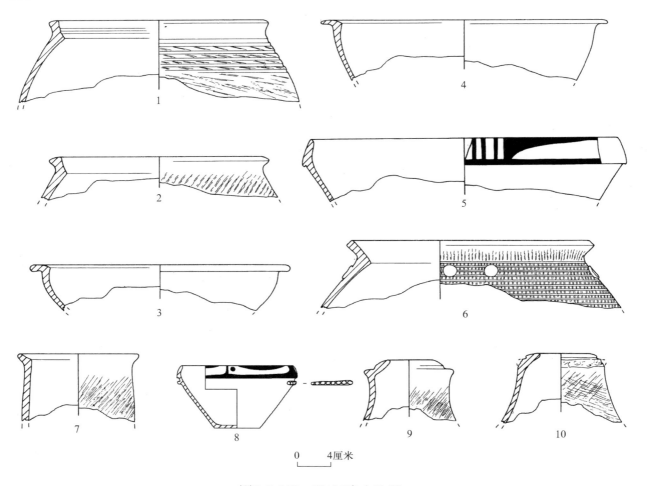

0　　4厘米

图2-2-179　H197出土陶器

1、2、6.鼓腹罐（H197：12、H197：14、H197：13）　3、4.素面盆（H197：10、H197：11）　5.彩陶盆（H197：9）　7.深腹罐
（H197：15）　8.彩陶双錾盆（H197：1）　8、9.小口尖底瓶（H197：7、H197：8）

壁有明显刮削痕迹。口部外壁饰一周宽1厘米的条带纹，腹部饰垂弧纹、圆点、弧线、弧边三角组成的复合纹饰。可复原。口径32.7、底径12、高20厘米（图2-2-180，3；图版二○，4）。

器盖　1件。H202：3，夹砂红陶。敞口，圆唇，弧腹，圜顶，顶上置两个凸起状纽。纽残。素面。可复原。口径9—9.5、残高4.5厘米（图2-2-180，2；图版一八○，2）。

彩陶瓮　1件。H202：6，泥质黄陶黑彩。敛口，圆唇，广肩。唇部绘一周条带纹，颈部饰一周条带纹，其上饰一周交弧纹，其下饰弧边三角、凸弧纹、弧线组成的复合纹饰。肩部以下残。口径16、残高2.8厘米（图2-2-180，4；彩版二四九，2）。

90. H204

位于T41西南部，部分伸入南壁、西壁。开口于第③层下，打破第④层，开口距地表70厘米。袋状，平面形状呈椭圆形，弧壁，平底。坑口最大径160、最小径90、坑底最大径200、最小径130、深250厘米。填土分两层，第①层厚100厘米，灰褐色，土质疏松，夹杂少量红烧土颗粒；第②层厚150厘米，黑灰色，土质疏松，夹杂少量石块。出土适量陶片，以泥质陶为主，夹砂陶次之；纹饰多见绳纹、素面、弦纹及彩绘；可辨器形有盆、小口尖底瓶、罐、钵等（图2-2-181）。

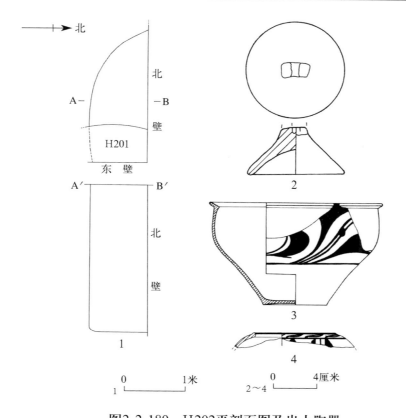

图2-2-180　H202平剖面图及出土陶器

1.平剖面图　2.器盖（H202∶3）　　3.彩陶盆（H202∶1）　4.彩陶瓮（H202∶6）

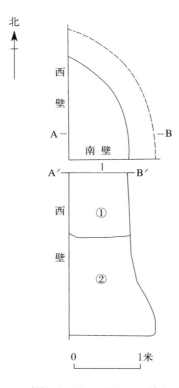

图2-2-181　H204平剖面图

H204 挑选陶器标本 5 件，其中素面钵 2、素面盆 2、杯 1。

素面钵　2 件。素面。H204：1，泥质黄褐陶。器形不规整，口部略呈椭圆形。侈口，圆唇，弧腹，平底微内凹。器表磨光，内外壁有明显刮削痕迹。可复原。口径 20.5—21.2、底径 8.8、高 8.6 厘米（图 2-2-182，1；图版六九，5）。H204：6，夹砂灰陶。器形不规整。直口微敛，圆唇，浅弧腹，平底。内外壁近口处有明显刮削痕迹。可复原。口径 25.6—26、底径 11.2、高 8.4 厘米（图 2-2-182，3；图版六九，6）。

素面盆　2 件。泥质陶。浅弧腹，平底。素面。H204：3，红陶。直口微敛，仰折沿隆起，圆唇。器表磨光，内外壁有明显的刮削痕迹。可复原。口径 30.6、底径 11、高 12.4 厘米（图 2-2-182，5；图版一一二，6）。H204：4，灰陶。器形不规整，口部略呈椭圆形。直口微侈，仰折沿隆起，圆唇。器表磨光，内外壁均有刮削痕迹。可复原。口径 31.2、底径 10.8、高 9—10.2 厘米（图 2-2-182，4；图版一一四，1）。

杯　1 件。H204：5，夹砂灰陶，厚胎。敞口，圆唇，弧腹内收，平底。素面。可复原。口径 5、底径 2.6、高 4.2 厘米（图 2-2-182，2；图版一八九，1）。

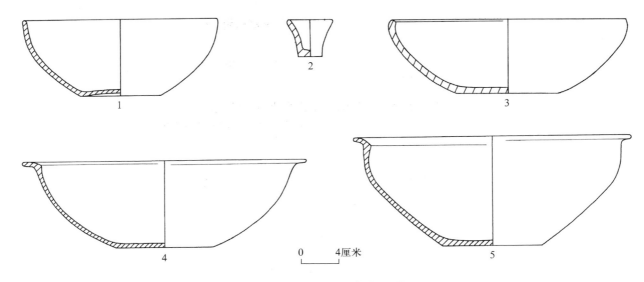

图2-2-182　H204出土陶器

1、3.素面钵（H204：1、H204：6）　2.杯（H204：5）　4、5.素面盆（H204：4、H204：3）

91. H206

位于 T53 东部，部分伸入东壁。开口于第③层下，打破生土，开口距地表 75 厘米。平面形状呈圆形，直壁，平底。坑口直径 230、深 30 厘米。填土灰褐色，土质致密。出土陶片以夹砂灰陶为主，泥质红陶次之；纹饰以线纹为主；可辨器形有罐、钵、盆等（图 2-2-183，1）。

H206 挑选陶器标本 2 件，其中杯 1、鼓腹罐 1。

杯　1 件。H206：1，夹砂黄褐陶，厚胎。侈口，卷沿，尖圆唇，直腹，平底。外壁近口处有刮削痕迹，近底处有一周捏制痕迹。素面。可复原。口径 8.4、底径 5.6、高 8.4 厘米（图 2-2-183，2；图版一八九，2）。

深腹罐　1 件。H206：2，夹砂红陶。直口微侈，仰折沿，圆唇，鼓腹，平底。内外壁近口处有

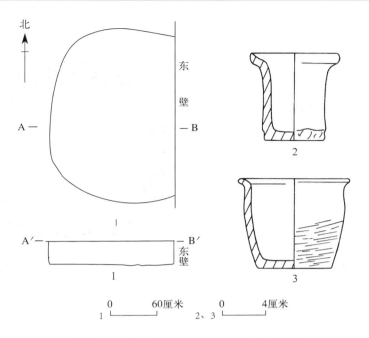

图2-2-183　H206平剖面图及出土陶器

1.平剖面图　2.杯（H206：1）　3.深腹罐（H206：2）

刮削痕迹，下腹部饰横向线纹。素面。可复原。口径12.4、底径6.8、高8.6厘米（图2-2-183，3；图版一七〇，1）。

92. H207

位于T211西南部、T212西北部，部分伸入西壁。开口于第②层下，打破第③层，开口距地表65厘米。平面形状呈椭圆形，弧壁，平底。坑口最大径280、最小径260、深70厘米。填土分为两层，第①层厚30厘米，灰色，土质疏松；第②层厚40厘米，黄褐色，土质较为坚致密。出土陶片有夹砂红陶、泥质灰陶、泥质红陶等；纹饰有弦纹、彩绘等；可辨器形有钵、环等（图2-2-184，1）。

H207挑选陶器标本彩陶盆1件。

彩陶盆　1件。H207：1，泥质黄褐陶黑彩。敛口，折沿外侧下斜，圆唇，浅弧腹，平底内凹。器表磨光，内壁有刮削痕迹。沿面饰七组凸弧纹、弧边三角组成的复合纹饰。可复原。口径21.3、底径7、高7.5厘米（图2-2-184，2）。

93. H208

位于T53东南部，部分伸入东壁、南壁。开口于第③层下，打破生土，开口距地表80厘米。平面形状呈椭圆形，弧腹，圜底。坑口直径200、坑底直径180、深120厘米。填土灰褐色，土质疏松。包含陶片、石块、动物骨骼等。出土陶片以夹砂灰陶为主，泥质红陶次之；纹饰以线纹为主；可辨器形有盆、钵、小口尖底瓶、罐等（图2-2-185）。

H208挑选陶器标本15件，其中素面盆7、素面钵3、彩陶盆1、盘1、器盖1、鼓腹罐1、单把杯1。

彩陶盆　1件。H208：19，泥质黄褐陶黑彩。敛口，仰折沿隆起，圆唇，曲腹，平底内凹。颈部有两周宽0.4厘米的凹槽，沿面饰一周宽0.5—0.8厘米的条带纹，其下区域饰四个圆点。可复原。口径30.6、腹径29.8、底径11、高15厘米（图2-2-186，7；彩版九七，2）。

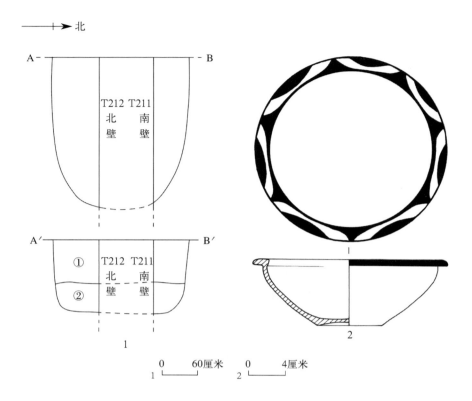

图2-2-184 H207平剖面图及出土陶器
1.平剖面图 2.彩陶盆（H207:1）

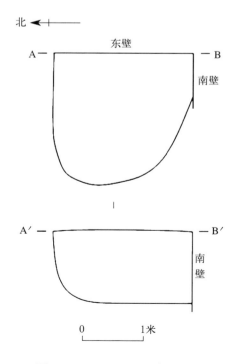

图2-2-185 H208平剖面图

素面钵　3件。素面。H208：1，夹砂红陶。侈口，尖唇，弧腹，平底。内外壁近口处有刮削痕迹，内壁有刮抹痕迹。可复原。口径11.7、底径5.7、高9.8厘米（图2-2-186，11；图版七〇，1）。H208：2，泥质黄褐陶。器形不规整，口部略呈椭圆形。侈口，尖唇，深弧腹，平底。内外壁近口处有明显刮削痕迹。可复原。口径15.6—16.5、底径7.6、高8.9厘米（图2-2-186，13；图版七〇，2）。H208：11，夹砂灰陶。侈口，圆唇，弧腹近直，平底。内外壁均有刮削痕迹。可复原。口径16.8、底径10.8、高12.4厘米（图2-2-186，9；图版七〇，3）。

素面盆　7件。素面。H208：3，泥质红陶。直口微侈，折沿隆起，圆唇，浅弧腹，平底微内凹。器表磨光，内外壁近口处、沿面有刮削痕迹。可复原。口径33.4、底径13.4、高9.4厘米（图2-2-186，5；图版一一三，1）。H208：4，泥质黄褐陶。侈口，卷沿，圆唇，弧腹，平底微内凹。器表磨光，内外壁近口处、沿面有刮削痕迹。可复原。口径17、底径9.7、高10.4厘米（图2-2-186，15；图版一一四，5）。H208：5，泥质黄褐陶。侈口，折沿隆起，圆唇，浅弧腹，平底微内凹。器表磨光，内壁、沿面有刮削痕迹。可复原。口径32.8、底径12、高10.7厘米（图2-2-186，8；图版一一三，2）。H208：6，泥质红陶。直口微侈，折沿隆起，圆唇，浅弧腹，平底内凸。器表磨光，内外壁均有刮削痕迹。可复原。口径32.8、底径12.5、高10.5厘米（图2-2-186，6；图版一一三，3）。H208：7，泥质黄褐陶，厚胎。直口微侈，折沿，圆唇，斜直腹，平底。内外壁、唇面有刮削痕迹。可复原。口径15.2、底径12、高6厘米（图2-2-186，12；图版一一三，4）。H208：8，泥质灰陶。器形不规整，略歪斜，口部呈椭圆形。直口，仰折沿，圆唇，深弧腹，平底微内凹。器表磨光，内壁有刮削痕迹。可复原。口径27.9—28.8、底径12.4、高13.8—14.3厘米（图2-2-186，1；图版一一三，5）。H208：10，泥质灰陶。侈口，仰折沿，圆唇，斜直腹，平底。沿面有刮削痕迹，下腹部饰横向拍印痕迹。口沿下部饰一周附加堆纹。可复原。口径25.5、底径10.8、高8厘米（图2-2-186，3；图版一一三，6）。

器盖　1件。H208：12，夹砂黄褐陶。敞口，口部外壁起台，圆唇，弧腹，圜顶近平，桥形纽。外壁有刮削痕迹。素面。可复原。口径21.6、高9.6厘米（图2-2-186，2；图版一七七，6）。

鼓腹罐　1件。H208：20，夹砂黄褐陶，口沿处因渗碳呈黑色。器形不规整，略有歪斜。敛口，方唇，矮领，溜肩，鼓腹，下腹部微内收近直，平底。内外壁近口处有刮削痕迹。肩部饰间隔线纹。其下区域饰左斜线纹，近底处线纹抹平。可复原。口径24、底径15.2、高26.8厘米（图2-2-186，14；图版一六一，6）。

单把杯　1件。H208：9，泥质黄褐陶。敛口，圆唇，鼓腹，腹部一侧置桥状把，平底微内凹。素面。可复原。口径8.8、腹径12.4、底径6.4、高12.2厘米（图2-2-186，10）。

盘　1件。H208：13，夹砂红陶，厚胎。侈口，方唇中间内凹，斜直腹，平底。内外壁均有刮削痕迹。素面。可复原。口径12.8、底径12、高2.2厘米（图2-2-186，4；图版一七五，3）。

94. H209

位于T211西北部，部分伸入北壁、东壁。开口于第②层下，打破生土，开口距地表50厘米。平面形状呈椭圆形，斜直壁，平底。坑口最大径650、最小径260、深70厘米。填土灰褐色，土质疏松。出土陶片有夹砂红陶、泥质灰陶、泥质红陶等；纹饰有弦纹、线纹、彩绘等；可辨器形有钵、盆、环等（图2-2-187）。

H209挑选陶器标本3件，其中彩陶钵1、素面钵1、素面盆1。

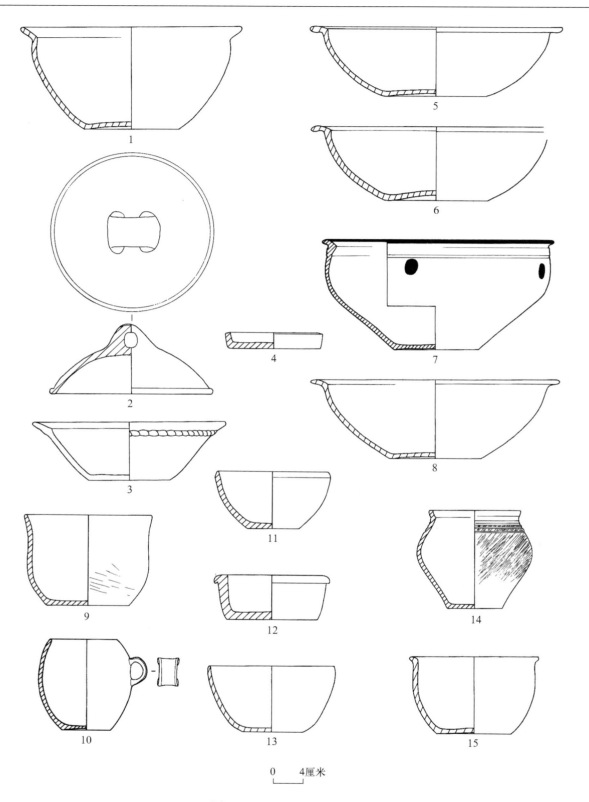

0　　　4厘米

图2-2-186　H208出土陶器

1、3、5、6、8、12、15.素面盆（H208：8、H208：10、H208：3、H208：6、H208：5、H208：7、H208：4）　2.器盖（H208：12）
4.盘（H208：13）　7.彩陶盆（H208：19）　9、11、13.素面钵（H208：11、H208：1、H208：2）　10.单把杯（H208：9）
14.鼓腹罐（H208：20）

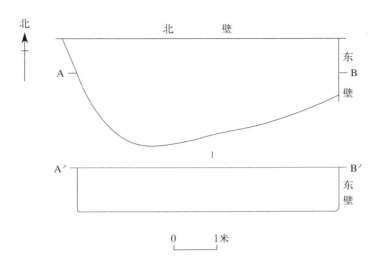

图2-2-187 H209平剖面图

彩陶钵 1件。H209：1，泥质红陶褐彩。直口微敛，尖圆唇，弧腹，平底。内外壁有明显刮削痕迹。口部外壁间隔饰一周四个垂弧纹、圆点，其下区域饰两周宽0.6厘米的条带纹、圆点组成的复合纹饰。可复原。口径14.3、底径5.5、高7.3厘米（图2-2-188，1；彩版九八，1）。

素面钵 1件。H209：3，泥质黄褐陶。敞口，圆唇，斜直腹，平底。内外壁有明显刮削痕迹。素面。口径9、底径4.7、高4.5厘米（图2-2-188，2；图版七〇，4）。

素面盆 1件。H209：2，泥质红陶。敛口，圆唇，折沿隆起，平底。内外壁有明显刮削痕迹。素面。可复原。口径30.4、底径14、高9.8厘米（图2-2-188，3；图版一一四，2）。

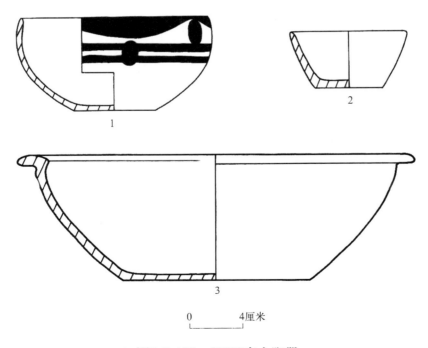

图2-2-188 H209出土陶器

1.彩陶钵（H209：1） 2.素面钵（H209：3） 3.素面盆（H209：2）

95. H210

位于T212西部，部分伸入西壁。开口于第②层下，打破生土，开口距地表40厘米。袋状，平面形状呈椭圆形，弧壁，平底。坑口最大径370、最小径260、深130厘米。填土黑褐色，土质较疏松。夹杂有红烧土颗粒、炭粒、草木灰等。包含适量陶片、少量动物骨骼、石块、石器等。出土陶片以泥质黄褐陶为主，夹砂灰陶次之；纹饰以线纹、彩绘为主；可辨器形有钵、盆、罐、器盖等（图2-2-189）。

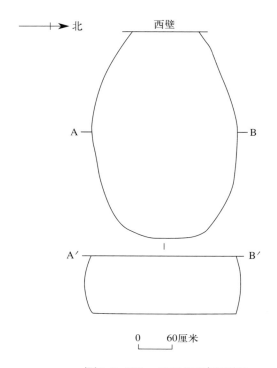

图2-2-189　H210平剖面图

H210挑选陶器标本8件，其中彩陶盆3、彩陶钵2、素面钵1、鼓腹罐1、杯1。

彩陶钵　2件。泥质黄褐陶黑彩。H210：3，直口微侈，尖唇，深弧腹，平底微内凹。内外壁均有修整痕迹。口部外壁饰一粗两细三周条带纹，分别宽0.7、0.2—0.3、0.2—03厘米，其下区域间隔饰一周七个垂弧纹、圆点。可复原。口径14.6、底径5.3、高8厘米（图2-2-190，1；彩版九八，2）。H210：9，器形不规整，口部略呈椭圆形。侈口，尖圆唇，浅弧腹，平底微凸。器表磨光，内外壁均有刮削痕迹。沿面饰一周五个垂弧纹，其下区域饰一周弧边三角、条带纹、圆点组成的复合纹饰。可复原。口径17.8、底径6、高8.1厘米（图2-2-190，6；彩版九九，1）。

彩陶盆　3件。泥质黄褐陶黑彩。H210：4，直口微敛，仰折沿隆起，圆唇，浅弧腹，平底。器表磨光发白，内外壁均有刮削痕迹。沿面饰一周由凸弧纹、圆点组成的复合纹饰。可复原。口径31、底径12.6、高11.6厘米（图2-2-190，4；图版四，4）。H210：5，器形不规整，略有歪斜。直口微侈，仰折沿，圆唇隆起，浅弧腹，平底。器表磨光，内外壁均有刮削痕迹。沿面饰一周弧边三角、垂弧纹组成的组合纹饰。可复原。口径21.8—22.3、底径7.5—8、高8.6厘米（图2-2-190，8；图版四，5）。H210：10，敛口，仰折沿隆起，圆唇，平底。器表磨光，内外壁均有刮削痕迹。沿面饰一周宽1.3厘米的条带纹。可复原。口径26.6、底径9.5、高9.9厘米（图2-2-190，7；图版四，6）。

素面钵　1件。H210：6，夹砂黄褐陶。敞口，方唇，斜直腹内收，平底。内外壁近口处有刮削痕迹。素面。可复原。口径14.5、底径8—8.6、高7.1厘米（图2-2-190，3；图版七〇，5）。

鼓腹罐　1件。H210：8，夹砂灰陶。敞口，方唇，矮领，束颈，溜肩，鼓腹，下腹部近直内收，平底。内外壁有明显刮削痕迹。肩部饰数周凹弦纹，腹部通体饰左斜线纹。可复原。口径15.5、底径10.5—11、高19厘米（图2-2-190，2；图版一六二，1）。

杯　1件。H210：7，夹砂黄褐陶，厚胎。敞口，圆唇，直腹，平底。内外壁有明显刮削痕迹。素面。可复原。口径4.2—4.8、底径3.7、高5厘米（图2-2-190，5；图版一八九，3）。

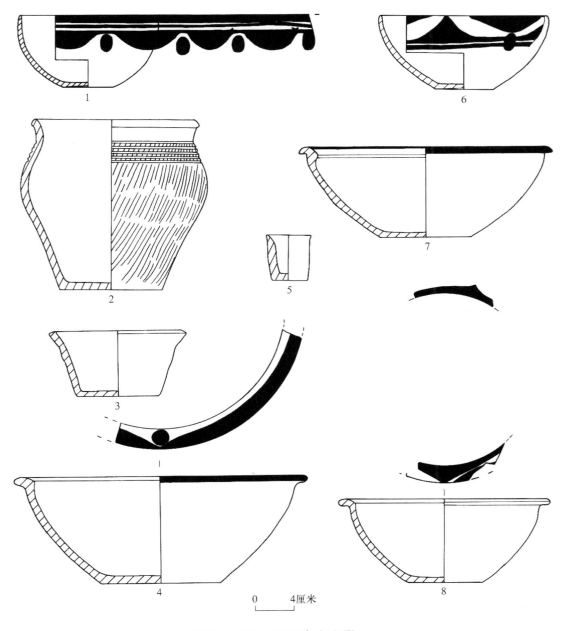

图2-2-190　H210出土陶器

1、6.彩陶钵（H210：3、H210：9）　　2.鼓腹罐（H210：8）　　3.素面钵（H210：6）　　4、7、8.彩陶盆（H210：4、H210：10、H210：5）　　5.杯（H210：7）

96. H214

位于 T43 东南部。开口于第③层下，打破生土，开口距地表 75 厘米。平面形状呈椭圆形，直壁，平底。坑口最大径 170、最小径 108、深 70 厘米。填土灰褐色，土质疏松。夹杂少量石块、红烧土颗粒。出土适量陶片，夹砂与泥质相当；饰纹以线纹为主；饰纹以线纹为主；少量彩陶；可辨器形有罐、钵、盆等（图 2-2-191，1）。

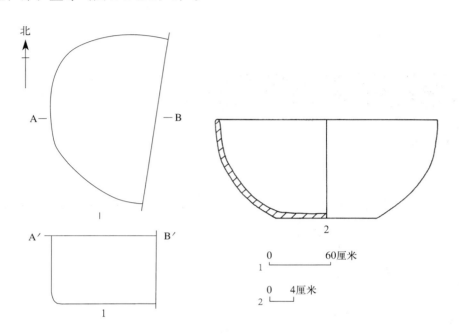

图2-2-191　H214平剖面图及出土陶器
1.平剖面图　2.素面钵（H214∶1）

H214 挑选陶器标本素面钵 1 件。

素面钵　1 件。H214∶1，泥质灰陶。直口微侈，圆唇，浅弧腹，平底。内外壁近口处均有刮削痕迹。素面。可复原。口径 20.4、底径 9.2、高 9.2 厘米（图 2-2-191，2；图版七〇，6）。

97. H215

位于 T200 西南部、T201 西北部、T214 东南部、T215 东北部。开口于第②层下，打破生土，开口距地表 34 厘米。平面形状呈椭圆形，斜直壁，平底。坑口最大径 300、最小径 270、坑底最大径 290、最小径 260、深 60 厘米。填土深灰色，土质疏松。出土陶片质地有泥质、夹砂两种；陶色有灰陶、红陶；可辨器形有罐、小口尖底瓶等（图 2-2-192，1）。

H215 挑选陶器标本 2 件，其中彩陶钵 1、素面盆 1。

彩陶钵　1 件。H215∶3，泥质红陶黑彩。直口微敛，圆唇，浅弧腹，平底。器表磨光，内外壁有明显刮削痕迹。口部外壁饰一周宽 1.5 厘米的条带纹。可复原。口径 21.6、底径 7.4、高 9.2 厘米（图 2-2-192，2；图版三五，4）。

素面盆　1 件。H215∶4，夹砂红陶。敛口，仰折沿隆起，曲腹，平底。内外壁有明显刮削痕迹。素面。可复原。口径 28、底径 12.4、高 14.1 厘米（图 2-2-192，3；图版一一四，3）。

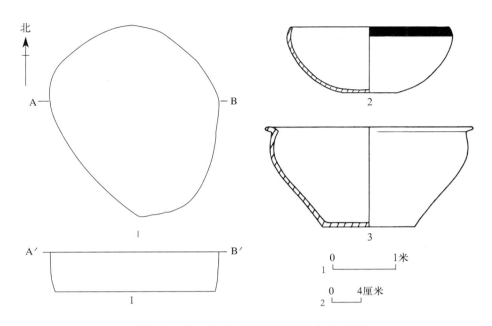

图2-2-192　H215平剖面图及出土陶器
1.平剖面图　2.彩陶钵（H215：3）　3.素面盆（H215：4）

98. H216

位于T214东部。开口于第②层下，打破生土，开口距地表40厘米。平面呈"凸"字形，直壁，平底。坑口最大径290、最小径208、深86厘米。填土黑褐色，土质较疏松。夹杂有红烧土颗粒、炭粒等。包含适量陶片、少量动物骨骼等。出土陶片以泥质黄褐陶为主，夹砂灰陶次之；纹饰以线纹、彩绘为主；可辨器形有钵、盆、罐、瓿等（图2-2-193）。

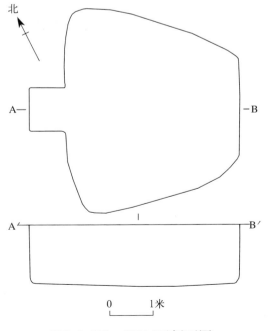

图2-2-193　H216平剖面图

H216 结构规整，形制特殊，有可能是半地穴式房屋。

H216 挑选陶器标本 4 件，其中素面盆 2、甑 1、彩陶片 1。

素面盆　2 件。泥质陶。直口微侈，折沿隆起，圆唇，浅弧腹。内外壁有明显刮削痕迹。素面。H216：3，红陶。器形不规整，口部略呈椭圆形。平底内凹。可复原。口径 28.8、底径 11.6、高 8.5—9.3 厘米（图 2-2-194，1；图版一一四，4）。H216：5，黄褐陶。平底。可复原。口径 31、底径 13.4、高 11.4 厘米（图 2-2-194，2；图版一一四，5）。

甑　1 件。H216：4，夹砂红陶。敞口，圆唇，斜直壁，平底，底部均匀置五个箅孔。内外壁有明显刮削痕迹。素面。可复原。口径 24.8、底径 11.2、高 14.2 厘米（图 2-2-194，3；图版一五一，5）。

彩陶片　1 件。H216：11，泥质红陶黑彩。弧腹近直。器表磨光细腻，腹部饰凸弧纹、圆点、弧线组成的复合纹饰。残存腹部。残长 12、残高 6.6 厘米（图 2-2-194，4）

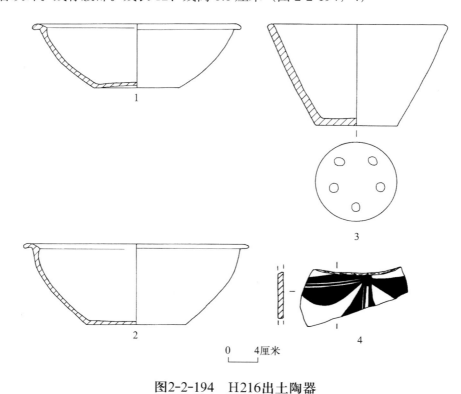

图2-2-194　H216出土陶器

1、2.素面盆（H216：3、H216：5）　3.甑（H216：4）　4.彩陶片（H216：11）

99. H220

位于 T43 中部，部分伸入东壁。开口于第③层下，打破生土，开口距地表 70 厘米。平面形状呈椭圆形，直壁，平底。坑口最大径 875、最小径 620、深 110 厘米。填土黑灰色，土质疏松。夹杂少量石块、红烧土颗粒。出土适量陶片，以夹砂为主，泥质次之；纹饰多见线纹、弦纹、彩绘；可辨器形有罐、钵、盆、甑、瓮等（图 2-2-195）。

H220 挑选陶器标本 34 件，其中素面钵 11、彩陶钵 7、素面盆 5、彩陶盆 2、素面双錾盆 2、双錾甑 2、环 1、釜 1、器座 1、素面双錾钵 1、瓮 1。

彩陶钵　7 件。泥质陶黑彩。H220：2，黄褐陶。敛口，尖唇，曲腹，平底内凹。器表磨光，内

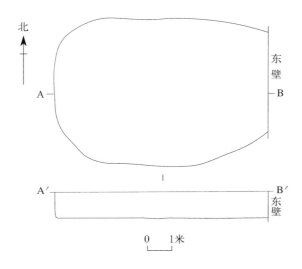

图2-2-195　H220平剖面图

壁有刮削痕迹。口部外壁饰一周四个垂弧纹，其下对应饰四组圆点、双连弧线组成的复合纹饰。可复原。口径14、底径5.3、高6.5厘米（图2-2-196，3；彩版九九，2）。H220：19，黄褐陶，通体饰红衣。敛口，圆唇，曲腹近折，平底微内凸。器表磨光。上腹部饰四组三个圆点、弧边三角组成的复合纹饰。可复原。口径16.2、底径5.1、高8.4厘米（图2-2-196，9；图版三五，5）。H220：21，黄褐陶。器形不规整，歪斜严重。直口，尖唇，弧腹，平底微内凹。口部外壁饰一周六个垂弧纹，其下区域饰一周宽0.3厘米的条带纹、弧边三角、圆点组成的复合纹饰。可复原。口径16.5、底径5.4、高7.1—7.9厘米（图2-2-196，7）。H220：27，黄褐陶。底部不规整。直口微敛，圆唇，曲腹近折，平底。内壁近口处有修整痕迹。口部外壁间隔饰三组垂弧纹、双连弧线或单弧线和圆点组成的复合纹饰。可复原。口径21.7、底径7.6、高9.4—9.9厘米（图2-2-196，1；彩版一○○，2）。H220：28，红陶，局部饰红衣。直口微敛，圆唇，弧腹，平底内凹。器表磨光，内壁抹光。内壁有轮制痕迹。口部外壁饰一周宽0.5—0.6厘米的条带纹，其下区域饰三周宽0.2—0.3厘米的条带纹和五个圆点组成的复合纹饰。可复原。口径15、底径5.5、高6.6厘米（图2-2-196，4；彩版一○一，1）。H220：29，黄褐陶。直口微侈，圆唇，弧腹，平底内凹。口部外壁饰一周垂弧纹，其下区域饰两周宽0.1—0.2厘米的条带纹、圆点组成的复合纹饰。可复原。口径15、底径4.7、高6.6厘米（图2-2-196，8）。H220：49，黄褐陶。直口微敛，尖唇，深弧腹，平底微内凹。口沿内侧有修整痕迹。下腹部饰一周条带纹，其上区域二方连续饰六组弧边三角、圆点、凸弧纹组成的复合纹饰。可复原。口径17、腹径18、底径6.2、高9.7厘米（图2-2-196，5；彩版一○一，2）。

彩陶盆　2件。泥质陶黑彩。H220：26，黄褐陶。直口微侈，仰折沿，圆唇，浅弧腹，平底内凹。器表磨光，内壁近口处有刮削痕迹。沿面间隔饰一周两组垂弧纹、弧边三角形。可复原。口径32.8、底径10.8、高11.6厘米（图2-2-196，2；图版五，1）。H220：30，红陶。口部略呈椭圆形。直口微敛，折沿隆起，圆唇，深曲腹，平底。器表磨光，沿面及内外壁均有刮削痕迹。唇面饰一周宽1.3厘米的条带纹，上腹部饰一周八个圆点。可复原。口径30.5—31.8、底径13、高19.5厘米（图2-2-196，6；彩版二○八，1）。

素面钵　11件。素面。H220：15，泥质黄褐陶。口部略呈椭圆形。直口微敛，圆唇，弧腹，平底。

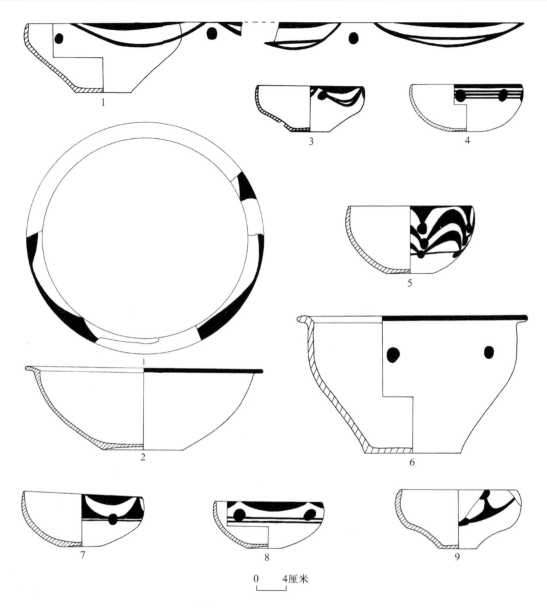

0　　4厘米

图2-2-196　H220出土彩陶

1、3—5、7—9.彩陶钵（H220：27、H220：2、H220：28、H220：49、H220：21、H220：29、H220：19）　2、6.彩陶盆（H220：26、H220：30）

器表磨光，内壁近口处有刮削痕迹。可复原。口径15.2、底径7.8、高8.6厘米（图2-2-197，12；图版七一，1）。H220：16，泥质黄褐陶，厚胎。直口，方唇，直腹，平底。内外壁、沿面有刮削痕迹。可复原。口径9.6、底径8.8、高7.3厘米（图2-2-197，1；图版一四六，3）。H220：20，泥质红陶，通体饰红衣。直口微敛，圆唇，曲腹近折，平底内凹。器表磨光，内壁近口处有刮削痕迹。可复原。口径16、底径7.3、高9厘米（图2-2-197，10；彩版一〇〇，1）。H220：34，泥质黄褐陶。直口，圆唇，弧腹，平底微内凹。器表磨光，内外壁近口处有刮削痕迹。可复原。口径27.2、底径12.4、高11.1厘米（图2-2-197，14；图版七一，2）。H220：35，泥质黄褐陶。直口，圆唇，弧腹，平底内凹。器表磨光。可复原。口径16.6、底径7、高7.2厘米（图2-2-197，11；图版七一，3）。H220：37，泥质黄褐陶，通体饰红衣。直口，尖唇，弧腹，平底微内凹。器表磨光。可复原。口径16.7、底径5.6、高9厘米（图2-2-197，13；图版七一，4）。H220：38，夹砂黄褐陶，胎较厚。敞口，方唇，斜腹微内收，平底。内壁有少量刮削痕迹。可复原。口径19.6、底径15.2、高13.9厘米（图2-2-197，5；图版七一，5）。H220：42，泥质灰陶。侈口，圆唇，弧腹近直，平底。器表磨光，外壁近口处有刮削痕迹。可复原。口径12.8、底径7.8、高6.5厘米（图2-2-197，2；图版七一，6）。H220：43，泥质黄褐陶。侈口，圆唇，弧腹，平底微内凹。可复原。口径14、底径6、高7.2厘米（图2-2-197，4；图版七二，1）。H220：44，泥质灰陶。侈口，尖唇，深弧腹，平底微内凹。器表磨光，内外壁均有刮削痕迹。可复原。口径14、底径6、高7厘米（图2-2-197，15；图版七二，2）。H220：47，泥质红陶。侈口，尖唇，浅弧腹，平底内凹。器表磨光，内壁近口处有刮削痕迹。可复原。口径18.2、底径8、高8.3厘米（图2-2-197，9；图版七二，3）。

素面盆　5件。黄褐陶。素面。H220：17，泥质陶。直口，折沿隆起，尖唇，浅弧腹，平底。器表磨光，沿面、外壁有刮削痕迹。可复原。口径27.5、底径10.8、高9.8厘米（图2-2-198，2；图版一一四，6）。H220：18，夹砂陶，厚胎。侈口，仰折沿，圆唇，浅弧腹，平底。外壁近口处、沿面有刮削痕迹。可复原。口径20.6、底径9.1、高6.7厘米（图2-2-197，6；图版一一五，1）。H220：31，泥质陶。敛口，折沿隆起，方唇，浅弧腹，平底微内凸。沿面、器表磨光，内壁近口处、沿面有刮削痕迹。可复原。口径35.6、底径14、高10.6厘米（图2-2-198，5；图版一一五，2）。H220：45，夹砂陶。侈口，仰折沿，圆唇，斜直腹，平底。沿面有刮削痕迹，外壁有竖向刮抹痕迹。可复原。口径19.8、底径10、高7.5厘米（图2-2-197，8；图版一一五，3）。H220：46，夹砂陶。侈口，折沿外侧下斜，圆唇，弧腹近直，平底。内壁、沿面有刮削痕迹。可复原。口径19、底径8、高6.1厘米（图2-2-197，7；图版一一五，4）。

器座　1件。H220：23，泥质黄褐陶。敞口，圆唇，束腰，上下对称，底部起台。素面。可复原。口径19、底径20.5、高10.5厘米（图2-2-197，3；图版一八四，5）。

素面双錾钵　1件。H220：39，夹砂黄褐陶。侈口，方唇，弧腹近直，上腹部对称置附加突起状双錾，平底。沿面有刮削痕迹，双錾上有明显捏制痕迹。素面。可复原。口径33、底径21.2、高27.5厘米（图2-2-198，1；图版一三六，2）。

素面双錾盆　2件。泥质陶。敛口，叠唇，腹部对称置附加突起状双錾，平底。素面。H220：25，黄褐陶。弧腹近折。器表磨光，口沿、外壁有刮削痕迹，双錾上有明显捏制痕迹、布纹制作痕迹。可复原。口径32、底径17.4、高23厘米（图2-2-198，9；图版一四三，5）。H220：48，红陶。弧腹近直。内外壁近口处、沿面有刮削痕迹，双錾有手捏痕迹。可复原，口径31.4、底径13.6、高13.6厘米（图2-2-198，8；图版一五四，4）。

瓮　1件。H220：24，泥质灰陶。器形不规整，歪斜严重。敛口，尖唇，矮领，溜肩，鼓腹，下腹近直，平底。器表磨光，沿面有少量刮削痕迹。素面。可复原。口径17.4、底径12.4、高25.6—26.8厘米（图2-2-198，6；图版一五九，5）。

双錾甑　2件。腹部置附加突起状双錾。平底。素面。H220：32，泥质黄褐陶。敞口，圆唇，斜直腹，平底，底部有十一个椭圆形箅孔。外壁近口处有刮削痕迹，錾与外壁连接处有明显刮削痕迹。可复原。口径27、底径15.6、高16.4厘米（图2-2-198，4；图版一五四，2）。H220：36，夹砂黄褐陶，口部略呈椭圆形。直口，圆唇，弧腹，底部有六个椭圆形箅孔。沿面有刮削痕迹，外壁近錾处有竖向拍印痕迹，

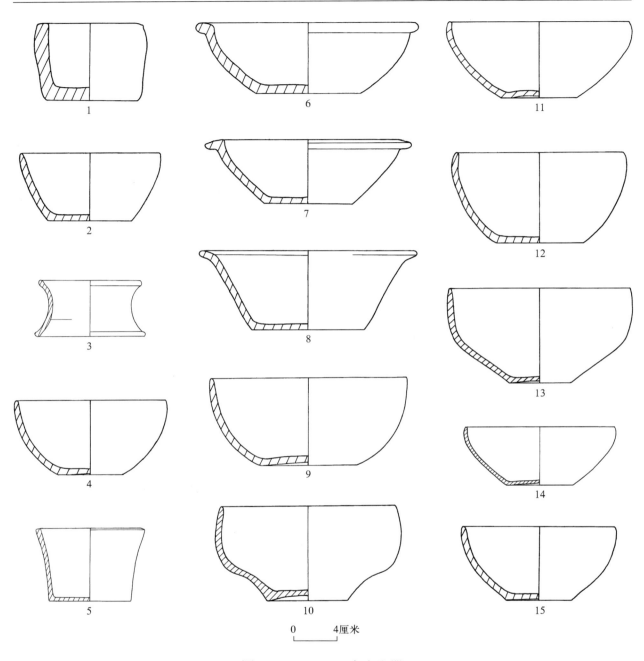

0　　　4厘米

图2-2-197　H220出土陶器

1、2、4、5、9-15.素面钵（H220：16、H220：42、H220：43、H220：38、H220：47、H220：20、H220：35、H220：15、
H220：37、H220：34、H220：44）　3.器座（H220：23）　6-8.素面盆（H220：18、H220：46、H220：45）

鍪上有布纹制作痕迹。可复原。口径27.2—27.8、底径14、高20.5厘米（图2-2-198，7；图版一五四，3）。

　　釜　1件。H220：5，夹砂黄褐陶。直口，矮领，方唇，沿面中间饰一周凹弦纹，广肩，折腹，圜底。底部因渗碳呈黑色，有明显使用痕迹。折腹处突棱微凸起，肩部饰若干周凹弦纹，其间区域饰左斜线纹。可复原。口径14.8、高12.4厘米（图2-2-198，3；图版一七二，2）。

　　环　1件。H220：53，泥质灰陶。环状，截面为凸弧状。外侧饰网格纹。可复原。外径5.8、内径4.6、厚0.6厘米（图2-2-198，10）。

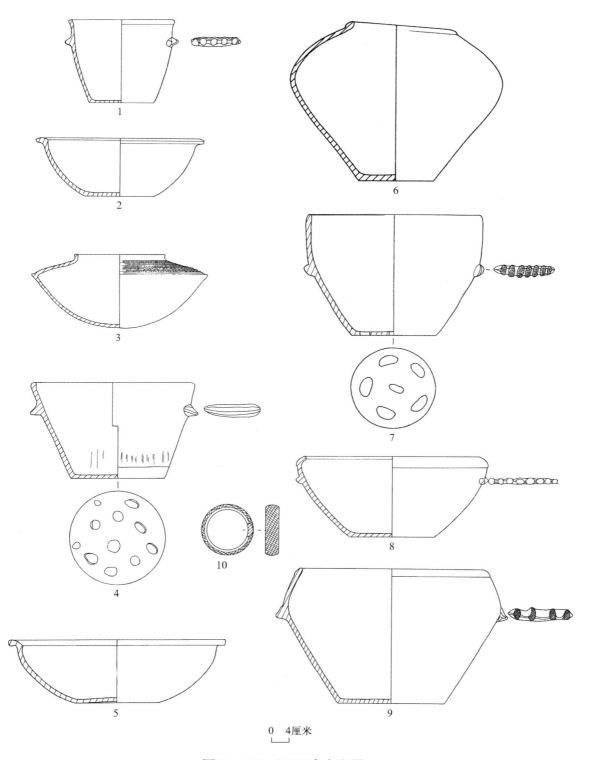

图2-2-198 H220出土陶器

1.素面双鋬钵（H220：39） 2、5.素面盆（H220：17、H220：31） 3.釜（H220：5） 4、7.双鋬甑（H220：32、H220：36）
6.瓮（H220：24） 8、9.素面双鋬盆（H220：48、H220：25） 10.环（H220：53）

100. H221

位于T49北部。开口于第①层下，打破生土，被H233打破，开口距地表90厘米。平面形状呈椭圆形，斜直壁，平底。坑口最大径440、最小径320、坑底最大径430、最小径310、深200厘米。填土浅灰色，土质疏松。出土石刀1及适量陶片。陶片彩陶较多；可辨器形有钵、盆、罐、小口尖底瓶等（图2-2-199）。

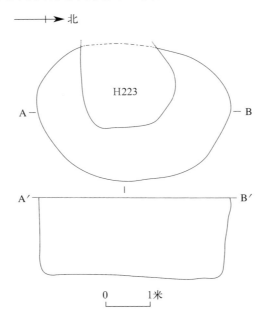

图2-2-199　H221平剖面图

H221挑选陶器标本5件，其中彩陶盆2、素面钵2、彩陶钵1。

彩陶钵　1件。H221：4，泥质黄褐陶黑彩，通体饰红衣。直口微侈，圆唇，深弧腹，平底。器表磨光，内壁抹光，内壁近口处有刮削痕迹。口部外壁饰一周宽0.9厘米的条带纹。可复原。口径14.2、底径7.7、高8.6厘米（图2-2-200，5；图版二八，2）。

彩陶盆　2件。泥质黄褐陶黑彩。圆唇，平底。器表磨光，沿面及内壁有刮削痕迹。H221：2，敛口，仰折沿，深曲腹。唇面、下腹部各饰一周宽1、0.5厘米的条带纹，其间区域饰凸弧纹、弧边三角、圆点、弧线组成的复合纹饰。可复原。口径31、底径10.7、高16.3—16.5厘米（图2-2-200，2）。H221：3，敞口，仰折沿隆起，浅弧腹。唇面饰一周条带纹，沿面饰五组垂弧纹。可复原。口径34.2、底径14.8、高13.1厘米（图2-2-200，1）。

素面钵　2件。平底。素面。H221：5，泥质灰陶。直口，尖圆唇，弧腹近折。器表磨光，内壁有刮削痕迹。可复原。口径15.7、底径8、高7.1厘米（图2-2-200，3）。H221：6，夹砂红陶，厚胎。侈口，圆唇，弧腹。可复原。口径10.8、底径7.2、高5.1厘米（图2-2-200，4）。

101. H224

位于T211西北部，部分伸入西壁。开口于H209下，打破生土，开口距地表120厘米。平面形状为椭圆形，直壁，圜底。坑口最大径290、最小径126、深66厘米。填土灰褐色，土质较疏松。夹杂有红烧土颗粒、炭粒、草木灰等。包含适量陶片、少量动物骨骼、石块、石器等。出土陶片以泥质黄褐陶为主，夹砂灰陶次之；纹饰以线纹、彩绘为主；可辨器形有钵、盆、罐、甑等（图2-2-201，1）。

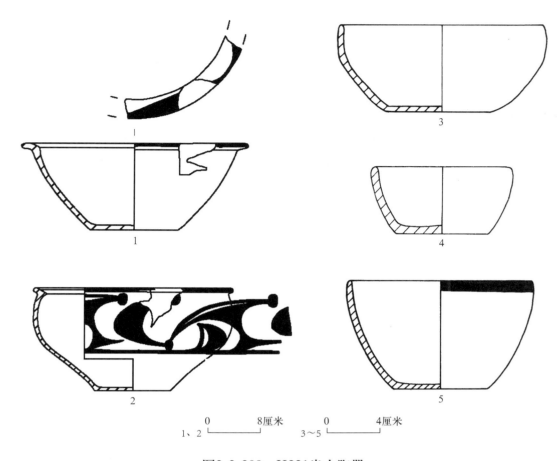

0　　　8厘米　　　0　　　4厘米
1、2　　　　　　　3～5

图2-2-200　H221出土陶器
1、2.彩陶盆（H221：3、H221：2）　3、4.素面钵（H221：5、H221：6）　5.彩陶钵（H221：4）

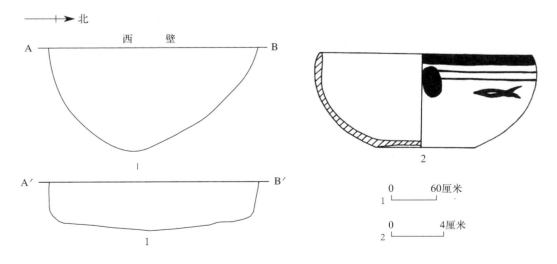

图2-2-201　H224平剖面图及出土陶器
1.平剖面图　2.彩陶钵（H224：1）

H224 挑选陶器标本彩陶钵 1 件。

彩陶钵 1 件。H224：1，泥质黄褐陶黑彩。直口微敛，尖唇，浅弧腹，平底微内凹。器表磨光，内壁近口处有刮削痕迹。口部外壁饰一周宽 1.4 厘米的条带纹，其下区域饰两周条带纹、圆点组成的复合纹饰，再下饰交弧纹。可复原。口径 15.8、底径 6.2、高 7.3 厘米（图 2-2-201，2；彩版一〇二，1）。

102. H226

位于 T53 南部。开口于第③层下，打破生土，开口距地表 80 厘米。平面形状呈圆形，直壁，平底。坑口直径 200、深 120 厘米。填土灰褐色，土质疏松。包含陶片、石块、动物骨骼等。出土适量陶片，以泥质黄褐陶为主；纹饰以彩绘、线纹为主；可辨器形有盆、钵、罐等（图 2-2-202，1）。

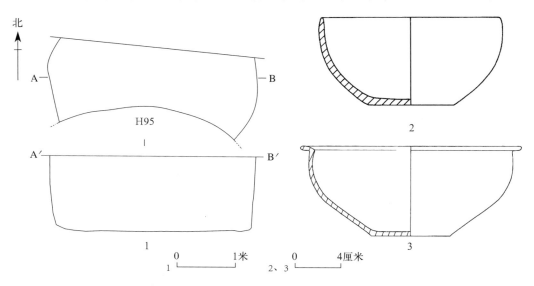

图2-2-202 H226平剖面图及出土陶器
1.平剖面图 2.素面钵（H226：2） 3.素面盆（H226：1）

H226 挑选陶器标本 2 件，其中素面盆 1、素面钵 1。

素面盆 1 件。H226：1，泥质黄褐陶。口部略呈椭圆形。敛口，仰折沿隆起，圆唇，曲腹，平底。器表磨光，外壁有刮削痕迹。素面。可复原。口径 30.8—31.3、底径 11、高 13 厘米（图 2-2-202，3；图版一一五，5）。

素面钵 1 件。H226：2，泥质黄褐陶。直口微侈，尖唇，浅弧腹，平底。器表磨光，内外壁近口处有刮削痕迹。素面。可复原。口径 15.6、底径 7.6、高 7.9 厘米（图 2-2-202，2；图版七二，4）。

103. H228

位于 T211 北部，部分伸入北壁。开口于 H209 下，打破生土，开口距地表 120 厘米。袋状，平面形状呈椭圆形，弧壁，平底。坑口最大径 360、最小径 200、坑底最大径 400、最小径 200、深 100 厘米。填土灰褐色，土质疏松。包含动物骨骼、陶片等。出土陶片有泥质灰陶、泥质黄褐陶、夹砂红陶等；纹饰有弦纹、附加堆纹、线纹、彩绘；可辨器形有杯、瓶、钵、环等（图 2-2-203，1）。

H228 挑选陶器标本 3 件，其中素面钵 2、彩陶钵 1。

彩陶钵 1 件。H228：3，泥质黄褐陶黑彩。侈口，圆唇，浅弧腹，平底微内凹。器表磨光，内外壁有明显刮削痕迹。口部外壁饰一周宽 0.7 厘米的条带纹。可复原。口径 8.8、底径 4.4、高 3.8 厘米（图 2-2-203，3）。

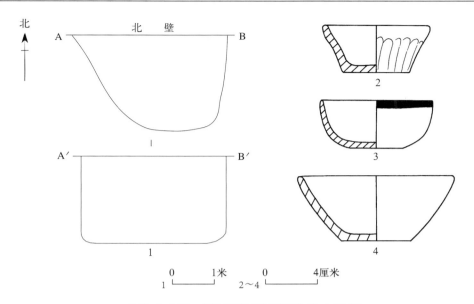

图2-2-203 H228平剖面图及出土陶器
1.平剖面图 2、4.素面钵（H228：2、H228：7） 3.彩陶钵（H228：3）

素面钵 2件。夹砂黄褐陶。敞口，圆唇，平底。素面。H228：2，斜直腹内收。内外壁有明显刮削痕迹。可复原。口径8.4、底径5、高3.8厘米（图2-2-203，2；图版七二，5）。H228：7，斜直腹。可复原。口径12.2、底径5.4、高5.3厘米（图2-2-203，4）。

104. H229

位于T35西北部，部分被断崖破坏。开口于第②层下，打破生土，被H95打破，开口距地表60厘米。平面形状呈椭圆形，直壁，平底。坑口最大径360、最小径340、深210厘米。填土灰白色，土质较致密，出土适量石块、动物骨骼、陶片。陶片以泥质灰褐陶、夹砂灰陶为主；纹饰以线纹、彩绘为主；可辨器形有小口尖底瓶、罐、盆、钵、纺轮、环等（图2-2-204）。

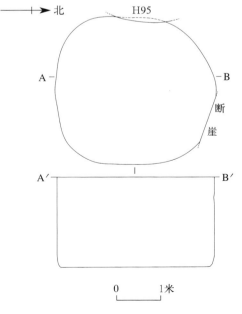

图2-2-204 H229平剖面图

H229 挑选陶器标本 14 件，其中素面钵 3、素面双鋬钵 2、彩陶钵 2、彩陶盆 1、小口尖底瓶 1、鼓腹罐 1、杯 1、素面盆 1、环 1、瓮 1。

彩陶钵 2 件。泥质黄褐陶，平底微内凹。H229：13，红彩。直口，圆唇，浅弧腹。器表磨光，内外壁近口处有刮削痕迹。局部饰红彩。可复原。口径 23.8、底径 8.4、高 10.2 厘米（图 2-2-205，11；图版七二，6）。H229：22，黑彩，通体饰红衣。敛口，尖唇，曲腹近折。内壁有轮制痕迹和刮削痕迹。腹部饰两组纹饰，一组为以圆点中心对称的空心弧边三角、垂弧纹、凸弧纹组成的复合纹饰，下部的垂弧纹较细小；另一组为两条凸弧纹、圆点、双短线组成的复合纹饰。可复原。口径 15.4、腹径 16.4、底径 6.2、高 7.4 厘米（图 2-2-205，4；彩版一〇七，2）。

彩陶盆 1 件。H229：11，泥质黄褐陶黑彩。敛口，折沿，圆唇，浅弧腹，平底。器表磨光，外壁近口处有刮削痕迹。沿面饰凸弧纹、弧边三角组成的复合纹饰。可复原。口径 26、底径 10、高 9.8 厘米（图 2-2-205，3；图版五，2）。

小口尖底瓶 1 件。H229：23，泥质灰陶。器形不规整略有歪斜。退化重唇口，束颈，溜肩，橄榄状腹，尖底。内壁近口处有泥条盘筑痕迹，唇面及口部外壁有刮削痕迹。通体饰左斜篮纹。可复原。口径 3.6、腹径 11.2、高 32.2 厘米（图 2-2-205，13）。

鼓腹罐 1 件。H229：19，夹砂灰陶。侈口，圆唇，高领，束颈，溜肩，曲腹，平底。口部内侧、唇面及颈部有刮削痕迹。肩部饰数周凹弦纹，其间区域饰左斜短篮纹，腹部饰一周附加堆纹，下腹部饰左斜篮纹，近底处抹平。可复原。口径 23—24.8、腹径 35—36.8、底径 12.7、高 32.4 厘米（图 2-2-205，8）。

瓮 1 件。H229：20，泥质灰陶。敛口，圆唇，唇面加厚，溜肩，圆曲腹近直，平底。器表磨光，内外壁有明显的刮削痕迹。上腹部有四个气泡。素面。可复原。口径 23.8、腹径 45.8、底径 15.5、高 28 厘米（图 2-2-205，10）。

杯 1 件。H229：18，夹砂黄褐陶，厚胎。侈口，圆唇，弧腹内收，平底。内外壁近口处有刮削痕迹。素面。可复原。口径 4.8、底径 2.8、高 4.7 厘米（图 2-2-205，5；图版一八九，4）。

素面双鋬钵 2 件。敛口，叠唇，腹部对称置附加纹双鋬，平底。素面。H229：9，泥质红陶。弧腹近直。内外壁有明显刮削痕迹。可复原。口径 34、底径 15、高 14.2 厘米（图 2-2-205，1；图版一四三，6）。H229：10，夹砂黄褐陶。曲腹。内外壁均有刮削痕迹。可复原。口径 29.6、底径 12.8、高 15.4 厘米（图 2-2-205，2；图版一三六，3）。

素面钵 3 件。素面。H229：15，夹砂黄褐陶。直口，尖唇，弧腹近直，平底。内外壁近口处有刮削痕迹。可复原。口径 14.2、底径 6.4、高 6.6 厘米（图 2-2-205，7；图版七三，1）。H229：16，泥质黄褐陶，通体饰红衣。直口，尖唇，曲腹近折，平底。器表磨光，内壁近口处有刮削痕迹。可复原。口径 15、底径 5.2、高 7.7 厘米（图 2-2-205，9；彩版一〇七，1）。H229：17，泥质黄褐陶，厚胎。侈口，圆唇，弧腹，平底。内外壁均有刮削痕迹。可复原。口径 8、底径 4.2、高 3 厘米（图 2-2-205，6；图版七三，2）。

素面盆 1 件。H229：12，泥质红陶。敞口，折沿隆起，弧腹近折，下腹部近直，平底。内外壁近口处有刮削痕迹。素面。可复原。口径 22.4、底径 9.2、高 9.8 厘米（图 2-2-205，12；图版一一五，6）。

环 1 件。H229：1，泥质灰陶。环状，截面为半椭圆形。外侧饰篮纹。可复原。外径 4.5、内径 3.5、厚 0.5 厘米（图 2-2-205，14）。

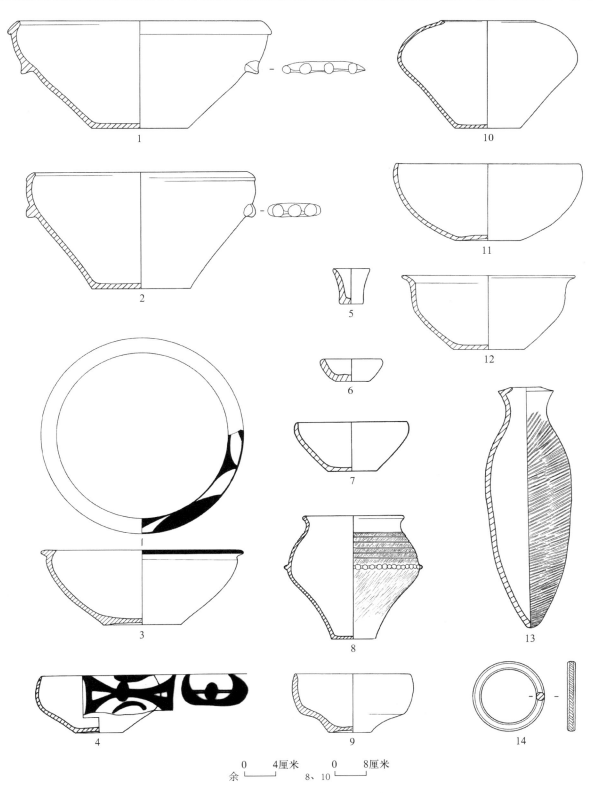

图2-2-205　H229出土陶器

1、2.素面双鋬钵（H229：9、H229：10）　3.彩陶盆（H229：11）　4、11.彩陶钵（H229：22、H229：13）　5.杯（H229：18）

6、7、9.素面钵（H229：17、H229：15、H229：16）　8.鼓腹罐（H229：19）　10.瓮（H229：20）　12.素面盆

（H229：12）　13.小口尖底瓶（H229：23）　14.环（H229：1）

105. H233

位于T49西北部。开口于第③层下，打破生土，开口距地表90厘米。平面形状呈椭圆形，斜直壁，斜坡状底。坑口长260、宽180、深160厘米。填土灰褐色，土质疏松。出土适量陶片，泥质与夹砂相当；纹饰以线纹为主，少量彩陶；可辨器形有盆、钵、罐等（图2-2-206，1）。

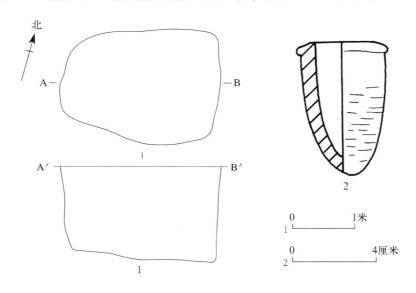

图2-2-206　H233平剖面图及出土陶器
1.平剖面图　　2.圜底罐（H233：20）

H233挑选陶器标本圜底罐1件。

圜底罐　1件。H233：20，夹砂红陶，厚胎。器形变形，歪斜严重。侈口，折沿外侧下斜，圆唇，弧腹，尖底。口部有轮制痕迹。腹部饰横篮纹。可复原。口径4.4、高6.6厘米（图2-2-206，2；图版一九三，5）。

106. H235

位于T59南部，部分伸入南壁。开口于第③层下，打破第④层，被H640打破，开口距地表55厘米。平面形状呈椭圆形，直壁，平底，四壁及底部有明显加工痕迹。坑口最大径225、最小径185、深48厘米。填土深灰色，土质疏松。包含红烧土颗粒、炭粒、草木灰、石块等。出土陶片有夹砂灰陶、泥质灰陶、泥质红陶等；纹饰有线纹、篮纹、彩绘、磨光等；可辨器形有盆、罐、钵等（图2-2-207，1）。

H235挑选陶器标本素面钵1件。

素面钵　1件。H235：1，泥质灰陶。侈口，圆唇，斜直腹，平底。器表磨光，唇面有刮削痕迹。素面。可复原。口径12.4、底径4.8、高6.5厘米（图2-2-207，2；图版七三，3）。

107. H238

位于T13西部。开口于第②层下，打破生土，开口距地表65厘米。平面形状为椭圆形，弧壁，平底。坑口最大径229、最小径200、深120厘米。填土灰褐色，土质较疏松。夹杂有红烧土颗粒、炭粒等。包含适量陶片、少量动物骨骼、石块等。出土陶片以泥质黄褐陶为主，夹砂灰陶次之；纹饰以线纹、彩绘为主；可辨器形有钵、盆、罐、甑等（图2-2-208，1）。

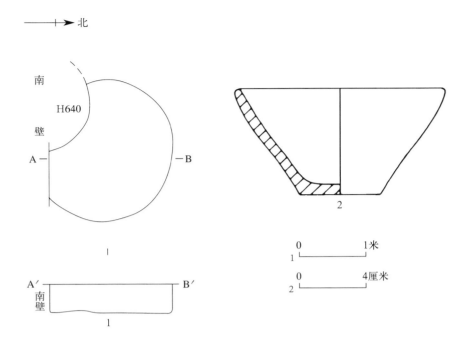

图2-2-207　H235平剖面图及出土陶器
1.平剖面图　2.素面钵（H235∶1）

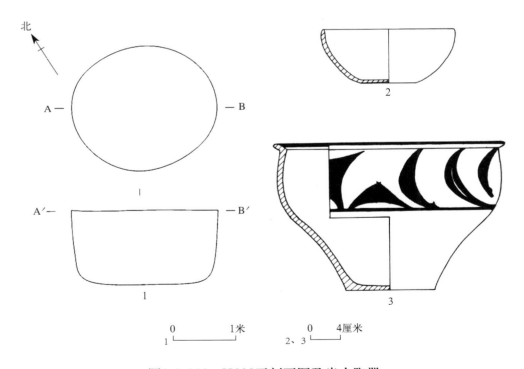

图2-2-208　H238平剖面图及出土陶器
1.平剖面图　2.素面钵（H238∶2）　3.彩陶盆（H238∶1）

H238 挑选陶器标本 2 件，其中彩陶盆 1、素面钵 1。

彩陶盆　1 件。H238：1，泥质黄褐陶黑彩。敛口，仰折沿隆起，圆唇，曲腹，平底。器表磨光，内壁抹光。内壁有轮制痕迹。唇面、下腹部各饰一周宽 1、0.5 厘米的条带纹，其间区域饰两组弧边三角、凸弧纹组成的复合纹饰。可复原。口径 31.5、腹径 30.7、底径 12.1、高 20.7 厘米（图 2-2-208，3）。

素面钵　1 件。H238：2，泥质灰陶。直口，尖唇，弧腹，平底。器表磨光，内壁磨光，近口处有刮削痕迹。素面。可复原。口径 17.7—18.1、底径 7.1、高 7.9 厘米（图 2-2-208，2）。

108. H240

位于 T219 西南部，部分伸入南壁、西壁。开口于第②层下，打破生土，被 H239 打破，开口距地表 25 厘米。平面形状为椭圆形，直壁，平底。坑口最大径 485、最小径 305、深 40 厘米。填土灰褐色，土质较疏松。夹杂有红烧土颗粒、炭粒等。包含适量陶片、少量动物骨骼、石块等。出土陶片以泥质黄褐陶为主，夹砂灰陶次之；纹饰以线纹、彩绘为主；可辨器形有钵、盆、罐、瓿等（图 2-2-209）。

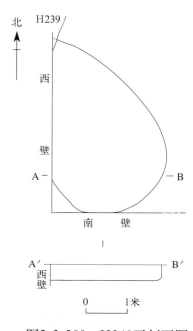

图2-2-209　H240平剖面图

H240 挑选陶器标本 6 件，其中彩陶钵 2、彩陶盆 1、素面盆 1、素面钵 1、折腹罐 1。

彩陶钵　2 件。泥质黄褐陶褐彩。曲腹，平底微内凹。H240：1，直口微敛，圆唇。器表磨光，内壁有刮削痕迹。口部外壁间隔饰一周垂弧纹、圆点，其下区域饰三周条带纹，分别宽 0.2、0.3、0.2 厘米。可复原。口径 26.2、底径 11.2、高 9.5 厘米（图 2-2-210，3；图版三五，6）。H240：2，敛口，尖唇。器表磨光，内壁近口处有刮削痕迹。唇面饰一周条带纹，口部外壁间隔饰一周垂弧纹、圆点，其下区域饰三周条带纹，分别宽 0.3、0.3、0.4 厘米。可复原。口径 20.2、底径 7.6、高 11.2 厘米（图 2-2-210，1；图版三六，1）。

彩陶盆　1 件。H240：3，泥质黄褐陶褐彩，口部略呈椭圆形。敛口，折沿隆起，圆唇，曲腹，平底。沿面、器表磨光，内外壁、沿面有刮削痕迹。沿面饰六组凸弧纹、弧边三角组成的复合纹饰。可复原。口径 28.5—29、底径 11.2、高 14.5 厘米（图 2-2-210，6；图版五，3）。

　　素面盆　1件。H240：4，泥质灰陶。侈口，仰折沿隆起，圆唇，浅弧腹，平底微内凹。器表磨光，内外壁近口处有刮削痕迹。素面。可复原。口径29.2、底径11.6、高9.4厘米（图2-2-210，4；图版一一六，1）。

　　素面钵　1件。H240：5，夹砂黄褐陶。口部不规整。敞口，方唇，斜直腹，平底。外壁近口处有刮削痕迹。素面。可复原。口径26.1、底径12.8、高14.2厘米（图2-2-210，2；图版七三，4）。

　　折腹罐　1件。H240：6，夹砂黄褐陶。器形不规整，略有歪斜。侈口，折沿，方唇，溜肩，折腹，下腹部近直，平底。内外壁有明显刮削痕迹。沿外侧有一周凹槽，腹部通体饰左斜线纹，肩部饰一圆饼状附加堆纹，其上有两个按窝，肩部及上腹部饰数周凹弦纹，折腹处有一周附加堆纹。可复原。口径20、腹径30、底径10.8、高24.6厘米（图2-2-210，5；图版一六二，2）。

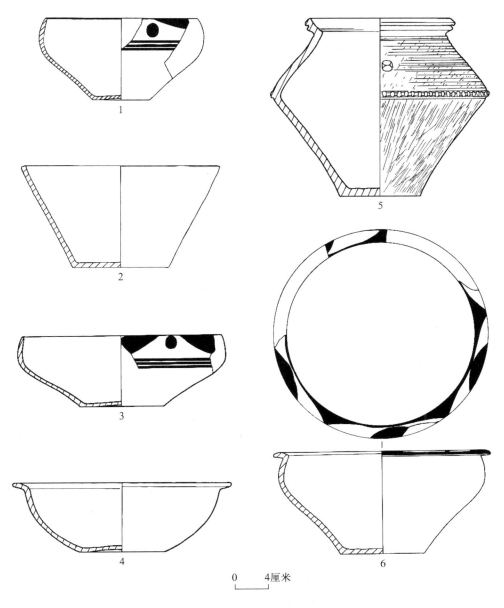

0　　4厘米

图2-2-210　H240出土陶器

1、3.彩陶钵（H240：2、H240：1）　2.素面钵（H240：5）　4.素面盆（H240：4）　5.折腹罐（H240：6）　6.彩陶盆（H240：3）

109. H241

位于 T56 西北部、部分伸入西壁、北壁。开口于第③层下，打破生土，开口距地表 56 厘米。平面形状呈椭圆形，弧壁，斜坡状底。坑口最大径 380、最小径 350、深 135 厘米。填土灰褐色。夹杂黄土颗粒，土质疏松。出土陶片以泥质灰陶、夹砂褐陶为主；纹饰有划纹、篮纹、弦纹、线纹等，少量彩绘；可辨器形有小口尖底瓶、罐、环、盆、钵等（图 2-2-211）。

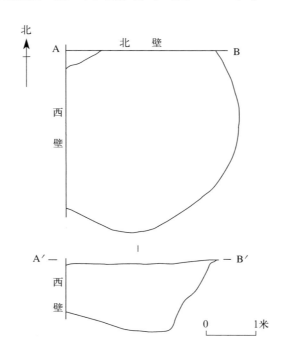

图2-2-211 H241平剖面图

H241 挑选陶器标本 3 件，其中彩陶盆 2、鼓腹罐 1。

彩陶盆 2 件。泥质红陶黑彩。H241：1，直口，折沿隆起，圆唇，浅弧腹，平底内凹。器表磨光，内壁抹光，沿面及内壁有刮削痕迹。沿面饰垂弧纹，唇面、下腹部各饰一周条带纹，其间区域饰凸弧纹、弧边三角、双连弧线组成的复合纹饰。可复原。口径 39.6、底径 15、高 12.3—13.9 厘米（图 2-2-212，3）。H241：11，敛口，圆唇，仰折沿隆起，曲腹，平底。器表磨光，内外壁均有刮削痕迹。沿面饰一周条带纹。可复原。口径 36、底径 11.8、高 19.7 厘米（图 2-2-212，2；图版五，4）。

鼓腹罐 1 件。H241：2，夹砂灰陶，厚胎，口沿因渗碳呈黑色。器形不规整，口部略呈椭圆形。侈口，圆唇，仰折沿，溜肩，鼓腹，下腹近直，平底。腹部饰一周附加堆纹，通体饰竖直线纹，近底处抹平。可复原。口径 19.9、底径 9.6、高 16.3 厘米（图 2-2-212，1；图版一六二，3）。

110. H244

位于 T59 中部。开口于第③层下，打破第④层，开口距地表 55 厘米。袋状，平面形状呈圆形，弧壁，平底。坑口最大径 225、最小径 195、坑底最大径 250、最小径 240、深 200 厘米。填土浅灰色，土质疏松。包含红烧土颗粒、炭粒等。出土陶片以夹砂灰陶、泥质黄褐陶为主；纹饰有线纹、篮纹、附加堆纹、磨光、彩绘等；可辨器形有盆、罐、杯、钵、口沿等（图 2-2-213，1）。

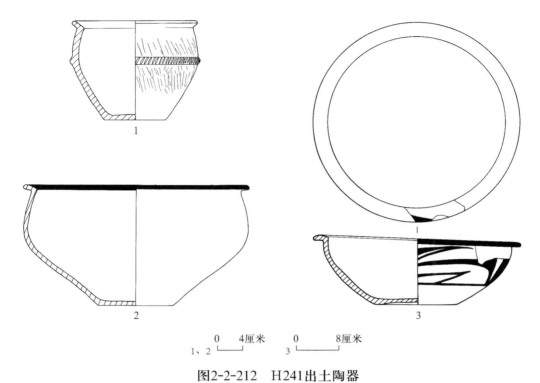

图2-2-212　H241出土陶器

1.鼓腹罐（H241∶2）　2、3.彩陶盆（H241∶11、H241∶1）

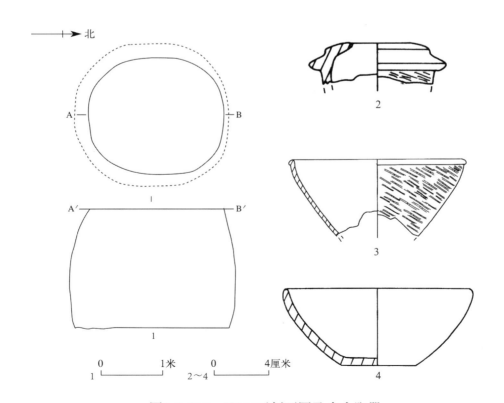

图2-2-213　H244平剖面图及出土陶器

1.平剖面图　2.小口瓶（H244∶8）　3.篮纹盆（H244∶7）　4.素面钵（H244∶2）

H244 挑选陶器标本 3 件，其中素面钵 1、篮纹盆 1、小口瓶 1。

素面钵　1 件。H244：2，泥质红陶。侈口，圆唇，浅弧腹，平底。器表磨光，内外壁近口处有刮削痕迹。素面。可复原。口径 12.6、底径 5.4、高 5.8 厘米（图 2-2-213，4；图版七三，5）。

篮纹盆　1 件。H244：7，夹砂黄陶。侈口，折沿外侧下斜，叠圆唇，弧腹。通体饰篮纹。底部残。口径 44、残高 19.6 厘米（图 2-2-213，3）。

小口瓶　1 件。H244：8，泥质黄褐陶。退化重唇口，尖唇，束颈。颈部饰线纹。颈部以下残。口径 10、残高 3.2 厘米（图 2-2-213，2）。

111. H248

位于 T222 南部，部分伸入南壁。开口于第②层下，打破生土，被 H247 打破，开口距地表 50 厘米。平面形状呈圆形，斜直壁，平底。坑口直径 210、坑底直径 170、深 120 厘米。填土分为两层，土质疏松。第①层厚 50 厘米，深灰色；第②层厚 70 厘米，浅灰色。出土陶片以泥质黄褐陶为主，夹砂灰陶次之；纹饰有弦纹等；可辨器形有罐、盆、钵、环等（图 2-2-214，1）。

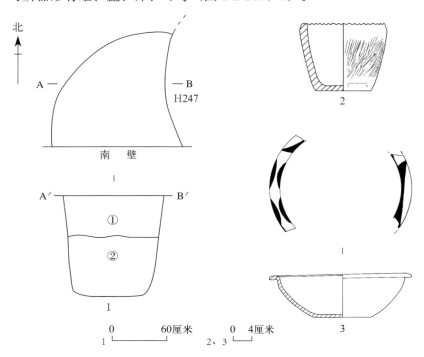

图2-2-214　H248平剖面图及出土陶器
1.平剖面图　2.线纹钵（H248：2）　3.彩陶盆（H248：1）

H248 挑选陶器标本 2 件，其中彩陶盆 1、线纹钵 1。

彩陶盆　1 件。H248：1，泥质黄褐陶褐彩。直口，方唇，折沿内侧下斜，浅弧腹，平底。内外壁有明显刮削痕迹。沿面饰对凸弧纹、弧边三角组成的复合纹饰。可复原。口径 30.6、底径 12.4、高 9—9.7 厘米（图 2-2-214，3；图版一三，3）。

线纹钵　1 件。H248：2，夹砂红陶，厚胎。侈口，方唇，锯齿状圆唇，斜直腹，平底。内外壁有明显刮削痕迹。腹部饰左斜线纹，下腹部抹平。可复原。口径 12.8、底径 8.4、高 10.6 厘米（图 2-2-214，2；图版八六，6）。

112. H252

位于 T36 东部。开口于第②层下，打破生土，开口距地表 25 厘米。平面形状呈椭圆形，斜直壁，台阶状底。坑口最大径 280、最小径 220、坑底最大径 160、最小径 155、深 103 厘米，台阶宽 68、高 54 厘米。填土灰褐色。包含少量石块、动物骨骼。出土陶盆 1 及适量陶片。陶片夹砂与泥质相当；纹饰有线纹、附加堆纹；可辨器形有盆、小口尖底瓶、罐等（图 2-2-215，1）。

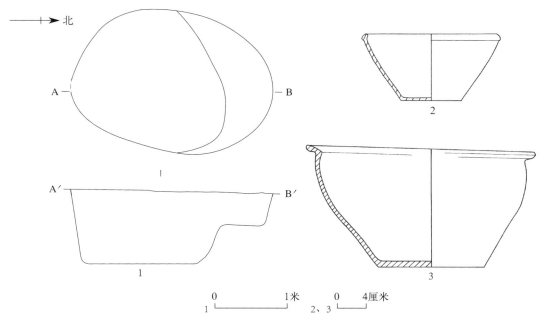

图2-2-215　H252平剖面图及出土陶器
1.平剖面图　2.素面钵（H252：2）　3.素面盆（H252：1）

H252 挑选陶器标本 2 件，其中素面盆 1、素面钵 1。

素面盆　1 件。H252：1，泥质灰陶。器形歪斜严重。敛口，仰折沿隆起，方唇，曲腹，平底。器表磨光，内壁抹光，沿面及内外壁均有刮削痕迹。素面。可复原。口径 32.5、底径 14.8—15.5、高 16.4—17.4 厘米（图 2-2-215，3）。

素面钵　1 件。H252：2，泥质黄褐陶。直口微敛，叠方唇，斜直腹，平底。素面。可复原。口径 38.4、底径 16.8、高 19 厘米（图 2-2-215，2；图版——六，2）。

113. H255

位于 T41 南部。开口于第④层下，打破生土，开口距地表 75 厘米。平面形状呈椭圆形，弧壁，圜底。坑口最大径 610、最小径 420、深 130 厘米。填土灰褐色，土质疏松。包含少量陶片、石块、红烧土颗粒等。出土适量陶片，泥质与夹砂相当，纹饰多见线纹、弦纹及彩绘；可辨器形有罐、钵、盆、小口尖底瓶等（图 2-2-216）。

H255 挑选陶器标本 11 件，其中素面钵 2、杯 2、彩陶钵 1、素面盆 1、釜 1、瓮 1、器盖 1、器座 1、环 1。

彩陶钵　1 件。H255：3，泥质黄褐陶黑彩。敛口，方唇，曲腹，平底。器表磨光，内外壁有明显刮削痕迹。下腹部饰一周宽 0.7 厘米的条带纹，其上区域饰红衣。可复原。口径 23、底径 9.8、高

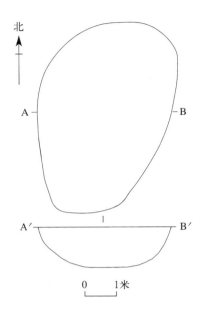

图2-2-216　H255平剖面图

15.2厘米（图2-2-217，8；图版一六一，4）。

素面钵　2件。夹砂陶。敞口，方唇，平底。内外壁有明显刮削痕迹。素面。H255：6，红陶。斜直腹。可复原。口径17.2、底径8、高6.4厘米（图2-2-217，2；图版一一六，3）。H255：8，黄褐陶。曲腹。可复原。口径13、底径7.5、高5厘米（图2-2-217，1；图版七三，6）。

素面盆　1件。H255：7，夹砂灰陶。侈口，圆唇，卷沿，曲腹，平底。内外壁近口处有明显的刮削痕迹。素面。可复原。口径16.4、底径8.4、高5.9厘米（图2-2-217，3；图版一一九，3）。

釜　1件。H255：4，夹砂黄褐陶。直口微侈，方唇，广肩，折腹，圜底。底部因渗碳呈黑色，有明显使用痕迹。折腹处饰凸棱，上腹部饰若干周凹弦纹、线纹，下腹部饰篮纹。可复原。口径14、高14厘米（图2-2-217，10；图版一七二，3）。

瓮　1件。H255：5，泥质灰陶。敛口，圆唇，矮领，广肩，鼓腹，下腹近直，平底。器表磨光，内外壁有明显刮削痕迹。素面。可复原。口径19.6、底径12.1、高20.3厘米（图2-2-217，9；图版一五九，6）。

杯　2件。夹砂陶。侈口，圆唇，平底。素面。H255：12，红陶。曲腹。近口处有刮削痕迹。可复原。口径4.8、底径2.8、高5厘米（图2-2-217，7；图版一八九，5）。H255：13，灰陶。弧腹。近口处有刮削痕迹。可复原。口径5.2、底径3.2、高5.1厘米（图2-2-217，4；图版一八九，6）。

器盖　1件。H255：10，夹砂红陶。敞口，圆唇，弧腹近直，圜顶，两个凸起状纽。素面。可复原。口径6.5、高4厘米（图2-2-217，5；图版一八〇，3）。

器座　1件。H255：9，夹砂红陶。直口微敛，方唇，弧腹，平底。口部有明显刮削痕迹。下腹部对称置四个圆形孔洞，底部中间置一个圆形孔洞，通体饰左斜线纹。可复原。口径18.4、底径23.2、高15厘米（图2-2-217，11；图版一八六，1）。

环　1件。H255：23，泥质黄褐陶。环状，对称分布有四分U形缺口，截面为弧边三角形。素面。可复原。外径13.2、内径6、宽3.3、厚2.1厘米（图2-2-217，6）。

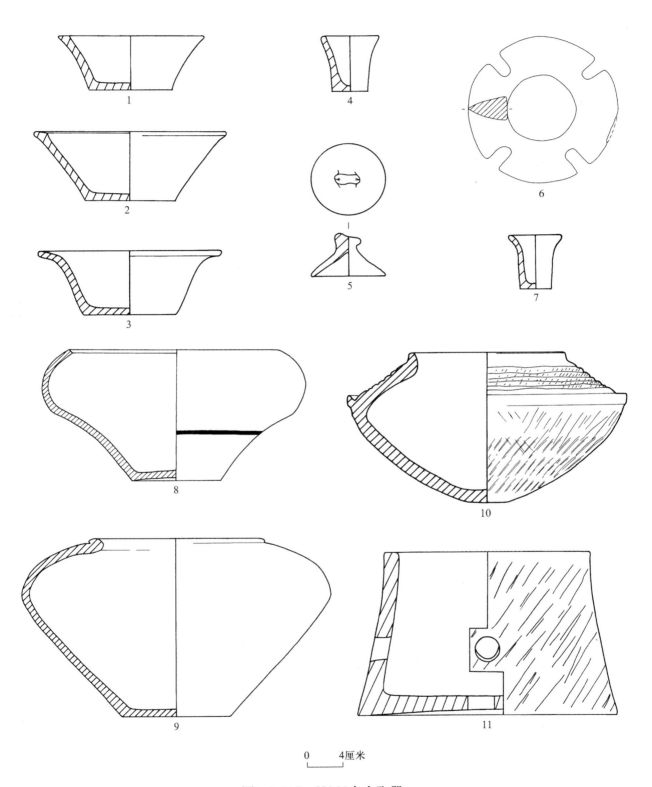

0　　4厘米

图2-2-217　H255出土陶器

1、2.素面钵（H255：8、H255：6）　　3.素面盆（H255：7）　　4、7.杯（H255：13、H255：12）　　5.器盖（H255：10）　　6.环（H255：23）　　8.彩陶钵（H255：3）　　9.瓮（H255：5）　　10.釜（H255：4）　　11.器座（H255：9）

114. H256

位于 T41 西北部，部分伸入西壁、北壁。开口于第④层下，打破生土，被 H203 打破，开口距地表 85 厘米。平面形状椭圆形，弧壁，平底。坑口最大径 570、最小径 350、坑底最大径 190、最小径 160、深 40 厘米。填土浅灰色，土质疏松。夹杂少量石块。出土适量陶片，泥质与夹砂相当；纹饰多见线纹、彩绘；可辨器形有罐、钵、盆、小口尖底瓶等（图 2-2-218，1）。

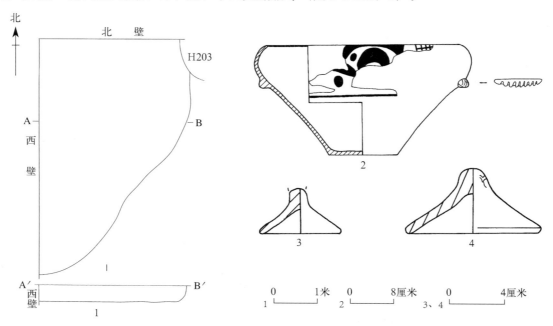

图2-2-218　H256平剖面图及出土陶器
1.平剖面图　2.彩陶双錾钵（H256：1）　3、4.器盖（H256：3、H256：2）

H256 挑选陶器标本 3 件，其中器盖 2、彩陶双錾钵 1。

彩陶双錾钵　1 件。H256：1，泥质黄褐陶黑彩。敛口，圆唇，深曲腹，平底。腹部对称置附加突起状双錾。唇面、下腹部各饰一周宽 0.4、0.6 厘米的条带纹，其上区域饰垂弧纹、弧边三角、圆点组成的复合纹饰。可复原。口径 35.7、腹径 40、底径 12.4、高 20.8 厘米（图 2-2-218，2；图版一七八，2）。

器盖　2 件。夹砂陶。敞口，圆唇，斜直壁，圜顶。素面。H256：2，红陶。圆柱形纽。内外壁有明显刮削痕迹。可复原。口径 10、高 5 厘米（图 2-2-218，4）。H256：3，灰陶。纽残。可复原。口径 6、残高 3.4 厘米（图 2-2-218，3；图版一八二，5）。

115. H263

位于 T36 西南部，部分伸入西壁。开口于第②层下，打破生土，开口距地表 25 厘米。平面形状呈圆形，弧壁，近底处有一高 12 厘米的台阶，平底。坑口最大径 350、最小径 256、坑底最大径 330、最小径 250、深 210 厘米。填土包含少量石块、动物骨骼。分为五层，第①层厚 20 厘米，黄灰色；第②层厚 30 厘米，浅灰色；第③层厚 75 厘米，灰褐色；第④层厚 55 厘米，纯灰色；第⑤层厚 30 厘米，灰褐色。出土石球 2 及适量陶片。陶片夹砂与泥质相当；纹饰有线纹、线纹、附加堆纹、彩绘；可辨器形有罐、盆、钵、葫芦形口尖底瓶、小口尖底瓶等（图 2-2-219）。

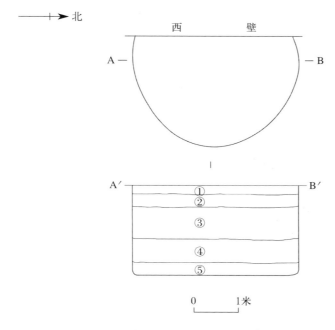

图2-2-219　H263平剖面图

H263 挑选陶器标本 9 件，其中彩陶钵 4、素面盆 2、彩陶盆 1、彩陶罐 1、环 1。

彩陶钵　4 件。泥质陶黑彩。H263：5，黄褐陶。直口微敛，圆唇，曲腹，平底微内凹。内壁有刮削痕迹。下腹部饰一周宽 0.3 厘米的条带纹，其上区域用双短线分为三个单元格，每个单元格内饰用网格纹。可复原。口径 12.8、腹径 13.5、底径 5.5、高 6.8 厘米（图 2-2-220，7）。H263：6，红陶。器形不规整，口部呈椭圆形。直口微敛，圆唇，曲腹，平底微内凹。内壁抹光，有轮制痕迹与刮削痕迹。下腹部饰一周宽 0.2 厘米的条带纹，其上区域饰六组对弧边直角、凸弧纹组成的复合纹饰。可复原。口径 20.8—21.5、底径 8.8、高 10.1 厘米（图 2-2-220，3）。H263：7，黄褐陶。器形不规整，略歪斜。直口微敛，尖唇，曲腹，平底内凹。内壁抹光，有轮制痕迹与刮削痕迹。口部外壁饰一周垂弧纹，下腹部饰一周宽 0.5 厘米的条带纹，其间区域用弧边三角分为六个单元格，每个单元格内饰双连弧线。可复原。口径 13.8、底径 6.1、高 6.9—7.4 厘米（图 2-2-220，9）。H263：8，黄褐陶。直口微敛，圆唇，曲腹，平底。内部抹光，有轮制痕迹与刮削痕迹。下腹部饰一周条带纹，其上区域饰网格纹。可复原。口径 16、底径 6.4、高 8.1 厘米（图 2-2-220，5）。

彩陶盆　1 件。H263：3，泥质黄褐陶黑彩。敞口，折沿隆起，圆唇，浅弧腹，平底。器表磨光，内壁、沿面有刮削痕迹。沿面饰一周垂弧纹、弧边三角组成的复合纹饰。可复原。口径 28、底径 8.9、高 9.6 厘米（图 2-2-220，4；图版一一六，4）。

彩陶罐　1 件。H263：4，泥质黄褐陶黑彩。直口微敛，高领，方唇，溜肩，鼓腹，下腹部近直，平底。器表磨光发白，唇面有刮削痕迹，口部内壁有轮制痕迹。唇面、口部外壁及下腹部各饰一周条带纹，领部饰一周交弧纹，肩部饰一周菱形阴纹，上腹部饰弧边三角、圆点组成的复合纹饰。可复原。口径 15.6、腹径 27.6、底径 12.8、高 26.4 厘米（图 2-2-220，1；彩版二四六，2）。

素面盆　2 件。素面。H263：9，泥质黄褐陶。敛口，折沿隆起，弧腹近直，平底。沿面有刮痕，内壁有轮制痕迹和泥条盘筑痕迹。口径 12.4、底径 11.8、高 8.1 厘米（图 2-2-220，6）。

H263：10，泥质灰陶。器形不规整，严重歪斜，口部呈椭圆形。敛口，折沿隆起，圆唇，浅弧腹，平底微内凹。沿面有刮削痕迹。可复原。口径28.6—30.6、底径13、高10.6—11.5厘米（图2-2-220，2；图版一一六，5）。

环　1件。H263：2，环形。平面为五弧边形，截面为抹角三角形。器表饰线纹。可复原。外径5.2、内径3.3、宽0.9厘米（图2-2-220，8）。

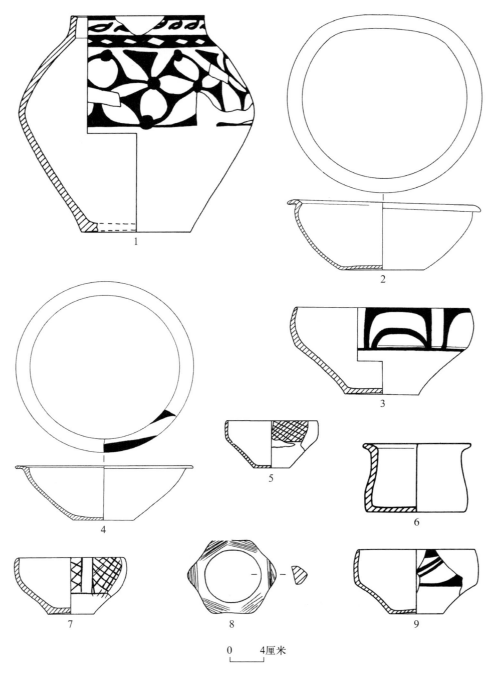

0　　4厘米

图2-2-220　H263出土陶器

1.彩陶罐（H263：4）　　2、6.素面盆（H263：10、H263：9）　　3、5、7、9.彩陶钵（H263：6、H263：8、H263：5、H263：7）
4.彩陶盆（H263：3）　　8.环（H263：2）

116. H266

位于 T35 西北部、T37 东北部，部分被断崖破坏。开口于第①层下，打破第②层，被 H95 打破，开口距地表 40 厘米。平面形状呈椭圆形，直壁，平底。坑口最大径 355、最小径 150、坑底最大径 336、最小径 140、深 130 厘米。填土灰褐色，土质疏松。出土适量石器及陶片。陶片以泥质陶为主，夹砂陶次之；陶色以黄褐陶为主，灰陶次之；纹饰以线纹为主，少见彩陶；可辨器形有盆、钵、小口尖底瓶等（图 2-2-221，1）。

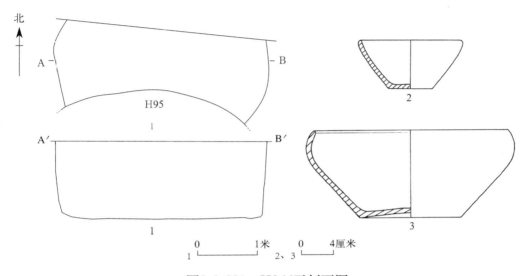

图2-2-221　H266平剖面图
1.平剖面图　2、3.素面钵（H266：3、H266：1）

H266 挑选陶器标本素面钵 3 件。

素面钵　3 件。泥质黄褐陶。素面。H266：1，敛口，方唇，曲腹，平底内凸。器表磨光，外壁近口处有刮削痕迹。可复原，口径 24.6、底径 12.8、高 11.4 厘米（图 2-2-221，3；图版七四，1）。H266：2，敛口，圆唇，弧腹，平底。素面。器表磨光，内部有刮削痕迹。可复原。口径 21、底径 11、高 10.2 厘米（图版七四，2）。H266：3，敞口，圆唇，斜直腹，平底。唇外部有刮抹痕迹，外壁有泥条盘筑痕迹。可复原。口径 13.2、底径 5.6、高 6.4 厘米（图 2-2-221，2；图版七四，3）。

117. H270

位于 T41 西北部。开口于第④层下，打破生土，被 H203、H256 打破，开口距地表 80 厘米。平面形状呈椭圆形，直壁，平底。坑口最大径 240、最小径 190、深 80 厘米。填土黑灰色，土质疏松。夹杂少量石块、红烧土颗粒。出土适量陶片，以夹砂为主，泥质次之；纹饰多见素面、线纹、彩绘；可辨器形有罐、钵、盆等（图 2-2-222）。

H270 挑选陶器标本 5 件，其中素面钵 3、弦纹盆 1、彩陶钵 1。

彩陶钵　1 件。H270：1，泥质红陶黑彩，通体饰白衣。直口，尖唇，弧腹，下腹部近直，平底。口部外壁饰一粗两细三周条带纹，分别宽 0.5—0.8、0.2—0.4、0.2—0.4 厘米，其下区域间隔饰三组的交弧纹、圆点。可复原。口径 15.6、底径 5.8、高 7.5 厘米（图 2-2-223，5）。

素面钵　3 件。素面。H270：2，泥质黄褐陶。器形不规整，略有歪斜。直口，圆唇，弧腹近直，平底。

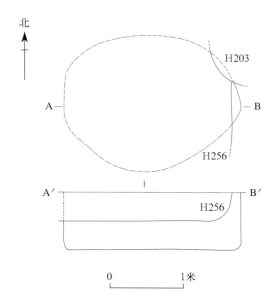

图2-2-222 H270平剖面图

内外壁有明显刮削痕迹。可复原。口径16.4、底径9.2、高8.2厘米（图2-2-223，1；图版七二，4）。H270：4，夹砂红陶。侈口，圆唇，弧腹，平底。内外壁有明显刮削痕迹。可复原。口径10.4、底径5.4、高5厘米（图2-2-223，4；图版七二，5）。H270：5，夹砂灰陶。敞口，方唇，斜直腹，平底。内外壁有明显刮削痕迹。可复原。口径23、底径10、高6.6厘米（图2-2-223，2；图版七二，6）。

弦纹盆 1件。H270：3，泥质黄褐陶，胎较厚。直口微敛，方唇，曲腹，平底。内外壁有明显刮削痕迹。上腹部饰五周凹弦纹。可复原。口径14、底径6.6、高7.8厘米（图2-2-223，3；图版一一六，6）。

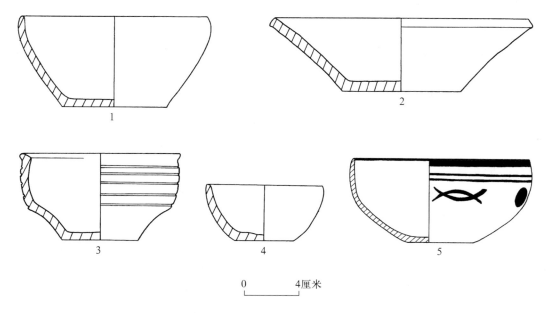

图2-2-223 H270出土陶器
1、2、4.素面钵（H270：2、H270：5、H270：4） 3.弦纹盆（H270：3） 5.彩陶钵（H270：1）

118. H271

位于T40东南部。开口于第②层下，打破生土，开口距地表25厘米。平面形状呈圆形，直壁，平底。坑口直径200、坑底直径190、深85厘米。填土灰褐色，土质疏松。出土适量石器及陶片。陶片以泥质陶为主，夹砂陶次之；纹饰以线纹为主、彩绘次之；可辨器形有罐、钵、盆等（图2-2-224）。

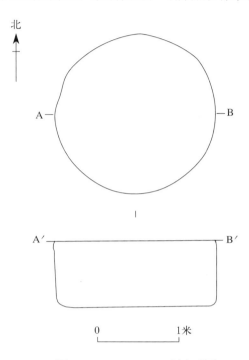

图2-2-224　H271平剖面图

H271挑选陶器标本3件，其中彩陶钵1、彩陶盆1、鼓腹罐1。

彩陶钵　1件。H271∶3，泥质黄褐陶黑彩。直口微敛，尖唇，曲腹近折，平底内凹。口部外壁饰一周垂弧纹，下腹部饰一周宽0.2厘米的条带纹，其间区域用凸弧纹分为若干单元格，每个单元格内饰双连弧线、圆点组成的复合纹饰。可复原。口径14.1、底径6、高6.9—7.2厘米（图2-2-225，3）。

彩陶盆　1件。H271∶2，泥质黄褐陶黑彩。直口微侈，折沿隆起，圆唇，浅弧腹，平底。器表磨光，内壁抹光，沿面及内壁有刮削痕迹。沿面饰数组凸弧纹、弧线组成的复合纹饰。可复原。口径32.4、底径10.4、高11厘米（图2-2-225，1）。

鼓腹罐　1件。H271∶1，泥质红陶。侈口，折沿，圆唇，深曲腹，平底。器表磨光，内外壁均有刮削痕迹。腹部近底处有不明显的右斜篮纹。可复原。口径20.3、底径12.1、高28.2厘米（图2-2-225，2；图版一六八，3）。

119. H272

位于T41西部，部分伸入西壁。开口于第④层下，打破生土，被H256打破，开口距地表80厘米。平面形状呈椭圆形，弧壁，圜底。坑口最大径190、最小径100、深60厘米。填土浅灰色，土质疏松。夹杂少量红烧土颗粒。出土适量陶片，泥质与夹砂相当；纹饰有彩绘、线纹等；可辨器形有罐、小口尖底瓶等（图2-2-226，1）。

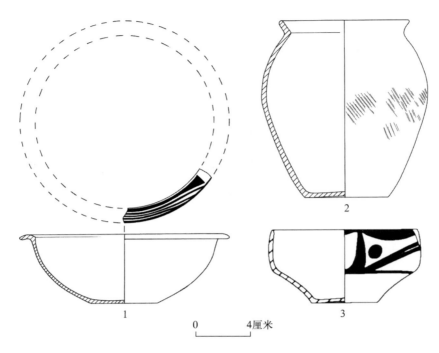

图2-2-225　H271出土陶器
1.彩陶盆（H271∶2）　2.鼓腹罐（H271∶1）　3.彩陶钵（H271∶3）

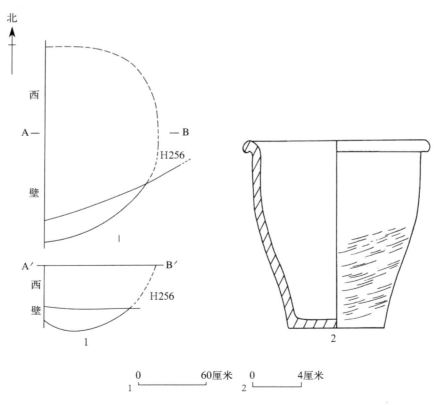

图2-2-226　H272平剖面图及出土陶器
1.平剖面图　2.深腹罐（H272∶1）

H272 挑选陶器标本深腹罐 1 件。

深腹罐　1 件。H272:1，夹砂红陶。器形不规整，略有歪斜。侈口，卷沿，圆唇，弧腹近直，下腹部内收，平底。内外壁近口处有明显刮削痕迹。下腹部饰左斜线纹。可复原。口径 16、底径 7.8、高 16—16.7 厘米（图 2-2-226，2；图版一七〇，2）。

120. H273

位于 T5 西部。开口于第④层下，打破生土，开口距地表 125 厘米。平面形状为椭圆形，弧壁，平底。坑口最大径 221、最小径 160、深 110 厘米。填土黑褐色，土质疏松。夹杂有红烧土颗粒、炭粒、草木灰等。包含适量陶片、少量动物骨骼、石块、石器等。出土陶片以泥质黄褐陶为主，夹砂灰陶次之；纹饰以线纹、彩绘为主；可辨器形有钵、盆、罐、小口尖底瓶等（图 2-2-227）。

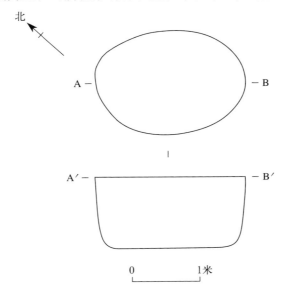

图2-2-227　H273平剖面图

H273 挑选陶器标本 6 件，其中彩陶钵 1、彩陶盆 3、双錾甑 1、鼓腹罐 1。

彩陶钵　1 件。H273:1，泥质黄褐陶黑彩，部分器表呈黑色。直口，尖唇，曲腹，平底微内凹。器表磨光，内壁抹光，近口处有刮削痕迹。下腹部饰一周条带纹，其上区域用留白分为四个单元格，每个单元格内饰对弧边直角、凸弧纹组成的复合纹饰。可复原。口径 18.6、底径 7.4、高 9.9 厘米（图 2-2-228，1）。

彩陶盆　3 件。泥质黄褐陶黑彩。H273:2，侈口，仰折沿隆起，圆唇，溜肩，深曲腹，平底。器表磨光发白，内壁抹光，沿面及内壁有刮削痕迹。沿面饰短直线、弧边三角组成的复合纹饰。腹部饰弧边三角、直线等组成的复合纹饰。可复原。口径 27.6、腹径 27.8、底径 10.8、高 18.1 厘米（图 2-2-228，5）。H273:3，侈口，仰折沿，沿面微隆起，圆唇，溜肩，深曲腹，平底内凹。器表磨光，内壁抹光，沿面及内壁有刮削痕迹。唇面、下腹部各饰一周宽 0.5、0.7 厘米的条带纹，其间区域饰弧边三角、凸弧纹、圆点、弧线组成的复合纹饰。可复原。口径 34.5、腹径 34.5、底径 11.4、高 24.7 厘米（图 2-2-228，6）。H273:6，敞口，仰折沿，圆唇，深曲腹，平底。器表磨光发白，沿面及内外壁近口处有刮削痕迹。唇面、下腹部各饰一周宽 0.7、0.6 厘米的条带纹，其间区域饰数个圆点、弧线、弧边三角、凸弧纹组成的复合纹饰。可复原。口径35.2、底径14.4、高23.2厘米（图2-2-228，4；彩版二一八，2）。

　　双錾甑　1件。H273：5，泥质黄褐陶。口部变形严重，呈椭圆形。侈口，方唇，斜直腹，平底，底部中间有两个椭圆形箅孔，周围对称置六个椭圆形箅孔，腹部对称置附加突起状双錾。内壁近口处有刮削痕迹。素面。可复原。口径24.6—27.4、底径15.4、高16.9厘米（图2-2-228，3）。

　　鼓腹罐　1件。H273：4，泥质红陶。侈口，仰折沿，方唇，溜肩，鼓腹，下腹部近直，平底。口部内侧有刮削痕迹。素面。可复原。口径26.6、腹径35.4、底径16.6、高36.8厘米（图2-2-228，2）。

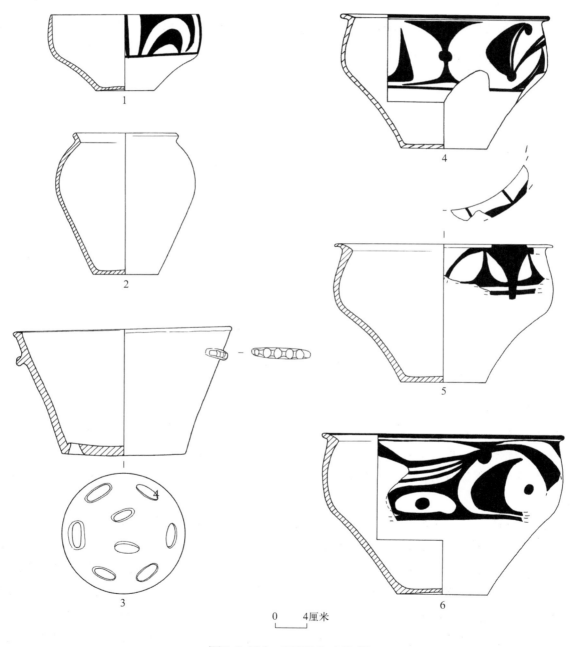

0　　4厘米

图2-2-228　H273出土陶器

1.彩陶钵（H273：1）　2.鼓腹罐（H273：4）　3.双錾甑（H273：5）　4-6.彩陶盆（H273：6、H273：2、H273：3）

121. H277

位于T12东北部，部分伸入北壁。开口于H70下，打破生土，开口距地表60厘米。平面形状为椭圆形，直壁，平底。坑口最大径70、最小径35、深62厘米。填土黑褐色，土质疏松。夹杂有红烧土颗粒、炭粒等。包含适量陶片、少量动物骨骼、石器等。出土陶片以泥质黄褐陶为主，夹砂灰陶次之；纹饰以线纹、彩绘为主；可辨器形有钵、盆、罐、器盖等（图2-2-229）。

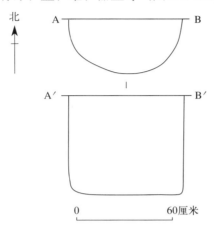

图2-2-229　H277平剖面图

H277挑选陶器标本7件，其中彩陶钵2、釜2、素面钵2、器座1。

彩陶钵　2件。泥质黄褐陶黑彩。H277：1，直口微敛，尖唇，弧腹，下腹部近直，平底内凹。器表磨光，内壁抹光，近口处有刮削痕迹。口部外壁二方连续饰一周垂弧纹，其下区域饰两周宽0.3厘米的条带纹、四个圆点组成的复合纹饰。可复原。口径14.8、底径5.6、高7.4厘米（图2-2-230，4）。H277：2，器形不规整，略有歪斜。直口微敛，圆唇，曲腹近折，平底。器表磨光，内外壁均有刮削痕迹。沿面饰一粗两细三周条带纹，分别宽0.8、0.3、0.4厘米。可复原。口径15.2、底径5.8、高7.9厘米（图2-2-230，5；图版三六，2）。

釜　2件。直口，圆唇，矮领，广肩，折腹，圜底。肩部和上腹部饰数周凹弦纹。H277：5，泥质红陶。底部有明显使用痕迹。底部有刮削痕迹。可复原。口径14.8、腹径26、高11.5厘米（图2-2-230，2；图版一七二，4）。H277：7，夹砂红褐陶。可复原。口径13.3、腹径26.4、高12厘米（图2-2-230，3）。

器座　1件。H277：3，泥质灰陶。器形不规整，歪斜严重。侈口，方唇，折腰。内外壁均有刮削痕迹。素面。可复原。口径20、底径22.4、高13.6—14.4厘米（图2-2-230，1）。

素面钵　2件。素面。H277：4，夹砂红陶。直口微侈，尖圆唇，弧腹，平底。内壁有刮削痕迹。可复原。口径8.6、底径5.2、高3.9厘米（图2-2-230，6）。H277：6，泥质黄褐陶。直口微敛，圆唇，弧腹近直，平底。可复原。口径9、底径7.2、高7.7厘米（图2-2-230，7）。

122. H278

位于T41西北角，部分伸入西壁、北壁。开口H256下，打破生土，被H270打破，开口距地表110厘米。平面形状呈椭圆形，直壁，平底。坑口最大径300、最小径240、深230厘米。填土灰褐色，土质疏松，呈粉末状。夹杂红烧土颗粒、石块。出土陶钵1、石刀2、环1及适量陶片。陶片泥质与夹砂相当；纹饰以线纹、彩绘为主；可辨器形有盆、罐、钵、环等（图2-2-231）。

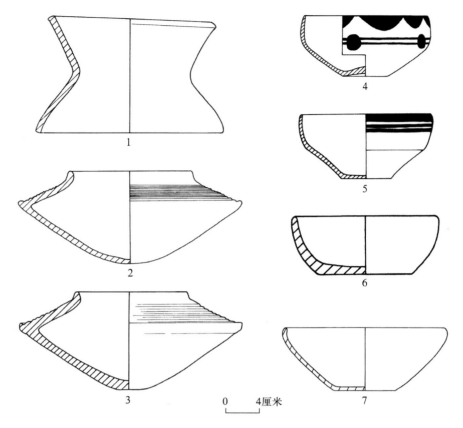

图2-2-230 H277出土陶器

1.器座（H277：3） 2、3.釜（H277：5、H277：7） 4、5.彩陶钵（H277：1、H277：2） 6、7.素面钵（H277：4、H277：6）

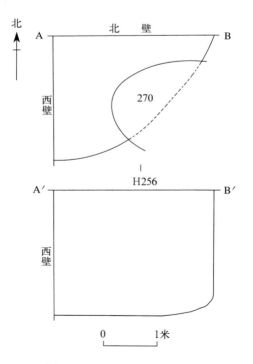

图2-2-231 H278平剖面图

H278 挑选陶器标本 32 件，其中彩陶盆 9、彩陶钵 8、素面钵 6、素面盆 1、素面双錾盆 2、彩陶双錾钵 1、素面双錾钵 1、双錾甑 1、甑 1、器座 1、环 1。

彩陶盆　9 件。泥质黄褐陶。H278：2，黑彩。敛口，折沿隆起，尖唇，曲腹，平底微内凹。器表磨光，内壁抹光，沿面及内外壁均有刮削痕迹。唇面、下腹部各饰一周宽 0.5、0.3 厘米的条带纹，其间区域饰弧边三角、凸弧纹、圆点组成的复合纹饰。可复原。口径 20.2—20.8、底径 7.2、高 10.4—10.6 厘米（图 2-2-232，6；彩版二〇九，2）。H278：5，黑彩。口部变形严重，通体饰红衣。敛口，仰折沿微隆起，圆唇，溜肩，深曲腹，平底。器表磨光，内壁抹光，沿面及内壁有刮削痕迹。唇面、口部外壁及下腹部各饰一周条带纹，分别宽 0.8、0.5、0.7 厘米，其间区域饰弧边三角、凸弧纹、圆点组成的复合纹饰。可复原。口径 31.4—35.2、底径 10.6—10.8、高 20.1 厘米（图 2-2-232，7；彩版二一〇，1）。H278：6，黑彩。敛口，仰折沿，圆唇，溜肩，深曲腹，平底。器表磨光，内壁抹光有气孔，沿面及内壁有刮削痕迹。唇面、下腹部各饰一周宽 0.8、0.5 厘米的条带纹，其间区域饰弧边三角、凸弧纹、圆点组成的复合纹饰。可复原。口径 31.6、腹径 30.8、底径 12.3、高 19.6 厘米（图 2-2-232，3）。H278：7，黑彩。敛口，仰折沿微隆起，圆唇，曲腹，平底。器表磨光发白，内壁有轮制痕迹，内外壁均有刮削痕迹。沿面饰一周宽 1 厘米的条带纹。可复原。口径 25、底径 11、高 16.4 厘米（图 2-2-232，4）。H278：8，黑彩。敛口，仰折沿隆起，圆唇，浅弧腹，平底内凹。器表磨光，内壁磨光，沿面及内外壁均有刮削痕迹。沿面用四条短直线将纹饰区分为三个单元格，每个单元格内饰对弧边直角、凸弧纹、弧边三角组成的复合纹饰。可复原。口径 32、底径 11、高 10.6 厘米（图 2-2-232，5）。H278：13，黑彩。敛口，仰折沿隆起，圆唇，溜肩，深曲腹，平底。器表磨光涂一层黄泥浆，内壁抹光，沿面及内壁有刮削痕迹。下腹部饰一周宽 0.4 厘米的条带纹，其上区域饰弧边三角、凸弧纹、弧线、圆点组成的复合纹饰。可复原。口径 32.4、腹径 31.8、底径 13.8、高 19.5 厘米（图 2-2-232，8）。H278：14，黑彩。敛口，折沿隆起，圆唇，溜肩，深曲腹，平底。器表磨光，内壁抹光，沿面及内壁有刮削痕迹。唇面、下腹部各饰一周宽 0.7、0.3 厘米的条带纹，其间区域饰弧边三角、凸弧纹、圆点组成的复合纹饰。可复原。口径 35.2、腹径 36、底径 11.8、高 21.8 厘米（图 2-2-232，1；彩版二一〇，2）。H278：15，黑彩。器形不规整，口部呈椭圆形。敛口，仰折沿，圆唇，溜肩，深曲腹，平底。器表磨光，内壁抹光，沿面及内壁有刮削痕迹。唇面、下腹部饰各一周条带纹，其间区域饰弧边三角、凸弧纹、双连弧线、圆点组成的复合纹饰。可复原。口径 35.5—37.2、腹径 36.5、底径 13、高 20.1 厘米（图 2-2-232，2；彩版二一一，1）。H278：18，红彩。器形不规整，口部略呈椭圆形。直口，折沿外侧下斜，圆唇，浅弧腹，平底。内壁有轮制痕迹，沿面及内外壁均有刮削痕迹。腹部饰红彩。可复原。口径 39.7—40、底径 16.6、高 13.4 厘米（图 2-2-234，6；图版一一七，1）。

彩陶钵　8 件。泥质陶黑彩。H278：9，红陶。敛口，圆唇，曲腹近折，平底内凹。沿面外侧饰一周垂弧纹，下腹部饰一周宽 0.2 厘米的条带纹，其间区域用弧边直角分为数个单元格，单元格内饰双连弧线、圆点组成的复合纹饰。可复原。口径 25、底径 9.7、高 10.2 厘米（图 2-2-233，3）。H278：10，红陶。直口，圆唇，曲腹近折，平底。器表磨光，内壁抹光，有刮削痕迹。下腹部饰一周宽 0.4 厘米的条带纹，其上区域用留白分四个单元格，每个单元格内饰对弧边直角、凸弧纹、圆点组成的复合纹饰。可复原。口径 15.5、底径 5.6、高 8.7 厘米（图 2-2-233，7）。H278：11，与 H220 出土陶片可拼合。黄褐陶。直口微敛，尖圆唇，曲腹，平底内凹。器表磨光，内壁抹光，近口处有轮制痕迹。

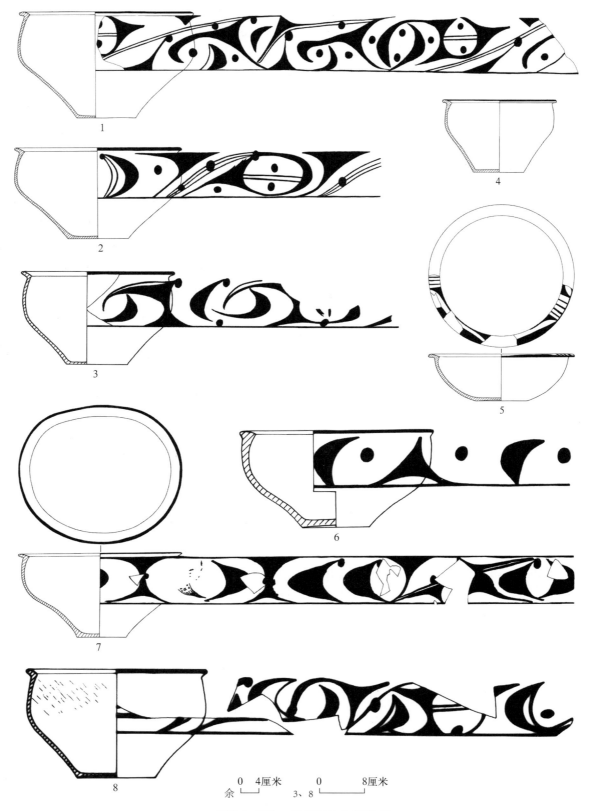

图2-2-232　H278出土彩陶盆

1-8.彩陶盆（H278：14、H278：15、H278：6、H278：7、H278：8、H278：2、H278：5、H278：13）

口部外壁饰一周垂弧纹，腹部饰一周条带纹，其间区域饰五组双连弧线、圆点组成的复合纹饰。可复原。口径 14—14.5、底径 5.2、高 6.5—6.8 厘米（图 2-2-233，8；彩版一〇二，2）。H278：12，黄褐陶，通体饰红衣。直口，尖唇，曲腹，平底内凹。器表磨光，内壁抹光，近口处有轮盘修整痕迹和刮削痕迹。腹部饰对弧边直角、细线、弧边三角、短直线组成的复合纹饰。可复原。口径 16.5、底径 5.8、高 8.5 厘米（图 2-2-233，6）。H278：22，黄褐陶。口部歪斜严重。直口微敛，圆唇，曲腹。器表磨光，内壁抹光，有刮削痕迹。口部外壁二方连续间隔饰一周垂弧纹和弧边三角，其下区域饰两周宽 0.4 厘米的条带纹、四个圆点组成的复合纹饰。可复原。口径 19—19.8、腹径 19.7—20.5、底径 7.2、高 8.8—9.1 厘米（图 2-2-233，2）。H278：29，黄褐陶。敛口，尖唇，弧腹，下腹部近直，平底微内凹。器表磨光，内壁抹光，近口处有刮削痕迹。口部外壁饰一周条带纹，其下间隔饰三连弧线、圆点。可复原。口径 22.3、底径 8.3—9、高 9.6—10.7 厘米（图 2-2-233，4；彩版一〇三，1）。H278：31，红陶，上腹部饰白衣。侈口，尖唇，曲腹近折，下腹部近直，平底。器表磨光，内壁近口处有刮削痕迹。上腹部饰数组上下对称垂弧纹、圆点、四条竖线组成的复合纹饰。可复原。口径 15.6、底径 5、高 9.6 厘米（图 2-2-233，5；图版三六，3）。H278：32，黄褐陶。敛口，圆唇，浅弧腹，平底。器表磨光，内壁近口处有刮削痕迹。口部外壁饰一周六个垂弧纹。可复原。口径 28、底径 11.8、高 12.8 厘米（图 2-2-233，1；图版三六，4）。

彩陶双鋬盆　1 件。H278：1，泥质黄褐陶黑彩。敛口，圆唇，曲腹近直，腹部对称置附加突起状双鋬，平底。唇面、下腹部各饰一周条带纹，其间区域饰四组凸弧纹、对弧边三角、圆点、弧线组成的复合纹饰。可复原。口径 41.2、腹径 45.6、底径 14.2、高 25 厘米（图 2-2-233，9；彩版二〇九，1）。

素面盆　1 件。H278：16，泥质黄褐陶，沿面饰红衣。直口，折沿，圆唇，浅弧腹，平底。沿面隆起，底微内凹。器表磨光，内壁抹光，沿面及内壁有刮削痕迹。素面。可复原。口径 29.3、底径 11.7、高 10.4 厘米（图 2-2-234，5）。

素面钵　6 件。素面。H278：24，夹砂红陶。器形不规整，略有歪斜。侈口，尖唇，斜直壁，平底内凹。内壁近口处有刮削痕迹。可复原。口径 20、底径 14.8、高 14.1—14.5 厘米（图 2-2-234，12）。H278：27，泥质黄褐陶。敛口，尖唇，弧腹，平底微内凸。器表磨光，内壁有少量刮削痕迹。可复原。口径 18.2、底径 8.6、高 9 厘米（图 2-2-234，9；图版六，1）。H278：30，泥质黄褐陶，通体饰红衣。直口，圆唇，曲腹近折，平底。器表磨光。可复原。口径 17、底径 5.8、高 9.3 厘米（图 2-2-234，13；彩版一〇三，2）。H278：34，夹砂红陶。侈口，圆唇，斜直腹，平底。内壁有刮削痕迹。可复原。口径 8.6、底径 5.4、高 3.8 厘米（图 2-2-234，10）。H278：35，泥质黄褐陶。侈口，圆唇，弧腹，平底微内凹。内外壁均有刮削痕迹。可复原。口径 9、底径 4.8、高 3.4—3.6 厘米（图 2-2-234，11）。H278：36，泥质红陶。直口，尖唇，弧腹，下腹部近直，平底。器表磨光，内壁抹光。内壁有轮制痕迹，器表及内壁有刮削痕迹。可复原。口径 10.5、底径 5.8、高 5.6 厘米（图 2-2-234，14）。

素面双鋬钵　1 件。H278：23，泥质红陶。侈口，方唇，斜直壁，腹部对称置附加突起状双鋬，平底。内壁近口处及唇面有刮削痕迹。素面。可复原。口径 19、底径 14.1、高 10.8 厘米（图 2-2-234，3）。

素面双鋬盆　2 件。平底，腹部对称置附加突起状双鋬。素面。H278：17，泥质黄褐陶。侈口，折沿外侧下斜，圆唇，曲腹。内壁有轮制痕迹，沿面及内外壁均有刮削痕迹。可复原。口径 30.3、底径 14、高 14.2 厘米（图 2-2-234，2）。H278：39，夹砂红陶。口部略呈椭圆形。敛口，叠唇，深曲腹。唇面、内外壁近口处有刮削痕迹。可复原。口径 47.5—48.4、底径 19.6、高 27.5 厘米（图 2-2-234，4；图版一四四，1）。

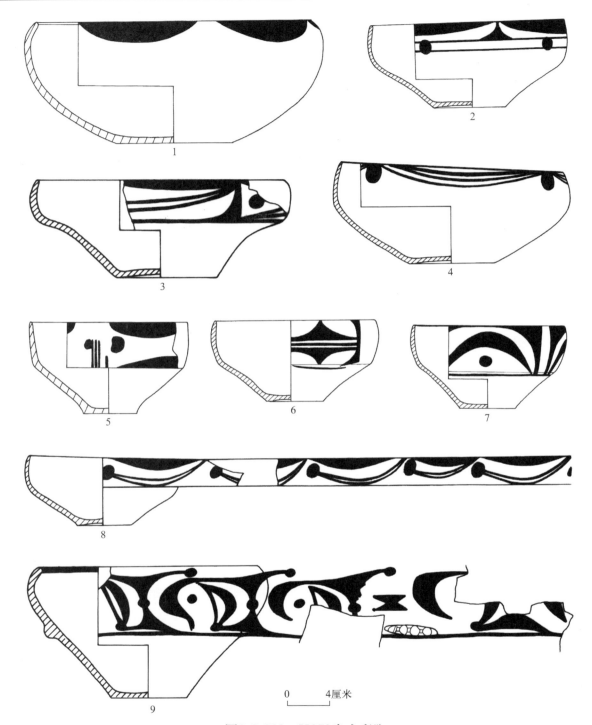

图2-2-233　H278出土彩陶

1—8.彩陶钵（H278：32、H278：22、H278：9、H278：29、H278：31、H278：12、H278：10、H278：11）　9.彩陶双鋬钵
（H278：1）

　　双鋬甑　1件。H278：20，夹砂红陶。直口，尖唇，弧腹，腹部对称置附加突起状双鋬，平底，底部有五个椭圆形箅孔。鋬上有明显的布纹捏痕。可复原。素面。口径24.4、底径12.5、高12—12.5厘米（图2-2-234，1；图版一五四，5）。

甑　1件。H278：33，夹砂红陶。侈口，方唇，弧腹，平底，底部中间有一圆形箅孔，周围对称置两个圆形、两个半椭圆形箅孔。内外壁均有刮削痕迹。素面。可复原。口径24、底径10.3、高12.4厘米（图2-2-234，7；图版一五一，6）。

器座　1件。H278：28，夹砂灰陶。直口，方唇，直腹，腹部对称置四个方形孔，平底，圈足。内壁近口处有刮削痕迹。腹部饰数周凹弦纹和左斜篮纹，近底处饰竖篮纹。可复原。口径21.3、底径20.6、高17.2厘米（图2-2-234，8）。

环　1件。H278：4-2，泥质灰陶。环状，截面为抹角方形。外侧饰戳印纹。可复原。外径5、内径3.8，宽0.6厘米（图2-2-234，15；彩版二五五，2）。

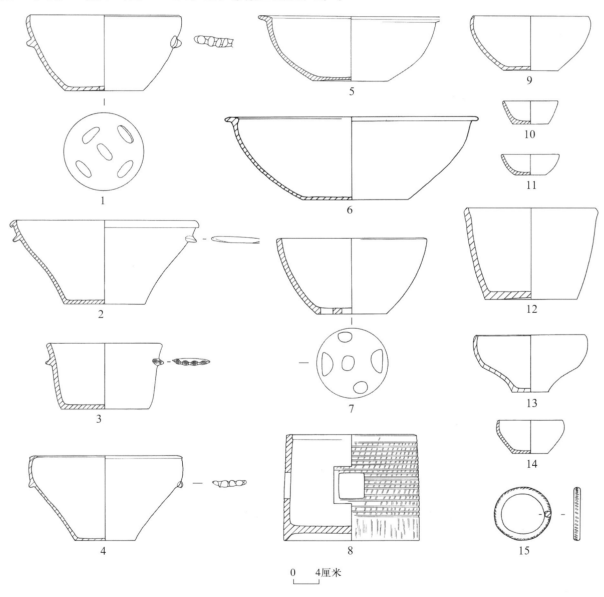

0　　4厘米

图2-2-234　H278出土陶器

1.双錾甑（H278：20）　　2、4.素面双錾盆（H278：17、H278：39）　　3.素面双錾钵（H278：23）　　5.素面盆（H278：16）
6.彩陶盆（H278：18）　　7.甑（H278：33）　　8.器座（H278：28）　　9—14.素面钵（H278：27、H278：34、H278：35、H278：24、H278：30、H278：36）　　15.环（H278：4-2）

123. H280

位于 T59 东部。开口于第③层下，打破第④层，被 H260、H262 打破，开口距地表 56 厘米。平面形状呈椭圆形，直壁，平底，四壁及底部有明显加工痕迹。坑口最大径 176、最小径 160、深 120 厘米。填土浅灰色，土质疏松。包含红烧土颗粒、炭灰、石块等。出土陶片以夹砂灰色、泥质灰陶、泥质黄褐陶为主；纹饰有线纹、篮纹、附加堆纹、磨光等，少量彩绘；可辨器形有盆、罐、钵等（图 2-2-235，1）。

H280 挑选陶器标本器座 1 件。

器座　1 件。H280：1，泥质红陶。侈口，圆唇，束腰，底部外壁起台。内外壁均有刮削痕迹。素面。可复原。口径 10.2、底径 10.4、高 5.2 厘米（图 2-2-235，2；图一八五，1）。

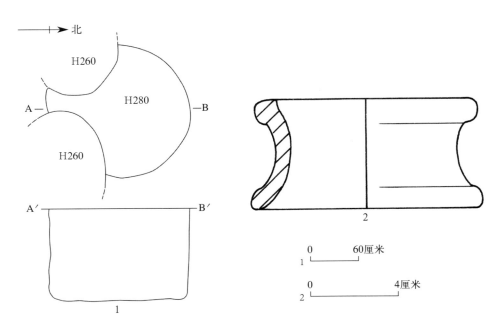

图2-2-235　H280平剖面图及出土陶器
1.平剖面图　2.器座（H280：1）

124. H281

位于 T59 西部，部分伸入西壁。开口于第③层下，打破第④层，被 H244 打破，开口距地表 60 厘米。平面形状呈椭圆形，斜直壁，平底，四壁及底部有明显加工痕迹。坑口最大径 615、最小径 450，坑底最大径 574、最小径 430、深 105 厘米。填土深灰色，土质疏松。夹杂红烧土颗粒、炭粒、石块等。出土陶片以夹砂灰陶、泥质灰陶、泥质红陶为主；纹饰有线纹、篮纹、彩绘、附加堆纹、磨光等，少量彩陶；可辨器形有盆、罐、小口尖底瓶、钵、杯等（图 2-2-236，1）。

H281 挑选陶器标本 2 件，其中素面钵 1、双錾甑 1。

素面钵　1 件。H281：2，夹砂红陶。侈口，圆唇，弧腹近直，平底。内壁有刮削痕迹。素面。可复原。口径 9.5、底径 4.8—5、高 3.2 厘米（图 2-2-236，2；图版二一二，1）。

双錾甑　1 件。H281：1，夹砂灰陶。口部略歪斜。直口，叠唇，弧腹，腹部对称置附加突起状双錾，平底，底部有四个椭圆形算孔。唇面及内外壁近口处有刮削痕迹。素面。可复原。口径 26.2、底径 13.4、高 16 厘米（图 2-2-236，3；图版二一六，2）。

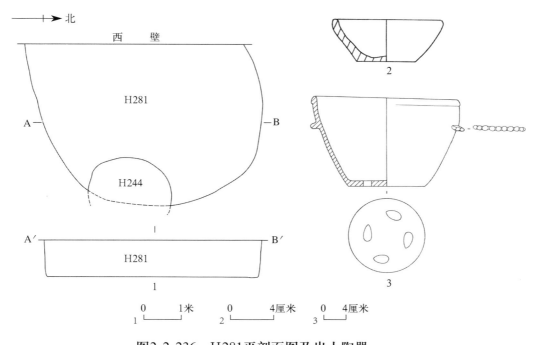

图2-2-236　H281平剖面图及出土陶器

1.平剖面图　2.素面钵（H281：2）　3.双錾甑（H281：1）

125. H286

位于T40北部，部分伸入北壁。开口于第②层下，打破生土，被H274打破，开口距地表40厘米。平面形状呈椭圆形，斜壁，平底。坑口最大径320、最小径280、坑底最大径290、最小径280、深240厘米。填土灰褐色，土质疏松。夹杂动物骨骼、石块。出土适量石器及陶片。陶片以泥质黄褐陶为主，夹砂灰陶次之；纹饰以线纹、彩绘为主；可辨器形有罐、钵、小口尖底瓶等（图2-2-237）。

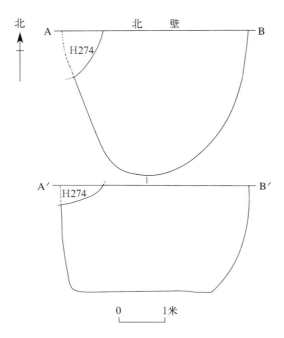

图2-2-237　H286平剖面图

H286挑选陶器标本26件，其中彩陶钵6、素面钵4、素面盆4、彩陶盆3、瓮2、釜2、鼓腹罐2、深腹罐1、杯1、素面双錾盆1。

彩陶钵　6件。泥质陶黑彩。H286：12，黄褐陶。直口微敛，圆唇，曲腹。器表磨光，内外壁均有刮削痕迹。口部外壁饰一周垂弧纹，其下区域饰三周条带纹，分别宽0.3、0.2、0.2厘米。可复原。口径25、底径9.4、高10.6厘米（图2-2-238，4；图版三六，5）。H286：17，黄褐陶。直口微敛，尖唇，曲腹，平底。器表磨光，内壁抹光，近口处有刮削痕迹。下腹部饰一周宽0.7厘米的条带纹，其上区域用留白分为四个单元格，每个单元格内饰垂弧纹、弧边三角、圆点、三连弧线、弧边直角组成的复合纹饰。可复原。口径21、底径8、高9.5米（图2-2-238，1）。H286：18，红陶。器形不规整，略歪斜，呈椭圆形。敛口，圆唇，弧腹，下腹部近直，平底内凹。器表磨光，内壁有大量刮削痕迹。口部外壁二方连续饰一周六个垂弧纹、弧边三角、圆点组成的复合纹饰。可复原。口径23.5—24.3、腹径25.8、底径11.4、高11.4—12厘米（图2-2-238，8；彩版一〇四，1）。H286：19，黄褐陶。敛口，圆唇，弧腹，平底内凹。内壁近口处有刮削痕迹。沿面饰一周宽0.5厘米的条带纹。可复原。口径24.8、底径12.8、高12.5厘米（图2-2-238，10）。H286：21，泥质红陶黑彩，口部歪斜，通体饰白衣。直口，尖唇，曲腹，平底内凹。器表磨光，内壁抹光，内壁近口处有刮削痕迹。下腹部饰一周条带纹，其上区域用留白分为四个单元格，每个单元格内饰垂弧纹、弧边三角、圆点、三连弧线、弧边直角组成的复合纹饰。可复原。口径15.6、腹径16.0、底径为5.6、高7.4—8厘米（图2-2-238，7；彩版一〇四，2）。H286：33，黄褐陶。直口微敛，圆唇，曲腹近折，平底。器表磨光，内壁抹光，近口处有刮削痕迹。口部外壁间隔饰垂弧纹、圆点；下腹部饰一周宽0.6厘米的条带纹。可复原。口径21、底径8、高9.2米（图2-2-238，3）。

素面钵　4件。素面。H286：24，泥质灰陶。侈口，圆唇，弧腹，平底。内外壁磨光，有刮削痕迹。可复原。口径15.5、底径5.7、高7.3厘米（图2-2-238，6）。H286：30，泥质灰陶。侈口，圆唇，弧腹，平底。可复原。口径9.2、底径4、高3.6厘米（图2-238，2）。H286：31，夹砂红陶，胎较厚。敞口，圆唇，斜直腹，平底。内壁有刮削痕迹。可复原。口径12.2、底径4.8、高4.2厘米（图2-2-238，5）。H286：32，夹砂黄褐陶，厚胎。敛口，圆唇，弧腹，平底。内外壁有大量气孔及刮削痕迹。可复原。口径13.3、底径7.9、高10.1厘米（图2-2-238，9）。

彩陶盆　3件。泥质陶黑彩。H286：13，黄褐陶。器形不规整，口部呈椭圆形。敛口，折沿隆起，方唇，深曲腹，平底。器表磨光发白，内壁抹光，沿面及内壁有刮削痕迹。唇面、颈部、下腹部各饰一周条带纹，分别宽1.3、0.8、0.7厘米，其间区域饰弧边三角、凸弧纹、圆点组成的复合纹饰。可复原。口径37.1—38.1、腹径36.1、底径15.6、高21.1厘米（图2-2-239，1）。H286：14，红陶。直口微敛，折沿隆起，圆唇，曲腹，平底微内凹。器表磨光，内外壁近口处、沿面有刮削痕迹。沿面饰一周八个凸弧纹，唇面、下腹部各饰一周宽0.9、0.5厘米的条带纹，其间区域饰数组凸弧纹、垂弧纹、弧线、圆点组成的复合纹饰。可复原。口径39.5、底径16、高19厘米（图2-2-239，3；彩版二一一，2）。H286：20，黄褐陶。敛口，仰折沿微隆起，圆唇，溜肩，深曲腹，下覆部近直，平底微内凹。器表磨光，内壁抹光，沿面及内壁有刮削痕迹。唇面、颈部、下腹部各饰一周条带纹，分别宽0.7、0.8、0.4厘米，其间区域饰弧边三角、凸弧纹、圆点、短直线组成的复合纹饰。可复原。口径31.2—32.、腹径34.4、底径12.4、高21.2—21.5厘米（图2-2-239，2；彩版二一二，1）。

素面盆 4件。平底。素面。H286：7，夹砂红陶。敞口，仰折沿，圆唇，浅弧腹。器表有烟炱，沿面及内外壁近口沿部有刮削痕迹。可复原。口径22.1、底径8.3、高7.5厘米（图2-2-239，6）。H286：22，夹砂红陶。敞口，仰折沿，圆唇，浅弧腹。器表有刮削痕迹。可复原。口径24.4、底径10、高9.2厘米（图2-2-239，7）。H286：23，夹砂红陶。器形不规整，口部略呈椭圆形。敞口，仰折沿，圆唇，弧腹近直。沿面及内外壁近口沿部均有刮削痕迹。可复原。口径21.5—22、底径9.2—9.7、高8厘米（图2-2-239，5）。H286：25，泥质黄褐陶。直口，仰折沿隆起，圆唇，浅弧腹。沿面及内外壁均有刮削痕迹。可复原。口径29.2、底径11.6、高12.6厘米（图2-2-239，4）。

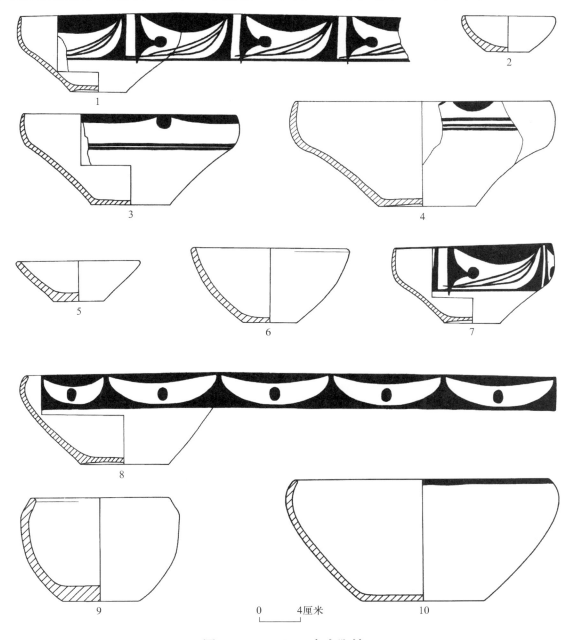

图2-2-238 H286出土陶钵

1、3、4、7、8、10.彩陶钵（H286：17、H286：33、H286：12、H286：21、H286：18、H286：19） 2、5、6、9.素面钵（H286：30、H286：31、H286：24、H286：32）

0　　8厘米　　　0　　4厘米

1～3　　　　　　　4～7

图2-2-239　H286出土陶盆

1-3.彩陶盆（H286：13、H286：20、H286：14）　　4-7.素面盆（H286：25、H286：23、H286：7、H286：22）

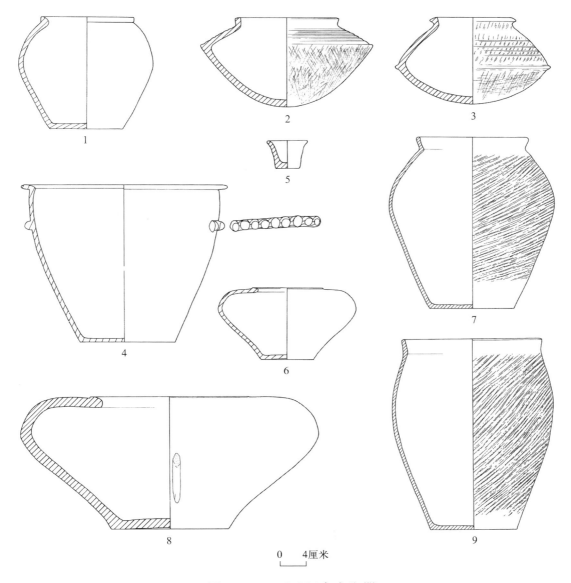

0　4厘米

图2-2-240　H286出土陶器

1、7.鼓腹罐（H286：28、H286：11）　2、3.釜（H286：27、H286：29）　4.素面双錾盆（H286：9）　5.杯（H286：26）　6、
8.瓮（H286：15、H286：16）　9.深腹罐（H286：8）

　　杯　1件。H286：26，夹粗砂灰陶，厚胎。侈口，圆唇，弧腹，平底。内壁有不明显的刮削痕迹。素面。可复原。口径6.2、底径3.8、高4.4厘米（图2-2-240，5）。

　　釜　2件。夹砂灰陶。H286：27，直口，方唇，矮领，广肩，折腹，圜底。内外壁近口处有刮削痕迹。肩部和上腹部饰数周凹弦纹，下腹部饰篮纹。可复原。口径15.6、腹径26、高15.6厘米（图2-2-240，2）。H286：29，侈口，折沿，尖唇，束颈，折腹起台。口部内壁及沿面有刮削痕迹。肩部和上腹部饰间隔篮纹，下腹部饰交叉篮纹，近底处抹平。可复原。口径13、腹径23.4、高13.6厘米（图2-2-240，3）。

　　鼓腹罐　2件。H286：11，夹砂灰陶。器形不规整，略有歪斜。侈口，方唇，高领，深鼓腹，下腹部近直，平底。领部有刮削痕迹。外壁饰左斜篮纹，近口处、底部抹平。可复原。口径16.9、底径

13、高 26.9 厘米（图 2-2-240，7；图版一六二，4）。H286：28，夹砂灰陶。敛口，矮领，圆唇，溜肩，鼓腹，下腹部近直，平底。口部及其周围内外壁均有刮削痕迹。素面。可复原。口径 14.2、腹径 20.6、底径 11、高 17.4 厘米（图 2-2-240，1）。

深腹罐　1 件。H286：8，夹砂灰陶。器形不规整，略有歪斜。侈口，方唇，高领，深鼓腹，下腹部近直，平底。口沿内部因渗碳呈黑色。领部外壁有刮削痕迹。外壁饰左斜篮纹，近口处、底部篮纹抹平。可复原。口径 21.4、底径 13.2、高 29.9 厘米（图 2-2-240，9；图版一七〇，3）。

瓮　2 件。泥质灰陶。敛口，鼓腹，下腹微内收，平底微内凹。素面。H286：15，矮领，方唇。唇面及口部内外壁均有刮削痕迹。可复原。口径 21.2、底径 16、高 22.4 厘米（图 2-2-240，6；图版一六〇，1）。H286：16，圆唇，下腹对称置宽扁状附加堆纹双鋬。唇面及口部内外壁均有刮削痕迹。可复原。口径 22.3、底径 17、高 21 厘米（图 2-2-240，8；图版一六〇，2）。

素面双鋬盆　1 件。H286：9，泥质黄褐陶。敛口，折沿隆起，圆唇，深弧腹，腹部对称置附加突起状双鋬，下腹部近直，平底。外壁近口处、沿面有刮削痕迹，鋬上有明显捏制痕迹。素面。可复原。口径 30.5—31.4、底径 14.4、高 24.6 厘米（图 2-2-240，4；图版一四四，2）。

126. H289

位于 T35 北部，被断崖破坏。开口于第②层下，打破生土，开口距地表 50 厘米。平面形状呈椭圆形，西壁台阶状，东壁直壁，平底。坑口最大径 370、最小径 140、坑底最大径 350、最小径 140、深 90 厘米。填土夹杂有黄、灰、灰土块的黑褐土，土质较致密。出土适量陶片，以夹砂灰陶为主，泥质黄褐陶次之；纹饰以线纹、彩绘为主，附加堆纹次之；可辨器形有罐、钵等（图 2-2-241，1）。

H289 挑选陶器标本 2 件，其中器座 1、环 1。

器座　1 件。H289：3，泥质黄褐陶。侈口，方唇中间下凹，折腰。腰部饰一周附加堆纹。可复原。口径 19、底径 22.8、高 14.7 厘米（图 2-2-241，3；图版一八四，6）。

环　1 件。H289：4，泥质灰陶。环状，截面为半椭圆形。外侧饰线纹。可复原。外径 4.3、内径 3.3、宽 0.5 厘米（图 2-2-241，2）。

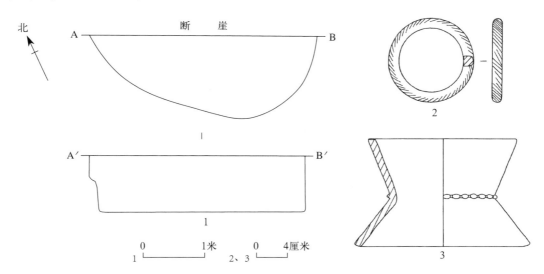

图 2-2-241　H289 平剖面图及出土陶器
1. 平剖面图　2. 环（H289：4）　3. 器座（H289：3）

127. H291

位于T42东部,部分伸入东壁。开口于第②层下,打破生土,开口距地表35厘米。平面形状呈椭圆形,直壁,平底。坑口最大径410、最小径240、深75厘米。填土浅灰色,土质疏松。夹杂少量石块、红烧土颗粒。出土适量陶片,以泥质灰陶、夹砂灰褐陶为主;纹饰以彩绘、线纹为主;可辨器形有盆、钵、罐等(图2-2-242,1)。

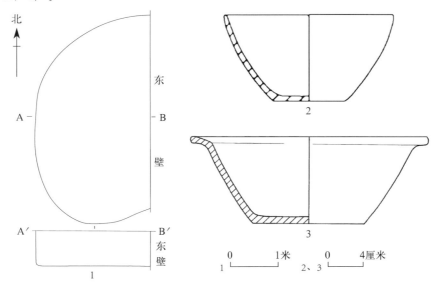

图2-2-242　H291平剖面图及出土陶器、
1.平剖面图　2.素面钵(H291:3)　3.素面盆(H291:4)

H291挑选陶器标本2件,其中素面盆1、素面钵1。

素面盆　1件。H291:4,夹砂红陶。敞口,仰折沿,方唇,斜直腹,平底。沿面及内壁有刮削痕迹。素面。可复原。口径27.2、底径12.8、高10.2厘米(图2-2-242,3)。

素面钵　1件。H291:3,泥质黄褐陶。敞口,尖唇,弧腹近直,平底。素面。可复原。口径13.2、底径5.6、高6.8厘米(图2-2-242,2)。

128. H293

位于T14南部。开口于第②层下,打破生土,开口距地表60厘米。平面形状为椭圆形,弧壁,平底。坑口最大径345、最小径200、深105厘米。填土灰褐色,土质较疏松。夹杂有红烧土颗粒、炭粒等。包含适量陶片、少量动物骨骼、石器、石块等。出土陶片以泥质黄褐陶为主,夹砂灰陶次之;纹饰以线纹、彩绘为主;可辨器形有钵、盆、罐、尖底瓶等(图2-2-243)。

H293挑选陶器标本5件,其中器盖2、素面钵2、彩陶钵1。

彩陶钵　1件。H293:1,泥质黄褐陶黑彩,通体饰白衣。敛口,方唇,曲腹,平底内凹。器表磨光,内壁抹光,有刮削痕迹。腹部饰一周宽0.3厘米的条带纹,其上区域用留白分为六个单元格,每个单元格内饰弧边直角、凸弧纹、圆点组成的复合纹饰。可复原。口径17.2、腹径18.4、底径7、高9.1米(图2-2-244,3;彩版一〇五,1)。

器盖　2件。夹砂黄褐陶。敞口,圆唇,弧腹,圜顶。素面。H293:3,口部略不规整,呈椭圆形,纽略歪斜。椭圆柱形纽。可复原。口径6.5—6.7、高3.1厘米(图2-2-244,5)。H293:4,顶部置两

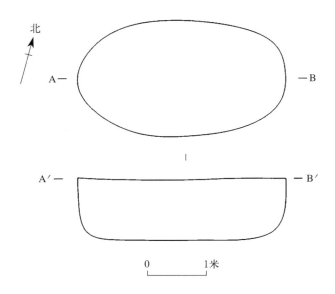

图2-2-243 H293平剖面图

个凸起状纽。可复原。口径6.1、高3.9厘米（图2-2-244，4）。

素面钵 2件。弧腹近直，平底。素面。H293：11，夹砂黄褐陶。直口微敛，圆唇，弧腹。内外壁均有刮削痕迹。可复原。口径7.6、底径3.6、高4厘米（图2-2-244，2）。H293：12，泥质红陶，直口，尖唇，弧腹近直。内外壁近口处有刮削痕迹。可复原。口径11.1、底径5.4、高5厘米（图2-2-244，1）。

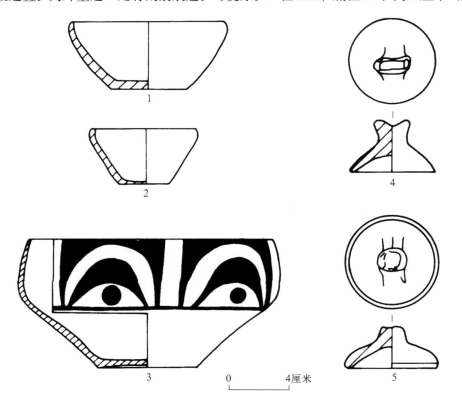

图2-2-244 H293出土陶器

1、2.素面钵（H293：12、H293：11） 3.彩陶钵（H293：1） 4、5.器盖（H293：4、H293：3）

129. H294

位于T169中北部。开口于第①层下，打破生土，开口距地表17厘米，平面形状呈椭圆形，弧壁，平底。坑口最大径130、最小径56、深48厘米。填土黑褐色，土质疏松。出土器盖2及适量陶片。陶片以泥质黄褐陶、夹砂灰褐陶为主；纹饰以线纹为主，少量彩绘；可辨器形有盆、钵、罐等（图2-2-245，1）。

H294挑选陶器标本素面盆1件。

素面盆　1件。H294：3，泥质黄褐陶。直口微侈，折沿隆起，圆唇，浅弧腹，平底。沿面有刮削痕迹。器表磨光。可复原。口径31.2、底径13.2、高11.1厘米（图2-2-245，2；图版一一七，2）。

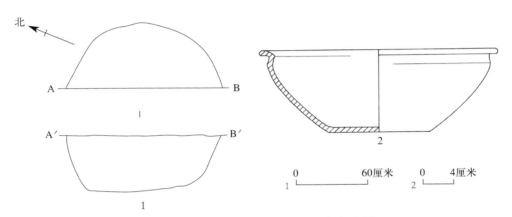

图2-2-245　H294平剖面图及出土陶器

1.平剖面图　2.素面盆（H294：3）

130. H295

位于T141东南部，部分伸入东壁。开口于第②层下，打破生土，开口距地表60厘米。平面形状呈椭圆形，直壁，平底。坑口最大径232、最小径158、深65厘米。填土灰褐色，土质略致密。包含红烧土、石块等。出土陶片以泥质灰陶、泥质黄褐陶为主，夹砂灰陶次之；纹饰有方格纹、磨光、弦纹、线纹、彩绘等；可辨器形有小口尖底瓶、盆、钵等（图2-2-246）。

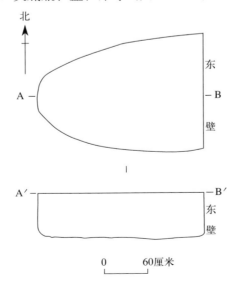

图2-2-246　H295平剖面图

H295 挑选陶器标本 3 件，其中素面双錾钵 1、素面钵 1、小口尖底瓶 1。

素面双錾钵　1 件。H295：3，泥质红陶。敛口，叠唇，浅弧腹，腹部对称置附加突起状双錾，平底。唇面有明显刮削痕迹。素面。可复原。口径 40、底径 14.4、高 17.6 厘米（图 2-2-247，1；图版一四四，3）。

素面钵　1 件。H295：4，泥质黄褐陶，通体施红衣。直口，尖唇，曲腹，平底。器表磨光。素面。可复原。口径 18.6、底径 6、高 8.4 厘米（图 2-2-247，2；彩版一五七，2）。

小口尖底瓶　1 件。H295：47，泥质黄褐陶。重唇口，圆唇，弧颈，溜肩，橄榄状腹。通体饰篮纹，腹部以下饰线纹。底部残。口径 4.4、残高 46（图 2-2-247，3）。

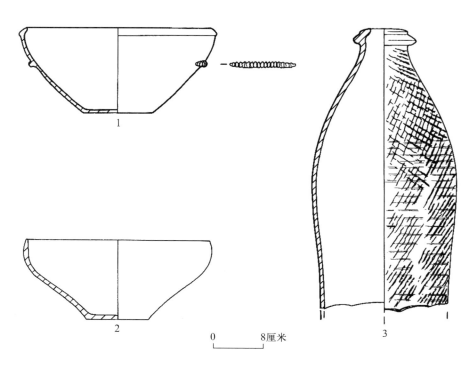

0　　　　　8厘米

图2-2-247　H295出土陶器
1. 素面双錾钵（H295：3）　　2. 素面钵（H295：4）　　3. 小口尖底瓶（H295：47）

131. H297

位于 T41 南部，部分伸入南壁。开口于第④层下，打破生土，开口距地表 80 厘米，被 H204、H255 打破。平面形状呈椭圆形，直壁，台阶状底。坑口最大径 440、最小径 245、坑底最大径 310、最小径 245、深 220 厘米，台阶宽 100、高 100 厘米。填土黑灰色，土质疏松。夹杂红烧土颗粒、石块。出土适量陶片，泥质与夹砂相当；纹饰常见彩绘、线纹；可辨器形有盆、罐、釜、钵等（图 2-2-248）。

H297 挑选陶器标本 17 件，其中素面钵 5、彩陶钵 2、素面双錾钵 2、素面盆 2、杯 2、彩绘双錾钵 1、彩陶盆 1、器盖 1、小口尖底瓶 1。

彩陶钵　2 件。泥质黄褐陶黑彩。H297：11，直口，圆唇，浅弧腹，平底微内凹。器表磨光，内外壁均有明显刮削痕迹。口部外壁饰一周宽 1.2 厘米的条带纹，其下区域饰交弧纹。可复原。口径 17.6、底径 7、高 8.2 厘米（图 2-2-249，17；图版三七，1）。H297：19，直口微敛，尖唇，曲腹，平底。上腹部内侧有明显修整痕迹。口部外壁、下腹部各饰一周宽 0.2、0.4 厘米的条带纹，其间区域用留白

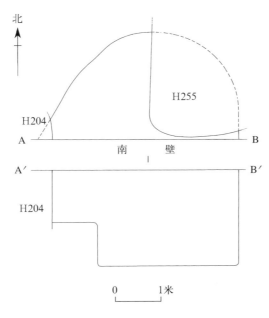

图2-2-248 H297平剖面图

或短线分为六个单元格，每个单元格内饰对弧边直角、凸弧纹、圆点组成的复合纹饰。可复原。口径18、底径6.8、高9厘米（图2-2-249，3；彩版一○五，2）。

彩陶双錾钵　1件。H297：20，泥质黄褐陶黑彩。敛口，方唇，溜肩，鼓腹，下腹部近直，腹部对称置附加突起状双錾。平底。内壁有修整痕迹。唇面饰一周宽0.6厘米的条带纹，腹部饰两组纹饰，一组为四条凸弧纹组成的复合纹饰，另一组为两条凸弧纹、圆点、双短线、弧线组成的复合纹饰。可复原。口径31.4、底径13.9、高21.2厘米（图2-2-249，4；彩版一○六，1）。

彩陶盆　1件。H297：12，泥质黄褐陶黑彩。敛口，折沿隆起，圆唇，浅弧腹，平底。沿面、器表磨光，沿面有刮削痕迹。沿面饰数组垂弧纹、弧边三角组成的复合纹饰。可复原。口径27.5、底径10、高9.5厘米（图2-2-249，14；图版五，5）。

素面钵　5件。素面。H297：3，夹砂红陶，厚胎。器形不规整，口部略呈椭圆形。敛口，圆唇，弧腹，平底。内外壁均有刮削痕迹。可复原。口径13、底径12、高11.3厘米（图2-2-249，13；图版七五，1）。H297：5，夹砂红陶，厚胎。侈口，方唇中间有一周凹槽，斜直腹，饼足。内外壁均有刮削痕迹。可复原。口径8.5、足径5.4、高3.4厘米（图2-2-249，9；图版七五，2）。H297：6，夹砂红陶，厚胎。敞口，圆唇，斜直腹，平底。内外壁有明显刮削痕迹。可复原。口径7.4、底径3.5、高3.8厘米（图2-2-249，8；图版七五，3）。H297：13，泥质红陶，厚胎。敞口，圆唇，弧腹，平底。内外壁均有刮削痕迹。内壁有红色颜料。可复原。口径8.7、底径5、高3.5厘米（图2-2-249，15；图版七五，4）。H297：15，泥质红陶，厚胎。侈口，圆唇，斜直腹，平底。内外壁近口处有明显刮削痕迹。可复原。口径8.4、底径4.8、高3.2厘米（图2-2-249，12；图版七五，6）。

素面双錾钵　2件。夹砂黄褐陶。平底。腹部对称置附加突起状双錾。素面。H297：1，器形不规整，略有歪斜。直口微敛，方唇，斜直腹。内外壁有明显刮削痕迹。可复原。口径30.4、底径18.4、高23.5厘米（图2-2-249，1；图版一三六，4）。H297：10，敛口，圆唇，弧腹。器表磨光，内外壁均

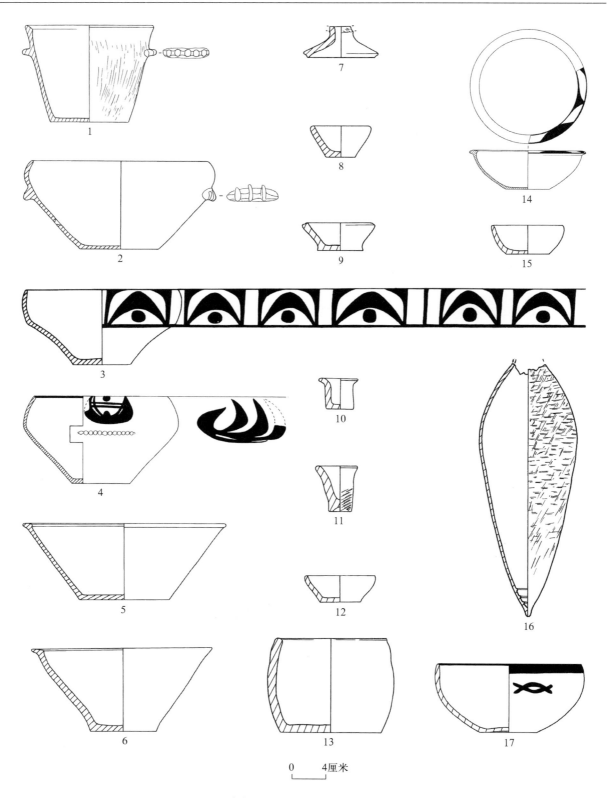

0　　　4厘米

图2-2-249　H297出土陶器

1、2.素面双鋬钵（H297：1、H297：10）　3、17.彩陶钵（H297：19、H297：11）　4.彩陶双鋬钵（H297：20）　5、
6.素面盆（H297：14、H297：4）　7.器盖（H297：7）　8、9、12、13、15.素面钵（H297：6、H297：5、H297：15、
H297：3、H297：13）　10、11.杯（H297：9、H297：8）　14.彩陶盆（H297：12）　16.小口尖底瓶（H297：22）

有明显刮削痕迹。鋬上有手捏痕迹。器腹有一镂孔。可复原。口径26、底径11.6、高13.4厘米（图2-2-249，2；图版一三六，5）。

素面盆　2件。夹砂陶。敞口，折沿，斜直腹，平底。内外壁有明显刮削痕迹。素面。H297：4，红陶。器形不规整，略歪斜。尖唇。可复原。口径21—22.2、底径7.9、高9.7—10.7厘米（图2-2-249，6；图版一四七，1）。H297：14，黄褐陶。器形不规整，略歪斜。圆唇。可复原。口径30、底径13.2、高11.6厘米（图2-2-249，5；图版七五，5）。

杯　2件。敞口，卷沿，圆唇。H297：8，泥质黄褐陶，厚胎。器形不规整，略歪斜。弧腹，圈足。内外壁近口处有明显刮削痕迹。下腹部饰左斜篮纹。可复原。口径5、底径2.8、高5.3—5.6厘米（图2-2-249，11；图版一九〇，1）。H297：9，夹砂灰陶。器形不规整，较歪斜。直腹，平底。内外壁近口处有明显刮削痕迹。素面。可复原。口径4.7、底径3.2、高3.8厘米（图2-2-249，10；图版一九〇，2）。

器盖　1件。H297：7，夹砂黄褐陶，厚胎。敞口，方唇中间下凹，斜直壁。内外壁有明显刮削痕迹。素面。纽残。口径9、残高4厘米（图2-2-249，7；图版一八三，5）。

小口尖底瓶　1件。H297：22，泥质红陶。溜肩，橄榄状腹，尖底。通体饰横向拍印纹和左斜篮纹，内壁尤其近底处有明显的泥条盘筑痕迹。口部残。残高61.6厘米（图2-2-249，16；图版一九五，4）。

132. H300

位于T38南部，部分伸入南壁。开口于第②层下，打破生土，开口距地表25厘米。平面形状为椭圆形，斜直壁，台阶状底。坑口最大径410、最小径210、深170厘米。填土灰褐色，土质较疏松。夹杂有红烧土颗粒等。包含适量陶片、少量动物骨骼、石器等。出土陶片以泥质黄褐陶为主，夹砂灰陶次之；纹饰以线纹、彩绘为主；可辨器形有钵、盆、罐、尖底瓶等（图2-2-250）。

H300挑选陶器标本24件，其中素面盆4、彩陶钵3、素面钵3、彩陶盆2、素面双鋬钵2、器盖2、鼓腹罐2、盘1、器座1、双鋬甑1、瓮1、环1、深腹罐1。

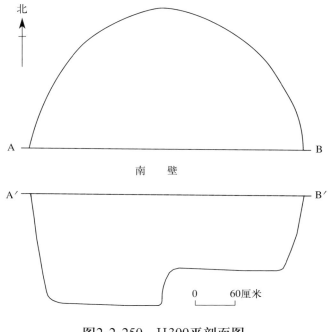

图2-2-250　H300平剖面图

　　彩陶钵　3件。泥质黄褐陶黑彩。H300：14，直口微敛，尖唇，深弧腹，平底。器表磨光，内壁抹光，近口处有刮削痕迹。口部外壁饰一周六个垂弧纹，其下区域饰六个弧边三角、两周宽0.4厘米的条带纹、六个圆点组成的复合纹饰。可复原。口径17、底径6.1、高9.2厘米（图2-2-251，2）。H300：15，胎较厚。直口微侈，尖唇，曲腹，平底。器表磨光，内壁抹光，近口处有刮削痕迹。腹部饰一周垂弧纹，其下区域用弧边三角分为三个单元格，每个单元格内饰三连弧线、圆点组成的复合纹饰。可复原。口径15.8—16.2、底径5.8、高8.2厘米（图2-2-251，1）。H300：16，直口微侈，尖唇，曲腹，平底内凹。器表磨光，内壁抹光，近口处有刮削痕迹。口部外壁饰一周垂弧纹，下腹部饰一周宽0.3厘米的条带纹，其间区域用凸弧纹分为五个单元格，每个单元格内饰双连弧线、圆点组成的复合纹饰。可复原。口径14.6、底径4.9、高6.8—7厘米（图2-2-251，5）。

　　彩陶盆　2件。泥质黄褐陶黑彩。平底。器表磨光，内壁抹光，沿面及内外壁均有刮削痕迹。H300：17，直口，折沿，尖唇，浅弧腹，沿面饰四组垂弧纹、弧边三角组成的复合纹饰。可复原。口

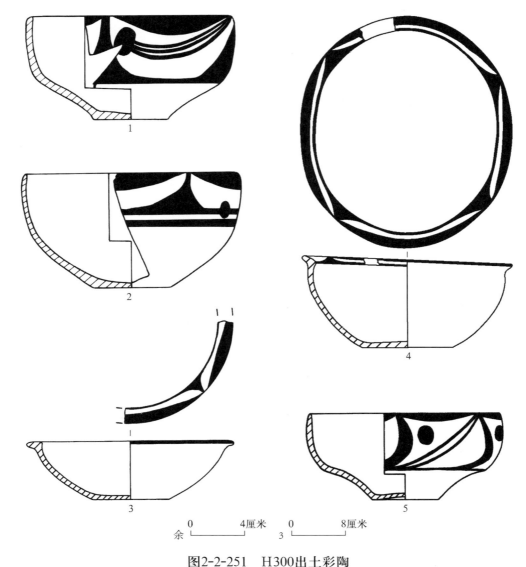

0　　4厘米　　0　　8厘米
余　　　　　　　3

图2-2-251　H300出土彩陶

1、2、5.彩陶钵（H300：15、H300：14、H300：16）　3、4.彩陶盆（H300：17、H300：46）

径 31.8、底径 12.2、高 9.4 厘米（图 2-2-251，3）。H300：46，口部不规整，变形严重，呈椭圆形。敛口，仰折沿微隆起，圆唇，浅弧腹，沿面饰四组垂弧纹、弧边三角组成的复合纹饰。可复原。口径 24—26.9、底径 10.6—10.8、高 9.8—10.3 厘米（图 2-2-251，4）。

素面双錾钵　2 件。腹部对称置附加突起状双錾，平底，素面。H300：9，泥质黄褐陶。敛口，叠唇，弧腹近直，通体有明显刮削痕迹。可复原。口径 30.3、底径 17、高 21.8 厘米（图 2-2-252，2；图版一四四，4）。H300：19，夹砂黄褐陶。直口微敛，叠唇，弧腹，下腹部近直，唇面及内壁有刮削痕迹。可复原。口径 28.8、底径 15、高 15 厘米（图 2-2-252，3）。

双錾甑　1 件。H300：7，夹砂灰陶。直口微敛，叠唇，弧腹，平底，底部有四个椭圆形箅孔。通体饰篮纹，腹部对称置附加突起状双錾。可复原。口径 29、底径 11.8、高 16.2 厘米（图 2-2-252，1；图版一五四，6）。

深腹罐　1 件。H300：26，夹砂红陶。敞口，卷沿，圆唇，曲腹，平底。通体饰篮纹。可复原。口径 24、底径 13.2、高 26 厘米（图 2-2-252，5；图版一七○，4）。

鼓腹罐　2 件。夹砂黄褐陶。方唇，溜肩，鼓腹，下腹部近直，平底。H300：24，直口，斜直颈，口部内外壁有明显的刮削痕迹。肩部饰间隔左斜篮纹和一个 V 形附加堆纹，腹部中间饰一周附加堆纹，下腹部饰左斜篮纹。可复原。口径 19.2、腹径 28、底径 14、高 27.8 厘米（图 2-2-252，6）。H300：27，敛口，内外壁口沿处有刮削痕迹。通体饰有篮纹。可复原。口径 22、底径 13.2、高 23 厘米（图 2-2-252，4；图版一六二，5）。

素面盆　4 件。素面。H300：20，夹砂黄褐陶。直口微侈，折沿中间下凹，圆唇，斜直腹，平底。沿面及内外壁均有刮削痕迹。可复原。口径 16、底径 10、高 7.2 厘米（图 2-2-253，11）。H300：22，泥质红陶。直口微敛，折沿隆起，尖唇，曲腹，平底。沿面及内外壁均有刮削痕迹。可复原。口径 24、底径 11.2、高 9.6 厘米（图 2-2-253，7）。H300：23，泥质灰陶。直口，仰折沿微隆起，方唇，曲腹，平底微内凹。器表磨光，内壁抹光，沿面及内壁近口沿部有刮削痕迹。可复原。口径 27.6、底径 11.6、高 13 厘米（图 2-2-253，6）。H300：25，泥质红陶。侈口，仰折沿隆起，圆唇，束颈，曲腹，平底。器表磨光，沿面及内壁有刮削痕迹。可复原。口径 22.5、底径 8.7、高 11 厘米（图 2-2-253，5）。

素面钵　3 件。素面。H300：6，夹砂红陶。敛口，尖唇，鼓腹，平底。唇面及内壁近口处有刮削痕迹。可复原。口径 9.7、底径 10.5、高 9 厘米（图 2-2-253，10）。H300：18，泥质红陶，通体饰红衣。直口微侈，尖唇，弧腹近折，平底。器表磨光，内壁抹光，内外壁近口处有刮削痕迹。可复原。口径 14、底径 5、高 6.4 厘米（图 2-2-253，3）。H300：21，泥质红陶。侈口，尖圆唇，弧腹，平底。内外壁均有刮削痕迹。口径 10.8、底径 5.9、高 5.1 厘米（图 2-2-253，2）。

器盖　2 件。夹砂陶。敞口，圆唇外壁起台，弧腹，圜顶。素面。H300：12，红陶。两个凸起形纽。可复原。口径 8.3、高 5.1 厘米（图 2-2-253，1）。H300：13，灰陶。椭圆柱形纽。可复原。口径 6.1、高 3.3 厘米（图 2-2-253，4）。

盘　1 件。H300：10，夹砂黄褐陶，厚胎。直口，方唇，浅直腹，平底。内壁近口沿处有刮削痕迹。素面。可复原。口径 16.3、底径 15.6、高 2 厘米（图 2-2-253，12；图版一七五，4）。

器座　1 件。H300：8，夹砂灰陶，厚胎。敛口，方唇，斜直腹，近底处有四个圆形箅孔，平底。素面。可复原。口径 15.2、底径 24.2、高 19 厘米（图 2-2-253，8；图版一八六，2）。

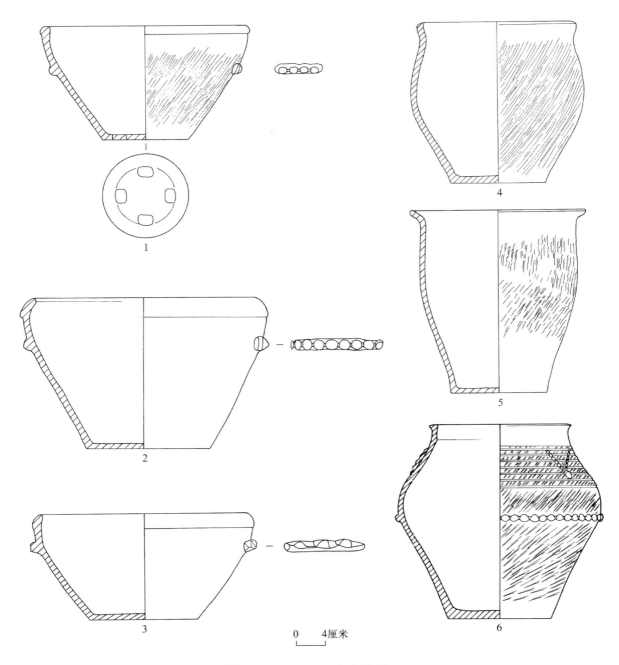

图2-2-252　H300出土陶器

1.双錾甑（H300：7）　　2、3.素面双錾盆（H300：9、H300：19）　　4、6.鼓腹罐（H300：27、H300：24）　　5.深腹罐（H300：26）

　　瓮　1件。H300：11，泥质灰陶。敛口，矮领，圆唇，鼓腹近折，平底。器表磨光，唇面及内壁有刮削痕迹。素面。可复原。口径20.5、底径14.4、高23.4厘米（图2-2-253，9；图版一六〇，3）。

　　环　1件。H300：2，泥质灰陶。环状，截面为椭圆形。外侧饰篮纹。可复原。外径5、内径3.7、宽0.6厘米（图2-2-253，13）。

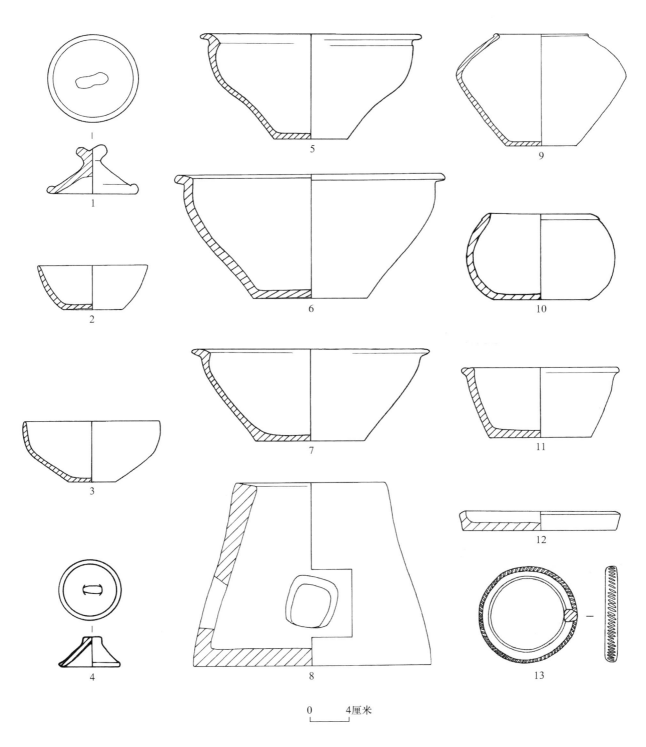

0 　　　4厘米

图2-2-253　H300出土陶器

1、4.器盖（H300：12、H300：13）　2、3、10.素面钵（H300：21、H300：18、H300：6）　5-7、11.素面盆（H300：25、
H300：23、H300：22、H300：20）　8.器座（H300：8）　9.瓮（H300：11）　12.盘（H300：10）　13.环（H300：2）

133. H302

位于 T43 东北部，部分伸入东壁。开口于 H220 下，打破生土，开口距地表 180 厘米。平面形状呈椭圆形，直壁，平底。坑口最大径 420、最小径 330、坑底最大径 420、最小径 330、深 90 厘米。填土灰褐色，土质疏松，呈颗粒状。夹杂有红烧土颗粒、炭粒、草木灰等。包含适量陶片、少量动物骨骼、石器、石块等。出土陶片以泥质黄褐陶为主，夹砂灰陶次之；纹饰以线纹、彩绘为主；可辨器形有钵、盆、罐、尖底瓶、器盖等（图 2-2-254）。

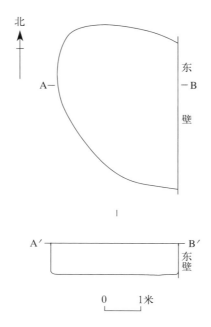

图2-2-254　H302平剖面图

H302 挑选陶器标本 7 件，其中素面盆 2、鼓腹罐 2、椭圆形盆 1、彩陶钵 1、彩陶盆 1。

彩陶钵　1 件。H302：3，泥质黄褐陶黑彩。直口微敛，尖唇，弧腹，平底微内凹。器表磨光，内壁抹光。内壁有轮制痕迹。口部外壁饰两周宽 0.5 厘米的条带纹，其下区域二方连续间隔饰一周六个垂弧纹、圆点。可复原。口径 18.4、底径 6.2—6.5、高 9.2 厘米（图 2-2-255，3；彩版一〇六，2）。

彩陶盆　1 件。H302：4，泥质红陶黑彩。敛口，折沿隆起，圆唇，浅弧腹，平底。器表磨光涂一层黄泥浆，内壁抹光，近口处有轮制痕迹。沿面饰一周八组凸弧纹、弧边三角组成的复合纹饰。可复原。口径 29、底径 10.7、高 9.3—9.7 厘米（图 2-2-255，2；图版五，6）。

素面盆　2 件。黄褐陶。平底。素面。H302：7，泥质陶。敛口，折沿隆起，尖圆唇，浅弧腹。内外壁近口处、沿面有刮削痕迹，外壁近口处有明显刮抹痕迹。可复原。口径 19、底径 8.5、高 7 厘米（图 2-2-255，6；图版一一七，3）。H302：9，夹砂陶。侈口，叠圆唇，斜直腹。沿面有刮削痕迹，外壁有竖向拍印痕迹，近底处拍印纹被抹平。可复原。口径 18.8、底径 14.4、高 13.5 厘米（图 2-2-255，4；图版七六，2）。

鼓腹罐　2 件。夹砂陶。直口，矮领，溜肩，鼓腹，下腹部微近直内收，平底。H302：8，灰陶，厚胎。方唇。沿面、领部有刮削痕迹。肩部饰两周凹弦纹，腹部间隔饰左斜篮纹、线纹。可复原。口径 10.2、底径 6.2、高 11.2 厘米（图 2-2-255，5；图版一六二，6）。H302：10，黄褐陶。器形不规整，歪斜严重，口部略呈椭圆形。折沿外侧下斜，圆唇。内外壁近口处、领部有刮削痕迹。肩部饰数周凹弦纹，其间区域饰数周左斜篮纹，其下区域饰左斜篮纹，近底处被抹平。可复原。口径 21.6—22.7、底径 13.4、高 26.4—27.4 厘米（图 2-2-255，1；图版一六三，1）。

　　椭圆形盆　1 件。H302：6，泥质黄褐陶，厚胎。直口。方唇，斜直腹，平底。器表磨光，内壁有刮削痕迹。素面。可复原。口径 8.3—13.3、底径 11—20.4、高 8.8 厘米（图 2-2-255，7）。

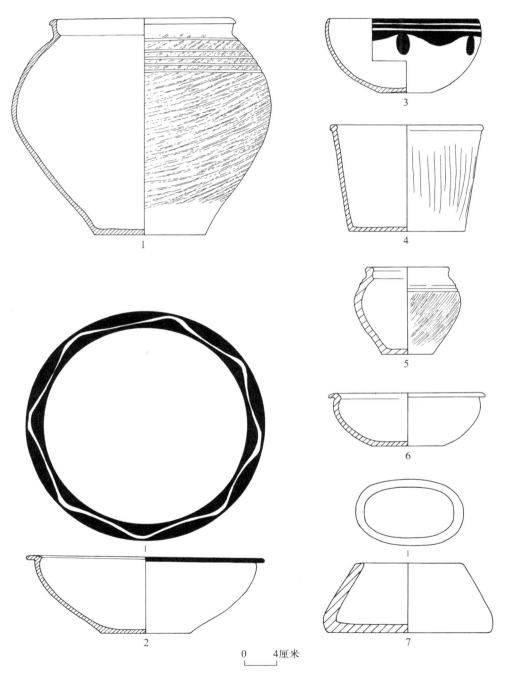

图2-2-255　H302出土陶器

1、5.鼓腹罐（H302：10、H302：8）　　2.彩陶盆（H302：4）　　3.彩陶钵（H302：3）　　4、6.素面盆（H302：9、H302：7）

7.椭圆形盆（H302：6）

134. H303

位于 T171 中北部。开口于第①层下，打破生土，开口距地表 19 厘米。平面形状呈椭圆形，弧壁，平底。坑口最大径 182、最小径 177、坑底最大径 160、最小径 156、深 69 厘米。填土灰褐色，土质疏松。出土陶片有泥质黄褐陶、夹砂灰陶等；纹饰以线纹、彩绘为主；可辨器形有盆、钵等（图 2-2-256，1）。

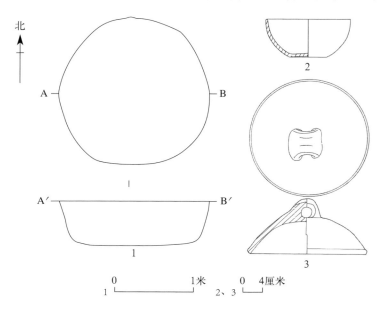

图2-2-256　H303平剖面图及出土陶器
1.平剖面图　2.素面钵（H303∶2）　3.器盖（H303∶1）

H303 挑选陶器标本 2 件，其中器盖 1、素面钵 1。

器盖　1 件。H303∶1，夹砂黄褐陶。器形不规整，口部略呈椭圆形。敞口，口部外壁起台，方唇，弧腹，圜顶，桥形纽。内外壁近口处有刮削痕迹。素面。可复原。口径 22.3—24、高 12.5 厘米（图 2-2-256，3；图版一七八，①）。

素面钵　1 件。H303∶2，泥质灰陶，口部外壁因渗碳发黑。直口微侈，圆唇，弧腹，平底微内凹。器表磨光，内壁近口处有刮削痕迹。素面。可复原。口径 16.7、底径 7.4、高 7.9 厘米（图 2-2-256，2；图版七六，3）。

135. H307

位于 T38 西南角，部分伸入南壁、西壁。开口于第②层下，打破生土，开口距地表 25 厘米。平面形状呈椭圆形，直壁，平底。坑口最大径 220、最小径 120、深 140 厘米。填土灰褐色，土质疏松，呈颗粒状。夹杂有红烧土颗粒、炭粒、草木灰等。包含适量陶片、少量动物骨骼、石器、石块等。出土陶片以泥质黄褐陶为主，夹砂灰陶次之；纹饰以线纹、彩绘为主；可辨器形有钵、盆、罐、尖底瓶、器盖等（图 2-2-257）。

H307 挑选陶器标本 5 件，其中素面盆 2、素面钵 1、素面双錾盆 1、环 1。

素面钵　1 件。H307∶6，泥质黄褐陶，胎较厚。侈口，圆唇，弧腹近直，平底。内外壁均有刮削痕迹。素面。可复原。口径 12.3、底径 6.6、高 5.3 厘米（图 2-2-258，4）。

素面双錾盆　1 件。H307∶3，泥质黄褐陶。敛口，叠唇，斜直腹，上腹部对称置附加突起状双錾，平底。内外壁有明显刮削痕迹。可复原。口径 26.5、底径 13.3、高 15.5 厘米（图 2-2-258，2；图

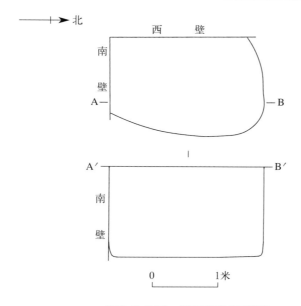

图2-2-257　H307平剖面图

版一四四，5）。

素面盆　2件。泥质陶。敞口，仰折沿，圆唇，弧腹，平底。素面。H307：4，红陶。沿面近口处有一周凹弦纹，弧腹近直。器表磨光，内壁抹光，沿面及内外壁均有刮削痕迹。可复原。口径28.1、底径11.7、高10.1厘米（图2-2-258，3）。H307：5，黄褐陶。沿面隆起。器表磨光，内壁抹光，沿面及内外壁均有刮削痕迹。可复原。口径28.7、底径11.6、高12.8厘米（图2-2-258，1）。

环　1件。H307：1，环状，平面为五弧边形。截面为半椭圆形。器表饰线纹。可复原。外径6.1、内径3.7、厚1.2厘米（图2-2-258，5）。

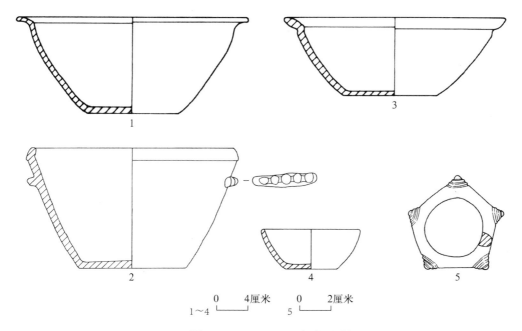

图2-2-258　H307出土陶器

1、3.素面盆（H307：5、H307：4）　2.素面双錾盆（H307：3）　4.素面钵（H307：6）　5.环（H307：1）

136. H308

位于 T43 西北部。开口于 H220 下，打破生土，开口距地表 180 厘米。平面形状呈圆形，直壁，平底。坑口直径 240、深 60 厘米。填土灰褐色，土质疏松。夹杂少量石块、红烧土颗粒、动物骨骼。出土适量陶片，以泥质灰陶、泥质黄褐陶为主；纹饰以彩绘、线纹为主；可辨器形有盆、钵、罐等（图 2-2-259，1）。

H308 挑选陶器标本素面盆 1 件。

素面盆　1 件。H308：2，夹砂黄褐陶。敛口，折沿内突，圆唇，溜肩，弧腹，平底。内外壁近口处有刮削痕迹。素面。可复原。口径 19.7、底径 12、高 10.9 厘米（图 2-2-259，2）。

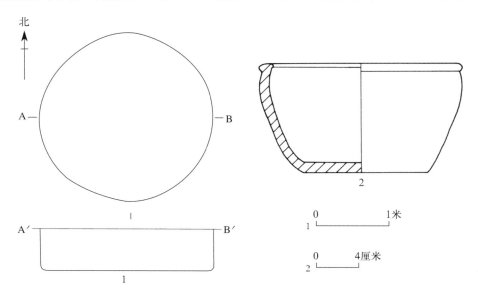

图2-2-259　H308平剖面图及出土陶器
1.平剖面图　2.素面盆（H308：2）

137. H309

位于 T41 北部。开口于第④层下，打破生土，开口距地表 75 厘米。平面形状呈圆形，弧壁，圜底。坑口直径 220、深 110 厘米。填土黑灰色，土质疏松。夹杂红烧土颗粒、石块、陶片。出土陶片泥质与夹砂相当；纹饰常见彩绘、线纹等；可辨器形有罐、盆等（图 2-2-260，1）。

H309 挑选陶器标本素面钵 1 件。

素面钵　1 件。H309：1，夹砂红陶。敞口，圆唇，曲腹，平底。内外壁近底处有明显刮削痕迹。素面。可复原。口径 15.4、底径 7、高 7 厘米（图 2-2-260，2；图版七六，4）。

138. H313

位于 T43 西北部。开口于第③层下，打破生土，开口距地表 70 厘米。平面形状呈椭圆形，直壁，平底。坑口最大径 250、最小径 195、深 55 厘米。填土灰褐色，土质疏松。夹杂少量石块、红烧土颗粒。出土适量陶片，以泥质黄褐陶为主；纹饰以线纹、彩绘为主；可辨器形有钵、罐、盆等（图 2-2-261，1）。

H313 挑选陶器标本 2 件，其中彩陶钵 1、素面钵 1。

彩陶钵　1 件。H313：2，泥质红陶黑彩，通体饰红衣。直口，尖唇，曲腹近折，平底。内壁近口处有修整痕迹。腹部间隔饰两组纹饰，一组为三个凸弧纹组成的复合纹饰，一组为圆点、弧线组合

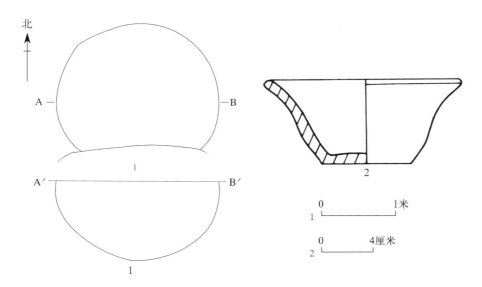

图2-2-260　H309平剖面图及出土陶器
1.平剖面图　2.素面钵（H309∶1）

的复合纹饰。可复原。口径15.4、底径5.8、高7.5厘米（图2-2-261，3）。

素面钵　1件。H313∶1，夹砂红陶。器形不规整，略有歪斜。敞口，圆唇，曲腹，平底。内外壁近口处有刮削痕迹。素面。可复原。口径9、底径8、高3—1.4厘米（图2-2-261，2；图版七六，5）。

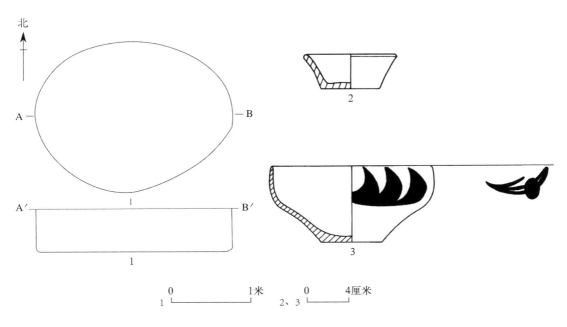

图2-2-261　H313平剖面图及出土陶器
1.平剖面图　2.素面钵（H313∶1）　3.彩陶钵（H313∶2）

139. H314

位于 T169 东北部，部分伸入北壁。开口于第①层下，打破生土，开口距地表 15 厘米。平面形状呈椭圆形，弧壁，平底。坑口最大径 310、最小径 190、坑底最大径 210、最小径 140、深 160 厘米。填土分为三层：第①层厚 50 厘米，黑褐色，土质疏松；第②层厚 40 厘米，黄褐色，土质较致密；第③层厚 75 厘米，黑褐色，土质疏松。出土陶片夹砂与泥质相当。陶色有灰陶、红陶等；纹饰有线纹、彩绘等；可辨器形有小口尖底瓶、钵、罐等（图 2-2-262，1）。

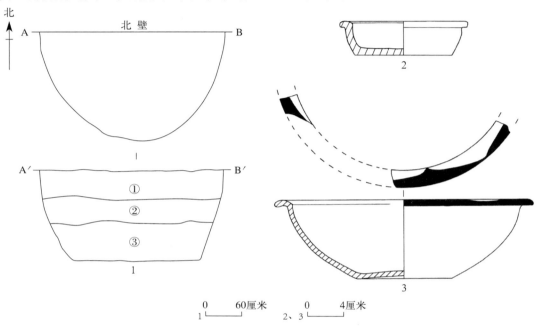

图2-2-262　H314平剖面图及出土陶器
1.平剖面图　2.素面盆（H314：2）　3.彩陶盆（H314：1）

H314 挑选陶器标本 2 件，其中彩陶盆 1、素面盆 1。

彩陶盆　1 件。H314：1，泥质红陶黑彩。直口微侈，折沿隆起，圆唇，浅弧腹，平底微内凹。器表磨光，外壁近口处、沿面有刮削痕迹。沿面饰一周弧边三角。可复原。口径 32.4、底径 12、高 10.2 厘米（图 2-2-262，3；图版八，3）。

素面盆　H314：2，泥质灰陶，厚胎。直口微侈，折沿隆起，方唇，弧腹近直，平底。内外壁、沿面均有刮削痕迹。素面。可复原。口径 16、底径 12.2、高 4.6 厘米（图 2-2-262，2；图版一一七，4）。

140. H315

位于 T129 东南部，部分伸入东壁、北壁。开口于第①层下，打破第②层，被 H316 打破，开口距地表 20 厘米。平面形状椭圆形，弧壁，平底。坑口最大径 300、最小径 296、深 134 厘米。填土土质疏松，可分三层。第①层厚 50 厘米，灰褐色；第②层厚 30 厘米，红褐色；第③层厚 54 厘米，灰褐色。出土陶盆 1 及适量陶片。陶片以泥质黄褐陶为主；纹饰有线纹、附加堆纹、线纹、彩绘等；可辨器形有罐、钵等（图 2-2-263）。

H315 挑选陶器标本 7 件，其中素面盆 4、素面钵 1、小口尖底瓶 1、鼓腹罐 1。

素面钵　1 件。H315：2，夹砂红陶，胎较厚。器形不规整，略歪斜。敞口，方唇，弧腹，平底。

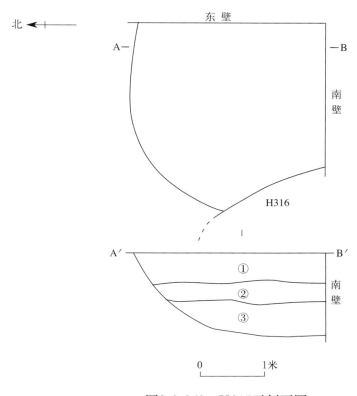

图2-2-263　H315平剖面图

内外壁有少量刮削痕迹。素面。可复原。口径15.5、底径6.4、高6厘米（图2-2-264，5；图版七六，6）。

　　素面盆　4件。泥质陶。素面H315：9，黄褐陶。敞口，仰折沿，圆唇，弧腹。腹部以下残。口径30、残高6.2厘米（图2-2-264，7）。H315：10，灰陶。敛口，仰折沿隆起，圆唇，溜肩，鼓腹。腹部以下残。口径32、残高7.4厘米（图2-2-264，4）。H315：11，黄褐陶。敛口，叠唇，溜肩。腹部以下残。口径37.2、残高5.8厘米（图2-2-264，2）。H315：12，灰陶。直口微敛，仰折沿隆起，圆唇，弧腹。腹部以下残。口径34、残高8厘米（图2-2-264，3）。

　　小口尖底瓶　1件。素面。H315：13，泥质黄褐陶。退化重唇口，尖唇，束颈，溜肩。颈部以下饰线纹。肩部以下残。口径6.2、残高9.8厘米（图2-2-264，6）。

　　鼓腹罐　1件。H315：8，夹砂灰陶。敛口，矮领中间下凹成槽，方唇内侧下斜，溜肩。颈部以下饰篮纹。腹部以下残。口径25、残高6.6厘米（图2-2-264，1）。

141. H317

　　位于T180西南角、T181西北角、T194东南角、T195东北角。开口于第①层下，打破生土，开口距地表45厘米。平面形状呈椭圆形，斜直壁，平底。坑口最大径568、最小径318、深70厘米。填土灰褐色，土质疏松。夹杂炭粒、红烧土块等。出土陶片以泥质黄褐陶、泥质灰陶为主，夹砂灰陶次之；纹饰有弦纹、线纹、磨光、篮纹、彩绘等；可辨器形有盆、钵、罐、小口尖底瓶等（图2-2-265，1）。

　　H317挑选陶器标本素面钵1件。

　　素面钵　1件。H317：1，泥质黄褐陶。侈口，圆唇，弧腹，平底微内凹。器表磨光，内壁近口处有刮削痕。素面。可复原。口径14.2、底径7.2、高6.4厘米（图2-2-265，2；图版七七，1）。

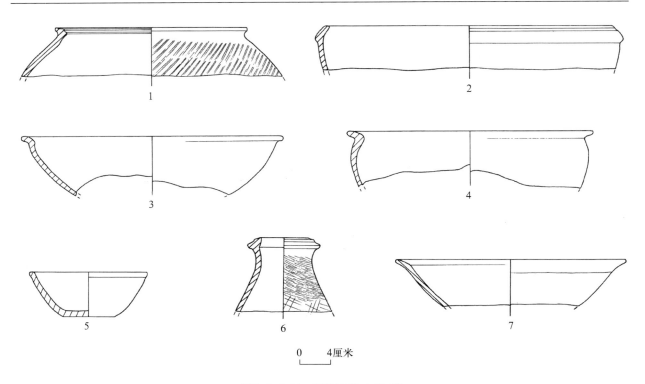

0   4厘米

图2-2-264　H315出土陶器

1.鼓腹罐（H315：8）　　2-4、7.素面盆（H315：11、H315：12、H315：10、H315：9）　　5.素面钵（H315：2）　　6.小口尖底瓶
（H315：13）

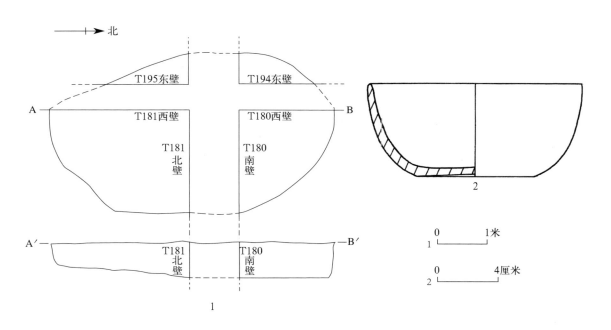

图2-2-265　H317平剖面图及出土陶器

1.平剖面图　　2.素面钵（H317：1）

142. H319

位于 T37 北部，部分被断崖破坏。开口于第①层下，打破生土，开口距地表 40 厘米。平面形状呈椭圆形，直壁，平底。坑口最大径 210、最小径 115、坑底最大径 195、最小径 100、深 120 厘米。填土灰褐色，土质疏松。出土适量石器及陶片。陶片以泥质陶为主，夹砂陶次之；陶色以黄褐陶为主，灰陶次之；纹饰以线纹为主，少量彩陶；可辨器形有罐、钵、釜形鼎等（图 2-2-266）。

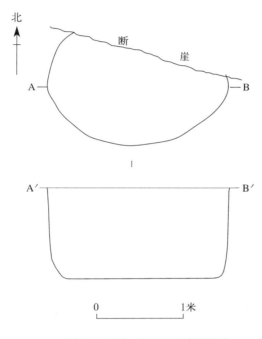

图2-2-266　H319平剖面图

H319 挑选陶器标本 5 件，其中素面钵 2、彩陶盆 1、素面双錾盆 1、鼓腹罐 1。

彩陶盆　1 件。H319：2，泥质黄褐陶黑彩。器形不规整，略有歪斜，口部呈椭圆形。直口，折沿隆起，圆唇，浅弧腹，平底内凹。器表磨光，内壁抹光，近口处有轮制痕迹和刮削痕迹。沿面饰一周由垂弧纹、弧边三角组成的复合纹饰。可复原。口径 31.5—33.6、底径 12.3—13.5、高 10.1—10.4 厘米（图 2-2-267，2）。

素面钵　2 件。泥质黄褐陶。弧腹。素面。H319：3，直口，尖唇，平底内凹。器表磨光，内壁抹光。内壁有轮制痕迹和刮削痕迹。可复原。口径 15.5、底径 6.7、高 7.9—8.4 厘米（图 2-2-267，5）。H319：5，器形不规整，口部略呈椭圆形。侈口，圆唇，平底。内壁抹光，有刮削痕迹。可复原。口径 16.7—17、底径 6.2、高 7.6 厘米（图 2-2-267，3）。

素面双錾盆　1 件。H319：4，泥质红陶。敛口，仰折沿，圆唇，弧腹，平底，腹部对称置附加突起状双錾。器表有手捏痕迹，内壁抹光，沿面及内壁有轮制痕迹和刮削痕迹。素面。可复原。口径 35、底径 14、高 18.7 厘米（图 2-2-267，1）。

鼓腹罐　1 件。H319：1，泥质黄褐陶。器形不规整，歪斜严重，口部呈椭圆形。直口，圆唇，矮领，溜肩，弧腹，下腹部近直，平底。沿面有刮抹痕迹。肩部饰五周凹弦纹，其下通饰左斜篮纹，近底处篮纹抹平。可复原。口径 25.2—26、底径 14、高 31—32.6 厘米（图 2-2-267，4；图版一六三，2）。

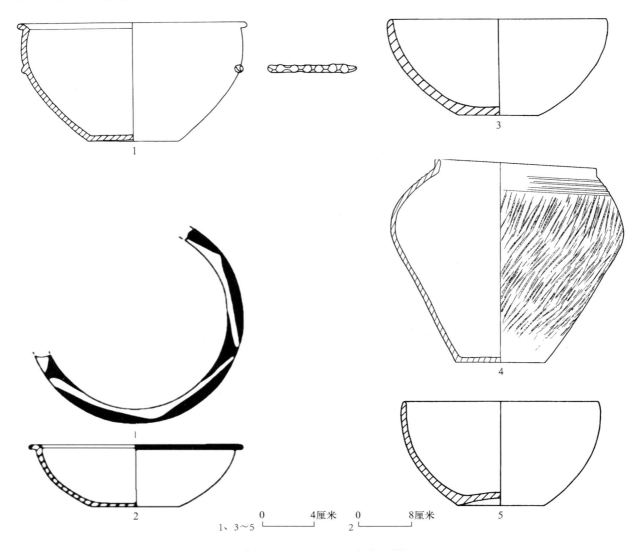

图2-2-267　H319出土陶器

1.素面双錾盆（H319：4）　　2.彩陶盆（H319：2）　　3、5.素面钵（H319：5、H319：3）　　4.鼓腹罐（H319：1）

143. H325

位于 T41 南部。开口于 H255 下，打破生土，被 H297 打破，开口距地表 180 厘米。袋状、平面形状呈椭圆形，斜直壁，平底。坑口最大径 390、最小径 325、坑底最大径 400、最小径 360、深 155 厘米。填土浅灰色，土质疏松。夹杂少量红烧土颗粒、石块。出土适量陶片，泥质与夹砂相当；纹饰多见彩绘、线纹；可辨器形有罐、钵、盆等（图 2-2-268）。

H325 挑选陶器标本 7 件，其中彩陶钵 3、彩陶盆 1、素面钵 1、素面盆 1、杯 1。

彩陶盆　1 件。H325：11，泥质黄褐陶黑彩。直口，折沿隆起，圆唇，浅弧腹，平底。唇面饰一周条带纹，沿面饰一周由垂弧纹、弧边三角组成的复合纹饰。可复原。口径 22.2、底径 8.6、高 7.1 厘米（图 2-2-269，1；图版八，5）。

彩陶钵　3 件。泥质黄褐陶黑彩。平底内凹。H325：6，直口微侈，圆唇，弧腹近直。器表磨光，内壁抹光。内壁有轮制痕迹。口部外壁饰一周宽 0.8 厘米的条带纹，其下间隔饰四个圆点、交弧纹。

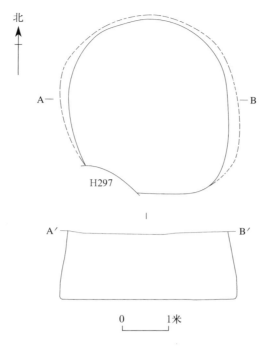

图2-2-268　H325平剖面图

可复原。口径 16.2、底径 6.2、高 7.2 厘米（图 2-2-269，7；彩版一〇八，1）。H325：7，直口微敛，尖唇，弧腹。口部外壁饰一周条带纹，其下间隔饰数个圆点、交弧纹。可复原。口径 15.4、底径 5.6、高 6.6 厘米（图 2-2-269，6；彩版一〇八，2）。H325：8，直口，尖唇，曲腹。器表磨光，内壁抹光，内壁近口处有轮制痕迹。口部外壁饰一周五个垂弧纹，其下区域饰五组双凸弧纹、圆点组成的复合纹饰。可复原。口径 23.5、底径 8.3、高 10.4—11 厘米（图 2-2-269，2；彩版一〇九，1）。

素面钵　1件。H325：10，夹砂黄褐陶。直口微侈，方唇，斜直腹，平底。内外壁有明显刮削痕迹。素面。可复原。口径 15.8、底径 9.8、高 5.7 厘米（图 2-2-269，4；图版七七，2）。

素面盆　1件。H325：9，夹砂黄褐陶。敞口，折沿外侧下斜，圆唇，斜直腹，下腹部微内收，平底。内外壁近口处有明显的刮削痕迹。素面。可复原。口径 17.2、底径 9.2、高 5.6 厘米（图 2-2-269，5；图版一一七，6）。

杯　1件。H325：1，夹砂黄褐陶，厚胎。器形不规整，口部略呈椭圆形。敞口，圆唇，弧腹，平底。内外壁近口处有明显刮削痕迹。素面。可复原。口径 5.6、底径 3.2、高 5 厘米（图 2-2-269，3）。

144. H326

位于 T43 东南部。开口于第③层下，打破生土，开口距地表 75 厘米。平面形状呈椭圆形，直壁，平底。坑口最大径 330、最小径 240、深 130 厘米。填土灰褐色，土质疏松。夹杂少量石块、陶片、红烧土颗粒。出土适量陶片，泥质与夹砂相当；纹饰多见线纹，少量彩绘；可辨器形有钵、盆等（图 2-2-270，1）。

H326 挑选陶器标本素面盆 1 件。

素面盆　1件。H326：1，泥质红陶。侈口，仰折沿微下凹，圆唇，弧腹，平底微内凹。内外壁、沿面有刮削痕迹。素面。可复原。口径 29.4、底径 13、高 10.4 厘米（图 2-2-270，2；图版一二三，4）。

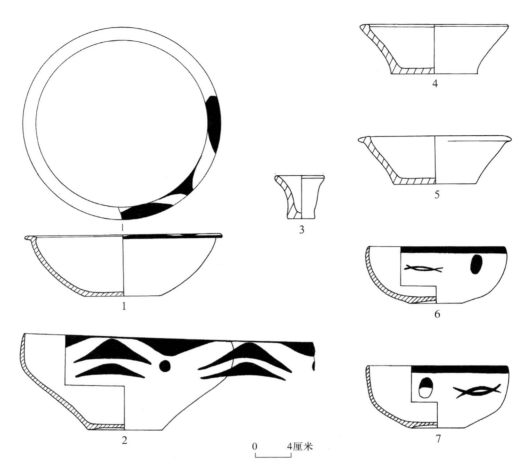

图2-2-269　H325出土陶器

1.彩陶盆（H325：11）　　2、6、7.彩陶钵（H325：8、H325：7、H325：6）　3.杯（H325：1）　4.素面钵（H325：10）　5.素面盆（H325：9）

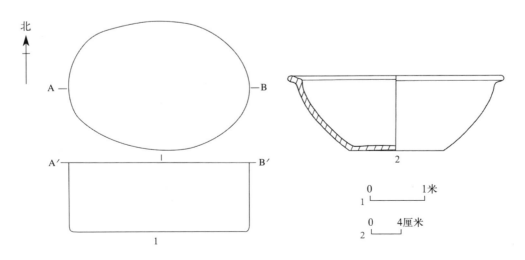

图2-2-270　H326平剖面图及出土陶器

1.平剖面图　2.素面盆（H326：1）

145. H327

位于 T38 西部，部分伸入西壁。开口于第②层下，打破生土，被 H307 打破，开口距地表 25 厘米。平面形状呈圆形，斜直壁，平底。坑口直径 310、深 146 厘米。填土灰褐色，土质疏松。夹杂有红烧土颗粒、炭粒、草木灰等。包含适量陶片、少量动物骨骼、石器、石块等。出土陶片以泥质黄褐陶为主，夹砂灰陶次之；纹饰以线纹、彩绘为主；可辨器形有钵、盆、罐、尖底瓶、器盖等（图 2-2-271）。

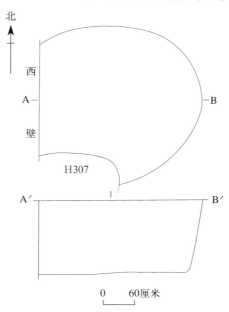

图2-2-271　H327平剖面图

H327 挑选陶器标本 13 件，其中素面钵 3、器盖 3、器座 3、匜 1、素面盆 1、盘 1、环 1。

素面盆　1 件。H327：5，泥质黄褐陶。直口，折沿隆起，沿面外侧下斜，浅弧腹，平底内凹。器表磨光，内壁抹光，沿面及内外壁近口处有刮削痕迹。素面。可复原。口径 40.4、底径 15.1、高 10.8 厘米（图 2-2-272，7）。

素面钵　3 件。泥质陶。侈口。素面。H327：2，红陶。尖唇，弧腹，平底微内凹。内外壁均有刮削痕迹。素面。可复原。口径 22.3、底径 6.6、高 6.6 厘米（图 2-2-272，6；图版七七，3）。H327：8，红陶。尖唇，弧腹，平底内凹。器表磨光，内壁抹光，内外壁近口处有刮削痕迹。可复原。口径 16.5—16.8、底径 5.6、高 7.9—8.2 厘米（图 2-2-272，11）。H327：9，黄褐陶。口部不规整，略有歪斜。圆唇，弧腹，平底内凹。器表磨光，内壁抹光，内外壁近口处有刮削痕迹。可复原。口径 17、底径 6、高 5.2—5.8 厘米（图 2-2-272，4）。

盘　1 件。H327：10，泥质黄褐陶。敛口，圆唇，鼓腹，平底。器表磨光，内外壁均有刮削痕迹。素面。可复原。口径 7.7、底径 6.6、高 2.6 厘米（图 2-2-272，13）。

器盖　3 件。侈口，弧腹，圜顶，桥形纽。素面。H327：3，泥质黄褐陶。折沿，方唇。可复原。口径 24.7、高 8.3 厘米（图 2-2-272，3；图版一七八，2）。H327：4，夹砂黄褐陶。侈口，圆唇外壁起台，弧腹近直，圜顶，条状凸起纽。唇面及内壁有刮削痕迹。可复原。口径 6.7、高 5.1 厘米（图 2-2-272，12）。H327：13，夹砂红陶。侈口，圆唇，内壁近口处有刮削痕迹。可复原。口径 18.6、高 8.6 厘米（图 2-2-272，8）。

器座　3件。H327：7，泥质黄褐陶。敛口，方唇，斜直腹，近底处有四个孔。内外壁有明显刮削痕迹。素面。可复原。口径9.6、底径5.2、高6厘米（图2-2-272，9；图版七七，4）。H327：11，夹砂黄褐陶。侈口，圆唇，溜肩，弧腹，腹部有四个圆形算孔，平底。通身饰数周凹弦纹。可复原。口径14、底径17.6、高11.8厘米（图2-2-272，5；图版一八六，3）。H327：12，泥质红陶。器形不规整，口部呈椭圆形。侈口，圆唇，折腰，平底内凹。器表磨光，内壁有刮削痕迹。素面。可复原。口径16.8—17.5、底径4.8、高8.5—8.8厘米（图2-2-272，2）。

匜　1件。H327：6，泥质红陶。敛口，圆唇，弧腹，平底，口沿一侧置流，其旁侧腹部置附加凸起状鋬。鋬上有指纹痕迹，内外壁近口处有明显刮削痕迹。素面。可复原。口径9.3、底径7、高7.8厘米（图2-2-272，1；图版一七四，3）。

环　1件。H327：16，泥质灰陶。环状，截面为梭形。素面。可复原。外径5.8、内径3.6、宽1.1厘米（图2-2-272，10）。

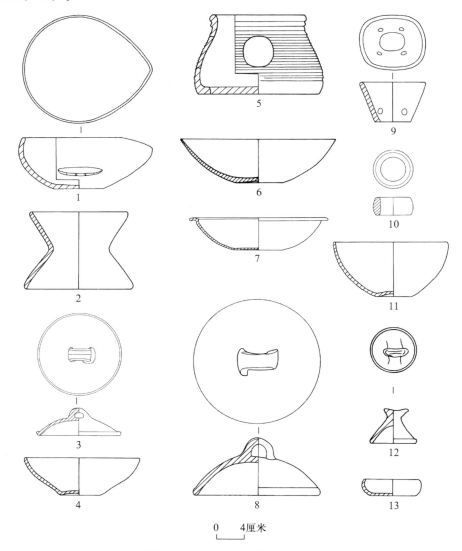

0　　4厘米

图2-2-272　H327出土陶器

1.匜（H327：6）　2、5、9.器座（H327：12、H327：11、H327：7）　3、8、12.器盖（H327：3、H327：13、H327：4）　4、6、11.素面钵（H327：9、H327：2、H327：8）　7.素面盆（H327：5）　10.环（H327：16）　13.盘（H327：10）

146. H328

位于T38中部。开口于第②层下，打破生土，被H300打破，开口距地表25厘米。平面形状呈椭圆形，直壁，平底。坑口最大径450、最小径270、深120厘米。填土灰褐色，土质疏松。夹杂有红烧土颗粒、炭粒。包含适量陶片、少量动物骨骼、石器等。出土陶片以泥质黄褐陶为主，夹砂灰陶次之；纹饰以线纹、彩绘为主；可辨器形有钵、盆、罐、尖底瓶、器盖等（图2-2-273）。

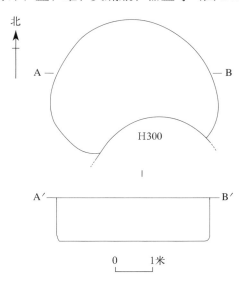

图2-2-273　H328平剖面图

H328挑选陶器标本19件，其中彩陶钵7、彩陶盆2、碗2、素面钵2、素面盆1、釜1、杯1、素面双錾钵1、深腹罐1、盂1。

彩陶钵　6件。泥质陶。H328：1，黄褐陶黑彩。直口，尖唇，弧腹，下腹部近直，平底内凹。器表磨光，内壁抹光，内壁近口处有轮制痕迹。口部外壁饰一周条带纹、五个垂弧纹组成的复合纹饰，其下区域饰五组双凸弧纹、圆点组成的复合纹饰。可复原。口径29、腹径32.2、底径14—14.3、高12—12.4厘米（图2-2-274，2；彩版一○九，2）。H328：2，红陶黑彩。直口微敛，圆唇，弧腹，平底。器表磨光，内壁抹光，口部外壁饰一周宽1.1厘米的条带纹。可复原。口径23.8—24.2、底径8.8、高9厘米（图2-2-274，6；彩版一一○，1）。H328：3，黄褐陶黑彩。敛口，圆唇，曲腹，平底内凹。器表磨光，内壁抹光。内壁有轮制痕迹。口部外壁二方连续饰一周垂弧纹，其下区域饰四组双连弧线、圆点组成的复合纹饰。可复原。口径14.5、底径6、高7.4—7.6厘米（图2-2-274，7；彩版一一○，2）。H328：4，黄褐陶红彩。侈口，圆唇，弧腹，平底。器表磨光，内壁抹光。内壁有轮制痕迹。口部外壁饰一周宽0.4厘米的条带纹。可复原。口径9.2、底径3.3、高5.3厘米（图2-2-274，4；图版五四，6）。H328：16，黄褐胎红衣黑彩。敛口，圆唇，弧腹内收，平底。腹部饰两组纹饰，一组为五条凸弧纹组成的火焰纹，一组为两条凸弧纹、三条短线、两条短线组成的复合纹饰。可复原。口径13.5、底径4.8、高6.8—7.3厘米（彩版111，1）。H328：17，红陶黑彩，胎较厚，歪斜严重。直口微侈，圆唇，弧腹近直，平底内凹。器表磨光，内壁抹光。内壁有轮制痕迹。唇面、下腹部各饰一周条带纹，其间区域用留白分为四个单元格，每个单元格内饰弧边直角、双连弧纹和圆点组成的复合纹饰。可复原。口径25.6—26.5、底径10.8、高9.2—10.2厘米（图2-2-274，1；彩版一一一，2）。

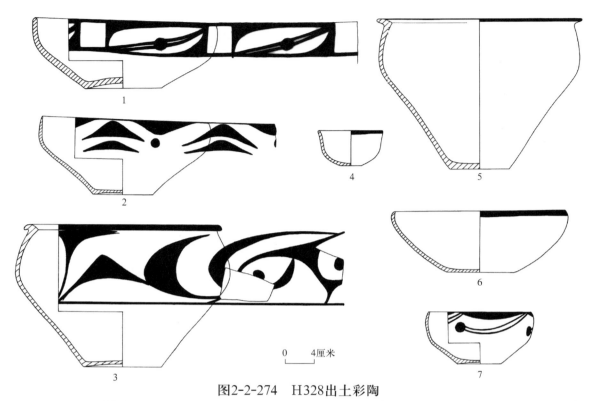

图2-2-274　H328出土彩陶

1、2、4、6、7.彩陶钵（H328：17、H328：1、H328：4、H328：2、H328：3）　3、5.彩陶盆（H328：10、H328：18）

彩陶盆　2件。泥质陶黑彩。敛口，仰折沿隆起，圆唇，深曲腹。H328：10，黄褐陶。器形不规整，略歪斜，口部呈椭圆形。平底内凹。器表磨光，沿面有刮削痕迹。沿面、下腹部各饰一周宽1.2、0.3厘米的条带纹，其间区域饰数组弧边三角、凸弧纹、圆点组成的复合纹饰。可复原。口径27—28.5、底径10.3、高20.8厘米（图2-2-274，3；彩版二一二，2）。H328：18，红陶。平底。器表磨光涂一层黄泥浆，内壁抹光，沿面及内壁有刮削痕迹。沿面饰一周宽1厘米的条带纹。可复原。口径32.8、腹径33、底径12.7、高21.7厘米（图2-2-274，5；图版二一，1）。

釜　1件。H328：15，夹砂黄褐陶。直口微侈，方唇，矮领，广肩，折腹起台，圜底。肩部和上腹部饰数周凹弦纹，下腹部饰间隔线纹。可复原。口径14.1、腹径26.7、高11.4厘米（图2-2-275，1；图版一七三，1）。

杯　1件。H328：14，夹砂黄褐陶，厚胎。口部不规整，略有歪斜。敞口，卷沿，圆唇，弧腹，平底。外壁近口处有刮削痕迹。素面。可复原。口径7.8、底径4.5、高6.9 ΄7.2厘米（图2-2-275，8）。

素面钵　2件。泥质陶。直口，弧腹，平底。素面。H328：5，泥质灰陶。尖圆唇。器表磨光，内外壁近口处有刮削痕迹。可复原。口径16.4、底径6.8、高8.6厘米（图2-2-275，9；图版七八，1）。H328：11，泥质黄褐陶。圆唇。器表磨光，内壁抹光，内外壁近口处有刮削痕迹。可复原。口径23.6、底径9.2、高8厘米（图2-2-275，3）。H328：16，黄褐陶红彩、黑彩。直口微敛，圆唇，弧腹，平底。内壁磨光。外壁通体饰红彩，其上对称饰两组纹饰，一组为五个凸弧纹组成的复合纹饰，另一组为凸弧纹、短线组成的复合纹饰。可复原。口径23.2、底径8.9、高8.5厘米（彩板一一一，1）。

素面盆　1件。H328：12，泥质黄褐陶。敛口，仰折沿隆起，圆唇，弧腹，平底。素面。可复原。口径25.8、底径10.7、高9.6厘米（图2-2-275，4）。

碗　2件。夹砂陶。斜直腹，饼足。素面。H328：6，黄褐陶。侈口，圆唇。内外壁有明显刮削痕迹。可复原。口径10、底径6.3、高3.9厘米（图2-2-275，5；图版七七，5）。H328：13，红陶，厚胎。敞口，方唇。内壁有刮削痕迹。可复原。口径8.3、底径4.8、高3.9厘米（图2-2-275，6）。

素面双錾钵　1件。H328：8，泥质黄褐陶。敛口内突，方唇，斜直腹，腹部对称置附加突起状双錾，平底。外壁近口处及唇面有明显刮削痕迹。素面。可复原。口径30.4、底径14.8、高16.8厘米（图2-2-275，2；图版一三六，6）。

盂　1件。H328：7，夹砂黄褐陶。敛口，尖圆唇，弧腹，平底。内壁口沿下饰有一鸡冠状錾，外壁饰有线纹。可复原。口径11、底径10.6、高13.2厘米（图2-2-275，10；图版一五七，6）。

深腹罐　1件。H328：19，夹砂黄褐陶。侈口，圆唇，束颈，溜肩，深鼓腹，平底。内外壁近口处有刮削痕迹。上腹部饰五周凹弦纹、三周附加堆纹，其间区域饰线纹，其下区域饰左斜线纹。可复原。口径16.6、底径10.6、高9厘米（图2-2-275，7；图版一七〇，5）。

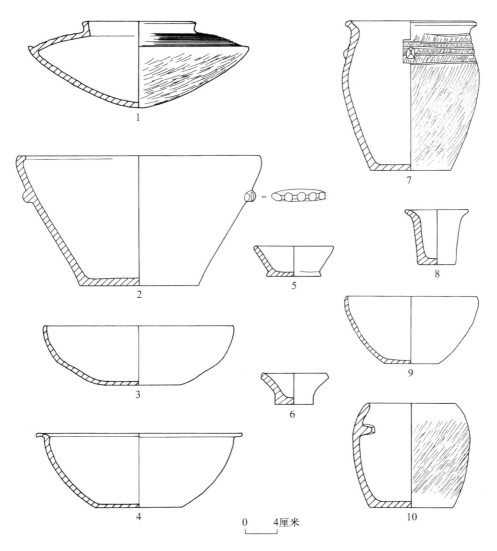

图2-2-275　H328出土陶器

1.釜（H328：15）　2.素面双錾钵（H328：8）　3、9.素面钵（H328：11、H328：5）　4.素面盆（H328：12）　5、6.碗（H328：6、H328：13）　7.深腹罐（H328：19）　8.杯（H328：14）　10.盂（H328：7）

147. H332

位于T179西部、T193东部。开口于第①层下，打破生土，开口距地表15厘米。平面形状呈椭圆形，弧壁，平底。坑口最大径315、最小径290、深46厘米。填土灰褐色，土质疏松。夹杂炭粒、红烧土块等。出土陶片以泥质黄褐陶、夹砂灰陶为主；纹饰有线纹、磨光等，少量彩绘；可辨器形有盆、钵等（图2-2-276，1）。

H332挑选陶器标本素面钵1件。

素面钵　1件。H332：1，夹砂黄褐陶，厚胎。侈口，圆唇，曲腹，平底。内壁近口处有刮削痕迹。素面。可复原。口径10、底径6.8、高3厘米（图2-2-276，2；图版七七，6）。

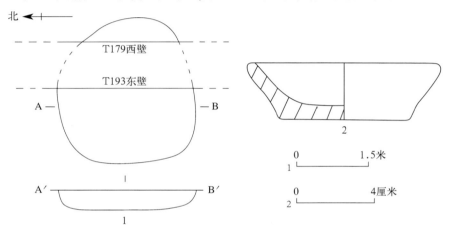

图2-2-276　H332平剖面图及出土陶器
1.平剖面图　2.素面盆（H332：1）

148. H333

位于T171西南部，部分伸入西壁。开口于第①层下，打破生土，开口距地表23厘米。平面形状呈椭圆形，弧壁，平底。坑口最大径240、最小径100、坑底最大径225、最小径90、深48厘米。填土灰褐色，土质疏松。出土陶片以泥质黄褐陶，夹砂灰陶为主；纹饰有线纹、彩绘等；可辨器形有盆、钵等（图2-2-277，1）。

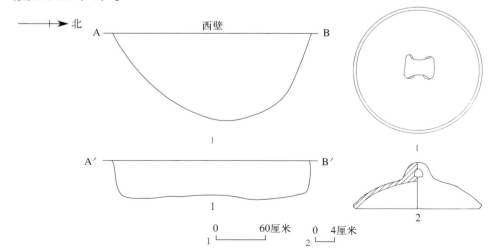

图2-2-277　H333平剖面图及出土陶器
1.平剖面图　2.器盖（H333：1）

H333挑选陶器标本器盖1件。

器盖　1件。H333：1，泥质黄褐陶。敞口，口部外壁起台，弧腹，圜顶，桥形纽。内外壁均有刮削痕迹。素面。可复原。口径27.2、高10厘米（图2-2-277，2；图版一七八，3）。

149. H335

位于T72西南部、T73西北部，部分伸入西壁。开口于第②层下，打破生土，开口距地表60厘米。平面形状呈椭圆形，弧壁，平底。坑口最大径620、最小径420、深115厘米。填土浅黄色，土质较致密。出土陶片以泥质黄褐陶为主；纹饰有划纹、素面、彩绘等；可辨器形有盆、钵等（图2-2-278）。

H335挑选陶器标本38件，其中彩陶钵24、彩陶盆11、素面双錾钵1、素面钵1、素面盆1。

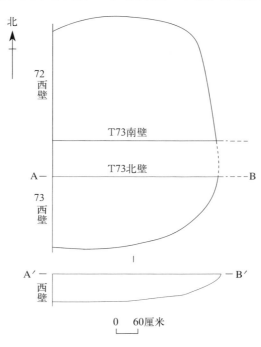

图2-2-278　H335平剖面图

彩陶钵　24件。泥质陶黑彩。H335：5，黄褐陶。敛口，尖唇，曲腹，平底。器表磨光。口沿外壁饰一周宽0.5厘米的条带纹。可复原。口径22.2、底径9.2、高9厘米（图2-2-280，9；图版三七，2）。H335：8，黄褐陶。敛口，尖唇，曲腹近直，平底。器表磨光，内壁近口处有刮削痕迹。口部外壁饰处有一周宽1厘米的条带纹，其下区域饰数个圆点。可复原。口径25、底径10、高11.6厘米（图2-2-279，8；彩版一一二，1）。H335：9，红陶。直口，尖唇，弧腹，平底。器表磨光，内外壁近口处有刮削痕迹。口部外壁饰一粗两细三周宽0.2-0.5厘米的条带纹，其下区域间隔饰一周弧边三角、圆点。可复原。口径17.6、底径6.8、高7.4厘米（图2-2-280，12；彩版一一二，2）。H335：10，黄褐陶。直口，圆唇，弧腹，平底。器表磨光。口沿外壁饰一宽三细四周条带纹，条带纹宽0.3-0.6厘米不等，其下区域饰数个圆点。可复原。口径16.2、底径6、高7.3厘米（图2-2-279，1；彩版一一三，1）。H335：11，黄褐陶。敛口，尖唇，曲腹，平底。器表磨光，内壁近口处有刮削痕迹。下腹部饰一周宽0.4厘米的条带纹，其上区域用留白分为五个单元格，每个单元格内饰对弧边直角、凸弧纹、圆点组成的复合纹饰。可复原。口径16、底径10.6、高9.9厘米（图2-2-279，10；彩版一一三，2）。H335：12，黄褐陶。

器形不规整，口部略呈椭圆形。敛口，尖唇，曲腹，平底。器表磨光，内外壁有明显刮削痕迹。沿面饰一周垂弧纹，下腹部饰一周条带纹，其间区域饰数个圆点、弧边三角、弧线组成的复合纹饰。可复原。口径 20.5、底径 7.8、高 10.5—11.5 厘米（图 2-2-280，8；彩版一一四，1）。H335：16，黄褐陶。直口，圆唇，浅弧腹，平底。器表磨光，内外壁近口处有刮削痕迹。口部外壁饰一周宽 0.4 厘米的条带纹。可复原。口径 16.4、底径 8、高 6.7 厘米（图 2-2-280，13；图版三七，3）。H335：17，黄褐陶。直口，圆唇，曲腹近折，平底。器表磨光发白。口部外壁饰一周垂弧纹，下腹部饰一周宽 0.3—0.5 厘米不等的条带纹，其间区域用凸弧纹分为三个单元格，每个单元格内饰双连弧线、圆点组成的复合纹饰。可复原。口径 15.4、底径 5.4、高 8.2 厘米（图 2-2-280，5；彩版一一四，2）。H335：18，黄褐陶。直口，圆唇，曲腹，平底。器表磨光发白。口部外壁饰一周垂弧纹，腹部饰一周宽 0.2 厘米的条带纹，其间区域用凸弧纹分为三个单元格，每个单元格内饰双连弧线、圆点组成的复合纹饰。可复原。口径 23.8、底径 8.2、高 8.6 厘米（图 2-2-280，10）。H335：19，黄褐陶。侈口，圆唇，曲腹，平底。器表磨光发白，内壁有刮削痕迹。口部外壁、下腹部各饰一周宽 0.3—0.5、0.3 厘米的条带纹，其间区域用凸弧纹分为数个单元格，每个单元格内饰双连弧线、圆点组成的复合纹饰。可复原。口径 14.3、底径 5.4、高 7.6 厘米（图 2-2-280，1）。H335：20，黄褐陶。侈口，尖唇，曲腹，平底。器表磨光，内外壁近口处有刮削痕迹。口部外壁饰一周四个垂弧纹，其下的区域饰弧边三角、一粗两细条带纹组成的复合纹饰。可复原。口径 16、底径 6、高 8.5 厘米（图 2-2-280，14；彩版一一五，1）。H335：21，红陶。敛口，圆唇，弧腹，平底。器表磨光，内壁近口处有刮削痕迹。口部外部饰一周垂弧线，其下区域间隔饰双连弧线、圆点。可复原。口径 19.8、底径 9.4、高 11.5 厘米（图 2-2-280，7；彩版一一五，2）。H335：28，黄褐陶。敛口，圆唇，曲腹，平底微内凹。器表磨光。口部外壁、腹部各饰一周宽 0.5、0.6 厘米的条带纹，其间区域饰凸弧纹、圆点、弧边三角组成的复合纹饰。可复原。口径 22.8、底径 13.2、高 14.6 厘米（图 2-2-279，9；彩版一一六，1）。H335：33，黄褐陶，胎较厚。直口，圆唇，曲腹，平底。器表磨光。口部外壁、下腹部各饰一周宽 0.1、0.2 厘米的条带纹，其间区域用凸弧纹分为三个单元格，每个单元格内饰双连弧线、圆点组成的复合纹饰。可复原。口径 17、底径 7、高 9.8 厘米（图 2-2-279，5；图版三七，4）。H335：34，红陶。直口，尖唇，曲腹，平底。器表磨光，内壁近口处有刮削痕迹。口部外壁饰一周垂弧纹，下腹部饰一周宽 0.4 厘米的条带纹，其间区域用凸弧纹分为四个单元格，每个单元格内饰双连弧线、圆点组成的复合纹饰。可复原。口径 15.5、底径 5.5、高 7.6 厘米（图 2-2-280，4；彩版一一六，2）。H335：35，黄褐陶。直口微侈，尖唇，曲腹，平底。器表磨光，内壁近口处有刮削痕迹。口部外壁饰一周垂弧纹，腹部饰一周宽 0.4 厘米的条带纹，其间区域可分为数个单元格，每个单元格内饰凸弧纹、圆点组成的复合纹饰。可复原。口径 15.8、底径 5.2、高 8.9 厘米（图 2-2-280，2；图版三七，5）。H335：36，黄褐陶。器形不规整，口部略呈椭圆形。直口，尖唇，曲腹，平底。器表磨光，内外壁有明显刮削痕迹。口部外壁、下腹部各饰一周宽 0.2、0.5 厘米的条带纹，其间区域用留白分为三个单元格，每个单元格内饰对弧边直角、凸弧纹、圆点组成的复合纹饰。可复原。口径 15.3—16、底径 5.6、高 9.2 厘米（图 2-2-279，6；彩版一一七，1）。H335：37，黄褐陶，通体饰红彩。直口，尖唇，曲腹，平底微内凹。器表磨光。口部外壁饰一周宽 0.1 厘米的条带纹，其下区域饰弧线、短直线组成的复合纹饰。可复原。口径 14、底径 5.8、高 7.5 厘米（图 2-2-280，15；图版三七，6）。H335：38，黄褐陶。直口，圆唇，曲腹，平底。器表磨光。口部外壁饰一周垂弧纹，下腹部饰一周宽 0.3 厘米的条带纹，其间区域用凸弧纹分为三个单元格，每个单元格内饰数个圆点、弧线组成的复合纹饰。可复原。口径 23.2、底径 5.2、高 7.6 厘米（图 2-2-279，3；图版三八，1）。H335：39，黄褐陶。直口，尖唇，弧腹，平底。内外壁近口处有刮削痕迹。口部外壁饰一周垂弧纹，其下区域饰两周宽 0.2 厘米的条带纹、弧边三

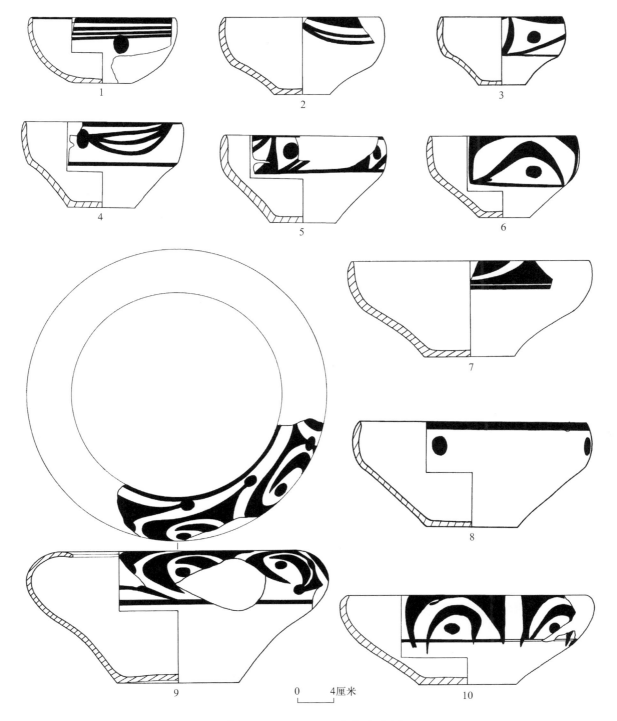

0　　　　4厘米

图2-2-279　H335出土彩陶钵

1-10.彩陶钵（H335：10、H335：44、H335：38、H335：42、H335：33、H335：36、H335：41、H335：8、H335：28、H335：11）

角组成的复合纹饰。可复原。口径 17.7、底径 7、高 8.8 厘米（图 2-2-280，3；彩版一一七，2）。H335：41，红陶。侈口，尖唇，浅曲腹，平底。器表磨光，内外壁近口处有明显刮削痕迹。口部外壁间隔饰一周垂弧纹、弧边三角，其下区域饰一周宽 0.5 厘米的条带纹。可复原。口径 25.8、底径 10、高 10.8 厘米（图 2-2-279，7；图版三八，2）。H335：42，黄褐陶。直口微侈，尖唇，曲腹近折，平底。器表磨光。口部外壁、下腹部各饰一周宽 0.5 厘米的条带纹，其间区域饰数个圆点、三连弧线组成的复合纹饰。可复原。口径 17、底径 7.4、高 9.5 厘米（图 2-2-279，4；彩版一一八，1）。H335：43，黄褐陶。直口，圆唇，曲腹近直，平底。器表磨光，内壁近口处有刮削痕迹。口部外壁饰一周垂弧纹，下腹部饰一周宽 0.2 厘米的条带纹，其间区域用凸弧纹分为六个单元格，每个单元格内饰双连弧线、圆点组成的复合纹饰。可复原。口径 14.2、底径 5.8、高 6.4 厘米（图 2-2-280，11；彩版一一八，2）。H335：44，黄褐陶。直口微敛，圆唇，曲腹，平底。器表磨光。沿面饰一周垂弧纹，其下区域对应饰双连弧线。可复原。口径 17.4、底径 6、高 8.7 厘米（图 2-2-279，2；图版三八，3）。

　　彩陶盆　11 件。泥质黄褐陶黑彩。H335：6，敛口，折沿隆起，圆唇，弧腹，平底。器表磨光，内外壁近口处有刮削痕迹。沿面饰弧边三角、凸弧纹组成的复合纹饰。可复原。口径 31.6、底径 14、高 13.6 厘米（图 2-2-282，8；图版八，6）。H335：7，直口，折沿隆起，圆唇，曲腹，平底。器表磨光，内外壁近口处有刮削痕迹。沿面用竖双短线分为四个单个元，每个单元格内饰垂弧纹；唇面、颈部、下腹部各饰一周条带纹，分别宽 1.2、0.8、0.9 厘米，其间区域饰圆点、双连弧线、凸弧纹、弧边三角组成的复合纹饰。可复原。口径 34.2、底径 12.4、高 18.6 厘米（图 2-2-281，2；彩版二一三，1）。H335：13，敛口，折沿微隆起，方唇，弧腹，平底微内凹。器表磨光，内外壁近口处有刮削痕迹。沿面、唇面各饰一周宽 1、0.2 厘米的条带纹。可复原。口径 30、底径 11、高 11.5 厘米（图 2-2-282，7；图版九，1）。H335：14，直口微敛，折沿隆起，圆唇，曲腹，平底。器表磨光，内外壁近口处有刮削痕迹。沿面饰数组凸弧纹、弧边三角组成的复合纹饰；唇面、颈部、下腹部各饰一周条带纹，分别宽 0.7、0.5、0.6 厘米，其间区域饰数个圆点、凸弧纹、弧边三角组成的复合纹饰。可复原。口径 34.4、底径 13.6、高 20.4 厘米（图 2-2-281，5；图版二一，2）。H335：15，直口，折沿隆起，圆唇，浅弧腹，平底。器表磨光，内外壁近口处有刮削痕迹。沿面饰一周凸弧纹。可复原。口径 31.8、底径 11.8、高 12.2 厘米（图 2-2-282，6；图版九，2）。H335：24，敛口，圆唇，折沿隆起，深曲腹，平底。器表磨光，内外壁有明显刮削痕迹。唇面、颈部、下腹部各饰一周条带纹，分别宽 0.8、0.6、0.7 厘米，其间区域饰弧边三角、圆点、双连弧线、凸弧纹组成的复合纹饰。可复原。口径 36、底径 13.6、高 21.4 厘米（图 2-2-281，3；彩版二一三，2）。H335：25，敛口，折沿隆起，圆唇，曲腹，平底。器表磨光，内外壁近口处有刮削痕迹。沿面、颈部、下腹部各饰一周条带纹，分别宽 1.7、0.4、0.3 厘米，其间区域饰凸弧纹、弧边三角、双连弧线、圆点、弧线组成的复合纹饰。可复原。口径 34.8、底径 12.4、高 19.2 厘米（图 2-2-281，1；图版二一，3）。H335：26，敞口，折沿，圆唇，曲腹，平底。器表磨光，内外壁近口处有刮削痕迹。口部外壁饰一周宽 1 厘米的条带纹，腹部饰数个圆点、凸弧纹、弧边三角组成的复合纹饰。可复原。口径 32、底径 14.4、高 20.2 厘米（图 2-2-282，4；图版二一，4）。H335：27，敛口，圆唇，仰折沿隆起，深曲腹，平底。器表磨光发白，内外壁有明显刮削痕迹。沿面饰一周四组凸弧纹、弧边三角组成的复合纹饰；唇面、颈部、下腹部各饰一周条带纹，

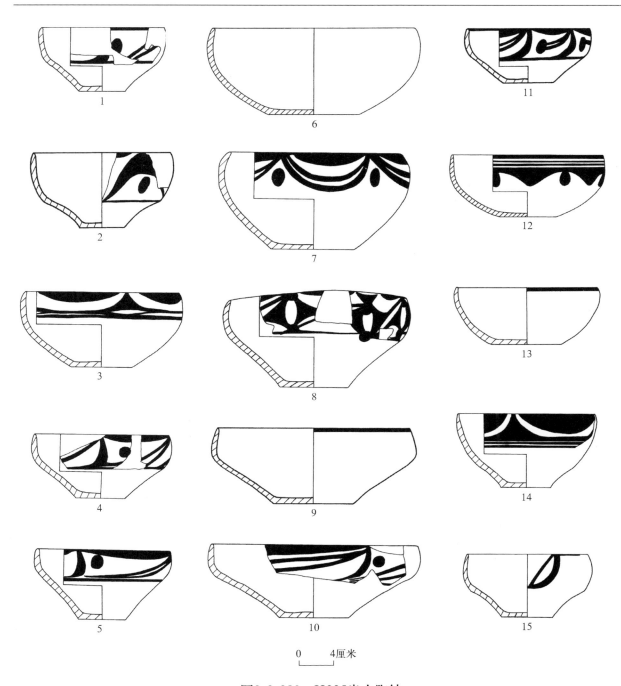

0 ———— 4厘米

图2-2-280　H335出土陶钵

1—5、7—15.彩陶钵（H335：19、H335：35、H335：39、H335：34、H335：17、H335：21、H335：12、H335：5、H335：18、H335：43、H335：9、H335：16、H335：20、H335：37）　6.素面钵（H335：32）

其间区域饰弧边三角、圆点、双横线组成的复合纹饰。可复原。口径34.4、底径12、高20.4厘米（图2-2-282，1；彩版二一四，2）。H335：29，直口，折沿隆起，圆唇，曲腹，平底。器表磨光，内外壁近口处有刮削痕迹。唇面饰一周宽0.5—1.1厘米不等的条带纹，上腹部饰数个圆点、弧线、凸弧纹、弧边三角组成的复合纹饰。可复原。口径35.2、底径12、高21厘米（图2-2-281，4；图版二一，5）。H335：30，敛口，折沿隆起，圆唇，曲腹，平底。器表磨光，内外壁近口处有刮削痕迹。唇面、颈部、下腹部各饰一周条带纹，分别宽 0.7、0.5、0.4 厘米，其间区域饰弧边三角、圆点、凸弧纹、双连弧线组成的复合纹饰。可复原。口径 37.2、底径 12.4、高 18.4 厘米（图 2-2-282，5；彩版二一五，1）。

　　素面双錾钵　1 件。H335：31，泥质黄褐陶。直口，方唇，弧腹近直，腹部对称置附加突起状双錾，平底。内外壁近口处有刮削痕迹。素面。可复原。口径 31、底径 13、高 13 厘米（图 2-2-282，3；图版一四四，6）。

　　素面钵　1 件。H335：32，泥质黄褐陶。直口微敛，圆唇，弧腹，平底。器表磨光，内外壁近口处有刮削痕迹。素面。可复原。口径 23.4、底径 10.6、高 10.2 厘米（图 2-2-280，6；图版一七八，2）。

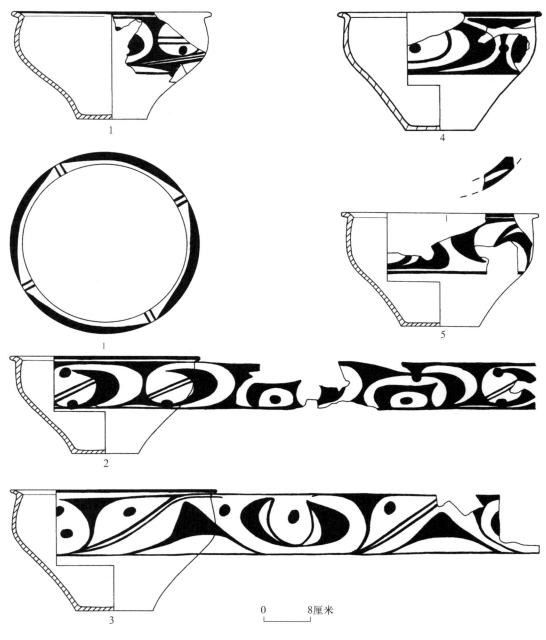

0　　8厘米

图2-2-281　H335出土彩陶盆

1-5.彩陶盆（H335：25、H335：7、H335：24、H335：29、H335：14）

　　素面盆　1件。H335：40，泥质黄褐陶。敛口，仰折沿，圆唇，曲腹，平底。内外壁近口处有明显刮削痕迹。素面。可复原。口径30、底径12.4、高19.2厘米（图2-2-282，2；图版一一八，2）。

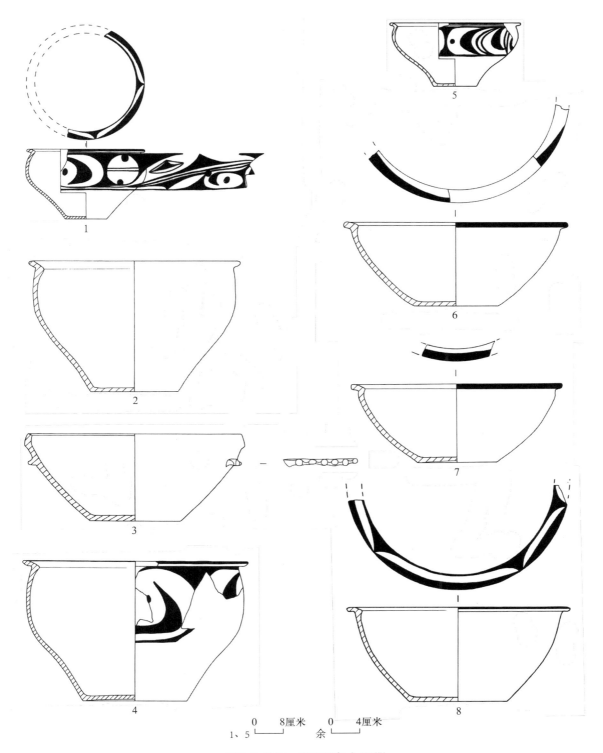

图2-2-282　H335出土陶器

1、4-8彩陶盆（H335：27、H335：26、H335：30、H335：15、H335：13、H335：6）　2.素面盆（H335：40）　3.素面双錾钵（H335：31）

150. H339

位于 T190 中部。开口于第①层下，打破生土，开口距地表 15 厘米。平面形状为抹角长方形，弧壁，圜底。坑口最大径 265、最小径 208、深 112 厘米。填土浅灰褐色，土质疏松。包含草木灰、炭粒、石块等。出土陶片陶质有夹砂、泥质两种；陶色有红陶、灰陶；纹饰有划纹、素面及少量彩陶等；可辨器形有钵、盆、罐、小口尖底瓶等（图 2-2-283）。

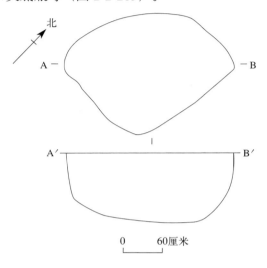

图2-2-283 H339平剖面图

H339 挑选陶器标本 10 件，其中彩陶盆 3、素面盆 3、素面钵 1、瓮 2、釜 1。

彩陶盆 3 件。泥质黄褐陶黑彩。H339：6，直口微敛，折沿隆起，圆唇，弧腹，下腹部近直，平底内凸。器表磨光，沿面有刮削痕迹。沿面饰一周八个弧边三角；唇面、下腹部各饰一周宽 0.4、0.3 厘米的条带纹，其间区域饰凸弧纹、弧边三角、双连弧线组成的复合纹饰。可复原。口径 36、底径 13、高 15.8 厘米（图 2-2-284，1；图版二一，6）。H339：8，敛口，圆唇，弧腹近直，平底微内凹。器表磨光，沿面、外壁有刮削痕迹。沿面外壁饰一周垂弧纹。可复原。口径 30、底径 12、高 11.2 厘米（图 2-2-284，6；图版三八，4）。H339：9，敛口，仰折沿隆起，圆唇、弧腹。平底内凹。内壁有刮削痕迹。沿面内侧饰一周宽 0.3 厘米的条带纹，外侧饰一周六个凸弧纹。可复原。口径 33.2、底径 14.5、高 11.7 厘米（图 2-2-284，10；图版九，3）。

素面盆 3 件。泥质陶。折沿，圆唇，弧腹。素面。H339：2，灰陶。口部略呈椭圆形。敛口，沿面隆起，平底。器表磨光，沿面有刮削痕迹。可复原。口径 29.6—30、底径 11.6—13、高 11 厘米（图 2-2-284，5；图版一一八，3）。H339：3，红陶。口部略呈椭圆形。敛口，平底内凹。内壁近口处、沿面有刮削痕迹。可复原。口径 32.4—33、底径 13.8—14.5、高 11.5 厘米（图 2-2-284，7；图版一一八，4）。H339：4，灰陶。器形不规整，略有歪斜，口部呈椭圆形。侈口，平底。内壁底部有明显向心状刮抹痕迹，内壁、沿面、外壁上腹部有刮削痕迹。可复原。口径 24.8—26、底径 16.3、高 12.3 厘米（图 2-2-284，4；图版一一八，5）。

素面钵 1 件。H339：5，泥质黄褐陶。口部略呈椭圆形。直口微敛，圆唇，弧腹，下腹部近直，平底微内凸。器表磨光，内壁近口处有少量刮削痕迹。素面。可复原。口径 23.7—24.4、底径 9.6、高 10.5 厘米（图 2-2-284，2；图版七八，3）。

　　瓮　2件。泥质灰陶。敛口，叠唇，深曲腹，下腹部近直，平底。素面。H339：11，器形不规整，略歪斜，口部呈椭圆形。器表磨光，唇面有刮削痕迹。可复原。口径55.3—56.3、底径17.2、高37.4—38.3厘米（图2-2-284，9；图版一五八，2）。H339：12，器形不规整，略歪斜。器表磨光，唇面、外壁有刮削痕迹。可复原。口径51.6、底径17.7、高38—39厘米（图2-2-284，8；图版一五八，3）。

　　釜　1件。H339：10，夹砂黄褐陶。直口，方唇，矮领，广肩，折腹，圜底。底部有烟炱。折腹处折棱凸起，其上区域饰数周凹弦纹，其下通饰横向与左斜线纹。可复原。口径13.2、腹径31.5、高12厘米（图2-2-284，3；图版一七二，5）。

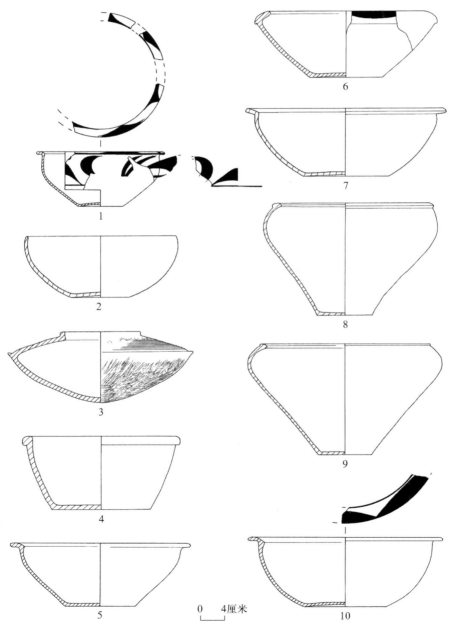

图2-2-284　H339出土陶器

1、6、10.彩陶盆（H339：6、H339：8、H339：9）　2.素面钵（H339：5）　3.釜（H339：10）　4、5、7.素面盆（H339：4、H339：2、H339：3）　8、9.瓮（H339：12、H339：11）

151. H340

位于 T190 西南部。开口于第①层下，打破生土，被 H339 打破，开口距地表 10 厘米。平面形状呈椭圆形，弧壁，圜底。坑口最大径 255、最小径 166、深 107 厘米。填土深灰褐色，土质疏松。包含草木灰、炭粒、石块、动物骨骼等。出土陶片陶质有夹砂、泥质两种；陶色有红陶、灰陶；纹饰有划纹、附加堆纹、彩绘等；可辨器形有钵、盆、罐、小口尖底瓶等（图 2-2-285，1）。

H340 挑选陶器标本 2 件，其中素面盆 1、杯 1。

素面钵　1 件。H340：1，泥质黄褐陶。器形不规整，略歪斜。敛口，圆唇，斜直腹，平底。唇面、外壁有刮削痕迹。素面。可复原。口径 32.5、底径 14.5、高 15.8—16.6 厘米（图 2-2-285，3；图版——八，6）。

杯　1 件。H340：3，夹砂黄褐陶。直口，仰折沿下凹成槽，圆唇。斜直腹，平底。沿面、器表因渗碳而发黑。沿面有少量刮削痕迹。素面。可复原。口径 7.3、底径 4.6、高 6.1 厘米（图 2-2-285，2）。

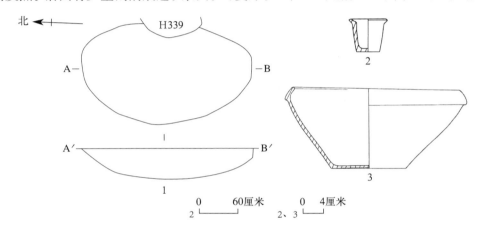

图2-2-285　H340平剖面图及出土陶器
1.平剖面图　2.杯（H340：3）　3.素面盆（H340：1）

152. H341

位于 T190 中南部。开口于第①层下，打破生土，被 H339、H340 打破，开口距地表 10 厘米。平面形状呈椭圆形，弧壁，平底。坑口最大径 354、最小径 190、深 114 厘米。填土红褐色，土质较致密。夹杂炭粒、石块、动物骨骼等。出土陶片陶质有夹砂、泥质两种；陶色有红陶、灰陶及少量彩陶；纹饰有划纹、花边纹、附加堆纹、素面等；可辨器形有钵、盆、罐、小口尖底瓶等（图 2-2-286，1）。

H341 挑选陶器标本素面钵 2 件。

素面钵　2 件。泥质灰陶。直口，圆唇，弧腹，平底。素面。H341：4，口部略呈椭圆形。器表磨光，内外壁均有刮削痕迹。可复原。口径 17.2—17.6、底径 8、高 8 厘米（图 2-2-286，3）。H341：5，口部呈椭圆形。器表磨光，内外壁近口处有刮削痕迹。可复原，口径 13.5—14.5、底径 7.4、高 8 厘米（图 2-2-286，2；图版七八，4）。

153. H342

位于 T190 西南部，伸入西壁。开口于第①层下，打破生土，开口距地表 10 厘米。平面形状呈椭圆形，直壁，台阶状底。坑口最大径 285、最小径 229、深 95 厘米。填土深灰色，土质疏松。包含草木灰、炭粒、石块、红烧土颗粒等。出土陶片陶质有夹砂、泥质两种；陶色有红陶、灰陶、黄褐色等；纹饰有划纹、素面等；可辨器形有钵、盆、小口尖底瓶等（图 2-2-287）。

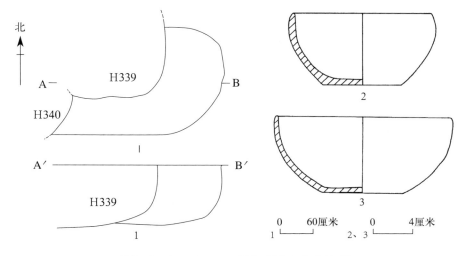

图2-2-286　H341平剖面图及出土陶器
1.平剖面图　　2、3.素面钵（H341：5、H341：4）

H342 挑选陶器标本 13 件，其中彩陶盆 4、素面盆 3、小口尖底瓶 2、素面钵 2、甑 1、器盖 1。

彩陶盆　4件。泥质黄褐陶黑彩。敛口，仰折沿隆起，圆唇，曲腹。H342：4，平底。器表磨光。沿面、外壁有刮削痕迹。沿面饰三组弧边三角、垂弧纹组成的复合纹饰；唇面、下腹部饰一周宽 0.9、0.4厘米的条带纹，其间区域饰圆点、凸弧纹、弧边三角组成的复合纹饰。可复原。口径 36、底径 12、高 17.2 厘米（图 2-2-288，2；彩版二一五，2）。H342：10，平底微内凹。器表磨光。沿面饰一周凸弧纹。可复原。口径 32、底径 12.8、高 13.6 厘米（图 2-2-288，4；图版九，4）。H342：11，平底。器表磨光，内壁近口处、沿面有刮削痕迹。沿面饰一周凸弧纹；唇面、下腹部各饰一周宽 0.5、0.3 厘米的条带纹，其间区域饰弧边三角、双连弧线、圆点、凸弧纹组成的复合纹饰。可复原。口径 31、底径 12.4、高 19.1 厘米（图 2-2-288，3；彩版二一六，2）。H342：13，器形不规整，略有歪斜，口部呈椭圆形。平底。器表磨光，外壁有少量刮削痕迹。沿面饰一周垂弧纹、弧边三角组成的复合纹饰；

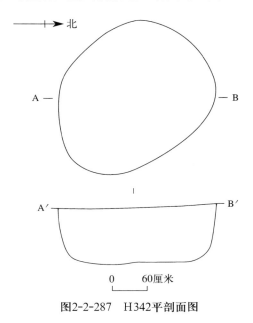

图2-2-287　H342平剖面图

唇面、下腹部各饰一周宽 0.4—0.6 厘米不等的条带纹，其间区域饰弧边三角、凸弧纹、弧线组成的复合纹饰。可复原。口径 32、底径 13.1、高 17.8 厘米（图 2-2-288，1；彩版二一六，2）。

素面盆　3 件。泥质陶。仰折沿隆起，圆唇，浅弧腹。素面。H342：5，红陶，部分器表因渗碳呈黑色。器形不规整，略歪斜，口部略呈椭圆形。敛口，平底。沿面、外壁有少量刮削痕迹。可复原，口径 33.2—34.1、底径 12、高 13.4 厘米（图 2-2-289，3；图版一一九，1）。H342：6，红陶。直口微敛，平底内凸。器表磨光，内外壁近口处，沿面有刮削痕迹。可复原。口径 31.6、底径 12.8、高 10.7 厘米（图 2-2-289，1；图版一一九，2）。H342：9，黄褐陶。器形不规整，略有歪斜。直口微敛，平底。内外壁近口处、沿面有刮削痕迹。可复原。口径 33.7、底径 13、高 11.8 厘米（图 2-2-289，2；图版二二，1）。

素面钵　2 件。泥质陶。弧腹。素面。H342：7，红陶。器形不规整，略歪斜。侈口，尖唇，平底。器表磨光，内壁有少量刮削痕迹。可复原。口径 11.2—11.5、底径 5.4、高 6 厘米（图 2-2-289，6；图版七八，5）。H342：8，灰陶。直口，圆唇，平底微内凹。器表磨光。可复原。口径 15.6、底径 7、高 7.2 厘米（图 2-2-289，8；图版七八，6）。

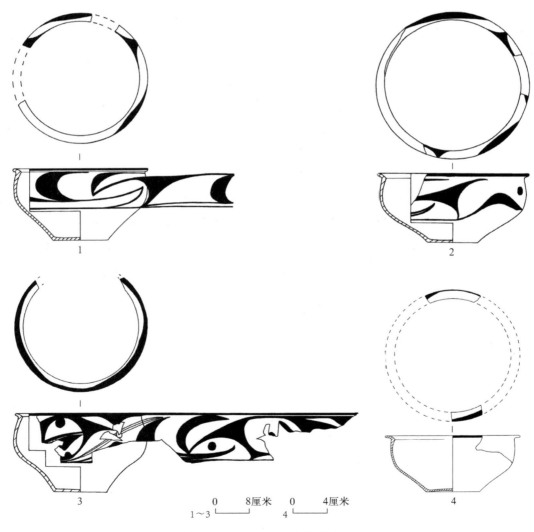

图 2-2-288　H342 出土彩陶盆

1-4.彩陶盆（H342：13、H342：4、H342：11、H342：10）

甑 1件。H342：12，泥质红陶，厚胎。器形不规整，略歪斜。敛口，叠唇，弧腹近直，平底，底部有三个椭圆形箅孔。素面。可复原。口径25.5—26.7、底径14.6—15、高15.8—16.3厘米（图2-2-289，7；图版一五二，1）。

器盖 1件。H342：3，夹砂黄褐陶。敞口，口部外壁起台，弧腹，圜顶近平，桥形纽。内外壁近口处有刮削痕迹。素面。可复原。口径27.7、高9.6厘米（图2-2-289，9；图版一七八，4）。

小口尖底瓶 2件。泥质黄褐陶。退化重唇口，圆唇，弧颈，溜肩，橄榄状腹。通体饰线纹。H342：14，底部残。口径9.6、残高46厘米（图2-2-289，5；图版一九六，1）。H342：19，尖底。肩部以下饰篮纹。可复原。口径4.4、复原高度62厘米（图2-2-289，4）。

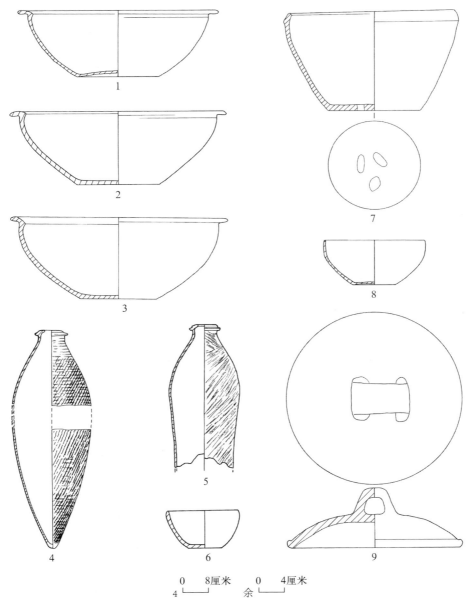

0   8厘米   0   4厘米
4 |——| 余 |——|

图2-2-289 H342出土陶器

1-3.素面盆（H342：6、H342：9、H342：5） 4、5.小口尖底瓶（H342：19、H342：14） 6、8.素面钵（H342：7、H342：8）
7.甑（H342：12） 9.器盖（H342：3）

154. H344

位于 T21 东南部。开口于第②层下，打破生土，被 H423、H381 打破，开口距地表 80 厘米。平面形状呈椭圆形，直壁，平底。坑口最大径 320、最小径 240、深 60 厘米。填土灰褐色，土质疏松。出土适量陶片，以泥质黄褐陶、夹砂灰陶为主；纹饰以素面、线纹为主，少量彩绘；可辨器形有杯、罐、盆、钵、小口尖底瓶、夹砂罐等（图 2-2-290）。

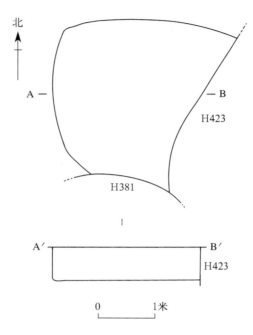

图2-2-290　H344平剖面图

H344 挑选陶器标本 12 件，其中素面盆 4、彩陶钵 2、缸 2、彩陶盆 1、素面钵 1、小口尖底瓶 1、鼓腹罐 1。

彩陶钵　2 件。泥质黄褐陶。敛口，尖唇，弧腹。H344：132，口部外壁饰一周垂弧纹，其下区域饰弧线、圆点、弧边三角、双短线组成的复合纹饰。腹部以下残。口径 33、残高 7.6 厘米（图 2-2-291，5）。H344：141，口部外壁饰一周垂弧纹，其下区域饰弧线、圆点、弧边三角、双短线组成的复合纹饰。腹部以下残。口径 23、残高 6.6 厘米（图 2-2-291，10）。

彩陶盆　1 件。H344：134，泥质黄褐陶。敛口，仰折沿内突，沿面微下凹，圆唇，弧腹。沿面饰垂弧纹、弧边三角组成的复合纹饰。腹部以下残。口径 26.2、残高 6.8 厘米（图 2-2-291，9）。

素面盆　4 件。泥质陶。弧腹。素面。H344：1，灰陶。敞口，仰折沿，方唇，平底。器表磨光，内外壁有明显刮削痕迹。可复原。口径 26、底径 10.8、高 11.6 厘米（图 2-2-291，6；图版一一九，3）。H344：133，黄褐陶。敛口，仰折沿微隆起。腹部以下残。口径 31.6、残高 8.6 厘米（图 2-2-291，4）。H344：135，黄褐陶。直口，仰折沿微下凹。腹部以下残。口径 30、残高 5.6 厘米（图 2-2-291，3）。H344：136，黄褐陶。敛口，仰折沿微隆起。腹部以下残。口径 26、残高 6 厘米（图 2-2-291，7）。

素面钵　1 件。H344：140，泥质黄褐陶。直口，尖唇，弧腹。素面。腹部以下残。口径 15.2、残高 6.8 厘米（图 2-2-291，8）。

鼓腹罐　1件。H344：142，夹砂灰陶。直口，矮领，方唇，溜肩。肩部饰间隔篮纹。腹部以下残。口径33、残高4.6厘米（图2-2-291，2）。

小口瓶　1件。H344：143，泥质黄褐陶。退化铁轨式口，尖唇，束颈。颈部以下饰线纹。颈部以下残。口径5、残高5.3厘米（图2-2-291，11）。

缸　2件。夹砂灰陶。敛口，叠方唇，溜肩，弧腹。H344：137，腹部以下残。口径22.3、残高4.8厘米（图2-2-291，12）。H344：138，腹部以下残。口径30.6、残高6厘米（图2-2-291，1）。

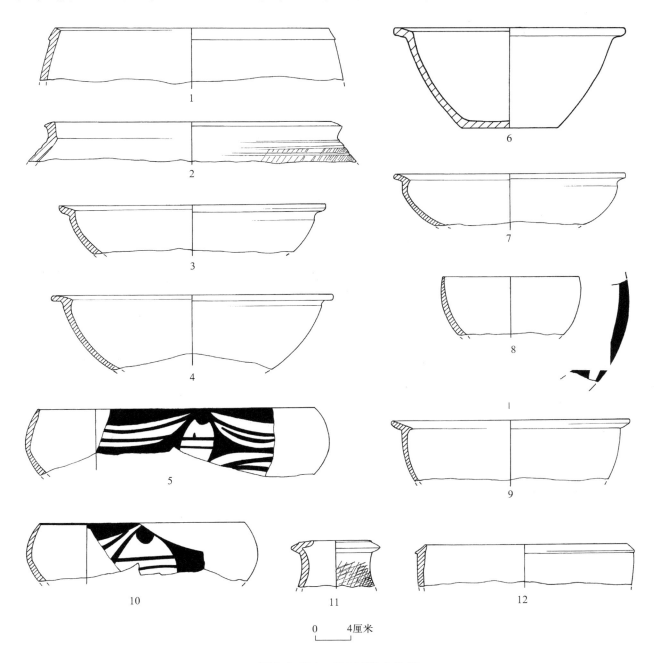

图2-2-291　H344出土陶器

1、12.缸（H344：138、H344：137）　2.鼓腹罐（H344：142）　3、4、6、7.素面盆（H344：135、H344：133、H344：1、H344：136）
5、10.彩陶钵（H344：132、H344：141）　8.素面钵（H344：140）　9.彩陶盆（H344：134）　11.小口瓶（H344：143）

155. H346

位于 T59 西部。开口位于 H281 下，被 H244 打破，打破生土。开口距地表 130 厘米，平面形状呈圆形，弧壁，平底，四壁及底部有明显加工痕迹。坑口最大径 475、最小径 460、坑底最大径 430、最小径 320、深 110 厘米。填土灰褐色，土质疏松。包含红烧土颗粒、炭粒。出土陶片以泥质黄褐陶、夹砂灰陶为主；纹饰有线纹、篮纹、彩绘、附加堆纹、磨光等；可辨器形有盆、罐、小口尖底瓶、钵等（图 2-2-292）。

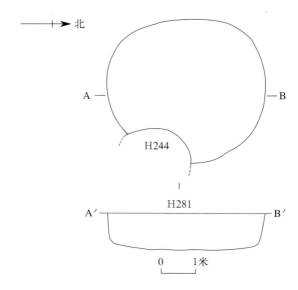

图2-2-292　H346平剖面图

H346 挑选陶器标本 4 件，其中素面钵 2、彩陶盆 1、素面盆 1。

彩陶盆　1 件。H346：1，泥质红陶黑彩。口部变形严重，呈椭圆形。侈口，仰折沿隆起，圆唇，深曲腹，平底。器表磨光，内壁抹光，沿面及内壁有刮削痕迹。沿面外侧、唇面、下腹部各饰一周条带纹，分别宽 0.9、0.9、0.3 厘米，其间区域饰弧边三角、凸弧纹、圆点组成的复合纹饰。可复原。口径 30.8—36、底径 12.4、高 17.4—18.4 厘米（图 2-2-293，1；彩版二一七，1）。

素面盆　1 件。H346：2，泥质灰陶。敛口，仰折沿隆起，圆唇，深曲腹，平底。器表磨光，内壁抹光，内壁有泥条盘筑痕迹，沿面及内壁有刮削痕迹。素面。可复原。口径 34、底径 14.7、高 22.1 厘米（图 2-2-293，4）。

素面钵　2 件。灰陶。素面。H346：3，泥质。器形歪斜严重，口部变形呈椭圆形。直口，尖唇，弧腹，平底内凹。器表磨光，内外壁均有刮削痕迹。可复原。口径 20.4、底径 8.2、高 8.2—10.4 厘米（图 2-2-293，2；图版七九，1）。H346：4，夹砂。敞口，方唇，斜直腹，平底。沿面及内外壁近口处有刮削痕迹。可复原。口径 25.6、底径 13.2、高 11.2 厘米（图 2-2-293，3；图版七九，2）。

156. H348

位于 T185 中南部。开口于第③层下，打破生土，开口距地表 60 厘米。平面形状呈椭圆形，直壁，平底。坑口最大径 295、最小径 220、深 68 厘米。填土灰褐色，土质疏松。夹杂炭粒、红烧土块等。出土陶片以泥质黄褐陶、夹砂灰陶为主；纹饰有弦纹、线纹、附加堆纹、彩绘等；可辨器形有盆、钵、罐、小口尖底瓶等（图 2-2-294）。

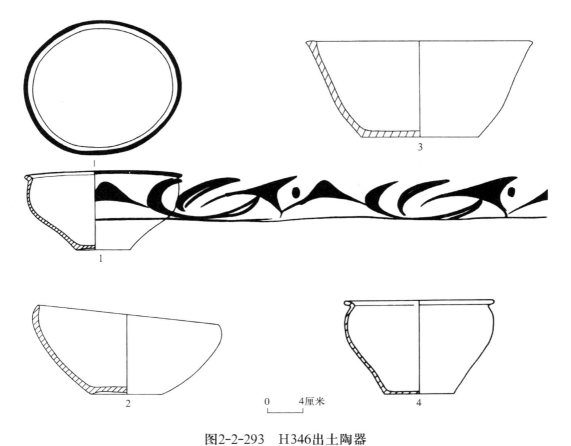

图2-2-293　H346出土陶器

1.彩陶盆（H346：1）　2、3.素面钵（H346：3、H346：4）　4.素面盆（H346：2）

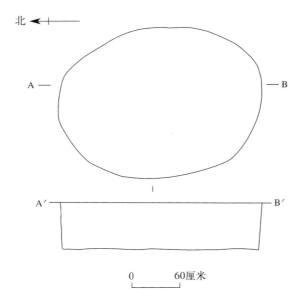

图2-2-294　H348平剖面图

H348 挑选陶器标本 13 件，其中彩陶钵 3、素面双錾盆 3、彩陶盆 2、素面盆 2、素面双錾钵 1、小口尖底瓶 1、盉 1。

彩陶钵　3 件。泥质红陶黑彩。H348：5，敛口，圆唇，曲腹，平底。器表磨光，内壁近口处有刮削痕迹。唇面、口部外壁各饰一周宽 0.3、0.6 厘米的条带纹，其下区域饰双短横线、圆点组成的复合纹饰。可复原。口径 20.4、底径 8.8、高 9.9 厘米（图 2-2-295，7；图版三八，5）。H348：6，直口微敛，圆唇，曲腹近折，平底。器表磨光，内外壁近口处有刮削痕迹。口沿及腹部各饰一周宽 0.2、0.1—0.4 厘米的条带纹，其间区域用留白分为四个单元格，每个单元格内饰对弧边直角、弧腹三角组成的复合纹饰。可复原。口径 17、底径 6.2、高 8.6 厘米（图 2-2-295，10）。H348：9，口部变形严重，呈椭圆形。直口微敛，尖圆唇，曲腹，平底内凹。器表磨光，内壁近口处有刮削痕迹。口部外壁饰一周垂弧纹，下腹部饰一周宽 0.3 厘米的条带纹，其间区域饰四组双连弧线、圆点组成的复合纹饰。可复原。口径 15.5、底径 6、高 7 厘米（图 2-2-295，9；彩版一二〇，2）。

彩陶盆　2 件。泥质黄褐陶黑彩。敛口，仰折沿微隆起，深曲腹，平底。沿面及内壁近口处有刮削痕迹。H348：4，圆唇，器表磨光发白，唇面、颈部、下腹部各饰一周宽 0.7 厘米的条带纹，其间区域饰凸弧纹、圆点、弧边三角、双短线组成的复合纹饰。可复原。口径 32、底径 11.4、高 16.9 厘米（图 2-2-295，6；彩版二一七，2）。H348：7，方唇。器表磨光，唇面、下腹部各饰一周宽 0.5 厘米的条带纹，其间区域饰凸弧纹、圆点、弧边三角、弧线组成的复合纹饰。可复原。口径 32.6、底径 12、高 19.2 厘米（图 2-2-295，13；彩版二一八，1）。

素面盆　2 件。泥质陶。敛口，圆唇，平底。素面。H348：8，灰陶。仰折沿隆起，浅弧腹。器表磨光，沿面及内外壁近口处有刮削痕迹。可复原。口径 30.2、底径 12.6、高 9.8 厘米（图 2-2-295，8；图版一一九，4）。H348：10，黄褐陶。口部略有变形。折沿隆起，鼓腹。器表磨光，沿面及内外壁均有刮削痕迹。可复原。口径 25.4、底径 11.6、高 17.6 厘米（图 2-2-295，12；图版一一九，5）。

素面双錾钵　1 件。H348：11，夹砂黄褐陶。侈口，方唇，斜直腹，平底，腹部对称置附加突起状双錾。唇面及内外壁近口处有刮削痕迹。素面。可复原。口径 32、底径 21.6、高 23.2 厘米（图 2-2-295，1；图版一三七，1）。

素面双錾盆　3 件。叠唇，腹部对称置附加突起状双錾。平底。素面。H348：13，泥质黄褐陶。口部变形严重，呈椭圆形。直口，曲腹近直，唇面及内外壁近口处有刮削痕迹。可复原。口径 33.2、底径 14、高 15 厘米（图 2-2-295，4；图版一四五，1）。H348：14，泥质灰陶。敛口，曲腹，器表磨光，唇面和内外壁近口处有刮削痕迹。可复原。口径 38.5、底径 15、高 27.8 厘米（图 2-2-295，3；图版一四五，2）。H348：18，夹砂黄褐陶。直口微敛，曲腹，唇面及内外壁近口处有刮削痕迹。可复原。口径 29.6、底径 14.8、高 19 厘米（图 2-2-295，2；图版一四五，3）。

小口尖底瓶　1 件。H348：15，泥质黄褐陶。退化重唇口，圆唇，束颈，鼓腹。口部内外壁有刮削痕迹，内壁尤其是底部有明显的泥条盘筑痕迹。口沿以下饰左斜篮纹和线纹。底部残。可复原。口径 8.4、残高 79.5 厘米（图 2-2-295，11；图版一九六，2）。

盉　1 件。H348：12，泥质灰陶，厚胎。敛口，方唇，鼓腹，平底，腹部内壁有一长条形突起。素面。可复原。口径 10.8、底径 11.4、高 9.5 厘米（图 2-2-295，5）。

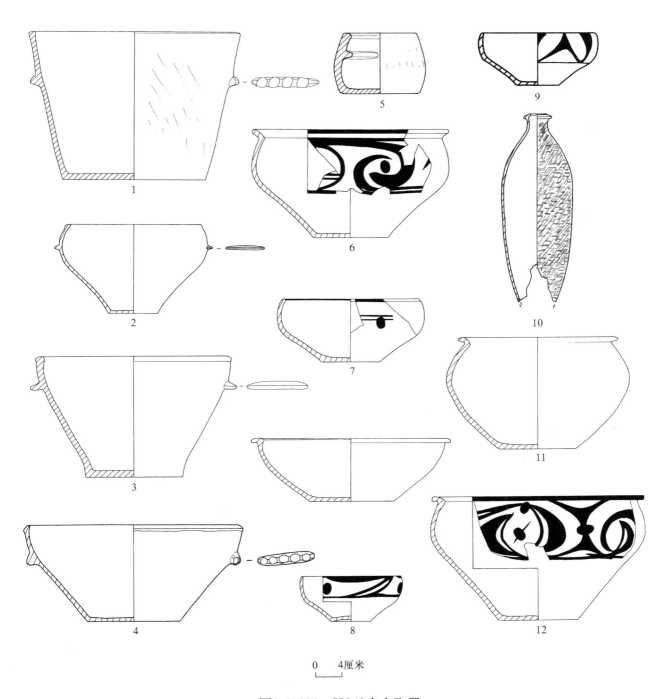

0　　4厘米

图2-2-295　H348出土陶器

1.素面双　钵（H348：11）　　2-4.素面双鋬盆（H348：18、H348：14、H348：13）　　5.盂（H348：12）　　6、13.彩陶盆（H348：4、H348：7）　　7、9、10.彩陶钵（H348：5、H348：9、H348：6）　　8、12.素面盆（H348：8、H348：10）11.小口尖底瓶（H348：15）

157. H349

位于 T63 东部。开口于第④层下，打破生土，开口距地表 90 厘米。平面形状呈圆形，斜直壁，平底。坑口直径 235、深 100 厘米。填土灰褐色，土质疏松。包含陶片、石器、动物骨骼等。出土陶片泥质、夹砂陶数量相当；彩陶、红陶为主、黑陶较少；多线纹、磨光、少量彩绘；可辨器形有钵、盆、器盖等（图 2-2-296，1）。

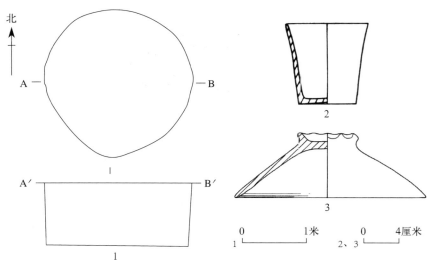

图2-2-296　H349平剖面图及出土陶器
1.平剖面图　2.杯（H349：4）　3.器盖（H349：3）

H349 挑选陶器标本 2 件，其中杯 1、器盖 1。

杯　1 件。H349：4，器形不规整，歪斜严重，略呈椭圆形。泥质灰陶。敞口，圆唇，弧腹近直，平底内凹。器表磨光，内外壁有明显的刮削痕迹。素面。可复原。口径 8.7—9.2、底径 6.4、高 9.5 厘米（图 2-2-296，2；图版一九〇，3）。

器盖　1 件。H349：3，夹砂灰陶。侈口，圆唇，斜直腹，圜顶，花边圈足形纽。纽外壁饰一周手指按窝。可复原。口径 21.8、高 7.1 厘米（图 2-2-296，3；图版一八四，2）。

158. H354

位于 T52 东南角，部分伸入东壁、南壁。开口于第③层下，打破生土，开口距地表 10 厘米。平面形状呈椭圆形，弧壁，平底。最大径 420、最小径 395、深 65 厘米。填土灰褐色，土质疏松。夹杂炭粒、植物根茎、石块、动物骨骼等。出土陶片以泥质黄褐陶、夹砂灰陶为主；纹饰有篮纹、附加堆纹、线纹、附加堆纹、彩绘等；可辨器形有盆、钵、罐等（图 2-2-297）。

H354 挑选陶器标本 6 件，其中彩陶钵 3、杯 2、鼓腹罐 1。

彩陶钵　3 件。泥质黄褐陶黑彩。内外壁有明显刮削痕迹。H354：2，敛口，圆唇，曲腹，平底微内凹。器表磨光发白，沿面饰若干组垂弧纹。可复原。口径 24.7、底径 11.2、高 10 厘米（图 2-2-298，2；图版三八，6）。H354：3，敛口，圆唇，曲腹近折，平底。器表磨光发白，上腹部饰红彩。可复原。口径 15.5、底径 5、高 8.4 厘米（图 2-2-298，3；图版三九，1）。H354：4，器形不规整，略有歪斜。直口，尖唇，弧腹，平底。器表磨光，沿面饰一周宽 0.7 厘米的条带纹。可复原。口径 22.2、底径 9.2、高 10.2 厘米（图 2-2-298，1；彩版一一九，1）。

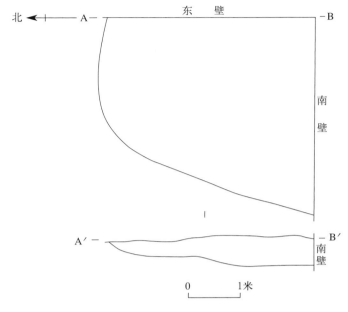

图2-2-297　H354平剖面图

杯　2件。夹砂灰陶。口部不规整。敞口，仰折沿，平底。内外壁近口处有刮削痕迹。素面。H354：5，方唇，斜直腹。可复原。口径7.3、底径4.6、高5.3—5.5厘米（图2-2-298，4）。H354：8，圆唇，弧腹。可复原。口径6.8、底径4.2、高5.2厘米（图2-2-298，5）。

鼓腹罐　1件。H354：7，夹砂红陶。器形不规整，口部略呈椭圆形。侈口，方唇，束颈，弧腹，下腹部近直，平底外凸。口沿下部对称饰四对长6.5厘米的右斜附加堆纹，腹部最大口径处饰一周附加堆纹，腹部通体饰凹弦纹和左斜篮纹组成的复合纹饰，近底处纹饰抹平。可复原。口径32—33、底径19.5、高33.5厘米（图版一六三，4）。

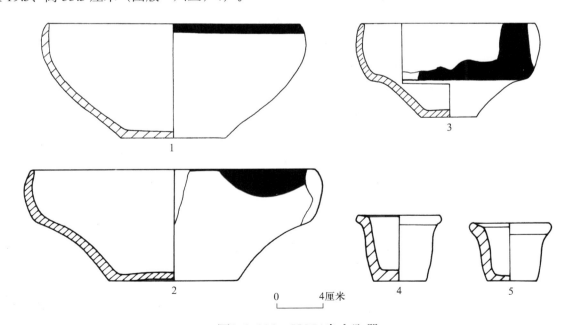

图2-2-298　H354出土陶器

1-3.彩陶钵（H354：4、H354：2、H354：3）　4、5.杯（H354：5、H354：8）

159. H358

位于 T43 北部。开口于 H220 之下，打破生土，被 H302 打破，开口距地表 80 厘米。平面形状呈椭圆形，直壁，平底。坑口最大径 170、最小径 160、深 110 厘米。填土灰黄色，土质较致密。夹杂少量石块。出土适量陶片，夹砂灰陶与泥质黄褐陶相当；纹饰以线纹、彩绘为主。可辨器形有罐、钵、盆等（图 2-2-299）。

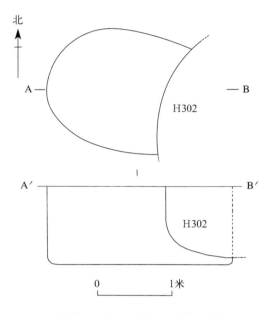

图2-2-299　H358平剖面图

H358 挑选陶器标本 5 件，其中彩陶钵 1、彩陶盆 1、鼓腹罐 1、素面双錾盆 1、篮纹双錾钵 1。

彩陶钵　1 件。H358：1，泥质黄褐陶黑彩。直口，尖唇，弧腹，平底内凹。器表磨光，内壁抹光。内壁有轮制痕迹。口部外壁间隔饰垂弧纹、圆点，腹部饰三周宽 0.2 厘米的条带纹、圆点组成的复合纹饰。可复原。口径 16.8、底径 7、高 9.3 厘米（图 2-2-300，1）。

彩陶盆　1 件。H358：2，泥质黄褐陶黑彩。敛口，折沿隆起，圆唇，溜肩，曲腹，平底内凹。器表磨光，内壁抹光，沿面及内壁近口处有轮制痕迹。唇面、肩部、腹部各饰一周条带纹，分别宽 0.8、0.3、0.3 厘米，其间区域饰弧边三角、圆点、凸弧纹组成的复合纹饰。可复原。口径 32.8、腹径 32.8、底径 13、高 19.9 厘米（图 2-2-300，4；彩版二一八，2）。

鼓腹罐　1 件。H358：3，泥质灰陶。侈口，仰折沿隆起，方唇，矮领，溜肩，曲腹，平底。内外壁近口处、沿面有刮削痕迹。器表磨光。素面。可复原。口径 21.5、底径 16、高 32.4 厘米（图 2-2-300，5；图版一六三，5）。

素面双錾盆　1 件。H358：4，泥质红陶。敛口，叠方唇，弧腹近直，腹部对称置附加突起状双錾，平底。器表磨光，内壁近口处、沿面有刮削痕迹，錾上有明显捏制痕迹。素面。可复原。口径 32.8、底径 13.5、高 17 厘米（图 2-2-300，2；图版一四五，4）。

篮纹双錾钵　1 件。H358：5，夹砂黄褐陶，胎较厚。敞口，方唇中间下凹，斜直腹，上腹部对称置附加突起状双錾，平底。沿面、外壁有刮削痕迹。外壁通饰左斜篮纹，近底处篮纹抹平。可复原。口径 28.8、底径 14.6、高 17.6 厘米（图 2-2-300，3；图版一三七，2）。

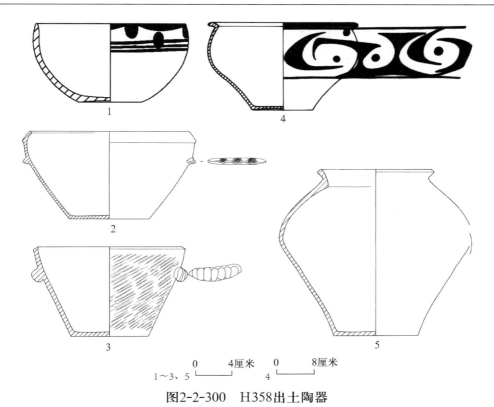

图2-2-300 H358出土陶器

1.彩陶钵（H358：1） 2.素面双錾盆（H358：4） 3.篮纹双錾钵（H358：5） 4.彩陶盆（H358：2） 5.鼓腹罐（H358：3）

160. H359

位于T42东部，部分伸入东壁。开口于H291下，打破生土，开口距地表110厘米。平面形状呈椭圆形，直壁，平底。坑口最大径390、最小径240、深200厘米。填土灰褐色，土质疏松。夹杂少量石块、料礓石、红烧土颗粒。出土适量陶片，夹砂与泥质相当；纹饰以线纹、磨光为主；少见彩陶；可辨器形有罐、钵、盆、小口尖底瓶等（图2-2-301）。

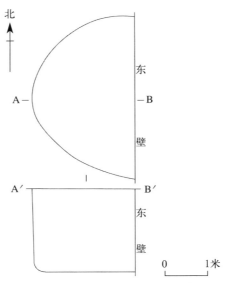

图2-2-301 H359平剖面图

H359 挑选陶器标本 4 件, 其中素面盆 3、碗 1。

碗　1 件。H359：1, 夹砂红陶, 胎较厚。侈口, 尖唇, 弧腹, 饼足。内外壁近口处有刮削痕迹。素面。可复原。口径 12.2、底径 8、高 5.6 厘米 (图 2-2-302, 1)。

素面盆　3 件。夹砂陶。平底。素面。H359：4, 红陶, 器形不规整, 歪斜严重。敛口, 折沿, 圆唇, 弧腹。内外壁有明显刮削痕迹。可复原。口径 26.5—27.7、底径 12.9、高 12.1—14.7 厘米 (图 2-2-302, 2; 图版一一九, 6)。H359：5, 黄褐陶。器形不规整, 略有歪斜。敞口, 卷沿, 圆唇, 浅弧腹。内外壁有明显刮削痕迹。可复原。口径 26、底径 9.8、高 8.5—9 厘米 (图 2-2-302, 3; 图版一二〇, 1)。H359：6, 黄褐陶。器形不规整, 略有歪斜。直口, 卷沿, 圆唇, 深弧腹。内外壁近口处有明显刮削痕迹。可复原。口径 24.3—25、底径 12.5、高 12.3 厘米 (图 2-2-302, 4; 图版一二〇, 2)。

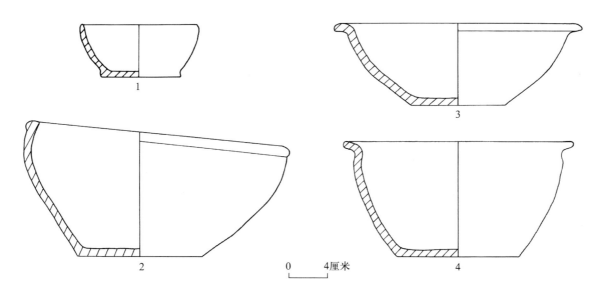

图2-2-302　H359出土陶器
1.碗 (H359：1)　2-4.素面盆 (H359：4、H359：5、H359：6)

161. H363

位于 T52 西南部。开口于第③层下, 打破生土, 开口距地表 50 厘米。平面形状呈圆形, 直壁, 平底。坑口直径 115、深 35 厘米。填土黄褐色, 土质疏松。出土陶片以夹砂灰陶为主, 泥质黄褐陶次之; 纹饰以线纹为主; 彩陶极少, 可辨器形有钵、釜等 (图 2-2-303, 1)。

H363 挑选陶器标本釜 1 件。

釜　1 件。H363：1, 夹砂灰陶。敛口, 仰折沿, 沿面有两周凹弦纹, 圆唇, 弧腹, 圜底。通体饰篮纹。可复原。口径 19.5、高 17.6 厘米 (图 2-2-303, 2; 图版一九三, 6)。

162. H366

位于 T210 西部、T224 东部。开口于第①层下, 打破生土, 被 H391 打破, 开口距地表 10 厘米。平面形状呈椭圆形, 弧壁, 平底。坑口最大径 440、最小径 390、深 100 厘米。填土灰褐色, 土质疏松。包含草木灰、炭粒等。出土陶片陶色有黄褐陶、灰陶两种; 陶质有泥质、夹砂两种; 纹饰有划纹、篮纹等; 可辨器形有罐、盆、瓶等 (图 2-2-304)。

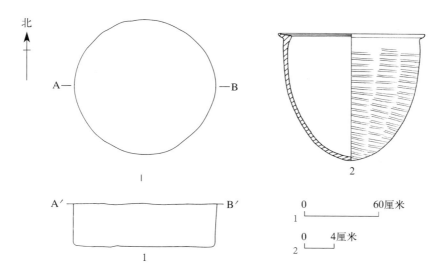

图2-2-303　H363平剖面图及出土陶器

1.平剖面图　2.釜（H363：1）

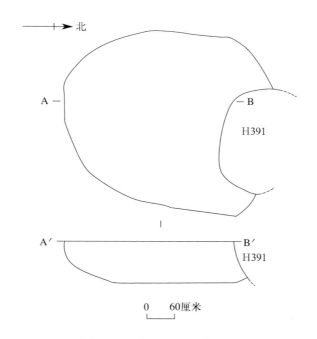

图2-2-304　H366平剖面图

H366挑选陶器标本9件，其中素面钵4、素面盆4、纺轮1。

素面钵　4件。素面。H366：5，泥质黄褐陶。直口微侈，尖唇，弧腹，平底微内凹。内外壁有明显刮削痕迹。可复原。口径18.5、底径9、高9厘米（图2-2-305，5；图版七九，3）。H366：6，泥质红陶。敛口，尖唇，弧腹，平底。内外壁有明显刮削痕迹。可复原。口径16、底径7.5、高8厘米（图2-2-305，4；图版七九，4）。H366：7，泥质黄褐陶。器形不规整，略有歪斜。直口微侈，圆唇，弧腹，平底微内凹。内外壁有明显刮削痕迹。可复原。口径 11.2—11.7、底径 4.6、高 6.7 厘米（图 2-2-305，3；图版七九，5）。H366：8，夹砂黄褐陶。敞口，圆唇，弧腹，平底。内外壁有明显刮削痕迹。可复原。口径 10.4、底径 4.8、高 4.2 厘米（图 2-2-305，2；图版七九，6）。

素面盆　4 件。素面。H366：2，泥质黄褐陶。器形不规整，口部略呈椭圆形，歪斜严重。敞口，圆唇，弧腹，平底。内外壁近口处有明显刮削痕迹。可复原。口径 28.5—29.3、底径 12、高 10—11 厘米（图 2-2-305，8；图版一二〇，3）。H366：3，泥质黄褐陶。敛口，叠唇，曲腹近直，平底。内外壁近口处有明显刮削痕迹。可复原。口径 34、底径 15—16、高 18.3 厘米（图 2-2-305，6；图版一二〇，4）。H366：4，夹砂黄褐陶。敛口，叠圆唇，弧腹，平底。内外壁有明显刮削痕迹。可复原。口径 32.8、底径 16、高 11.8 厘米（图 2-2-305，7；图版一二〇，5）。H366：9，泥质灰陶。器形不规整，口部

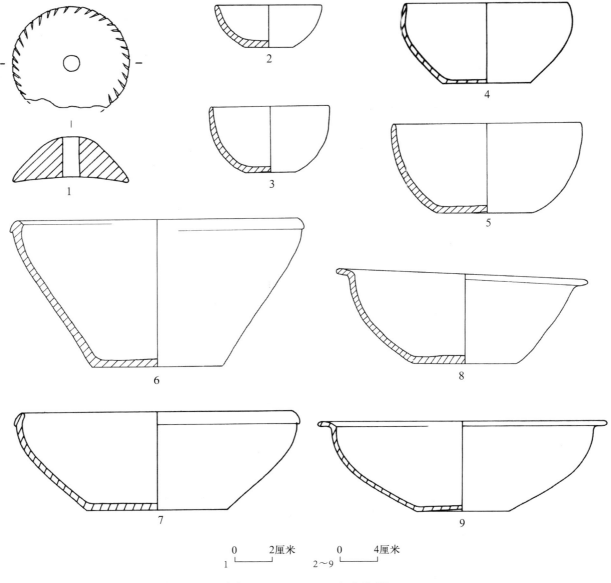

图2-2-305　H366出土陶器

1.纺轮（H366：1）　2-5.素面钵（H366：8、H366：7、H366：6、H366：5）　6-9.素面盆（H366：3、H366：4、H366：2、H366：9）

略呈椭圆形。直口，仰折沿隆起，圆唇，弧腹，平底微内凹。器表磨光，内外壁有明显刮削痕迹。可复原。口径33、底径10.4、高10.3—10.8厘米（图2-2-305，9；图版一二〇，6）。

纺轮　1件。H366：1，泥质灰陶。饼状，平面为圆形，截面为月牙形。外侧有线纹。可复原。直径5.7、孔径0.8、厚2.3厘米（图2-2-305，1）。

163. H371

位于T196西部。开口于第②层下，打破生土，开口距地表15厘米。平面形状呈圆形，直壁，平底。坑口直径100、深67厘米。填土灰褐色，土质疏松。夹杂有红烧土颗粒、炭粒、草木灰。包含适量陶片、少量动物骨骼、石器等。出土陶片以泥质黄褐陶为主，夹砂灰陶次之；纹饰以线纹、彩绘为主；可辨器形有钵、盆、罐、尖底瓶、器盖等（图2-2-306）。

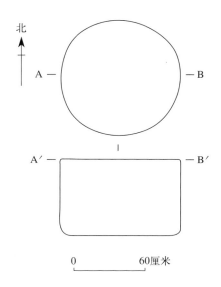

图2-2-306　H371平剖面图

H371挑选陶器标本4件，其中彩陶盆1、素面盆1、彩陶钵1、器盖1。

彩陶盆　1件。H371：2，泥质黄褐陶黑彩。敛口，折沿隆起，圆唇，曲腹，平底。器表磨光，沿面有刮削痕迹。唇面、颈部、下腹部各饰一周条带纹，分别宽0.6、0.4、0.4厘米。其间区域饰凸弧纹、弧边三角、圆点、弧线、横线组成的复合纹饰。可复原。口径36、底径13.2、高21.2厘米（图2-2-307，2；彩版二一九，1）。

彩陶钵　1件。H371：7，泥质黄褐陶褐彩。直口微敛，圆唇，曲腹，平底微内凹。器表磨光，内壁近口处有刮削痕迹。唇面、下腹部各饰一周宽0.3、0.4厘米的条带纹，口部外壁饰一周垂弧纹，其间区域饰数个圆点、双连弧线组成的复合纹饰。可复原。口径15.5、底径6.5、高8厘米（图2-2-307，4；彩版一一九，2）。

素面盆　1件。H371：5，夹砂黄褐陶。敞口，仰折沿，方唇，斜直腹，平底。内外壁近口处、沿面有刮削痕迹。素面。可复原。口径14.8、底径9.6、高6.6厘米（图2-2-307，1；图版一二一，1）。

器盖　1件。H371：4，夹砂红陶。敞口，圆唇，斜壁，圈顶，两凸起状纽。唇边有手捏痕迹。素面。可复原。口径5.4、残高3.2厘米（图2-2-307，3；图版一八〇，4）。

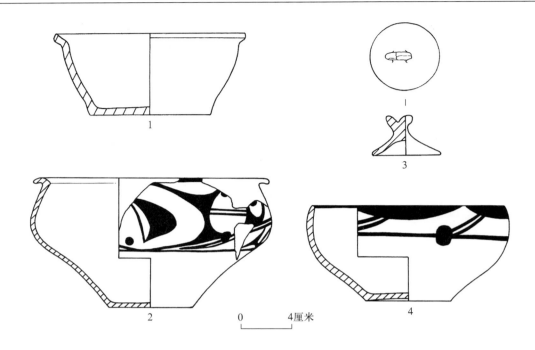

图2-2-307　H371出土陶器

1.素面盆（H371：5）　2.彩陶盆（H371：2）　3.器盖（H371：4）　4.彩陶钵（H371：7）

164. H373

位于T18北部。开口于第②层下，打破第③层，开口距地表50厘米。平面形状呈椭圆形，弧壁，圜底。坑口最大径660、最小径340、坑底最大径520、最小径300、深140厘米。填土灰褐色，土质疏松。出土陶片以红陶、灰陶为主；陶质分为泥质、夹砂两种；纹饰以彩绘、线纹为主；可辨器形有钵、罐、盆、小口尖底瓶、环等（图2-2-308）。

H373挑选陶器标本8件，其中素面钵3、釜2、彩陶钵1、素面双錾盆1、素面盆1。

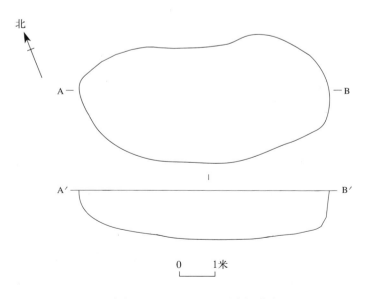

图2-2-308　H373平剖面图

彩陶钵　1件。H373：2，泥质黄褐陶黑彩。器形不规整，略歪斜，口部呈椭圆形。直口，圆唇，弧腹，平底微内凹。器表磨光，内外壁均有刮削痕迹。口部外壁饰一周宽0.9厘米的条带纹。可复原。口径16.5—17.2、底径7.2、高7.3厘米（图2-2-309，7；图版三九，2）。

釜　2件。夹砂黄褐陶。直口，方唇，矮领，广肩，折腹，圜底。底部有烟炱。折腹处折棱凸起，H373：1，上腹部饰数周凹弦纹，下腹部饰线纹。可复原。口径24.6、高12.4厘米（图2-2-309，5；图版一七二，6）。H373：6，折腹处饰一周附加堆纹，其上区域饰八周凹弦纹，其下区域饰间隔篮纹，近底处篮纹被抹平。可复原。口径11.6、高10.2厘米（图2-2-309，8；图版一七三，2）。

素面钵　3件。黄褐陶。平底。素面。H373：3，泥质陶，胎较厚。敛口，圆唇，曲腹。内外壁均有刮削痕迹。可复原。口径23.2、底径10.8、高12.4厘米（图2-2-309，3）。H373：4，泥质陶，直口微敛，圆唇，弧腹近直。内外壁近口处有刮削痕迹。可复原。口径24.6、底径12.2、高9.7厘米（图2-2-309，1）。H373：7，夹砂陶。敛口，圆唇，弧腹。内壁有刮削痕迹。可复原。口径20.8、底径10.5、高8.7厘米（图2-2-309，6）。

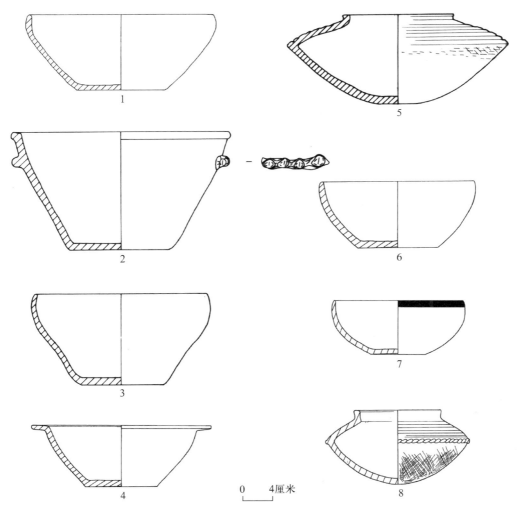

0　　4厘米

图2-2-309　H373出土陶器

1、3、6.素面钵（H373：4、H373：3、H373：7）　2.素面双錾盆（H373：5）　4.素面盆（H373：8）　5、8.釜（H373：1、H373：6）　7.彩陶钵（H373：2）

素面双錾盆　1件。H373：5，泥质红陶。侈口，仰折沿，圆唇，斜直腹，平底，腹部对称置附加突起状双錾。唇面及内壁有刮削痕迹。素面。可复原。口径29.1、底径13.3、高16厘米（图2-2-309，2）。

素面盆　1件。H373：8，夹砂灰陶。敞口，仰折沿，方唇，弧腹近直，平底。内壁及沿面有刮削痕迹。素面。可复原。口径24、底径9.6、高8.4厘米（图2-2-309，4）。

165. H374

位于T40中部。开口于第②层下，打破生土，被H286、H323、H372打破，开口距地表30厘米。平面形状呈椭圆形，斜直壁，平底。坑口最大径260、最小径230、坑底最大径155、最小径140、深130厘米。填土灰褐色，土质疏松。夹杂少量石块。出土适量陶片，以泥质黄褐陶为主，夹砂灰陶次之；纹饰以线纹为主，彩绘次之；可辨器形有罐、盆、小口尖底瓶等（图2-2-310，1）。

H374挑选陶器标本釜1件。

釜　1件。H374：1，泥质灰陶。侈口，方唇，矮领，溜肩，折腹，圜底。口部有刮削痕迹。肩部和上腹部饰数周凹弦纹，底部饰线纹。可复原。口径13.8、腹径23、高13.1厘米（图2-2-310，2）。

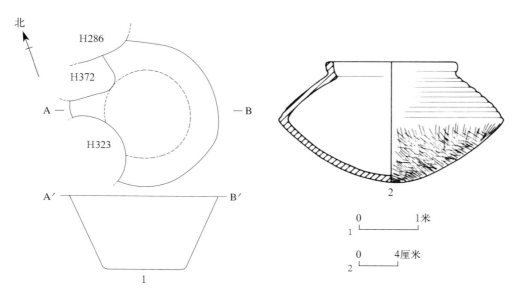

图2-2-310　H374平剖面图及出土陶器
1.平剖面图　2.釜（H374：1）

166. H382

位于T38西部。开口于第②层下，打破生土，被H327打破，开口距地表25厘米。平面形状呈椭圆形，直壁，平底。坑口直径100、深67厘米。填土灰褐色，土质疏松。夹杂有红烧土颗粒、炭粒、草木灰。包含适量陶片、少量动物骨骼、石器等。出土陶片以泥质黄褐陶为主，夹砂灰陶次之；纹饰以线纹、彩绘为主；可辨器形有钵、盆、罐、器盖、器座等（图2-2-311）。

H382挑选陶器标本3件，其中器座2、器盖1。

器座　2件。泥质陶。方唇。H382：1，黄褐陶。敛口，斜直腹，腹部有四个圆形箅孔。内外壁近口处有刮削痕迹。素面。可复原。口径9.6、底径7.2、高5.2厘米（图2-2-312，1；图版一八七，4）。

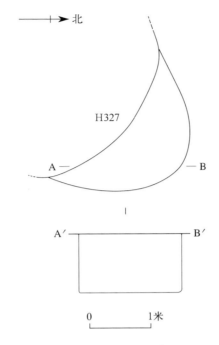

图2-2-311　H382平剖面图

H382∶3，灰陶，厚胎。侈口，弧腹近直，平底。腹部饰数周凹弦纹，下腹部饰四个水滴状孔。可复原。口径16.5、底径14.9、高12厘米（图2-2-312，3）。

　　器盖　1件。H382∶2，夹砂红陶。侈口，圆唇外壁起台，弧腹，圜顶，桥形纽。素面。可复原。口径32、高11.2厘米（图2-2-312，2；图版一七八，5）。

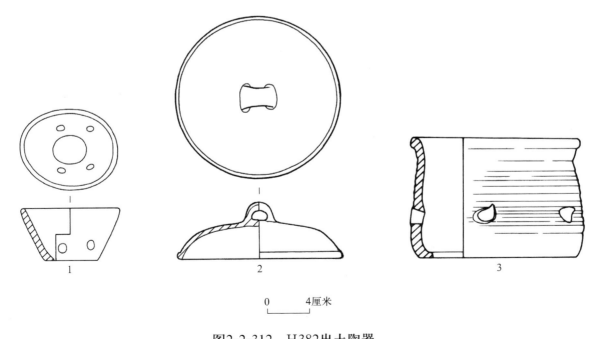

图2-2-312　H382出土陶器
1、3.器座（H382∶1、H382∶3）　2.器盖（H382∶2）

167. H383

位于 T52 南部。开口于第③层下，打破生土，开口距地表 15 厘米。平面形状呈椭圆形，直壁，平底。坑口最大径 265、最小径 230、深 95 厘米。填土分两层，第①层厚 60 厘米，灰褐色，土质松软。包含物较多；第②层厚 35 厘米，填土黄色，土质较致密。包含物较少。出土陶片陶质有泥质、夹砂两种；陶色以黄褐陶为主，灰陶次之；纹饰以线纹、彩绘为主；可辨器形有钵、盆、小口尖底瓶等（图 2-2-313）。

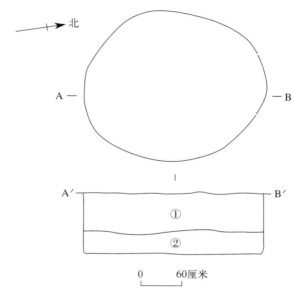

图2-2-313　H383平剖面图

H383 挑选陶器标本 4 件，其中素面钵 2、彩陶钵 1、彩陶盆 1。

彩陶钵　1 件。H383：1，泥质黄褐陶黑彩。器形不规整，口部呈椭圆形。敛口，尖唇，曲腹，平底内凹。器表磨光，内壁抹光。内壁有轮制痕迹和刮削痕迹。唇面饰一周条带纹，腹部用一周留白将纹饰区分为上下两部分；上部饰一周垂弧纹、弧边三角、圆点组成的复合纹饰；下腹部阴文饰弧边菱形。可复原。口径 13.1—13.8、腹径 15.2、底径 6、高 8.1 厘米（图 2-2-314，4；彩版一二〇，1）。

彩陶盆　1 件。H383：2，泥质黄褐陶。敛口，仰折沿隆起，圆唇，溜肩，深曲腹，平底。器表磨光，内壁抹光，沿面及内壁有刮削痕迹。唇面、下腹部各饰一周宽 0.6、0.4 厘米的条带纹，其间区域饰弧边三角、凸弧纹、圆点、弧线组成的复合纹饰。可复原。口径 32.5—33.4、腹径 33.9—34.8、底径 13.8、高 22 厘米（图 2-2-314，1；彩版二一九，1）。

素面钵　2 件。泥质黄褐陶。圆唇，平底。器表磨光。素面。H383：3，器形不规整，略有歪斜。侈口，浅弧腹，内壁均有刮削痕迹。可复原。口径 17.3—18.2、底径 8.2、高 7 厘米（图 2-2-314，2；图版八〇，2）。H383：4，直口微敛，曲腹。内壁抹光，近口处有刮削痕迹。可复原。口径 27.4、底径 12、高 8.1 厘米（图 2-2-314，4）。

168. H384

位于 T141 南部。开口于第②层下，打破生土，开口距地表 50 厘米。袋状，平面形状略呈圆形，斜直壁，平底。坑口最大径 225、最小径 205、坑底直径 255、深 50 厘米。填土黑褐色，土质疏松。

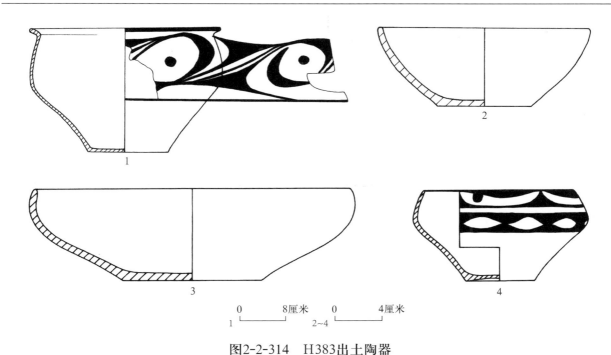

图2-2-314　H383出土陶器

1.彩陶盆（H383：2）　　2、3.素面钵（H383：3、H383：4）　　4.彩陶钵（H383：1）

包含草木灰、红烧土颗粒、石块等。出土陶片质地有泥质、夹砂两种；陶色有黄褐陶、灰陶等；纹饰有线纹、线纹、彩绘等；可辨器形有小口尖底瓶、盆、钵、罐等（图2-2-315）。

H384挑选陶器标本5件，其中杯2、彩陶盆1、鼓腹罐1、素面盆1。

彩陶盆　1件。H384：5，泥质黄褐陶黑彩。敞口，仰折沿，方唇，浅弧腹，平底内凹。唇面及口部内外壁均有刮削痕迹。沿面饰数组凸弧纹、圆点组成的复合纹饰。可复原。口径28.8、底径10、高10.5厘米（图2-2-316，1；图版二二八，3）。

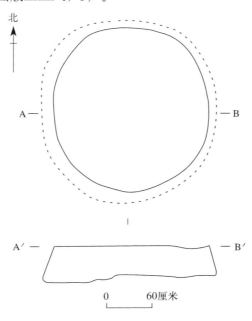

图2-2-315　H384平剖面图

杯　2件。夹砂红陶。侈口，圆唇，弧腹。唇面有使用痕迹。近底处饰一周不明显的手捏痕迹。素面。H384：3，口部不规整，略有歪斜。平底。内外壁近口处有刮削痕迹，可复原。口径5.9、底径3.6、高5.8—6厘米（图2-2-316，3）。H384：4，口部不规整略有歪斜。卷沿，平底内凹。内外壁均有刮削痕迹，可复原。口径7.4、底径3.8、高5.9厘米（图2-2-316，4）。

鼓腹罐　1件。H384：2，夹砂黄褐陶。器形略有歪斜。侈口，卷沿，圆唇，束颈，溜肩，鼓腹，平底。内外壁近口处有刮削痕迹。腹部近底处饰数周斜向拍印纹。可复原。口径8.2、底径5.1、高6.9—7.1厘米（图2-2-316，2）。

素面盆　1件。H384：1，泥质红陶。器形不规整，略呈椭圆形。敛口，折沿微隆起，圆唇，浅弧腹，平底内凹。器表磨光，内外壁有明显刮削痕迹。素面。可复原。口径31.6、底径13.2、高10.4厘米（图2-2-316，5；图版二二八，2）。

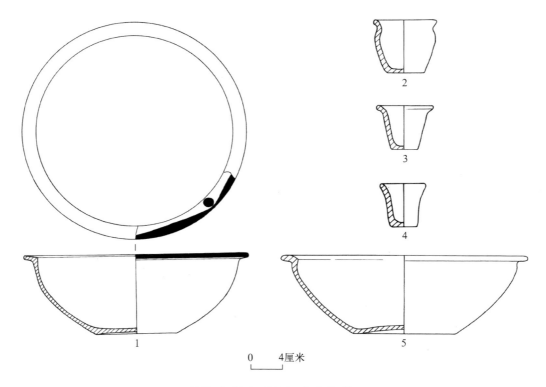

0　　4厘米

图2-2-316　H384出土陶器

1.彩陶盆（H384：5）　2.鼓腹罐（H384：2）　3、4.杯（H384：3、H384：4）　5.素面盆（H384：1）

169. H388

位于T185中部。开口于第③层下，打破生土，被H282、H347打破，开口距地表60厘米。平面形状呈椭圆形，斜直壁，平底。坑口最大径320、最小径264、深102厘米。填土灰褐色，土质疏松。夹杂炭粒、红烧土块等。出土陶片以泥质黄褐陶、夹砂灰陶为主；纹饰有弦纹、磨光、附加堆纹、彩绘等；可辨器形有钵、盆、器盖等（图2-2-317，1）。

H388挑选陶器标本素面钵1件。

素面钵　1件。H388：3，泥质黄褐陶。直口微侈，圆唇，浅弧腹，平底。内外壁均有刮削痕迹。素面。可复原。口径23、底径8、高8.3厘米（图2-2-317，2；图版八〇，1）。

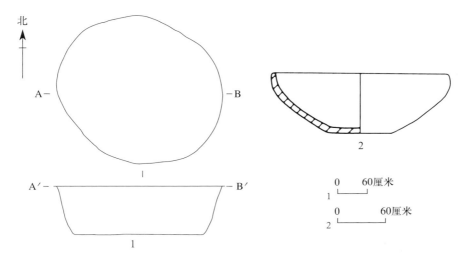

图2-2-317　H388平剖面图及出土陶器
1.平剖面图　2.素面钵（H388∶3）

170. H393

位于 T52 西部。开口于第③层下，打破生土，被 H355 打破，开口距地表 15 厘米。袋状，平面形状呈圆形，斜直壁，平底。坑口直径 120、坑底直径 130、深 50 厘米。填土灰褐色，土质疏松。包含有炭粒、植物根茎等。出土陶片陶质分为泥质、夹砂两种；陶色有红陶、灰陶等；纹饰以线纹、彩绘为主；可辨器形有钵、盆等（图2-2-318，1）。

H393 挑选陶器标本 3 件，其中彩陶钵 1、素面盆 1、杯 1。

彩陶钵　1 件。H393∶1，泥质黄褐黑彩。敛口，圆唇，曲腹，平底内凹。器表磨光发白，内外壁有明显的刮削痕迹。腹部饰一周宽 0.4 厘米的条带纹，其上区域用留白分为四个单元格，每个单元格内饰对弧边直角、凸弧纹、圆点组成的复合纹饰。可复原。口径 14.3、腹径 15.6、底径 5.5、高 7.8

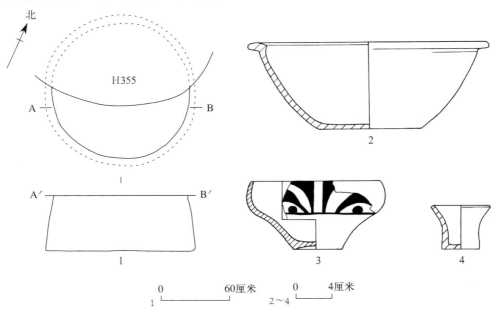

图2-2-318　H393平剖面图及出土陶器
1.平剖面图　2.素面盆（H393∶3）　3.彩陶钵（H393∶1）　4.杯（H393∶2）

米（图2-2-318，3）。

素面盆　1件。H393：3，夹砂红陶。器形不规整，口部略呈椭圆形。敛口，折沿隆起，圆唇，浅弧腹，平底。内外壁有明显刮削痕迹。素面。可复原。口径26—27、底径11.4、高9.7厘米（图2-2-318，2；图版二一六，4）。

杯　1件。H393：2，泥质红陶。侈口，方唇，弧腹内收，平底。内外壁有明显的刻划痕迹。素面。可复原。口径5.9、底径4.2—4.4、高4.9厘米（图2-2-318，4；图版二〇四，5）。

171. H394

位于T52西南部。开口于第③层下，打破生土，被H354、H355、H363、H383、H483打破，开口距地表20厘米。平面形状呈椭圆形，弧壁，平底。坑口最大径560、最小径415、深35厘米。填土灰褐色，土质疏松。出土陶片以泥质黄褐陶为主、夹砂灰陶次之；纹饰有划纹、篮纹、彩绘等；可辨器形有盆、钵、罐、小口尖底瓶等（图2-2-319）。

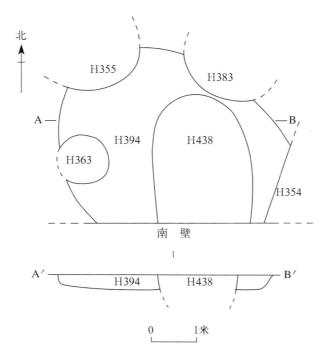

图2-2-319　H394平剖面图

H394挑选陶器标本6件，其中素面钵4、彩陶盆1、素面盆1。

彩陶盆　1件。H394：1，泥质黄褐陶黑彩。直口，仰折沿隆起，圆唇，浅弧腹，平底。器表磨光，内外壁有明显刮削痕迹。沿面饰数组凸弧纹。可复原。口径31、底径11.4、高9.9厘米（图2-2-320，2；图版一二一，2）。

素面盆　1件。H394：2，泥质红陶。直口，仰折沿隆起，圆唇，浅弧腹，平底。器表磨光，内外壁有明显刮削痕迹。素面。可复原。口径28、底径11.4、高11厘米（图2-2-320，1；图版一二一，3）。

素面钵　4件。平底。内外壁有明显刮削痕迹。素面。H394：3，泥质红陶，通体施红衣。侈口，圆唇，斜直腹，可复原。口径13.2、底径10.8、高6.2厘米（图2-2-320，4；图版八〇，3）。H394：4，泥

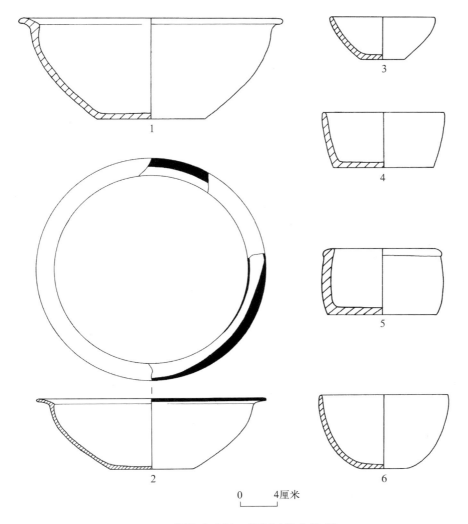

图2-2-320　H394出土陶器

1.素面盆（H394∶2）　　2、彩陶盆（H394∶1）　　3-6.素面钵（H394∶5、H394∶3、H394∶4、H394∶6）

质红陶。直口微敛，叠唇，弧腹近直，可复原。口径12.8、底径12、高7.4厘米（图2-2-320，5；图版八〇，4）。H394∶5，夹砂黄褐陶。侈口，圆唇，弧腹，可复原。口径11、底径4.8、高4.7厘米（图2-2-320，3；图版八〇，5）。H394∶6，泥质灰陶。侈口，圆唇，弧腹，器表磨光，可复原。口径13.6、底径4.7、高8.3厘米（图2-2-320，6；图版八〇，6）。

172. H398

位于T59西北部。开口于第③层下，打破第④层，被H397打破，开口距地表60厘米。平面形状呈椭圆形，弧壁，平底，四壁及底部有明显加工痕迹。坑口最大径296、最小径232、深87厘米。填土浅灰色、黄褐色，土质疏松。包含红烧土颗粒、炭粒、石块、动物骨骼等。出土陶片以夹砂灰陶、泥质灰陶、泥质黄褐陶为主；纹饰有线纹、篮纹、彩绘、附加堆纹、磨光等；可辨器形有盆、罐、钵等（图2-2-321，1）。

H398挑选陶器标本素面盆1件。

素面盆　1件。H398∶1，夹砂黄褐陶。侈口，仰折沿，圆唇，斜直腹，饼足。沿面及内外壁近口处有刮削痕迹。素面。可复原。口径18.6、底径9.6、高6.3厘米（图2-2-321，2；图版二〇五，1）。

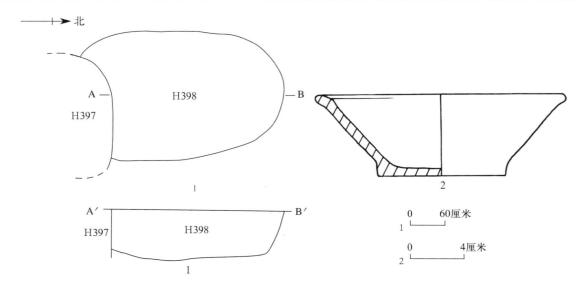

图2-2-321　H398平剖面图及出土陶器
1.平剖面图　2.素面钵（H398：1）

173. H400

位于 T129 东南部，部分伸入东壁、南壁。开口于 H315 下，打破生土，开口距地表 154 厘米。平面形状呈椭圆形，直壁，平底。坑口最大径 180、最小径 122、深 50 厘米。填土灰褐色，土质疏松。夹杂少量红烧土颗粒、草木灰、陶片。出土陶片以泥质黄褐陶为主，夹砂灰陶次之；纹饰以线纹、彩绘为主；可辨器形有钵、盆、罐、器盖、器座、杯等（图 2-2-322，1）。

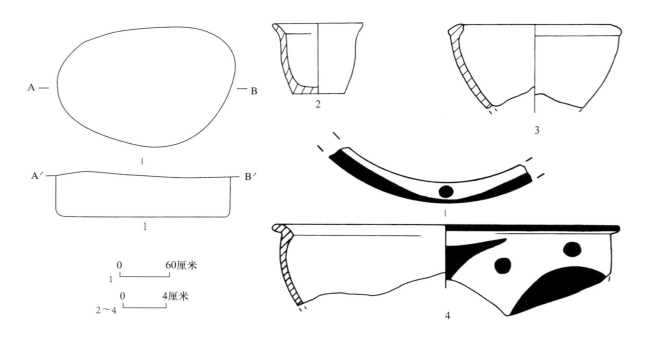

图2-2-322　H400平剖面图及出土陶器
1.平剖面图　2.杯（H400：1）　3.素面盆（H400：7）　4.彩陶盆（H400：6）

H400 挑选陶器标本 3 件，其中杯 1、彩陶盆 1、素面盆 1。

彩陶盆　H400：6，泥质红陶。敛口，仰折沿隆起，圆唇，弧腹。唇面饰一周宽 0.6 厘米的条带纹，沿面间隔饰凸弧纹、圆点，其下区域饰凸弧纹、圆点、弧边三角组成的复合纹饰。腹部以下残。口径 32、残高 8.6 厘米（图 2-2-322，4）。

素面盆　1 件。H400：7，泥质灰陶。敛口，叠方唇，弧腹。素面。腹部以下残。口径 14、残高 8 厘米（图 2-2-322，3）。

杯　1 件。H400：1，夹砂黄褐陶。侈口，仰折沿隆起，圆唇，弧腹近直，平底。外壁近口处有刮削痕迹。素面。可复原。口径 8.4、底径 4.5、高 7.1 厘米（图 2-2-322，2；图版一九〇，4）。

174. H401

位于 T190 中部。开口于第①层下，打破生土，被 H339、H340、H341、H343 打破，开口距地表 10 厘米。平面形状呈圆形，弧壁，圜底。坑口最大径 288、最小径 220、深 100 厘米。填土灰褐色，土质疏松。包含草木灰、炭粒、石块、动物骨骼等。出土陶片陶质有夹砂、泥质两种；陶色有红陶、灰陶及少量彩陶；纹饰有划纹、附加堆纹、素面等；可辨器形有钵、盆、罐、小口尖底瓶等（图 2-2-323，1）。

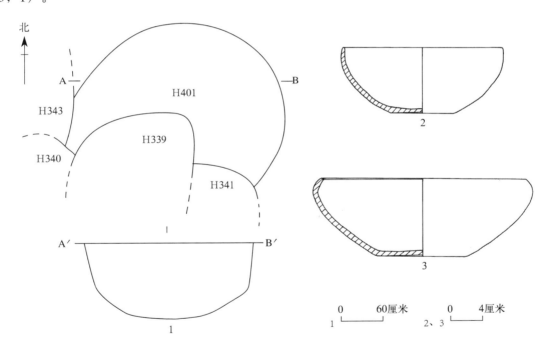

图2-2-323　H401平剖面图及出土陶器
1.平剖面图　2、3.素面钵（H401：2，H401：1）

H401 挑选陶器标本素面钵 2 件。

素面钵　2 件。泥质灰陶。弧腹，平底微内凹。素面。H401：1，敛口，尖唇。器表磨光，内外壁均有刮削痕迹。可复原。口径 24.5、底径 11、高 10 厘米（图 2-2-323，3；图版八一，1）。H401：2，直口，圆唇。器表磨光，内外壁近口处有刮削痕迹。可复原。口径 19.2、底径 7.6、高 8.5 厘米（图 2-2-323，2；图版八一，2）。

175. H402

位于T185南部。开口于第③层下，打破生土，被H348打破，开口距地表60厘米。平面形状呈圆形，斜直壁，平底。坑口直径210、坑底直径164、深55厘米。填土灰褐色，土质疏松。夹杂炭粒、红烧土块、动物骨骼、石块等。出土陶片以泥质黄褐陶为主，夹砂灰陶次之；纹饰有弦纹、磨光、篮纹、彩绘等；可辨器形有盆、钵、小口尖底瓶等（图2-2-324，1）。

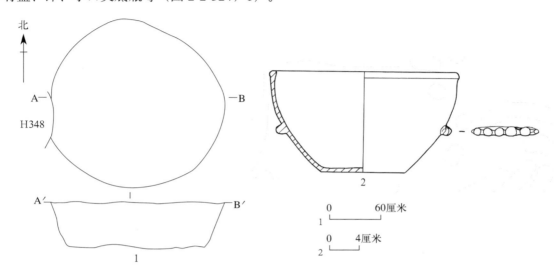

图2-2-324　H402平剖面图及出土陶器
1.平剖面图　2.素面双錾钵（H402∶1）

H402挑选陶器标本素面双錾钵1件。

素面双錾盆　1件。H402∶1，夹砂红陶。直口微敛，叠唇，弧腹，平底，腹部对称置附加突起状双錾。唇面和内外壁均有刮削痕迹。素面。可复原。口径26、底径11.6、高14.2厘米（图2-2-324，2；图版一四五，5）。

176. H405

位于T141东南部。开口于第②层下，打破生土，被H295、H384打破，开口距地表70厘米。平面形状呈椭圆形，斜壁，平底。坑口最大径295、最小径215、深140厘米。填土深灰色，土质疏松。包含草木灰、炭粒、红烧土颗粒、石块等。出土陶片以黄褐陶为主，灰陶次之；陶质有泥质、夹砂两种；纹饰有线纹、磨光、彩绘等；可辨器形有小口尖底瓶、盆、钵、罐等（图2-2-325，1）。

H405挑选陶器标本彩陶盆1件。

彩陶盆　1件。H405∶2，泥质红陶黑彩。直口，折沿隆起，圆唇，浅弧腹，平底微内凹。器表磨光。沿面饰一周三个垂弧纹、弧边三角组成的复合纹饰。可复原。口径33.4、底径12.4、高9厘米（图2-2-325，2；图版九，5）。

177. H406

位于T141西部。开口于第②层下，打破生土，开口距地表80厘米。平面形状呈椭圆形，直壁，平底。坑口最大径480、最小径235、深120厘米。填土浅灰色，土质疏松。夹杂少量红烧土颗粒。出土适量陶片，泥质黄褐陶与夹砂灰陶相当；纹饰常见彩绘、线纹；可辨器形有罐、小口尖底瓶等（图2-2-326，1）。

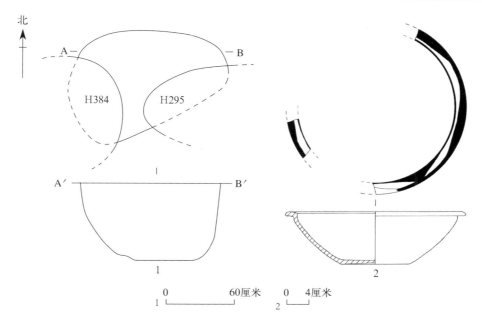

图2-2-325 H405平剖面图及出土陶器
1.平剖面图 2.彩陶盆（H405：2）

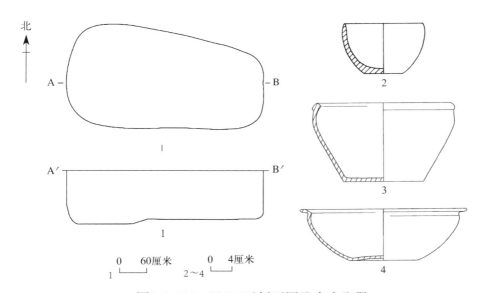

图2-2-326 H406平剖面图及出土陶器
1.平剖面图 2.素面钵（H406：6） 3、4.素面盆（H406：4、H406：13）

H406挑选陶器标本3件，其中素面盆2、素面钵1。

素面钵 1件。H406：6，泥质红陶，厚胎。直口，尖唇，弧腹，平底。器表磨光，内壁有刮削痕迹。素面。可复原。口径14.3、底径7、高9.4—9.6厘米（图2-2-326，2）。

素面盆 2件。素面。H406：4，夹砂灰陶。敛口，方叠唇，弧腹，下腹部近直，平底。器表磨光，内外壁均有刮削痕迹。可复原。口径27.2、底径15.2、高15.4厘米（图2-2-326，3；图版一二一，5）。H406：13，泥质红陶。直口微敛，折沿隆起，浅弧腹，平底内凹。器表磨光，内外壁有明显刮削痕迹。可复原。口径31.8、底径12.8、高10厘米（图2-2-326，4；图版一二一，4）。

178. H407

位于 T210 西部。开口于第①层下，打破生土，开口距地表 10 厘米。平面形状呈圆形，斜直壁，平底。坑口直径 205、坑底最大径 150、深 180 厘米。填土灰褐色，土质紧密。包含红烧土颗粒、炭粒等。出土陶片以泥质黄褐陶为主、夹砂灰陶次之；纹饰有划纹、彩绘等；可辨器形有小口尖底瓶、钵、盆等（图 2-2-327）。

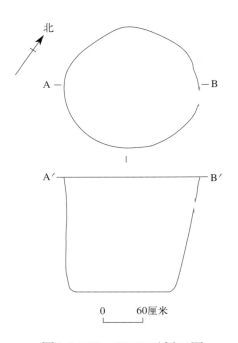

图2-2-327　H407平剖面图

H407 挑选陶器标本 3 件，其中鼓腹罐 2、素面盆 1。

素面盆　1 件。H407：3，泥质黄褐陶。器形不规整，略有歪斜。敞口，圆唇，仰折沿微隆起，弧腹，平底。内外壁有明显刮削痕迹。素面。可复原。口径 34.2、底径 10.4、高 10.5—11.3 厘米（图 2-2-328，1；图版一二一，6）。

鼓腹罐　2 件。夹砂陶。H407：5，灰陶。侈口，折沿下凹成槽，圆唇，溜肩，鼓腹，平底。内外壁有明显刮削痕迹。腹部通体饰左斜线纹，上腹部饰数周凹弦纹，近底处抹平。可复原。口径 25.5、底径 14.4、高 27.8 厘米（图 2-2-328，2；图版一六三，6）。H407：6，红陶。器身不规整，略有歪斜。直口，方唇，矮领，鼓腹，下腹部近直，平底。腹部通体饰左斜线纹，近底处抹平，肩部饰数周凹弦纹。可复原。口径 27、腹径 32.6、底径 14、高 32.5 厘米（图 2-2-328，3；图版一六四，1）。

179. H408

位于 T38 东北部。开口第②层下，打破生土，被 H328 打破，开口距地表 22 厘米。平面形状呈椭圆形，西部为直壁，东部为袋形，平底，坑壁及底部规整。开口直径 316-262、底径 320—360、深 310 厘米。填土为灰褐色，土质疏松。夹杂适量红烧土颗粒。出土有陶片、石块、动物骨骼等。陶片以泥质黄褐陶为主、夹砂灰陶次之；纹饰有划纹、线纹、彩绘等；可辨器形有小口尖底瓶、钵、盆、钵、器盖、杯等（图 2-2-329）。

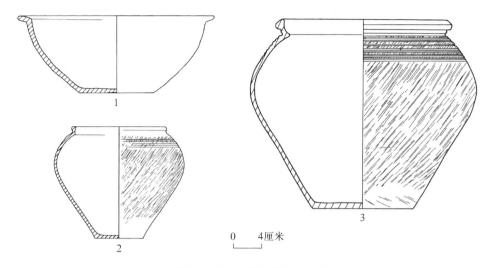

图2-2-328　H407出土陶器

1.素面盆（H407：3）　　2、3.鼓腹罐（H407：5、H407：6）

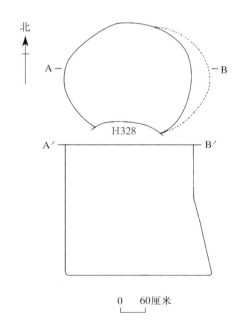

图2-2-329　H408平剖面图

　　H408挑选陶器标本101件，其中彩陶钵27、彩陶盆13、环11、素面盆9、素面双錾盆7、素面钵7、鼓腹罐7、小口尖底瓶6、深腹罐3、器盖3、瓮2、器座2、纺轮2、杯1、双錾甑1。

　　彩陶钵　27件。泥质陶。H408：1，红陶。敛口，圆唇，弧腹，平底。口部外壁饰一周条带纹，腹部饰四组弧线、圆点组成的复合纹饰。可复原。口径25.5—27、底径10.5、高12.1—12.4厘米（图2-2-331，7；彩版一二一，1）。H408：3，黄褐陶。敛口，圆唇，曲腹近折，平底。口部外壁间隔饰一周四个垂弧纹与圆点，上腹部饰两周细条带纹。可复原。口径24.5、底径10.2、高10.6厘米（图2-2-331，5；彩版一二一，2）。H408：4，黄褐陶。敛口，尖唇，曲腹，平底内凹。口部外壁饰一周垂弧纹，其下对应饰双连弧纹，下腹部饰一周条带纹。可复原。口径13.8、底径5.4、高6.7厘米（图2-2-331，

12；图版三九，3）。H408：12，黄褐陶。直口微侈，尖唇，弧腹近直，平底。口部外壁饰一周条带纹，其下区域饰四个圆点。可复原。口径22.7、底径9.7、高9.8厘米（图2-2-331，8；图版三九，4）。H408：13，黄褐陶。敛口，圆唇，弧腹近直，平底。口部外壁、腹部各饰一周条带纹，其间区域饰数组填充网格纹的圆圈纹，圆圈纹之间饰数个圆点。可复原。口径15、底径6、高6.2厘米（图2-2-331，15；图版三九，5）。H408：30，黄褐陶，通体饰红衣。敛口，尖唇，曲腹，平底内凹。口部外壁饰一周四个垂弧纹与圆点，腹部饰一周宽0.2厘米的细条带纹和五个圆点。可复原。口径13、腹径14.2、底径5.4、高7.2—7.5厘米（图2-2-330，4；彩版一二二，1）。H408：31，黄褐陶。口部变形。直口，尖唇，弧腹近直，平底内部微凸起。口部外壁、腹部各饰一周条带纹，其间区域用留白分为四个单元格，一个单元格内饰两组上下对称的对弧边直角、弧边三角形，其余三个单元格内饰对弧边直角、弧边三角形、圆点组成的复合纹饰。可复原。口径16.7—17.7、底径5.9—6.1、高7.8厘米（图2-2-330，2；彩版一二二，2）。H408：32，黄褐陶。器形不规整，歪斜严重。直口，尖唇，曲腹，平底内凹。口部外壁饰一周四个垂弧纹，腹部饰一周条带纹，其间区域用凸弧纹分为四个单元格，每个单元格内饰双连弧线和圆点组成的复合纹饰。可复原。口径15.6、底径6.2、高8.5厘米（图2-2-331，14；彩版一二七，1）。H408：33，黄褐陶。直口微侈，尖唇，弧腹，平底内凹。口部外壁饰一周四个垂弧纹，腹部饰两周条带纹。可复原。口径13、底径6、高6.3厘米（图2-2-330，12）。H408：34，黄褐陶。直口，尖唇，曲腹近折，平底内部凸起。下腹部饰一周条带纹，其上区域用弧边三角分为三个单元格，每个单元格间饰凸弧纹和圆点。可复原。口径17、底径6.6、高8.7厘米（图2-2-330，6；彩版一二三，2）。H408：35，红陶，通体饰红衣。器形不规整，歪斜严重。直口，尖唇，弧腹，平底内凹。口部外壁饰一周五个垂弧纹，其下对应饰五组双连弧线、圆点组成的复合纹饰。可复原。口径14.6—15.1、底径5.6、高7.2厘米（图2-2-330，8；彩版一二四，1）。H408：36，黄褐陶，通体饰红衣。直口微敛，圆唇，弧腹近直，平底。腹部间隔饰两组纹饰，一组为由双连弧线、圆点组成的复合纹饰，另一组为由五组凸弧纹组成的复合纹饰，两组纹饰之间饰斜线、圆点组成的复合纹饰。可复原。口径13.7、底径5.3、高6.2—6.4厘米（图2-2-330，7；彩版一二四，2）。H408：37，黄褐陶。直口，尖唇，曲腹，平底。口部外壁饰一周四个垂弧纹，下腹部饰一周条带纹，其间区域用凸弧纹分为四个单元格，每个单元格内饰三连弧线和圆点组成的复合纹饰。可复原。口径14、底径5.4、高7厘米（图2-2-330，9；彩版一二五，1）。H408：38，黄褐陶。敛口，尖唇，曲腹，平底微内凹。口部外壁饰一周四个垂弧纹，腹部饰两周细条带纹和五个圆点。可复原。口径24.2、底径10、高11.5厘米（图2-2-331，6；图版三九，6）。H408：39，黄褐陶。敛口，尖唇，曲腹，平底内凹。口部外壁饰一周三个垂弧纹，腹部饰一周条带纹，其间区域用凸弧纹分为三个单元格，每个单元格内饰双连弧线、圆点组成的复合纹饰。可复原。口径15.9、腹径17、底径5.6、高7.7厘米（图2-2-330，11；彩版一二五，2）。H408：40，黄褐陶，通体饰白衣。敛口，尖唇，曲腹，平底微内凹。口部外壁间隔饰一周六个垂弧纹和圆点，腹部饰两周粗细不均的条带纹。可复原。口径24.2、腹径25.8、底径11.2、高10.6厘米（图2-2-331，2；彩版一二六，1）。H408：41，黄褐陶，胎较厚。敛口，方唇，曲腹，平底微内凹。唇部及腹部各饰一周条带纹，其间区域饰四组弧边三角、圆点、双短线、双连弧组成的复合纹饰。可复原。口径22.6、底径9.5、高15.4厘米（图2-2-330，1；彩版一二六，2）。H408：42，黄褐陶，器表磨光后有饰白衣之感。敛口，尖唇，曲腹，平底微内凹。腹部饰一周条带纹，其上区域用两组上下对称的弧边直角分为四个单元格，三个单元格内饰上下对称的弧边三角形，另一单元格内饰弧边三角。可复原。口径14.8、腹径15.8、底径5.8、高7.2厘

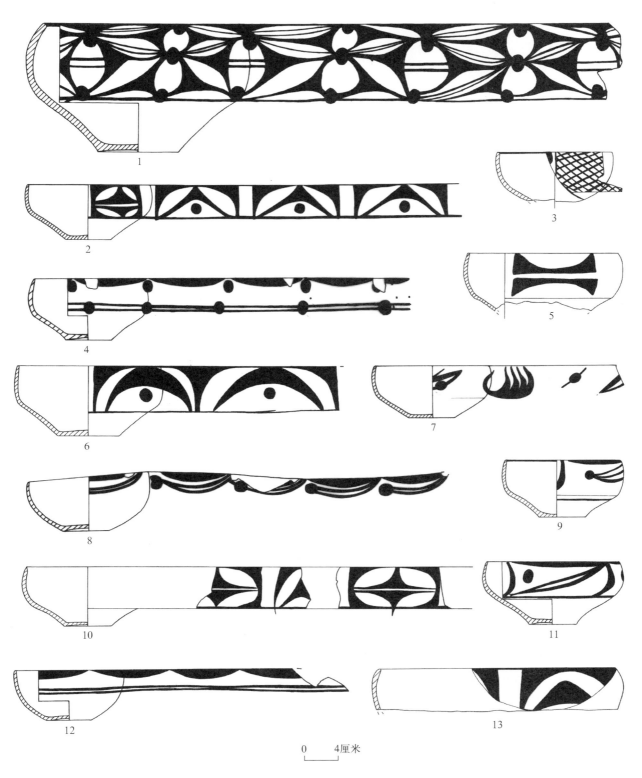

图2-2-330　H408出土彩陶钵

1-13.彩陶钵（H408：41、H408：31、H408：141、H408：30、H408：101、H408：34、H408：36、H408：35、H408：37、H408：42、H408：39、H408：33、H408：134）

米（图2-2-330，10）。H408：43，黄褐陶。直口微敛，尖唇，曲腹，平底。口部外壁饰一周五个垂弧纹，其下对应饰五组双连弧纹。可复原。口径24.8、底径9.8、高11.8厘米（图2-2-331，9；彩版一二七，1）。H408：45，黄褐陶。直口微侈，尖唇，曲腹，平底。口部外壁饰一周条带纹。可复原。口径20.1、底径7.8、高8.5厘米（图2-2-331，4；图版四〇，1）。H408：101，黄褐陶。圆唇。敛口，曲腹，腹部上下对称饰连弧边直角。腹部以下残。口径18、腹径19.2、残高7厘米（图2-2-330，5；彩版二五〇，2）。H408：127，黄褐陶。敛口，尖唇，弧腹。口部外壁饰一周垂弧纹，其下区域饰三连弧线、圆点组成的复合纹饰。腹部以下残。口径36、残高6.8厘米（图2-2-331，1）。H408：134，黄褐陶。敛口，圆唇，弧腹。腹部外壁饰一周条带纹，其上区域用留白分为数个单元格，每个单元格内饰对弧边直角、凸弧纹组成的复合纹饰。腹部以下残。口径28、残高5.1厘米（图2-2-330，13）。H408：135，黄褐陶。敛口，圆唇，弧腹。口部外壁饰一周垂弧纹，其下区域饰对弧边直角、圆点组成的复合纹饰。腹部以下残。口径22、残高6.1厘米（图2-2-331，3）。H408：139，黄褐陶。敛口，圆唇，弧腹。口部外壁饰凸弧纹、弧线、圆点组成的复合纹饰。腹部以下残。口径14、残高3.4厘米（图2-2-331，11）。H408：140，黄褐陶。直口，尖唇，弧腹。口部外壁饰五周0.2-0.3厘米宽的条带纹。腹部以下残。口径15.6、残高6.6厘米（图2-2-331，13）。H408：141，黄褐陶。直口，圆唇。弧腹，唇面与腹部各饰一周条带纹，其间满饰网格纹。腹部以下残。口径13.8、残高6厘米（图2-2-330，3）。

彩陶盆　13件。泥质陶。圆唇，仰折沿隆起，平底。H408：2，黄褐陶。敛口，曲腹。沿面、下腹部各饰一周条带纹，其间区域饰网格纹。可复原。口径34.8、底径14、高17.2厘米（图2-2-332，2；彩版二二〇，1）。H408：8，红陶。敛口，曲腹。沿面及内外壁均有修整痕迹。唇面、下腹部各饰一周条带纹，腹部饰三组双连弧线、圆点、弧边三角、凸弧纹组成的复合纹饰。可复原。口径31.6—32.2、底径10.4—10.8、高18.6厘米（图2-2-332，3；彩版二二〇，2）。H408：9，红陶。敛口，曲腹。唇面、沿面、腹部上、下部各饰一周条带纹，其间区域饰三组弧边三角、凸弧纹、圆点、弧线组成的复合纹饰。可复原。口径31、底径11、高19.5厘米（图2-2-332，1；彩版二二一，1）。H408：44，红陶。敛口，曲腹，平底微内凹。唇面、下腹部各饰一周条带纹，其间区域饰三组弧边三角形、圆点、凸弧纹组成的复合纹饰。可复原。口径32.3—12.7、底径11.3、高20.6厘米（图2-2-333，1；彩版二二一，2）。H408：47，红陶。直口，弧腹。沿面饰七组垂弧纹、弧边三角组成的复合纹饰。可复原。口径28.6、底径11.4、高10.1—10.4厘米（图2-2-333，5；图版六，1）。H408：58，红陶，通体饰白衣。敛口，曲腹，平底微内凹。唇面、下腹部各饰一周条带纹，其间区域饰两组弧边三角、圆点、短横线、凸弧纹、双弧线、勾连纹组成的复合纹饰。底部残。口径34.3、底径13、残高21.7厘米（图2-2-332，6；彩版二二三，1）。H408：100，黄褐陶。敛口，曲腹。沿面饰一周弧边三角、垂弧纹组成的复合纹饰。腹部饰数个圆点、凸弧纹组成的复合纹饰，其间绘一只蜥蜴，匍匐状，圆首，屈肢，三趾分开，身体肥硕，细长尾。腹部以下残。口径32、腹径31.2、残高8.2厘米（图2-2-332，4；彩版二五〇，1）。H408：107，黄褐陶，通饰红衣。敞口，弧颈、弧腹。唇面饰一周宽0.6厘米的条带纹，沿面间隔饰双短线、垂弧纹，腹部饰数个圆点、三连弧线组成的复合纹饰。腹部以下残。口径36、残高8.2厘米（图2-2-333，3）。H408：108，黄褐陶。敛口，溜肩，鼓腹。唇面饰一周宽0.6厘米的条带纹，腹部饰数周凹弦纹。腹部以下残。口径30、残高9.8厘米（图2-2-333，2）。H408：132，黄褐陶。敛口，溜肩。唇面饰一周宽0.5厘米宽的条带纹，腹部饰凸弧纹、圆点、双连弧线组成的复合纹饰。腹部以下残。口径38、残高7.2厘米（图2-2-333，4）。H408：133，黄褐陶。敛口，溜肩，弧腹。唇面、上腹部

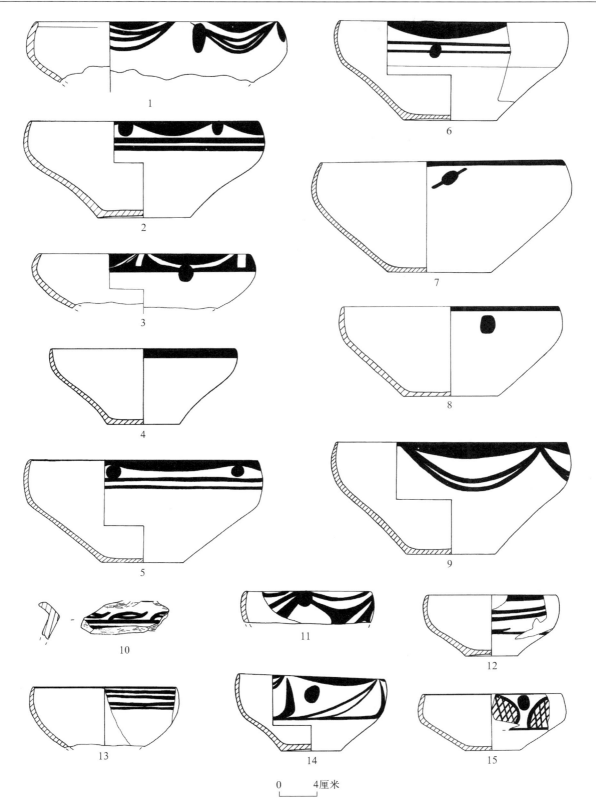

图2-2-331　H408出土彩陶

1—9、11—15.彩陶钵（H408：127、H408：40、H408：135、H408：45、H408：3、H408：38、H408：1、H408：12、H408：43、H408：139、H408：4、H408：140、H408：32、H408：13）　10.彩陶盆（H408：144）

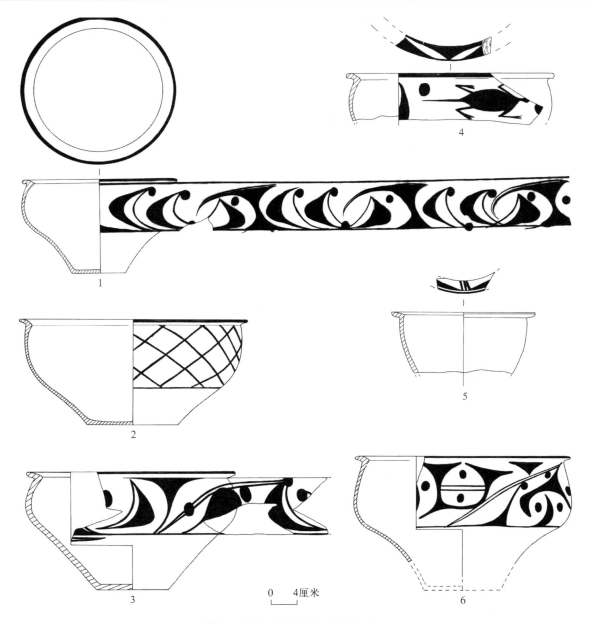

图2-2-332　H408出土彩陶盆

1-6.彩陶盆（H408：9、H408：2、H408：8、H408：100、H408：137、H408：58）

各饰一周宽0.8厘米的条带纹，腹部饰凸弧纹、弧边三角组成的复合纹饰。腹部以下残。口径24、腹径24、残高10厘米（图2-2-333，6）。H408：137，黄褐陶。直口微敛，溜肩，弧腹。唇面饰一周宽0.2厘米的条带纹，沿面间隔饰三短竖线、垂弧纹。腹部以下残。口径22、残高9.6厘米（图2-2-332，5）。H408：144，黄褐陶。敛口，溜肩。颈部外壁饰两周宽0.4厘米的条带纹，其上区域饰交弧纹。腹部以下残。残高3.8厘米（图2-2-331，10）。

素面双錾盆　7件。泥质陶。腹部对称置附加凸起状錾手。素面。H408：16，黄褐陶。敛口，折沿外侧下斜，曲腹，平底。可复原。口径36.6、底径14.7、高21.2厘米（图2-2-334，6；图版一四五，6）。H408：17，红陶。敛口，叠唇，曲腹，平底。可复原。口径30.6、底径14.4、高17.7厘米（图2-2-334，1；

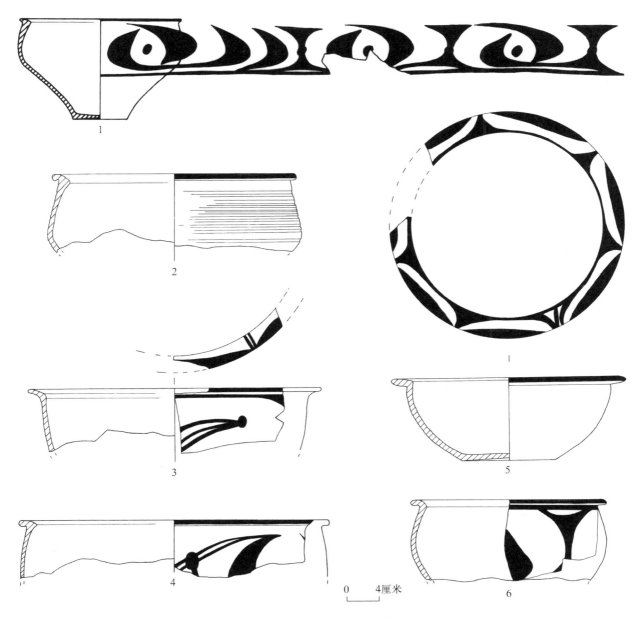

图2-2-333　H408出土彩陶盆

1-6.彩陶盆（H408：44、H408：108、H408：107、H408：132、H408：47、H408：133）

图版一四六，1）。H408：49，灰陶。器形不规整，歪斜严重。直口，圆唇，折沿外侧下斜，弧腹，平底。可复原。口径32.1、底径10.7、高15.6厘米（图2-2-334，4；图版一四六，2）。H408：111，黄褐陶。敛口，叠圆唇，弧腹。腹部以下残。口径52、残高10厘米（图2-2-334，7）。H408：125，黄褐陶。侈口，叠圆唇，弧腹。腹部以下残。口径28、残高8厘米（图2-2-334，3）。H408：128，黄褐陶。敛口，叠圆唇，弧腹。腹部以下残。口径34、残高9.2厘米（图2-2-334，2）。H408：126，黄褐陶。敛口，方唇，弧腹。腹部以下残。口径22、残高6.6厘米（图2-2-334，8）。

双錾甑　1件。H408：18，夹砂灰陶。直口微敛，方唇，斜直腹，平底，腹部对称置附加突起状双錾，底部有五个圆形孔箅。唇部及内外壁近口处有刮削痕迹。素面。可复原。口径26、底径14.2、高15.5

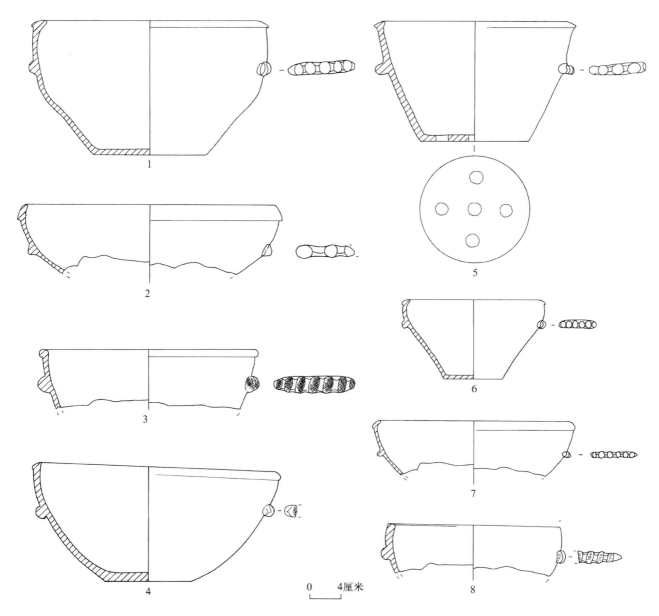

图2-2-334　H408出土陶器

1—4、6—8.素面双錾盆（H408：17、H408：128、H408：125、H408：49、H408：16、H408：111、H408：126）　5.双錾瓶（H408：18）

厘米（图2-2-334，5；图版一五五，1）。

素面盆　9件。素面。H408：7，夹砂红陶。器形不规整，歪斜严重。直口微敛，折沿隆起，方唇，曲腹，平底。沿面及内壁有明显的刮削痕迹。近底处有数周竖线纹。可复原。口径23.5—26.1、底径12—12.5、高12.2厘米（图2-2-335，11）。H408：22，泥质灰陶。侈口，圆唇，卷沿，弧腹近直，平底。可复原。口径18、底径8.4、高9.2厘米（图2-2-335，9）。H408：51，泥质黑陶。敞口，圆唇，仰折沿微隆起，弧腹，平底。可复原。口径27.5—28.4、底径11—11.6、高10—10.6厘米（图2-2-335，5；图版一二二，1）。H408：59，泥质黄褐陶。敞口，尖唇，卷沿，平底。可复原。口径21.1、底径10.2、高8.4厘米（图2-2-335，16；图版一二二，2）。H408：118，泥质黄褐陶。直口，仰折沿隆起，圆唇，弧腹。腹部以下残。口径30、残高7.4（图2-2-335，6）。H408：119，泥质黄褐陶。敛口，仰折沿隆起，圆唇，弧腹。腹部以下残。口径24.4、残高9.8厘米（图2-2-335，14）。H408：122，泥质黄褐陶。侈口，仰折沿隆起，圆唇，斜直腹。腹部以下残。口径34、残高4.8厘米（图2-2-335，3）。H408：123，泥质黄褐陶。敛口，叠圆唇，弧腹。腹部以下残。口径42.4、残高9.4厘米（图2-2-335，1）。H408：145，泥质黄褐陶。敛口，叠圆唇，弧腹。腹部以下残。口径35.2、残高6.4厘米（图2-2-335，2）。

素面钵　7件。素面。H408：5，泥质黄褐陶，口部略变形为呈椭圆形。敛口，圆唇，曲腹，平底。可复原。口径20.3—21.2、底径11、高9.5—9.8厘米（图2-2-335，12）。H408：6，夹砂灰陶。器形不规整，略呈椭圆形。直口微敛，圆唇，直腹，平底。唇部及内外壁近口处有刮削痕迹，近底处有刻划痕迹。可复原。口径15.5—15.8、底径15.2—16.2、高13.6厘米（图2-2-335，15；图版八一，3）。H408：20，泥质黄褐陶，胎较厚。敛口，圆唇，鼓腹，平底。器表及内壁有明显泥条圈筑痕迹，内外壁近口部有刮削痕迹。可复原。口径12、底径11、高8.5厘米（图2-2-335，10）。H408：21，泥质红陶。敞口，尖唇，弧腹，平底。外壁近口处及内壁有刮削痕迹。可复原。口径21、底径9、高9.8厘米（图2-2-335，4）。H408：54，夹砂黄褐陶，器胎较厚。侈口，圆唇，弧腹，平底内凹。外壁近口处及内壁有刮削痕迹，外壁近底处有明显刮抹痕迹。可复原。口径7.6、底径4.6、高3.5厘米（图2-2-335，8；图版八一，4）。H408：102，泥质黑陶。直口，尖唇，弧腹近折，下腹部近直，平底微内凹。外壁磨光，内壁抹光。内外壁均有刮削痕迹。可复原。口径16.6、底径7、高7.9厘米（图2-2-335，16）。H408：120，泥质黄褐陶。敛口，圆唇，弧腹。腹部以下残。口径24、残高8.6厘米（图2-2-335，12）。

深腹罐　3件。夹砂陶。敛口，仰折沿，溜肩。鼓腹。肩部饰数周凹弦纹，腹部饰左斜线纹。H408：25，红陶。圆唇，平底。内外壁近口处有刮削痕迹。上腹部饰四个右斜短附加堆纹，其下区域饰一周附加堆纹。可复原。口径24.4、腹径25.8、底径13.3、高19厘米（图2-2-336，10；图版一七〇，6）。H408：26，红陶。方唇，平底。上腹部饰三个右斜短附加堆纹和三个饼状附加堆纹，其上有明显的按窝痕迹，其下区域饰一周附加堆纹。内外壁近口处有刮削痕迹。可复原。口径25.2、腹径26.6、底径12、高20.3厘米（图2-2-336，12；图版一七一，1）。H408：117，灰陶。方唇。腹部饰一周附加堆纹。腹部以下残。口径26、残高9.2厘米（图2-2-336，7）。

鼓腹罐　7件。夹砂陶。敛口，仰折沿，溜肩，鼓腹。H408：48，红陶。圆唇。上腹饰凹弦纹，间饰竖短篮纹，口部外侧饰三个饼状附加堆纹，其上有明显的按窝痕迹。口部内侧有刮削痕迹。可复原。口径21.5、腹径31.5、底径15.2、高28.7厘米（图2-2-336，4；图版一六四，2）。H408：72，灰陶。器形不规整，口部呈椭圆形。方唇，唇部中间下凹成槽，下腹部略内收。口部内外侧有刮削痕迹。可复原。口径21.5—22.5、腹径31.5—32.5、底径14.3—15.1、高38.1厘米（图2-2-336，8）。H408：90，灰陶。圆唇。肩部饰数周凹弦纹。可复原。口径16.9、底径12.5、高20.4厘米（图2-2-336，5）。H408：114，灰陶。方唇。肩部饰间隔线纹，颈部有数个饼状附加堆纹。腹部以下残。口径18、残高9.6厘米（图2-2-336，11）。H408：115，灰陶。方唇。肩部饰间隔篮纹和数个饼状附加堆纹。腹部以下残。口径22.8、残高9.6厘米（图2-2-336，9）。H408：116，灰陶。方唇。肩部饰数周凹弦纹。腹部以下残。口径18.8、残高4.8厘米（图2-2-336，6）。H408：121，灰陶。圆唇。素面。腹部以下残。口径18、残高6.4厘米（图2-2-336，3）。

瓮　2件。夹砂灰陶。敛口，叠圆唇，溜肩，鼓腹。素面。H408：143，腹部以下残。口径30、残高3.8厘米（图2-2-336，1）。H408：124，腹部以下残。口径19.2、残高8厘米（图2-2-336，2）。

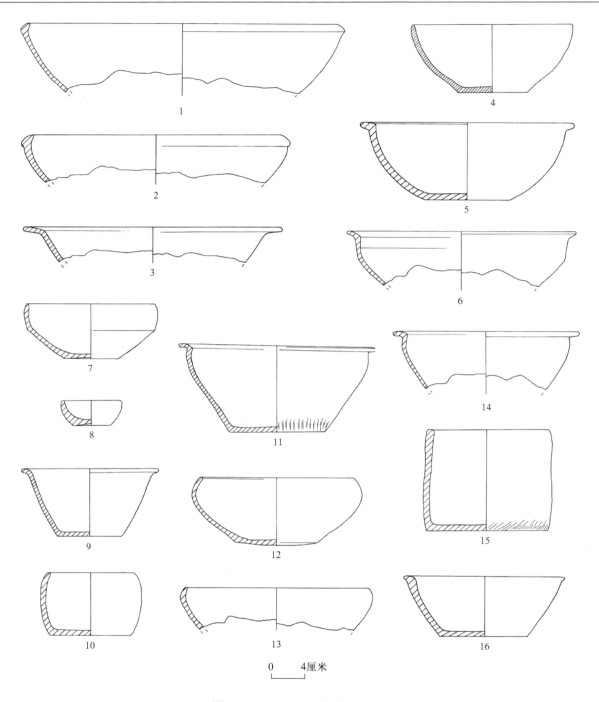

0 4厘米

图2-2-335　H408出土陶器

1-3、5、6、9、11、14、16.素面盆（H408：123、H408：145、H408：122、H408：51、H408：118、H408：22、H408：7、H408：119、H408：59）　4、7、8、10、12、13、15.素面钵（H408：21、H408：120、H408：54、H408：20、H408：5、H408：120、H408：16、H408：102）

　　器盖　3件。夹砂陶。敞口，弧腹，圜顶。素面。H408：19，灰陶。方唇，唇面有一周凹槽，桥状纽。可复原。口径13.9、高6.6厘米（图2-2-337，5）。H408：23，黄褐陶。圆唇，弧腹近直，凸起状纽。可复原。口径6.5、高3.5厘米（图2-2-337，10）。H408：28，红陶。圆唇，椭圆形柱状纽。可复原。口径6.5、高3厘米（图2-2-337，12）。

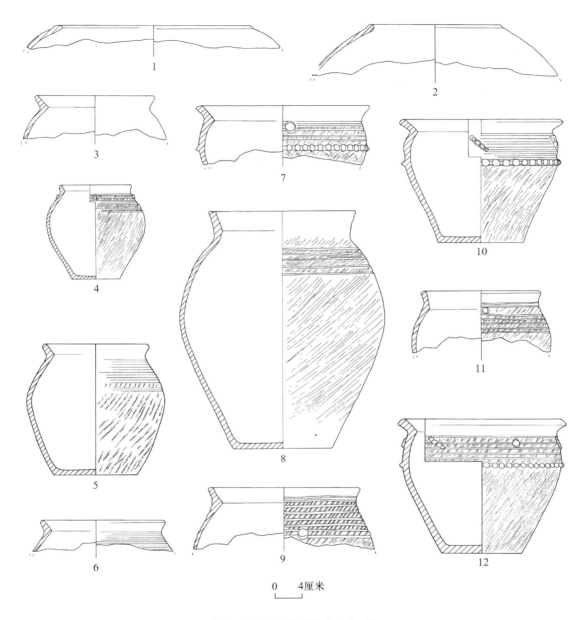

图2-2-336 H408出土陶器

1、2.瓮（H408：143、H408：124） 3-6、8、9、11.鼓腹罐（H408：121、H408：48、H408：90、H408：116、H408：72、H408：115、H408：114） 7、10、12.深腹罐（H408：117、H408：25、H408：26）

小口尖底瓶 6件。泥质黄褐陶。H408：104，橄榄状腹。腹部饰左斜线纹。残存腹部。腹径17.2、残高24.8厘米（图2-2-337，7）。H408：105，葫芦形口，敞口，圆唇，束颈。素面。颈部以下残。口径4、残高6厘米（图2-2-337，9）。H408：106，葫芦形口，直口，圆唇。颈部以下饰线纹。口部以下残。口径4、残高9.4厘米（图2-2-337，8）。H408：109，葫芦形口，敞口，圆唇，束颈。颈部以下饰线纹。颈部以下残。口径4.8、残高12厘米（图2-2-337，2）。H408：112，下腹部较直，尖底。外壁饰线纹。底部内部最下部残留有泥条盘筑和拼接痕迹。腹部以上残。残高10厘米（图2-2-337，6）。H408：151，敛口，圆唇，退化重唇口，弧颈。口部以下饰线纹。肩部以下残。口4.8、残高10.3厘米（图2-2-337，1）。

器座　2件。H408：27，夹砂黄褐陶。直口微敛，方唇，斜直腹，平底，腹部对称置四个圆形孔洞。内壁有泥条盘筑痕迹，唇部及内外壁近口处有刮削痕迹。腹部饰左斜线纹，近底处抹平。可复原。口径15.8、底径17.8、高15.2厘米（图2-2-337，4；图版一八六，4）。H408：52，泥质红陶。敞口，圆唇，折腰。内外壁均有刮削痕迹。素面。可复原。口径14.2、底径15.6、高11.6厘米（图2-2-337，3；图版一八五，2）。

杯　1件。H408：24，夹砂黄褐陶，厚胎。侈口，尖唇，弧腹内收，平底。内外壁近口处有刮削痕迹。素面。可复原。口径5.2、底径3.4—3.8、高3.9厘米（图2-2-337，11）。

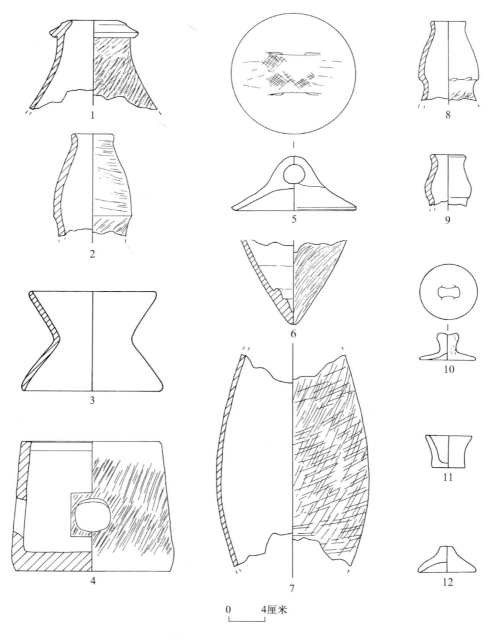

0　　4厘米

图2-2-337　H408出土陶器

1、2、6-9.小口尖底瓶（H408：151、H408：109、H408：112、H408：104、H408：106、H408：105）　3、4.器座（H408：52、H408：27）　5、10、12.器盖（H408：19、H408：23、H408：28）　11.杯（H408：24）

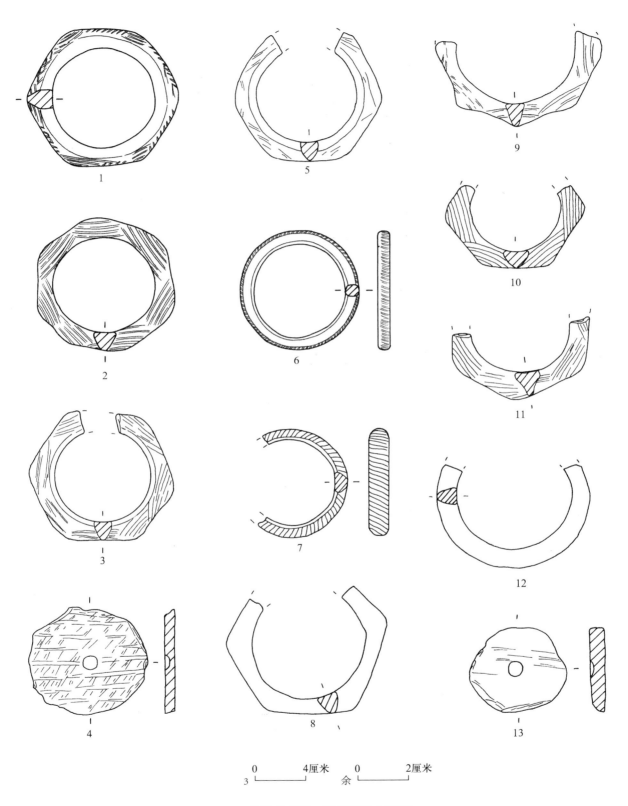

图2-2-338　H408出土陶器

1-3、5-12.环（H408：103、H408：104、H408：66、H408：64、H408：55、H408：61、H408：65、H408：56、H408：63、H408：62、H408：152）　　4、13.纺轮（H408：71、H408：70）

环　11件。泥质灰陶。环状。H408：55，平面为圆形，截面为抹角长方形。外侧饰篮纹。可复原。内径9.2、外径12.6、厚1.6厘米（图2-2-338，6）。H408：56，平面为五边形，截面为弧边三角形。器表饰线纹。可复原。外径6.8、内径4.8、厚1厘米（图2-2-338，9；彩版二五七，1）。H408：61，平面为圆形。截面为弧边三角形。外侧饰线纹。可复原。内径7.6、外径9、厚0.9厘米（图2-2-338，7）。H408：62，平面为五边形，截面为弧边三角形。器表饰线纹。可复原。外径5.6、内径4，厚0.8厘米（图2-2-338，11）。H408：63，平面为五边形，截面为弧边三角形。器表饰线纹。可复原。外径5.6、内径3.7，厚0.8厘米（图2-2-338，10）。H408：64，平面为六边形，截面为弧边三角形。外侧饰线纹。可复原。内径8、外径11.6、厚1.6厘米（图2-2-338，5；彩版二五七，2）。H408：65，平面为五边形，截面为弧边三角形。素面。可复原。外径6.8、内径4.5、厚1.1厘米（图2-2-338，8；彩版二五八，1）。H408：66，平面为六边形，截面为弧边三角形。外侧饰线纹。可复原。内径7.6、外径11.8、厚1.6厘米（图2-2-338，3；彩版二五八，2）。H408：103，平面为弧六边形，截面为弧边三角形。外侧饰篮纹。可复原。外径6.1、内径4.1、厚1厘米（图2-2-338，1）。H408：104，平面为弧六边形，截面为弧边三角形。外侧饰篮纹。可复原。外径5.5、内径4.1、厚0.7厘米（图2-2-338，2）。H408：152，平面为圆形，截面为弧边三角形。素面。可复原。外径6.3、内径4.6、厚0.8厘米（图2-2-338，12）。

纺轮　2件。夹砂灰陶。圆形，中间有孔，利用碎陶片修整而成。H408：70，可复原。直径7-8、厚1.2厘米（图2-2-338，13）。H408：71，可复原。直径8.9-9.6、厚0.8厘米（图2-2-338，4）。

180. H412

位于T55北部。开口于第1层下，打破生土，被H472、H611打破，开口距地表10厘米。平面形状呈椭圆形，弧壁，圜底。坑口最大径460、最小径380、深130厘米。填土灰褐色，土质疏松。夹杂少量石块、动物骨骼等。出土陶片陶质有泥质、夹砂两种；陶色可分为红陶、灰陶等；纹饰有划纹、线纹、附加堆纹、彩绘等；可辨器形有盆、罐、钵等（图2-2-339）。

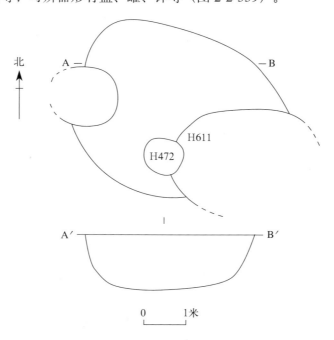

图2-2-339　H412平剖面图

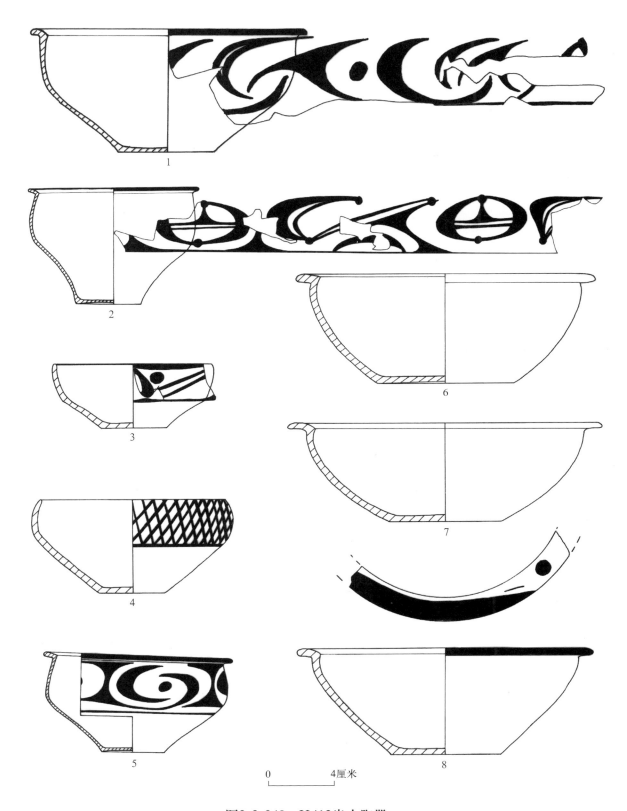

0 　　　　 4厘米

图2-2-340　H412出土陶器

1、2、5、8.彩陶盆（H412∶6、H412∶4、H412∶5、H412∶7）　3、4.彩陶钵（H412∶10、H412∶11）　6、7.素面钵（H412∶9、H412∶8）

H412 挑选陶器标本 8 件，其中彩陶盆 4、彩陶钵 2、素面盆 2。

彩陶盆　4 件。泥质黄褐陶黑彩。H412：4，敛口，仰折沿隆起，方唇，溜肩，深曲腹，平底微内凹。内壁有修整痕迹。唇面、下腹部各饰一周宽 0.8、0.4 厘米的条带纹，其间区域饰两组弧边三角、凸弧纹、圆点、短线组成的复合纹饰。可复原。口径 34.5、腹径 33.7、底径 13.1、高 23.1—23.6 厘米（图 2-2-340，2）。H412：5，敛口，仰折沿隆起，圆唇，曲腹近折，平底微内凹。唇面、下腹部各饰一周宽 1、0.3 厘米的条带纹，其间区域饰三组对弧边三角、凸弧纹、圆点组成的复合纹饰。可复原。口径 37.5—38.6、腹径 36、底径 12、高 19.6 厘米（图 2-2-340，5；彩版二二二，2）。H412：6，直口微敛，仰折沿隆起，圆唇，曲腹，平底。唇面、下腹部各饰一周宽 0.9、0.4 厘米的条带纹，其间区域饰弧边三角、凸弧纹、圆点组成的复合纹饰。可复原。口径 32.7—34、底径 11—11.5、高 15.9 厘米（图 2-2-340，1；彩版二二三，1）。H412：7，直口微敛，折沿隆起，圆唇，浅弧腹，平底。器表磨光，内外壁均有刮削痕迹。沿面饰圆点、垂弧纹组成的复合纹饰。可复原。口径 29.4、底径 11、高 10.7 厘米（图 2-2-340，8；图版六，2）。

彩陶钵　2 件。泥质陶黑彩。H412：10，黄褐陶。直口，圆唇，浅曲腹，平底。器表磨光，内外壁均有刮削痕迹。沿面饰一周垂弧纹，下腹部饰一周条带纹，其间区域饰凸弧纹、圆点、双弧线组成的复合纹饰。可复原。口径 15.6、底径 6.4、高 6.6 厘米（图 2-2-340，3；图版四〇，2）。H412：11，黄褐陶。敛口，圆唇，弧腹近直，平底。器表磨光发白，内外壁均有刮削痕迹。口部外壁、下腹部各饰一周条带纹，其间区域饰网格纹。可复原。口径 18.2、底径 6.4、高 9.5 厘米（图 2-2-340，4；彩版一二七，2）。

素面盆　2 件。泥质陶。敛口，圆唇，仰折沿隆起，浅弧腹，平底。素面。H412：8，红陶。器表磨光，内外壁均有刮削痕迹。可复原。口径 31、底径 11、高 10.1 厘米（图 2-2-340，7；图版六，3）。H412：9，黄褐陶，内壁因渗碳呈黑色。器形不规整，略有歪斜。器表磨光，内外壁均有刮削痕迹。可复原。口径 29、底径 13.4、高 9.8—10.5 厘米（图 2-2-340，6；图版一二二，3）。

181. H419

位于 T24 中部。开口于第②层下，打破生土，开口距地表 25 厘米。平面形状呈椭圆形，直壁，平底。坑口最大径 400、最小径 285、深 130 厘米。填土深灰褐色，土质疏松。夹杂有红烧土颗粒、炭粒、草木灰等。包含适量陶片、少量动物骨骼、石器、石块等。出土陶片以泥质黄褐陶为主，夹砂灰陶次之；纹饰以线纹、彩绘为主；可辨器形有钵、盆、罐等（图 2-2-341）。

H419 挑选陶器标本 10 件，其中素面钵 6、素面盆 2、彩陶盆 1、器盖 1。

彩陶盆　1 件。H419：1，泥质黄褐陶黑彩。直口微敛，折沿隆起，圆唇，浅弧腹，平底。沿面饰两组纹饰，一组为弧线、圆点、对弧边三角组成的复合纹饰，另一组为对凸弧纹、垂弧纹组成的复合纹饰。可复原。口径 33.2、底径 12、高 10.6 厘米（图 2-2-342，7；图版一二二，4）。

素面钵　6 件。泥质陶。素面。H419：2，黄褐陶。口部略不规整，呈椭圆形。直口，尖唇，弧腹，平底微内凹。器表磨光，内壁抹光，内外壁近口处有刮削痕迹。可复原。口径 15.9—16.3、底径 7.4—7.6、高 8.9 厘米（图 2-2-342，6）。H419：3，黄褐陶。直口，尖唇，弧腹，平底内凹。器表磨光，内壁抹光，内外壁近口处有刮削痕迹。可复原。口径 14.2、底径 5.7、高 6.4 厘米（图 2-2-342，2）。H419：4，灰陶。直口，圆唇，弧腹，平底。器表磨光发黑，内壁抹光，内外壁近口处有刮削痕迹。可复原。口径 14.6、底径 6.9、高 7.8 厘米（图 2-2-342，1）。H419：5，灰陶。直口，圆唇，弧腹，平底微内凹。

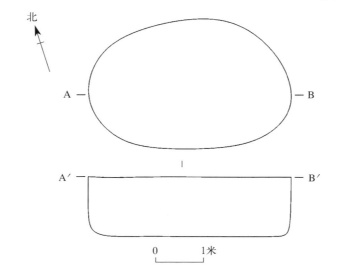

图2-2-341　H419平剖面图

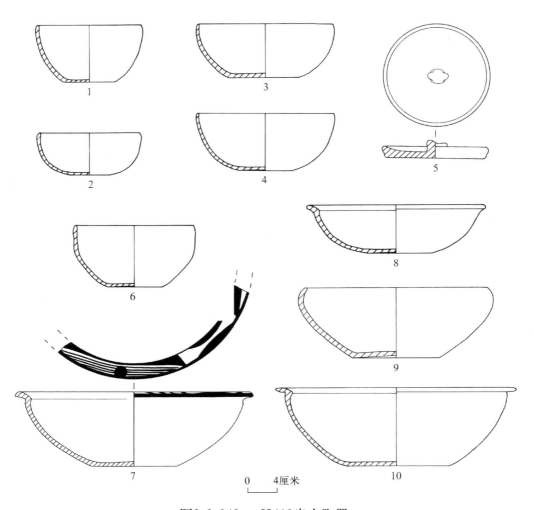

图2-2-342　H419出土陶器

1-4、6、9.素面钵（H419：4、H419：3、H419：6、H419：5、H419：2、H419：9）　5.器盖（H419：10）　7.彩陶盆（H419：1）
8、10.素面盆（H419：8、H419：11）

器表磨光发黑，内壁抹光，内外壁均有刮削痕迹。可复原。口径19、底径7.5、高8.6厘米（图2-2-342，4）。H419：6，灰陶。直口，圆唇，弧腹，平底。器表磨光发黑，内壁抹光，内外壁近口处有刮削痕迹。可复原。口径18.7、底径9.8、高7.3厘米（图2-2-342，3）。H419：9，褐陶。敛口，圆唇，弧腹，平底微内凹。器表磨光，口部外壁有明显刮削痕迹。可复原。口径25.6、底径12、高10厘米（图2-2-342，9；图版八一，5）。

素面盆　2件。仰折沿隆起，浅弧腹，器表磨光，内壁抹光，沿面及内外壁近口处有刮削痕迹。素面。H419：8，夹砂灰陶。器形不规整，口部呈椭圆形。敞口，圆唇，平底内凹。可复原。口径24.3—24.6、底径8.3、高7.1厘米（图2-2-342，8）。H419：11，泥质黑陶。敛口，尖唇，平底。可复原。口径32.8、底径13.9、高11.3厘米（图2-2-342，10）。

器盖　1件。H419：10，夹砂黄褐陶。敞口，圆唇，斜直腹，弧顶，凸起状纽。素面。唇面有刮削痕迹。可复原。口径14.8、底径14、高2.7厘米（图2-2-342，5）。

182. H422

位于T23南部。开口于第③层下，打破生土，开口距地表85厘米。平面形状呈椭圆形，斜直壁，平底，底部有明显加工痕迹。坑口最大径200、最小径164、深120厘米。填土灰褐色，土质较致密。夹杂少量陶片、石块。出土适量陶片以泥质灰陶为主，夹砂灰陶次之；饰纹以线纹、彩绘为主；可辨器形有盆、罐、钵等（图2-2-343，1）。

H422挑选陶器标本陶折腹罐1件。

折腹罐　1件。H422：1，泥质灰陶。敛口，尖圆唇，唇面中间下凹，溜肩，折腹，下腹部近直，平底微内凹。器表磨光，外壁有明显刮削痕迹。素面。可复原。口径13.2、底径11、高24.8厘米（图2-2-343，2；图版一六四，3）。

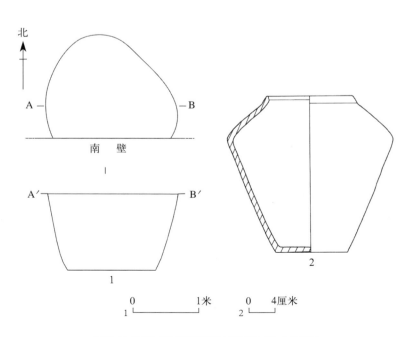

图2-2-343 H422平剖面图及出土陶器

1.平剖面图　2.折腹罐（H422：1）

183. H423

位于T21东南部，部分伸入东壁。开口于第②层下，打破第③层，被H381打破，开口距地表70厘米。平面形状呈椭圆形，直壁，平底。坑口最大径440、最小径150、深100厘米。填土浅灰色，土质疏松。出土陶片以泥质黄褐陶为主，夹砂灰陶次之；纹饰以线纹、彩绘为主；可辨器形有罐、釜、小口尖底瓶、盆、钵、钵等（图2-2-344）。

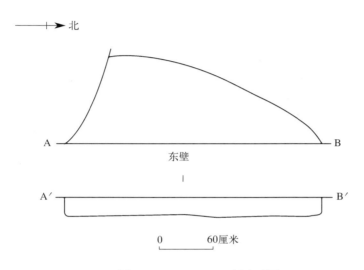

图2-2-344　H423平剖面图

H423挑选陶器标本12件，其中素面盆3、彩陶盆2、彩陶钵1、素面钵1、篮纹双錾钵1、素面双錾盆1、小口瓶1、篮纹盆1、鼓腹罐1。

彩陶钵　1件。H423：2，泥质红陶黑彩。直口微侈，圆唇，曲腹近折，平底。器表磨光，内壁近口处有少量刮削痕迹。口部外壁饰一周三个垂弧纹，下腹部饰一周宽0.4厘米的条带纹，其间区域用双短线分为三个单元格，每个单元格内饰双连弧线、圆点组成的复合纹饰。可复原。口径12.2、底径5.2、高6.4厘米（图2-2-345，10；彩版一二八，1）。

彩陶盆　2件。泥质黄褐陶。敛口，仰折沿隆起，圆唇。H423：26，溜肩，鼓腹。唇面饰一周宽0.4厘米的条带纹，腹部饰数个圆点、弧边三角组成的复合纹饰。腹部以下残。口径36、残高10.4厘米（图2-2-345，3）。H423：27，直颈。唇面饰一周宽0.8厘米的条带纹，腹部饰弧边三角、凸弧纹、圆点组成的复合纹饰。腹部以下残。口径30、残高5.4厘米（图2-2-345，1）。

素面钵　1件。H423：1，夹砂黄褐陶。侈口，圆唇，斜直腹，平底。器表有曲线状刮痕，内壁有刮削痕迹。素面。可复原。口径14.6、底径8.2、高7.7厘米（图2-2-345，11）。

篮纹双錾钵　1件。H423：22，夹砂黄陶。侈口，圆唇，弧腹，腹部对称置附加突起状双錾。腹部饰篮纹。底部残。口径30、残高18.2厘米（图2-2-345，2）。

素面双錾盆　1件。H423：30，泥质黄褐陶。直口微敛，折沿，叠圆唇，弧腹，腹部对称置附加突起状双錾。素面。腹部以下残。口径26、残高8.4厘米（图2-2-345，4）。

素面盆　3件。素面。H423：28，泥质灰陶。侈口，仰折沿隆起，圆唇，弧腹。腹部以下残。口径36、残高6.8厘米（图2-2-345，6）。H423：29，夹砂黄褐陶。敛口，肥唇，弧腹。腹部以下残。口径46.4、残高7.2厘米（图2-2-345，8）。H423：31，泥质灰陶。敛口，仰折沿隆起，圆唇，溜肩，鼓腹。腹部以下残。口径30、残高12.4厘米（图2-2-345，5）。

　　篮纹盆　1件。H423：23，夹砂黄褐陶，厚胎。侈口，仰折沿隆起，圆唇，弧腹。颈部有数周凹弦纹，其下区域饰篮纹。腹部以下残。口径28、残高10.4厘米（图2-2-345，12）。

　　小口瓶　1件。H423：32，泥质黄褐陶。退化重唇口，圆唇，束颈。颈部饰线纹。颈部以下残。口径10、残高6厘米（图2-2-345，7）。

　　鼓腹罐　1件。H423：25，夹砂黄褐陶。敛口，卷沿，方唇中间下凹，束颈，溜肩。肩部饰数周凹弦纹，其下区域饰篮纹。腹部以下残。口径20、残高6.4厘米（图2-2-345，9）。

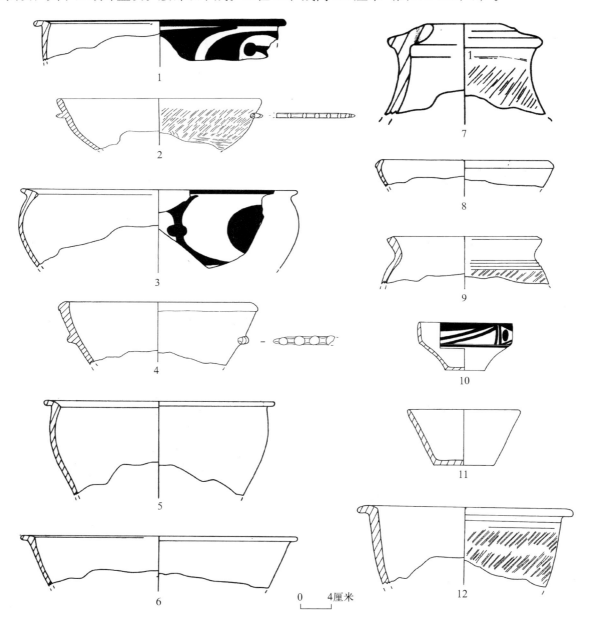

图2-2-345　H423出土陶器

1、3.彩陶盆（H423：27、H423：26）　2.素面双錾钵（H423：22）　4.素面双錾盆（H423：30）　5、6、8.素面盆（H423：31、H423：28、H423：29）　7.小口瓶（H423：32）　9.鼓腹罐（H423：25）　10.彩陶钵（H423：2）　11.素面钵（H423：1）　12.篮纹盆（H423：23）

184. H430

位于T44东部。开口于第②层下，打破生土，开口距地表30厘米。平面形状呈椭圆形，弧壁，平底。坑口最大径400、最小径250、深50厘米。填土浅灰色，土质疏松。夹杂少量石块、红烧土颗粒。出土适量陶片，以泥质黄褐陶为主，夹砂灰陶次之；纹饰有线纹、附加堆纹等；可辨器形有罐、钵、盆、小口尖底瓶等（图2-2-346，1）。

H430挑选陶器标本甑1件。

甑　1件。H430：1，泥质红陶。敞口，叠唇，弧腹近直，平底，底部有两个椭圆形算孔。唇面有刮削痕迹。素面。可复原。口径28.8—29.6、底径13.6、高13.6厘米（图2-2-346，2；图版一五二，2）。

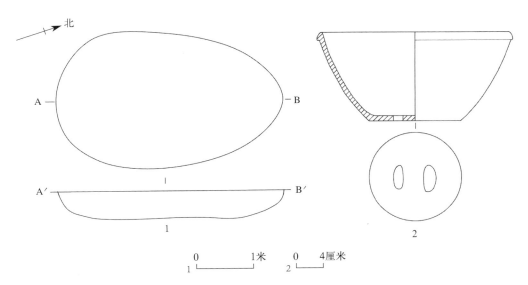

图2-2-346　H430平剖面图及出土陶器
1.平剖面图　2.甑（H430：1）

185. H432

位于T52东南部，部分伸入东壁、南壁。开口于第③层下，打破生土，被H354打破，开口距地表15厘米，袋状，平面形状呈椭圆形，斜直壁，西壁坍塌，台阶状底。坑口最大径400、最小径280、直径280、坑底直径420、深315厘米。填土黑褐色，土质疏松。包含物有陶片、动物骨骼、石块等。出土陶片陶质分为泥质、夹砂两种；陶色有红陶、灰陶等；纹饰有划纹、附加堆纹、彩绘等；可辨器形有钵、盆、小口尖底瓶、杯、罐、环等（图2-2-347）。

H432挑选陶器标本97件，其中彩陶钵29、素面钵14、素面盆11、彩陶盆8、素面双銴盆6、杯5、双銴甑3、匜3、器盖2、鼓腹罐4、高领壶2、彩陶双銴钵1、弦纹双銴盆1、彩陶罐1、素面双銴钵1、器座1、深腹罐1、小口尖底瓶1、小口平底瓶1、环1、瓮1。

彩陶钵　29件。泥质陶黑彩。H432：8，黄褐陶。器形不规整，口部略呈椭圆形。直口，尖唇，曲腹，平底内凹。器表磨光，内外壁有明显的刮削痕迹。口部外壁饰四组垂弧纹，唇面、下腹部各饰一周条带纹，其间区域饰四组双连弧线、圆点组成的复合纹饰。可复原。口径13.8—15、底径4.2、高7.6厘米（图2-2-349，18；彩版一二八，2）。H432：9，红陶。口沿不规整，呈椭圆形。直口微敛，圆唇，曲腹近折，平底内凹。器表磨光涂一层黄泥浆，内壁抹光。内壁有轮制痕迹。口部外壁二方连续间隔饰一周五个垂弧纹、圆点，其下区域饰三周宽0.3厘米的条带纹。可复原。口径14.6—15.2、底径5.8、高7.4厘米（图

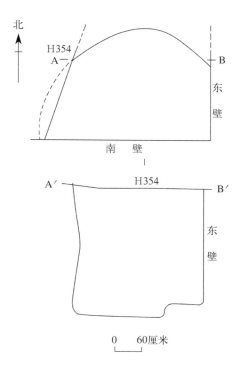

图2-2-347　H432平剖面图

2-2-348，4；彩版一二九，1）。H432：10，红陶。敛口，圆唇，弧腹近折，下腹部近直，平底。器表磨光涂一层黄泥浆，内壁抹光，内壁近口处有轮制痕迹。口部外壁二方连续饰一周六个垂弧纹，其下对应饰六组圆点。可复原。口径16、腹径17、底径6.5、高8厘米（图2-2-348，7；彩版一二九，2）。H432：11，黄褐陶。直口微敛，圆唇，深曲腹，平底微内凹。器表磨光，内外壁有明显刮削痕迹。口部外壁饰一周垂弧纹，唇面、下腹部各饰一周宽0.2、0.3厘米的条带纹，其间区域用凸弧纹分为若干单元格，每个单元格内饰双连弧线、圆点组成的复合纹饰。可复原。口径10、底径4.1、高7.2厘米（图2-2-349，4；图版四〇，3）。H432：12，黄褐陶。直口，圆唇，曲腹，平底内凹。器表磨光，内壁近口处有刮削痕迹。唇面饰一周条带纹，口部外壁二方连续间隔饰一周垂弧纹、弧线组成的复合纹饰和圆点。可复原。口径24.6、腹径26.8、底径9.5、高9.6厘米（图2-2-349，1；图版四〇，4）。H432：13，黄褐陶。敛口，尖唇，曲腹近折，平底。器表磨光，内外壁有明显的刮削痕迹。口部外壁饰四组垂弧纹，其下区域对应饰四组双连弧线、圆点组成的复合纹饰。可复原。口径14.8、底径5.3、高8.9厘米（图2-2-349，19；彩版一三〇，1）。H432：14，黄褐陶。直口微敛，圆唇，曲腹，下腹部近直，平底微内凹。器表磨光，内外壁有明显刮削痕迹。口部外壁饰一周垂弧纹，其下区域饰双连弧线、圆点组成的复合纹饰。可复原。口径17、底径6、高7.8厘米（图2-2-348，5；图版四〇，5）。H432：15，黄褐陶。敛口，尖唇，弧腹，下腹部近直，平底。器表磨光，内壁抹光，内壁近口处有轮制痕迹。腹部饰一周宽0.4厘米的条带纹，其上区域饰三组对弧边直角、凸弧纹、圆点组成的复合纹饰。可复原。口径15.1、腹径15.8、底径6、高7.2厘米（图2-2-350，3；彩版一三〇，2）。H432：16，黄褐陶，通体饰红衣。器形不规整，口部呈椭圆形。敛口，尖唇，弧腹近折，下腹部近直，平底。器表磨光，内壁抹光，内壁近口处有轮制痕迹。腹部饰两组纹饰，一组为中心对称的垂弧纹和弧边直角组成的复合纹饰；另一组为三条凸弧纹组成的复合纹饰。可复原。口径16.6—17.2、底径5.8、高9厘

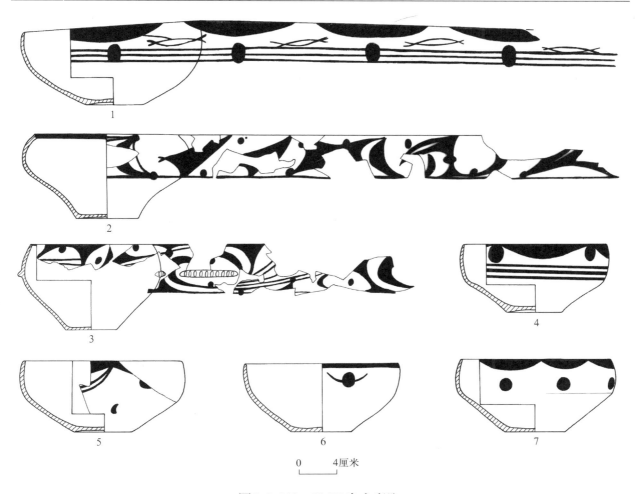

图2-2-348　H432出土彩陶

1、2、4-7.彩陶钵（H432：34、H432：43、H432：9、H432：14、H432：24、H432：10）　　3.彩陶双錾钵（H432：44）

米（图2-2-350，4；彩版一三一，1）。H432：17，黄褐。直口微敛，尖唇，弧腹，下腹部近直，平底。器表磨光，内外壁均有刮削痕迹，底部有明显的使用痕迹。唇面饰一周条带纹，上腹部饰三个凸弧纹、双横短线、圆点组成的复合纹饰。可复原。口径14.9、底径5.6、高7.5厘米（图2-2-349，6；图版四〇，6）。H432：18，黄褐陶，通体施红衣。直口微敛，圆唇，曲腹近直，平底。器表磨光，内外壁有明显刮削痕迹。口部外壁饰一周垂弧纹，腹部饰两组交弧线。可复原。口径12.8、底径5.4、高7.9厘米（图2-2-349，7；图版四一，1）。H432：19，黄褐陶，通体饰红衣，胎较厚。直口，圆唇，深弧腹，平底微内凹。器表磨光，内壁抹光，内壁近口处有轮制痕迹。口部外壁饰一周宽0.7厘米的条带纹。可复原。口径11.6、底径5.6、高6厘米（图2-2-349，2；彩版一三一，2）。H432：20，黄褐陶，通体饰红衣。敛口，尖唇，曲腹近折，平底内凹。器表磨光，内壁抹光，内壁近口处有轮制痕迹。腹部饰三组双连弧线、弧边三角、圆点组成的复合纹饰。可复原。口径13.4、底径4.8、高6.7—7厘米（图2-2-349，5；彩版一三二，1）。H432：21，黄褐陶。敛口，尖唇，曲腹，平底内部凸起。器表磨光发白，内外壁有明显刮削痕迹。口部外壁饰一周垂弧纹，其下对应饰双连弧纹、圆点组成的复合纹饰。可复原。口径15.4、底径6.4、高7.2厘米（图2-2-349，16；图版四一，2）。H432：22，黄褐陶。敛口，尖圆唇，浅弧腹，平底微内凹。器表磨光，内外壁近口处均有明显的刮削痕迹。口部外壁饰一周宽0.4厘米的条带纹，其下区域饰圆点。可复原。口径 13.5、底径 5.8、高 5.2 厘米（图 2-2-349，3；彩版一三二，2）。H432：23，黄褐陶。敛口，尖唇，弧腹，平底微内凹。器表磨光，内外壁近口处有明显的刮削痕迹。唇面、口部外壁饰一周宽 0.7 厘米的条带纹。可复原。口径 17、底径 6.4、高 8.5 厘米（图 2-2-349，14；图版四一，3）。H432：24，黄褐陶。器形不规整，口部略呈椭圆形。直口微侈，尖唇，弧腹，下腹部近直，平底内部凸起。器表磨光，内外壁近口处有明显刮削痕迹。口部外壁饰一周宽 0.7 厘米的条带纹，其下区域饰一周垂弧线、圆点组成的复合纹饰。可复原。口径 16.2、底径 6.2、高 7.5 厘米（图 2-2-348，6；彩版一三三，1）。H432：25，黄褐陶。直口微敛，尖唇，弧腹近折，下腹部内收，平底。器表磨光，内壁抹光，内壁近口处有轮制痕迹。唇面、下腹部各饰一周条带纹，其间区域用留白分为四个单元格，每个单元格内饰对弧边直角、凸弧纹、圆点组成的复合纹饰。可复原。口径 15.5、底径 5.6、高 9.2 厘米（图 2-2-349，15；彩版一三三，2）。H432：26，黄褐陶，器表饰陶衣，现为黑色。口沿不规整，略呈椭圆形。直口微侈，尖唇，弧腹近折，下腹部近直，平底内凹。器表磨光，内壁抹光。内壁有轮制痕迹。腹部饰四组垂弧纹、弧边直角组成的复合纹饰。可复原。口径 16.2—16.6、底径 5.6、高 8 厘米（图 2-2-349，17；图版四一，4）。H432：27，红陶。直口微敛，圆唇，弧腹，下腹部近直，平底。口部外壁、腹部各饰一周宽 0.5 厘米的条带纹，其间区域用留白分为四个单元格，每个单元格内饰对弧边直角、凸弧纹、圆点组成的复合纹饰。可复原。口径 23.8、底径 9.8、高 10.7 厘米（图 2-2-349，13；图版四一，5）。H432：28，黄褐陶。敛口，尖唇，曲腹，平底内凹。口部外壁饰一周垂弧纹，其下区域饰三周宽 0.3 厘米的条带纹、圆点组成的复合纹饰。可复原。口径 26.2、底径 10.4、高 11.7 厘米（图 2-2-349，11；彩版一三四，1）。H432：29，黄褐陶。敛口，尖唇，曲腹，平底。器表磨光，内外壁有明显的刮削痕迹。口部外壁饰一周宽 0.8 厘米的条带纹，其下区域饰交弧纹。可复原。口径 23.4、底径 9.5、高 10 厘米（图 2-2-349，9；图版四一，6）。H432：30，黄褐陶。敛口，尖唇，曲腹，平底内凹。口部外壁饰两周宽 0.8、0.4 厘米的条带纹。器表磨光，内外壁有明显的刮削痕迹。可复原。口径 22.6、底径 9、高 9 厘米（图 2-2-349，10；图版四二，1）。H432：31，黄褐陶。敛口，圆唇，曲腹，平底。器表磨光，内壁抹光，内壁近口处有轮制痕迹。口部外壁饰一周宽 0.9 厘米的条带纹，其下间隔饰交弧纹、凸弧纹与圆点组成的复合纹饰。可复原。口径 24.6、腹径 25.6、底径 8.8、高 10.9 厘米（图 2-2-350，5；彩版一三四，2）。H432：32，红陶。敛口，尖唇，弧腹，下腹部近直，平底。器表磨光，内壁抹光。内壁有轮制痕迹。口部外壁二方连续饰一周四个垂弧纹，其下区域饰凸弧纹、两周宽 0.3 厘米的条带纹、圆点组成的复合纹饰。可复原。口径 24.6、底径 9.6、高 9.6—10 厘米（图 2-2-349，12；彩版一三五，1）。H432：33，红陶。敛口，圆唇，弧腹，下腹部近直，平底。器表磨光，内壁抹光，内壁近口处有轮制痕迹。口部外壁、腹部各饰一周宽 0.2、0.4 厘米的条带纹，其间区域用留白分为五个单元格，每个单元格内饰组对弧边直角、弧边三角、圆点组成的复合纹饰。可复原。口径 25.6、腹径 27.8、底径 10.3、高 11.5 厘米（图 2-2-350，2；彩版一三五，2）。H432：34，红陶。口沿不规整，呈椭圆形。直口，尖唇，弧腹，平底内凹。器表磨光，内壁抹光。内壁近口处有轮制痕迹。口部外壁间隔饰六组垂弧纹、交弧纹，其下区域饰数个圆点、三周宽 0.3 厘米的条带纹组成的复合纹饰。可复原。口径 18.3—19.4、底径 5.6、高 7.8—9.2 厘米（图 2-2-348，1；彩版一三六，1）。H432：43，黄褐陶。器形不规整，口部略呈椭圆形。敛口，方唇中间有一周凹槽，深曲腹，平底。器表磨光，内外壁有明显的刮削痕迹。唇面、下腹部各饰一周宽 0.5 厘米的条带纹，其间区域饰凸弧纹、弧边三角形、圆点所组成的复合纹饰。可复原。口径 30、底径 13.2、高 18.4 厘米（图 2-2-348，2；彩版一三六，2）。H432：91，黄褐陶。敛口，尖唇，曲腹近折，平底内凹。器表磨光发白，

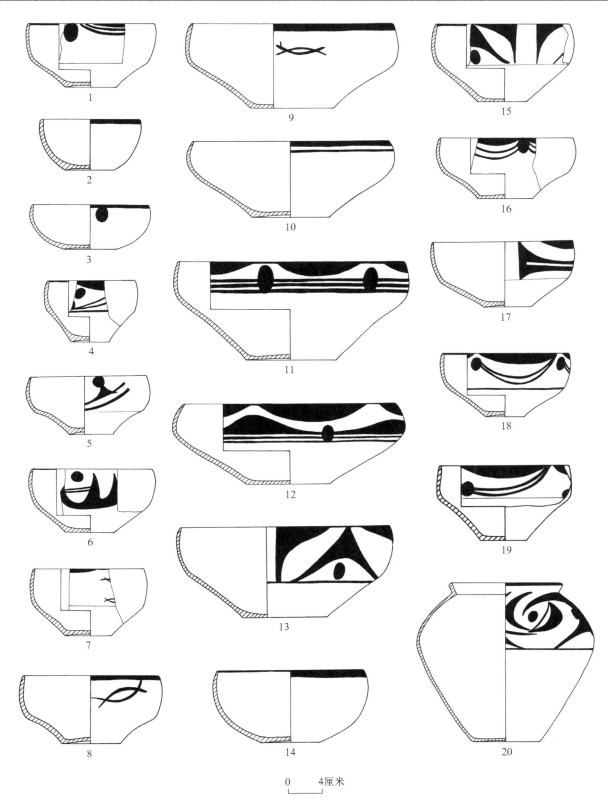

0 　　4厘米

图2-2-349　H432出土彩陶

1-19.彩陶钵（H432：12、H432：19、H432：22、H432：11、H432：20、H432：17、H432：18、H432：91、H432：29、H432：30、H432：28、H432：32、H432：27、H432：23、H432：25、H432：21、H432：26、H432：8、H432：13）　20.彩陶罐（H432：45）

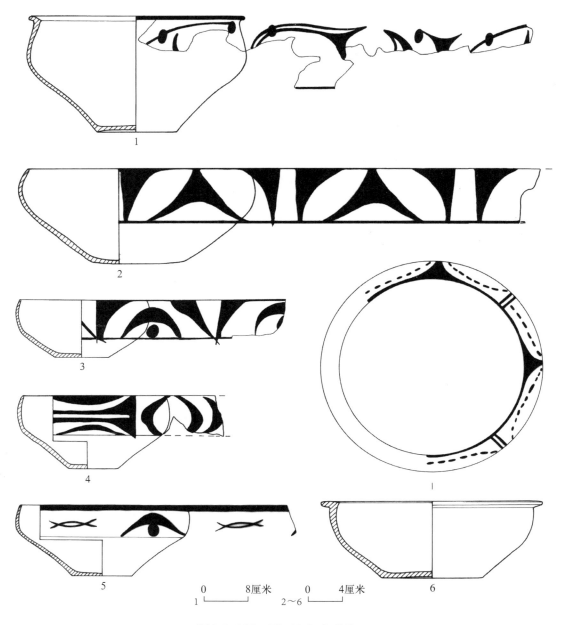

图2-2-350　H432出土彩陶

2-5.彩陶钵（H432：33、H432：15、H432：16、H432：31）　1、6.彩陶盆（H432：94、H432：38）

内壁抹光，内壁近口处有轮制痕迹。口部外壁饰一周宽0.5厘米的条带纹，其下区域饰四组交弧纹。可复原。口径15.6、腹径16.4、底径6.5、高8—8.3厘米（图2-2-349，8；彩版一三七，1）。

　　彩陶双錾钵　1件。H432：44，泥质黄褐陶黑彩。敛口，方唇，溜肩，弧腹，下腹部近直，腹部对称置附加突起状双錾，平底。器表磨光发白，内壁抹光，内壁近口处有轮制痕迹。腹部饰两组弧边三角、凸弧纹、圆点、弧线等组成的复合纹饰。可复原。口径28.8、腹径30.8、底径12、高21.3厘米（图2-2-348，3；图版二五，1）。

　　彩陶罐　1件。H432：45，泥质黄褐陶黑彩。折沿，尖唇，溜肩，鼓腹，下腹部近直，平底微内凹。器表磨光，内壁有轮制痕迹。唇面、下腹部各饰一周宽1.1、0.6厘米的条带纹，其间区域饰弧边三角、

图2-2-351 H432出土彩陶盆
1-6.彩陶盆（H432：41、H432：40、H432：93、H432：42、H432：39、H432：37）

凸弧纹、圆点、弧线组成的复合纹饰。可复原。口径27、腹径41、底径15.6、高37.4厘米（图2-2-349，20；彩版二四六，3）。

彩陶盆 8件。泥质陶黑彩。H432：37，黄褐陶。直口微侈，仰折沿隆起，圆唇，弧腹，平底。器表磨光，内外壁均有刮削痕迹。唇面饰一周宽1.3厘米的条带纹。可复原。口径26.6、底径12.1、高11.6厘米（图2-2-351，6；图版六，5）。H432：38，红陶。敛口，折沿微隆起，方唇，弧腹，平底。器表磨光，内壁抹光，内壁近口处有轮制痕迹。沿面用双竖短线分为四个单元格，每个单元格内饰垂弧纹、虚线组成的复合纹饰。可复原。口径25.6、腹径23.6、底径11.6、高9.4厘米（图2-2-350，

6；图版二二，2）。H432：39，黄褐陶。敛口，仰折沿隆起，圆唇，弧腹，下腹部近直，平底。沿面间隔饰一周垂弧纹、圆点。可复原。口径27.2、底径12、高13厘米（图2-2-351，5；图版六，6）。H432：40，黄褐陶。敛口，折沿隆起，圆唇，浅弧腹，平底微内凹。沿面饰凸弧纹、弧边三角组成的复合纹饰。可复原。口径27.8、底径10、高9.8厘米（图2-2-351，2）。H432：41，黄褐陶。敛口，折沿隆起，尖唇，曲腹，平底微内凹。器表磨光，内外壁有明显刮削痕迹。沿面饰一周垂弧纹、弧边三角组成的复合纹饰。可复原。口径27.8、底径8.8、高10—10.3厘米（图2-2-351，1；图版七，1）。H432：42，黄褐陶。口沿不规整，呈椭圆形。敛口，仰折沿隆起，圆唇，浅弧腹，平底。器表磨光，内壁抹光，沿面及内壁有轮制痕迹。沿面饰四组凸弧纹、弧边三角组成的复合纹饰。可复原。口径31.2—31.7、底径12.8、高10.7—11.2厘米（图2-2-351，4；图版二二，3）。H432：93，黄褐陶。敛口，仰折沿隆起，圆唇，曲腹，平底微内凹。器表磨光，沿面及内壁有刮削痕迹。唇面、下腹部各饰一周宽0.8、0.5厘米的条带纹，其间区域饰弧边三角、圆点、凸弧纹、弧线组成的复合纹饰。可复原。口径32.5、底径13.1、高18.6厘米（图2-2-351，3；彩版二二三，2）。H432：94，黄褐陶。敛口，仰折沿隆起，圆唇，曲腹，平底。器表磨光，沿面及内外壁近口处均有明显刮削痕迹。唇面、下腹部各饰一周宽0.8、0.5厘米的条带纹，其间区域饰弧线、弧边三角、凸弧纹、圆点组成的复合纹饰。可复原。口径39.3、底径14.4、高21.8厘米（图2-2-350，1；图二二，4）。

素面双錾钵　1件。H432：48，夹砂红陶。敛口，尖圆唇，弧腹，平底，腹部对称置附加突起状双錾。内外壁有明显的刮削痕迹。素面。可复原。口径37.9、底径16、高17.8厘米（图2-2-352，7；图版一四七，6）。

素面双錾盆　6件。黄褐陶。腹部对称置附加突起状双錾，平底。素面。H432：35，泥质。敛口，叠唇，弧腹近直。可复原。口径27.3、底径14.8、高12.9厘米（图2-2-352，3；图版一四七，5）。H432：51，夹砂。器形不规整。敛口，方唇中间下凹，弧腹，下腹部近直。内外壁近口处有明显的刮削痕迹。可复原。口径30.5、底径14.7、高14.4厘米（图2-2-352，4；图版一四七，1）。H432：55，泥质。器形不规整，口部略呈椭圆形。敛口，叠唇，深弧腹，下腹部近直。錾上有手捏痕迹，下腹部拍印痕迹明显。可复原。口径29.6—30.2、底径16、高18.4—18.6厘米（图2-2-352，1；图版一四七，2）。H432：57，泥质。器形不规整，略有歪斜。敛口，圆唇，子母口，弧腹，下腹部近直，平底。器表磨光，内外壁有明显的刮削痕迹，錾上有明显手捏痕迹。可复原。口径32、底径13.5、高18.4—18.7厘米（图2-2-352，11；图版一四七，3）。H432：59，泥质。敛口，叠唇，浅弧腹。内外壁有明显刮削痕，錾上有手捏痕迹。可复原。口径28.8、底径15、高13.4厘米（图2-2-352，6；图版一四七，4）。H432：72，夹砂。敛口，叠唇，弧腹。内外壁近口处有明显刮削痕，錾上有明显指纹。可复原。口径28.6、底径11.8、高11.1厘米（图2-2-352，2；图版一四六，3）。

弦纹双錾盆　1件。H432：46，泥质黄褐陶。器形不规整，口部略呈椭圆形。侈口，叠圆唇，斜直腹内收，腹部对称置双錾，平底。表面磨光，内外壁有明显的刮削痕迹。上腹部饰多周凹弦纹，錾上有手捏痕迹。可复原。口径32.2—34.6、底径17.2、高15.2—16厘米（图2-2-352，5；图版一三七，3）。

双錾甑　3件。夹砂陶。腹部对称置附加突起状双錾。素面。H432：56，红陶。器形不规整，口部略呈椭圆形。直口微敛，叠唇，斜腹近直，平底有四个椭圆形箅孔。錾上有手捏痕迹，腹部有明显刮削痕迹。可复原。口径30.6—31.8、底径12.8、高14.4厘米（图2-2-352，9；图版一五五，2）。H432：71，黄褐陶。直口，叠唇，弧腹近直，平底有大小不一的密集圆孔。錾上有指纹，腹部有拍印痕迹，内外壁有明显刮削痕迹。可复原。口径29.3—10.2、底径15.2、高21.5厘米（图2-2-352，10；图版

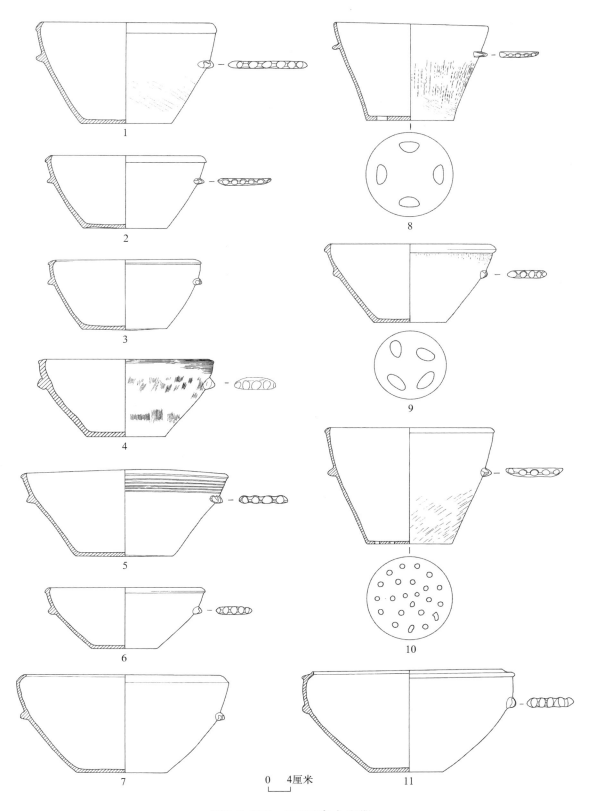

图2-2-352　H432出土陶器

1-4、6.素面双錾盆（H432：55、H432：72、H432：35、H432：51、H432：59、H432：57）　5.弦纹双錾盆（H432：46）　7.素面双錾钵（H432：48）　8-10.双錾甑（H432：76、H432：56、H432：71）

一五五，3）。H432：76，红陶。器形不规整，略有歪斜。侈口，圆唇，斜直腹，平底有四个椭圆形孔。腹部有拍印痕迹，内外壁有明显刮削痕迹。可复原。口径26.6—27.6、底径15.5、高17.3—17.9厘米（图2-2-352，8；图版一五五，4）。

素面盆　11件。素面。H432：47，泥质黄褐陶。器形不规整，口部略呈椭圆形。侈口，仰折沿，方唇，斜直腹，平底。外壁有明显的刮削痕迹。可复原。口径19.6—20.9、底径9.6、高6.8厘米（图2-2-353，15；图版一二二，5）。H432：50，泥质红陶。口部歪斜。敞口，折沿，圆唇，斜直腹，平底。外壁有刮削痕迹。可复原。口径23、底径7.4、高10.1—9.6厘米（图2-2-353，2；图版一二二，6）。H432：52，夹砂红陶。敛口，叠圆唇，弧腹，下腹部近直，平底。内外壁有明显刮削痕迹。可复原。口径26.6、底径15.4、高22—21厘米（图2-2-353，8；图版一二三，1）。H432：53，泥质红陶，厚胎。口部略歪斜。直口，仰折沿，圆唇，弧腹，下腹部近直，平底微内凹。内外壁近口处有明显刮削痕迹。可复原。口径19.5、底径8.4、高8厘米（图2-2-353，13；图版一二三，2）。H432：54，泥质黄褐陶。直口，圆唇，子母口，弧腹，下腹部近直，平底。器表磨光，内外壁有明显刮削痕迹。可复原。口径27.4、底径10.3、高12.5厘米（图2-2-354，7；图版八二，2）。H432：58，泥质黄褐陶。敛口，仰折沿，圆唇，浅弧腹，平底。器表磨光，内外壁有明显刮削痕迹。可复原。口径26.3、底径12、高10.7厘米（图2-2-354，11；图版一二三，3）。H432：62，泥质黄褐陶。口部不规整。直口，叠尖唇，弧腹，平底。内壁抹光，唇面及内外壁近口处有刮削痕迹。可复原。口径28.5、底径11.3、高11.6厘米（图2-2-353，3；图版一三三，3）。H432：73，夹砂红陶。直口，折沿隆起，弧腹，平底。沿面和内外壁近口处有刮削痕迹。可复原。口径22.4、底径9.5、高8.9厘米（图2-2-353，6）。H432：74，夹砂黄褐陶。敛口，叠方唇，弧腹近折，平底。唇面和内外壁近口处有刮削痕迹。可复原。口径23.1、底径11.6、高10.8厘米（图2-2-354，3）。H432：77，夹砂红陶。口部不规整。敞口，卷沿，弧腹近直，平底。沿面、外壁近口处及内壁有刮削痕迹。可复原。口径20、底径7.3、高8—8.3厘米（图2-2-353，16）。H432：82，夹砂黄褐陶。敞口，仰折沿，方唇，斜直腹，平底。沿面和内外壁近口处有刮削痕迹。可复原。口径17.8、底径8.6、高7.7厘米（图2-2-355，6）。

瓮　1件。H432：97，泥质灰陶。器形不规整，歪斜严重。敛口，叠圆唇，溜肩，弧腹近直，平底。器表磨光，唇面及内外壁均有刮削痕迹。可复原。口径54.9、底径22.8、高41.2—44厘米（图2-2-353，9；图版一五八，4）。

素面钵　14件。素面。H432：7，夹砂红陶。直口微敛，圆唇，弧腹，平底。外壁有明显泥条盘筑痕迹，内壁抹光，内外壁近口处有刮削痕迹。可复原。口径21.7、底径13.9、高7.6厘米（图2-2-353，7）。H432：49，夹砂黄褐陶。口部歪斜。敛口，尖唇，弧腹，下腹部近直，平底。器表磨光，内外壁有明显的刮削痕迹。可复原。口径29.6、底径13、高10—11.1厘米（图2-2-353，12；图版八二，1）。H432：63，泥质黄褐陶。器形不规整，有歪斜，略呈椭圆形。敛口，圆唇，弧腹，平底。内外壁有明显的刮削痕迹。可复原。口径15、底径8.5、高8.9—9.9厘米（图2-2-353，14；图版八二，3）。H432：64，泥质黄褐陶。口部歪斜。直口微侈，尖唇，曲腹近折，平底内凹。器表磨光，内外壁有明显刮削痕迹。可复原。口径17.8、底径5.8、高9.1—8.4厘米（图2-2-353，18；图版八二，4）。H432：65，泥质黄褐陶。敛口，弧腹，下腹部近直，平底。器表磨光，内外壁有明显的刮削痕迹。可复原。口径16.8、底径6、高7.8厘米（图2-2-353，19；图版八二，5）。H432：70，泥质红陶。口部歪斜。直口微敛，圆唇，弧腹近直，平底。器表磨光，内外壁有明显刮削痕迹。可复原。口径15.1、底径5、高7.1—7.8厘米（图2-2-355，8；图版八三，6）。H432：75，夹砂黄褐陶。器形不规整，口部略呈椭圆形。敛口，尖唇，浅弧腹，下腹部近直，平底微内凹。内外壁有明显刮削痕迹。可复原。口径23—24.4、底径9.5、高8—8.2厘米（图2-2-353，4；图版八三，1）。H432：78，夹砂红陶。口部歪斜。敛口，圆唇，弧腹近直，平底。内外壁近口处有刮削痕迹。可复原。口径19—19.4、底径9.5、高9.6—10厘米（图2-2-353，5；图版八三，2）。H432：88，泥质红陶。侈口，圆唇，弧腹，平底内凹。器表磨光，内壁抹光，内外壁近口处有刮削痕迹。可复原。口径9.3、底径4.2、高4.4厘米（图2-2-355，10）。H432：89，泥质黄褐陶。侈口，圆唇，弧腹，平底。器表磨光，内壁抹光，内外壁近口处有刮削痕迹。可复原。口径9.5、底径5、高3.9厘米（图2-2-355，16）。H432：90，泥质黄褐陶。侈口，圆唇，弧腹，平底。器表磨光，内壁抹光，内外壁近口处有刮削痕迹。可复原。口径11.4、底径5、高4.3厘米（图2-2-355，7）。H432：92，泥质黑陶。侈口，尖唇，曲腹，平底。器表磨光，内壁抹光，内壁近口处有刮削痕迹。可复原。口径15、底径5.3、高7厘米（图2-2-353，20）。H432：101，泥质黄褐陶。敞口，圆唇，斜直腹，平底。内外壁有明显刮削痕迹。可复原。口径9.4、底径3、高9.6—10厘米（图2-2-355，4；图版八三，3）。H432：107，夹砂红陶，厚胎。器形歪斜严重。敛口，方唇，斜直腹，平底。可复原。口径5.5、底径6.4、高6.5—7厘米（图2-2-355，13）。

器座　1件。H432：85，夹砂灰陶，厚胎。敛口，方唇，斜直腹，平底，下腹部对称置四个抹角方形孔洞。腹部饰左斜篮纹。可复原。口径18.7、底径20.8、高14.3厘米（图2-2-353，1；图版一八六，5）。

深腹罐　1件。H432：87，夹砂黄褐陶。器形不规整，略歪斜。直口微敛，方唇，深弧腹，下腹部近直，平底微内凹。腹部饰左斜篮纹，近底处篮纹被抹平。可复原。口径28.7、底径20、高27.9—28.1厘米（图2-2-353，10；图版一七一，2）。

器盖　2件。敞口，弧腹。素面。H432：95，夹砂灰陶。方唇，平顶，宽扁状桥形纽。纽部压印圆饼状纹饰。器表有刮削痕迹，盖内有明显使用痕迹。可复原。口径28.2、高11.1厘米（图2-2-354，6；图版一七八，6）。H432：106，泥质灰陶。器形不规整，口部略呈椭圆形。尖唇，圆纽。器表磨光，内外壁有明显刮削痕迹。可复原。口径32—33.5、高12.6厘米（图2-2-353，11；图版一八三，6）。

鼓腹罐　4件。H432：86，泥质黄褐陶，厚胎。敛口，尖唇，仰折沿隆起，溜肩，鼓腹，平底。上腹部有明显刮磨痕迹。腹部通体饰左斜篮纹，近底处抹平。可复原。口径14.3、底径8.5、高12.9厘米（图2-2-353，17；图版一六四，4）。H432：99，泥质黄褐陶。器形不规整，略歪斜。敛口，方唇，仰折沿，溜肩，鼓腹，平底。口部有明显刮削痕迹。腹部通体饰左斜篮纹，近底处篮纹被抹平。可复原。口径21.3、底径14.8、高31.4厘米（图2-2-354，4；图版一六四，5）。H432：84，夹砂黄褐陶。侈口，圆唇，束颈，弧腹，平底内凹。近底处有一周手捏痕迹。素面。可复原。口径9、底径6.5、高8.6—8.8厘米（图2-2-355，15）。H432：96，夹砂黄褐陶。器形不规整，略有歪斜，呈椭圆形。圆唇，矮领，溜肩，鼓腹，下腹内收近直，平底。通体饰左斜篮纹，口沿下饰四组附加堆纹，上腹部饰数周凹弦纹，腹部饰一周手捏痕迹明显的附加堆纹，近底处篮纹被抹平。可复原。口径23.8、底径13.6、高36.5厘米（图2-2-354，5；图版一六四，6）。

小口尖底瓶　1件。H432：98，泥质黄褐陶。退化重唇口，圆唇，束颈，溜肩，橄榄形腹，尖底。底部内部有泥条盘筑痕迹。口沿以下饰篮纹。可复原。口径6.7、腹径29.6、通高85.9厘米（图2-2-354，1；图版一九六，3）。

小口平底瓶　1件。H432：162，泥质黄褐陶。溜肩，橄榄状腹，腹部对称置桥状耳，平底。通体饰线纹，肩部以下饰篮纹。颈部以上残。底径9.6、残高35.6厘米（图2-2-354，2）。

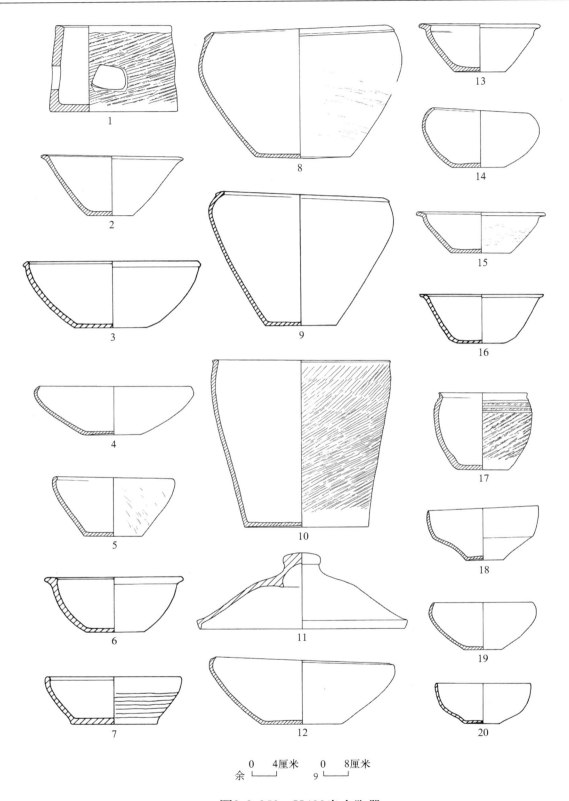

0　　4厘米　　0　　8厘米
余 └──┘　　9 └──┘

图2-2-353　H432出土陶器

1.器座（H432：85）　2、3、6、8、13、15、16.素面盆（H432：50、H432：62、H432：73、H432：52、H432：53、H432：47、
H432：77）　4、5、7、12、14、18-20.素面钵（H432：75、H432：78、H432：7、H432：49、H432：63、H432：64、
H432：65、H432：92）　9.瓮（H432：97）　10.深腹罐（H432：87）　11.器盖（H432：106）　17.鼓腹罐（H432：86）

匜　3件。泥质陶。敛口，圆唇，平底，口沿一侧置流，其旁侧腹部置附加凸起状錾。素面。H432：60，黄褐陶。器形不规整，略歪斜。弧腹。錾上有指纹，内外壁近口处有明显刮削痕迹。可复原。底径6.9—7.4、高8厘米（图2-2-354，8；图版一七四，4）。H432：66，黄褐陶。器形不规整，略歪斜。曲腹。器表磨光，内外壁近口处有明显刮削痕迹。可复原。底径7、高7厘米（图2-2-354，10；图版一七四，5）。H432：69，红陶。弧腹，下腹部近直。器表磨光，内外壁有明显的刮削痕迹。

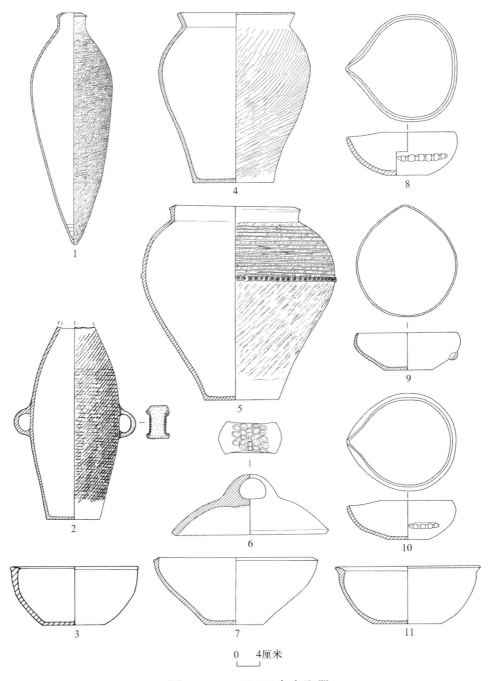

0　　4厘米

图2-2-354　H432出土陶器

1.小口尖底瓶（H432：98）　2.小口平底瓶（H432：162）　3、7、11.素面盆（H432：74、H432：54、H432：58）　4、5.鼓腹罐（H432：99、H432：96）　6.器盖（H432：95）　8-10.匜（H432：60、H432：69、H432：66）

0 　　　4厘米

图2-2-355　H432出土陶器

1-3、12、14.杯（H432：109、H432：81、H432：108、H432：1、H432：4）　4、7、8、10、13、16.素面钵（H432：101、
H432：90、H432：70、H432：88、H432：107、H432：89）　5、11.高领壶（H432：103、H432：5）　6.素面盆
（H432：82）　9.环（H432：102）　15.鼓腹罐（H432：84）

可复原。口径 18.1—19，底径 8.5—9.4，高 7.1 厘米（图 2-2-354，9）。

杯　5 件。H432：1，夹砂灰陶，厚胎。侈口，圆唇，弧腹近直，平底。内外壁近口处有明显刮削痕迹。素面。可复原。口径 5.2、底径 3.3、高 5.4 厘米（图 2-2-355，12；图版一九〇，5）。H432：4，夹砂红陶。器形不规整，歪斜微残。侈口，圆唇，弧腹，平底。内外壁近口处有明显的刮削痕迹。素面。可复原。口径 4.2、底径 2.5、高 3.9—4.4 厘米（图 2-2-355，14）。H432：81，夹砂黄褐陶。口部不规整。侈口，卷沿，尖唇，斜直腹，平底。内壁近口处有刮削痕迹。通体饰篮纹。可复原。口径 11.8、底径 8、高 10.7—11.1 厘米（图 2-2-355，2）。H432：108，夹砂灰陶。卷沿，圆唇，弧腹近直，平底内凹。素面。可复原。口径 9、底径 8、高 8.4 厘米（图 2-2-355，3）。H432：109，夹砂红陶。直口，仰折沿隆起，圆唇，弧腹近直，平底。通体饰左斜线纹。可复原。口径 10.1、底径 6.2、高 8.7 厘米（图 2-2-355，1）。

高领壶　2 件。长颈，溜肩，鼓腹。素面。H432：5，夹砂黄褐陶。折腹，腹部一侧有一直径 1.7 厘米的圆形穿孔，下腹部近直，平底。颈部有明显刮削痕迹。口部残。口径 2.8、底径 5.6、残高 9.5—10.2 厘米（图 2-2-355，11；图版一九四，1）。H432：103，泥质红陶。平底内凹。器表磨光，外壁有明显刮削痕迹。口部残。底径 7.6、残高 18.1 厘米（图 2-2-355，5；图版一九四，2）。

环　1 件。H432：102，泥质黄褐陶。中间有一对穿圆孔，略呈椭圆形，器身有多周螺旋状凹槽。素面。可复原。内径 6.3-6.9、外径 12.2-12.8、高 6.2 厘米（图 2-2-355，9）。

186. H438

位于 T73 南部。开口于第③层下，打破生土，开口距地表 70 厘米。平面形状呈圆形，直壁，平底。坑口直径 163、深 105 厘米。填土浅黄褐色，土质较致密。夹杂有红烧土颗粒、炭粒、草木灰等。包含适量陶片、少量动物骨骼、石器、石块等。出土陶片以泥质黄褐陶为主，夹砂红陶次之，泥质灰陶较少；纹饰以彩绘、线纹为主，篮纹次之；可辨器形有小口尖底瓶、盆、钵等（图 2-2-356）。

H438 挑选陶器标本 7 件，其中小口尖底瓶 3、彩陶钵 3、彩陶盆 1。

彩陶钵　3 件。泥质黄褐陶黑彩。H438：12，器形不规整。直口，尖唇，曲腹，平底微内凹。内壁近口处有修整痕迹。口部外壁饰一周垂弧纹，下腹部饰一周条带纹，其间区域用凸弧纹分为四个单元格，

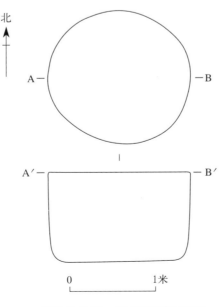

图2-2-356　H438平剖面图

每个单元格内饰双连弧线、圆点组成的复合纹饰。可复原。口径15、底径5.8、高8.6厘米（图2-2-357，4）。H438：60，侈口，圆唇，弧腹。口部外壁、下腹部各饰一周条带纹，其间区域用留白分为数个单元格，每个单元格内饰对弧边三直、弧线、圆点组成的复合纹饰。腹部以下残。口径26、残高5.5厘米（图2-2-357，7；彩版二五一，1）。H438：61，直口微敛，圆唇，弧腹。唇面、下腹部各饰一周条带纹，其间区域用直线、三圆点组成的复合纹饰分为数个单元格，每个单元格内饰对弧边直角、凸弧纹、圆点组成的复合纹饰。腹部以下残。口径18、残高6.4厘米（图2-2-357，6；彩版二五一，2）。

彩陶盆　1件。H438：13，泥质黄褐陶黑彩。直口微敛，仰折沿隆起，曲腹，平底。器表磨光，内外壁近口处有刮削痕迹。唇面、下腹部各饰一周宽1.2、0.3-0.5厘米的条带纹，其间区域饰双连弧线、圆点、弧边三角、凸弧纹组成的复合纹饰。可复原。口径31.2、底径14.4、高20.8厘米（图2-2-357，1；彩版二二四，1）。

小口尖底瓶　3件。泥质黄褐陶。H438：64，葫芦口，圆唇，斜直颈。颈部以下饰篮纹。肩部以下残。口径3.5、残高20.2厘米（图2-2-357，5）。H438：65，退化重唇口，圆唇，弧颈，溜肩，橄榄状腹。颈部以下饰线纹、篮纹。腹部以下残。口径4.4、残高32.8厘米（图2-2-357，2）。H438：66，退化重唇口，尖唇，束颈，溜肩，橄榄状腹。肩部以下饰线纹、篮纹。腹部以下残。口径5.2、残高38厘米（图2-2-357，3）。

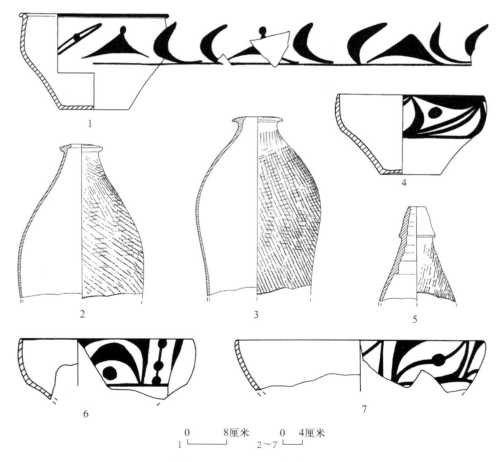

图2-2-357　H438出土陶器

1.彩陶盆（H438：13）　2、3、5.小口瓶（H438：65、H438：66、H438：64）　4、6、7.彩陶钵（H438：12、H438：61、H438：60）

187. H442

位于 T66 东南部，部分伸入东壁。开口于第②层下，打破生土，开口距地表 50 厘米。平面形状呈椭圆形，直壁，平底。坑口最大径 370、最小径 350、深 200 厘米。填土浅灰色，土质紧密。包含草木灰、红烧土颗粒等。出土陶片以泥质黄褐陶为主，夹砂灰陶次之；纹饰有彩绘、附加堆纹等；可辨器形有小口尖底瓶、盆、罐、钵等（图 2-2-358）。

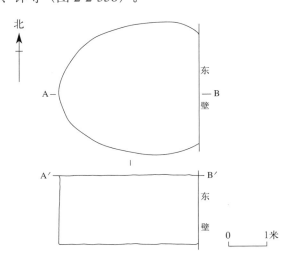

图2-2-358 H442平剖面图

H442 挑选陶器标本 25 件，其中彩陶钵 6、彩陶盆 6、素面盆 4、素面钵 2、直腹罐 2、环 2、鼓腹罐 1、素面双鋬盆 1、小口尖底瓶 1。

彩陶钵 6 件。泥质黄褐陶。H442：17，黑彩。器形不规整，口部略呈椭圆形。直口微侈，圆唇，曲腹近折，平底。器表磨光发白，内外壁有明显刮削痕迹。口部外壁饰一周垂弧纹，下腹部饰一周条带纹，其间区域用凸弧纹分为数个单元格，每个单元格内饰双连弧线、圆点组成的复合纹饰。可复原。口径 14.5—15.3、底径 5、高 8 厘米（图 2-2-359，8）。H442：22，黑彩。器形不规整，略有歪斜。直口微敛，圆唇，曲腹，平底微内凹。器表磨光，内外壁有明显刮削痕迹。口部外壁饰一周垂弧纹，下腹部饰一周条带纹，其间区域用弧边三角分为五个单元格，每个单元格内饰双连弧线、圆点组成的复合纹饰。可复原。口径 13.5—14.5、底径 5.5、高 7.4 厘米（图 2-2-359，9；彩版一三七，2）。 H442：23，黑彩。直口微敛，圆唇，曲腹，平底。器表磨光发白，内外壁有明显刮削痕迹。唇面饰褐彩，下腹部饰一周宽 0.5 厘米的条带纹，其间区域用留白分为五个单元格，每个单元格内饰对弧边直角、凸弧纹、圆点组成的复合纹饰。可复原。口径 15.5、底径 6.4、高 8.8 厘米（图 2-2-359，10；彩版一三八，1）。H442：48，黑彩。口部变形呈椭圆形。侈口，圆唇，曲腹近折，平底。器表磨光，内壁近口处有刮削痕迹。口部外壁饰两周、下腹部饰一周宽 0.3 厘米的条带纹，其间区域饰网格纹。可复原。口径 16.5、底径 6.4、高 7.5 厘米（图 2-2-359，11；彩版一六〇，1）。H442：49，褐彩。直口微侈，圆唇，曲腹近折，平底微内凹。器表磨光，内壁近口处有刮削痕迹。口部外壁、下腹部对称间隔饰一周垂弧纹、圆点，其间区域饰两周宽 0.2 厘米的条带纹、圆点组成的复合纹饰。可复原。口径 14.2、底径 5、高 7.9 厘米（图 2-2-359，12；彩版一六〇，2）。H442：50，黑彩，通体饰红衣。口部略呈椭圆形。直口微侈，尖唇，曲腹近折，平底微内凹。器表磨光，内壁近口处有刮削痕迹。腹部饰垂弧纹、弧边三角组成的复合纹饰。可复原。口径 16.6—17.2、底径 5.9、高 9.2 厘米（图 2-2-359，7；彩版一六一，1）。

彩陶盆 6件。泥质黄褐陶褐彩。H442：16，敛口，仰折沿隆起，圆唇，浅弧腹，平底。器表磨光，内外壁近口处有明显刮削痕迹。沿面饰一周由弧边三角、垂弧纹组成的复合纹饰。可复原。口径30.4、底径11.6、高10.3厘米（图2-2-359，2；图版六，4）。H442：18，直口，折沿微隆起，圆唇，浅弧腹，平底。器表磨光发白，内外壁近口处有明显刮削痕迹。沿面饰一周垂弧纹、圆点组成的复合纹饰。可复原。口径32.7、底径12.2、高10厘米（图2-2-359，3；图版七，2）。H442：19，器形不规整，略有歪斜。直口微敛，仰折沿隆起，圆唇，浅弧腹，平底。器表磨光发白，内外壁近口处有明显刮削痕迹。沿面饰一周五组垂弧纹、弧边三角组成的复合纹饰。可复原。口径32—33.5、底径12.8、高10.5—11.4厘米（图2-2-359，4；图版七，3）。H442：20，器形不规整，略有歪斜。敛口，折沿隆起，圆唇，浅弧腹，平底。器表磨光，内外壁近口处有明显刮削痕迹。沿面饰一周四组弧边三角、垂弧纹组成的复合纹饰。可复原。口径31.2、底径12.5、高10.5—11.2厘米（图2-2-359，1；图版七，4）。H442：46，直口，仰折沿外侧下斜，圆唇，浅弧腹，平底。器表磨光，外壁有刮削痕迹。沿面内、外侧各饰一周宽0.2、2厘米的条带纹。可复原。口径30.4、底径12.4、高10厘米（图2-2-359，5）。H442：47，敞口，折沿外侧下斜，方唇，浅弧腹，平底。器表磨光，沿面饰一周弧边三角、垂弧纹组成的复合纹饰。可复原。口径31.3、底径11.7、高11.1厘米（图2-2-359，6）。

素面钵 2件。素面。H442：24，泥质黄褐陶。敛口，圆唇，斜直腹，平底微内凹。器表磨光，内外壁有明显的刮削痕迹。可复原。口径26.6、底径11.8、高12厘米（图2-2-360，5；图版八三，4）。H442：52，夹砂红陶。器形不规整，口部略呈椭圆形。侈口，圆唇，弧腹，平底。内外壁近口处有明显刮削痕迹。可复原。口径11.6、底径5.2、高5.1厘米（图2-2-360，8）。

素面盆 4件。黄褐陶。浅弧腹，平底。素面。H442：21，夹砂黄褐陶。直口，折沿隆起，圆唇，浅弧腹，平底。内外壁有明显的刮削痕迹。可复原。口径30.2、底径14.8、高9.4厘米（图2-2-360，7；图版二二，5）。H442：25，泥质陶。敛口，仰折沿微隆起，圆唇。器表磨光发白，内外壁近口处有明显刮削痕迹。可复原。口径27.6、底径11、高10.7厘米（图2-2-360，1；图版七，5）。H442：26，夹砂陶。直口，折沿隆起，圆唇。内外壁近口处有明显刮削痕迹。可复原。口径24、底径11.6、高9.6厘米（图2-2-360，3；图版七，6）。H442：51，泥质陶。直口，折沿隆起，圆唇，器表磨光，沿面有刮削痕迹。可复原。口径31.5、底径12.2、高9.3厘米（图2-2-360，4）。

鼓腹罐 1件。H442：27，红陶。器形不规整，口部略呈椭圆形。敛口，折沿，方唇，鼓腹，下腹部近直内收，平底。颈部以下饰数周凹弦纹。可复原。口径11.5—12.7、底径6.5、高13.4厘米（图2-2-360，13；图版一六五，1）。

直腹罐 2件。夹砂陶，厚胎。侈口。H442：31，黄褐陶。器形不规整，略有歪斜。侈口，方唇，仰折沿，直腹微鼓，平底内凹。内外壁均有刮削痕迹。腹部饰左斜篮纹、横篮纹。可复原。口径10.8、底径6.2—6.5、高11厘米（图2-2-360，2；图版一六八，4）。H442：53，灰陶。圆唇，仰折沿隆起，斜直腹，平底。外壁饰左斜线纹。可复原。口径15.8、底径8.2、高14.8厘米（图2-2-360，11）。

素面双錾盆 1件。H442：28，泥质黄褐陶。侈口，仰折沿，圆唇，斜直腹，腹部对称置附加突起状双錾，平底。内壁有泥条盘筑痕迹，沿面、外壁有刮削痕迹，錾上有捏制痕迹。素面。可复原。口径29.2、底径16、高19厘米（图2-2-360，6；图版一四六，4）。

小口尖底瓶 1件。H442：43，泥质黄褐陶。退化重唇口，圆唇，弧颈，溜肩，橄榄状腹。通体饰线纹。底部残。口径4.2、高39厘米（图2-2-360，10）。

环 2件。泥质灰陶。环状，截面为半椭圆形。外侧饰篮纹。H442：3，可复原。外径4.6、内径3.5、厚0.6厘米（图2-2-360，9）。H442：2，可复原。外径5.2、内径3.9、厚0.6厘米（图2-2-360，12）。

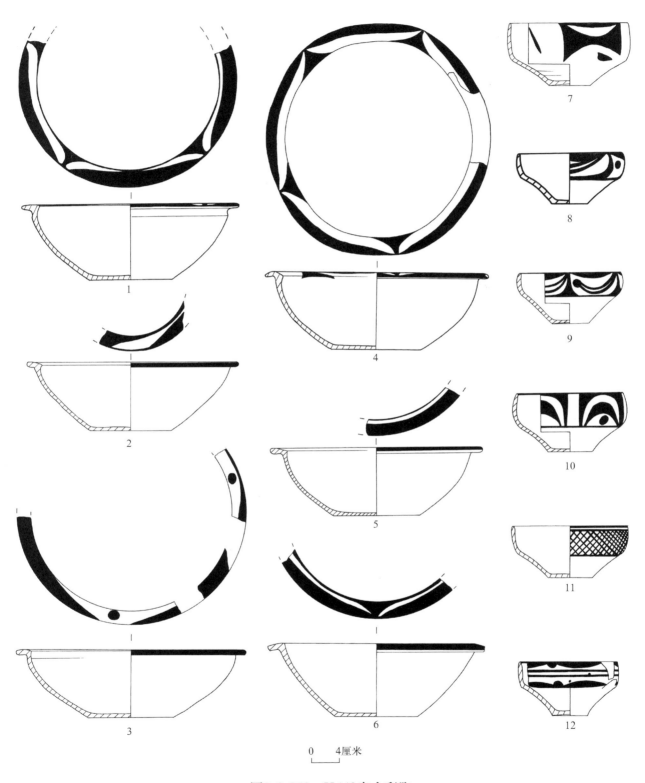

0　　4厘米

图2-2-359　H442出土彩陶

1-6.彩陶盆（H442：20、H442：16、H442：18、H442：19、H442：46、H442：47）　　7-12.彩陶钵（H442：50、H442：17、H442：22、H442：23、H442：48、H442：49）

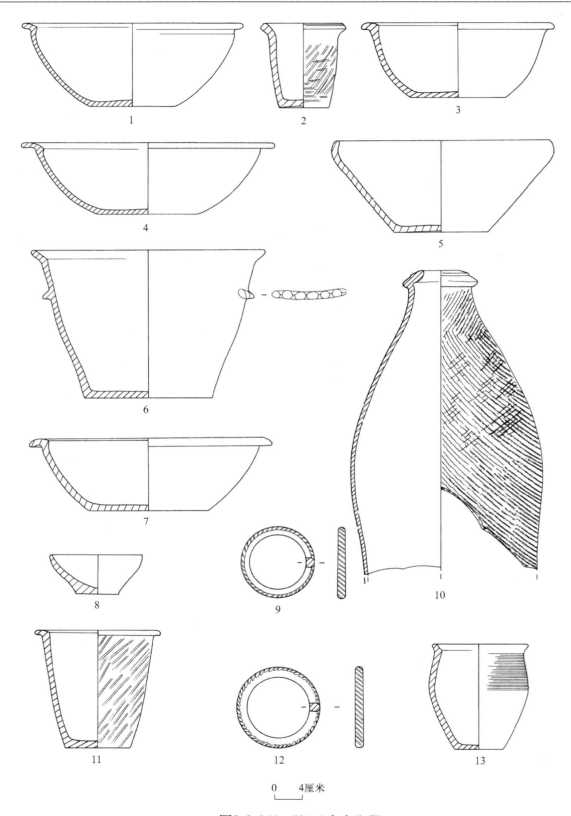

0　　4厘米

图2-2-360　H442出土陶器

1、3、4、7.素面盆（H442：25、H442：26、H442：51、H442：21）　2、11.直腹罐（H442：31、H442：53）　5、8.素面钵（H442：24、H442：52）　6.素面双錾盆（H442：28）　9、12.环（H442：3、H442：2）　10.小口瓶（H442：43）　13.鼓腹罐（H442：27）

188. H452

位于T59东北部，部分伸入东壁。开口于第③层下，打破第④层，被H299、H451、H617、H643打破，开口距地表65厘米。平面形状呈椭圆形，直壁，平底，四壁有明显加工痕迹。坑口最大径436、最小径357、坑底最大径420、最小径320、深270厘米。填土灰褐色，土质较致密。包含红烧土颗粒、炭粒、石块、动物骨骼等。出土陶片以泥质黄褐陶、夹砂灰陶为主；纹饰有线纹、篮纹、彩绘、附加堆纹、磨光等；可辨器形有盆、罐、钵、小口尖底瓶等（图2-2-361）。

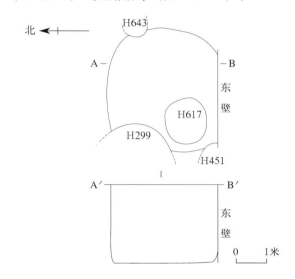

图2-2-361　H452平剖面图

H452挑选陶器标本10件，其中彩陶钵2、素面双錾盆2、彩陶盆1、素面钵1、素面盆1、器座1、盘1、杯1。

彩陶盆　1件。H452：12，泥质黄褐陶黑彩。敛口，圆唇，仰折沿隆起，浅曲腹，平底。器表磨光，内外壁近口处有刮削痕迹。沿面饰一周宽0.6-0.9厘米不等的条带纹，腹部饰一周宽0.5厘米的条带纹，其间区域饰凸弧纹、弧边三角、双连弧线、圆点组成的复合纹饰。可复原，口径33.4、底径11.8、高15.1厘米（图2-2-362，4；彩版二三四，2）。

彩陶钵　2件。泥质黄褐陶黑彩。直口微敛，尖唇，曲腹近折。内壁近口处有修整痕迹。H452：8，平底。口部外壁饰一周垂弧纹，腹部饰一周宽0.4厘米的条带纹，其间区域用凸弧纹分为四个单元格，每个单元格内饰数个圆点、三连弧线组成的复合纹饰。可复原。口径15、底径5.7、高7.7厘米（图2-2-362，2）。H452：9，平底微内凹。口部外壁饰一周四个垂弧纹，腹部饰一周条带纹，其间区域用弧边直角分为四个单元格，每个单元格内饰双连弧线、圆点组成的复合纹饰。可复原。口径15.5、底径5.1、高8厘米（图2-2-362，1）。

素面钵　1件。H452：2，夹砂红陶。侈口，圆唇，斜直腹，平底。唇面及内外壁近口处有刮削痕迹。素面。可复原。口径18.6、底径13、高10.1厘米（图2-2-362，7；图版八三，5）。

素面双錾盆　2件。夹砂黄褐陶。敛口，腹部对称置附加突起状双錾。素面。H452：3，叠唇，弧腹，平底微内凹。内外壁有明显的刮削痕迹，錾上有明显手捏痕迹。可复原。口径34.2、底径12.4、高19.8厘米（图2-2-362，3；图版一四六，5）。H452：11，叠唇，曲腹，平底。器表磨光，唇面及内外壁均有刮削痕迹。可复原。口径 40、底径 12.8、高 23 厘米（图 2-2-362，10；图版一四六，6）。

素面盆　1 件。H452：4，泥质红陶。直口微敛，仰折沿微隆起，圆唇，浅弧腹，平底。器表磨光，沿面及内外壁近口处有刮削痕迹。素面。可复原。口径 32.2、底径 13.2、高 10.7 厘米（图 2-2-362，6；图版一二三，4）。

器座　1 件。H452：13，泥质红陶。侈口，圆唇，束腰，底部外壁起台。内外壁均有刮削痕迹。素面。可复原。口径 20.6、底径 21.4、高 4.8 厘米（图 2-2-362，9；图版一八五，3）。

盘　1 件。H452：7，夹砂黄褐陶，厚胎。敛口，方唇，斜直腹，平底。内外壁均有刮削痕迹。素面。

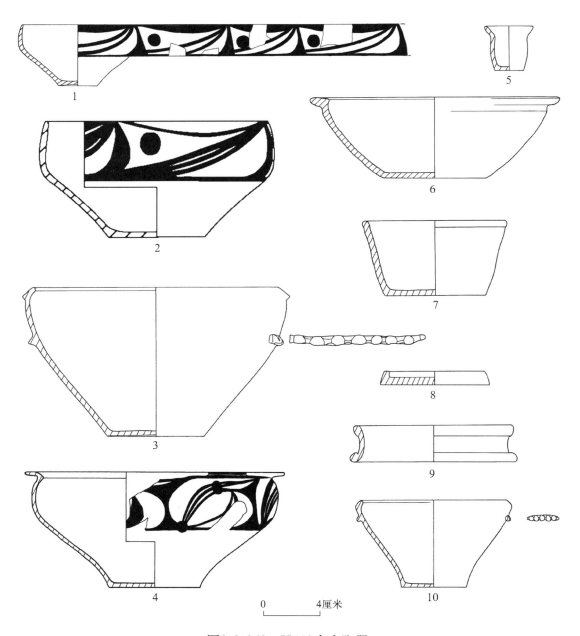

0　　　　4厘米

图2-2-362　H452出土陶器

1、2.彩陶钵（H452：9、H452：8）　3、10.素面双錾盆（H452：3、H452：11）　4.彩陶盆（H452：12）　5.杯（H452：10）
6.素面盆（H452：4）　7.素面钵（H452：2）　8.盘（H452：7）　9.器座（H452：13）

可复原。口径 12.8、底径 14、高 2 厘米（图 2-2-362，8；图版一七五，5）。

杯　1 件。H452：10，夹砂红陶。侈口，圆唇，弧腹，平底。内外壁近口处有刮削痕迹。素面。可复原。口径 6.2、底径 3.8、高 5.9 厘米（图 2-2-362，5；图版一九〇，6）。

189. H457

位于 T44 东南部，部分伸入东壁、南壁。开口于第②层下，打破生土，被 H566 打破，开口距地表 30 厘米。平面形状椭圆形，直壁，平底。坑口最大径 450、最小径 150、深 160 厘米。填土浅灰色，土质疏松。夹杂少量石块、红烧土颗粒。出土适量陶片，以泥质黄褐陶、夹砂灰陶为主；纹饰以彩绘、篮纹为主；可辨器形有罐、钵、盆、小口尖底瓶、环等（图 2-2-363）。

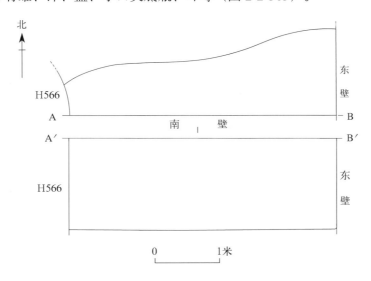

图2-2-363　H457平剖面图

H457 挑选陶器标本 4 件，其中彩陶钵 3、彩陶盆 1。

彩陶钵　3 件。泥质陶黑彩。H457：1，红陶。直口微敛，圆唇，曲腹，平底内凹。器表磨光涂一层黄泥浆，内壁抹光。内壁有轮制痕迹。下腹部饰一周宽 0.2 厘米的条带纹，其上区域用留白分为六个单元格，每个单元格内饰对弧边直角、凸弧纹、圆点组成的复合纹饰。可复原。口径 13.4、底径 4.9、高 7.5 厘米（图 2-2-364，3；彩版一三八，2）。H457：2，黄褐陶。直口微敛，圆唇，曲腹，平底内凹。器表磨光，内壁抹光。内壁有轮制痕迹。口部外壁二方连续饰一周垂弧纹，唇面、下腹部各饰一周宽 0.3 厘米的条带纹，其间区域用凸弧纹分为五个单元格，每个单元格内饰双连弧线、圆点组成的复合纹饰。可复原。口径 16.1、腹径 16.8、底径 6、高 7.7—8.1 厘米（图 2-2-364，2；彩版一三九，1）。H457：6，黄褐陶。敛口，圆唇，弧腹近直，平底内凹。器表磨光发白，内外壁有明显刮削痕迹。沿面饰一周垂弧纹，下腹部饰一周宽 0.5 厘米的条带纹，其间区域饰弧边三角、弧线、双短横线组成的复合纹饰。可复原。口径 25、底径 10、高 12 厘米（图 2-2-364，4；彩版一三九，2）。

彩陶盆　1 件。H457：3，泥质黄褐陶黑彩。敛口，仰折沿隆起，圆唇，溜肩，曲腹，平底。沿面用双短线分为数个单元格，每个单元格内饰组凸弧纹，唇面、颈部、下腹部各饰一周宽 0.3-0.4 厘米的条带纹，其间区域饰弧边三角、圆点组成的复合纹饰。可复原。口径 20.4、腹径 21.6、底径 10、高 13.2 厘米（图 2-2-364，1；彩版二三五，1）。

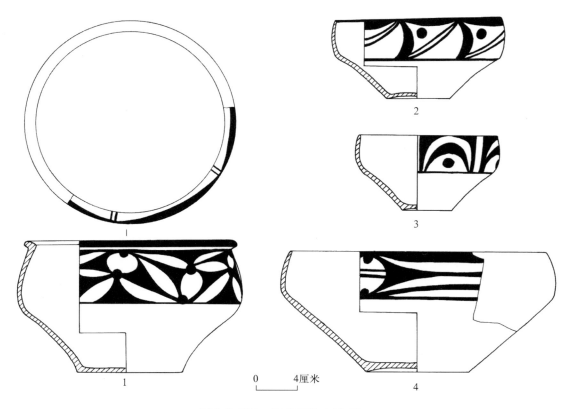

图2-2-364　H457出土陶器

1.彩陶盆（H457：3）　　2-4.彩陶钵（H457：2、H457：1、H457：6）

190. H461

位于T21南部，部分伸入南壁。开口于第②层下，打破第③层，被H344、H381打破，开口距地表50厘米。平面形状呈椭圆形，直壁，平底。坑口最大径340、最小径250、深60厘米。填土浅黄褐色，土质较致密。夹杂有红烧土颗粒、炭粒、草木灰等。包含适量陶片、少量动物骨骼、石器、石块等。出土陶片以泥质黄褐陶为主，夹砂红陶次之，泥质灰陶较少；纹饰以彩绘、线纹为主，篮纹次之；可辨器形有小口尖底瓶、盆、钵等（图2-2-365）。

H461挑选陶器标本21件，其中彩陶盆5、彩陶钵3、素面钵6、素面盆4、鼓腹罐1、深腹罐1、瓮1。

彩陶钵　3件。泥质黄褐陶黑彩。H461：147，敛口，圆唇，曲腹。口部外壁、腹部各饰一周条带纹，其间区域饰条带纹、圆点组成的复合纹饰。腹部以下残。口径22.6、残高9.1厘米（图2-2-366，5）。H461：150，直口，尖唇，弧腹。口部外壁饰一周垂弧纹，其下对应饰双连弧线。腹部以下残。口径23.2、残高5.9厘米（图2-2-366，4）。H461：151，直口微侈，尖唇，弧腹。口部外壁饰一周垂弧纹，腹部饰一周条带纹，其间区域用凸弧纹分为数个单元格，每个单元格内饰双连弧线、圆点组成的复合纹饰。腹部以下残。口径23、残高6.1厘米（图2-2-366，3）。

彩陶盆　5件。泥质黄褐陶黑彩。H461：144，敛口，仰折沿，方唇，弧腹近折。沿面外侧饰一周条带纹，腹部饰弧边三角、圆点、弧线组成的复合纹饰。腹部以下残。口径33、残高11厘米（图2-2-366，7）。H461：145，敛口，仰折沿微下凹，圆唇，弧腹。沿面外侧饰一周条带纹，腹部饰弧

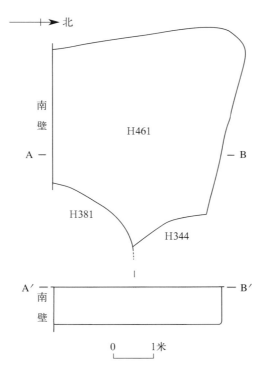

图2-2-365　H461平剖面图

边三角组成的复合纹饰。腹部以下残。口径22、残高8.8厘米（图2-2-366，2）。H461：146，直口微敛，仰折沿，方唇，弧腹。沿面外侧饰一周条带纹，腹部饰凸弧纹、弧边三角、圆点组成的复合纹饰。腹部以下残。口径33.8、残高9.6厘米（图2-2-366，6）。H461：149，敛口，仰折沿隆起，方唇，弧腹。沿面饰一周垂弧纹。腹部以下残。口径27.6、残高7.1厘米（图2-2-366，1）。H461：155，敛口，叠方唇，弧腹。唇面饰一周弧边三角。腹部以下残。口径27、残高5.4厘米（图2-2-366，8）。

　　素面钵　6件。泥质陶。素面。H461：3，黄褐陶。直口，尖唇，弧腹近折，下腹部近直，平底内凹。可复原。口径14.2、底径5、高6.8厘米（图2-2-367，13）。H461：15，灰陶。侈口，方唇中间下凹，弧腹。腹部以下残。口径28、残高5厘米（图2-2-367，1）。H461：154，灰陶。直口微敛，方唇，弧腹。腹部以下残。口径24、残高7.8厘米（图2-2-367，8）。H461：158，黄褐陶。敛口，圆唇，折腹，下腹部近直。腹部以下残。口径19、残高7.8厘米（图2-2-367，7）。H461：160，黄褐陶。敞口，圆唇，弧腹。腹部以下残。口径26.2、残高3.4厘米（图2-2-367，4）。H461：161，灰陶。敞口，方唇，弧腹近折。腹部以下残。口径11.8、残高3.4厘米（图2-2-367，11）。

　　素面盆　4件。泥质陶。素面。H461：1，灰陶。侈口，折沿隆起，圆唇，平底。斜直腹。可复原。口径21.2、底径12、高8厘米（图2-2-367，10）。H461：2，灰陶。侈口，折沿隆起，圆唇，浅弧腹，平底。可复原。口径27.2、底径11.8、高10.2厘米（图2-2-367，9）。H461：148，黄褐陶。敛口，仰折沿，方唇，弧腹。腹部以下残。口径29.8、残高6.8厘米（图2-2-367，2）。H461：157，黄褐陶。敛口，仰折沿隆起，圆唇，鼓腹。腹部以下残。口径29.3、残高5.2厘米（图2-2-367，5）。

　　鼓腹罐　1件。H461：152，夹砂灰陶。侈口，尖唇，矮领，溜肩，鼓腹。肩部以下饰线纹。腹部以下残。口径20.8、残高9.2厘米（图2-2-367，3）。

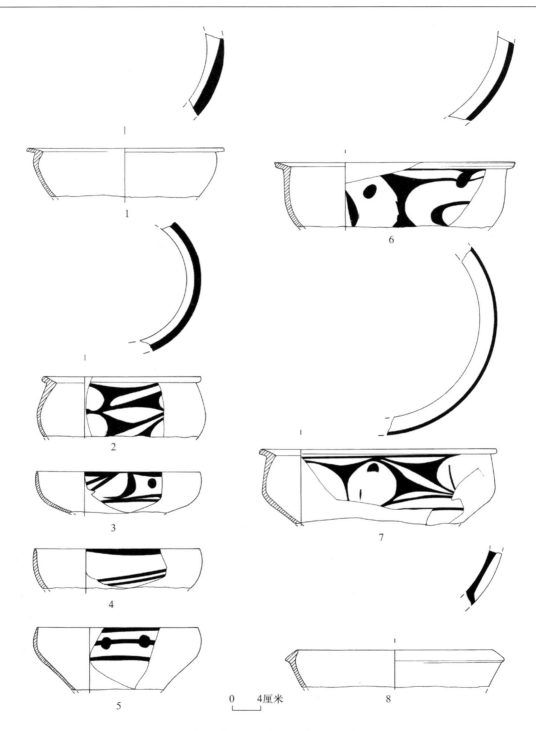

图2-2-366　H461出土陶器

1、2、6-8.彩陶盆（H461：149、H461：145、H461：146、H461：144、H461：155）　　3-5.彩陶钵（H461：151、H461：150、H461：147）

深腹罐　1件。H461：159，夹砂灰陶。仰折沿，方唇，溜肩，弧腹。肩部饰线纹、间隔线纹。腹部以下残。口径13、残高5厘米（图2-2-367，12）。

瓮　1件。H461：156，泥质灰陶。敛口，圆唇，矮领，广肩。素面。腹部以下残。口径22、残高5.2厘米（图2-2-367，6）。

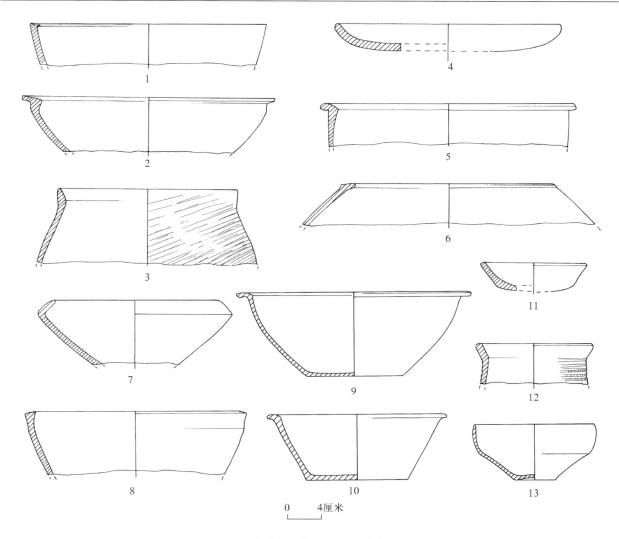

图2-2-367　H461出土陶器

1、4、7、8、11、13.素面钵（H461∶15、H461∶160、H461∶158、H461∶154、H461∶161、H461∶3）　2、5、9、10.素面盆
（H461∶148、H461∶157、H461∶2、H461∶1）　3.鼓腹罐（H461∶152）　6.瓮（H461∶156）　12.深腹罐（H461∶159）

191. H465

位于T65南部。开口于第②层下，打破生土，开口距地表30厘米。平面形状呈椭圆形，直壁，平底。坑口最大径315、最小径250、深80厘米。填土灰褐色，土质疏松。夹杂炭粒、红烧土颗粒、石块等。出土陶片以泥质黄褐陶为主，夹砂灰陶次之；纹饰有彩绘、附加堆纹等；可辨器形有盆、罐、钵等（图2-2-368）。

H465挑选陶器标本4件，其中彩陶盆1、素面钵1、素面盆1、鼓腹罐1。

彩陶盆　1件。H465∶8，泥质红陶。敛口，仰折沿隆起，圆唇，曲腹近直，平底。器表磨光，沿面有刮削痕迹。沿面饰一周四个凸弧纹，下腹部饰一周宽0.6厘米的条带纹，其上区域饰弧边三角、凸弧纹、圆点、双连弧线组成的复合纹饰。可复原。口径36、底径12.8、高15.2厘米（图2-2-369，4）。

素面钵　1件。H465∶7，泥质黄褐陶。器形不规整，口部略呈椭圆形。侈口，圆唇，浅弧腹，平底。器表磨光，内外壁有明显刮削痕迹。素面。可复原。口径12.2、底径4.9、高4.2厘米（图2-2-369，3；图版八三，6）。

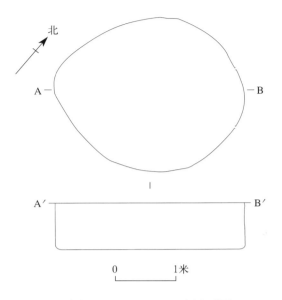

图2-2-368　H465平剖面图

　　素面盆　1件。H465：1，泥质灰陶。直口，仰折沿隆起，圆唇，浅弧腹，平底内凹。器表磨光，沿面有刮削痕迹。素面。可复原。口径34、底径11.6、高9.7厘米（图2-2-369，1；图版一二三，5）。

　　鼓腹罐　1件。H465：9，夹砂灰陶。敛口，折沿，圆唇，折沿处内侧有一周凹槽，曲腹，平底。内外壁近口处有刮削痕迹。通体饰线纹，肩部饰数周凹弦纹。可复原。口径22.8、底径18、高28厘米（图2-2-369，2；图版一六五，2）。

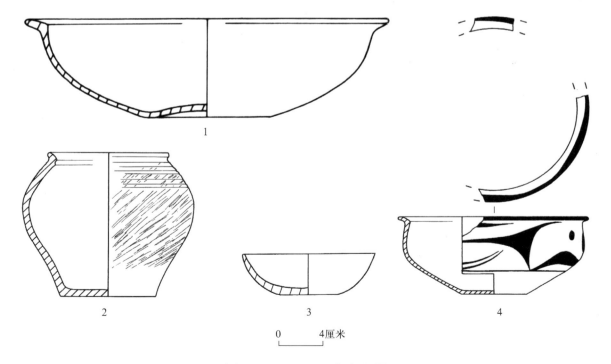

图2-2-369　H465出土陶器

1.素面盆（H465：1）　2.鼓腹罐（H465：9）　3.素面钵（H465：7）　4.彩陶盆（H465：8）

192. H471

位于 T72 西南部，T73 西北部，部分伸入西壁。开口于第③层下，打破生土，被 H335、H454、H638 打破，开口距地表 70 厘米。平面形状呈椭圆形，弧壁，圜底。坑口最大径 875、最小径 700、深 160 厘米。填土浅黄褐色，土质较致密。包含红烧土块等。出土陶片以泥质黄褐陶为主，夹砂红陶次之，泥质灰陶较少；纹饰以素面、线纹为主，篮纹次之，彩绘较少；可辨器形有器盖、钵、钵等（图 2-2-370）。

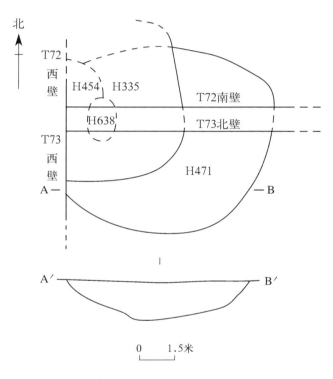

图2-2-370　H471平剖面图

H471 挑选陶器标本 4 件，其中彩陶盆 2、素面盆 1、彩陶罐 1。

彩陶盆　2 件。泥质陶。敛口，圆唇，仰折沿隆起。H471：12，黄褐陶黑彩。曲腹，平底。器表磨光，内外壁近口处有刮削痕迹。唇面、下腹部各饰一周宽 1、0.2-0.5 厘米的条带纹，其间区域饰弧边三角、凸弧纹、弧线、圆点组成的复合纹饰。可复原。口径 31.2、底径 14.4、高 22.4 厘米（图 2-2-371，2；彩版二二五，2）。H471：14，红陶褐彩。深曲腹，平底微内凹。器表磨光，内外壁近口处有刮削痕迹。沿面、下腹部各饰一周宽 0.7-1、0.3-0.6 厘米不等的条带纹，其间区域饰凸弧纹、圆点、弧边三角组成的复合纹饰。可复原。口径 31.2、底径 12、高 22.2 厘米（图 2-2-371，1；彩版二二六，1）。

素面盆　1 件。H471：13，泥质红陶。敛口，仰折沿隆起，曲腹，平底。内外壁近口处有刮削痕迹。素面。可复原。口径 28.8、底径 10.4、高 18.8 厘米（图 2-2-371，4；图版一二三，6）。

彩陶罐　1 件。H471：36，泥质红陶黑彩。敛口，圆唇，折腹。器表磨光细腻，内壁抹光。唇面、口部外壁、腹部用五周条带纹分为上下两个单元格。上部单元格饰绳索纹；下部单元格用双短线分为四个单元格，单元格内部填充网格纹，单元格之间饰对双弧三角。腹部以下残。口径 14、残高 8.2 厘米（图 2-2-371，3；彩版二五二，1）。

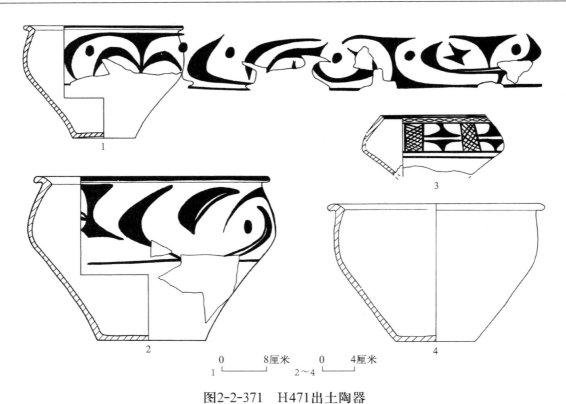

0　　8厘米　　　0　　4厘米
1　　　　　　　2～4

图2-2-371　H471出土陶器

1、2.彩陶盆（H471：14、H471：12）　3.彩陶罐（H471：36）　4.素面盆（H471：13）

193. H474

位于 T113 西北部，部分伸入西壁。开口于第②层下，打破第③层，开口距地表45厘米。平面形状呈椭圆形，弧壁，平底。坑口最大径260、最小径240、深82厘米。填土灰褐色，土质较致密。夹杂少量动物骨骼、石块。出土适量陶片，以泥质黄褐陶为主，夹砂灰陶次之；纹饰有划纹、磨光、彩绘等；可辨器形有小口尖底瓶、盆、钵（图2-2-372，1）。

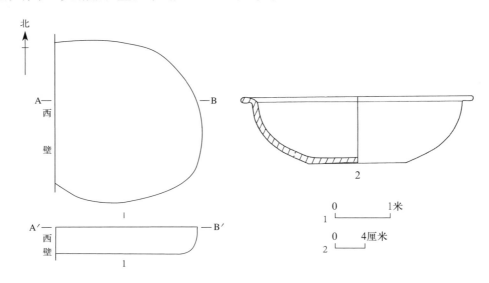

0　　1米
1

0　　4厘米
2

图2-2-372　H474平剖面图及出土陶器

1.平剖面图　2.素面盆（H474：1）

H474 挑选陶器标本素面盆 1 件。

素面盆　1 件。H474：1，泥质黄褐陶。侈口，仰折沿隆起，圆唇，浅弧腹，平底微内凹。器表磨光，沿面有刮削痕迹。素面。可复原。口径 31.4、底径 12、高 9.1 厘米（图 2-2-372，2；图版一二四，1）。

194. H477

位于 T62 东北部，部分伸入东壁、北壁。开口于第②层下，打破第③层，被 H569 打破。开口距地表 30 厘米。平面形状呈椭圆形，直壁，平底。坑口最大径 680、最小径 520、深 120 厘米。填土浅黄褐色，土质较致密。夹杂有红烧土颗粒、炭粒、草木灰等。包含适量陶片、少量动物骨骼、石器、石块等。出土陶片以泥质黄褐陶为主，夹砂红陶次之，泥质灰陶较少；纹饰以彩绘、线纹为主，篮纹次之；可辨器形有小口尖底瓶、盆、钵等（图 2-2-373）。

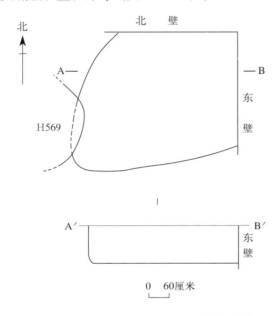

图2-2-373　H477平剖面图

H477 挑选陶器标本 93 件，其中彩陶钵 39、彩陶盆 22、环 8、素面钵 7、素面盆 6、鼓腹罐 3、素面双錾钵 3、素面双錾盆 2、四錾钵 1、小口瓶 1、折腹罐 1。

彩陶盆　22 件。泥质陶。H477：25，黄褐陶黑彩。直口，折沿外侧下斜，圆唇，弧腹近直，平底。器表磨光，内壁有少量刮削痕迹。沿面饰一周四组凸弧纹、弧边三角组成的复合纹饰。可复原。口径 27.5、底径 10、高 10.2 厘米（图 2-2-376，5；图版七，5）。H477：26，黄褐陶黑彩。敛口，折沿隆起，圆唇，浅弧腹，平底。器表磨光，沿面有少量刮削痕迹。沿面饰一周五组凸弧纹、弧边三角组成的复合纹饰。可复原。口径 25.6、底径 9.4、高 8 厘米（图 2-2-376，6；图版七，6）。H477：31，黄褐陶黑彩。敛口，仰折沿隆起，圆唇，溜肩，曲腹，平底。器表磨光发白，内壁抹光。内壁有轮制痕迹。唇面、下腹部各饰一周宽 0.8、0.4 厘米的条带纹，其间区域饰弧边三角、圆点、凸弧纹、弧线组成的复合纹饰。可复原。口径 34.9、腹径 38.1、底径 13.2、高 24 厘米（图 2-2-374，1；彩版二二七，1）。H477：32，黄褐陶黑彩。口沿不规整略微歪斜。敛口，仰折沿隆起，圆唇，溜肩，曲腹，平底。器表磨光发白，内壁抹光。内壁有轮制痕迹。唇面、下腹部各饰一周宽 0.8、0.4 厘米的条带纹，其间区域饰弧边三角、圆点、凸弧纹、弧线组成的复合纹饰。可复原。口径 31—31.4、腹径 31.4—31.8、底径

11.4、高 19—19.5 厘米（图 2-2-375，11；彩版二〇二，1）。H477：33，黄褐陶黑彩。口部不规整，呈椭圆形。敛口，仰折沿微隆起，圆唇，溜肩，曲腹，平底。器表磨光，内壁抹光，沿面及内壁有轮制痕迹。唇面、下腹部各饰一周宽 0.7、0.4 厘米的条带纹，其间区域饰弧边三角、圆点、细弧线、凸弧纹组成的复合纹饰。可复原。口径 26.7—27.5、腹径 27.6—28.4、底径 10.8、高 17.2 厘米（图 2-2-375，1；彩版二二七，2）。H477：34，黄褐陶黑彩。敛口，仰折沿隆起，圆唇，溜肩，曲腹，平底。器表磨光，内壁抹光，沿面及内壁有轮制痕迹。唇面、下腹部各饰一周宽 1、0.4 厘米的条带纹，其间区域饰弧边三角、圆点、细弧线、凸弧纹组成的复合纹饰。可复原。口径 37—37.5、腹径 39、底径 13.4、高 24.3 厘米（图 2-2-374，3；彩版二二八，1）。H477：35，黄褐陶黑彩。敛口，折沿隆起，圆唇，深曲腹，平底微内凹。器表磨光，沿面有刮削痕迹。唇面、沿面、下腹部各饰一周条带纹，分别宽 0.5、0.6、0.5 厘米。其间区域饰三组凸弧纹、弧线、圆点组成的复合纹饰。可复原。口径 34、底径 12.2、高 20.3 厘米（图 2-2-375，4；彩版二二八，2）。H477：42，黄褐陶黑彩。敛口，折沿，圆唇，浅弧腹，平底微内凹。器表磨光，内外壁近口处有刮削痕迹。唇面饰一周宽 0.6 厘米的条带纹，沿面饰一周六组弧边三角、凸弧纹组成的复合纹饰。可复原。口径 25、底径 11.4、高 9.5 厘米（图 2-2-376，2；图版九，6）。H477：46，黄褐陶黑彩。敛口，仰折沿隆起，圆唇，溜肩，曲腹，平底。器表磨光，内壁抹光。内壁有轮制痕迹。唇面、下腹部各饰一周宽 0.7、0.5 厘米的条带纹，其间区域饰弧边三角、圆点、细弧线、凸弧纹组成的复合纹饰。可复原。口径 32、腹径 34.4、底径 13.2、高 22.4 厘米（图 2-2-375，3；彩版二二九，1）。H477：47，红陶黑彩。敛口，折沿隆起，圆唇，浅弧腹，平底。器表磨光，内壁抹光，内壁近口处有轮制痕迹。沿面饰五组凸弧纹、弧边三角组成的复合纹饰。可复原。口径 26.4、底径 10、高 9.3 厘米（图 2-2-376，3；图版二二，6）。H477：48，黄褐陶黑彩。直口，折沿，圆唇，浅弧腹，平底。器表磨光，外壁、内壁近口处有刮削痕迹。沿面饰一周弧边三角、凸弧纹组成的复合纹饰。可复原。口径 26.8、底径 10、高 8.8 厘米（图 2-2-376，4；图版一〇，1）。H477：49，黄褐陶黑彩。直口微敛，折沿外侧下斜，尖唇，浅弧腹，平底。器表磨光，内壁近口处有少量刮削痕迹。沿面饰一周四组垂弧纹、弧边三角组成的复合纹饰。可复原。口径 26、底径 9、高 8.4 厘米（图 2-2-376，1；图版一〇，2）。H477：50，黄褐陶黑彩。口部不规整，呈椭圆形。敛口，折沿隆起，方唇，曲腹，平底。器表磨光，内壁抹光。内壁有轮制痕迹。唇面饰一周宽 0.8-1 厘米的条带纹，腹部饰四组三圆点。可复原。口径 27—28、腹径 26.4—27.4、底径 10.8、高 13.8 厘米（图 2-2-375，8；彩版二二九，2）。H477：51，黄褐陶黑彩。敛口，仰折沿隆起，圆唇，溜肩，曲腹，平底微内凹。器表磨光，内壁抹光，沿面及内壁有轮制痕迹。唇面、下腹部各饰一周宽 1、0.4 厘米的条带纹，其间区域饰弧边三角、圆点、细弧线、凸弧纹组成的复合纹饰。可复原。口径 33—33.6、腹径 35.4、底径 10.2、高 19—19.4 厘米（图 2-2-374，4；彩版二三〇，1）。H477：53，黄褐陶黑彩。敛口，仰折沿，圆唇，溜肩，曲腹，平底。器表磨光，内壁抹光，沿面及内壁有轮制痕迹。唇面、下腹部各饰一周宽 0.7、0.5 厘米的条带纹，其间区域饰弧边三角、圆点、细弧线、凸弧纹组成的复合纹饰。可复原。口径 29.4—29.8、腹径 31、底径 11.8、高 18.2 厘米（图 2-2-375，7；彩版二三〇，2）。H477：62，黄褐陶黑彩。侈口，仰折沿，沿面微隆起，圆唇，溜肩，曲腹，平底内凹。器表磨光，内壁抹光。内壁有轮制痕迹。唇面、下腹部饰一周宽 1、0.5 厘米的条带纹，其间区域饰弧边三角、圆点、细弧线、凸弧纹、三连弧线组成的复合纹饰。可复原。口径 32、腹径 35.4、底径 10.3、高 22.9—23.1 厘米（图 2-2-374，2；彩版二三一，1）。H477：64，黄褐陶黑彩。敛口，折沿隆起，圆唇，深曲腹，平底。器表磨光，沿面有刮削痕迹。唇面、

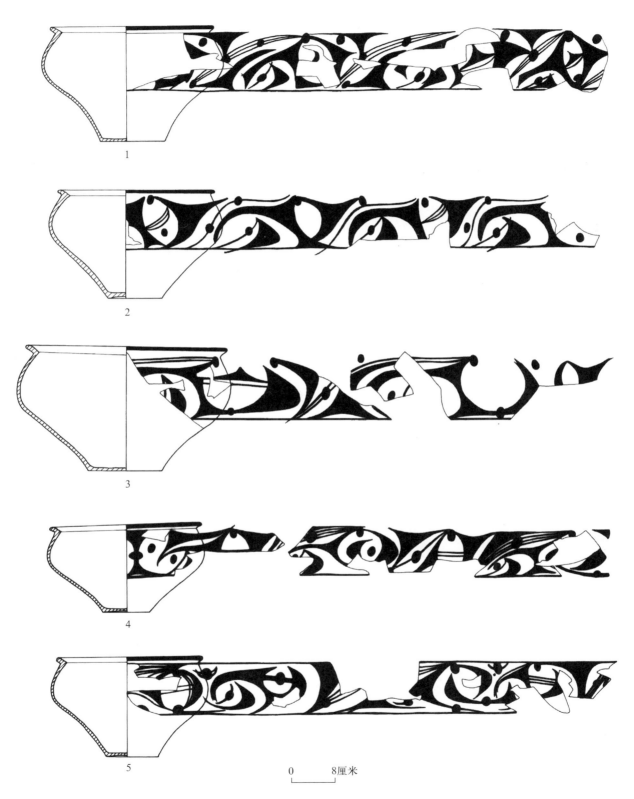

图2-2-374 H477出土彩陶盆

1-5.彩陶盆（H477：31、H477：62、H477：34、H477：51、H477：116）

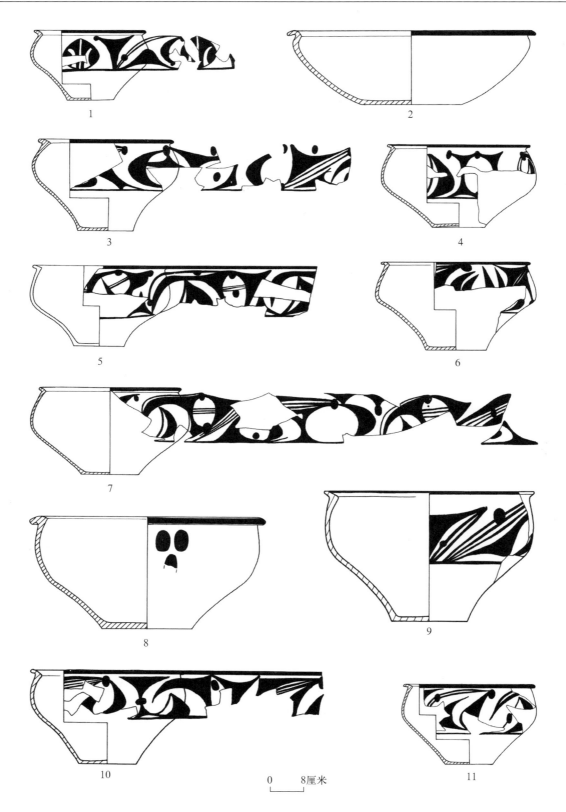

0 ⊢——⊣ 8厘米

图2-2-375　H477出土彩陶盆

1-11.彩陶盆（H477：33、H477：81、H477：46、H477：35、H477：65、H477：66、H477：53、H477：50、H477：67、H477：64、H477：32）

下腹部各饰一周宽 1.4、0.3 厘米的条带纹，其间区域饰两组弧线、圆点、凸弧纹、弧边三角组成的复合纹饰。可复原。口径 36.8、底径 13.6、高 22.8 厘米（图 2-2-375，10；彩版二三一，2）。H477：65，黄褐陶黑彩。敛口，仰折沿，圆唇，深曲腹，平底。器表磨光，沿面、外壁近口处有刮削痕迹。唇面、下腹部各饰一周宽 0.7、0.4 厘米的条带纹，其间区域饰弧边三角、圆点、凸弧纹、弧线组成的复合纹饰。可复原。口径 32.5、底径 12.3、高 20.2 厘米（图 2-2-375，5；彩版二三二，1）。H477：66，黄褐陶黑彩。敛口，折沿隆起，尖唇，深曲腹，平底。器表磨光，内壁近口处有刮削痕迹。唇面、下腹部各饰一周宽 1.0、0.3 厘米的条带纹，其间区域饰数个圆点、凸弧纹、对弧边三角、弧线组成的复合纹饰。可复原。口径 35.6、底径 14.4、高 21.8 厘米（图 2-2-375，6；彩版二三二，2）。H477：67，黄褐陶褐彩。敛口，仰折沿隆起，圆唇，深曲腹，平底。器表磨光发白，内壁、沿面有少量刮削痕迹。沿面、下腹部各饰一周宽 0.8、0.4 厘米的条带纹，其间区域饰数组弧边三角、圆点、凸弧纹、弧线组成的复合纹饰。可复原。口径 25、底径 9、高 15.9 厘米（图 2-2-375，9；彩版二三三，1）。H477：81，黄褐陶黑彩。敛口，折沿隆起，圆唇，束颈，浅弧腹，下腹部近直，平底。器表磨光，内外壁近口处、沿面有刮削痕迹。沿面饰一周宽 1 厘米的条带纹。可复原。口径 29.6、底径 12、高 9.2 厘米（图 2-2-375，2；图版一〇，3）。H477：116，黄褐陶黑彩。敛口，仰折沿，圆唇，溜肩，深曲腹，平底微内凹。器表磨光，内壁抹光，沿面及内壁近口处有刮削痕迹。唇面、肩部、下腹部各饰一周条带纹，分别宽 0.9、0.2、0.5 厘米，其间区域饰弧边三角、圆点、凸弧纹、弧线组成的复合纹饰。可复原。口径 32.4、腹径 34.8、底径 11.5、高 22.4 厘米（图 2-2-374，5；彩版 226，2）。

彩陶钵　39 件。泥质陶。H477：1，黄褐陶黑彩。直口微敛，圆唇，曲腹，平底内凹。口部外壁饰一周条带纹，其下区域间隔饰 X 纹、圆点组成的复合纹饰、交弧纹。可复原。口径 25.6、底径 10.8、高 10.5 厘米（图 2-2-378，9）。H477：2，黄褐陶黑彩。直口，尖唇，曲腹，平底微内凹。器表磨光，内壁近底处有泥条盘筑痕迹，内壁有刮削痕迹。口部外壁饰一周宽 0.6 厘米的条带纹，其下区域饰两周条带纹、圆点组成的复合纹饰，条带纹分别宽 0.3、0.4 厘米。可复原。口径 13.2、底径 4.2、高 6.8 厘米（图 2-2-378，14；彩版一四〇，1）。H477：3，黄褐陶黑彩。直口，尖唇，曲腹，平底。器表磨光，内壁近口处有刮削痕迹。口部外壁饰一周宽 0.7 厘米的条带纹，其下区域饰两周宽 0.4 厘米的条带纹、圆点组成的复合纹饰。可复原。口径 13.2、底径 5、高 7.1 厘米（图 2-2-377，4；彩版一四〇，2）。H477：4，黄褐陶黑彩。直口微敛，尖唇，弧腹近直，平底内凹。器表磨光，内壁抹光。内壁有轮制痕迹。口部外壁二方连续间隔饰一周四个垂弧纹、交弧纹，其下区域饰三周宽 0.3 厘米的条带纹、圆点组成的复合纹饰。可复原。口径 25、底径 10、高 10.8 厘米（图 2-2-378，19；彩版一四一，1）。H477：5，黄褐陶黑彩。直口微侈，尖唇，曲腹近折，平底微内凹。器表磨光，内壁近口处有刮削痕迹。口部外壁饰一周垂弧纹，其下区域饰三周宽 0.2 厘米的条带纹、圆点组成的复合纹饰。可复原。口径 18、底径 5.7、高 8.7 厘米（图 2-2-378，7；图版四二，2）。H477：6，红陶黑彩。直口微敛，尖唇，弧腹，平底。器表磨光。口部外壁饰一周垂弧纹，其下区域饰弧边三角、两周宽 0.2 厘米的条带纹、圆点组成的复合纹饰。可复原。口径 14.5、底径 6、高 7.7 厘米（图 2-2-378，11；图版四二，3）。H477：7，红陶黑彩。直口，圆唇，弧腹，平底。器表磨光，内壁抹光，内壁近口处有轮制痕迹。唇面饰一周条带纹，口部外壁饰一周垂弧纹，其下区域饰三周宽 0.2 厘米的条带纹、圆点组成的复合纹饰。可复原。口径 15.5、底径 6.2、高 7.3 厘米（图 2-2-378，15；彩版一四一，2）。H477：8，黄褐陶黑彩。直口微敛，尖唇，弧腹，平底。器表磨光，内壁抹光，内壁近口处有轮制痕迹。口部外壁饰一周宽 0.8 厘米的条带纹，其下间隔饰三组圆点、交弧纹。可复原。口径 15.6、底径 5.5、

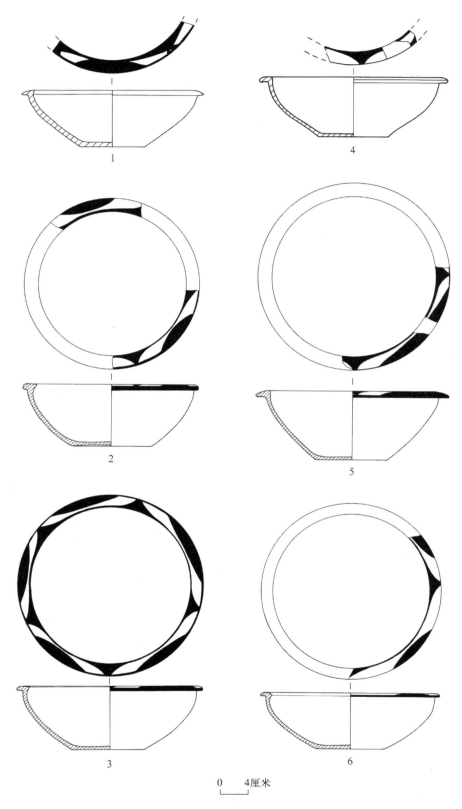

0 ____ 4厘米

图2-2-376　H477出土彩陶盆

1-6.彩陶盆（H477：49、H477：42、H477：47、H477：48、H477：25、H477：26）

高 7.1 厘米（图 2-2-378，6；彩版一四二，1）。H477：9，黄褐陶黑彩。口部不规整，呈椭圆形。直口微敛，尖唇，弧腹，平底。器表磨光，内壁抹光。内壁有轮制痕迹。唇面、口部外壁各饰一周宽 0.2、0.5 厘米的条带纹，其下区域间隔饰四组双短线纹、圆点。可复原。口径 14.8—15、底径 6.2、高 7.2 厘米（图 2-2-378，2；彩版一四二，2）。H477：10，黄褐陶黑彩。直口微敛，圆唇，深弧腹，平底微内凹。器表磨光发白，内壁近口处有少量刮削痕迹。唇面、口部外壁各饰一周宽 0.2、0.6 厘米的条带纹。可复原。口径 18.6、底径 7.6、高 10 厘米（图 2-2-377，20；图版四二，4）。H477：11，黄褐陶黑彩。直口微敛，圆唇，弧腹，平底微内凹。器表磨光，内壁近口处有刮削痕迹。口部外壁饰一周垂弧纹，其下区域饰三周宽 0.4 厘米的条带纹、圆点组成的复合纹饰。可复原。口径 16.6、底径 6.2、高 8.1 厘米（图 2-2-378，13；图版四二，5）。H477：12，黄褐陶黑彩。口沿歪斜。敛口，尖唇，弧腹近直，平底内凹。器表磨光，内壁抹光。内壁有轮制痕迹。口部外壁饰一周宽 0.8 厘米的条带纹，其下间隔饰五组 X 纹与圆点组成的复合纹饰、交弧纹。可复原。口径 24—25.6、底径 10.8、高 10.4—10.7 厘米（图 2-2-378，1；彩版一四三，1）。H477：13，黄褐陶黑彩。敛口，圆唇，曲腹近折，平底微内凸。器表磨光发白，内壁近口处有刮削痕迹。口部外壁饰一周垂弧纹，其下区域饰两周宽 0.4、0.3 厘米的条带纹。可复原。口径 25.6、底径 10.2、高 11.2 厘米（图 2-2-378，10；图版四二，6）。H477：14，黄褐陶黑彩。侈口，尖唇，曲腹近折，平底微内凹。器表磨光，内壁抹光。内壁有轮制痕迹。唇面饰一周条带纹，口部外壁饰一粗一细两周宽 0.6、0.4 厘米的条带纹，其下区域饰四个圆点。可复原。口径 16.3—16.5、底径 5、高 9 厘米（图 2-2-378，18；彩版一四三，2）。H477：15，黄褐陶褐彩。直口微敛，尖唇，曲腹近折，平底。器表磨光，内外壁近口处有刮削痕迹。口部外壁饰一周宽 0.5 厘米的条带纹，其下区域饰数个圆点。可复原。口径 16.6、底径 6、高 9 厘米（图 2-2-378，17；图版四三，1）。H477：16，黄褐陶黑彩。口部不规整，呈椭圆形。侈口，尖唇，浅弧腹，平底。器表磨光，内壁抹光有不明显的轮盘修整痕迹。口部外壁饰一周宽 0.6 厘米的条带纹，其下间隔饰四个圆点、交弧纹。可复原。口径 16.2—16.5、底径 7、高 7.5 厘米（图 2-2-378，12；彩版一四四，1）。H477：17，黄褐陶黑彩。口部不规整，呈椭圆形。敛口，圆唇，深弧腹，平底内凹。器表磨光发白，内壁抹光，内壁近口处有轮制痕迹。口部外壁饰一周垂弧纹，其下区域饰四组双连弧线、圆点组成的复合纹饰。可复原，口径 15.2—16.3、底径 6、高 8.2—8.4 厘米（图 2-2-378，8；彩版一四四，2）。H477：18，黄褐陶黑彩。敛口，圆唇，鼓腹近直，平底内部凸起。器表磨光，内壁抹光。内壁有轮制痕迹。口部外壁饰一周宽 0.7 厘米的条带纹，其下区域饰四个圆点。可复原。口径 25.3、底径 10.7、高 11.5 厘米（图 2-2-377，13；彩版一四五，1）。H477：19，黄褐陶黑彩。口部不规整，呈椭圆形。直口微敛，圆唇，浅曲腹，平底内凹。器表磨光，内壁抹光。内壁有轮制痕迹。腹部饰一周宽 0.3 厘米的条带纹，其上区域用留白分为三个单元格，每个单元格内饰对弧边直角、凸弧纹、圆点组成的复合纹饰。可复原。口径 17.6—18.1、底径 6、高 9.7 厘米（图 2-2-378，5；彩版一四五，2）。H477：20，黄褐陶黑彩。器形歪斜严重。直口，圆唇，曲腹，平底。器表磨光，内壁有刮削痕迹。口部外壁饰一周垂弧纹，其下区域饰三周宽 0.2 厘米的条带纹、圆点组成的复合纹饰。可复原。口径 15、底径 5.7、高 7.5 厘米（图 2-2-377，7；图版四三，2）。H477：21，黄褐陶黑彩。上腹部歪斜。直口微侈，圆唇，曲腹近折，平底。器表磨光，内壁抹光。内壁有轮制痕迹。口部外壁饰一周五个垂弧纹，其下区域饰数个圆点、双连弧线组成的复合纹饰。可复原。口径 15、底径 5.6、高 7—7.6 厘米（图 2-2-378，4；彩版一四六，1）。H477：22，黄褐陶黑彩。敛口，圆唇，弧腹近直，平底。口部外壁二方连续饰一周九组垂弧纹，下腹部饰一周条带纹，其间区域饰九个弧边直角。可复原。口径 24.8、腹径 26.4、底径 11、高 10.2—10.9

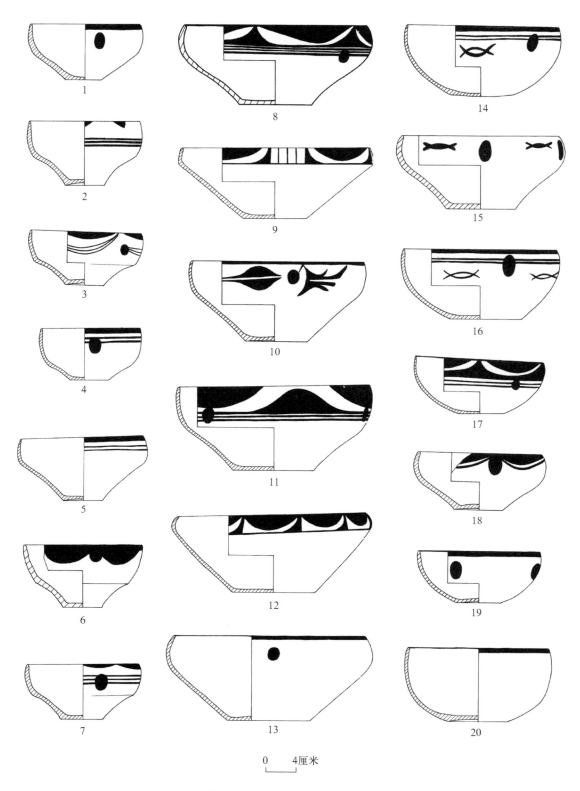

0 ⌊___⌋ 4厘米

图2-2-377　H477出土彩陶钵

1-20.彩陶钵（H477：45、H477：28、H477：23、H477：3、H477：27、E477：74、H477：20、H477：68、H477：54、H477：36、H477：24、H477：22、H477：18、H477：40、H477：69、H477：29、H477：37、H477：39、H477：63、H477：10）

厘米（图2-2-377，12；彩版一四六，2）。H477∶23，黄褐陶黑彩。直口微侈，尖唇，曲腹近折，平底内凹。器表磨光，内壁抹光。内壁有轮制痕迹。口部外壁饰一周四个垂弧纹，其下区域对应饰四组三连弧线、圆点组成的复合纹饰。可复原。口径14.6、底径5.1、高7—7.3厘米（图2-2-377，3；彩版一四七，1）。H477∶24，黄褐陶黑彩。器形不规整，略歪斜。直口微侈，圆唇，曲腹，平底。器表磨光，内外壁均有刮削痕迹。口部外壁饰一周三个垂弧纹，其下区域饰垂弧纹、三周条带纹、圆点组成的复合纹饰。可复原。口径25.5、底径10.5、高11.5—12厘米（图2-2-377，11；彩版一四七，2）。H477∶27，红陶黑彩。器形不规整，略歪斜。敛口，圆唇，曲腹，平底。器表磨光，内壁有刮削痕迹。口部外壁饰一粗两细三周条带纹，分别宽0.8、0.1、0.2厘米。可复原。口径16.3、底径5.3、高8.5—8.9厘米（图2-2-377，5；图版四三，3）。H477∶28，黄褐陶黑彩。直口微侈，尖唇，曲腹近折，平底内凹。器表磨光发白，内壁有刮削痕迹。口部外壁饰一周垂弧纹，其下区域饰三周宽0.2厘米的条带纹。可复原。口径14.7、底径5、高8.6厘米（图2-2-377，2；图版四三，4）。H477∶29，红陶黑彩。直口，尖唇，弧腹，平底。口部外壁饰一周宽0.8厘米的条带纹，下腹部饰一周四个交弧纹，其间区域饰两周宽0.2厘米的条带纹、圆点组成的复合纹饰。可复原。口径20.5、底径7.9、高9.5厘米（图2-2-377，16；彩版一四八，1）。H477∶30，黄褐陶黑彩。口部不规整，呈椭圆形。敛口，圆唇，弧腹近折，下腹部近直，平底内凹。器表磨光发白，内壁抹光。内壁有轮制痕迹。下腹部饰一周宽0.3厘米的条带纹，其上区域用双短线分为六个单元格，每个单元格内饰凸弧纹。可复原。口径14—14.2、腹径15.3、底径5.4、高7.6厘米（图2-2-378，16；彩版一四八，2）。H477∶36，黄褐陶黑彩。直口微敛，圆唇，弧腹，下腹部近直，平底微内凹。器表磨光，内壁抹光，内壁近口处有刮削痕迹。口部外壁饰一周宽0.2厘米的条带纹，其下区域饰凸弧纹、圆点、弧边三角等组成的复合纹饰。可复原。口径22.7、底径8.3、高10.9厘米（图2-2-377，10）。H477∶37，黄褐陶黑彩。器形歪斜严重。直口，尖唇，弧腹，平底。器表磨光，内壁抹光。内壁有轮制痕迹。口部外壁二方连续间隔饰一周四个垂弧纹、弧边三角，其下区域饰两周宽0.3厘米的条带纹、圆点组成的复合纹饰。可复原。口径17、底径5.8、高7—7.8厘米（图2-2-377，17；彩版一四九，1）。H477∶39，黄褐陶黑彩。直口微敛，圆唇，曲腹，平底微内凹。器表磨光，内壁抹光，内壁近口处有轮制痕迹。口部外壁二方连续饰一周五个垂弧纹、细弧线、圆点组成的复合纹饰。可复原。口径16.5、底径6.3、高7.8厘米（图2-2-377，18；彩版一四九，2）。H477∶40，黄褐陶黑彩，通体饰红衣。直口，尖唇，弧腹，平底。器表磨光，内壁抹光，内壁近口处有轮制痕迹。口部外壁饰一周宽0.7厘米的条带纹，下腹部饰四个交弧纹，其间区域饰两周宽0.3厘米的条带纹、圆点组成的复合纹饰。可复原。口径20、底径7.6、高9.7厘米（图2-2-377，14；彩版一五○，1）。H477∶45，黄褐陶黑彩，通体饰红衣。直口，圆唇，曲腹近折，平底。器表磨光，内壁抹光。内壁有轮制痕迹。口部外壁饰一周宽0.8厘米的条带纹，其下区域饰四个圆点。可复原。口径14.7、底径4.9、高7.6厘米（图2-2-377，1；彩版一五一，1）。H477∶54，黄褐陶黑彩。敛口，圆唇，折腹，下腹部近直，平底。器表磨光，内壁近口处有少量刮削痕迹。腹部饰一周宽0.3厘米的条带纹，其上区域用三竖线分为四个单元格，每个单元格内饰垂弧纹、对弧边直角组成的复合纹饰。可复原。口径25、底径9.4、高9.7厘米（图2-2-377，9；彩版一五一，2）。H477∶60，黄褐陶黑彩。敛口，圆唇，弧腹，下腹部近直，平底。器表磨光，内壁抹光。内壁有轮制痕迹和刻划痕迹。下腹部饰一周条带纹，其上区域可分四组个单元格，两个单元格连续饰凸弧纹、圆点组成的复合纹饰；另外一个单元格饰网格纹，第四个单元格饰凸弧纹、弧线组成的复合纹饰。可复原。口径17.6、腹径18.4、底径8、高10.1米（图2-2-378，3；彩版一五二，1、2）。H477∶63，黄褐陶黑彩。器形不规整，略歪斜。直口微侈，尖唇，弧腹，平底微内凹。器表磨光，内壁有少量刮削痕迹。口部外壁饰一周宽0.7厘米的条带纹，其下区域饰一周四个圆点。可复原。口径16.2、底径5.3、高7—7.8厘米（图2-2-377，19；彩版一五三，1）。H477：68，黄褐陶黑彩。敛口，圆唇，曲腹，平底。器表磨光，内壁近口处有少量刮削痕迹。口部外壁二方连续饰四组垂弧纹、弧边三角，其下区域饰三周条带纹、圆点组成的复合纹饰，条带纹分别宽0.1、0.1、0.2厘米。可复原。口径24.4、底径9.6、高10.8厘米（图2-2-377，8；彩版一五三，2）。H477：69，黄褐陶黑彩。敛口，圆唇，曲腹，平底。器表磨光，内外壁近口处有刮削痕迹。口部外壁间隔饰五个圆点、交弧纹。可复原。口径20.8、底径9、高10厘米（图2-2-377，15；彩版一五四，1）。H477：74，黄褐陶褐彩。侈口，尖唇，曲腹近折，平底。器表磨光，内壁近口处有刮削痕迹。口部外壁间隔饰一周垂弧纹、圆点。可复原。口径15.4、底径5.2、高8.7厘米（图2-2-377，6；图版四三，6）。

四鋬钵　1件。H477：115，泥质黄褐陶。敛口，叠唇，弧腹，下腹部近直，腹部置四组附加堆纹鋬，平底。内壁、唇有刮削痕迹。通体饰篮纹，近底处篮纹被抹平。可复原。口径36、底径16.3、高20.2厘米（图2-2-379，10；图版一四八，2）。

素面钵　7件。素面。H477：43，泥质红陶。直口微敛，圆唇，曲腹近折，平底微内凹。器表磨光，内壁有刮削痕迹。可复原。口径15.2、底径4.5、高7.9厘米（图2-2-379，5；图版四三，5）。H477：44，泥质黄褐陶，通体饰红衣。口沿不规整。直口，尖唇，曲腹近折。器表磨光，内壁抹光，有刮削痕迹。可复原。口径13.7—14.1、底径4.8、高6.7厘米（图2-2-379，7；彩版一五〇，2）。H477：83，泥质红陶，厚胎。直口，圆唇，弧腹，平底。内外壁近口处有刮削痕迹。可复原。口径7.4、底径4、高3.5厘米（图2-2-379，12；图版八四，1）。H477：86，夹砂黄褐陶。敞口，圆唇，弧腹内收，平底。器表磨光，内外壁泥条盘筑痕迹明显，内壁有刮削痕迹。可复原。口径16.8、底径7.8、高6.6厘米（图2-2-379，4；图版一三六，5）。H477：112，泥质红陶。敛口，圆唇，曲腹近直，平底。器表磨光，内外壁均有刮削痕迹。可复原。口径16、底径7.8、高7.3厘米（图2-2-379，6；图版八四，2）。H477：113，泥质红陶。敞口，圆唇，斜直腹，平底。内外壁均有刮削痕迹。可复原。口径8.2、底径4.6、高3.8厘米（图2-2-379，13；图版八四，3）。H477：114，泥质红陶。敞口，尖唇，弧腹内收，平底。内外壁近口处有刮削痕迹。可复原。口径15、底径8.6、高5.8厘米（图2-2-379，3；图版一三七，1）。

素面盆　6件。素面。H477：41，泥质黄褐陶。敛口，折沿隆起，圆唇，浅弧腹，平底。器表磨光，内壁有刮削痕迹。可复原。口径22、底径7.6、高9厘米（图2-2-379，11；图版一二五，1）。H477：70，泥质红陶。侈口，折沿隆起，圆唇，浅弧腹，平底。器表磨光，内壁近口处有刮削痕迹。可复原。口径27.8、底径10.4、高9.5厘米（图2-2-379，1；图版一二五，2）。H477：71，泥质红陶。口部呈椭圆形。直口，折沿隆起，尖唇，浅弧腹，平底。器表磨光，内壁近口处、沿面有刮削痕迹。可复原。口径26.6—27.5、底径11.3、高10.1厘米（图2-2-380，9；图版一二五，3）。H477：79，泥质黄褐陶。敞口，折沿外侧下斜，圆唇，浅弧腹近直，平底。沿面、外壁有刮削痕迹。可复原。口径31.6、底径10.8、高10.4厘米（图2-2-379，2；图版一二五，4）。H477：82，夹砂黄褐陶。直口，仰折沿，尖唇，曲腹，平底。内外壁近口处有刮削痕迹。可复原。口径25.5、底径11.5、高11.2厘米（图2-2-379，8；图版一二五，5）。H477：110，泥质黑陶，胎较厚。器形不规整，略歪斜。侈口，卷沿，圆唇，浅弧腹，平底。器表磨光，内壁有刮削痕迹。可复原。口径18.3、底径9.2、高7.6—8.2厘米（图2-2-379，9；图版一二五，6）。

小口瓶　1件。H477：61，泥质黄褐陶。葫芦形口，方唇，束颈，溜肩。颈部、肩部饰线纹，其

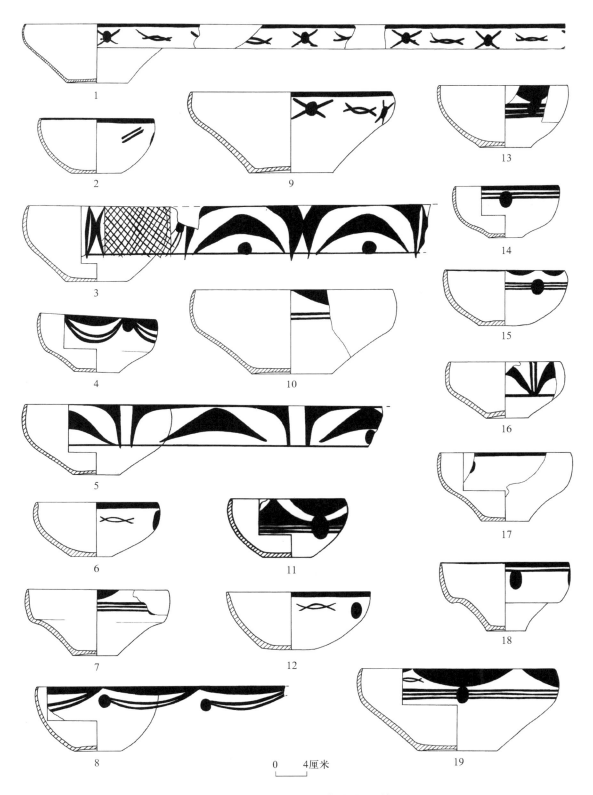

图2-2-378 H477出土彩陶钵

1-19.彩陶钵（H477：12、H477：9、H477：60、H477：21、H477：19、H477：8、H477：5、H477：17、H477：1、H477：13、H477：6、H477：16、H477：11、H477：2、H477：7、H477：30、H477：15、H477：14、H477：4）

下区域饰篮纹。肩部以下残。口径4.6、残高15.4厘米（图2-2-379，14）。

　　折腹罐　1件。H477：75，泥质黄褐陶。敛口，折沿，圆唇，曲腹近折，平底微内凹。内外壁、沿面有刮削痕迹。上腹部饰数周凹弦纹。可复原。口径11.7、底径5、高8.4厘米（图2-2-379，15；图版一六八，5）。

　　鼓腹罐　3件。夹砂黄褐陶。敛口，仰折沿，溜肩，鼓腹，下腹部近直，平底。H477：84，沿面微下凹，方唇。沿面有刮削痕迹。通体饰左斜线纹，肩部近口处饰六组竖向附加堆纹，折腹处有一周附加堆纹。肩部饰数周凹弦纹与左斜线纹，近底处线纹抹平。可复原。口径30.5、底径14.4、高

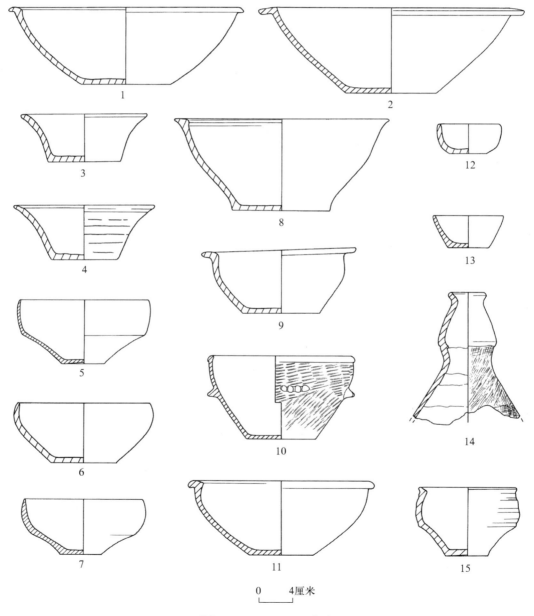

0　　　　4厘米

图2-2-379　H477出土陶器

1、2、8、9、11.素面盆（H477：70、H477：79、H477：82、H477：110、H477：41）　3-7、12、13.素面钵（H477：114、H477：86、H477：43、H477：112、H477：44、H477：83、H477：113）　10.四錾钵（H477：115）　14.小口瓶（H477：61）　15.折腹罐（H477：75）

38厘米（图2-2-380，7；图版一六五，3）。H477：85，方唇。沿面有刮削痕迹。肩部近口处饰五组竖附加堆纹，折腹处有一周附加堆纹，肩部饰数周凹弦纹和竖线纹，下腹部饰左斜线纹，近底处抹平。可复原。口径21.5、底径12.6、高27厘米（图2-2-380，8；图版一六五，4）。H477：88，沿面隆起，尖唇，肩部近口处饰四圆饼状附加堆纹；上腹部饰数周凹弦纹与左斜线纹；腹部饰一周附加堆纹；下腹部饰左斜线纹，近底处线纹抹平。可复原。口径18.4、底径16.8、高20.4厘米（图2-2-380，6；图版一六五，5）。

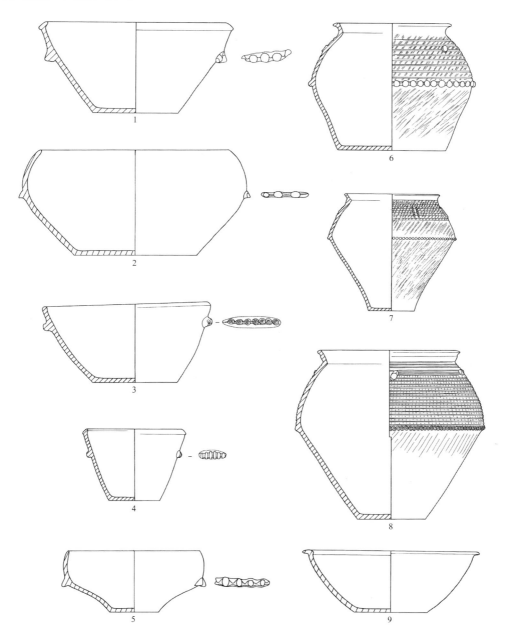

图2-2-380 H477出土陶器

1、3、4.素面双錾钵（H477：80、H477：76、H477：109） 2、5.素面双錾钵（H477：73、H477：72） 6-8.鼓腹罐
（H477：88、H477：84、H477：85） 9.素面盆（H477：71）

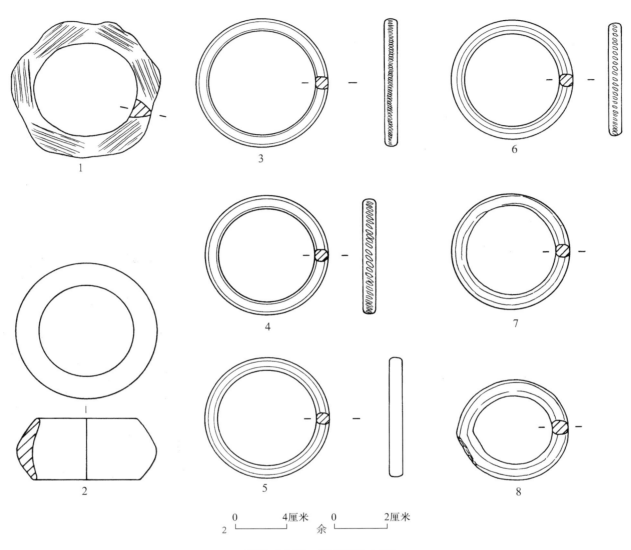

图2-2-381　H477出土环

1-8.环（H477：94、H477：164、H477：96、H477：91、H477：95、H477：92、H477：25、H477：97）

素面双鋬盆　2件。泥质黄褐陶。敛口，圆唇，平底。腹部对称置附加突起状双鋬。素面。H477：72，曲腹近折，器表磨光，内壁近口处有刮削痕迹。可复原。口径20.2、底径7.6、高9.7厘米（图2-2-380，5；图版一三七，5）。H477：73，黄褐陶。弧腹，下腹部近直。器表磨光，内外壁均有刮削痕迹。可复原。口径29.2、底径19、高17厘米（图2-2-380，2；图版一三七，6）。

素面双鋬钵　3件。黄褐陶。腹部对称置附加突起状双鋬，平底。素面。H477：76，泥质陶。器形不规整歪斜严重，口部略呈椭圆形。侈口，圆唇，弧腹近直。内外壁均有刮削痕迹，鋬上有明显布纹压印痕迹。可复原。口径25.9—26.5、底径13.2、高12.2—13厘米（图2-2-380，3；图版一三八，1）。H477：80，泥质陶。敛口，叠唇，斜直腹。器表磨光，唇面、外壁有刮削痕迹。可复原。口径30.2、底径13、高14.6厘米（图2-2-380，1；图版一四八，1）。H477：109，夹砂陶。口部呈椭圆形。敛口，叠唇，斜直腹。内壁、唇面有刮削痕迹。可复原。口径34.5—36、底径16、高22.4厘米（图2-2-380，4；图版一三七，4）。

环　8件。泥质灰陶。环状。H477：25，截面为圆形。素面。可复原。外径4.6、内径3.5、厚0.6厘米（图2-2-381，7）。H477：91，截面为抹角方形。外侧饰戳印纹。可复原。外径5.5、内径3.7、厚0.9厘米（图2-2-381，4）。H477：92，截面为圆形。外侧饰戳印纹。可复原。外径5.8、内径4.7、厚0.6厘米（图2-2-381，6）。H477：94，截面为弧边三角。器表饰线纹。可复原。外径5.5、内径3.7、厚0.9厘米（图2-2-381，1）。H477：95，截面为抹角方形。素面。可复原。外径4.8、内径3.8、厚0.5厘米（图2-2-381，5）。H477：96，截面为抹角方形。外侧饰戳印纹。可复原。外径5.2、内径4.2、厚0.5厘米（图2-2-381，3）。H477：97，截面为椭圆形。素面。可复原。外径4.1、内径2.8、厚0.6厘米（图2-2-381，8）。H477：164，截面为凸弧状。素面。可复原。外径5.4、内径3.6、厚0.2-0.6厘米（图2-2-381，2）。

195. H480

位于T72南部、T73北部。开口于H471之下，打破生土，被H335、H454打破，开口距地表60厘米。平面形状呈椭圆形，弧壁，圜底。坑口最大径700、最小径460、深120厘米。填土浅黄褐色，土质较致密。出土陶片以泥质黄褐陶为主，夹砂红陶较少；纹饰有划纹、彩绘等；可辨器形有钵、杯等（图2-2-382，1）。

H480挑选陶器标本素面盆3件。

素面盆　3件。泥质陶。平底。素面。H480：6，黄褐陶。敛口，折沿隆起，圆唇，弧腹近直。内外壁近口处有刮削痕迹。可复原。口径28.8、底径10.8、高10.8厘米（图2-2-382，4；图版一二四，2）。H480：7，红陶。敞口，仰折沿，圆唇，弧腹近直。器表磨光，内外壁近口有明显刮削痕迹。可复原。口径29.6、底径13.6、高10.9厘米（图2-2-382，2；图版一二四，3）。H480：8，黄褐陶。直口微敛，折沿外侧下斜，圆唇，浅弧腹。内外壁有明显刮削痕迹。可复原。口径27.9、底径12.5、高12.8厘米（图2-2-382，3；图版一二四，4）。

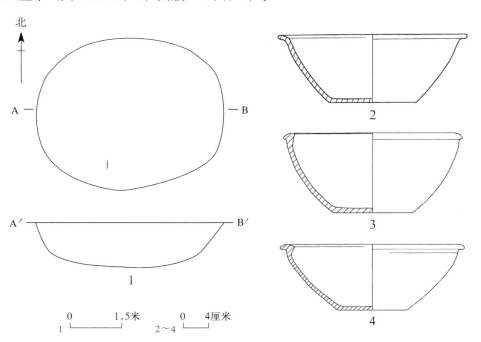

图2-2-382　H480平剖面图及出土陶器

1.平剖面图　2-4.素面盆（H480：7、H480：8、H480：6）

196. H486

位于T44东部，部分伸入东壁。开口于第②层下，打破生土，开口距地表25厘米。平面形状呈椭圆形，直壁，平底。坑口最大径520、最小径125、深215厘米。填土浅灰色，土质疏松。夹杂少量石块、红烧土颗粒。出土适量陶片，以泥质黄褐陶、夹砂灰陶为主；纹饰有彩绘、线纹等；可辨器形有罐、钵、盆、小口尖底瓶等（图2-2-383）。

H486挑选陶器标本8件，其中素面盆2、素面钵2、鼓腹罐2、器盖1、素面双錾盆1。

素面双錾盆　1件。H486：19，泥质灰陶。敛口，叠圆唇，溜肩，弧腹，腹部对称置附加突起状双錾。腹部以下残。口径31.6、残高6.8厘米（图2-2-384，1）。

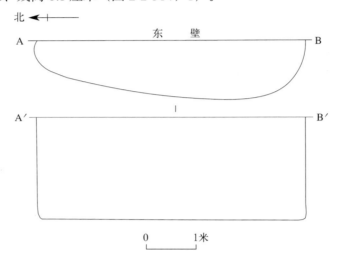

图2-2-383　H486平剖面图

素面盆　2件。泥质陶。弧腹。素面。H486：15，灰褐陶。直口微敛，叠圆唇。腹部以下残。口径26、残高8.8厘米（图2-2-384，2）。H486：16，黄褐陶。敛口，折沿，圆唇。腹部以下残。口径48、残高8.8厘米（图2-2-384，6）。

器盖　1件。H486：3，夹砂红陶。敞口，圆唇外壁起台，弧腹近直，圜顶，条形纽。素面。可复原。口径7.8、高5厘米（图2-2-384，5）。

素面钵　2件。泥质黄褐陶。直口，圆唇，弧腹，平底。素面。H486：1，唇面饰一周戳印纹，下腹部近直。内外壁近口处有刮抹痕迹。可复原。口径17、底径8、高12.1厘米（图2-2-384，4）。H486：2，厚胎。唇面及内外壁近口处有刮削痕迹。可复原。口径21.2、底径14、高12.7厘米（图2-2-384，3）。

鼓腹罐　2件。夹砂灰陶。溜肩，鼓腹。H486：13，敛口，折沿下凹成槽，圆唇。肩部饰数周凹弦纹。腹部以下残。口径19.6、残高5.4厘米（图2-2-384，7）。H486：14，矮领内凹，方唇内侧下斜。肩部饰间隔篮纹，其下区域饰篮纹。腹部以下残。口径26、残高7.2厘米（图2-2-384，8）。

197. H493

位于T42南部。开口于第②层下，打破生土，被H291打破，开口距地表20厘米。平面形状呈椭圆形，弧腹，平底。坑口最大径420、最小径225、深25厘米。填土灰褐色，土质较致密。夹杂少量石块、陶片、红烧土颗粒。出土适量陶片，以泥质黄褐陶、夹砂灰陶为主，少量彩陶；纹饰有彩绘、线纹等；可辨器形有罐、钵、盆等（图2-2-385，1）。

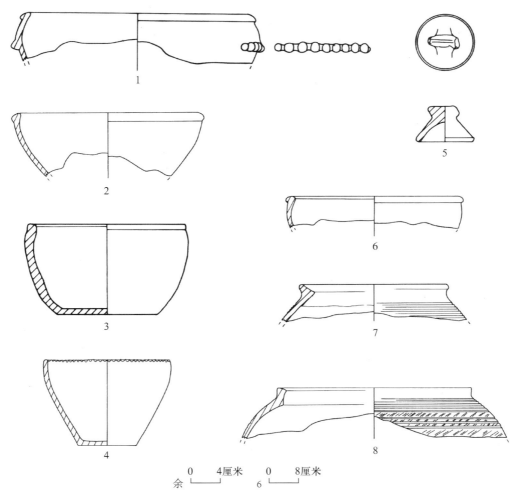

图2-2-384　H486出土陶器

1.素面双錾盆（H486∶19）　　2、6.素面盆（H486∶15、H486∶16）　　3、4.素面钵（H486∶2、H486∶1）　　5.器盖（H486∶3）
7、8.鼓腹罐（H486∶13、H486∶14）

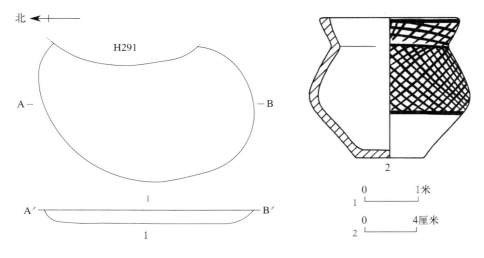

图2-2-385　H493平剖面图及出土陶器

1.平剖面图　2.彩陶壶（H493∶1）

H493 挑选陶器标本彩陶壶 1 件。

彩陶壶　1 件。H493：1，泥质黄褐陶黑彩。侈口，方唇，高领，溜肩，鼓腹，下腹近直，平底。器表磨光，沿面有刮抹痕迹。口部外壁、下腹部各饰一周宽 0.5、0.6 厘米的条带纹，其间区域饰网格纹。可复原。口径 11、底径 5.4、高 11.3 厘米（图 2-2-385，2；图版二五，3）。

198. H501

位于 T42 西北部。开口于第②层下，打破生土，被 H490 打破，开口距地表 20 厘米。平面形状呈椭圆形，直壁，平底。坑口最大径 420、最小径 240、深 310 厘米。填土可分两层，第①层厚 100 厘米，灰褐色，土质疏松，夹杂少量石块；第②层厚 210 厘米，灰褐色，土质疏松，夹杂少量红烧土颗粒。出土环 1、器盖 1、石纺轮 1、石铲 1 及适量陶片。陶片以泥质黄褐陶、夹砂灰陶为主；纹饰有彩绘、线纹等；可辨器形有罐、钵、盆、小口尖底瓶等（图 2-2-386）。

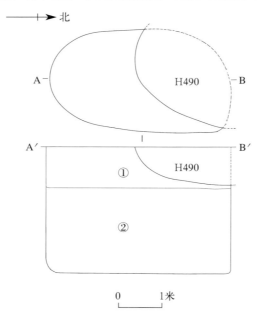

图2-2-386　H501平剖面图

H501 挑选陶器标本 12 件，其中彩陶盆 2、素面钵 2、素面双錾盆 2、彩陶钵 1、素面盆 1、鼓腹罐 1、双錾甑 1、盘 1、小口尖底瓶 1。

彩陶盆　2 件。泥质黄褐陶黑彩。直口，圆唇，浅弧腹近直，平底。H501：5，器形不规整，歪斜严重，口部呈椭圆形。仰折沿。器表磨光，内壁近口处、沿面有刮削痕迹。沿面用两条竖线分为六个单元格，每个单元格内饰三连弧线、两个圆点。可复原。口径 36.8—38.3、底径 15.6、高 13.4 厘米（图 2-2-387，3；图版一〇，4）。H501：6，折沿外侧微下斜。器表及内壁有刮削痕迹，内壁近口处有明显的轮盘修整痕迹。沿面饰五组垂弧纹、弧边三角组成的复合纹饰。可复原。口径 30.7、底径 11.3、高 11 厘米（图 2-2-387，10）。

彩陶钵　1 件。H501：34，泥质红陶黑彩。敛口，口部外壁有一道凹槽，方唇，鼓腹。器表磨光细腻。上腹部饰弧线、圆点、双短线、圆点组成的复合纹饰。腹部以下残。口径 18.6、残高 6.2 厘米（图 2-2-387，12；彩版二五二，2）。

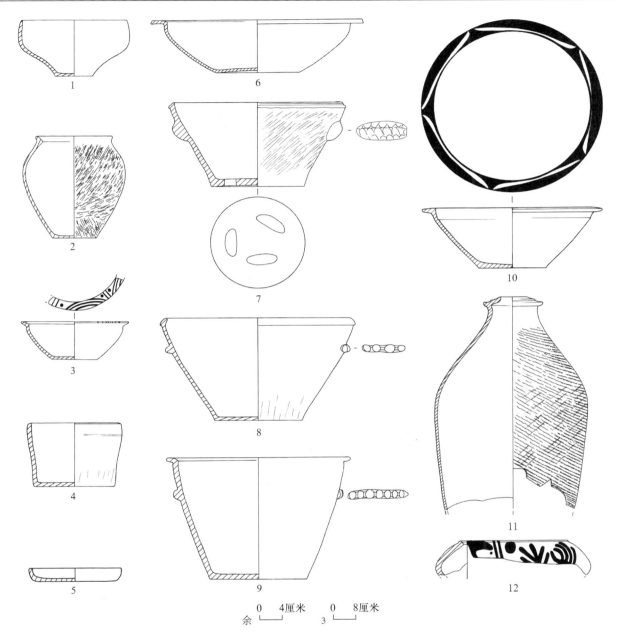

图2-2-387　H501出土陶器

1、4.素面钵（H501：20、H501：7）　2.鼓腹罐（H501：15）　3、10.彩陶盆（H501：5、H501：6）　5.盘（H501：14）　6.素面盆（H501：12）　7.双錾甑（H501：11）　8、9.素面双錾盆（H501：9、H501：8）　11.小口尖底瓶（H501：35）　12.彩陶钵（H501：34）

素面盆　1件。H501：12，泥质灰陶。直口，折沿，方唇中间内凹，浅弧腹，平底微内凹。内外壁近口处有明显刮削痕迹。素面。可复原。口径36.8、底径14.4、高9.2厘米（图2-2-387，6；图版一二四，5）。

素面钵　2件。泥质陶。素面。直口，平底。H501：7，灰陶。器形不规整，略有歪斜。圆唇，斜直腹。内外壁有明显刮削痕迹。可复原。口径16、底径13.6、高11.4厘米（图2-2-387，4；图版一八四，4）。H501：20，红陶，外壁通体饰红衣。尖唇，曲腹。器表磨光，内外壁有明显刮削痕迹。可复原。口径

18.2、底径 6.4、高 9.8—10.2 厘米（图 2-2-387，1；彩版一五四，2）。

素面双錾盆　2 件。腹部对称置附加突起状双錾，平底。素面。H501：8，夹砂红陶。侈口，仰折沿隆起，弧腹近直，錾上有明显捏制痕迹。内外壁有明显刮削痕迹。可复原。口径 31.8、底径 16.7、高 21.7 厘米（图 2-2-387，9；图版一四八，3）。H501：9，泥质红陶。器形不规整，略有歪斜。敛口，叠唇，弧腹近直，内外壁有明显刮削痕迹，錾上有明显手捏痕迹。可复原。口径 33.6、底径 15.2、高 18.4 厘米（图 2-2-387，8；图版一四八，4）。

鼓腹罐　1 件。H501：15，夹砂红陶，器身外壁底部因渗碳呈黑色。器形不规整，略有歪斜。敛口，圆唇，仰折沿，溜肩，鼓腹，下腹部近直，平底。内外壁有明显刮削痕迹。腹部通体饰左斜线纹，近底处饰右斜线纹。可复原。口径 26.4、底径 15.2、高 36.4 厘米（图 2-2-387，2；图版一六五，6）。

双錾甑　1 件。H501：11，夹砂红陶。敞口，方叠唇，斜直腹，上腹部对称置附加突起状双錾。平底，底部置三个椭圆形箅孔。腹部通体饰左斜线纹，近底处抹平。可复原。口径 30.5、底径 15—16.2、高 15 厘米（图 2-2-387，7；图版一五五，5）。

盘　1 件。H501：14，夹砂黄褐陶。器形不规整，略有歪斜。侈口，圆唇，弧腹，平底。内外壁近口处有刮削痕迹。素面。可复原。口径 5.8、底径 5、高 2—2.3 厘米（图 2-2-387，5；图版一七五，6）。

小口尖底瓶　1 件。H501：35，泥质黄褐陶。退化重唇口，圆唇，束颈，溜肩，橄榄状腹。颈部以下饰篮纹、线纹。底部残。口径 4.4、残高 38 厘米（图 2-2-387，10）。

199. H503

位于 T50 西北部。开口于第③层下，打破生土，开口距地表 50 厘米。平面形状呈圆形，直壁，平底。坑口直径 190、坑底直径 190、深 230 厘米。填土灰褐色，土质疏松。出土陶片以泥质黄褐陶、夹砂灰陶为主；纹饰有彩绘等；可辨器形有罐、钵、盆等（图 2-2-388，1）。

H503 挑选陶器标本素面钵 3 件。

素面钵　3 件。素面。H503：4，夹砂黄褐陶。直口，圆唇，弧腹近直，平底。内壁抹光，内外壁近口处有刮削痕迹。可复原。口径 23.7、底径 12.3、高 10.8 厘米（图 2-2-388，4）。H503：5，泥质红陶。直口微敛，尖唇，弧腹近直，平底。器表磨光，内壁抹光，内外壁均有刮削痕迹。可复原。口径 14.2、底径 5.7、高 7.8 厘米（图 2-2-388，2）。H503：6，泥质红陶。敛口，圆唇，曲腹，平底。内外壁近口处有刮削痕迹。可复原。口径 18.8、底径 8.8、高 7.2 厘米（图 2-2-388，3；图版八四，5）。

200. H506

位于 T20 东部，伸入东壁。开口于第③层下，打破第④层，开口距地表 75 厘米。袋状，平面形状呈椭圆形，弧壁，平底。坑口最大径 140、最小径 126、坑底最大径 260、最小径 160、深 90 厘米。填土灰褐色，土质疏松。出土陶片以泥质黄褐陶、夹砂黄褐陶为主；纹饰以线纹、彩绘为主；可辨器形有小口尖底瓶、钵、盆、罐等（图 2-2-389，1）。

H506 挑选陶器标本彩陶钵 1 件。

彩陶钵　1 件。H506：1，泥质黄褐陶黑彩。直口微敛，尖唇，曲腹，平底。器表磨光，内外壁均有刮削痕迹。沿面外壁间隔饰一周垂弧纹、圆点，其下区域饰两周宽 0.3 厘米的条带纹。可复原。口径 21、底径 8.8、高 10.6 厘米（图 2-2-389，2；图版四四，1）。

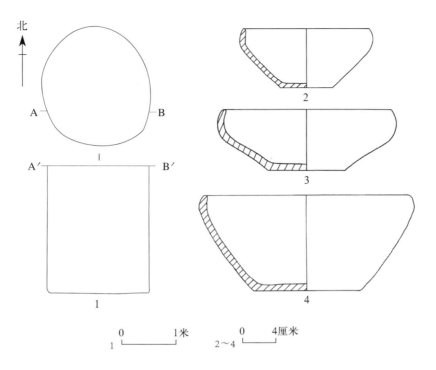

图2-2-388　H503平剖面图及出土陶器
1.平剖面图　2-4.素面钵（H503∶5、H503∶6、H503∶4）

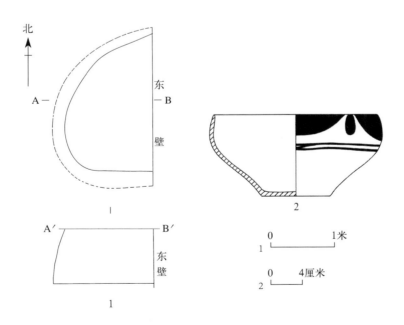

图2-2-389　H506平剖面图及出土陶器
1.平剖面图　2.彩陶钵（H506∶1）

201. H512

位于 T55 西北部，T58 东北部，部分伸入北壁。开口于第①层下，打破生土，被 H412 打破，开口距地表 10 厘米。袋状，平面形状呈椭圆形，弧壁，平底。坑口最大径 450、最小径 240、坑底最大径 350、最小径 190、深 216 厘米。填土深灰色，土质较致密。出土陶片陶质有泥质、夹砂两种；陶色可分为红陶、灰陶等；纹饰有划纹、篮纹、附加堆纹、彩绘等；可辨器形有罐、盆、钵、小口尖底瓶等（图 2-2-390，1）。

H512 挑选陶器标本素面盆 1 件。

素面盆　1 件。H512：2，泥质红陶。直口微敛，折沿微隆起，圆唇，浅弧腹，平底。器表磨光，沿面及内外壁近口处有刮削痕迹。素面。可复原。口径 29、底径 11、高 10 厘米（图 2-2-390，2；图版一二四，6）。

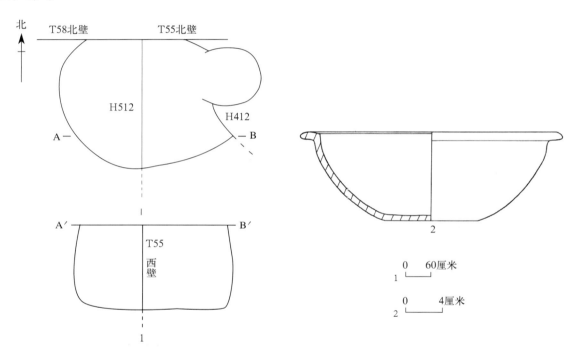

图2-2-390　H512平剖面图及出土陶器
1.平剖面图　2.素面盆（H512：2）

202. H520

位于 T59 中部。开口于 H299、H280 下，打破生土，开口距地表 165 厘米。平面形状呈椭圆形，直壁，平底，四壁有明显加工痕迹。坑口最大径 272、最小径 254、坑底最大径 250、最小径 230、深 156 厘米。填土浅灰色，土质疏松。包含红烧土颗粒、炭粒、石块、动物骨骼等。陶片以夹砂灰陶、泥质灰陶、泥质黄褐陶为主；纹饰有线纹、篮纹、彩绘、附加堆纹、磨光等；可辨器形有盆、罐、钵等（图 2-2-391）。

H520 挑选陶器标本 5 件，其中素面钵 2 件、彩陶钵 1、素面盆 1 件，鼓腹罐 1。

彩陶钵　1 件。H520：2，泥质黄褐陶红彩。侈口，圆唇，弧腹，平底。器表磨光，内外壁均有刮削痕迹。通体饰红彩。可复原。口径 17.8、底径 7、高 8.3 厘米（图 2-2-392，3；图版八四，6）。

素面钵　2 件。泥质陶。素面。H520：3，黄褐陶。直口，圆唇，弧腹，平底。器表磨光，内外

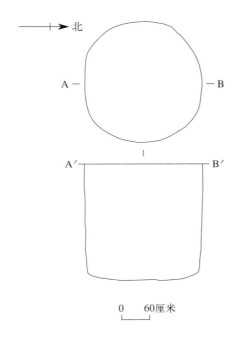

图2-2-391　H520平剖面图

壁均有刮削痕迹。可复原。口径 9、底径 5.2、高 4 厘米（图 2-2-392，5）。H520：5，红陶，通体饰红衣。器形歪斜。敞口，圆唇，浅弧腹，平底微内凹。内壁近口处有刮削痕迹。可复原。口径 15.8、底径 5、高 4.2—4.9 厘米（图 2-2-392，4）。

素面盆　1 件。H520：4，泥质黄褐陶。敞口，圆唇，折沿，弧腹近直，平底。器表磨光，唇面及内外壁均有刮削痕迹，内壁有泥条盘筑痕迹。素面。可复原。口径 37.2、底径 12.4、高 25 厘米（图 2-2-392，2）。

鼓腹罐　1 件。H520：1，夹砂灰陶。侈口，折沿，方唇，溜肩，鼓腹，平底。内外壁近口处有刮削痕迹。肩部饰数周凹弦纹。可复原。口径 12.4、底径 7.8、高 12.8 厘米（图 2-2-392，1；图版一六六，1）。

203. H525

位于 T50 中部。开口于第③层下，打破生土，开口距地表 60 厘米。平面形状呈圆形，直壁，平底。坑口直径 85、深 65 厘米。填土黑褐色，土质疏松。陶片以夹砂灰陶、泥质黄褐陶为主；纹饰有线纹、彩绘、附加堆纹、磨光等；可辨器形有盆、罐、钵等（图 2-2-393，1）。

H525 挑选陶器标本器盖 1 件。

器盖　1 件。H525：1，泥质灰陶。敞口，圆唇，弧腹近直，圜顶，圈足形纽。内壁抹光，有刮削痕迹。素面。可复原。口径 14.5、高 7.7—7.9 厘米（图 2-2-393，2）。

204. H542

位于 T50 北部。开口于第③层下，打破生土，被 H563、H592 打破，开口距地表 50 厘米。平面形状呈圆形，直壁，平底。坑口最大径 360、最小径 340、深 130 厘米。填土浅黄褐色，土质较致密。夹杂有红烧土颗粒、炭粒、草木灰等。包含适量陶片、少量动物骨骼、石器、石块等。出土陶片以泥

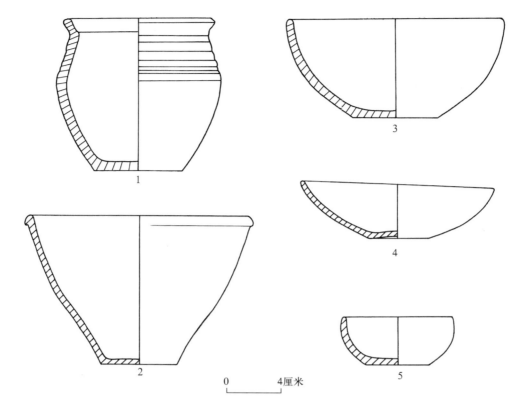

0 —— 4厘米

图2-2-392　H520出土陶器

1.鼓腹罐（H520∶1）　2.素面盆（H520∶4）　3.彩陶钵（H520∶2）　4、5.素面钵（H520∶5、H520∶3）

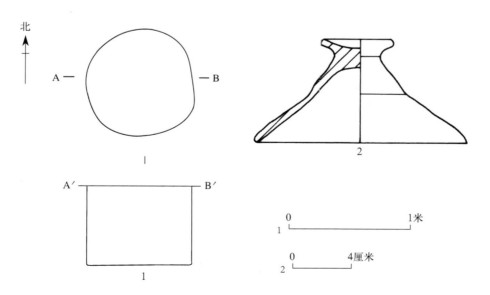

北

A — — B

A′ — — B′

0 —— 1米
1

0 —— 4厘米
2

图2-2-393　H525平剖面图及出土陶器

1.平剖面图　2.器盖（H525∶1）

质黄褐陶为主，夹砂红陶次之，泥质灰陶较少；纹饰以彩绘、线纹为主，篮纹次之；可辨器形有小口尖底瓶、盆、钵等（图2-2-394）。

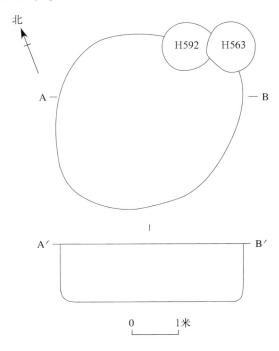

图2-2-394　H542平剖面图

H542挑选陶器标本12件，其中彩陶钵7、素面盆2、素面钵2、环1。

彩陶钵　7件。泥质陶黑彩。H542∶1，黄褐陶。器形不规整，口部略呈椭圆形。敛口，尖唇，曲腹，平底。器表磨光，内外壁均有刮削痕迹。口部外壁饰两周宽1、0.3厘米的条带纹。可复原。口径14—14.6、底径6、高6.7厘米（图2-2-395，1；图版四四，2）。H542∶2，红陶。器形不规整，歪斜严重。敛口，圆唇，弧腹近折，下腹部近直，平底内凹。器表磨光，外涂一层黄泥浆，内外壁均有刮削痕迹。唇面、口部外壁饰一周宽0.2、0.8厘米的条带纹。可复原。口径15、底径5.8、高6.9厘米（图2-2-395，3；图版四四，3）。H542∶3，黄褐陶。敛口，圆唇，弧腹，下腹部近直，平底微内凹。器表磨光，内外壁均有刮削痕迹。下腹部饰一周条带纹，其上区域饰两组纹饰。一组为四条弧线和两组圆点组成的复合纹饰，另一组为弧边三角。可复原。口径15.6、底径5.4、高6.3厘米（图2-2-395，1；彩版一五六一，2）。H542∶4，黄褐陶。敛口，圆唇，曲腹近折，平底。器表磨光，内壁抹光。内壁有轮制痕迹。口沿、下腹部各饰一周宽0.1、0.4厘米的条带纹，其间区域饰数个圆点、垂弧纹组成的复合纹饰。可复原。口径23.2、底径9.8、高10.4厘米（图2-2-395，6）。H542∶5，红陶。器形不规整，略有歪斜。直口微敛，圆唇，曲腹近折，平底微内凹。器表磨光，内外壁均有刮削痕迹。唇面饰一周条带纹，口部外壁饰一周四个垂弧纹，其下对应饰四个圆点、双连弧线组成的复合纹饰。可复原。口径13.8、底径5、高7.5厘米（图2-2-395，10；彩版一五七，1）。H542∶6，黄褐陶。直口微侈，圆唇，弧腹近折，平底。器表磨光，内壁抹光。内壁有轮制痕迹。口部外壁饰一周四个垂弧纹，其下区域对应饰四组圆点、双连弧线组成的复合纹饰。可复原。口径24.2、腹径25.8、底径9、高10.7厘米（图2-2-395，5）。H542∶11，黄褐陶。直口微敛，圆唇，曲腹，平底微内凹。

器表磨光发白，内外壁均有刮削痕迹。唇面饰一周条带纹，口部外壁间隔饰六组垂弧纹、圆点，其下区域饰三周条带纹。可复原。口径16、底径5.6、高8.6厘米（图2-2-395，8；图版四四，4）。

素面钵　2件。泥质黄褐陶。平底。素面。H542：7，敛口，圆唇，曲腹。器表磨光，内壁抹光，内外壁近口处有刮削痕迹。可复原。口径14.5、底径6.1、高8.7厘米（图2-2-395，2）。H542：10，直口，尖唇，弧腹。器表磨光，内壁抹光，内外壁近口处有刮削痕迹。可复原。口径15.3、底径6、高6.5厘米（图2-2-395，12）。

素面盆　2件。夹砂红陶。敞口，仰折沿，方唇，平底。素面。H542：8，浅弧腹。沿面及内外壁近口处有刮削痕迹。可复原。口径19.5、底径9.4、高6.8厘米（图2-2-395，7）。H542：9，斜直腹。沿面及内外壁近口处有刮削痕迹。可复原。口径17.1、底径8.2、高8厘米（图2-2-395，4）。

环　1件。H542：12，泥质灰陶。环状，截面为弧边三角形。素面。可复原。外径4.2、内径2.8、厚0.7厘米（图2-2-395，9）。

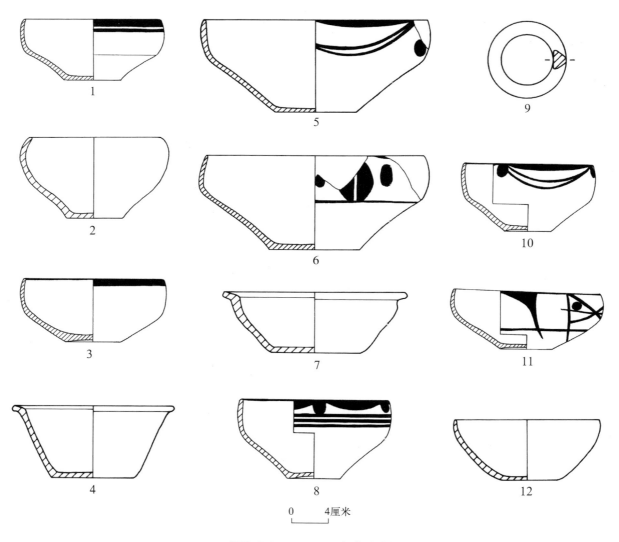

0　　4厘米

图2-2-395　H542出土陶器

1、3、5、6、8、10、11.彩陶钵（H542：1、H542：2、H542：6、H542：4、H542：11、H542：5、H542：3）　2、12.素面钵（H542：7、H542：10）　4、7.素面盆（H542：9、H542：8）　9.环（H542：12）

205. H545

位于 T57 东部，部分伸入东壁。开口于第③层下，打破生土，开口距地表 19 厘米。袋状，平面形状呈椭圆形，弧壁，平底，四壁及底部有明显加工痕迹。坑口最大径 130、最小径 60、坑底最大径 190、最小径 90、深 160 厘米。填土灰褐色，土质疏松。包含红烧土颗粒、炭粒、石块等。出土陶片以泥质陶为主，夹砂陶次之；陶色有红陶、灰陶两种；纹饰有划纹、彩绘等；可辨器形有盆、钵等（图 2-2-396，1）。

H545 挑选陶器标本 3 件，其中彩陶盆 2、素面盆 1。

彩陶盆　2 件。泥质黄褐陶黑彩。H545：1，直口微侈，折沿隆起，圆唇，浅弧腹，下腹部近直，平底。器表磨光，沿面、外壁有刮削痕迹。沿面饰一周垂弧纹。可复原。口径 32.8、底径 12、高 12.7 厘米（图 2-2-396，4；图一〇，5）。H545：5，直口微敛，折沿微隆起，圆唇，弧腹。沿面饰数组弧线组合的复合纹饰，唇面、下腹部各饰一周宽 0.5 厘米的条带纹，其间区域饰弧边三角、凸弧纹、弧线、圆点组成的复合纹饰。腹部以下残。口径 42、残高 10.8 厘米（图 2-2-396，3）。

素面盆　1 件。H545：6，泥质黄褐陶。敛口，折沿外侧下斜，尖唇，溜肩，弧腹。素面。腹部以下残。口径 56、残高 9.6 厘米（图 2-2-396，2）。

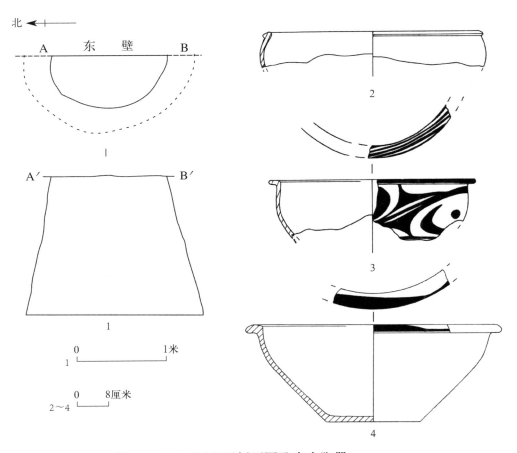

图2-2-396　H545平剖面图及出土陶器

1.平剖面图　2.素面盆（H545：6）　3、4.彩陶盆（H545：5、H545：1）

206. H549

位于 T54 东北部。开口于第③层下，打破生土，开口距地表 65 厘米。平面形状呈椭圆形，弧壁，平底。坑口最大径 142、最小径 100、深 60 厘米。填土深灰色，土质疏松。夹杂炭粒、石块、红烧土颗粒等。出土陶片以夹砂为主，泥质次之；陶色分为红陶、灰陶；纹饰有篮纹、线纹、彩绘等；可辨器形有钵、盆、小口尖底瓶等（图 2-2-397）。

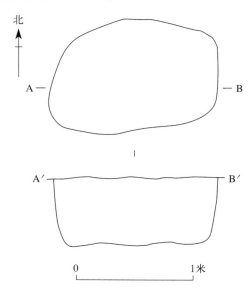

图2-2-397　H549平剖面图

H549 挑选陶器标本 4 件，其中鼓腹罐 2、彩陶盆 1、素面盆 1。

彩陶盆　1 件。H549：1，泥质黄褐陶黑彩。敛口，仰折沿，圆唇，浅弧腹，平底。器表磨光，沿面及内外壁均有刮削痕迹。沿面饰一周垂弧纹。可复原。口径 26.8、底径 12、高 9.6 厘米（图 2-2-398，1；图版一〇，6）。

素面盆　1 件。H549：2，泥质黄褐陶。敛口，仰折沿隆起，尖唇，溜肩，弧腹。素面。腹部以下残。口径 28、残高 6 厘米（图 2-2-398，3）。

鼓腹罐　2 件。敛口，折沿内突，溜肩，鼓腹。H549：3，尖唇，矮领内凹成槽。肩部饰数周凹弦纹，其下区域饰线纹。腹部以下残。口径 32、残高 7.4 厘米（图 2-2-398，2）。H549：4，夹砂灰陶。圆唇。肩部饰凹弦纹、间隔篮纹。腹部以下残。口径 24、残高 6.8 厘米（图 2-2-398，4）。

207. H551

位于 T54 东北部，部分伸入北壁。开口于第③层下，打破生土，被 H549 打破，开口距地表 65 厘米。平面形状呈椭圆形，弧壁，圜底。坑口最大径 170、最小径 90、深 45 厘米。填土浅灰色，土质疏松。夹杂炭粒、草木灰、红烧土颗粒、石块等。出土陶片以夹砂为主，泥质次之；陶色分为红陶、灰陶；纹饰有划纹、弦纹、彩绘等；可辨器形有盆、钵、罐、小口尖底瓶等（图 2-2-399）。

H551 挑选陶器标本 4 件，其中素面盆 2、鼓腹罐 2。

素面盆　2 件。泥质陶。H551：2，红陶。直口，折沿隆起，圆唇，浅弧腹，平底。沿面及内外壁近口处有刮削痕迹。素面。可复原。口径 23.6、底径 7.2、高 8.7 厘米（图 2-2-400，2；图版

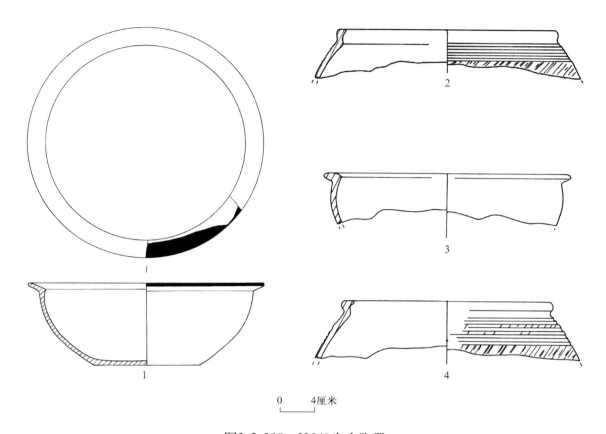

0 4厘米

图2-2-398 H549出土陶器

1.彩陶盆（H549：1） 2、4.鼓腹罐（H549：3、H549：4） 3.素面盆（H549：2）

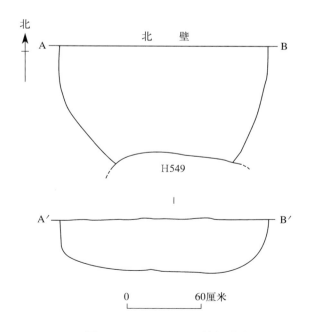

0 60厘米

图2-2-399 H551平剖面图

一二六，1）。H551：6，黄褐陶。敛口，叠唇，弧腹。上腹部有数周凹弦纹。腹部以下残。口径31.6、残高8.2厘米（图2-2-400，1）。

鼓腹罐　2件。夹砂褐陶。直口微敛，矮领内凹成槽，溜肩。H551：7，折沿，圆唇。颈部以下饰篮纹。腹部以下残。口径23.6、残高6.8厘米（图2-2-400，4）。H551：8，方唇中间下凹，肩部有数周凹弦纹，其下区域饰篮纹。腹部以下残。口径31.2、残高7厘米（图2-2-400，3）。

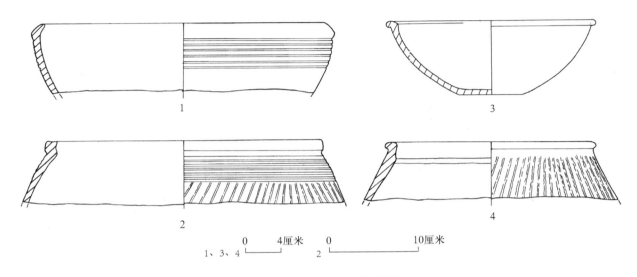

图2-2-400　H551出土陶器
1、2.素面盆（H551：6、H551：2）　3、4.鼓腹罐（H551：8、H551：7）

208. H555

位于T54东北角，部分伸入东壁、北壁。开口于第③层下，打破生土，被H549、H551打破，开口距地表65厘米。平面形状呈椭圆形，弧壁，圜底。坑口最大径210、最小径90、深55厘米。填土灰褐色，土质较致密。夹杂炭粒、草木灰、红烧土颗粒、石块、动物骨骼等。出土陶片分为泥质、夹砂两种；陶色可分为红陶、灰陶；纹饰有弦纹、附加堆纹、线纹、彩绘等；可辨器形有钵、盆、小口尖底瓶、罐等（图2-2-401）。

H555挑选陶器标本6件，其中彩陶盆1、素面钵1、带錾钵1、盘1、单把罐1、鼓腹罐1。

彩陶盆　1件。H555：7，泥质黄褐陶。敛口，折沿隆起，圆唇，溜肩。唇面饰一周宽0.6厘米的条带纹，沿面饰一周凸弧纹，腹部饰弧边三角、凸弧纹组成的复合纹饰。腹部以下残。口径38、残高6.3厘米（图2-2-402，5）。

素面钵　1件。H555：8，泥质红褐陶。敛口，圆唇，弧腹。素面。腹部以下残。口径30.8、残高9厘米（图2-2-402，2）。

带錾钵　1件。H555：6，泥质黄褐陶。敛口，圆唇，弧腹，腹部有一周附加凸起状錾，其上区域饰数周凹弦纹。腹部以下残。口径31.6、残高13.2厘米（图2-2-402，1）。

盘　1件。H555：3，夹砂红陶。直口微侈，圆唇，弧腹近直，平底。内外壁均有刮削痕迹。素面。可复原。口径13.4、底径13.4、高2.8厘米（图2-2-402，3）。

单把罐　1件。H555：4，泥质黑陶。侈口，高领，方唇，溜肩，折腹，下腹近直，平底，一侧置桥状把。器表磨光，内壁近口处、外壁有刮削痕迹。素面。可复原。口径5.6、底径11、高10.6厘米（图2-2-402，4）。

鼓腹罐　1件。H555∶10，夹砂灰陶。铁轨式口，方唇中间下凹，高直领，溜肩，鼓腹。肩部饰数周凹弦纹，其下饰间隔篮纹、篮纹。腹部以下残。口径25.4、残高10厘米（图2-2-402，6）。

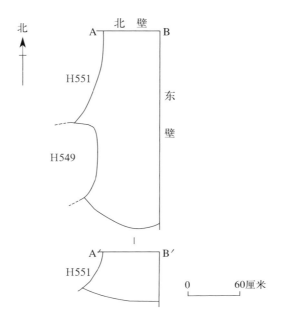

图2-2-401　H555平剖面图

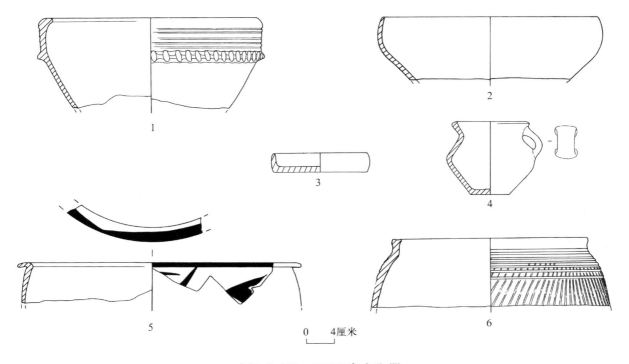

图2-2-402　H555出土陶器

1.带錾钵（H555∶6）　2.素面钵（H555∶8）　3.盘（H555∶3）　4.单把罐（H555∶4）　5.彩陶盆（H555∶7）　6.鼓腹罐（H555∶10）

209. H559

位于 T44 西南角，部分伸入南壁、西壁。开口于第②层下，打破生土，开口距地表 25 厘米。平面形状呈椭圆形，直壁，平底。坑口最大径 230、最小径 110、深 125 厘米。填土浅灰色，土质较致密。夹杂少量石块、红烧土颗粒等。出土适量陶片，以泥质黄褐陶、夹砂灰陶为主；纹饰有线纹、彩绘等；可辨器形有盆、钵、罐等（图 2-2-403，1）。

H559 挑选陶器标本器盖 1 件。

器盖　1 件。H559：1，夹砂黄褐陶，厚胎。器形不规整，口部略呈椭圆形。敞口，方唇，斜直壁，柱状纽。素面。可复原。口径 6.5、残高 3.8 厘米（图 2-2-403，2；图版一八二，6）。

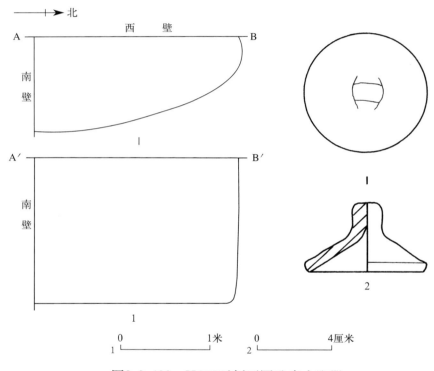

图2-2-403　H559平剖面图及出土陶器
1.平剖面图　2.器盖（H559：1）

210. H564

位于 T50 东北部。开口于第③层下，打破生土，被 H542、H563、H592、H599 打破，开口距地表 50 厘米。平面形状呈圆形，直壁，平底。坑口直径 425、深 80 厘米。填土黑褐色，土质疏松。出土适量陶片，以泥质黄褐陶、夹砂灰陶、夹砂黄褐陶为主；纹饰有线纹、彩绘、附加堆纹等；可辨器形有盆、钵、罐等（图 2-2-404，1）。

H564 挑选陶器标本彩陶钵 1 件。

彩陶钵　1 件。H564：1，泥质黄褐陶黑彩。直口，尖唇，曲腹，平底内凹。器表磨光，内壁近口处有刮削痕迹。口部外壁饰一周垂弧纹，腹部饰一周条带纹，其间区域用弧边直角分为数个单元格，每个单元格内饰双连弧线、圆点组成的复合纹饰。可复原。口径 11.8、底径 4.8、高 6.1 厘米（图 2-2-404，2；图版四四，5）。

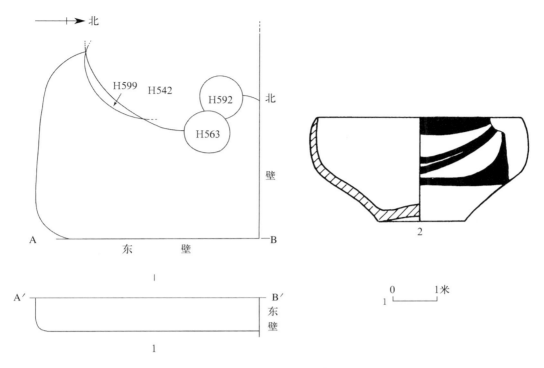

图2-2-404　H564平剖面图及出土陶器
1.平剖面图　2.彩陶钵（H564：1）

211. H569

位于T62西部。开口于第②层下，打破第③层，开口距地表50厘米。平面形状呈圆形，直壁，平底。坑口最大径345、最小径320、深140厘米。填土浅黄褐色，土质较致密。夹杂有红烧土颗粒、草木灰等。包含适量陶片、少量动物骨骼、石器、石块等。出土陶片以泥质黄褐陶为主，夹砂红陶次之，泥质灰陶较少；纹饰以彩绘、线纹为主，篮纹次之；可辨器形有小口尖底瓶、盆、钵等（图 2-2-405）。

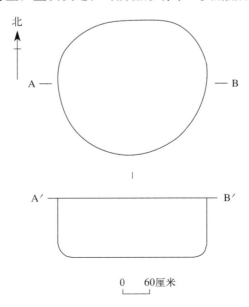

图2-2-405　H569平剖面图

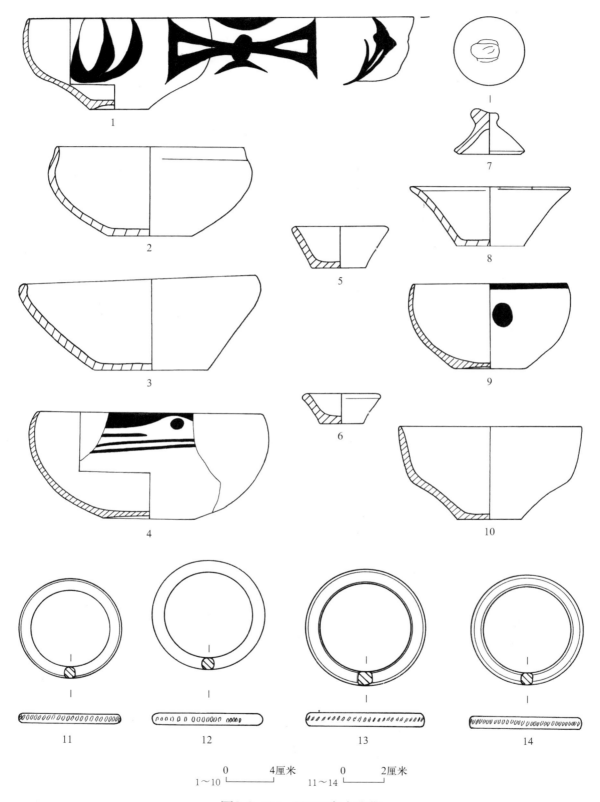

图2-2-406　H569出土陶器

1、4、9.彩陶钵（H569：4、H569：1、H569：3）　2、3、5、6、8、10.素面钵（H569：11、H569：5、H569：14、 H569：13、H569：12、H569：2）　7.器盖（H569：15）　11-14.环（H569：17、H569：8、H569：7、H569：16）

H569 挑选陶器标本 14 件，其中素面钵 6、环 4、彩陶钵 3、器盖 1。

彩陶钵　3 件。泥质黄褐陶黑彩。H569：1，敛口，圆唇，弧腹，平底内凹。器表磨光，内壁近口处有刮削痕迹。口部外壁间隔饰一周垂弧纹、圆点，其下区域饰宽 0.3 厘米的横线和两周条带纹。可复原。口径 19、底径 7.9、高 9.3 厘米（图 2-2-406，4；图版四四，6）。H569：3，通体饰红衣。敛口，圆唇，弧腹，平底微内凹。口部外壁饰一周宽 0.5 厘米的条带纹，其下区域饰四个圆点。可复原。口径 13.3、底径 6.1、高 7.2 厘米（图 2-2-406，9）。H569：4，通体饰红衣。器形不规整，口部略呈椭圆形。直口微敛，尖唇，曲腹近折，平底内凹。器表磨光，内壁抹光。内壁有轮制痕迹和刮削痕迹。腹部饰三组纹饰，一组为圆点、空心弧边三角、垂弧纹、凸弧纹组成的复合纹饰；第二组为三条凸弧纹组成的复合纹饰；第三组为圆点与凸弧纹、弧线组成的复合纹饰。可复原。口径 15—15.5、底径 5.1、高 8.2 厘米（图 2-2-406，1；彩版一五七，2）。

素面钵　6 件。平底。素面。H569：2，泥质黄褐陶，通体饰红衣。侈口，尖唇，曲腹近折。器表磨光，内壁近口处有少量刮削痕迹。可复原。口径 15.5、底径 5.4、高 8 厘米（图 2-2-406，10；图版四五，1）。H569：5，夹砂黄褐陶。器形不规整，歪斜严重，口部呈椭圆形。敛口，圆唇，弧腹。器表磨光，内外壁均有刮削痕迹。可复原。口径 19.6—20.4、底径 9.6、高 7.6—8.4 厘米（图 2-2-406，3；图版八五，2）。H569：11，夹砂灰陶。敛口，圆唇，弧腹。内外壁近口处有刮削痕迹。可复原。口径 16、腹径 17.2、底径 7.2、高 7.8 厘米（图 2-2-406，2；图版八五，3）。H569：12，夹砂黄褐陶。敞口，尖唇，弧腹内收。内外壁、唇面有刮削痕迹，外壁有竖向拍印痕迹。可复原。口径 13.6、底径 5.6、高 5.2 厘米（图 2-2-406，8；图版八五，4）。H569：13，夹砂黄褐陶，厚胎。敞口，圆唇，弧腹近直。内外壁有红色颜料痕迹。可复原。口径 6.6、底径 3.8、高 2.6 厘米（图 2-2-406，6；图版八五，5）。H569：14，夹砂黄褐陶，厚胎。敞口，方唇，斜直腹。外壁近底处有刮削痕迹，内壁有红色颜料痕迹。可复原。口径 8.2、底径 5、高 3.6 厘米（图 2-2-406，5；图版八五，6）。

器盖　1 件。H569：15，夹砂灰陶。敞口，方唇，斜直壁，圜顶，两凸起状纽。外壁有刮削痕迹。素面。可复原。口径 6、残高 4 厘米（图 2-2-406，7；图版一八〇，5）。

环　4 件。泥质灰陶。环状，平面为圆形。H569：7，截面为抹角方形。素面。可复原。外径 5、内径 3.8、厚 0.6 厘米（图 2-2-406，13）。H569：8，截面为圆形。素面。可复原。外径 4.8、内径 3.7、厚 0.5 厘米（图 2-2-406，12）。H569：16，截面为圆形。外侧饰戳印纹。可复原。外径 4.7、内径 3.8、厚 0.5 厘米（图 2-2-406，14）。H569：17，截面为半椭圆形。外侧饰篮纹。可复原。外径 4.8、内径 3.6、厚 0.6 厘米（图 2-2-406，11）。

212. H582

位于 T106 北部。开口于第②层下，打破第③层，开口距地表 45 厘米。平面形状圆形，直壁，平底。坑口直径 80、深 56 厘米。填土灰褐色，土质疏松。夹杂少量炭粒、草木灰。出土适量陶片，以泥质黄褐陶、泥质灰陶为主；纹饰有划纹、磨光及彩绘等；可辨器形有盆、钵、环等（图 2-2-407，1）。

H582 挑选陶器标本素面双錾盆 1 件。

素面双錾盆　1 件。H582：1，夹砂黄褐陶。敛口，叠唇，唇面有一周凹槽，弧腹近直，平底，腹部对称置附加突起状双錾。唇面及内外壁近口处有刮削痕迹。素面。可复原。口径 49.6、底径 22.4、高 33 厘米（图 2-2-407，2；图版一四八，5）。

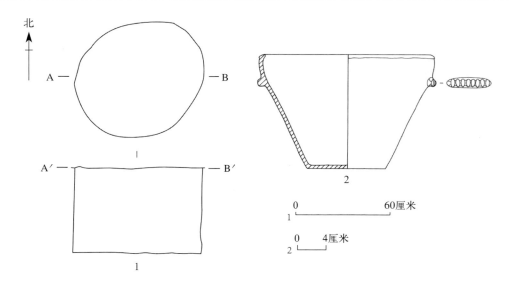

图2-2-407　H582平剖面图及出土陶器
1.平剖面图　2.素面双錾盆（H582：1）

213. H583

位于T54北部，部分伸入北壁。开口于第③层下，打破生土，开口距地表60厘米。平面呈椭圆形，弧壁，平底。坑口最大径270、最小径116、深65厘米。填土深灰色，土质疏松。夹杂炭粒、草木灰、红烧土颗粒、石块等。出土陶片以夹砂为主，泥质次之；陶色可分为红陶、灰陶；纹饰有篮纹、附加堆纹、线纹、彩绘等；可辨器形有钵、盆、小口尖底瓶、缸等（图2-2-408，1）。

H583挑选陶器标本深腹罐1件。

深腹罐　1件。H583：1，夹砂灰陶。侈口，仰折沿，圆唇，溜肩，鼓腹，平底。沿面、外壁口沿处有刮削痕迹。外壁饰右斜篮纹。可复原。口径11.2、底径7.8、高12.6厘米（图2-2-408，2；图版一七一，3）。

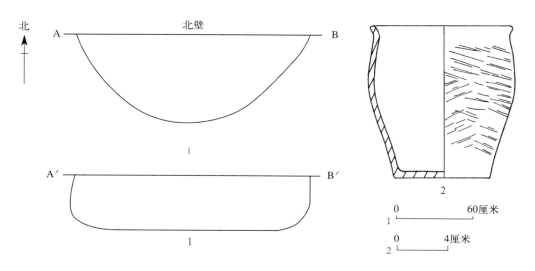

图2-2-408　H583平剖面图及出土陶器
1.平剖面图　2.深腹罐（H583：1）

214. H585

位于T65北部。开口于第②层下，打破生土，开口距地表45厘米。平面形状呈椭圆形，直壁，平底。坑口最大径250、最小径210、深45厘米。填土深灰色，土质疏松。夹杂炭粒、红烧土颗粒、陶片等。出土陶片主要有泥质黄褐陶、夹砂灰陶两种；纹饰以划纹、彩绘为主；可辨器形有小口尖底瓶、盆、钵等（图2-2-409，1）。

H585挑选陶器标本素面钵1件。

素面钵　1件。H585∶1，泥质红陶。器形不规整，略有歪斜。侈口，圆唇，浅弧腹，平底。器表磨光，内外壁有明显的刮削痕迹。素面。可复原。口径27.1、底径8.8、高10—11.2厘米（图2-2-409，2；图版八六，1）。

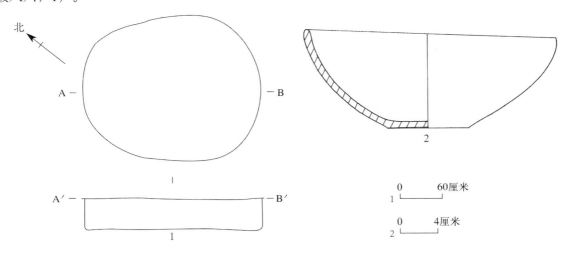

图2-2-409　H585平剖面图出土陶器
1.平剖面图　2.素面钵（H585∶1）

215. H596

位于T55西北部。开口于第①层下，打破生土，被H412、H512、H541打破，开口距地表15厘米。平面形状呈椭圆形，弧壁，平底。坑口最大径270、最小径250、深110厘米。填土黄褐色，土质疏松。出土陶片陶质有为泥质、夹砂两种；陶色以灰陶、黄褐陶为主；纹饰有线纹、篮纹、附加堆纹等；可辨器形有罐、盆、钵、小口尖底瓶等（图2-2-410，1）。

H596挑选陶器标本2件，其中彩陶钵1、素面盆1。

彩陶钵　1件。H596∶1，夹砂黄褐陶红彩，厚胎。侈口，圆唇，浅弧腹，平底。内外壁近口处有刮削痕迹。内壁饰红彩。可复原。口径8.8、底径3.6、高3.4厘米（图2-2-410，2）。

素面盆　1件。H596∶2，泥质灰陶。侈口，叠方唇，斜直腹，平底。唇面及内外壁近口处有刮削痕迹，内壁有刮抹痕迹。素面。可复原。口径20、底径11、高8.5厘米（图2-2-410，3）。

216. H599

位于T50北部。开口第③层下，打破生土，被H503、H542打破，开口距地表50厘米。平面形状呈椭圆形，直壁，平底。坑口最大径390、最小径260、深210厘米。填土灰褐色，土质疏松。出土陶片以泥质黄褐陶、夹砂灰陶为主；纹饰有划纹、篮纹、附加堆纹、彩绘等；可辨器形有罐、盆、钵、小口尖底瓶等（图2-2-411）。

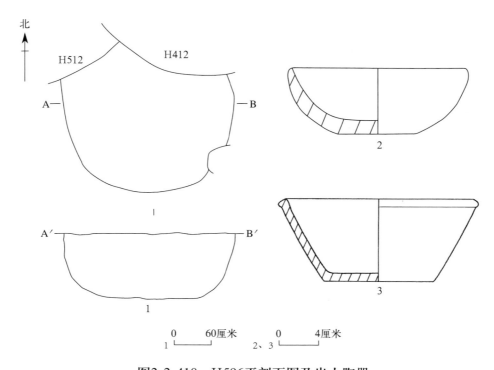

图2-2-410　H596平剖面图及出土陶器
1.平剖面图　2.彩陶钵（H596∶1）　3.素面盆（H596∶2）

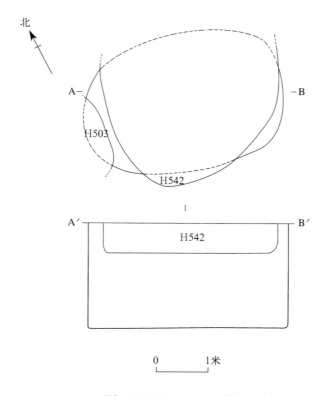

图2-2-411　H599平剖面图

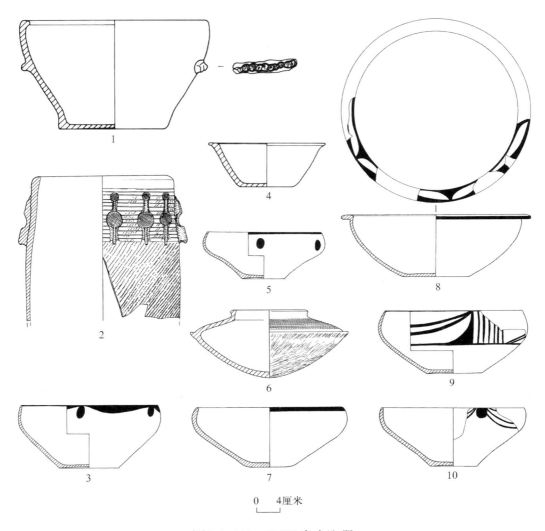

0　　4厘米

图2-2-412　H599出土陶器

1.素面双錾钵（H599∶8）　　2.鼓（H599∶22）　　3、5、7、9、10.彩陶钵（H599∶9、H599∶5、H599∶6、H599∶3、H599∶4）
4.素面盆（H599∶10）　　6.釜（H599∶2）　　8.彩陶盆（H599∶7）

　　H599挑选陶器标本10件，其中彩陶钵5、彩陶盆1、素面盆1、素面双錾钵1、釜1、鼓1。

　　彩陶钵　5件。泥质陶黑彩。H599∶3，红陶。敛口，圆唇，弧腹，下腹部近直，平底微内凹。器表磨光，内壁近口处有刮削痕迹。唇面、下腹部各饰一周宽0.2、0.5厘米的条带纹，其间区域用六条竖线分为三个单元格，每个单元格内饰弧边直角、双连弧线组成的复合纹饰。可复原。口径23.5、腹径25.4、底径9.2、高11厘米（图2-2-412，9；彩版一五八，1）。H599∶4，黄褐陶。直口，尖唇，曲腹近直，平底微内凹。器表磨光，内壁近口处有刮削痕迹。口部外壁间隔饰一周三连弧线、圆点。可复原。口径24.1、底径7.9、高10.3厘米（图2-2-412，10；图版四五，2）。H599∶5，黄褐陶。敛口，圆唇，曲腹，平底微内凹。内外壁有修整痕迹。口部外壁饰一周宽0.4厘米的条带纹，其下区域饰数个圆点。可复原。口径19.4、底径7.2、高8.1厘米（图2-2-412，5）。H599∶6，黄褐陶。敛口，圆唇，弧腹近直，平底。器表磨光，内外壁近口处有刮削痕迹。口部外壁饰一周宽0.7厘米的条带纹。可复原。口径24.8、底径8.5、高10.2厘米（图2-2-412，7；图版四五，3）。H599∶9，白陶。直口微敛，圆唇，弧腹，下腹部近直，平底微内凹。内壁近口处有修整痕迹。口部外壁间隔饰一周五个垂弧纹、圆点。

可复原。口径 23.4、底径 10.2、高 11 厘米（图 2-2-412，3）。

彩陶盆　1 件。H599：7，泥质黄褐陶黑彩。直口微敛，折沿微隆起，圆唇，浅弧腹，平底。器表磨光，沿面、内外壁均有刮削痕迹。沿面饰一周由弧边三角、凸弧纹组成的复合纹饰。可复原。口径 31.6—32.8、底径 11、高 10.8 厘米（图 2-2-412，8；图版——，1）。

素面盆　1 件。H599：10，夹砂黄褐陶。侈口，折沿，圆唇，浅弧腹近直，平底。沿面及内外壁近口处有刮削痕迹。素面。可复原。口径 19.7、底径 9.2、高 7.8 厘米（图 2-2-412，4）。

素面双錾钵　1 件。H599：8，夹砂黄褐陶。敛口，方唇，弧腹，平底，腹部对称置附加突起状双錾。唇面及内外壁近口处有刮削痕迹。素面。可复原。口径 31.1、底径 16.5、高 20.2 厘米（图 2-2-412，1）。

釜　1 件。H599：2，夹砂黄褐陶。直口，方唇，矮领，广肩，折腹处起棱，圜底。肩部饰数周凹弦纹，下腹部饰篮纹。可复原。口径 13.2、高 12 厘米（图 2-2-412，6；图版一七三，3）。

鼓　1 件。H599：22，泥质黄褐陶。敛口，圆唇，斜直腹。颈部饰凹弦纹、附加堆纹，其下区域饰绳纹，附加堆纹上有一大一小两个按窝。腹部以下残。口径 21.2、残高 25 厘米（图 2-2-412，2）。

217. H606

位于 T52 中南部，部分伸入南壁。开口于第③层下，打破生土，开口距地表 55 厘米。平面形状呈椭圆形，直壁，平底。坑口最大径 175、最小径 90、深 40 厘米。填土灰褐色，土质较致密。夹杂炭粒等，出土陶片以泥质灰陶为主；纹饰有划纹、篮纹、附加堆纹、彩绘等；可辨器形有小口尖底瓶、钵、盆、罐、等（图 2-2-413）。

H606 挑选陶器标本 4 件，其中素面盆 2、彩陶盆 1、深腹罐 1。

彩陶盆　1 件。H606：9，泥质黄褐陶。敛口，仰折沿隆起，圆唇，溜肩，弧腹。唇面饰一周宽 0.6 厘米的条带纹。腹部以下残。口径 36、残高 15.2 厘米（图 2-2-414，2）。

素面盆　2 件。泥质陶。敛口，仰折沿微隆起，深弧腹。素面。H606：1，灰陶。圆唇。平底。器表磨光，沿面有刮削痕迹。可复原。口径 28、底径 12.8、高 16.2 厘米（图 2-2-414，3；图版一二六，2）。H606：10，黄褐陶。尖唇。腹部以下残。口径 26、残高 11.2 厘米（图 2-2-414，4）。

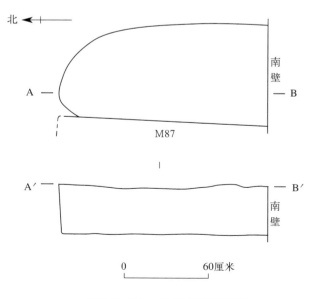

图2-2-413　H606平剖面图

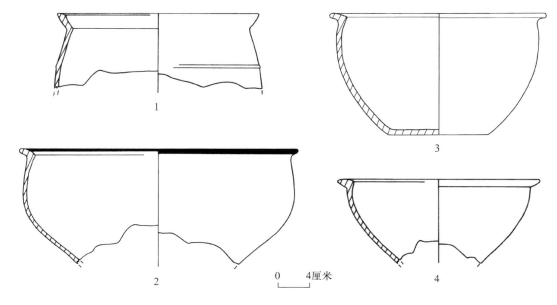

图2-2-414　H606出土陶器

1.深腹罐（H606∶11）　　2.彩陶盆（H606∶9）　　3、4.素面盆（H606∶1、H606∶10）

深腹罐　1件。H606∶11，夹砂灰陶。敛口，仰折沿微下凹，方唇内侧下斜，溜肩，鼓腹。上腹部饰一周凹弦纹。腹部以下残。口径25.9、残高10厘米（图2-2-414，1）。

218. H611

位于T55北部。开口于第①层下，打破生土，被H472打破，开口距地表15厘米。平面形状呈椭圆形，弧壁，平底。坑口最大径330、最小径260、深130厘米。填土分为三层。第①层厚40厘米，灰色，土质较致密；第②层厚38厘米，灰褐色，土质疏松，包含物极少；第③层厚42厘米，灰色，土质疏松，包含物较多。出土陶片陶质为泥质、夹砂两种；陶色以黄褐陶为主，灰陶次之；纹饰有划纹、篮纹、附加堆纹、彩绘、磨光等；可辨器形有钵、盆、罐、小口尖底瓶等（图2-2-415）。

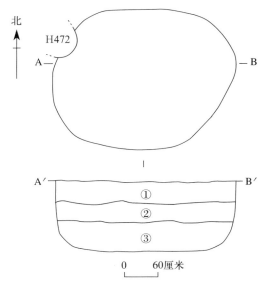

图2-2-415　H611平剖面图

H611挑选陶器标本3件，其中素面钵2、彩陶盆1。

彩陶盆　1件。H611：1，泥质红陶黑彩。敛口，仰折沿隆起，圆唇，溜肩，曲腹，平底。器表磨光，内壁抹光。内壁有轮制痕迹。唇面、下腹部各饰一周宽1.4、0.4厘米条带纹，其间区域饰凸弧纹、弧边三角、圆点、弧线组成的复合纹饰。可复原。口径29.7、腹径31.2、底径12.3、高19.6厘米（图2-2-416，3；彩版二三三，2）。

素面钵　2件。H611：2，泥质陶黄褐陶红彩。侈口，尖唇，弧腹，平底。内外壁近口处有刮削痕迹。内壁近口处有红彩。可复原。口径10.4、底径4.8、高4.5厘米（图2-2-416，1；图版八六，2）。H611：3，泥质红陶。侈口，尖唇，弧腹，平底。外壁近口处磨光，内壁近口处有刮削痕迹。素面。可复原。口径14.4、底径6.6、高5.5厘米（图2-2-416，2；图版八六，3）。

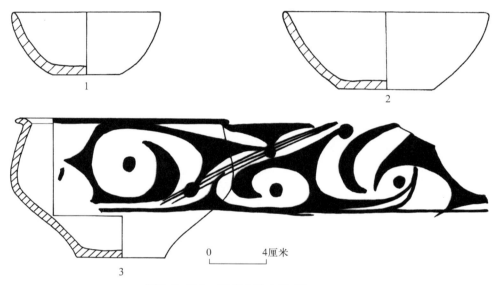

图2-2-416　H611出土陶器
1、2.素面钵（H611：2、H611：3）　3.彩陶盆（H611：1）

219. H615

位于T66西南部。开口于第②层下，打破生土，被H488打破，开口距地表50厘米。袋状，平面形状呈椭圆形，弧壁，平底。坑口最大径300、最小径230、坑底最大径320、最小径250、深270厘米。填土浅灰色，土质紧密。包含草木灰、红烧土颗粒、动物骨骼、人骨等。出土陶片以灰陶为主，红陶次之；质地分为泥质、夹砂两种；纹饰有划纹、篮纹、彩绘等；可辨器形有罐、盆、钵、环等。

北部有一动物骨骼架，深150厘米，骨架不完整，为一只年龄大概6-12月的猪；南部有一人骨架，深80厘米，上部有石块、头骨，石块下为骨架，未见腿骨（图2-2-417，1）。

H615挑选陶器标本彩陶钵1件。

彩陶钵　1件。H615：2，泥质黄褐陶黑彩。敛口，圆唇，浅弧腹，平底。器表磨光，内外壁有明显刮削痕迹。口部外壁饰一周垂弧纹，唇面、下腹部各饰一周宽0.1、0.4厘米的条带纹。可复原。口径27、底径12、高11.2厘米（图2-2-417，2；彩版一五八，2）。

220. H616

位于T66中部。开口于第②层下，打破生土，被H576、E4打破，开口距地表50厘米。平面形状呈椭圆形，直壁，平底。坑口最大径255、最小径148、深20厘米。填土浅黄褐色，土质较致密。夹杂

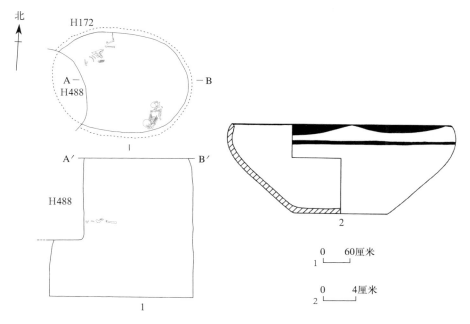

图2-2-417　H615平剖面图及出土陶器
1.平剖面图　2.彩陶钵（H615：2）

有红烧土颗粒、炭粒、草木灰等。包含适量陶片、石器、石块等。出土陶片以泥质黄褐陶为主，夹砂红陶次之，泥质灰陶较少；纹饰以彩绘、线纹为主，篮纹次之；可辨器形有小口尖底瓶、盆、钵等（图2-2-418，1）。

H616挑选陶器标本2件，其中素面盆1、鼓腹罐1。

素面盆　1件。H616：2，泥质黄褐陶。侈口，折沿，方唇，斜直腹，平底。内外壁有明显刮削痕迹。素面。可复原。口径21.8、底径11、高8厘米（图2-2-418，2）。

鼓腹罐　1件。H616：3，泥质红陶。器形不规整，略歪斜。侈口，方唇，矮领，溜肩，鼓腹，下腹部近直，平底。素面。可复原。口径18.3、腹径33、底径13、高28.8厘米（图2-2-418，3）。

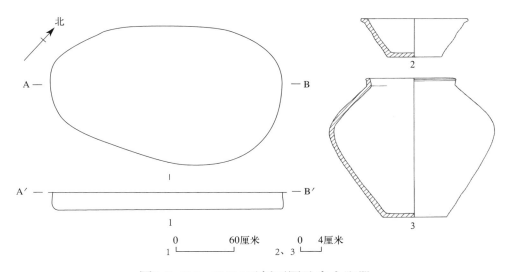

图2-2-418　H616平剖面图及出土陶器
1.平剖面图　2.素面盆（H616：2）　3.鼓腹罐（H616：3）

221. H619

位于 T108 西南部，部分伸入西壁、南壁。开口于第③层下，打破生土，被 H580、H603、H604 打破，开口距地表 90 厘米。平面形状椭圆形，弧壁，平底。坑口最大径 725、最小径 660、深 695 厘米。填土灰褐色，土质疏松。夹杂少量红烧土颗粒、炭粒等。出土陶杯 3、陶盆 2、环 1、石球 1、陶钵 1、陶瓶 1、石刀 1、器盖 1 及适量陶片。陶片夹砂灰陶与泥质黄褐陶相当；纹饰有线纹、篮纹、磨光及彩绘；可辨器形有杯、盆、罐、钵等（图 2-2-419）。

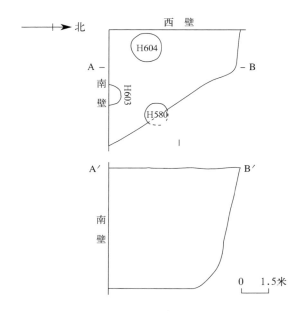

图2-2-419　H619平剖面图

H619 挑选陶器标本 44 件，其中素面钵 12、彩陶钵 12、彩陶盆 10、素面双錾钵 3、杯 2、鼓腹罐 1、彩陶双錾钵 1、素面双錾盆 1、器座 1、素面盆 1。

彩陶钵　12 件。泥质陶。H619：9，黄褐陶黑彩。器形不规整，口部略呈椭圆形。直口微侈，圆唇，浅弧腹，平底。器表磨光，内外壁均有刮削痕迹。口部外壁饰三周条带纹，分别宽 0.8、0.4、0.4 厘米，其下区域间隔饰一周垂弧纹、圆点。可复原。口径 18—18.5、底径 8、高 7.8 厘米（图 2-2-420，13；彩版一五九，1）。H619：15，黄褐陶黑彩。直口微侈，尖唇，弧腹，平底微内凹。内壁近口处有修整痕迹。口部外壁、下腹部各饰一周宽 0.5-0.8、0.4 厘米的条带纹，其间区域间隔饰四组三圆点、交弧纹。可复原。口径 14.8、底径 7.2、高 7.2 厘米（图 2-2-420，11；彩版一五九，2）。H619：28，红陶黑彩。敛口，圆唇，曲腹，平底。器表磨光，内壁近口处有刮削痕迹。口部外壁饰一周宽 1.2 厘米的条带纹，其下区域饰四个圆点。可复原。口径 17.5、底径 7、高 8.9 厘米（图 2-2-420，12；彩版一六〇，1）。H619：29，黄褐陶黑彩。直口，尖唇，弧腹，下腹近直，平底。器表磨光，内壁有刮削痕迹。口部外壁饰一周垂弧纹、三连弧线、圆点组成的复合纹饰。可复原。口径 16、底径 6、高 9 厘米（图 2-2-420，4；图版四五，4）。H619：30，黄褐陶黑彩。直口微敛，尖唇，曲腹，平底。器表磨光，内外壁均有刮削痕迹。口部外壁饰一周宽 0.8 厘米的条带纹。可复原。口径 15.2、底径 6、高 6.5 厘米（图 2-2-420，2；图版四五，5）。H619：31，黄褐陶黑彩。直口微侈，尖唇，弧腹，下腹部近直，平底微内凹。器表磨光，内壁有刮削痕迹。口部外壁饰一周宽 0.7 厘米的条带纹，其下区域间隔饰凸弧纹、圆点。可复原。口径 15.5、底径 6.3、高 7.5 厘米（图 2-2-420，10；图版四五，6）。H619：32，黄褐陶褐彩。器形不规整，略歪斜，口部略呈椭圆形。敛口，圆唇，曲腹，平底微内凸。器表磨光，内壁近口处有刮削痕迹。口部外壁饰一周六个垂弧纹，其下区域饰一周六组三连弧线、圆点组成的复合纹饰。可复原。口径 25.4、底径 10.2、高 11 厘米（图 2-2-420，7；彩版一六〇，2）。H619：35，黄褐陶黑彩。侈口，圆唇，曲腹近折，平底。器表磨光，内壁有刮削痕迹。唇面、口部外壁饰一周宽 0.2、0.6 厘米的条带纹，其下区域饰四组弧线和圆点组成的复合纹饰。可复原。口径 15.2、底径 5.2、高 8.3 厘米（图 2-2-420，3；彩版一六一，1）。H619：37，黄褐陶褐彩。口部略呈椭圆形。敛口，圆唇，浅弧腹，下腹部近直，平底。器表磨光，内壁近口处有刮削痕迹。口部外壁饰三周条带纹、圆点组成的复合纹饰，条带纹分别宽 1.2、0.5、0.4 厘米。可复原。口径 16.2、底径 6、高 7.8 厘米（图 2-2-420，14；彩版一六一，2）。H619：38，黄褐陶黑彩。直口，圆唇，弧腹，平底。器表磨光，内壁近口处有刮削痕迹。口部外壁饰一周宽 0.9 厘米的条带纹，其下区域饰双连弧线组成的复合纹饰。可复原。口径 17.6、底径 7.6、高 9 厘米（图 2-2-420，5；彩版一六二，1）。H619：39，黄褐陶黑彩。直口微侈，圆唇，深弧腹，平底。器表磨光，内壁近口处有刮削痕迹。口部外壁饰五个垂弧纹，其下区域饰弧边三角、两周宽 0.4 厘米的条带纹、圆点组成的复合纹饰。可复原。口径 19.8、底径 7.6、高 9.8 厘米（图 2-2-420，1；彩版一六二，2）。H619：70，侈口，圆唇，弧腹。器表磨光细腻。腹部从上往下可分五个单元，第一单元格间隔饰垂弧纹、凸弧纹；第二单元饰三周条带纹、圆点组成的复合纹饰；第三单元饰凸弧纹；第四单元饰三周条带纹；第五单元饰凸弧纹。腹部以下残。口径 16、残高 7.6 厘米（图 2-2-420，7；彩版二五四，2）

彩陶双錾钵　1 件。H619：44，泥质红陶黑彩。敛口，圆唇，深曲腹，腹部对称置附加突起状双錾，平底微内凹。器表磨光。唇面、下腹部各饰一周宽 0.7、0.4 厘米的条带纹，其间区域饰数组弧边三角、弧线，圆点组成的复合纹饰。可复原。口径 33.5、底径 12.3、高 22.4 厘米（图 2-2-421，7；图版二五，2）。

彩陶盆　10 件。泥质黄褐陶黑彩。H619：2，敛口，折沿隆起，圆唇，深曲腹，平底微内凸。器表磨光，沿面有刮削痕迹。唇面、颈部、下腹部各饰一周条带纹，分别宽 0.7、0.5、0.6 厘米；其间区域用对弧边三角和圆点分为五个单元格，每个单元格内饰凸弧纹、弧线组成的复合纹饰和圆点。可复原。口径 33.6、底径 11.6、高 21.8 厘米（图 2-2-421，2；彩版二三四，1）。H619：17，敛口，折沿隆起，圆唇，深曲腹，平底。器表磨光，内壁近口处、沿面有刮削痕迹。唇面、下腹部各饰一周宽 0.8、0.4 厘米的条带纹，其间区域饰七组勾连纹、弧边三角、圆点组成的复合纹饰。可复原。口径 24.8、底径 9.4、高 14.5 厘米（图 2-2-420，8；彩版二三四，2）。H619：18，泥质黄褐陶黑彩。敛口，仰折沿隆起，圆唇，曲腹，平底微内凹。沿面及器表磨光，内壁抹光。内壁有轮制痕迹。唇面、下腹部各饰一周宽 0.6 厘米的条带纹，其间区域饰两组圆点、弧边三角、凸弧纹组成的复合纹饰。可复原。口径 31.8、底径 11.5、高 16.5 厘米（图 2-2-421，9）。H619：19，直口微侈，折沿隆起，圆唇，浅弧腹，平底微内凸。器表磨光，内壁、沿面有刮削痕迹。沿面饰一周宽 1.3 厘米的条带纹。可复原。口径 30.2、底径 13.4、高 9 厘米（图 2-2-421，4；图版一一，2）。H619：21，敛口，仰折沿，圆唇，曲腹，平底。器表磨光，沿面、外壁近口处有刮削痕迹。唇面、沿面外侧各饰一周宽 0.7、0.2 厘米的条带纹，腹部饰四组横线、圆点组成的复合纹饰。可复原。口径 27.2、底径 12、高 14 厘米（图 2-2-420，9；彩版二三五，1）。H619：22，敛口，折沿隆起，圆唇，浅弧腹，平底。器表磨光，内壁近口处、沿面有刮削痕迹。沿面饰八组垂弧纹、弧边三角组成的复合纹饰。可复原。口径 26.8、底径 10、高 9.4

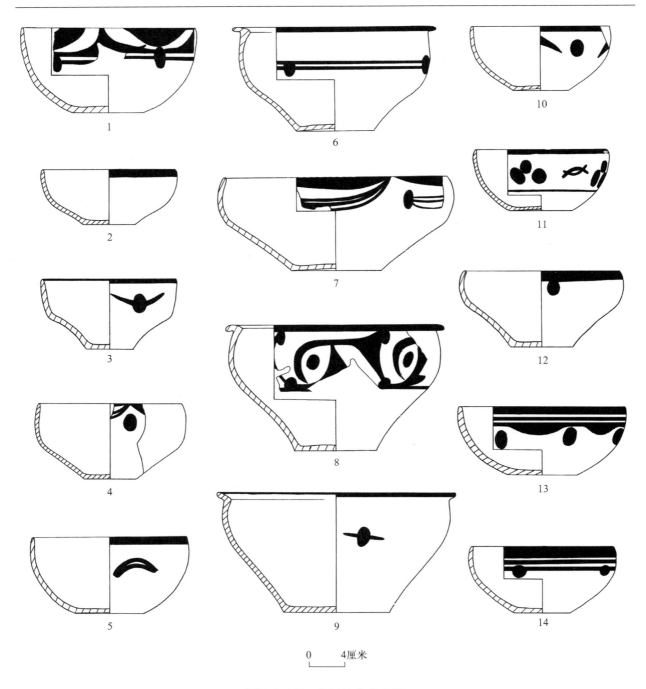

图2-2-420　H619出土彩陶

1-5、7、10-14.彩陶钵（H619：39、H619：30、H619：35、H619：29、H619：38、H619：32、H619：31、H619：15、H619：28、H619：9、H619：37）　6、8、9.彩陶盆（H619：25、H619：17、H619：21）

厘米（图2-2-421，1；图版一一，3）。H619：23，直口微敛，折沿微隆起，方唇，浅弧腹，平底。素面磨光，外壁有刮削痕迹。沿面饰八组垂弧纹、弧边三角组成的复合纹饰。可复原。口径27.6、底径10.6、高10厘米（图2-2-421，8；图版一一，4）。H619：24，口部略呈椭圆形。敛口，折沿隆起，圆唇，浅弧腹，平底微内凹。器表磨光，内外壁、沿面有刮削痕迹。沿面饰六组垂弧纹、弧边三角组成的复合纹饰。可复原。口径28.5—29.2、底径10.7—11.4、高10厘米（图2-2-421，6；图版一一，5）。

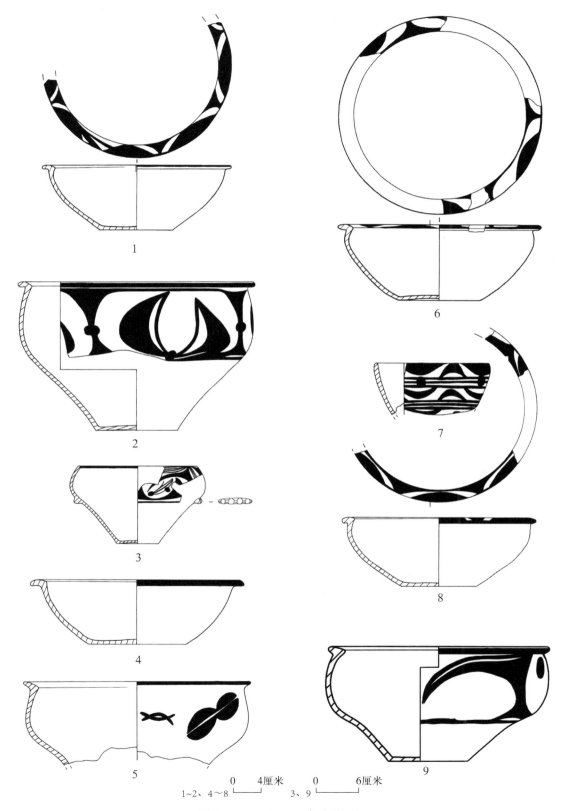

图2-2-421　H619出土彩陶

1、2、4~6、8、9.彩陶盆（H619：22、H619：2、H619：19、H619：69、H619：24、H619：23、H619：18）　7.彩陶双錾钵
（H619：44）　　7.彩陶钵（H619：70）

H619：25，敛口，折沿隆起，圆唇，曲腹，平底微内收。器表磨光，外壁近口处、沿面有刮削痕迹。唇面饰一周宽0.4厘米的条带纹，腹部饰两周宽0.2厘米的条带纹、圆点组成的复合纹饰。可复原。口径23.2、底径8.8、高12.2厘米（图2-2-420，6；彩版二三五，2）。H619：69，敛口，仰折沿，沿面隆起，圆唇，弧腹。器表磨光。唇面饰一周条带纹，腹部间隔饰交弧纹、豆荚纹。腹部以下残。口径32、残高12厘米（图2-2-421，5；彩版二五四，1）。

素面双錾盆　1件。H619：54，夹砂黄褐陶。直口，方唇，弧腹近直，腹部对称置附加突起状双錾，平底。内壁有泥条盘筑痕迹。内外壁近口处有刮削痕迹。素面。可复原。口径29.5、底径8.8、高12厘米（图2-2-422，1；图版一四八，6）。

素面双錾钵　3件。腹部对称置附加突起状双錾。敞口，斜直腹，平底。素面。H619：47，夹砂黄褐陶。器形不规整，略歪斜。方唇。内壁有刮削痕迹，外壁有竖向拍印痕迹，近底处抹平。可复原。口径31.8、底径14、高16.8厘米（图2-2-422，4；图版一三八，2）。H619：48，夹砂黄褐陶。口部略呈椭圆形。圆唇。内外壁近口处有刮削痕迹。錾上有明显手捏痕迹，外壁通饰左斜线纹，近口处线纹抹平。可复原。口径23—24.5、底径11.4、高17.5厘米（图2-2-422，3；图版一三八，3）。H619：53，夹砂黄褐陶。方唇。内外壁近口处有刮削痕迹，錾上有刮削修整痕迹。可复原。口径25.2、底径10、高10.8厘米（图2-2-422，2；图版一三八，4）。

器座　1件。H619：45，泥质灰陶。敞口，折沿外侧下斜，圆唇，折腰，上下器形对称，底部起台。素面。可复原。口径22.4、底径22、高17.2厘米（图2-2-422，9；图版一八五，4）。

素面盆　1件。H619：43，泥质黄褐陶。口部略呈椭圆形。直口微侈，仰折沿，方唇，曲腹，平底。素面。内外壁、沿面有刮削痕迹。可复原。口径27.6—28.1、底径12.8、高10.2厘米（图2-2-422，8；图版一二六，3）。

素面钵　12件。素面。H619：4，泥质黄褐陶，厚胎。敞口，尖唇，斜腹内收，平底。内外壁均有刮削痕迹。可复原。口径7.3、底径4.4、高3.5厘米（图2-2-423，12；图版八六，5）。H619：12，夹砂灰陶，厚胎。器形不规整，略歪斜。敞口，方唇中间有一周凹槽，斜直腹，平底。可复原。口径8.5、底径5.6、高3.8厘米（图2-2-423，10；图版八六，6）。H619：16，泥质黄褐陶。敛口，尖唇，曲腹，平底内凹。可复原。口径13.4、腹径14.4、底径4.2、高7.8厘米（图2-2-423，1）。H619：40，泥质黄褐陶，上腹部饰红衣。侈口，尖唇，曲腹近折，平底。器表磨光，内壁近口处有刮削痕迹。可复原。口径16.4、底径5.8、高9厘米（图2-2-423，7；彩版一六三，1）。H619：41，泥质红陶。侈口，尖唇，曲腹近折，平底内凹。器表磨光，内壁近口处有刮削痕迹。可复原。口径14.6、底径5.4、高8厘米（图2-2-423，2；图版八六，4）。H619：49，夹砂黄褐陶。侈口，圆唇，曲腹，平底。内壁有刮削痕迹，外壁有少量竖向刮削痕迹。可复原。口径20、底径10.2、高10.5厘米（图2-2-423，6；图版八七，2）。H619：50，夹砂红陶。直口微敛，圆唇，浅弧腹，平底。内外壁均有刮削痕迹。可复原。口径17.6、底径7.6、高7.2厘米（图2-2-422，7；图版八七，3）。H619：51，夹砂黄褐陶。器形不规整，略歪斜。侈口，圆唇，曲腹，平底。内壁有刮削痕迹。可复原。口径18.6、底径8.4、高7.7厘米（图2-2-423，5；图版八七，4）。H619：52，夹砂黄褐陶。口部略呈椭圆形。敞口，方唇，斜直腹，平底。内外壁均有刮削痕迹。可复原。口径15.2、底径8、高6.8厘米（图2-2-423，4；图版八七，5）。H619：56，夹砂黄褐陶。敞口，方唇，斜直腹，平底。内外壁有少量刮削痕迹。可复原。

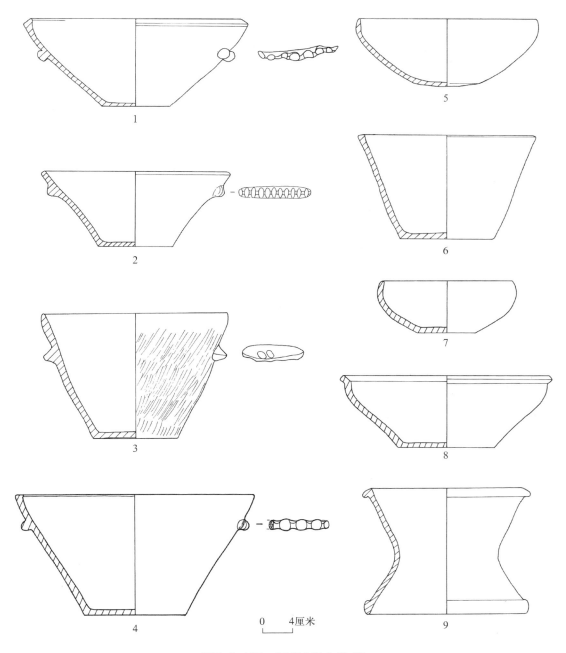

图2-2-422　H619出土陶器

1.素面双鋬盆（H619：54）　　2-4.素面双鋬钵（H619：53、H619：48、H619：47）　　5-7.素面钵（H619：42、H619：56、H619：50）
8.素面盆（H619：43）　　9.器座（H619：45）

口径 23.8、底径 13、高 14.4 厘米（图 2-2-422，6；图版八七，6）。H619：60，泥质红陶，通体饰红衣。敛口，尖唇，弧腹近折，下腹部内收，平底内凹。器表磨光，内壁抹光。内壁有轮制痕迹。可复原。口径 13.4、底径 4.7、高 7.7 厘米（图 2-2-423，3）。

杯　2件。夹砂陶。侈口，圆唇，弧腹，平底。素面。H619：6，红陶。弧腹近直。可复原。口径 4.2、底径 2.9、高 4.5 厘米（图 2-2-423，9；图版一九一，1）。H619：10，黄褐陶。内外壁近口处有刮削痕迹，外壁有竖直刮抹痕迹。可复原。口径 5、底径 3.4、高 5.4 厘米（图 2-2-423，10；图版一九一，2）。

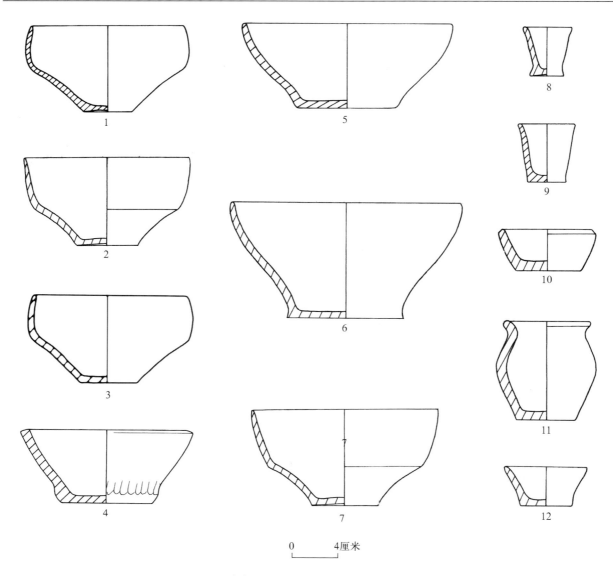

图2-2-423　H619出土陶器

1-7、10、12.素面钵（H619：16、H619：41、H619：60、H619：52、H619：42、H619：51、H619：49、H619：40、H619：12、H619：4）　9、10.杯（H619：6、H619：10）　11.鼓腹罐（H619：46）

鼓腹罐　1件。H619：46，夹砂黄褐陶。器形不规整，略歪斜。侈口，圆唇，卷沿，溜肩，鼓腹，下腹部微近直内收，平底微内凸。肩部外壁有少量刮削痕迹。素面。可复原。口径7.6、底径5.4、高9—9.5厘米（图2-2-423，11；图版一六六，2）。

222. H625

位于T54中部。开口于第③层下，打破生土，开口距地表65厘米。袋状，平面呈圆形，弧壁，平底。坑口最大径58、最小径55、坑底最大径178、最小径175、深170厘米。填土灰褐色，土质疏松。夹杂炭粒、草木灰、红烧土颗粒、石块、动物骨骼等。出土陶片以夹砂为主，泥质次之；陶色可分为红陶、灰陶；纹饰有篮纹、附加堆纹、线纹、彩绘等；可辨器形有钵、盆、小口尖底瓶、缸等（图2-2-424）。

H625挑选陶器标本7件，其中彩陶盆3、鼓腹罐2、直腹罐2。

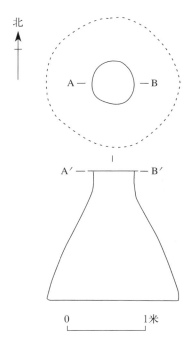

图2-2-424　H625平剖面图

彩陶盆　3件。泥质黄褐陶黑彩。H625：2，直口，折沿隆起，圆唇，浅弧腹，平底。器表磨光，沿面及内壁近口处有刮削痕迹。沿面饰五组凸弧纹。可复原。口径36.6、底径14.8、高11.5厘米（图2-2-425，1；图版一一，6）。H625：7，敛口，仰折沿隆起，圆唇，溜肩，弧腹。唇面、沿面外侧各饰一周宽0.5厘米的条带纹，腹部饰弧线、凸起纹组成的复合纹饰。底部残。口径38、残高16厘米（图2-2-425，7）。H625：8，直口微敛，仰折沿隆起，圆唇，弧腹。唇面饰一周宽0.6厘米的条带纹，沿面饰凸弧纹、弧边三角组成的复合纹饰。腹部以下残。口径36、残高10.2厘米（图2-2-425，4）。

鼓腹罐　2件。灰褐陶。H625：5，夹砂陶。侈口，方唇，矮领，溜肩，鼓腹。通体饰篮纹，颈部有数周凹弦纹。腹部以下残。口径25.4、残高7.7厘米（图2-2-425，5）。H625：6，泥质陶。敛口，仰折沿，圆唇，溜肩。肩部内外壁均有数周凹弦纹。腹部以下残。口径21.6、残高7.6厘米（图2-2-425，2）。

直腹罐　2件。黄褐陶。H625：4，夹砂陶。侈口，折沿隆起，圆唇，斜直腹。腹部饰凹弦纹、间隔篮纹。腹部以下残。口径32、残高8.2厘米（图2-2-425，3）。H625：9，泥质陶。侈口，卷沿，圆唇，斜直腹。素面。腹部以下残。口径26、残高12.6厘米（图2-2-425，6）。

223. H635

位于T57西南部、T58西北部。开口于第③层下，打破生土，开口距地表35厘米。平面形状呈椭圆形，弧壁，平底。坑口最大径485、最小径312、深280厘米。填土深灰色，土质疏松。夹杂炭粒、草木灰、红烧土颗粒、石块、动物骨骼等。出土陶片以夹砂为主，泥质次之；陶色有红陶、灰陶；纹饰有划纹、附加堆纹、篮纹、彩绘等；可辨器形有盆、钵、罐、杯、小口尖底瓶等（图2-2-426）。

H635挑选陶器标本8件，其中彩陶钵5、素面盆1、盘1、素面钵1。

彩陶钵　5件。泥质黄褐陶黑彩。H635：2，直口，尖唇，曲腹近折，平底。内壁有修整痕迹。

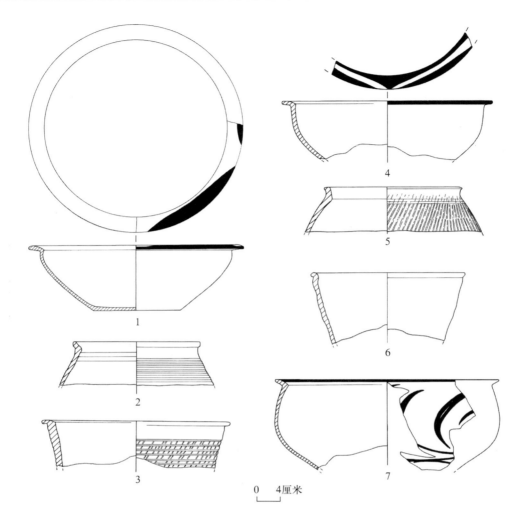

0 4厘米

图2-2-425 H625出土遗物

1、4、7.彩陶盆（H625∶2、H625∶8、H625∶7） 2、5.鼓腹罐（H625∶6、H625∶5） 3、6.直腹罐（H625∶4、H625∶9）

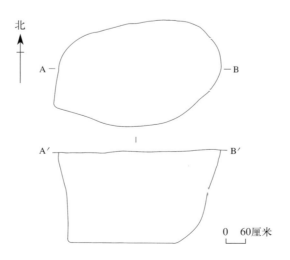

0 60厘米

图2-2-426 H635平剖面图

腹部饰一周条带纹，其上区域用留白分为六个单元格，每个单元格内饰对弧边直角、凸弧纹、圆点组成的复合纹饰。可复原。口径15.5、底径4.9、高8.1米（图2-2-427，5）。H635：3，敛口，圆唇，曲腹，平底。器表磨光发白。唇面、下腹部各饰一周宽0.3厘米的条带纹，其间区域用留白分为八个单元格，每个单元格内饰对弧边直角、弧边三角、圆点组成的复合纹饰。可复原。口径24.2、底径9.5、高11.4厘米（图2-2-427，2；图版四六，1）。H635：7，直口微敛，尖唇，曲腹，平底。内壁有修整痕迹。口部外壁饰一周垂弧纹，腹部饰一周宽0.3-0.6厘米不等的条带纹，其间区域用凸弧纹分为四个单元格，每个单元格内饰双连弧线、圆点组成的复合纹饰。可复原。口径13.1、底径5.3、高7.8厘米（图2-2-427，4）。H635：9，侈口，尖唇，深弧腹，平底。器表磨光。口部外壁饰五组阴纹菱形，其下区域饰一周宽0.5厘米的条带纹。可复原。口径15、底径5.6、高7.6厘米（图2-2-427，6；彩版一六三，2）。H635：16，直口微敛，尖唇，弧腹，平底微内凹。口部外壁饰一周六个垂弧纹，其下区域对应饰六组弧边三角、圆点组成的复合纹饰。可复原。口径11.9、底径6.1、高5.1厘米（图2-2-427，3；彩版一六四，1）。

素面钵　1件。H635：5，泥质黄褐陶。敞口，圆唇，浅弧腹，平底。内外壁有刮抹痕迹。素面。可复原。口径13、底径4.6、高4.5厘米（图2-2-427，8；图版八八，1）。

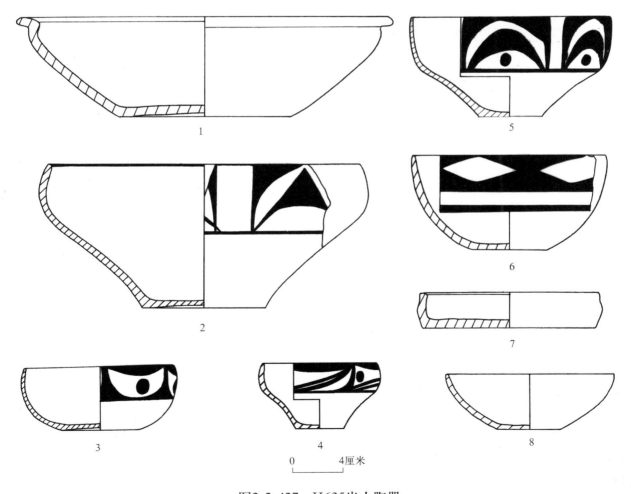

图2-2-427　H635出土陶器

1.素面盆（H635：6）　　2-6.彩陶钵（H635：3、H635：16、H635：7、H635：2、H635：9）　　7.盘（H635：8）　　8.素面钵（H635：5）

素面盆　1件。H635：6，泥质红陶。敛口，仰折沿隆起，圆唇，浅弧腹，平底微内凹。内外壁近口处、沿面有刮抹痕迹。素面。可复原。口径29.5、底径13、高8厘米（图2-2-427，1；图版一二六，4）。

盘　1件。H635：8，夹砂黄褐陶，厚胎。直口微敛，圆唇，弧腹近折，平底。外壁有刮抹痕迹。素面。可复原。口径13.8、底径13.8、高2.8厘米（图2-2-427，7；图版一七六，1）。

224. H645

位于T65东部。开口于第②层下，打破生土，开口距地表40厘米。袋状，平面形状呈圆形，弧壁，平底。坑口直径130、坑底最大径230、最小径200、深160厘米。填土浅灰色，土质疏松。夹杂炭粒、红烧土颗粒、石块、陶片等。出土陶片以泥质黄褐陶为主，夹砂红陶次之，泥质灰陶较少；纹饰以彩绘、线纹为主，篮纹次之；可辨器形有小口尖底瓶、罐、盆等（图2-2-428，1）。

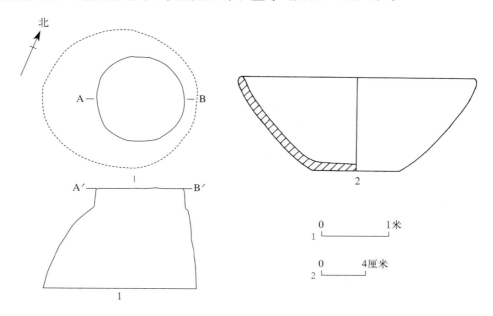

图2-2-428　H645平剖面图及出土陶器
1.平剖面图　2.素面钵（H645：3）

H645挑选陶器标本素面钵1件。

素面钵　1件。H645：3，泥质灰陶。侈口，圆唇，弧腹近直，平底。器表磨光，内外壁有明显刮削痕迹。素面。可复原。口径22、底径8、高8.8厘米（图2-2-428，2；图版二〇一，5）。

225. H646

位于T90东南部。开口于第①层下，打破生土，被H649打破，开口距地表25厘米。平面形状呈椭圆形，弧壁，圜底。坑口最大径140、最小径100、深150厘米。填土浅灰色，土质松散。出土陶片陶质为泥质、夹砂两种；陶色以黄褐陶为主，灰陶次之；纹饰有线纹、磨光、素面、彩绘等；可辨器形有小口尖底瓶、罐、盆、钵等（图2-2-429，1）。

H646挑选陶器标本素面钵1件。

素面钵　1件。H646：1，泥质黄褐陶。器形不规整，口部略呈椭圆形。直口微敛，尖唇，深弧腹，平底。器表磨光，内壁有刮削痕迹。素面。可复原。口径13.2—13.5、底径5.4、高7.2厘米（图2-2-429，2）。

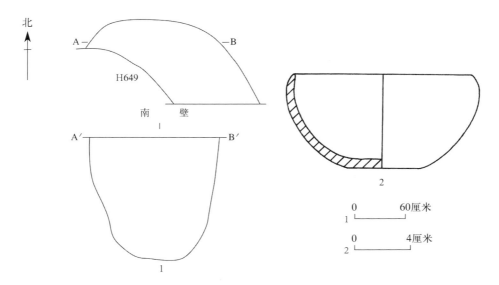

图2-2-429　H646平剖面图及出土陶器
1.平剖面图　2.素面钵（H646∶1）

226. H647

位于T50东北部。开口于第③层下，打破生土，被 H563、H592、H599 打破，开口距地表50厘米。袋状，平面形状呈圆形，斜直壁，平底。坑口直径120、坑底直径155、深100厘米。填土浅灰色，土质疏松。包含大量黄土块及红烧土颗粒。出土陶片以泥质黄褐陶为主；纹饰有线纹、彩绘等；可辨器形有杯、盆、钵、罐等（图 2-2-430，1）。

H647 挑选陶器标本杯 1 件。

杯　1 件。H647∶1，夹砂红陶。器形不规整，歪斜严重，口部呈椭圆形。侈口，卷沿，圆唇，弧腹，平底。唇面有刮削痕迹。素面。可复原。口径 11、底径 5.4、高 10.2—10.9 厘米（图 2-2-430，2）。

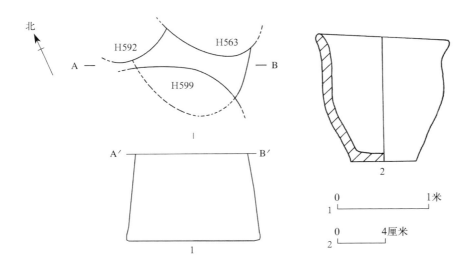

图2-2-430　H647平剖面图及出土陶器
1.平剖面图　2.杯（H647∶1）

227. H653

位于 T73 南部，部分伸入南壁。开口于第③层下，打破生土，被 H821 打破，开口距地表 60 厘米。平面形状呈椭圆形，直壁、平底。坑口最大径 318、最小径 145、深 135 厘米。填土黄褐色，土质较疏松。夹杂有红烧土颗粒、炭粒、草木灰等。包含适量陶片、石器、石块等。出土陶片以泥质黄褐陶为主，泥质红陶次之，夹砂灰陶较少；纹饰以彩绘、线纹为主，篮纹次之；可辨器形有小口尖底瓶、盆、钵、灶等（图 2-2-431，1）。

H653 挑选陶器标本灶 1 件。

灶　1 件。H653：17，夹砂红陶。敛口，折沿外侧下斜，方唇，斜直腹，平底。内壁有刮削痕迹。腹部一侧开长方形灶门，灶门底部外伸成台。靠近灶门的两足为圆锥状，另外一足呈半圆状。腹部饰数周附加堆纹，其间区域饰篮纹，灶门顶部及两侧饰一周戳印纹。可复原。口径 31.4—31.8、底径 21.1、高 15.2 厘米（图 2-2-431，2）。

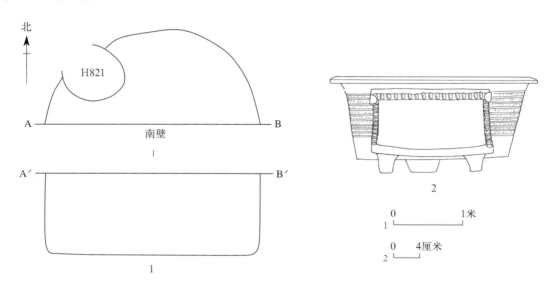

图 2-2-431　H653 平剖面图及出土陶器
1. 平剖面图　2. 灶（H653：17）

228. H681

位于 T57 南部、T58 北部。开口于第③层下，打破生土，被 H610、H635 打破，开口距地表 20 厘米。平面形状呈椭圆形，弧壁，圜底。坑口最大径 485、最小径 374、深 159 厘米。填土浅灰色，土质疏松。夹杂炭粒、草木灰、红烧土颗粒、石块、动物骨骼等。出土陶片以夹砂为主，泥质次之；陶色有红陶、灰陶；纹饰有线纹、附加堆纹、篮纹、彩绘等；可辨器形有盆、钵、罐、小口尖底瓶等（图 2-2-432）。

H681 挑选陶器标本 8 件，其中素面钵 3、深腹罐 3、彩陶盆 1、杯 1。

彩陶盆　1 件。H681：9，泥质黄褐陶。敛口，仰折沿隆起，圆唇，溜肩，鼓腹。唇面饰一周宽 0.6 厘米的条带纹，腹部饰凸弧纹、圆点组成的复合纹饰。腹部以下残。口径 32、残高 5.2 厘米（图 2-2-433，3）。

素面钵　3 件。泥质灰陶。平底。素面。H681：1，侈口，圆唇，弧腹近直。器表磨光，内外壁均有刮削痕迹。可复原。口径 11.4、底径 5、高 4.8 厘米（图 2-2-433，7；图版八八，2）。

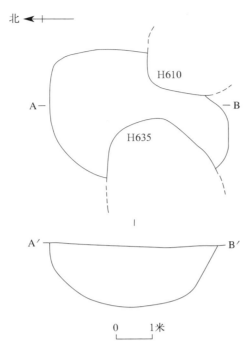

北 ←—+

H610

A—

—B

H635

A′—

—B′

0   1米

图2-2-432　H681平剖面图

H681：2，侈口，圆唇，斜直腹。器表磨光，内外壁均有刮削痕迹。可复原。口径 11.4、底径 5、高 4.8 厘米（图 2-2-433，8；图版八八，3）。H681：4，直口微侈，方唇，斜直腹。器表磨光，内外壁、唇面有刮削痕迹。可复原。口径 26、底径 12.4、高 11.7 厘米（图 2-2-433，4；图版八八，4）。

　　杯　1 件。H681：3，泥质灰陶，厚胎。敞口，尖沿，弧腹内收，外平底，内圜底。内外壁均有刮削痕迹。素面。可复原。口径 9.2、底径 5.6、通高 7.1 厘米（图 2-2-433，5；图版一九一，3）。

　　深腹罐　3 件。灰陶。敛口，仰折沿下凹成槽，溜肩，鼓腹。H681：5，泥质陶。方唇。素面。腹部以下残。口径 28、残高 6.8 厘米（图 2-2-433，6）。H681：8，泥质陶。圆唇，素面。腹部以下残。口径 20、残高 14 厘米（图 2-2-433，2）。H681：10，夹砂陶。方唇内侧下凹。肩部饰数周凸弦纹。腹部以下残。口径 30、残高 12.6 厘米（图 2-2-433，1）。

229. H686

　　位于 T130 西部。开口于第②层下，打破第③层，开口距地表 60 厘米。平面形状椭圆形，弧壁，平底。坑口最大径 520、最小径 270、深 40 厘米。填土黄褐色，土质疏松。夹杂少量红烧土颗粒、草木灰、石块。出土适量陶片，以泥质陶为主，夹砂陶次之；陶色以灰陶为主，红陶次之；纹饰有线纹、彩绘等；可辨器形有小口尖底瓶、罐、钵、盆等（图 2-2-434）。

　　H686 挑选陶器标本 5 件，其中小口瓶 2、彩陶盆 1、素面钵 1、平底瓶 1。

　　彩陶盆　1 件。H686：2，泥质黄褐陶。敛口，折沿隆起，圆唇，溜肩，弧腹。唇面饰一周宽 0.8 厘米的条带纹，腹部饰数个圆点、弧边三角、双短线等组成的复合纹饰。腹部以下残。口径 30、残高 5.4 厘米（图 2-2-435，4）。

　　素面钵　1 件。H686：1，泥质黄褐陶。侈口，尖唇，弧腹近直，平底。内外壁均有刮削痕迹。素面。可复原。口径 8.5、底径 5.9、高 2.8 厘米（图 2-2-435，5；图版八八，5）。

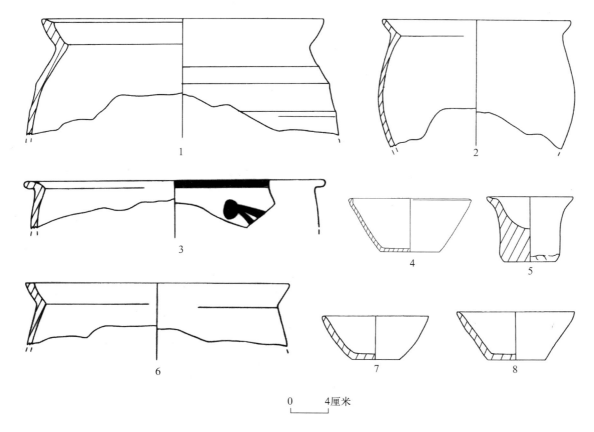

0　　4厘米

图2-2-433　H681出土陶器

1、2、6.深腹罐（H681：10、H681：8、H681：5）　3.彩陶盆（H681：9）　4、7、8.素面钵（H681：4、H681：1、H681：2）
5.杯（H681：3）

北

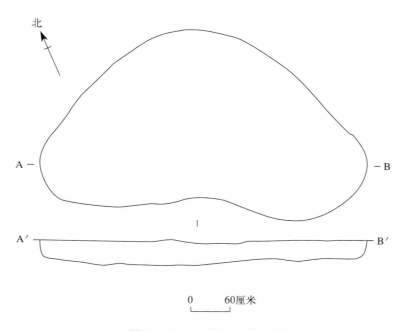

0　　60厘米

图2-2-434　H686平剖面图

小口瓶　2件。泥质黄褐陶。H686：3，退化重唇口，尖唇，束颈，溜肩，橄榄状腹。肩部有一椭圆形孔。通体饰线纹，肩部以下饰数周凹弦纹。腹部以下残。口径6.8、残高20.2厘米（图2-2-435，1）。H686：4，盘口，方唇，束颈，溜肩。颈部以下饰篮纹。肩部以下残。口径14.8、残高15厘米（图2-2-435，3）。

平底瓶　1件。H686：5，泥质黄褐陶。弧腹，下腹部近直，平底。腹部饰线纹。腹部以上残。底径14、残高16.1厘米（图2-2-435，2）。

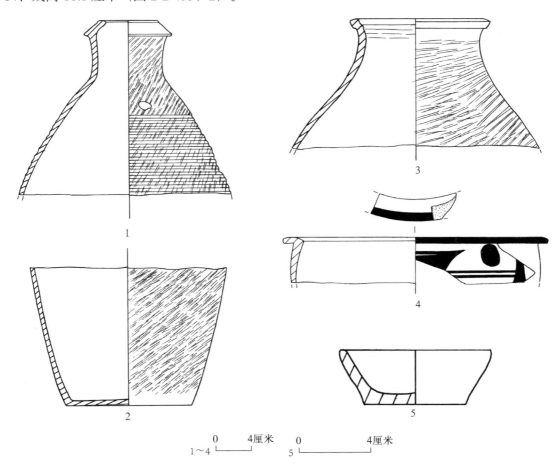

图2-2-435　H686出土陶器
1、3.小口瓶（H686：3、H686：4）　2.平底瓶（H686：5）　4.彩陶盆（H686：2）　5.素面钵（H686：1）

230. H707

位于T50西北部。开口于第③层下，打破生土，被H503打破，开口距地表60厘米。平面形状呈椭圆形，弧壁，圜底。坑口最大径280、最小径210、深210厘米。填土浅灰色，土质较致密。出土少量陶片，以泥质黄褐陶为主，夹砂灰陶次之；纹饰有线纹、彩绘等；可辨器形有小口尖底瓶、罐等（图2-2-436，1）。

H707挑选陶器标本素面盆1件。

素面盆　1件。H707：3，泥质黄褐陶。敞口，仰折沿，圆唇，浅弧腹，平底。沿面及内外壁近口处有刮削痕迹。素面。可复原。口径20.1、底径8、高6.3厘米（图2-2-436，2）。

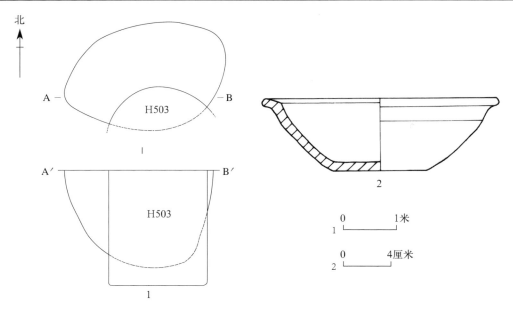

图2-2-436　H707平剖面图及出土陶器

1.平剖面图　2.素面盆（H707：3）

231. H708

位于T125东部，部分伸入东壁。开口于第②层下，打破生土，开口距地表40厘米。平面形状圆形，弧壁，圜底。坑口直径210、深60厘米。填土灰褐色，土质疏松。出土陶钵1及适量陶片。陶片以泥质黄褐陶为主，夹砂灰陶次之；纹饰以彩绘、线纹为主；可辨器形有盆、钵、小口尖底瓶等（图2-2-437）。

H708挑选陶器标本6件，其中器座2、彩陶盆1、素面钵1、小口尖底瓶1、转盘1。

彩陶盆　1件。H708：6，泥质黄褐陶黑彩。器形不规整，略歪斜，口部呈椭圆形。敛口，折沿隆起，圆唇，曲腹，平底。器表磨光，内壁近口处、沿面有少量刮削痕迹。唇面、下腹部各饰一周宽0.6、0.5厘米的条带纹，其间区域用弧线三角、圆点分为四个单元格，每个单元格内饰弧线、圆点、垂弧纹、

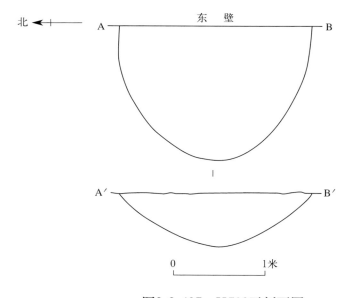

图2-2-437　H708平剖面图

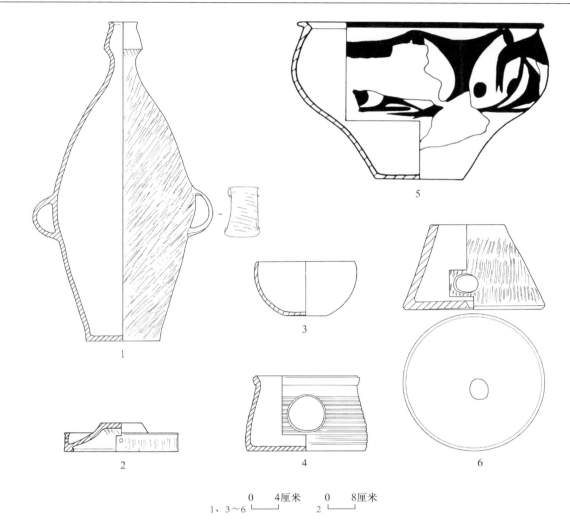

图2-2-438　H708出土陶器

1.小口平底瓶（H708：5）　　2.转盘（H708：3）　　3.素面钵（H708：1）　　4、6.器座（H708：2、H708：4）　　5.彩陶盆（H708：6）

勾连纹组成的复合纹饰。可复原。口径35.5—37.3、底径13.1、高23.1—23.8厘米（图2-2-438，5；彩版二三六，1）。

素面钵　1件。H708：1，泥质黄褐陶。直口微敛，圆唇，深弧腹，平底微内凹。器表磨光，内外壁均有刮削痕迹。素面。可复原。口径14.2、底径6、高8.2厘米（图2-2-438，3；图版八八，6）。

器座　2件。黄褐陶。H708：2，泥质陶，厚胎。侈口，方唇中间有一周凹槽，弧腹，平底。腹部有两圆形孔。外壁通饰数周凹弦纹。可复原。口径15.6、底径17.2、高11.4厘米（图2-2-438，4；图版一八六，6）。H708：4，夹砂陶，厚胎。敛口，方唇，斜直腹，平底微内凹。腹部有三圆形孔，底部有一圆形孔。外壁通饰数周篮纹，近口处抹平。可复原。口径10.7、底径20.4、高13.1厘米（图2-2-438，6；图版一八七，1）。

小口平底瓶　1件。H708：5，泥质黄褐陶。敛口，圆唇，葫芦形口，束颈，橄榄形腹，腹部对称置竖向宽扁桥形耳，平底。内壁近口处有明显泥条盘筑痕迹，外壁近口处、沿面有刮削痕迹，颈部有数周右旋凸起状痕迹，耳有刮抹痕迹。腹部饰左斜线纹和拍印纹，近底处抹平。可复原。口径4.2、底径 11.2、高 47.8 厘米（图 2-2-438，1；图版一九四，4）。

转盘 1 件。H708：3，夹砂黄褐陶。直口，方唇，直腹，底部凸起形成圆形台面。腹部对称置四个圆形孔。内壁底部有制作或使用痕迹。外壁饰稀疏线纹。可复原。口径 33.6、底径 33.6、高 5.6、凸起台面直径 24、高出底部 8.8 厘米（图 2-2-438，2）。

232. H709

位于 T125 东部。开口于第②层下，打破生土，开口距地表 40 厘米。平面形状呈椭圆形，直壁，斜坡状底。坑口最大径 280、最小径 185、深 50-70 厘米。填土灰褐色，土质疏松。出土适量陶片，以泥质红陶为主，夹砂灰陶次之；纹饰以彩绘、线纹为主；可辨器形有盆、小口尖底瓶、缸等（图 2-2-439，1）。

H709 挑选陶器标本素面盆 1 件。

素面盆 1 件。H709：1，泥质灰陶。侈口，折沿隆起，圆唇，浅弧腹，平底。沿面、器表磨光，内外壁近口处、沿面有刮削痕迹。素面。可复原。口径 34、底径 13.2、高 9.6 厘米（图 2-2-439，2；图版一二六，5）。

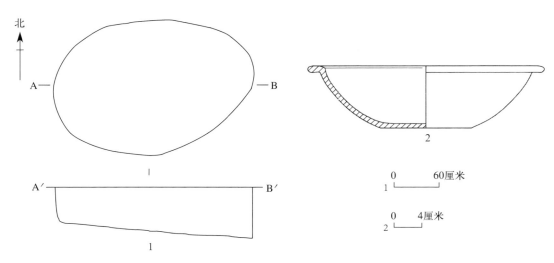

图2-2-439 H709平剖面图及出土陶器
1.平剖面图 2.素面盆（H709：1）

233. H711

位于 T50 东部。开口于第③层下，打破生土，被 H564 打破，开口距地表 50 厘米。平面形状呈椭圆形，直壁，平底。坑口最大径 540、最小径 320、深 280 厘米。填土灰褐色，土质疏松。出土少量陶片，以夹砂黄褐陶为主，夹砂灰陶次之；纹饰以彩绘、线纹为主；可辨器形有盆、小口尖底瓶、缸等（图 2-2-440）。

H711 挑选陶器标本 6 件，其中彩陶盆 4、彩陶钵 1、素面钵 1。

彩陶盆 4 件。泥质陶黑彩。H711：1，黄褐陶。敛口，仰折沿，圆唇，浅曲腹，平底。唇面、沿面外侧、颈部、下腹部各饰一周条带纹，分别宽 0.3、1、0.4、0.4 厘米，其间区域饰弧边三角、凸弧、圆点、双连弧线组成的复合纹饰。可复原。口径 35、腹径 33.4、底径 13.4、高 16.3 厘米（图 2-2-441，6；图版二三，1）。H711：2，红陶。器形不规整，口沿呈椭圆形。敛口，折沿隆起，圆唇，溜肩，曲腹，

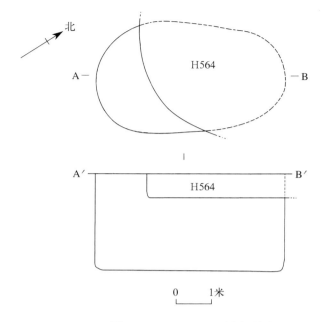

图2-2-440　H711平剖面图

平底。器表磨光，内壁抹光，内壁近口处有轮制痕迹。唇面、下腹部各饰一周宽0.5、0.6厘米的条带纹，其间区域饰对弧边三角、凸弧纹组成的复合纹饰。可复原。口径28.9、腹径28.5、底径11.5、高18.7—18厘米（图2-2-441，1）。H711：4，黄褐陶。敛口，仰折沿，圆唇，曲腹，平底微内凹。器表磨光，内外壁均有刮削痕迹。唇面、沿面外侧、颈部、下腹部各饰一周条带纹，分别宽0.3、1、0.3、0.5厘米，其间区域饰弧边三角、双连弧线、凸弧纹、圆点组成的复合纹饰。可复原。口径34.8、底径11.8、高21厘米（图2-2-441，4；彩版二三六，2）。H711：8，黄褐陶。敛口，仰折沿，圆唇，浅弧腹，平底。器表磨光，内外壁均有刮削痕迹。沿面内侧饰一周条带纹，外侧饰一周垂弧纹。可复原。口径30、底径10.5、高9.8厘米（图2-2-441，5；图版一二，1）。

彩陶钵　1件。H711：3，泥质黄褐陶黑彩，残留有红衣。敛口，尖唇，曲腹，平底。器表磨光，内外壁均有刮削痕迹。沿面饰垂弧纹，其下区域饰双连弧线。可复原。口径16.7、底径6.2、高9.1厘米（图2-2-441，3；图版四六，3）。

素面钵　1件。H711：22，夹砂红陶，厚胎。直口，圆唇，弧腹，平底。内外壁均有刮削痕迹。素面。可复原。口径11.5、底径6、高3.7厘米（图2-2-441，2）。

234. H721

位于T107中部。开口于第③层下，打破第④层，开口距地表80厘米。平面形状呈椭圆形，直壁，平底。坑口最大径135、最小径80厘米、深70厘米。填土灰褐色，土质疏松。夹杂少量红烧土颗粒、炭粒、陶片。出土陶片以泥质黄褐陶为主，夹砂灰陶次之；纹饰有线纹、彩绘等；可辨器形有盆、钵等（图2-2-442，1）。

H721挑选陶器标本素面钵1件。

素面钵　1件。H721：1，泥质红褐陶。敛口，圆唇，浅弧腹，下腹部近直，平底。器表磨光，内外壁近口处有刮削痕迹。素面。可复原。口径24.5、底径11.8、高10.5厘米（图2-2-442，2；图版八九，1）。

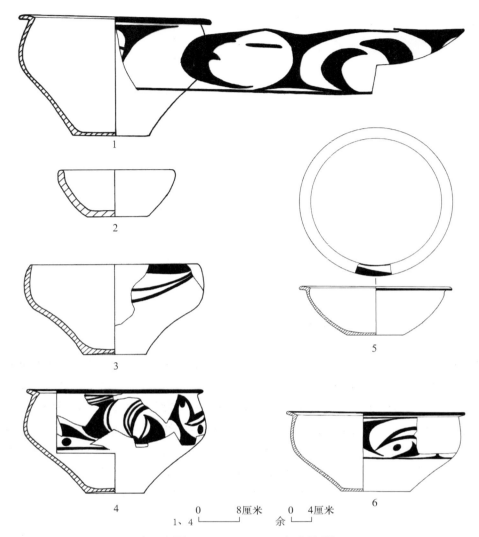

0　　　8厘米　　0　4厘米
1、4 ├─────┤　　　├───┤余

图2-2-441　H711出土陶器

1、4-6.彩陶盆（H711：2、H711：4、H711：8、H711：1）　2.素面钵（H711：22）　3.彩陶钵（H711：3）

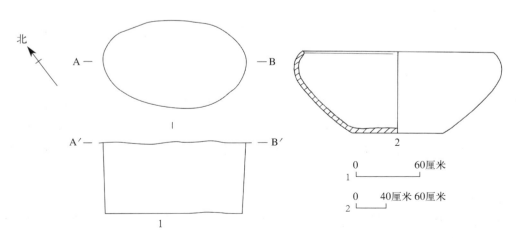

0　　　　60厘米
1 ├─────────┤

0　　40厘米 60厘米
2 ├────────┤

图2-2-442　H721平剖面图及出土陶器

1.平剖面图　2.素面钵（H721：1）

235. H727

位于 T104 西北部。开口于第④层下，打破生土，开口距地表 110 厘米。平面形状椭圆形，弧壁，圜底。坑口最大径 160、最小径 100、深 45 厘米。填土黑灰色，土质疏松。出土适量陶片，以夹砂灰陶为主，泥质黄褐陶次之；饰纹以线纹、彩绘为主；可辨器形有罐、瓶、钵、盆（图 2-2-443，1）。

H727 挑选陶器标本彩陶钵 1 件。

彩陶钵　1 件。H727：1，泥质黄褐陶褐彩。直口微敛，尖唇，曲腹，平底。器表磨光，内壁有少量刮削痕迹。口部外壁饰一周垂弧纹，其下区域饰三条宽 0.2 厘米的条带纹、圆点组成的复合纹饰。可复原。口径 15.6、底径 5.2、高 7.1 厘米（图 2-2-443，2；图版四六，4）。

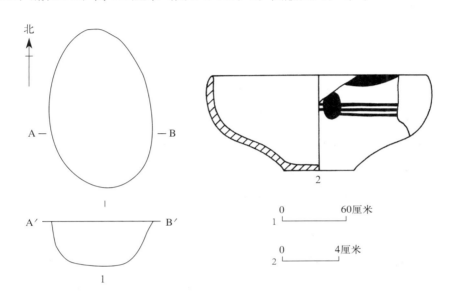

图2-2-443　H727平剖面图及出土陶器
1. 平剖面图　2. 彩陶钵（H727：1）

236. H763

位于 T50 东部。开口 H711 下，打破生土。开口距地表 305 厘米，平面形状呈圆形，直壁，平底。坑口直径 110、深 40 厘米。填土灰褐色，土质疏松。包含少量红烧土颗粒。出土陶片以夹砂灰陶为主，泥质黄褐陶次之；纹饰有彩绘、线纹、篮纹等；可辨器形有罐、盆等（图 2-2-444，1）。

H763 挑选陶器标本彩陶钵 1 件。

彩陶钵　1 件。H763：1，泥质黄褐陶黑彩。直口微敛，圆唇，曲腹，平底内凹。器表磨光发白。下腹部饰一周宽 0.3 厘米的条带纹，其上区域饰网格纹。可复原。口径 16.2、底径 6.5、高 8 厘米（图 2-2-444，2；图版四六，5）。

237. H770

位于 T106 东南角，部分伸入东壁、南壁。开口于第④层下，打破生土，被 H669、H722、H861 打破，开口距地表 160 厘米。平面形状呈椭圆形，弧壁，平底。坑口最大径 586、最小径 339、深 180 厘米。填土灰褐色，土质疏松。夹杂少量红烧土颗粒、炭粒、陶片。出土陶罐 1、陶钵 4、陶杯 5、环 12、石刀 5、石球 1、石凿 1、石杵 1、石铲 1 及适量陶片。陶片夹砂与泥质相当；纹饰有线纹、磨光、

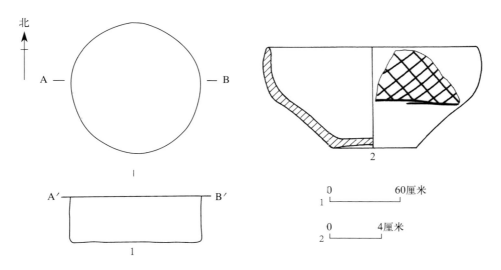

图2-2-444　H763平剖面图及出土陶器
1.平剖面图　2.彩陶钵（H763∶1）

篮纹、附加堆纹及彩绘等；可辨器形有罐、杯、盆、钵、环等（图2-2-445）。

H770挑选陶器标本77件，其中彩陶钵41、素面钵7、素面盆7、彩陶盆6、环4、鼓腹罐3、深腹罐2、器座2、杯2、素面双錾钵1、素面双錾盆1、器盖1。

彩陶钵　41件。泥质陶黑彩。H770∶36，黄褐陶。直口，尖唇，曲腹，平底。器表磨光发白，内壁有刮削痕迹。唇面、下腹部各饰一周宽0.2、0.3厘米的条带纹，其间区域用留白分为三个单元格，每个单元格内饰对弧边直角、凸弧纹组成的复合纹饰。可复原。口径17—17.4、底径5.8、高8厘米（图2-2-447，20；彩版一六五，1）。H770∶37，黄褐陶。直口微敛，尖唇，曲腹，平底。器表磨光，内壁有刮削痕迹。下腹部饰一周宽0.4厘米的条带纹，其上区域用留白分为四个单元格，每个单元格

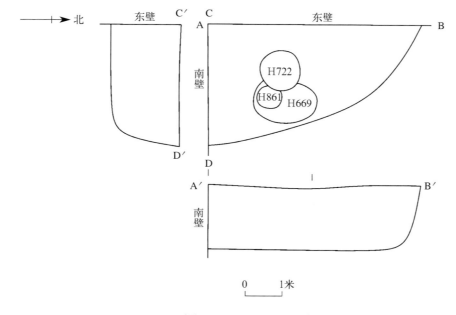

图2-2-445　H770平剖面图

内饰对弧边直角、凸弧纹、圆点组成的复合纹饰。可复原。口径23.7—24、底径9—9.3、高10.8厘米（图2-2-446，3；彩版一六五，2）。H770：38，黄褐陶。直口微侈，尖唇，曲腹，平底。器表磨光发白，内壁有刮削痕迹。口部外壁饰一周四个垂弧纹，其下区域对应饰四组双连弧线、圆点组成的复合纹饰。可复原。口径14.8、底径5.2、高7.7厘米（图2-2-447，5；图版四七，5）。H770：39，黄褐陶。直口微侈，圆唇，弧腹近直，平底。器表抹光，内壁偶有刮削痕迹。口部外壁饰一周四个垂弧纹、双连弧线、圆点组成的复合纹饰。可复原。口径16.6、底径6.6、高8厘米（图2-2-447，7；彩版一六六，1）。H770：40，黄褐陶。直口，尖唇，曲腹，平底。器表磨光，内壁有刮削痕迹。口部外壁饰一周宽0.7厘米的条带纹，其下区域饰数组双圆点。可复原。口径26、底径9.4、高11厘米（图2-2-446，8；图版四七，6）。H770：41，黄褐陶。口部变形严重，呈椭圆形。敛口，圆唇，曲腹，平底微内凹。器表磨光发白，内壁近口处有刮削痕迹。唇面饰一周条带纹；口部外壁间隔饰一周六个垂弧纹、交弧纹，其下区域饰三周宽0.3厘米的条带纹、圆点组成的复合纹饰。可复原。口径20.6、底径9.6、高10.6厘米（图2-2-446，7；彩版一六六，2）。H770：42，黄褐陶。敛口，圆唇，曲腹，平底。器表磨光发白，内壁近口处有刮削痕迹。口部外壁饰一周宽0.8厘米的条带纹，其下区域饰五组三连弧线、圆点组成的复合纹饰。可复原。口径25.2、底径9.6、高11.4厘米（图2-2-446，6；图版四八，1）。H770：43，黄褐陶。直口，圆唇，曲腹，平底。器表磨光，内壁有刮削痕迹。口部外壁间隔饰一周四个垂弧纹、圆点，其下区域饰两周宽0.3-0.4厘米的条带纹、圆点组成的复合纹饰。可复原。口径14.2、底径4.8、高7厘米（图2-2-447，1；彩版一六七，1）。H770：45，黄褐陶。器形略不规整，口部呈椭圆形。直口，尖唇，弧腹，平底微内凹。器表磨光，内壁近口处有刮削痕迹。口部外壁间隔饰一周五个垂弧纹、交弧纹，其下区域饰三周宽0.2-0.3厘米的条带纹、圆点组成的复合纹饰。可复原。口径17.8、底径7、高8.6厘米（图2-2-447，12；彩版一六七，2）。H770：46，黄褐陶。直口，尖唇，曲腹，平底。器表磨光，内壁有刮削痕迹。口部外壁饰垂弧纹，其下区域饰四组双连弧线、圆点组成的复合纹饰。可复原。口径13.6、底径4.8、高7厘米（图2-2-447，2；彩版一六八，1）。H770：47，黄褐陶。直口，圆唇，曲腹，平底。器表磨光。腹部饰一周宽0.3厘米的条带纹，其上区域用圆点分为三个单元格，每个单元格内饰对弧边直角、弧边三角组成的复合纹饰。可复原。口径16.2、底径5.6、高7.2厘米（图2-2-447，16；彩版一六八，2）。H770：49，红陶。直口，尖唇，弧腹，平底。器表磨光，内壁有刮削痕迹。口部外壁饰一周四个垂弧纹，其下区域饰凸弧纹、三周宽0.2-0.3厘米的条带纹、圆点组成的复合纹饰。可复原。口径18、底径7、高9.2厘米（图2-2-447，10；彩版一六九，1）。H770：51，黄褐陶。敛口，圆唇，曲腹，平底。器表磨光，内壁近口处有刮削痕迹。口部外壁饰一周六个垂弧纹、其下区域饰凸弧纹、两周宽0.2厘米的条带纹、圆点组成的条带纹。可复原。口径24.4、底径10.4、高10.8厘米（图2-2-446，9；彩版一六九，2）。H770：52，黄褐陶。直口微侈，尖唇，曲腹，平底。器表磨光，内壁近口处有刮削痕迹。口部外壁饰一周三个垂弧纹，其下区域饰凸弧纹、三周宽0.4-0.6厘米的条带纹组成的复合纹饰。可复原。口径26.2、底径9.6、高11.4厘米（图2-2-446，15；图版四八，2）。H770：54，黄褐陶。直口微敛，尖唇，曲腹，平底。器表磨光，内壁近口处有刮削痕迹。口部外壁饰一周五个垂弧纹，其下区域饰三周宽0.3-0.4厘米的条带纹。可复原。口径26.8、底径8.8、高10.2厘米（图2-2-446，12；图版四八，3）。H770：55，黄褐陶。敛口，圆唇，弧腹近直，平底。器表磨光，内壁近口处有刮削痕迹。口部外壁饰一周垂弧纹，

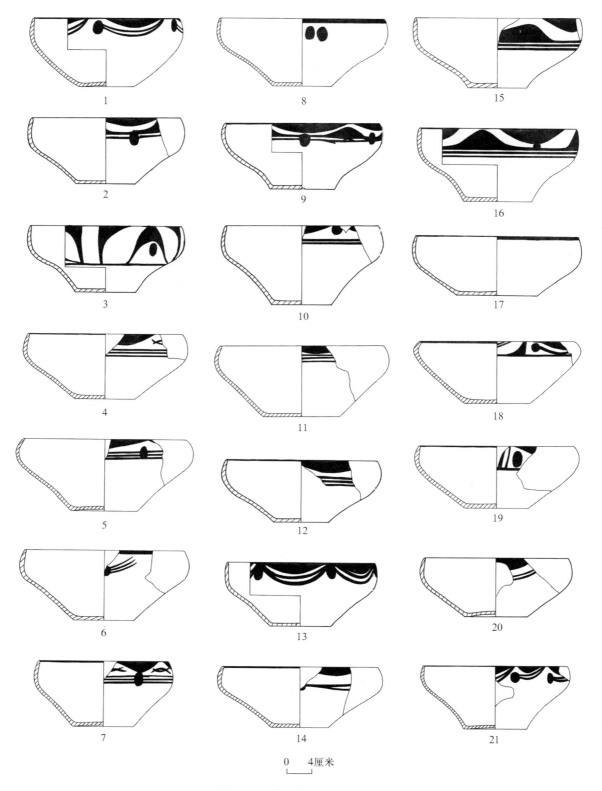

0　　4厘米

图2-2-446　H770出土彩陶钵

1-21.彩陶钵（H770：65、H770：71、H770：37、H770：117、H770：76、ヨ770：42、H770：41、H770：40、H770：51、
H770：56、H770：55、H770：54、H770：67、H770：116、H770：52、H770：118、H770：73、H770：80、H770：64、
H770：68、H770：79）

其下区域饰三周宽 0.3 厘米的条带纹。可复原。口径 24.8、底径 12、高 11.6 厘米（图 2-2-446，11；图版四八，4）。H770：56，黄褐陶。敛口，尖唇，曲腹，平底。器表磨光，内壁近口处有刮削痕迹。口部外壁间隔饰一周垂弧纹、圆点，其下区域饰两周宽 0.3 厘米的条带纹。可复原。口径 24.5、底径 9.4、高 12.8 厘米（图 2-2-446，10；图版四八，5）。H770：58，黄褐陶。直口，尖唇，弧腹，平底微内凹。器表磨光，内壁近口处有刮削痕迹。口部外壁饰一周宽 0.8 厘米的条带纹，其下区域饰数组椭圆点。可复原。口径 12.8、底径 5.2、高 6.4 厘米（图 2-2-447，6；图版四八，6）。H770：59，黄褐陶。侈口，尖唇，曲腹近折，平底内凹。器表磨光，内壁近口处有刮削痕迹。口部外壁饰一周宽 0.8 厘米的条带纹，其下区域饰数组圆点。可复原。口径 14.2、底径 5.6、高 6.5 厘米（图 2-2-447，3；图版四九，1）。H770：61，黄褐陶。直口微侈，尖唇，弧腹，平底。器表磨光，内壁近口处有刮削痕迹。口部外壁饰一周六个垂弧纹、其下区域饰凸弧纹、两周宽 0.3-0.5 厘米的条带纹、椭圆点组成的复合纹饰。可复原。口径 18.8、底径 7.2、高 10.2 厘米（图 2-2-447，14；彩版一七〇，1）。H770：62，黄褐陶。直口微侈。圆唇，弧腹，平底。器表磨光，内壁近口处有刮削痕迹。口部外壁间隔饰一周垂弧纹、圆点。可复原。口径 16.6、底径 6.4、高 6.9 厘米（图 2-2-447，19；图版四九，2）。H770：63，黄褐陶。直口微敛，圆唇，曲腹近折，平底。器表磨光，内壁有刮削痕迹。口部外壁间隔饰一周垂弧纹、圆点。可复原。口径 14.4、底径 5.8、高 7.4 厘米（图 2-2-447，17；图版四九，3）。H770：64，黄褐陶。敛口，尖唇，弧腹近直，平底。器表磨光，内壁近口处有刮削痕迹。口部外壁饰一周垂弧纹，下腹部饰一周宽 0.6 厘米的条带纹，其间区域饰数个圆点、双短线组成的复合纹饰。可复原。口径 24.4、底径 10、高 10.4 厘米（图 2-2-446，19；图版四九，4）。H770：65，黄褐陶。直口微敛，尖唇，弧腹，平底微内凹。器表磨光，内壁近口处有刮削痕迹。口部外壁饰一周四个垂弧纹，其下区域对应饰四组双连弧线、圆点组成的复合纹饰。可复原。口径 23、底径 8.6、高 11.2 厘米（图 2-2-446，1；彩版一七〇，2）。H770：66，黄褐陶。直口微侈，圆唇，曲腹，平底。器表磨光，内壁近口处有刮削痕迹。口部外壁饰一周三个垂弧纹，其下区域对应饰三组双连弧线、圆点组成的复合纹饰。可复原。口径 17、底径 6.8、高 8 厘米（图 2-2-447，18；图版四九，5）。H770：67，黄褐陶。口部略不规整，呈椭圆形。直口，尖唇，曲腹，平底。器表磨光，内壁近口处有刮削痕迹。口部外壁二方连续饰一周五个垂弧纹、双连弧线、圆点组成的复合纹饰。可复原。口径 23.2、底径 9.6、高 10.3 厘米（图 2-2-446，13；彩版一七一，1）。H770：68，黄褐陶。直口微敛，尖唇，弧腹，平底内凹。器表磨光，内壁近口处有刮削痕迹。口部外壁饰一周垂弧纹，其下区域饰双连弧线。可复原。口径 22.6、底径 10、高 9.5 厘米（图 2-2-446，20；图版四九，6）。H770：69，红陶。敛口，尖唇，曲腹，平底。器表磨光，内壁近口处有刮削痕迹。口部外壁饰一周垂弧纹，其下区域饰四组圆点、双连弧线组成的复合纹饰。可复原。口径 23.4、底径 9.6、高 9.5 厘米（图 2-2-447，8；彩版一七一，2）。H770：71，黄褐陶。敛口，尖圆唇，曲腹，平底。器表磨光，内壁近口处有刮削痕迹。口部外壁饰一周垂弧纹，其下区域饰凸弧纹、两周宽 0.3-0.4 厘米的条带纹、圆点组成的复合纹饰。可复原。口径 24.4、底径 10.4、高 10.8 厘米（图 2-2-446，2；图版五〇，1）。H770：72，黄褐陶。直口微敛，圆唇，弧腹，平底。器表磨光，内壁近口处有刮削痕迹。口部外壁饰一周宽 0.6 厘米的条带纹。可复原。口径 15、底 6.4、高 6.5 厘米（图 2-2-447，4；图版五〇，2）。H770：73，黄褐陶。敛口，尖唇，弧腹近折，下腹部近直，平底。器表磨光，内壁抹光，有刮削痕迹。口部外壁饰一周宽 0.5 厘米的条带纹。可复原。口径 25.6、底径 7.8、高 9.6 厘米（图

2-2-446，17；图版五〇，3）。H770：75，黄褐陶。直口，尖唇，曲腹近折，平底。器表磨光，内壁有明显刮削痕迹。口部外壁饰一周六个垂弧纹，其下区域饰三周宽0.3厘米的条带纹、圆点组成的复合纹饰。可复原。口径13.6、底径5、高7.7厘米（图2-2-447，15；图版五〇，4）。H770：76，黄褐陶。敛口，尖唇，曲腹，平底内凹。器表磨光，内壁近口处有刮削痕迹。口部外壁饰一周垂弧纹，其下区域饰三周宽0.3厘米的条带纹、圆点组成的条带纹。可复原。口径23.6、底径10.4、高11.8厘米（图2-2-446，5；图版五〇，5）。H770：77，黄褐陶。口部略不规整。直口，尖圆唇，曲腹，平底。器表磨光，内壁近口处有刮削痕迹。口部外壁间隔饰一周垂弧纹、圆点，其下区域饰两周宽0.2-0.4厘米不等的条带纹。可复原。口径18、底径6.8、高9.5—9.8厘米（图2-2-447，13；彩版一七二，1）。H770：78，黄褐陶。直口，尖唇，曲腹，平底微内凹。器表磨光发白，内壁近口处有刮削痕迹。口部外壁间隔饰一周四个垂弧纹、圆点，其下区域饰两周宽0.3-0.4厘米的条带纹、圆点组成的复合纹饰。可复原。口径17.8、底径6.8、高7.9厘米（图2-2-447，11；彩版一七二，2）。H770：79，黄褐陶。直口微敛，尖唇，曲腹，平底微内凹。器表磨光，内壁近口处有刮削痕迹。口部外壁饰一周垂弧纹，其下区域饰数组双连弧线、圆点组成的复合纹饰。可复原。口径22.8、底径10、高10.2厘米（图2-2-446，21；图版五〇，6）。H770：80，黄褐陶。敛口，圆唇，弧腹近直，平底。器表磨光，内壁近口处有刮削痕迹。口部外壁饰一周垂弧纹，唇面、下腹部饰一周宽0.3厘米的条带纹，其间的区域用弧边三角分为若干单元格，每个单元格内饰双连弧线、圆点组成的复合纹饰。可复原。口径24.4、底径9.8—10.2、高10.2厘米（图2-2-446，18；彩版一七三，1）。H770：116，黄褐陶。敛口，圆唇，曲腹，平底。器表磨光，内壁近口处有刮削痕迹。唇面饰一周条带纹，口部外壁饰一周垂弧纹，其下区域饰双连弧线、圆点组成的复合纹饰。可复原。口径24.4、底径9.2、高9.8厘米（图2-2-446，14；图版五一，1）。H770：117，黄褐陶。敛口，尖唇，曲腹，平底。器表磨光，内壁近口处有刮削痕迹。口部外壁间隔饰数组垂弧纹、交弧纹，其下区域饰三周宽0.2-0.3厘米的条带纹。可复原。口径24.4、底径9.6、高12.7厘米（图2-2-446，4；图版五一，2）。H770：118，黄褐陶。直口微敛，圆唇，曲腹，平底。器表磨光，内壁近口处有刮削痕迹。口部外壁饰数组垂弧纹，其下区域饰凸弧纹、圆点、三周宽0.3-0.7厘米不等的条带纹组成的复合纹饰。可复原。口径25、底径10.8、高12厘米（图2-2-446，16；彩版一七四，1）。H770：119，黄褐陶。敛口，尖唇，曲腹，平底内凹。器表磨光，内壁近口处有刮削痕迹。口部外壁饰一周八个垂弧纹，其下区域对应饰八组双连弧线、圆点组成的复合纹饰。可复原。口径22.4、底径8.6、高10.2厘米（图2-2-447，9；彩版一七四，2）。

彩陶盆　6件。泥质黄褐陶黑彩。H770：32，直口，折沿微隆起，圆唇，浅弧腹，平底微内凹。器表磨光，内壁抹光，沿面及内壁近口处有刮削痕迹。沿面饰一周四个垂弧纹、弧边三角组成的复合纹饰。可复原。口径23.6、底径9.2、高6.8厘米（图2-2-448，6；图版一二，3）。H770：33，直口，折沿隆起，圆唇，浅弧腹，平底。器表磨光，内壁抹光，沿面及内壁近口处有刮削痕迹。沿面饰一周四个垂弧纹、弧边三角组成的复合纹饰。可复原。口径28、底径9.6、高10.4厘米（图2-2-448，4；图版一二，4）。H770：34，直口微敛，折沿外侧下斜，尖唇，浅弧腹，平底。器表磨光，沿面及内外壁近口处有刮削痕迹。沿面饰一周宽1厘米的条带纹。可复原。口径28、底径12、高10.5厘米（图2-2-448，2；图版一二，5）。H770：35，直口，折沿微隆起，方唇，浅弧腹，平底。器表磨光，沿面及内外壁近口处有刮削痕迹。沿面饰一周五个垂弧纹、圆点组成的复合纹饰。可复原。口径

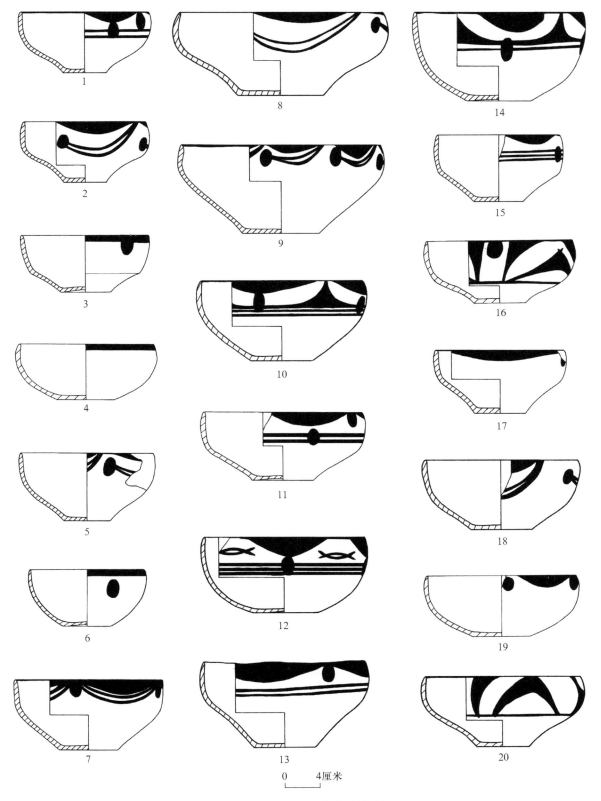

图2-2-447　H770出土彩陶钵

1-20.彩陶钵（H770：43、H770：46、H770：59、H770：72、H770：38、H770：58、H770：39、H770：69、H770：119、
H770：49、H770：78、H770：45、H770：77、H770：61、H770：75、H770：47、H770：63、H770：66、H770：62、H770：36）

26、底径 11、高 9.6 厘米（图 2-2-448，5；图版一二，6）。H770：53，敛口，仰折沿隆起，尖唇，深曲腹，平底。器表磨光发白，沿面及内壁有刮削痕迹。唇面饰一周宽 0.9 厘米的条带纹，腹部间隔饰四组交弧纹、圆点。可复原。口径 25.6、底径 11.2、高 15 厘米（图 2-2-448，1；彩版二三七，1）。H770：115，敛口，仰折沿隆起，圆唇，深曲腹，平底。器表磨光，沿面及内外壁均有刮削痕迹。唇面、下腹部各饰一周宽 0.8、0.5 厘米的条带纹，其间区域饰圆点、弧边三角、弧线、凸弧纹组成的复合纹饰。可复原。口径 35.4、底径 14.4、高 20.7 厘米（图 2-2-448，3；图版二三，2）。

　　素面双錾钵　1件。H770：96，夹砂黄褐陶。直口，方唇，曲腹，平底，腹部对称置附加突起状双錾。素面。唇面及内外壁均有刮削痕迹。可复原。口径 28.6、底径 17.2、高 155 厘米（图 2-2-449，1）。

　　素面双錾盆　1件。H770：100，夹砂黄褐陶。直口微敛，叠唇，弧腹，平底。腹部对称置附加突起状双錾。内壁抹光，唇面及内外壁近口处有刮削痕迹。素面。可复原。口径 25.2、底径 9.2、高 10.2 厘米（图 2-2-449，2；图版一四九，1）。

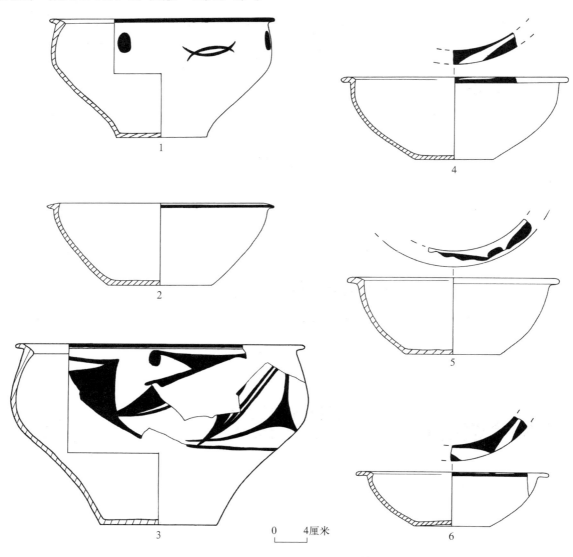

图2-2-448　H770出土彩陶盆

1-6.彩陶盆（H770：53、H770：34、H770：115、H770：33、H770：35、H770：32）

器座 2件。H770：95，夹砂黄褐陶，厚胎。侈口，方唇，弧腹，平底内凹，腹部对置两对圆孔，底部设一圆孔。下腹部饰左斜线纹。可复原。口径13.6、底径19.2、高16厘米（图2-2-449，7；图版一八七，2）。H770：110，泥质灰陶。侈口，方唇，上下器形对称，束腰。器表有泥条盘筑痕迹，内壁有刮削痕迹。素面。可复原。口径18.8、底径20、高13.3厘米（图2-2-449，10；图版一八五，5）。

器盖 1件。H770：99，夹砂灰陶。敞口，圆唇，弧腹，圜顶，圈足形纽。外壁有泥条盘筑痕迹，内外壁近口处有刮削痕迹，纽上饰一周按窝。可复原。口径29.9、高9.8厘米（图2-2-449，5；图版一八四，3）。

鼓腹罐 3件。夹砂黄褐陶。侈口，仰折沿，方唇，溜肩，鼓腹，下腹部近直，平底。H770：87，口部略有变形，呈椭圆形。唇面、内外壁近口处有刮削痕迹。素面。可复原。口径12.1—12.8、底径6.2—6.6、高12.3厘米（图2-2-449，6；图版一六六，5）。H770：111，沿面及口部内外壁均有刮削痕迹。通体饰竖线纹，近底处抹平；肩部饰七周凹弦纹，腹部饰一周附加堆纹。可复原。口径24.4、底径14.4、高34.8—35.6厘米（图2-2-449，11；图版一六六，6）。H770：112，唇面及内外壁近口处有刮削痕迹。通体饰左斜线纹，近底处被抹平；肩部饰数周凹弦纹和四个附加堆纹，附加堆纹上各有一个按窝，腹部饰一周附加堆纹。可复原。口径24.4、底径14、高31.8厘米（图2-2-449，4；图版一六七，1）。

深腹罐 2件。夹砂陶。侈口，仰折沿，方唇，溜肩，鼓腹，平底。通体饰左斜线纹。H770：91，黄褐陶。沿面饰一周右斜线纹，肩部饰数周凹弦纹，腹部饰一周附加堆纹。可复原。口径16.8、底径10.8、高22.6厘米（图2-2-449，9；图版一七一，4）。H770：93，灰陶。沿面有刮削痕迹。近底处线纹被抹平。可复原。口径16.2、底径9.8、高17.3厘米（图2-2-449，8；图版一七一，5）。

素面钵 7件。素面。H770：10，泥质红陶。侈口，圆唇，浅弧腹，平底。内壁及外壁近口处有明显的刮削痕迹。可复原。口径10.2、底径7、高2.7厘米（图2-2-450，4；图版八九，5）。H770：29，泥质红陶。侈口，圆唇，弧腹近直，平底。内外壁有明显的刮削痕迹。可复原。口径8.8、底径4、高4.6厘米（图2-2-450，3；图版八九，6）。H770：82，泥质黄褐陶，通体饰红衣。侈口，圆唇，曲腹近折，平底。器表磨光，内壁近口处有刮削痕迹。可复原。口径14、底径5.6、高8.9厘米（图2-2-450，17；彩版一七三，2）。H770：88，夹砂红陶。敛口，圆唇，弧腹近直，平底。内外壁近口处有刮削痕迹。可复原。口径17.2、底径7.2、高7.8厘米（图2-2-450，15；图版九〇，1）。H770：89，夹砂黄褐陶。直口，圆唇，曲腹，平底。内外壁近口处有刮削痕迹，下腹部有竖直拍印痕。可复原。口径17.2—17.8、底径9.6、高7厘米（图2-2-450，18；图版九〇，2）。H770：101，夹细砂黄褐陶。直口，圆唇，浅弧腹，平底。内壁近底处有明显的泥条盘筑痕迹，内外壁均有刮削痕迹。可复原。口径20.4—21.3、底径10.5、高6厘米（图2-2-450，11；图版九〇，3）。H770：113，泥质黄褐陶。口部略有变形，呈椭圆形。侈口，圆唇，斜直腹，平底。内壁有刮削痕迹。可复原。口径6.8、底径4.8、高3.4厘米（图2-2-450，2；图版九〇，4）。

素面盆 7件。素面。H770：85，夹砂红陶。直口，折沿隆起，圆唇，浅弧腹，平底。沿面及内外壁均有刮削痕迹。可复原。口径26、底径10、高8.8厘米（图2-2-449，3；图版一二七，1）。H770：86，夹砂黄褐陶。器形不规整，口部略呈椭圆形。敞口，仰折沿，圆唇，斜直腹，饼足。沿面及内外壁近口处有刮削痕迹。可复原。口径18、底径9.6、高6.1厘米（图2-2-450，14；图版一二七，2）。

H770：97，夹砂灰陶。敞口，折沿，尖唇，斜直腹，平底。沿面及内外壁均有刮削痕迹。可复原。口径20、底径10、高6.4厘米（图2-2-450，12；图版一四一，5）。H770：98，夹砂黄褐陶。敞口，仰折沿，圆唇，弧腹近直，平底。沿面及口部内外壁均有刮削痕迹。可复原。口径16.6、底径9、高6厘米（图2-2-450，16；图版一二七，3）。H770：102，泥质黄褐陶。侈口，仰折沿隆起，圆唇，弧腹近直，平底。器表磨光，沿面及内外壁均有刮削痕迹。可复原。口径24、底径23.2、高10.1厘米（图2-2-450，10；

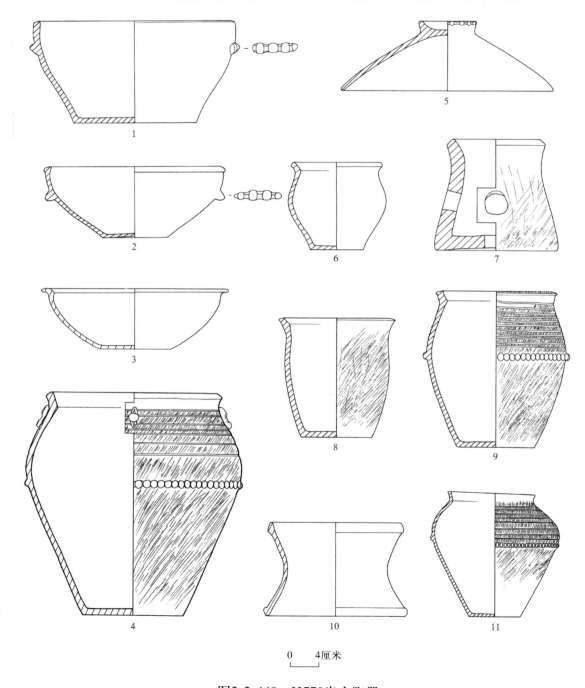

0　　4厘米

图2-2-449　H770出土陶器

1.素面双鋬钵（H770：96）　2.素面双鋬盆（H770：100）　3.素面盆（H770：85）　4、6、11.鼓腹罐（H770：112、H770：87、H770：111）　5.器盖（H770：99）　7、10.器座（H770：95、H770：110）　8、9.深腹罐（H770：93、H770：91）

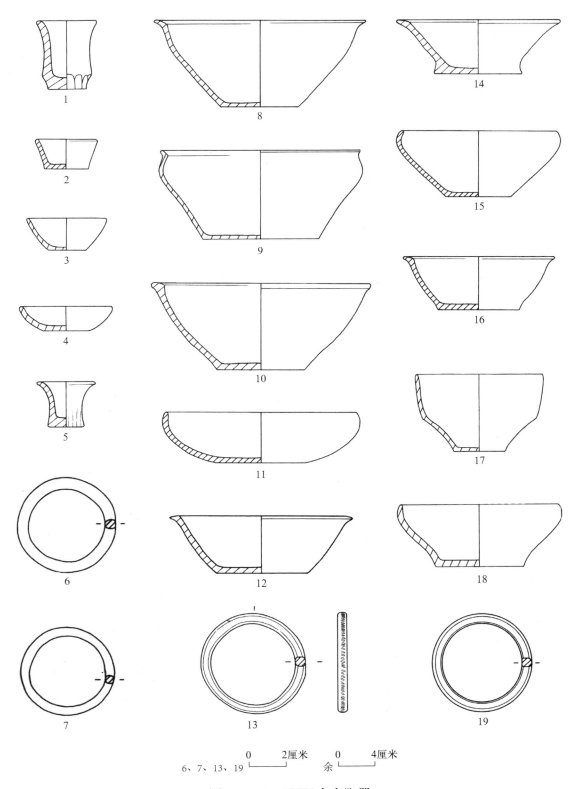

图2-2-450　H770出土陶器

1、5.杯（H770：24、H770：27）　2-4、11、15、17、18.素面钵（H770：113、H770：29、H770：10、H770：101、H770：88、
H770：82、H770：89）　6、7、13、19.环（H770：8-1、H770：8-6、H770：8-3、H770：8-5）　8-10、12、14、16.素面盆
（H770：114、H770：104、H770：102、H770：97、H770：86、H770：98）

图版一二七，4）。H770：104，泥质黄褐陶。敛口，仰折沿，圆唇，曲腹，平底。器表磨光，内壁近口处及外壁有刮削痕迹。可复原。口径21.8、底径12.6、高10厘米（图2-2-450，9；图版一二七，5）。H770：114，泥质黄褐陶。敞口，仰折沿隆起，圆唇，弧腹，平底。器表磨光，沿面及内外壁均有刮削痕迹。可复原。口径23.2、底径8.4、高9.8厘米（图2-2-450，8；图版一二七，6）。

杯　2件。夹砂陶，厚胎。敞口，圆唇。素面。H770：24，灰陶。曲腹，饼足。口部外壁有刮削痕迹。底部饰一周十个按窝。可复原。口径6.6、底径4.7、高7.7厘米（图2-2-450，1；图版一九一，4）。H770：27，黄褐陶。器物略有歪斜。弧腹内收，口部内外壁均有刮削痕迹，器表有竖条状拍印痕迹。可复原。口径6.4、底径4、高5.7厘米（图2-2-450，5；图版一九一，5）。

环　4件。泥质灰陶。环状，截面为圆形。H770：8-1，素面。可复原。外径5.3、内径4.1、厚0.6厘米（图2-2-450，6）。H770：8-3，外侧饰戳印纹。可复原。外径5.6、内径4.5、厚0.6厘米（图2-2-450，13）。H770：8-5，素面。可复原。外径5.2、内径4.2、厚0.5厘米（图2-2-450，19）。H770：8-6，素面。可复原。外径5.2、内径4.2、厚0.5厘米（图2-2-450，7）。

238. H773

位于T43北部，部分被断崖破坏。开口于H166下，打破生土，开口距地表285厘米。平面形状椭圆形，斜直壁，平底。坑口最大径365、最小径195、坑底最大径300、最小径10、深130厘米。填土灰褐色，土质较致密。夹杂少量石块、陶片、红烧土颗粒。出土小件彩陶钵2件、环1件、陶杯1件及适量陶片。陶片以泥质黄褐陶为主，夹砂红陶次之，泥质灰陶较少；纹饰以彩绘、线纹为主，篮纹次之；可辨器形有小口尖底瓶、盆、钵、杯、环等（图2-2-451）。

H773挑选陶器标本6件，其中彩陶钵4、杯1、环1。

彩陶钵　4件。泥质陶黑彩。H773：1，红陶。敛口，尖唇，弧腹，平底微内凹。器表磨光，内

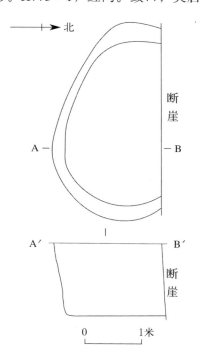

图2-2-451　H773平剖面图

外壁均有刮削痕迹。口部外壁饰一周五个垂弧纹,其下区域饰五组凸弧纹、两周宽0.3厘米的条带纹、圆点组成的复合纹饰。可复原。口径19.9、底径8.6、高8.5厘米(图2-2-452,3;彩版一七五,1)。H773:5,黄褐陶。器形不规整,略歪斜,口部略呈椭圆形。敛口,尖唇,曲腹近折,平底内凹。器表磨光,内壁近口处有刮削痕迹。口部外壁饰数组垂弧纹,其下区域饰数个圆点、双连弧线组成的复合纹饰。可复原。口径17.5—18、底径7.5、高8.5—9.5厘米(图2-2-452,2;图版五一,3)。H773:6,黄褐陶,通体饰红衣。直口微敛,圆唇,曲腹,平底微内凹。器表磨光,内壁近口处有刮削痕迹。外壁饰凸弧纹、圆点、弧边三角组成的复合纹饰。可复原。口径17、底径6.4、高9厘米(图2-2-452,6;图版五一,4)。H773:8,红陶,通体饰红衣。直口,尖唇,曲腹近折,平底内凹。内壁近口处有修整痕迹。腹部饰两组纹饰,一组为空心弧边三角、凸弧纹、凸弧纹组成的复合纹饰;另一组为弧线、凸弧纹、圆点组成的复合纹饰,可复原。口径14.4、底径5、高7.2—7.5厘米(图2-2-452,1;彩版一七五,2)。

杯　1件。H773:3,夹砂红陶。器形不规整,略歪斜,口部略呈椭圆形。敞口,圆唇,曲腹,平底。内外壁近口处有刮削痕迹。素面。口径6.1、底径3.2、高4.6—5厘米(图2-2-452,4;图版一九一,6)。

环　1件。H773:4,泥质灰陶。环状,截面为半椭圆形。外侧饰网格纹。可复原。外径5、内径4、厚0.5厘米(图2-2-452,5)。

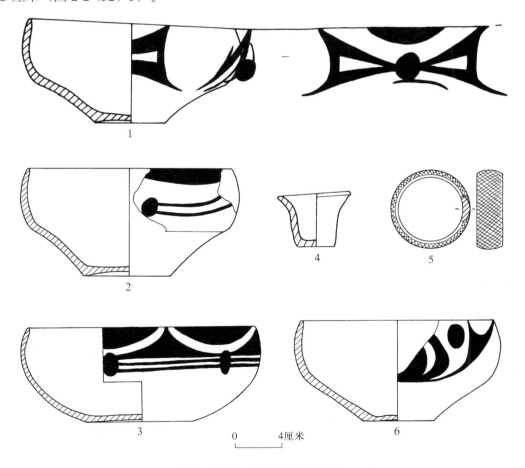

图2-2-452　H773出土陶器

1—3、6.彩陶钵(H773:8、H773:5、H773:1、H773:6)　4.杯(H773:3)　5.环(H773:4)

239. H775

位于 T62 东南部。开口于第③层下，打破第④层，开口距地表 50 厘米。平面形状呈椭圆形，弧壁，平底。坑口最大径 230、最小径 182、深 120 厘米。填土浅黄褐色，土质较致密。夹杂有红烧土颗粒、炭粒、草木灰等。包含适量陶片、石器、石块等。出土陶片以泥质黄褐陶为主，夹砂红陶次之，泥质灰陶较少；纹饰以彩绘、线纹为主，篮纹次之；可辨器形有小口尖底瓶、盆、钵等（图 2-2-453，1）。

H775 挑选陶器标本 2 件，其中素面钵 1、素面盆 1。

素面钵　1 件。H775：2，泥质黄褐陶，厚胎。侈口，圆唇，斜直腹，平底。外壁近口处有刮削痕迹。素面。可复原。口径 8.6、底径 4、高 3.5 厘米（图 2-2-453，2；图版九〇，5）。

素面盆　1 件。H775：1，夹砂黄褐陶。侈口，仰折沿隆起，圆唇，弧腹，平底。外壁有泥条盘筑痕迹，沿面、内外壁近口处有刮削痕迹。素面。可复原。口径 16.6、底径 8.2、高 7 厘米（图 2-2-453，3；图版一二六，6）。

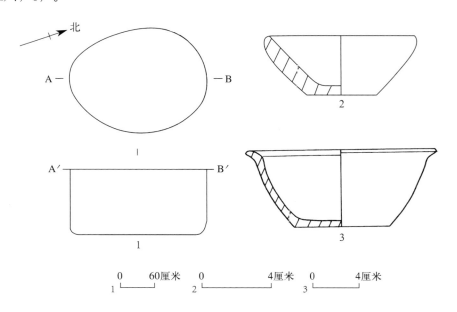

图2-2-453　H775平剖面图及出土陶器
1.平剖面图　2.素面钵（H775：2）　3.素面盆（H775：1）

240. H787

位于 T17 北隔梁。开口于第③层下，打破第④层，开口距地表 100 厘米。平面形状呈椭圆形，斜直壁，台阶状底。坑口最大径 420、最小径 315、坑底最大径 335、最小径 285、深 280 厘米，台阶高 110 厘米。填土以灰褐色为主，夹有少量褐色、浅黄色填土；夹杂有红烧土颗粒、炭粒、草木灰等。包含适量陶片、石器、石块、动物骨骼等。出土陶片以泥质黄褐陶为主，夹砂红陶次之，泥质灰陶较少；纹饰有彩绘、附加堆纹等；可辨器形有陶杯、陶盆、陶器盖（图 2-2-454）。

H787 挑选陶器标本 18 件，其中素面钵 8、素面盆 3、彩陶钵 2、彩陶盆 2、彩陶壶 1、器盖 1、杯 1。

彩陶壶　1 件。H787：18，泥质黄褐陶黑彩。直口微侈，高领，尖唇，溜肩，鼓腹，下腹部近直，平底。内壁有修整痕迹。沿面饰一周宽 0.4 厘米的条带纹。肩部饰五个圆点、凸弧纹、双短线组成的复合纹饰。可复原。口径 7.7、腹径 13.1、底径 6.8、高 14 厘米（图 2-2-455，5；彩版二四五，1）。

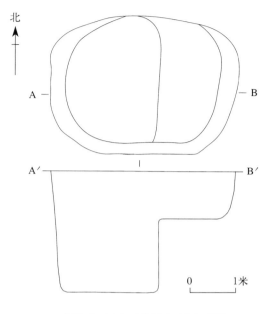

图2-2-454　H787平剖面图

彩陶钵　2件。泥质陶黑彩。圆唇，平底。H787：7，红陶。器形不规整，歪斜严重。直口，曲腹，口部外壁饰一周宽0.6厘米的条带纹。可复原。口径12.2、底径4.6、高5.9—6.2厘米（图2-2-455，4）。H787：19，黄褐陶，通体饰红衣。直口微敛，弧腹。内壁近口处有修整痕迹。口部外壁饰一周0.2-0.4厘米不等的条带纹，其下区域间隔饰八组圆点、双连弧纹。可复原。口径14.8、底径5.2、高5.2厘米（图2-2-455，3）。

彩陶盆　2件。泥质黄褐陶黑彩。敛口，仰折沿隆起，圆唇，平底。H787：9，浅弧腹。器表磨光，内外壁近口处、沿面有刮削痕迹。沿面饰一周宽1.5厘米的条带纹。可复原。口径27.2、底径11.2、高11.2厘米（图2-2-455，2；图版一三，1）。H787：20，深曲腹。器表磨光，内壁抹光，内壁近口处有刮削痕迹。唇面、下腹部各饰一周宽0.7、0.6厘米的条带纹，其间区域饰四组弧边三角、凸弧纹、弧线、圆点组成的复合纹饰。可复原。口径37.2、腹径38、底径15、高24.4厘米（图2-2-455，1；彩版二三八，1）。

素面钵　8件。素面。H787：2，夹粗砂黄褐陶。敞口，折沿，圆唇，弧腹，平底。沿面及器表磨光，内壁有刮削痕迹。可复原。口径15.7、底径10、高6.4厘米（图2-2-456，11）。H787：3，泥质红陶。器形不规整，略歪斜，口部略呈椭圆形。侈口，圆唇，弧腹近直，平底。内壁有刮削痕迹，外壁有竖向拍印痕迹。可复原。口径8、底径4.8、高5.2厘米（图2-2-456，10；图版九一，1）。H787：8，泥质红陶，通体饰红衣。敛口，曲腹近折，平底内凹。内壁近口处有修整痕迹。可复原。口径14.7、底径5.2、高8.1厘米（图2-2-456，7）。H787：11，泥质黄褐陶，厚胎。侈口，圆唇，弧腹近直，平底。内外壁均有刮削痕迹。可复原。口径8.2、底径4.6、高3.4厘米（图2-2-456，12；图版九一，2）。H787：13，夹砂红陶。敞口，方唇，斜直腹，平底。内外壁均有刮削痕迹。可复原。口径8.6、底径5.4、高3.3厘米（图2-2-456，9；图版九一，3）。H787：14，夹砂黄褐陶。敛口，圆唇，曲腹近直，平底。内外壁、沿面有刮削痕迹。可复原。口径19.6、底径7.4、高8.8厘米（图2-2-456，6；图版九一，4）。

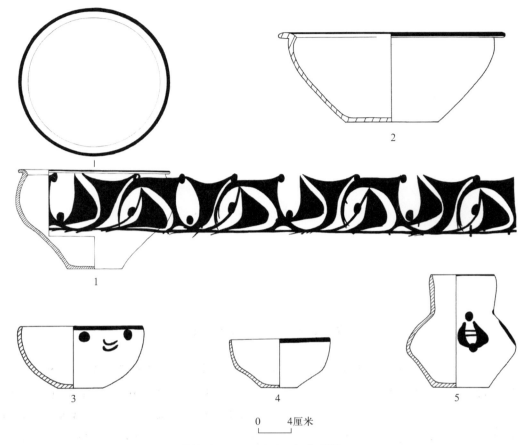

图2-2-455　H787出土彩陶

1、2.彩陶盆（H787：20、H787：9）　3、4.彩陶钵（H787：19、H787：7）　5.彩陶壶（H787：18）

H787：15，夹砂黄褐陶。器形不规整，略歪斜。敛口，圆唇，弧腹近直，平底微内收。内外壁均有刮削痕迹。可复原。口径18.8、底径8.8、高7.8厘米（图2-2-456，2；图版九一，5）。H787：21，泥质黄褐陶。敛口，尖唇，曲腹，平底。器表磨光，内壁近口处有刮削痕迹。可复原。口径17、底径8.3、高8.7厘米（图2-2-456，4；图版九一，6）。

　　素面盆　3件。素面。H787：10，泥质黄褐陶。侈口，仰折沿微隆起，圆唇，浅弧腹，平底微内凹。内外壁、沿面有刮削痕迹。可复原。口径18、底径7.2、高6.1厘米（图2-2-456，1；图版一二八，1）。H787：12，夹砂黄褐陶。直口，折沿隆起，圆唇，浅弧腹，平底。内外壁近口处、沿面有刮削痕迹。可复原。口径17.6、底径7、高7.2厘米（图2-2-456，3；图版一二八，2）。H787：16，夹砂黄褐陶。敞口，仰折沿，尖唇，斜直腹，平底。内壁有刮削痕迹。可复原。口径17.8、底径6.8、高5.7厘米（图2-2-456，5；图版一二八，3）。

　　杯　1件。H787：1，夹砂黄褐陶，厚胎。器形不规整，歪斜严重，口部略呈椭圆形。侈口，圆唇，弧腹，平底。外壁近口处有刮削痕迹。素面。可复原。口径4.2、底径5.4、高4—4.5厘米（图2-2-456，13；图版一九二，1）。

　　器盖　1件。H787：17，夹砂黄褐陶。敞口，方唇，弧腹，圜顶近平，桥形纽。内外壁均有刮削痕迹。素面。可复原。口径30.6、高11.5厘米（图2-2-456，8；图版一七九，1）。

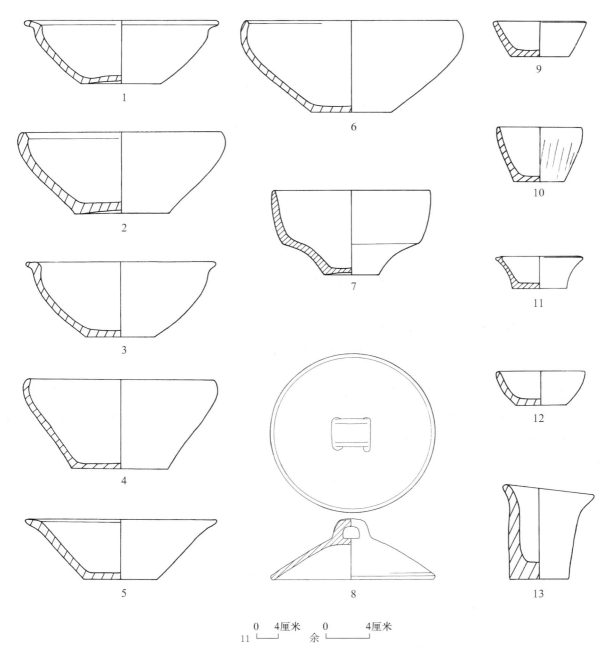

图2-2-456　H787出土陶器

1、3、5.素面盆（H787：10、H787：12、H787：16）　2、4、6、7、9-12.素面钵（H787：15、H787：21、H787：14、H787：8、H787：13、H787：3、H787：2、H787：11）　8.器盖（H787：17）　13.杯（H787：1）

241. H788

　　位于T22中部。开口于第②层下，打破第③层，开口距地表50厘米。平面形状呈圆形，直壁，平底。坑口直径220、深105厘米。填土浅黄褐色，土质较致密。夹杂有红烧土颗粒、炭粒、草木灰等。包含适量陶片、石器、石块等。出土陶片以泥质黄褐陶为主，夹砂红陶次之，泥质灰陶较少；纹饰以彩绘、线纹为主，篮纹次之；可辨器形有小口尖底瓶、盆、钵等（图2-2-457）。

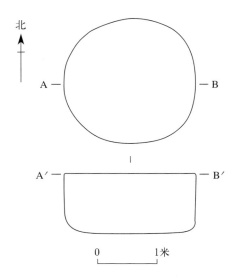

图2-2-457　H788平剖面图

H788挑选陶器标本2件，其中匜1、甑1。

匜　1件。H788∶1，泥质黄褐陶。器形不规整，略歪斜。敛口，圆唇，弧腹，口部一侧置流，其旁侧腹部置附加凸起状鋬，平底。鋬上有指纹，内外壁近口处有明显刮削痕迹。素面。可复原。口径15.2、底径7、高6.4—6.8厘米（图2-2-458，2；图版一七四，6）。

甑　1件。H788∶2，夹砂灰陶。直口，圆唇中间有一周凹槽，弧腹，平底。底部有四个椭圆形箅孔。沿面及内壁有刮削痕迹。素面。可复原。口径25.7、底径12.6、高14厘米（图2-2-458，1；图版一五二，3）。

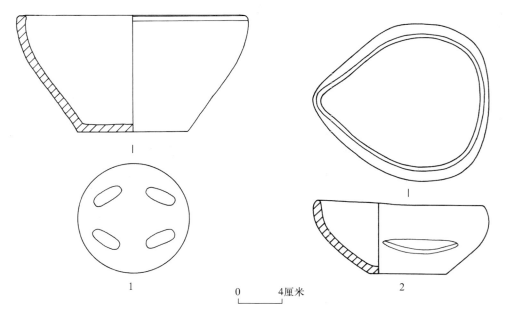

图2-2-458　H788出土陶器
1.甑（H788∶2）　2.匜（H788∶1）

242. H789

位于T62南部，部分伸入南壁。开口于第③层下，打破第④层，被H553打破，开口距地表50厘米。平面形状呈椭圆形，直壁，平底。坑口最大径360、最小径272、深60厘米。填土浅黄褐色，土质较致密。夹杂有红烧土颗粒、炭粒、草木灰等。包含适量陶片、石器、石块等。出土陶片以泥质黄褐陶为主，夹砂红陶次之，泥质灰陶较少；纹饰以彩绘、线纹为主，篮纹次之；可辨器形有小口尖底瓶、盆、钵等（图2-2-459，1）。

H789挑选陶器标本2件，其中素面盆1、素面双錾盆1。

素面盆　1件。H789：2，泥质黄褐陶。侈口，卷沿，尖唇，浅弧腹，平底。器表磨光，沿面、外壁有刮削痕迹。素面。可复原。口径30.4、底径10、高12.6厘米（图2-2-459，2；图版一二八，4）。

素面双錾盆　1件。H789：1，泥质黄褐陶。器形不规整，歪斜严重，口部呈椭圆形。敛口，圆唇，折沿外侧下斜，弧腹，腹部对称置附加突起状双錾，平底。外壁、唇面有刮削痕迹。素面。口径31.5—32.8、底径15.6、高17.7—17.8厘米（图2-2-459，3；图版一四九，2）。

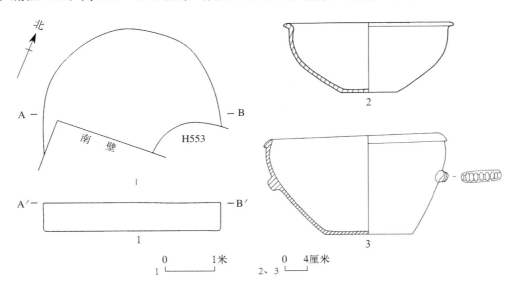

图2-2-459　H789平剖面图及出土陶器
1.平剖面图　2.素面盆（H789：2）　3.素面双錾盆（H789：1）

243. H793

位于T25南部。开口于第②层下，打破生土，开口距地表60厘米。平面形状呈椭圆形，弧壁，圜底。坑口最大径183、最小径135、深65厘米。填土浅黄褐色，土质较致密。夹杂有红烧土颗粒、炭粒、草木灰等。包含适量陶片、石器、石块等。出土陶片以泥质黄褐陶为主，夹砂红陶次之，泥质灰陶较少；纹饰以彩绘、线纹为主；可辨器形有盆、钵、器盖、甑等（图2-2-460）。

H793挑选陶器标本5件，其中素面盆2、彩陶钵1、素面双錾盆1、甑1。

彩陶钵　1件。H793：4，泥质黄褐陶黑彩。敛口，尖唇，曲腹近折，平底内凹。口部外壁饰一周垂弧纹，腹部饰一宽0.5厘米的条带纹，其间区域用弧边直角分为四个单元格，每个单元格内饰三连弧线、圆点组成的复合纹饰。可复原。口径14.2、底径4.4、高6.6厘米（图2-2-461，4）。

素面双錾盆　1件。H793：5，泥质灰陶。直口微敛，圆唇，折沿外侧下斜，弧腹近直，平底，

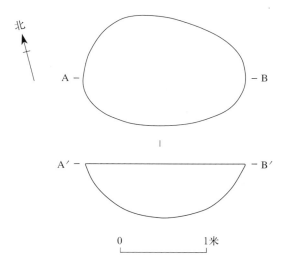

图2-2-460　H793平剖面图

腹部对称置附加突起状双錾。内壁抹光，唇面及内壁近口处有刮削痕迹。素面。可复原。口径25.2、底径14.2、高12.4厘米（图2-2-461，1）。

　　素面盆　2件。泥质陶。敞口，折沿隆起，圆唇，浅弧腹，平底。素面。H793：1，泥质黄褐陶。器形不规整。内外壁有明显的刮削痕迹。可复原。口径28.8—29.2、底径12.8、高9.8厘米（图2-2-461，2；图版一二八，5）。H793：2，红陶。内外壁有明显的刮削痕迹。可复原。口径28.4、底径12.8、高9.8厘米（图2-2-461，3；图版一二八，6）。

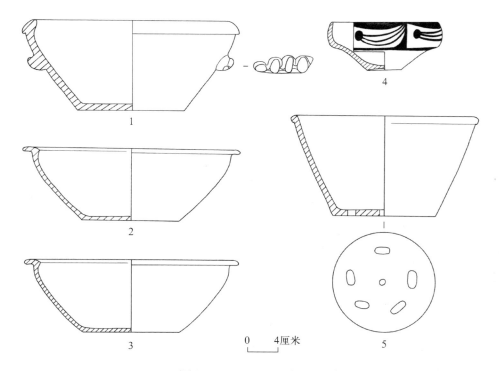

图2-2-461　H793出土陶器

1.素面双錾盆（H793：5）　2、3.素面盆（H793：1、H793：2）　4.彩陶钵（H793：4）　5.甑（H793：3）

甑　1件。H793：3，夹砂红陶。器形不规整，口部略呈椭圆形。敞口，叠唇，斜直腹，平底。底部中间有一圆形小箅孔，四周有五个椭圆形箅孔。素面。可复原。口径24.8、底径13.6、高13.6厘米（图2-2-461，5；图版一五二，4）。

244. H812

位于T62西南部、T67东隔梁。开口于第②层下，打破第③层，开口距地表35厘米。平面形状呈椭圆形，直壁，平底。坑口最大径53、最小径50、深117厘米。填土浅黄褐色，土质较致密。夹杂有红烧土颗粒、炭粒、草木灰等。包含适量陶片、石器、石块等。出土陶片以泥质黄褐陶为主，夹砂红陶次之，泥质灰陶较少；纹饰以彩绘、线纹为主；可辨器形有盆、钵、器盖、甑等（图2-2-462）。

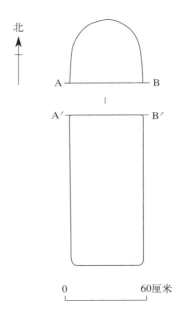

北

图2-2-462　H812平剖面图

H812挑选陶器标本13件，其中素面钵5、素面盆3、彩陶盆2、彩陶钵1、双鋬甑1、盘1。

彩陶钵　1件。H812：1，泥质黄褐陶黑彩。敛口，圆唇，弧腹，平底内凹。内壁近口处有修整痕迹。口部外壁饰一周宽0.5—0.7厘米的条带纹，其下区域饰两组短线纹。可复原。口径20.7、底径7.5、高9.9—10.1厘米（图2-2-463，13；彩版一七六，1）。

彩陶盆　2件。泥质黄褐陶黑彩。敛口，仰折沿微隆起，圆唇，曲腹。H812：2，平底微内凹。沿面有修整痕迹。唇面、肩部、腹部各饰一周宽0.4—0.5厘米的条带纹，其间区域饰两组弧边三角、凸弧纹、圆点、弧线组成的复合纹饰。可复原。口径32.2、底径12.1、高21.7厘米（图2-2-463，2；彩版二三八，2）。H812：3，平底。器表磨光，内壁近口处、沿面有刮削痕迹。唇面、颈部、下腹部各饰一周条带纹，分别宽0.8、0.4、0.3厘米。其间区域饰数组凸弧纹、弧线、弧边三角、圆点组成的复合纹饰。可复原。口径33.5、底径12.3、高20.1厘米（图2-2-463，10；图版二三，3）。

素面钵　5件。素面。H812：7，泥质黄褐陶。侈口，圆唇，弧腹近直，平底。器表磨光，内壁有刮削痕迹。可复原。口径14.4、底径7.2、高7.9厘米（图2-2-463，8；图版；九二，3）。H812：12，夹砂红陶，厚胎。侈口，圆唇，曲腹近折，平底。内外壁近口处有刮削痕迹。可复原。

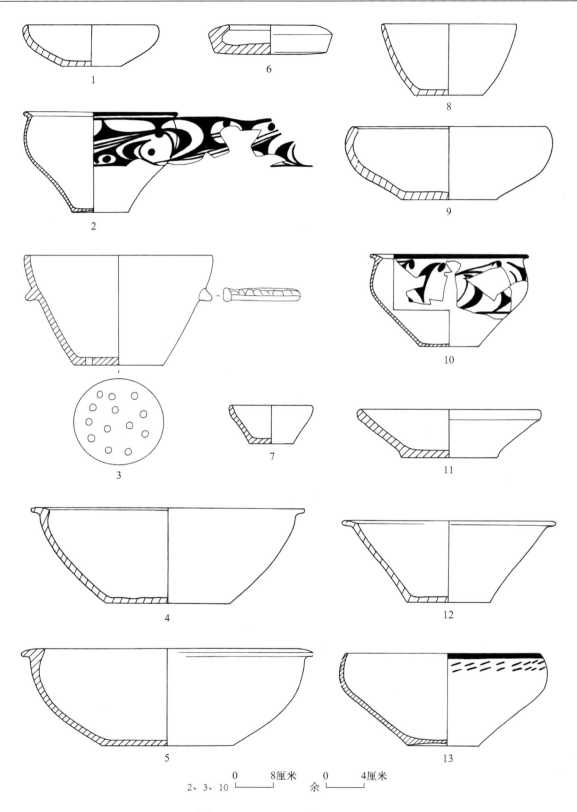

图2-2-463　H812出土陶器

1、7-9、11.素面钵（H812：15、H812：12、H812：7、H812：13、H812：16）　2、10.彩陶盆（H812：2、H812：3）　3.双鋬甑
（H812：6）　4、5、12.素面盆（H812：10、H812：8、H812：11）　6.盘（H812：9）　13.彩陶钵（H812：1）

口径 9、底径 4.2、高 4.8 厘米（图 2-2-463，7；图版九二，4）。H812：13，夹砂黄褐陶，厚胎。敛口，方唇，曲腹，平底。内外壁均有刮削痕迹，外壁有烟炱。可复原。口径 20.6、底径 10、高 8.1 厘米（图 2-2-463，9；图版九二，5）。H812：15，夹砂黄褐陶。直口，圆唇，浅弧腹，平底。器表磨光，内外壁均有刮削痕迹。可复原。口径 14.4、底径 6、高 4.5 厘米（图 2-2-463，1；图版九二，6）。H812：16，夹砂灰陶。敞口，圆唇，斜直壁，平底。内壁近底处有刮削痕迹。可复原。口径 19.6、高 5.3 厘米（图 2-2-463，11；图版一八一，1）。

素面盆 3 件。泥质陶。圆唇，平底。素面。H812：8，红陶。器形不规整，略歪斜。直口，折沿外侧下斜，浅弧腹。器表磨光，内外壁、沿面有刮削痕迹。可复原。口径 10、底径 14、高 9.8—10.6 厘米（图 2-2-463，5；图版一二九，1）。H812：10，红陶。直口微敛，折沿微隆起，浅弧腹。器表磨光，内壁有泥条盘筑痕迹，内外壁、沿面有刮削痕迹。可复原。口径 29、底径 13、高 10.5 厘米（图 2-2-463，4；图版一二九，2）。H812：11，黄褐陶。敞口，仰折沿，斜直腹。器表磨光，内外壁近口处、沿面有刮削痕迹。可复原。口径 22.6、底径 8.8、高 9 厘米（图 2-2-463，12；图版一二九，3）。

双錾甑 1 件。H812：6，夹砂黄褐陶。器形不规整，略歪斜，口部呈椭圆形。侈口，方唇，斜直腹，腹部对称置附加突起状双錾，平底，底部有若干圆形箅孔。素面。可复原。口径 28.6—29、底径 13.6、高 17.8 厘米（图 2-2-463，3；图版一五五，6）。

盘 1 件。H812：9，夹砂红陶，厚胎。敛口，圆唇，广肩，折腹，平底。外壁有少量刮削痕迹，底部有一圆形使用痕迹。素面。可复原。口径 13.2、底径 12、高 3.2 厘米（图 2-2-463，6；图版一七六，2）。

245. H816

位于 T99 西北部，部分伸入西壁、北壁。开口于第②层下，打破生土，开口距地表 50 厘米。平面形状呈椭圆形，弧壁，平底。坑口最大径 350、最小径 312、深 102 厘米。填土浅黄褐色，土质较致密。夹杂有红烧土颗粒、炭粒、草木灰等。包含适量陶片、石器、石块等。出土陶片以泥质黄褐陶为主，夹砂红陶次之，泥质灰陶较少；纹饰以彩绘、线纹为主；可辨器形有盆、钵等（图 2-2-464，1）。

H816 挑选陶器标本素面钵 1 件。

素面钵 1 件。H816：1，泥质红陶。侈口，圆唇，深弧腹，平底内凹。素面。可复原。口径 13、底径 7.6、高 9.8 厘米（图 2-2-464，2；图版九二，2）。

246. H825

位于 T93 东部，部分伸入东壁。开口于第③层下，打破生土，被 F9 打破，开口距地表 110 厘米。袋状，平面形状呈圆形，斜直壁，平底，四壁及底部规整，坑底有一层厚约 2 厘米的白灰面，保存较好；坑底部一凸出的白灰面圆环，火烧痕迹明显，呈黑色，部分呈红色；四壁下部也有一层高 15 厘米的白灰面，坑口直径 500、坑底直径 512、深 96 厘米。填土灰褐色淤土，土质松散。包含炭灰、红烧土颗粒等。出土陶片以泥质黄褐陶、夹砂灰陶为主；饰纹以线纹为主，彩绘较少；可辨器形有罐、盆、杯等（图 2-2-465，1）。

H825 可能为地穴式房屋。

H825 挑选陶器标本素面钵 1 件。

素面钵 1 件。H825：2，泥质黄褐陶，厚胎。侈口，圆唇，弧腹，平底。内外壁近口处有刮削痕迹。素面。可复原。口径 9.6、底径 6.8、高 3.2 厘米（图 2-2-465，2；图版九三，2）。

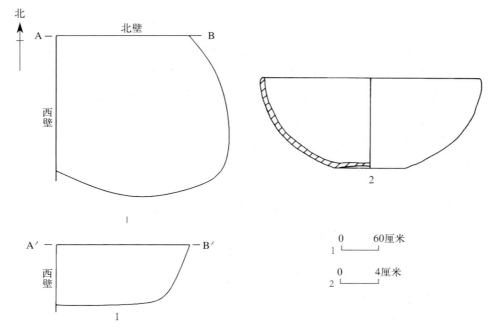

图2-2-464　H816平剖面图及出土陶器
1.平剖面图　2.素面钵（H816:1）

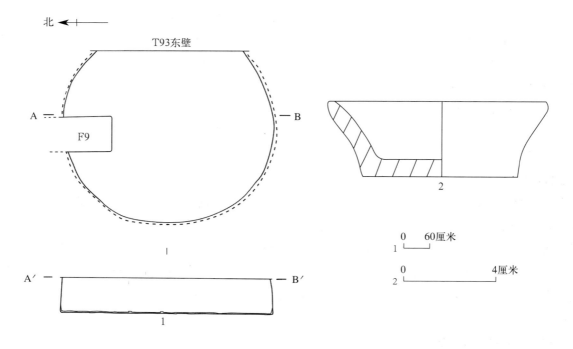

图2-2-465　H825平剖面图及出土陶器
1.平剖面图　2.素面钵（H825:2）

247. H831

位于 T53 西南部，部分伸入南壁、西壁。开口于第③层下，打破生土，开口距地表 50 厘米。平面形状呈椭圆形，直壁，平底。坑口最大径 270、最小径 170、深 210 厘米。填土浅黄褐色，土质较致密。夹杂有红烧土颗粒、炭粒、草木灰等。包含适量陶片、石器、石块等。出土陶片以泥质黄褐陶为主，夹砂红陶次之，泥质灰陶较少；纹饰以彩绘、线纹为主；可辨器形有盆、钵、器盖等（图 2-2-466）。

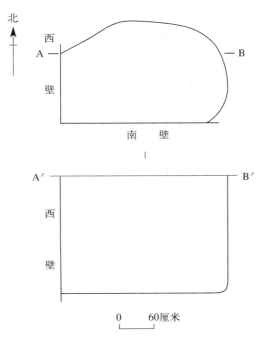

图2-2-466　H831平剖面图

H831 挑选陶器标本 16 件，其中素面盆 5、鼓腹罐 5、小口瓶 2、素面钵 1、彩陶盆 1、直腹罐 1、瓮 1。

彩陶盆　1 件。H831：1，泥质红陶黑彩。直口微敛，仰折沿微隆起，圆唇，浅弧腹，平底。唇面饰一周条带纹，沿面饰一周四组垂弧纹、弧边三角组成的复合纹饰。可复原。口径 35.4、底径 14、高 11.2 厘米（图 2-2-467，1；图版一三，2）。

素面钵　1 件。H831：2，泥质黄褐陶，厚胎。侈口，圆唇，斜直腹，平底。内外壁、唇面有刮削痕迹。素面。可复原。口径 14.4、底径 9.6、高 6.8 厘米（图 2-2-467，4；图版九三，3）。

素面盆　5 件。素面。H831：3，夹砂红陶。器形不规整，略歪斜。侈口，折沿隆起，叠圆唇，弧腹，平底。内外壁、唇面有刮削痕迹。可复原。口径 28、底径 17.2、高 16.6—17.3 厘米（图 2-2-467，7；图版一二九，4）。H831：5，泥质灰陶。口部略呈椭圆形。直口，折沿隆起，圆唇，浅弧腹，平底内凹。器表、沿面磨光，内外壁有少量刮削痕迹。可复原。口径 35.5—36、底径 14、高 11.5 厘米（图 2-2-467，2；图版一二九，5）。H831：6，泥质灰陶。敞口，仰折沿微隆起，圆唇，曲腹，平底微内凹。器表磨光，内外壁近口处、沿面有刮削痕迹。可复原。口径 33.5、底径 12.4、高 11.2 厘米（图 2-2-467，3）。H831：17，泥质黄褐陶。直口，折沿，圆唇，弧腹。腹部以下残。口径 27.2、残高 7 厘米（图 2-2-467，6）。H831：18，泥质黄褐陶。直口，仰折沿隆起，圆唇，弧腹。腹部以下残。口径 30、残高 8 厘米（图

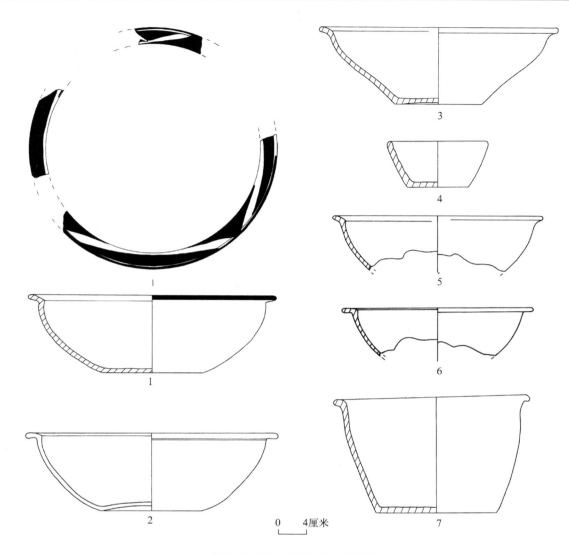

图2-2-467 H831出土陶器

1.彩陶盆（H831：1） 2、3、5-7.素面盆（H831：5、H831：6、H831：18、H831：17、H831：3） 4.素面钵（H831：2）

2-2-467，5）。

鼓腹罐 5件。夹砂陶。敛口，溜肩，鼓腹。H831：19，灰陶。折沿，圆唇，矮领。肩部饰数周凹弦纹、间隔篮纹。腹部以下残。口径22、残高6.2厘米（图2-2-468，4）。H831：20，灰陶。矮领，圆唇。素面。腹部以下残。口径20、残高8厘米（图2-2-468，3）。H831：22，黄陶。折沿，圆唇，矮领。肩部以下饰凹弦纹、间隔篮纹。腹部以下残。口径32、残高7.4厘米（图2-2-468，1）。H831：21，灰陶。叠圆唇，矮领内凹成槽。肩部饰数周凹弦纹、间隔篮纹，其下区域饰篮纹。腹部以下残。口径24、残高7.2厘米（图2-2-468，5）。H831：23，灰陶。折沿，圆唇，矮领。肩部饰数周凹弦纹、间隔篮纹。腹部以下残。口径26、残高7.8厘米（图2-2-468，2）。

直腹罐 1件。H831：14，夹砂红陶。口部略呈椭圆形。侈口，方唇，斜直腹，平底。内外壁近口处、唇面有刮削痕迹。通体饰右斜线纹，上腹部饰数周凹弦纹。可复原。口径19.5—20、底径13.2、高18.4厘米（图2-2-468，9；图版一六八，6）。

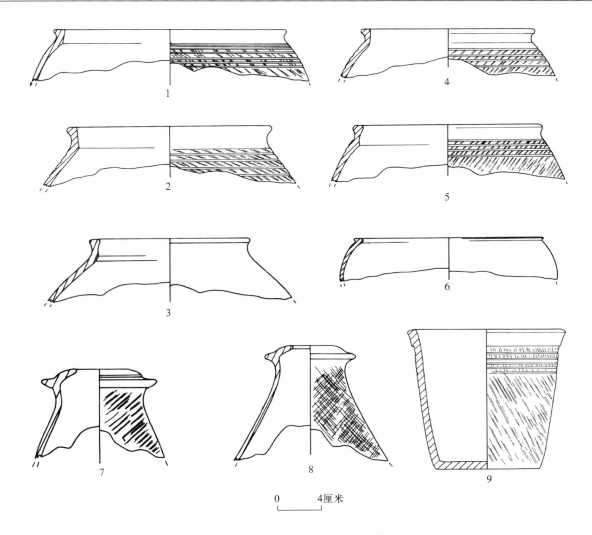

图2-2-468　H831出土陶器

1-5.鼓腹罐（H831：22、H831：23、H831：20、H831：19、H831：21）　6.瓮（H831：18）　7、8.小口瓶（H831：15、H831：16）　9.直腹罐（H831：14）

小口瓶　2件。泥质黄褐陶。退化重唇口，圆唇，束颈，溜肩。颈部以下饰线纹。H831：15，腹部以下残。口径10、残高8厘米（图2-2-468，7）。H831：16，腹部以下残。口径10.4、残高13.8厘米（图2-2-468，8）。

瓮　1件。H831：18，泥质黄褐陶。敛口，折沿隆起，尖唇，溜肩，鼓腹。素面。腹部以下残。口径40、残高11.2厘米（图2-2-468，6）。

248. H836

位于T51中南部。开口于第③层下，打破生土，被H211、H802打破，开口距地表50厘米。平面形状呈圆形，直壁，平底。坑口直径125、深110厘米。填土浅黄褐色，土质较致密。夹杂有红烧土颗粒、炭粒等。包含适量陶片、石器、石块等。出土陶片以泥质黄褐陶为主，夹砂红陶次之，泥质灰陶较少；纹饰以彩绘、线纹为主；可辨器形有盆、钵、器盖等（图2-2-469）。

H836挑选陶器标本4件，其中素面钵1、器盖1、壶1、篮纹钵1。

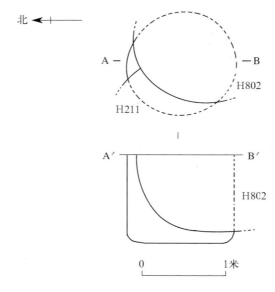

图2-2-469 H836平剖面图

器盖 1件。H836：2，夹砂灰陶。敞口，圆唇，斜直壁，圜顶，四凸起状纽。内壁近口处有刮削痕迹。外壁饰竖向拍印纹。可复原。口径14、高7厘米（图2-2-470，2；图版一八〇，6）。

壶 1件。H836：3，泥质黄褐陶。侈口，圆唇，束颈，溜肩，曲腹，平底内凹。素面。可复原。口径7.9、腹径11、底径5、高13.8厘米（图2-2-470，1）。

素面钵 1件。H836：5，泥质黄褐陶。侈口，圆唇，弧腹近直，平底。器表磨光，内壁有刮抹痕迹。素面。可复原。口径16.3、底径7、高8.8厘米（图2-2-470，4；图版九三，4）。

篮纹钵 1件。H836：1，泥质黄褐陶。侈口，圆唇，斜直腹，平底微内凹。腹部饰篮纹。可复原。口径20.5、底径10.6、高12.6厘米（图2-2-470，3）。

249. H844

位于T51西北部。开口于第③层下，打破生土，开口距地表50厘米。平面形状呈椭圆形，斜直壁，平底。坑口最大径305、最小径225、深170厘米。填土浅黄褐色，土质较致密。夹杂有红烧土颗粒、炭粒、草木灰等。包含适量陶片、石器、石块等。出土陶片以泥质黄褐陶为主，夹砂红陶次之，泥质灰陶较少；纹饰以彩绘、线纹为主；可辨器形有盆、钵、器盖、甑等（图2-2-471）。

H844挑选陶器标本10件，其中鼓腹罐3、彩陶盆2、素面盆1、素面钵1、直腹罐1、釜1、杯1。

彩陶盆 2件。泥质黄褐陶黑彩。仰折沿隆起，圆唇，弧腹。H844：9，敛口。唇面饰一周宽0.6厘米的条带纹，沿面饰一周凸弧纹，腹部饰凸弧纹、弧边三角、圆点组成的复合纹饰。腹部以下残。口径36、残高11.2厘米（图2-2-472，2）。H844：10，直口微敛。唇面饰一周宽0.6厘米的条带纹，沿面饰一周凸弧纹、弧边三角组成的复合纹饰。腹部以下残。口径36、残高7.4厘米（图2-2-472，1）。

素面盆 1件。H844：3，泥质灰陶。敞口，仰折沿，圆唇，浅弧腹，平底。器表磨光，内壁近口处有刮削痕迹。素面。可复原。口径、底径、高厘米（图2-2-472，3；图版一二九，6）。

素面钵 1件。H844：2，泥质红陶。侈口，圆唇，弧腹，平底。器表磨光，内壁近口处有刮削痕迹。素面。可复原。口径26、底径7.8、高7.9厘米（图2-2-472，7；图版九三，5）。

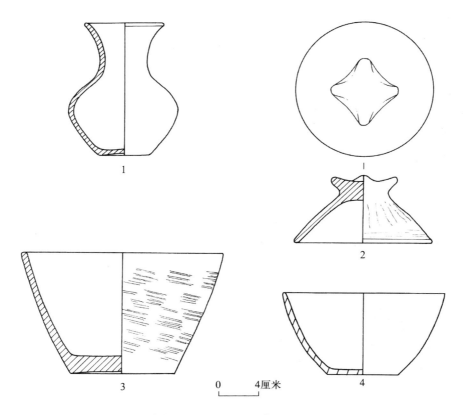

图2-2-470　H836出土陶器

1.壶（H836∶3）　　2.器盖（H836∶2）　　3.篮纹钵（H836∶1）　　4.素面钵（H836∶5）

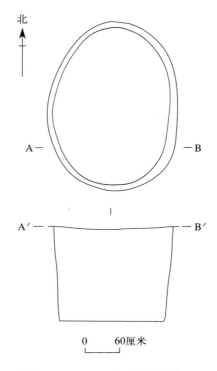

图2-2-471　H844平剖面图

鼓腹罐　3件。夹砂陶。H844：7，灰陶。侈口，卷沿，圆唇，溜肩，鼓腹。腹部饰数周凹弦纹，其上有线纹残留。腹部以下残。口径9.6、残高8.4厘米（图2-2-472，10）。H844：11，灰褐陶。侈口，矮领微内凹，圆唇，溜肩，鼓腹。肩部饰间隔线纹。腹部以下残。口径12.8、残高7.2厘米（图2-2-472，5）。H844：13，灰褐陶。敛口，矮领内凹，圆唇，溜肩。腹部饰数周凹弦纹。腹部以下残。口径20、残高6.2厘米（图2-2-472，4）。

直腹罐　1件。H844：12，夹砂黄褐陶。直口微敛，叠唇，斜直腹。颈部以下饰线纹。腹部以下残。口径24、残高11厘米（图2-2-472，9）。

釜　1件。H844：8，夹砂褐陶。侈口，圆唇，矮领，广肩，折腹起台。肩部有数周凹弦纹。腹部以下残。口径12.8、残高8厘米（图2-2-472，6）。

杯　1件。H844：4，夹砂灰陶。器形变形，歪斜严重。敞口，卷沿，圆唇，弧腹近直，平底。沿面及口部内外壁均有刮削痕迹。素面。可复原。口径12.4、底径5.2、高11.6—12.5厘米（图2-2-472，8；图版一九二，2）。

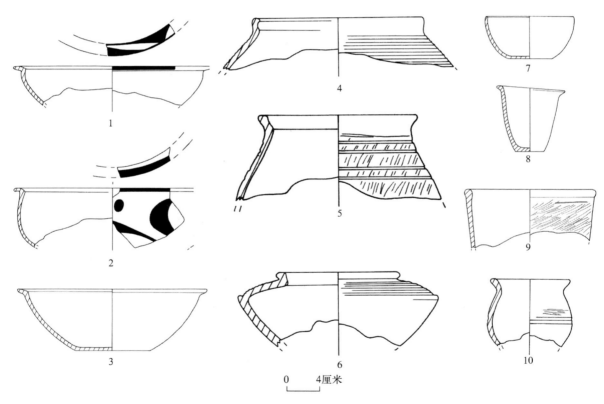

图2-2-472　H844出土陶器

1、2.彩陶盆（H844：10、H844：9）　3.素面盆（H844：3）　4、5、10.鼓腹罐（H844：13、H844：11、H844：7）　6.釜（H844：8）　7.素面钵（H844：2）　8.杯（H844：4）　9.直腹罐（H844：12）

250. H845

位于T62东部，部分伸入东壁。开口于第②层下，打破第③层，开口距地表35厘米。平面形状呈椭圆形，直壁，平底。坑口最大径118、最小径60、深60厘米。填土浅黄褐色，土质较致密。夹杂有红烧土颗粒、炭粒、草木灰等。包含适量陶片、石器、石块等。出土陶片以泥质黄褐陶为主，夹砂红陶次之，泥质灰陶较少；纹饰以彩绘、线纹为主；可辨器形有钵、盆、器盖等（图2-2-473，1）。

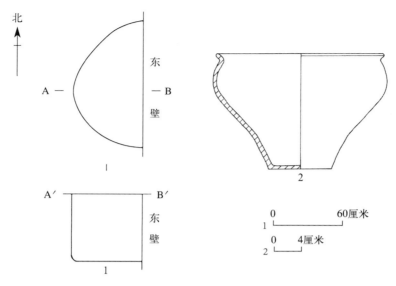

图2-2-473　H845平剖面图及出土陶器
1.平剖面图　2.素面盆（H845：1）

H845挑选陶器标本素面盆1件。

素面盆　1件。H845：1，夹砂红陶。侈口，仰折沿，圆唇，深曲腹，平底。内壁近口处、沿面有刮削痕迹。素面。可复原。口径25.2、底径9.2、高17.8厘米（图2-2-473，2；图版一三〇，1）。

251. H848

位于T48北部。开口于第④层下，打破生土，开口距地表70厘米。平面形状呈圆形，直壁，平底。坑口直径110、深110厘米。填土灰褐色，土质疏松。出土适量陶片，以夹砂灰陶为主，泥质黄褐陶次之；纹饰以线纹、彩绘为主；可辨器形有罐、杯等（图2-2-474，1）。

H848挑选陶器标本器盖1件。

器盖　1件。H848：1，夹砂黑陶。敞口，圆唇，弧腹近直，平顶，圈足形纽。内外壁近口处有刮削痕迹。素面。可复原。口径14.2、高6、纽宽6.1、高1.1厘米（图2-2-474，2）。

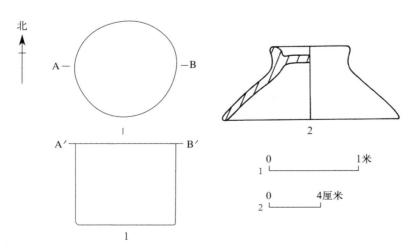

图2-2-474　H848平剖面图及出土陶器
1.平剖面图　2.器盖（H848：1）

252. H854

位于 T99 东部，部分伸入东壁。开口于第②层下，打破生土，开口距地表 45 厘米。平面形状呈椭圆形，直壁，平底。坑口最大径 390、最小径 129、深 212 厘米。填土浅黄褐色，土质较致密。夹杂有红烧土颗粒、炭粒、草木灰等。包含适量陶片、石器、石块等。出土陶片以泥质黄褐陶为主，夹砂红陶次之，泥质灰陶较少；纹饰以彩绘、线纹为主；可辨器形有钵、盆、器盖、甑等（图 2-2-475）。

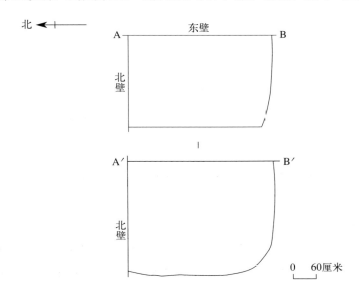

图 2-2-475　H854 平剖面图

H854 挑选陶器标本 7 件，其中彩陶钵 3、素面钵 2、素面盆 1、鼓腹罐 1。

彩陶钵　3 件。泥质黄褐陶黑彩。平底。H854：4，直口，圆唇，曲腹。器表磨光，下腹部饰刮削痕迹。口部外壁饰数个圆点、垂弧纹、双连弧线组成的复合纹饰。可复原。口径 15.4、底径 5.6、高 9.9 厘米（图 2-2-476，2；图版五一，5）。H854：5，直口，尖唇，曲腹。器表磨光。口部外壁饰一周宽 0.3-0.5 厘米不等的条带纹，其下间隔饰数组交弧纹、圆点。可复原。口径 15.4、底径 6.4、高 7.6 厘米（图 2-2-476，4；图版五一，6）。H854：6，侈口，圆唇，曲腹。器表磨光发白，内壁近口处有明显刮削痕迹。口部外壁饰三周条带纹、圆点组成的复合纹饰，条带纹分别宽 0.5、0.2、0.2 厘米。可复原。口径 15.6、底径 5.6、高 8.6 厘米（图 2-2-476，1；彩版一七七，1）。

素面钵　2 件。夹砂陶。直口，圆唇，弧腹，平底。素面。H854：3，红陶。内外壁有明显刮削痕迹。可复原。口径 12.6、底径 5.6、高 6.5 厘米（图 2-2-476，2；图版九三，6）。H854：8，灰陶。器形不规整，略呈椭圆形。内外壁有明显刮削痕迹。可复原。口径 22—22.3、底径 8.4、高 9.6 厘米（图 2-2-476，5；图版九四，1）。

素面盆　1 件。H854：9，夹砂灰陶。侈口，圆唇，卷沿，斜直腹，平底。内外壁有明显的刮削痕迹。素面。可复原。口径 15.6、底径 8、高 9 厘米（图 2-2-476，6；图版一三〇，2）。

鼓腹罐　1 件。H854：10，夹砂黄褐陶。侈口，折沿，方唇，溜肩，鼓腹，平底。通体饰左斜线纹，肩部饰四个圆饼形附加堆纹和若干周凹弦纹，腹部饰一周附加堆纹。可复原。口径 24.8、底径 16、高 32 厘米（图 2-2-476，7；图版一六七，2）。

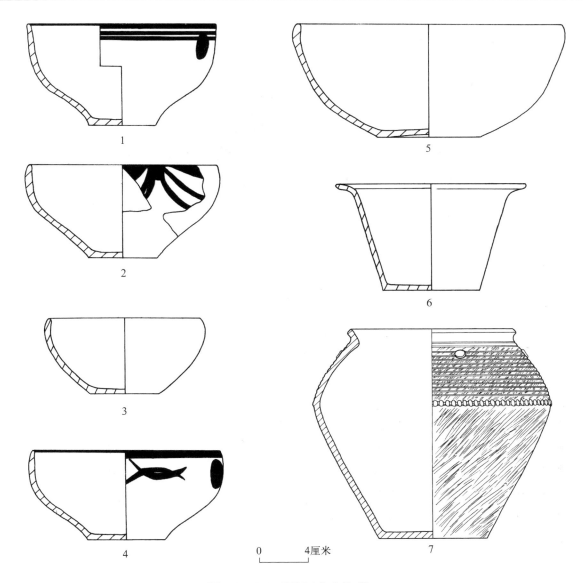

图2-2-476　H854出土陶器

1、2、4.彩陶钵（H854：6、H854：4、H854：5）　2、5.素面钵（H854：3、H854：8）　6.素面盆（H854：9）　7.鼓腹罐
（H854：10）

253. H871

位于T62中部。开口于第③层下，打破第④层，开口距地表50厘米。平面形状呈椭圆形，弧壁，平底。坑口最大径140、最小径130、深120厘米。填土浅黄褐色，土质较疏松。夹杂有红烧土颗粒、炭粒等。包含适量陶片、石器、石块、动物骨骼等。出土陶片以泥质黄褐陶为主，夹砂灰陶次之，泥质灰陶较少；纹饰以彩绘、线纹、附加堆纹为主；可辨器形有盆、钵、器盖、甑等（图2-2-477，1）。

H871挑选陶器标本彩陶盆1件。

彩陶盆　1件。H871：1，泥质黄褐陶褐彩。器形不规整，略歪斜，口部略呈椭圆形。侈口，折沿隆起，圆唇，浅弧腹，平底。器表磨光，内外壁、沿面有刮削痕迹。沿面一周饰三组弧边三角、凸弧纹组成的复合纹饰。可复原。口径28—28.9、底径12、高10—10.4厘米（图2-2-477，2；图版一三〇，3）。

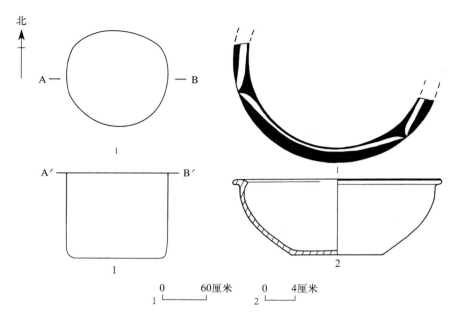

图2-2-477　H871平剖面图及出土陶器

1.平剖面图　2.彩陶盆（H871∶1）

254. H874

位于T129北部，部分伸入北壁。开口于第①层下，打破第②层，开口距地表15厘米。平面形状呈椭圆形，弧壁，平底。坑口最大径434、最小径96、深88厘米。填土浅黄褐色，土质较疏松。夹杂有红烧土颗粒、炭粒等。包含适量陶片、石器、石块、动物骨骼等。出土陶片以泥质黄褐陶为主，夹砂灰陶次之，泥质灰陶较少；纹饰以彩绘、线纹、附加堆纹为主；可辨器形有钵、盆、小口尖底瓶、器盖等（图2-2-478，1）。

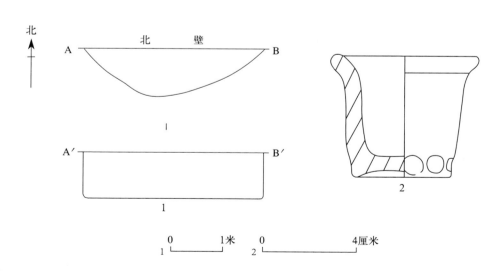

图2-2-478　H874平剖面图出土陶器

1.平剖面图　2.杯（H874∶1）

H874 挑选陶器标本杯 1 件。

杯　1 件。H874：1，泥质红陶，厚胎。侈口，卷沿，圆唇，弧腹，平底内凹。沿面有刮削痕迹，唇面因渗碳呈黑色。底部一周有按窝痕迹。素面。可复原。口径 6.2、底径 3.8、高 6.1 厘米（图 2-2-478，2；图版一九二，3）。

255. H876

位于 T130 北部，部分伸入东壁、北壁。开口于第②层下，打破生土，开口距地表 25 厘米。平面形状呈椭圆形，弧壁，平底。坑口最大径 290、最小径 60、深 90 厘米。填土浅黄褐色，土质较疏松。夹杂有红烧土颗粒、炭粒等。包含适量陶片、石器、石块、动物骨骼等。出土陶片以泥质黄褐陶为主，夹砂灰陶次之，泥质灰陶较少；纹饰以彩绘、线纹、附加堆纹为主；可辨器形有盆、钵、小口尖底瓶等（图 2-2-479，1）。

H876 挑选陶器标本素面盆 1 件。

素面盆　1 件。H876：1，泥质黄褐陶。侈口，卷沿，圆唇，弧腹，平底。内壁近口处、沿面有刮削痕迹。素面。可复原。口径 32.8、底径 11.6、高 14.5 厘米（图 2-2-479，2；图版二三，4）。

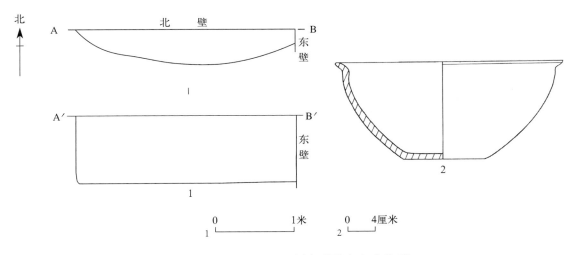

图2-2-479　H876平剖面图及出土陶器
1.平剖面图　2.素面盆（H876：1）

第三节　房址及出土陶器

庙底沟遗址发现庙底沟文化房址 9 座，其中 F2、F11 破坏严重，仅残存数个柱洞，形制、结构不清。其余 7 座均为单间，可以分为地面式、半地穴式两类。

一、地面式

地面式房址有 F1、F8 两座。

1. F1

位于 T9 东部，开口于第①层下，打破生土，被 H40、H41、H53、H63、H64 打破，开口距地表 30 厘米。方向 17°。

F1 为单间地面式。平面形状近圆形。东西长约 460、南北宽约 620 厘米。残存门道、垫土、柱洞等。门道向南，平面形状为长方形。开口长 110、宽 50、厚 3—5 厘米。南部有厚 1—2 厘米的红褐色垫土面；其上为一层厚 3—4 厘米的料礓石硬面，土质坚致，密度较大。发现六个柱洞，呈扇形分布于垫面北部和西部。垫土破坏严重，目前难以判断柱洞在屋内还是屋外。柱洞填土均为灰褐色土，土质较紧密，没有柱础石发现（图 2-3-1）。

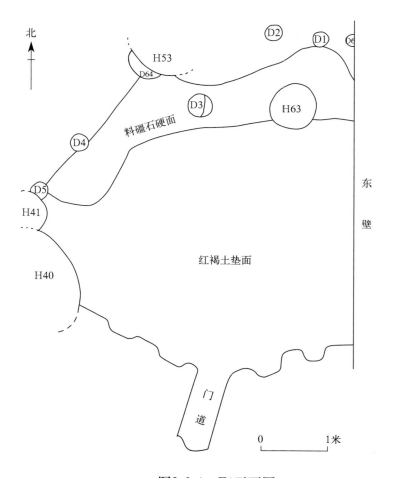

图2-3-1　F1平面图

二、半地穴式

半地穴式有 F3、F4、F6、F7、F9 五座。

1. F3

位于 T59 西南角、T60 西北角、T63 东南角、T64 东北部，开口于第④层下，打破生土，被 H346、H650、H790 打破，开口距地表 65 厘米。

F3 为单间半地穴式。平面为"凸"字形，长 855、宽 718 厘米。残存门道、居住面、灶、柱洞。门道朝南，平面呈长方形，斜直壁，斜坡状底。开口长 526、宽 120 厘米。门位于门道中间，两侧为长方形状门柱。灶位于屋内中部偏南，靠近门道。灶坑平面呈椭圆形，壁较直，底部不平，灶壁与灶底均有烧土痕迹。灶坑开口直径 128、深 104 厘米。操作坑位于灶坑与门道之间，平面为抹角方形，直壁，台阶状底。台阶宽 18、高 37 厘米。灶坑与操作坑之间由一个直径 20 厘米的圆洞联通。F3 居住面保存较好，为草拌泥夹红烧土经过夯打而成，坚硬致密平整，厚 6-10 厘米。地穴四周为木骨泥墙，底部先下挖柱础，柱础紧贴四壁，一半嵌入地穴四壁，立柱后涂抹草伴泥，四周共 22 根，其中有两根位于门道的墙壁内。四壁墙体厚 38、残高 26 厘米。柱洞填土黄褐色，夹杂大量红烧土块，均未发现柱础石。

F3 底部有厚约 12-25 厘米的草拌泥堆积，可能为房屋的倒塌堆积，上部堆积较纯净，与地层相差不大。F3 仅出土少量陶片，有泥质黄褐陶、泥质灰陶和夹砂灰陶；纹饰以线纹、彩陶、附加堆纹为主；可辨器形有钵、小口尖底瓶、罐（图 2-3-2）。

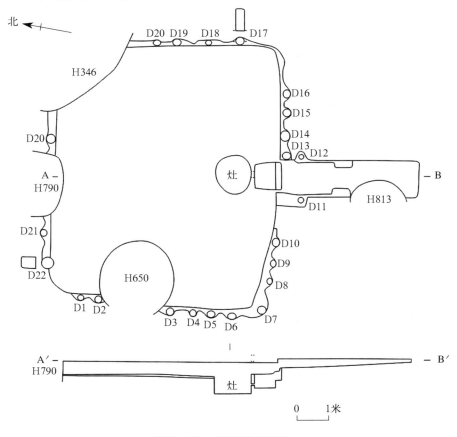

图2-3-2 F3平剖面图

　　F3 挑选陶器标本 7 件，其中彩陶盆 3、素面钵 2、弦纹盆 1、瓮 1。

　　彩陶盆　3 件。泥质黄褐陶。弧腹。F3：10，直口，卷沿，圆唇。唇面饰一周宽 0.7 厘米的条带纹，腹部饰弧边三角、凸弧纹组成的复合纹饰。腹部以下残。口径 32、残高 5.4 厘米（图 2-3-3，7）。F3：11，敛口，仰折沿隆起，圆唇。唇面饰一周宽 0.5 厘米的条带纹。腹部以下残。口径 32、残高 6.8 厘米（图 2-3-3，2）。F3：12，敛口，折沿隆起，圆唇。唇面饰一周宽 0.8 厘米的条带纹。腹部以下残。口径 32、残高 5.4 厘米（图 2-3-3，3）。

　　素面钵　2 件。泥质陶。直口微敛，弧腹。素面。F3：1，灰陶。尖圆唇，平底。器表磨光。可复原。口径 14.8、底径 6、高 8 厘米（图 2-3-3，5；图版五四，1）。F3：9，黄褐陶。圆唇。腹部以下残。口径 22、残高 7 厘米（图 2-3-3，4）。

　　瓮　1 件。F3：13，泥质灰陶。敛口，卷沿，圆唇，溜肩。素面。腹部以下残。口径 14、残高 5.4 厘米（图 2-3-3，6）。

　　弦纹盆　1 件。F3：8，泥质黄褐陶。敛口，叠圆唇，弧腹。腹部饰数周凹弦纹。腹部以下残。口径 32、残高 7 厘米（图 2-3-3，1）。

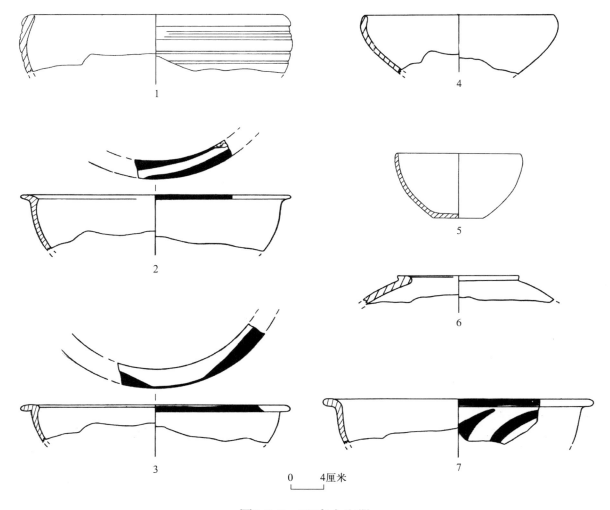

0　　4厘米

图2-3-3　F3出土陶器

1.弦纹盆（F3：8）　2、3、7.彩陶盆（F3：11、F3：12、F3：10）　4、5.素面钵（F3：9、F3：1）　6.瓮（F3：13）

2. F4

位于 T58 东部，开口于第②层下，打破生土，开口距地表 40 厘米。

F4 为单室半地穴式。平面形状为椭圆形，弧壁，平底。开口最大径 450、最小径 425、底部最大径 442、最小径 400、深 25 厘米。残存居住面、柱洞、灶。

居住面厚 5 厘米左右，夹杂有大量红烧土，有夯筑痕迹，表面平整光滑，质地致密，有烧土痕迹。现残存柱洞六个，五个靠近四壁，一个位于中央。柱洞直径在 27—72、深 15—30 厘米之间。柱洞填土灰褐色，多夹杂红烧土块，均未发现柱础石。灶位于东部，紧贴墙壁，呈椭圆形，弧壁，圜底，部分凹进墙壁内。开口直径为 32—64 厘米，底部及四周有一层厚 5 厘米左右的烧结面。

F4 填土呈灰褐色，土质较致密。包含大量炭粒、草木灰、红烧土颗粒及少量石块等。出土陶片、石器、动物骨骼、骨器等。陶器有夹砂红陶、夹砂灰陶、泥质红陶等，以夹砂陶为主；纹饰有附加堆纹、篮纹、刻划纹、彩绘等；可辨器形有钵、盆、罐、小口尖底瓶、陶杯等。石器有石球、石饼等。骨器有骨锥等（图 2-3-4）。

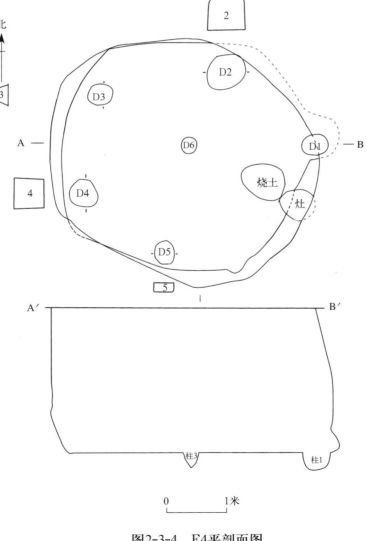

图2-3-4　F4平剖面图

3. F6

位于 T69 南部，开口于第④层下，打破生土，开口距地表 80 厘米。

F6 为单室地穴式。平面形状呈椭圆形，直壁，平底。开口最大径 408、最小径 320、东部深 186、西部深 280 厘米。残存门道、居住面、壁龛、柱洞、红烧土堆积。

门道位于西部，平面呈长方形，直壁，凹凸坡状底。开口长 120、宽 80—95 厘米。居住面厚约 2 厘米，灰白色，土质细腻、致密，夹杂有少许草木灰，经过夯打。房址中部偏北有一柱洞，平面呈圆形，直壁、平底，底部垫有石块。柱洞开口直径 28、深 19 厘米。柱洞周围有一片形状不规则的烧土面，属原生堆积，另在底部南部发现三片红烧土原生堆积。F6 四周有四个壁龛，其中东壁四个，西壁一个。高度在 65—124、宽在 30—146、深在 28—138 厘米之间。

F6 填土呈灰褐色，夹有黄褐色土块、草木灰和红烧土颗粒。仅发现适量陶片，未见石器、骨器等。陶片有泥质黄褐陶、泥质灰陶、夹砂褐陶等，以泥质红陶、泥质灰陶为主；纹饰以线纹、彩绘、附加堆纹为主；可辨器形有小口尖底瓶、罐、钵等（2-3-5）。

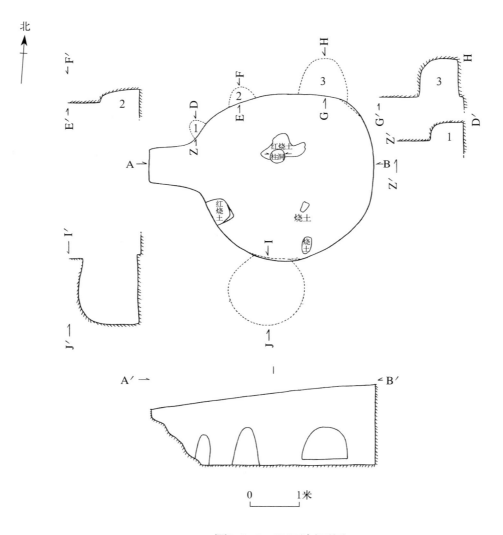

图2-3-5　F6平剖面图

F6 挑选陶器标本 6 件，其中彩陶盆 2、素面盆 2、素面钵 1、素面双錾钵 1。

彩陶盆　2 件。泥质黄褐陶。敛口，仰折沿隆起，圆唇，弧腹。F6：1，沿面饰弧边三角、凸弧纹组成的复合纹饰，腹部饰弧边三角等。腹部以下残。口径 36、残高 6.6 厘米（图 2-3-6，5）。F6：2，唇面饰一周宽 0.6 厘米宽的条带纹，沿面外侧饰一周宽 0.2 厘米的条带纹。腹部以下残。口径 36、残高 3.6 厘米（图 2-3-6，4）。

素面盆　2 件。泥质灰褐陶。敛口，仰折沿隆起，圆唇，溜肩，弧腹。素面。F6：7，腹部以下残。口径 30、残高 6.6 厘米（图 2-3-6，6）。F6：8，腹部以下残。口径 30、残高 4.2 厘米（图 2-3-6，3）。

素面双錾钵　1 件。F6：6，泥质黄褐陶。敛口，圆唇，弧腹，腹部对称置附加凸起状双錾。素面。腹部以下残。口径 20、残高 8.2 厘米（图 2-3-6，2）。

素面钵　1 件。F6：4，泥质黄褐陶。敛口，圆唇，弧腹。素面。腹部以下残。口径 30、残高 3.8 厘米（图 2-3-6，1）。

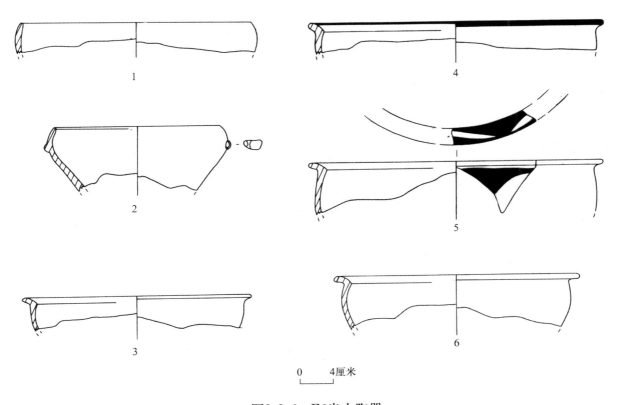

0　　4厘米

图2-3-6　F6出土陶器

1.素面钵（F6：4）　2.素面双錾钵（F6：6）　3、6.素面盆（F6：8、F6：7）　4、5.彩陶盆（F6：2、F6：1）

第四节　陶窑及出土陶器

庙底沟遗址共发现庙底沟文化陶窑 14 座。均由窑室、火道、火膛等组成。下文以 Y2、Y10、Y13 为例介绍。

1. Y2

位于 T35 东北部，开口于第②层下，打破生土，被 H170 打破，开口距地表 35 厘米。由火膛、窑室组成。

火膛平面呈椭圆形，弧壁、圜底。开口最大径 76、最小径 64、深 40 厘米。窑室位于火膛西端，被 H170 破坏，平面呈长方形。残长 45、宽 35、深 35 厘米。

火塘和窑室四壁残有 2—4 厘米左右的烧结面。窑内填土灰褐色，土质疏松，夹杂有大量红烧土块，火膛底部夹杂有大量草木灰、炭粒。包含极少量陶片，以泥质黄褐陶、泥质红陶为主；纹饰以彩绘为主；可辨器形有盆、钵等（图 2-4-1）。

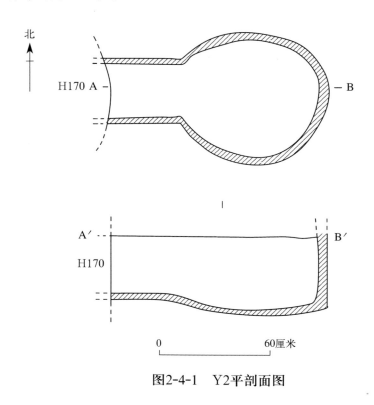

图2-4-1　Y2平剖面图

2. Y10

位于 T40 西北部，开口于第②层下，打破第③层，开口距地表 35 厘米。残存火膛、火道、窑室。

火膛开口平面形状呈椭圆形，底部平面形状为圆形，弧壁、平底。开口最大径 50、最小径 38、底部直径 74—76、深 75 厘米。窑室呈椭圆形，直壁，平底。开口直径 92—98、残高 33 厘米。窑床东西两侧有四个近椭圆形的火眼，平面为月牙形，火眼最长分别为 28、36 厘米，最宽均为 5 厘米。火道位于东西两侧，剖面为圆形，通过两个火眼与窑室链接。火道长 70、宽 13、高 28 厘米。

Y10的烧结面较厚，火塘、火道、窑室的底部和四壁有6—8厘米厚的烧结面。窑内填土灰褐色，土质疏松，窑室底部夹杂有大量红烧土块，有可能是窑室的倒塌堆积；火塘底部有大量的草木灰、炭粒；出土陶片以泥质红陶、泥质黄褐陶为主；纹饰以彩绘、线纹为主；可辨器形有罐、盆、钵等（图2-4-2）。

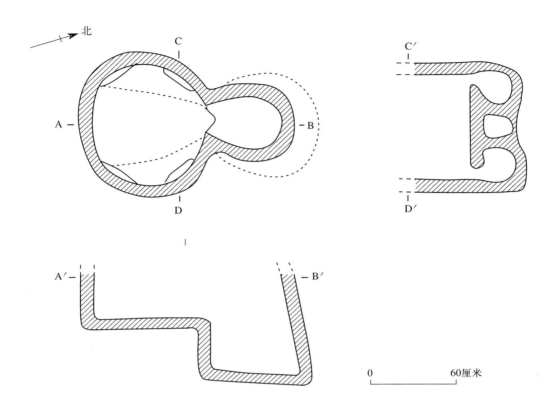

图2-4-2　Y10平剖面图

Y10挑选陶器标本6件，其中鼓腹罐3、彩陶盆2、瓮1。

彩陶盆　2件。泥质黄褐陶黑彩。仰折沿隆起。Y10：1，直口微敛，圆唇，弧腹。唇面饰一周宽0.8厘米的条带纹，沿面间隔饰对弧边三角。腹部以下残。口径36、残高6.4厘米（图2-4-3，3）。Y10：6，敛口，方唇，曲腹，平底微内凹。唇面饰一周宽1.0厘米的条带纹，沿面饰一周凸弧纹，下腹部饰一周宽0.3厘米的条带纹，其上区域饰凸弧纹、弧边三角、弧线等组成的复合纹饰。可复原。口径32.8、底径12.4、高16.4厘米（图2-4-3，1）。

鼓腹罐　3件。夹砂灰褐陶。溜肩，鼓腹。Y10：3，直口，方唇，矮领内凹。肩部饰间隔篮纹，其下区域饰篮纹。腹部以下残。口径24、残高5.6厘米（图2-4-3，4）。Y10：4，直口，圆唇，矮领。肩部饰数周凹弦纹，其下区域饰篮纹。腹部以下残。口径16、残高13厘米（图2-4-3，6）。Y10：5，直口微敛，矮领内凹，叠圆唇。肩部数周凹弦纹，其下区域饰线纹。腹部以下残。口径30、残高24.4厘米（图2-4-3，2）。

瓮　1件。Y10：2，泥质灰褐陶。敛口，叠圆唇，溜肩，鼓腹。素面。腹部以下残。口径48、残高9.6厘米（图2-4-3，5）。

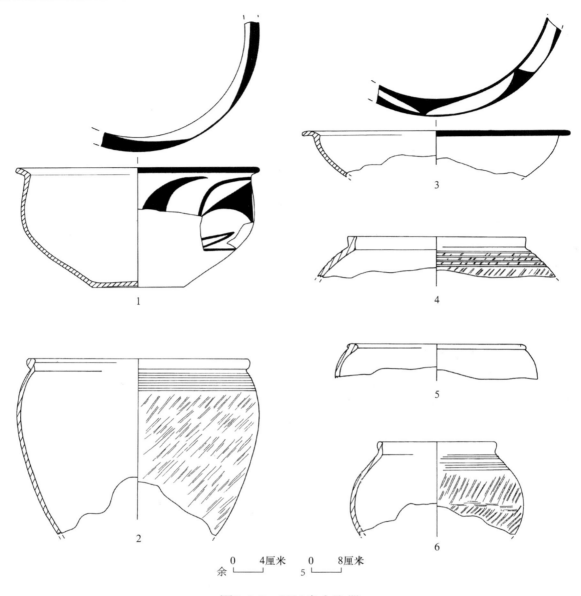

0　　4厘米　　0　　8厘米

余 └────┘ 5 └────┘

图2-4-3　Y10出土陶器

1、3.彩陶盆（Y10：6、Y10：1）　2、4、6.鼓腹罐（Y10：5、Y10：3、Y10：4）　5.瓮（Y10：2）

3. Y13

位于T72东南部，开口于第②层下，打破第③层，开口距地表45厘米。残留火膛、火道、窑室等。

火膛位于西部，平面形状呈近圆形，直壁，平底。开口直径40、深96厘米。火道靠近火膛的部分呈"人"字状，窑室内为环形。火道长200、宽10、深40厘米。火膛内火道呈椭圆形、弧壁、圜底。窑室平面为圆形，直壁，平底。开口长100、宽80、高30厘米，窑室底部、四壁有一层厚约5厘米的草拌泥，经长时间高温变为青灰色的烧结面。

Y13火膛、火道、窑室底部和四壁有厚约5厘米的烧结面。窑内填土为灰褐土，土质疏松。窑室内有大量红烧土块，火塘底部有大量草木灰、炭粒。出土少量陶片，以泥质黄褐陶、泥质红陶为主，夹砂灰陶次之；纹饰以线纹、彩绘为主；可辨器形有钵、盆、罐等（图2-4-4）。

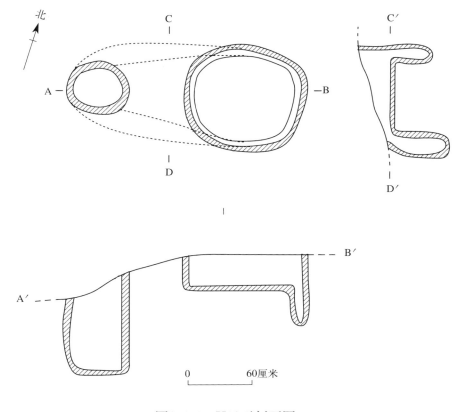

图2-4-4　Y13平剖面图

Y13挑选陶器标本2件，其中素面双錾盆1、素面盆1。

素面盆　1件。Y13∶1，泥质黄褐陶。敛口，叠圆唇，弧腹。素面。腹部以下残。口径38、残高6厘米（图2-4-5，2）。

素面双錾盆　1件。Y13∶2，泥质黄褐陶。敛口，叠圆唇，弧腹，腹部对称置附加凸起状双錾。素面。腹部以下残。口径36、残高10.4厘米（图2-4-5，1）。

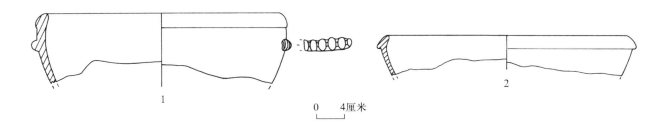

图2-4-5　Y13出土陶器

1.素面双錾盆（Y13∶2）　　2.素面盆（Y13∶1）

第五节   灰沟及出土陶器

庙底沟遗址仅发现庙底沟文化灰坑一条。

1. G3

位于T113中北部。开口于第②层下，打破生土，开口距地表45厘米。平面形状长条形，斜直壁，圜底。残长900、宽400、深380厘米。填土分三层，第①层厚165—235厘米，浅黄色，土质较致密；第②层厚90—115厘米，灰褐色，土质较致密；第③层厚55—70厘米，黄灰色，土质较致密。夹杂适量红烧土、炭粒、草木灰等。包含有陶片、石器、石块、动物骨骼等。出土陶片以以泥质黄褐陶、夹砂灰陶为主；纹饰以彩绘、线纹、附加堆纹为主；可辨器形有小口尖底瓶、盆等（图2-5-1）。

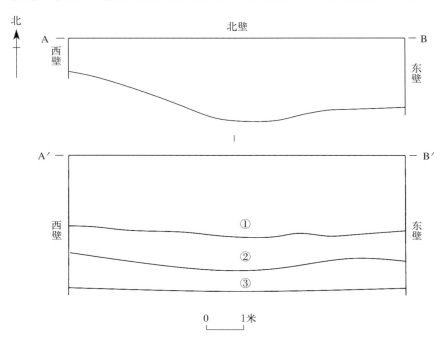

图2-5-1   G3平剖面图

G3挑选陶器标本5件，其中素面钵2、素面盆2、甑1。

素面钵   2件。泥质陶。弧腹，平底。器表磨光，内外壁均有刮削痕迹。素面。G3：3，黄褐陶。敛口，圆唇。可复原。口径24、底径10.2、高9.6厘米（图2-5-2，2；图版五四，2）。G3：7，红陶。直口，尖唇。可复原。口径20、底径8.2、高9.4厘米（图2-5-2，3；图版五四，3）。

素面盆   2件。泥质陶。圆唇。素面。G3：5，红陶。敞口，仰折沿隆起，浅弧腹，平底微内凹。沿面、外壁近口处有刮削痕迹。可复原。口径28.2、底径9.4、高9厘米（图2-5-2，1；图版一〇四，1）。G3：6，红陶。敛口，折沿外侧下斜，弧腹近直，平底。器表磨光，内壁近口处、唇面有刮削痕迹。可复原。口径31.9、底径12.5、高13.4厘米（图2-5-2，5；图版一〇四，2）。

甑   1件。G3：9，夹砂黄褐陶。侈口，叠圆唇，弧腹，平底，底部有三个椭圆形箅孔。外壁有少量刮削痕迹。素面。可复原。口径28.3、底径11.9、高13.2厘米（图2-5-2，4；图版一五二，6）。

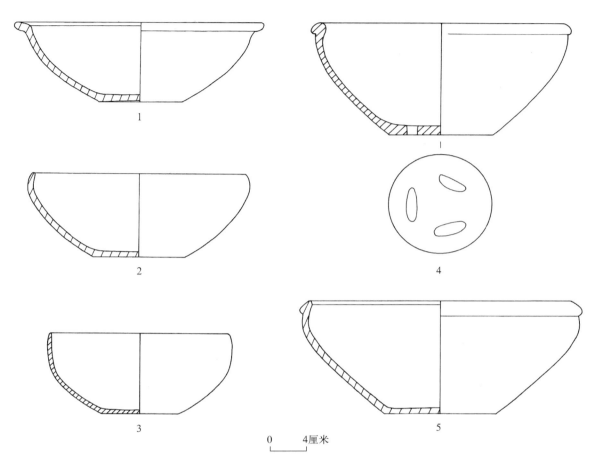

0 4厘米

图2-5-2　G3出土陶器

1、5.素面盆（G3：5、G3：6）　　2、3.素面钵（G3：3、G3：7）　　4.甑（G3：9）

第六节　石器

　　庙底沟文化共观察石制品 21615 件。类型有石核（N=837）、石片（N=1762）、石器（N=4289）、颜料（N=1）、断块与废片（N=12437）、备料（N=2289）等，其中石器包含石饼（N=2888）、石刀（N=273）、石铲（N=577）、石斧（N=75）、石球（N=185）、砺石（N=75）等。石核、石片、断块与废片等数量较多，未细分类型，仅选取代表性标本或整体进行介绍。石器加工技术以打制、琢制和磨制为主，打制技术主要表现在石核、石片、石饼、石刀等类型，而琢制和磨制技术则主要应用于石斧、石锛、石铲、石球等类型。

表2-6-1　庙底沟文化石制品数量统计表

石制品种类	分型		亚型	亚型/各型数量	总计	百分比
石核				837	837	3.87%
石片				1762	1762	8.15%
石器	石饼	A型（有凹窝）		44	2888	13.36%
		B型（无凹窝）	Ba（局部打制）	1192		
			Bb（一周打制）	862		
			Bc（石片加工）	416		
			Bd（天然）	374		
	石刀	A型（有孔）	Aa（带凹槽）	33	273	1.26%
			Ab（磨制带凹缺）	1		
			Ac（磨制）	79		
		B型（无孔）	Ba（打制带凹缺）	120		
			Bb（打制无凹缺）	14		
			Bc（磨制带凹缺）	5		
			Bd（磨制无凹缺）	21		
	石铲	A型（打制）		4	577	2.67%
		B型（磨制）	Ba（水滴形大石铲）	5		
			Bb（牛舌形大石铲）	12		
			Bc（大石铲改小石铲）	2		
			Bd（小石铲）	3		
			Be（带孔）	2		
			Bf（特殊：端部收铤、中间凸棱）	3		
		残片		546		

石制品种类	分型		亚型		亚型／各型数量		总计	百分比
石器	研磨器	A型（圆形砾石）			5		33	0.15%
		B型（不规则）			28			
	石杵				49		49	0.23%
	石凿				16		16	0.07%
	石斧	A型（打制）			5		75	0.35%
		B型（琢磨）	Ba（带孔）		9	70		
			Bb（收铤）		15			
			Bc（窄长且厚）		2			
			Bd（两边平行）		44			
	石锛				14		14	0.06%
	石环				8		8	0.04%
	石锤				14		14	0.06%
	磨盘				11		11	0.05%
	磨棒				8		8	0.04%
	石纺轮				19		19	0.09%
	石璧				22		22	0.10%
	石球	A型（直径大于5厘米）			94		185	0.86%
		B型（直径小于5厘米）			91			
	石网坠				3		3	0.01%
	砺石				75		75	0.35%
	特殊	石锥			1		1	0.00%
		石钻			1		1	0.00%
		石镰			1		1	0.00%
		石镞			1		1	0.00%
		大石杵			1		1	0.00%
	残器				14		14	0.06%
备料	斧锛凿备料				23		2289	10.59%
	普通备料				2266			
颜料					1		1	0.00%
断块与废片					12437		12437	57.54%
总计							21615	100.00%

石核 837件。以石英岩、石英砂岩、辉绿岩等岩性的砾石进行剥片，台面性质以自然台面为主。石核利用程度差异较大，锤击石核数量较多，锐棱砸击石核、碰砧石核及摔碰石核很少，可能跟锐棱砸击技术会导致石核消失有关。主要反映的剥片技术主要为锤击法和锐棱斜向砸击法，也可能存在少量摔击法和碰砧法。石核根据剥片技术分为二型。

A型 锤击石核。据台面数量可分为三亚型。

Aa型 单台面石核。H84：2，灰色石英岩。整体形态略呈楔形。自然台面，台面长8.9、宽6.4厘米。剥片面绕台面一周，打击点明显，剥片次数较多，石核利用率高。台面角60°—66°。长8.9、宽6.4、高5.1厘米，重0.2千克（图2-6-1，4）。H175：4，黑灰色辉绿岩。近三角形的自然台面，台面长14.6、宽12.8厘米，台面角78°—83°。剥片面基本绕台面一周，分别形成三个剥片面，剥片较为成功，片疤较大，隐约可见放射线和同心波。长15.4、宽12.8、高9.5厘米，重1.84千克（图2-6-1，2；彩版二八三，1）。H328：7，浅粉色石英岩。部分表皮有红彩。台面为节理面，台面长13.35、宽10.51厘米，台面角79°—83°。主剥片面打击点明显，剥片较多，次剥片面仅有四个小片疤。长13.6、宽10.5、高7.7厘米，重1.61千克（图2-6-1，3）。

Ab型 双台面石核。H114：1，灰色石英岩。整体形态不规则。台面1为主台面，有疤台面，近长方形，局部保留砾石面，主台面长13.6、宽9.9厘米，台面角80°—95°，剥片面集中在台面前端，剥片次数较多，打击点明显。台面2为次台面，有疤台面，近梯形，台面长13.7、宽8.2厘米，剥片面有两个较大的剥片疤，最大疤长6.3、宽10厘米，台面角72°—95°。长13.6、宽9.9、高8.7厘米，重1.85千克（图2-6-1，1）。H127：23，青色辉绿岩。整体呈楔形。台面1为不规则形人工台面，台面边缘有明显修理痕迹，台面长10.4、宽9.7厘米，剥片面围绕台面一周，台面角为74°—77°。台面2为近梯形有疤台面，台面长8、宽5.6厘米，剥片面集中在台面2两侧，主要为纵向剥片，无明显打击点，台面角为88°—98°。长10.6、宽9.9、高7.7厘米，重1.07千克（图2-6-1，5）。H384：11，深灰色石英岩，锤击石核。平面形态近梯形。以具有多个平面的不规则砾石为石核进行剥片。双台面，均为砾石台面，台面1长6.7、宽5.9厘米，台面2长7.3、宽5.7厘米。台面角均近90°。石核经不同方向剥片2次，利用程度浅。砾石面和剥片面表面均附着大量红彩。长11.05、宽11.8、高2.7厘米，重0.55千克（图2-6-1，6）。

Ac型 多台面石核。H170：15，浅粉色石英岩。扁平状大型砾石直接剥片，以正反两个平面和侧棱为台面，人工台面和自然台面均有。以侧棱分别向两个平面剥片较多，片疤较大，台面角约78°—85°。砾石面平整处向棱脊也有少量剥片，片疤较小。石核边缘棱脊处经多次剥片，整体形态近盘状石核。长26.2、宽23.5、高7.2厘米，重6.4千克（图2-6-1，7）。

B型 锐棱斜向砸击或摔击石核。H72：45，褐色砂岩。整体平面近圆形，以两面平坦的扁圆砾石进行剥片，击打点位于砾石侧棱，打击点呈凹缺状，背面有剥片崩疤。长14.7、宽13.4、厚3.8厘米，重1.06千克（图2-6-2，6）。

石片 1762件。原料多为石英岩、石英砂岩、砂岩、辉绿岩等。石片数量较多，形态多样，其中以完整石片居多，还有部分纵向或横向断片。部分完整石片和断片有明显的初步加工意图或直接使用痕迹，亦可作为石器工具对待。按照剥片技术可将石片分为三型，其中锐棱斜向砸击石片占绝对优势，锤击石片、双阳面石片以及碰砧石片也偶有发现，反映遗址至少存在锐棱斜向砸击法、锤击法、双阳面技法等多样化的剥片技术，但主流剥片技术是锐棱砸击技术或摔碰技术。

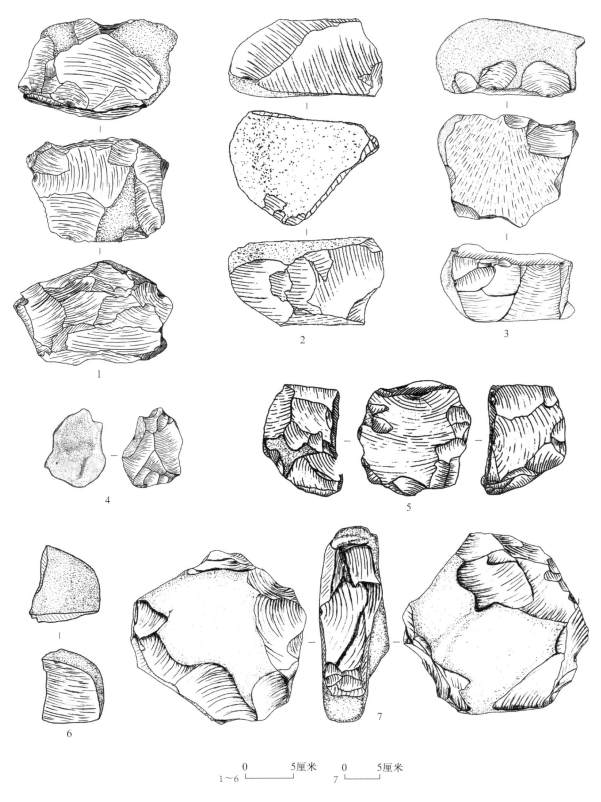

0　　　5厘米　　0　　　5厘米
1～6　|———|　　7　|———|

图2-6-1　石核

1、5-6.Ab型石核（H114：1、H127：23、H384：11）　　2-4.Aa型石核（H175：4、H328：7、H84：2）　　7.Ac型石核（H170：15）

A 型 锐棱斜向砸击石片。H438∶2，深灰色玄武岩。整体略呈椭圆形。线状台面，打击点一侧覆盖钙质胶结物，石片远端薄锐，呈关节状，腹面微鼓，凸棱不明显，放射线清晰，背面为砾石面。长 5.7、宽 10.3、厚 1.4 厘米，重 0.10 千克（图 2-6-2，4；彩版二八三，2）。H635∶19，浅褐色石英砂岩。整体形态近半椭圆形。线状台面，打击点和放射线清晰，腹面有两道平行弧状凸棱。远端薄锐呈羽翼状，背面为砾石面。长 11.4、宽 11.3、厚 1.5 厘米，重 0.25 千克（图 2-6-2，1）。H710∶2，深灰色角页岩，整体近似三角形。零台面，纵向断片。石片腹面有凸棱，打击点明显，放射线清晰。远端呈关节状。背面有两个较大的片疤及部分小片疤，残留极少砾石面。长 8.2、宽 7.1、厚 2 厘米，重 0.14 千克（图 2-6-2，9）。H710∶4，深灰色辉绿岩，整体形态近半月形。零台面，石片腹面微鼓有凸棱，打击点明显，放射线和同心波清晰。边缘呈圆弧形，远端残断，形态呈羽状。背面为砾石面。长 6.8、宽 10、厚 1.9 厘米，重 0.14 千克（图 2-6-2，11）。H785∶1，深灰色角页岩，整体近似梯形。台面残断，腹面有凸棱，放射线明显。背面近端部有一片崩疤，打击点、放射线明显，其余均为砾石面。远端呈关节状，边缘微弧薄锐，似有使用痕迹。长 12.3、宽 7.8、厚 2.1 厘米，重 0.12 千克（图 2-6-2，8）。H868∶3，深灰色石英砂岩，整体形态近长方形。零台面，打击点两侧均有崩疤。腹面微内凹，背面基本为砾石面，略鼓。左侧边较薄，有凹缺，凹缺宽 2.1、深 0.6 厘米，右侧边较厚。远端形态呈羽状，边缘分布较多细碎片疤，或可作为石刀毛坯。长 7.9、宽 10.6、厚 1.7 厘米，重 0.16 千克（图 2-6-2，10）。T23③∶5，灰色石英砂岩。整体呈椭圆形。零台面，打击点明显，腹面微鼓，放射线较清晰。远端形态呈关节状，边缘薄锐呈圆弧形，背面为砾石面。长 8.8、宽 11.2、厚 2.5 厘米，重 0.32 千克（图 2-6-2，3）。

B 型 锤击石片。H72∶2，浅粉色石英砂岩。整体形态不规则。台面为自然砾石面，打击点和同心波清晰，半椎体不凸，远端形态微弧呈羽状，腹面较平坦，背面凸起，片疤较多，二分之一为砾石面。长 6.6、宽 8.2、厚 2.7 厘米，重 0.12 千克（图 2-6-2，2）。H285∶1，深灰色石英岩。整体形态不规则。人工台面，台面长 3.7、宽 1.2 厘米。打击点明显，半椎体略凸，锥疤浅平，放射线较清晰，远端形态呈阶梯状，背面右侧呈向心剥片疤，左侧为砾石面。长 6.3、宽 6.8、厚 2 厘米，重 0.1 千克（图 2-6-2，5）。

C 型 双阳面石片。T17⑥∶12，黄褐色石英砂岩。整体近椭圆形。台面为较窄的砾石面，两面均为腹面，一面打击点明显较平坦，另一面微鼓，打击点不明显，远端形态呈关节状，边缘略钝。长 6.2、宽 6.7、厚 1.7 厘米，重 0.07 千克（图 2-6-2，7）。

石斧 75 件。形态尺寸差异较大，根据加工技术分为二型。

A 型 5 件。仅打制。H432∶151，褐色石英岩。长条扁平状砾石直接两面加工，修理疤集中于两侧，横截面近椭圆形，弧顶，器身中部残断。残长 13、宽 6.7、厚 3.2 厘米，重 0.33 千克（图 2-6-3，2）。H553∶1，褐色石英砂岩。整体呈长方形，以大石片为毛坯加工，主要修理石片台面和两侧成形，石片远端薄锐处作为刃部，少有加工修理。长 15.5、宽 6.7、厚 3 厘米，刃长 5.1 厘米，重 0.4 千克（图 2-6-3，10）。

B 型 70 件。琢制、磨制或打琢磨兼制。不同器物技工技术或工艺程序有繁略之别，按形态特征分四亚型。

Ba 型 9 件。有孔或意图穿孔。H465∶4，黑灰色花岗岩。琢磨而成，平面近梯形，弧顶，附着少许钙质胶结物，双面弧刃，刃部有不连续使用崩疤。两侧边近直，器身中部有一对钻圆形穿孔。器

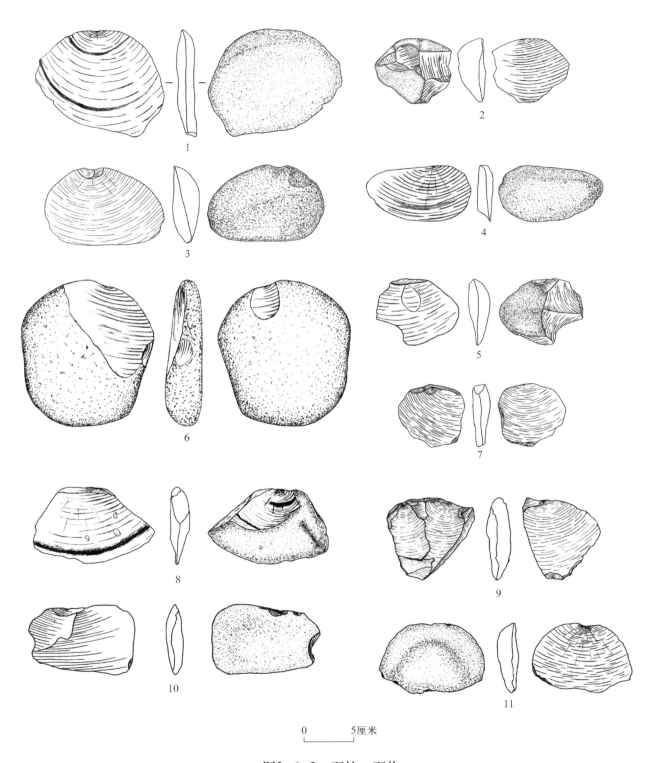

图2-6-2　石核、石片

1、3-4、8-11.A型石片（H635：19、T23③：5、H438：2、H785：1、H710：2、H868：3、H710：4）　　2、5.B型石片（H72：2、H285：1）　　7.C型石片（T17⑥：12）　　6.B型石核（H72：45）

表磨光。长 10.6、宽 6.3、厚 1.8 厘米，孔径 0.9—2.4 厘米，刃长 6.2 厘米，重 0.19 千克（图 2-6-3，1；彩版二八六，2）。H653：19，灰色硅质灰岩。琢磨而成的半成品。平面近梯形，弧顶，顶部稍有残缺。近顶部有双面对琢或对钻而未形成穿孔的凹坑。双面弧刃，器身残留有打制痕迹，器表略经琢制。长 8.2、宽 4.9、厚 1.2 厘米，刃长 4.7 厘米，重 0.07 千克（图 2-6-3，4）。

Bb 型　15 件。两侧边收铤。H22：2，黑灰色斑岩。平面近梯形，顶部微弧，双面弧刃，刃部锋利且有使用残痕，两侧边斜度大收铤明显，铤部琢制痕迹清晰，其余部位磨光，做工精细。器物一面中部表皮附着钙质胶结物。长 9.5、宽 5.2、厚 2 厘米，刃长 5.1 厘米，重 0.15 千克（图 2-6-3，5；彩版二八五，1）。H173：1，深灰色花岗岩。平面近梯形，横截面近椭圆形，弧顶，顶部略有残损。双面弧刃，刃部较钝，有使用痕迹，两侧边斜直收缩。通体琢制，近刃部磨制，附着有红彩。长 8.6、宽 5.6、厚 2.3 厘米，刃长 5.6 厘米，重 0.17 千克（图 2-6-3，7；彩版二七四，4）。T21⑦：13，深灰色花岗岩。平面近梯形，两侧边近直，收铤明显。铤部横截面近圆角方形，平顶，双面弧刃，刃部有使用痕迹，通体琢制而成，刃部精细磨光。长 8.5、宽 4.1、厚 2 厘米，刃长 3.8 厘米，重 0.12 千克（图 2-6-3，6；彩版二八六，4）。

Bc 型　2 件。窄厚长条状。H432：149，深灰色角页岩。平面近长条形，横截面近圆角方形，顶部近平，可见打击崩疤，双面弧刃，刃部为修理疤。两侧边近直，器身残留有打制痕迹，通体琢制，局部保留零星砾石面。长 15、宽 6、厚 5.2 厘米，刃长 5.6 厘米，重 1.39 千克（图 2-6-4，1）。

Bd 型　44 件。两侧边近直。H114：7，黑色玄武岩。平面近梯形，横截面近圆角方形，微弧顶，顶部有不规则崩疤凹窝，双面弧刃，刃部精细磨制，有使用痕迹，两侧近直。通体琢制而成，刃部磨光呈黑亮色。长 14.7、宽 6.5、厚 4.2 厘米，刃长 6.2 厘米，重 0.69 千克（图 2-6-3，9；彩版二八五，2）。H138：24，黑灰色角页岩。平面近梯形，横截面近椭圆形，弧顶近平，双面弧刃，刃部有使用崩疤，两侧边近直。通体琢磨而成，近刃部磨光。一侧边和刃部附着钙质胶结物。长 12.1、宽 6.1、厚 3 厘米，刃长 6 厘米，重 0.38 千克（图 2-6-3，8）。H348：3，黑灰色花岗岩。平面近梯形，横截面近椭圆形，两侧斜直，弧顶，顶部有打击崩疤。双面弧刃，刃部有使用痕迹，刃口局部有残损。通体琢磨而成，局部保留打制痕迹，器身两面均残留有红彩。长 12.7、宽 6.5、厚 3.3 厘米，刃长 5.4 厘米，重 0.43 千克（图 2-6-3，3；彩版二八五，4）。H432：158，灰绿色花岗岩。平面近梯形，横截面近长方形，斜弧顶，顶部有打击痕迹。双面弧刃，刃部使用痕迹明显，一面有较大崩疤。两侧斜直，琢磨而成，近刃部磨制。长 13.2、宽 6.7、厚 3.4 厘米，刃长 6.5 厘米，重 0.51 千克（图 2-6-4，5；彩版二八六，1）。H770：15，深灰色花岗岩。平面近梯形，横截面近椭圆形，通体琢磨而成，弧顶，双面弧刃，刃部精细磨光，刃缘有使用崩疤，两侧边近直。长 9.2、宽 3.8、厚 2.6 厘米，刃长 3.7 厘米，重 0.16 千克（图 2-6-4，6）。

石锛　14 件。形态均较规整，尺寸普遍较小，加工较为精致，磨制为主。H116：28，青灰色玄武岩。平面近长条形，以扁平长条状砾石直接加工，一面平坦，近顶部有打制片疤，另一面凹凸不平，有打制和琢磨痕迹。斜弧顶，两侧微凹，单面打制呈斜刃，刃缘有明显使用崩疤。长 9.6、宽 3.8、厚 2.8 厘米，刃长 3.8 厘米，重 0.15 千克（图 2-6-4，2）。H286：1，灰褐色硅质灰岩。平面近梯形，弧顶，双面微弧刃，偏锋，刃口锋利。两侧边近直，通体磨光，小巧精致，近顶部残留琢制痕迹，一面附着钙质胶结物。长 6、宽 3.3、厚 1.3 厘米，刃长 3.3 厘米，重 0.06 千克（图 2-6-4，4；彩版二八五，3）。H546：7，青绿色花岗岩。平面长方形。磨制平顶，两侧边较平直，保留较多打琢痕迹。双面直刃，偏锋，

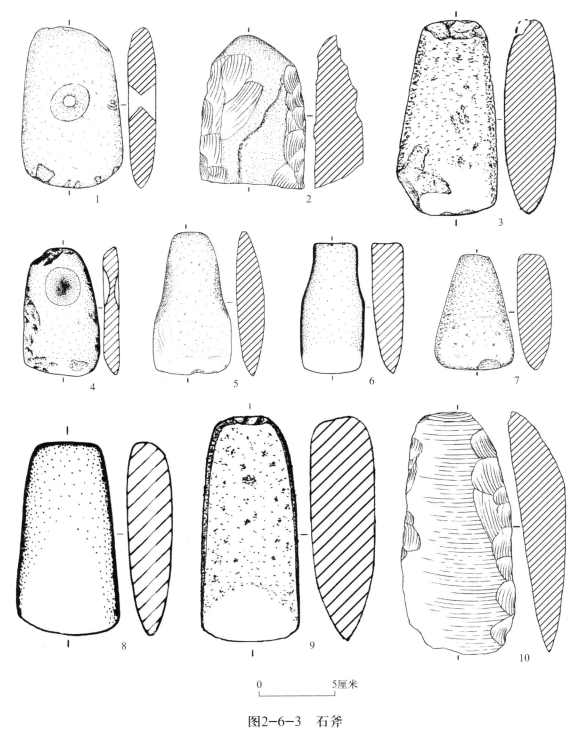

0 5厘米

图2-6-3 石斧

2、10. A型石斧（H432：151、H553：1） 1、4. Ba型石斧（H465：4、H653：19） 3、8-9. Bd型（H348：3、H138：24、H114：7）5-7. Bb型石斧（H22：2、T21⑦：13、H173：1）

刃部磨制光滑，刃长 3.7 厘米。先经打制，后琢磨而成，做工精细，小巧精致。长 6.3、宽 3.7、厚 1.5 厘米，重 0.07 千克（图 2-6-4，11；彩版二八二，2）。H702：2，灰褐色硅质灰岩。平面近梯形。平顶，单面弧刃，刃长 3.5 厘米，偏锋，刃部有残损。器表通体磨制较光滑。长 7.0、宽 3.5、厚 1.4 厘米，重 0.06 千克（图 2-6-4，3）。H745：1，青绿色花岗岩。平面近长方形。顶近平略磨光，两侧边平直，双面斜弧刃，偏锋，刃长 3.7 厘米。通体琢磨而成，侧边和近顶部琢制痕迹清楚，刃部磨制光滑，小巧精致。长 5.9、宽 3.7、厚 1.6 厘米，重 0.07 千克（图 2-6-4，10；彩版二八六，3）。

石凿 16 件。大部分尺寸较小，形态规整，加工精细，个别为半成品或毛坯。H342：2，红褐色白云岩。整体近梭形，顶部略平直，两侧微弧，最宽最厚均位于中部，刃部为两面圆弧刃，刃长 1.6 厘米。通体磨制，两侧边及刃部磨制光滑，顶部磨制略粗糙。长 7.2、宽 2.3、厚 1.7 厘米，重 0.05 千克（图 2-6-4，7）。H599：14，红褐色白云岩。扁平小砾石直接加工，顶端截断，呈微凹断口，两侧修型，残留打制片疤，刃部磨制呈圆角方形刃口，刃长 1.6 厘米，刃角约 10°。长 5.5、宽 2.4、厚 0.7 厘米，重 0.02 千克（图 2-6-4，8）。H670：1，紫红色泥页岩，平面近长条形，两面近平，略有起伏。两侧边为平直节理面。顶部斜断，刃部斜弧，为石凿毛坯。长 15.0、宽 2.5、厚 0.9 厘米，重 0.07 千克（图 2-6-4，9）。

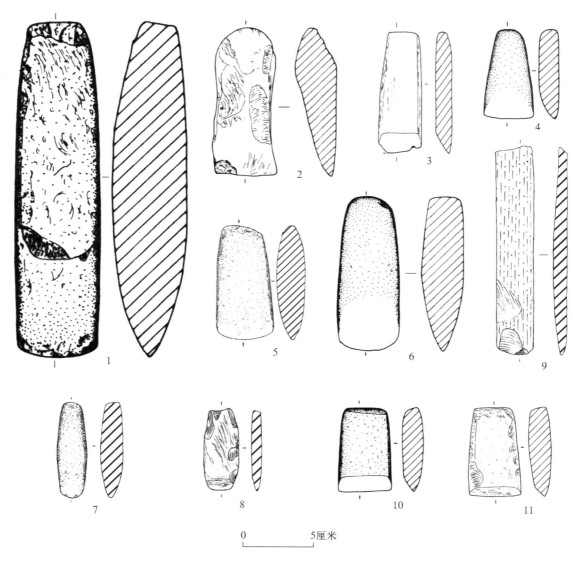

图2-6-4 石斧、石锛、石凿

1.Bc型石斧（H432：149） 2—4、10—11.石锛（H116：28、H702：2、H286：1、H745：1、H546：7） 5、6.Bd型石斧
（H432：158、H770：15、） 7—9.石凿（H342：2、H599：14、H670：1）

石铲　577件。其中残片546件，完整及可复原器仅27件。残片形态各异，尺寸大部分较小，但原料及加工技术均表现出明显一致性，极易识别。完整及可复原石铲形制较为多样，依据加工技术分为二型。

A型　4件。仅打制。H266∶5，红褐色石榴子石片岩。整体形态呈鞋底状，一面平坦，一面近顶部有斜脊。顶部圆弧，两侧边略斜直，刃部斜弧，刃部为具有节理面的大石片远端，基本不做修理，两侧边和顶部均有两面均匀修型。长24.5、宽12.3、厚2.5厘米，刃长12.8厘米，重0.71千克（图2-6-5，6）。H714∶1，红褐色石榴子石片岩。近梯形，平顶，顶部呈较齐整断口状。弧刃，一侧边近刃部有残缺。两侧边呈弧形收铤状。由具平行节理面的片状毛坯两面打制而成，除顶端四周均有修理疤。长18.3、宽14.9、厚2厘米，刃长10.1厘米，重0.85千克（图2-6-6，1；彩版二七五，4）。

B型　27件。琢制及磨制。据形态特征分为六亚型。

Ba型　5件。水滴型大石铲，尖弧刃。H155∶1，灰褐色硅质灰岩。整体似水滴形，弧顶，两面尖弧刃，局部边缘残留打制片疤，刃部较锋利有个别崩疤，刃缘处有竖直平行擦痕。器身通体磨制，一面磨光，局部保留原石材不规则凹坑，另一面有大量明显的擦痕和划痕。长29.3、宽20.5、厚2.2厘米，刃长6.9厘米，重2.07千克（图2-6-5，9；彩版二七四，3）。H284∶1，灰色硅质灰岩。整体略呈水滴形，侧边和顶部均呈弧状，周边残留明显的打制修型片疤。双面尖弧刃，刃部一面有明显的使用擦痕，刃部略有残损。器身通体磨光，表面可见大量磨痕。长23.6、宽18、厚1.6厘米，刃长10.4厘米，重1.86千克（图2-6-5，7；彩版二七五，1）。H548∶1，青灰色硅质灰岩。整体形状似水滴形，略呈弧顶，顶部有打制痕迹，双面尖弧刃，刃部有连续修理疤。通体磨制，铲面上有大量磨擦痕。一面光滑，另一面附着钙质胶结物，边缘残留打制片疤。长25.4、宽22.5、厚1.6厘米，刃长9.1厘米，重1.82千克（图2-6-5，8；彩版二七五，3）。T21⑦∶12，灰褐色硅质灰岩。整体形态呈水滴形。残断仅存左半边，可复原。顶部略弧，双面尖弧刃，刃部有明显使用擦痕。通体磨制光滑，一面光滑残留少量磨痕，另一面有大量规律性磨痕。长25.7、残宽10.3、厚1.9厘米，重0.83千克（图2-6-5，2；彩版二七六，2）。

Bb型　12件。舌形大石铲，圆弧刃。H127∶1，青灰色硅质灰岩。顶部略凹，有琢制痕迹。两面圆弧刃，刃部有连续修疤和使用痕迹，通体磨制，器身有不同向的细密磨擦痕。长23.6、宽18、厚1.6厘米，刃长11.8厘米，重1.3千克（图2-6-5，3；彩版二七四，2）。H127∶52，灰褐色硅质灰岩。残断仅存部分刃部，双面圆弧刃，刃部有明显的修理片疤和使用痕迹。通体磨制光滑，铲面上有明显的摩擦痕，一面残留琢制痕迹。长13.4、宽9.2、厚1.8厘米，重0.51千克（图2-6-6，4）。H314∶4，黑灰色硅质灰岩。残断仅存顶部。顶部近平直，先经打制后又磨制，残留打制痕迹。通体磨制光滑，正反铲面上均有明显的摩擦痕。长18、宽20.5、厚1.8厘米，重1.39千克（图2-6-7，4）。H339∶1，灰褐色硅质灰岩。整体残存形态呈长方形，仅存器身中部，通体磨光。一面磨光隐约可见摩擦痕，另一面略有磨光，同向的摩擦痕遍布。残长10.8、宽24.1、厚1.9厘米，重0.8千克（图2-6-7，5；彩版二七三，2）。H353∶1，灰色硅质灰岩，顶近平，近顶部残留有打制痕迹。双面圆弧刃，通体磨制而成，刃角锋利，刃部残留明显的修刃痕迹和使用痕迹。两铲面上均有大量磨擦痕。长19.7、宽20、厚1.9厘米，刃长15.5厘米，重1.36千克（图2-6-7，2；彩版二七五，2）。H407∶1，灰褐色硅质灰岩。残断仅存刃部。双面圆弧刃，刃部有修理疤和使用痕迹。通体磨制光滑，两面均有不同程度的磨擦痕。残长15.4、宽13、厚2厘米，重0.78千克（图2-6-7，1）。H501∶4，黄褐色白云岩。整体略呈半圆形，残断仅存刃部。双面舌形圆弧刃，刃缘有明显的修理和使用痕迹，刃口略呈锯齿状。

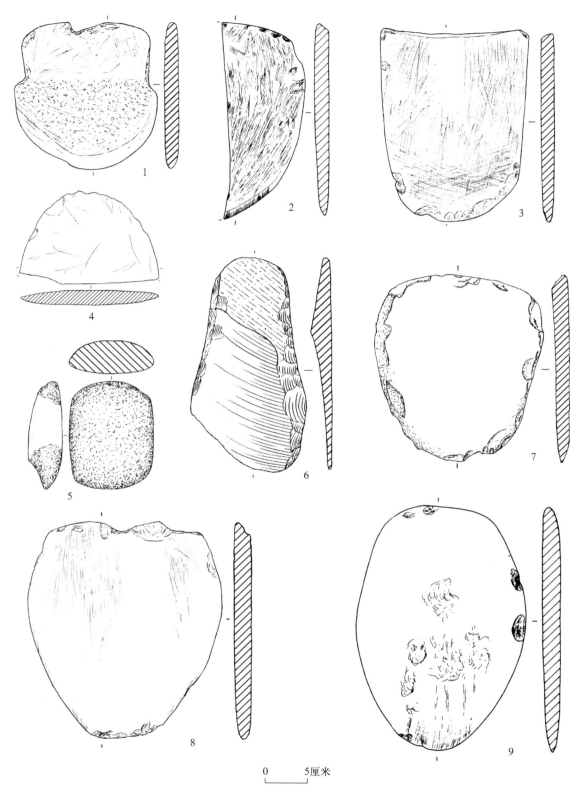

0　　　5厘米

图2-6-5　石铲（一）

1.Bf型（H7：24）　　2、7-9.Ba型石铲（T21⑦：12、H284：1、H548：1、H155：1）　　3、4.Bb型（H127：1、H501：4）
5.Bd型（H432：153）　　6.A型石铲（H266：5）

通体磨制，一面较光滑，另一面有明显的摩擦痕。残长10.7、宽16.2、厚1.7厘米，重0.44千克（图2-6-5，4）。H770：9，灰色硅质灰岩。残断仅存刃部。器身边缘有连续修型修疤。双面圆弧刃，刃部有使用崩疤，刃角较钝。器身一面磨制光滑有擦痕，另一面有大量琢制痕迹。残长9.4、宽15、厚2.4厘米，重0.45千克（图2-6-6，5；彩版二七六，1）。

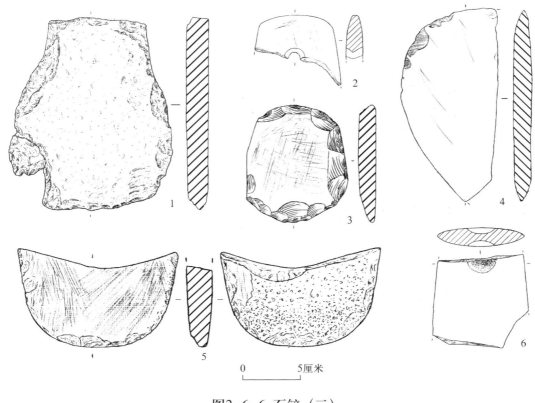

图2-6-6　石铲（二）

A型石铲（H714：1）　　2、6.Be型石铲（H653：37、H442：7）　　3.Bc型石铲（H707：8）　　4—5.Bb型石铲（H127：52、H770：9）

Bc型　2件。大石铲改制小石铲。H707：8，深灰色硅质灰岩。整体呈圆角长方形。顶部打制呈圆弧状，一侧边为原来大石铲残件的侧边，另一侧经打制修型成为略平直的侧边。刃部也经打制修理，器身光滑处为原来大石铲残件的磨光面，有明显的磨擦痕。长11.5、宽8.4、厚1.3厘米，刃长8.4厘米，重0.21千克（图2-6-6，3）。

Bd型　3件。小型石铲。H432：153，灰白色石英砂岩。整体形状呈圆角长方形。利用扁圆砾石自然形态直接打制，后经琢制，为琢制程序中断的产物。圆弧顶，顶部残留打制痕迹。双面圆弧刃，刃部两面均有琢制痕迹。一面全部琢制，一面部分琢制，残留部分砾石面。长13.2、宽9.8、厚4厘米，重0.75千克（图2-6-5，8）。

Be型　2件。有孔石铲。H442：7，灰白色白云岩，残断仅存留器身中部，通体精细磨制抛光，器表高亮光滑，两侧边平直，顶部残留半个对钻未形成穿孔的凹坑，坑径2.3厘米。残长7.5、宽7.6、厚1.5厘米，重0.16千克（图2-6-6，6）。H653：37，黄褐色泥岩。通体精细磨制，残断后仅残留顶部，顶部经磨制，呈弧形，两侧边平直光滑。顶部处残留半个对向钻孔，孔径2.1厘米。残长6.4、宽7.2、厚1.5厘米，重0.09千克（图2-6-6，2）。

　　Bf型　3件。特殊形制，铲面有凸棱或修铤。H7：24，灰色硅质灰岩。器身因修铤可分为上下两部分。上部为长方形，顶部有凹缺，缺口长3.5、深1.3厘米。下部为半圆形，双面圆弧刃，刃部略有残损和明显的使用痕迹。器身通体磨制光滑，两面均残留琢制痕迹，做工精细，铲面上可见大量擦磨痕。上下部连接处形成明显肩部，方便捆绑装柄使用。长16.5、宽15.8、厚1.5厘米，重0.68千克（图2-6-5，4；彩版二七四，1）。H432：104，灰色硅质灰岩。整体器形较厚重，顶部略残，较平，双面圆弧刃，刃缘较钝。侧边和刃缘均残留打制修理疤。器身一面中下部有一道竖向凸棱，凸棱长17.7、宽2.6厘米。另一面近平。两面均先打制，后经全面琢制修整，未见磨光。长27.5、宽15.6、厚3.1厘米，重2.57千克（图2-6-7，3；彩版二八二，3、4）。

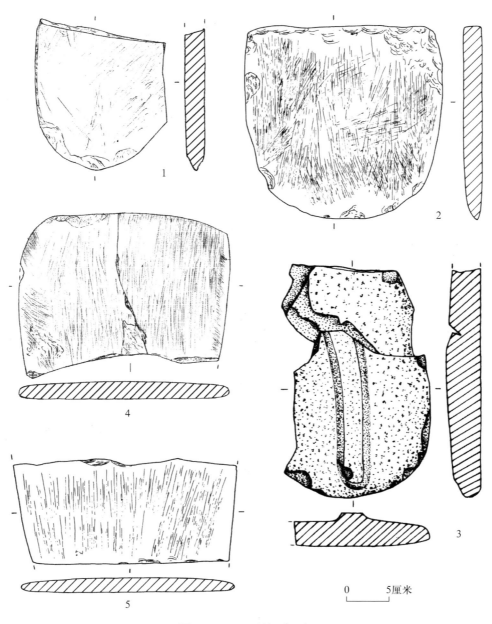

0　　　5厘米

图2-6-7　石铲（三）

1-2、4-5. Bb型石铲（H407：1、H353：1、H314：4、H339：1、）　　3. Bf型石铲（H432：104）

石刀 273件。大部分为磨制，少部分打制，形制多样，按有无穿孔分为二型。

A型 113件。有孔，磨制，近长方形。根据形状及特征分三亚型。

Aa型 33件。两面均有梭形凹槽，槽内对穿圆形或椭圆形孔。H92：10，青色绿板岩。平面近长条形，背部略平直，双面内凹弧刃，刃长8厘米，刃角约23°。近背部两面均有一道长短不等的凹槽，槽内有一对钻圆形穿孔，孔径0.6厘米。器表磨光，一面有大量横向划痕，两侧有错向打制片疤。长8.4、宽2.6、厚0.6厘米，重0.03千克（图2-6-8，6；彩版二六七，1）。H114：4，灰褐色硅质灰岩。近长方形，直背，双面弧刃，刃长9厘米，刃角约20°。近背部两面均有一道凹槽，槽内有一对钻圆形穿孔，孔径0.5—0.8厘米。器表磨光，局部保留原来石皮，四周边缘均残留打制痕迹。长5.2、宽9.5、厚0.4厘米，重0.07千克（图2-6-8，1；彩版二六八，1）。H278：68，青灰色片岩。近长方形，背略平直，背上有残缺，双面直刃，刃长7.0厘米，刃角约30°。近背部两面均有长短不一的凹槽，凹槽内有一对钻圆形穿孔，孔径0.4厘米。通体磨光，两侧边残留打制痕迹，一面附着大量钙质胶结物。长8.5、宽3.6、厚0.4厘米，重0.04千克（图2-6-8，9）。T21②：3，褐色云母片岩。背部略弧，双面内凹弧刃。近背部两面均有一道梭形凹槽，槽内有一双面钻椭圆形穿孔，孔径0.2—0.9厘米。整体器表磨光，两侧边残留少量打制痕迹。长3.3、宽8.5、厚0.6厘米，刃长7.6厘米，刃角约25°，重0.03千克（图2-6-8，4；彩版二七三，1）。

Ab型 1件。磨制两侧带凹缺。H165：12，黑灰色板岩。略呈长方形，石刀残件改制。背残，背部有一残断圆形对钻穿孔，孔径0.7厘米。双面斜刃，刃长3.9厘米，刃角约20°，刃缘有少量使用崩疤。两侧边近背部处有打制凹缺，一侧边为原石刀背部，另一侧边为打制修形。通体磨光。长6.2、宽4、厚0.6厘米，重0.03千克（图2-6-8，8；彩版二八二，1）。

Ac型 79件。磨制有孔，形态多样。C：2，青色绿板岩。近长方形，直背，两侧边磨制略平直，局部有缺。双面弧刃，刃部微凹，刃长9.6厘米，刃角约30°。器中部有一对钻圆形穿孔，孔径0.7—1.1厘米。器表磨光，近刃部有明显的使用痕迹。长5、宽9.8、厚1厘米，重0.1千克（图2-6-8，2）。H111：3，黑灰色板岩。近月牙形。扁平砾石加工，背部弧凸，两侧中一侧平直，一侧圆弧，均残留打制修形痕迹。刃部几乎不见加工修理，刃长8.3厘米，刃缘为自然状态，曲折起伏。器中部有一双面钻圆形穿孔，孔径0.5厘米。器表多为自然石皮，局部有少量擦磨痕。长8.8、宽3、厚0.6厘米，重0.03千克（图2-6-8，7）。H379：1，灰色云母片岩，整体形态近长方形，厚度较均匀，通体磨光，中心有孔对钻而成，孔径0.5厘米。刀背部平直，刃部内凹，较钝，刃长9.1厘米，近刃部边缘有较多划痕。长9.2、宽4、厚0.8厘米，重0.05千克（图2-6-8，11；彩版二六九，1）。H412：2，青色绿板岩。月牙形，弓背，背部残留打制痕迹。近背部一对钻圆形穿孔，孔径0.5厘米。双面直刃，刃部残损严重，刃长9厘米，刃角约25°。一面平坦，残留磨制痕迹，一面凹凸不平，为原石皮自然形态。长4.4、宽10.1、厚0.8厘米，重0.06千克（图2-6-8，3；彩版二六九，1）。H678：1，灰色片岩。残存形态近方形，形制规整，两面平坦厚度均匀，器身通体磨制，表面残留磨擦痕。器身中部有对钻穿孔，孔径1.6厘米，沿穿孔处纵向断裂，断口略齐整。残长5.5、宽4.6、厚0.7厘米，重0.04千克（图2-6-8，10）。H825：1，黑灰色云母片岩。近长方形，刀背较直，呈凸棱状。一侧边略圆弧，一侧残损。双面直弧刃，刃部残，刃残长7.6厘米。近背部有一对钻圆形穿孔，孔径0.4厘米。器表通体磨光。长10.4、宽5、厚1.1厘米，重0.1千克（图2-6-8，5；彩版二七二，2）。

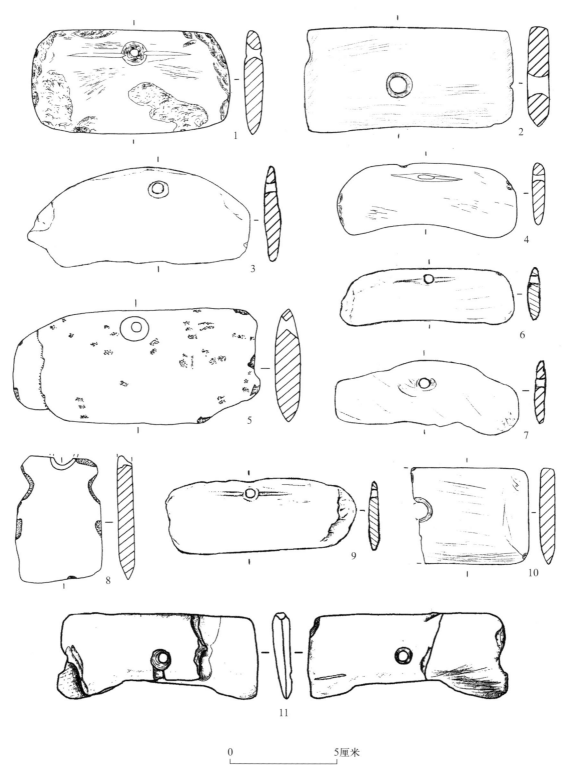

0　　　　　　　　　　5厘米

图2-6-8　有孔石刀（一）

1、4、6、9. Aa型石刀（H114：4、T21②：3、H92：10、H278：68）　2—3、5、7、10—11. Ac型石刀（C：2、H412：2、H825：1、H111：3、H678：1、H379：1）　8. Ab型石刀（H165：12）

B 型　160 件。无孔，打制或磨制。按形态特征可分为四亚型。

Ba 型　120 件。打制有凹缺。H477：77，灰色石英岩。毛坯为锐棱斜向砸击石片，形态近椭圆形。台面处厚、远端薄，厚度不均。两侧均有打制凹缺，左缺口宽 1.2、深 0.4 厘米，右缺口宽 0.9、深 0.3 厘米。以石片远端为刃，刃缘锋利，刃长 7.1 厘米，刃角约 15°，刃缘有明显使用残损痕迹。长 8.2、厚 4.6、厚 1.1 厘米，重 0.05 千克（图 2-6-9，10；彩版二七〇，1）。H522：1，灰绿色辉绿岩。近长方形。锐棱斜向砸击石片加工。刀背和刃缘均微弧。刀背部有打制修型片疤。刃部经打制修理后又似有轻度磨制或使用磨光，刃长 8.4 厘米，刃角约 48°。两侧圆凸有凹缺，左凹缺宽 1.2、深 0.3 厘米，右凹缺宽 1.5、0.3 厘米。腹面微弧，背面较凸，近台面处有较大崩疤。长 5.2、宽 9.1、厚 1.6 厘米，重 0.08千克（图 2-6-9，9；彩版二七一，1）。H546：1，灰绿色辉绿岩。整体形态近长方形，石片毛坯打制，一面为石片腹面，微凹，另一面为光滑砾石面，较凸。刀背部及刃部微弧，两侧边制微内凹缺，左凹缺宽 2.5、深 0.3 厘米，右凹缺宽 1.6、深 0.2 厘米。刃部经单向加工，较锋利，刃长 8.9 厘米，刃角40°。长 9、宽 4.6、厚 1.6 厘米，重 0.1 千克（图 2-6-9，1；彩版二七一，2）。H594：4，黑色玄武岩。近长方形，石片加工而成，两面近平，厚度均匀。两侧有凹缺，凹缺宽 1.5、深 0.4 厘米，另一侧凹缺宽 2.4、深 0.7 厘米。刀背和刃部均经细致修理，较平直，刃角约 30°，刃长 8.5 厘米。长 9.5、宽 4.8、厚 1.1 厘米，重 0.08 千克（图 2-6-9，8；彩版二七〇，2）。H598：1，灰色辉绿岩，石片加工，整体形态近梯形。腹面略鼓，背面近平。两侧有凹缺，左凹缺宽 0.9、深 0.4 厘米，右凹缺宽 0.9、深 0.3 厘米。刀背和刃部均有连续细致修理，较平直。刃部呈锛刃状，刃长 7.2 厘米，刃角约 66°。长 9.5、宽 4.8、厚 1.1 厘米，重 0.08 千克（图 2-6-9，4）。H686：1，灰黑色辉绿岩。锐棱斜向砸击石片加工而成。整体呈长方形，台面处有较多打制修理，厚度较均匀，背面保留少量砾石面。两侧有凹缺，左凹缺宽 1.6、深 0.6 厘米，右凹缺宽 1.7、深 0.7 厘米。刃部薄锐有残缺，刃长 10.3 厘米，刃角约 10°。长 18.6、宽 5.3、厚 1.2 厘米，重 0.08 千克（图 2-6-9，5）。H699：2，深灰色石英岩，近椭圆形。锐棱砸击石片为毛坯简单加工而成。腹面微鼓有凸棱，打击点和放射线清晰，背面为砾石。石刀一侧为窄深凹缺，宽 0.9、深 0.5 厘米，一侧为宽浅凹缺，宽 1.9、深 0.2 厘米。石片远端稍作修理成刃，刃缘似有磨制或使用磨痕，刃长 6.2 厘米，刃角约 32°。长 6.7 厘米，宽 4.4 厘米，厚 1.0 厘米，重 0.04 千克（图 2-6-9，2）。H770：2，黑色玄武岩。毛坯为锐棱斜向砸击石片，整体形态近椭圆形。腹面的打击点和放射线明显，远端有凸棱。在石片两侧边打制出凹缺，左侧凹缺宽 1.9、深 0.4 厘米，右侧凹缺宽 0.9、深 0.2 厘米。以石片远端为刃，刃长 7 厘米，刃角约 36°。长 8.3、宽 5、厚 1 厘米，重 0.05 千克（图 2-6-9，11；彩版二七二，1）。

Bb 型　14 件。打制无凹缺。H325：17，红褐色白云岩。近长方形，以节理发育的石片为毛坯加工修形，薄厚均匀，刀背部略平直，两侧略弧。平直刃，刃长 8.9 厘米，刃角约 25°。长 9.5、宽 5.2、厚 0.8 厘米，重 0.07 千克（图 2-6-9，3；彩版二六八，2）。

Bc 型　5 件。磨制有凹缺。H356：1，灰绿色云母片岩。平面近长方形。两面平坦厚度均匀。刀背部较平直，磨制，残留少量打制片疤。刃部磨制，呈锛刃状，刃长 7.6 厘米，刃角约 25°。两侧不平直，各有一方凹形缺，左凹缺宽 0.5、深 0.3，右凹缺 0.7、0.3 厘米，石刀一面近刃部遗留大量横向和斜向的刻划痕。长 8.1、宽 4.3 厘米，厚 1.2 厘米，重 0.06 千克（图 2-6-9，6）。

Bd 型　21 件。磨制无凹缺，多为残断件。H111：4，褐色白云母片岩。整体呈圆角长方形，为石刀半成品，两面及四周均有不同程度磨制，左侧平直，右侧圆弧，刀背部平直，刃部亦平直厚钝，未形成锋刃。长9.1、宽5.2、厚1厘米，重0.08千克（图2-6-9，7；彩版二六七，2）。

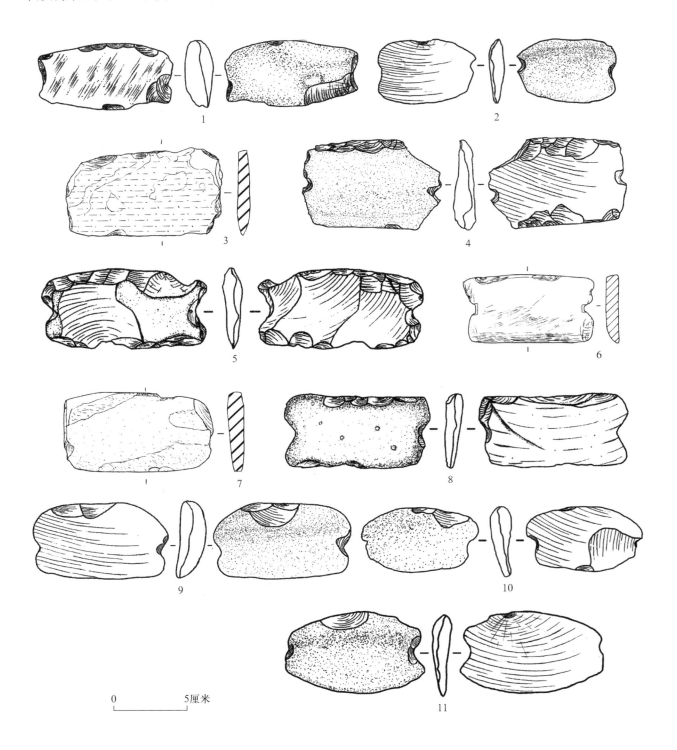

0　　　　　5厘米

图2-6-9 无孔石刀（二）

1-2、4-5、8-11. Ba型石刀（H546：1，H699：2，H598：1，H686：1，H594：4，H522：1，H477：77，H770：2）3. Bb型石刀（H325：17）6. Bc型石刀（H356：1）7. Bd型（H111：4）

石网坠 3件。H653：39，灰绿色绿板岩。整体略呈圆柱状，两头略收缩，一头有明显使用痕迹。以天然长条柱状砾石为毛坯，在砾石中部琢打一周，形成环状凹槽，凹槽宽1.1-1.8厘米，略浅平。长7.8、宽3.0、厚2.9厘米，重0.11千克（图2-6-10，2）。T17⑤：1，灰白色石灰岩。亚腰形，顶部圆弧状，底部平直。以扁平砾石打琢而成。两面较平坦，有明显琢打痕迹，尤其中部琢制出凹槽。两侧中部琢制内凹呈亚腰形。长6.9、宽4.6、厚1.8厘米，重0.10千克（图2-6-10，1）。

石球 185件。部分为无人工痕迹的高磨圆度天然砾石，有些坚硬者或可作为石锤；部分经人工琢磨而成，圆度较高。根据尺寸大小分二型。

A型 94件。大石球，直径大于5厘米。H108：3，灰白色石灰岩。圆球状，近正圆。器形规整，器表有明显琢制痕迹，遗留较多坑点，磨光程度低，表面并不十分光滑。长6.3、宽6.2、厚6.1厘米，重0.37千克（图2-6-10，4；彩版二九三，1）。H278：43，灰褐色石英砂岩。近球状，为磨圆度很高的天然砾石，表面为光滑砾石面，不见明显琢磨痕迹。长9.1、宽8.4、厚7.2厘米，重0.79千克（图2-6-10，3；彩版二九四，1）。H338：1，灰白色石灰岩。圆球状，近正圆。器形规整，器表磨制光滑，残留琢制痕迹。局部附着钙质胶结物。长5.8、宽5.8、厚5.5厘米，重0.28千克（图2-6-10，7；彩版二九四，2）。H342：1，翠绿色绿板岩。圆球状，近正圆。器表有琢打痕迹，不均匀分布有小坑点，略光滑，磨光程度略低。长5.1、宽4.9、厚4.7厘米，重0.19千克（图2-6-10，6；彩版二九五，1）。H646：4，灰色硅质灰岩。圆球状，近正圆。器形规整，做工精细，磨制较光滑，器表遗留少量琢打坑点。长5.6、宽5.6、厚5.5厘米，重0.26千克（图2-6-10，5；彩版二九六，1）。

B型 91件。石丸，直径小于5厘米。H155：2，深灰色石灰岩。圆球状，器型琢制规整，近正圆。器表经初步琢制磨光，略光滑，残留部分琢制凹坑和击打点。长3、宽2.9、厚2.9厘米，重0.04千克（图2-6-10，11；彩版二九三，2）。H384：1，灰色硅质灰岩。圆球状，扁圆。器形规整，磨制精细，表面多磨光，局部保留少量琢打痕迹。石球较扁一侧有明显磨制小平面。长3.2、宽3.1、厚2.7厘米，重0.04千克（图2-6-10，9；彩版二九五，2）。H419：12，红褐色石英砂岩。近圆球状，准圆，为磨圆度很高的天然砾石，表面为流水搬运形成较光滑砾石面，同时存在岩石差异风化形成的坑洞，不见明显人工琢磨痕迹。长4.7、宽4.5、厚4.3厘米，重0.13千克（图2-6-10，10）。H503：2，黑灰色石灰岩，圆球状，器型规整，近正圆。器表经琢打，遍布大小凹凸不平的坑点，几乎未经磨光，并不光滑。长3.7、宽3.6、厚3.5厘米，重0.07千克（图2-6-10，8）。H707：1，灰白色花岗岩。圆球状，近正圆，器形规整。器表分布琢制凹坑和击打点，未经磨光。长5、宽4.9、厚4.7厘米，重0.16千克（图2-6-10，13；彩版二九六，2）。T21⑥：213，灰色石灰岩。圆球状，近正圆，器形规整。器表分布明显的琢制坑点，表面经初步磨光，略光滑。长3.9、宽3.8、厚3.8厘米，重量0.08千克（图2-6-10，12）。

石纺轮 19件。形制规整，尺寸相近，加工精制，均为磨制，少部分纺轮残断。H39：21，红褐色泥岩。近正圆形，饼状，直壁，器中部有一双面钻圆孔，孔径1厘米，两面近平，一面附着钙质胶结物，磨制光滑，器身普遍分布打制残留的片疤痕迹。长6、宽5.9、厚0.7厘米，重0.04千克（图2-6-11，10；彩版二七七，1）。H354：1，紫红色泥岩。近正圆形饼状，一面近平，一面微凸，弧壁，器中部有一对钻圆孔，孔径1厘米。器表磨制光滑，边缘残留打制痕迹。长6.5、宽6.4、厚0.9厘米，重0.06千克（图2-6-11，3；彩版二七七，2）。H477：78，灰白色泥岩。圆形饼状，两面平整，直壁，器中部有一对钻圆形穿孔，孔径1.2厘米。器表磨制光滑，做工精细，其中一面附着钙质胶结物。长7.2、

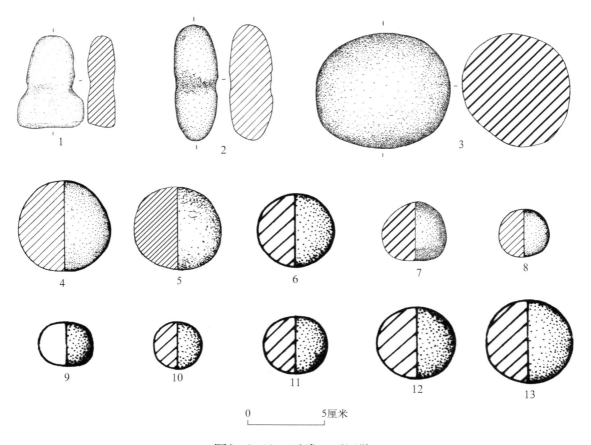

图2-6-10　石球、石网坠

1—2.石网坠（T17⑤：1、H653：39）　3—7.A型石球（H278：43、H108：3、H646：4、H342：1、H338：1）　8—13.B型石球
（H503：2、H384：1、H419：12、H155：2、T21⑥：213、H707：1）

宽7、厚1.6厘米，重0.14千克（图2-6-11，1；彩版二七八，1）。H501：3，灰褐色页岩。近正圆形，饼状，弧壁，器中部有一双面钻圆孔，孔径1.1厘米。两面磨制光滑平整，做工精细。长7、宽6.9、厚1.2厘米，重0.09千克（图2-6-11，2；彩版二七八，2）。T22③：10，褐色泥岩。近正圆形，饼状，两面较平，直壁，器中部有一双面钻圆形穿孔，孔径1.4厘米。器表磨制光滑，边缘局部有残缺及打制痕迹。长6.5、宽6.3、厚1.6厘米，重0.11千克（图2-6-11，4；彩版二七九，1）。

　　石环　8件。均为残断件，加工精制，磨制并抛光。H21：1，灰白色花岗岩。残断仅存约三分之一。中间厚，边沿薄，横截面为锐角三角形。器表经磨制，内壁微弧。残长7.8、宽2.4、厚1.4厘米，重0.05千克（图2-6-11，7）。H270：8，白色大理岩。残存约四分之一。截面为近长方形，内壁面近直，外壁面微凹。通体磨光，器表因原料缘故分布有细小孔隙。残长6、宽1.5厘米，厚3.6厘米，重0.07千克（图2-6-11，5）。

　　石璧　22件。几乎均为残断件，形制并不规整，打磨较粗糙，多保留打制痕迹，多由大石铲残件改制。H37：7，褐色白云岩。圆形饼状，残存约五分之四，中间有一近圆形孔，截面略呈梭形。边缘残留大量打制片疤，两面及钻孔周边均保留大量敲琢坑点，局部有磨制。长12.8、璧宽6.3、厚1.8厘米，重0.2千克（图2-6-11，8）。H255：14，灰褐色硅质灰岩。圆形饼状。残存约三分之一。中间有一圆孔，孔径2.3厘米。大石铲残件改制，边缘均为两面打制修型片疤，璧身保留原石铲器表的擦磨痕。圆孔周围残留有琢制痕迹。长13.2、璧宽5.8、厚1.1厘米，重0.26千克（图2-6-11，12）。H569：21，灰白色花岗岩。残断，近半圆，圆形饼状，厚度由中间向边缘递减，中间有一圆孔，外孔径0.7厘米。两面磨制，一面边缘有残损片疤。残长7.4、璧宽3.6、厚1.7厘米，重0.07千克（图2-6-11，6）。H679：5，褐色硅质灰岩。由大石铲残片改制。残存约四分之一，两面近平光滑，保留原石铲琢磨痕迹。边缘均为两面打制，局部为刃状边棱，局部残留原石铲断口状边棱。两面中间有对琢凹窝，未穿。长10.9、璧宽5.6、厚1.7厘米，重0.14千克（图2-6-11，11）。H782：1，灰白色花岗岩。圆形饼状，残存形态略呈扇面形，器中部有一双面对钻穿孔，孔周边残留敲琢痕迹。器表大部分保留原砾石自然面。残长12.8、宽11.0、厚5.5厘米，重0.27千克（图2-6-11，9；彩版二八一，1）。

石磨棒　8件。多为不规则圆柱状天然砾石直接使用，形成光滑研磨面，少部分经过仔细磨制，形态规整。H14：23，灰褐色花岗岩。近圆柱状，横截面近椭圆形。一端残断，断口不齐整，另一端底部有明显的使用痕迹。器身整体经细致磨光，器表一面呈圆弧，另一面较为平整，为长期使用磨平面。残长10.9、宽6.2、厚4.7厘米，重0.51千克（图2-6-12，2）。H138：3，黑灰色角页岩。天然长条状扁圆砾石直接使用，截面呈椭圆形，一端有疑似杵击使用痕迹。较扁平的一面有大面积使用磨光面，磨光面较自然砾石面更光滑光亮。长21.5、宽7.5、厚5厘米，重1.44千克（图2-6-12，1；彩版二八四，3）。T21⑥：124，褐色砂岩。仅存半截器身，略呈长方形，截面不规则。一端为较平直端部，另一端为不规则断口。器身磨制较平滑，一侧有一道凹槽，一面为圆弧形磨面。残长9.2、宽5.5、厚3.4厘米，重0.22千克（图2-6-12，3；彩版二八四，4）。

石杵　49件。多为天然长条状砾石直接使用，在一端或两端形成坑点状使用痕迹或红彩附着。H108：7，黑灰色云母片岩。天然长条圆柱形砾石直接使用。一端扁圆凸，端部有明显击打痕迹并附着红彩，另一端圆凸，隐约可见打击痕，周边也有少量红彩附着。长14.1、宽4.5、厚3.4厘米，重0.41千克（图2-6-12，4；彩版二八四，1）。

石磨盘　11件。多为大型扁平状砾石加工或使用而成，部分磨盘中心部位长期使用形成明显内弧凹窝。H122：1，灰白色石英岩。平面近圆角方形，直接利用天然扁平砾石，边缘略经打制，后有明显磨蚀。两面较平，其中一面略凹，为主研磨面，残留红彩尤为集中。另一面平坦，有较大的剥片疤。器身经长期浸染，遍布明显的红彩痕迹。长35.6、宽28.8、厚6厘米，重8.77千克（图2-6-12，6；彩版二八〇，1）。H122：28，灰白色石英岩。残断近半，残件平面近长方形，利用天然扁平或内凹的大块砾石直接使用。横截面近长方形。器身一面明显弧凹，红彩痕迹明显集中遗留于凹窝周围，另一面近平方便置于地表。长32、宽29.2、厚12.4厘米，重16.3千克（图2-6-12，5）。

石锤　14件。多为天然扁圆砾石直接使用，器身局部保留集中打击痕迹，与天然砾石的石球相区别。H156：8，黑灰色石英岩。高磨圆度的橄榄形砾石，一端有集中击打痕迹，另一端击打形成较多崩疤。中部附着有少量红彩。长9.9、宽7.2、厚6.9厘米，重0.7千克（图2-6-12，8）。H767：2，灰白色石英砂岩。近圆球状。一侧有一块小平面，另一侧圆凸，表面分布大量敲砸坑点痕迹。长9.5、宽9.4、厚7.5厘米，重0.97千克（图2-6-12，10）。H189：25，红褐色石英砂岩。略扁圆砾石，一面略平，另一面微凸，形成较宽厚的砾石边棱，边棱上几乎绕一周有明显的击打凹坑，坑点中多附着红彩。长9.5、宽9.1、厚6.2厘米，重0.76千克（图2-6-12，7）。T50②：11，黑灰色石英砂岩。近椭圆体，具有残损不规则凹坑，为高磨圆度天然砾石直接使用，器表有击打坑点痕迹。长12.4、宽9.3、厚8.4厘米，重1.50千克（图2-6-12，9）。

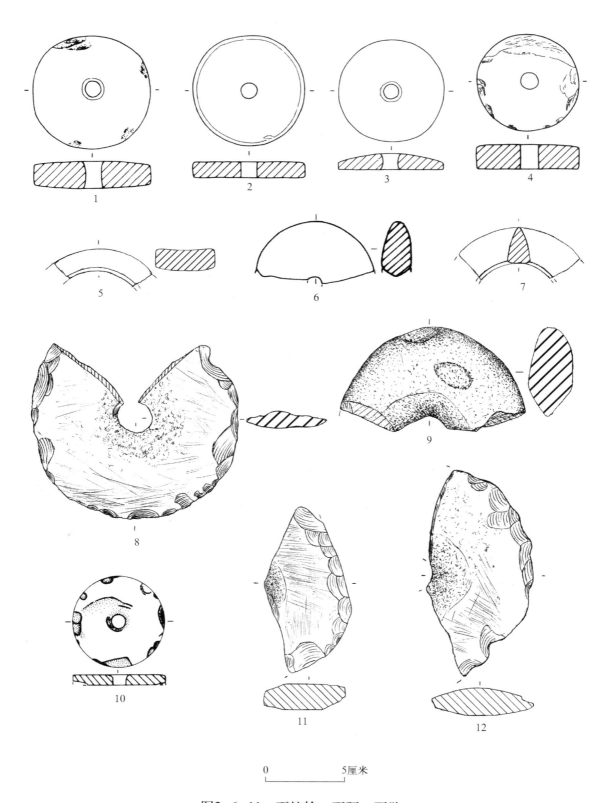

0   5厘米

图2-6-11 石纺轮、石环、石璧

1-4、10.石纺轮（H477：78、H501：3、H354：1、T22③：10、H39：21） 5、7.石环（H270：8、H21：1） 6、8、9、11、12.石璧（H569：21、H37：7、H782：1、H679：5、H255：14）

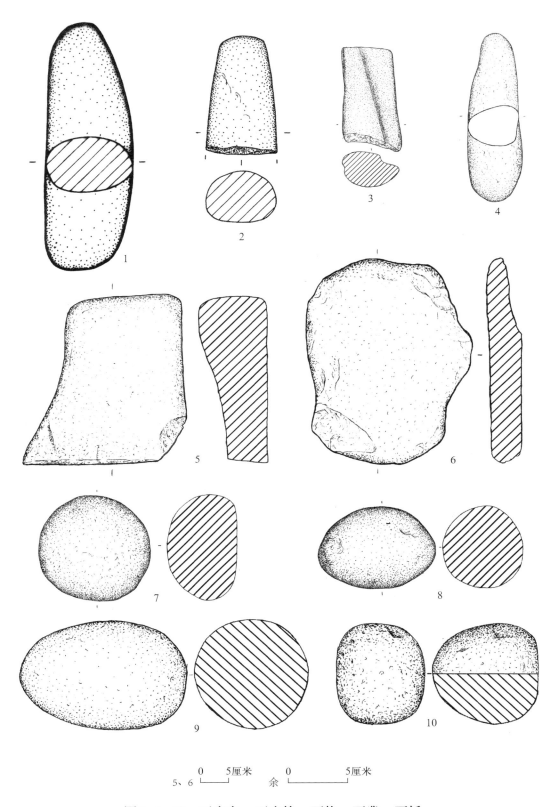

图2-6-12 石磨盘、石磨棒、石杵、石凿、石锤

1-3.石磨棒（H138：3、H14：23、T21⑥：124） 4.石杵（H108：7） 5、6.石磨盘（H122：28、H122：1） 7-10.石锤（H189：25、H156：8、T50②：11、H767：2）

石研磨器　33件。多为形态各异的天然砾石长期使用形成研磨面，大部分研磨面光滑并附着红彩。根据形态分为二型。

A型　5件。球状，磨圆砾石直接使用。H191：1，红褐色石英岩。圆球状天然砾石，球体一面有一半月形凹坑，另一面为一光滑研磨面。器身明显遗留有大量红彩，应为长期粉碎研磨红色矿物颜料所致。长12.4、宽11.4、厚8.8厘米，重1.82千克（图2-6-13，4；彩版二八一，2）。

B型　28件。非球体，形态多样。H9：195，黄褐色石英岩。不规则砾石经打制后直接使用。平面近梯形，上部横截面近椭圆形，下部横截面近平面近圆角方形。器身上部多经打制，底部砾石面经长期使用形成一光滑弧面，器身全部附着大量红彩，打制片疤和弧面上遗留最多。长14.5、宽9.1、高8.4厘米，重1.76千克（图2-6-13，1；彩版二七九，2）。H109：1，灰白色花岗岩。圆柱状，横截面近圆形，顶部圆凸，有敲砸痕迹，底部为研磨平面，平滑程度略浅。器身遗留明显红彩，尤以顶部和底部为甚。器身中部有一圈较浅平的凹槽，凹槽宽1.3-2.4厘米。长11.7、宽7.1、厚7厘米，重0.72千克（图2-6-13，3）。H132：1，花白色花岗岩。圆柱状，截面近正圆形。顶部圆凸，有明显砸敲痕迹并附着少量红彩。底部为一略弧平面，弧面边缘遗留有明显红彩。器身磨制光滑，可能为磨棒使用残断后改制的研磨器。长15.2、宽7.7、高7.4厘米，重1.47千克（图2-6-13，2；彩版二八四，2）。H321：3，黑灰色角页岩。平面近梯形，顶部横截面近圆形，下部横截面近椭圆形。顶部圆凸，有明显敲击痕迹，底部由于长期使用形成一光滑弧面。器身均遗留有明显的红彩，尤以底部弧面为甚。长9.8、宽6.2、厚3.9厘米，重0.35千克（图2-6-13，5）。

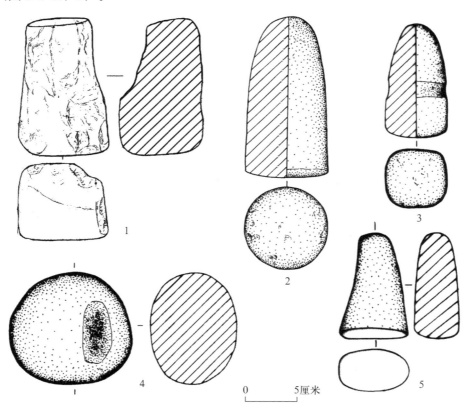

0　　　　　5厘米

图2-6-13　石研磨器

1-3、5.B型（H9：195、H132：1、H109：1、H321：3）　　4.A型（H191：1）

大石杵　1件。T52③：3，灰白色花岗岩。器形硕大，近圆柱形，横截面近圆形，顶部打制近平，略有残损。底部打琢成短圆锥状，锥部使用痕迹明显。器表粗糙坑洼不平，但有明显琢磨痕迹。长54厘米，顶部直径12.7、底部直径14.8厘米，重22.1千克（图2-6-14，1）。

石锥　1件。H355：4，浅黄色泥岩。整体略呈直角三角形，两直角边略厚，斜边稍薄。锐角部位磨制成尖，尖角约30°。通体磨制，器表隐约可见擦磨痕。长7.7、宽3.5、厚1.1厘米，重0.04千克（图2-6-14，2）。

石镞　1件。H92：9，紫红色泥页岩。近三角形，小巧精致。顶部圆弧状，两侧边为弧状锋刃，尖角约60°。通体磨制，磨痕明显，一面较平坦，另一面中间有竖直凸棱。长3.1、宽1.9、厚0.4厘米，重不足0.01千克（图2-6-14，5）。

石镰　1件。H417：3，黑灰色板岩。残存部分近三角形，一端较尖，弓背，双面弧刃，刃部呈锯齿状。以石片为毛坯，经打制修形和局部磨制而成。残长8.2、宽5.3、厚1.4厘米，刃残长7.9厘米，重0.07千克（图2-6-14，4；彩版二八○，2）。

石钻　1件。T94⑦：78，深灰色石英岩，整体形态呈不规则四边形，石片毛坯加工，从腹面向背面对向加工成锐角尖，呈三棱短尖。尖角40°。长6、宽4.2、厚2.1厘米，重0.05千克。（图2-6-14，6）

颜料　1件。H146：32，红褐色赤铁矿石，形态不规则，局部表面风化呈红褐色土状，局部含石英等杂质。长5.1、宽3.9、厚2.6厘米，重0.07千克（图2-6-14，3）。

石饼　2888件。数量巨大，尺寸和厚度具有所差异，形态多呈两面平行，边棱较齐整。根据有无凹窝分为二型。

A型　44件。饼面有凹窝。H5：10，灰白色砂岩。平面近圆形。天然扁圆小砾石，一面稍平，一面微凸。边缘不做加工，直接在两面中间琢制圆形凹窝，凹窝边界清楚。长8、宽7.3、厚2.7厘米，重0.22千克（图2-6-15，8；彩版二八七，1）。H51：60，灰白色花岗岩。平面近椭圆形。天然扁圆砾石为毛坯，基本不做加工，直接在稍平的两面中部琢制凹窝，凹窝明显但浅平，边界不明确。长10.4、宽9.6、厚2.7厘米，重0.41千克（图2-6-15，7）。H84：48，灰色砂岩。平面近圆形。以扁圆砾石直接加工，两面平坦，局部保留砾石原弧形边棱，其余均打制。两面中间均有敲琢凹坑，一面呈较明显的圆形凹窝，另一面为不明显凹坑。长9.5、宽9、厚2.5厘米，重0.39千克（图2-6-15，4）。H189：22，灰白色石灰岩。平面近正圆，两面较平，绕边一周均有大量打制片疤，打制形态规整。两面中部均有大小深浅相近的琢制凹窝，凹窝周边为磨制。长6.8、宽6.4、厚1.6厘米，重0.11千克（图2-6-15，3）。H255：18，灰色砂岩。平面近圆角方形。两面均较平的扁平砾石直接打制，几乎绕一周均有打制片疤。一面中间有圆形琢制凹窝，另一面中间有少量集中敲琢的坑点，但未形成明显凹窝。长7.3、宽6.8、厚2.1厘米，重0.16千克（图2-6-15，2）。H458：4，灰白色石英砂岩。平面近圆形。两面扁平的小砾石加工，利用部分砾石边棱局部打制呈圆形，边棱较齐整。两面均平坦，中间琢制出圆形凹窝。长6.9、宽6.6、厚1.9厘米，重0.15千克（图2-6-15，1；彩版二九○，2）。H488：8，灰白色石英砂岩。平面近圆形。似以石片为毛坯加工，一面略弧，一面凹凸不平，附着钙质胶结物，两面中间均有凹窝。器身一周均有打制，边棱略凸，局部可作刃缘。长9.3、宽9.1、厚2.5厘米，重0.30千克（图2-6-15，5）。H782：7，黄褐色石英砂岩。平面近圆角方形。扁平砾石加工，一侧略厚一侧稍薄。两面均较平，其中一面中部有琢制的浅平凹窝。边棱保留部分砾石边缘，其余部分均为打制，边棱较齐整。长8.7、宽8.5、厚2.5厘米，重0.27千克（图2-6-15，6）。H599：11，灰色石英砂岩。

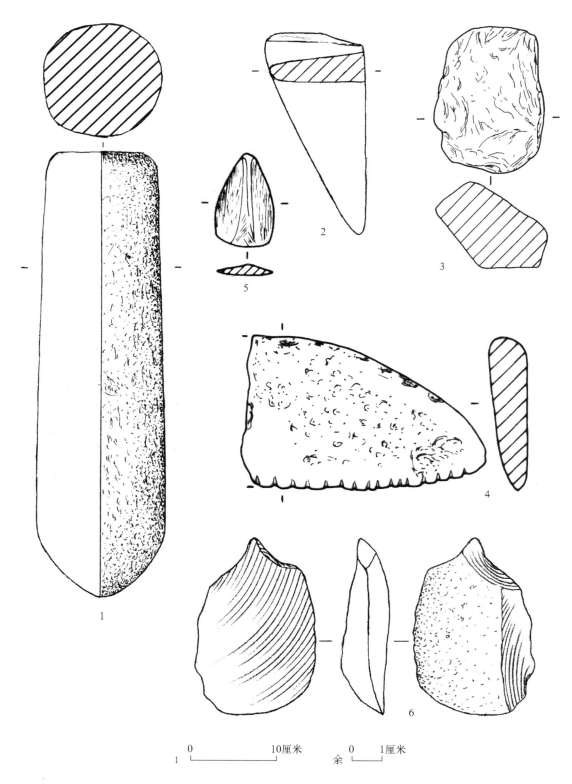

图2-6-14　石镰、石镞、石锥、石钻、大石杵、颜料

1.大石杵（T52③：3）　2.石锥（H355：4）　3.颜料（H146：32）　4.石镰（H417：3）　5.石镞（H92：9）　6.石钻（T94⑦：78）

平面近圆形。两面较平，周边均打制，边沿较整齐。两面中间均有琢制的圆形凹窝，凹窝稍浅而大，边界不清。长8.4、宽7.8、厚2.6厘米，重0.33千克（图2-6-15，9；彩版二九一，1）。

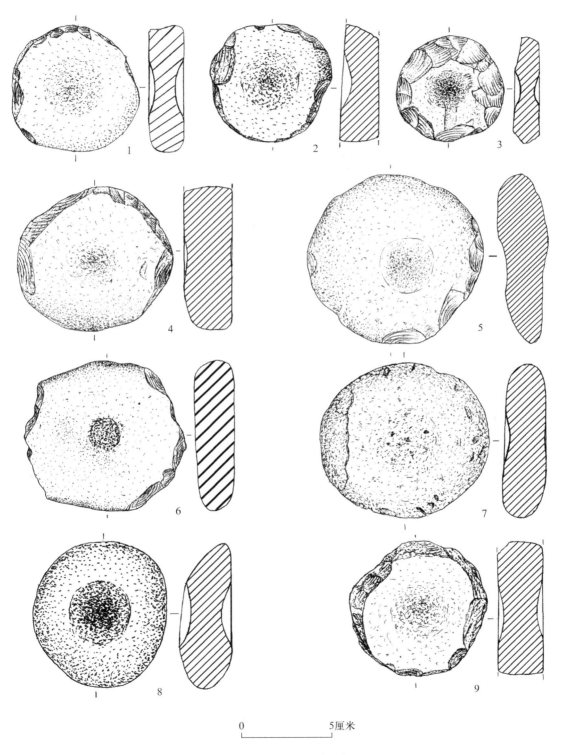

0　　　　　　5厘米

图2-6-15　A型石饼

1—9. A型（H458：4、H255：18、H189：22、H84：48、H488：8、H782：7、H51：60、H5：10、H599：11）

B 型　2844 件。无凹窝，根据加工方式及形态可分四亚型。

Ba 型　1192 件。局部打制。H114：50，黄白色细砂岩。平面近圆角方形。两面扁平砾石直接加工，两面保留砾石面，边沿有两小段未打制，其余皆打制，边沿较整齐。长 6.7、宽 6.0、厚 1.6 厘米，重 0.11 千克（图 2-6-17，3）。H118：1，灰褐色硅质灰岩。平面近椭圆形。由大石铲残片改制，两面均较平，有明显琢磨痕迹，其中一面残留有红彩。周边仅保留一小段原石铲的直边棱，其余皆打制。长 8.8、宽 8.0、厚 1.9 厘米，重 0.26 千克（图 2-6-16，7；彩版二八七，2）。H132：4，灰白色石英砂岩。平面近圆形。边缘小砾石直接打制，一半保留原砾石边棱，一半打制。两面近平，一面中间部位有少量琢打坑点，一面附着钙质胶结物。长 7.1、宽 7.0、厚 2.1 厘米，重 0.17 千克（图 2-6-16，2）。H142：9，灰白色石英砂岩。平面近圆形。两面较平，一面有少量敲琢坑点。利用自然砾石边棱，局部打制呈圆形。长 5.3、宽 5.2、厚 1.1 厘米，重 0.05 千克（图 2-6-16，6）。H255：16，灰白色石英砂岩。平面近圆形。两面略扁平小砾石打制，砾石面有自然细小孔隙。局部保留一角原砾石边棱，其余均打制齐整。长 7.2、宽 6.5、厚 1.9 厘米，重 0.16 千克（图 2-6-17，2）。H255：20，黄褐色细砂岩。平面近圆形。两面扁平砾石直接打制而成，保留两小段砾石边棱，其余皆打制，打制边棱较齐整。长 7.7、宽 7.0、厚 2.3 厘米，重 0.2 千克（图 2-6-16，5；彩版二八九，1）。H281：3，花白色花岗岩。平面近圆角方形。扁平砾石打制，两面近平，一侧保留砾石原有边棱，其余边缘打制，边沿略齐整。长 8.5、宽 7.9、厚 3 厘米，重 0.33 千克（图 2-6-17，1）。H361：2，黄褐色细砂岩。平面近圆角方形。两面扁平砾石打制而成，一面平坦，另一面保留部分砾石边棱。边沿略斜。长 6.8、宽 6.5、厚 1.9 厘米，重 0.14 千克（图 2-6-17，5）。H355：3，黑褐色石英岩。平面近圆形，扁平砾石直接打制，两面均较平。周边保留两小段砾石边棱，其余部分打制，打制边棱较齐整。长 6.5、宽 6、厚 2.1 厘米，重 0.15 千克（图 2-6-16，3）。H359：7，紫色砂岩。平面近圆角方形。较厚，一面平坦，另一面凹凸不平。周边仅一小段保留自然砾石边棱，其余皆打制，打制边棱较齐整。长 8.6、宽 7.9、厚 3.6 厘米，重 0.44 千克（图 2-6-16，4）。H398：7，灰褐色石英砂岩。平面近圆角方形。扁平砾石直接加工。两面均较平，两侧保留部分砾石边棱，其余均打制。长 7.8、宽 7.3、厚 1.5 厘米，重 0.28 千克（图 2-6-17，4）。H416：9，紫红色石英砂岩。平面近圆角方形。整体较薄，两面扁平的多边形砾石打制，打掉多余棱角而呈近圆形。长 8.4、宽 8.1、厚 1.7 厘米，重 0.24 千克（图 2-6-17，9）。H517：15，青灰色石英岩。平面近圆角方形。两面扁平砾石局部打制，一侧保留部分砾石边缘，其余皆打制，打制边棱较齐整。长 8.9、宽 8.2、厚 3.5 厘米，重 0.46 千克（图 2-6-17，10）。H520：10，黄色细砂岩。平面近圆角方形。一面较平，一面略弧。砾石圆角部位不作打制，其余均打制，打制边棱部分齐整部分较斜。长 9.7、宽 9.2、厚 2.4 厘米，重 0.33 千克（图 2-6-17，11）。H737：3，红褐色石英砂岩。平面近圆形。一面较平，一面微起伏。周边仅保留一小段自然砾石边棱，其余均打制，打制片疤清楚，齐整。长 6.9、宽 6.6、厚 2 厘米，重 0.16 千克（图 2-6-17，6）。H871：4，灰褐色石英岩。平面近圆角方形。一面为直平面，另一面为斜平面，一侧略厚一侧略薄。周边残留两小段自然砾石边棱，其余皆打制。长 8.6、宽 8.1、厚 4.2 厘米，重 0.43 千克（图 2-6-16，1）。T17⑤：167，灰黄色细砂岩。平面近圆形。两面非常平坦，保留两小段自然砾石边棱，其余皆打制。长 6.5、宽 6.1、厚 2 厘米，重 0.15 千克（图十七，8）。T22⑤：47，黑灰色角页岩。平面近圆角方形。两面扁平小砾石加工。两面平坦，边棱保留部分原砾石圆角，其余边棱部分打制，打制边棱略齐整。长 6.8、宽 6.4、厚 1.4 厘米，重 0.13 千克（图 2-6-17，

7）。T94⑨：1，灰白色石英砂岩。平面近圆角方形。一面近平，一面略弧，弧面残留少量红彩。周边仅保留一小段自然砾石边棱，其余皆打制，部分打制边较齐整。长10.3、宽9.8、厚3.7厘米，重0.55千克（图2-6-16，8；彩版二九二，2）。

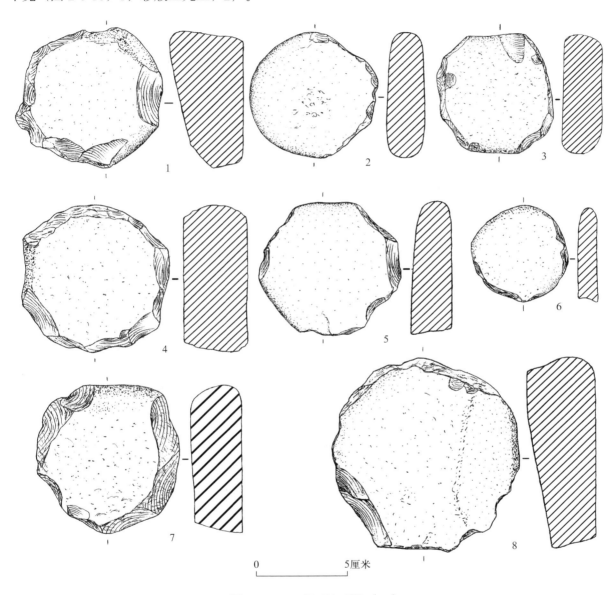

0　　　　　　　　5厘米

图2-6-16　Ba型石饼（一）

1-8．Ba型（H871：4、H132：4、H355：3、H359：7、H255：20、H142：9、H118：1、T94⑨：1）

Bb型　862件。周边均打制。H72：46，灰白色石英砂岩。平面近圆形。两面均为砾石面，一面较平，一面有一条自然棱脊。器身周边均打制，打制片疤不齐整，形成较凸的边棱脊，可作刃缘使用。长8.9、宽8.6、厚2.9厘米，重0.33千克（图2-6-18，7）。H84：49，深褐色石英岩。平面近圆形。两面较平，为砾石面。周边均打制，边沿较齐整。长6.8、宽5.9、厚2.6厘米，重0.21千克（图2-6-19，2）。H97：9，青灰色角页岩。平面近圆形。两面均为砾石面，较厚。一面平坦，一面微弧。器身周边均打制，部分呈齐整边棱，部分不齐整形成较凸的边棱，可作刃。长9.9、宽8.9、厚4.1厘米，重0.62

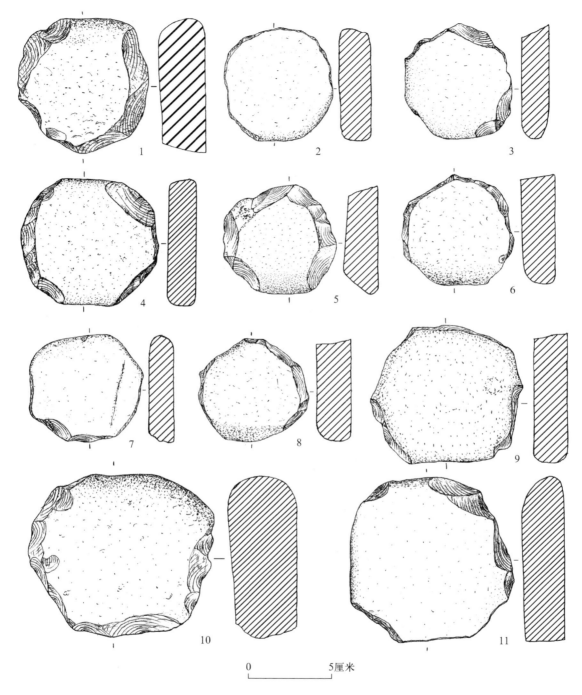

图2-6-17　Ba型石饼（二）

1—11. Ba型（H281：3、H255：16、H114：50、H398：7、H361：2、H737：3、T22⑤：47、T17⑤：167、H416：9、H517：15、H520：10）

千克（图2-6-18，2）。H114：32，浅黄色石英砂岩。平面近圆形，两面为砾石面，较平且薄。器身周边均打制，边沿整齐。长7.6、宽7.3、厚1.5厘米，重0.15千克（图2-6-19，1）。H114：49，灰色石英岩。平面近椭圆形，两面均为砾石面，不很平整，一侧略厚一侧稍薄。器身周边均打制，边沿较整齐。长7.1、宽6.4、厚2.8厘米，重0.19千克（图2-6-19，5）。H114：55，灰白色砂岩，平面近圆形。两面均不平坦，一面略弧，一面内凹，打制片疤大小不一，侵入砾石面。器身周边均打制，片疤倾斜形成较凸的边棱脊，可作刃缘。长 7.9、宽 7.5、厚 2.1 厘米，重 0.21 千克（图 2-6-18，6）。H127：15，黑色玄武岩。平面近圆形。一面较平，一面略凹。器身边沿周边均打制，打制边沿较整齐。长 6.0、宽 5.6、厚 2.4 厘米，重 0.14 千克（图 2-6-19，8）。H223：1，灰褐色硅质灰岩。平面近圆形。由大石铲残片改制，两面较平且磨光。周边均打制，边沿较整齐。长 4.0、宽 3.7、厚 1.8 厘米，重 0.05 千克（图 2-6-18，11；彩版二八八，1）。H255：17，灰白色石英砂岩。平面近椭圆形，两面均为砾石面，一面平坦，一面微凹。周身打制一周，形成较齐整的边棱。长 6.3、宽 5.5、厚 2.2 厘米，重 0.14 千克（图 2-6-18，3）。H255：19，灰白色细砂岩。平面近圆角方形，两面平整，为光滑砾石面，周边均打制，边沿较整齐。长 6.4、宽 5.7、厚 1.8 厘米，重 0.13 千克（图 2-6-19，3；彩版二八八，2）。H313：3，紫红色砂岩。平面近圆形，两面较平，周边均打制，边沿较整齐。长 4.8、宽 4.7、厚 1.8

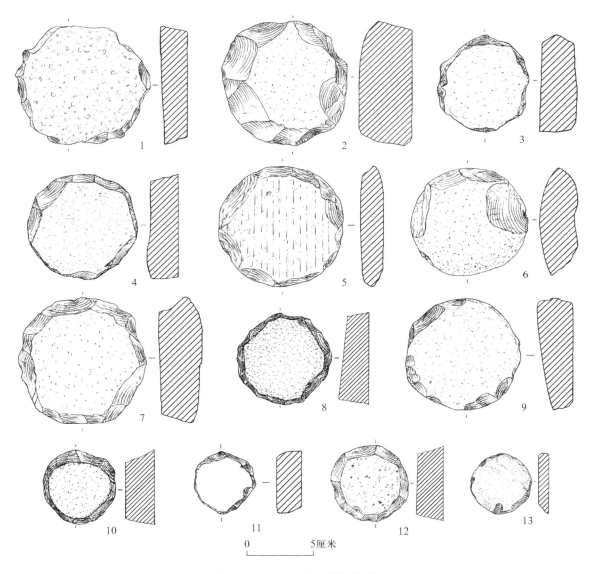

0　　　　　5厘米

图2-6-18　Bb型石饼（一）

1-13. Bb型（H432：3、H97：9、H255：17、H432：8、H854：1、H114：55、H72：46、H223：1、H545：17、H664：1、H704：1、H782：8、H710：1）

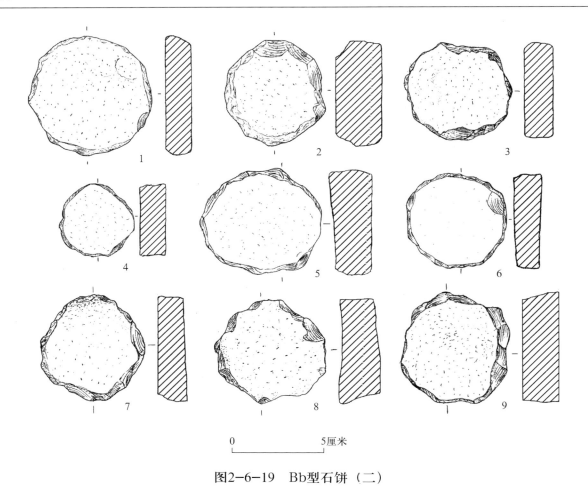

图2-6-19　Bb型石饼（二）
1-9. Bb型（H114：32、H84：49、H255：19、H313：3、H114：49、H432：123、H545：9、H127：15、H432：131）

厘米，重0.07千克（图2-6-19，4；彩版二八九，2）。H432：3，褐色硅质灰岩。平面近圆形，由大石铲残片改制，两面较平，遗留有大量琢制痕迹，其中一面有红彩。器身周边均打制，边沿较整齐。长9.3、宽8.7、厚1.9厘米，重0.28千克（图2-6-18，1）。H432：8，褐色砂岩。平面近圆形。两面略有起伏，为自然砾石面，周边均打制，边沿较整齐。长7.9、宽7.8、厚2.1厘米，重0.23千克（图2-6-18，4）。H432：123，灰褐色硅质灰岩。平面近圆形。由大石铲残片改制，一侧略厚一侧薄，两面平坦，经磨光，有明显擦磨痕。周边均打制，片疤清晰，边沿较整齐。长5.7、宽5.5、厚1.8厘米，重0.1千克（图2-6-19，6）。H432：131，浅黄色石英岩。平面近圆角方形。两面为砾石面，一面平坦一面微起伏。器身周边均打制，边缘较齐整。长6.8、宽6.5、厚2.4厘米，重0.19千克（图2-6-19，9）。H545：17，灰白色石英砂岩。平面近圆形。两面均平坦，一面平直，一面倾斜，导致一侧略厚一侧稍薄。器身周边均打制，打制边沿较齐整。长8.4、宽8.4、厚2.6厘米，重0.3千克（图2-6-18，9）。H664：1，褐色石英砂岩。平面近圆形，两面均为砾石面，一面微弧，另一面平坦，中间疑似有少量敲击坑点。器身一周均有打制，边棱较齐整。长7.4、宽7.1、厚2.4厘米，重0.20千克（图2-6-18，8）。H704：1，红褐色石英岩。平面近圆形。两面较平，为砾石面。器身周边均打制，边沿较整齐。长6.5、宽6.4、厚2.2厘米，重0.15千克（图2-6-18，12）。H782：8，紫红色砂岩。平面近圆形。两面为砾石面，平坦，周边均打制，边沿较整齐。长5.7、宽5.6、厚2.3厘米，重0.12千克（图2-6-

18，10）。H710：1，淡粉色粉砂岩。平面近圆形，两面均平坦，较薄，一面为砾石面，一面为节理面。器身一周均经打制，边棱较为齐整，长5.2、宽5.1、厚0.95厘米，重0.05千克（图2-6-18，13；彩版二九一，2）。H854：1，青灰色花岗岩。平面近圆形。两面较平，较薄，似节理面。器身周边两面加工，形成较凸的边棱脊，可作刃缘。长8.8、宽8.5、厚1.7厘米，重0.2千克（图2-6-18，5）。

Bc型　416件。以石片为毛坯加工。H110：2，花白色花岗岩。平面近圆形，圆砾石石片保留原型，基本不做加工，边沿稍作处理。一面近平，为石片节理面，另一面圆凸，为石片背面。长7.3、宽6.7、厚2.5厘米，重0.14千克（图2-6-20，4）。H241：6，灰褐色硅质灰岩。平面近圆形。两面近平，一面为石片腹面，另一面为石片背面。器身周边均打制，原料层理结构发育，边棱层次不齐，未形成刃缘。长7.3、宽7.1、厚2厘米，重0.16千克（图2-6-20，6）。H241：19，褐色石英岩。平面近圆角方形。一面为节理面，平坦，另一面为砾石面，近平。器身周边均打制，边沿较整齐。长8.7、宽8.3、厚2厘米，重0.24千克（图2-6-20，2）。H255：27，灰褐色石英岩。石片毛坯加工，平面近圆形，一面略凹，为石片腹面，另一面微弧，为石片背面的砾石面。器身周边均打制，边棱较为齐整。长7.2、宽7.0、厚2.5厘米，重0.19千克（图2-6-20，3）。H229：9，灰白色石英砂岩。平面近圆形。石片加工，腹面近平，背面微弧，保留少量砾石面。器身周边均两面打制，形成较凸的边棱，可作刃缘。长7.0、宽6.7、厚1.6厘米，重0.11千克（图2-6-20，12）。H281：6，暗红色石英砂岩。厚石片打制而成，整体平面形态近方形。一侧较厚一侧较薄。两面均较平，一面为砾石面，一面为石片腹面。器身周边均打制，边棱较齐整。长9.8、宽8.7、厚3.1厘米，重0.41千克（图2-6-20，7）。H339：9，紫色石英砂岩。石片毛坯加工，腹面微凹，背面微弧。器身周边均打制，边棱较齐整。长8.3、宽8.1、厚2.5厘米，重0.25千克（图2-6-20，11；彩版二九○，1）。H419：8，灰白色石英砂岩。石片毛坯加工，腹面和背面均近平。器身周边均打制，形成边棱较齐整。长6.7、宽6.7、厚1.9厘米，重0.13千克（图2-6-20，9）。H488：10，灰白色砂岩。平面近圆形。两面较平，一面为石片背面砾石面，一面为石片腹面。周身皆打制，形成较凸的边棱，边棱有风化磨蚀。长7.4、宽6.5、厚2.0厘米，重0.16千克（图2-6-20，10）。H520：12，黄褐色细砂岩。平面近圆形。一面较平，为节理面，有红彩。另一面略弧，为砾石面。主要打制台面和远端，两侧为石片自然边。部分边棱较凸，部分边棱较齐整。长9.4、宽9.0、厚2厘米，重0.25千克（图2-6-20，1）。H653②：126，灰白色砂岩。整体近圆形。以石片为毛坯加工，一侧稍后一侧薄。两面打制一周，背面较平坦，保留大部分砾石面，腹面也较平，似有节理面片疤呈人字。边棱大部分为凸棱脊，局部为齐整棱脊。长7.2、宽7.1、厚2厘米，重0.15千克（图2-6-20，8）。H678：6，灰色石英岩。形状近圆形，以节理面破裂的片状毛坯局部打制而成，石片腹面为节理面，背面为全砾石面，两面均平坦。长6.1、宽5.5、厚1.1厘米，重0.06千克（图2-6-20，13）。T17⑦：78，灰色石英岩。整体呈近圆形，两面均平坦，一面为自然砾石面，一面为节理面。以具节理面的厚石片加工，略呈交互打制一周，形成较为齐整的边沿。长9.9、宽9.6、厚2.5厘米，重0.4千克（图2-6-20，5；彩版二九二，1）。

Bd型　374件。天然扁圆砾石，无加工痕迹。H286：4，灰色石英砂岩。平面近圆形。天然扁圆小砾石，两面均微弧，一面附着钙质胶结物，无人工痕迹。长7、宽6.6、厚3.4厘米，重0.22千克（图2-6-21，5）。H295：34，灰白色花岗岩。平面近椭圆形。两面较平，扁圆砾石，无明显加工痕迹，边缘有两个不规则片疤。长9.2、宽8.4、厚3.1厘米，重0.35千克（图2-6-21，7）。H353：6，灰白色石英砂

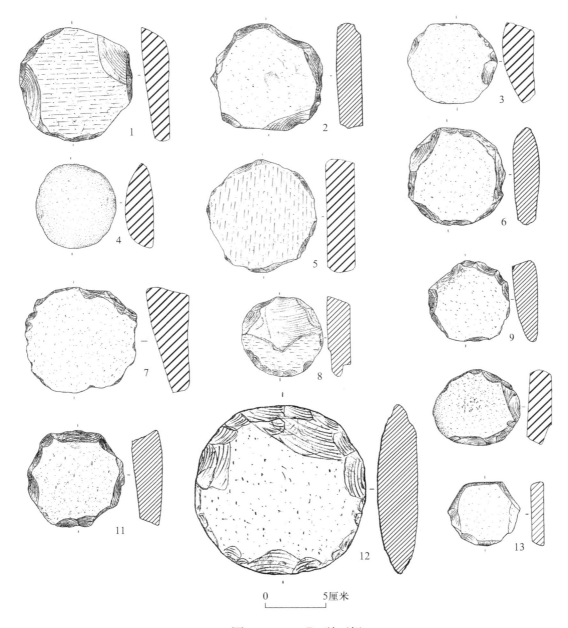

图2-6-20　Bc型石饼

1-13. Bc型石饼（H520：12、H241：19、H255：27、T17⑦：78、H110：2、H241：6、H339：9、H229：9、H653②：126、H419：8、H678：6、H488：10、H281：6）

岩。平面近椭圆形。扁圆砾石，两面微弧，其中一面有少量疑似敲琢痕迹。长9.9、宽8.9、厚4.3厘米，重0.54千克（图2-6-21，3）。H383：2，灰色花岗岩。整体形态近椭圆，扁平砾石，一面较平，另一面微凹，中间疑似有少量敲琢坑点。长9.7、宽8.6、厚2.4厘米，重0.33千克（图2-6-21，1）。H542：15，灰白色石英砂岩。平面近圆角方形。天然扁平小砾石，一面微凹，一面微弧，无人工加工痕迹。长6.2、宽5.8、厚1.2厘米，重0.08千克（图2-6-21，2）。H547：1，灰绿色石英砂岩。平面近圆形。天然扁平砾石，一面较平，另一面圆弧。无人工加工痕迹。长6.1、宽5.9、厚2厘米，重0.12

千克（图2-6-21，8）。H653:30，灰白色砂岩。形态近圆形，天然扁平砾石，一面平坦，另一面微凹，边棱稍有残损。长9.8、宽9.3、厚2.2、重0.32千克（图2-6-21，6）。H816：1，紫褐色砂岩。平面近椭圆形。两面较平，天然，无加工痕迹。长5.8、宽5.1、厚2.0厘米，重0.09千克（图2-6-21，4）。

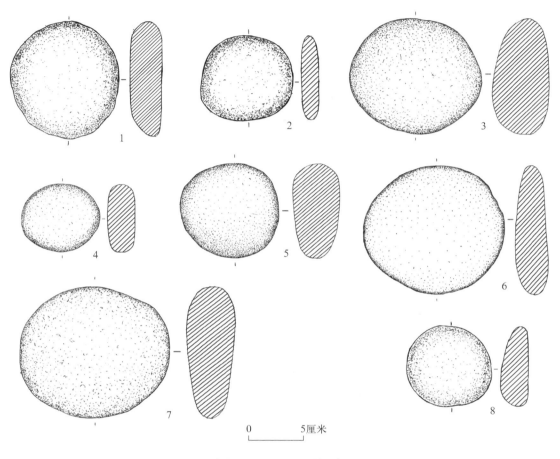

0　　　　5厘米

图2-6-21　Bd型石饼

1-8. Bd型（H383：2、H542：15、H353：6、H816：1、H653:30、H286：4、H295：34、H547：1）

砺石　75件。原料多为砂岩或细砂岩，基本均为残断块，尺寸普遍较小，形态各异，部分砺石表面残存条形凹槽。

残器　14件。工具在加工或使用过程中发生断裂而产生的残断件，人工打制或使用痕迹清晰，但残断严重不能清楚分辨其具体类型。其中打制残器数量较多，也存在少量磨制残器。另外，石铲残断件特征明显，不在此列。

断块与废片　12437件。石制品加工过程中产生的副产品，仅具有人工特征或疑似人工特征，但无法归类于上述任何类型。此类石制品数量巨大，形态各异，尤其在石制品初加工时产生较多，对遗址性质的判断具有指示作用，断块与废片中有少量作为石器的毛坯或残断块形式存在。

备料　2289件。形态多样的天然砾石，无任何人工痕迹，可能是经过人类搬运而带入遗址的备用石材。其中有一类形态特殊者约23件，多具长条扁平形态，疑似斧锛凿的备用石材，还有一类扁平状砾石，数量较多，但因形态不圆未归入石饼而归入备料。

第七节 骨器

庙底沟遗址发现庙底沟文化骨器 51 件，有骨镞、骨针、骨刀、骨锥等。下文按器类介绍。

1. 骨镞

共发现骨镞 21 件。梭状。通体打磨光滑。依据截面。可分 7 个亚型。

A 型 8 件。截面为三角形或者抹角三角形。H54：7，一端残。残长 6.3、宽 0.8 厘米（图 2-7-1，21）。H116：5，一端残。残长 6.1、宽 0.8 厘米（图 2-7-1，7）。T21③：216，可复原。长 5.4、宽 1 厘米（图 2-7-1，14）。H116：1，可复原。长 5.8、宽 1 厘米（图 2-7-1，18；彩版二六四，1）。H166：1，可复原。长 6.9、宽 1 厘米（图 2-7-1，4）。H229：4，可复原。长 7.2、宽 0.9 厘米（图 2-7-1，1；彩版二六四，2）。H274：1，可复原。长 7.4、宽 1.5 厘米（图 2-7-1，2）。H872：1，可复原。长 7.9、宽 1.1 厘米（图 2-7-1，9；彩版二六〇，2）。

B 型 2 件。截面为菱形或抹角菱形。T21②：5，一端残。残长 5.7、宽 1.2、厚 0.6 厘米（图 2-7-1，10）。T20⑤：2，一端残。残长 6.6、宽 0.8、厚 0.7 厘米（图 2-7-1，5）。

C 型 2 件。截面为抹角方形。T21⑥：10，可复原。长 7.1、宽 0.9 厘米（图 2-7-1，8）。T21⑥：55，可复原。长 8.9、宽 0.4 厘米（图 2-7-1，12）。

D 型 2 件。截面为梯形。通体打磨光滑。H172：53，可复原。长 6、宽 0.8 厘米（图 2-7-1，11）。H538：1，可复原。长 6.4、宽 1 厘米（图 2-7-1，13；彩版二六〇，1）。

E 型 5 件。截面为椭圆形。H477：158，可复原。长 5、宽 0.9 厘米（图 2-7-1，19；彩版二六五，2）。T72③：1，可复原。长 10、宽 1.9、厚 1 厘米（图 2-7-1，3）。H33：1，可复原。长 6.2、宽 0.9 厘米（图 2-7-1，12）。H110：5，一端残。残长 5.9、宽 1.2 厘米（图 2-7-1，16）。H139：1，一端残。残长 5、宽 0.8 厘米（图 2-7-1，17）。

F 型 1 件。截面为凸字形。T21②：215，一端残。残长 9.7、宽 1.3、厚 0.9 厘米（图 2-7-1，6）。

G 型 1 件。截面为六边形。H325：4，一端残。残长 3.3、宽 0.9 厘米（图 2-7-1，20；彩版二六五，1）。

2. 骨锥

共发现 5 件。根据截面形状，可分两型。

A 型 4 件。截面为椭圆形。H291：5，柄端残。残长 9、宽 1.9、厚 1.2 厘米（图 2-7-3，2）。H325：3，可复原。长 3.3、宽 0.9、厚 0.5 厘米（图 2-7-3，5）。H477：157，可复原。长 9.6、宽 2.5、厚 0.85 厘米（图 2-7-3，7；彩版二六〇，4）。H477：159，柄端残。残长 9.2、宽 1.9、厚 1.4 厘米（图 2-7-3，11，彩版二六六，2）。

B 型 1 件。截面为弧形。H745：2，柄端残。残长 10.4、宽 2.1 厘米（图 2-7-3，3）。

3. 骨针

共发现 19 件，根据截面形状，可分两型。

A 型 16 件。截面为椭圆形。通体打磨光滑。H84：2，一端残。残长 6.8、宽 0.8、厚 0.6 厘米（图 2-7-2，1）。H653：1，可复原。长 14.6、宽 0.6 厘米（图 2-7-2，2）。H84：13，可复原。长 18、宽

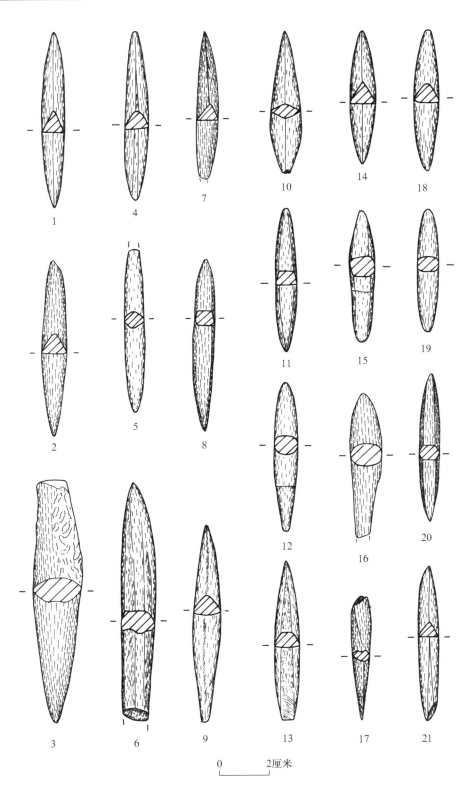

0　　　2厘米

图2-7-1　骨镞

1、2、4、7、9、14、18、21.A型（H229∶4、H274∶1、H166∶1、H116∶5、H872∶1、T21③∶216、H116∶1、H54∶7）　3、12、16、17、19.E型（T72③∶1、H33∶1、H110∶5、H139∶1、H477∶158）　6.F型（T21②∶215）　5、10.B型（T20⑤∶2、T21②∶5）　8.C型（T21⑥∶10）　11、13.D型（H172∶53、H538∶1）　20.G型（H325∶4）

0.6、厚 0.3 厘米（图 2-7-2，3；彩版二六一，1）。H84：4，一端残。残长 11.2、宽 0.7、厚 0.5 厘米（图 2-7-2，4）。T21 ②：1，可复原。长 17.6、宽 0.7、厚 0.5 厘米（图 2-7-2，5；彩版二五九，2）。H30：1，一端残。残长 10.7、宽 0.7、厚 0.4 厘米（图 2-7-2，7；彩版二五九，1）。H471：6，可复原。长 17.3、宽 0.9、厚 0.3 厘米（图 2-7-2，8）。H92：11，一端残。残长 9、宽 0.7、厚 0.4 厘米（图 2-7-2，9；彩版二五九，3）。H33：2，一端残。残长 16.2、宽 0.8、厚 0.25 厘米（图 2-7-2，10）。H220：1，可复原。长 11.9、宽 0.6、厚 0.3 厘米（图 2-7-2，11；彩版二六二，1）。T17 ⑦：13，可复原。长 18.7、宽 0.75、厚 0.25 厘米（图 2-7-2，13；彩版二六三，2）。H659：2，一端残。残长 6.2、宽 0.55、厚 0.3 厘米（图 2-7-2，14）。T17 ⑨：13，一端残。残长 14、宽 0.7、厚 0.6 厘米（图 2-7-2，16）。H659：1，一端残。残长 9.7、宽 0.6、厚 0.3 厘米（图 2-7-2，17）。H325：2，一端残。残长 15.4、宽 0.7、厚 0.45 厘米（图 2-7-2，18；彩版二六二，2）。

B 型　3 件。截面为圆形。通体打磨光滑。H116：8，可复原。长 9.3、宽 0.6 厘米（图 2-7-2，6；彩版二六一，2）。T21 ⑥：217，可复原。长、宽厘米（图 2-7-2，12）。H432：157，可复原。长 13.1、直径 0.6 厘米（图 2-7-2，15；彩版二六三，1）。

4. 骨刀

共发现 5 件。根据平面形状，可分两型。

A 型　4 件。直柄。T21 ⑥：218，刃部残。残长 9.9、宽 0.8 厘米（图 2-7-3，1）。H438：4，可复原。长 14.1、宽 1.5、厚 0.2 厘米（图 2-7-3，4；彩版二五九，4）。H331：1，刃部残。长 16.3、宽 1.5 厘米（图 2-7-3，6）。T20 ③：11，刃部残。残长 8.5、宽 2.3、厚 0.3 厘米（图 2-7-3，9）。

B 型　1 件。曲柄。H616：1，可复原。长 4.4、宽 1.3、厚 0.3 厘米（图 2-7-3，9）。

5. 骨片

仅发现 1 件。H152：7，平面和截面均为长方形，一端有一个方形孔。器表磨光。一端残。残长 3.5、宽 0.6、厚 0.2 厘米（图 2-7-3，10；彩版二六六，1）。

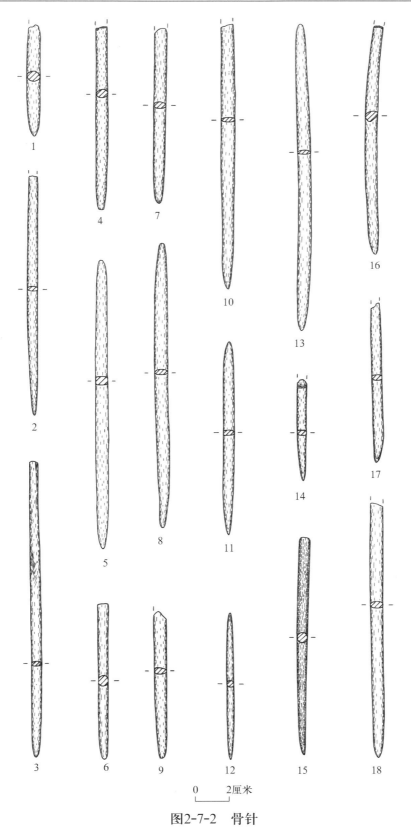

0　　2厘米

图2-7-2　骨针

1~5、7~11、13、14、16~18.A型（H84：2、H653：1、H84：13、H84：4、T21②：1、H30：1、H471：6、H92：11、H33：2、H220：1、T17⑦：13、H659：2、T17⑨：13、H659：1、H325：2）　6、12、15.B型（H116：8、T21⑥：217、H432：157）

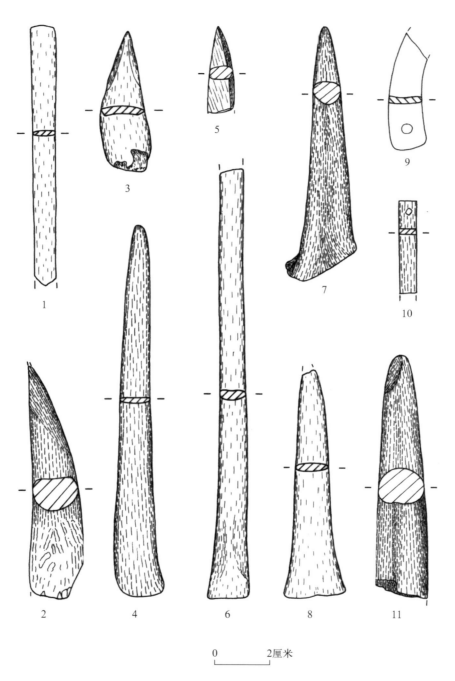

0　　2厘米

图2-7-3　骨器

1、4、6、9.A型骨刀（T21⑥∶218、H438∶4、H331∶1、T20③∶11）　2、5、7、11.A型骨锥（H291∶5、H325∶3、H477∶157、H477∶159）　3.B型骨锥（H745∶2）　9.B型骨刀（H616∶1）　10.骨片（H152∶7）

第三章　西王村文化

　　庙底沟遗址 2002 年发掘在发掘区中部发现了西王村文化的地层，堆积较薄，出土遗物也不丰富。这一时期发现的遗迹主要有灰坑、陶窑两类，以灰坑居多。下文我们按堆积种类介绍。

第一节　地层及出土陶器

　　西王村文化地层分布于 T45—T107 之间的区域，分布相对集中，整体厚度基本一致。以一层、两层较为常见，少数探方有三层，甚至四层。三层或四层的探方，部分层位并未全方分布。考虑到在发掘过程中，工地未统一地层，结合堆积厚度、各探方地层分布趋势、厚度、范围等，我们倾向于认为整个西王村文化地层在上述区域应该均有分布，堆积厚度、成因比较一致。

　　西王村文化地层具体堆积情况已在第一章"地层介绍"一节挑选代表探方介绍，此处不再赘叙。下文我们挑选典型单位介绍出土陶器。

1. T48

　　T48 属于西王村文化的地层有③、④层。

　　T48 ④

　　T48 ④层挑选陶器标本 8 件，其中深腹罐 5、素面钵 1、鼎 1、纺轮 1。

　　素面钵　1 件。T48 ④：7，夹砂黄褐陶，厚胎。侈口，尖唇，弧腹，平底。器表有刮削痕迹。素面。可复原。口径 7.3、底径 4.1、高 3.1 厘米（图 3-1-2，5）。

　　深腹罐　5 件。夹砂灰陶。敛口，溜肩。T48 ④：10，仰折沿，花边圆唇。口部外壁有一周按窝，颈肩交界处有一周附加堆纹，其下区域饰篮纹。腹部以下残。口径 26、残高 9.4 厘米（图 3-1-2，4）。T48 ④：11，仰折沿微隆起，花边圆唇。口部外壁有一周按窝，颈肩交界处有一周附加堆纹，其下区域饰篮纹。腹部以下残。口径 32、残高 6 厘米（图 3-1-2，2）。T48 ④：12，仰折沿，花边圆唇，束颈。颈部以下饰篮纹。腹部以下残。口径 16、残高 8 厘米（图 3-1-2，7）。T48 ④：13，仰折沿隆起，尖唇。腹部饰篮纹。腹部以下残。口径 36、残高 9.2 厘米（图 3-1-2，1）。T48 ④：14，仰折沿下凹，方唇。颈部以下饰篮纹。肩部以下残。口径 26、残高 6 厘米（图 3-1-2，6）。

　　鼎　1 件。T48 ④：16，夹砂灰陶。敛口，方唇，肩部下凹起花边台，溜肩。腹部饰篮纹。腹部以下残。口径 18、残高 5.8 厘米（图 3-1-2，3）。

　　纺轮　1 件。T48 ④：1，泥质灰陶。饼状，平面为圆形，截面为弧边三角。素面。可复原。外径 4.8、内径 0.6、厚 1.3 厘米（图 3-1-2，8）。

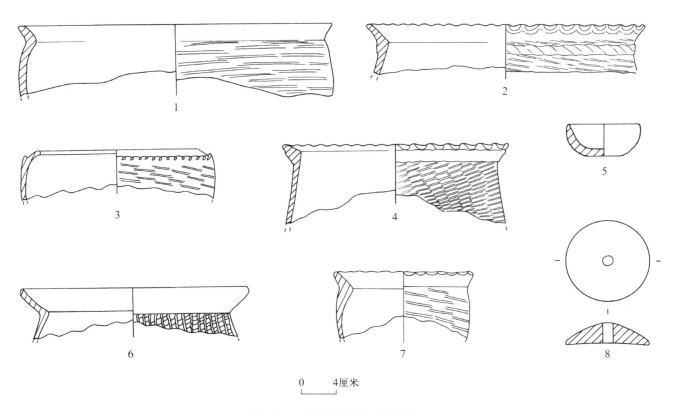

0　　4厘米

图3-1-2　T48④层出土陶器

1、2、4、6、7.深腹罐（T48④：13、T48④：11、T48④：10、T48④：14、T48④：12）　3.鼎（T48④：16）　5.素面钵（T48④：7）　8.纺轮（T48④：1）

2. T106

T106属于西王村文化的地层有①-④层。

T106①

T106①层挑选陶器标本4件，其中器盖1、素面盆1、彩陶罐1、鼓腹罐1。

器盖　1件。T106①：2，夹砂灰陶。敞口，折沿上斜，圆唇，弧腹，圜顶。素面。纽残。口径7.6、残高3.8厘米（图3-1-3，4）。

花边盆　1件。T106①：1，泥质灰陶。敞口，方唇中间有一周凹槽，沿面外侧饰花边，弧腹，平底。内外壁均有刮削痕迹。素面。可复原。口径14.8、底径6.8、高7.8厘米（图3-1-3，1；图版二〇四，3）。

彩陶罐　1件。T106①：5，泥质黄褐陶。敛口，仰折沿下凹，尖唇，溜肩，鼓腹。腹部饰两组三条宽0.3厘米的条带纹，其间区域饰三条带纹组成的菱形纹。腹部以下残。口径20、残高8.1厘米（图3-1-3，2）。

鼓腹罐　1件。T106①：1，夹砂灰陶，厚胎。敛口，折沿，圆唇，溜肩，鼓腹。素面。腹部以下残。口径12、残高9.8厘米（图3-1-3，3）。

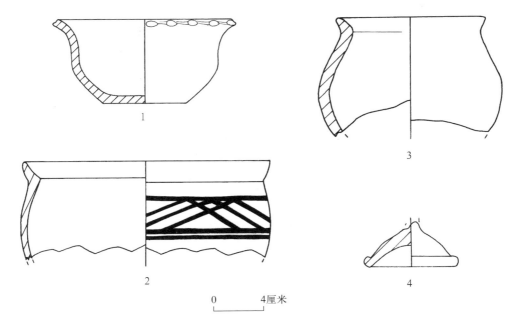

图3-1-3　T106①层出土陶器

1.素面盆（T106①：1）　2.彩陶罐（T106①：5）　3.鼓腹罐（T106①：1）　4.器盖（T106①：2）

第二节 灰坑及出土陶器

庙底沟遗址共发现西王村文化时期灰坑51个。多位于整个发掘区中西部，其中T50、T59内遗存最多。结构有袋状（39.21%）与非袋状（60.79%）两类，以后者为主；平面形状近有椭圆形（43.14%）和圆形（56.86%）两种。值得说明的是袋状椭圆形坑中，最大径和最小径相差不大，如非严格意义，大致均可归入圆形，即袋状坑平面均为圆形。

下面我们按单位介绍形制与出土陶器。

1. H212

位于T51中西部。开口于第③层下，打破生土，开口距地表70厘米。袋状，平面形状呈圆形，弧壁，平底。坑口直径220、坑底直径260、深160厘米。填土灰褐色，土质较致密。夹杂适量炭粒、红烧土等。出土陶器、石块、动物骨骼等。陶片以夹砂灰陶为主，绳纹居多，可辨器形有罐、喇叭口尖底瓶等（图3-2-1）。

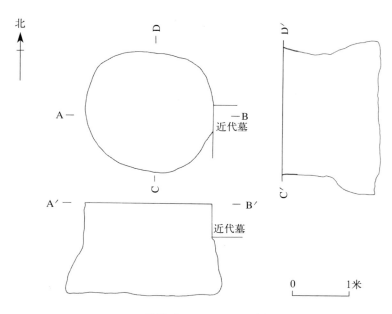

图3-2-1 H212平剖面图

H212挑选陶器标本36件，其中深腹罐9、喇叭口尖底瓶7、鼎6、鼓腹罐3、器盖2、素面钵2、彩陶罐1、单把杯1、豆1、圈足盘1、喇叭口平底瓶1、折腹罐1、纺轮1。

彩陶罐 1件。H212：12，泥质红陶黑彩，通体饰红衣。侈口，折沿，方唇，束颈，鼓腹，下腹部近直，平底。器表磨光，内壁抹光，口沿内外侧及颈部均有修整痕迹。颈部、下腹部各饰两周0.2—0.4厘米的条带纹，其间区域饰三周细直线绘制的菱形纹。可复原。口径20.1、腹径19.6、底径10.8、高17.3—17.5厘米（图3-2-2，1）。

鼓腹罐 3件。夹砂陶。折沿，鼓腹，平底。H212：7，黄褐陶。敛口，圆唇，底微内凹。腹部有一周附加堆纹，其他地方通体饰横篮纹。可复原。口径9.9、腹径13、底径10.2、高12.2厘米（图

3-2-2，9；图版二〇八，6）。H212：20，红陶。直口微侈，圆唇，束颈，溜肩，下腹部内收。口部内外侧及沿面有明显的刮削痕迹。肩部饰数周凹弦纹，其间区域饰左斜短篮纹，腹部饰左斜篮纹。可复原。口径22.6、腹径29.6、底径16.2、高22.5厘米（图3-2-2，13；图版二〇八，1）。H212：49，灰陶。直口，仰折沿隆起，圆唇，束颈，溜肩。素面。腹部以下残。口径34、残高5.4厘米（图3-2-2，11）。

深腹罐　9件。夹砂陶。折沿，鼓腹，平底。H212：3，灰陶。敛口，花边圆唇，底微内凹。腹部有一周宽窄不均的附加堆纹，其余地方通饰篮纹。可复原。口径16.6、腹径18.4、底径8.8、高27厘米（图3-2-2，2；图版二〇九，1）。H212：4，灰陶。上腹部变形严重。敛口，花边圆唇，底微内凹。腹部有两周宽窄不均的附加堆纹，其余地方通饰篮纹。可复原。口径18.3、腹径19.8、底径9.8、高28—28.9厘米（图3-2-2，5；图版二〇九，2）。H212：5，灰陶。敛口，仰折沿下凹成槽，圆唇，溜肩，下腹部近直。器表残留有片状压印纹。可复原。口径21、腹径20.6、底径11.4、高21.3厘米（图3-2-2，3；图版二〇九，3）。H212：9，灰陶。敛口，沿面下凹，圆唇，底内部突起。沿面有刮削痕迹。通体饰左斜篮纹。可复原。口径11.3、腹径10.8、底径6.9、高13.1厘米（图3-2-2，8；图版二〇八，5）。H212：13，灰陶。敛口，圆唇，底微内凹。颈部饰一周附加堆纹，腹部通饰篮纹，近底处篮纹被抹平，腹部中间置一对鸡冠状鋬手，鋬上有手捏痕迹。可复原。口径25.2、腹径25.3、底径15.6、高35.8—36.4厘米（图3-2-2，6；图版二〇七，4）。H212：14，灰陶。敛口，圆唇。沿面外侧饰一周附加堆纹，口沿上有明显的手捏痕迹，腹部有四周宽窄不等的附加堆纹，其他地方通饰右斜篮纹。可复原。口径30.5、腹径32.8、底径20.4、高47.6—47.8厘米（图3-2-2，12；图版二〇九，4）。H212：15，灰陶。敛口，方唇。腹部有五周宽窄不均的附加堆纹，其他地方通饰篮纹，近底处篮纹被抹平。可复原。口径23.2、腹径232.4、底径12.8、高31.6—32厘米（图3-2-2，4；图版二一〇，1）。H212：25，黄褐陶。敛口，沿面微下凹，尖唇。腹部中间有一周附加堆纹，其他地方通饰篮纹，近底处篮纹被抹平。可复原。口径16.5、腹径18.4、底径10.4、高21.9厘米（图3-2-2，7；图版二一〇，2）。H212：53，灰陶。侈口，仰折沿隆起，花边圆唇，口部外壁有一周按窝，颈肩交界处有一周附加堆纹。腹部以下残。口径34、残高3.4厘米（图3-2-2，10）。

折腹罐　1件。H212：50，夹砂灰陶。侈口，方唇，斜直颈，溜肩，折腹。颈部饰横篮纹。底部残。口径12.2、腹径12.8、残高10.2厘米（图3-2-3，9）。

单把杯　1件。H212：17，夹砂灰陶，器身发黑。侈口，仰折沿，尖唇，一侧置桥形把，鼓腹，平底。腹部饰右斜篮纹。可复原。口径14.6、底径11、高12.4厘米（图3-2-3，4；图版一九九，3）。

喇叭口尖底瓶　7件。夹砂灰陶。H212：6，器身上部略变形。侈口，方唇，束颈，折肩，尖底。颈部篮纹不明显，颈肩交界处有一周粗附加绳纹，腹部饰右斜篮纹。可复原。口径14.5、腹径30、高55.5厘米（图3-2-3，1；图版二〇六，1）。H212：19，器形下半部变形严重。侈口，圆唇，束颈，折肩，尖底。颈肩交界处有一周粗附加绳纹，腹部饰右斜篮纹。底部残留有泥条盘筑痕迹。可复原。口径14.2、腹径35、高63.5厘米（图3-2-3，2；图版二〇六，2）。H212：31，敞口，卷沿，圆唇，弧颈，溜肩，颈肩交界处有一周附加堆纹。腹部以下残。口径15.8、残高11厘米（图3-2-3，12）。H212：32，侈口，圆唇，束颈。颈肩交界处有一周粗附加绳纹，其下区域饰右斜篮纹。肩部以下残。口径14、残高12厘米（图3-2-3，10）。H212：34，敞口，圆唇，束颈，溜肩，颈肩交界处

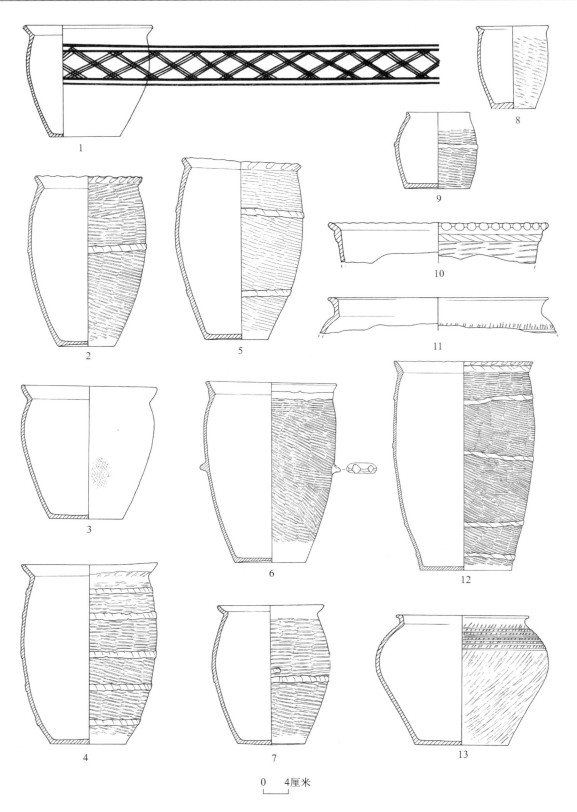

0　　4厘米

图3-2-2　H212出土陶罐

1.彩陶罐（H212：12）　　2-8、10、12.深腹罐（H212：3、H212：5、H212：15、H212：4、H212：13、H212：25、H212：9、H212：53、H212：14）　　9、11、13.鼓腹罐（H212：7、H212：49、H212：20）

有一周附加堆纹。肩部以下残。口径 15.2、残高 11.4 厘米（图 3-2-3，7）。H212：37，敞口，圆唇，束颈，溜肩。颈肩交界处有一周附加堆纹。肩部以下残。口径 15.6、残高 10.8 厘米（图 3-2-3，5）。H212：60，折肩，尖底。肩部以下饰右斜篮纹。底部残留有泥条盘筑痕迹。肩部以上残。腹径 28.8、残高 37.6 厘米（图 3-2-3，6）。

喇叭口平底瓶　1 件。H212：2，夹砂灰陶。侈口，方唇，束颈，溜肩，弧腹，腹上部对称置竖向宽扁桥形耳，平底。腹部饰右斜篮纹。可复原。口径 9.2、腹径 18.6、底径 10.8、高 33.1 厘米（图 3-2-3，3；图版二〇七，3）。

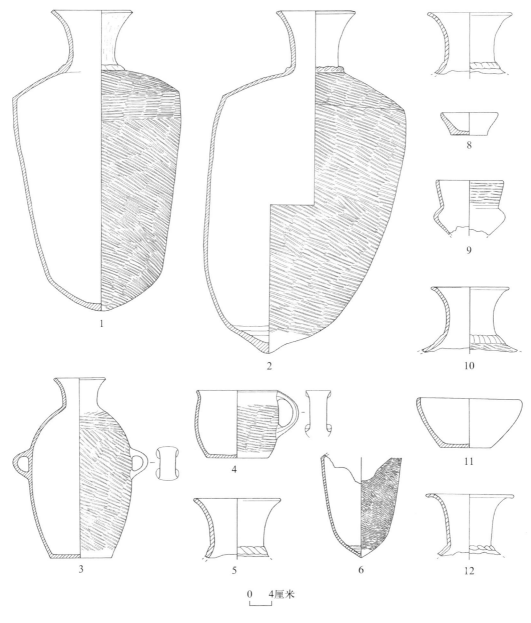

0　4厘米

图3-2-3　H212出土陶器

1、2、5-7、10、12.喇叭口尖底瓶（H212：6、H212：19、H212：37、H212：60、H212：34、H212：32、H212：31）　3.喇叭口平底瓶（H212：2）　4.单把杯（H212：17）　8、11.素面钵（H212：21、H212：11）　9.折腹罐（H212：50）

　　素面钵　2件。素面。H212：11，泥质灰陶。直口微敛，圆唇，弧腹较直，平底。器表磨光，内壁抹光，内外壁近底处有泥条盘筑痕迹，内外壁近口部有刮削痕迹。可复原。口径18.8、底径9、高8.8—9.1厘米（图3-2-3，11；图版二○○，1）。H212：21，夹砂黄褐陶，胎较厚。侈口，圆唇，弧腹较直，下腹部内收，平底微内凹。可复原。口径10.3、底径6.5、高4.2厘米（图3-2-3，8；图版二○○，2）。

　　圈足盘　1件。H212：62，泥质灰胎黑皮陶。直口，圆唇，折腹，下腹部斜直。上腹部有一周按窝。残存圈足。口径19.2、残高4.8厘米（图3-2-4，4）。

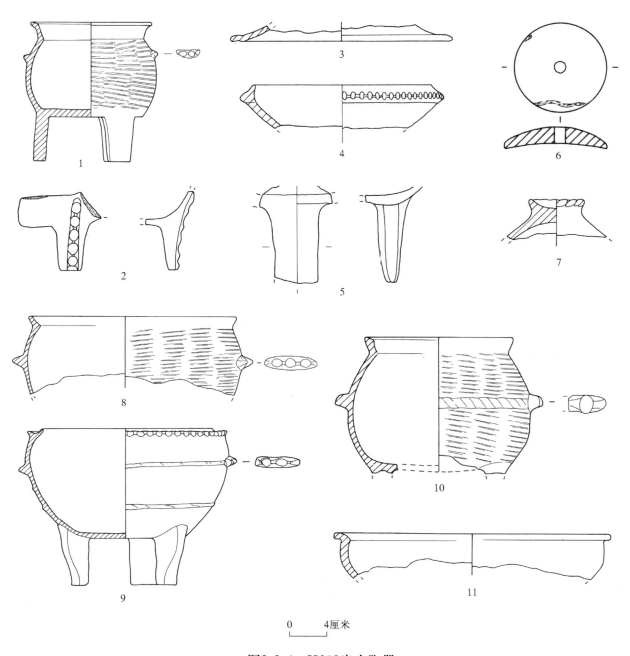

图3-2-4　H212出土陶器

1、2、5、8—10.鼎（H212：18、H212：64、H212：67、H212：52、H212：16、H212：55）　3、7.器盖（H212：48、H212：43）
4.圈足盘（H212：62）　6.纺轮（H212：10）　11.豆（H212：59）

豆　1件。H212：59，泥质灰胎黑皮陶。敞口，圆唇，喇叭状圈足底部下凹成台。残存豆盘。足径24、残高1.8厘米（图3-2-4，11）。

器盖　2件。夹砂灰陶。H212：43，弧腹，圈足状花边纽。素面。口部残。纽径6、残高4厘米（图3-2-4，7）。H212：48，喇叭状，圆唇，弧腹下凹。素面。顶部残。口径24、残高1.7厘米（图3-2-4，3）。

鼎　6件。夹砂灰陶。H212：16，子母口，敛口，折沿中间下凹成槽，鼓腹，平底，扁平足。口沿外壁有一周花边附加堆纹，堆纹上有手捏痕迹，上、下腹部各饰一周附加堆纹，上腹部附加堆纹处对称置一对鸡冠状錾手，錾上有手捏痕迹。可复原。口径18.5、腹径23.6、高17.4厘米（图3-2-4，9；图版一九八，1）。H212：18，侈口，折沿，圆唇，束颈，圆鼓腹，平底，扁平足。上腹部对称置鸡冠状錾手，錾上有手捏痕迹，腹部饰横篮纹。可复原。口径12、腹径14、高15.5厘米（图3-2-4，1；图版一九八，2）。H212：52，折沿，圆唇，鼓腹。腹部通饰绳纹，中间对称置突起状双錾。腹部以下残。口径28、腹径29.4、残高11厘米（图3-2-4，8）。H212：55，折沿，方唇，鼓腹，平底。腹部通饰绳纹，中间对称置突起状双錾，錾手两侧饰附加堆纹。足残。口径16、腹径19.6、残高15.2厘米（图3-2-4，10）。H212：64，平底，扁平足。足外侧中间有一周附加堆纹。残存鼎足。残高8.8厘米（图3-2-4，2）。H212：67，平底，宽扁凿形足。素面。残存鼎足。残高6.8厘米（图3-2-4，5）。

纺轮　1件。H212：10，泥质灰陶。饼状，平面为圆形，截面为月牙形。素面。可复原。外径5、内径0.6、厚1.2厘米（图3-2-4，6）。

2. H251

位于T53中部。开口于第②层下，打破第③层，开口距地表50厘米。袋状，平面形状呈椭圆形，斜直壁，平底。坑口最大径150、最小径135、深40厘米。填土灰褐色，土质较致密。夹杂适量炭粒、红烧土等。出土适量陶片，少量石块、石器、兽骨等。陶片以夹砂灰陶为主；纹饰以篮纹、附加堆纹为主；可辨器形有罐、豆、器盖、喇叭口尖底瓶等（图3-2-5）。

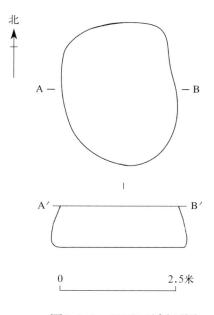

图3-2-5　H251平剖面图

H251挑选陶器标本9件，其中深腹罐3、喇叭口尖底瓶3、豆2、器盖1。

深腹罐 3件。夹砂灰陶。溜肩，鼓腹。H251：12，直口微敛，仰折沿，花边尖唇。颈部饰一周附加堆纹，其下区域饰篮纹。腹部以下残。口径32、残高11.2厘米（图3-2-6，2）。H251：13，敛口，仰折沿，花边圆唇。口部外壁饰一周按窝，通体饰篮纹，颈肩交界处、腹部有数周附加堆纹。腹部以下残。口径34、残高10.2厘米（图3-2-6，3）。H251：14，敛口，仰折沿隆起，花边圆唇。口部外壁有一周按窝，颈肩交界处有一周附加堆纹，其下区域饰篮纹。腹部以下残。口径48、残高11.2厘米（图3-2-6，1）。

豆 2件。泥质灰胎黑皮陶。敞口，尖唇，折腹。器表磨光，素面。H251：10，残存豆盘。口径36、残高5.4厘米（图3-2-6，5）。H251：11，残存豆盘。口径38、残高6厘米（图3-2-6，4）。

器盖 1件。H251：9，夹砂灰陶。弧腹，圜顶，花边圈足状纽，圈足外壁有一周按窝。素面。口部残。残高4.4、纽径7.5厘米（图3-2-6，7）。

喇叭口尖底瓶 3件。泥质灰陶。侈口，束颈。素面。H251：1，圆唇，肩部以下残。口径20、残高9.6厘米（图3-2-6，6）。H251：7，圆唇，溜肩。颈肩交界处有一周附加堆纹。肩部以下残。口径13.7、残高11厘米（图3-2-6，9）。H251：8，方唇，肩部以下残。口径15.6、残高10.2厘米（图3-2-6，8）。

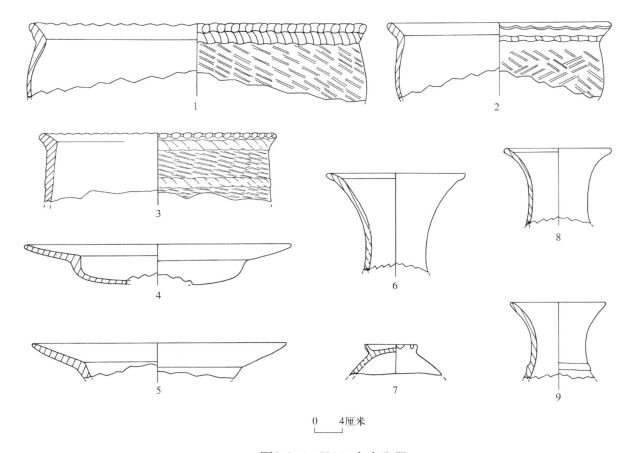

0   4厘米

图3-2-6 H251出土陶器

1-3.深腹罐（H251：14、H251：12、H251：13） 4、5.豆（H251：11、H251：10） 6、8、9.喇叭口尖底瓶（H251：1、H251：8、H251：7） 7.器盖（H251：9）

3. H298

位于T59西南部。开口于第③层下，打破第④层，开口距地表60厘米。袋状，平面形状呈圆形，弧壁，平底，四壁及底部有明显加工痕迹。坑口直径170、坑底最大径210、最小径200、深133厘米。填土以浅灰色、黄褐色为主，土质疏松。包含红烧土颗粒、炭粒、陶片、石块、动物骨骼等。出土陶片有夹砂红陶、夹砂灰陶、泥质灰陶、泥质黄褐陶等；纹饰有划纹、篮纹、绳纹、磨光等；可辨器形有盆、罐、杯等（图3-2-7，1）。

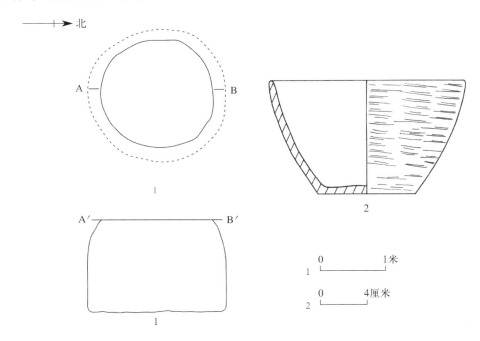

图3-2-7　H298平剖面图及出土陶器
1.平剖面图　2.篮纹钵（H298：2）

H298挑选陶器标本篮纹钵1件。

篮纹钵　1件。H298：2，夹砂灰陶。口部变形呈椭圆形。侈口，圆唇，弧腹近直，平底。内壁近口处有刮削痕迹。通体饰篮纹，近底处被抹平。可复原。口径16.8、底径10.2、高8.4厘米（图3-2-7，2；图版二〇〇，4）。

4. H323*[1]

位于T40中部。开口于第①层下，打破第②层，开口距地表20厘米。袋状，平面形状呈圆形，弧壁，平底。坑口直径130、坑底直径270、深250厘米。填土灰褐色，土质疏松。出土适量石器、陶片。陶片以泥质陶为主，夹砂陶次之；陶色以黄褐陶为主，灰陶次之；纹饰以篮纹、弦纹为主；可辨器形有罐、钵、盆等（图3-2-8）。

H323挑选陶器标本14件，其中素面钵3、素面盆3、双錾甑2、彩陶盆1、线纹盆1、瓮1、素面双錾盆1、甑1、喇叭口尖底瓶1。

1　庙底沟遗址中，部分单位出土不同时期遗物。从聚落考古角度考虑，早期遗物对判断该单位的形成过程有重要作用。故本报告在公布材料时，年代上将该单位归入晚期，陶器按原貌公布，未将早期遗物剔除。行文中，此类单位以"*"标识。

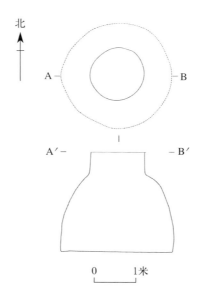

图3-2-8　H323平剖面图

彩陶盆　1件。H323：2，泥质红陶黑彩。敛口，折沿隆起，圆唇，浅弧腹，平底内凹。器表磨光，内外壁均有刮削痕迹。沿面饰一周三组六个垂弧纹，唇面饰一周条带纹。可复原。口径33.2、底径14、高10.2厘米（图3-2-9，7；图版八，4）。

线纹盆　1件。H323：1，泥质灰陶。侈口，方唇，斜直腹，平底。沿面有数周凹弦纹。颈部饰线纹。可复原。口径19.4、底径14.4、高11.5厘米（图3-2-9，4；图版一一七，5）。

素面钵　3件。素面。H323：12，泥质黄褐陶。口部略不规整，呈椭圆形。敛口，圆唇，弧腹，平底微内凹。内壁有刮削痕迹。可复原。口径19.4、底径7.3、高10.3厘米（图3-2-9，9）。H323：14，夹砂黄褐陶。直口，仰折沿隆起，圆唇，弧腹，平底，底部中间凿一圆形孔。沿面有刮削痕迹，内壁有轮制痕迹。可复原。口径27.6、底径13、高11厘米（图3-2-9，5）。H323：16，泥质黄褐陶。直口微敛，圆唇，浅弧腹，平底内凹。内壁有轮制痕迹。可复原。口径11.1、底径5、高4厘米（图3-2-9，6）。

素面盆　3件。素面。H323：10，泥质红陶。直口微敛，仰折沿隆起，圆唇，弧腹，平底微内凹。沿面有刮削痕迹，内壁抹光，内外壁均有轮制痕迹和刮削痕迹。可复原。口径30.2、底径11.6、高12.8厘米（图3-2-9，2）。H323：11，泥质灰陶。器形不规整，口部呈椭圆形。直口微敛，仰折沿，尖唇，浅弧腹，平底。器表磨光，内壁抹光，有轮制痕迹和刮削痕迹。可复原。口径28.9—29.5、底径11.2、高10.3厘米（图3-2-9，1）。H323：17，泥质灰陶。敛口，折沿隆起，圆唇，浅弧腹，平底内凹。可复原。口径31.6、底径12.8、高9.6厘米（图3-2-9，3）。

瓮　1件。H323：8，泥质灰陶。敛口，圆唇，矮领，弧腹，下腹部近直，平底微内凹。器表磨光，内外壁均有刮削痕迹。素面。可复原。口径21.6、底径14.4、高27.2厘米（图3-2-9，8；图版一六三，3）。

素面双錾盆　1件。H323：13，泥质黄褐陶。侈口，方唇，斜直腹，平底。内壁抹光，有轮制痕迹和刮削痕迹。上腹部对称置附加突起状双錾。素面。可复原。口径25.6、底径13.5、高12.2厘米（图3-2-10，3）。

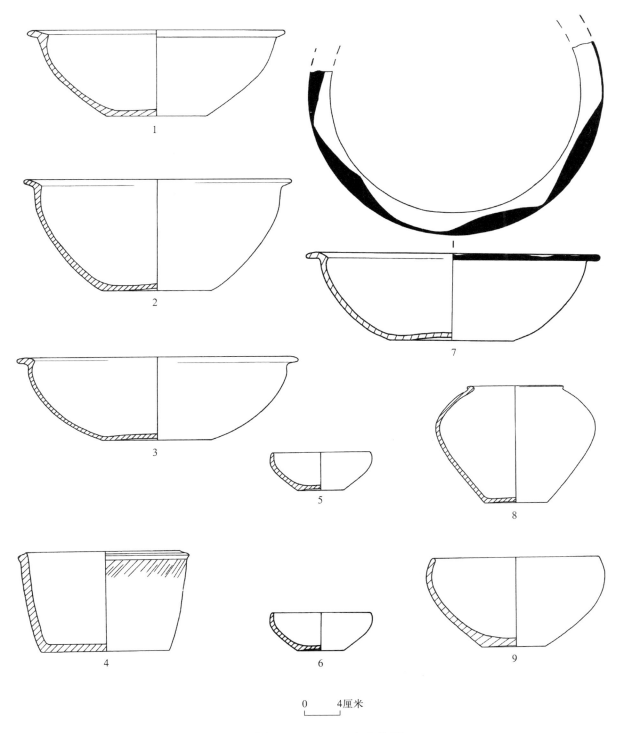

0　　4厘米

图3-2-9　H323出土陶器

1-3.素面盆（H323：11、H323：10、H323：17）　4.线纹盆（H323：1）　5、6、9.素面钵（H323：14、H323：16、H323：12）
7.彩陶盆（H323：2）　8.瓮（H323：8）

　　双錾甑　2件。泥质黄褐陶。腹部对称置附加突起状双錾，平底。素面。H323：7，器形不规整，口部呈椭圆形。直口微敛，叠圆唇，弧腹，底部中间有五个椭圆形箅。口部外壁有两周凹弦纹，沿面及内壁有刮削痕迹。可复原。口径27.3—18.1、底径13.1、高18厘米（图3-2-10，2）。H323：15，泥质黄褐陶。器形不规整，口部呈椭圆形。直口，方唇中间下凹，弧腹近直，底部中间有一圆形箅孔，周围为两个圆形箅孔、1个椭圆形箅孔、1个长条形箅孔。内壁抹光有刮削痕迹。可复原。口径23.5—24.2、底径12.6、高13.2厘米（图3-2-10，1）。

　　甑　1件。H323：18，泥质黄褐陶。直口微敛，仰折沿隆起，圆唇，弧腹，平底，底部中间烧后挖圆形孔。素面。可复原。口径30.2、底径11、高13厘米（图3-2-10，4）。

　　喇叭口尖底瓶　1件。H323：3，泥质灰陶。敞口，圆唇，束颈，溜肩，折腹，尖底。底部内壁有制作痕迹。颈部以下饰右斜篮纹。可复原。口径14、腹径31.6、高48.2厘米（图3-2-10，5；图版二〇六，4）。

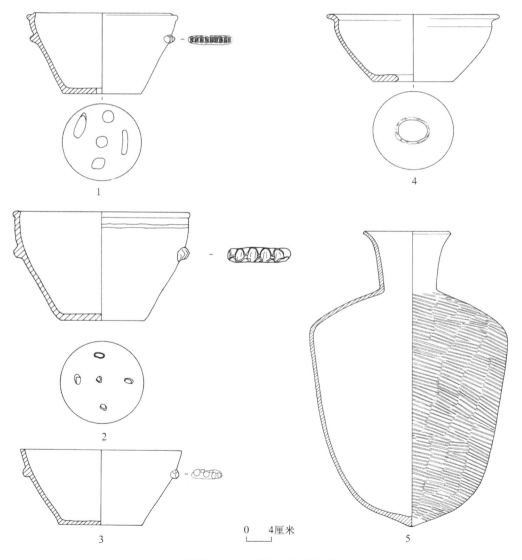

图3-2-10　H323出土陶器

1、2.双錾甑（H323：15、H323：7）　3.素面双錾盆（H323：13）　4.甑（H323：18）　5.喇叭口尖底瓶（H323：3）

5. H389

位于 T59 西南角、T60 西北角。开口于第③层下，打破第④层，被 H379、H640 打破，开口距地表 60 厘米。平面形状呈椭圆形，斜直壁，平底。坑口最大径 212、最小径 155、深 200 厘米。填土浅灰色，土质疏松；另有红、黄、褐色堆积，土质较致密。出土陶片有泥质灰陶、泥质黄褐陶、夹砂灰陶等；纹饰有线纹、线纹、磨光等；可辨器形有盆、罐等（图 3-2-11，1）。

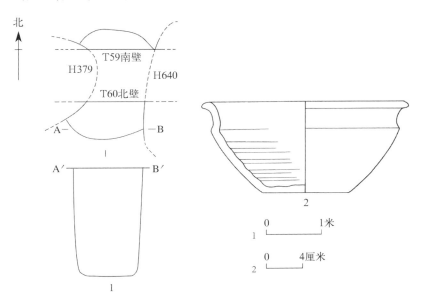

图3-2-11　H389平剖面图及出土陶器

1.平剖面图　　2.素面盆（H389：1）

H389 挑选陶器标本素面盆 1 件。

素面盆　1 件。H389：1，夹砂灰陶。侈口，卷沿，圆唇，束颈，颈肩交界处起台，弧腹近直，平底。沿面及内外壁近口处有刮削痕迹，内壁有泥条盘筑痕迹。素面。可复原。口径 17.8、底径 7、高 8.3 厘米（图 3-2-11，2；图二〇四，4）。

6. H390

位于 T59 西北部。开口于第③层下，打破第④层，被 H281、H562 打破，开口距地表 55 厘米。平面形状呈椭圆形，斜直壁，平底，四壁及底部有明显加工痕迹。坑口最大径 432、最小径 292、深 90 厘米。填土深灰色，土质疏松。夹杂红烧土颗粒、炭粒。出土适量陶片、石块、动物骨骼等。陶片以夹砂灰陶、泥质灰陶、泥质黄褐陶为主；纹饰有线纹、篮纹、附加堆纹、磨光等；可辨器形有盆、罐、尖底瓶、钵等（图 3-2-12，1）。

H390 挑选陶器标本 2 件，其中深腹罐 1、杯 1。

深腹罐　1 件。H390：2，夹砂灰陶。侈口，仰折沿，花边方唇，深鼓腹，平底微内凹。通体饰右斜篮纹，唇面外壁及底部各饰一周按窝、腹部饰一周附加堆纹。可复原。口径 26.8、底径 9.6、高 23.2 厘米（图 3-2-12，3；图版二一〇，3）。

杯　1 件。H390：3，夹砂灰陶。侈口，折沿，尖唇，斜直腹，平底。素面。可复原。口径 7.5、底径 4.4、高 6.6 厘米（图 3-2-12，2）。

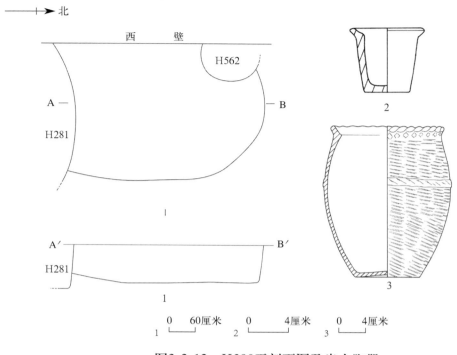

图3-2-12　H390平剖面图及出土陶器
1.平剖面图　　2.杯（H390∶3）　　3.深腹罐（H390∶2）

7. H446*

位于 T55 西北角、T58 东北角，部分伸入北壁。开口于第①层下，打破生土，被 H513 打破，开口距地表 10 厘米。平面形状呈椭圆形，直壁，平底。坑口最大径 375、最小径 230、深 170 厘米。填土分为三层。第①层厚 50 厘米，黑褐色，土质较致密；第②层厚 60 厘米，灰褐色，土质疏松；第③层厚 60 厘米，黑褐色，土质疏松。出土陶片陶质为泥质、夹砂两种；陶色可分为红陶、灰陶等；纹饰有划纹、篮纹、彩绘等；可辨器形有盆、钵、罐、小口尖底瓶、鼎等（图 3-2-13）。

H446 挑选陶器标本 15 件，其中鼎 3、深腹罐 3、素面双錾盆 2、彩陶钵 2、素面双錾钵 1、弦纹盆 1、素面盆 1、釜 1、小口瓶 1。

彩陶钵　2 件。泥质陶。敛口，H446∶6，黄褐陶黑彩。圆唇，曲腹，平底内凹。器表磨光，内壁近口处有刮削痕迹。口部外壁饰一周三个垂弧纹，腹部饰一周宽 0.4 厘米的条带纹，其间区域用弧边三角分为三个单元格，每个单元格内饰双连弧线、圆点组成的复合纹饰。可复原。口径 22、腹径 22.8、底径 7.9、高 8.6 厘米（图 3-2-14，1）。H446∶5，红陶红彩。尖唇，弧腹近直，平底微内凹。器表磨光，内外壁均有刮削痕迹。通体饰红彩。可复原。口径 15.2、底径 7、高 7.3 厘米（图 3-2-14，14）。

素面双錾盆　2 件。泥质黄褐陶。腹部对称置附加突起状双錾。素面。H446∶4，敛口，叠唇，弧腹近直，平底微内凹。器表磨光，唇面及内壁近口处有刮削痕迹，内外壁有刮抹痕迹。可复原。口径 35.6、底径 13.6、高 18.8 厘米（图 3-2-14，3）。H446∶26，侈口，方唇，弧腹。腹部以下残。口径 28、残高 9.2 厘米（图 3-2-14，5）。

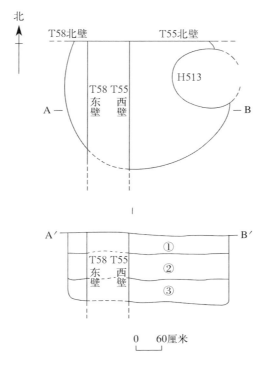

图3-2-13　H446平剖面图

弦纹盆　1件。H446：22，泥质灰陶。敛口，叠圆唇，弧腹。腹部外壁饰数周凹弦纹。腹部以下残。口径52、残高16.4厘米（图3-2-14，11）。

素面盆　1件。H446：23，泥质灰陶。敛口，仰折沿隆起，圆唇，弧腹。素面。腹部以下残。口径34、残高12.4厘米（图3-2-14，9）。

鼎　3件。夹砂灰陶。H446：21，敛口，圆唇。弧腹，腹部对称置附加突起状双錾，平底，平装宽扁足。口部外壁有一周饰按窝纹的附加堆纹，其下区域饰篮纹。可复原。口径18.8、腹径22、足径14、高22厘米（图3-2-14，4）。H446：30，侈口，仰折沿隆起，圆唇，溜肩，鼓腹，腹部对称置附加突起状双錾。通体饰篮纹。腹部以下残。口径24、残高11.8厘米（图3-2-14，8）。H446：32，扁平足。素面。残存鼎足。残高5.6厘米（图3-2-14，7）。

深腹罐　3件。夹砂灰陶。敛口，仰折沿下凹成槽，溜肩，鼓腹。H446：28，方唇中间有一周凹槽。肩部饰篮纹。腹部以下残。口径24、残高6.4厘米（图3-2-14，12）。H446：29，方唇。肩部饰篮纹。腹部以下残。口径24、残高9.4厘米（图3-2-14，15）。H446：31，尖唇。肩部饰压印纹。腹部以下残。口径34、残高8厘米（图3-2-14，6）。

釜　1件。H446：27，夹砂灰陶。直口，方唇，矮领，溜肩，折腹起台。肩部饰数周凹弦纹。腹部以下残。口径15.6、残高6.4厘米（图3-2-14，10）。

素面双錾钵　1件。H446：26，泥质黄褐陶。侈口，方唇，弧腹近直，腹部对称置双錾。素面。腹部以下残。口径28、残高9厘米（图3-2-14，2）。

小口瓶　1件。H446：25，泥质黄褐陶。退化重唇口，圆唇，束颈，溜肩。颈部以下饰线纹。腹部以下残。口径7.6、残高6.2厘米（图3-2-14，13）。

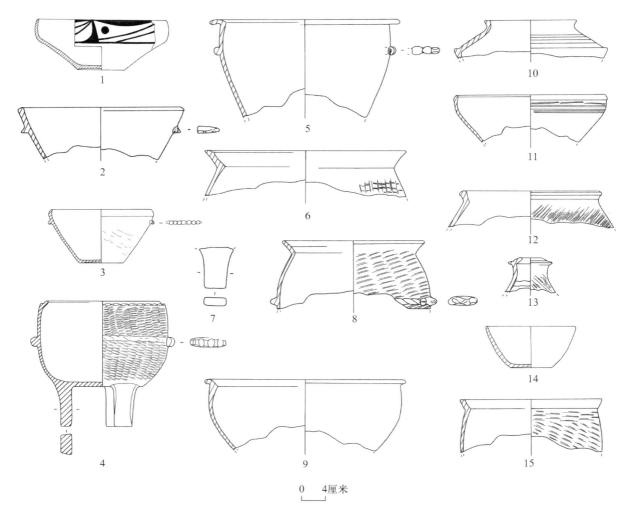

0　　4厘米

图3-2-14　H446出土陶器

1、14.彩陶钵（H446：6、H446：5）　2.素面双錾钵（H446：26）　3、5.素面双錾盆（H446：4、H446：26）　4、7、8.鼎
（H446：21、H446：32、H446：30）　6、12、15.深腹罐（H446：31、H446：28、H446：29）　9.素面盆（H446：23）
10.釜（H446：27）　11.弦纹盆（H446：22）　13.小口尖底瓶（H446：25）

8. H450

位于T71西南角，部分伸入南壁、西壁。开口于第③层下，打破生土，开口距地表70厘米。平面形状呈椭圆形，直壁，平底。坑口最大径218、最小径140、深50厘米。填土灰褐色，夹有黄褐色土块、草木灰和烧土颗粒，出土陶片以夹砂灰陶、泥质灰陶为主；纹饰以凹弦纹、附加堆纹、篮纹为主；器形有深腹罐、篮纹钵、鼎、喇叭口尖底瓶、彩陶罐等（图3-2-15）。

H450挑选陶器标本9件，其中喇叭口尖底瓶3、深腹罐2、彩陶罐1、篮纹钵1、鼎1、环1。

彩陶罐　1件。H450：6，敛口，仰折沿隆起，圆唇，溜肩，鼓腹。腹部饰两组四条宽0.4厘米的条带纹，其间区域饰条带纹组成的菱形纹。腹部以下残。口径22、残高14厘米（图3-2-16，4）。

深腹罐　2件。夹砂灰陶。敛口，仰折沿下凹，溜肩。颈肩交界处有一周附加堆纹。H450：8，方唇。腹部以下残。口径38、残高8.4厘米（图3-2-16，1）。H450：9，花边圆唇。腹部饰数周凹弦纹。腹部以下残。口径36、残高6厘米（图3-2-16，7）。

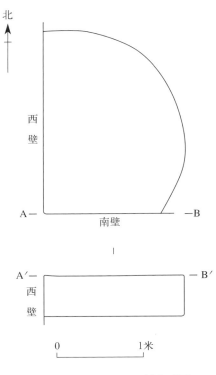

图3-2-15　H450平剖面图

篮纹钵　1件。H450：10，夹砂灰陶。侈口，圆唇，弧腹。通体饰篮纹，腹部有一周附加堆纹。腹部以下残。口径32、残高10厘米（图3-2-16，3）。

鼎　1件。H450：3，夹砂灰陶。敛口，圆唇，溜肩，弧腹，腹部对称置附加突起状双鋬，平底，平装宽扁足。通体饰篮纹，口部外壁有一周、鼎足上有一段饰按窝的附加堆纹。可复原。口径33.2、足径19.6、高28.4厘米（图3-2-16，2）。

喇叭口尖底瓶　3件。夹砂灰陶。H450：4，敞口，圆唇，束颈，溜肩，折腹。颈部以下饰线纹，颈肩交界处有一周突棱。腹部以下残。口径14.4、残高21.6厘米（图3-2-16，8）。H450：5，鼓腹，尖底。底部有制作残留痕迹。通体饰篮纹。腹部以上残。残高32.2厘米（图3-2-16，9）。H450：7，敞口，圆唇，束颈，颈肩交界处有一周附加堆纹。肩部以下残。口径12.6、残高9.6厘米（图3-2-16，5）。

环　1件。H450：11，泥质灰陶。环状，平面为弧六边形，截面为弧边三角形。器表饰同心圆状线纹。可复原。外径7.7、内径4、宽1.8、厚2.2厘米（图3-2-16，6）。

9. H467

位于T20西北部。开口于第①层，打破第②层，开口距地表15厘米。袋状，平面形状呈圆形，弧壁，平底。坑口直径160、坑底直径270、深120厘米。填土灰褐色，土质疏松。出土陶片以夹砂陶为主；纹饰以篮纹、附加堆纹为主；可辨器形有钵、罐等（图3-2-17，1）。

H467挑选陶器标本双鋬罐1件。

双鋬罐　1件。H467：1，泥质灰陶。器形不规整，歪斜严重。直口微侈，圆唇，弧腹，平底，腹部对称置附加突起状双鋬。制作粗糙，内外壁近口处有刮削痕迹。腹部饰篮纹。可复原。口径16.8、底径11—11.4、高18.2—19.2厘米（图3-2-17，2）。

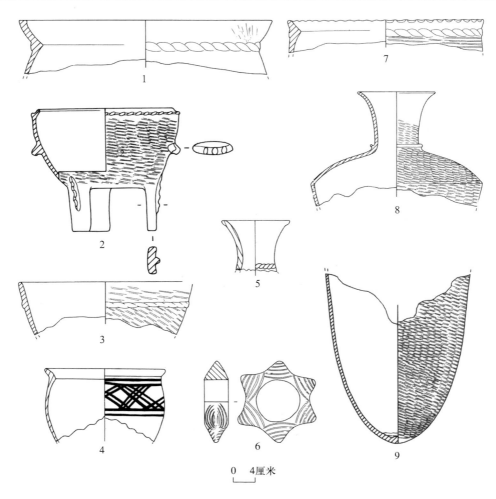

图3-2-16 H450出土陶器

1、7.深腹罐（H450：8、H450：9）   2.鼎（H450：3）   3.篮纹钵（H450：10）   4.彩陶罐（H450：6）   5、8、9.喇叭口尖底瓶

（H450：7、H450：4、H450：5）   6.环（H450：11）

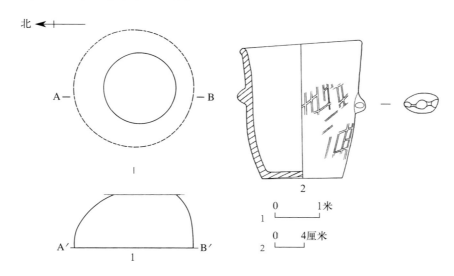

图3-2-17 H467平剖面图及出土陶器

1.平剖面图   2.双鋬罐（H467：1）

10. H491

位于T50南部。开口于第①层下，打破第②层，开口距地表15厘米。袋状，平面形状呈圆形，斜直壁，平底。坑口直径85、坑底直径220、深230厘米。填土黑褐色，土质疏松。包含陶片及少量红烧土颗粒，出土适量陶片，少量石块、石器、兽骨等。陶片以夹砂灰陶为主；纹饰以篮纹、附加堆纹为主；可辨器形有罐、钵、喇叭口尖底瓶、器盖、鼎等（图3-2-18）。

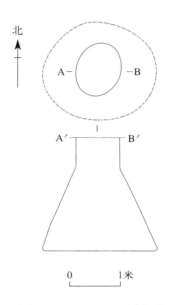

图3-2-18　H491平剖面图

H491挑选陶器标本10件，其中深腹罐5、鼎3、器盖2。

鼎　3件。夹砂灰陶。H491：1，侈口，折沿，圆唇，溜肩，鼓腹，平底，T形足。内壁有泥条盘筑痕迹，内外壁均有刮削痕迹。腹部饰篮纹，足上饰一条附加堆纹。可复原。口径12.6、足径10、高16厘米（图3-2-19，6；图版一九八，3）。H491：18，侧装，凿形足。素面。残存鼎足。残高8.8厘米（图3-2-19，8）。H491：19，鼓腹，平底。侧装宽扁平足。足中间有一段饰按窝的附加堆纹。腹部以上残。足径9、残高8.6厘米（图3-2-19，2）。

深腹罐　5件。夹砂灰陶。仰折沿，圆唇，溜肩。H491：7，侈口，唇面饰一周花边，深鼓腹，平底。通体施篮纹，口沿外壁、腹部各饰一周附加堆纹。可复原。口径15.8、底径9.4、高22.8厘米（图3-2-19，10；图版二一〇，4）。H491：13，直口微侈，沿面隆起。颈肩交界处有一周附加堆纹。腹部以下残。口径34、残高6.8厘米（图3-2-19，5）。H491：14，敛口，鼓腹。口部外壁有一周按窝，颈肩交界处有一周附加堆纹，其下区域饰篮纹。腹部以下残。口径28、残高7.8厘米（图3-2-19，1）。H491：15，敛口。颈肩交界处有一周附加堆纹，其下区域饰篮纹。腹部以下残。口径14、残高4.2厘米（图3-2-19，9）。H491：16，敛口。颈肩交界处有一周突棱，其下区域饰篮纹。腹部以下残。口径30、残高11厘米（图3-2-19，4）。

器盖　2件。夹砂灰陶。素面。H491：12，敞口，方唇中间下凹，内壁有数周突棱。圜顶。纽残。口径8、残高4厘米（图3-2-19，3）。H491：17，弧腹近直，圜顶，花边圈足状纽。圈足外壁有一周按窝。口部残。纽径7、残高6.9厘米（图3-2-19，7）。

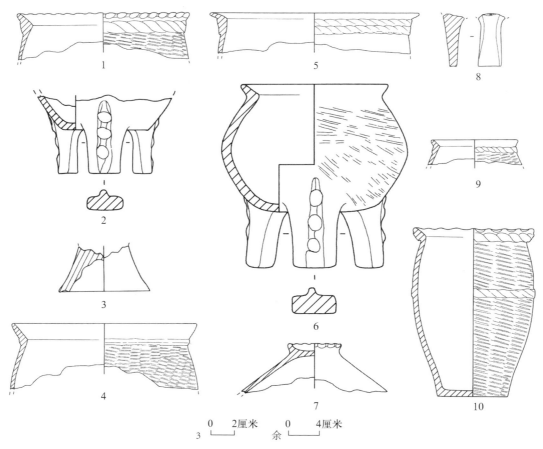

0　　2厘米　　　0　　　4厘米
3 |——|　　余 |——|

图3-2-19　H491出土陶器

1、4、5、9、10.深腹罐（H491：14、H491：16、H491：13、H491：15、H491：7）　　2、6、8.鼎（H491：19、H491：1、H491：18）
3、7.器盖（H491：12、H491：17）

11. H496

位于T50西南部，部分伸入西壁。开口于第①层下，打破第②层，被H489打破，开口距地表15厘米。袋状，平面形状呈圆形，斜直壁，平底。坑口直径160、坑底直径233、深200厘米。填土灰褐色，土质疏松。包含少量料礓石、石块、陶片。夹杂少量炭粒。出土适量陶片。陶片以夹砂灰陶为主，泥质灰陶次之；纹饰有篮纹、附加堆纹、彩绘等；可辨器形有罐、钵、器盖等（图3-2-20）。

H496挑选陶器标本6件，其中鼎1、器盖1、彩陶罐1、豆1、鼓腹罐1、深腹罐1。

鼎　1件。H496：4，夹砂灰陶。平装，凿形足，中间有一周附加堆纹，其上饰按窝。残存鼎足。宽5.4、残高6.4厘米（图3-2-21，2）。

器盖　1件。H496：7，夹砂灰陶。弧腹，花边圈足状纽。腹部与纽交界处有一周按窝。口部残。纽径6.4、残高3.1厘米（图3-2-21，4）。

彩陶罐　1件。H496：9，泥质红褐陶。敛口，仰折沿隆起，圆唇，溜肩，鼓腹。颈部饰两周凹弦纹，腹部有两周宽0.6、0.2厘米的条带纹，其间区域饰三条带纹组成的菱形纹。腹部以下残。口径23.2、残高8.4厘米（图3-2-21，6）。

豆　1件。H496：8，泥质灰陶磨光。敞口，尖唇，折腹。器表磨光。腹部内外壁有数周凹弦纹。残存豆盘。口径32、残高8.2厘米（图3-2-21，3）。

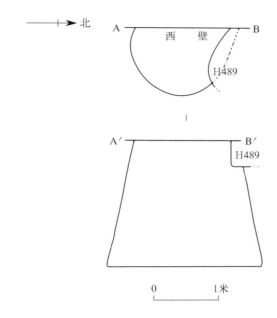

图3-2-20　H496平剖面图

　　鼓腹罐　1件。H496：6，夹砂灰褐陶。敛口，折沿微下凹，尖唇，溜肩，鼓腹。沿面外侧有一周按窝，其下区域饰篮纹。腹部以下残。口径16.4、残高6.7厘米（图3-2-21，5）。

　　深腹罐　1件。H496：5，夹砂灰陶。敛口，仰折沿隆起，花边圆唇，溜肩，鼓腹。口部外壁有一周附加堆纹。腹部以下残。口径12、残高3.8厘米（图3-2-21，1）。

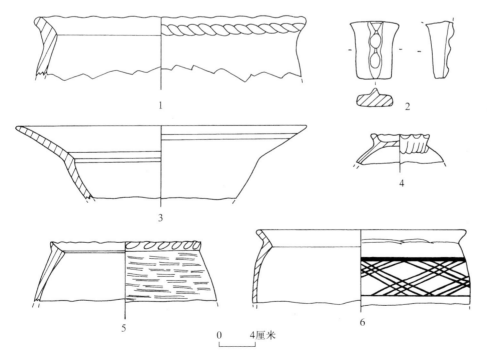

图3-2-21　H496出土陶器

1.深腹罐（H496：5）　2.鼎（H496：4）　3.豆（H496：8）　4.器盖（H496：7）　5.鼓腹罐（H496：6）　6.彩陶罐（H496：9）

12. H513*

位于T55西北部。开口于第①层下，打破生土，开口距地表10厘米。袋状，平面形状呈圆形，斜直壁，平底。坑口直径155、坑底直径225、深110厘米。填土浅灰色，土质疏松。出土陶片陶质有为泥质、夹砂两种；陶色以灰陶为主，红陶次之；纹饰有划纹、篮纹、附加堆纹等；可辨器形有罐、盆、钵、小口尖底瓶等（图3-2-22）。

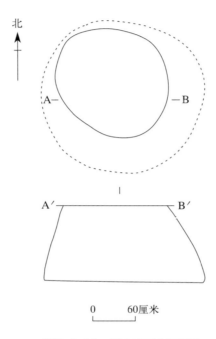

图3-2-22　H513平剖面图

H513挑选陶器标本5件，其中鼓腹罐2、深腹罐1、鼎1、素面钵1。

鼓腹罐　2件。夹砂灰陶。H513：4，侈口，尖唇，矮领，溜肩，鼓腹，平底。内壁有刮抹痕迹。素面。可复原。口径8、底径4.8、高8.8厘米（图3-2-23，4；图版二〇八，2）。H513：6，敛口，高领，方唇内侧下斜，溜肩。腹部饰篮纹。腹部以下残。口径18、残高6厘米（图3-2-23，2）。

素面钵　1件。H513：1，夹砂灰陶。器形不规整，略有歪斜，口部呈椭圆形。侈口，方唇中间有一周凹槽，弧腹近直，平底。内外壁近口处有刮削痕迹，内壁有刮抹痕迹。素面。可复原。口径28—28.6、底径12.4、高10.6—11.6厘米（图3-2-23，5；图版二〇〇，5）。

深腹罐　1件。H513：7，夹砂灰陶。敛口，仰折沿隆起，花边圆唇，溜肩。颈部有两周凹弦纹，其下区域饰篮纹。腹部以下残。口径28、残高6厘米（图3-2-23，1）。

鼎　1件。H513：5，夹砂灰陶。侧装，凿形足。素面。残存鼎足。残高4.4厘米（图3-2-23，3）。

13. H515

位于T50西部。开口于第①层下，打破第②层，开口距地表15厘米。平面形状呈圆形，直壁，平底。坑口直径120、深165厘米。填土黑褐色，土质疏松。夹杂有红烧土颗粒、炭粒等。包含适量陶片、石器、石块、动物骨骼等。出土陶片以夹砂灰陶为主；纹饰以篮纹、附加堆纹为主；可辨器形有罐、钵、喇叭口尖底瓶、器盖、鼎等（图3-2-24，1）。

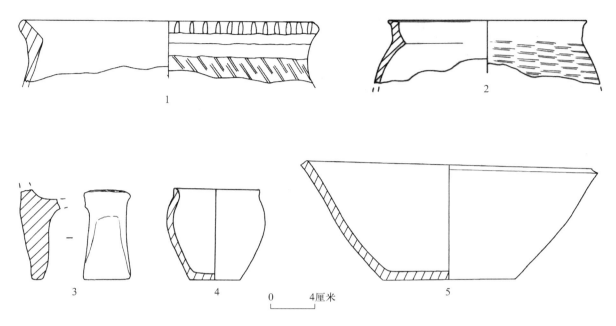

图3-2-23　H513出土陶器

1.深腹罐（H513∶7）　　2、4.鼓腹罐（H513∶6、H513∶4）　　3.鼎（H513∶5）　　5.素面钵（H513∶1）

H515挑选陶器标本器盖1件。

器盖　1件。H515∶1，泥质灰胎黑皮陶。敞口，方唇，双腹，高圈足状纽。内壁磨光，器表有明显泥质盘条痕迹，底部有明显的涡纹和凸起状点。素面。可复原。口径23.6、底径9.1、高9.8厘米（图3-2-24，2）。

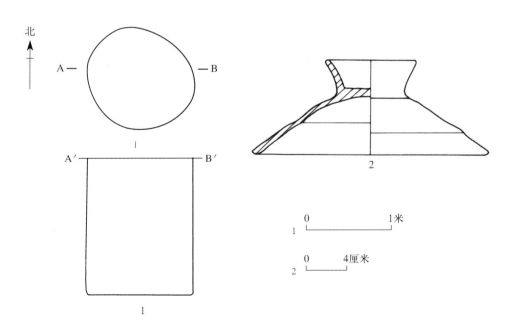

图3-2-24　H515平剖面图及出土陶器

1.平剖面图　2.器盖（H515∶1）

14. H556

位于 T54 中南部。开口第③层下，打破生土，被 H539 打破，开口距地表 65 厘米。袋状，平面形状呈圆形，弧壁，平底。坑口最大径 138、最小径 75、坑底最大径 196、最小径 180、深 140 厘米。填土浅灰色，土质松软。夹杂炭粒、草木灰、红烧土颗粒。包含少量石块、动物骨骼等。出土陶片以夹砂灰陶为主；纹饰以篮纹、绳纹、附加堆纹为主；可辨器形有罐、器盖、鼎、钵、喇叭口尖底瓶等（图 3-2-25）。

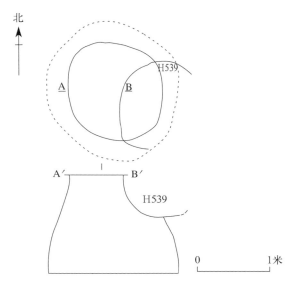

图3-2-25　H556平剖面图

H556 挑选陶器标本 17 件，其中深腹罐 7、素面钵 2、鼎 2、器盖 2、豆 2、喇叭口尖底瓶 2。

鼎　2 件。夹砂灰陶。敛口，弧腹，腹部对称置附加突起状双鋬，平底。H556：5，圆唇，子母口，凿形足。口部外壁饰一周戳印纹，腹部饰篮纹。可复原。口径 19、足径 11、高 18.5 厘米（图 3-2-26，1；图版一九八，4）。H556：10，口部变形严重，呈椭圆形。方唇中间下凹成台，扁平足中间内凹。口部外壁饰一周花边。可复原。口径 19.4～21.2，足径 10、高 16 厘米（图 3-2-26，2；图版一九八，5）。

器盖　2 件。素面。H556：6，夹砂灰陶。敞口，圆唇，唇部内侧加厚，斜腹，腹部内壁内收，平底。内外壁近口部有刮削痕迹。可复原。口径 23、底径 8、高 8 厘米（图 3-2-26，9）。H556：11，泥质灰陶。敞口，圆唇，直壁，圆形纽，纽下有明显的贴附痕迹。器表有明显的刮削痕迹。可复原。口径 25.7、纽径 8、高 9.4 厘米（图 3-2-26，3；图版二〇五，3）。

素面钵　2 件。素面。H556：13，夹砂灰陶。敞口，圆唇，斜腹，平底。内外壁近口部有刮削痕迹。可复原。口径 20.4、底径 10.3、高 6.9 厘米（图 3-2-26，5；图版二〇一，1）。H556：14，泥质黑陶。敞口，尖圆唇，弧腹近直，平底。内外壁均有刮削痕迹。可复原。口径 13、底径 5.4、高 5.4 厘米（图 3-2-26，6）。

豆　2 件。泥质磨光黑皮陶。素面。H556：19，敞口，尖唇，折腹。腹部以下残。口径 33、残高 8.3 厘米（图 3-2-26，4）。H556：18，敞口，圆唇，喇叭状圈足底部起台。残存圈足。足径 20.1、残高 14 厘米（图 3-2-26，8）。

喇叭口尖底瓶　2 件。泥质灰陶。敞口，圆唇，束颈。H556：17，颈部饰一周附加堆纹，其下区域饰右斜篮纹。颈部以下残。口径 12、残高 9 厘米（图 3-2-26，7）。H556：16，颈部以下饰右斜篮纹。

颈部以下残。口径12、残高11.4（图3-2-26，10）。

深腹罐　7件。夹砂灰陶。仰折沿，圆唇，鼓腹。H556：20，平底微内凹。颈部以下饰左斜线纹。可复原。口径29.4、腹径26、底径13.8、高23厘米（图3-2-27，1）。H556：26，沿部外壁有一周花边，颈部有一周附加堆纹，其下区域饰左斜绳纹。腹部以下残。口径36、残高16.8厘米（图3-2-27，7）。H556：27，颈部饰间隔绳纹，肩部以下饰绳纹。腹部以下残。口径24、残高7.4厘米（图3-2-27，3）。H556：28，颈部有一周麻花状附加堆纹，其下区域饰数周弦纹。腹部以下残。口径48、残高10.4厘米（图3-2-27，6）。H556：29，沿部外壁有一周花边，颈部有一周小按窝，其下区域饰横篮纹，腹部有一周附加堆纹。腹部以下残。口径26、残高13厘米（图3-2-27，2）。H556：30，口部外壁有一周花边，颈部、下腹部饰数周附加堆纹，其余地方通饰横篮纹。腹部以下残。口径37.6、残高22厘米（图3-2-27，4）。H556：31，沿部外壁有一周花边，其下有一周小按窝，颈部以下饰横篮纹，腹部有一周附加堆纹。腹部以下残。口径40、残高18.4厘米（图3-2-27，5）。

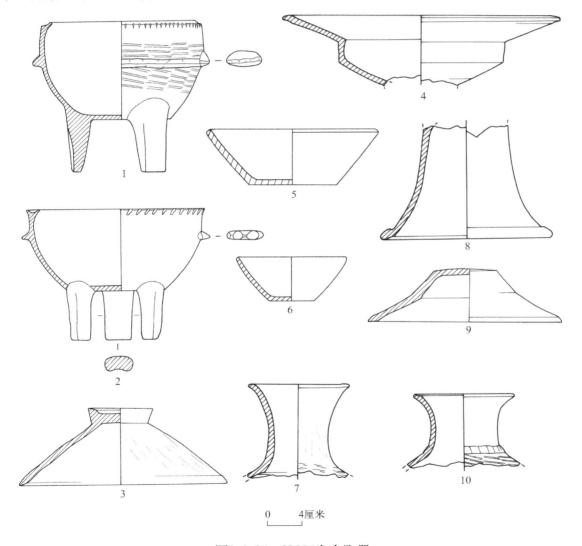

0　　　4厘米

图3-2-26　H556出土陶器

1、2.鼎（H556：5、H556：10）　3、9.器盖（H556：11、H556：6）　4、8.豆（H556：19、H556：18）　5、6.素面钵
（H556：13、H556：14）　7、10.喇叭口尖底瓶（H556：17、H556：16）

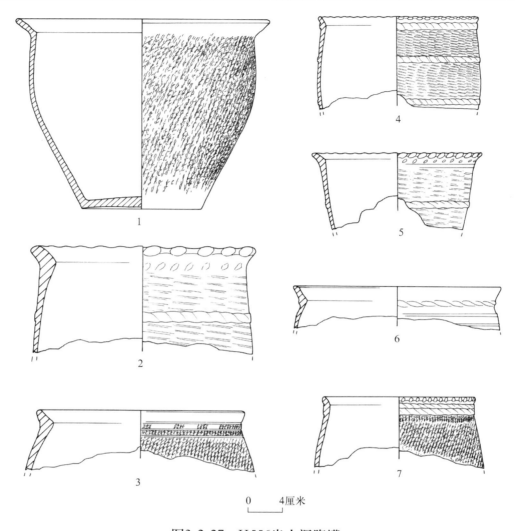

0　　　　4厘米

图3-2-27　H556出土深腹罐

1-7.深腹罐（H556：20、H556：29、H556：27、H556：30、H556：31、H556：28、H556：26）

15. H571

位于T55中东部。开口于第①层下，打破生土，开口距地表10厘米。袋状，平面形状呈圆形，弧壁，平底。坑口直径90、坑底直径180、深175厘米。填土深灰色，土质疏松。夹杂炭粒、红烧土颗粒等。出土陶片陶质有为泥质、夹砂两种；陶色以灰陶为主，红陶、彩绘次之；纹饰有划纹、篮纹、弦纹、彩绘等；可辨器形有罐、盆、环、尖底瓶等（图3-2-28）。

H571挑选陶器标本5件，其中鼓腹罐3、素面钵1、喇叭口尖底瓶1。

鼓腹罐　3件。夹砂陶。H571：2，灰陶。侈口，圆唇，矮领，鼓腹，平底。内外壁近口处有刮削痕迹。素面。可复原。口径10.8、底径7.8、高9厘米（图3-2-29，5）。H571：7，红褐陶。敛口，仰折沿隆起，圆唇，溜肩。口沿内壁有一周按窝，肩颈交界处有一周附加堆纹，其下区域饰篮纹。腹部以下残。口径36、残高9厘米（图3-2-29，3）。H571：8，灰陶。敛口，仰折沿下凹成槽，方唇内侧下斜，溜肩。肩部以下饰线纹。腹部以下残。口径30、残高5.6厘米（图3-2-29，1）。

素面钵　1件。H571：1，夹砂灰陶。器形不规整，歪斜严重。侈口，圆唇，斜直腹，平底。内

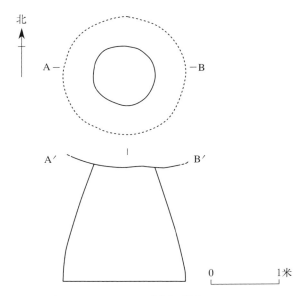

图3-2-28　H571平剖面图

壁有刮削痕迹。素面。可复原。口径12、底径5.8、高5.4—5.9厘米（图3-2-29，2；图版二〇一，2）。

　　喇叭口尖底瓶　1件。素面。H571：9，泥质灰褐陶。侈口，方唇内侧下凹，束颈。口沿内侧有一周凹槽。颈部以下残。口径14、残高10.3厘米（图3-2-29，4）。

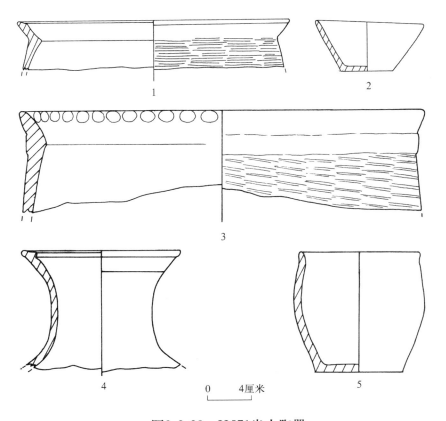

图3-2-29　H571出土陶器

1、3、5.鼓腹罐（H571：8、H571：7、H571：2）　2.素面钵（H571：1）　4.喇叭口尖底瓶（H571：9）

16. H609

位于 T57 北部，部分伸入北壁。开口于第③层下，打破生土，被 H601 打破，开口距地表 70 厘米。平面形状呈椭圆形，弧壁，平底，四壁及底部有明显加工痕迹。坑口最大径 520、最小径 425、深 160 厘米。填土深灰色，土质疏松。夹杂炭粒、草木灰、红烧土颗粒。包含有陶片、石块、动物骨骼等。出土陶片以夹砂为主，泥质次之；陶色有红陶、灰陶；纹饰有附加堆纹、篮纹、弦纹、线纹等；可辨器形有盆、钵、罐、瓶、喇叭口尖底瓶等（图 3-2-30，1）。

H609 挑选陶器标本 2 件，其中喇叭口尖底瓶 1、素面钵 1。

喇叭口尖底瓶　1 件。H609：1，泥质灰陶。侈口，圆唇，束颈，折肩，斜直腹，尖底变形严重。器身内壁有泥条盘筑痕迹，口沿、颈部有刮削痕迹。通体饰右斜篮纹，颈肩交界处有一周附加堆纹。可复原。口径 14.3、高 47.2 厘米（图 3-2-30，2；图版二〇六，4）。

素面钵　1 件。H609：2，泥质灰陶。侈口，圆唇，浅弧腹，平底。器表磨光，内壁近口处有刮削痕迹。素面。可复原。口径 17.4、底径 6.8、高 6.7 厘米（图 3-2-30，3；图版二〇一，3）。

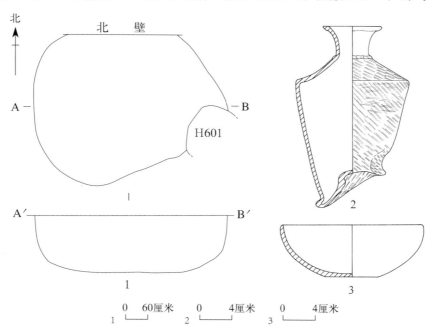

图3-2-30　H609平剖面图及出土陶器
1.平剖面图　2.喇叭口尖底瓶（H609：1）　3.素面钵（H609：2）

17. H623

位于 T106 东部。开口于第③层下，打破第④层，开口距地表 50 厘米。平面形状呈椭圆形，斜直壁，平底。坑口最大径 190、最小径 185、深 60 厘米。填土灰褐色，土质疏松。夹杂少量炭粒、草木灰。出土适量陶片，以夹砂灰陶为主；纹饰有附加堆纹、篮纹等；可辨器形有深腹罐、器盖、鼎等（图 3-2-31）。

H623 挑选陶器标本 5 件，其中深腹罐 2、鼎 2、器盖 1。

器盖　1 件。H623：1，夹砂灰陶。敞口，方唇内突，斜腹近直，圜顶，圈足形纽。内外壁近口处、唇面有刮削痕迹。素面。可复原。纽径 7.6、口径 16.6、高 6.2 厘米（图 3-2-32，3；图版二〇五，4）。

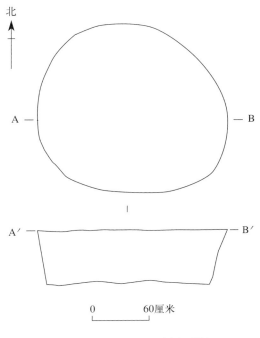

图3-2-31　H623平剖面图

深腹罐　2件。夹砂灰陶。敛口，仰折沿，圆唇，溜肩，鼓腹。H623：2，肩部有一周突棱。腹部以下残。口径20、残高6.2厘米（图3-2-32，5）。H623：4，颈部饰一周附加堆纹，其下区域饰篮纹。腹部以下残。口径14、残高6.4厘米（图3-2-32，4）。

鼎　2件。夹砂灰陶。敛口。H623：3，敛口，仰折沿下凹，方唇内侧下斜，溜肩，鼓腹，腹部对称置附加突起状双鋬。腹部以下残。口径22、残高9.4厘米（图3-2-32，1）。H623：6，圆唇，弧腹，肩部有一周饰按窝的附加堆纹。腹部以下残。口径28、残高5厘米（图3-2-32，2）。

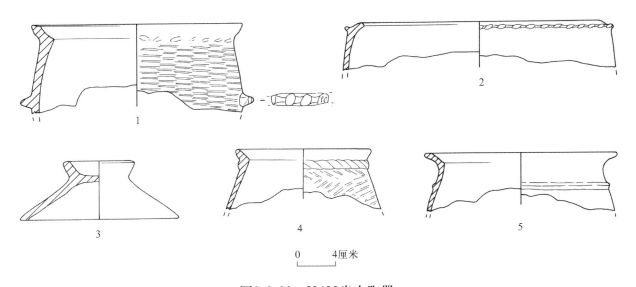

图3-2-32　H623出土陶器
1、2.鼎（H623：3、H623：6）　3.器盖（H623：1）　4、5.深腹罐（H623：4、H623：2）

18. H632

位于T72西北部。开口于第②层下，打破第③层，开口距地表40厘米。袋状，平面形状呈圆形，弧壁，平底。坑口直径120、坑底直径210、深200厘米。填土浅灰色，土质松散。夹杂少量红烧土颗粒、沙粒、炭粒。出土陶片以泥质灰陶、夹砂灰陶为主，泥质红陶次之；纹饰以篮纹为主；可辨器形有器盖、喇叭口尖底瓶、杯等（图3-2-33）。

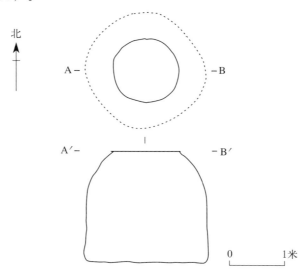

图3-2-33　H632平剖面图

H632挑选陶器标本10件，其中鼎2、豆2、壶1、篮纹钵1、高领罐1、喇叭口尖底瓶1、器盖1、环1。

壶　1件。H632：3，泥质黑陶。侈口，束颈，溜肩，鼓腹，平底。内外壁近口处有刮削痕迹。素面。口部残。残口径6.4、底径4.4、高16.6厘米（图3-2-34，7；图版二一二，3）。

篮纹钵　1件。H632：15，泥质黄褐陶。直口，方唇，弧腹，平底内凹。腹部饰线纹。可复原。口径24、底径13.6、高12.4厘米（图3-2-34，6）。

鼎　2件。夹砂灰陶。H632：8，敛口，圆唇，溜肩。口部外壁有一周按窝，其下区域饰篮纹。腹部以下残。口径19、残高5.2厘米（图3-2-34，1）。H632：13，平装，半圆形凿形足，中间有一周饰按窝的附加堆纹。残存鼎足。残高6.6厘米（图3-2-34，8）。

高领罐　1件。H632：9，泥质灰陶。侈口，方唇中间下凹，高领，束颈，溜肩。肩部有数周凹弦纹。腹部以下残。口径11、残高7.4厘米（图3-2-34，2）。

豆　2件。泥质灰胎黑皮陶。H632：12，喇叭状圈足，敞口，圆唇。内壁有数周凹弦纹和划痕。外壁素面。残存圈足。足径14.8、残高6厘米（图3-2-34，4）。H632：14，敞口，圆唇，折腹，圜底，喇叭状圈足。器表磨光，素面。圈足残。口径38.4、残高14厘米（图3-2-34，3）。

喇叭口尖底瓶　1件。H632：7，夹砂褐陶。橄榄状腹，尖底。底部有泥条盘筑痕迹。腹部以下饰篮纹。腹部以上残，残高12厘米（图3-2-34，5）。

器盖　1件。H632：11，夹砂灰陶。弧腹，圜顶，圈足状花边纽。素面。口部残。纽径7.2、残高4.7厘米（图3-2-34，9）。

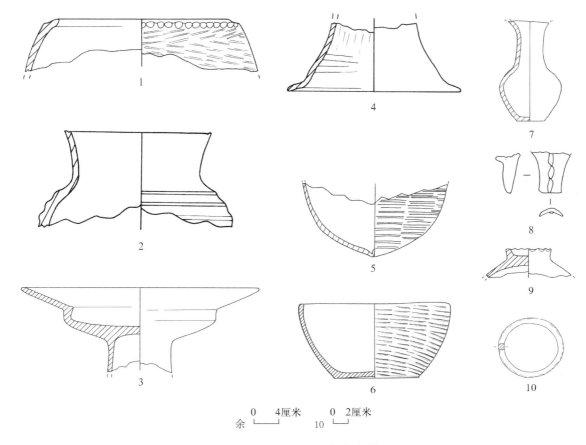

图3-2-34　H632出土陶器

1、8.鼎（H632：8、H632：13）　2.高领罐（H632：9）　3、4.豆（H632：14、H632：12）　5.喇叭口尖底瓶（H632：7）
6.篮纹钵（H632：15）　7.壶（H632：3）　9.器盖（H632：11）　10.环（H632：16）

环　1件。H632：16，泥质灰陶。环状，截面为椭圆形。素面。可复原。内径7.3、外径8.8、厚0.8厘米（图3-2-34，10）。

19. H643

位于T59北部。开口于第③层下，打破第④层，开口距地表50厘米。袋状，平面形状呈椭圆形，弧壁，平底，四壁及底部有明显加工痕迹。坑口最大径80、最小径70、坑底最大径226、最小径220、深220厘米。填土浅灰色，土质疏松。夹杂红烧土颗粒、炭粒。包含少量石块、动物骨骼等。出土陶片以夹砂灰陶、泥质灰陶、泥质黄褐陶为主；纹饰有线纹、篮纹、彩绘、附加堆纹、磨光等；可辨器形有盆、罐等（图3-2-35）。

H643挑选陶器标本10件，其中深腹罐3、喇叭口尖底瓶3、鼎2、小口广肩瓮1、素面钵1。

鼎　2件。夹砂灰陶。H643：15，敞口，仰折沿下凹，尖唇，溜肩，鼓腹，腹部对称置附加突起状双錾。素面。腹部以下残。口径15.6、残高11厘米（图3-2-36，1）。H643：19，弧腹，侧装宽扁足，足中间有一周饰按窝的附加堆纹。腹部以上残。残高10.7厘米（图3-2-36，9）。

小口广肩瓮　1件。H643：2，夹砂黄褐陶。侈口，圆唇，束领，溜肩，鼓腹，下腹部近直，平底内凹。内壁近口处有刮削痕迹。颈部以下饰右斜篮纹，下腹部饰横篮纹。可复原。口径10、腹径23、底径11.8、高25.3厘米（图3-2-36，6；图版二一二，2）。

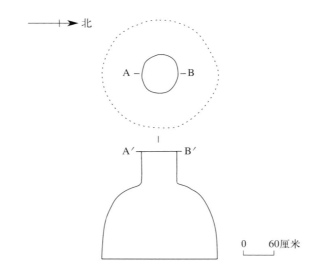

图3-2-35　H643平剖面图

素面钵　1件。H643：3，泥质灰陶。敞口，圆唇，浅弧腹，平底。内外壁均有刮削痕迹。素面。可复原。口径16、底径8.4、高4.3厘米（图3-2-36，8；图版二〇一，4）。

深腹罐　3件。夹砂灰陶。敛口，仰折沿，溜肩，鼓腹。H643：1，方唇，唇面饰一周花边，平底内凹。通体饰右斜篮纹，颈肩交界处、腹部、下腹部各饰一周附加堆纹。可复原。口径17、腹径19.8、底径10、高22厘米（图3-2-36，3；图版二一一，1）。H643：16，尖唇。腹部有一周附加堆纹。腹部以下残。口径22、残高10.6（图3-2-36，7）。H643：18，沿面下凹成槽，圆唇。沿面外壁有一周按窝，通体饰篮纹。腹部以下残。口径18.4、残高13.4厘米（图3-2-36，2）。

喇叭口尖底瓶　3件。泥质灰陶。H643：13，敞口，圆唇，束颈，溜肩。颈部以下饰篮纹。腹部以下残。口径13.6、残高21.6厘米（图3-2-36，4）。H643：14，敞口，圆唇，束颈，溜肩。肩部以下饰篮纹。肩部以下残。口径13、残高7.2厘米（图3-2-36，5）。H643：17，橄榄状腹，尖底，底部有制作痕迹。通体饰绳纹。腹部以上残。腹径26.4、残高14.4厘米（图3-2-36，10）。

20. H654

位于T50南部。开口于第①层下，打破第②层，开口距地表15厘米，打破生土，被H533打破。袋状，平面形状呈椭圆形，弧壁，平底。坑口最直径200、最小径160、坑底直径320、深320厘米。填土黄褐色，土质疏松。包含少量红烧土块、黄土块及陶片。陶片以夹砂灰陶为主，泥质黄褐陶次之；纹饰以篮纹为主；可辨器形有鼎、器盖、罐、喇叭口尖底瓶等（图3-2-37）。

H654挑选陶器标本19件，其中深腹罐5、鼎3、豆2、鼓腹罐2、喇叭口尖底瓶2、素面钵2、篮纹盆1、器盖1、彩陶罐1。

鼎　3件。夹砂灰陶。H654：12，子母口，花边圆唇，鼓腹，腹部对称置附加突起状双鋬，平底，扁平足。通体饰右斜篮纹，腹部饰一周附加堆纹。可复原。口径21.2、底径13.6、高23.8厘米（图3-2-38，15；图版一九八，6）。H654：25，平装，宽扁足。素面。残存鼎足。残高10厘米（图3-2-38，1）。H654：26，侧装，梭状宽扁足，中间有一周竖附加堆纹。残存鼎足。残高11.2厘米（图3-2-38，2）。

鼓腹罐　2件。夹砂灰陶。敛口，仰折沿下凹成台，溜肩，鼓腹。H654：6，器形不规整，歪斜，

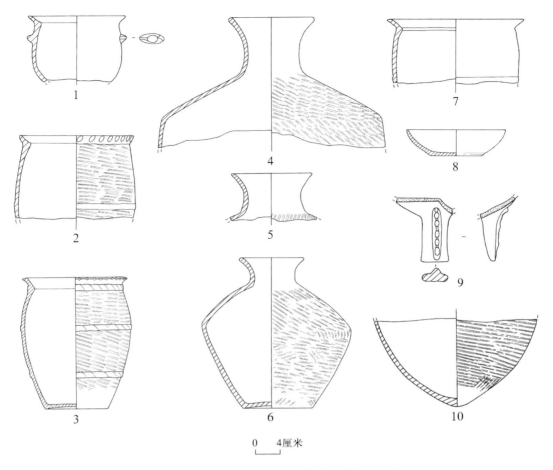

图3-2-36　H643出土陶器

1、9.鼎（H643：15、H643：19）　　2、3、7.深腹罐（H643：18、H643：1、H643：16）　　4、5、10.喇叭口尖底瓶（H643：13、H643：14、H643：17）　　6.小口广肩瓮（H643：2）　　8.素面钵（H643：3）

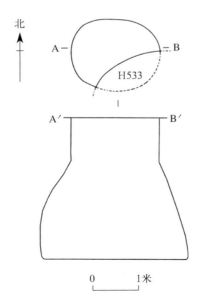

图3-2-37　H654平剖面图

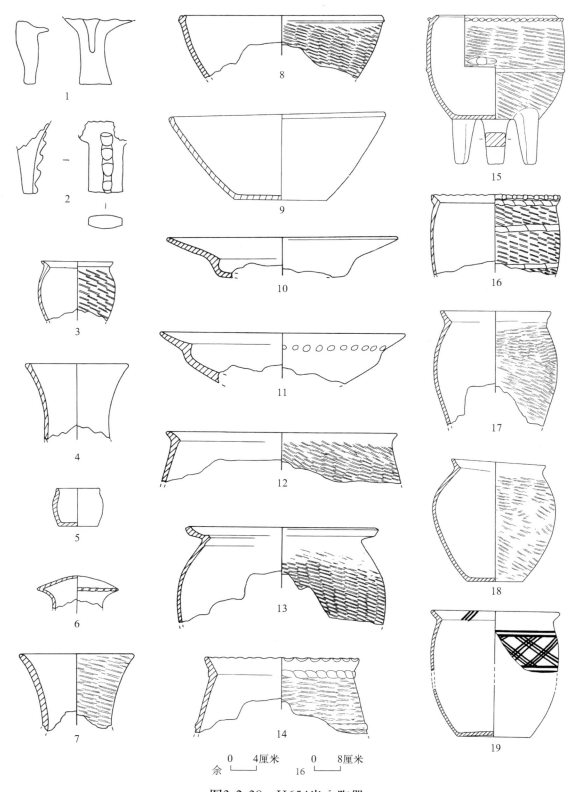

图3-2-38　H654出土陶器

1、2、15.鼎（H654：25、H654：26、H654：12）　3、12、14、16、17.深腹罐（H654：20、H654：21、H654：24、H654：23、
H654：18）　4、7.喇叭口尖底瓶（H654：31、H654：29）　5、9.素面钵（H654：10、H654：8）　6.器盖（H654：32）　8.篮
纹盆（H654：22）　10、11.豆（H654：28、H654：30）　13、18.鼓腹罐（H654：19、H654：6）　19.彩陶罐（H654：33）

口部呈椭圆形。方唇，平底。沿面有刮削痕迹。外壁通饰篮纹，近口处篮纹被抹平。可复原。口径13.4—14.6、底径8.8、高19—19.8厘米（图3-2-38，18；图版二〇八，3）。H654：19，圆唇中间有一周凹槽。腹部饰篮纹。腹部以下残。口径30、残高15.4厘米（图3-2-38，13）。

喇叭口尖底瓶　2件。泥质灰陶。敞口，束颈。H654：29，圆唇。颈部以下饰篮纹。肩部以下残。口径13.2、残高9.2厘米（图3-2-38，7）。H654：31，方唇中间下凹。素面。颈部以下残。口径16、残高12厘米（图3-2-38，4）。

素面钵　2件。夹砂陶。平底。素面。H654：8，灰陶。器形不规整，略歪斜。敞口，圆唇，斜直腹。内壁有轮制痕迹，内外壁近口处有刮削痕迹。可复原。口径33.6、底径14.2、高13.2—14.3厘米（图3-2-38，9；图版二〇一，6）。H654：10，黄褐陶。直口微侈，尖唇，束颈，溜肩，鼓腹。可复原。口径7、底径6.2、高6.5厘米（图3-2-38，5）。

器盖　1件。H654：32，泥质灰陶。伞状纽，外壁中间有一周附加堆纹。纽以下残。纽径6.3、残高2.6厘米（图3-2-38，6）。

篮纹盆　1件。H654：22，夹砂灰陶。直口微敛，叠圆唇中间有一周凹槽，弧腹。腹部饰篮纹。腹部以下残。口径32、残高10厘米（图3-2-38，8）。

豆　2件。泥质灰胎黑皮陶。敞口，圆唇，折腹，圈底。器表磨光。H654：28，素面。残存豆盘。口径38、残高6.4厘米（图3-2-38，10）。H654：30，折腹处有一周戳印纹。残存豆盘。口径32、残高6.8厘米（图3-2-38，11）。

彩陶罐　1件。H654：33，泥质黄褐陶。敛口，折沿，圆唇，溜肩，鼓腹，平底内凹。沿面内侧饰三条短直线，腹部外壁有四条两组宽0.4厘米的条带纹，其间区域饰三条短直线组成的菱形纹。可复原。口径20、腹径20、底径11.2、复原高度20厘米（图3-2-38，19）。

深腹罐　5件。夹砂灰陶。敛口，仰折沿，溜肩，鼓腹。H654：18，沿面微下凹，方唇。颈肩交界处有一周突棱，其下区域饰篮纹。腹部以下残。口径17.2、残高18.4厘米（图3-2-38，17）。H654：20，尖唇。腹部饰篮纹。腹部以下残。口径11、残高9.6厘米（图3-2-38，3）。H654：21，沿面隆起，圆唇。颈部以下饰篮纹。腹部以下残。口径38、残高8.2厘米（图3-2-38，12）。H654：23，花边圆唇。通体饰篮纹，腹部饰数周附加堆纹。腹部以下残。口径40、残高25.4厘米（图3-2-38，16）。H654：24，花边圆唇。通体饰篮纹，颈肩交界处、腹部各饰一周附加堆纹。腹部以下残。口径24、残高12厘米（图3-2-38，14）。

21. H676

位于T104西南部。开口于第③层下，打破第④层，被H626打破，开口距地表80厘米。袋状，平面形状呈圆形，弧壁，平底。坑口直径130、坑底直径152、深200厘米。填土共2层，第①层厚120厘米，灰褐色，土质疏松；第②层厚80厘米，黑灰色与黄色土交替堆积，土质纯净。出土适量陶片，以夹砂灰陶为主；纹饰篮纹附加堆纹为主；可辨器形有罐、鼎、盆、器盖（图3-2-39）。

H676挑选陶器标本8件，其中深腹罐2、器盖2、鼎1、高领罐1、单把杯1、壶1。

鼎　1件。H676：7，夹砂灰陶。敛口，子母口，弧腹。腹部饰篮纹。腹部以下残。口径39.6、残高11.8厘米（图3-2-40，1）。

高领罐　1件。H676：8，夹砂灰陶。敞口，圆唇，束颈，溜肩。颈肩交界处有一周饰按窝的附加堆纹。肩部以下残。口径28、残高8.4厘米（图3-2-40，2）。

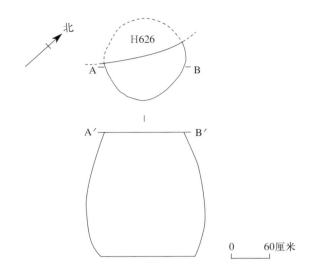

图3-2-39　H676平剖面图

深腹罐　2件。夹砂灰陶。仰折沿，溜肩。H676：5，直口微敛，花边方唇。通体饰篮纹，腹部有一周附加堆纹。腹部以下残。口径24、残高8.4厘米（图3-2-40，8）。H676：6，敛口，花边圆唇，颈肩交界处有一周附加堆纹，颈部以下饰篮纹。肩部以下残。口径26、残高5.5厘米（图3-2-40，3）。

单把杯　1件。H676：1，泥质灰陶。侈口，尖唇，弧腹近折，平底，一侧置桥形把。器表磨光，内外壁近口处有刮削痕迹。素面。可复原。口径12、底径8.4、高11.8厘米（图3-2-40，4；图版一九九，4）。

壶　1件。H676：2，泥质黄褐陶。口部不规整。侈口，圆唇，束颈，溜肩，鼓腹，平底。器表磨光，内外壁近口处有刮削痕迹，下腹部有烟炱。素面。可复原。口径7.2、底径6、高16.5厘米（图3-2-40，5；图版二一二，4）。

器盖　2件。敞口，圆唇。素面。H676：3，泥质红陶。斜直腹，饼足。器表磨光，内壁有刮削痕迹。可复原。口径34.4、底径12、高6.7厘米（图3-2-40，7；图版二〇五，5）。H676：4，夹砂灰陶。弧腹近直。顶部残。口径14.4、残高5.2厘米（图3-2-40，6）。

22. H701*

位于T130西南角，部分伸入西壁、南壁。开口于第②层下，打破第③层，开口距地表80厘米。平面形状呈椭圆形，斜直壁，平底。坑口最大径810、最小径280、深110厘米。填土浅灰色，土质松散。包含草木灰、炭粒、红烧土颗粒、石块等。出土陶片以夹砂灰陶为主，泥质红陶次之；纹饰有划纹、附加堆纹等；可辨器形有喇叭口尖底瓶、盆、钵、罐、环等（图3-2-41）。

H701挑选陶器标本3件，其中素面钵1、彩陶钵1、深腹罐1。

深腹罐　1件。H701：2，泥质灰陶。器形不规整，歪斜严重，口部呈椭圆形。侈口，仰折沿，圆唇中间有一周凹弦纹，溜肩，曲腹，平底。外壁通饰篮纹，近底处篮纹被抹平，腹径饰三周附加堆纹。可复原。口径15、底径8.5、高21—22厘米（图3-2-42，1；图版二一一，2）。

素面钵　1件。H701：3，夹砂黄褐陶。敞口，方唇，弧腹内收，平底。内壁有刮削痕迹，外壁有竖向拍印痕迹。素面。可复原。口径16.4、底径7.9、高7.3厘米（图3-2-42，2；图版二〇二，2）。

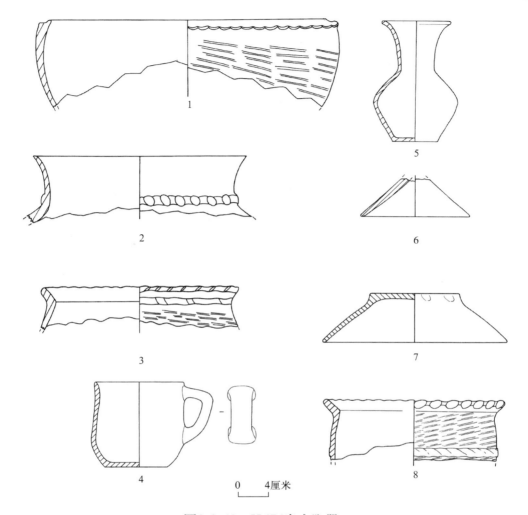

图3-2-40　H676出土陶器

1.鼎（H676：7）　2.高领罐（H676：8）　3、8.深腹罐（H676：6、H676：5）　4.单把杯（H676：1）　5.壶（H676：2）　6、7.器盖（H676：4、H676：3）

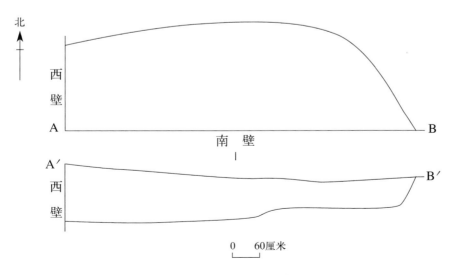

图3-2-41　H701平剖面图

彩陶钵　1件。H701：4，泥质黄褐陶黑彩。敛口，圆唇，弧腹，平底。器表磨光，内壁有刮削痕迹。口部外壁饰一周五个垂弧纹，其下区域对应饰数个圆点、双连弧线组成的复合纹饰。可复原。口径22.2、底径11.2、高10.5厘米（图3-2-42，3）。

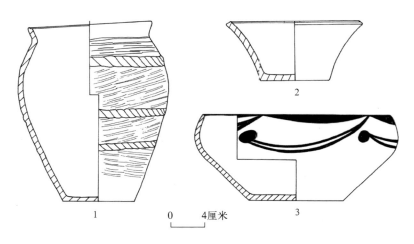

图3-2-42　H701出土陶器
1.深腹罐（H701：2）　2.素面钵（H701：3）　3.彩陶钵（H701：4）

23. H717

位于T59北部。开口于第③层下，打破第④层，开口距地表55厘米。袋状，平面形状呈椭圆形，弧壁，平底，四壁及底部有明显加工痕迹。坑口最大径80、最小径70、坑底最大径200、最小径200、深230厘米。填土浅灰色，土质疏松。夹杂红烧土颗粒、炭粒、陶片、石块、动物骨骼等。出土陶片以夹砂灰陶、泥质灰陶为主，泥质黄褐陶次之；纹饰有线纹、篮纹、附加堆纹、磨光等；可辨器形有盆、罐、杯、盆、器盖等（图3-2-43）。

H717挑选陶器标本7件，其中器盖2、单把杯1、篮纹钵1、鼎1、深腹罐1、刻槽盆1。

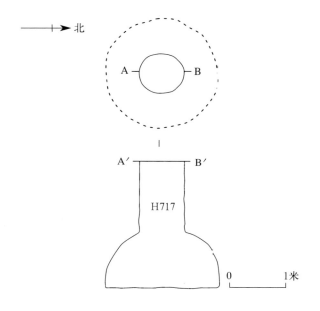

图3-2-43　H717平剖面图

单把杯　1件。H717：1，泥质黑陶。直口，圆唇，直腹，平底，一侧置桥状耳。内外壁及耳部有不明显的竖直刮削痕迹。素面。可复原。口径9.6、底径8.6、高9.6—9.8厘米（图3-2-44，2；图版一九九，5）。

篮纹钵　1件。H717：3，夹砂灰陶。直口微侈，圆唇，弧腹，平底微内凹。内壁有刮削痕迹和指纹，外壁腹部饰横篮纹，底部有一周按窝。可复原。口径18.5—19、底径10、高9—10厘米（图3-2-44，5；图版二○二，3）。

器盖　2件。侈口，斜直腹，平顶。素面。H717：2，泥质灰陶。圆唇。内外壁近口部有刮削痕迹。可复原。口径11.2、底径6、高6.4厘米（图3-2-44，3；图版二○五，6）。H717：4，夹砂黄褐陶。尖唇。内外壁均有刮削痕迹。可复原。口径11.5、底径4.5、高4.2厘米（图3-2-44，7）。

鼎　1件。H717：9，夹砂灰陶。扁平足。素面。残存鼎足。残高6.6厘米（图3-2-44，6）。

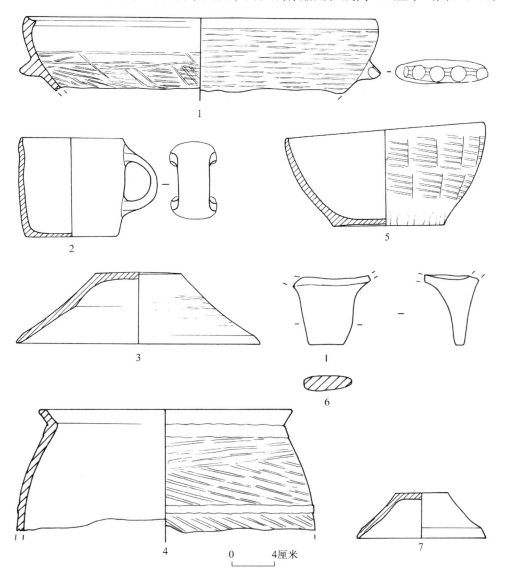

图3-2-44　H717出土陶器

1.刻槽盆（H717：8）　2.单把杯（H717：1）　3、7.器盖（H717：2、H717：4）　4.深腹罐（H717：7）　5.篮纹钵（H717：3）
6.鼎（H717：9）

刻槽盆　1件。H717：8，夹砂灰陶。敛口，方唇中间下凹，弧腹。腹部对称置鸡冠状鋬手。外壁通饰横篮纹，内壁有密集的刻槽。腹部以下残。口径30、残高7厘米（图3-2-44，1）。

深腹罐　1件。H717：7，夹砂灰陶。敛口，折沿，方唇，溜肩，鼓腹，腹部有一周附加堆纹，其余地方通饰篮纹。腹部以下残。口径23.8、腹径28、残高11.5（图3-2-44，4）。

24. H718

位于T63西部。开口于第③层下，打破第④层，被H660打破，开口距地表75厘米。袋状，平面形状呈圆形，弧壁，平底。坑口直径250、坑底直径350、深290厘米。填土灰褐色，土质疏松。包含红烧土颗粒、石块、陶片、骨器等。出土陶片以夹砂灰陶为主；纹饰以篮纹、附加堆纹为主；可辨器形有盆、罐、器盖等（图3-2-45）。

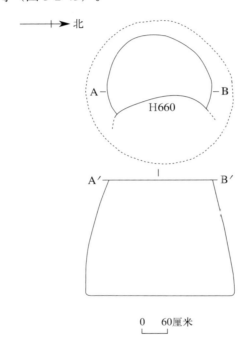

图3-2-45　H718平剖面图

H718挑选陶器标本8件，其中深腹罐3、器盖2、鼓腹罐1、喇叭口尖底瓶1、鼎1。

器盖　2件。夹砂灰陶。弧腹近直，圈足状纽。H718：31，腹部饰篮纹。口部残。纽径7.4、残高8厘米（图3-2-46，6）。H718：32，纽外壁有一周按窝。素面。口部残。纽径6.5、残高7厘米（图3-2-46，1）。

鼓腹罐　1件。H718：3，夹砂灰陶。器形不规整，略歪斜。侈口，仰折沿，圆唇，鼓腹，平底微内凹。内外壁近口处有明显刮削痕迹。上腹部饰横篮纹，腹部饰一周附加堆纹，下腹部饰右斜篮纹。可复原。口径11.4、底径7.6、高14.1厘米（图3-2-46，2；图版二一一，3）。

喇叭口尖底瓶　1件。H718：29，夹砂灰陶。弧腹，尖底。素面。腹部以上残。残高5.4厘米（图3-2-46，3）。

深腹罐　3件。夹砂灰陶。敛口，仰折沿，溜肩，鼓腹。H718：25，沿面隆起，方唇。肩部饰篮纹。肩部以下残。口径30、残高7.4厘米（图3-2-46，8）。H718：26，圆唇。肩部饰篮纹。肩部以下残。

口径35.2、残高7.8厘米（图3-2-46，7）。H718：27，圆唇。口部外壁有一周按窝，颈肩交界处有一周饰按窝的附加堆纹，其下区域饰线纹。腹部以下残。口径17.6、残高10.2厘米（图3-2-46，4）。

鼎　1件。H718：50，夹砂灰陶。圜底，侧装宽扁足。足中间有一段饰按窝的附加堆纹。腹部以上残。残高9厘米（图3-2-46，5）。

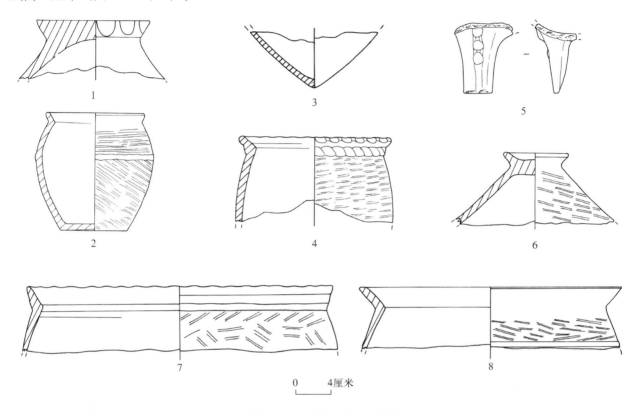

图3-2-46　H718出土陶器

1、6.器盖（H718：32、H718：31）　2.鼓腹罐（H718：3）　3.喇叭口尖底瓶（H718：29）　4、7、8.深腹罐（H718：27、H718：26、H718：25）　5.鼎（H718：50）

25. H728

位于T55西南部。开口于第①层下，打破生土，开口距地表10厘米。袋状，平面形状呈圆形，斜直壁，平底。坑口直径90、坑底直径300、深250厘米。填土灰褐色，土质疏松。包含有石头、骨骼、鹿角等。出土陶片陶质有为泥质、夹砂两种；陶色以灰陶为主，红陶次之；纹饰有磨光、线纹、篮纹、附加堆纹等；可辨器形有罐、盆、钵、环、尖底瓶等（图3-2-47）。

H728挑选陶器标本10件，其中素面钵2、深腹罐2、器盖1、鼓腹罐1、壶1、鼎1、喇叭口尖底瓶1、瓮1。

素面钵　2件。泥质陶。侈口，斜直腹，平底。素面。H728：2，黑陶。口部略有变形，呈椭圆形。尖唇。器表磨光，内外壁有刮抹痕迹。可复原。口径14、底径6.4、高5.5厘米（图3-2-48，9；图版二〇二，5）。H728：7，灰陶。圆唇。内壁有刮削痕迹，器表有刮抹痕迹。可复原。口径12.2、底径5.4、高5.3厘米（图3-2-48，10；图版二〇二，6）。

器盖　1件。H728：4，泥质灰陶。敞口，圆唇，弧腹，圈足形纽。内外壁近口处有刮削痕迹。素面。

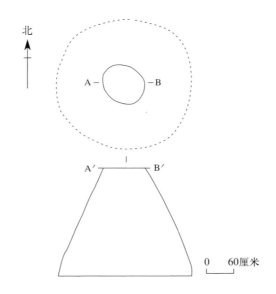

图3-2-47　H728平剖面图

可复原。口径 15、高 5.6 厘米（图 3-2-48，8；图版二〇五，2）。

深腹罐　2 件。夹砂灰陶。敛口，仰折沿，溜肩，鼓腹。颈部饰一周附加堆纹，其下区域饰篮纹。H728：11，沿面微隆起，花边圆唇。腹部以下残。口径 24、残高 7.8 厘米（图 3-2-48，1）。H728：13，夹砂灰陶。圆唇。腹部以下残。口径 14、残高 6.4 厘米（图 3-2-48，4）。

鼎　1 件。H728：15，夹砂灰陶。平装，凿形足。素面。残存鼎足。宽 6.8、残高 8.6 厘米（图 3-2-48，5）。

鼓腹罐　1 件。H728：12，夹砂灰陶。敛口，仰折沿微隆起，圆唇，溜肩，鼓腹，肩部有一周附加堆纹，其下区域饰篮纹。腹部以下残。口径 24、残高 6 厘米（图 3-2-48，3）。

壶　1 件。H728：9，夹砂灰陶。敞口，圆唇，束颈，溜肩，鼓腹。素面。腹部以下残。口径10、腹径 12、残高 11.6 厘米（图 3-2-48，7）。

喇叭口尖底瓶　1 件。H728：14，敞口，圆唇，束颈，溜肩。颈肩交界处有一周附加堆纹，肩部以下饰篮纹。腹部以下残。口径 12、残高 11.4 厘米（图 3-2-48，6）。

瓮　1 件。H728：10，夹砂灰陶。敛口，圆唇，溜肩，弧腹。肩部有一周突棱。素面。腹部以下残。口径 18.2、残高 10.2 厘米（图 3-2-48，2）。

26. H750

位于 T93 南部，部分伸入南壁。开口于第③层下，打破生土，开口距地表 50 厘米。袋状，平面形状呈圆形，斜直壁，平底。坑口直径 255、深 100 厘米。填土灰褐色，土质松散。包含炭灰、红烧土颗粒等。出土陶片陶质以夹砂为主；陶色以灰陶、红陶为主；纹饰以篮纹、附加堆纹为主；可辨器形有罐、钵等（图 3-2-49）。

H750 挑选陶器标本 6 件，其中素面钵 3、深腹罐 3。

素面钵　3 件。侈口，圆唇，平底。素面。H750：1，夹砂灰陶。浅弧腹。内外壁近口处有刮削痕迹。可复原。口径 20.3、底径 9.5、高 7.8 厘米（图 3-2-50，4；图版二〇三，1）。H750：2，泥质黑陶。浅弧腹。器表磨光，内外壁近口处有刮削痕迹。可复原。口径 13.8、底径 5.8、高 4.7 厘米（图 3-2-50，

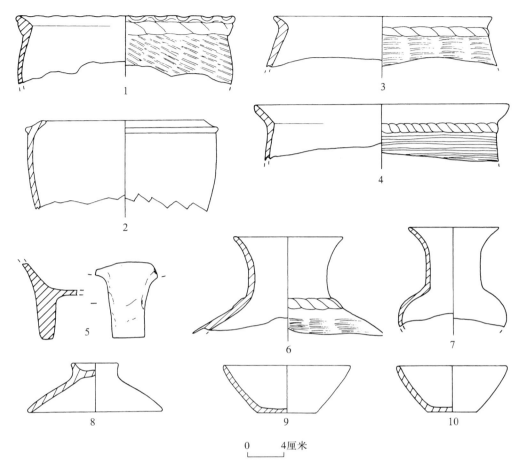

图3-2-48　H728出土陶器

1、4.深腹罐（H728：11、H728：13）　2.瓮（H728：10）　3.鼓腹罐（H728：12）　5.鼎（H728：15）　6.喇叭口尖底瓶

（H728：14）　7.壶（H728：9）　8.器盖（H728：4）　9、10.素面钵（H728：2、H728：7）

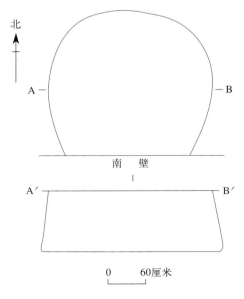

图3-2-49　H750平剖面图

6；图版二〇三，2）。H750：3，泥质红陶，厚胎。弧腹近直。内外壁均有刮削痕迹。可复原。口径8、底径4.8、高3.4厘米（图3-2-50，5；图版二〇三，3）。

　　深腹罐　3件。敛口，溜肩，鼓腹。H750：4，泥质灰陶。器形不规整，歪斜严重。仰折沿，圆唇，平底。内外壁近口处有刮削痕迹。素面。可复原。口径19、底径11.6、高15.6—17.2厘米（图3-2-50，2；图版二〇八，4）。H750：17，夹砂灰陶。仰折沿隆起，圆唇。沿面外侧有一周按窝，通体饰篮纹，腹部饰一周附加堆纹。腹部以下残。口径22、残高48.8厘米（图3-2-50，1）。H750：18，夹砂灰陶。敛口，仰折沿下凹，圆唇。颈部饰一周附加堆纹，其下区域饰篮纹。腹部以下残。口径20、残高6厘米（图3-2-50，3）。

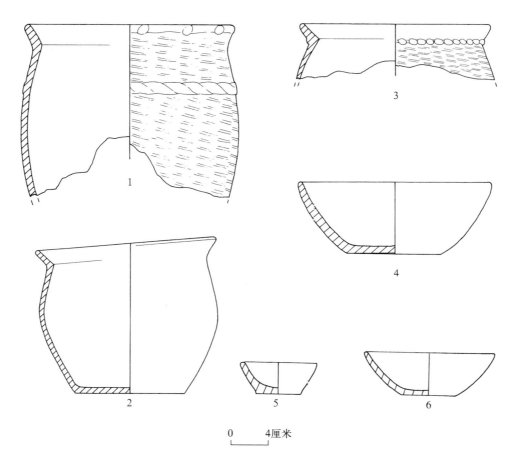

图3-2-50　H750出土陶器

1-3.深腹罐（H750：17、H750：4、H750：18）　4-6.素面钵（H750：1、H750：3、H750：2）

27. H761

　　位于T78西北部，部分伸入西壁。开口于第②层下，打破第③层，开口距地表75厘米。平面形状椭圆形，弧壁，平底。坑口最大径635、最小径200、深160厘米。填土上部黄灰、下部青灰，土质一般。包含物以陶片为主。出土陶片以夹砂灰陶为主；纹饰以篮纹、附加堆纹为主；可辨器形有罐、器盖、鼎等（图3-2-51）。

　　H761挑选陶器标本6件，其中深腹罐4、器盖1、鼎1。

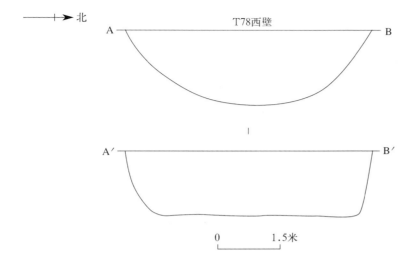

图3-2-51　H761平剖面图

器盖　1件。H761：1，夹砂灰陶。侈口，圆唇，斜直腹，平顶，圈足形花边纽。内外壁均有刮削痕迹。素面。可复原。口径24、高9.4厘米（图3-2-52，3）。

鼎　1件。H761：5，夹砂灰陶。侧装，凿形足。残存鼎足。残高8.2、宽5.3厘米（图3-2-52，4）。

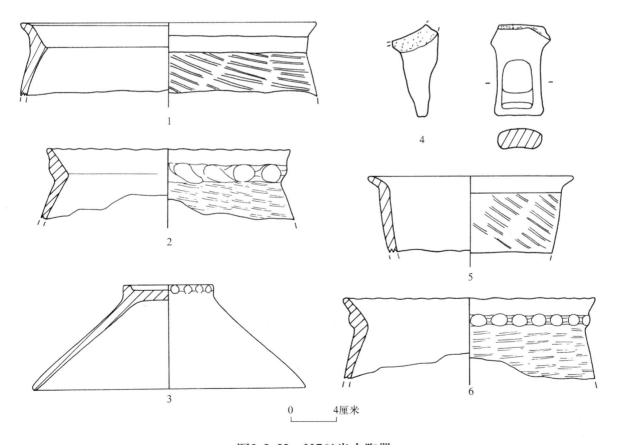

图3-2-52　H761出土陶器

1、2、5、6.深腹罐（H761：6、H761：8、H761：9、H761：7）　3.器盖（H761：1）　4.鼎（H761：5）

深腹罐 4件。夹砂灰陶。敛口，仰折沿，溜肩，鼓腹。H761：6，沿面隆起，尖唇。颈部有一周附加堆纹，其下区域饰篮纹。腹部以下残。口径26、残高6.8厘米（图3-2-52，1）。H761：7，圆唇。颈部有一周饰按窝的附加堆纹，其下区域饰篮纹。腹部以下残。口径22、残高7.4厘米（图3-2-52，6）。H761：8，尖唇。颈部有一周饰按窝的附加堆纹，其下区域饰篮纹。腹部以下残。口径21.6、残高6.4厘米（图3-2-52，2）。H761：9，圆唇。腹部以下饰篮纹。腹部以下残。口径18、残高6.8厘米（图3-2-52，5）。

28. H765*

位于T63东北部。开口于H349、H753下，打破生土，开口距地表70厘米。袋状，平面形状呈圆形，弧壁，平底。坑口直径110、坑底直径300、深280厘米。填土灰褐色，土质疏松。包含石块、陶片、动物骨骼等。出土陶片以夹砂灰陶为主，仅有极少量彩陶；主要纹饰有篮纹、附加堆纹等；可辨器形有盆、罐、杯、喇叭口尖底瓶等（图3-2-53）。

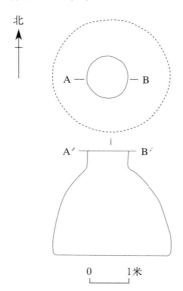

图3-2-53 H765平剖面图

H765挑选陶器标本4件，其中喇叭口尖底瓶1、鼓腹罐1、杯1、彩陶盆1。

喇叭口尖底瓶 1件。H765：4，泥质黄褐陶。敞口，尖唇，束颈，折肩，鼓腹，尖底。腹部饰右斜篮纹。可复原。口径13.2、腹径28.6、高58厘米（图3-2-54，4）。

鼓腹罐 1件。H765：1，夹砂灰陶。敛口，仰折沿隆起，尖唇，溜肩，圆鼓腹，平底。内外壁近口处有明显刮削痕迹。通体饰篮纹，近底处抹平。口径15.8、底径10.4、高16.4—16.8厘米（图3-2-54，3；图版一六六，3）。

杯 1件。H765：6，泥质黑陶。侈口，圆唇，弧腹近直，饼足。器表磨光，内外壁近口处有刮削痕迹。素面。可复原。口径12.8、底径8、高12.8厘米（图3-2-54，2；图版一九九，6）。

彩陶盆 1件。H765：5，泥质黄褐陶黑彩。直口，仰折沿，方唇，浅弧腹，平底。外壁近口处有刮削痕迹。沿面饰一周弧边三角、凸弧纹组成的复合纹饰。可复原。口径29.2、底径11.2、高11.6厘米（图3-2-54，1；图版一二，2）。

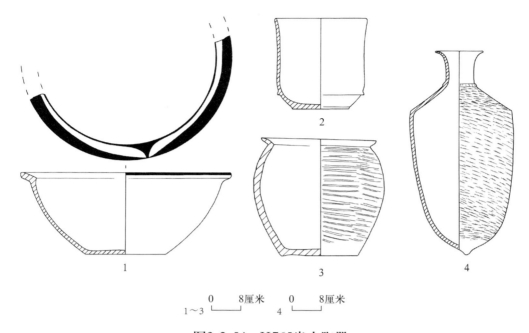

图3-2-54　H765出土陶器

1.彩陶盆（H765：5）　　2.杯（H765：6）　　3.鼓腹罐（H765：1）　　4.喇叭口尖底瓶（H765：4）

29. H766*

位于T46东北部，部分伸入北壁。开口于第④层下，打破生土，开口距地表110厘米。平面形状呈圆形，弧壁，圜底。坑口最大径430、最小径235、深290厘米。填土灰褐色，土质疏松。包含有陶片、动物骨骼等。出土陶片以夹砂灰陶为主，泥质黄褐陶次之；纹饰以彩绘、篮纹、附加堆纹为主；可辨器形有钵、盆、罐、小口尖底瓶、喇叭口尖底瓶等（图3-2-55）。

H766挑选陶器标本27件，其中素面钵10、彩陶钵8、彩陶盆2、彩陶匜1、鼓腹罐1、喇叭口尖底瓶1、器盖1、素面匜1、素面双鋬盆1、深腹罐1。

彩陶钵　8件。泥质陶黑彩。H766：10，黄褐陶。敛口，尖唇，弧腹近直。器表磨光，内壁抹光。内壁有轮制痕迹和刮削痕迹。口部外壁二方连续间隔饰一周五个垂弧纹、弧边三角，其下区域饰两周

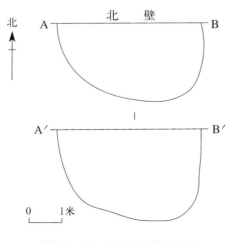

图3-2-55　H766平剖面图

宽0.2-0.3厘米的条带纹、圆点组成的复合纹饰。可复原。口径22.6—23.1、腹径24、底径8.2、高9.8—10厘米（图3-2-56，1；彩版一六四，2）。H766：12，黄褐陶。直口微侈，圆唇，曲腹近折，平底。器表磨光，内外壁有少量刮削痕迹。口部外壁饰三周条带纹，分别宽0.9、0.3、0.3厘米。其下区域饰四个圆点。可复原。口径14.8、底径4.9、高7.4厘米（图3-2-56，10；图版四七，1）。H766：13，红陶。直口微敛，圆唇，弧腹，平底微内凹。器表磨光，内壁近口处有刮削痕迹。口部外壁、下腹部各饰一周宽0.6、0.3厘米的条带纹，其间区域饰五组弧边三角、竖线组成的复合纹饰、圆点。可复原。口径18.5、底径7、高7.5厘米（图3-2-56，3；图版四七，2）。H766：14，黄褐陶。器形不规整，略有歪斜。直口，尖唇，曲腹，平底。器表磨光，内壁抹光。内壁有轮制痕迹和刮削痕迹。口部外壁饰一周垂弧纹，其下区域饰五组双连弧线、圆点组成的复合纹饰。可复原。口径14.9、底径5.1、高7.1—7.6厘米（图3-2-56，7）。H766：15，黄褐陶。直口微敛，尖唇，曲腹，平底微内凹。器表磨光，内壁抹光，近口沿处有刮削痕迹。口部外壁二方连续间隔饰一周垂弧纹、圆点，其下区域饰三周宽0.2厘米的条带纹。可复原。口径15.1、底径6.2、高6.9厘米（图3-2-56，8）。H766：27，黄褐陶。直口微敛，圆唇，深弧腹，平底。器表磨光，内壁有轮制痕迹和刮削痕迹。唇面饰一周条带纹，腹部二方连续饰凸弧纹、圆点组成的复合纹饰。可复原。口径17.4、底径5.8、高11.4厘米（图3-2-56，4）。H766：29，黄褐陶。直口微敛，圆唇，弧腹，平底内凹。口部外壁饰一周条带纹。可复原。口径14.3、底径6、高6.7厘米（图3-2-56，9；图版四七，3）。H766：30，黄褐陶。直口微侈，圆唇，曲腹，平底内凹。器表磨光，内壁近口处有刮削痕迹。口部外壁间隔饰一周垂弧纹，其下区域饰一周凸弧纹、两周宽0.4厘米的条带纹组成的复合纹饰。可复原。口径23.4、底径9.1、高11厘米（图3-2-56，6；图版四七，4）。

彩陶盆　2件。泥质黄褐陶黑彩。敛口，平底微内凹。H766：16，口部略呈椭圆形。仰折沿微隆起，方唇，曲腹。器表磨光，内外壁近口处、沿面有刮削痕迹。唇面、颈部、下腹部各饰一周条带纹，分别宽0.6、0.4、0.4厘米，其间区域饰凸弧纹、弧边三角、圆点、双连弧线组成的复合纹饰。可复原。口径33.5—33.9、底径11.5、高21.5厘米（图3-2-56，11；彩版二三七，1）。H766：32，折沿外侧下斜，圆唇，浅弧腹。器表磨光，内壁抹光。内壁有轮制痕迹和刮削痕迹。沿面用双短线或单短线分为六个单元格，每个单元格内饰弧边三角、凸弧纹组成的复合纹饰。可复原。口径24.9、底径9.8、高7.3—7.9厘米（图3-2-56，5）。

彩陶匜　1件。H766：11，泥质黄褐陶黑彩。器形不规整，略歪斜。侈口，尖唇，弧腹近直，平底，口沿一侧置流，其旁侧腹部置附加凸起状錾。器表磨光，内外壁近口处有刮削痕迹。口沿内壁饰数个圆点，口部外壁饰一周条带纹。可复原。底径6.5、高7.4—7.7厘米（图3-2-56，2；图版四六，6）。

素面匜　1件。H766：22，泥质黄褐陶。敛口，圆唇，弧腹近直，平底，口沿一侧置流，其旁侧腹部置附加凸起状錾。外壁近口处有刮削痕迹。素面。可复原。口径17.4、底径6.9、高10厘米（图3-2-57，1）。

素面双錾盆　1件。H766：23，泥质黄褐陶。敛口，尖唇，弧腹，下腹部近直，平底。腹部对称置对鸡冠状双錾。素面。可复原。口径17.4、底径6.9、高10.3厘米（图3-2-57，3；图版一四一，2）。

深腹罐　1件。H766：18，夹砂灰陶。器形不规整，歪斜严重，口部略呈椭圆形。敛口，仰折沿，花边方唇，溜肩，弧腹，平底。沿面有刮削痕迹。外壁通饰横篮纹，腹部饰一周附加堆纹。可复原。口径16.2—16.8、底径7.8、高24.9—25.7厘米（图3-2-57，2；图版二一一，4）。

　　器盖　1件。H766：6，夹砂灰陶。敞口，圆唇，弧壁近直，圜顶，椭圆形纽。内外壁近口处有
刮削痕迹。素面。口径16.8、高8.6厘米（图3-2-57，7）。

　　素面钵　10件。素面。H766：4，夹砂黄褐陶。敞口，口部内侧饰一周凹槽，方唇，弧腹，平
底。唇面及内外壁近口处有刮削痕迹。可复原。口径16.8、底径10.3、高4.8厘米（图3-2-57，9）。
H766：9，夹砂红陶。敞口，尖唇，曲腹，平底。外壁近口处有刮削痕迹。可复原。口径8.6、底径5、

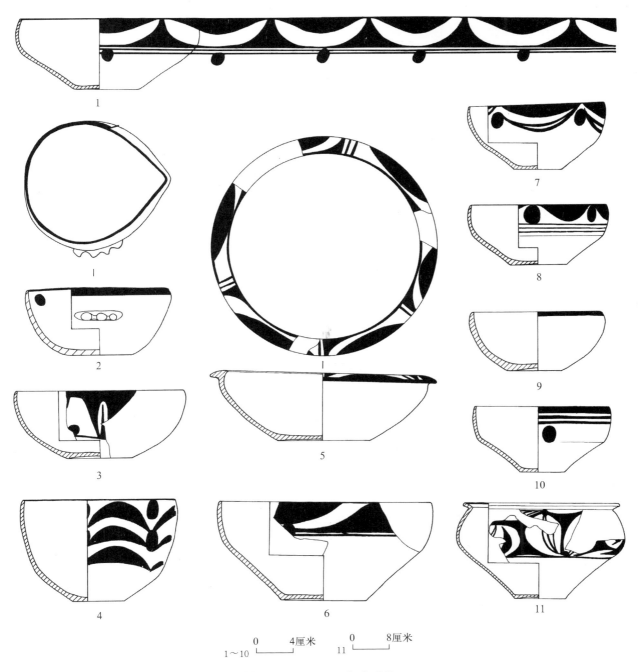

图3-2-56　H766出土彩陶

1、3、4、6-10.彩陶钵（H766：10、H766：13、H766：27、H766：30、H766：14、H766：15、H766：29、H766：12）　2.彩陶
匜（H766：11）　5、11.彩陶盆（H766：32、H766：16）

高3厘米（图3-2-57，6；图版八九，2）。H766：20，夹砂红陶。敞口，口沿内侧有三周凹弦纹，圆唇，斜直腹，平底。沿面及内外壁近口处有刮削痕迹。可复原。口径19、底径8.8、高5厘米（图3-2-57，12）。H766：21，泥质黄褐陶。敛口，尖唇，弧腹近直，平底。器表有大量气孔，内外壁近口处有刮削痕迹。可复原。口径21.6、底径7.6、高10.6厘米（图3-2-57，5）。H766：24，泥质黑陶。侈口，圆唇，弧腹近直，平底。器表磨光，内壁抹光，内外壁均有刮削痕迹。可复原。口径13、底径5.1、高6.2厘米（图3-2-57，11）。H766：25，泥质黄褐陶，厚胎。侈口，尖唇，弧腹，

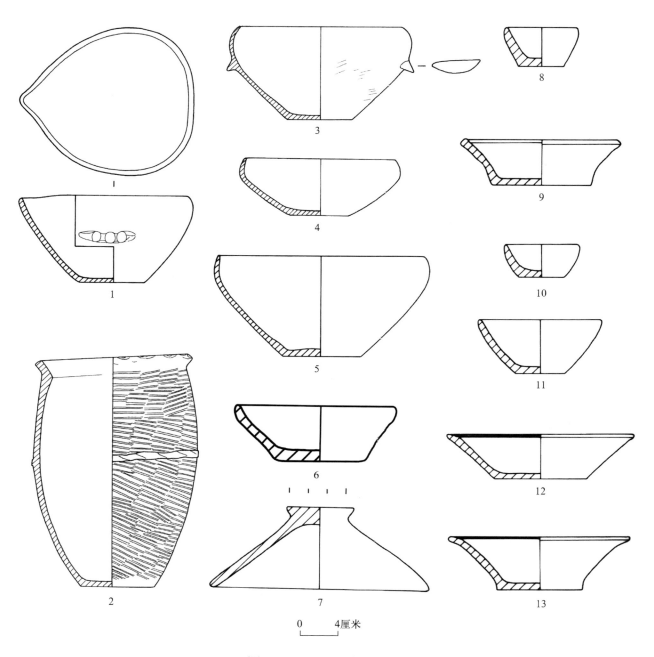

0　　　4厘米

图3-2-57　H766出土陶器

1.素面匜（H766：22）　2.深腹罐（H766：18）　3.素面双錾盆（H766：23）　4-13.素面钵（H766：28、H766：21、H766：9、H766：26、H766：4、H766：25、H766：24、H766：20、H766：37）　7.器盖（H766：6）

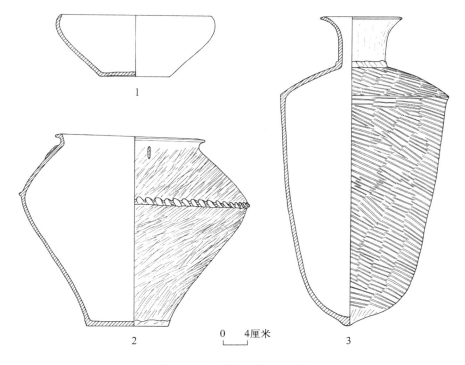

图3-2-58　H766出土陶器

1.素面钵（H766：31）　　2.鼓腹罐（H766：19）　　3.喇叭口尖底瓶（H766：17）

平底。器表磨光，内壁抹光，近口处有刮削痕迹。可复原。口径8、底径5、高3.1厘米（图3-2-57，10）。H766：26，夹砂红陶，厚胎。侈口，尖唇，弧腹，平底。内外壁近口处有刮削痕迹。可复原。口径8、底径4.8、高4.2厘米（图3-2-57，8）。H766：28，泥质红陶。敛口，圆唇，浅弧腹，平底。内外壁均有刮削痕迹。口径16.2、底径6.2、高6.2厘米（图3-2-57，4；图版八九，3）。H766：31，泥质红陶。敛口，圆唇，浅弧腹，平底微内凸。内外壁均有刮削痕迹。可复原。口径25.1、底径6.4、高9厘米（图3-2-58，1；图版八九，4）。H766：37，夹砂红陶。敞口，口沿内侧有一周凹弦纹，圆唇，弧腹，平底。沿面及内外壁近口处有刮削痕迹。口径19.1、底径9、高5.9厘米（图3-2-57，13）。

鼓腹罐　1件。H766：19，夹砂黄褐陶。器形不规整，歪斜严重，口部呈椭圆形。侈口，折沿外侧下斜，方唇，矮领，溜肩，弧腹近折，下腹部近直，平底。沿面有刮削痕迹。通体饰左斜篮纹，肩部饰三组附加堆纹，腹部饰一周附加堆纹。可复原。口径18、底径14.2、高27.6厘米。可复原。口径23.5—24.9、底径13.4、高32—34.2厘米（图3-2-58，2；图版一六六，4）。

喇叭口尖底瓶　1件。H766：17，泥质灰陶。喇叭口，圆唇，束颈，颈肩交界处有一周附加堆纹，折肩，弧腹近直，尖底。器身内壁有泥条盘筑痕迹，口沿、颈部有刮削痕迹。通体饰压篮纹。可复原。口径13.8、腹径27.1厘米（图3-2-58，3；图版二〇七，1）。

30. H779

位于T45南部，部分伸入南壁。开口于第⑤层下，打破生土，开口距地表110厘米。平面形状椭圆形，直壁，平底。坑口最大径235、最小径130、深200厘米。填土黄灰色，土质疏松。出土适量陶片，以夹砂灰陶为主；纹饰以篮纹、附加堆纹为主；可辨器形有罐、盆等（图3-2-59，1）。

H779 挑选陶器标本喇叭口尖底瓶 1 件。

喇叭口尖底瓶　1 件。H779：2，泥质灰陶。侈口，圆唇，束颈，折肩，斜腹，尖底。器身内壁有泥条盘筑痕迹，内外壁近口处有刮削痕迹。肩部以下饰篮纹。可复原。口径 12.8、高 44 厘米（图3-2-59，2；图版二〇七，2）。

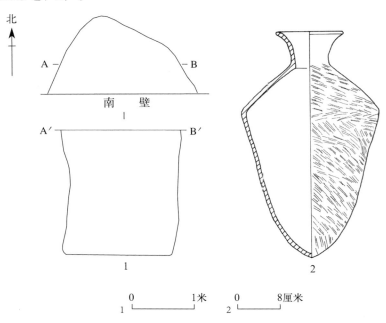

图3-2-59　H779平剖面图及出土陶器
1.平剖面图　2.喇叭口尖底瓶（H779：2）

31. H780

位于 T48 北部。开口于第③层下，打破第④层，开口距地表 60 厘米。袋状，平面形状呈圆形，弧壁，平底，四壁加工痕迹明显。坑口直径 105、坑底直径 215、深 170 厘米。填土灰褐色，土质疏松。夹杂红烧土颗粒、草木灰。包含陶片、动物骨骼等。出土适量以夹砂灰陶为主；纹饰以篮纹、附加堆纹为主；可辨器形有盆、罐、杯等（图3-2-60）。

H780 挑选陶器标本 5 件，其中深腹罐 3、三鋬罐 1、喇叭口尖底瓶 1。

三鋬罐　1 件。H780：1，夹砂灰陶。敛口，圆唇，肩部有三个鹰嘴状把手，鼓腹，腹部对称置附加突起状双鋬，平底。通体饰篮纹，腹部饰两周附加堆纹。可复原。口径 16.8、底径 13.2、高 36厘米（图3-2-61，1；图版二一二，1）。

喇叭口尖底瓶　1 件。H780：6，夹砂灰陶。敞口，圆唇，束颈，溜肩。颈部以下饰篮纹。肩部以下残。口径 10、残高 7 厘米（图3-2-61，4）。

深腹罐　3 件。夹砂灰陶。敛口，仰折沿，圆唇，溜肩，鼓腹。H780：3，口部外壁有一周按窝，其下区域饰篮纹。腹部以下残。口径 38、残高 9.6 厘米（图3-2-61，5）。H780：4，肩部以下饰篮纹。腹部以下残。口径 42、残高 12 厘米（图3-2-61，2）。H780：5，肩部饰方形按压纹。腹部以下残。口径 26、残高 7.6 厘米（图3-2-61，3）。

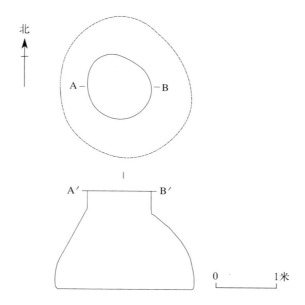

图3-2-60　H780平剖面图

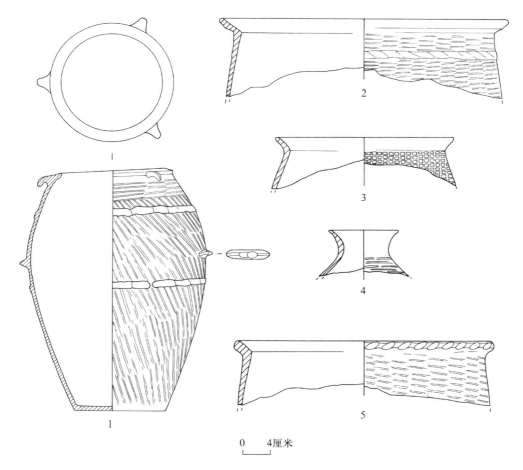

图3-2-61　H780出土陶器

1.三鋬罐（H780∶1）　　2、3、5.深腹罐（H780∶4、H780∶5、H780∶3）　　4.喇叭口尖底瓶（H780∶6）

32. H781

位于T94北部。开口H769下，打破生土，开口距地表80厘米。平面形状呈圆形，直壁，平底。坑口直径70、深80厘米。填土浅灰色，土质松散。出土陶片以夹砂灰陶为主；纹饰以篮纹、附加堆纹为主；可辨器形有罐、喇叭口尖底瓶等（图3-2-62，1）。

H781挑选陶器标本深腹罐1件。

深腹罐　1件。H781：1，夹砂黄褐陶。侈口，仰折沿，花边圆唇，鼓腹，平底。通体饰右斜篮纹，颈部以下饰三周附加堆纹。可复原。口径26、底径14、高36.4厘米（图3-2-62，2；图版二二五，1）。

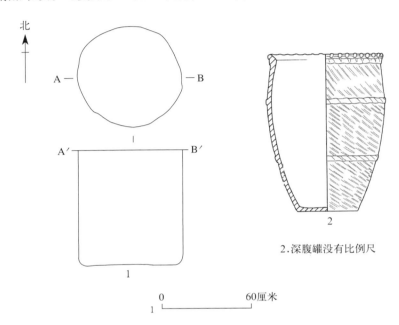

北

2.深腹罐没有比例尺

0　　　　　60厘米

图3-2-62　H781平剖面图及出土陶器
1.平剖面图　2.深腹罐（H781：1）

33. H805

位于T45西南部，部分伸入南壁、西壁。开口于第⑤层下，打破生土，开口距地表125厘米。平面形状椭圆形，斜直壁，平底。坑口最大径830、最小径430、深120厘米。填土堆积复杂，以黄色、黄褐色为主。出土适量陶片，以夹砂灰陶为主；纹饰以附加堆纹、篮纹为主，偶见彩陶；可辨器形有罐、钵、杯等（图3-2-63）。

H805挑选陶器标本25件，其中器盖4、高领罐4、鼓腹罐3、素面钵3、豆2、喇叭口平底瓶2、深腹罐2、彩陶罐1、瓮1、杯1、折腹罐1、单把杯1。

豆　2件。泥质灰胎黑皮。素面。H805：8，敞口，圆唇，折腰，高圈足。器表磨光，内外壁近口处有刮削痕迹。可复原。口径37.1、底径21.6、高24.2厘米（图3-2-64，1）。H805：36，厚胎。敛口，仰折沿，方唇，折腹。残存豆盘。口径24、残高5.6厘米（图3-2-65，5）。

彩陶罐　1件。H805：40，泥质黄褐陶。敛口，仰折沿，尖唇，溜肩，鼓腹。腹部饰两周宽0.3厘米的条带纹，其间区域饰三条带纹组成的菱形纹。腹部以下残。口径18.4、残高6.8厘米（图3-2-64，11）。

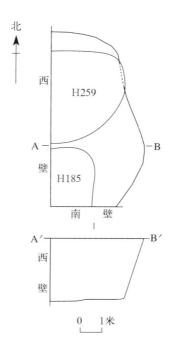

图3-2-63　H805平剖面图

瓮　1件。H805：42，夹砂灰陶。敛口，圆唇，溜肩，肩部对称置附加突起状双錾、通体饰篮纹。肩部以下残。口径43.2、残高6厘米（图3-2-64，2）。

杯　1件。H805：30，夹砂灰陶。直口微侈，仰折沿，尖唇，弧腹。通体饰篮纹，腹部有数周附加堆纹。腹部以下残。口径13.2、残高11.6厘米（图3-2-64，3）。

喇叭口平底瓶　2件。泥质灰陶。H805：27，溜肩，鼓腹，平底。腹部饰篮纹。肩部以上残。腹径22.6、底径11.8厘米（图3-2-64，8）。H805：38，敞口，圆唇，束颈，溜肩。颈肩交界处有一周附加堆纹。颈部以下残。口径12、残高8.4厘米（图3-2-65，4）。

鼓腹罐　3件。夹砂灰陶。敛口，仰折沿，溜肩，鼓腹。H805：31，沿面下凹成槽，方唇内侧下斜。肩部有数周凹弦纹。腹部以下残。口径20、残高7.4厘米（图3-2-64，9）。H805：32，圆唇。肩部以下饰篮纹。腹部以下残。口径20、残高18.9厘米（图3-2-64，6）。H805：41，折沿下凹成槽，方唇内侧下斜。腹部饰篮纹。腹部以下残。口径16、残高11.4厘米（图3-2-64，5）。

深腹罐　2件。夹砂灰陶。直口微敛，仰折沿，直颈。H805：28，花边圆唇。通体饰篮纹，颈肩交界处有一周附加堆纹。腹部以下残。口径21、残高8.6厘米（图3-2-64，7）。H805：29，沿面微下凹，圆唇。沿面外壁饰两周附加堆纹，其下区域饰凹弦纹。腹部以下残，口径220、残高9厘米（图3-2-64，10）。

高领罐　4件。夹砂灰陶。高领，溜肩。H805：1，侈口，圆唇，束颈。肩部以下饰篮纹。肩部以下残。口径12.5、残高15.6厘米（图3-2-65，3；图版二二九，2）。H805：34，敞口，圆唇，束颈，鼓腹。肩部以下饰篮纹。腹部以下残。口径10、残高9.6厘米（图3-2-65，1）。H805：37，直口微侈，圆唇，高直领。肩部以下饰拍印纹。肩部以下残。口径11.5、残高4.6厘米（图3-2-65，8）。H805：43，敞口，圆唇，束颈。肩部饰数周凹弦纹。底部残。口径10.4、残高31厘米（图3-2-64，4）。

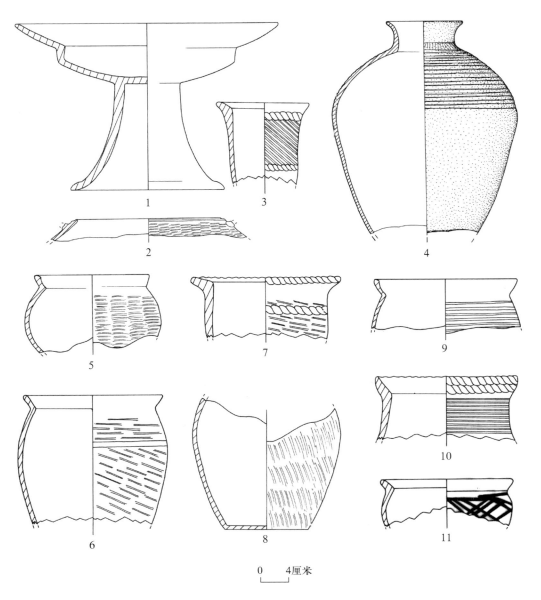

图3-2-64　H805出土陶器

1.豆（H805∶8）　　2.瓮（H805∶42）　　3.杯（H805∶30）　　4.高领罐（H805∶43）　　5、6、9.鼓腹罐（H805∶41、H805∶32、H805∶31）　　7、10.深腹罐（H805∶28、H805∶29）　　8.喇叭口平底瓶（H805∶27）　　11.彩陶罐（H805∶40）

　　素面钵　3件。素面。内外壁有明显刮削痕迹。H805∶3，泥质灰陶。侈口，圆唇，弧腹，平底内凹。可复原。口径19.4、底径6、高9.1厘米（图3-2-65，9；图版九○，6）。H805∶7，夹砂灰陶。直口，圆唇，弧腹近直，平底。可复原。口径13.9、底径10.6、高11.8厘米（图3-2-65，2）。H805∶12，泥质红陶。侈口，圆唇，弧腹近直，平底。可复原。口径22.7、底径10、高10.4厘米（图3-2-65，6；图版九二，1）。

　　器盖　4件。侈口，直腹。素面。H805∶4，夹砂灰陶。圆唇，平顶，花边钮，钮外壁有一周手指按窝。可复原。口径16.8、高5.5厘米（图3-2-65，10；图版二一四，4）。H805∶5，夹砂灰陶。方唇，平顶。可复原。口径19.2、高7厘米（图3-2-65，13；图版二一四，5）。H805∶6，泥质灰陶。圆唇，圜顶，圈足形纽，纽外壁有一周手指按窝。可复原。口径13.4、高5.2厘米（图3-2-65，11；图版二一四，6）。H805：39，夹砂灰陶。弧腹近直，花边圈足状纽。腹部饰线纹。口部残。纽径5.6、残高4.4厘米（图3-2-65，12）。

单把杯 1件。H805：2，泥质灰陶。器形不规整，略有歪斜。直口，圆唇，弧腹，平底，一侧置桥状把。内外壁均有刮削痕迹。素面。可复原。口径11.6、高11.4—11.8厘米（图3-2-65，7；图版二一三，2）。

折腹罐 1件。H805：33，夹砂灰陶。敛口，仰折沿，尖唇，斜直肩，折腹，下腹部近直。折腹处有一周附加堆纹，其下区域饰篮纹。腹部以下残。口径11、腹径14、残高7.6厘米（图3-2-65，14）。

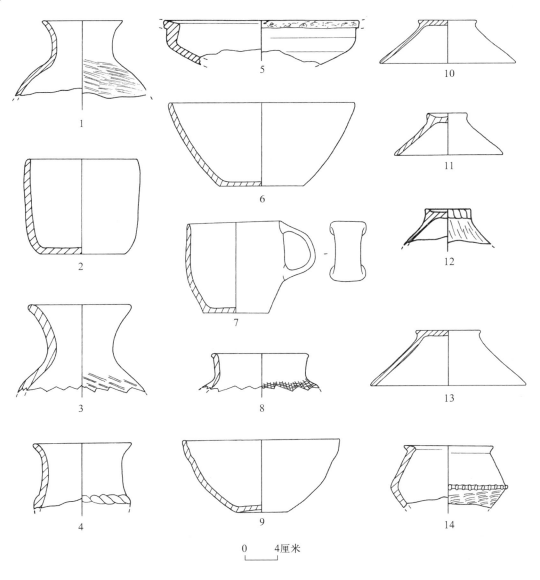

0　　4厘米

图3-2-65　H805出土陶器

1、3、8.高领罐（H805：34、H805：1、H805：37）　2、6、9.素面钵（H805：7、H805：12、H805：3）　4.喇叭口尖底瓶（H805：38）　5.豆（H805：36）　7.单把杯（H805：2）　10—13.器盖（H805：4、H805：6、H805：39、H805：5）　14.折腹罐（H805：33）

34. H820*

位于 T47 西南部，部分伸入西壁、南壁。开口于第⑤层下，打破生土，开口距地表 80 厘米。平面形状呈椭圆形，斜直壁，平底。坑口最大径 348、最小径 110、深 110 厘米。填土黄灰色，土质疏松。出土陶片泥质与夹砂相当，灰陶为主；纹饰以篮纹、线纹、彩绘为主；可辨器形有钵、豆、罐等（图 3-2-66，1）。

H820 挑选陶器标本 2 件，其中彩陶钵 1、豆 1。

彩陶钵　1 件。H820：1，泥质红陶黑彩，通体饰红衣。直口微敛，圆唇，弧腹，平底。器表磨光，内壁有轮制痕迹和刮削痕迹。口部外壁饰一周宽 0.6 厘米的条带纹。可复原。口径 16.7、底径 8.2、高 8.1 厘米（图 3-2-66，2）。

豆　1 件。H820：11，泥质灰胎黑皮陶。敞口，圆唇，折腹。内外壁磨光，素面。圈足残。口径 39.6、残高 8.8 厘米（图 3-2-66，3）。

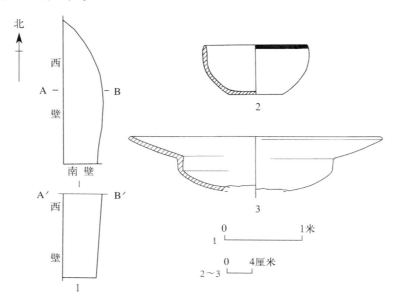

图3-2-66　H820平剖面图及出土陶器
1.平剖面图　2.彩陶钵（H820：1）　3.豆（H820：11）

35. H828

位于 T63 东南部，部分伸入南壁。开口于第③层下，打破第④层，开口距地表 130 厘米。平面形状呈圆形，直壁，平底。坑口直径 170、深 110 厘米。填土灰褐色，土质疏松。包含红烧土颗粒、石块、陶片、骨器等。出土陶片以夹砂灰陶、泥质灰陶为主；纹饰以篮纹、附加堆纹为主；可辨器形有盆、罐、小口尖底瓶等（图 3-2-67）。

H828 挑选陶器标本 9 件，其中鼎 1、素面盆 1、鼓腹罐 4、深腹罐 1、喇叭口尖底瓶 1、豆 1。

鼎　1 件。H828：1，夹砂灰陶。敛口，圆唇，子母口，鼓腹，腹部对称置附加突起状双錾，平底，扁平足。内外壁近口处有明显刮削痕迹。腹部饰一周附加堆纹。可复原。口径 17.8、底径 12.7、高 19.3 厘米（图 3-2-68，2；图版一九九，1）。

素面盆　1 件。H828：2，泥质灰陶。侈口，叠圆唇，曲腹近直，平底。内外壁近口处有明显刮削痕迹。素面。可复原。口径 32、底径 13.6、高 12.8 厘米（图 3-2-68，3；图版二〇三，4）。

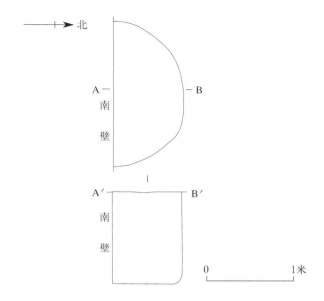

图3-2-67　H828平剖面图

鼓腹罐　4件。夹砂灰陶。敛口，溜肩，鼓腹。H828：10，折沿下凹成台，方唇中间下凹。肩部以下饰篮纹。腹部以下残。口径16、残高6.8厘米（图3-2-68，9）。H828：11，仰折沿微下凹，圆唇。素面。腹部以下残。口径18、残高4.8厘米（图3-2-68，6）。H828：12，仰折沿下凹成槽，圆唇。素面。腹部以下残。口径22、残高6.6厘米（图3-2-68，5）。H828：13，折沿，圆唇。通体饰篮纹，腹部饰一周附加堆纹。底部残。口径13、残高21厘米（图3-2-68，1）。

深腹罐　1件。H828：9，夹砂灰陶。敞口，仰折沿，圆唇，斜直肩。颈部有一周附加堆纹，其下区域饰篮纹。腹部以下残。口径38、残高5.8厘米（图3-2-68，4）。

喇叭口尖底瓶　1件。H828：8，泥质灰陶。弧腹，尖底。底部有制作痕迹。腹部饰绳纹。腹部以上残。残高6.8厘米（图3-2-68，8）。

豆　1件。H828：7，泥质灰陶黑皮陶。敞口，圆唇，折腹。器表磨光。残存豆盘。口径24、残高5厘米（图3-2-68，7）。

36. H830

位于T77南部，部分伸入南壁。开口位于第②层下，打破第③层，被H833、H855打破，开口距地表55厘米。平面形状呈椭圆形，直壁，平底。坑口最大径294、最小径280、深170厘米。填土黄灰色，土质松散。包含炭灰、红烧土颗粒等。出土陶片陶质以夹砂、泥质为主；陶色以灰陶为主；纹饰以篮纹、附加堆纹为主；可辨器形有罐、器盖等（图3-2-69）。

H830挑选陶器标本7件，其中深腹罐3、鼎2、器盖1、鼓腹罐1。

深腹罐　3件。夹砂灰陶。敛口，仰折沿，溜肩，鼓腹。H830：3，沿面隆起，花边圆唇。颈部与肩部交界处有一周附加堆纹，其下区域饰篮纹。腹部以下残。口径36、残高11.2厘米（图3-2-70，1）。H830：4，花边圆唇。颈部与肩部交界处有一周附加堆纹，其下区域饰篮纹。腹部以下残。口径38、残高9.8厘米（图3-2-70，2）。H830：5，沿面微下凹，花边圆唇。肩部饰篮纹。肩部以下残。口径23.6、残高4.6厘米（图3-2-70，6）。

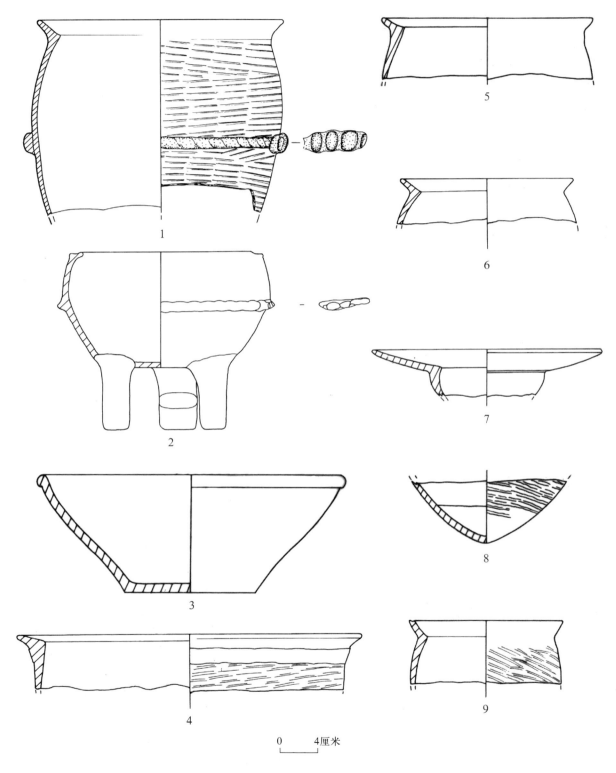

0   4厘米

图3-2-68   H828出土陶器

1、5、6、9.鼓腹罐（H828：13、H828：12、H828：11、H828：10）   2.鼎（H828：1）   3.素面盆（H828：2）   4.深腹罐（H828：9）   7.豆（H828：7）   8.喇叭口尖底瓶（H828：8）

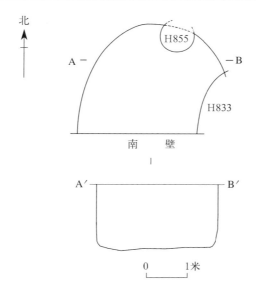

图3-2-69　H830平剖面图

鼎　2件。夹砂灰陶。H830∶1，敛口，仰折沿，方唇内侧下凹成台，溜肩，鼓腹，腹部对称置附加突起状双錾，平底，宽扁足，侧装。通饰篮纹，腹部饰三周附加堆纹。口径22、底径12.5、高20.4厘米（图3-2-70，3）。H830∶2，夹砂灰陶。宽扁足，截面为弧形，中间有一周饰按窝的附加堆纹。残存鼎足。宽6、残高7.8厘米（图3-2-70，5）。

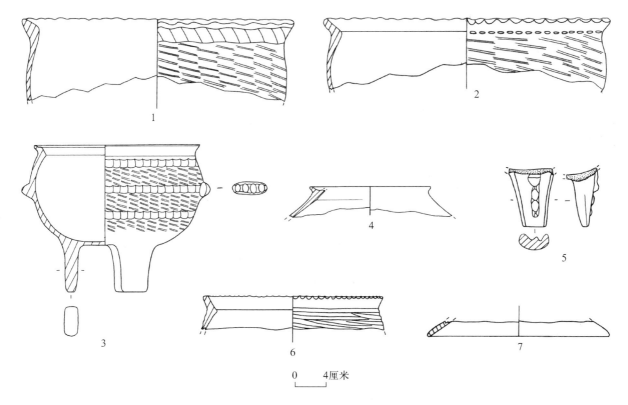

图3-2-70　H830出土陶器

1、2、6.深腹罐（H830∶3、H830∶4、H830∶5）　3、5.鼎（H830∶1、H830∶2）　4.鼓腹罐（H830∶6）　7.器盖（H830∶9）

器盖　1件。H830：9，泥质灰陶。敞口，圆唇，弧腹。素面。残存豆盘。口径24、残高2.1厘米（图3-2-70，7）。

鼓腹罐　1件。H830：6，夹砂灰陶。敛口，仰折沿下凹，圆唇，溜肩。素面。腹部以下残。口径16、残高4.2厘米（图3-2-70，6）。

37. H835*

位于T51中东部。开口位于第③层下，打破生土，开口距地表55厘米。平面形状呈圆形，斜直壁，平底。坑口最大径350、最小径340、深120厘米。填土灰褐色，土质较致密。夹杂适量炭粒、红烧土等。出土陶片陶质以夹砂灰陶为主；纹饰以篮纹、附加堆纹为主；可辨器形有罐、瓶、钵等（图3-2-71）。

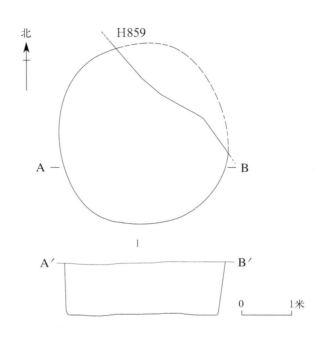

图3-2-71　H835平剖面图

H835挑选陶器标本5件，其中深腹罐3、彩陶钵1、喇叭口尖底瓶1。

深腹罐　3件。夹砂灰陶。敛口，仰折沿隆起，溜肩，鼓腹。H835：3，方唇，平底微内凹。器表通饰篮纹，腹部饰四周附加堆纹。可复原。口径32.2、底径18、高42.8—43.1厘米（图3-2-72，5；图版二一五，3）。H835：5，花边圆唇。通体饰篮纹，腹部饰数周附加堆纹。腹部以下残。口径34、残高16.8厘米（图3-2-72，2）。H835：6，花边尖唇。颈肩交界处有一周附加堆纹，其下区域饰篮纹。腹部以下残。口径36、残高10厘米（图3-2-72，3）。

彩陶钵　1件。H835：2，泥质黄褐陶黑彩。直口微敛，圆唇，曲腹近折，平底。器表磨光，上腹部内壁有刮抹痕迹。下腹部饰一周宽0.4厘米的条带纹，其上区域由两条竖线分为数个单元格，每个单元格内饰网格纹。可复原。口径14.4、底径5、高8厘米（图3-2-72，4；彩版一七六，2）。

喇叭口尖底瓶　1件。H835：7，夹砂灰陶。橄榄状腹，尖底。底部有泥条盘筑痕迹。通体饰篮纹。肩部以上残。腹径22、残高38.8厘米（图3-2-72，1）。

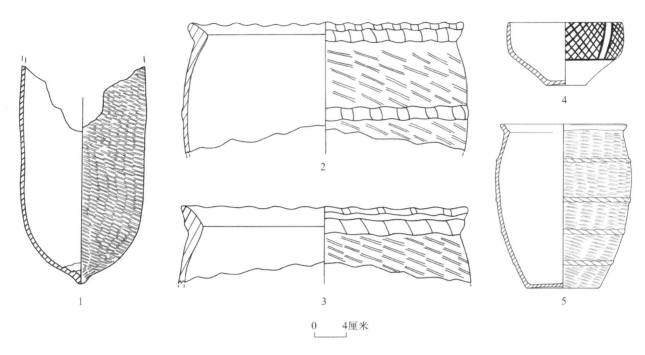

图3-2-72　H835出土陶器

1.喇叭口尖底瓶（H835：7）　　2、3、5.深腹罐（H835：5、H835：6、H835：3）　　4.彩陶钵（H835：2）

38. H841

位于 T106 东北部。开口于第③层下，打破第④层，被 H623 打破，开口距地表 45 厘米。袋状，平面形状圆形，斜直壁，平底。坑口直径 260、坑底直径 330、深 80 厘米。填土灰褐色，土质疏松。夹杂少量红烧土颗粒、炭粒、陶片。出土适量陶片，泥质与夹砂相当；纹饰有篮纹、磨光等；可辨器形有盆、罐、鼎（图 3-2-73）。

H841 挑选陶器标本 5 件，其中鼎 1、喇叭口尖底瓶 1、深腹罐 2、器盖 1。

鼎　1 件。H841：1，夹砂灰陶。侈口，仰折沿，方唇内侧下斜，鼓腹，腹部对称置附加突起状双錾，平底，扁平足。内外壁有明显的刮削痕迹，外壁底部因渗碳呈黑色。腹饰一周附加堆纹。可复原。口径 13、足径 8、高 13.6—14.5 厘米（图 3-2-74，2；图版一九九，2）。

喇叭口尖底瓶　1 件。H841：5，泥质灰陶。侈口，圆唇，束颈。素面。肩部以下残。口径 14、残高 10 厘米（图 3-2-74，1）。

深腹罐　2 件。夹砂灰陶。敛口，仰折沿，溜肩，鼓腹。H841：3，圆唇。口部外壁有一周按窝，腹部饰篮纹。腹部以下残。口径 18、残高 5.8 厘米（图 3-2-74，4）。H841：6，沿面微隆起，花边圆唇。口部外壁、颈肩交界处各有一周按窝，通体饰篮纹，腹部有数周附加堆纹。腹部以下残。口径 25.6、残高 29.6 厘米（图 3-2-74，5）。

器盖　1 件。H841：4，泥质灰陶。侈口，方唇，弧腹。素面。顶部残。口径 30、残高 9.2 厘米（图 3-2-74，3）。

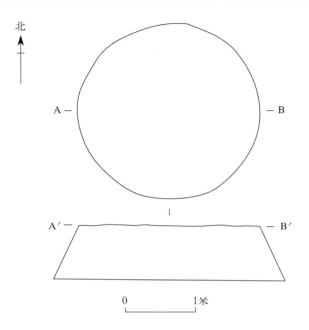

图3-2-73　H841平剖面图

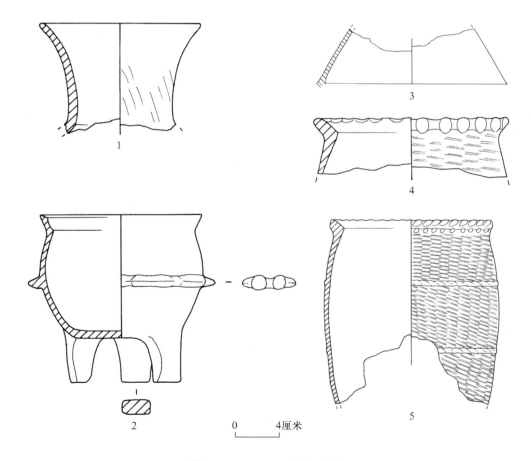

图3-1-74　H841 出土陶器

1.喇叭口尖底瓶（H841：5）　2.鼎（H841：1）　3.器盖（H841：4）　4、5.深腹罐（H841：3、H841：6）

39. H865

位于 T51 东北部。开口位于第③层下，打破生土，开口距地表 55 厘米。平面形状呈椭圆形，弧壁，圜底。坑口最大径 355、最小径 170、深 210 厘米。填土灰褐色，土质较致密。夹杂适量炭粒、红烧土等。出土陶片以夹砂灰陶为主；纹饰以篮纹、附加堆纹为主；可辨器形有罐、瓶、钵等（图 3-2-75）。

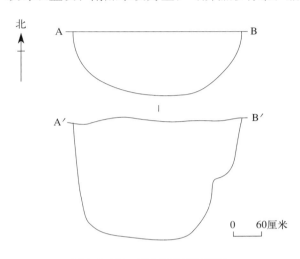

北

图3-2-75　H865平剖面图

H865 挑选陶器标本 16 件，其中素面钵 2、杯 1、器盖 1、鼎 1、深腹罐 11。

素面钵　2 件。夹砂陶。侈口，圆唇，平底。素面。H865：1，灰陶。器形不规整，口部歪斜，呈椭圆形。弧腹近直。内壁近口处有刮削痕迹。可复原。口径 12.2、底径 4.7、高 4—4.3 厘米（图 3-2-76，11；图版二○三，5）。H865：2，红陶；厚胎。斜直腹。可复原。口径 10.8、底径 7.6、高 5.2 厘米（图 3-2-76，14；图版二○三，6）。

杯　1 件。H865：3，夹砂红陶，厚胎。器形略有歪斜，口部略呈椭圆形。敞口，卷沿，圆唇，弧腹内收，平底。内外壁近口处有刮削痕迹。可复原。口径 7.8、底径 4.2、高 6 厘米（图 3-2-76，13；图版二二五，2）。

器盖　1 件。H865：17，夹砂灰陶。弧腹，圈足状纽。素面。口部残。纽径 6、残高 2.4 厘米（图 3-2-76，12）。

鼎　1 件。H865：12，夹砂灰陶。敛口，仰折沿下凹成槽，尖唇，溜肩，鼓腹，腹部对称置附加突起状双錾。素面。腹部以下残。口径 19.8、残高 10.6 厘米（图 3-2-76，10）。

深腹罐　11 件。夹砂灰陶。溜肩，鼓腹。H865：5，敛口，仰折沿微隆起，方唇。颈部饰数周凹弦纹，其下区域饰篮纹。腹部以下残。口径 36、残高 9.2 厘米（图 3-2-76，8）。H865：6，敛口，仰折沿微隆起，圆唇。沿外壁有一周按窝，颈部、下腹部饰附加堆纹，其间区域饰线纹。腹部以下残。口径 302、残高 10.7 厘米（图 3-2-76，4）。H865：7，直口微敛，仰折沿微下凹，圆唇，直颈。颈肩交界处有一周按窝，其下区域饰篮纹。腹部以下残。口径 32、残高 12 厘米（图 3-2-76，7）。H865：8，敛口，仰折沿，圆唇。沿外壁有一周按窝，颈部饰一周附加堆纹，其下区域饰篮纹。肩部以下残。口径 32、残高 12 厘米（图 3-2-76，6）。H865：9，敛口，仰折沿，圆唇。唇外侧有一周按窝。颈部饰一周附加堆纹，其下区域饰线纹。肩部以下残。口径 31.2、残高 13.2 厘米（图 3-2-76，9）。H865：10，敛口，仰折沿，方唇中间下凹。肩部以下饰篮纹。腹部以下残。口径 24.8、残高 12.4 厘米（图 3-2-76，3）。
H865：11，敛口，仰折沿隆起，方唇中间下凹。肩部以下篮纹。腹部以下残。口径 13、残高 11 厘米（图 3-2-76，16）。H865：13，敛口，仰折沿下凹成槽，方唇中间下凹。沿面有数周凹弦纹。腹部以下残。口径 30、残高 6.5 厘米（图 3-2-76，1）。H865：14，敛口，仰折沿隆起，尖唇。颈肩交界处有一周附加堆纹，其下区域饰篮纹。腹部以下残。口径 25.2、残高 9 厘米（图 3-2-76，5）。H865：15，敛口，仰折沿下凹成台，方唇中间下凹。肩部饰压印纹。腹部以下残。口径 26、残高 7.8 厘米（图 3-2-76，2）。H865：16，敛口，仰折沿，方唇，颈肩交界处有一周附加堆纹，其下区域饰篮纹。腹部以下残。口径 18、残高 7.8 厘米（图 3-2-76，15）。

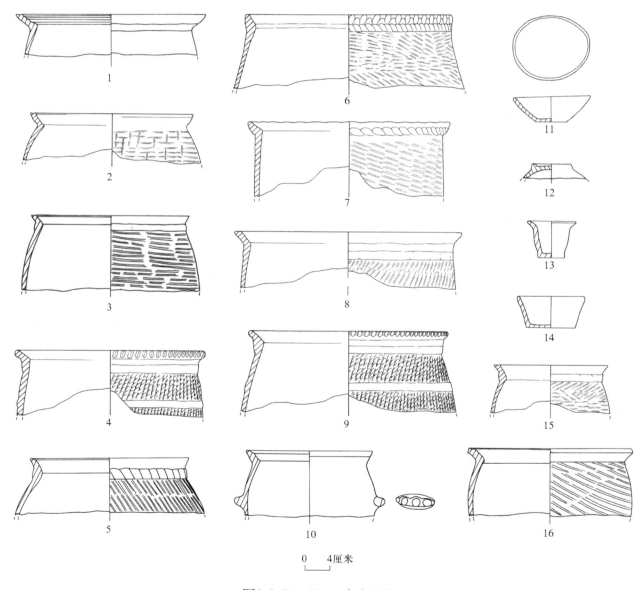

0 ___ 4厘米

图3-2-76　H865出土陶器

1-9、15、16.深腹罐（H865：13、H865：15、H865：10、H865：6、H865：14、H865：8、H865：7、H865：5、H865：9、H865：16、H865：11）　10.鼎（H865：12）　11、14.素面钵（H865：1、H865：2）　12.器盖（H865：17）　13.杯（H865：3）

40. H870

位于 T62 南部，部分伸入南壁。开口位于第①层下，打破第②层，开口距地表 15 厘米。平面形状呈椭圆形，直壁，平底。坑口最大径 130、最小径 50、深 60 厘米。填土灰褐色，土质较致密。夹杂适量炭粒、红烧土等。出土陶片以泥质灰陶为主；纹饰以篮纹、附加堆纹为主；可辨器形有瓶、壶等（图 3-2-77，1）。

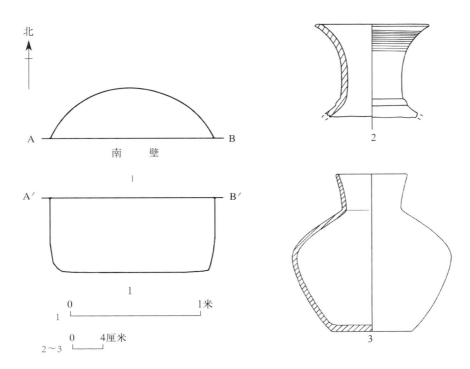

图3-2-77　H870平剖面图及出土陶器
1.平剖面图　2.喇叭口尖底瓶（H870：3）　3.壶（H870：1）

H870 挑选陶器标本 2 件，其中喇叭口尖底瓶 1、壶 1。

壶　1 件。H870：1，泥质灰陶。侈口，圆唇，高领，溜肩，鼓腹，平底。器表磨光，内壁近口处、颈部有刮削痕迹。素面。可复原。口径 9.4、底径 11、高 21.6 厘米（图 3-2-77，3；图版二〇四，6）。

喇叭口尖底瓶　1 件。H870：3，泥质灰陶。敞口，尖唇，束颈，溜肩。颈肩交界处有一周附加堆纹。肩部以下残。口径 16.8、残高 12.5 厘米（图 3-2-77，2）。

第三节　陶窑及出土陶器

庙底沟遗址仅发现西王村文化时期陶窑1座。

1、Y6

位于T47东北部，开口于第③层下，打破第④层，开口距地表50厘米。被隋唐墓葬打破。残存火膛、火口、火道、窑室。

火膛位于北部，平面呈椭圆形，弧壁，圜底。开口最大径70、最小径40、深38厘米。火口位于火膛南部，底部与窑室持平，高于火膛。平面为长方形，长70、最宽40、高42厘米。窑室位于南部，平面形状为椭圆形，直壁，斜底，北低南高。开口长230、宽128、深20厘米。窑室底部为"非"字状火道。现残存中间两道主火道，西侧三道、东侧两道辅火道。火道平面均为近长方形，弧壁，平底。主火道残长12-13、宽19、深14厘米。

Y6火膛、火口、火道、窑室底部及四壁均有2-3厘米厚的烧结面。窑室、火膛填土为灰褐色，土质疏松；窑室夹杂有大量红烧土块，可能为窑室的倒塌堆积，膛底部有少量草木灰、炭粒等。出土少量陶片，以泥质灰陶为主；纹饰以篮纹、附加堆纹为主；可辨器形有尖底瓶、罐、钵等（图3-3-1）。

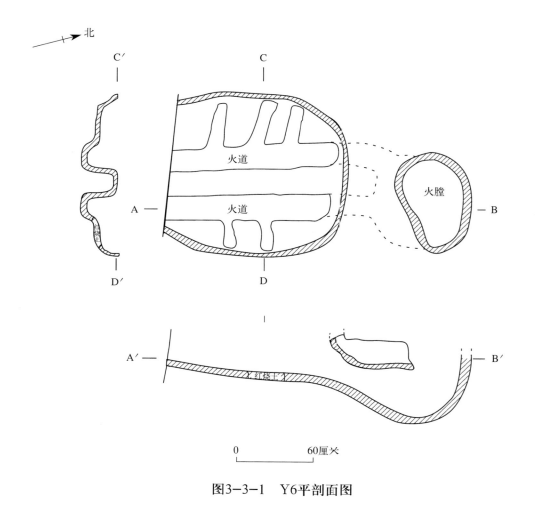

图3-3-1　Y6平剖面图

Y6 挑选陶器标本 2 件，其中尖底瓶 1、鼓腹罐 1。

尖底瓶　1 件。Y6：1，夹砂灰陶。弧腹，尖底。底部有制作痕迹。腹部饰篮纹。腹部以上残。残高 3.4 厘米（图 3-2-2，2）。

鼓腹罐　1 件。Y6：2，夹砂灰陶。敛口，仰折沿，圆唇，斜直颈。颈肩交界处有一周附加堆纹，其下区域饰篮纹。腹部以下残。口径 20、残高 7 厘米（图 3-2-2，1）。

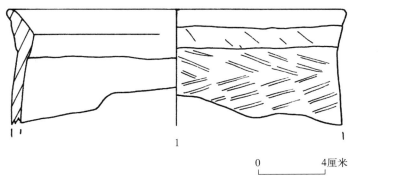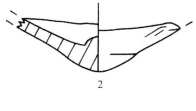

0　　　　4厘米

图3-3-2　Y6出土陶器

1.鼓腹罐（Y6：2）　　2.尖底瓶（Y6：1）

第四节　石器

　　西王村文化共观察统计石制品 2747 件。类型包括石核（N=43）、石片（N=418）、石器（N=311）、断块与废片（N=1696）、备料（N=279）等，其中石器包含石饼（N=141）、石刀（N=59）、石铲（N=66）、石斧（N=7）、石锛（N=2）、石凿（N=2）、石锤（N=1）、石球（N=11）石纺轮（N=3）、石环（N=1）、石璧（N=4）、石网坠（N=2）、磨棒（N=1）、砺石（N=6）、残器（N=2）等。石核、石片、断块与废片、备料等类型数量较多，未详细分类，仅选取代表性标本或整体简略介绍。石器加工技术兼以打制、琢制和磨制，打制技术主要应用于石核、石片、石饼、石刀等类型，而琢磨制技术则主要表现于石斧、石锛、石铲、石球等类型。

表一　西王村文化石制品类型统计表

石制品种类		分型	亚型	亚型/各型数量		总计	百分比
石核				43		43	1.57%
石片				418		418	15.22%
石器	石饼	A型（有凹窝）		3		141	5.13%
		B型（无凹窝）	Ba（局部打制）	74	138		
			Bb（一周打制）	43			
			Bc（石片加工）	4			
			Bd（天然）	17			
	石刀	A型（有孔）	磨制	4		59	2.15%
		B型（无孔）	Ba（打制带凹缺）	46	55		
			Bb（打制无凹缺）	3			
			Bc（磨制带凹缺）	4			
			Bd（磨制无凹缺）	2			
	石铲	可复原完整器		5		66	2.40%
		残件		61			
	研磨器			3		3	0.18%
	石凿			2		2	0.07%
	磨棒			1		1	0.04%
	石斧	A型（打制）		2		7	0.25%
		B型（磨制）		5			
	石锛	A型（打制）		1		2	0.07%
		B型（磨制）		1			

石制品种类		分型	亚型	亚型/各型数量	总计	百分比
	石环			1	1	0.04%
	石锤			1	1	0.04%
	石纺轮			3	3	0.11%
	石璧			4	4	0.15%
	石球	A型（直径大于5厘米）		6	11	0.40%
		B型（直径小于5厘米）		5		
	石网坠			2	2	0.07%
	砺石			6	6	0.22%
	残器			2	2	0.07%
备料	斧锛凿备料			2	279	10.16%
	普通备料			277		
断块与废片				1696	1696	61.74%
总计					2747	100.00%

注：由于出土石制品分期调整和年度分割，部分石制品数量可能存在一定小偏差。

石核 43件。原料主要以石英岩、石英砂岩、辉绿岩为主，以单台面锤击石核为主，少见其他技术类型的石核，石核原型多为砾石或断块，形态多样，尺寸差异较大。石核普遍剥片较少，利用率低。H446：33，深灰色石英岩，锤击单台面石核。台面呈不规则形，自然砾石面，台面长14.6、宽12.8厘米，台面角60—90°。剥片面基本绕台面大半，形成一个较长的剥片面，片疤较大，隐约可见打击点，上附着较多钙质胶结物。长11.4、宽7.8、高7.9厘米，重0.61千克（图3-4-1,2）。H717：10，浅灰色石英砂岩，锤击单台面石核。整体呈三棱锥形，台面呈三角形，人工台面，台面长9.1、宽7.3厘米，台面角70°—90°。剥片面绕台面一周，片疤较大，为石核经高度利用后最终形态。长9.1、宽6.7、高5.6厘米，重0.23千克（图3-4-1,1）。T49②：1，锤击石核，原料为深灰色辉绿岩，形态不规则。台面1为人工台面，附着钙质胶结物，主剥片面有3个片疤，打击点、放射线明显。台面2为有疤台面，台面长8.7、宽8.4厘米，台面角为92°—130°。剥片次数多，打击点明显。长12.7、宽12.3、厚6.6厘米，重1.45千克（图3-4-1,5）。

石片 418件。原料多为石英岩、石英砂岩，辉绿岩、砂岩等。以完整石片居多，存在少量横向或纵向断片及废片。石片形态多样，尺寸大小差别较大。石片反映的剥片技术主要为锐棱砸击技术，锤击技术有少量应用，也可能存在摔击或碰砧技术。部分石片远端经直接使用，痕迹明显。根据剥片技术可分为三型。

A型 锐棱斜向砸击石片。H251：5，黑色辉绿岩，零台面。腹面有斜向凸棱，打击点内凹，放射线清晰。远端有残断。背面为砾石面。长8.1、宽6.2、厚1.7厘米，重0.112千克（图3-4-2，8）。H718：3，灰色角页岩，整体近梯形。线状台面，腹面有凸棱，打击点和放射线清晰。背面全为砾石面，

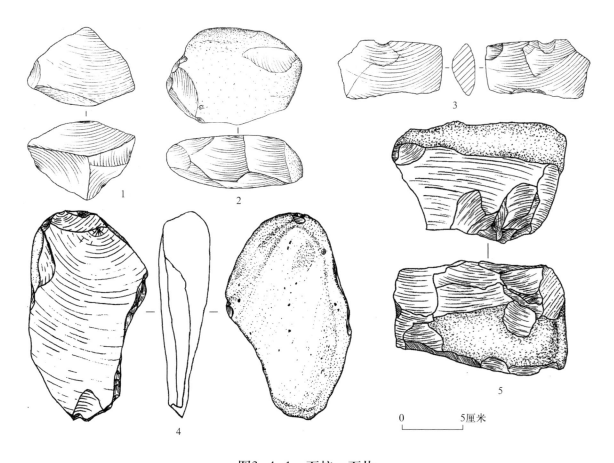

图3-4-1　石核、石片

1、2、5.石核（H717：10、H446：33、T49②：1）　3.D型石片（H556：32）　4.C型石片（H571：2）

凹凸不平。远端断口平直微斜，右侧边有细小修疤，局部残断。长6.8、宽5.8、厚1.3厘米，重0.65千克（图3-4-2，7）。H718：17，灰色石英岩，整体形态近四边形。零台面，石片腹面明显鼓起且有凸棱，打击点明显，放射线和同心波清晰。远端略弧，形态呈羽状，有连续崩疤。背面为砾石面。长12.2、宽7.5、厚2.1厘米，重0.21千克（图3-4-2，2）。H805：22，深灰色石英砂岩，整体形态近梯形，线状台面，腹面打击点明显，近远端有凸棱。背面全为砾石面。近左侧有纵向断口，右侧边缘也有薄锐处折断。远端边缘锋利略呈弧，远端形态为羽状。长7.9、宽12.1、厚2.2厘米，重0.31千克（图3-4-2，1）。T130②：5，灰黑色石英岩，整体形态近四边形。线状台面，台面处有连续修型修疤，打击点明显，放射线清晰。石片腹面有凸棱，远端薄锐较直，疑有使用痕迹。背面为砾石面，平坦，附着有钙质胶结物。长13.2、宽8.6、厚1.6厘米，重0.23千克（图3-4-2，4）。

　　B型　锤击石片。H446：1，锤击石片。原料为灰色辉绿岩，整体形态近梯形。有脊台面，打击点明显，石片角约40°。腹面较平，放射线和同心波清晰，背面全疤，有两个纵向大片疤。右侧边和远端经有意识截断，具备斧锛毛坯形态。长11.0、宽7.2、厚2.2厘米，重0.29千克（图3-4-2，3）。H643：1，原料为灰褐色石英岩，整体形态近梯形，纵向断片。有疤台面，台面长6.6、宽2.5厘米。石片角约50°。腹面打击点明显，两侧为自然节理面。远端形态为阶状，有连续的小修理片疤。背面有一个大片疤，无砾石面。长9.8、宽8.0、厚2.6厘米，重0.23千克（图3-4-2，5）。H805：24，浅粉色石英岩。整体近椭圆形。有脊台面，台面很小，半疤半砾石面。腹面微鼓，打击点处有两小崩疤，放射线清晰，远端形态为羽状。背面全为砾石面，风化较重。长7.7、宽9.2、厚2.0厘米，重0.16千克（图3-4-2,6）。

　　C型　摔击石片。H571：2，深灰色角页岩，整体近椭圆形。扁圆大砾石经多次摔击成功剥片。有疤台面，以前几次摔击磕碰出的小片疤为台面。腹面打击点、放射线清晰，半锥体微凸。左侧边厚重，有2个片疤，右侧边稍薄，有修理或残断边。远端收窄，有单向修理的片疤。背面较扁平，全为砾石面。长19.8、宽12.6、厚5.5厘米，重1.71千克（图3-4-1,4）。

　　D型　双阳面石片。H556：32，浅黄色石英岩。整体近方形，两面均为腹面。先以锤击法打制形成厚重的大石片，台面为砾石面，打击点清楚，在打击点处纵向断裂，后以锐棱砸击再次剥片，零台面，打击点清楚，腹面鼓起。石片两侧边和远端均有截断或修型，或可作为石刀毛坯。长8.6、宽5.2、厚2.7厘米，重0.08千克（图3-4-1,3）。

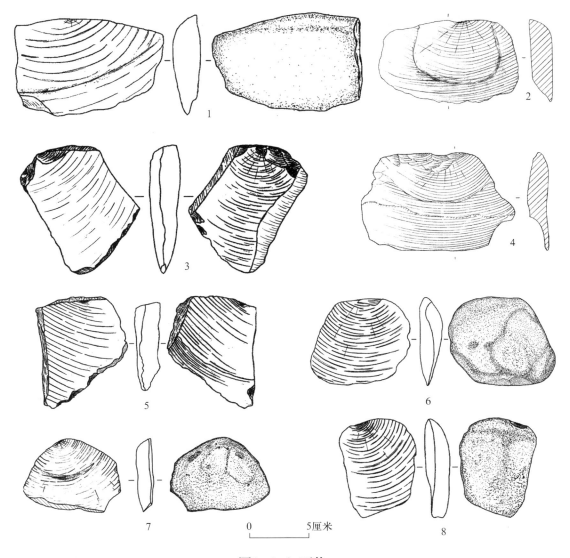

图3-4-2　石片

1-2、4、7-8.A型石片（H805：22、H718：17、T130②：5、H718：3、H251：5）　　3、5-6.B型石片（H446：1、H643：1、H805：24）

石斧　7件。数量虽少，但形制和尺寸差异较大，加工技术也不同。按加工方式可分为二型。

A型　2件。打制石斧。H491：1，原料为灰褐色辉绿岩，整体近似梯形，石片加工，背面保留部分砾石面。顶部残断，断口平直近菱形，中部厚，两边薄，两侧错向修理。刃部宽大，刃微斜弧，刃缘略曲折，刃口长7.1厘米，刃角为40°。除断口处外，其余周边均有两面连续修理疤，为石斧锛毛坯。长8.8、宽6.7、厚2.3厘米，重0.21千克（图3-4-3，4）。H718：2，深灰色辉绿岩，石斧毛坯。整体形态不规则，零台面石片为毛坯加工，一周均有不同程度的修理痕迹。石片远端和台面处为修型修理，背面有减薄和修型修理，圆弧的一侧边为刃部，刃缘处有细碎修疤。长10.1、宽12.3、厚2.2厘米，重0.25千克（图3-4-3，8）。

B型　5件。琢磨。H654：11，青绿色花岗岩。平面近梯形，器型规整。两侧近直，顶部近平略凹，较粗糙。双面弧刃，刃部略残有崩疤。通体琢磨而成，近刃部细致磨光。长12.0、宽5.5、厚4.2厘米，重0.51千克（图3-4-3，11）。H660：3，灰绿色砂岩。长条状巨型砾石打琢而成。顶部略凹凸不平，侧棱和刃部残留打制片疤。整体器型较规整，基本通体琢制，器表局部残留少量砾石面。刃长7.0厘米。长24.0、宽9.3、厚7.4厘米，重量3.37千克（图3-4-3，1）。

石锛　2件。根据加工技术分二型。

A型　1件。打制。H643：7，灰褐色辉绿岩，整体形态近梯形，顶部斜断。厚度由端部向刃部递减。通体经打制修形，器身有多个片疤，局部为砾石面。两侧微凹，有琢制痕迹。刃部两面修理，刃口锋利，刃角45°。残长6.8、宽3.1、厚3.1厘米，重0.26千克（图3-4-3，3）。

B型　1件。磨制。H870：2，深灰色玄武岩。平面近梯形，平顶，近顶部残留打制痕迹。双面弧刃，偏锋，刃部有使用微痕。两侧斜直，整体琢磨而成，刃部磨光。长8.2、宽4.2、厚1.8厘米，刃长4.3厘米，重0.11千克（图3-4-3，12）。

石铲　66件。原料单一、厚度均匀，基本均为层理发育的硅质灰岩或白云岩琢磨而成，打琢磨痕迹明显，辨识度高。绝大部分为残碎片，完整及可复原器仅4件。H212：1，红褐色白云岩。近梯形，残留近顶部一角，磨制弧顶，侧边平直。近顶部有两个单面钻圆形穿孔，孔径1.6—2.1厘米。器表磨制光滑，一面似有烟火熏烤痕迹。残长12.4、残宽13.6、厚12.0厘米，重0.34千克（图3-4-3，10；彩版二九七，1）。H323：5，红褐色白云岩。整体呈舌状。残断仅存右半边。顶部和侧边均为弧形，双面圆弧刃，刃缘有明显竖直使用擦痕。通体磨制光滑，两面均有不同程度的加工磨痕。长15.1、宽26、厚1.7厘米，重1.3千克（图3-4-3，9；彩版二九七，2）。H632：6，灰白色硅质灰岩。整体近舌状。两面平坦，经磨制，清晰可见大量擦磨痕迹。器身四周均有明显打制痕迹，局部一角残断，断口齐整，其余部位几乎均可做刃缘。长27.8、宽18.4、厚1.4厘米，重1.35千克（图3-4-3，5；彩版二九八，1）。T47⑤：1，褐色山水纹硅质灰岩。整体形态呈舌状。平顶，两面刃，刃部较尖，有使用破损痕迹，刃长12.6厘米。顶部未磨制，两侧边残留打制疤，器表磨制光滑，铲面上有明显擦磨痕。长23.0、宽14.0、厚1.7厘米，重1.00千克（图3-4-3，2；彩版三〇三，1）。T48④：4，灰白色石英砂岩。平面近脚掌形。大石片打制而成。打制弧顶，两侧边略斜直，保留打制修型片疤。单面斜刃，刃部近锯齿状，有四个凹形缺口。器表粗糙，一面为平坦砾石面，一面为凹凸不平的腹面。通体未经琢磨。长16.1、宽9.2、厚2.3厘米，重0.44千克（图3-4-3，7；彩版三〇三，2）。

石凿　2件。H556：8，黑灰色玄武岩，长条形砾石打琢而成。双凿刃，刃长3.8、3.6厘米，两端均为双面弧形刃，刃缘具明显使用痕迹。器身大部分为琢制，保留部分打制痕迹和天然砾石面。长14.0、宽4.4、厚2.5厘米，重0.28千克（图3-4-3，6）。

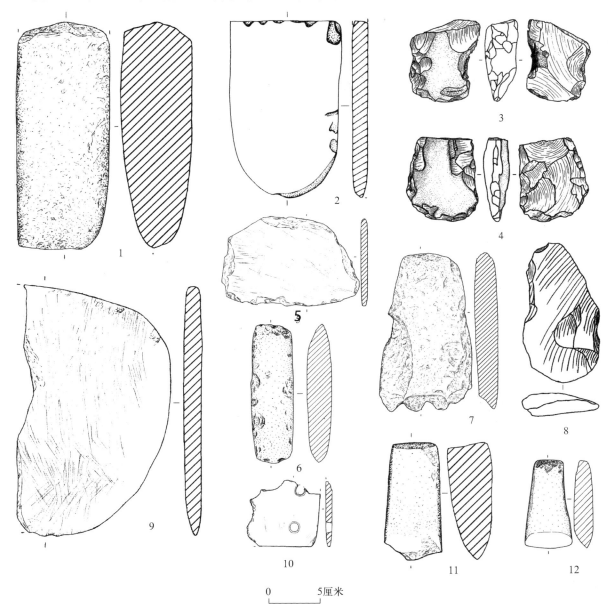

0   5厘米

图3-4-3　石斧、石锛、石凿、石铲

1、4、8、11.石斧（H660：3、H491：1、H718：2、H654：11）　3、12.石锛（H643：7、H870：2）　2、5、7、9、10.石铲
（T47⑤：1、H632：6、T48④：4、H323：5、H212：1）　6.石凿（H556：8）

石刀　59件。形制较为多样，残断件较多。主要以打制带凹缺石刀居多，少量磨制和有孔石刀。打制和磨制石刀在打制策略、技术和原料岩性方面均有显著差别。

A型　4件。有孔，磨制。H779：1，灰色泥页岩。整体近长方形，通体磨制。刀背部平直，有短凹槽。刃部略内凹，刃缘有使用磨光痕迹，刃长8厘米。器身厚度均匀，一面左侧有一道2.4厘米竖直刻划线。中部近刃有对钻穿孔，孔径0.6厘米。长9.2、宽4.2、厚0.7厘米，重0.06千克（图3-4-4，9）。

B 型　55 件。无孔。根据形态特征可分为四亚型。

Ba 型　46 件。打制带凹缺。H718：1，灰白色石英岩，整体形态近长方形。锐棱斜向砸击石片台面和两侧稍作加工而成。一侧有明显凹缺，凹缺宽 1.2、深 0.35 厘米，另一侧修理出凹刃。端部微弧，有少量修疤。石片远端为刃，基本不作修理，刃缘有使用崩疤。刃长 6.6 厘米，刃角约 25°。长 6.8、宽 5.8、厚 1.3 厘米，重 0.07 千克（图 3-4-4，1）。H718：5，浅褐石英岩，整体形态呈长方形，锐棱斜向砸击石片加工。刀背略经修理较直，刃部经细致两面修理，刃长 8.4 厘米，刃角约为 15°。两侧有对称打制凹缺，左凹缺宽 1.2、深 0.4 厘米，右凹缺宽 1.2、深 0.5 厘米。两面较平，厚度较均匀。长 9.2、宽 4.6、厚 1.0 厘米，重 0.07 千克（图 3-4-4，4）。H805：21，黑灰色石英岩。整体呈长方形，石片毛坯打制。刀背为石片台面两面加工，修型减薄。刃部较薄锐，基本不作修理，未直接使用刃缘。刃长 9.8 厘米，刃角约为 30°。左侧边较厚，有打制凹缺，宽 1.8、深 0.3 厘米，右侧边残断，端口略凹，在断口中部打制浅平凹缺，宽 1.2、深 0.1 厘米。长 10.3、宽 5.4、厚 1.6 厘米，重 0.06 千克（图 3-4-4，2）。T48 ④：1，灰白色石英岩，锐棱砸击石片加工而成。整体呈长方形，台面处修型减薄。两侧有对称打制的凹缺，左凹缺宽 1.6、深 0.5 厘米，右凹缺宽 1.8、深 0.5 厘米。刃部稍作修理，呈圆弧刃，刃长 9.0 厘米，刃角约 35°。腹面微鼓，背面为砾石面，附着钙质胶结物。长 9.3、宽 6.0、厚 1.6 厘米，重 0.10 千克（图 3-4-4，3）。T92 ②：3，深灰色石英砂岩。整体呈长方形。石片打制而成。刀背部较直，主要为单向修型减薄。刃部稍作修理，为圆弧刃，刃长 10.6 厘米，刃角约为 30°。左侧较薄，有一大一小两个打制凹缺，大凹缺宽 2.3、深 0.6 厘米，小凹缺宽 1.5、深 0.4 厘米。右侧为较齐整的竖直断口。长 11.4、宽 9.2、厚 2.3 厘米，重 0.35 千克（图 3-4-4，8；彩版二九九，2）。

Bb 型　3 件。打制无凹缺。H491：2，黑灰色玄武岩。近长方形。石片毛坯打制，一周均有不同程度修理。刀背稍厚而直，刃部略直且锋利，刃长 7.8 厘米，刃角约 15°。两侧边斜弧，无明显凹缺。长 8.5、宽 4.6、厚 1.5 厘米，重 0.08 千克（图 3-4-4，5）。T92 ③：1，灰白色石英砂岩。以石片为毛坯，绕石片一周均匀打制修形，略呈椭圆形。两长边均可为刃缘，刃长 8.7-9.0 厘米，刃角 30-35°。石片背面为平坦砾石面，腹面凹凸不平附着钙质胶结物。长 9.1、宽 4.2、厚 1.1 厘米，重 0.07 千克（图 3-4-4，10）。

Bc 型　4 件。磨制带凹缺。H805：25，紫红色泥页岩。近长方形，片状毛坯局部磨制。刀背平直有平面，刀刃略凹，中部较厚钝，刃长 9 厘米，刃角约 25°。两侧边均打制，打制出较对称凹缺，左凹缺宽 1.1、深 0.9 厘米，右凹缺宽 1.3、深 0.8 厘米。长 9.6、宽 4.4、厚 0.9 厘米，重 0.06 千克（图 3-4-4，6；彩版二九九，1）。

Bd 型　2 件。磨制无凹缺。T97 ③：2，灰绿色云母片岩。石刀残断件，残存形状为梯形，通体磨制，两面平坦光滑，刀背部平直，侧边微弧，刃部微弧未开刃。残长 5.2、宽 4.8、厚 0.8 厘米，重 0.03 千克（图 3-4-4，7）。

石饼　138 件。数量较多，形制较为规整，两面平行，边缘齐整，具有较高辨识度，原料以石英岩和石英砂岩居多，尺寸大小有差异。根据有无凹窝分二型。

A 型　3 件。有凹窝石饼。H865：4，灰白色石英砂岩。平面近椭圆形。两面扁平的砾石加工，利用部分砾石边棱局部打制呈圆形，边缘不规整，保留部分自然石皮。两面均平坦，中间对称琢制出一深一浅圆形凹窝，直径分别为 4.3 厘米和 3.3 厘米。长 7.6、宽 7.2、厚 2.6 厘米，重 0.21 千克（图 3-4-5，1）。

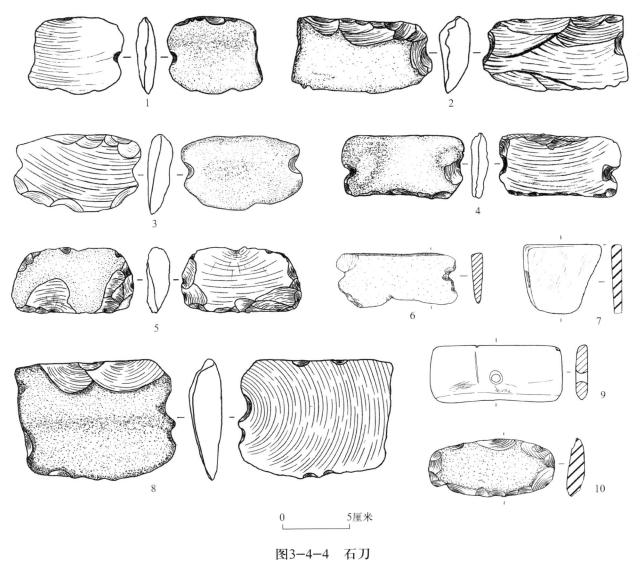

0　　　　　　5厘米

图3-4-4　石刀

1~4、8.Ba型（H718：1、H805：21、T48④：1、H718：5、T92②：3）　5、10.Bb型（H491：2、T92③：1）　6.Bc型
（H805：25）　7.Bd型（T97③：2）　9.A型（H779：1）

B 型　138件。无凹窝。根据加工及形态特点分为四亚型。

Ba 型　74件。局部打制。H609：1，紫红色石英砂岩。平面近圆形。扁平砾石打制，一侧略厚一侧较薄，两面均较平，一面残留少量红彩。周身仅保留一小段砾石边棱，其余皆打制，边沿较整齐。长6.9、宽6.6、厚2.7厘米，重0.22千克（图3-4-5，5）。H766：18，紫色砂岩。平面近圆形。两面较平，较厚，仅保留一小段自然砾石边棱，其余部分皆打制，打制边棱较齐整，片疤不清楚。长5.8、宽5.5、厚2.3厘米，重0.12千克（图3-4-5，2；彩版三〇一，1）。H820：16，浅黄色砂岩。平面近圆角方形。扁平砾石打制，一面平坦，另一面微弧。周身仅保留一小段自然砾石边缘，其余皆打制，打制边棱较齐整。长7.2、宽6.5、厚2.4厘米，重0.19千克（图3-4-5，3；彩版三〇一，2）。H865：2，浅黄色细砂岩。平面近圆形。两面为砾石面，较平，器身一周仅保留一小段自然砾石边棱，其余皆打制，边沿较齐整。长7.4、宽7.2、厚1.9厘米，重0.17千克（图3-4-5，4；彩版三〇二，1）。T130①：1，灰色砂岩。

平面近圆形。扁平砾石加工，两面较平，一面局部有节理面残破。边棱经打制，甚至部分部位似经磨制，边棱齐整略显光滑。长9.7、宽9.4、厚2.4厘米，重0.38千克（图3-4-5，6；彩版三〇二，2）。

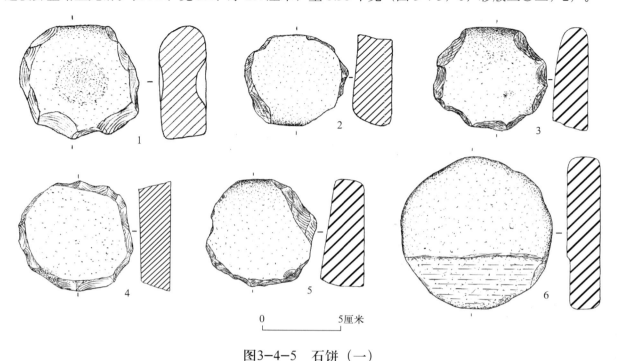

0　　　　　　　　5厘米

图3-4-5　石饼（一）

1.A型（H865：4）　　2～6.Ba型（H766：18、H820：16、H865：2、H609：1、T130②：1）

Bb型　43件。周边均打制。H556：9，灰色石英砂岩。平面近圆形。两面较平，均为砾石面。器身周边均打制，边沿整齐。长6.1、宽5.7、厚1.8厘米，重0.12千克（图3-4-6，8）。H695：1，灰白色石英砂岩。整体形态呈规整圆饼状。两面均保留部分平整砾石面。由扁平砾石从边缘一周向心交互打片而成，打制边棱呈棱脊状，可作刃缘，刃缘较锋利。长12.0、宽11.8、厚2.8厘米，重0.53千克（图3-4-6，4；彩版三〇三，3）。H805：16，黄褐色石英岩。平面呈不规则圆形。两面为平坦砾石面。周边均打制，片疤清楚，打制边棱较厚且整齐。长7.1、宽6.3、厚3.5厘米，重0.24千克（图3-4-6，1）。H820：6，浅黄色细砂岩。两面均为砾石面，平面近圆形。两面均为砾石面，一面近平，一面略凹。器身一周均有打制，边沿较整齐。长9.6、宽8.8、厚3.3厘米，重0.45千克（图3-4-6，6）。H820：18，浅黄色细砂岩。平面近圆形。两面较平，周边均打制，边沿部分齐整，部分倾斜可作刃缘。长8.4、宽7.9、厚2.7厘米，重0.30千克（图3-4-6，2）。T55①：2，灰白色石英岩。平面近圆形。一面较平，另一面略凹，周边均打制，边棱较齐整。长6.9、宽6.8、厚2.4厘米，重0.20千克（图3-4-6，3）。

Bc型　4件。以石片为毛坯加工。H865：18，灰白色石英砂岩。整体近椭圆形。以石片为毛坯两面加工，腹面较平坦，中间似有集中敲琢的坑点，背面保留部分砾石面，其余均为打制片疤。器身周边均打制，打制边棱较凸，可做刃缘使用。长7.8、宽6.6、厚1.6厘米，重0.11千克（图3-4-6，7）。

Bd型　17件。天然扁圆砾石，无加工痕迹。H820：20，灰绿色花岗岩。平面圆形。天然扁平砾石，两面较平，一面附着钙质胶结物，无明显人工加工痕迹。长9.6、宽8.7、厚2.9厘米，重0.37千克（图3-4-6，5）。

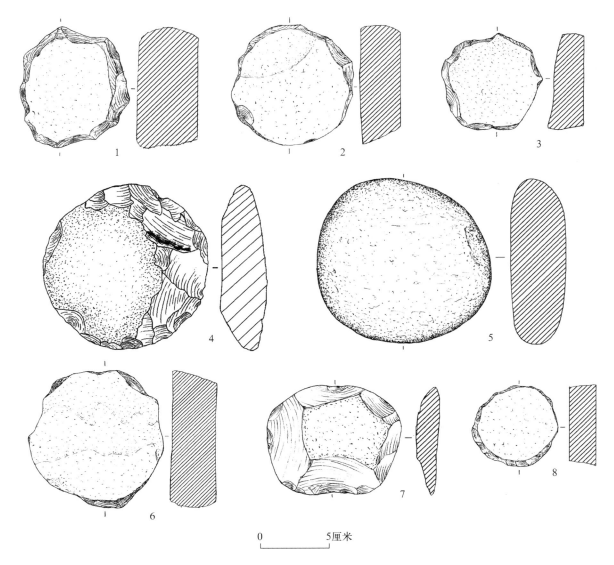

图3-4-6　石饼（二）

1-4、6、8.Bb型（H805：16、H820：18、T55①：2、H695：1、H820：6、H556：9）　5.Bd型（H820：20）　7.Bc型（H865：18）

石锤　1件。多为硬度较高的近圆球状砾石直接使用，形成打击点集中分布的使用痕迹。H609：9，深灰色石英岩。平面近椭圆形，天然椭圆砾石，较规整。长轴两端有敲打使用痕迹。长7.1、宽5.4、厚4.9厘米，重0.32千克（图3-4-7，2）。

石磨棒　1件。H820：3，黑灰色云母片岩。长条扁圆柱状砾石直接使用。横截面近椭圆形，两端圆凸，两端部有使用痕迹且残留红彩，亦可做石杵用。器身较平的一面和较凸的一面均有区别于砾石面的磨光面，应为使用磨光面，且磨光面周边残留红彩。长16.0、宽6.2、厚4.1厘米，重0.78千克（图3-4-7，3）。

石网坠　2件。H390：1，褐色砂岩。近圆柱状小砾石加工。横截面近圆角方形，两端近平，端部有明显敲琢痕迹。束腰明显，束腰基本琢制一周，呈宽而浅平凹槽。器表粗糙，未经磨制。长8.5、宽4.7、厚4.6厘米，重0.31千克（图3-4-7，6；彩版二九八，2）。

石球　11 件。根据尺寸大小分为二型。

A 型　6件。大石球，直径大于 5 厘米。H450：1，深灰色石灰岩，圆球状，器型规整，近正圆。器表经琢打，遍布大小凹凸不平的坑点，几乎未经磨光，并不光滑，附着少量钙质胶结物。长 5.1、宽 4.7、厚 4.8 厘米，重 0.16 千克（图 3-4-7，4；彩版三〇〇，1）。

B 型　5 件。石丸，直径小于 5 厘米。T106 ③：3，褐色硅质灰岩。圆球状，近正圆，器形规整，浅度磨制，器表保留大量琢制坑点状痕迹。长 3.4、宽 3.3、后 3.3 厘米，重 0.06 千克（图 3-4-7，5；彩版三〇〇，2）。

石璧　4 件。H766：51，浅灰色石英砂岩，由石片毛坯加工而成，残断，近半圆，圆形饼状，两面未经磨制，边缘打制，器身中心两面均有对琢未形成穿孔的凹窝，直径 4.7 厘米。残长 11.7、璧宽 6.6、厚 1.4 厘米，重 0.17 千克（图 3-4-7，9）。

石环　1 件。H718：22，暗绿色绿萤石。残存约五分之一，通体磨制，器身扁平，两面近平，内外侧边均较平直。器表一面分布有大量横向划痕。残长 7.2、璧宽 2.8、厚 1.9 厘米，重 0.04 千克（图 3-4-7，7）。

石纺轮　3 件。H660：1，青色石灰岩。圆形饼状，器表磨光。直壁，器中部有一对钻圆形穿孔。一面有明显的细密擦磨痕，边沿残留有打制疤痕。长 4.6、宽 4.6、厚 1.1 厘米，重 0.04 千克（图 3-4-7，8）。

石研磨器　3 件。T49 ②：3，棕红色石英岩，形态近长方体。四面平，两面弧，保留砾石面，附着少量钙质胶结物。两弧面为研磨面，略弧，一面两边缘有条带状磨痕，另一面仅一侧边缘有较宽磨痕。底部微凹面有明显砸敲痕迹并附着少量红彩。长 6.78、宽 9.45、厚 5.21 厘米，重 0.72 千克（图 3-4-7，1）。

砺石　6 件。原料均为砂岩或细砂岩，基本均为残断块，形态尺寸多样。

残器　2 件。原料石英岩和石英砂岩。无法准确分辨器物类型的工具残断件。人工加工或使用痕迹明显。均为打制，或为工具加工过程中不能改制的事故性产品。

断块与废片　1755 件。原料种类丰富。无法归类于上述任何类别，但具有人工性质或疑似人工性质的残断砾石及石块。此类石制品在剥片及工具初加工时产生较多，数量较多，形态各异，其中有少量断块或废片作为石器毛坯存在，并未准确识别。

备料　294 件。原料种类较多，经过人为选择并搬运而带入遗址的天然砾石，作为备用石材或特殊石器类型的原型毛坯，形态多样，少见明显的人工加工修理痕迹。

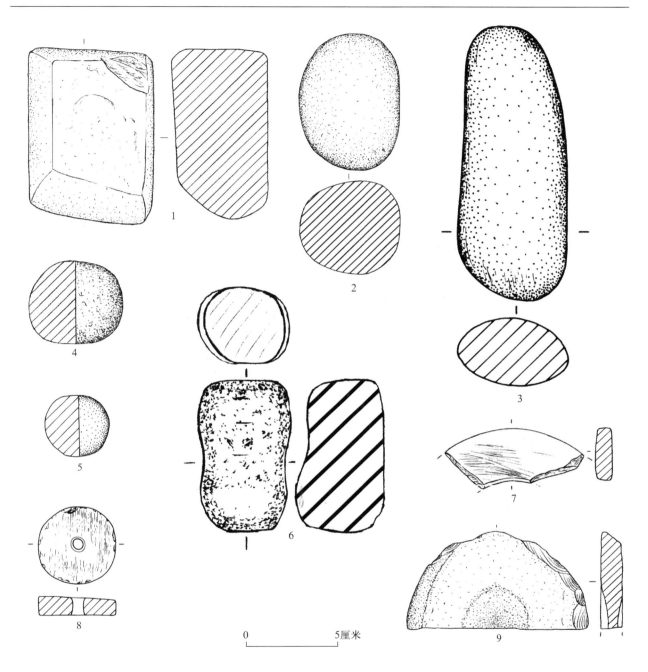

图3-4-7　研磨器、石锤、磨棒、石球、石网坠、石环、石纺轮、石璧

1.研磨器（T49②：3）　　2.石锤（H609：9）　　3.磨棒（H820：3）　　4-5.石球（H450：1、T106③：3）　　6.石网坠（H390：1）

7.石环（H718：22）　　8.石纺轮（H660：1）　　9.石璧（H766：51）

第五节　骨蚌器

庙底沟遗址仅发现西王村文化骨器 3 件。

骨锥　1 件。H728：1，弧形梭状，截面近圆形。表面打磨光滑。为用角尾端整体打磨而成。柄端残。残长 13.1、直径 0.3—1.7 厘米（图 3-5-1，3）

骨镞　1 件。梭形。H766：5，截面近圆形。器表打磨光滑。可复原。长 4.8、直径 0.6—07 厘米（图 3-5-1，2）

蚌片　1 件。H496：1，平面为抹角长方形，截面为弧形，为蚌壳磨制而成，正面打磨光滑。器表有浅灰色纹理。可复原。长 10.5、宽 3.6、厚 0.5 厘米（图 3-5-1，1）。

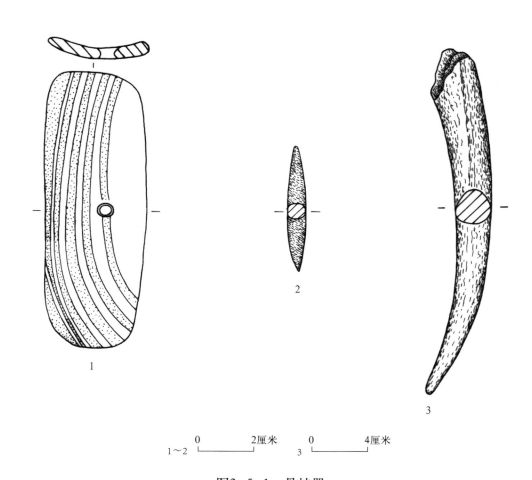

图3-5-1　骨蚌器

1.蚌片（H496：1）　2.骨镞（H766：5）　3.骨锥（H728：1）

第四章　庙底沟二期文化

庙底沟二期文化是 2002 年发掘过程中发现最少的遗存。地层分布范围少，出土遗物也不丰富。遗迹数量也是三个时期最少的，种类有灰坑、房址、陶窑，以灰坑居多。下文我们按照堆积类型分类介绍。

第一节　地层及出土陶器

庙底沟二期文化地层分布零散，厚度相对较薄，出土遗物也较少。以一层比较常见，仅有一个探方有三层。与西王村文化类似，庙底沟二期文化各探方的地层堆积厚度也比较一致。庙底沟二期文化是最晚的文化堆积，从现有分布范围、各探方堆积趋势情况来看，其地层堆积有可能不是成片分布。

庙底沟二期文化地层具体堆积情况已在第一章"地层介绍"一节挑选代表探方介绍，此处不再赘叙。下文我们挑选典型单位介绍出土陶器。

1. T45

T45 属于庙底沟二期文化文化的地层共有④、⑤两层。

T45 ④

T45 ④层挑选陶器标本 2 件，其中碗 1、器盖 1。

碗　1 件。夹砂红陶。T45 ④：5，直口微侈，圆唇，弧腹，饼足。内壁有刮削痕迹。素面。可复原。口径 9.2、底径 5、高 4.4 厘米（图 4-1-1，5）。

器盖　1 件。T45 ④：6，夹砂灰陶。敞口，圆唇，弧腹直，圜顶，圈足形纽。纽上有手捏痕迹，外壁近口处有刮削痕迹。素面。可复原。口径 19.2、高 6.6 厘米（图 4-1-1，2）。

T45 ⑤

T45 ⑤层挑选陶器标本 4 件，其中深腹罐 2、器盖 1、鼓腹罐 1。

器盖　1 件。T45 ⑤：2，夹砂灰陶。敞口，圆唇，弧腹近直，圜顶，圆形纽，纽顶不规整，宽 6.8、高 1.3 厘米。纽上有手捏痕迹，内壁近口处有刮削痕迹。素面。可复原。口径 21.7、高 8.2 厘米（图 4-1-1，4）。

鼓腹罐　1 件。T45 ⑤：10，夹砂灰陶。直口微侈，卷沿外侧下斜，方唇中间下凹，束颈，溜肩，鼓腹。肩部以下饰绳纹。腹部以下残。口径 28、残高 13.6 厘米（图 4-1-1，1）

深腹罐　2 件。夹砂灰陶。仰折沿，溜肩，深腹。T45 ⑤：11，直口微敛，花边方唇。颈部饰一周附加堆纹，其下区域饰篮纹。肩部以下残。口径 44、残高 76 厘米（图 4-1-1，6）。T45 ⑤：12，敛口，

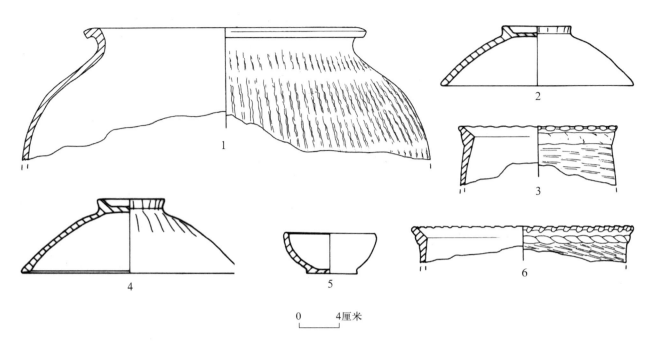

图4-1-1　T45④、⑤层出土陶器

1.鼓腹罐（T45⑤：10）　　3、6.深腹罐（T45⑤：12、T45⑤：11）　　2、4.器盖（T45④：6、T45⑤：2）　　5.碗（T45④：5）

圆唇，斜直颈，口部外壁有一周按窝，颈肩交界处有一周附加堆纹，其下区域饰篮纹。腹部以下残。口径16、残高6.2厘米（图4-1-1，3）。

2. T78

T78属于庙底沟二期文化文化的地层有②、③、④层。

T78④

T78④层挑选陶器标本6件，其中高领罐2、深腹罐2、器盖1、鼎1。

高领罐　2件。敞口。素面。T78④：1，夹砂灰陶。方唇，竖直颈，溜肩。肩部以下残。口径9.6、残高7.6厘米（图4-1-2，1）。T78④：6，泥质灰褐陶。圆唇，束颈。颈部以下残。口径14、残高9.4厘米（图4-1-2，6）。

深腹罐　2件。夹砂灰陶。敛口，溜肩，鼓腹。T78④：2，仰折沿微下凹，圆唇。颈肩交界处有一周附加堆纹，其下区域饰篮纹。腹部以下残。口径16、残高4.6厘米（图4-1-2，2）。T78④：7，折沿下凹成槽，方唇，平底。腹部饰篮纹，底部有一周按窝。可复原。口径16.2、腹径17.8、底径10.7、高20.4厘米（图4-1-2，5）。

器盖　1件。T78④：5，夹砂灰陶。弧腹，圜顶，圈足状纽。素面。口部残。纽径6.2、残高4.4厘米（图4-1-2，3）。

鼎　1件。T78④：3，夹砂灰陶。侧装，宽扁足。足中间有一段饰按窝的附加堆纹。残存鼎足。残高8.4厘米（图4-1-2，4）。

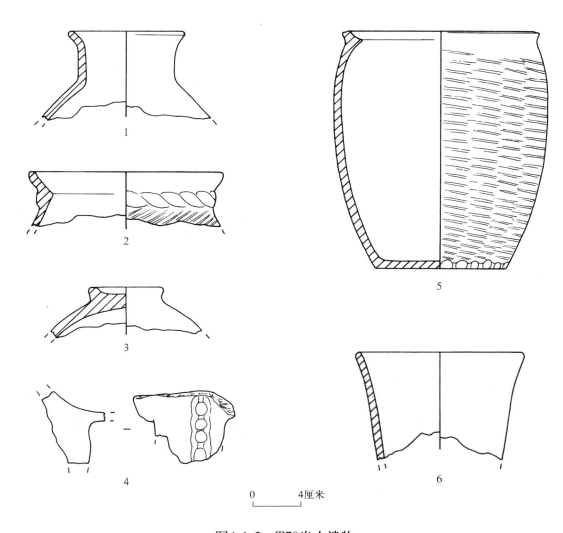

0   4厘米

图4-1-2　T78出土遗物

1、6.高领罐（T78④：1、T78④：6）　　2、5.深腹罐（T78④：2、T78④：7）　　3.器盖（T78④：5）　　4.鼎（T78④：3）

第二节　灰坑及出土陶器

庙底沟遗址共发现庙底沟二期文化灰坑 48 个。主要分布于 T51、T52 两个探方，零星分布于 T4、T6、T45、T46、T50、T53、T65、T69、T94 探方。分布零散，集中性弱。结构有袋状（22.92%）与非袋状（22.08%）两类，以后者为主；平面形状以椭圆形（41.67%）、圆形（54.17%）为主，另有少量不规则（4.17%）。

表4-2-1　庙底沟二期文化灰坑形制统计表

形制	袋状		非袋状		
	圆形	椭圆形	圆形	椭圆形	不规则
数量	9	2	16	18	2
比例	18.75%	4.17%	35.42%	37.50%	4.17%

下面我们按单位介绍灰坑形制与出土陶器。

1. H23

位于 T4 西南部。开口于第②层下，打破第③层，开口距地表 90 厘米。袋状，平面形状呈圆形，斜直壁，平底。坑口直径 220、坑底直径 315、深 240 厘米。填土灰褐色，土质较致密。夹杂少量料礓石、石块、陶片。出土骨器 1、陶杯 1 及适量陶片。陶片夹砂与泥质相当；纹饰有附加堆纹、绳纹；可辨器形有罐、盆、斝、鼎等（图 4-2-1）。

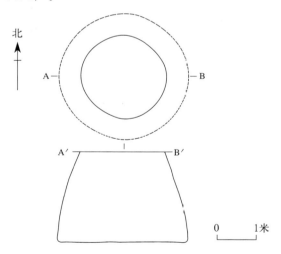

图4-2-1　H23平剖面图

H23 挑选陶器标本 11 件，其中深腹罐 4、彩陶罐 1、高领罐 1、鼎 1、篮纹盆 1、双錾篮纹钵 1、双錾篮纹盆 1、单把罐 1。

深腹罐　4 件。夹砂灰陶。H23∶9，敛口，仰折沿，方唇，溜肩，鼓腹。通体饰绳纹，颈肩交界处、腹部饰数周附加堆纹。腹部以下残。口径 42、残高 23.7 厘米（图 4-2-2，1）。H23∶10，直口微敛，方唇内侧下斜，溜肩，鼓腹。通体饰绳纹，口部外壁有一周按窝，颈部、下腹部各有一周附加堆纹。

腹部以下残。口径 15、残高 14.4 厘米（图 4-2-2，10）。H23：24，敛口，仰折沿方唇，弧腹。口部外壁有一周按窝，其下的附加堆纹有脱落倾向，再下饰篮纹。腹部以下残。口径 24.8、残高 14 厘米（图 4-2-2，8）。H23：25，侈口，圆唇，弧腹。颈部有一周饰按窝的附加堆纹，其下区域饰篮纹。腹部以下残。口径 14、残高 10.8 厘米（图 4-2-2，3）。

彩陶罐　1 件。H23：3，泥质黄褐陶红彩。侈口，尖唇，斜直高领，溜肩，鼓腹，平底。外壁饰之字状红彩。可复原。口径 8.5、腹径 12.4、底径 6、高 12.5 厘米（图 4-2-2，4；图版二五，4）。

高领罐　1 件。H23：11，夹砂灰陶。侈口，方唇，高领，束颈，溜肩。素面。肩部以下残。口径 18、残高 8.2 厘米（图 4-2-2，11）。

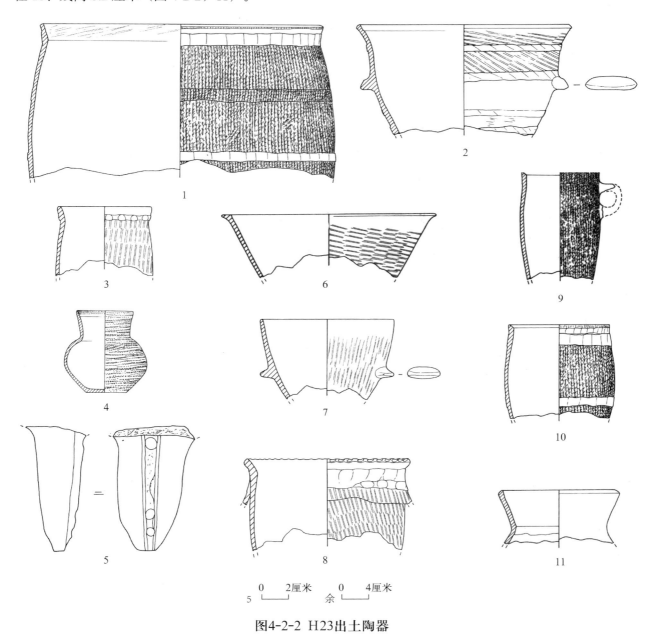

0　　2厘米　　0　　4厘米
5 ⊢——⊣　余 ⊢——⊣

图4-2-2　H23出土陶器

1、3、8、10.深腹罐（H23：9、H23：25、H23：24、H23：10）　2.双鋬篮纹盆（H23：12）　4.彩陶罐（H23：3）
5.鼎（H23：15）　6.篮纹盆（H23：26）　7.双鋬篮纹钵（H23：5）　9.单把罐（H23：4）　11.高领罐（H23：11）

鼎　1件。H23：15，夹砂灰陶。宽扁锥状足，侧装。中间有一周饰按窝的附加堆纹。残存鼎足。残高9.5厘米（图4-2-2，5）。

篮纹盆　1件。H23：26，泥质灰陶。敞口，折沿，圆唇，弧腹近直。腹部饰篮纹。腹部以下残。口径32、残高9.8厘米（图4-2-2，6）。

双鋬篮纹钵　1件。H23：5，夹砂灰陶。侈口，圆唇，弧腹，腹部对称置附加突起状双鋬。腹部饰篮纹。腹部以下残。口径20、残高12.2厘米（图4-2-2，7）。

双鋬篮纹盆　1件。H23：12，夹砂灰陶。侈口，方唇，弧腹，腹部对称置附加突起状双鋬。颈部饰篮纹，腹部有一周附加堆纹。腹部以下残。口径32、残高17.2厘米（图4-2-2，2）。

单把罐　1件，H23：4，夹砂灰陶。直口微敛，方唇内侧下斜，直颈，颈部一侧置耳，弧腹。通体饰绳纹。底部残。口径11.5、残高17厘米（图4-2-2，9）。

2. H87*

位于T6中部。开口于第④层下，打破生土，开口距地表280厘米。平面形状呈圆形，直壁，平底。坑口直径350、深175厘米。填土黑褐色，土质较疏松，呈粉末状。包含大量陶片、动物骨骼。出土陶片以夹砂灰陶、夹砂红陶为主；纹饰以彩绘、线纹、篮纹为主；可辨器形有钵、盆、罐、等（图4-2-3）。

H87挑选陶器标本10件，其中彩陶钵4、深腹罐2、素面钵1、素面盆1、器座1、斝1。

彩陶钵　4件。泥质黄褐陶黑彩。H87：2，直口，圆唇，曲腹近折，平底微内凹。器表磨光，内壁有刮削痕迹。口部外壁饰一周四个垂弧纹，其下区域饰双连弧线、圆点组成的复合纹饰。可复原。口径14.2、底径4.9、高6.3厘米（图4-2-4，6；图版三〇，5）。H87：3，口部略呈椭圆形。直口，圆唇，弧腹，平底内凹。器表磨光，内外壁均有刮削痕迹。口部外壁饰一周四个垂弧纹、圆点，其下区域饰两周宽0.2厘米的条带纹。可复原。口径14.2—15、底径6、高6.1厘米（图4-2-4，4；彩版六八，1）。H87：4，直口微敛，尖唇，曲腹近折，平底内凹。器表磨光，内壁抹光，沿面及内壁有刮削痕迹。口

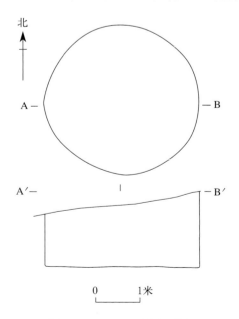

图4-2-3　H87平剖面图

部外壁饰一周宽0.7厘米的条带纹，其下区域饰四个椭圆。可复原。口径14.8—15.3、底径5.4、高7.6—7.8厘米（图4-2-4，5；彩版六八，2）。H87：5，通体饰白衣。器形不规整。直口微敛，尖唇，曲腹，平底内凹。器表磨光，内壁抹光，沿面及内壁有刮削痕迹。腹部饰一个大空心圆点，圆点内部对称填充短线与圆点，圆点之间饰网格纹。可复原。口径15.3、底径5.2、高7.1—7.8厘米（图4-2-4，8；彩版六九，1）。

　　素面钵　1件。H87：7，夹砂黄褐陶。侈口，圆唇，斜直腹，平底。内外壁均有刮削痕迹。素面。可复原。口径6.8、底径4.1、高3.8厘米（图4-2-4，1；图版二二七，6）。

　　素面盆　1件。H87：8，夹砂黄褐陶。敞口，仰折沿中间下凹，圆唇，弧腹近直，平底。沿面及内外壁均有刮削痕迹。素面。可复原。口径18.3、底径8.5、高7.6厘米（图4-2-4，7；图版二一三，5）。

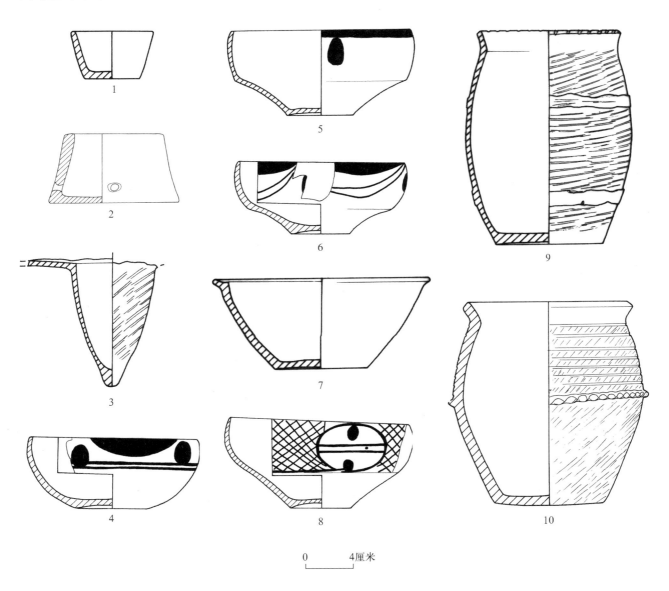

0　　　　4厘米

图4-2-4　H87出土陶器

1.素面钵（H87：7）　2.器座（H87：6）　3.罺（H87：18）　4-6、8.彩陶钵（H87：3、H87：4、H87：2、H87：5）　7.素面盆（H87：8）　9、10.深腹罐（H87：17、H87：9）

器座　1件。H87：6，夹砂灰陶，厚胎。敛口，方唇，斜直腹，平底，近底处均匀分布有三个圆形孔。素面。可复原。口径16.6、底径22、高12.2厘米（图4-2-4，2）。

斝　1件。H87：18，夹砂灰褐陶。锥足，平裆。通体饰篮纹。裆部以上残。裆径7、残高11.2厘米（图4-2-4，3）。

深腹罐　2件。夹砂灰陶。侈口，仰折沿，深弧腹。H87：9，方唇，平底。口部歪斜严重，内壁近口处有刮削痕迹。上腹部饰数周凹弦纹，其间区域饰左斜篮纹，腹部最大径处有一周附加堆纹，下腹部饰左斜篮纹。可复原。口径15.7、底径9.3、高17.6—18.1厘米（图4-2-4，10；图版二一五，2）。H87：17，花边方唇，平底内凹。通体饰篮纹，腹部饰两周附加堆纹。可复原。口径12、腹径14、底径9、高19厘米（图4-2-4，9）

3. H100*

位于T35西北部。开口于第①层下，打破第②层，开口距地表15厘米。平面形状呈圆形，弧壁，平底。坑口直径125、坑底直径96、深50厘米。填土灰黑色，土质疏松。夹杂红烧土块、石块、动物骨骼。出土适量陶片，泥质与夹砂相当；陶色以黄褐陶、灰陶为主，少量彩陶；纹饰以绳纹、篮纹为主；可辨器形有钵、罐等（图4-2-5）。

H100挑选陶器标本5件，其中深腹罐3、素面钵2。

素面钵　2件。泥质陶。素面。H100：3，黄褐陶。侈口，圆唇，弧腹近直，平底。外壁口部有明显刮削痕迹。可复原。口径10.5、底径6.2、高4.1厘米（图4-2-6，1；图版六一，6）。H100：4，红陶。敛口，口部内侧置一鋬，圆唇，鼓腹，平底内凹。内壁近口处有刮削痕迹。可复原。口径10.3、底径9、高8.8厘米（图4-2-6，5）。

鼓腹罐　3件。夹砂灰陶。敛口，花边圆唇，仰折沿，溜肩，鼓腹。颈肩交界处饰一周附加堆纹。H100：5，沿面微下凹。腹部以下残。口径19.6、残高4.6厘米（图4-2-6，4）。H100：6，沿面微隆起。腹部饰右斜篮纹。腹部以下残。口径36、残高19.1厘米（图4-2-6，2）。H100：9，沿面外侧下凹。腹部以下残。口径16、残高5.2厘米（图4-2-6，3）。

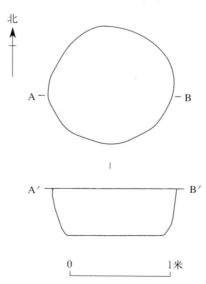

图4-2-5　H100平剖面图及出土陶器

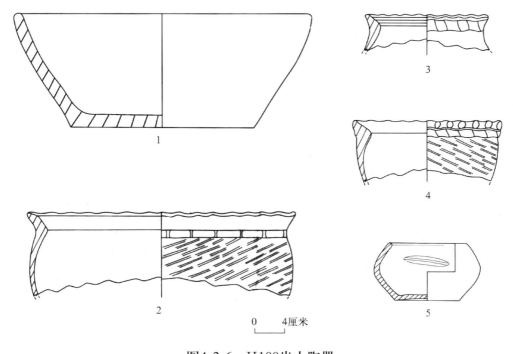

图4-2-6　H100出土陶器

1、5.素面钵（H100∶3、H100∶4）　　2-4.深腹罐（H100∶6、H100∶9、H100∶5）

4. H250

位于 T51 西南部，部分伸入西壁。开口于第②层下，打破第③层，开口距地表 60 厘米。平面形状呈椭圆形，直壁，平底。坑口最大径 320、最小径 260、深 100 厘米。填土灰褐色，土质较疏松。夹杂炭粒、红烧土颗粒等。包含少量陶片、石块等。出土陶片以夹砂灰陶为主；纹饰以拍印纹、篮纹为主；可辨器形有钵、瓮、罐等（图4-2-7，1）。

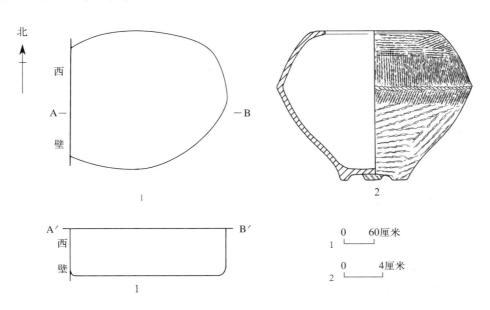

图4-2-7　H250平剖面图及出土陶器

1.平剖面图　2.三足瓮（H250∶2）

H250 挑选陶器标本三足瓮 1 件。

三足瓮　1 件。H250：2，夹砂灰陶。敛口，圆唇，溜肩，折腹，下腹部近直，平底，三个矮平足。内外壁近口处有刮削痕迹。肩部饰方格纹，腹部饰一周附加堆纹，其上区域饰竖直拍印纹，其下区域饰左斜篮纹。可复原。口径 21、足径 13.8、高 38 厘米（图 4-2-7，2；图版二二九，4）。

5. H485

位于 T52 中部。开口于第②层下，打破第③层，开口距地表 65 厘米。袋状，平面形状呈圆形，斜直壁，平底。坑口直径 160、坑底直径 230、深 140 厘米。填土灰褐色，土质疏松。包含少量料礓石、石块、陶片。陶片夹砂与泥质相当；纹饰有篮纹、附加堆纹；可辨器形有罐、盆、钵等（图 4-2-8）。

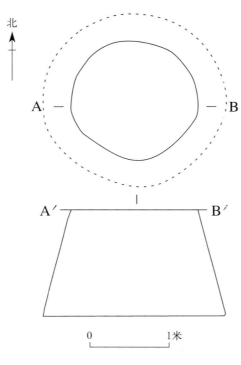

图4-2-8　H485平剖面图

H485 挑选陶器标本 4 件，其中鼎 1、鼓腹罐 1、单把杯 1、高领罐 1。

鼎　1 件。H485：4，夹砂灰陶。敛口，方唇，子母口，弧腹，腹对称置鹰嘴状双錾，平底，扁平足。外壁有拍印痕迹，錾上有明显手捏痕迹。腹部饰一周附加堆纹，足外侧饰一条竖向附加堆纹。可复原。口径 14.7、高 17.3 厘米（图 4-2-9，3；图版二一三，1）。

鼓腹罐　1 件。H485：6，泥质灰陶，厚胎。器形不规整，略歪斜。侈口，仰折沿微下凹，尖唇，垂腹，平底微内凹。器表磨光，内壁有泥条盘筑痕迹，外壁有明显刮削痕迹。素面。可复原。口径 5.6、底径 3.2、高 7 厘米（图 4-2-9，2）。

单把杯　1 件。H485：7，夹砂灰陶。侈口，圆唇，高领，弧腹，平底，一侧置桥形把。内外壁近口处有刮削痕迹。腹部饰一周拍印纹。可复原。口径 11.2、底径 8、高 12 厘米（图 4-2-9，4；图版二一三，3）。

高领罐　1 件。H485：13，泥质灰陶。敞口，圆唇，束颈，溜肩，鼓腹。颈部以下饰篮纹，腹部饰一周附加堆纹。底部残。口径 14.4、残高 42 厘米（图 4-2-9，1）。

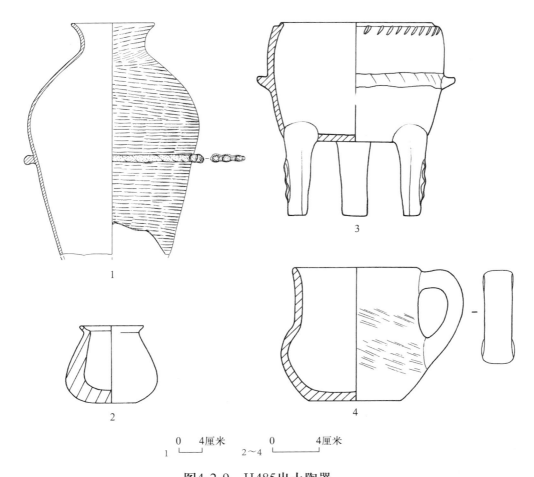

图4-2-9 H485出土陶器

1.高领罐（H485∶13） 2.鼓腹罐（H485∶6） 3.鼎（H485∶4） 4.单把杯（H485∶7）

6. H514*

位于 T50 南部。开口于第①层下，打破第②层，被 H491 打破，开口距地表 25 厘米。袋状，平面形状呈圆形，斜直壁，平底。坑口直径 70、坑底直径 140、深 200 厘米。填土灰褐色，土质疏松。夹杂少量草木灰等。出土陶片陶质为泥质、夹砂两种；陶色可分为红陶、灰陶等；纹饰有划纹、附加堆纹、彩绘等；可辨器形有罐、盆、钵等（图 4-2-10，1）。

H514 挑选陶器标本 3 件，其中彩陶钵 1、深腹罐 2。

彩陶钵　1 件。H514∶1，泥质红陶黑彩。器形不规整，歪斜严重。敛口，圆唇，曲腹，平底内凹。器表磨光，内壁近口处有刮削痕迹。口部外壁饰一周垂弧纹，腹部饰一周宽 0.2 厘米的条带纹，其间区域用凸弧纹分为数个单元格，每个单元格内部对应饰双连弧线、圆点组成的复合纹饰。可复原。口径 15.3、底径 5.2、高 7.8—8.4 厘米（图 4-2-10，3）。

深腹罐　2 件。夹砂陶。H514∶2，褐陶。直口，卷沿，圆唇，束颈，溜肩，鼓腹。腹部饰篮纹。腹部以下残。口径 28、残高 16 厘米（图 4-2-10，4）。H514∶3，灰陶。直口微敛，仰折沿微隆起，花边方唇，直颈。通体饰篮纹，颈肩交界处有一周附加堆纹。腹部以下残。口径 44、残高 9.6 厘米（图 4-2-10，2）。

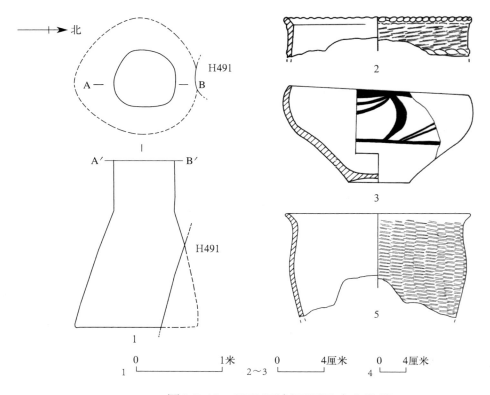

图4-2-10 H514平剖面图及出土陶器
1.平剖面图 2、4.深腹罐（H514：3、H514：2） 3.彩陶钵（H514：1）

7. H521*

位于T65西北部。开口于第①层下，打破第②层，开口距地表15厘米。平面形状呈椭圆形，斜直壁，平底。坑口最大径460、最小径340、坑底最大径320、最小径180、深300厘米。填土浅灰色，土质疏松。夹杂有炭粒、红烧土颗粒。包含石块、陶片、动物骨骼等。出土陶片以夹砂灰陶、泥质黄褐陶为主；纹饰有线纹、彩绘、附加堆纹、素面、磨光等；可辨器形有盆、罐、钵等（图4-2-11）。

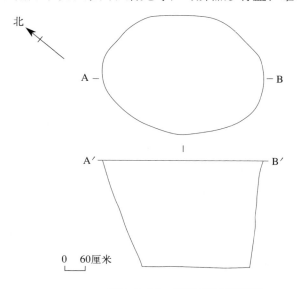

图4-2-11 H521平剖面图

H521挑选陶器标本11件，其中素面盆6、彩陶钵1、小口尖底瓶1、高领瓮1、素面双錾盆1、深腹罐1。

彩陶钵 1件。H521：7，泥质红陶黑彩，通体施红衣。侈口，圆唇，曲腹近折，平底微内凹。器表磨光，内外壁有明显的刮削痕迹。唇面饰一周条带纹。可复原。口径15.4、底径6、高8.6厘米（图4-2-12，2）。

高领瓮 1件。H521：5，泥质灰陶。侈口，圆唇，高弧领，溜肩，鼓腹，下腹部近直，平底。颈部以下饰右斜篮纹。可复原。口径11、腹径20.4、底径10.6、高28.5厘米（图4-2-12，1）。

小口尖底瓶 1件。H521：18，泥质黄褐陶。重唇口，圆唇，束颈。颈部饰左斜线纹。颈部以下残。口径4.2、残高5厘米（图4-2-12，3）。

素面盆 6件。泥质陶。素面。H521：8，灰陶。直口，折沿隆起，圆唇，浅弧腹，平底。器表磨光，外壁、沿面有刮削痕迹。可复原。口径28、底径10.8、高10.5厘米（图4-2-12，9）。H521：20，黄褐陶。直口，折沿隆起，圆唇，弧腹。腹部以下残。口径32、残高5.8厘米（图4-2-12，8）。H521：19，黄褐陶。直口，叠圆唇，弧腹。底部残。口径30、残高12.6厘米（图4-2-12，11）。H521：21，黄褐陶。敛口，折沿外侧下斜，圆唇，弧腹。腹部以下残。口径36、残高7.2厘米（图4-2-12，5）。H521：23，黄褐陶。敛口，仰折沿隆起，圆唇，溜肩，弧腹。腹部以下残。口径36、残高10.8厘米（图4-2-12，7）。H521：24，黄褐陶。敛口，叠方唇，弧腹。颈部外壁有数周凹弦纹。腹部以下残。口径38、残高5.8厘米（图4-2-12，4）。

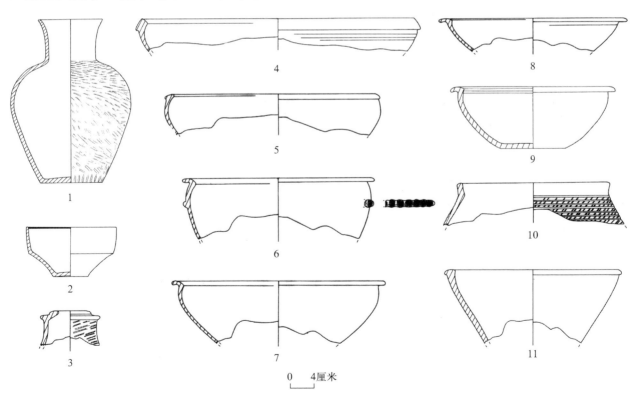

0   4厘米

图4-2-12 H521出土陶器

1.高领瓮（H521：5） 2.彩陶钵（H521：7） 3.小口尖底瓶（H521：18） 4、5、7-9、11.素面盆（H521：24、H521：21、H521：23、H521：20、H521：8、H521：19） 6.素面双錾盆（H521：22） 10.深腹罐（H521：25）

素面双錾盆　1件。H521：22，泥质黄褐陶。敛口，折沿隆起，圆唇，弧腹，腹部对称置附加对称状双錾。素面。腹部以下残。口径34、残高11厘米（图4-2-12，6）。

深腹罐　1件。H521：25，夹砂黄褐陶。敛口，仰折沿，方唇，溜肩。肩部饰间隔篮纹。腹部以下残。口径26、残高7厘米（图4-2-12，10）。

8. H652

位于T69东北部。开口于第①层下，打破第②层，开口距地表45厘米。平面形状呈椭圆形，斜直壁，平底。坑口最大径310、最小径292、深125厘米。填土黑褐色，土质疏松。包含少量料礓石、石块、陶片。夹杂少量炭粒和红烧土颗粒。出土适量陶片。陶片夹砂灰陶为主，少量泥质灰陶；纹饰有附加堆纹、绳纹；可辨器形有罐、盆、壶、鼎等（图4-2-13）。

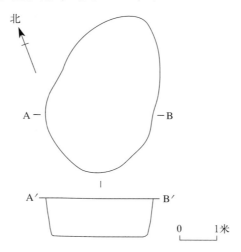

图4-2-13　H652平剖面图

H652挑选陶器标本8件，其中深腹罐3、高领罐1、鼎1、豆1、刻槽盆1、壶1。

深腹罐　3件。夹砂灰陶。敛口，仰折沿，溜肩，鼓腹，平底。H652：14，尖唇，下腹部近直。通体饰篮纹，颈肩交界处、腹部饰数周附加堆纹。可复原。口径17.6、腹径18.6、底径9.8、高24.3厘米（图4-2-14，8）。H652：15，方唇内侧下斜。沿面内侧、腹部有数周凹弦纹。可复原。口径20.6、腹径23.2、底径11.4、高22.8厘米（图4-2-14，5）。H652：16，方唇内侧微下斜，下腹部近直。腹部饰篮纹。可复原。口径26、腹径30、底径13.6、高34.4—34.8厘米（图4-2-14，1）。

高领罐　1件。H652：17，夹砂灰陶。敞口，圆唇，束颈，溜肩。肩部以下饰篮纹。腹部以下残。口径12、残高8.6厘米（图4-2-14，2）。

鼎　1件。H652：19，夹砂灰陶。平装，凿形足，中间有一周附加堆纹，其上区域饰按窝。残存鼎足。残高9.2厘米（图4-2-14，3）。

豆　1件。H652：21，泥质灰胎黑皮陶。喇叭状圈足起台。素面。残存圈足。足径22、残高8.4厘米（图4-2-14，4）。

刻槽盆　1件。H652：20，夹砂灰陶。直口，方唇内侧下斜，弧腹，腹部对称置附加突起状双錾。器表内壁有竖条状刻槽。腹部以下残。口径28.8、残高8.8厘米（图4-2-14，7）。

壶　1件。H652：13，泥质灰陶。侈口，圆唇，束颈，溜肩，鼓腹。素面。腹部以下残。口径8.8、残高12厘米（图4-2-14，6）。

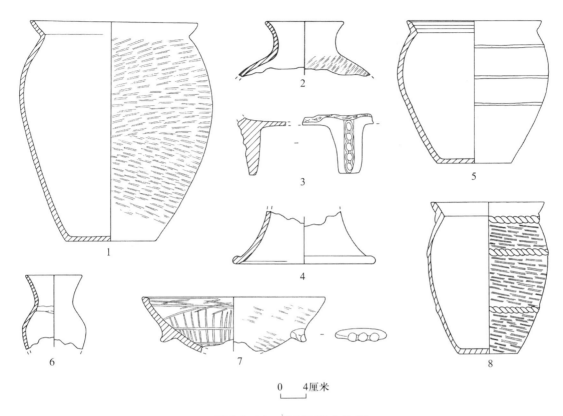

图4-2-14　H652出土陶器

1、5、8.深腹罐（H652∶16、H652∶15、H652∶14）　2.高领罐（H652∶17）　3.鼎（H652∶19）　4.豆（H652∶21）　6.壶（H652∶13）　7.刻槽盆（H652∶20）

9. H677

位于T63东北部。开口于第③层下，打破第④层，开口距地表35厘米。袋状，平面形状呈椭圆形，弧壁，平底。坑口最大径260、最小径245、坑底最大径320、最小径260、深230厘米。填土灰褐色，土质疏松。包含红烧土颗粒、草木灰等。夹杂石块、陶片、骨器等。出土陶片以夹砂灰陶为主，泥质灰陶次之；纹饰以篮纹、附加堆纹为主，少量凹弦纹、绳纹；可辨器形有罐、器盖等（图4-2-15）。

H677挑选陶器标本5件，其中深腹罐3、器盖1、高领罐1。

深腹罐　3件。夹砂灰陶。敛口，溜肩。H677∶7，器形不规整，略有歪斜。方唇，仰折沿，鼓腹，平底。内外壁近口处有明显刮削痕迹。器表通饰篮纹，腹部饰一周附加堆纹，底部饰右斜篮纹。可复原。口径16.8、底径9、高18.6—19.2厘米（图4-2-16，1；图版二一六，1）。H677∶8，圆唇，仰折沿，鼓腹，平底。器表通饰篮纹，腹部饰一周附加堆纹。可复原。口径13.6、底径7.6、高19厘米（图4-2-16，2；图版二一六，2）。H677∶15，仰折沿微下凹，尖唇。颈部有一周按窝，其下区域饰篮纹。腹部以下残。口径26、残高7厘米（图4-2-16，3）。

器盖　1件。H677∶9，夹砂灰陶。侈口，方唇，斜直腹，平顶，圈足形花边纽。纽外壁有一周手指按窝。腹部有数周凹弦纹。可复原。口径29.2、高11.4厘米（图4-2-16，5；图版二一四，1）。

高领罐　1件。H677∶4，侈口，圆唇，束颈，溜肩，鼓腹。腹部饰篮纹。腹部以下残。口径12.4、残高23.6厘米（图4-2-16，4）。

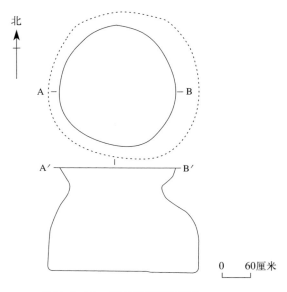

图4-2-15　H677平剖面图

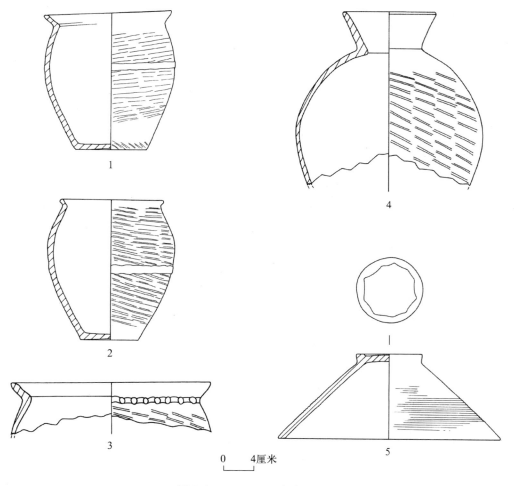

图4-2-16　H677出土陶器

1-3.深腹罐（H677∶7、H677∶8、H677∶15）　4.高领罐（H677∶4）　5.器盖（H677∶9）

10. H748

位于 T45 西南部、T46 西北部、T47 东南部、T48 东北部。开口于第③层下，打破第④层，开口距地表 80 厘米。平面形状不规则，坑壁呈台阶状，圜底。坑口最大径 1230、最小径 475、深 160 厘米。填土灰褐色，土质疏松。夹杂红烧土颗粒、草木灰等。出土适量陶片，以夹砂为主，泥质次之；陶色以灰陶为主；可辨器形有器盖、罐、盆等（图 4-2-17）。

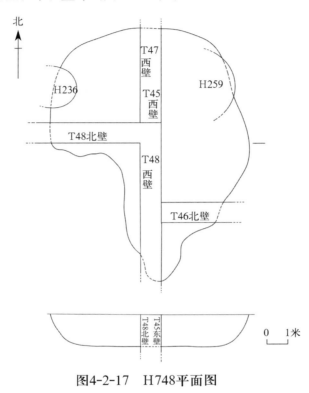

图4-2-17　H748平面图

H748 挑选陶器标本 13 件，其中器盖 1、深腹罐 5、素面盆 1、鼓腹罐 1、鼎 4、喇叭口尖底瓶 1。

器盖　1 件。H748：1，泥质灰陶。器形不规整，口部呈椭圆形。敞口，圆唇，斜直壁，平顶，饼足形花边纽。纽上有手捏痕迹，内壁有刮削痕迹。素面。可复原。口径 23.4—24.2、高 9.3 厘米（图 4-2-18，7）。

深腹罐　5 件。夹砂灰陶。仰折沿，溜肩，鼓腹。H748：22，敛口，尖唇，直颈。口部外壁有一周按窝，颈肩交界处有一周附加堆纹，其下区域饰篮纹。腹部以下残。口径 32、残高 7.4 厘米（图 4-2-18，5）。H748：24，直口，方唇，直颈。口部外壁有一周按窝，颈肩交界处有一周附加堆纹，其下区域饰篮纹，腹部以下残。口径 32、残高 6.6 厘米（图 4-2-18，1）。H748：25，灰陶。敛口，花边尖唇。肩部以下饰篮纹。腹部以下残。口径 14.8、残高 5.6 厘米（图 4-2-18，12）。H748：26，敛口，方唇，直颈。口部外壁有一周按窝，颈肩交界处有一周附加堆纹，其下区域饰篮纹，腹部以下残。口径 32、残高 6.6 厘米（图 4-2-18，3）。H748：29，敛口，花边方唇。颈肩交界处有一周附加堆纹，其下区域饰篮纹。腹部以下残。口径 28、残高 12 厘米（图 4-2-18，6）。

素面盆　1 件。H748：27，夹砂灰陶。敛口，叠唇，溜肩，鼓腹。素面。腹部以下残。口径 64、残高 11.2 厘米（图 4-2-18，4）。

　　鼓腹罐　1件。H748：23，夹砂灰陶。敛口，仰折沿，花边圆唇，溜肩。口部外壁有一周按窝，颈肩交界处有一周附加堆纹，其下区域饰篮纹。腹部以下残。口径30.8、残高8.2厘米（图4-2-18，2）。

　　鼎　4件。夹砂陶。H748：28，褐陶。敛口，仰折沿微隆起，圆唇，溜肩，鼓腹。肩部以下饰篮纹。腹部以下残。口径20、残高12厘米（图4-2-18，8）。H748：30，灰陶。敛口，仰折沿，圆唇，束颈，溜肩，鼓腹。腹部饰篮纹。腹部以下残。口径18、残高10厘米（图4-2-18，10）。H748：31，灰陶。敛口，仰折沿下凹，圆唇，溜肩。肩部以下饰篮纹。腹部以下残。口径20、残高6厘米（图4-2-18，9）。H748：32，灰陶。平装，凿形足。中间有一周饰按窝的附加堆纹。残存鼎足。残高9.4厘米（图4-2-18，13）。

　　喇叭口尖底瓶　1件。H748：20，侈口，尖唇，束颈，溜肩。肩部以下饰篮纹。腹部以下残。口径11、残高9.4厘米（图4-2-18，11）。

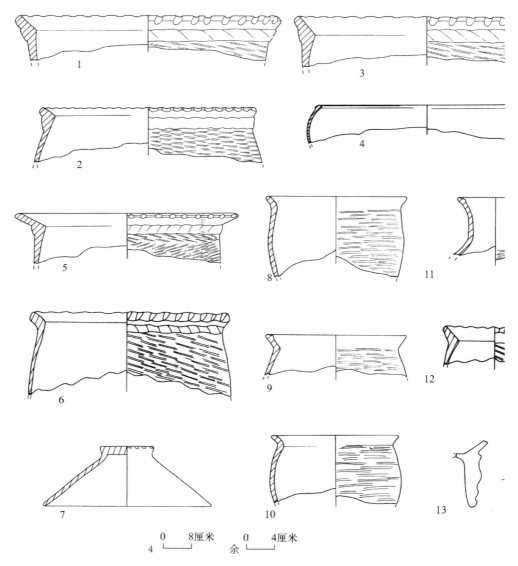

图4-2-18　H748出土陶器

1、3、5、6、12.深腹罐（H748：24、H748：26、H748：22、H748：29、H748：25）　2.鼓腹罐（H748：23）　4.素面盆（H748：27）
7.器盖（H748：1）　8-10、13.鼎（H748：28、H748：31、H748：30、H748：32）　11.喇叭口尖底瓶（H748：20）

11. H760

位于 T52 中南部。开口于第②层下，打破第③层，开口距地表 55 厘米。袋状，平面形状呈圆形，斜直壁，平底。坑口最大径 235、最小径 230、坑底最大径 325、最小径 320、深 160 厘米。填土灰褐色，土质疏松。夹杂炭粒、红烧土颗粒、石块、动物骨骼等。出土陶片有泥质、夹砂两种，以灰陶为主、红陶次之；纹饰有磨光、线纹、篮纹、附加堆纹等；可辨器形有钵、盆、罐、钵、器盖、鼎等（图4-2-19）。

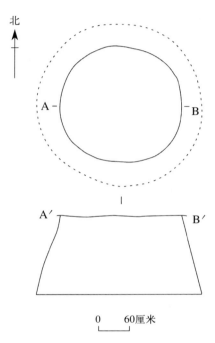

图4-2-19　H760平剖面图

H760 挑选陶器标本 7 件，其中深腹罐 4、器盖 2、单把罐 1。

深腹罐　4 件。夹砂灰陶。敛口，仰折沿，溜肩。H760：7，沿面下凹，圆唇。沿外壁、颈部各有一周按窝，其下区域饰篮纹。颈部以下残。口径 38、残高 7 厘米（图 4-2-20，2）。H760：6，沿面微下凹，圆唇。沿外壁、颈部各有一周按窝，其下区域饰篮纹。肩部以下残。口径 36、残高 6 厘米（图 4-2-20，3）。H760：9，微隆起，花边圆唇。颈部饰一周附加堆纹，其下区域饰篮纹。肩部以下残。口径 38、残高 7 厘米（图 4-2-20，1）。H760：8，沿面微隆起，圆唇。沿面外壁、颈部各有一周按窝，其下区域饰篮纹。腹部以下残。口径 40、残高 5.6 厘米（图 4-2-20，4）。

单把罐　1 件。H760：10，夹砂灰陶。敛口，卷沿，圆唇，溜肩，肩部一侧置桥状把。素面。腹部以下残。口径 14、残高 9 厘米（图 4-2-20，5）。

器盖　2 件。夹砂灰陶。H760：4，敞口，尖唇，弧壁近直，圜顶，圈足形花边纽。内外壁近口处有刮削痕迹。素面。可复原。口径 19、高 7.2 厘米（图 4-2-20，7；图版二一四，2）。H760：11，弧腹近直。花边圈足形纽。外壁饰篮纹。口部残。残高 6.2、纽径 8 厘米（图 4-2-20，6）。

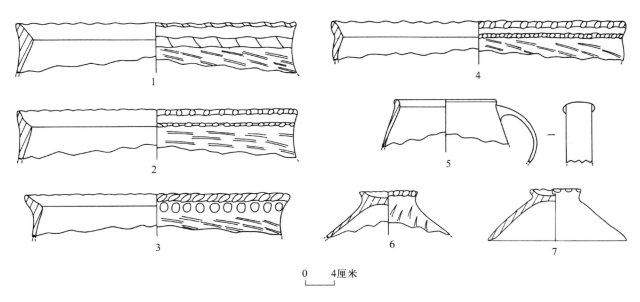

0　　4厘米

图4-2-20　H760出土陶器
1-4.深腹罐（H760：9、H760：7、H760：6、H760：8）　5.单把罐（H760：10）　6、7.器盖（H760：11、H760：4）

12. H800

位于T94东部，部分伸入东壁。开口于第①层下，打破第②层，开口距地表15厘米。袋状，平面形状呈圆形，弧壁，平底。坑口直径110、坑底直径160、深100厘米。填土灰褐色，土质松散。包含红烧土颗粒、陶片等。出土陶片陶质有泥质、夹砂两种，以夹砂灰陶为主，夹砂红陶次之，泥质陶较少；纹饰以附加堆纹、篮纹为主，少量弦纹；可辨器形有罐、器盖等（图4-2-21，1）。

H800挑选陶器标本2件，其中深腹罐1、器盖1。

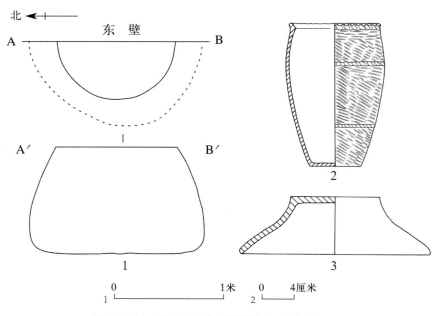

0　　　　　　　1米　　0　　4厘米

图4-2-21　H800平剖面图及出土陶器
1.平剖面图　2.深腹罐（H800：1）　3.器盖（H800：2）

深腹罐　1件。H800：1，夹砂灰陶。侈口，仰折沿，花边圆唇，深鼓腹，平底。通体饰右斜篮纹，颈部、下腹部饰三周附加堆纹。可复原。口径23.2、底径12.8、高37厘米（图4-2-21，2；图版二一六，3）。

器盖　1件。H800：2，夹砂灰陶。侈口，圆唇，曲腹，平底。底部有一周按窝，内外壁均有刮削痕迹。素面。可复原。口径24、高7.8厘米（图4-2-21，3；图版二一六，3）。

13. H819

位于T45东部。开口于H817下，打破生土，开口距地表180厘米。平面形状呈圆形，斜直壁，平底，底部偏东有一直径50、深70厘米的小坑。坑口直径105、坑底直径190、深110厘米。填土灰褐色，土质疏松。出土适量陶片，以夹砂为主，泥质次之；纹饰以篮纹、附加堆纹为主，弦纹、绳纹次之；可辨器形有罐、钵等（图4-2-22，1）。

H819挑选陶器标本2件，其中素面钵1、深腹罐1。

素面钵　1件。H819：1，夹砂灰陶。器形不规整，略有歪斜。侈口，方唇，弧腹近直，平底。内外壁均有刮削痕迹。素面。可复原。口径21、底径12.6、高9.8—10.2厘米（图4-2-22，2；图版二二七，4）。

深腹罐　1件。H819：2，夹砂灰陶。器形不规整，略歪斜。敞口，仰折沿，花边方唇，溜肩，鼓腹，平底微内凹。沿面有刮抹痕迹。通体饰右斜篮纹，颈部、下腹部饰三周附加堆纹。可复原。口径21.7、底径12.8、高34.5—34.9厘米（图4-2-22，3；图版二一六，4）。

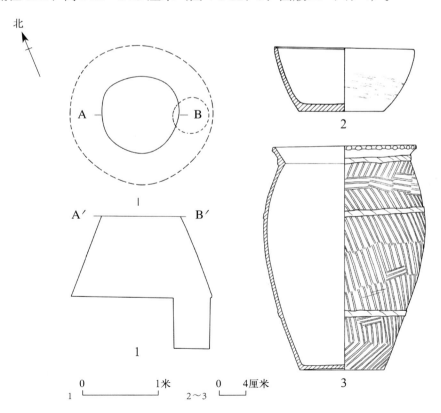

图4-2-22　H819平剖面图及出土陶器

1.平剖面图　2.素面钵（H819：1）　3.深腹罐（H819：2）

14. H864

位于 T46 中北部。开口于第②层下，打破第③层，开口距地表 60 厘米。袋状，平面形状呈圆形，弧壁，平底。四壁及底部加工痕迹明显。坑口直径 65、坑底直径 180、深 180 厘米。填土灰褐色，土质疏松。夹杂红烧土颗粒、草木灰等。出土适量陶片，以夹砂灰陶为主，泥质灰陶次之；纹饰以篮纹、附加堆纹为主；可辨器形有盆、罐等（图 4-2-23）。

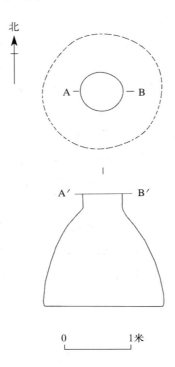

北

图4-2-23　H864平剖面图

H864 挑选陶器标本 6 件，其中素面钵 1、篮纹盆 1、高领罐 1、深腹罐 3。

素面钵　1 件。H864：2，泥质灰陶。直口，圆唇，弧腹，平底。器表近底处有明显手捏痕迹，内壁有刮削痕迹。素面。可复原。口径 12、底径 6.7、高 7.2 厘米（图 4-2-24，4）。

篮纹盆　1 件。H864：8，夹砂灰陶。敞口，圆唇，弧腹。腹部饰篮纹。腹部以下残。口径 28、残高 9 厘米（图 4-2-24，1）。

高领罐　1 件。H864：9，夹砂灰陶。敞口，圆唇，束颈，溜肩。素面。腹部以下残。口径 14、残高 6.4 厘米（图 4-2-24，5）。

深腹罐　3 件。夹砂灰陶。H864：5，敛口，仰折沿，圆唇，斜直颈。口部外壁有一周按窝，通体饰篮纹，颈肩交界处、腹部饰数周附加堆纹。腹部以下残。口径 40、残高 16 厘米（图 4-2-24，6）。H864：6，直口，仰折沿，圆唇，直颈。通体饰篮纹，口部外壁有一周按窝，腹部有一周附加堆纹。腹部以下残。口径 40、残高 13.6 厘米（图 4-2-24，3）。H864：7，敛口，折沿微隆起，花边圆唇，沿面外侧饰一周按窝，通体饰篮纹，颈部饰一周附加堆纹。腹部以下残。口径 26、残高 6.4 厘米（图4-2-24，2）。

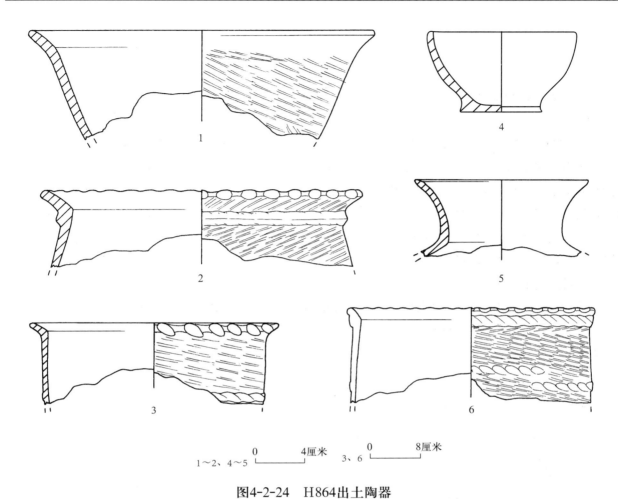

图4-2-24　H864出土陶器

1.篮纹盆（H864：8）　　2、3、6.深腹罐（H864：7、H864：6、H864：5）　　4.素面钵（H864：2）　　5.高领罐（H864：9）

第三节　房址及出土陶器

庙底沟遗址发现庙底沟二期文化时期房址2座。均为半地穴式。

1. F5

位于T92东部，开口于第④层下，打破生土，被近现代坑打破，开口距地表95厘米。

F5为单间半地穴式。袋状，平面近圆形，斜壁，平底。坑口直径448、坑底直径486、深20厘米。保存有白灰面、灶、门道。底部白灰面厚0.1—0.2厘米，延伸至门道约50厘米。灶位于房址中部，圆形，内外两圈，外圈直径110厘米。灶周围发现大量的炭粒、草木灰。

屋内填土为黄色土质，夹杂有红烧土块。仅出土少量陶片，以泥质红陶、泥质灰陶为主；纹饰以线纹、彩绘为主；可辨器形有杯、器盖、罐（图4-3-1，1）。

F5挑选陶器标本深腹罐1件。

深腹罐　1件。F5：3，夹砂灰陶。侈口，仰折沿，花边圆唇，深弧腹，平底微内凹。通体饰篮纹，腹部饰六周附加堆纹。可复原。口径40.4、腹径42.2、底径20.8、高56.4厘米（图4-3-1，2；图版一六九，1）。

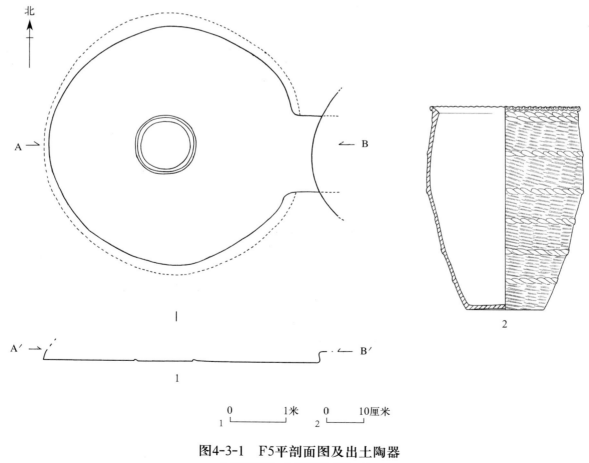

图4-3-1　F5平剖面图及出土陶器
1.平剖面图　2.深腹罐（F5：3）

第四节　陶窑及出土陶器

庙底沟遗址发现庙底沟二期文化时期陶窑 3 座，均由火膛、火道、窑室组成。

1. Y8

位于 T20 东部，开口于第①层下，打破第②层，开口距地表 15 厘米。残存火膛、火道、窑床等。

火膛位于西部，平面形状呈椭圆形，直壁，平底，靠近火道的地方有坍塌。开口最大径 80、最小径 60、深 70 厘米。烟道呈锥状，平面为圆形，靠近火膛一段直径为 10 厘米，靠近窑床的一段直径为 20 厘米。窑室破坏严重，近残存窑床。窑床平面为椭圆形，最大径 80、最小径 70 厘米。

Y8 火膛、火道底部四周及窑床底部有 6-8 厚的烧结面。Y8 火膛填土以灰褐色为主，土质疏松。夹杂大量红烧土、炭粒、草木灰。出土陶片以夹砂灰陶为主；纹饰以篮纹、附加堆纹为主；可辨器形有斝、罐等（图 4-4-1，1）。

Y8 挑选陶器标本斝 1 件。

斝　1 件。Y8：1，夹砂黄褐陶。侈口，圆唇中间有一周凹槽，高领，溜肩，鼓腹，圜底，三袋足。内外壁均有刮削痕迹。素面。可复原。口径 18.8、底径 13、高 24.6 厘米（图 4-4-1，2；图版二一五，1）。

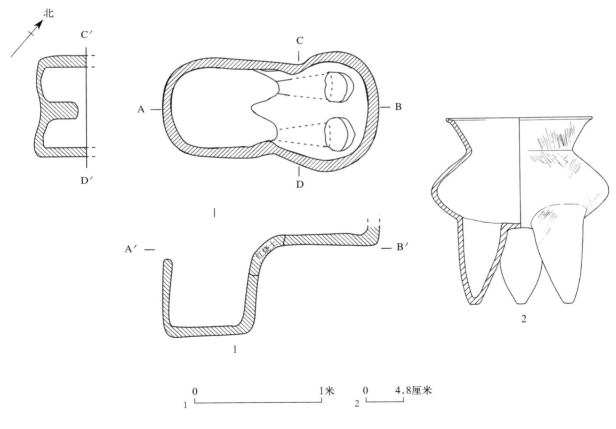

图4-4-1　Y8平剖面图及出土陶器
1.平剖面图　2.斝（Y8：1）

第五节　石器

庙底沟二期文化共观察统计石制品 2076 件，其中类型有石核（N=114）、石片（N=341）、石器（N=172）、断块与废片（N=1237）、备料（N=212）等，其中石器包含石饼（N=59）、石刀（N=43）、石铲（N=44）、石球（N=5）、石斧（N=2）、石凿（N=2）、石杵（N=2）、石锤（N=1）、研磨器（N=2）、砺石（N=5）、残器（N=4）等。石核、石片、断块与废片等数量较多，未细分类型，仅作整体概述或选取代表性标本进行介绍。石器加工技术以打制、琢制和磨制为主，打制技术主要应用于石饼、石刀等类型，而琢制和磨制技术则主要表现在石斧、石锛、石铲、石球、石凿等类型上。

表4-4-1　庙底沟二期文化石制品类型统计表

石制品种类		分型	亚型	亚型/分型数量	总计	百分比
石核				114	114	5.49%
石片				341	341	16.43%
石器	石饼	A型（有凹窝）		4	59	2.84%
		B型（无凹窝）	Ba（局部打制）	27		
			Bb（一周打制）	13		
			Bc（石片加工）	4	55	
			Bd（天然）	11		
	石刀	A型（有孔）	Aa（带凹槽）	7	43	2.07%
			Ab（磨制）	2	9	
		B型（无孔）		34		
	石铲	可复原完整器		1	44	2.12%
		残件		43		
	研磨器			2	2	0.10%
	石凿			2	2	0.10%
	石杵			2	2	0.10%
	石斧	A型（打制）		1	2	0.10%
		B型（磨制）		1		
	石锤			1	1	0.05%
	石球	A型（直径大于5厘米）		2	5	0.24%
		B型（直径小于5厘米）		3		
	石纺轮			2	2	0.10%
	石钻			1	1	0.05%

石制品种类		分型	亚型	亚型/分型数量	总计	百分比
	砺石			5	5	0.24%
	残器			4	4	0.19%
备料	斧锛凿备料			6	212	10.21%
	普通备料			206		
断块与废片				1237	1237	59.59%
总计					2076	100.00%

注：由于出土石制品分期调整和年度分割，部分石制品数量可能存在一定小偏差。

石核　114件。石核的原料主要为石英岩、石英砂岩等。主要为锤击石核，基本不见锐棱砸击石核或摔击石核。石核原型多为天然砾石或断块，形态尺寸差异较大，台面以自然台面为主，单台面居多，剥片次数普遍较少，利用程度浅。H485：14，浅灰色石英砂岩，双台面石核。形态不规则四方体。台面1为人工台面，台面长5.9，宽4.1厘米，台面角60°—70°，剥片面有两个明显大片疤。台面2为自然台面，台面长7.3，宽5.2厘米，台面角100°—110°，剥片面有至少三个片疤。长9.5，宽7.1，高7.4厘米，重0.52千克（图4-5-1，2）。H485：15，深灰色石英岩，单台面石核，形态不规则。台面形态近梯形，人工有脊台面，台面长6.8，宽4.8厘米，台面角50°—90°，共有三处明显剥片，利用率较低。长8.2，宽5.7，高6.8厘米，重0.22千克（图4-5-1，4）。

石片　341件。石片原料多为石英砂岩、辉绿岩、石灰岩等。石片形态较为多样，尺寸不一，数量以锐棱砸击石片居多，锤击石片数量较少，其他石片基本不见，反映剥片技术主要以锐棱斜向砸击法为主。因石片数量较多，仅选取少量特征明显标本进行介绍，按剥片方法分两型。

A型　锐棱斜向砸击石片。H748：33，浅灰色石英砂岩，整体形态近椭圆形，宽远大于长，近台面处较厚。台面被背面较大的片疤打破，残留较少，远端略呈直弧形，远端边缘似有不连续细碎片疤，或为使用崩疤。腹面较鼓，呈现不明显双凸棱，背面略鼓，大部分为砾石面。长12.2，宽5.9，厚2.7厘米，重0.2千克（图4-5-1，5）。T58②：16，浅灰色石英砂岩，整体形态近梯形，零台面，打击点明显，腹面较平坦，背面近打击点处有崩疤，其余部分均为砾石面。石片远端残断，断口处有一大片疤。长9.2，宽7.4，厚2.0厘米，重0.17千克（图4-5-1，3）。T63①：1，褐色石英岩，整体呈圆三角形，零台面。腹面微鼓，打击点和放射线清晰，远端微外卷，形态略呈羽状。背面略凸，全砾石面，局部附着钙质胶结物。远端边缘似有不连续细碎片疤，或为使用崩疤。长9.1、宽13.5、厚2.2厘米，重0.33千克（图4-5-1，7）。

B型　锤击石片。T93②：1，深灰色石英岩，整体形态为不规则五边形，人工修理台面，形态近平行四边形。打击点较清楚，打击点左侧边小部分纵向断裂，腹面微内弧，附着钙质胶结物，远端形态为羽状。背面微隆，近台面和远端有少量片疤，其余均为砾石面，附着钙质胶结物，有少量天然小坑洞。长10.7，宽8.7，厚2.7厘米，重0.21千克（图4-5-1，1）。T97②：16，浅黄色石英砂岩，整体形态为不规则梯形。横向断片，石片中部断裂，断口较平齐。自然台面，打击点明显，腹面微鼓，背面近台面处保留少许砾石面，其余为一个巨形疤，附着钙质胶结物。长13.8，宽6.8，厚3.3厘米，重0.35千克（图4-5-1，6）。

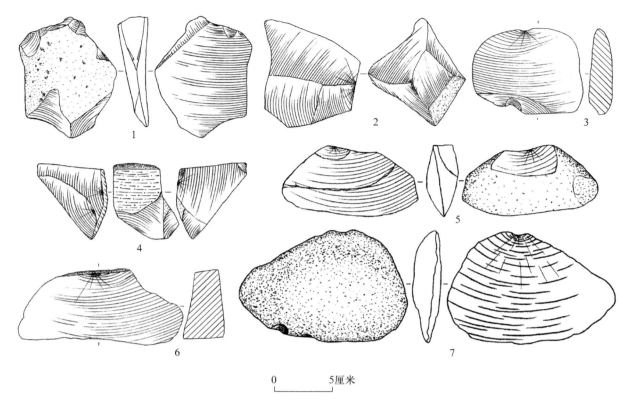

0   5厘米

图4-5-1　石核、石片

1、6.B型石片（T93②：1、T97②：16）　　2、4.石核（T52H485：14、T52H485：15）　　3、5、7.A型石片（T58②：16、T47H748：33、T63①：1）

石饼　59件。近圆形或不规则圆形。两面略平，厚度尺寸不一，边棱较齐整，部分边棱有使用痕迹。根据有无凹窝分二型。

A型　4件。单面或者两面有琢制近圆形凹窝。H87：19，褐紫色砂岩。平面近圆形。两面均为较平的砾石面，较厚，中间均有较浅的凹窝。周边均打制，打制边棱齐整。长8.0、宽7.3、厚3.2厘米，重0.31千克（图4-5-2，5；彩版三〇五，1）。H87：20，黄褐色砂岩。平面近圆形。扁圆砾石加工，一面为略凹的砾石面，无打制片疤，中间有凹窝，另一面仅残留很少的砾石面，大部分为单向打制面，中间有不明显的浅平凹坑。边棱以自然砾石边和打制边组成，稍凸。器表风化较严重。长9.8、宽9.1、厚2.7厘米，重0.3千克（图4-5-2，10；彩版三〇五，2）。

B型　55件。器表无凹窝，根据加工及形态特点分四亚型。

Ba型　27件。局部打制。H485：1，灰白色砂岩。平面呈不规则圆形。两面均较平，一面保留砾石面，砾石面呈分布大量天然孔隙，另一面片疤较多。扁平砾石打制，仅保留小段砾石边棱，其余均打制。打制边棱不规则，略齐整。长8.0、宽7.8、厚3.0厘米，重0.17千克（图4-5-2，4；彩版三〇六，1）。H521：12，褐色石英岩。平面近圆角方形。扁平砾石打制，两面较平，一侧保留砾石自然边缘，其余皆打制，边棱较齐整。长7.5、宽7.2、厚1.7厘米，重0.16千克（图4-5-2，2）。T63②：7，褐紫色石英砂岩。平面近圆形。一面稍平，另一面略有起伏。较扁平小砾石打制，仅保留一小段天然砾石边棱，其余皆打制，打制边棱较齐整。长5.0、宽5.0、厚2.0厘米，重0.09千克（图4-5-2，9）。

Bb 型 13 件。周边均打制。H17∶7，浅灰色石英砂岩，平面近正圆形。两面为平坦砾石面，两面中心均有少量琢打坑点。周边均打制，片疤不清楚，打制边棱较厚且整齐。长 8.7，宽 8.5，厚 2.1 厘米，重 0.32 千克（图 4-5-2，1）。H600∶2，深灰色石英岩，平面近椭圆形。两面均较平，一面表面局部有半圆形浅平片疤。两面均保留大部分平整砾石面。周边均打制，边棱较齐整，片疤清晰。长 7.2，宽 6.4，厚 2.5 厘米，重 0.22 千克（图 4-5-2，8）。T60 ②∶1，黄白色粗砂岩。平面呈正圆形。两面均为砾石面，一面较平，一面微弧且局部表面有半圆形残损。器身周边均经打琢，因原料粗糙无明显打制片疤，器身风化严重。长 8.0、宽 7.8、厚 3 厘米，重 0.26 千克（图 4-5-2，3）。

Bc 型 4 件。以石片为毛坯加工。H607∶2，灰褐色石英砂岩，整体近圆角方形，以石片为毛坯加工，一面为自然砾石面，一面为石片腹面。近台面处未作打制，石片两侧和远端打制修形。边棱参差不齐，未形成刃缘。长 7.3，宽 6.4，厚 2.1 厘米，重 0.13 千克（图 4-5-2，6）。H674∶1，灰绿色石英砂岩，整体呈近圆形，两面近平，一面为石片腹面，另一面为节理面。器身周边局部打制，石片台面和远端的边棱保留部分砾石面。长 7.3，宽 6.7，厚 1.7 厘米，重 0.13 千克（图 4-5-2，7）。

Bd 型 11 件。经选择的天然扁平砾石。H23∶22，灰白色石英砂岩。平面近圆角方形，天然扁平小砾石，两面较平，无人工加工痕迹。长 7.5、宽 7.1、厚 2.5 厘米，重 0.23 千克（图 4-5-2，11）。

石刀 43 件。形制较为多样，两侧带凹缺石刀多为完整器，其他石刀残断器较多。根据加工技术和形态特征可分二型。

A 型 9 件。有孔磨制，根据形态特征可分为二亚型。

Aa 型 7 件。有凹槽穿孔。T97 ②∶1，黑灰色云母片岩。近长方形。刀背较直，有似切割凸棱贯穿背部。双面弧刃，刃部微凹，器中部两面均有一道凹槽，并有一对钻圆形穿孔，孔径 0.6—0.8 厘米。凹槽两侧有三道较平行的竖直刻划痕迹。器表略磨光，表面分布大量不同向的擦磨痕。长 5.1、宽 8.6、厚 0.9 厘米，重 0.08 千克（图 4-5-3，4；彩版三〇四，2）。

Ab 型 2 件。无凹槽穿孔石刀。H803∶1，深灰色片岩，残存形态近梯形，形制规整，两面平坦厚度均匀，器身通体磨制，边缘残留打制修型片疤，表面残留磨擦痕。器身中部有对钻穿孔，孔径厘米，沿穿孔处纵向断裂，断口不齐整。残长 4.7、宽 4.5、厚 0.9 厘米，重 0.04 千克（图 4-5-3，3）。

B 型 34 件。无孔，打制带凹缺。H760∶12，深灰色石英岩，整体形态近长方形，锐棱砸击石片毛坯打制，石片台面为刀背部，两面加工修型，两侧边修型并打制凹缺，左凹缺宽 1.6、深 0.3 厘米，右凹缺宽 1.2、深 0.3 厘米。刃部经单向加工，较锋利，有一凹缺，刃长 9.2 厘米，刃角 30°—50°。长 8.1、宽 4.4、厚 1.0 厘米，重 0.06 千克（图 4-5-3，2）。

石斧 2 件。数量较少，形制差异较大。根据加工技术分为二型。

A 型 1 件。打制。H847∶1，浅褐色细砂岩。石斧雏形残断件。整体近梯形，以锐棱斜向砸击石片进行加工修理，一面略鼓，一面较平，保留很少砾石面。石片台面处修薄，远端稍作修型，右侧边两面修理成圆凸刃。石片左侧断裂，断口平整。长 7.8、宽 10.5、厚 1.6 厘米，重 0.17 千克（图 4-5-3，1）。

B 型 1 件。磨制。T97 ②∶2，灰白色花岗岩。形状略呈长方形，尺寸较小，磨制。端部微弧，两侧较平直，一侧残留打击片疤，双面斜刃。器身覆盖较多钙质胶结物。长 5.5、宽 2.5、厚 1 厘米，重 0.02 千克（图 4-5-3，5；彩版三〇四，3）。

石凿 2 件。尺寸均较小，形制相近，加工不够精细。H760∶1，深灰色硅质灰岩。整体形态呈

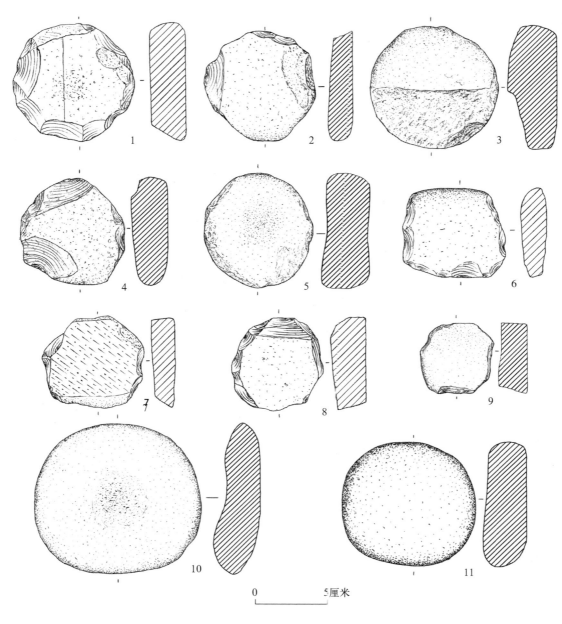

0　　　　5厘米

图4-5-2　石饼

1、3、8.Bb型（H17：7、T60②：1、H600：2）　2、4、9.Ba型（H521：12、H485：1、T63②：7）　5、10.A型石饼（H87：19、H87：20）　6—7.Bc型（H607：2、H674：1）　11.Bd型（H23：22）

长条状。顶面平直磨光，双面弧刃，保留部分擦磨痕。两侧边近直，一侧边平直，磨光，另一侧边保留对向切割痕迹，中间为切割折断面。刃部有疤，较钝，刃长1.4厘米。长8.1、宽1.6、厚0.9厘米，重0.03千克（图4-5-3，6）。

石铲　44件。仅1件未残缺可复原器，其余均为残碎片，残片原料和厚度均匀，尺寸较小，辨识度高，部分残片有改制其他石器的意图。H748：1，黑灰色片岩。近舌状，顶部和刃部均残，近顶部有一双面钻圆形钻孔，孔径1.1—1.7厘米，刃部呈圆凸刃，残损似有修整。器身磨光，铲面上有明显擦磨痕。残长16.7、宽9.1、厚1.1厘米，重0.25千克（图4-5-3，7；彩版三〇四，1）。

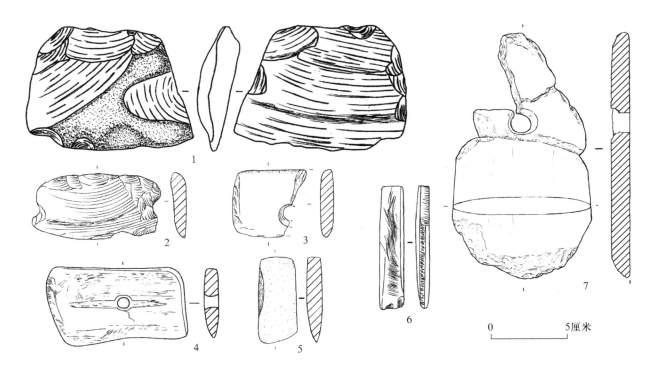

图4-5-3　石刀、石铲、石斧、石凿

1. A型石斧（H847：1）　　2. B型石刀（H760：12）　　3. Ab型石刀（H803：1）　　4. Aa型石刀（T97②：1）　　5. B型石斧（T97②：2）
6. 石凿（H760：1）　　7. 石铲（H748：1）

石锤　1件。多为硬度较高的天然球形砾石直接使用，器表呈现集中打击痕迹。H748：9，深灰色石英砂岩。椭圆球体。天然高磨圆度砾石直接使用。长轴两端均可见较集中捶打痕迹，其中一端还有一明显小凹窝。长11.6、宽9.5、厚8.4厘米，重1.38千克（图4-5-4，1）。

研磨器　2件。H748：10，灰褐色石英砂岩。扁球体，平面近圆形，为天然扁圆砾石直接使用。较扁圆的两面均有明显使用磨光面，附近残留大量红彩，其中一面磨光面中间还有集中凹坑分布。砾石边棱上也有疑似敲琢痕迹。应为研磨和敲砸两用之物。长10.4、宽10、厚6厘米，重0.94千克（图4-5-4，6）。

石球　5件。部分石球为经过选择的天然球状砾石，部分石球为人工打琢磨而成的人工石球，人工石球圆度普遍高于天然石球。按尺寸大小分二型。

A型　2件。大石球，直径大于5厘米。T105②：5，灰白色花岗岩。扁球状。为经过人工选择的天然扁圆砾石。器表多为不平滑砾石面，不见明显人工痕迹，局部附着钙质胶结物。长7.7、宽7.1、厚5厘米，重0.38千克（图4-5-4，3）。

B型　3件。石丸，直径小于5厘米。H485：2，灰白色石灰岩。圆球状，近正圆。器形规整，小巧精致。中度磨光，器表依稀可见敲琢痕迹。长3.2、宽3.1、厚3.1厘米，重0.04千克（图4-5-4，5；彩版三〇六，2）。H748：19，灰色砂岩，圆球状，扁圆。天然砾石，器表多为不平滑砾石面，局部略有残损，表面略风化。长4.9、宽3.9、厚4.7厘米，重0.12千克（图4-5-4，4）。

石纺轮　2件。T45④：4，紫红色泥岩。残断件，残存形态为半圆形饼状，两面较平，直壁，器中部有一对钻圆孔，孔径0.8厘米。器表磨制光滑，擦痕明显。断口及器身附着少量钙质胶结物。长6.5、宽 3.4、厚 0.7 厘米，重 0.03 千克（图 4-5-4，2）。

石杵　2 件。H677：11，深灰色角页岩。略呈三棱柱形。为长条状砾石直接使用，无明显加工痕迹，近一侧棱上有残损崩疤。一端截面呈圆角三角形，另一端呈椭圆形。两端部有较明显击打痕迹，应为使用所致。长 18.8、宽 6.2、厚 4.6 厘米，重 0.92 千克（图 4-5-4，7）。

石钻　1 件。H87：10，灰色石英岩，整体形态不规则，石片毛坯加工，在石片一侧边错向加工形成锐角短尖。尖部稍有残损。尖角 65°。长 6.2、宽 4.0、厚 2.0 厘米，重 0.04 千克（图 4-5-4，8）。

砺石　5 件。均为砂岩或细砂岩，残断块，残存尺寸较小，有明显磨制或使用磨面。

残器　4 件。为加工过程中的事故产品或工具使用损坏的废弃残件，有明显人工加工使用痕迹，但无法归类型者。

备料　212 件。经过人工选择并搬运进入遗址的备用石材。基本均为天然砾石，形态多样，原料种类丰富，有相当多的备料为不规则扁平状砾石，与天然圆形石饼不同。

断块与废片　1237 件。形态尺寸差异较大，数量较多。以块状或残断砾石状态居多，有明显或疑似人工痕迹。其中有少量断块与废片可能作为石器毛坯的残断块。

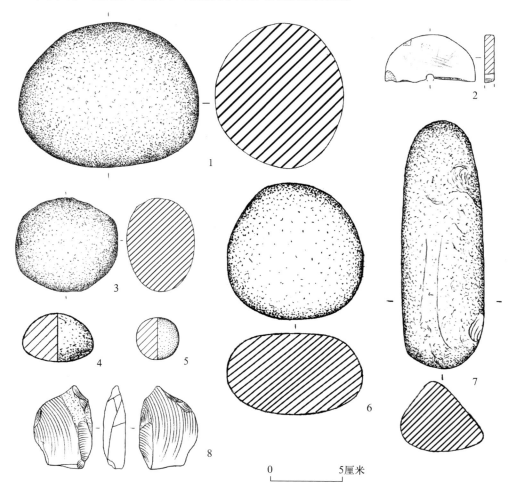

图 4-5-4　石锤、石杵、研磨器、石球、石钻、石纺纶、研磨器

1. 石锤（H748：9）　2. 石纺纶（T45④：4）　3. A 型石球（T105②：5）　4-5. B 型石球（H748：19、H485：2）　6. 研磨器（H748：10）　7. 石杵（H677：11）　8. 石钻（H87：10）

第六节 骨器

庙底沟遗址仅发现庙底沟二期文化骨器4件。下文按器类介绍。

骨镞 1件。梭状。H677：5，截面为三角形。通体打磨光滑，柄段有切割痕迹。可复原。长7.8、直径1.3厘米（图4-6-1，1）。

骨锥 1件。锥状。H748：2，截面为近圆形。尖端打破光滑，柄部残。残长10.4、直径2.1厘米（图4-6-1，2）。

骨针 2件。截面为椭圆形。通体打磨光滑。H652：5，柄部残。残长9.4、直径0.7厘米（图4-6-1，3）。H23：1，柄部残。残长、直径厘米（图4-6-1，4）。

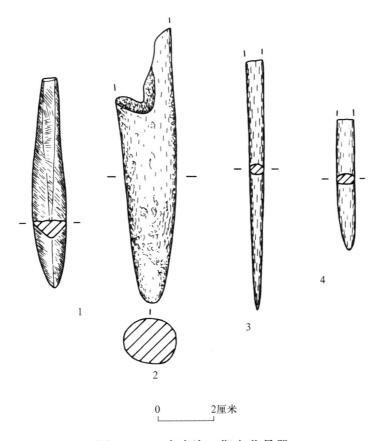

0　　　　2厘米

图4-6-1　庙底沟二期文化骨器

1.骨镞（H677：5）　2.骨锥（H748：2）　3、4.骨针（H652：5、H23：1）

第五章　结语

　　20 世纪 50 年代，西安半坡遗址、三门峡庙底沟遗址的发掘基本确立了黄河中游史前考古学文化框架，即仰韶文化半坡类型、仰韶文化庙底沟类型、庙底沟二期文化。庙底沟类型与半坡类型的相对年代、源流关系、彩陶解读等成为此后很长一段时间内史前考古的热点话题。20 世纪 90 年代后，部分学者采用仰韶时代代替仰韶文化，仰韶文化诸类型以文化称之。对庙底沟文化研究也逐渐转向文明起源、史前艺术等领域。近年，三门峡庙底沟、西安杨官寨两个庙底沟文化区域中心聚落的发掘，尤其是庙底沟遗址发现的大量彩陶为后续的研究提供了宝贵材料。

　　本报告涉及的材料为 2002 年考古发掘所获材料。发掘区与 1956 年临近，均位于遗址的西北部，发掘面积 22000 平方米左右。地层相对简单，出土遗物丰富。根据地层关系及陶器面貌，我们将此次发掘所获材料分为庙底沟文化、西王村文化、庙底沟二期文化。此次以公布 2002 年发掘材料为主，我们仅对三个时期的遗存面貌、分期与相对年代进行简要概括。

一、庙底沟文化

　　庙底沟文化在庙底沟遗址 1956 年的发掘中即有发现，本次发现的庙底沟文化从文化面貌来说差异不大，但遗存丰富程度远超第一次。

1.文化面貌

　　庙底沟文化陶器以泥质黄褐陶（47.9%）、夹砂红褐陶（25.8%）为主，夹砂灰陶（15.92%）、泥质灰陶（10.38%）次之（附表5）。纹饰以线纹（46.81%）、素面为主（29.39%）为主，线纹＋篮纹（8.53%）、彩绘（8.03%）、线纹＋凹弦纹（4.78%）次之；凹弦纹（0.7%）、篮纹（0.63%）、线纹＋附加堆纹（0.27%）、附加双錾（0.2%）、附加堆纹（0.14%）、篮纹＋附加堆纹（0.12%）、凹弦纹＋附加堆纹（0.08%）、布纹（0.04%）、凸弦纹（0.03%）所占比例均低于1%。彩绘以黑彩（7.13%）为主，红衣（0.55%）、褐彩（0.14%）、红彩（0.08%）、复合彩（0.02%）所占比例极低（附表6）。

　　出土器类可以分为彩陶与非彩陶两类。彩陶以彩陶钵（14.96%）、彩陶盆（12.87%）为主，彩陶罐（0.19%）、彩陶壶（0.01%）所占比例极低。非彩陶以罐（29.98%）、素面盆（18.88%）、器盖（9.49%）、素面钵（5.73%）、尖底瓶（4.55%）所占比例较高，灶（0.81%）、器座（0.78%）、瓮（0.5%）、釜（0.41%）、平底瓶（0.27%）、缸（0.2%）、杯（0.19%）、甑（0.11%）、盂（0.04%）、椭圆形盆（0.03%）所占比例均低于1%（附表7）。

　　陶器上多可以看到制作痕迹，如盆内外壁的轮制修整痕迹、钵外壁的刮削痕迹、小口尖底内壁底部的泥条盘筑痕迹、耳錾钮的黏贴痕迹等。少数彩陶可以观察到绘制、修补痕迹。部分石器上有红色的颜料痕迹。这些痕迹基本可以复原庙底沟遗址陶器的制作流程，尤其是彩陶。

2.分期

庙底沟遗址发现的庙底沟文化罐类少见铁轨式口，小口尖底瓶以重唇口为主，少量退化重唇口，曲腹彩陶盆器形矮胖。参考已有研究成果[1]，2002年发掘所获资料整体年代当为庙底沟文化中期到晚期偏早阶段。

庙底沟文化出土陶器以罐、素面盆、彩陶钵、彩陶盆、素面钵、器盖、尖底瓶七类陶器为大宗。其中罐、器盖复原较少，以彩陶钵、彩陶盆复原数量最多，且最具辨识性。结合前人研究成果，我们对庙底沟文化的彩陶钵、彩陶盆、素面钵、素面盆、素面双錾盆、罐、小口尖底瓶等复原较多的器类进行类型学分析。需要说明的是部分素面钵、素面盆，器形特征与彩陶钵、彩陶盆基本一致，只是前者未饰彩。通过下文分析，其器形变化趋势亦比较一致。故在分期这部分，我们不涉及此类陶器。

彩陶钵　依据腹部可以分为两型。

A型　曲腹或曲腹近直。可分2式。

Ⅰ式，器形较矮胖。H313：2，口径/高为2.05（图5-1，2）。

Ⅱ式，器形较瘦高。H278：10，口径/高为1.78（图5-1，1）。

B型　弧腹或弧腹近直。可分2式。

Ⅰ式，器形较矮胖。H302：3，口径/高为2.0（图5-1，4）。

Ⅱ式，器形较瘦高。H220：49，口径/高为1.75（图5-1，3）。

彩陶钵的器形变化趋势为由矮胖变为瘦高。

彩陶盆　依据腹部特征，可分为两型。

A型　曲腹或曲腹近直。可分2式。

Ⅰ式，器形较矮胖。H221：2，口径/高为1.88（图5-1，6）。

Ⅱ式，器形较瘦高。H278：6，口径/高为1.61（图5-1，5）。

B型　弧腹或弧腹近直。

Ⅰ式，器形较矮胖。H102：10，口径/高为3.08（图5-1，8）。

Ⅱ式，器形较瘦高。H220：26，口径/高为2.83（图5-1，7）。

彩陶盆的器形变化趋势为由矮胖变为瘦高。

素面盆　可分2式。

Ⅰ式，器形较矮胖。H122：7，口径/高为2.62（图5-1，10）。

Ⅱ式，器形较瘦高。H480：8，口径/高为2.18（图5-1，9）。

双錾素面盆　可分2式。

Ⅰ式，器形较矮胖。H166：40，口径/高为2.38（图5-1，12）。

Ⅱ式，器形较瘦高。H432：48，口径/高为2.13（图5-1，11）。

小口尖底瓶　可分2式。

Ⅰ式，重唇口。H102：9（图5-1，14）。

Ⅱ式，退化重唇口。H108：13（图5-1，13）。

1　严文明：《论庙底沟仰韶文化的分期》，《考古学报》1965年第2期。北京大学考古学系、中国社会科学院考古研究所：《华县泉护村》，科学出版社，2003年。余西云：《西阴文化》，科学出版社，2006年。河南省文物考古研究所：《三门峡南交口》，科学出版社，2009年。

鼓腹罐　可分2式。

Ⅰ式，器形较矮胖。H302∶10，口径/高为0.83（图5-1，16）。

Ⅱ式，器形较瘦高。H432∶96，口径/高为0.65（图5-1，15）。

表5-1　庙底沟文化典型单位陶器组合

分型	彩陶钵 A	彩陶钵 B	彩陶盆 A	彩陶盆 B	素面盆	双素面盆	小口尖底瓶	鼓腹罐	深腹罐
H5	Ⅱ		Ⅱ	Ⅱ	Ⅱ		Ⅱ		
H39	Ⅱ	Ⅱ	Ⅱ	Ⅱ	Ⅱ				
H92	Ⅱ	Ⅱ		Ⅱ					
H95		Ⅱ		Ⅱ					
H108	Ⅱ	Ⅱ	Ⅱ	Ⅱ	Ⅱ	Ⅱ	Ⅱ		
H110	Ⅱ	Ⅱ					Ⅱ		
H111	Ⅱ		Ⅱ						
H220	Ⅱ	Ⅱ	Ⅱ	Ⅱ			Ⅱ		
H240	Ⅱ		Ⅱ						
H348	Ⅱ		Ⅱ			Ⅱ	Ⅱ		
H438	Ⅱ		Ⅱ					Ⅱ	
H501				Ⅱ		Ⅱ	Ⅱ		
H787	Ⅱ	Ⅱ	Ⅱ						
H7	Ⅰ、Ⅱ	Ⅰ		Ⅰ、Ⅱ					
H9	Ⅰ、Ⅱ	Ⅰ、Ⅱ	Ⅰ、Ⅱ	Ⅰ、Ⅱ	Ⅱ	Ⅱ		Ⅰ	
H29	Ⅰ、Ⅱ	Ⅱ	Ⅱ	Ⅰ、Ⅱ		Ⅱ	Ⅰ、Ⅱ	Ⅱ	
H51	Ⅰ、Ⅱ	Ⅱ	Ⅰ、Ⅱ	Ⅰ、Ⅱ		Ⅱ	Ⅰ		
H57	Ⅰ	Ⅰ、Ⅱ	Ⅱ						
H74	Ⅱ	Ⅰ、Ⅱ					Ⅱ		
H84	Ⅰ、Ⅱ	Ⅱ		Ⅱ					
H114	Ⅰ、Ⅱ		Ⅱ	Ⅱ		Ⅱ			
H116	Ⅰ	Ⅰ、Ⅱ		Ⅰ、Ⅱ		Ⅱ	Ⅰ		
H122		Ⅰ、Ⅱ			Ⅰ、Ⅱ	Ⅱ			
H164	Ⅰ	Ⅰ	Ⅰ、Ⅱ						
H210	Ⅰ	Ⅰ		Ⅱ					
H221			Ⅱ	Ⅰ					
H229	Ⅰ			Ⅱ		Ⅱ		Ⅱ	Ⅱ
H286	Ⅰ、Ⅱ	Ⅰ		Ⅱ		Ⅱ		Ⅱ	Ⅱ

分型	彩陶钵		彩陶盆		素面盆	双素面盆	小口尖底瓶	鼓腹罐	深腹罐
	A	B	A	B					
H271		I		II					
H300	I、II	II	I、II	I		I、II		I、II	
H325		I		II					
H328	I		II						
H335	I、II	I、II	II	II					
H342			I、II				II		
H408	I、II	I	I、II			II	II	I、II	
H432	I、II	I	II	II		II	II	II	
H442	I、II	II	II				II		II
H477	I、II		I、II	I、II		II		I	
H599	I			I、II		II			
H619	I、II	I、II	I、II	I、II					
H711	II		I、II	I、II					
H770	I、II	I、II	I、II	I、II				I、II	II
H14	I	I		I					
H33		I		I					I
H88	I			I					
H102			I	I			I		
H106		I	I						
H138	I			I					
H146		I		I					
H166	I	I	I	I					
H196	I	I							
H241			I	I					
H295						I	I		
H297		I		I		I			
H302		I		I				I	
H358		I	I			I		I	
H371	I		I						
H452	I		I						
H457	I		I						
H465	I								I
H854	I							I	

庙底沟遗址出土陶器丰富的单位较多，且大部分单位直接打破生土，这为我们分析组合关系提供了强有力的支撑。根据典型点位的组合关系，我们可以将庙底沟文化出土陶器分为两组（表5-1）。

第一组典型单位有 H14、H33、H88、H106、H138、H146、H166、H196、H241、H295、H297、H302、H358、H371、H452、H457、H465、H854，包括 AⅠ、BⅠ式彩陶盆，AⅠ、BⅠ式彩陶钵，Ⅰ式素面盆，Ⅰ式素面双錾罐，Ⅰ式小口尖底瓶，Ⅰ式鼓腹罐，Ⅰ式深腹罐。第二组典型单位有 H5、H39、H92、H95、H102、H108、H110、H220、H240、H348、H438、H501、H787，包括 AⅡ、BⅡ式彩陶盆，AⅡ、BⅡ式彩陶钵，Ⅱ式素面盆，Ⅱ式素面双錾罐，Ⅱ式小口尖底瓶，Ⅱ式鼓腹罐，Ⅱ式深腹罐。值得注意的是有大量出土陶器特别丰富的单位往往发现两组陶器。

庙底沟文化地层相对比较简单，部分探方遗迹密集，这为我们分期提供了有力的相对年代依据。庙底沟文化时期，共有以下173组打破关系（表5-2）。

表5-2　庙底沟文化打破关系

探方	打破关系
T1	H3*→H8→H14*→H15* H8→H11 H2*→H9*→H11
T2	H77→H78*→H46→H57*→H72*→H179 H55→H78
T3	H5*→H12* H13*→H18*→H52* H13*→H37* H32*→H21→H34 H21→H52*
T4	H196*→H189* H169*→H75*
T5	H26、H24*、H27→H43*→H79、H80 H35→H30→H48* H36→H47
T9	H40→H41→H65 H53、H198→H54*→H71 H53→H64
T10	H42、H59→H22*→H61、H68* H22*→H58→H16
T11	H50、H51*→H147 H48*、H148*→H165*→H190*→H29*
T12	H70*、H28→H84* H70*→H277*
T13	H116*→H89→H90
T14	H82→H83*→H140 H160→H171

引文：标"*"者为正文有介绍者。

探方	打破关系
T15	H85→H152*、H159* H81→H117→H88*
T21	H381→H423*→H344*→H461*→H508
T25	H107、H108*→H156* H115→H172
H27	H91→H98*→H178 H167→H168*→H184→H194→H195 H184→H193 H168*→H182、H177→H200 H167→H174 H92*→H150*、H141
T28	H135→H157→H148* H135→H149
T39	H145、H164*→H165*
T30	H132*→H154*→H139*
T31	H123→H105*
T34	H146*→H102*→H122*→H122、H146→H102
T35	H289*→H288→H170* H138*→170* H120*→H121 H106*→H118、H119、H137*、H141、H230 H141→H137* H95*→H229*→H230
T36	H263*→H269、H296 H223、H231→H268
T37	H95*→H266* H114*→H96*→H162* H161*→H162→H163
T38	H300*→H328*→H408*→H409 H328*→H263*→H399 H300*、H307*→H324 H307*→H327*→H380、H382*
T39	H127*→H176→H180
T40	H323→H374→H375 H274→H286*→H372→H374* H274→H285
T41	H201→H202* H203→H256*→H270*、H272* H270*→H278* H255*→H325*→H309* H204*、H255*→H297*
T42	H476→H490→H501*、H297* H291*→H359*→H493*→H572

探方	打破关系
T43	H166*→H773* H220*→H357→H302→H358* H220*→H308*、H310、H313*、H326*
T44	H486*→H204*→H519 H559*→H566→H457* H420→H443→H523 H536、H420→H453
T46	H863→H866 H827→H869 H747→H808→H823 H833→H842→H843
T48	H460→H500 H752→H799→H798→F8 H762→F8
T49	H233→H221*
T50	H563→H592→H542*→H564*→H711*、H763*、H756 H503*→H599*、H707* H525→H528 H361→、H384→H413→H433
T51	H802→H211→H836 H250→H211
T52	H354*→H432*、H394* H383*、H355、H363*、H485→H394*→H534→H505 H394→H530
T53	H206*→H186
T54	H549*→H551*→H552、H555* H583*→H588→H597 H583*→H598
T55	H719→H746 H431→H541→H561→H706→H715 H560→H561→H591→H705 H472→H611*→H412*→H512*→H596* H541→H596*
T56	H241*→H227 H205、H218、H222
T57	H610→H681*→H698→H710
T58	H507、H635*→H627
T59	H662→H637 H244*→H281*→H397→H398* H244*→H299→H520*、H452*→H279 H243→H260→H280*→H299 H262→H261、H280*→H279 H628→H629→H640→H235*

探方	打破关系
T60	H379→H661 H548→H739 H590→H593→H679 H594→H679→H736 H735、H678→H736 H547→H734
T61	H537→H522→H749 H518→H538→H548 H537→H538
T62	H569*→H477*→H782 H553→H789*
T63	H349*→H287→H753→H677→H758 H287→H755→H757→H776 H685→H757 H322→H329→H731
T64	H415→H565、H586 H575→H605→H636→H612
T66	H794→H784 H442*→H814 H442*→H576→H616* Z4→H616 H488→H615*
T67	H306→H418 H305→H351
T69	H416→H468→H691、H690
T72	H450、H589→F10→H378 H334→H463→H378 H334→H328* H632→H631 H454→H471*→H411→H444 H335*→H471*→H440
T73	H821→H767*→H786
T77	H783→H829、H801
T89	H689→H683 H651→H656→H655→H713 H649→H646
T90	H797→H809
T105	H703→H724
T106	H582*→H667 H852*、H623→H841→H851、H730 H722→H861→H669→H770*→H668、H624

探方	打破关系
T107	H675、H665→H702→H720 H675→H670
T108	H604、H603、H580→H619*
T113	H473→H475→H484 H474*→H484
T129	H316→H315*→H292、H400* H686*→H694、H699
T141	H384*、H295*→H405* H386→H470
T171	H303*→H304
T185	H348*→H402*→H410、H459 H348*→H282、H388* H347→H388*
T190	H339*→H340*→H343、H341*→H401* H385→H387、H368 H367→H368 H370→H369
T191	H391、H407*→H366*→H448→H447
T211	H209*→H224*、H228*

上述打破关系中，部分单位出土遗物较少，没有完整器；部分单位仅出土一两件完整器，组合关系较弱。钵、盆是庙底沟文化最常见的器类，也是分期的主要依据。上述单位中，有盆、钵陶器组合，或打破双方有同类器出土的的单位有以下33组（表5-3）：

表5-3　庙底沟文化主要打破关系

探方	打破关系	打破类型
T1	H14→H15	第二组组内打破
T2	H78→H57→H72	第二组组内打破
T3	H5→H12	第二组组内打破
T4	H196→H189	第二组组内打破
T5	H24→H43	第二组打破第一组
T11	H148→H165→H190→H29	第二组组内打破
T12	H70→H84 H70→H277	第二组组内打破 第二组组内打破
H27	H92→H150	第二组打破第一组
T39	H164→H165	第二组组内打破

探方	打破关系	打破类型
T34	H122、H146→H102	第二组打破第一组，第一组组内打破
T35	H95→H229	第二组组内打破
T38	H300→H328→H408 H328→H263	第二组组内打破 第二组组内打破
T41	H270→H278 H204、H255→H297 H278与H220陶片可拼合	第二组组内打破 第二组打破第一组 同属第二组
T43	H166→H773 H220→H302→H358 H220→H313	第一组组内打破 第二组打破第一组 第二组打破第一组
T50	H542→H564→H711、H763	第二组打破第一组
T52	H354→H432、H394 H383→H394	第二组组内打破 第二组组内打破
T55	H611→H412	第二组组内打破
T59	H244→H520、H452	第一组组内打破
T62	H569→H477	第二组组内打破
T72	H335→H471	第二组组内打破
T141	H384、H295→H405	第二组打破第一组，第一组组内打破
T185	H348→H402 H348→H388	第二组组内打破 第二组打破第一组
T190	H339→H340→H341→H401	第二组打破第一组
T191	H407→H366	第二组组内打破
T211	H209→H224、H228	第一组组内打破

如果我们将同时出土第一组、第二组遗物的单位归入第二组，上述 33 组打破关系可以分为三类。第一类为第一组组内打破，属于此类的有 5 组。第二类为第二组打破第一组，属于此类的有 10 组；第三类为第二组组内打破，属于此类的有 19 组。根据第二类打破关系，我们可以确定第一组的年代早于第二组。据此，我们将庙底沟文化分为两期，第一组为第一期，其二组为第二期。

二、西王村文化

庙底沟遗址西王村文化时期遗存属此次首次发现，不见于第一发掘。出土陶器以夹砂灰陶（58.42%）为主，泥质灰陶（25.98%）、夹砂黄褐陶（11.62%）次之，泥质黄褐陶（3.98%）最少（附表 8）。纹饰以篮纹（51.33%）为主，素面（32.62%）、篮纹＋附加堆纹（13.07%）次之，附加堆纹（0.92%）、绳纹（0.56%）、凹弦纹（0.49%）、方格纹（0.4%）、花边（0.29%）、绳纹＋附加堆纹（0.18%）、附加鸡冠耳（0.11%）、布纹（0.02%）所占比例均低于 1%（附表 9）。陶器组合以罐（66.56%）为主，器盖（7.95%）、鼎（6.98%）、豆（6.17%）、素面钵（4.38%）次之，彩陶罐（1.62%）、器座（1.7%）、喇叭口尖底瓶（1.3%）、篮纹钵（0.89%）、瓮（0.49%）、釜（0.41%）、杯（0.41%）、壶（0.32%）、灶（0.24%）、刻槽盆（0.24%）、单把杯（0.16%）、平底瓶（0.16%）所占比例很低（附表10）。

　　庙底沟遗址西王村文化陶器特征与渑池笃忠 H95、H98 [1]、垣曲上亳 H238 [2]、平陆盘南 H1 [3]、华县泉护村 H903 [4]、商县紫荆 H124 [5] 等单位陶器特征一致，因此年代比较接近。西王村文化目前共发现 5 组叠压打破关系：1）H695 → H700 → H697；2）H298 → H281 → H390；3）H643 → H717；4）H513 → H446；5）H601 → H609。正文中有 3 组介绍了遗物，但多以口沿为主，分期意义不大。本文暂将庙底沟遗址发现的西王村文化作为一期处理。

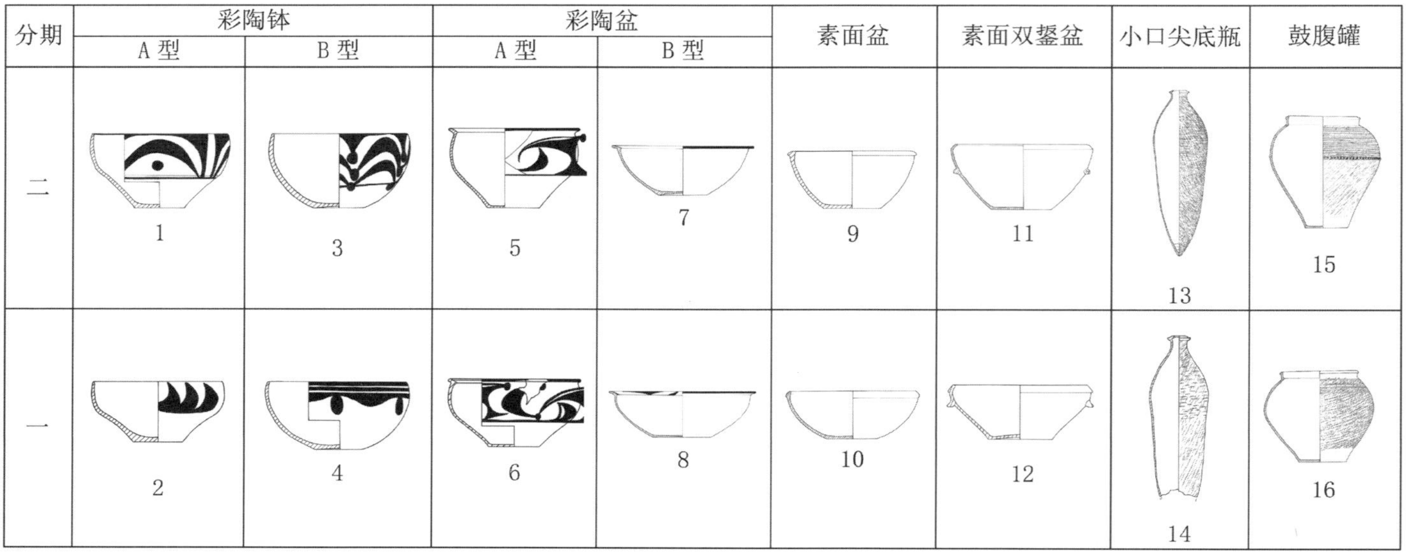

图5-1　庙底沟文化陶器分期

1—4.彩陶钵（H278：10、H313：2、H220：49、H302：3）　5—8.彩陶盆（H278：6、H221：2、H220：26、H102：10）　9—12.素面盆（H480：8、H122：7、H432：48、H166：40）　13、14.小口尖底瓶（H108：13、H102：9）　15、16.鼓腹罐（H432：96、H302：10）

三、庙底沟二期文化

　　庙底沟遗址出土的庙底沟二期文化遗物，以夹砂灰陶（52.08%）为主，泥质灰陶次之（31.46%），夹砂黄褐陶（15.06%）再次之，泥质黄褐陶（1.39%）所占比例最低（附表11）。纹饰以素面（47.12%）、篮纹（39.44%）为主；篮纹＋附加堆纹（10.28%）次之，绳纹（0.83%）、附加堆纹（0.76%）、方格纹（0.41%）、绳纹＋附加堆纹（0.34%）、花边篮纹（0.29%）、凹弦纹（0.26%）、附加鸡冠耳（0.16%）、布纹（0.06%）、凹弦纹＋附加堆纹（0.03%）、划纹（0.03%）所占比例均低于1%（附表12）。器类以罐（68.05%）的数量最多，器盖（9.41%）、素面钵（4.7%）、鼎（3.28%）、喇叭口尖底瓶（2.74%）、豆（2.63%）次之，篮纹盆（1.75%）、器座（1.53%）、壶（1.09%）、釜（0.98%）、刻槽盆（0.88%）、

1　河南省文物考古研究所：《河南渑池笃忠遗址2006年发掘简报》，《华夏考古》2010年第8期。
2　山西省考古研究所：《垣曲上亳》，科学出版社，2010年。
3　黄河水库考古工作队河南分队：《山西平陆新石器时代遗址复查试掘简报》，《考古》1960年第8期。
4　北京大学考古学系等：《华县泉护村》，科学出版社，2003年。
5　商县图书馆等：《陕西商县紫荆遗址发掘简报》，《考古与文物》，1981年第3期。

瓮（0.77%）、彩陶罐（0.66%）、斝（0.55%）、单把杯（0.44%）、甑（0.33%）、灶（0.22%）等所占比例均很低（附表13）。

罐通常为花边口沿，腹部饰数道附加堆纹、篮纹。陶器面貌与三门峡南交口仰韶文化第三期遗存[1]、西阴村庙底沟二期文化[2]、河津固镇第三期遗存[3]、垣曲古城东关庙底沟二期文化[4]、垣曲宁家坡庙底沟二期文化[5]、垣曲丰村庙底沟二期文化[6]等遗存面貌一致，年代相当。

庙底沟遗址的庙底沟二期文化陶器多为口沿，进行类型学分析的操作性不强。目前，共有四组打破关系：1）H236 → H254 → H748 → H849；2）H259、H185 → H748；3）H748、H253 → H853 → H858；4）H253、H819 → H817。仅 H748 可挑选较好标本，地层学提供的相对年代依据也较弱。基于以上考虑，我们将庙底沟遗址发现的庙底沟二期文化遗存暂视作一期处理，待材料丰富厚再进行进一步分期细化。

有两个现象需要特别说明。第一个是我们将庙底沟遗址晚于庙底沟文化的遗存分为西王村文化与庙底沟二期文化两个时期，但这两个文化的延续性很强，二者在陶质陶色、器类、陶器装饰等方面基本难以区分。在确定这具体遗迹单位年代时。我们主要依赖两类特征器，即西王村文化时期菱形纹彩陶罐、庙底沟二期文化斝。

第二个需要特别说明是我们在西王村文化、庙底沟二期文化灰坑中发现了大量庙底沟文化风格陶器。2002 年发掘区位于遗址西北部，地层堆积简单，多数灰坑开口耕土层下，直接打破生土，这排除发掘过程中的误混。造成这种现象的原因有以下几种可能性。其一，西王村文化、庙底沟二期文化时期的居民，依然在使用庙底沟文化的风格的陶器，不管这种陶器是当时生产还是借用了庙底沟文化时期的陶器。第二，西王村文化、庙底沟文化居民在形成灰坑堆积时，夹杂了庙底沟文化时期的陶器碎片，即晚期单位中埋藏了早期遗物。

1　河南省文物考古研究所：《三门峡南交口》，科学出版社，2009年。

2　山西省考古研究所：《西阴村史前遗存第二次发掘》，《三晋考古·第二辑》，山西人民出版社，1996年，第1—62页。

3　山西省考古研究院：《山西河津固镇遗址发掘简报》，《三晋考古·第二辑》，山西人民出版社，1996年，第63—126页。

4　中国历史博物馆考古部、山西省考古研究所、垣曲县博物馆：《垣曲古城东关》，科学出版社，2001年。

5　薛新民、宋建中：《山西垣曲县宁家坡遗址发掘纪要》，《华夏考古》2004年第2期。

6　中国社会科学院考古研究所山西工作队：《山西垣曲丰村新石器时代遗址的发掘》，《考古学集刊》第5集，中国社会科学出版社，1987年。

附表1　灰坑登记表

编号	位置	层位关系	形状与结构	尺寸（长×宽-深 单位厘米）	时代	备注
H1	T1西北部	③→H1→生土	椭圆形、直壁、圜底	230×145-100	庙底沟文化	
H2	T1东部	③→H2→生土	椭圆形、直壁、圜底	290×215-35	庙底沟文化	
H3	T1东南部	③→H3→生土	椭圆形、弧壁、圜底	210×190-80	庙底沟文化	
H4	T3东南角	③→H4→生土	袋状、椭圆形、直壁、平底	240×140-190	庙底沟文化	
H5	T3南部	③→H5→生土	椭圆形、直壁、平底	300×190-190	庙底沟文化	
H6	T1西部	③→H6→生土	椭圆形、直壁、平底	315×130-20	庙底沟文化	
H7	T1北部	③→H7→生土	袋状、椭圆形、斜直壁、平底	135×110-150	庙底沟文化	
H8	T1东部南部	③→H8→生土	椭圆形、弧壁、圜底	360×90-60	庙底沟文化	被H3打破
H9	T1东北部	③→H9→生土	椭圆形、直壁、平底	320×310-350	庙底沟文化	被H2打破
H10	T4东北部	③→H10→生土	椭圆形、直壁、坡状底	335×305-110	庙底沟文化	
H11	T1东部	③→H11→生土	椭圆形、直壁、平底	220×80-110	庙底沟文化	被H2、H9、H8打破
H12	T3南部	③→H12→生土	椭圆形、直壁、平底	260×150-190	庙底沟文化	被H5打破
H13	T3西北角	③→H13→生土	椭圆形、弧壁、圜底	240×190-110	庙底沟文化	
H14	T1东南部	H8→H14→生土	椭圆形、弧壁、圜底	212×190-70	庙底沟文化	
H15	T1东南部	H8→H15→生土	圆形、直壁、平底	143×130-65	庙底沟文化	被H14打破
H16	T10西南部	①→H16→生土	椭圆形、斜直壁、平底	215×180-25	庙底沟文化	
H17	T3东南部	③→H17→生土	椭圆形、直壁、平底	160×140-90	庙底沟文化	
H18	T3西北角	③→H18→生土	椭圆形、斜直壁、平底	165×150-100	庙底沟文化	被H13打破
H19	T3东南部	③→H19→生土	椭圆形、弧壁、圜底	160×100-40	庙底沟文化	被H17打破
H20	T3东北部	③→H20→生土	椭圆形、斜直壁、平底	250×230-105	庙底沟文化	
H21	T3西北部	③→H21→生土	椭圆形、西壁弧壁、东壁竖直、平底	300×350-110	庙底沟文化	
H22	T10南部	①→H22→生土	椭圆形、斜直壁、平底	370×280-65	庙底沟文化	被H42、H59打破
H23	T4西南部	②→H23→③	袋状、圆形、斜直壁、平底	220×220-240	庙底沟二期文化	
H24	T5南部	④→H24→生土	椭圆形、弧壁、圜底	390×238-30	庙底沟文化	
H25	T12东南部	②→H25→生土	椭圆形、弧壁、圜底	196×175-70	庙底沟文化	

编号	位置	层位关系	形状与结构	尺寸（长×宽-深 单位厘米）	时代	备注
H26	T5西南部	④→H26→生土	圆形、直壁、平底	100×100-30	庙底沟文化	
H27	T5中西部	④→H27→生土	圆形、直壁、平底	200×200-60	庙底沟文化	
H28	T12中部	②→H28→生土	圆形、斜直壁、平底	156×121-60	庙底沟文化	
H29	T11西南部	①→H29→②	圆形、弧壁、平底	200×200-120	庙底沟文化	被H165、H169打破
H30	T5北中部	④→H30→生土	圆形、直壁、平底	305×305-136	庙底沟文化	被H35打破
H31	T5东北部	④→H31→生土	椭圆形、直壁、平底	270×160-30	庙底沟文化	
H32	T3北部	③→H32→生土	袋状、椭圆形、斜直壁、平底	160×150-70	庙底沟文化	
H33	T12南部	②→H33→生土	椭圆形、斜直壁、平底	355×250-130	庙底沟文化	
H34	T3西北部	③→H34→生土	椭圆形、斜弧壁、圜底	120×110-120	庙底沟文化	被H32打破
H35	T5中部	④→H35→生土	椭圆形、弧壁、圜底	220×166-60	庙底沟文化	
H36	T5西部	④→H36→生土	圆形、直壁、平底	40×40-30	庙底沟文化	
H37	T3西北部	③→H37→生土	圆形、直壁、平底	220×220-110	庙底沟文化	被H13、H21打破
H38	T4东南部	③→H38→生土	圆形、直壁、平底	230×200-215	庙底沟文化	
H39	T9西部、T10东部	①→H39→生土	椭圆形、斜直壁、台阶状底	403×300-310	庙底沟文化	被H22打破
H40	T9中南部	①→H40→生土	椭圆形、斜直壁、平底	170×113-350	庙底沟文化	
H41	T9中部	①→H41→生土	圆形、斜直壁、平底	75×75-35	庙底沟文化	被H40打破
H42	T10南部	①→H42→生土	圆形、直壁、平底	74×74-36	庙底沟文化	
H43	T5南部	④→H43→生土	椭圆形、弧壁、圜底、	590×364-80	庙底沟文化	被H24、H26、H27打破
H45	T11西南部	②→H45→生土	椭圆形、直壁、平底	150×125-40	庙底沟文化	
H46	T2东部	③→H46→生土	椭圆形、直壁、平底	220×160-20	庙底沟文化	
H47	T5西部	④→H47→生土	袋状、圆形、弧壁、平底	174×96-140	庙底沟文化	
H48	T5北部	④→H48→生土	椭圆形、直壁、平底	262×216-120	庙底沟文化	被H30打破
H49	T2西南部	③→H49→生土	袋状、圆形、弧壁、平底	130×130-110	庙底沟文化	
H50	T11东部	②→H50→生土	椭圆形、弧壁、平底	200×80-75	庙底沟文化	
H51	T11东北部	②→H51→生土	椭圆形、直壁、台阶状底	476×440-254	庙底沟文化	
H52	T3西北部	③→H52→生土	椭圆形、直壁、斜破状底	70×65-70	庙底沟文化	被H18、H21、H37打破
H53	T9东部	①→H53→生土	圆形、直壁、平底	205×205-40	庙底沟文化	
H54	T9东北部	①→H54→生土	圆形、斜直壁、平底	265×265-170	庙底沟文化	被H53、H198打破

编号	位置	层位关系	形状与结构	尺寸（长×宽-深 单位厘米）	时代	备注
H55	T2东北部	③→H55→生土	椭圆形、直壁、平底	330×165-115	庙底沟文化	
H57	T2北部	③→H57→生土	椭圆形、斜弧壁、圜底	400×260-70	庙底沟文化	被H46打破
H58	T10南部	①→H58→生土	椭圆形、斜直壁、坡状	225×200-45	庙底沟文化	
H59	T10东南部	①→H59→生土	圆形、斜直壁、斜坡状底	160×45-70	庙底沟文化	
H60	T9东部	①→H60→生土	圆形、直壁、平底	70×70-10	庙底沟文化	
H61	T10南部	①→H61→生土	椭圆形、斜直壁、平底	210×120-20	庙底沟文化	
H62	T9东南部	①→H62→生土	椭圆形、直壁、平底	90×18-18	庙底沟文化	
H63	T9东部	①→H63→生土	圆形、斜直壁、平底	70×70-12	庙底沟文化	
H64	T9北中部	①→H64→生土	圆形、斜直壁、平底	60×20-12	庙底沟文化	
H65	T9中南部	①→H65→生土	椭圆形、直壁、平底	70×55-20	庙底沟文化	被H40打破
H66	T9西部	①→H66→生土	抹角长方形、斜直壁、平底	190×80-25	庙底沟文化	
H67	T10中部	①→H67→生土	椭圆形、斜直壁、平底	370×340-110	庙底沟文化	
H68	T10南部	H22→H68→生土	圆形、弧壁、平底	205×205-28	庙底沟文化	被H61打破
H69	T4西北部	③→H69→生土	椭圆形、弧壁、平底	225×140-105	庙底沟文化	
H70	T12东北部	②→H70→生土	椭圆形、直壁、平底	335×300-44	庙底沟文化	
H71	T9北部	①→H71→生土	椭圆形、斜直壁、平底	190×260-48	庙底沟文化	被H53、H54打破
H72	T2西北部	③→H72→生土	椭圆形、直壁、平底	300×290-170	庙底沟文化	被H57打破
H74	T26中部	②→H74→生土	椭圆形、直壁、平底	330×210-355	庙底沟文化	
H75	T4西部	③→H75→生土	袋状、椭圆形、斜直壁、平底	145×80-210	庙底沟文化	被H69打破
H76	T4北部	③→H76→生土	椭圆形、直壁、平底	200×160-50	庙底沟文化	被H73打破
H77	T2东部	③→H77→生土	圆形、斜弧壁、圜底	115×115-30	庙底沟文化	
H78	T2东部	③→H78→生土	椭圆形、直壁、平底	190×110-60	庙底沟文化	被H55、H77打破
H79	T5南部	④→H79→生土	圆形、直壁、平底	234×208-60	庙底沟文化	被H24、H43打破
H80	T5南部	④→H80→生土	圆形、直壁、平底	150×150-80	庙底沟文化	被H43打破
H81	T15东北部	②→H81→③	椭圆形、斜直壁、平底	220×280-60	庙底沟文化	
H82	T14北中部	②→H82→生土	椭圆形、直壁、平底	170×160-30	庙底沟文化	
H83	T14北部	②→H83→生土	椭圆形、直壁、平底	505×210-170	庙底沟文化	被H82打破
H84	T12北部	②→H84→生土	椭圆形、直壁、台阶状底	415×348-280	庙底沟文化	被H28、H70打破
H85	T15北中部	②→H85→③	圆形、直壁、平底	148×148-80	庙底沟文化	
H86	T12北部	②→H86→生土	圆形、斜直壁、平底、	150×60-30	庙底沟文化	
H87	T6中部	④→H87→生土	圆形、直壁、平底	350×350-176	庙底沟二期文化	

编号	位置	层位关系	形状与结构	尺寸（长×宽-深 单位厘米）	时代	备注
H88	T15东部	②→H88→③	圆形、直壁、平底	202×152-70	庙底沟文化	被H81打破
H89	T13中部	②→H89→生土	椭圆形、直壁、平底	240×194-38	庙底沟文化	被H116打破
H90	T13中部	②→H90→生土	圆形、弧壁、圜底	180×165-42	庙底沟文化	被H89打破
H91	T27东南部	②→H91→生土	抹角长方形、弧壁、平底	140×56-97	庙底沟文化	
H92	T27西北部、T28东北部	②→H92→生土	椭圆形、斜直壁、底不平	550×422-110	庙底沟文化	
H94	T25西北部	②→H94→生土	抹角方形、斜直壁、平底	160×150-60	庙底沟文化	
H95	T35西北部、T37东北部	①→H95→②	椭圆形、直壁、平底	428×350-110	庙底沟文化	
H96	T37北部	①→H96→生土	椭圆形、四壁不规整、平底	335×160-110	庙底沟文化	被H114打破
H97	T27南部	②→H97→生土	椭圆形、弧壁、平底	150×62-42	庙底沟文化	
H98	T27南部	②→H98→生土	椭圆形、弧壁、平底	325×110-72	庙底沟文化	被H91打破
H100	T35北部	①→H100→②	圆形、弧壁、平底	125×125-50	庙底沟二期文化	
H102	T34西北部	①→H102→生土	椭圆形、弧壁、平底	380×340-60	庙底沟文化	被H146打破
H103	T30西南部	②→H103→生土	抹角长方形、直壁、平底	650×60-90	庙底沟文化	
H104	T37中东部	①→H104→生土	圆形、斜直壁、平底	40×22-36	庙底沟文化	
H105	T31西北部	②→H105→生土	抹角方形、直壁、平底	270×240-124	庙底沟文化	被H123打破
H106	T35西部、T37东部	②→H106→生土	椭圆形、西部直壁、东部弧壁、平底	700×330-80	庙底沟文化	
H107	T25东北角	②→H107→生土	椭圆形、斜直壁、平底	320×260-34	庙底沟文化	
H108	T25中部	②→H108→生土	椭圆形、斜直壁、平底	274×260-180	庙底沟文化	
H109	T31东南角	②→H109→生土	椭圆形、直壁、平底	233×97-260	庙底沟文化	
H110	T30西北角	②→H110→生土	椭圆形、直壁、平底	370×250-237	庙底沟文化	
H111	T26东北部	②→H111→生土	椭圆形、弧壁、圜底	200×130-112	庙底沟文化	
H112	T26东南部、T25西南部	②→H112→生土	椭圆形、弧壁、平底	190×190-132	庙底沟文化	
H113	T26东南部	②→H113→生土	椭圆形、直壁、平底	210×140-136	庙底沟文化	
H114	T37西部、T39东部	①→H114→生土	椭圆形、直壁、平底	414×300-310	庙底沟文化	
H115	T25东南部	②→H115→生土	抹角方形、斜直壁、平底	440×320-70	庙底沟文化	
H116	T13东南部	②→H116→生土	椭圆形、直壁、台阶状底	465×340-245	庙底沟文化	
H117	T15北部	②→H117→③	椭圆形、直壁、平底	190×80-85	庙底沟文化	
H118	T35西北部	②→H118→生土	圆形、弧壁、圜底	200×200-60	庙底沟文化	被H106打破
H119	T35北部	②→H119→生土	椭圆形、直壁、平底	150×104-120	庙底沟文化	被H106、H137打破

编号	位置	层位关系	形状与结构	尺寸（长×宽-深 单位厘米）	时代	备注
H120	T35东南部	②→H120→生土	椭圆形、斜直壁、坡底	180×116-115	庙底沟文化	
H121	T35东南角	②→H121→生土	椭圆形、斜直壁、平底	220×175-44	庙底沟文化	被H120打破
H122	T34西北角	②→H122→生土	椭圆形、台阶状壁、平底	460×220-155	庙底沟文化	被H102打破
H123	T31西北部	②→H123→生土	圆形、斜弧壁、平底	266×200-90	庙底沟文化	
H124	T28西部	②→H124→③	椭圆形、弧壁、平底	480×300-110	庙底沟文化	被H157打破
H125	T6西北部	④→H125→生土	圆形、直壁、平底	170×170-65	庙底沟文化	
H126	T6东部	④→H126→生土	圆形、弧壁、平底	120×120-25	庙底沟文化	
H127	T39东北部	③→H127→生土	圆形、直壁、平底	340×330-264	庙底沟文化	
H128	T39中东部	③→H128→生土	圆形、直壁、平底	260×200-20	庙底沟文化	
H129	T39南部	③→H129→生土	椭圆形、斜弧壁、圜底	380×130-92	庙底沟文化	
H130	T6中西部	④→H130→生土	椭圆形、直壁、平底	190×120-40	庙底沟文化	被H87打破
H131	T6中东部	④→H131→生土	圆形、直壁、平底	60×60-30	庙底沟文化	
H132	T30北部	②→H132→生土	椭圆形、斜直壁、平底	170×110-55	庙底沟文化	
H134	T39西北角	③→H134→生土	椭圆形、斜弧壁、圜底	120×50-32	庙底沟文化	
H135	T28南部	②→H135→③	椭圆形、弧壁、圜底	270×180-190	庙底沟文化	
H136	T39北部	③→H136→生土	圆形、弧壁、平底	180×80-90	庙底沟文化	
H137	T35西北部	②→H137→生土	椭圆形、弧壁、平底	264×236-100	庙底沟文化	被H106打破
H138	T35东北部	②→H138→生土	椭圆形、直壁、平底	252×220-80	庙底沟文化	
H139	T30东北部	②→H139→生土	圆形、直壁、台阶状底	300×300-90	庙底沟文化	被H154打破
H140	T14北部	②→H140→生土	椭圆形、直壁、平底	240×115-22	庙底沟文化	
H141	T35西部、T37东部	H106→H141→生土	椭圆形、斜直壁、平底	450×215-90	庙底沟文化	
H142	T31中部	②→H142→生土	椭圆形、直壁、斜坡状底	210×190-110	庙底沟文化	
H143	T30西南部	②→H143→生土	椭圆形、弧壁、平底	150×140-70	庙底沟文化	被H103打破
H145	T29西南部	②→H145→生土	椭圆形、台阶状壁、平底	276×275-183	庙底沟文化	
H146	T34西北部	②→H146→生土	椭圆形、直壁、平底	330×216-180	庙底沟文化	
H147	T11南部	②→H147→生土	椭圆形、弧壁、平底	300×250	庙底沟文化	
H148	T11东部	②→H148→生土	椭圆形、直壁、平底	200×175-78	庙底沟文化	
H149	T28南部	②→H149→③	圆形、直壁、平底	130×130-210	庙底沟文化	被H135打破
H150	T27西北部、T28东北部	②→H150→生土	椭圆形、弧壁、平底	500×340-210	庙底沟文化	
H151	T28东部	②→H151→③	圆形、弧壁、平底	410×262-150	庙底沟文化	被H92打破
H152	T15中部	③→H152→生土	椭圆形、直壁、平底	250×180-120	庙底沟文化	被H85打破

编号	位置	层位关系	形状与结构	尺寸（长×宽-深单位厘米）	时代	备注
H153	T15西部	③→H153→生土	椭圆形、弧壁、圜底	400×178-110	庙底沟文化	
H154	T30北部	②→H154→生土	椭圆形、弧壁、平底	220×100-50	庙底沟文化	被H132打破
H155	T35西南部	①→H155→②	圆形、斜直壁、平底	210×210-170	庙底沟文化	
H156	T25东北部	②→H156→生土	抹角方形、斜直壁、平底	250×180-270	庙底沟文化	被H107、H108打破
H157	T28东南部	②→H157→③	圆形、弧壁、平底	240×190-135	庙底沟文化	被H135打破
H158	T15南部	③→H158→生土	椭圆形、直壁、平底	165×100-30	庙底沟文化	
H159	T15中部	③→H159→生土	椭圆形、弧壁、平底	310×170-40	庙底沟文化	被H85打破
H160	T14西部	②→H160→生土	椭圆形、直壁、平底	270×202-40	庙底沟文化	
H161	T37西北部	①→H161→生土	椭圆形、直壁、平底	200×170-70	庙底沟文化	
H162	T37中部	①→H162→生土	椭圆形、直壁、平底	245×185-70	庙底沟文化	被H96、H161打破
H163	T37中东部	①→H163→生土	椭圆形、直壁、平底	75×30-30	庙底沟文化	被H162打破
H164	T29西北部	②→H164→生土	椭圆形、直壁、平底	550×360-225	庙底沟文化	
H165	T29西部	②→H165→生土	椭圆形、直壁、平底	252×100-60	庙底沟文化	被H145、H164打破
H166	T43北部	③→H166→生土	椭圆形、弧壁、圜底	940×190-210	庙底沟文化	
H167	T27西南部	③→H167→生土	椭圆形、弧壁、平底	180×104-90	庙底沟文化	
H168	T27西南部	②→H168→生土	椭圆形、直壁、平底	285×180-100	庙底沟文化	被H167打破
H169	T11北部	②→H169→生土	椭圆形、弧壁、平底	277×212-200	庙底沟文化	
H170	T35北部	②→H170→生土	椭圆形、斜直壁、平底	260×160-162	庙底沟文化	被H138、H288打破
H171	T14西部	H160→H171→生土	圆形、直壁、平底	170×170-130	庙底沟文化	
H172	T25东南部	②→H172→生土	圆形、斜直壁、平底	260×230-90	庙底沟文化	
H173	T37东南角	①→H173→生土	椭圆形、直壁、平底	160×140-90	庙底沟文化	
H174	T27西部	②→H174→生土	椭圆形、弧壁、平底	214×192-122	庙底沟文化	被H167打破
H175	T27南部	②→H175→生土	椭圆形、直壁、平底	490×280-162	庙底沟文化	被H91、H98打破
H176	T39北部	③→H176→生土	圆形、斜直壁、平底	180×180-120	庙底沟文化	
H177	T27西部	②→H177→生土	椭圆形、弧壁、平底	210×92-136	庙底沟文化	
H178	T28南部	②→H178→③	圆形、弧壁、圜底	200×200-180	庙底沟文化	
H179	T2西北部	③→H179→生土	圆形、斜弧壁、圜底	120×100-55	庙底沟文化	被H72打破
H180	T39北部	③→H180→生土	椭圆形、弧壁、圜底	190×100-80	庙底沟文化	被H127、H176打破
H182	T27西部	②→H182→生土	椭圆形、弧壁、圜底	254×196-200	庙底沟文化	
H183	T39北部	③→H183→生土	椭圆形、斜直壁、平底	40×40-25	庙底沟文化	被H180打破

编号	位置	层位关系	形状与结构	尺寸（长×宽-深 单位厘米）	时代	备注
H184	T27中部	②→H184→生土	椭圆形、弧壁、平底	280×168-11	庙底沟文化	
H185	T45西南角	③→H185→④	椭圆形、斜直壁、平底	286×182-40	庙底沟二期文化	
H186	T53东南部	②→H186→③	椭圆形、直壁、平底	80×68-18	庙底沟文化	
H187	T53东北部	②→H187→③	圆形、直壁、平底	144×144-70	庙底沟文化	
H188	T8北部	①→H188→生土	椭圆形、弧壁、平底	266×196-102	庙底沟文化	
H189	T4北部	③→H189→生土	椭圆形、直壁、平底	460×250-195	庙底沟文化	
H190	T11南部	②→H190→生土	圆形、直壁、平底	370×260-100	庙底沟文化	被H45、H165打破
H191	T35中部	②→H191→生土	圆形、弧壁、平底	220×220-70	庙底沟文化	
H193	T27南部	②→H193→生土	椭圆形、弧壁、平底	210×192-336	庙底沟文化	
H194	T27东部	②→H194→生土	椭圆形、直壁、平底	290×242-212	庙底沟文化	被H184、H177打破
H195	T27东北部	②→H195→生土	椭圆形、弧壁、圜底	340×268-150	庙底沟文化	被H194打破
H196	T4北部	③→H196→生土	椭圆形、直壁、平底	345×260-180	庙底沟文化	被H189打破
H197	T49南部	③→H197→生土	椭圆形、直壁、平底	700×340-80	庙底沟文化	
H198	T9东部	H188→H198→生土	圆形、直壁、平底	240×115-95	庙底沟文化	
H200	T27西部	②→H200→生土	椭圆形、斜直壁、平底	350×180-172	庙底沟文化	被H82、H168、H177打破
H201	T41东北角	②→H201→③	椭圆形、斜弧壁、圜底	205×75-40	庙底沟文化	
H202	T41东北角	③→H202→④	椭圆形、直壁、平底	300×200-250	庙底沟文化	被H201打破
H203	T41北部	③→H203→④	圆形、直壁、平底	210×210-75	庙底沟文化	
H204	T41西南部	③→H204→④	袋状、椭圆形、弧壁、平底	160×90-250	庙底沟文化	
H205	T56东部	③→H205→生土	袋状、抹角长方形、弧壁、平底	180×86-145	庙底沟文化	
H206	T53东部	③→H206→生土	圆形、直壁、平底	230×230-30	庙底沟文化	
H207	T211西南部、T212西北部	②→H207→③	椭圆形、弧壁、平底	280×260-70	庙底沟文化	
H208	T53东南部	③→H208→生土	椭圆形、弧壁、圜底	200×180-120	庙底沟文化	
H209	T211西北部	②→H209→③	椭圆形、斜直壁、平底	650×260-70	庙底沟文化	
H210	T212西部	②→H210→生土	袋状、椭圆形、弧壁、平底	370×260-130	庙底沟文化	
H211	T51南部	③→H211→生土	圆形、直壁、平底	166×166-300	庙底沟文化	
H212	T51中西部	③→H212→生土	袋状、圆形、弧壁、平底	220×220-160	西王村文化	
H213	T56中部	③→H213→生土	圆形、斜直壁、平底	175×170-20	庙底沟文化	
H214	T43东南部	③→H214→生土	椭圆形、直壁、平底	170×108-70	庙底沟文化	

编号	位置	层位关系	形状与结构	尺寸（长×宽-深 单位厘米）	时代	备注
H215	T200西南部、T201西北部、T214东南部、T215东北部	②→H215→生土	椭圆形、斜直壁、平底	300×270-60	庙底沟文化	
H216	T214东南部	②→H216→生土	凸字形、直壁、平底	290×208-86	庙底沟文化	
H218	T56东南部	③→H218→生土	抹角长方形、弧壁、平底	115×120-42	庙底沟文化	被H205打破
H219	T49西北角	③→H219→生土	圆形、斜直壁、平底	400×120-92	庙底沟文化	
H220	T43中部	③→H220→生土	椭圆形、直壁、平底	875×620-110	庙底沟文化	
H221	T49北部	③→H221→生土	椭圆形、斜直壁、平底	440×320-200	庙底沟文化	被H233打破
H222	T56东南部	③→H222→生土	袋状、椭圆形、弧壁、平底	84×123-116	庙底沟文化	
H223	T36北部	②→H223→生土	圆形、弧壁、平底	270×230-60	庙底沟文化	
H224	T211西北部	H209→H224→生土	椭圆形、直壁、圜底	290×126-66	庙底沟文化	
H225	T53东南部	H208→H225→生土	圆形、直壁、平底	110×90-30	庙底沟文化	
H226	T53南部	③→H226→生土	圆形、直壁、平底	200×200-120	庙底沟文化	
H227	T56西北部	H241→H227→生土	圆形、斜直壁、平底	154×154-35	庙底沟文化	
H228	T211西部	H209→H228→生土	袋状、椭圆形、弧壁、平底	360×200-100	庙底沟文化	
H229	T35西北部	②→H229→生土	椭圆形、直壁、平底	360×340-210	庙底沟文化	被H95打破
H230	T35西南角	②→H230→生土	圆形、直壁、平底	180×110-60	庙底沟文化	被H230、H137打破
H231	T36东北部	②→H231→生土	圆形、弧壁、平底	213×70-56	庙底沟文化	
H232	T15东北部	②→H232→③	圆形、直壁、平底	125×125-110	庙底沟文化	
H233	T49西北部	③→H233→生土	椭圆形、斜直壁、斜坡状底	260×180-160	庙底沟文化	
H234	T53中部	③→H234→生土	圆形、直壁、平底	226×210-70	庙底沟文化	
H235	T59南部	③→H235→④	椭圆形、直壁、平底	225×185-48	庙底沟文化	被H640打破
H236	T47南部	③→H236→④	椭圆形、斜直壁、平底	240×170-40	庙底沟二期文化	
H237	T13西部	②→H237→生土	椭圆形、斜直壁、平底	215×157-80	庙底沟文化	
H238	T13西部	②→H238→生土	椭圆形、弧壁、平底	229×200-120	庙底沟文化	
H239	T219西南部	②→H239→生土	圆形、弧壁、圜底	190×40-62	庙底沟文化	
H240	T219西南部	②→H240→生土	椭圆形、直壁、平底	485×305-40	庙底沟文化	被H239打破
H241	T56西北部	③→H241→生土	椭圆形、弧壁、斜坡状底	380×350-135	庙底沟文化	
H242	T59东南部	③→H242→④	椭圆形、直壁、平底	90×52-34	庙底沟文化	
H243	T59南部	③→H243→④	椭圆形、弧壁、平底	93×68-90	庙底沟文化	

编号	位置	层位关系	形状与结构	尺寸（长×宽-深 单位厘米）	时代	备注
H244	T59中部	③→H244→④	袋状、圆形、弧壁、平底	225×195-200	庙底沟文化	
H246	T51西部	③→H246→生土	圆形、弧壁、平底	90×90-72	庙底沟文化	被H212打破
H247	T222西南部	①→H247→②	圆形、斜直壁、平底	300×300-130	庙底沟二期文化	
H248	T222南部	②→H248→生土	圆形、斜直壁、平底	210×170-120	庙底沟文化	被H247打破
H250	T51西南部	②→H250→③	椭圆形、直壁、平底	320×260-100	庙底沟二期文化	
H251	T53中部	②→H251→③	袋状、椭圆形、斜直壁、平底	150×135-40	西王村文化	
H252	T36东部	②→H252→生土	椭圆形、斜直壁、台阶状底	280×220-103	庙底沟文化	
H253	T45中部	③→H253→④	椭圆形、弧壁、圜底	290×240-82	庙底沟二期文化	
H254	T47南部	③→H254→④	椭圆形、斜直壁、平底	190×140-345	庙底沟二期文化	被H236打破
H255	T41南部	④→H255→生土	椭圆形、弧壁、圜底	610×420-130	庙底沟文化	
H256	T41西北角	④→H256→生土	椭圆形、弧壁、平底	570×350-40	庙底沟文化	
H257	T75中部	①→H257→生土	抹角长方形、直壁、平底	250×140-120	庙底沟文化	
H259	T45西部	③→H259→④	圆形、斜弧壁、圜底	420×350-65	庙底沟二期文化	
H260	T59中部	③→H260→④	椭圆形、直壁、平底	116×105-45	庙底沟文化	被H243打破
H261	T59东部	③→H261→④	袋状、圆形、弧壁、平底	135×107-108	庙底沟文化	
H262	T59东部	③→H262→④	袋状、椭圆形、弧壁、平底	185×132-142	庙底沟文化	
H263	T36西南部	②→H263→生土	圆形、弧壁、平底	350×256-210	庙底沟文化	
H264	T63南部	③→H264→④	椭圆形、弧壁、平底	500×230-45	庙底沟文化	
H266	T35西北部、T37东北部	①→H266→②	椭圆形、直壁、平底	355×150-130	庙底沟文化	被H95打破
H267	T184西部	①→H267→生土	椭圆形、斜直壁、平底	260×130-50	庙底沟文化	
H268	T36东北	②→H268→生土	圆形、斜直壁、平底	188×112-76	庙底沟文化	
H269	T36西部	②→H269→生土	圆形、弧壁、直底	280×220-116	庙底沟文化	
H270	T41西北部	④→H270→生土	椭圆形、直壁、平底	240×190-80	庙底沟文化	被H203、H256打破
H271	T40东南部	②→H271→生土	圆形、直壁、平底	200×200-85	庙底沟文化	
H272	T41西部	④→H272→生土	椭圆形、弧壁、圜底	190×100-60	庙底沟文化	被H256打破
H273	T5西部	④→H273→生土	椭圆形、弧壁、平底	221×160-110	庙底沟文化	
H274	T40北部	②→H274→生土	圆形、弧壁、平底	240×200-554	庙底沟文化	
H277	T12东北部	H70→H277→生土	椭圆形、直壁、平底	70×35-62	庙底沟文化	
H278	T41西北角	H256→278→生土	椭圆形、直壁、平底	300×240-230	庙底沟文化	被H270打破

编号	位置	层位关系	形状与结构	尺寸（长×宽-深 单位厘米）	时代	备注
H279	T59东部	③→H279→④	椭圆形、弧壁、圜底	75×68-42	庙底沟文化	被H261、H280、H299打破
H280	T59东部	③→H280→④	椭圆形、直壁、平底	176×160-120	庙底沟文化	被H260、H262打破
H281	T59西部	③→H281→④	椭圆形、斜直壁、平底	615×450-105	庙底沟文化	被H244打破
H282	T185中部	③→H282→生土	椭圆形、弧壁、平底	94×75-50	庙底沟文化	
H283	T40东南角	②→H283→生土	椭圆形、斜直壁、平底	180×800-34	庙底沟文化	
H284	T40东部	②→H284→生土	椭圆形、斜直壁、平底	350×210-76	庙底沟文化	
H285	T40西北部	②→H285→生土	椭圆形、斜直壁、平底	150×120-60	庙底沟文化	被H284、H286打破
H286	T40北部	②→H286→生土	椭圆形、斜壁、平底	320×280-240	庙底沟文化	被H274打破
H287	T63东部	③→H287→④	椭圆形、斜直壁、平底	340×250-80	庙底沟文化	
H288	T35中部	②→H288→生土	圆形、直壁、平底	200×160-50	庙底沟文化	被H289打破
H289	T35北部	②→H289→生土	椭圆形、直壁、平底	370×140-90	庙底沟文化	
H290	T35东北部	②→H290→生土	圆形、直壁、平底	120×65-110	庙底沟文化	
H291	T42东部	②→H291→生土	椭圆形、直壁、平底	410×240-75	庙底沟文化	
H292	T129南部	①→H292→②	圆形、弧壁、平底	70×70-42	庙底沟文化	被H316打破
H293	T14南部	②→H293→生土	椭圆形、弧壁、平底	345×200-105	庙底沟文化	
H294	T169中北部	①→H294→生土	椭圆形、弧壁、平底	130×56-48	庙底沟文化	
H295	T141东南部	②→H295→生土	椭圆形、直壁、平底	232×158-65	庙底沟文化	
H296	T36西北部	②→H296→生土	椭圆形、直壁、平底	190×62-60	庙底沟文化	被H263打破
H297	T41南部	④→H297→生土	椭圆形、直壁、台阶状底	440×245-220	庙底沟文化	被H204、H255打破
H298	T59西南部	③→H298→④	袋状、圆形、弧壁、平底	170×170-133	西王村文化	
H299	T59中部	③→H299→④	椭圆形、斜直壁、平底	320×308-100	庙底沟文化	被H244、H280打破
H300	T38南部	②→H300→生土	椭圆形、斜直壁、台阶状底	410×210-170	庙底沟文化	
H301	T191南部	①→H301→生土	圆形、弧壁、平底	144×155-120	庙底沟文化	
H302	T43东北部	H220→H302→生土	椭圆形、直壁、平底	420×330-90	庙底沟文化	
H303	T171中北部	①→H303→生土	椭圆形、弧壁、平底	182×177-69	庙底沟文化	
H304	T171中北部	①→H304→生土	椭圆形、弧壁、平底	112×107-54	庙底沟文化	被H303打破
H305	T67西南角	②→H305→生土	椭圆形、弧壁、平底	225×195-150	庙底沟文化	
H306	T67东北部	②→H306→生土	椭圆形、弧壁、平底	250×220-56	庙底沟文化	
H307	T38西南角	②→H307→生土	椭圆形、直壁、平底	220×120-140	庙底沟文化	

编号	位置	层位关系	形状与结构	尺寸（长×宽-深 单位厘米）	时代	备注
H308	T43西北部	H220→H308→生土	圆形、直壁、平底	240×240-60	庙底沟文化	
H309	T41北部	④→H309→生土	圆形、弧壁、圜底	220×220-110	庙底沟文化	
H310	T43西部	③→H310→生土	椭圆形、直壁、平底	335×240-10	庙底沟文化	
H311	T171东北部	①→H311→生土	椭圆形、斜直壁、平底	250×232-58	庙底沟文化	
H312	T179东南角	①→H312→生土	椭圆形、斜直壁、平底	365×230-46	庙底沟文化	
H313	T43西北部	③→H313→生土	椭圆形、直壁、平底	250×195-55	庙底沟文化	
H314	T169东北部	①→H314→生土	椭圆形、弧壁、平底	310×190-160	庙底沟文化	
H315	T129东南部	①→H315→②	椭圆形、弧壁、平底	300×296-134	庙底沟文化	被H316打破
H316	T129南部	①→H316→②	圆形、直壁、平底	212×190-40	庙底沟文化	
H317	T180西南角、 T181西北角、 T194东南角、 T195东北角	①→H317→生土	椭圆形、斜直壁、平底	568×318-70	庙底沟文化	
H318	T180东部	①→H318→生土	圆形、直壁、平底	300×50-40	庙底沟文化	
H319	T37北部	①→H319→生土	椭圆形、直壁、平底	210×115-120	庙底沟文化	
H321	T143东南角	①→H321→生土	椭圆形、直壁、平底	110×45-66	庙底沟文化	
H322	T63西南部	③→H322→④	椭圆形、斜直壁、平底	230×190-60	庙底沟文化	
H323	T40中部	①→H323→②	袋状、圆形、弧壁、 平底	130×130-250	西王村文化	
H324	T38南部	②→H324→生土	椭圆形、斜直壁、平底	310×100-30	庙底沟文化	被H300、 H307打破
H325	T41南部	H255→H325→生土	袋状、椭圆形、 斜直壁、平底	390×325-155	庙底沟文化	被H297打破
H326	T43东南部	③→H326→生土	椭圆形、直壁、平底	330×240-130	庙底沟文化	
H327	T38西部	②→H327→生土	圆形、斜直壁、平底	310×310-146	庙底沟文化	被H307打破
H328	T38中部	②→H328→生土	椭圆形、直壁、平底	450×270-120	庙底沟文化	被H300打破
H329	T63西南部	H322→H329→生土	椭圆形、斜直壁、平底	160×120-66	庙底沟文化	
H330	T127西北部	②→H330→生土	圆形、弧壁、圜底	150×100-44	庙底沟文化	
H331	T179北部	①→H331→生土	椭圆形、斜直壁、平底	195×70-130	庙底沟文化	
H332	T179西部、T193 东部	①→H332→生土	椭圆形、弧壁、平底	315×290-46	庙底沟文化	
H333	T171西南部	①→H333→生土	椭圆形、弧壁、平底	240×100-48	庙底沟文化	
H334	T72北部	②→H334→③	椭圆形、斜弧壁、圜底	210×150-160	庙底沟文化	
H335	T72西南部、T73 西北部	②→H335→生土 （T73）	椭圆形、弧壁、平底	620×420-115	庙底沟文化	
H337	T127北部	②→H337→生土	抹角长方形、直壁、 平底	160×50-30	庙底沟文化	

编号	位置	层位关系	形状与结构	尺寸（长×宽-深单位厘米）	时代	备注
H338	T127东北部	②→H338→生土	椭圆形、斜直壁、平底	490×320-64	庙底沟文化	被H337打破
H339	T190中部	①→H339→生土	抹角长方形、弧壁、圜底	265×208-112	庙底沟文化	
H340	T190西南部	①→H340→生土	椭圆形、弧壁、圜底	255×166-107	庙底沟文化	被H339打破
H341	T190中南部	①→H341→生土	椭圆形、弧壁、平底	354×190-114	庙底沟文化	被H339、H340打破
H342	T190西南部	①→H342→生土	椭圆形、直壁、台阶状底	285×229-9	庙底沟文化	
H343	T190西部	①→H343→生土	圆形、弧壁、圜底	302×300-90	庙底沟文化	被H340打破
H344	T21东南部	②→H344→生土	椭圆形、直壁、平底	320×240-60	庙底沟文化	
H345	T70西南角	①→H345→生土	椭圆形、弧壁、圜底	100×75-80	庙底沟文化	
H346	T59西部	H281→H346→生土	圆形、弧壁、平底	475×460-110	庙底沟文化	被H244打破
H347	T185中北部	③→H347→生土	椭圆形、斜直壁、平底	124×84-52	庙底沟文化	
H348	T185中南部	③→H348→生土	椭圆形、直壁、平底	295×220-68	庙底沟文化	
H349	T63东部	④→H349→生土	圆形、斜直壁、平底	235×235-100	庙底沟文化	
H350	T190西北部	①→H350→生土	圆形、弧壁、圜底	240×220-35	庙底沟文化	
H351	T67西部	②→H351→生土	圆形、弧壁、平底	450×275-120	庙底沟文化	
H352	T155西北角	①→H352→②	椭圆形、斜直壁、平底	240×160-53	庙底沟文化	
H353	T156中部	①→H353→②	圆形、直壁、平底	130×120-50	庙底沟文化	
H354	T52东南角	③→H354→生土	椭圆形、弧壁、平底	420×395-65	庙底沟文化	
H355	T52西北部	③→H355→生土	椭圆形、直壁、平底	225×215-60	庙底沟文化	
H356	T96西部	②→H356→③	圆形、壁不规整、平底	130×130-110	庙底沟文化	
H357	T43东部	H302→H357→生土	椭圆形、直壁、平底	280×110-80	庙底沟文化	
H358	T43北部	H220→H358→生土	椭圆形、直壁、平底	170×160-110	庙底沟文化	被H302打破
H359	T42东部	H291→H359→生土	椭圆形、直壁、平底	390×240-200	庙底沟文化	
H360	T59东部	③→H360→④	椭圆形、直壁、平底	208×110-90	庙底沟文化	
H361	T50南部	③→H361→生土	椭圆形、斜直壁、平底	115×115-120	庙底沟文化	
H363	T52西南部	③→H363→生土	圆形、直壁、平底	115×115-35	庙底沟文化	
H364	T22西南部	②→H364→③	圆形、直壁、平底	120×120-45	庙底沟文化	
H365	T22东北部	②→H365→③	圆形、直壁、平底	120×120-30	庙底沟文化	
H366	T210西部、T224东部	①→H366→生土	椭圆形、弧壁、平底	440×390-100	庙底沟文化	被H391打破
H367	T210东北部	①→H367→生土	圆形、弧壁、圜底	55×55-30	庙底沟文化	
H368	T210北部	①→H368→生土	椭圆形、直壁、平底	410×2230-40	庙底沟文化	被H367、H385打破

编号	位置	层位关系	形状与结构	尺寸（长×宽-深 单位厘米）	时代	备注
H369	T210中东部	①→H369→生土	椭圆形、直壁、平底	290×220-40	庙底沟文化	被H370打破
H370	T210东南部	①→H370→生土	圆形、直壁、平底	57×57-30	庙底沟文化	
H371	T196西部	②→H371→生土	圆形、直壁、平底	100×100-67	庙底沟文化	
H372	T40中部	②→H372→生土	椭圆形、直壁、平底	160×80-40	庙底沟文化	被H286打破
H373	T18北部	②→H373→③	椭圆形、弧壁、圜底	660×340-140	庙底沟文化	
H374	T40中部	②→H374→生土	椭圆形、斜直壁、平底	260×230-130	庙底沟文化	被H286、H323、H372打破
H375	T40中东部	②→H375→生土	椭圆形、直壁、平底	155×100-40	庙底沟文化	被H374打破
H376	T157东北部	①→H376→生土	圆形、弧壁、平底	160×205-38	庙底沟文化	
H377	T128东南部	①→H377→生土	椭圆形、直壁、平底	240×230-130	庙底沟文化	
H378	T72东北角	②→H378→③	椭圆形、直壁、平底	158×146-70	庙底沟文化	被H334打破
H379	T59西北角	③→H379→④	椭圆形、直壁、平底	126×110-110	庙底沟文化	被H281打破
H380	T38西部	H327→H380→生土	椭圆形、直壁、平底	215×240-50	庙底沟文化	
H381	T21东南部	②→H381→③	圆形、直壁、平底	350×120-50	庙底沟文化	
H382	T38西部	②→H382→生土	椭圆形、直壁、平底	100×100-67	庙底沟文化	被H327打破
H383	T52南部	③→H383→生土	椭圆形、直壁、平底	265×230-95	庙底沟文化	
H384	T141南部	②→H384→生土	袋状、圆形、斜直壁、平底	225×205-50	庙底沟文化	
H385	T210中部	①→H385→生土	椭圆形、斜弧壁、平底	120×40-70	庙底沟文化	
H386	T141东南部	②→H386→生土	椭圆形、弧壁、平底	140×50-60	庙底沟文化	
H387	T210中部	①→H387→生土	圆形、弧壁、圜底	80×46-60	庙底沟文化	被H385打破
H388	T185中部	③→H388→生土	椭圆形、斜直壁、平底	320×264-102	庙底沟文化	被H282、H347打破
H389	T59西南角、T60西北角	③→H389→④	椭圆形、斜直壁、平底	212×155-200	西王村文化	
H390	T59西北部	③→H390→④	椭圆形、斜直壁、平底	432×292-90	西王村文化	
H391	T210西部	①→H391→生土	椭圆形、弧壁、圜底	275×188-100	庙底沟文化	
H392	T72北部	②→H392→③	椭圆形、斜直壁、平底	305×160-60	庙底沟文化	
H393	T52西部	③→H393→生土	袋状、圆形、斜直壁、平底	120×120-50	庙底沟文化	被H355打破
H394	T52西南部	③→H394→生土	椭圆形、弧壁、平底	560×415-35	庙底沟文化	被H354、H355、H363、H383、H483打破
H395	T55东南部	①→H395→生土	圆形、直壁、平底	135×135-65	庙底沟文化	

编号	位置	层位关系	形状与结构	尺寸（长×宽-深单位厘米）	时代	备注
H396	T156中西部	①→H396→②	椭圆形、斜直壁、平底	500×250-64	庙底沟文化	
H397	T59西北角	③→H397→④	椭圆形、直壁、平底	202×116-54	庙底沟文化	被H346打破
H398	T59西北部	③→H398→④	椭圆形、弧壁、平底	296×232-87	庙底沟文化	被H397打破
H399	T38东部	②→H399→生土	椭圆形、弧壁、圜底	150×55-60	庙底沟文化	被H263打破
H400	T129东南部	H315→H400→生土	椭圆形、直壁、平底	180×122-50	庙底沟文化	被H315打破
H401	T190中部	①→H401→生土	圆形、弧壁、圜底	288×220-100	庙底沟文化	被H339、H340、H341、H343打破
H402	T185南部	③→H402→生土	圆形、斜直壁、平底	210×210-55	庙底沟文化	被H348打破
H403	T71中部	③→H403→生土	圆形、弧壁、平底	75×75-50	庙底沟文化	
H404	T71北部	③→H404→生土	圆形、弧壁、平底	210×210-200	庙底沟文化	
H405	T141东南部	②→H405→生土	椭圆形、斜壁、平底	295×215-140	庙底沟文化	被H295、H384、打破
H406	T141西部	②→H406→生土	椭圆形、直壁、平底	480×235-120	庙底沟文化	
H407	T210西部	①→H407→生土	圆形、斜直壁、平底	205×205-180	庙底沟文化	
H408	T38东北部	②→H408→生土	椭圆形、直壁、平底	316×262-310	庙底沟文化	被H328打破
H409	T38东部	②→H409→生土	袋状、圆形、弧壁、平底	55×55-110	庙底沟文化	
H410	T185南部	③→H410→生土	椭圆形、斜直壁、平底	445×150-85	庙底沟文化	被H348、H402打破
H411	T72东北部	③→H411→生土	椭圆形、斜直壁、圜底	296×148-90	庙底沟文化	
H412	T55北部	①→H412→生土	椭圆形、弧壁、圜底	460×380-130	庙底沟文化	被H472、H611打破
H413	T50南部	③→H413→生土	圆形、直壁、平底	372×372-175	庙底沟文化	被H384、H361打破
H414	T21西南部	②→H414→③	椭圆形、直壁、平底	255×25-90	庙底沟文化	
H415	T64东部	③→H415→④	椭圆形、弧壁、平底	192×290-66	庙底沟文化	
H416	T69中南部	④→H416→生土	椭圆形、斜直壁、平底	294×251-136	庙底沟文化	
H417	T23中部	③→H417→生土	圆形、斜弧壁、圜底	260×225-135	庙底沟文化	
H418	T67东北部	②→H418→生土	圆形、弧壁、平底	200×170-90	庙底沟文化	
H419	T24中部	②→H419→生土	椭圆形、直壁、平底	400×285-130	庙底沟文化	
H420	T44西北部	②→H420→生土	椭圆形、直壁、平底	290×230-70	庙底沟文化	
H422	T23南部	③→H422→生土	椭圆形、斜直壁、平底	200×164-120	庙底沟文化	
H423	T21东南部	②→H423→③	椭圆形、直壁、平底	440×150-100	庙底沟文化	被H381打破
H424	T18北部	②→H424→③	袋状、椭圆形、弧壁、平底	244×150-100	庙底沟文化	

编号	位置	层位关系	形状与结构	尺寸（长×宽-深 单位厘米）	时代	备注
H425	T67北部	②→H425→生土	圆形、弧壁、平底	125×125-80	庙底沟文化	
H426	T97西北部	③→H426→生土	椭圆形、直壁、平底	110×72-80	庙底沟文化	
H427	T96东北	②→H427→③	圆形、弧壁、平底	200×140-144	庙底沟二期文化	
H428	T96东部	②→H428→③	椭圆形、弧壁、平底	160×90-170	庙底沟文化	被H419打破
H429	T96东部	②→H429→③	袋状、圆形、弧壁、平底	80×80-80	庙底沟二期文化	
H430	T44东部	②→H430→生土	椭圆形、弧壁、平底	400×250-50	庙底沟文化	
H431	T55中部	①→H431→生土	圆形、直壁、平底	142×142-110	庙底沟文化	
H432	T52东南部	③→H432→生土	袋状、椭圆形、斜直壁、台阶状底	400×280-315	庙底沟文化	被H354打破
H433	T50南部	③→H433→生土	圆形、直壁、平底	65×65-60	庙底沟文化	被H413打破
H434	T96东北部	②→H434→③	圆形、弧壁、平底	100×100-40	西王村文化	
H435	T96东部	②→H435→③	袋状、椭圆形、弧壁、平底	55×55-40	庙底沟二期文化	
H436	T23南部	③→H436→生土	椭圆形、斜弧壁、圜底	350×150-130	庙底沟文化	
H438	T73南部	③→H438→生土	圆形、直壁、平底	163×163-105	庙底沟文化	
H440	T73北中部	H471→H440→生土	袋状、圆形、弧壁、平底	80×80-145	庙底沟文化	
H442	T66东南部	②→H442→生土	椭圆形、直壁、平底	370×350-200	庙底沟文化	
H443	T44西部	②→H443→生土	椭圆形、直壁、平底	230×220-40	庙底沟文化	被H420打破
H444	T72南部	②→H444→③	椭圆形、弧壁、圜底	230×50-80	庙底沟文化	
H445	T141西南部	②→H445→生土	圆形、斜直壁、平底	185×135-120	庙底沟文化	
H446	T55西北角、T58东北角	①→H446→生土	椭圆形、直壁、平底	375×230-170	西王村文化	被H513打破
H447	T210西部	①→H447→生土	椭圆形、弧壁、圜底	290×208-90	庙底沟文化	被H366、H407、H391、H448打破
H448	T210西部	①→H448→生土	椭圆形、弧壁、平底	180×130-150	庙底沟文化	被H407打破
H450	T71西南角	③→H450→生土	椭圆形、直壁、平底	218×140-50	西王村文化	
H451	T59东部	③→H451→④	袋状、椭圆形、弧壁、平底	140×63-78	庙底沟文化	
H452	T59东北部	③→H452→④	椭圆形、直壁、平底	436×357-270	庙底沟文化	被H299、H451、H617、H643打破
H453	T44西北角	②→H453→生土	圆形、斜弧壁、圜底	195×105-76	庙底沟文化	被H420打破
H454	T72东南部	H335→H454→生土	圆形、斜弧壁、圜底	190×190-105	庙底沟文化	
H457	T44东南部	②→H457→生土	椭圆形、直壁、平底	450×150-160	庙底沟文化	被H566打破

编号	位置	层位关系	形状与结构	尺寸（长×宽-深 单位厘米）	时代	备注
H458	T70东南角	①→H458→生土	椭圆形、弧壁、圜底	260×86-55	庙底沟文化	
H459	T185东南部	③→H459→生土	椭圆形、斜弧壁、圜底	80×52-40	庙底沟文化	被H402打破
H460	T48西北部	③→H460→④	圆形、弧壁、平底	210×115-65	庙底沟文化	
H461	T21南部	②→H461→③	椭圆形、直壁、平底	340×250-60	庙底沟文化	被H344、H381打破
H463	T72北部	②→H463→③	椭圆形、弧壁、圜底	160×90-90	庙底沟文化	
H465	T65南部	②→H465→生土	椭圆形、直壁、平底	315×250-80	庙底沟文化	
H467	T20西北部	①→H467→②	袋状、圆形、弧壁、平底	160×160-120	西王村文化	
H468	T69东部	④→H468→生土	椭圆形、斜直壁、平底	435×232-102	庙底沟文化	
H469	T55西北角	①→H469→生土	圆形、直壁、平底	115×100-80	庙底沟文化	被H446打破
H470	T141中部	②→H470→生土	抹角长方形、弧壁、圜底	80×70-70	庙底沟文化	
H471	T72西南部、T73西北部	③→H471→生土	椭圆形、弧壁、圜底	875×700-160	庙底沟文化	被H454打破
H472	T55北中部	①→H472→生土	椭圆形、斜弧壁、圜底	100×75-75	庙底沟文化	
H473	T113东南部	②→H473→③	椭圆形、直壁、平底	170×86-50	庙底沟文化	
H474	T113西北部	②→H474→③	椭圆形、弧壁、平底	260×240-82	庙底沟文化	
H475	T113中南部	②→H475→③	椭圆形、直壁、平底	310×190-40	庙底沟文化	被H473打破
H476	T42西北部	②→H476→生土	椭圆形、弧壁、圜底	240×220-154	庙底沟文化	
H477	T62东北部	②→H477→③	椭圆形、直壁、平底	680×520-120	庙底沟文化	被H569打破
H478	T20南部	②→H478→③	袋状、圆形、弧壁、平底	140×140-120	庙底沟文化	被H467打破
H479	T73东南	②→H479→生土	椭圆形、直壁、平底	330×150-170	庙底沟文化	
H480	T72南部、T73北部	H471→H480→生土	椭圆形、弧壁、圜底	700×460-120	庙底沟文化	被H335、H454打破
H481	T61西南	②→H481→生土	椭圆形、直壁、平底	188×172-90	庙底沟文化	
H482	T52中东部	③→H482→生土	椭圆形、弧壁、平底	160×90-125	庙底沟文化	
H483	T52南部	③→H483→生土	椭圆形、斜直壁、平底	310×222-55	庙底沟文化	
H484	T113中部	②→H484→③	椭圆形、直壁、平底	325×142-150	庙底沟文化	被H474、H475打破
H485	T52中部	②→H485→③	袋状、圆形、斜直壁、平底	160×160-140	庙底沟二期文化	
H486	T44东部	②→H486→生土	椭圆形、直壁、平底	520×125-215	庙底沟文化	
H487	T20北部	②→H487→③	袋状、椭圆形、弧壁、平底	630×218-130	庙底沟文化	
H488	T66西南部	②→H488→生土	圆形、直壁、平底	300×266-170	庙底沟文化	
H489	T50西部	①→H489→②	圆形、直壁、平底	165×165-70	庙底沟二期文化	

编号	位置	层位关系	形状与结构	尺寸（长×宽-深 单位厘米）	时代	备注
H490	T42西北部	②→H490→生土	椭圆形、弧壁、平底	260×230-86	庙底沟文化	被H476打破
H491	T50南部	①→H491→②	袋状、圆形、斜直壁、平底	85×85-230	西王村文化	
H492	T52中西部	②→H492→③	圆形、直壁、平底	145×145-35	庙底沟二期文化	
H493	T42南部	②→H493→生土	椭圆形、弧壁、平底	420×225-25	庙底沟文化	被H291打破
H494	T113西部	②→H494→③	椭圆形、直壁、平底	180×115-30	庙底沟文化	
H496	T50西南部	①→H496→②	袋状、圆形、斜直壁、平底	160×160-200	西王村文化	
H497	T67中部	②→H497→生土	圆形、弧壁、平底	98×90-80	庙底沟文化	
H498	T67中部	②→H498→生土	圆形、弧壁、平底	103×102-80	庙底沟文化	
H499	T67中部	②→H499→生土	圆形、弧壁、平底	72×73-50	庙底沟文化	
H500	T48西北角	③→H500→生土	圆形、直壁、平底	114×110-145	庙底沟文化	
H501	T42西北部	②→H501→生土	椭圆形、直壁、平底	420×240-310	庙底沟文化	被H490打破
H502	T67北中部	②→H502→生土	圆形、弧壁、平底	97×87-90	庙底沟文化	
H503	T50西北部	③→H503→生土	圆形、直壁、平底	190×190-230	庙底沟文化	
H504	T52南部	③→H504→生土	袋状、椭圆形、弧壁、平底	175×155-120	庙底沟文化	
H505	T52西南部	③→H505→生土	椭圆形、直壁、平底	175×110-32	庙底沟文化	
H506	T20北部	③→H506→④	袋状、椭圆形、弧壁、平底	140×126-90	庙底沟文化	
H507	T58西北部	②→H507→生土	袋状、椭圆形、弧壁、平底	192×170-270	庙底沟文化	
H508	T21东部	④→H508→⑤	抹角长方形、直壁、平底	180×150-40	庙底沟文化	被H344打破
H509	T61西北部	②→H509→生土	椭圆形、直壁、平底	195×120-20	庙底沟文化	
H510	T52中部	③→H510→生土	袋状、圆形、弧壁、平底	230×230-140	庙底沟文化	
H511	T61西部	②→H511→生土	椭圆形、直壁、平底	180×124-96	庙底沟文化	
H512	T55西北部、T58东北部	①→H512→生土	袋状、椭圆形、弧壁、平底	450×240-216	庙底沟文化	被H412打破
H513	T55西北部	①→H513→生土	袋状、圆形、斜直壁、平底	155×155-110	西王村文化	
H514	T50南部	①→H514→②	袋状、圆形、斜直壁、平底	70×70-200	庙底沟二期文化	
H515	T50西部	①→H515→②	圆形、直壁、平底	120×120-165	西王村文化	
H516	T64北部	③→H516→④	袋状、圆形、弧壁、平底	162×162-90	庙底沟文化	
H517	T61东南部	②→H517→生土	椭圆形、台阶状壁、平底	330×160-300	庙底沟文化	
H518	T61北部	②→H518→生土	袋状、圆形、弧壁、平底	170×170-50	庙底沟文化	

编号	位置	层位关系	形状与结构	尺寸（长×宽-深单位厘米）	时代	备注
H519	T44东北角	②→H519→生土	椭圆形、直壁、平底	300×260-70	庙底沟文化	
H520	T59中部	H299、H280→H520→生土	椭圆形、直壁、平底	272×254-156	庙底沟文化	
H521	T65西北部	①→H521→②	椭圆形、斜直壁、平底	460×340-300	庙底沟二期文化	
H522	T61北部	②→H522→生土	椭圆形、直壁、斜坡状底	264×100-174	庙底沟文化	
H523	T44西南部	②→H523→生土	椭圆形、直壁、平底	70×85-30	庙底沟文化	被H523打破
H524	T50中部	③→H524→生土	圆形、直壁、平底	95×95-60	庙底沟文化	
H525	T50中部	③→H525→生土	圆形、直壁、平底	85×85-65	庙底沟文化	
H526	T44西北部	②→H526→生土	袋状、圆形、弧壁、平底	80×80-90	庙底沟文化	被H453打破
H527	T50中部	③→H527→生土	圆形、直壁、平底	110×110-40	庙底沟文化	
H528	T50中南部	③→H528→生土	圆形、直壁、平底	130×130-46	庙底沟文化	被H527打破
H530	T52南部	③→H530→生土	椭圆形、直壁、平底	200×150-30	庙底沟文化	被H363打破
H531	T54东南部	③→H531→生土	椭圆形、弧壁、圜底	200×165-55	庙底沟文化	
H533	T50东南部	①→H533→②	椭圆形、直壁、平底	235×180-40	庙底沟二期文化	
H535	T97南部	③→H535→生土	椭圆形、直壁、平底	90×210-240	庙底沟文化	
H536	T95东北部	①→H536→生土	圆形、弧壁、平底	30×44-112	西王村文化	
H537	T61北部	②→H537→生土	椭圆形、弧壁、平底	136×80-36	庙底沟文化	
H538	T61北部	②→H538→H538	袋状、椭圆形、弧壁、平底	210×174-84	庙底沟文化	
H539	T54南部	③→H539→生土	椭圆形、弧壁、圜底	155×128-60	庙底沟二期文化	
H540	T95西部	①→H540→生土	圆形、直壁、平底	90×90-20	庙底沟二期文化	
H541	T55中部	①→H541→生土	椭圆形、斜直壁、平底	250×140-80	庙底沟文化	
H542	T50北部	③→H542→生土	圆形、直壁、平底	360×340-130	庙底沟文化	被H563、H592打破
H543	T54东南	③→H543→生土	椭圆形、弧壁、圜底	140×45-40	庙底沟文化	
H544	T54西南	③→H544→生土	椭圆形、弧壁、圜底	175×112-58	庙底沟文化	
H545	T57东部	③→H545→生土	袋状、椭圆形、弧壁、平底	130×60-160	庙底沟文化	
H546	T60东北	③→H546→生土	袋状、椭圆形、弧壁、平底	110×113-175	庙底沟文化	
H547	T60东部	③→H547→生土	袋状、圆形、弧壁、平底	165×162-135	庙底沟文化	
H548	T60南部、T61北部	②→H548→③	椭圆形、弧壁、圜底	160×115-90	庙底沟文化	被H538打破
H549	T54东北部	③→H549→生土	椭圆形、弧壁、平底	142×100-60	庙底沟文化	
H550	T42东南部	②→H550→生土	椭圆形、直壁、平底	115×105-20	庙底沟文化	

编号	位置	层位关系	形状与结构	尺寸（长×宽-深单位厘米）	时代	备注
H551	T54东北部	③→H551→生土	椭圆形、弧壁、圜底	170×90-45	庙底沟文化	被H549打破
H552	T54东北部	③→H552→生土	椭圆形、斜弧壁、圜底	140×65-76	庙底沟文化	
H553	T62南部	③→H553→④	椭圆形、弧壁、平底	382×100-110	庙底沟文化	
H554	T67西北角	②→H554→生土	圆形、弧壁、平底	144×88-89	庙底沟文化	
H555	T54东北角	③→H555→生土	椭圆形、弧壁、圜底	210×90-55	庙底沟文化	被H549、H551打破
H556	T54中南部	③→H556→生土	袋状、圆形、弧壁、平底	138×75-140	西王村文化	
H557	T59西北角	③→H557→④	椭圆形、弧壁、圜底	200×70-140	庙底沟文化	
H558	T97东北部	③→H558→生土	圆形、直壁、平底	100×100-50	庙底沟文化	
H559	T44西南角	②→H559→生土	椭圆形、直壁、平底	230×110-125	庙底沟文化	
H560	T55东南部	①→H560→生土	抹角长方形、直壁、平底	80×45-38	庙底沟文化	
H561	T55中部	①→H561→生土	椭圆形、弧壁、圜底	225×200-110	庙底沟文化	被H541打破
H562	T59东部	②→H562→③	圆形、直壁、平底	136×86-50	庙底沟二期文化	
H563	T50北部	③→H563→生土	圆形、直壁、平底	120×120-40	庙底沟文化	
H564	T50东北部	③→H564→生土	圆形、直壁、平底	425×425-80	庙底沟文化	被H542、H563、H592、H599打破
H565	T64东部	③→H565→④	椭圆形、斜直壁、平底	222×162-60	庙底沟文化	被H618打破
H566	T44西南部	②→H566→生土	椭圆形、直壁、平底	340×175-180	庙底沟文化	被H559打破
H568	T54东北角	③→H568→生土	椭圆形、直壁、平底	95×85-100	庙底沟文化	被H555打破
H569	T62西部	②→H569→③	圆形、弧壁、平底	345×320-140	庙底沟文化	
H570	T64西南部	③→H570→④	椭圆形、斜直壁、平底	145×72-66	庙底沟文化	
H571	T55中东部	①→H571→生土	袋状、圆形、弧壁、平底	90×90-175	西王村文化	
H572	T42东北部	②→H572→生土	椭圆形、弧壁、圜底	130×140-20	庙底沟文化	被H359、H493打破
H573	T42西南	②→H573→生土	圆形、弧壁、圜底	80×80-27	庙底沟文化	
H574	T61北部	②→H574→生土	袋状、椭圆形、弧壁、平底	70×20-124	庙底沟文化	被H548打破
H575	T65西北	②→H575→生土	袋状、椭圆形、弧壁、平底	330×290-150	庙底沟文化	被H521打破
H576	T66中部	②→H576→生土	椭圆形、直壁、平底	160×126-35	庙底沟文化	被H529打破
H577	T42西南角	①→H577→生土	椭圆形、直壁、平底	95×45-40	庙底沟文化	
H578	T65东北部	②→H578→生土	椭圆形、直壁、平底	180×150-35	庙底沟文化	
H579	T107南部	③→H579→④	椭圆形、弧壁、平底	80×45-55	庙底沟文化	

编号	位置	层位关系	形状与结构	尺寸（长×宽-深 单位厘米）	时代	备注
H580	T108中部	③→H580→生土	圆形、斜直壁、平底	125×125-45	庙底沟文化	
H581	T108中部	③→H581→生土	椭圆形、斜直壁、平底	220×190-110	庙底沟文化	
H582	T106北部	②→H582→③	圆形、直壁、平底	80×80-56	庙底沟文化	
H583	T54北部	③→H583→生土	椭圆形、弧壁、平底	270×116-65	庙底沟文化	
H584	T52东南部	②→H584→③	圆形、斜直壁、平底	210×185-114	庙底沟二期文化	
H585	T65北部	②→H585→生土	椭圆形、直壁、平底	250×210-45	庙底沟文化	
H586	T60西北部	③→H586→生土	椭圆形、直壁、平底	152×70-64	庙底沟文化	
H588	T54北部	③→H588→生土	椭圆形、斜直壁、平底	99×98-75	庙底沟文化	
H589	T72西北角	②→H589→③	椭圆形、斜直壁、平底	200×168-120	庙底沟文化	
H590	T60西部	②→H590→③	椭圆形、斜直壁、平底	154×136-66	庙底沟文化	
H591	T55东部	①→H591→H591	椭圆形、弧壁、圜底	210×156-135	庙底沟文化	
H592	T50北部	③→H592→生土	圆形、斜直壁、平底	120×160-80	庙底沟文化	被H563打破
H593	T60西部	③→H593→生土	椭圆形、直壁、平底	132×59-94	庙底沟文化	
H594	T60中部	③→H594→生土	袋状、圆形、弧壁、平底、	138×138-190	庙底沟文化	
H595	T52西北部	②→H595→③	椭圆形、弧壁、平底	178×130-15	庙底沟二期文化	
H596	T55西北部	①→H596→生土	椭圆形、弧壁、平底	270×250-110	庙底沟文化	被H412、H521、H541打破
H597	T54北部	③→H597→生土	椭圆形、弧壁、圜底	132×120-35	庙底沟文化	
H598	T54北部	H583→H598→生土	袋状、圆形、弧壁、平底	90×35-135	庙底沟文化	
H599	T50北部	③→H599→生土	椭圆形、直壁、平底	390×260-210	庙底沟文化	被H503、H542打破
H600	T52中北部	②→H600→③	椭圆形、斜直壁、平底	100×85-196	庙底沟二期文化	
H601	T57东北部	③→H601→生土	椭圆形、弧壁、圜底	205×180-70	西王村文化	
H602	T58东南部	②→H602→生土	椭圆形、弧壁、圜底	210×120-60	庙底沟文化	
H603	T108南部	②→H603→③	袋状、圆形、弧壁、平底	115×60-190	庙底沟文化	
H604	T108西部	②→H604→③	圆形、斜直壁、平底	156×140-60	庙底沟文化	
H605	T65北部	②→H605→生土	椭圆形、弧壁、圜底	330×146-116	庙底沟文化	
H606	T52中南部	③→H606→生土	椭圆形、直壁、平底	175×90-40	庙底沟文化	
H607	T52西南部	②→H607→③	圆形、斜直壁、平底	110×95-145	庙底沟二期文化	
H608	T55西部	①→H608→生土	抹角长长方形、直壁、平底	135×90-80	庙底沟文化	
H609	T57北部	③→H609→生土	椭圆形、弧壁、平底	520×425-160	西王村文化	被H601打破

编号	位置	层位关系	形状与结构	尺寸（长×宽-深 单位厘米）	时代	备注
H610	T58东北部	②→H610→生土	椭圆形、弧壁、圜底	285×220-60	庙底沟文化	
H611	T55北部	①→H611→生土	椭圆形、弧壁、平底	330×260-130	庙底沟文化	被H472打破
H612	T65西北部	②→H612→生土	椭圆形、直壁、平底	80×75-80	庙底沟文化	
H613	T54东部	③→H613→生土	袋状、椭圆形、弧壁、平底	120×110-116	庙底沟文化	
H614	T59西部	③→H614→④	椭圆形、弧壁、平底	100×30-54	庙底沟文化	
H615	T66西南部	②→H615→生土	袋状、椭圆形、弧壁、平底	300×230-270	庙底沟文化	被H488打破
H616	T66中部	②→H616→生土	椭圆形、直壁、平底	255×148-20	庙底沟文化	被H576、E4打破
H617	T59东北部	③→H617→④	袋状、椭圆形、弧壁、平底	154×140-182	庙底沟文化	
H618	T64东部	③→H618→④	圆形、斜直壁、平底	114×114-138	庙底沟文化	
H619	T108西南部	③→H619→生土	椭圆形、弧壁、平底	725×660-695	庙底沟文化	被H580、H603、H604打破
H620	T106东南部	③→H620→④	椭圆形、斜直壁、斜坡状底	136×98-75	庙底沟文化	
H621	T106中南部	③→H621→④	圆形、斜直壁、平底	70×70-60	庙底沟文化	
H622	T106中南部	③→H622→④	圆形、斜直壁、平底	124×124-90	庙底沟文化	
H623	T106东部	③→H623→④	椭圆形、斜直壁、平底	190×185-60	西王村文化	
H624	T116南部	③→H624→生土	椭圆形、直壁、平底	295×190-52	庙底沟文化	
H625	T54中部	③→H625→生土	袋状、圆形、弧壁、平底	58×55-170	庙底沟文化	
H626	T104西南角	④→H626→生土	椭圆形、弧壁、圜底	345×135-53	西王村文化	
H627	T58北中部	②→H627→生土	圆形、圜底	465×465-180	庙底沟文化	被H635、H681、H610、H507打破
H628	T60北部	②→H628→③	袋状、抹角长方形、弧壁、平底	82×47-72	庙底沟文化	
H629	T60北部	③→H629→生土	袋状、椭圆形、弧壁、平底	80×70-80	庙底沟文化	
H631	T72北部	③→H631→生土	椭圆形、弧壁、圜底	275×145-75	庙底沟文化	被H471打破
H632	T72西北部	②→H632→③	袋状、圆形、弧壁、平底	120×120-200	西王村文化	
H633	T106中部	④→H633→生土	圆形、斜直壁、平底	95×95-30	庙底沟文化	
H634	T106西北部	④→H634→生土	椭圆形、斜直壁、平底	210×195-50	庙底沟文化	
H635	T57西南部、T58西北部	③→H635→生土	椭圆形、弧壁、平底	485×312-280	庙底沟文化	
H636	T65北部	②→H636→生土	袋状、圆形、弧壁、平底	60×60-155	庙底沟文化	

编号	位置	层位关系	形状与结构	尺寸（长×宽-深单位厘米）	时代	备注
H637	T59北部	③→H637→④	袋状、椭圆形、弧壁、平底	210×175-310	庙底沟文化	
H638	T72南部	H335→H638→生土	袋状、椭圆形、弧壁、平底	130×80-150	庙底沟文化	
H639	T72西南	②→H639→③	椭圆形、斜弧壁、圜底	900×400-200	庙底沟文化	
H640	T60北部	③→H640→生土	袋状、椭圆形、弧壁、平底	295×180-164	庙底沟文化	
H641	T90西部	①→H641→生土	圆形、斜直壁、平底	130×60-60	庙底沟文化	
H642	T155南部	②→H642→生土	椭圆形、直壁、平底	435×343-70	庙底沟文化	
H643	T59北部	③→H643→④	袋状、椭圆形、弧壁、平底	80×70-220	西王村文化	
H645	T65东部	②→H645→生土	袋状、圆形、弧壁、平底	130×130-160	庙底沟文化	
H646	T90东南部	①→H646→生土	椭圆形、弧壁、圜底	140×100-150	庙底沟文化	被H649打破
H647	T50东北部	③→H647→生土	袋状、圆形、斜直壁、平底	120×120-100	庙底沟文化	被H563、H592、H599打破
H648	T52南部东部	②→H648→③	椭圆形、弧壁、圜底	85×80-82	庙底沟二期文化	
H649	T90西南部	①→H649→生土	椭圆形、斜弧壁、圜底	160×60-150	庙底沟文化	
H650	T63南部	③→H650→④	圆形、直壁、平底	225×225-210	庙底沟文化	
H651	T89西部南部	①→H651→生土	圆形、斜直壁、平底	120×120-75	庙底沟文化	
H652	T69东北部	①→H652→②	椭圆形、斜直壁、平底	310×292-125	庙底沟二期文化	
H653	T73南部	③→H653→生土	椭圆形、直壁、平底	318×145-135	庙底沟文化	被H821打破
H654	T50南部	①→H654→②	袋状、椭圆形、弧壁、平底	200×200-320	西王村文化	
H655	T89西南部	①→H655→生土	椭圆形、直壁、坡底	200×75-110	庙底沟文化	被H651、H713打破
H656	T89西南部	①→H656→生土	圆形、弧壁、平底	90×80-155	庙底沟文化	被H651、H655打破
H657	T57西北部	③→H657→生土	袋状、椭圆形、弧壁、平底	65×30-110	庙底沟文化	
H660	T63中部	③→H660→④	椭圆形、直壁、平底	310×225-210	西王村文化	
H661	T60西部	③→H661→生土	椭圆形、直壁、平底	110×72-90	庙底沟文化	
H662	T59北部	H637→H662→④	袋状、椭圆形、弧壁、平底	75×70-205	庙底沟文化	
H664	T105中部	③→H664→生土	椭圆形、斜直壁、平底	170×180-50	庙底沟文化	
H665	T107东南部	③→H665→④	圆形、直壁、平底	72×72-45	庙底沟文化	
H666	T106东部	③→H666→④	圆形、直壁、平底	75×75-60	庙底沟文化	
H667	T106北部	③→H667→④	椭圆形、斜直壁、平底	220×90-48	庙底沟文化	
H668	T106西南	③→H668→④	圆形、斜直壁、平底	94×94-48	庙底沟文化	

编号	位置	层位关系	形状与结构	尺寸（长×宽-深 单位厘米）	时代	备注
H669	T106西南	③→H669→④	圆形、圜底	165×165-65	庙底沟文化	
H670	T107中部	③→H670→④	椭圆形、直壁、平底	95×80-70	庙底沟文化	
H671	T107东部	③→H671→④	圆形、斜直壁、平底	190×190-45	庙底沟文化	
H674	T52东北部	②→H674→③	椭圆形、弧壁、平底	265×230-140	庙底沟二期文化	
H675	T107中部	③→H675→④	椭圆形、斜直壁、平底	165×120-70	庙底沟文化	
H676	T104西南部	③→H676→④	袋状、圆形、弧壁、平底	130×130-200	西王村文化	被H626打破
H677	T63东北部	③→H677→④	袋状、椭圆形、弧壁、平底	260×245-230	庙底沟二期文化	
H678	T60中部	③→H678→生土	袋状、圆形、弧壁、平底	110×110-290	庙底沟文化	
H679	T60中部	③→H679→④	椭圆形、斜直壁、平底	372×300-94	庙底沟文化	被H594打破
H680	T95西北部	①→H680→生土	圆形、弧壁、平底	75×75-270	庙底沟二期文化	
H681	T57南部、T58北部	③→H681→生土	椭圆形、弧壁、圜底	485×374-159	庙底沟文化	被H610、H635打破
H682	T92西部	②→H682→③	圆形、弧壁、平底	100×100-160	庙底沟二期文化	
H683	T89北部	①→H683→生土	椭圆形、直壁、平底	295×200-390	庙底沟文化	被H689、H712打破
H685	T63中部	③→H685→④	抹角长方形、壁斜、斜坡底	165×150-50	庙底沟文化	
H686	T130西部	②→H686→③	椭圆形、弧壁、平底	520×270-40	庙底沟文化	
H687	T57南部	③→H687→生土	圆形、直壁、平底	64×64-130	庙底沟文化	
H689	T89北部	①→H689→生土	圆形、斜直壁、平底	105×70-110	庙底沟文化	
H690	T69中南部	④→H690→生土	椭圆形、斜直壁、平底	215×112-64	庙底沟文化	被H468打破
H691	T69中南部	④→H691→生土	椭圆形、弧壁、平底	238×90-60	庙底沟文化	
H692	T70西部	①→H692→生土	椭圆形、斜直壁、平底	513×310-225	庙底沟文化	
H694	T130西部	H686→H694→生土	椭圆形、斜直壁、平底	160×120-130	庙底沟文化	
H695	T92南部	②→H695→③	圆形、直壁、平底	80×80-25	西王村文化	
H696	T92南部	②→H696→③	椭圆形、弧壁、平底	130×85-130	庙底沟二期文化	
H697	T92西南部	②→H697→③	圆形、直壁、平底	100×100-130	西王村文化	
H698	T57东南角	③→H698→生土	椭圆形、弧壁、圜底	190×220-190	庙底沟文化	被H610、H681打破
H699	T130东北部	③→H699→生土	抹角长方形、斜直壁、平底	490×280-50	庙底沟文化	被H686打破
H700	T92中北部	②→H700→③	圆形、直壁、平底	120×120-95	西王村文化	
H701	T130西南部	②→H701→③	椭圆形、斜直壁、平底	810×280-110	西王村文化	
H702	T107南部	③→H702→④	椭圆形、斜直壁、平底	450×276-70	庙底沟文化	

编号	位置	层位关系	形状与结构	尺寸（长×宽-深 单位厘米）	时代	备注
H703	T105西南部	③→H703→生土	袋状、圆形、弧壁、平底	120×120-170	庙底沟文化	
H704	T63西南部	③→H704→④	袋状、圆形、弧壁、平底	100×100-290	庙底沟文化	
H705	T55东部	①→H705→生土	圆形、斜坡状底	145×80-112	庙底沟文化	
H706	T55中部	①→H706→生土	圆形、圜底	165×165-65	庙底沟文化	
H707	T50西北部	③→H707→生土	椭圆形、弧壁、圜底	280×210-210	庙底沟文化	被H503打破
H708	T125东部	②→H708→生土	圆形、弧壁、圜底	210×210-60	庙底沟文化	
H709	T125东部	②→H709→生土	椭圆形、直壁、斜坡状底	280×185-70	庙底沟文化	被H146打破
H710	T57东南部	H698→H710→生土	袋状、圆形、弧壁、平底	220×210-155	庙底沟文化	
H711	T50东部	③→H711→生土	椭圆形、直壁、平底	540×320-280	庙底沟文化	被H564打破
H713	T89南部	①→H713→生土	椭圆形、斜直壁、圜底	270×200-70	庙底沟文化	被H651、H7128打破
H714	T89东部	①→H714→生土	椭圆形、斜直壁、圜底	75×50-80	庙底沟文化	被H712、H713打破
H715	T55中部	①→H715→生土	圆形、斜直壁、平底	245×245-55	庙底沟文化	
H716	T59东部	②→H716→③	椭圆形、直壁、平底	100×60-52	庙底沟二期文化	
H717	T59北部	③→H717→④	袋状、椭圆形、弧壁、平底	80×70-230	西王村文化	
H718	T63西部	③→H718→④	袋状、圆形、弧壁、平底	250×250-290	西王村文化	被H660打破
H719	T55中南端	①→H719→生土	椭圆形、直壁、平底	200×125-60	庙底沟文化	
H720	T107东部	③→H720→④	椭圆形、斜直壁、平底	300×120-110	庙底沟文化	
H721	T107中部	③→H721→④	椭圆形、直壁、平底	135×80-70	庙底沟文化	
H722	T106西南部	④→H722→生土	袋状、圆形、弧壁、平底	110×110-120	庙底沟文化	
H723	T105南部	③→H723→生土	圆形、斜直壁、底斜坡	185×185-115	庙底沟文化	
H724	T105西南部	③→H724→生土	袋状、圆形、弧壁、平底	140×140-85	庙底沟文化	
H725	T18西北部	②→H725→③	袋状、圆形、弧壁、平底	80×80-140	庙底沟文化	
H726	T104西南部	④→H726→生土	袋状、圆形、弧壁、平底	80×80-85	庙底沟文化	
H727	T104西北部	④→H727→生土	椭圆形、弧壁、圜底	160×100-45	庙底沟文化	
H728	T55西南部	①→H728→生土	袋状、圆形、斜直壁、平底	90×90-250	西王村文化	
H729	T106东部	③→H729→④	圆形、直壁、平底	120×120-62	庙底沟文化	
H730	T107中西部	④→H730→生土	椭圆形、直壁、平底	110×60-70	庙底沟文化	
H731	T63西南部	H718→H731→生土	袋状、圆形、弧壁、平底	75×75-250	庙底沟文化	

编号	位置	层位关系	形状与结构	尺寸（长×宽-深 单位厘米）	时代	备注
H732	T59东部	③→H732→④	椭圆形、弧壁、平底	74×30-40	庙底沟文化	
H733	T60南部	H678→H733→生土	袋状、椭圆形、弧壁、平底	70×60-160	庙底沟文化	
H734	T6东部	H678→H734→生土	袋状、椭圆形、弧壁、平底	80×70-60	庙底沟文化	
H735	T60北部	H678→H735→生土	袋状、圆形、弧壁、平底	80×75-110	庙底沟文化	
H736	T60中部	H678→H736→生土	袋状、圆形、弧壁、平底	90×70-95	庙底沟文化	
H737	T17西部	③→H737→④	圆形、斜直壁、平底	275×275-90	庙底沟文化	
H739	T60西南部	③→H739→生土	椭圆形、斜直壁、平底	126×78-215	庙底沟文化	
H740	T60南部	③→H740→生土	椭圆形、斜直壁、平底	110×76-124	庙底沟文化	
H741	T61东南部	②→H741→生土	袋状、圆形、弧壁、平底	80×20-280	庙底沟文化	被H517打破
H742	T124东部	②→H742→生土	圆形、直壁、平底	165×165-90	庙底沟文化	
H743	T124东南部	②→H743→生土	圆形、直壁、平底	235×235-50	庙底沟文化	
H745	T55西南部	①→H745→生土	袋状、椭圆形、弧壁、平底	150×108-115	庙底沟文化	
H746	T55中南部	①→H746→生土	圆形、斜直壁、平底	210×210-50	庙底沟文化	
H747	T46东南部	③→H747→④	椭圆形、弧壁、平底	230×120-70	庙底沟文化	
H748	T45西南部、T46西北部、T47东南部、T48东北部	③→H748→④	不规则形、台阶状壁、圜底	1230×475-160	庙底沟二期文化	
H749	T61北部	②→H749→生土	椭圆形、直壁、平底	280×150-240	庙底沟文化	
H750	T93南部	③→H750→生土	袋状、圆形、斜直壁、平底	255×255-100	西王村文化	
H751	T107北部	④→H751→生土	袋状、圆形、弧壁、平底	100×100-193	庙底沟文化	
H752	T48东南部	④→H752→生土	圆形、直壁、平底	80×80-140	庙底沟文化	
H753	T63北部	③→H753→④	圆形、圜底	210×170-110	庙底沟文化	
H754	T55东北部	①→H754→生土	袋状、圆形、弧壁、平底	80×80-145	庙底沟文化	
H755	T63中部	③→H755→④	椭圆形、直壁、平底	275×130-110	庙底沟文化	被H287打破
H756	T50东北部	③→H756→生土	圆形、弧壁、平底	157×150-90	庙底沟文化	
H757	T63北部	④→H757→生土	椭圆形、弧壁、圜底	215×185-30	庙底沟文化	
H758	T63东北部	③→H758→④	椭圆形、弧壁、圜底	135×105-70	庙底沟文化	
H759	T79西部	③→H759→④	椭圆形、斜直壁、平底	265×65-140	庙底沟文化	
H760	T52中南部	②→H760→③	袋状、圆形、斜直壁、平底	235×230-160	庙底沟二期文化	

编号	位置	层位关系	形状与结构	尺寸（长×宽-深单位厘米）	时代	备注
H761	T78西北部	②→H761→③	椭圆形、弧壁、平底	635×200-160	西王村文化	
H762	T48中部	④→H762→生土	圆形、弧壁、平底	100×100-240	庙底沟文化	
H763	T50东部	H711→H763→生土	圆形、直壁、平底	110×110-40	庙底沟文化	
H765	T63东北部	H349、H753→H765→生土	袋状、圆形、弧壁、平底	110×110-280	西王村文化	
H766	T46东北部	④→H766→生土	圆形、弧壁、圜底	430×235-290	西王村文化	
H767	T73南部	②→H767→生土	袋状、圆形、弧壁、平底	80×80-360	庙底沟文化	
H768	T79中部	③→H768→④	椭圆形、壁斜、圜底	280×40-63	庙底沟文化	
H769	T94东北部	①→H769→②	圆形、斜壁、平底	250×250-100	西王村文化	
H770	T106东南角	④→H770→生土	椭圆形、弧壁、平底	586×339-180	庙底沟文化	被H669、H722、H861打破
H772	T97南部	③→H772→生土	圆形、弧壁、圜底	80×80-100	庙底沟文化	
H773	T43北部	H166→H773→生土	椭圆形、斜直壁、平底	365×195-130	庙底沟文化	被H166打破
H774	T79西南	③→H774→④	椭圆形、直壁、平底	290×80-42	庙底沟文化	
H775	T62东南部	③→H775→④	椭圆形、弧壁、平底	230×182-120	庙底沟文化	
H776	T63中部	③→H776→④	袋状、圆形、弧壁、平底	90×90-100	庙底沟文化	被H287打破
H777	T63中部	③→H777→④	椭圆形、直壁、平底	200×50-50	庙底沟文化	
H778	T63北部	③→H778→④	椭圆形、弧壁、圜底	80×45-20	庙底沟文化	
H779	T45南部	⑤→H779→生土	椭圆形、直壁、平底	235×130-200	西王村文化	
H780	T48北部	③→H780→④	圆形、弧壁、平底	105×105-170	西王村文化	
H781	T94北部	H769→H781→生土	圆形、直壁、平底	70×70-80	西王村文化	
H782	T62西南部	③→H782→④	圆形、弧壁、平底	350×200-90	庙底沟文化	
H783	T77东南部	③→H783→生土	椭圆形、斜直壁、平底	490×170-165	庙底沟文化	
H784	T66东北部	②→H784→生土	椭圆形、斜直壁、平底	200×212-130	庙底沟文化	
H785	T48中东部	④→H785→生土	圆形、弧壁、平底	100×160-160	庙底沟文化	
H786	T73西南部	②→H786→生土	椭圆形、弧壁、平底	455×350-300	庙底沟文化	
H787	T17北隔梁	③→H787→④	椭圆形、斜直壁、台阶状底	420×315-280	庙底沟文化	
H788	T22中部	②→H788→③	圆形、直壁、平底	220×220-105	庙底沟文化	
H789	T62南部	③→H789→④	椭圆形、直壁、平底	360×272-60	庙底沟文化	
H790	T63东南部	③→H790→④	椭圆形、直壁、平底	250×230-105	庙底沟文化	
H791	T77东部	③→H791→生土	椭圆形、台阶状壁、平底	480×150-175	庙底沟文化	

编号	位置	层位关系	形状与结构	尺寸（长×宽-深 单位厘米）	时代	备注
H793	T25南部	②→H793→生土	椭圆形、弧壁、圜底	183×135-65	庙底沟文化	
H794	T66东北部	②→H794→生土	袋状、椭圆形、弧壁、平底	184×160-100	庙底沟文化	
H795	T93东南部	②→H795→③	圆形、直壁、平底	120×120-25	庙底沟文化	
H796	T93东南	②→H796→③	圆形、弧壁、平底	60×60-80	庙底沟文化	
H797	T94东北部	④→H797→⑤	圆形、直壁、平底	140×140-60	庙底沟文化	
H798	T48南部	④→H798→生土	圆形、直壁、平底	70×70-50	庙底沟文化	
H799	T48南部	④→H799→生土	圆形、直壁、平底	146×138-120	庙底沟文化	
H800	T94东部	①→H800→②	袋状、圆形、弧壁、平底	110×110-100	庙底沟二期文化	
H801	T77东南角	②→H801→生土	椭圆形、斜直壁、台阶状底	250×130-122	庙底沟文化	
H802	T51中南部	③→H802→生土	圆形、斜弧壁、圜底	170×170-90	庙底沟文化	
H803	T51中南部	②→H803→③	圆形、斜弧壁、平底	120×168-75	庙底沟二期文化	
H804	T94东北角	①→H804→②	圆形、弧壁、平底	70×56-105	庙底沟二期文化	
H805	T45西部	⑤→H805→生土	椭圆形、斜直壁、平底	830×430-120	西王村文化	
H806	T56西部	③→H806→生土	袋状、圆形、弧壁、平底	195×195-97	庙底沟文化	
H807	T56中南部	③→H807→生土	圆形、斜直壁、平底	212×211-50	庙底沟文化	
H808	T46东南部	④→H808→生土	圆形、直壁、平底	185×185-40	庙底沟文化	被H747打破
H809	T94东部	④→H809→⑤	圆形、弧壁、平底	200×200-13	庙底沟文化	被H769、H800打破
H810	T56中部	③→H810→生土	袋状、圆形、弧壁、平底	131×131-70	庙底沟文化	
H811	T100西南部	③→H811→生土	圆形、斜弧壁、圜底	275×230-96	庙底沟文化	
H812	T62西南部、T67东隔梁	②→H812→③	椭圆形、直壁、平底	53×50-117	庙底沟文化	
H813	T64南部	④→H813→生土	袋状、椭圆形、弧壁、平底	158×150-114	庙底沟文化	
H814	T66东南部	②→H814→生土	椭圆形、弧壁、平底	335×116-50	庙底沟文化	
H816	T99西北部	②→H816→生土	椭圆形、弧壁、平底	350×312-102	庙底沟文化	
H817	T45东部	③→H817→④	椭圆形、斜直壁、平底	230×150-60	庙底沟二期文化	
H818	T63西北角	H659→H818→生土	袋状、椭圆形、弧壁、平底	152×115-180	庙底沟文化	
H819	T45东部	H817→H819→④	圆形、斜直壁、平底	105×105-50	庙底沟二期文化	
H820	T47西南部	⑤→H820→生土	椭圆形、斜直壁、平底	348×110-110	西王村文化	
H821	T73南部	H767→H821→生土	袋状、圆形、弧壁、平底	80×80-180	庙底沟文化	
H822	T46东北部	④→H822→生土	椭圆形、直壁、平底	50×110-160	庙底沟文化	被H766打破

编号	位置	层位关系	形状与结构	尺寸（长×宽-深 单位厘米）	时代	备注
H823	T46东南部	④→H823→生土	圆形、直壁、平底	330×330-35	庙底沟文化	被H808、H747打破
H824	T93西南部	H750→H824→生土	圆形、弧壁、平底	60×60-155	庙底沟文化	被H750打破
H825	T93东部	③→H825→生土	袋状、圆形、斜直壁、平底	500×500-96	庙底沟文化	被F9打破
H827	T46南部	④→H827→生土	圆形、直壁、平底	380×305-90	庙底沟文化	
H828	T63东南部	③→H828→④	圆形、直壁、平底	170×170-110	西王村文化	
H829	T77南部	H783→H829→生土	袋状、椭圆形、弧壁、平底	120×94-250	庙底沟文化	
H830	T77南部	②→H830→③	椭圆形、直壁、平底	294×280-170	西王村文化	被H833、H855打破
H831	T53西南部	③→H831→生土	椭圆形、直壁、平底	270×170-210	庙底沟文化	
H832	T47西南部	⑤→H832→生土	圆形、斜直壁、平底	250×105-120	庙底沟文化	
H833	T77南部	③→H833→生土	椭圆形、斜直壁、平底	270×170-210	西王村文化	
H834	T108北部	②→H834→③	圆形、圜底	110×110-65	庙底沟文化	
H835	T51中东部	③→H835→生土	圆形、斜直壁、平底	350×340-120	西王村文化	
H836	T51中南部	③→H836→生土	圆形、直壁、平底	125×125-110	庙底沟文化	被H802、H211打破
H837	T46中部	④→H837→生土	椭圆形、直壁、平底	240×160-40	西王村文化	
H838	T46中部	④→H838→生土	圆形、直壁、平底	345×270-55	庙底沟文化	被H837、H776、M58打破
H839	T108东部	②→H839→③	袋状、圆形、弧壁、平底	65×65-90	庙底沟文化	
H840	T108东部	②→H840→③	抹角长方形、直壁、平底	560×210-275	庙底沟文化	
H841	T106东北部	③→H841→④	袋状、圆形、斜直壁、平底	260×260-80	西王村文化	被H623打破
H842	T46北部	④→H842→生土	圆形、直壁、平底	130×130-60	庙底沟文化	
H843	T46北部	④→H843→生土	圆形、直壁、平底	105×105-220	庙底沟文化	被H842、H776、H838打破
H844	T51西北部	③→H844→生土	椭圆形、斜直壁、平底	305×225-170	庙底沟文化	
H845	T62东部	②→H845→③	椭圆形、直壁、平底	118×60-60	庙底沟文化	
H846	T29南部	②→H846→生土	圆形、直壁、平底	230×70-70	庙底沟文化	
H847	T94西北角	①→H847→②	圆形、斜直壁、平底	160×160-100	庙底沟二期文化	
H848	T48北部	④→H848→生土	圆形、直壁、平底	110×110-110	庙底沟文化	
H849	T47中部	③→H849→④	椭圆形、斜直壁、平底	240×150-60	庙底沟二期文化	被H748打破
H850	T29东北部	②→H850→生土	椭圆形、弧壁、平底	180×110-	庙底沟文化	

编号	位置	层位关系	形状与结构	尺寸（长×宽-深 单位厘米）	时代	备注
H851	T106东北部	H841→H851→生土	袋状、圆形、弧壁、平底	60×60-186	庙底沟文化	
H852	T106东北部	H841→H852→生土	袋状、圆形、弧壁、平底	70×70-220	庙底沟文化	
H853	T45中部	⑤→H853→生土	椭圆形、直壁、底不平	300×200-40	庙底沟二期文化	
H854	T99东部	②→H854→生土	椭圆形、直壁、平底	390×129-212	庙底沟文化	
H855	T77中部	②→H855→③	袋状、圆形、弧壁、平底	85×85-327	庙底沟二期文化	
H857	T94西北部	⑤→H857→⑤	圆形、直壁、平底	90×90-125	庙底沟文化	被H847打破
H858	T45中部	⑤→H858→生土	圆形、直壁、底不平	280×240-190	庙底沟二期文化	
H859	T51东北部	②→H859→③	不规则、斜直壁、平底	570×570-180	庙底沟二期文化	
H860	T77东北部	③→H860→生土	圆形、直壁、平底	80×80-250	庙底沟文化	
H861	T106西南部	④→H861→生土	袋状、圆形、弧壁、平底	70×70-180	庙底沟文化	
H862	T98中北部	③→H862→生土	椭圆形、直壁、平底	300×120-30	庙底沟文化	
H863	T46西部	④→H863→生土	椭圆形、斜直壁、平底	60×150-75	庙底沟文化	
H864	T46中北部	②→H864→③	袋状、圆形、弧壁、平底	65×65-180	庙底沟二期文化	
H865	T51东北部	③→H865→生土	椭圆形、弧壁、圜底	355×170-210	西王村文化	
H866	T46中西部	④→H866→生土	圆形、弧壁、平底	340×340-80	庙底沟文化	被H748、H863、H864打破
H867	T99东部	②→H867→生土	椭圆形、斜直壁、圜底	200×85-160	庙底沟文化	
H868	T98中部	③→H868→生土	椭圆形、直壁、平底	400×340-90	庙底沟文化	
H869	T46西南部	④→H869→生土	椭圆形、直壁、平底	100×190-250	庙底沟文化	被H827打破
H870	T62南部	①→H870→②	椭圆形、直壁、平底	130×50-60	西王村文化	
H871	T62中部	③→H871→④	椭圆形、弧壁、平底	140×130-120	庙底沟文化	
H874	T129北部	①→H874→②	椭圆形、弧壁、平底	434×96-88	庙底沟文化	
H876	T130北部	②→H876→生土	椭圆形、弧壁、平底	290×60-90	庙底沟文化	

附表2 房址登记表

编号	位置	层位关系	形状与结构	尺寸（厘米）长×宽 - 深	文化属性	备注
F1	T9东部	①→F1→生土	地面式，平面近长方形。残存垫土、门道	460×620	庙底沟文化	被H40、H41、H53、H60、H63打破
F3	T59、T60、T63、T64	④→F9→生土	半地穴式。平面为"凸"字形。残存柱洞23、灶1、门道	855×718-16	庙底沟文化	被H346、H650、H790、H813打破
F4	T58东部	②→F4→生土	半地穴式，平面椭圆形。残存柱洞6、灶1、居住面	450×425-250	庙底沟文化	
F5	T92东部	④→F5→生土	半地穴式，平面圆形。残存门道、居住面、灶1	450×490	庙底沟二期文化	
F6	T69南部	④→F6→生土	半地穴式，平面椭圆形。残存门道、壁龛4、白灰面	408×320-280	庙底沟文化	
F7	T63、T68	①→F7→生土	半地穴式，平面长方形。残存居住面	880×695	庙底沟文化	被H659、H744、H322、H32、H660、H818打破
F8	T48南部T50东南部	④→→F9→生土	地面式，平面长方形。残存门道、灶1、柱洞17、回廊、护墙石	960×720	庙底沟文化	被H785、H762、H752、H848打破
F9	T93北部	②→F9→生土	半地穴式，平面圆形。残存门道、居住面、灶1	390×390-124	庙底沟文化	

备注：

1、F2、F10、F11 保存很差，近残存一两个柱洞，附表不涉及。根据层位关系可以判断，F2、F11 年代为庙底沟文化；F10 的年代为庙底沟二期文化。

附表3 陶窑登记表

编号	位置	层位关系	形状与结构	尺寸（厘米）长×宽-深	文化属性	备注
Y1	TGI中部	①→Y1→生土	平面呈椭圆形。残存火膛、窑室、火道	130×750-35	庙底沟文化	
Y2	T35东北部	②→Y2→生土	平面椭圆形。残存火膛、火道、窑室	121×64-40	庙底沟文化	被H170打破
Y3	T9西南部	①→Y3→生土	平面椭圆形。残存窑室	120×60-20	庙底沟文化	
Y4	T10西南部	①→Y4→生土	平面椭圆形。残存窑室	110×60-15	庙底沟文化	
Y5	T41西南部	③→Y5→生土	平面椭圆形。残存火膛东壁	120×50-10	庙底沟文化	
Y6	T47北中部	③→Y6→④	平面椭圆形。保存火膛、火道、窑室	140×130-25	西王村文化	被隋唐墓葬打破
Y7	T93东北角	①→Y6→生土	平面椭圆形。保存火膛、窑室	110×70-20	庙底沟文化	
Y8	T20东部	①→Y8→②	平面椭圆形。保存火膛、窑室	170×95-80	庙底沟二期文化	
Y9	T143东南部	①→Y9→生土	平面椭圆形。仅存火膛	140×110-40	庙底沟文化	
Y10	T40西北部	②→Y10→③	平面椭圆形。残存火膛、窑室、火道。	165×107-75	庙底沟文化	
Y11	T72西北部	①→Y11→③	平面椭圆形。仅存火膛	90×80-20	庙底沟文化	
Y12	T72北部	①→Y12→生土	平面呈椭圆形。残存火膛、窑室	220×115-	庙底沟文化	
Y13	T72东南部	②→Y13→③	平面呈椭圆形。残存窑室、火膛、火道	220×108	庙底沟文化	
Y14	T95东南部	①→Y14→生土	平面圆形。仅存部分窑室	134×150-64	庙底沟二期文化	
Y15	T20东南部	①→Y15→生土	平面圆形。残存火膛、窑室	130×80-20	庙底沟文化	
Y16	T45南部	⑤→Y16→生土	平面椭圆形。仅存火膛、火道	173×80-64	庙底沟二期文化	
Y17	T22北隔梁	①→Y17→生土	平面圆形。残存火膛、窑室	150×80-30	庙底沟文化	
Y18	T196东南	①→Y18→生土	平面圆形。残存火膛、窑室	120×100-15	庙底沟文化	

附表4 灰沟登记表

编号	位置	层位关系	形状与结构	尺寸（厘米）长×宽-深	文化属性	备注
G3	T113中北部	②→Y1→生土	长条形、斜直壁、圜底	900×400-380	庙底沟文化	

附表5 庙底沟文化陶质陶色统计表

单位	泥质黄褐陶	泥质灰陶	夹砂红褐陶	夹砂灰陶	合计
H5	536	68	539	232	1375
H7	686	147	757	228	1818
H10	941	203	441	139	1724
H29	3912	454	846	1301	6513
H33	686	316	666	150	1818
H39	1238	318	1036	280	2872
H43	425	100	482	649	1656
H51	2454	843	405	1158	4860
H57	844	184	377	544	1949
H70	969	127	229	633	1958
H72	2392	322	850	1375	4939
H74	1185	240	393	878	2696
H84	2011	400	296	711	3418
H92	2925	230	388	773	4316
H102	933	245	169	16	1363
H106	1101	359	363	0	1823
H108	1774	17	597	1439	3827
H110	2319	1696	1371	1382	6768
H111	473	134	129	232	968
H114	1174	712	1208	241	3335
H116	3340	821	837	2002	7000
H122	2086	341	514	0	2941
H127	1741	581	755	686	3763
H146	1057	237	127	198	1619
H152	321	34	62	114	531
H164	1087	111	1417	696	3311
H165	321	36	136	203	696
H166	3189	451	1817	442	5899
H170	393	344	301	27	1065
H189	1490	224	766	332	2812
H196	842	107	123	271	1343

单位	泥质黄褐陶	泥质灰陶	夹砂红褐陶	夹砂灰陶	合计
H220	7475	2398	0	0	9873
H255	1361	325	563	349	2598
H263	1783	407	362	311	2863
H278	1888	389	1271	167	3715
H286	1197	299	405	390	2291
H291	1087	686	681	128	2582
H297	1088	182	882	1012	3164
H300	1904	423	957	239	3523
H302	692	124	303	170	1289
H325	1497	358	738	264	2857
H335	5654	1000	6580	4758	17992
H342	561	124	1151	218	2054
H354	1036	164	899	386	2485
H366	2581	549	1701	218	5049
H373	1173	168	214	556	2111
H394	1802	394	568	283	3047
H408	2236	688	1105	487	4516
H412	644	136	365	121	1266
H423	1120	254	210	486	2070
H432	2656	472	2228	339	5695
H442	1162	133	756	422	2473
H452	918	224	1045	570	2757
H471	6059	934	1960	748	9701
H477	8129	1302	7477	2180	19088
H501	1009	145	3465	502	5121
H542	1525	404	624	1184	3737
H569	1179	105	596	100	1980
H599	1358	246	506	236	2346
H619	2122	268	1177	924	4491
H635	975	246	391	472	2084
H770	2715	294	1862	1719	6590
H773	729	121	399	145	1394
H787	1140	64	1202	388	2794
H812	1035	337	537	205	2114
合计	114335	24765	61577	38009	238686
比例	47.90%	10.38%	25.80%	15.92%	100.00%

附表6　庙底沟文化纹饰统计表

纹饰单位	素面	线纹	线纹+篮纹	线纹+凹弦纹	篮纹	线纹+附加堆纹	复合纹	附加双錾	附加堆纹	篮纹+附加堆纹	凹弦纹+附加堆纹	布纹	凸弦纹	黑彩	红衣	褐彩	红衣+黑彩	红彩	复合彩	合计
H5	356	732	95	53	6	22	0	0	5	0	0	1	6	99	1	0	0	0	0	1379
H7	461	870	166	0	5	8	0	5	0	0	3	1	0	138	3	0	0	6	0	1669
H10	828	645	33	59	0	1	0	2	0	0	0	1	0	141	6	0	0	0	0	1724
H29	1547	3350	0	229	10	12	3	21	0	0	3	1	11	557	19	68	0	55	0	5901
H33	709	998	37	24	0	2	0	3	0	0	0	0	1	43	0	0	0	0	0	1819
H39	889	1542	124	94	11	10	0	8	0	2	0	11	0	320	9	0	0	32	0	3072
H43	684	824	9	62	3	1	0	7	0	0	0	0	0	7	0	0	0	0	0	1621
H51	1401	2366	672	128	22	17	0	10	0	0	0	0	18	282	50	8	0	0	0	4981
H57	471	1135	118	63	1	1	0	7	0	0	0	0	3	133	13	0	0	4	0	1949
H70	563	999	160	82	17	0	0	3	3	0	0	0	2	121	16	0	0	4	0	1970
H72	1129	3023	236	212	0	15	0	6	0	0	5	1	0	326	17	0	0	0	0	4982
H74	672	1403	192	98	34	14	0	5	0	16	0	1	0	250	0	0	0	7	0	2696
H84	1147	1544	231	138	6	8	0	4	0	1	0	1	0	275	35	10	0	10	7	3431
H92	1195	2142	414	176	0	0	0	6	0	0	0	0	0	342	25	0	0	8	3	4314
H102	602	495	81	19	0	0	0	9	0	0	0	0	0	123	9	0	0	0	0	1373
H106	685	583	233	43	0	3	0	7	0	0	3	0	0	202	16	0	11	0	0	1813
H108	954	2380	138	127	0	9	0	10	0	0	1	1	1	181	11	4	0	0	0	3826
H110	1296	3434	223	184	0	0	0	19	0	0	0	0	0	290	0	0	0	0	0	5450
H111	258	532	46	34	0	0	0	2	0	0	0	0	0	82	0	0	0	1	0	956
H114	1734	1587	410	315	0	0	0	8	4	0	4	0	0	511	0	0	0	0	0	4573

纹饰单位	素面	线纹	线纹+篮纹	线纹+凹弦纹	凹弦纹	篮纹	线纹+附加堆纹	复合纹	附加双錾	附加堆纹	篮纹+附加堆纹	凹弦纹+附加堆纹	布纹	凸弦纹	黑彩	红衣	褐彩	红衣+黑彩	红彩	复合彩	合计
H116	1833	3126	1090	254	19	18	38	0	12	20	0	0	0	8	532	45	0	0	5	0	7000
H122	1620	894	73	105	7	0	0	0	11	0	0	0	0	0	232	0	0	0	0	0	2942
H127	1492	1729	187	75	32	0	8	0	5	2	0	1	2	1	211	13	5	0	0	0	3763
H146	691	642	82	47	21	0	0	0	6	0	0	0	0	0	119	10	0	0	0	0	1618
H152	133	265	59	29	0	0	0	0	0	0	0	0	1	0	26	17	0	0	1	0	531
H164	760	1772	196	206	2	11	17	5	7	0	0	0	0	0	262	48	28	2	0	0	3316
H165	205	310	48	54	1	0	0	0	0	0	0	0	0	0	78	0	0	0	0	0	696
H166	1747	2651	701	206	0	17	4	3	10	9	3	0	0	0	423	93	0	82	0	0	5949
H170	708	465	107	0	22	0	1	0	3	2	0	0	0	0	79	0	0	0	0	0	1387
H189	864	933	348	150	21	6	47	0	13	6	0	0	3	0	252	5	0	1	0	0	2650
H196	472	524	137	0	6	0	10	0	2	0	0	0	1	0	122	4	6	0	0	0	1284
H220	4095	3588	482	456	105	48	27	32	20	15	18	3	4	0	945	79	0	0	7	3	9927
H255	696	921	416	183	62	37	7	1	3	3	0	1	0	0	237	23	0	0	2	0	2592
H263	1050	1158	325	84	39	0	0	0	9	2	0	0	0	0	195	5	0	0	0	0	2867
H278	1181	1250	297	327	121	4	8	0	11	8	0	11	2	0	410	28	0	19	5	2	3684
H286	664	966	302	238	2	0	13	0	6	12	0	0	0	0	227	0	0	0	3	0	2433
H291	944	1123	188	136	43	0	7	0	6	4	0	0	0	0	122	1	0	0	2	0	2582
H297	911	1517	397	148	9	22	18	0	5	2	0	5	1	0	190	16	0	0	0	0	3235
H300	1035	1504	391	300	37	0	0	0	4	8	0	0	0	0	236	14	0	1	0	0	3522
H302	496	560	111	58	4	0	8	0	0	3	0	0	1	0	132	10	0	0	0	0	1388
H325	1081	759	444	0	48	61	9	10	4	3	0	4	2	0	281	11	0	2	0	0	2719
H335	5537	7879	988	1354	92	178	0	215	32	4	13	0	5	0	958	38	10	14	0	0	17317
H342	499	1335	28	95	43	0	1	2	0	0	0	0	0	0	47	3	0	0	0	0	2053

纹饰单位	素面	线纹	线纹+篮纹	线纹+回弦纹	回弦纹	篮纹	线纹+附加堆纹	复合纹	附加双錾	附加堆纹	篮纹+附加堆纹	回弦纹+附加堆纹	布纹	凸弦纹	黑彩	红衣	褐彩	红衣+黑彩	红彩	复合彩	合计
H354	625	1164	307	145	15	7	11	15	0	2	3	4	0	0	135	26	11	16	0	0	2486
H366	2208	2160	39	33	41	0	2	0	9	4	0	108	0	0	339	41	5	3	0	27	5019
H373	585	1072	180	80	16	6	4	0	7	0	0	0	1	0	124	0	0	0	0	0	2075
H394	1118	1157	193	104	19	63	10	7	7	1	32	5	0	0	302	11	10	2	2	0	3043
H408	1251	1577	556	520	0	0	0	0	7	0	0	1	8	0	392	58	0	27	0	0	4397
H412	392	590	40	56	3	11	0	3	7	0	2	0	0	0	149	7	0	3	0	2	1265
H423	767	777	151	80	2	32	1	0	6	2	24	0	3	0	210	0	0	0	9	0	2064
H432	1314	2551	829	349	38	6	23	41	9	16	0	1	0	0	385	38	34	12	5	0	5651
H442	620	1318	83	85	18	10	12	10	7	0	0	0	2	0	182	8	0	4	0	1	2360
H452	787	1574	193	150	10	2	5	0	5	0	0	0	0	1	187	5	10	0	2	0	2931
H471	2295	4990	1308	323	149	43	13	15	41	0	4	5	1	0	422	24	10	5	0	0	9648
H477	4191	9538	1291	1034	171	170	97	2	14	149	11	0	15	0	1254	273	37	29	1	0	18277
H501	647	3489	115	176	39	13	10	2	3	2	0	5	0	0	137	22	0	0	0	0	4660
H542	1038	1816	210	163	18	95	22	38	7	7	45	4	2	0	190	12	2	4	0	0	3673
H569	632	927	179	55	44	0	11	13	6	3	0	1	3	0	141	31	8	6	0	2	2062
H599	643	1098	252	101	43	0	8	6	1	3	1	3	0	2	166	12	3	4	0	0	2346
H619	732	2016	1010	163	28	66	16	22	2	11	16	4	0	1	369	22	27	4	0	0	4509
H635	646	792	91	68	3	277	4	0	4	0	48	1	0	0	148	3	8	1	0	0	2094
H770	1222	2932	1217	341	30	163	24	105	4	11	40	4	9	11	447	25	36	12	0	2	6635
H773	327	676	241	31	4	0	1	0	3	0	0	0	0	0	111	0	0	0	1	0	1395
H787	796	1016	440	477	23	0	18	0	5	13	0	0	0	0	204	0	0	0	6	0	2998
H812	432	1102	254	123	23	3	1	20	0	4	5	0	3	1	142	0	0	1	0	0	2114
合计	69563	110787	20194	11302	1664	1484	639	570	465	340	284	190	88	67	16875	1311	340	265	179	49	236656
比例	29.39%	46.81%	8.53%	4.78%	0.70%	0.63%	0.27%	0.24%	0.20%	0.14%	0.12%	0.08%	0.04%	0.03%	7.13%	0.55%	0.14%	0.11%	0.08%	0.02%	100.00%

附表7　庙底沟文化器类统计表

单位	彩陶盆	彩陶钵	彩陶罐	彩陶壶	素面盆	素面钵	罐	器盖	器座	釜	盂	盆	甑	椭圆形盆	平底瓶	尖底瓶	杯	灶	缸	合计
H5	17	29	0	0	22	2	51	41	4	0	0	0	0	0	1	7	0	6	0	180
H7	30	42	0	0	37	1	152	9	1	0	0	0	0	0	0	6	0	2	0	280
H10	51	20	0	0	82	17	76	21	3	0	0	0	0	0	0	11	0	0	0	281
H29	154	138	3	0	108	29	214	88	1	0	1	0	1	2	0	47	0	2	0	788
H33	15	12	0	0	79	32	64	62	5	1	0	0	1	0	0	10	0	0	0	281
H39	108	75	1	0	84	9	113	63	3	1	0	10	1	0	0	22	3	3	0	496
H43	10	4	1	0	45	8	87	23	0	0	0	0	0	0	2	3	0	1	0	184
H51	108	87	0	1	149	7	124	81	3	4	1	6	1	2	0	44	1	5	0	624
H57	3	31	2	0	31	15	50	35	0	0	0	0	0	0	0	0	0	0	0	167
H70	8	31	0	0	41	1	61	21	1	0	0	0	0	0	0	5	0	0	0	169
H72	58	87	0	0	57	6	145	28	0	0	1	0	3	0	0	20	3	1	0	409
H74	52	40	2	0	44	4	93	12	2	0	0	0	0	0	0	8	0	1	0	255
H84	55	80	0	0	68	15	136	36	2	2	0	0	0	0	0	29	4	1	0	430
H102	34	13	1	0	73	14	30	15	0	0	0	0	0	0	0	6	1	0	0	186
H106	49	36	0	0	78	10	40	17	1	0	0	0	0	0	0	3	0	4	0	239
H108	39	27	0	0	71	8	108	29	6	0	0	0	0	0	8	6	0	5	0	307
H110	61	57	0	0	118	30	191	33	0	0	0	0	0	0	1	14	2	2	0	509
H111	19	16	0	0	31	2	36	0	1	0	0	0	0	0	0	3	0	0	0	108
H114	128	91	3	0	174	84	105	24	1	3	0	0	0	0	0	0	2	5	0	620
H116	138	117	3	0	180	13	267	83	7	3	0	12	2	1	0	32	1	10	0	869
H122	36	15	5	0	217	66	90	58	0	1	0	0	0	0	0	12	0	1	0	501
H146	31	7	3	0	84	33	26	21	0	2	0	0	0	0	0	5	2	0	0	214
H164	70	73	0	0	50	2	135	22	1	1	0	0	1	0	1	7	0	4	0	367

单位	彩陶盆	彩陶钵	彩陶罐	彩陶壶	素面盆	素面钵	罐	器盖	器座	釜	盂	瓮	甑	椭圆形盆	平底瓶	尖底瓶	杯	灶	瓿	合计
H165	19	20	0	0	13	6	41	7	0	0	0	1	0	0	0	0	0	2	0	109
H166	83	150	0	0	119	31	161	79	4	0	0	0	0	0	0	25	3	4	0	659
H170	21	4	1	0	42	21	41	33	0	2	0	0	0	0	1	7	0	1	0	174
H189	58	82	4	0	113	21	154	33	9	4	0	0	1	1	0	38	1	6	0	525
H196	37	34	1	0	56	8	71	16	0	2	0	0	0	0	0	23	0	2	0	250
H220	217	204	1	2	409	150	473	196	0	8	2	0	1	0	0	64	4	12	0	1743
H263	45	23	0	0	102	31	94	7	0	1	0	0	0	0	0	17	0	0	0	320
H278	119	29	0	0	112	119	255	99	1	2	0	0	0	0	0	26	0	11	0	773
H286	56	24	0	0	104	0	97	13	1	0	0	0	0	0	0	9	0	3	0	307
H297	42	49	1	0	49	13	144	28	2	5	0	0	0	0	0	9	4	4	0	350
H302	29	13	0	0	48	10	47	21	1	2	0	0	0	0	0	5	0	2	0	178
H325	56	86	0	0	85	23	164	55	0	4	0	5	0	0	0	15	1	6	0	500
H342	22	11	0	0	25	17	64	21	1	0	0	0	0	1	1	5	0	4	0	171
H366	83	35	0	0	173	86	161	85	0	7	0	11	0	0	0	39	2	3	2	691
H394	79	50	2	0	133	46	115	26	0	5	0	18	0	0	0	23	0	0	0	497
H408	55	80	0	0	76	25	58	27	11	0	0	0	0	0	0	21	0	2	0	355
H432	85	188	0	0	110	84	244	84	1	6	0	7	4	0	2	65	0	8	0	888
H477	249	644	1	0	236	72	1121	355	72	13	2	5	2	2	29	185	4	34	32	3058
H569	22	74	0	0	43	22	87	38	1	1	0	1	0	0	0	9	0	2	4	304
H619	78	169	2	0	91	29	163	24	14	2	0	13	0	0	6	50	2	1	0	644
H770	98	247	3	0	135	66	390	47	16	5	2	14	6	0	5	50	3	8	7	1102
H773	21	15	0	0	30	5	35	10	2	0	0	0	0	0	0	7	0	0	0	125
H787	40	43	2	0	86	15	170	40	0	2	0	0	0	0	2	16	0	14	0	430
H812	68	34	1	0	24	7	142	14	4	5	0	12	0	0	0	36	0	3	0	350
合计	2956	3436	43	3	4337	1315	6886	2180	180	94	9	115	25	8	63	1044	43	185	45	22967
比例	12.87%	14.96%	0.19%	0.01%	18.88%	5.73%	29.98%	9.49%	0.78%	0.41%	0.04%	0.50%	0.11%	0.03%	0.27%	4.55%	0.19%	0.81%	0.20%	100.00%

附表8　西王村文化陶质陶色统计表

单位	泥质黄褐陶	泥质灰陶	夹砂黄褐陶	夹砂灰陶	合计
H805	107	510	178	811	1606
H212	99	206	206	399	910
H491	34	167	72	401	674
H496	16	114	78	207	415
H556	20	244	38	564	866
H571	22	110	43	158	333
H632	49	188	108	683	1028
H643	26	139	18	452	635
H654	8	366	224	1217	1815
H717	1	195	36	32	264
H718	20	252	69	612	953
H828	5	99	46	136	286
H865	6	108	91	396	601
合计	413	2698	1207	6068	10386
比例	3.98%	25.98%	11.62%	58.42%	100.00%

附表9　西王村文化纹饰统计表

纹饰\单位	素面	附加堆纹	附加鸡冠耳	凹弦纹	绳纹	绳纹+附加堆纹	花边	篮纹	篮纹+附加堆纹	方格纹	布纹	合计
H805	757	21	0	14	4	0	0	603	216	2	0	1617
H212	372	12	0	12	0	0	0	262	87	0	0	745
H491	155	6	0	2	4	0	0	422	109	0	0	698
H496	79	3	0	1	0	0	0	290	45	0	0	418
H556	231	1	0	0	22	6	0	545	79	0	0	884
H571	120	0	0	1	0	0	0	200	14	0	0	335
H632	390	6	1	11	0	1	11	490	83	0	0	993
H643	132	6	0	1	1	0	6	413	75	3	0	637
H654	426	24	0	0	0	0	0	1077	300	0	0	1827
H717	64	1	0	0	0	0	2	107	85	0	0	259
H718	331	8	6	7	5	3	10	473	80	35	2	960
H828	124	0	4	0	3	0	1	118	35	0	0	285
H865	170	6	0	1	19	9	0	273	135	1	0	614
合计	3351	94	11	50	58	19	30	5273	1343	41	2	10272
比例	32.62%	0.92%	0.11%	0.49%	0.56%	0.18%	0.29%	51.33%	13.07%	0.40%	0.02%	100.00%

附表10　西王村文化器类统计表

单位	素面钵	篮纹钵	彩陶罐	器盖	罐	器座	喇叭口瓶	平底瓶	壶	釜	灶	刻槽盆	鼎	杯	单把杯	豆	瓮	合计
H805	7	1	6	27	200	6	4	0	0	3	0	0	23	2	0	3	3	285
H212	7	0	0	11	79	0	0	1	2	1	0	0	6	1	0	0	1	109
H491	1	0	2	11	29	3	0	0	0	0	0	0	10	0	0	3	0	59
H496	2	3	1	6	24	0	3	0	0	0	0	0	1	0	0	10	0	50
H556	1	0	4	3	19	1	1	0	0	0	0	0	2	0	0	16	0	47
H571	4	0	0	0	9	1	2	0	0	0	0	1	0	0	0	0	0	16
H632	6	3	5	19	61	0	2	0	1	0	0	0	8	0	1	6	0	113
H643	5	0	0	1	41	0	0	0	0	0	0	0	5	1	0	4	1	58
H654	11	0	0	5	143	6	0	0	1	0	2	0	11	0	0	17	0	196
H717	3	0	0	1	22	0	0	1	0	0	0	1	2	0	1	1	1	33
H718	4	1	0	11	58	2	1	0	0	0	0	1	9	0	0	12	0	99
H828	0	1	0	3	29	0	2	0	0	0	1	0	2	1	0	2	0	41
H865	3	2	2	0	106	2	1	0	0	1	0	0	7	0	0	2	0	126
合计	54	11	20	98	820	21	16	2	4	5	3	3	86	5	2	76	6	1232
比例	4.38%	0.89%	1.62%	7.95%	66.56%	1.70%	1.30%	0.16%	0.32%	0.41%	0.24%	0.24%	6.98%	0.41%	0.16%	6.17%	0.49%	100.00%

附表11 庙底沟二期文化陶质陶色统计表

单位	泥质黄褐陶	泥质灰陶	夹砂黄褐陶	夹砂灰陶	合计
H23	0	491	460	1109	2060
H87	0	553	293	516	1362
H485	17	146	65	173	401
H652	28	260	43	260	591
H677	31	203	97	379	710
H748	20	472	96	820	1408
H760	0	105	56	417	578
H819	8	94	16	130	248
H864	1	53	12	131	197
合计	105	2377	1138	3935	7555
比例	1.39%	31.46%	15.06%	52.08%	100.00%

附表12　庙底沟二期文化纹饰统计表

纹饰\单位	素面	附加堆纹	鸡冠耳	凹弦纹	凹弦纹+附加堆纹	绳纹	绳纹+附加堆纹	花边篮纹	篮纹	篮纹+附加堆纹	方格纹	布纹	划纹	合计
H23	1213	25	7	16	2	36	21	0	557	181	8	1	2	2069
H87	416	0	2	0	0	5	2	0	72	21	20	3	0	541
H485	233	0	0	0	0	0	0	0	143	33	0	0	0	409
H652	327	3	1	0	0	11	0	5	255	65	0	0	0	667
H677	260	5	1	1	0	0	0	0	356	106	0	0	0	729
H748	562	17	0	0	0	3	0	6	682	135	0	0	0	1405
H760	123	1	0	0	0	0	0	0	387	87	0	0	0	598
H819	54	0	0	1	0	2	0	0	143	36	0	0	0	236
H864	45	1	0	0	0	0	0	9	111	41	0	0	0	207
合计	3233	52	11	18	2	57	23	20	2706	705	28	4	2	6861
比例	47.12%	0.76%	0.16%	0.26%	0.03%	0.83%	0.34%	0.29%	39.44%	10.28%	0.41%	0.06%	0.03%	100.00%

附表13 庙底沟二期文化器类统计表

单位	素面钵	篮纹盆	彩陶罐	器盖	罐	器座	喇叭口瓶	壶	釜	灶	刻槽盆	鼎	杯	甑	罂	豆	瓮	合计
H23	0	10	0	21	211	8	0	1	3	1	6	5	2	0	4	0	0	272
H87	0	0	1	27	87	3	0	0	4	1	0	1	1	3	1	0	0	129
H485	5	2	0	5	14	0	2	1	0	0	0	1	1	0	0	2	4	37
H652	8	0	0	2	45	1	10	8	0	0	1	6	0	0	0	8	0	89
H677	11	0	0	14	37	0	2	0	1	0	0	8	0	0	1	0	1	74
H748	6	1	2	12	138	2	8	0	1	0	0	6	0	0	1	11	1	188
H760	8	0	3	4	46	0	1	0	0	0	1	1	0	0	1	2	1	67
H819	2	2	0	0	22	0	0	0	0	0	0	1	0	0	0	0	0	27
H864	3	1	0	1	22	0	2	0	0	0	0	1	0	0	0	1	0	31
合计	43	16	6	86	622	14	25	10	9	2	8	30	4	3	5	24	7	914
比例	4.70%	1.75%	0.66%	9.41%	68.05%	1.53%	2.74%	1.09%	0.98%	0.22%	0.88%	3.28%	0.44%	0.33%	0.55%	2.63%	0.77%	1

后 记

  《三门峡庙底沟》是河南省文物考古研究院对庙底沟遗址发掘成果整理的又一个重要报告（2006年曾出版过《三门峡庙底沟唐宋墓葬》发掘报告）。2002年庙底沟遗址的发掘工作，得到了三门峡市市委市政府、三门峡市交通局、公路局、电业局、气象局，三门峡市开发区、韩庄村委会等单位和部门以及当地群众的积极支持和热心协助，同时更要由衷的感谢三门峡市文化局、文物局、文物考古研究所和郑州大学历史与考古系的鼎力相助与无私配合。

  发掘过程中，河南省文物局孙英民、司治平、杨振威，郑州大学历史与考古系姜建设、于兆兴、韩国河，河南省古代建筑保护研究所张玉石、赵会军，河南博物院张得水，河南省文物考古研究所孙新民、秦曙光、秦文生、张志清、贾连敏、杨肇清、曹桂岑、姜涛、赵清、王龙正、陈彦堂、魏兴涛，三门峡市文化局郭炎堂、李兴华，三门峡市文物局侯俊杰、张怀银，三门峡市文物考古研究所许海星、姚文章、史智民、李书谦、杨建设、杨海青等领导和老师多次莅临发掘现场指导工作。

  张忠培先生在发掘后期曾亲临考古工地，对发掘工作进行了现场指导。中国科学院地质与地球物理研究所研究员周昆叔先生、北京大学环境学院教授莫多闻先生在发掘期间对遗址进行了环境考古学的研究工作。北京大学的严文明先生为本报告题写了书名。

  本报告由樊温泉、宋海超、郑立超、马啸撰写。樊温泉、宋海超负责第一、第二、第五章，马啸负责第三章，郑立超负责第四章。编写过程中得到了河南省文物考古研究院、三门峡市文化广电和旅游局、三门峡市文物考古研究所、武汉大学历史学院的大力支持。特别是河南省文物考古学会会长孙英民、河南省文物考古研究院院长刘海旺、三门峡市文化广电和旅游局副局长宁会振三位先生给予了殷切期望和热情鼓励。此次报告以公布2002年发掘资料为主，限于报告篇幅，陶器制作、石器、动物遗存、植物遗存、年代学、科技分析等专题研究将在后续报告中陆续推出。

  文物出版社的李睿、宋丹、吕游等编辑为该书的出版也做了大量工作，在此一并感谢！